湖南经济普查年鉴

Hunan Economic Census Yearbook 2013

第三产业卷

湖南省第三次全国经济普查领导小组办公室
湖　南　省　统　计　局　编

中国统计出版社
China Statistics Press

图书在版编目（CIP）数据

湖南经济普查年鉴. 2013 / 湖南省第三次全国经济普查领导小组办公室，湖南省统计局编. -- 北京 ：中国统计出版社，2015.12

ISBN 978-7-5037-7733-2

Ⅰ.①湖… Ⅱ.①湖… ②湖… Ⅲ.①经济-普查--湖南省-2013-年鉴 Ⅳ.①F127.64-54

中国版本图书馆 CIP 数据核字（2015）第 315478 号

湖南经济普查年鉴—2013/第三产业卷

作　　者/湖南省第三次全国经济普查领导小组办公室　湖南省统计局
责任编辑/许立舫
封面设计/黄俊杰　李雪燕
出版发行/中国统计出版社
通信地址/北京市丰台区西三环南路甲 6 号　邮政编码/100073
电　　话/邮购（010）63376909　书店（010）68783171
网　　址/http://www.zgtjcbs.com/
印　　刷/河北天普润印刷厂
经　　销/新华书店
开　　本/880mm×1230mm　1/16
字　　数/1320 千字
印　　张/42
版　　别/2015 年 12 月第 1 版
版　　次/2015 年 12 月第 1 次印刷
定　　价 680.00 元（全三册附光盘）

本书附同版本 CD-ROM 一张，光盘内容以书面文字为准。
如有印装差错，由本社发行部调换。

编者说明

为便于社会各界共同分享湖南省第三次全国经济普查的成果，更方便地开发利用普查资料，湖南省第三次全国经济普查领导小组办公室、湖南省统计局将经济普查资料编辑整理成《湖南经济普查年鉴—2013》一书。全书分三册，即综合卷、第二产业卷、第三产业卷。综合卷包括法人单位基本情况、文化产业基本情况、小微企业基本情况、个体经营户情况、全国各省普查主要数据。第二产业卷包括工业、科技、能源、建筑业基本情况。第三产业卷包括贸易、房地产业、服务业等基本情况。

为使读者能够更好地使用本资料，现对有关问题做如下说明：

一、第三次全国经济普查的标准时点为2013年12月31日，时期资料为2013年度。

二、每一卷后附有该卷主要的指标解释，使用时请仔细阅读。

三、本资料对部分数据由于计量单位取舍不同或四舍五入而产生的误差均未作调整。

四、本资料分省数据均来自各省发布的普查公报数据。

五、本资料服务业数据中均不包括金融和铁路的数据。

六、本资料中农林牧渔业仅包含从事农、林、牧、渔服务业和兼营第二、三产业活动的农、林、牧、渔业经营活动单位。

我们希望此书的面世，能使社会各界对湖南省第三次全国经济普查有一个全面的了解，更愿本书的内容，能为社会经济研究工作者提供有价值的参考。

经济普查资料是湖南省普查工作者共同辛勤工作的成果，也是广大普查对象积极支持配合的结果，在此，我们向全省所有普查工作者、普查对象及所有参与和支持工作的人员致以崇高的敬意和衷心的感谢！

湖南省第三次全国经济普查领导小组办公室

湖南省统计局

2015年12月

第三产业卷 目录

第一篇 贸易

第二篇　房地产业

第三篇 服务业

第1篇

贸　易

1-1 限额以上批发法人企业基本情况

指标名称	法 人 企业数 (个)	从业人员 期末人数 (人)	其中: 女性
总 计	**2117**	**126878**	**46013**
按批发行业小类分			
农、林、牧产品批发	256	16233	6217
谷物、豆及薯类批发	78	4337	1579
种子批发	16	1000	454
饲料批发	10	139	40
棉、麻批发	29	1880	650
林业产品批发	45	2701	1194
牲畜批发	48	2470	552
其他农牧产品批发	30	3706	1748
食品、饮料及烟草制品批发	406	48079	15675
米、面制品及食用油批发	43	3625	1165
糕点、糖果及糖批发	15	577	242
果品、蔬菜批发	90	5411	2174
肉、禽、蛋、奶及水产品批发	83	5743	1548
盐及调味品批发	16	4507	1344
营养和保健品批发	3	87	36
酒、饮料及茶叶批发	98	6992	3004
烟草制品批发	22	18538	4926
其他食品批发	36	2599	1236
纺织、服装及家庭用品批发	125	8924	4474
纺织品、针织品及原料批发	11	1584	985
服装批发	18	1562	592
鞋帽批发	7	432	322
化妆品及卫生用品批发	5	304	155
厨房、卫生间用具及日用杂货批发	9	1242	529
灯具、装饰物品批发	2	42	22
家用电器批发	53	3261	1580
其他家庭用品批发	20	497	289
文化、体育用品及器材批发	77	2451	946
文具用品批发	32	501	197
体育用品及器材批发	2	65	30
图书批发	11	1015	207
报刊批发	1	18	13
音像制品及电子出版物批发			
首饰、工艺品及收藏品批发	7	300	211
其他文化用品批发	24	552	288
医药及医疗器材批发	189	15434	7854
西药批发	100	9731	5058
中药批发	54	4472	2186
医疗用品及器材批发	35	1231	610

1-1 续表 1

指标名称	法 人 企业数 (个)	从业人员 期末人数 (人)	其中：女性
矿产品、建材及化工产品批发	688	23655	6934
煤炭及制品批发	105	3603	735
石油及制品批发	38	2680	904
非金属矿及制品批发	8	174	54
金属及金属矿批发	241	5941	1667
建材批发	80	4871	1691
化肥批发	51	2350	525
农药批发	7	172	63
农用薄膜批发			
其他化工产品批发	158	3864	1295
机械设备、五金产品及电子产品批发	277	8675	2901
农业机械批发	85	2058	736
汽车批发	26	749	182
汽车零配件批发	12	432	109
摩托车及零配件批发	9	281	96
五金产品批发	25	666	283
电气设备批发	18	576	207
计算机、软件及辅助设备批发	13	541	225
通讯及广播电视设备批发	14	489	237
其他机械设备及电子产品批发	75	2883	826
贸易经纪与代理	5	66	29
贸易代理	1	23	9
拍卖	1	11	6
其他贸易经纪与代理	3	32	14
其他批发业	94	3361	983
再生物资回收与批发	49	1753	473
其他未列明批发业	45	1608	510
按登记注册类型分			
内资企业	2106	125294	45350
国有企业	72	22280	6299
集体企业	13	1009	212
股份合作企业			
联营企业			
国有联营企业			
集体联营企业			
国有与集体联营企业			
其他联营企业			

1-1 续表 2

指标名称	法 人 企业数 (个)	从业人员 期末人数 (人)	其中：女性
有限责任公司	511	29909	11790
国有独资公司	22	2389	609
其他有限责任公司	489	27520	11181
股份有限公司	75	11196	4189
私营企业	1137	42280	16597
私营独资企业	25	482	172
私营合伙企业	9	227	54
私营有限责任公司	1036	38382	14990
私营股份有限公司	67	3189	1381
其他企业	298	18620	6263
港、澳、台商投资企业	6	1208	555
与港澳台商合资经营企业	1	50	28
与港澳台商合作经营企业			
港澳台商独资企业	4	1141	517
港澳台商投资股份有限公司	1	17	10
其他港澳台投资企业			
外商投资企业	5	376	108
中外合资经营企业	4	343	92
中外合作经营企业			
外资企业	1	33	16
外商投资股份有限公司			
其他外商投资企业			
按控股情况分			
国有控股	182	38215	11618
集体控股	33	2645	845
私人控股	1678	70426	26891
港澳台商控股	6	1208	555
外商控股	3	225	82
其他	215	14159	6022
按经营形式分			
独立门店	1470	78061	26884
连锁总店	13	4678	1701
连锁门店	17	863	283
其他	617	43276	17145
按单位规模分			
大型	46	36888	11911
中型	530	45132	17222
小型	1402	42135	16008
微型	139	2723	872

1-2 限额以上批发法人企业

指标名称	法人企业数（个）	从业人员期末人数（人）	商品购进额（万元）	
				进口
总　计	**2117**	**126878**	**42935705.0**	**761684.0**
按批发行业小类分				
农、林、牧产品批发	256	16233	1490600.7	10829.6
谷物、豆及薯类批发	78	4337	442175.0	12.8
种子批发	16	1000	85194.3	
饲料批发	10	139	67177.0	1647.1
棉、麻批发	29	1880	479401.4	
林业产品批发	45	2701	91109.1	
牲畜批发	48	2470	199944.7	116.4
其他农牧产品批发	30	3706	125599.2	9053.3
食品、饮料及烟草制品批发	406	48079	9187474.4	22708.4
米、面制品及食用油批发	43	3625	1019272.9	5822.3
糕点、糖果及糖批发	15	577	96701.4	2000.0
果品、蔬菜批发	90	5411	220554.4	
肉、禽、蛋、奶及水产品批发	83	5743	309258.7	3385.6
盐及调味品批发	16	4507	405067.4	
营养和保健品批发	3	87	6891.0	
酒、饮料及茶叶批发	98	6992	1002221.5	5299.8
烟草制品批发	22	18538	5617709.8	2560.3
其他食品批发	36	2599	509797.3	3640.4
纺织、服装及家庭用品批发	125	8924	1787150.1	16107.1
纺织品、针织品及原料批发	11	1584	225168.8	10541.2
服装批发	18	1562	141604.5	
鞋帽批发	7	432	15573.6	
化妆品及卫生用品批发	5	304	46862.4	
厨房、卫生间用具及日用杂货批发	9	1242	125050.7	
灯具、装饰物品批发	2	42	6214.5	
家用电器批发	53	3261	1157556.6	5467.4
其他家庭用品批发	20	497	69119.0	98.5
文化、体育用品及器材批发	77	2451	893328.4	5766.4
文具用品批发	32	501	353315.4	146.2
体育用品及器材批发	2	65	19403.0	
图书批发	11	1015	357568.3	0.2
报刊批发	1	18	1853.4	

商品销售情况按行业分组

商品销售额（万元）	批发额	出口	零售额	期末商品库存额（万元）	年末营业面积（平方米）
41229762.0	**37848684.2**	**703803.2**	**3381077.8**	**3100471.2**	**3445241**
1641557.6	1496489.8	28963.7	145067.8	218983.1	661718
461906.2	376625.6	44.2	85280.6	91281.4	309507
92320.9	88989.2		3331.7	38198.9	9351
71624.6	61745.6		9879.0	2675.4	3113
515200.2	505414.8		9785.4	37706.6	136697
118503.7	104354.1		14149.6	12505.0	101652
205709.2	195034.5	22102.5	10674.7	23464.7	79570
176292.8	164326.0	6817.0	11966.8	13151.1	21828
10939176.1	10450794.9	71150.9	488381.2	1150845.8	1300051
821962.3	752646.7	1424.9	69315.6	430895.6	669350
94709.6	62213.6		32496.0	5961.6	15833
310133.8	263285.7		46848.1	19183.7	209418
331009.9	266348.9	994.0	64661.0	34494.9	193264
505552.4	489745.4		15807.0	58517.7	58067
6216.3	5651.6		564.7	803.2	2660
1061684.9	915826.1	51710.3	145858.8	117847.7	52322
7233300.5	7180941.4	14330.3	52359.1	452708.9	69716
574606.4	514135.5	2691.4	60470.9	30432.5	29421
1894084.8	1605990.0	102943.9	288094.8	189231.5	79038
255275.4	207780.1	75996.8	47495.3	24442.3	12656
150871.9	107138.6		43733.3	30151.0	7563
16123.6	14616.8		1506.8	5358.4	2560
46590.6	32222.5		14368.1	2152.6	2014
165709.0	144022.7	7289.5	21686.3	12825.6	3629
5996.1	5503.6		492.5	888.0	65
1177332.6	1037531.6		139801.0	108833.3	37466
76185.6	57174.1	19657.6	19011.5	4580.3	13085
1011095.3	892741.6	90581.7	118353.7	82414.1	50169
389603.2	309475.8	5173.4	80127.4	26435.1	7994
22799.0	22340.1		458.9	2078.7	2000
405524.1	382647.0		22877.1	43687.7	13475
2150.0	1440.0		710.0	6.2	210

1-2 续表

指标名称	法 人企业数(个)	从业人员期末人数(人)	商品购进额(万元)	进口
音像制品及电子出版物批发				
首饰、工艺品及收藏品批发	7	300	50293.9	
其他文化用品批发	24	552	110894.4	5620.0
医药及医疗器材批发	189	15434	4075947.8	50449.7
西药批发	100	9731	2756987.9	49034.2
中药批发	54	4472	1088460.8	
医疗用品及器材批发	35	1231	230499.1	1415.5
矿产品、建材及化工产品批发	688	23655	23079367.6	523084.3
煤炭及制品批发	105	3603	1328339.5	
石油及制品批发	38	2680	7556232.8	265286.3
非金属矿及制品批发	8	174	279379.8	
金属及金属矿批发	241	5941	6438567.1	227764.8
建材批发	80	4871	4298997.0	1000.0
化肥批发	51	2350	555958.7	
农药批发	7	172	35333.7	958.0
农用薄膜批发				
其他化工产品批发	158	3864	2586559.0	28075.2
机械设备、五金产品及电子产品批发	277	8675	1856884.7	113359.8
农业机械批发	85	2058	354483.7	48330.7
汽车批发	26	749	150941.3	
汽车零配件批发	12	432	152086.7	41032.5
摩托车及零配件批发	9	281	94479.2	
五金产品批发	25	666	130253.3	3675.9
电气设备批发	18	576	108193.1	
计算机、软件及辅助设备批发	13	541	170509.6	
通讯及广播电视设备批发	14	489	163420.2	
其他机械设备及电子产品批发	75	2883	532517.6	20320.7
贸易经纪与代理	5	66	47352.0	105.2
贸易代理	1	23	12547.8	
拍卖	1	11	9929.9	
其他贸易经纪与代理	3	32	24874.3	105.2
其他批发业	94	3361	517599.3	19273.5
再生物资回收与批发	49	1753	278515.6	
其他未列明批发业	45	1608	239083.7	19273.5

商品销售额(万元)	批发额	出口	零售额	期末商品库存额(万元)	年末营业面积(平方米)
55410.8	53113.1	34168.0	2297.7	5543.6	12595
135608.2	123725.6	51240.3	11882.6	4662.8	13895
4381368.9	3724135.3	4346.0	657233.6	362392.8	269440
2969527.3	2478323.5	45.0	491203.8	227115.4	167888
1159003.5	1020191.8	4286.6	138811.7	112217.0	92586
252838.1	225620.0	14.4	27218.1	23060.4	8966
18602021.3	17391500.9	332902.3	1210520.4	890171.1	745972
1647398.1	1451821.8		195576.3	41545.1	181036
2158796.1	1785944.9		372851.2	310440.6	76136
296070.0	289387.4		6682.6	2266.8	3263
6763804.7	6574792.6	222092.5	189012.1	332910.8	158182
4447678.4	4157178.7		290499.7	84245.5	52220
550790.2	481698.8		69091.4	60323.4	150560
46773.6	40060.7		6712.9	1693.1	6003
2690710.2	2610616.0	110809.8	80094.2	56745.8	118572
1989418.7	1741885.4	57521.4	247533.3	178437.4	218866
367183.0	318646.2	6074.3	48536.8	32637.0	92302
156148.3	129612.3		26536.0	15919.1	37029
181300.8	172429.5	21248.3	8871.3	9968.2	9560
103786.3	103469.6		316.7	13468.4	3360
141819.7	126704.7	14380.4	15115.0	8716.4	14594
107304.1	88660.4		18643.7	7121.3	5104
178299.0	129742.2		48556.8	11690.5	1770
161522.2	143491.4		18030.8	19066.6	2922
592055.3	529129.1	15818.4	62926.2	59849.9	52225
50564.9	33563.8	15393.3	17001.1	2597.6	4967
16109.3	8266.8		7842.5	50.0	4500
9916.9	6050.6		3866.3	50.0	147
24538.7	19246.4	15393.3	5292.3	2497.6	320
720474.4	511582.5		208891.9	25397.8	115020
458679.3	331126.8		127552.5	12150.9	76384
261795.1	180455.7		81339.4	13246.9	38636

1-3 限额以上批发法人企业商品

指标名称	法　人企业数（个）	从业人员期末人数（人）	商品购进额（万元）	进口
总　计	**2117**	**126878**	**42935705.0**	**761684.0**
按登记注册类型分				
内资企业	2106	125294	42359169.6	761176.5
国有企业	72	22280	6504443.3	48557.1
集体企业	13	1009	144895.2	
股份合作企业				
联营企业				
国有联营企业				
集体联营企业				
国有与集体联营企业				
其他联营企业				
有限责任公司	511	29909	12880347.5	243326.4
国有独资公司	22	2389	1144487.8	85244.8
其他有限责任公司	489	27520	11735859.7	158081.6
股份有限公司	75	11196	10224094.7	38657.8
私营企业	1137	42280	11994426.7	427131.6
私营独资企业	25	482	145766.1	
私营合伙企业	9	227	72204.5	
私营有限责任公司	1036	38382	11136612.1	427131.6
私营股份有限公司	67	3189	639844.0	
其他企业	298	18620	610962.2	3503.6
港、澳、台商投资企业	6	1208	242105.9	
与港澳台商合资经营企业	1	50	16028.1	
与港澳台商合作经营企业				
港澳台商独资企业	4	1141	217378.8	
港澳台商投资股份有限公司	1	17	8699.0	
其他港澳台投资企业				
外商投资企业	5	376	334429.5	507.5
中外合资经营企业	4	343	300834.8	507.5
中外合作经营企业				
外资企业	1	33	33594.7	
外商投资股份有限公司				
其他外商投资企业				

销售情况按登记注册类型分组

商品销售额（万元）	批发额	出口	零售额	期末商品库存额（万元）	年末营业面积（平方米）
41229762.0	**37848684.2**	**703803.2**	**3381077.8**	**3100471.2**	**3445241**
40547272.8	37249333.2	682168.0	3297939.6	3071948.5	3429897
7823085.2	7680694.7	7275.4	142390.5	783800.7	804425
152693.5	95333.8		57359.7	11436.7	70339
13612385.9	12805716.1	352601.0	806669.8	881118.4	910133
1151701.0	1107862.2	70984.8	43838.8	243236.0	227823
12460684.9	11697853.9	281616.2	762831.0	637882.4	682310
4970098.2	4605816.3	99429.4	364281.9	392216.9	133995
13175378.7	11311483.0	221622.5	1863895.7	931269.8	1109180
155535.2	113002.5		42532.7	8138.8	41469
74102.4	37059.8		37042.6	9526.7	5072
12195668.7	10541219.4	209020.7	1654449.3	880183.9	1001638
750072.4	620201.3	12601.8	129871.1	33420.4	61001
813631.3	750289.3	1239.7	63342.0	72106.0	401825
312274.2	297343.7	21635.2	14930.5	13367.1	6313
28238.7	14794.1		13444.6	15.0	2000
274653.6	273167.7	21635.2	1485.9	13184.2	4313
9381.9	9381.9			167.9	
370215.0	302007.3		68207.7	15155.6	9031
336788.0	282099.2		54688.8	14987.9	7731
33427.0	19908.1		13518.9	167.7	1300

1-4 限额以上批发法人企业商品销售情况按单位规模分组

指标名称	合计	大型	中型	小型	微型
法人企业数(个)	2117	46	530	1402	139
从业人员期末人数(人)	126878	36888	45132	42135	2723
商品购进额(万元)	42935705	13136989	22337155	7246485	215077
其中：进口	761684	9280	571788	178256	2360
商品销售额(万元)	41229762	15216484	17735528	8050769	226981
其中：批发额	37848684	14633156	16010703	7010991	193834
其中：出口	703803	48093	430421	219207	6082
其中：零售额	3381078	583328	1724825	1039778	33147
期末商品库存额(万元)	3100471	967793	1509929	582502	40247
年末营业面积(平方米)	3445241	336889	1018617	2001370	88365

1-5 限额以上批发法人企业商品销售情况按经营形式分组

指标名称	法人企业数(个)	从业人员期末人数(人)	商品购进额(万元)		商品销售额(万元)
				进口	
总　计	**2117**	**126878**	**42935705.0**	**761684.0**	**41229762.0**
按经营形式分					
独立门店	1470	78061	29697108.8	355684.6	26633083.1
连锁总店	13	4678	920206.2	226.4	1129642.6
连锁门店	17	863	147971.5	28.4	152910.9
其他	617	43276	12170418.5	405744.6	13314125.4

1-5 续表

指标名称	批发额		零售额	期末商品库存额(万元)	年末营业面积(平方米)
		出口			
总　计	**37848684.2**	**703803.2**	**3381077.8**	**3100471.2**	**3445241**
按经营形式分					
独立门店	24405427.5	472445.5	2227655.6	1990091.5	2437316
连锁总店	1046911.7	25.0	82730.9	76017.4	37224
连锁门店	112651.0	8.1	40259.9	8374.2	21385
其他	12283694.0	231324.6	1030431.4	1025988.1	949316

1-6 限额以上批发法人企业商品销售情况按控股情况分组

指标名称	法人企业数(个)	从业人员期末人数(人)	商品购进额(万元)	进口	商品销售额(万元)
总　计	**2117**	**126878**	**42935705.0**	**761684.0**	**41229762.0**
按控股情况分					
国有控股	182	38215	21324518.2	259534.8	17802322.2
集体控股	33	2645	424226.9		492259.9
私人控股	1678	70426	17334673.7	483019.9	18772466.6
港澳台商控股	6	1208	242105.9		312274.2
外商控股	3	225	71621.8		86275.4
其他	215	14159	3538558.5	19129.3	3764163.7

1-6 续表

指标名称	批发额	出口	零售额	期末商品库存额(万元)	年末营业面积(平方米)
总　计	**37848684.2**	**703803.2**	**3381077.8**	**3100471.2**	**3445241**
按控股情况分					
国有控股	17258165.5	215909.0	544156.7	1519200.9	1208779
集体控股	416107.1		76152.8	43950.6	91625
私人控股	16293334.4	291461.6	2479132.2	1331194.6	1930609
港澳台商控股	297343.7	21635.2	14930.5	13367.1	6313
外商控股	45131.9		41143.5	539.6	2460
其他	3538601.6	174797.4	225562.1	192218.4	205455

1-7 限额以上批发法人企业

地 区	法 人 企业数 (个)	从业人员 期末人数 (人)	商品购进额	进口
湖南省	**2117**	**126878**	**42935705.0**	**761684.0**
长沙市	694	41259	26673605.4	561011.9
株洲市	324	13846	2371448.0	127888.2
湘潭市	35	2429	525269.3	6499.0
衡阳市	166	8790	2220342.9	18054.8
邵阳市	86	5359	796823.0	
岳阳市	249	18048	2385261.8	17417.8
常德市	88	6323	1032979.7	6048.7
张家界市	5	568	198573.1	
益阳市	107	5099	881653.7	
郴州市	213	12381	3243589.0	21744.4
永州市	26	3371	574469.0	
怀化市	32	3540	437491.9	
娄底市	71	3000	1035663.3	3019.2
湘西州	21	2865	558534.9	

商品销售情况按地区分组

单位：万元

商品销售额	批发额		零售额	期末商品库存额	年末零售营业面积(平方米)
		出口			
41229762.0	**37848684.2**	**703803.2**	**3381077.8**	**3100471.2**	**3445241**
22458777.6	20672273.7	552845.1	1786503.9	1530899.3	603147
2783062.2	2553221.5	88638.9	229840.7	177933.7	228051
681815.2	660203.6		21611.6	39959.5	35581
2123211.7	1830890.4	7643.8	292321.3	347226.3	840554
1016778.9	943481.7	21588.8	73297.2	70287.0	143189
2599784.2	2218200.9	3225.5	381583.3	259564.5	562860
1273183.1	1257741.1	1516.3	15442.0	106890.8	249673
244486.3	241154.7		3331.6	32430.5	14700
1032405.0	868640.5		163764.5	88512.4	174079
3895011.2	3591977.7	24239.5	303033.5	276978.7	305380
686045.8	660309.5		25736.3	25725.1	80851
569935.7	536773.2		33162.5	28978.2	34387
1270582.4	1219133.0		51449.4	37363.2	151665
594682.7	594682.7	4105.3		77722.0	21124

1-8 限额以上批发法人

指标名称	法人企业数(个)	执行《2006年企业会计准则》企业数(个)	年初存货	期末资产负债		
				流动资产合计	应收账款	存货
总 计	**2117**	**1442**	**2826746.0**	**12290342.4**	**2418572.7**	**2932983.0**
按批发行业小类分						
农、林、牧产品批发	256	126	207201.5	622335.5	78950.9	233043.1
谷物、豆及薯类批发	78	39	122682.8	222180.9	13028.3	129034.5
种子批发	16	10	23771.8	58860.9	3578.6	35187.7
饲料批发	10	4	3141.0	11408.2	1170.0	729.8
棉、麻批发	29	23	28755.2	172458.1	32376.4	36842.2
林业产品批发	45	27	10061.0	19019.5	2754.1	7794.6
牲畜批发	48	15	9816.8	89543.0	8826.2	11833.9
其他农牧产品批发	30	8	8972.9	48864.9	17217.3	11620.4
食品、饮料及烟草制品批发	406	270	1134442.4	3294405.1	282744.1	1156270.4
米、面制品及食用油批发	43	30	436330.2	700589.6	132807.1	356801.6
糕点、糖果及糖批发	15	13	2022.4	11665.7	3205.5	1572.6
果品、蔬菜批发	90	39	8866.8	22874.9	5305.5	3994.2
肉、禽、蛋、奶及水产品批发	83	62	32761.3	52111.0	13409.0	12453.1
盐及调味品批发	16	13	25676.2	130678.0	13232.7	30910.8
营养和保健品批发	3	2	126.4	3200.5	854.7	923.1
酒、饮料及茶叶批发	98	75	110089.7	419622.9	69026.9	110331.2
烟草制品批发	22	12	495836.0	1850044.5	28212.1	619768.1
其他食品批发	36	24	22733.4	103618.0	16690.6	19515.7
纺织、服装及家庭用品批发	125	94	232816.3	875054.7	78428.4	265071.4
纺织品、针织品及原料批发	11	8	37337.1	129389.3	17584.5	29202.5
服装批发	18	16	22535.8	40145.0	8942.8	22147.2
鞋帽批发	7	5	1788.3	5895.6	1871.1	2552.9
化妆品及卫生用品批发	5	3	2067.5	5004.7	1350.0	1666.5
厨房、卫生间用具及日用杂货批发	9	6	11020.8	29152.1	2094.6	11502.5
灯具、装饰物品批发	2		541.2	3320.4	542.7	394.7
家用电器批发	53	40	152828.5	638218.6	34692.0	193701.9
其他家庭用品批发	20	16	4697.1	23929.0	11350.7	3903.2
文化、体育用品及器材批发	77	66	72369.0	423833.7	63420.9	69557.5
文具用品批发	32	29	22501.4	104376.0	18228.4	22571.2
体育用品及器材批发	2	2	5597.2	11129.5	458.9	1776.4
图书批发	11	8	37349.9	264311.2	27963.7	37198.9
报刊批发	1			414.3		

企业财务状况按行业分组

单位：万元

期末资产负债									
固定资产合计	固定资产原价	累计折旧	本年折旧	在建工程	资产总计	流动负债合计	应付账款	非流动负债合计	负债合计
1827410.1	**2449536.5**	**679079.7**	**143901.4**	**531004.6**	**16537424.3**	**9910464.2**	**1888540.5**	**547266.2**	**10538687.2**
184973.9	226698.4	53642.4	13777.6	6919.7	927104.9	462819.5	77574.1	37320.6	513746.3
60965.8	77884.4	18500.9	3271.6	2800.6	301312.4	181293.3	6526.6	13494.0	194629.4
23160.6	19888.3	1693.0	668.8	2195.9	91611.4	30464.6	10939.6	7772.9	37450.2
3053.5	4192.0	1138.5	791.3		15586.4	7156.4	417.4	136.6	8618.8
20242.5	34931.0	14772.9	2657.2	684.4	215178.8	160814.8	43685.1	2565.0	163510.3
26847.8	29497.3	3053.8	1067.1	312.0	61662.6	7900.0	2253.2	1681.9	16871.9
30391.0	33196.2	7395.3	3361.9	416.5	143446.7	38318.5	8391.3	6716.7	49182.5
20312.7	27109.2	7088.0	1959.7	510.3	98306.6	36871.9	5360.9	4953.5	43483.2
685578.9	1024160.9	352286.4	53229.3	182858.7	4831789.4	1686546.0	165843.4	227907.7	1921452.1
182079.8	217356.4	44273.9	5563.9	27992.0	1147013.5	749681.0	29922.5	158069.5	907750.2
4447.2	6811.2	2364.0	195.5	461.2	19835.4	11953.8	2884.4	353.2	12307.0
44786.9	49081.7	4866.8	1639.2	755.7	86059.6	14975.3	6804.1	5105.2	21958.3
34854.2	42478.1	8047.5	2318.2	6497.2	100375.2	24284.3	14218.0	13707.6	37912.4
26856.7	34944.9	9472.3	3965.2	664.6	315078.4	94880.8	13595.3	23100.5	117981.2
2002.5	2210.6	247.7	133.6	533.8	5883.6	1559.2	315.6	28.6	1799.9
48173.5	67956.3	21261.5	5954.4	24676.9	585494.6	390620.1	60222.2	20256.3	415088.7
327007.9	583909.4	256999.7	32333.4	108810.2	2436398.7	314653.9	37089.5	286.4	314939.3
15370.2	19412.3	4753.0	1125.9	12467.1	135650.4	83937.6	791.8	7000.4	91715.1
27744.2	37173.0	9531.6	3044.8	11028.8	970928.1	818079.8	100217.2	23688.4	842534.2
6360.9	9909.9	3549.0	849.0	45.6	153546.3	79478.4	28431.2	228.2	79706.6
4514.7	5686.1	1171.4	367.0	40.9	50202.0	37946.3	21553.4	1732.8	39679.1
602.4	843.2	240.8	82.7		6591.3	4219.3	1389.3		4219.3
1372.9	1589.4	216.5	105.7		6732.0	4252.5	704.2		4252.5
3218.6	4635.4	1429.0	338.9		33561.4	17477.0	2995.2	181.6	17658.7
1507.0	1666.6	223.6	203.4		4827.4	959.6	564.8		959.6
7666.1	9750.0	2110.4	956.5	10942.3	688702.2	651603.2	33134.1	21231.2	673600.3
2501.6	3092.4	590.9	141.6		26765.5	22143.5	11445.0	314.6	22458.1
24774.4	34552.6	10004.9	2882.4	1983.0	713385.6	400822.1	196552.3	5718.0	407025.7
9633.5	13180.5	3550.3	1021.5	663.9	123623.9	91970.6	10719.7	4315.1	96288.5
21.0	44.1	23.1	8.2		13126.8	12737.9	1051.9		12737.9
6822.3	11547.9	4729.6	976.7	1319.1	522854.9	260374.0	167225.6	854.0	261233.0
400.2	409.3	9.1	4.6		814.5	215.1		185.9	401.0

1-8 续表 1

指标名称	法人企业数(个)	执行《2006年企业会计准则》企业数(个)	年初存货	期末资产负债		
				流动资产合计	应收账款	存货
音像制品及电子出版物批发						
首饰、工艺品及收藏品批发	7	6	2673.1	7475.0	481.0	4117.4
其他文化用品批发	24	21	4247.4	36127.7	16288.9	3893.6
医药及医疗器材批发	189	139	252622.9	1656853.2	712682.7	316494.1
西药批发	100	67	165174.6	1082800.5	498849.6	218117.6
中药批发	54	43	71699.6	497308.7	178688.2	80192.8
医疗用品及器材批发	35	29	15748.7	76744.0	35144.9	18183.7
矿产品、建材及化工产品批发	688	490	767234.3	4724450.9	1032202.4	737604.2
煤炭及制品批发	105	63	37597.5	240375.1	83003.6	29135.5
石油及制品批发	38	31	189648.1	1109504.7	72114.9	157486.6
非金属矿及制品批发	8	7	125.5	12853.0	-312.7	924.3
金属及金属矿批发	241	171	285096.1	1807613.4	486811.2	307921.0
建材批发	80	64	158624.3	1007012.7	251828.0	148422.1
化肥批发	51	29	62162.4	143543.6	10386.1	55320.8
农药批发	7	3	2673.4	6019.1	701.8	1249.8
农用薄膜批发						
其他化工产品批发	158	122	31307.0	397529.3	127669.5	37144.1
机械设备、五金产品及电子产品批发	277	191	133566.4	586887.1	139745.0	135096.1
农业机械批发	85	53	17886.7	43517.5	8022.3	13565.4
汽车批发	26	15	16115.0	51557.4	6329.6	17427.6
汽车零配件批发	12	8	7106.9	60951.4	10200.6	9877.7
摩托车及零配件批发	9	8	10042.7	40786.8	1462.4	11810.6
五金产品批发	25	20	3619.1	34495.7	12774.7	5303.9
电气设备批发	18	14	6480.7	36771.4	22602.9	3048.0
计算机、软件及辅助设备批发	13	10	11199.1	37695.6	12553.5	10346.6
通讯及广播电视设备批发	14	9	10080.0	51725.4	8570.6	14590.9
其他机械设备及电子产品批发	75	54	51036.2	229385.9	57228.4	49125.4
贸易经纪与代理	5	4	2524.5	11504.5	4067.2	2494.8
贸易代理	1	1	40.0			
拍卖	1	1		4023.0		
其他贸易经纪与代理	3	2	2484.5	7481.5	4067.2	2494.8
其他批发业	94	62	23968.7	95017.7	26331.1	17351.4
再生物资回收与批发	49	36	10983.7	43420.3	10622.3	6908.4
其他未列明批发业	45	26	12985.0	51597.4	15708.8	10443.0

单位：万元

期末资产负债									
固定资产合计	固定资产原价	累计折旧	本年折旧	在建工程	资产总计	流动负债合计	应付账款	非流动负债合计	负债合计
1492.5	1590.0	97.5	49.6		9724.4	5908.1	746.8		5908.1
6404.9	7780.8	1595.3	821.8		43241.1	29616.4	16808.3	363.0	30457.2
119431.7	154217.6	36452.2	12881.2	6383.1	1893718.9	1468092.4	550311.6	38342.8	1515710.8
66791.2	86128.0	20481.3	7586.5	4973.0	1246968.9	963041.9	385165.9	11729.5	975868.9
40125.4	51656.5	12016.9	3577.3	984.2	552656.0	442161.1	138598.7	22669.9	470938.9
12515.1	16433.1	3954.0	1717.4	425.9	94094.0	62889.4	26547.0	3943.4	68903.0
635717.7	788949.8	180236.2	47521.9	313328.6	6201973.3	4456606.1	641648.2	189135.8	4692198.7
65203.3	67909.2	20103.6	4166.1	7076.8	340038.2	187659.6	63316.9	3446.2	208242.7
218017.3	297668.0	80119.3	15624.7	283931.6	1649693.4	1283622.1	142067.6	111329.0	1395426.3
2663.1	2871.3	265.8	36.6	500.0	16447.5	8143.5	1132.6	2030.0	10141.1
176751.5	202888.9	30374.9	12196.7	3980.0	2251044.2	1675611.3	264485.1	29426.9	1718260.5
55469.3	72314.6	16948.5	4418.3	8403.0	1195778.4	876228.1	48712.6	24990.6	905254.2
56850.4	64282.3	10825.1	5816.4	5410.5	220879.0	115621.6	14468.9	8578.4	132990.4
1460.3	1696.3	300.6	183.8		10002.9	3895.2	175.6	161.8	6371.6
59302.5	79319.2	21298.4	5079.3	4026.7	518089.7	305824.7	107288.9	9172.9	315511.9
101629.8	128242.0	28109.5	7550.0	3532.1	823919.4	547547.8	129375.6	16431.7	567104.2
30353.4	36057.2	6559.5	2520.4	150.0	87463.4	39662.0	23077.4	2457.7	45847.9
5066.1	7677.5	2597.4	535.9	208.8	61448.4	51586.9	6625.5	35.0	51968.6
4547.5	7002.1	2503.2	370.4		78105.9	57047.0	18217.4	2273.9	59320.4
1186.9	2321.3	1134.4	310.5	22.6	53227.4	42686.4	2768.3	25.2	42711.6
4650.4	5880.8	1231.4	445.3		43520.9	25947.0	12242.1	1490.2	26302.0
21083.7	22507.7	1479.8	526.0		78839.6	35406.0	8121.0	6494.7	41908.2
1161.9	1704.1	542.2	118.4		39427.6	27799.0	5584.9	85.3	27884.3
5827.0	6905.5	1338.5	708.5		82938.9	42865.3	-7762.8	831.0	43777.3
27752.9	38185.8	10723.1	2014.6	3150.7	298947.3	224548.2	60501.8	2738.7	227383.9
537.6	677.9	140.3	41.6		12167.1	10496.2	5170.4	443.9	10940.1
235.0	300.0	65.0	28.0		360.0	70.0		90.0	160.0
237.0	258.0	21.0	8.0		4260.0	3650.0		285.0	3935.0
65.6	119.9	54.3	5.6		7547.1	6776.2	5170.4	68.9	6845.1
47021.9	54864.3	8676.2	2972.6	4970.6	162437.6	59454.3	21847.7	8277.3	67975.1
27702.3	30947.4	3327.1	1464.3	4340.3	81694.0	29886.2	7612.6	6219.8	36302.1
19319.6	23916.9	5349.1	1508.3	630.3	80743.6	29568.1	14235.1	2057.5	31673.0

1-8 续表 2

指标名称	期末资产负债					
	所有者权益合计	实收资本				
			国家资本	集体资本	法人资本	个人资本
总　计	**5998737.1**	**2647795.3**	**610604.4**	**78185.4**	**1027710.0**	**906089.5**
按批发行业小类分						
农、林、牧产品批发	413358.6	259294.0	63368.2	14807.0	79097.6	101611.2
谷物、豆及薯类批发	106683.0	84621.9	39671.1	431.1	31381.4	12728.3
种子批发	54161.2	36250.6	5520.7	9173.4	8606.3	12950.2
饲料批发	6967.6	5444.4			2664.4	2780.0
棉、麻批发	51668.5	23250.4		90.0	4732.4	18428.0
林业产品批发	44790.7	34836.1	153.0	458.7	10245.3	23979.1
牲畜批发	94264.2	42632.9	954.4	2759.3	13028.4	25890.8
其他农牧产品批发	54823.4	32257.7	17069.0	1894.5	8439.4	4854.8
食品、饮料及烟草制品批发	2910337.3	465455.3	112744.2	23765.0	229410.6	99469.3
米、面制品及食用油批发	239263.3	86105.6	35211.0	506.8	37049.5	13338.3
糕点、糖果及糖批发	7528.4	5058.5	100.0	200.0	1252.7	3461.6
果品、蔬菜批发	64101.3	48388.3	1790.0	16430.7	11490.3	18677.3
肉、禽、蛋、奶及水产品批发	62462.8	36370.5	1327.6	1174.5	13793.9	20054.5
盐及调味品批发	197097.2	111541.6	29186.0		81558.8	796.8
营养和保健品批发	4083.7	3326.1			3326.1	
酒、饮料及茶叶批发	170405.9	83476.5	780.0	3920.0	44279.7	34496.8
烟草制品批发	2121459.4	73426.1	41735.1	1185.0	28223.0	2283.0
其他食品批发	43935.3	17762.1	2614.5	348.0	8436.6	6361.0
纺织、服装及家庭用品批发	128393.9	65142.3	7181.5	2077.8	22020.8	33862.2
纺织品、针织品及原料批发	73839.7	20196.0			12839.4	7356.6
服装批发	10522.9	8766.3		1901.0	2228.0	4637.3
鞋帽批发	2372.0	2090.0			373.0	1717.0
化妆品及卫生用品批发	2479.5	2100.0			800.0	1300.0
厨房、卫生间用具及日用杂货批发	15902.7	11838.6	5297.6		190.0	6351.0
灯具、装饰物品批发	3867.8	203.0			3.0	200.0
家用电器批发	15101.9	17018.4	1883.9	176.8	4792.4	10165.3
其他家庭用品批发	4307.4	2930.0			795.0	2135.0
文化、体育用品及器材批发	306359.9	198504.7	156225.5	1456.7	24998.3	15574.9
文具用品批发	27335.4	24321.1	4300.0	1400.0	13041.1	5580.0
体育用品及器材批发	388.9	90.0			90.0	
图书批发	261621.9	164163.4	151858.5		7500.0	4804.9
报刊批发	413.5	296.6				296.6

单位：万元

期末资产负债		损益及分配							
港澳台资本	外商资本	营业收入	主营业务收入	营业成本	主营业务成本	营业税金及附加	主营业务税金及附加	其他业务利润	销售费用
18948.5	**6257.5**	**37373754.4**	**37181589.7**	**32806559.1**	**32644262.3**	**619528.8**	**611882.8**	**44739.3**	**1079477.2**
	410.0	1582604.6	1573692.3	1293137.0	1287539.3	24430.1	22519.7	2250.5	60495.0
	410.0	457379.3	455187.6	360529.7	357456.3	8321.0	8175.9	100.4	19734.6
		90722.0	88116.4	66003.7	65705.6	871.2	850.4	873.7	7076.3
		66434.0	64677.0	51461.5	50092.7	2567.8	1949.5	5.6	2359.8
		475316.6	475301.5	432361.6	432361.6	4109.0	3084.1	101.3	7417.2
		121025.9	120824.8	86591.6	85925.6	2648.5	2648.5	5.0	6159.7
		201664.3	201501.3	156304.4	156113.0	3235.3	3165.9	0.5	9159.9
		170062.5	168083.7	139884.5	139884.5	2677.3	2645.4	1164.0	8587.5
12.0	54.2	10223075.7	10119441.7	7973073.8	7883220.4	382545.9	381916.6	9519.0	418354.4
		812661.0	799897.8	678823.8	678172.1	2057.6	1996.3	3849.5	24826.2
	44.2	92470.0	92470.0	83373.2	83373.2	547.8	536.8	152.3	2525.9
		312053.7	311826.9	236976.0	236846.1	6224.1	5801.5	263.1	12820.3
10.0	10.0	332226.5	331351.9	256083.7	255631.1	7680.5	7567.4	162.1	15688.8
		453136.9	451849.6	320974.7	317299.7	3398.6	3398.6	701.1	60853.0
		5685.3	5685.3	3897.4	3897.4	31.0	31.0	9.8	372.4
		956188.9	953940.9	781259.1	779445.8	11241.4	11221.3	2479.0	76924.9
		6742956.7	6657609.6	5151391.8	5068576.5	348295.4	348294.4	1711.4	197389.8
2.0		515696.7	514809.7	460294.1	459978.5	3069.5	3069.3	190.7	26953.1
		1699059.6	1694892.6	1521794.2	1519159.0	11350.9	11266.9	2411.9	81836.9
		229685.1	228384.7	181450.4	181142.4	2736.1	2736.1	363.8	18575.4
		138652.9	138553.9	117093.2	117093.2	989.7	989.7	99.0	9796.8
		14686.6	14676.4	12579.2	12468.9	81.8	81.8	-100.1	1145.2
		43689.6	43343.2	33351.9	33351.8	193.4	193.4		4534.8
		161552.0	161487.4	143336.2	143336.2	480.7	480.7	45.2	14146.2
		5556.0	5556.0	4131.3	4131.3	120.5	120.5		373.6
		1039269.7	1036923.3	973845.9	971750.0	5654.4	5637.5	1677.4	30300.3
		65967.7	65967.7	56006.1	55885.2	1094.3	1027.2	326.6	2964.6
113.3	136.0	895149.8	893158.1	764987.3	762430.0	9534.5	9142.3	2021.5	31241.5
		342751.4	341578.4	298918.8	296794.4	2841.9	2799.9	170.9	6685.0
		19486.3	19486.3	18509.4	18509.4	20.5	20.5		720.0
		362499.4	361873.7	310188.9	310171.3	3748.7	3626.3	695.9	18838.7
		2150.0	2150.0	1296.3	1296.3	53.2	53.2		71.3

1-8 续表 3

指标名称	期末资产负债					
	所有者权益合计	实收资本				
			国家资本	集体资本	法人资本	个人资本
音像制品及电子出版物批发						
首饰、工艺品及收藏品批发	3816.3	1597.6	7.0	43.0	342.0	1202.6
其他文化用品批发	12783.9	8036.0	60.0	13.7	4025.2	3690.8
医药及医疗器材批发	378008.1	260555.2	11612.1	3432.6	102888.8	142621.7
西药批发	271100.0	177949.5	1507.5	1962.6	64933.4	109546.0
中药批发	81717.1	62311.6	10102.1	1470.0	31524.2	19215.3
医疗用品及器材批发	25191.0	20294.1	2.5		6431.2	13860.4
矿产品、建材及化工产品批发	1509774.6	1145869.5	239224.8	23773.8	479779.0	397711.4
煤炭及制品批发	131795.5	116892.4	5863.1	370.0	33686.1	76611.0
石油及制品批发	254267.1	206586.0	146586.7	2232.7	37342.9	20063.7
非金属矿及制品批发	6306.4	3877.0		1766.1	1050.9	1060.0
金属及金属矿批发	532783.7	506501.7	71238.9	12442.9	217163.4	205656.5
建材批发	290524.2	159067.7	261.9	43.0	108479.3	45625.2
化肥批发	87888.6	42130.1	23.2	1860.7	22699.6	17546.6
农药批发	3631.3	2983.2	609.2	700.0	491.9	1182.1
农用薄膜批发						
其他化工产品批发	202577.8	107831.4	14641.8	4358.4	58864.9	29966.3
机械设备、五金产品及电子产品批发	256815.2	201913.4	16425.2	6713.6	59869.1	100805.5
农业机械批发	41615.5	29410.6	3164.9		16149.1	10096.6
汽车批发	9479.8	8986.7		5.0	3879.0	5102.7
汽车零配件批发	18785.5	7134.5	1604.0		4501.5	1029.0
摩托车及零配件批发	10515.8	8045.0				8045.0
五金产品批发	17218.9	14789.7	2.3	344.0	4812.4	9631.0
电气设备批发	36931.4	28020.1			2315.2	7704.9
计算机、软件及辅助设备批发	11543.3	9085.0			5445.0	3540.0
通讯及广播电视设备批发	39161.6	43505.1			7940.0	35565.1
其他机械设备及电子产品批发	71563.4	52936.7	11654.0	6364.6	14826.9	20091.2
贸易经纪与代理	1227.0	1225.0	50.0		200.0	975.0
贸易代理	200.0	200.0			200.0	
拍卖	325.0	325.0				325.0
其他贸易经纪与代理	702.0	700.0	50.0			650.0
其他批发业	94462.5	49835.9	3772.9	2158.9	29445.8	13458.3
再生物资回收与批发	45391.9	22367.7	690.0	1080.9	11354.2	9242.6
其他未列明批发业	49070.6	27468.2	3082.9	1078.0	18091.6	4215.7

单位：万元

期末资产负债		损益及分配							
港澳台资本	外商资本	营业收入	主营业务收入	营业成本	主营业务成本	营业税金及附加	主营业务税金及附加	其他业务利润	销售费用
1.0	2.0	48194.6	48094.6	38225.8	37825.8	343.3	343.3	250.6	2918.7
112.3	134.0	120068.1	119975.1	97848.1	97832.8	2526.9	2299.1	904.1	2007.8
		3833494.8	3807476.3	3498733.2	3483520.1	28866.9	27849.9	6755.7	132489.1
		2581672.1	2569928.6	2370496.3	2357675.9	15238.4	15175.9	2390.1	87331.0
		1020873.0	1012153.7	939167.6	938926.8	3597.0	3563.7	4364.6	33158.0
		230949.7	225394.0	189069.3	186917.4	10031.5	9110.3	1.0	12000.1
723.2	4657.3	16569269.4	16526605.7	15553162.3	15511298.5	114725.5	113571.8	13285.4	254741.5
362.2		1530890.0	1530581.3	1315823.4	1315242.3	41136.9	41125.4	2849.6	52562.6
360.0		1917919.3	1915460.6	1770210.1	1769375.5	7075.4	7049.5	-204.8	39752.0
		280607.5	280429.1	271948.6	271911.0	1324.4	1324.4		1483.5
		6242033.0	6214424.1	5968697.0	5935761.1	33466.2	32996.5	3865.1	80287.0
1.0	4657.3	3785869.6	3781553.1	3640459.6	3639159.4	8648.9	8431.2	1777.0	24406.1
		545309.2	540985.7	471025.6	467960.1	5056.0	5030.1	-0.6	19206.2
		46915.3	46915.3	39780.0	39780.0	547.5	547.5		1582.8
		2219725.5	2216256.5	2075218.0	2072109.1	17470.2	17067.2	4999.1	35461.3
18100.0		1850854.8	1846295.8	1615140.6	1611272.2	16260.6	16015.6	6360.4	70581.4
		355541.5	355134.7	275843.4	275543.4	6714.7	6535.1	5.0	12404.6
		132459.8	132155.9	122833.6	122537.5	398.3	398.3	378.1	4671.7
		197581.0	196663.3	188402.2	187910.7	237.5	199.7	763.2	4420.4
		103394.7	103252.5	98758.8	98725.0	92.0	92.0		1476.6
		127446.4	126545.9	110553.1	109624.8	2514.3	2514.3		6199.7
18000.0		101489.3	101239.3	85785.5	85785.5	872.6	862.1		3330.2
100.0		153251.3	153245.8	145944.3	145944.3	140.2	140.2	2227.9	3140.4
		140490.2	140490.2	121535.3	121535.3	1444.3	1444.3		6333.2
		539200.6	537568.2	465484.4	463665.7	3846.7	3829.6	2986.2	28604.6
		50274.9	50274.9	44356.5	44356.5	1675.1	1675.1		1356.2
		16109.3	16109.3	12161.9	12161.9	1175.9	1175.9		601.2
		9916.9	9916.9	9040.1	9040.1	495.8	495.8		115.0
		24248.7	24248.7	23154.5	23154.5	3.4	3.4		640.0
	1000.0	669970.8	669752.3	542174.2	541466.3	30139.3	27924.9	2134.9	28381.2
		440469.5	440441.6	358950.2	358494.8	25463.3	24454.1	932.6	15306.4
	1000.0	229501.3	229310.7	183224.0	182971.5	4676.0	3470.8	1202.3	13074.8

1-8 续表 4

指标名称	损益及分配					
	管理费用	税金	财务费用	利息收入	利息支出	资产减值损失
总　计	**1024758.8**	**45815.5**	**224480.6**	**53597.0**	**142191.5**	**14560.2**
按批发行业小类分						
农、林、牧产品批发	61774.5	2753.3	34175.8	1868.3	11027.1	1239.2
谷物、豆及薯类批发	23795.3	834.0	13733.2	13.5	3546.1	757.0
种子批发	7856.8	168.0	1422.1	77.8	493.2	295.8
饲料批发	1965.4	148.8	422.8	1.8	152.7	-0.7
棉、麻批发	8759.8	981.7	6177.2	1536.9	3525.3	1.5
林业产品批发	5296.5	218.7	2974.3	51.3	1250.5	86.1
牲畜批发	8749.3	286.8	5769.5	82.7	1010.8	99.5
其他农牧产品批发	5351.4	115.3	3676.7	104.3	1048.5	
食品、饮料及烟草制品批发	519363.5	13466.4	20100.6	25132.9	33621.0	355.9
米、面制品及食用油批发	29947.5	274.6	24397.9	198.3	23381.3	-180.9
糕点、糖果及糖批发	2764.5	165.6	882.8	1.1	161.6	
果品、蔬菜批发	14825.7	562.3	5207.7	27.7	436.0	100.7
肉、禽、蛋、奶及水产品批发	15088.9	797.1	6275.0	224.4	1776.2	4.0
盐及调味品批发	33870.5	789.5	3207.3	1573.8	4331.0	73.7
营养和保健品批发	556.8	8.5	142.7	30.6	46.7	
酒、饮料及茶叶批发	36628.2	1786.2	7565.5	833.1	5202.6	350.8
烟草制品批发	375243.2	8607.0	-29479.2	21465.7	-2691.7	
其他食品批发	10438.2	475.6	1900.9	778.2	977.3	7.6
纺织、服装及家庭用品批发	35917.6	1371.3	5346.9	777.4	2387.7	2492.3
纺织品、针织品及原料批发	10979.8	212.1	623.4	225.9	334.2	317.1
服装批发	5754.2	155.7	1657.4	10.6	245.6	471.9
鞋帽批发	863.5	5.7	66.3	0.8	1.0	
化妆品及卫生用品批发	3586.5	152.7	811.9	1.0	141.6	
厨房、卫生间用具及日用杂货批发	3041.5	57.6	507.5	23.9	216.6	857.8
灯具、装饰物品批发	217.2	8.1	125.5	162.4	36.3	
家用电器批发	9140.7	682.4	1119.0	351.5	1106.5	845.5
其他家庭用品批发	2334.2	97.0	435.9	1.3	305.9	
文化、体育用品及器材批发	24539.5	1101.2	-2308.0	7508.9	3789.7	-142.2
文具用品批发	5113.1	151.6	2599.0	478.9	2747.6	8.3
体育用品及器材批发	165.8		-24.9	-18.5	1.1	
图书批发	14906.7	223.7	-6158.1	6975.0	644.9	-174.7
报刊批发	85.7	3.3	36.5			

单位：万元

损益及分配							人工成本及增值税	
公允价值变动收益	投资收益	营业利润	营业外收入	补贴收入	利润总额	应交所得税	应付职工薪酬（本年贷方累计发生额）	应交增值税
10065.4	**55041.5**	**1669438.6**	**140333.4**	**99407.8**	**1517817.7**	**258359.3**	**720843.0**	**632772.1**
105.7	2278.3	105514.4	14024.2	7750.3	84905.1	3090.7	45094.9	14455.9
3.4	34.2	31010.0	8494.9	5954.8	29618.4	841.7	11768.1	1995.0
	11.4	7227.5	1166.0	442.4	9105.1	80.8	3408.7	320.2
	-84.6	7572.6	1607.7		6035.1	144.2	429.1	2762.9
	454.1	10759.4	692.9	150.0	4706.9	215.7	5970.4	862.2
35.8	1065.4	19797.3	340.7	187.1	12483.5	1069.5	7122.6	1918.4
66.5	233.1	18665.9	1002.2	893.0	12737.0	601.9	7223.6	1925.0
	564.7	10481.7	719.8	123.0	10219.1	136.9	9172.4	4672.2
206.7	5474.7	914761.6	99791.5	83201.8	936292.6	206392.2	373875.4	327877.8
-0.9	810.5	53657.4	9230.5	8557.9	59019.3	1108.7	10691.3	1373.7
		2375.8	42.4	42.0	1743.8	105.5	1988.1	2513.6
29.4	123.0	36198.6	349.6	49.2	21295.3	281.6	13630.4	2488.7
25.3	28.5	28533.0	835.8	183.0	17614.4	1316.9	13725.5	1876.1
	25.1	34130.9	344.1	11.1	30178.0	5459.4	47178.5	15450.9
		685.0			685.0	56.3	526.8	93.5
152.9	2749.0	45214.0	1654.1	123.8	29955.8	7733.2	30338.8	21657.6
	1738.6	700883.4	86313.8	74154.8	761888.0	188995.3	243599.9	274726.4
		13083.5	1021.2	80.0	13913.0	1335.3	12196.1	7697.3
-4.5	89.8	42508.8	3905.0	245.2	33445.2	6908.8	43439.6	19240.2
-4.5	10.4	15756.8	3515.0	2.6	18853.5	3717.1	11320.7	8739.9
	16.5	2906.2	24.8		245.5	357.3	5458.4	1817.2
		-49.4	199.7	198.4	150.4	23.1	1373.7	224.3
	34.7	1211.1	23.1		1233.9	292.1	966.7	1050.8
	28.2	-789.7	24.7		-1029.2	85.2	6316.5	730.9
		587.9	19.0	18.0	606.9	269.9	172.1	170.9
		19426.7	93.3	20.8	11187.8	1767.0	16301.9	5469.7
		3459.2	5.4	5.4	2196.4	397.1	1529.6	1036.5
1.0	240.6	67541.3	1026.6	832.7	40352.2	1982.6	22443.5	20155.8
		26585.3	8.4	6.2	2457.9	458.9	2232.5	8152.1
		95.5			94.9	19.9	213.4	182.7
	240.6	21389.8	964.8	803.0	22324.7	296.1	15606.1	7053.8
		607.0			607.0	10.2	73.1	

1-8 续表 5

指标名称	损益及分配					
	管理费用	税金	财务费用	利息收入	利息支出	资产减值损失
音像制品及电子出版物批发						
首饰、工艺品及收藏品批发	543.1	74.2	561.6	0.1	34.3	
其他文化用品批发	3725.1	648.4	677.9	73.4	361.8	24.2
医药及医疗器材批发	70273.1	4192.4	21282.5	2923.2	16683.2	-33.2
西药批发	47449.4	1800.2	14215.2	1848.4	12079.9	317.0
中药批发	14519.8	860.2	5430.9	987.8	4194.7	-418.6
医疗用品及器材批发	8303.9	1532.0	1636.4	87.0	408.6	68.4
矿产品、建材及化工产品批发	227072.5	16989.6	124812.1	13473.7	66753.2	6380.7
煤炭及制品批发	42436.5	4398.5	15114.8	120.0	1536.7	-71.2
石油及制品批发	33541.1	1458.1	27767.2	166.0	17721.0	402.7
非金属矿及制品批发	2977.4	41.4	81.4		20.5	
金属及金属矿批发	48106.7	4806.3	48869.3	3679.8	24211.9	1275.7
建材批发	51033.7	3071.5	13472.0	8422.6	14655.8	4485.0
化肥批发	14478.5	563.1	7490.7	142.6	2375.5	
农药批发	1073.1	155.2	882.1	2.5	89.9	
农用薄膜批发						
其他化工产品批发	33425.5	2495.5	11134.6	940.2	6141.9	288.5
机械设备、五金产品及电子产品批发	55090.9	3192.5	11458.1	1784.1	6656.0	1156.4
农业机械批发	15487.2	1575.5	3396.4	194.5	847.5	4.0
汽车批发	2771.9	138.6	457.9	140.2	599.8	22.6
汽车零配件批发	2671.3	166.9	888.7	380.2	1083.4	737.6
摩托车及零配件批发	2261.3	31.2	744.0	372.7	669.2	
五金产品批发	5017.7	78.9	601.8	4.5	172.8	
电气设备批发	2971.9	144.2	444.2	-39.1	284.1	
计算机、软件及辅助设备批发	2372.7	251.8	639.0	80.5	591.8	39.4
通讯及广播电视设备批发	4422.4	228.0	1025.6	87.5	631.7	269.1
其他机械设备及电子产品批发	17114.5	577.4	3260.5	563.1	1775.7	83.7
贸易经纪与代理	896.2	22.9	185.8	0.6		
贸易代理	633.7					
拍卖	65.0	22.0	45.0			
其他贸易经纪与代理	197.5	0.9	140.8	0.6		
其他批发业	29831.0	2725.9	9426.8	127.9	1273.6	3111.1
再生物资回收与批发	16162.9	2335.9	7660.2	86.7	416.9	3037.8
其他未列明批发业	13668.1	390.0	1766.6	41.2	856.7	73.3

单位：万元

损益及分配							人工成本及增值税	
公允价值变动收益	投资收益	营业利润	营业外收入		利润总额	应交所得税	应付职工薪酬（本年贷方累计发生额）	应交增值税
				补贴收入				
		5602.1	1.1	0.2	1158.0	243.8	968.0	1039.6
1.0		13261.6	52.3	23.3	13709.7	953.7	3350.4	3727.6
	989.8	83562.1	1937.6	839.3	60392.8	7976.8	60632.5	43577.1
	827.8	47981.2	1090.7	658.3	33938.3	4396.8	36462.0	28386.7
	-12.3	25536.0	684.4	160.0	19238.3	2815.2	19211.9	10731.0
	174.3	10044.9	162.5	21.0	7216.2	764.8	4958.6	4459.4
5979.8	41374.9	336912.3	14769.0	4945.8	262216.6	23117.5	122846.7	153598.5
93.7	810.8	64953.1	255.4	86.0	47749.3	3490.6	15098.5	27927.4
	19974.6	59145.4	705.1	96.0	43815.5	3322.0	19125.3	18615.1
		2706.8			2122.5	213.6	526.9	331.9
255.1	1540.3	63161.9	7604.0	3206.1	62056.9	3890.8	35637.0	72002.4
5631.0	6281.8	54916.3	2861.6	290.2	39937.4	5458.6	28850.7	13897.3
	180.3	28189.9	2638.2	1118.0	24461.7	1814.1	5927.8	4701.9
		3049.8			3049.8	13.2	608.7	221.5
	12587.1	60789.1	704.7	149.5	39023.5	4914.6	17071.8	15901.0
-4.0	4525.0	85990.1	2136.8	1137.7	71040.7	6859.1	41375.1	21567.3
-4.0	315.4	41787.2	50.9	40.6	32622.6	1933.1	9163.5	2301.0
		1472.0	1044.7	1000.0	1702.5	370.5	3007.1	1242.2
		1713.4	412.6	12.8	2078.1	134.4	2321.0	1022.8
	-0.2	61.6	0.7		62.3	110.2	1088.0	667.6
		2559.8	36.2	4.1	1985.0	288.6	2661.3	2579.4
		8084.9			6392.7	278.3	2458.0	984.3
		985.5	61.9	11.0	1049.8	262.4	1734.4	2163.6
	3509.6	8962.5	31.2		8105.7	527.7	2874.3	2750.6
	700.2	20363.2	498.6	69.2	17042.0	2953.9	16067.5	7855.8
		1805.1	4.0	4.0	1809.1	5.2	162.1	1004.0
		1536.6			1536.6		47.2	568.9
		156.0			156.0	5.2	37.7	19.8
		112.5	4.0	4.0	116.5		77.2	415.3
3780.7	68.4	30842.9	2738.7	451.0	27363.4	2026.4	10973.2	31295.5
3780.7	16.9	17691.2	2308.9	342.0	19177.3	880.7	5712.1	28935.3
	51.5	13151.7	429.8	109.0	8186.1	1145.7	5261.1	2360.2

1-9 限额以上批发法人企业

指标名称	法人企业数(个)	执行《2006年企业会计准则》企业数(个)	一、年初存货	二、期末资产负债			
				流动资产合计	应收账款	存货	固定资产合计
总　计	**2117**	**1442**	**2826746.0**	**12290342.4**	**2418572.7**	**2932983.0**	**1827410.1**
按登记注册类型分							
内资企业	2106	1432	2799317.0	12196162.1	2393035.4	2905479.3	1801970.5
国有企业	72	40	860798.0	2386037.6	59273.0	994344.5	377784.4
集体企业	13	11	5728.0	5043.1	576.9	542.7	3519.7
股份合作企业							
联营企业							
国有联营企业							
集体联营企业							
国有与集体联营企业							
其他联营企业							
有限责任公司	511	369	874477.1	4231285.1	1034756.3	878371.2	428008.8
国有独资公司	22	16	227468.1	539162.8	180348.2	158100.1	165290.6
其他有限责任公司	489	353	647009.0	3692122.3	854408.1	720271.1	262718.2
股份有限公司	75	57	294778.2	1040978.9	146139.3	274539.6	280716.9
私营企业	1137	820	715596.7	4414032.8	1128028.2	729749.7	582267.3
私营独资企业	25	15	5486.9	14385.5	5570.4	2647.8	15305.2
私营合伙企业	9	5	2870.5	6340.0	793.0	2606.1	5974.0
私营有限责任公司	1036	752	662475.5	4230283.2	1092648.8	689884.1	507743.6
私营股份有限公司	67	48	44763.8	163024.1	29016.0	34611.7	53244.5
其他企业	298	135	47939.0	118784.6	24261.7	27931.6	129673.4
港、澳、台商投资企业	6	6	12609.1	52327.5	6745.4	14193.4	13166.6
与港澳台商合资经营企业	1	1	12.1	790.0	1.6	12.5	163.5
与港澳台商合作经营企业							
港澳台商独资企业	4	4	12590.7	44467.4	5912.5	14013.0	12911.0
港澳台商投资股份有限公司	1	1	6.3	7070.1	831.3	167.9	92.1
其他港澳台投资企业							
外商投资企业	5	4	14819.9	41852.8	18791.9	13310.3	12273.0
中外合资经营企业	4	3	14680.6	40838.1	18032.7	13142.6	12250.5
中外合作经营企业							
外资企业	1	1	139.3	1014.7	759.2	167.7	22.5
外商投资股份有限公司							
其他外商投资企业							

财务状况按登记注册类型分组

单位：万元

二、期末资产负债								
固定资产原价	累计折旧	本年折旧	在建工程	资产总计	流动负债合计	应付账款	非流动负债合计	负债合计
2449536.5	**679079.7**	**143901.4**	**531004.6**	**16537424.3**	**9910464.2**	**1888540.5**	**547266.2**	**10538687.2**
2418352.3	673315.7	142560.9	531001.2	16391073.5	9815973.3	1880087.2	542537.7	10438990.1
689892.5	299193.1	36780.9	110988.6	3064816.4	875453.3	72187.5	10789.3	888859.1
4650.0	1194.9	308.3	103.3	15226.9	5366.3	886.4	703.9	7311.3
509574.1	114581.9	28535.1	69247.1	5654182.7	3968176.2	808613.4	226045.8	4211926.4
176985.9	31169.1	4449.8	17995.2	937544.4	541787.3	41844.4	152773.0	694560.3
332588.2	83412.8	24085.3	51251.9	4716638.3	3426388.9	766769.0	73272.8	3517366.1
391086.2	112312.3	23801.7	311222.7	1745673.0	955166.9	218161.9	81406.0	1041703.9
678495.4	125307.6	42332.6	34862.1	5620929.1	3951312.5	752525.4	197702.0	4193339.7
17098.2	1964.6	954.0		44463.7	17438.1	3732.7	1983.4	19638.5
6863.9	959.9	320.3		13779.8	4779.0	1436.2	848.4	5705.4
598188.5	103890.4	36407.4	30194.6	5322894.9	3814974.3	707394.5	193302.3	4034189.3
56344.8	18492.7	4650.9	4667.5	239790.7	114121.1	39962.0	1567.9	133806.5
144654.1	20725.9	10802.3	4577.4	290245.4	60498.1	27712.6	25890.7	95849.7
14062.9	915.7	151.2		84917.4	43920.1	1310.9	4048.1	48445.9
436.0	272.5	20.0		1042.6	189.8	16.0		189.8
13477.2	585.6	120.8		76612.5	39346.1	1148.1	4048.1	43871.9
149.7	57.6	10.4		7262.3	4384.2	146.8		4384.2
17121.3	4848.3	1189.3	3.4	61433.4	50570.8	7142.4	680.4	51251.2
17071.0	4820.5	1184.8	3.4	60352.0	49577.8	6232.0	636.2	50214.0
50.3	27.8	4.5		1081.4	993.0	910.4	44.2	1037.2

1-9 续表 1

指标名称	二、期末资产负债					
	所有者权益合计	实收资本				
			国家资本	集体资本	法人资本	个人资本
总 计	**5998737.1**	**2647795.3**	**610604.4**	**78185.4**	**1027710.0**	**906089.5**
按登记注册类型分						
内资企业	5952083.4	2623387.8	610604.4	78185.4	1024069.0	905251.5
国有企业	2175957.3	164130.0	81948.3	406.8	81703.9	71.0
集体企业	7915.6	5635.5	2.3	4286.9	996.3	350.0
股份合作企业						
联营企业						
国有联营企业						
集体联营企业						
国有与集体联营企业						
其他联营企业						
有限责任公司	1442256.3	876562.7	337668.7	20244.1	328420.5	190129.4
国有独资公司	242984.1	72477.2	68925.4		3551.8	
其他有限责任公司	1199272.2	804085.5	268743.3	20244.1	324868.7	190129.4
股份有限公司	703969.1	372575.9	166377.0	5854.6	149441.7	46247.3
私营企业	1427589.4	1085504.3	22916.3	22752.1	435026.8	604306.9
私营独资企业	24825.2	12117.2			6037.0	6080.2
私营合伙企业	8074.4	6052.8			528.1	5524.7
私营有限责任公司	1288705.6	1018062.6	22509.3	22409.1	413387.7	559619.5
私营股份有限公司	105984.2	49271.7	407.0	343.0	15074.0	33082.5
其他企业	194395.7	118979.4	1691.8	24640.9	28479.8	64146.9
港、澳、台商投资企业	36471.5	19714.3			1220.0	20.0
与港澳台商合资经营企业	852.8	600.0			240.0	
与港澳台商合作经营企业						
港澳台商独资企业	32740.6	18114.3				
港澳台商投资股份有限公司	2878.1	1000.0			980.0	20.0
其他港澳台投资企业						
外商投资企业	10182.2	4693.2			2421.0	818.0
中外合资经营企业	10138.0	4649.0			2421.0	818.0
中外合作经营企业						
外资企业	44.2	44.2				
外商投资股份有限公司						
其他外商投资企业						

单位：万元

二、期末资产负债		三、损益及分配							
港澳台资本	外商资本	营业收入	主营业务收入	营业成本	主营业务成本	营业税金及附加	主营业务税金及附加	其他业务利润	销售费用
18948.5	**6257.5**	**37373754.4**	**37181589.7**	**32806559.1**	**32644262.3**	**619528.8**	**611882.8**	**44739.3**	**1079477.2**
474.2	4803.3	36769760.1	36578035.5	32254608.8	32092785.0	618359.0	610713.0	44607.0	1059480.2
		7307933.5	7222487.8	5646939.1	5565921.1	353624.8	353602.2	4437.9	217364.7
		142997.3	142997.3	108593.8	108593.8	2633.3	1428.1	-0.6	11159.0
100.0		12056960.4	12011179.6	11145285.5	11111600.7	73732.0	71667.6	16960.7	325597.9
		1128539.1	1116685.0	1007498.4	1005130.0	6807.9	6807.9	1363.7	27455.7
100.0		10928421.3	10894494.6	10137787.1	10106470.7	66924.1	64859.7	15597.0	298142.2
	4655.3	4263729.1	4256253.6	3931099.8	3926219.7	15119.5	14066.2	3098.4	101346.0
364.2	138.0	12186060.9	12137052.4	10846254.0	10807398.8	154483.8	151465.3	19718.2	360232.4
		147957.5	147847.5	114300.3	114050.3	5311.4	5119.4	153.6	5060.7
		75091.3	75091.3	56416.9	56416.9	3072.6	3069.0		2844.5
1.0	136.0	11245064.7	11200694.2	10094004.3	10058654.2	119052.7	116907.4	17255.6	321106.7
363.2	2.0	717947.4	713419.4	581532.5	578277.4	27047.1	26369.5	2309.0	31220.5
10.0	10.0	812078.9	808064.8	576436.6	573050.9	18765.6	18483.6	392.4	43780.2
18474.3		273662.1	273521.5	248031.9	247726.0	655.3	655.3		13419.9
360.0		28238.7	28238.7	26566.6	26566.6	10.8	10.8		547.0
18114.3		236041.5	235900.9	212927.8	212621.9	644.5	644.5		12747.6
		9381.9	9381.9	8537.5	8537.5				125.3
	1454.2	330332.2	330032.7	303918.4	303751.3	514.5	514.5	132.3	6577.1
	1410.0	296905.2	296605.7	270889.9	270722.8	504.0	504.0	132.3	6409.4
	44.2	33427.0	33427.0	33028.5	33028.5	10.5	10.5		167.7

1-9 续表 2

指标名称	三、损益及分配					
	管理费用	税金	财务费用	利息收入	利息支出	资产减值损失
总计	**1024758.8**	**45815.5**	**224480.6**	**53597.0**	**142191.5**	**14560.2**
按登记注册类型分						
内资企业	1019361.1	45436.9	224492.7	53090.7	141915.2	14560.2
国有企业	406875.6	10628.6	-19001.5	21820.8	4428.5	400.9
集体企业	11778.0	150.0	1899.7	65.9	31.2	
股份合作企业						
联营企业						
国有联营企业						
集体联营企业						
国有与集体联营企业						
其他联营企业						
有限责任公司	194161.6	10846.1	68642.9	14360.8	50674.2	3927.4
国有独资公司	39143.1	706.8	27052.7	80.9	18542.4	1124.8
其他有限责任公司	155018.5	10139.3	41590.2	14279.9	32131.8	2802.6
股份有限公司	107426.6	3262.5	28079.3	5984.7	28540.9	4578.5
私营企业	263523.0	19360.5	122754.5	10579.0	54216.7	5083.7
私营独资企业	5039.9	597.2	1933.8	0.4	360.5	30.0
私营合伙企业	3164.7	208.0	706.3	29.4	103.0	
私营有限责任公司	234956.3	16435.0	112644.1	10073.6	52392.8	4736.6
私营股份有限公司	20362.1	2120.3	7470.3	475.6	1360.4	317.1
其他企业	35596.3	1189.2	22117.8	279.5	4023.7	569.7
港、澳、台商投资企业	3732.6	85.2	-59.5	457.5	183.3	
与港澳台商合资经营企业	432.5	2.2		0.6		
与港澳台商合作经营企业						
港澳台商独资企业	3092.8	81.4	-194.9	456.6	48.3	
港澳台商投资股份有限公司	207.3	1.6	135.4	0.3	135.0	
其他港澳台投资企业						
外商投资企业	1665.1	293.4	47.4	48.8	93.0	
中外合资经营企业	1536.8	292.2	47.4	48.8	93.0	
中外合作经营企业						
外资企业	128.3	1.2				
外商投资股份有限公司						
其他外商投资企业						

单位：万元

三、损益及分配							四、人工成本及增值税	
公允价值变动收益	投资收益	营业利润	营业外收入	补贴收入	利润总额	应交所得税	应付职工薪酬（本年贷方累计发生额）	应交增值税
10065.4	**55041.5**	**1669438.6**	**140333.4**	**99407.8**	**1517817.7**	**258359.3**	**720843.0**	**632772.1**
10065.4	55041.5	1643947.2	140138.8	99295.6	1492158.4	256163.9	710339.8	625386.1
	2163.8	703279.2	101867.2	86030.6	773320.7	189376.3	255324.2	278846.0
	25.0	6958.5	12.6		2501.8	36.0	2870.3	321.4
260.4	16148.3	259665.0	19932.9	6752.0	214243.6	27878.1	147242.3	129889.8
-0.9	956.4	20379.2	1786.1	1417.5	16945.2	84.8	10162.6	3576.2
261.3	15191.9	239285.8	18146.8	5334.5	197298.4	27793.3	137079.7	126313.6
5626.5	5338.0	89927.0	4725.0	1319.5	76478.5	12369.7	92513.3	33014.3
4017.8	30003.7	470423.0	11827.3	4424.3	353572.3	24815.8	170623.9	173161.1
		16281.4			10990.2	361.8	1869.9	3679.1
		8886.3			8356.3	149.1	686.1	446.5
4017.8	29829.4	394931.9	11078.0	4366.2	302445.1	21974.4	150517.4	150542.8
	174.3	50323.4	749.3	58.1	31780.7	2330.5	17550.5	18492.7
160.7	1362.7	113694.5	1773.8	769.2	72041.5	1688.0	41765.8	10153.5
		7881.8	2.0	2.0	7887.3	351.5	6977.9	4094.5
		681.8			681.8	45.5	313.6	90.7
		6823.7	2.0	2.0	6829.2	211.9	6595.0	4003.8
		376.3			376.3	94.1	69.3	
		17609.6	192.6	110.2	17772.0	1843.9	3525.3	3291.5
		17517.6	192.2	110.2	17679.0	1795.7	3312.3	3189.3
		92.0	0.4		93.0	48.2	213.0	102.2

1-10 限额以上批发法人企业

指标名称	法人企业数(个)	执行《2006年企业会计准则》企业数(个)	一、年初存货	二、期末资产负债			
				流动资产合计	应收账款	存货	固定资产合计
总计	**2117**	**1442**	**2826746.0**	**12290342.4**	**2418572.7**	**2932983.0**	**1827410.1**
按单位规模分							
大型	46	32	1238533.1	4322603.8	479877.7	1269785.2	759281.8
中型	530	368	1146992.5	5974952.8	1433501.9	1288143.7	510121.7
小型	1402	930	422717.4	1913898.4	481733.8	360619.2	539825.1
微型	139	112	18503.0	78887.4	23459.3	14434.9	18181.5

1-10 续表 1

指标名称	二、期末资产负债							
	所有者权益合计	实收资本						
			国家资本	集体资本	法人资本	个人资本	港澳台资本	外商资本
总计	**5998737.1**	**2647795.3**	**610604.4**	**78185.4**	**1027710.0**	**906089.5**	**18948.5**	**6257.5**
按单位规模分								
大型	3148346.0	621000.6	386269.6	3770.0	166357.6	59946.1	2.0	4655.3
中型	1656046.7	1082352.8	171737.1	38574.2	508694.6	361902.7	400.0	1044.2
小型	1138163.0	890138.1	52128.1	34457.1	329785.9	454682.5	18536.5	548.0
微型	56181.4	54303.8	469.6	1384.1	22871.9	29558.2	10.0	10.0

财务状况按单位规模分组

单位：万元

二、期末资产负债								
固定资产原价	累计折旧	本年折旧	在建工程	资产总计	流动负债合计	应付账款	非流动负债合计	负债合计
2449536.5	**679079.7**	**143901.4**	**531004.6**	**16537424.3**	**9910464.2**	**1888540.5**	**547266.2**	**10538687.2**
1129382.6	389361.4	60254.5	455548.4	6276710.4	2874668.4	563074.9	253024.9	3128364.4
667243.8	174693.8	43845.9	33409.0	7241339.8	5382111.8	885590.3	182780.1	5585293.1
631549.3	111715.2	38824.1	41754.3	2897294.9	1592241.4	420299.3	106956.4	1759131.9
21360.8	3309.3	976.9	292.9	122079.2	61442.6	19576.0	4504.8	65897.8

单位：万元

三、损益及分配							
营业收入	主营业务收入	营业成本	主营业务成本	营业税金及附加	主营业务税金及附加	其他业务利润	销售费用
37373754.4	**37181589.7**	**32806559.1**	**32644262.3**	**619528.8**	**611882.8**	**44739.3**	**1079477.2**
13668885.9	13559572.6	11555998.6	11471118.3	358449.3	358355.7	9571.1	419889.9
15883385.5	15828547.4	14493104.9	14437571.4	122085.3	119508.3	19657.8	410102.1
7627950.8	7601188.2	6588558.7	6566851.6	136422.1	131509.9	15481.1	244206.3
193532.2	192281.5	168896.9	168721.0	2572.1	2508.9	29.3	5278.9

1-10 续表 2

指标名称	三、损益及分配						
	管理费用	税金	财务费用	利息收入	利息支出	资产减值损失	公允价值变动收益
总 计	**1024758.8**	**45815.5**	**224480.6**	**53597.0**	**142191.5**	**14560.2**	**10065.4**
按单位规模分							
大型	516161.4	12588.1	14392.8	34472.5	51153.8	6652.4	5630.1
中型	302152.6	19602.5	134637.9	15560.4	61895.2	3720.8	3776.2
小型	200754.2	13243.6	73706.6	3525.0	28052.7	4181.4	648.2
微型	5690.6	381.3	1743.3	39.1	1089.8	5.6	10.9

1-11 限额以上批发法人企业

地 区	法人企业数(个)	执行《2006年企业会计准则》企业数(个)	一、年初存货	二、期末资产负债			
				流动资产合计	应收账款	存货	固定资产合计
湖南省	**2117**	**1442**	**2826746.0**	**12290342.4**	**2418572.7**	**2932983.0**	**1827410.1**
长沙市	1363	1125	1391814.3	7408824.6	1628237.3	1356220.1	731604.9
株洲市	583	241	134163.8	657233.1	140756.8	163188.6	192131.0
湘潭市	224	161	44166.3	267428.4	26719.3	38548.5	26881.5
衡阳市	506	194	364305.8	653223.6	51180.3	370411.1	122246.7
邵阳市	352	244	56892.2	235967.8	38960.7	76688.2	55394.9
岳阳市	544	479	192451.4	610755.0	109408.9	171229.8	144140.6
常德市	406	309	96041.1	439531.5	84459.9	116796.9	71871.5
张家界市	54	26	38816.5	80451.0	4866.4	32456.8	23789.7
益阳市	349	179	63096.5	270097.3	27121.0	78163.7	76866.3
郴州市	452	310	214380.7	771333.6	199089.5	245797.1	155407.3
永州市	205	123	89322.3	234716.7	15726.9	122330.5	34595.3
怀化市	141	65	32659.7	186380.8	27777.1	45697.4	21322.7
娄底市	291	97	29100.8	257893.2	45046.8	26872.1	107881.6
湘西州	67	35	79534.6	216505.8	19221.8	88582.2	63276.1

单位：万元

三、损益及分配						四、人工成本及增值税	
投资收益	营业利润	营业外收入	补贴收入	利润总额	应交所得税	应付职工薪酬(本年贷方累计发生额)	应交增值税
55041.5	**1669438.6**	**140333.4**	**99407.8**	**1517817.7**	**258359.3**	**720843.0**	**632772.1**
3514.4	805894.1	90677.9	75006.0	859220.2	204590.7	371525.6	341648.5
47480.6	469913.4	34722.8	16647.6	391326.1	32033.7	200613.3	192613.9
3932.6	384146.0	14718.9	7694.0	262172.9	21284.3	143369.2	95712.2
113.9	9485.1	213.8	60.2	5098.5	450.6	5334.9	2797.5

财务状况按地区分组

单位：万元

二、期末资产负债								
固定资产原价	累计折旧	本年折旧	在建工程	资产总计	流动负债合计	应付账款	非流动负债合计	负债合计
2449536.5	**679079.7**	**143901.4**	**531004.6**	**16537424.3**	**9910464.2**	**1888540.5**	**547266.2**	**10538687.2**
984252.7	276490.2	58091.0	365893.2	9749096.4	6697532.1	1212869.3	395963.0	7103946.5
237467.2	52624.2	25256.0	13956.7	932740.9	436004.8	97780.4	14412.9	476693.8
38459.2	11637.4	2416.3	1745.5	319021.5	151138.5	20248.2	3433.5	154945.4
161283.9	42476.8	6265.6	17832.6	876302.8	467467.1	57765.9	17351.9	482652.2
74135.1	20172.4	3361.2	32449.3	368353.6	131256.6	34448.0	7598.7	140064.8
232393.7	77065.7	15527.9	6271.0	864391.4	399873.0	85439.9	33656.8	435508.6
102295.0	30751.8	5758.6	1977.7	544006.0	255485.2	56756.7	8354.5	267448.6
35105.6	11315.9	2161.7	2430.6	120710.1	54316.0	8241.7	4955.0	59269.9
90941.8	19092.4	3054.4	15109.3	393721.5	120477.6	26936.4	15548.7	144433.4
196079.4	56276.7	10961.3	7267.0	1064374.4	641771.2	186104.8	35218.1	701378.7
56586.7	22738.2	2953.3	14218.3	301368.6	134080.1	15771.2	295.1	135134.6
44495.3	25313.9	2668.3	10163.0	241048.6	95607.2	22210.8	1419.3	103559.8
114911.6	13157.1	2385.9	28725.2	444757.2	154961.0	34801.3	3059.8	157614.2
81129.3	19967.0	3039.9	12965.2	317531.3	170493.8	29165.9	5998.9	176036.7

1-11 续表 1

地区	二、期末资产负债							
	所有者权益合计	实收资本	国家资本	集体资本	法人资本	个人资本	港澳台资本	外商资本
湖南省	**5998737.1**	**2647795.3**	**610604.4**	**78185.4**	**1027710.0**	**906089.5**	**18948.5**	**6257.5**
长沙市	2645149.9	1392537.9	395812.4	28758.2	600870.1	362187.6	116.3	4793.3
株洲市	456047.1	137287.2	27463.2	10182.6	31742.7	67898.7		
湘潭市	164076.1	34955.7	4702.0	10.0	5299.5	24944.2		
衡阳市	393650.6	143900.6	36516.6	2167.5	23156.7	63245.6	18360.0	454.2
邵阳市	228288.8	57641.0	8136.1	1060.5	29568.7	18875.7		
岳阳市	428882.8	236185.6	41659.4	18052.1	120353.7	56100.4	10.0	10.0
常德市	276557.4	66346.3	6607.3	2495.2	15816.2	41327.6	100.0	
张家界市	61440.2	9481.6			3781.6	5700.0		
益阳市	249288.1	85160.6	17557.8	3826.1	27139.2	36637.5		
郴州市	362995.7	222620.7	11295.4	483.1	78797.7	131682.3	362.2	
永州市	166234.0	28694.5	11305.3	563.6	12623.0	4202.6		
怀化市	137488.8	37455.9	4837.9	50.0	17657.9	13910.1		1000.0
娄底市	287143.0	153559.7	31242.5	10536.5	43757.5	68023.2		
湘西州	141494.6	41968.0	13468.5		17145.5	11354.0		

1-11 续表 2

地区	三、损益及分配						
	管理费用	税金	财务费用	利息收入	利息支出	资产减值损失	公允价值变动收益
湖南省	**1024758.8**	**45815.5**	**224480.6**	**53597.0**	**142191.5**	**14560.2**	**10065.4**
长沙市	348384.7	16832.4	107406.1	27571.5	99700.7	6356.5	5782.6
株洲市	69140.6	1745.8	27697.2	4124.3	7746.4	1661.4	137.2
湘潭市	20993.3	505.9	2042.2	3096.5	3048.5	977.5	-4.0
衡阳市	63905.0	1484.9	10193.8	4257.1	7354.2	739.5	166.6
邵阳市	42186.3	1189.3	3838.4	2028.9	2313.1	53.6	
岳阳市	143951.8	5368.2	35592.8	4671.4	9406.9	1088.8	25.3
常德市	42788.9	1100.9	-134.5	-2387.9	2366.0	-40.2	
张家界市	15240.8	587.3	386.2	536.0	911.0		
益阳市	33710.2	1096.6	3095.2	2920.1	995.8	50.6	
郴州市	109381.2	9279.3	29911.3	1308.7	4666.2	3177.0	3780.7
永州市	44451.2	1129.8	109.7	1104.1	138.1	16.0	83.3
怀化市	25796.3	611.9	1652.2	1179.2	1249.2	108.3	93.7
娄底市	33911.9	3926.8	1744.6	2075.5	996.0	1.1	
湘西州	30916.6	956.4	945.4	1111.6	1299.4	370.1	

单位：万元

三、损益及分配							
营业收入	主营业务收入	营业成本	主营业务成本	营业税金及附加	主营业务税金及附加	其他业务利润	销售费用
37373754.4	**37181589.7**	**32806559.1**	**32644262.3**	**619528.8**	**611882.8**	**44739.3**	**1079477.2**
19187393.1	19095851.1	17745252.7	17688578.8	110832.6	110044.8	29585.6	462489.2
2650769.2	2646022.9	2199959.2	2195988.3	54308.5	54171.2	1859.4	84940.3
613929.3	612871.5	506397.5	506074.3	18983.6	18962.0	312.4	20463.6
2046547.4	2037726.4	1719916.7	1711295.0	47284.2	45561.5	363.3	56278.8
935325.4	927194.0	757398.1	746656.3	34857.2	34756.7	214.8	31473.4
2602534.7	2593622.0	1999152.2	1993635.8	89295.7	85255.4	2239.4	99117.7
1200889.8	1193797.3	1000425.3	993855.8	33002.6	32790.3	2493.5	38414.0
248786.9	244486.1	200099.1	195840.4	9770.0	9770.0	41.8	10327.8
963302.8	961068.7	781216.4	778357.5	29765.4	29765.4	160.7	29798.1
3778734.1	3757716.2	3301717.0	3271056.3	95185.8	94675.8	2994.3	117128.7
786935.4	769671.0	627154.3	610195.5	27455.6	27455.6	219.4	30022.2
580922.6	577415.8	466346.3	463641.7	22168.7	22095.2	2201.5	22300.8
1208249.6	1207980.2	1045028.9	1044612.6	32972.9	32949.3	154.9	30096.6
569434.1	556166.5	456495.4	444474.0	13646.0	13629.6	1898.3	46626.0

单位：万元

三、损益及分配						四、人工成本及增值税	
投资收益	营业利润	营业外收入	补贴收入	利润总额	应交所得税	应付职工薪酬（本年贷方累计发生额）	应交增值税
55041.5	**1669438.6**	**140333.4**	**99407.8**	**1517817.7**	**258359.3**	**720843.0**	**632772.1**
48313.0	460242.8	31606.9	5770.2	409294.6	71312.6	272716.3	232582.1
2708.8	219025.2	4784.4	2463.6	208347.8	23576.5	48451.2	49481.1
21.1	44186.2	1044.7	299.6	44498.5	11705.0	11311.6	15086.5
-11.8	148595.2	16847.1	15250.9	150561.2	20447.6	40826.8	39020.4
127.4	69090.8	6927.3	6876.4	70920.4	17496.7	35559.4	23869.8
1676.4	235943.7	5858.9	4120.6	137302.8	19615.6	65545.5	31897.0
-104.0	80864.2	4935.4	4124.7	79426.6	18937.9	36051.1	31656.8
111.0	12473.9	6509.7	6249.0	17806.6	4250.0	10624.3	8384.9
390.4	85763.8	2254.5	1959.3	80265.0	15970.9	22420.2	21636.9
181.3	126202.0	23170.4	19167.6	129994.5	15724.0	88533.1	101053.5
-82.8	57742.6	13301.1	13189.0	66945.7	17182.4	31930.0	22129.7
562.3	43206.5	3030.9	2670.0	42560.3	1200.8	17545.7	15471.8
343.8	64968.6	2438.6	194.0	62405.2	12258.2	21073.1	18528.3
804.6	21133.1	17623.5	17072.9	17488.5	8681.1	18254.7	21973.3

1-12 限额以上批发法人企业

指标名称	法人企业数（个）	执行《2006年企业会计准则》企业数（个）	一、年初存货	二、期末资产负债			
				流动资产合计	应收账款	存货	固定资产合计
总 计	**2117**	**1442**	**2826746.0**	**12290342.4**	**2418572.7**	**2932983.0**	**1827410.1**
按经营形式分							
独立门店	1470	1000	1764493.6	6882596.2	1265136.1	1832915.3	1150786.9
连锁总店	13	7	102879.6	457124.5	11628.3	110620.2	48322.0
连锁门店	17	15	6462.8	33404.1	12151.6	6877.8	2298.7
其他	617	420	952910.0	4917217.6	1129656.7	982569.7	626002.5

1-12 续表 1

指标名称	二、期末资产负债							
	所有者权益合计	实收资本	国家资本	集体资本	法人资本	个人资本	港澳台资本	外商资本
总 计	**5998737.1**	**2647795.3**	**610604.4**	**78185.4**	**1027710.0**	**906089.5**	**18948.5**	**6257.5**
按经营形式分								
独立门店	3659266.2	1472311.3	301858.7	35807.6	569497.4	558368.0	576.3	6203.3
连锁总店	475943.5	172668.0	153815.4		2479.0	16373.6		
连锁门店	10847.6	6374.9		301.0	4213.4	1816.3		44.2
其他	1852679.8	996441.1	154930.3	42076.8	451520.2	329531.6	18372.2	10.0

1-12 续表 2

指标名称	三、损益及分配						
	管理费用	税金	财务费用	利息收入	利息支出	资产减值损失	公允价值变动收益
总 计	**1024758.8**	**45815.5**	**224480.6**	**53597.0**	**142191.5**	**14560.2**	**10065.4**
按经营形式分							
独立门店	669993.1	27188.9	133021.4	34577.5	75031.4	11543.4	5870.5
连锁总店	48764.9	950.2	-8053.2	4108.5	487.2	391.6	
连锁门店	3111.4	45.8	1775.4	17.5	356.7	73.4	21.8
其他	302889.4	17630.6	97737.0	14893.5	66316.2	2551.8	4173.1

财务状况按经营形式分组

单位：万元

二、期末资产负债								
固定资产原价	累计折旧	本年折旧	在建工程	资产总计	流动负债合计	应付账款	非流动负债合计	负债合计
2449536.5	**679079.7**	**143901.4**	**531004.6**	**16537424.3**	**9910464.2**	**1888540.5**	**547266.2**	**10538687.2**
1620845.7	479955.4	95702.1	423515.3	8982146.3	5106035.3	1028737.3	177928.9	5322880.1
74627.7	26893.1	4934.9	3349.9	774828.1	297118.3	162243.4	1732.2	298884.6
3324.7	1026.0	309.2	300.0	40640.4	29301.0	12812.7	491.8	29792.8
750738.4	171205.2	42955.2	103839.4	6739809.5	4478009.6	684747.1	367113.3	4887129.7

单位：万元

三、损益及分配							
营业收入	主营业务收入	营业成本	主营业务成本	营业税金及附加	主营业务税金及附加	其他业务利润	销售费用
37373754.4	**37181589.7**	**32806559.1**	**32644262.3**	**619528.8**	**611882.8**	**44739.3**	**1079477.2**
24088227.2	23979774.4	21008965.7	20893805.9	439173.5	433217.6	16966.5	648908.7
1033823.4	1026612.4	832935.5	826927.7	33494.7	33383.1	491.6	33328.0
148431.4	148229.9	134756.1	134506.1	558.2	558.2	98.1	4138.0
12103272.4	12026973.0	10829901.8	10789022.6	146302.4	144723.9	27183.1	393102.5

单位：万元

三、损益及分配						四、人工成本及增值税	
投资收益	营业利润	营业外收入	补贴收入	利润总额	应交所得税	应付职工薪酬（本年贷方累计发生额）	应交增值税
55041.5	**1669438.6**	**140333.4**	**99407.8**	**1517817.7**	**258359.3**	**720843.0**	**632772.1**
7853.0	1193950.0	102947.4	74436.6	1105217.1	191308.3	460388.3	384772.0
240.6	93202.5	5563.6	3939.9	96173.2	18837.5	41522.0	32821.3
69.4	4109.8	46.6	9.4	1424.4	280.4	2707.8	792.3
46878.5	378176.3	31775.8	21021.9	315003.0	47933.1	216224.9	214386.5

1-13 限额以上批发法人企业

指标名称	法人企业数（个）	执行《2006年企业会计准则》企业数（个）	一、年初存货	二、期末资产负债			
				流动资产合计	应收账款	存货	固定资产合计
总　计	**2117**	**1442**	**2826746.0**	**12290342.4**	**2418572.7**	**2932983.0**	**1827410.1**
按控股情况分							
国有控股	182	126	1501375.4	4690927.1	596469.0	1553331.9	852935.0
集体控股	33	23	58078.0	169628.9	35383.0	40717.3	35255.0
私人控股	1678	1170	1073336.6	6302672.2	1504279.6	1176215.9	836498.1
港澳台商控股	6	6	12609.1	52327.5	6745.4	14193.4	13166.6
外商控股	3	2	1300.3	9050.0	1851.0	889.8	3075.2
其他	215	115	180046.6	1065736.7	273844.7	147634.7	86480.2

1-13　续表 1

指标名称	二、期末资产负债							
	所有者权益合计	实收资本						
			国家资本	集体资本	法人资本	个人资本	港澳台资本	外商资本
总　计	**5998737.1**	**2647795.3**	**610604.4**	**78185.4**	**1027710.0**	**906089.5**	**18948.5**	**6257.5**
按控股情况分								
国有控股	3471252.3	849774.2	564680.7	558.2	241334.1	38545.9		4655.3
集体控股	100027.1	37685.2	2.3	11903.2	18135.9	7643.8		
私人控股	2026205.8	1506523.0	34334.9	42093.3	626249.7	803222.9	474.2	148.0
港澳台商控股	36471.5	19714.3			1220.0	20.0	18474.3	
外商控股	7707.3	2693.2			421.0	818.0		1454.2
其他	357073.1	231405.4	11586.5	23630.7	140349.3	55838.9		

1-13　续表 2

指标名称	三、损益及分配						
	管理费用		财务费用			资产减值损失	公允价值变动收益
		税金		利息收入	利息支出		
总　计	**1024758.8**	**45815.5**	**224480.6**	**53597.0**	**142191.5**	**14560.2**	**10065.4**
按控股情况分							
国有控股	570608.3	17369.7	33095.6	34511.1	56117.6	6331.7	5792.2
集体控股	18821.5	323.0	4726.4	398.0	602.8	341.2	
私人控股	375037.5	25027.4	166360.0	15413.5	73313.9	6734.9	4257.6
港澳台商控股	3732.6	85.2	-59.5	457.5	183.3		
外商控股	804.6	32.0	85.7	9.9	93.0		
其他	55754.3	2978.2	20272.4	2807.0	11880.9	1152.4	15.6

财务状况按控股情况分组

单位：万元

二、期末资产负债								
固定资产原价	累计折旧	本年折旧	在建工程	资产总计	流动负债合计	应付账款	非流动负债合计	负债合计
2449536.5	**679079.7**	**143901.4**	**531004.6**	**16537424.3**	**9910464.2**	**1888540.5**	**547266.2**	**10538687.2**
1284967.0	443205.1	65648.9	427965.2	6757346.6	3030487.0	615279.2	252990.8	3286094.3
42382.4	7626.4	4443.1	2567.9	220873.6	112535.0	34941.6	2102.6	120846.5
981840.9	185629.0	64481.5	65531.9	8098935.3	5758716.8	1032866.3	254775.3	6072729.5
14062.9	915.7	151.2		84917.4	43920.1	1310.9	4048.1	48445.9
3606.7	531.5	119.1	3.4	13652.0	5264.3	1889.9	680.4	5944.7
122676.6	41172.0	9057.6	34936.2	1361699.4	959541.0	202252.6	32669.0	1004626.3

单位：万元

三、损益及分配							
营业收入	主营业务收入	营业成本	主营业务成本	营业税金及附加	主营业务税金及附加	其他业务利润	销售费用
37373754.4	**37181589.7**	**32806559.1**	**32644262.3**	**619528.8**	**611882.8**	**44739.3**	**1079477.2**
15926799.6	15814010.0	13707036.2	13617076.6	380136.3	379586.1	12025.0	395449.2
452044.7	450367.9	353722.7	352316.3	6995.0	5773.3	2292.0	43328.6
17326294.7	17254451.0	15374035.1	15307071.8	217197.9	211563.4	24898.5	531333.2
273662.1	273521.5	248031.9	247726.0	655.3	655.3		13419.9
87506.8	87318.0	72649.6	72488.0	198.5	198.5	27.1	1655.8
3307446.5	3301921.3	3051083.6	3047583.6	14345.8	14106.2	5496.7	94290.5

单位：万元

三、损益及分配						四、人工成本及增值税	
投资收益	营业利润	营业外收入	补贴收入	利润总额	应交所得税	应付职工薪酬(本年贷方累计发生额)	应交增值税
55041.5	**1669438.6**	**140333.4**	**99407.8**	**1517817.7**	**258359.3**	**720843.0**	**632772.1**
7016.8	850446.7	110664.1	91386.2	916401.6	208676.3	385276.9	362114.3
499.4	24648.5	473.4	310.1	9863.2	2139.9	11730.9	7699.6
43838.2	703475.1	22821.9	7033.3	511760.2	40103.5	259555.2	232444.1
	7881.8	2.0	2.0	7887.3	351.5	6977.9	4094.5
	12112.5	4.4		12115.0	876.4	1042.3	290.9
3687.1	70874.0	6367.6	676.2	59790.4	6211.7	56259.8	26128.7

1-14　限额以上零售法人企业基本情况

指标名称	法　人企业数（个）	从业人员期末人数（人）	其中：女性
总　计	**3420**	**241317**	**131268**
按零售行业小类分			
综合零售	490	93598	57121
百货零售	138	30383	17803
超级市场零售	291	58403	36334
其他综合零售	61	4812	2984
食品、饮料及烟草制品专门零售	296	13723	6862
粮油零售	38	3067	1587
糕点、面包零售	6	137	62
果品、蔬菜零售	31	2487	1297
肉、禽、蛋、奶及水产品零售	43	2376	685
营养和保健品零售	4	141	72
酒、饮料及茶叶零售	119	2726	1407
烟草制品零售	11	454	325
其他食品零售	44	2335	1427
纺织、服装及日用品专门零售	190	12790	8424
纺织品及针织品零售	15	1079	623
服装零售	96	6610	4477
鞋帽零售	11	2510	2148
化妆品及卫生用品零售	18	692	356
钟表、眼镜零售	4	121	89
箱、包零售	5	50	33
厨房用具及日用杂品零售	11	263	140
自行车零售	1	4	2
其他日用品零售	29	1461	556
文化、体育用品及器材专门零售	203	11294	6598
文具用品零售	32	1108	722
体育用品及器材零售	1	121	43
图书、报刊零售	108	5164	2630
音像制品及电子出版物零售	3	73	44
珠宝首饰零售	29	1257	813
工艺美术品及收藏品零售	10	516	390
乐器零售	1	12	6
照相器材零售	1	30	14
其他文化用品零售	18	3013	1936

1-14 续表 1

指标名称	法 人 企业数 (个)	从业人员 期末人数 (人)	其中：女性
医药及医疗器材专门零售	155	19922	12112
药品零售	134	19459	11930
医疗用品及器材零售	21	463	182
汽车、摩托车、燃料及零配件专门零售	1268	62158	27834
汽车零售	963	41153	16022
汽车零配件零售	21	620	200
摩托车及零配件零售	82	1301	389
机动车燃料零售	202	19084	11223
家用电器及电子产品专门零售	480	17188	8894
家用视听设备零售	159	6669	3576
日用家电设备零售	167	5528	2897
计算机、软件及辅助设备零售	115	2772	1123
通信设备零售	26	2006	1209
其他电子产品零售	13	213	89
五金、家具及室内装饰材料专门零售	207	6212	2150
五金零售	96	2862	684
灯具零售	9	156	80
家具零售	43	1302	622
涂料零售	3	83	23
卫生洁具零售	4	347	249
木质装饰材料零售	2	36	7
陶瓷、石材装饰材料零售	13	219	108
其他室内装饰材料零售	37	1207	377
货摊、无店铺及其他零售业	131	4432	1273
货摊食品零售	1	49	6
货摊纺织、服装及鞋零售	1	88	
货摊日用品零售			
互联网零售	3	143	81
邮购及电视、电话零售	1	43	24
旧货零售	2	23	5
生活用燃料零售	56	2169	540
其他未列明零售业	67	1917	617
按登记注册类型分			
内资企业	3378	228592	124152

1-14 续表 2

指标名称	法　人 企业数 (个)	从业人员 期末人数 (人)	其中：女性
国有企业	96	6684	2668
集体企业	45	3576	1453
股份合作企业	9	467	347
联营企业	1	129	98
国有联营企业			
集体联营企业			
国有与集体联营企业			
其他联营企业	1	129	98
有限责任公司	720	72850	40783
国有独资公司	25	1882	905
其他有限责任公司	695	70968	39878
股份有限公司	140	32962	19102
私营企业	2336	110908	59111
私营独资企业	212	4712	2542
私营合伙企业	61	2130	1306
私营有限责任公司	1919	97103	51138
私营股份有限公司	144	6963	4125
其他企业	31	1016	590
港、澳、台商投资企业	21	5289	1833
与港澳台商合资经营企业	11	1309	807
与港澳台商合作经营企业			
港澳台商独资企业	8	1343	928
港澳台商投资股份有限公司	1	2483	
其他港澳台投资企业	1	154	98
外商投资企业	21	7436	5283
中外合资经营企业	8	1252	766
中外合作经营企业			
外资企业	13	6184	4517
外商投资股份有限公司			
其他外商投资企业			
按控股情况分			
国有控股	247	42906	24208
集体控股	79	14091	7336
私人控股	2906	154237	82354

1-14 续表 3

指标名称	法　人 企业数 (个)	从业人员 期末人数 (人)	其中：女性
港澳台商控股	17	5282	1920
外商控股	13	6239	4540
其他	158	18562	10910
按经营形式分			
独立门店	3027	152710	79749
连锁总店	113	56076	32732
连锁门店	111	17458	10404
其他	169	15073	8383
按单位规模分			
大型	91	84894	47684
中型	936	109573	61318
小型	1863	43203	20552
微型	530	3647	1714
按零售业态分			
有店铺零售	3408	238363	129380
食杂店	23	599	257
便利店	31	2751	2060
折扣店			
超市	401	33536	22491
大型超市	104	45257	23812
仓储会员店	8	275	130
百货店	169	28211	18973
专业店	1456	76186	38940
专卖店	1036	43322	19337
家居建材商店	53	1961	976
购物中心	15	906	504
厂家直销中心	112	5359	1900
无店铺零售	12	2954	1888
电视购物	3	2395	1577
邮购			
网上商店	8	516	287
自动售货亭			
电话购物	1	43	24

1-15 限额以上零售法人企业

指标名称	法人企业数(个)	从业人员期末人数(人)	商品购进额	进口
总 计	**3420**	**241317**	**27313002.3**	**940268.4**
按零售行业小类分				
综合零售	490	93598	6641398.8	4401.5
百货零售	138	30383	2646817.9	1281.5
超级市场零售	291	58403	3751097.7	3120.0
其他综合零售	61	4812	243483.2	
食品、饮料及烟草制品专门零售	296	13723	913687.8	16567.7
粮油零售	38	3067	166893.1	2500.0
糕点、面包零售	6	137	4270.1	
果品、蔬菜零售	31	2487	135134.4	
肉、禽、蛋、奶及水产品零售	43	2376	178886.7	7998.0
营养和保健品零售	4	141	12162.8	5984.2
酒、饮料及茶叶零售	119	2726	233098.0	
烟草制品零售	11	454	54591.9	
其他食品零售	44	2335	128650.8	85.5
纺织、服装及日用品专门零售	190	12790	925033.4	451.7
纺织品及针织品零售	15	1079	80019.0	
服装零售	96	6610	460657.6	451.7
鞋帽零售	11	2510	118877.3	
化妆品及卫生用品零售	18	692	98091.2	
钟表、眼镜零售	4	121	1821.9	
箱、包零售	5	50	6834.5	
厨房用具及日用杂品零售	11	263	27197.2	
自行车零售	1	4	502.0	
其他日用品零售	29	1461	131032.7	
文化、体育用品及器材专门零售	203	11294	1299041.1	19799.3
文具用品零售	32	1108	46042.3	
体育用品及器材零售	1	121	1037.5	
图书、报刊零售	108	5164	656553.4	8673.3
音像制品及电子出版物零售	3	73	1839.8	
珠宝首饰零售	29	1257	167515.8	
工艺美术品及收藏品零售	10	516	27695.4	11126.0
乐器零售	1	12	3009.3	
照相器材零售	1	30	1523.4	
其他文化用品零售	18	3013	393824.2	

商品销售情况按行业分组

单位：万元

商品销售额	批发额	出口	零售额	期末商品库存额	年末营业面积(平方米)
35178007.4	**2653150.8**	**15281.6**	**32524856.6**	**2534380.4**	**10452577**
6938019.2	64084.6		6873934.6	715366.3	4010732
2989255.9	30213.5		2959042.4	217307.3	1805467
3692534.1	14647.9		3677886.2	477178.4	2068649
256229.2	19223.2		237006.0	20880.6	136616
964310.3	122107.1	1030.0	842203.2	114811.4	310439
160741.4	10379.6	1030.0	150361.8	35107.7	62785
3973.2			3973.2	557.6	4587
142969.2	20452.1		122517.1	5919.8	53462
179005.0	28893.0		150112.0	20562.4	52570
13239.6	1255.3		11984.3	2165.3	10170
276065.3	48803.6		227261.7	17530.6	72735
64859.2	2341.9		62517.3	7422.9	1694
123457.4	9981.6		113475.8	25545.1	52436
1021589.2	63967.7		957621.5	112381.3	263536
120429.9	1026.8		119403.1	3202.0	57540
503507.3	29745.6		473761.7	55144.8	136499
135590.2	4338.5		131251.7	33944.4	9003
98017.5	16452.8		81564.7	5871.9	14996
2263.5			2263.5	577.4	3168
6710.7	90.0		6620.7	458.7	4199
27207.3	7520.1		19687.2	1131.9	2050
424.0			424.0	238.0	100
127438.8	4793.9		122644.9	11812.2	35981
1392503.4	150670.6	13159.6	1241832.8	138912.1	228919
48056.9	5114.8		42942.1	5739.7	45900
2038.2			2038.2	229.6	
670713.4	51661.5		619051.9	82787.8	118098
2415.2			2415.2	661.2	1530
160625.2	76780.6		83844.6	23767.6	22058
28447.8	15813.6	13159.6	12634.2	14642.3	30198
2490.9			2490.9	770.9	231
1503.4	1000.0		503.4	20.0	200
476212.4	300.1		475912.3	10293.0	10704

1-15 续表

指标名称	法人企业数（个）	从业人员期末人数（人）	商品购进额	进口
医药及医疗器材专门零售	155	19922	1950186.8	377.8
药品零售	134	19459	1854669.9	23.0
医疗用品及器材零售	21	463	95516.9	354.8
汽车、摩托车、燃料及零配件专门零售	1268	62158	11957086.0	890291.3
汽车零售	963	41153	9563093.7	886983.8
汽车零配件零售	21	620	60300.6	
摩托车及零配件零售	82	1301	189621.5	
机动车燃料零售	202	19084	2144070.2	3307.5
家用电器及电子产品专门零售	480	17188	2104269.0	567.6
家用视听设备零售	159	6669	790433.4	2.0
日用家电设备零售	167	5528	736254.3	
计算机、软件及辅助设备零售	115	2772	378527.9	565.6
通信设备零售	26	2006	184598.6	
其他电子产品零售	13	213	14454.8	
五金、家具及室内装饰材料专门零售	207	6212	729278.6	7811.5
五金零售	96	2862	292105.0	9.8
灯具零售	9	156	16567.2	
家具零售	43	1302	194148.8	
涂料零售	3	83	11010.0	
卫生洁具零售	4	347	54573.6	
木质装饰材料零售	2	36	1261.7	
陶瓷、石材装饰材料零售	13	219	21798.0	
其他室内装饰材料零售	37	1207	137814.3	7801.7
货摊、无店铺及其他零售业	131	4432	793020.8	
货摊食品零售	1	49	2156.3	
货摊纺织、服装及鞋零售	1	88	7994.6	
货摊日用品零售				
互联网零售	3	143	75900.2	
邮购及电视、电话零售	1	43	2493.3	
旧货零售	2	23	1327.1	
生活用燃料零售	56	2169	349003.1	
其他未列明零售业	67	1917	354146.2	

单位：万元

商品销售额	批发额	出口	零售额	期末商品库存额	年末营业面积(平方米)
2050669.4	414197.1		1636472.3	150363.2	330046
1955062.3	402499.9		1552562.4	145663.3	302081
95607.1	11697.2		83909.9	4699.9	27965
18864932.5	1528047.4	800.0	17336885.1	1056960.9	4051201
9966459.2	144051.6	800.0	9822407.6	995672.6	1933812
56625.1	5013.6		51611.5	6775.2	24344
204433.6	4702.5		199731.1	12567.2	84665
8637414.6	1374279.7		7263134.9	41945.9	2008380
2229744.6	191776.7	292.0	2037967.9	176968.1	631122
860613.7	44724.9	3.0	815888.8	62153.2	286427
753963.7	39030.9		714932.8	73440.1	259607
388906.4	55691.3	289.0	333215.1	29552.7	61155
209030.2	50904.8		158125.4	8663.1	15299
17230.6	1424.8		15805.8	3159.0	8634
787928.0	24359.1		763568.9	39961.6	442305
298926.0	12236.0		286690.0	15166.0	110336
15693.1			15693.1	1659.6	5028
228909.9	2433.5		226476.4	14181.4	199100
14940.7	1150.0		13790.7	669.0	850
64505.4			64505.4	278.6	19280
1422.1			1422.1	209.6	3080
22450.2	1335.0		21115.2	980.5	16775
141080.6	7204.6		133876.0	6816.9	87856
928310.8	93940.5		834370.3	28655.5	184277
2221.6			2221.6	19.6	10000
8799.5			8799.5	77.1	8000
75807.5	1939.7		73867.8	92.7	
3116.6	580.2		2536.4	93.1	
1147.7			1147.7	279.3	18200
429848.2	27693.3		402154.9	6192.4	90028
407369.7	63727.3		343642.4	21901.3	58049

1-16 限额以上零售法人企业商品

指标名称	法人企业数(个)	从业人员期末人数(人)	商品购进额	进口
总计	**3420**	**241317**	**27313002.3**	**940268.4**
按登记注册类型分				
内资企业	3378	228592	26206817.5	919440.7
国有企业	96	6684	774162.2	
集体企业	45	3576	321560.3	
股份合作企业	9	467	60439.9	
联营企业	1	129	4419.0	
国有联营企业				
集体联营企业				
国有与集体联营企业				
其他联营企业	1	129	4419.0	
有限责任公司	720	72850	8380599.1	389117.8
国有独资公司	25	1882	95975.6	900.0
其他有限责任公司	695	70968	8284623.5	388217.8
股份有限公司	140	32962	3719809.2	28501.0
私营企业	2336	110908	12836492.3	501821.9
私营独资企业	212	4712	448245.3	3830.5
私营合伙企业	61	2130	253243.6	1276.5
私营有限责任公司	1919	97103	11335951.3	487094.7
私营股份有限公司	144	6963	799052.1	9620.2
其他企业	31	1016	109335.5	
港、澳、台商投资企业	21	5289	526682.6	20827.7
与港澳台商合资经营企业	11	1309	276239.4	
与港澳台商合作经营企业				
港澳台商独资企业	8	1343	137219.3	20827.7
港澳台商投资股份有限公司	1	2483	78495.8	
其他港澳台投资企业	1	154	34728.1	
外商投资企业	21	7436	579502.2	
中外合资经营企业	8	1252	131552.5	
中外合作经营企业				
外资企业	13	6184	447949.7	
外商投资股份有限公司				
其他外商投资企业				

销售情况按登记注册类型分组

单位：万元

商品销售额				期末商品库存额	年末营业面积(平方米)
	批发额	出口	零售额		
35178007.4	**2653150.8**	**15281.6**	**32524856.6**	**2534380.4**	**10452577**
33966020.4	2641978.8	15281.6	31324041.6	2407915.2	9973034
788429.0	50205.7		738223.3	45604.8	320771
344685.0	29969.4		314715.6	23176.8	118329
59434.1	48.8		59385.3	1422.0	17708
2312.0			2312.0	718.0	5980
2312.0			2312.0	718.0	5980
9169067.5	651469.9		8517597.6	787253.3	2881763
275916.6	35300.9		240615.7	6626.9	39062
8893150.9	616169.0		8276981.9	780626.4	2842701
9919166.8	1274090.5		8645076.3	299465.4	2249556
13565713.8	629965.2	15281.6	12935748.6	1220825.9	4341478
465831.2	14453.5		451377.7	36085.2	192631
324434.0	656.9		323777.1	9000.8	73261
11959068.3	588278.1	15281.6	11370790.2	1090199.5	3824357
816380.3	26576.7		789803.6	85540.4	251229
117212.2	6229.3		110982.9	29449.0	37449
562477.9	10645.2		551832.7	81245.5	171928
311931.4	10645.2		301286.2	15298.8	98744
142070.3			142070.3	3164.8	38004
76499.6			76499.6	8964.5	180
31976.6			31976.6	53817.4	35000
649509.1	526.8		648982.3	45219.7	307615
153177.0	483.7		152693.3	12889.2	67787
496332.1	43.1		496289.0	32330.5	239828

1-17 限额以上零售法人企业

指标名称	法 人 企业数 (个)	从业人员 期末人数 (人)	商品购进额	进口
总 计	**3420**	**241317**	**27313002.3**	**940268.4**
按单位规模分				
大型	91	84894	7171582.1	
中型	936	109573	13202585.1	746225.4
小型	1863	43203	6244214.8	187393.4
微型	530	3647	694620.3	6649.6

1-18 限额以上零售法人企业

指标名称	法 人 企业数 (个)	从业人员 期末人数 (人)	商品购进额	进口
总 计	**3420**	**241317**	**27313002.3**	**940268.4**
按经营形式分				
独立门店	3027	152710	20648979.0	932270.4
连锁总店	113	56076	3782569.2	
连锁门店	111	17458	1128614.4	
其他	169	15073	1752839.7	7998.0

商品销售情况按单位规模分组

单位：万元

商品销售额	批发额	出口	零售额	期末商品库存额	年末营业面积(平方米)
35178007.4	**2653150.8**	**15281.6**	**32524856.6**	**2534380.4**	**10452577**
13539697.7	1423647.1		12116050.6	589340.5	4063327
14334386.7	759514.7	800.0	13574872.0	1375989.5	3630155
6575946.7	435368.6	14481.6	6140578.1	502506.4	2430996
727976.3	34620.4		693355.9	66544.0	328099

商品销售情况按经营形式分组

单位：万元

商品销售额	批发额	出口	零售额	期末商品库存额	年末营业面积(平方米)
35178007.4	**2653150.8**	**15281.6**	**32524856.6**	**2534380.4**	**10452577**
22323024.0	1226070.3	15281.6	21096953.7	1865565.8	6299239
8442835.1	959170.1		7483665.0	410272.7	2841085
2484217.9	293759.1		2190458.8	121812.7	995877
1927930.4	174151.3		1753779.1	136729.2	316376

1-19 限额以上零售法人企业

指标名称	法人企业数(个)	从业人员期末人数(人)	商品购进额	进口
总计	**3420**	**241317**	**27313002.3**	**940268.4**
按控股情况分				
国有控股	247	42906	5257310.1	47937.7
集体控股	79	14091	1285679.4	
私人控股	2906	154237	17432718.3	759280.2
港澳台商控股	17	5282	465318.8	
外商控股	13	6239	439130.0	
其他	158	18562	2432845.7	133050.5

1-20 限额以上零售法人企业

指标名称	法人企业数(个)	从业人员期末人数(人)	商品购进额	进口
总计	**3420**	**241317**	**27313002.3**	**940268.4**
按零售业态分				
有店铺零售	3408	238363	26860242.4	940268.4
食杂店	23	599	143078.5	500.0
便利店	31	2751	89389.2	
折扣店				
超市	401	33536	2006966.1	3143.0
大型超市	104	45257	2964964.1	2900.0
仓储会员店	8	275	28521.6	
百货店	169	28211	2747786.0	381.5
专业店	1456	76186	9805455.8	345021.3
专卖店	1036	43322	8187369.1	588322.6
家居建材商店	53	1961	239294.3	
购物中心	15	906	109866.3	
厂家直销中心	112	5359	537551.4	
无店铺零售	12	2954	452759.9	
电视购物	3	2395	351379.3	
邮购				
网上商店	8	516	98887.3	
自动售货亭				
电话购物	1	43	2493.3	

商品销售情况按控股情况分组

单位：万元

	商品销售额	批发额	出口	零售额	期末商品库存额	年末营业面积(平方米)
	35178007.4	**2653150.8**	**15281.6**	**32524856.6**	**2534380.4**	**10452577**
	11984585.4	1569380.7		10415204.7	252805.2	2894152
	1248063.9	48539.8		1199524.1	231621.9	633499
	18354074.9	983801.3	15281.6	17370273.6	1708177.2	5834904
	498977.2	913.0		498064.2	73565.4	142883
	494315.6	145.2		494170.4	36768.6	262915
	2597990.4	50370.8		2547619.6	231442.1	684224

商品销售情况按零售业态分组

单位：万元

	商品销售额	批发额	出口	零售额	期末商品库存额	年末营业面积(平方米)
	35178007.4	**2653150.8**	**15281.6**	**32524856.6**	**2534380.4**	**10452577**
	34640677.5	2650630.9	15281.6	31990046.6	2527340.9	10452377
	191185.2	29329.2	230.0	161856.0	20995.3	13644
	96208.6	4940.2		91268.4	17685.6	59418
	2040009.7	48324.2		1991685.5	220074.8	772522
	2981143.5	8171.0	800.0	2972972.5	397419.1	2037359
	28913.1	11272.8		17640.3	871.6	9741
	3035478.3	54693.6		2980784.7	211962.0	1588339
	16713837.2	2049802.3	14251.6	14664034.9	750354.4	3975526
	8649544.8	386410.1		8263134.7	820640.8	1560418
	263174.3	7166.5		256007.8	10413.7	158455
	93134.0	1593.9		91540.1	25801.1	82948
	548048.8	48927.1		499121.7	51122.5	194007
	537329.9	2519.9		534810.0	7039.5	200
	432266.9			432266.9	5928.8	200
	101946.4	1939.7		100006.7	1017.6	
	3116.6	580.2		2536.4	93.1	

1-21 限额以上零售法人企业

地　区	法　人 企业数 (个)	从业人员 期末人数 (人)	商品购进额	进口
湖南省	**3420**	**241317**	**27313002.3**	**940268.4**
长沙市	669	79354	12422945.9	844779.6
株洲市	259	14538	1728852.4	15390.8
湘潭市	189	14128	1588996.0	19943.9
衡阳市	340	19932	1829171.3	7662.8
邵阳市	266	17166	994478.9	4634.6
岳阳市	295	16353	2352649.0	27.7
常德市	318	16339	1007346.2	494.6
张家界市	49	5049	172418.6	1036.7
益阳市	242	10040	1010298.5	2493.9
郴州市	239	11807	1087452.7	22352.7
永州市	179	11034	1003776.2	1929.5
怀化市	109	11568	794436.0	11744.9
娄底市	220	10777	1124156.9	7776.7
湘西州	46	3232	196023.7	

商品销售情况按地区分组

单位：万元

商品销售额	批发额	出口	零售额	期末商品库存额	年末零售营业面积(平方米)
35178007.4	**2653150.8**	**15281.6**	**32524856.6**	**2534380.4**	**10452577**
14217688.5	1031883.0	13159.6	13185805.5	1148092.6	3077664
2530556.1	74025.1		2456531.0	159351.8	548340
1843354.0	260869.3		1582484.7	271988.5	483120
2384790.0	153672.8		2231117.2	118351.5	967035
1486769.7	238187.1	1092.0	1248582.6	174878.8	850272
2987074.3	182911.5		2804162.8	130288.1	710987
1573991.4	123502.7		1450488.7	99623.2	1006718
385241.3	41641.9	800.0	343599.4	35150.1	175916
1418039.0	125134.2	230.0	1292904.8	79662.7	627944
1729359.3	88546.2		1640813.1	97682.5	520794
1385861.3	89689.3		1296172.0	64095.1	507407
1226128.2	134607.0		1091521.2	74111.2	367335
1574412.5	64818.6		1509593.9	63669.1	522625
434741.8	43662.1		391079.7	17435.2	86420

1-22 限额以上零售法人

指标名称	法人企业数(个)	执行《2006年企业会计准则》企业数(个)	一、年初存货	二、期末资产负债		
				流动资产合计	应收账款	存货
总计	**3420**	**2146**	**1823486.5**	**7814480.3**	**840415.1**	**2026588.2**
按零售行业小类分						
综合零售	490	293	475681.0	2544650.6	54621.3	502480.9
百货零售	138	85	191491.3	1194768.2	29749.9	226367.8
超级市场零售	291	166	269398.3	1299266.6	16252.3	263632.2
其他综合零售	61	42	14791.4	50615.8	8619.1	12480.9
食品、饮料及烟草制品专门零售	296	194	67363.0	219913.7	31122.0	67310.1
粮油零售	38	31	20587.1	35445.6	9184.9	17399.0
糕点、面包零售	6	4	40.1	501.4	4.5	81.5
果品、蔬菜零售	31	20	2487.4	6338.3	785.4	2471.7
肉、禽、蛋、奶及水产品零售	43	22	20920.6	95110.0	2909.9	18715.7
营养和保健品零售	4	2	1164.9	3647.1	1631.7	1912.1
酒、饮料及茶叶零售	119	77	11392.1	42779.6	9223.3	11447.8
烟草制品零售	11	9	2938.7	13750.9	1019.9	6491.9
其他食品零售	44	29	7832.1	22340.8	6362.4	8790.4
纺织、服装及日用品专门零售	190	113	85440.6	247431.9	40135.2	97537.0
纺织品及针织品零售	15	9	2244.7	7433.0	713.5	2724.4
服装零售	96	59	42367.4	137064.5	25756.9	46202.0
鞋帽零售	11	7	27235.6	50114.1	6322.9	33475.6
化妆品及卫生用品零售	18	12	3864.2	26370.9	3619.4	7422.4
钟表、眼镜零售	4	1	488.4	699.5	121.1	472.1
箱、包零售	5	3	116.7	489.6	165.2	184.4
厨房用具及日用杂品零售	11	6	1224.3	3193.3	688.4	675.5
自行车零售	1	1	160.0	541.2	112.0	238.0
其他日用品零售	29	15	7739.3	21525.8	2635.8	6142.6
文化、体育用品及器材专门零售	203	149	94812.7	494908.1	38659.9	97112.5
文具用品零售	32	24	5481.7	18357.2	3859.0	5197.6
体育用品及器材零售	1	1	26.8	3970.4	133.0	196.2
图书、报刊零售	108	78	51895.7	238550.8	16913.6	46401.2
音像制品及电子出版物零售	3	1	455.7	2316.8	20.4	615.7
珠宝首饰零售	29	22	13147.0	48738.0	1878.4	22602.7
工艺美术品及收藏品零售	10	8	13297.5	29746.0	11761.1	12193.8
乐器零售	1	1	627.2	2167.1	216.9	779.4
照相器材零售	1		200.0	596.1	268.4	213.5
其他文化用品零售	18	14	9681.1	150465.7	3609.1	8912.4

企业财务状况按行业分组

单位：万元

二、期末资产负债									
固定资产合计	固定资产原价	累计折旧	本年折旧	在建工程	资产总计	流动负债合计	应付账款	非流动负债合计	负债合计
2610587.3	**3534507.8**	**1017909.4**	**229384.8**	**402126.2**	**13316628.9**	**7789218.3**	**1533869.6**	**610532.6**	**8505603.3**
880607.1	1221511.4	411437.4	101999.0	55023.1	4191078.1	2416530.2	657246.7	237695.9	2700813.0
423079.7	632962.1	230736.1	63023.8	24439.6	1968713.3	1081286.6	263160.8	138553.2	1254525.2
411097.2	536986.6	172715.0	37455.4	27659.3	2097513.5	1280301.7	384008.1	95803.7	1378435.7
46430.2	51562.7	7986.3	1519.8	2924.2	124851.3	54941.9	10077.8	3339.0	67852.1
108328.5	123756.2	19386.6	5948.1	12581.5	475507.0	190288.6	30266.9	17501.8	214343.7
30084.3	32663.4	3792.1	762.9	5872.8	103989.9	70168.3	15252.0	4885.0	75133.3
705.5	803.0	97.5	57.9		1229.6	222.4	39.7	80.5	302.9
19000.8	20388.6	1889.6	933.9	735.2	26224.9	3433.3	1162.9	848.5	6284.5
21487.6	25947.4	5314.5	1217.2	4081.7	207270.1	71600.5	4482.0	2753.4	77450.0
634.4	809.5	175.1	79.9		4343.5	1717.0	1148.2		2080.9
23360.7	28297.3	5836.9	2113.2	475.6	78623.2	21265.0	5343.8	6230.8	25968.8
2249.5	2314.1	553.2	339.7		16429.7	8595.1	4924.2	567.1	9429.3
10805.7	12532.9	1727.7	443.4	1416.2	37396.1	13287.0	-2085.9	2136.5	17694.0
96471.7	114413.3	24953.1	8003.4	5611.2	411937.7	222249.7	69331.2	25824.9	275757.4
35733.4	37331.7	8397.1	3165.9		45832.7	1365.1	239.7	5688.8	13149.5
38729.9	49046.0	10484.9	2808.9	4947.2	229068.9	136656.6	63047.2	14246.5	171785.1
2374.0	3744.8	1389.3	796.2		54985.2	44989.4	958.8	1540.0	46529.4
4963.1	6465.0	1501.9	465.4	256.5	34390.1	18910.2	1730.8	1245.1	20159.2
264.4	336.0	79.0	13.3		1003.9	415.3	361.2	20.0	515.3
911.3	1036.3	125.0	30.4		1400.9	186.9	87.0	7.8	194.7
5449.0	6082.9	633.9	252.6		9211.4	3703.1	114.3	2359.1	6062.2
125.0	139.7	14.7	5.5		666.2	201.0	117.0	100.0	301.0
7921.6	10230.9	2327.3	465.2	407.5	35378.4	15822.1	2675.2	617.6	17061.0
79013.4	126311.1	49407.5	8989.4	3242.7	657997.0	242274.2	99251.8	12570.1	256989.5
3760.8	5095.6	1517.7	254.1		23272.1	13191.1	3832.0	94.8	13380.6
55.1	71.0	15.9	14.0		4025.5	680.9	418.7		680.9
53158.1	85529.0	34288.7	5950.2	2251.6	352447.8	103627.8	42340.9	3642.0	109498.3
506.9	600.3	93.4	45.1		2835.3	731.3	264.5	29.9	761.2
11976.4	14438.5	2471.3	821.0	232.3	72642.3	43820.9	4195.9	8015.5	51848.6
1652.2	3262.2	1610.0	181.6	260.5	32268.7	15372.1	8109.9	359.1	15731.2
56.3	143.2	86.9	17.1		2223.4	1863.2	580.7		1863.2
3.9	38.3	34.4	0.8		600.0	315.9	232.6	315.9	315.9
7843.7	17133.0	9289.2	1705.5	498.3	167681.9	62671.0	39276.6	112.9	62909.6

1-22 续表 1

指标名称	法人企业数(个)	执行《2006年企业会计准则》企业数(个)	一、年初存货	二、期末资产负债		
				流动资产合计	应收账款	存货
医药及医疗器材专门零售	155	87	116033.7	775672.0	355245.2	125412.2
药品零售	134	77	114040.2	750765.6	343594.5	121796.0
医疗用品及器材零售	21	10	1993.5	24906.4	11650.7	3616.2
汽车、摩托车、燃料及零配件专门零售	1268	844	809067.6	2936894.6	234539.1	978570.2
汽车零售	963	646	631071.0	2530623.7	186483.1	805110.3
汽车零配件零售	21	14	5897.5	26928.9	10073.3	6838.7
摩托车及零配件零售	82	41	12864.7	23639.2	2811.4	9007.9
机动车燃料零售	202	143	159234.4	355702.8	35171.3	157613.3
家用电器及电子产品专门零售	480	288	109661.9	386574.7	51860.5	112152.4
家用视听设备零售	159	90	45291.4	146759.9	14529.6	46329.7
日用家电设备零售	167	107	42776.9	134049.6	14825.6	45096.2
计算机、软件及辅助设备零售	115	68	14190.5	57939.1	18860.4	14203.5
通信设备零售	26	15	6218.4	44058.8	3137.2	5438.7
其他电子产品零售	13	8	1184.7	3767.3	507.7	1084.3
五金、家具及室内装饰材料专门零售	207	107	41660.7	108731.1	18335.2	23367.7
五金零售	96	49	10538.7	33169.1	6823.4	9897.1
灯具零售	9	6	947.9	4694.9	969.5	668.9
家具零售	43	28	24091.1	34862.7	3908.7	7486.5
涂料零售	3	2	120.0	802.1	285.0	372.0
卫生洁具零售	4	2		2936.8	2802.0	28.6
木质装饰材料零售	2	1	251.0	198.0	89.0	8.0
陶瓷、石材装饰材料零售	13	2	1133.1	3278.3	367.8	513.8
其他室内装饰材料零售	37	17	4578.9	28789.2	3089.8	4392.8
货摊、无店铺及其他零售业	131	71	23765.3	99703.6	15896.7	22645.2
货摊食品零售	1	1		2537.9	2491.4	19.6
货摊纺织、服装及鞋零售	1	1	77.1	1178.8	886.2	107.8
货摊日用品零售						
互联网零售	3	2	0.2	1004.2	383.1	92.8
邮购及电视、电话零售	1		118.2	750.6	251.5	93.1
旧货零售	2		99.9	358.0	64.6	264.1
生活用燃料零售	56	29	6432.0	31428.7	3599.2	4699.4
其他未列明零售业	67	38	17037.9	62445.4	8220.7	17368.4

单位：万元

二、期末资产负债									
固定资产合计	固定资产原价	累计折旧	本年折旧	在建工程	资产总计	流动负债合计	应付账款	非流动负债合计	负债合计
61863.5	87036.0	25677.0	6203.7	7884.8	964641.0	723505.2	234555.6	11534.0	738610.7
55348.4	79658.5	24518.3	5563.1	7311.7	931446.9	705179.3	230192.5	11017.2	718998.5
6515.1	7377.5	1158.7	640.6	573.1	33194.1	18325.9	4363.1	516.8	19612.2
1073317.6	1501787.1	421944.1	79622.8	306458.6	5497107.7	3442112.9	327319.9	245644.4	3684114.3
444841.6	603984.2	144711.9	48605.5	36447.8	3350143.6	2479605.4	266634.8	172343.0	2600986.3
4177.0	5322.6	1401.7	255.4		46902.6	38241.9	8642.2	948.0	39590.4
19358.0	23711.2	5063.3	1375.3	336.0	47338.7	12114.5	2715.9	1807.7	15996.7
604941.0	868769.1	270767.2	29386.6	269674.8	2052722.8	912151.1	49327.0	70545.7	1027540.9
103117.6	124889.7	27743.5	11487.4	1040.1	600458.2	310555.9	86464.2	20034.6	352485.5
50315.4	57871.6	13065.7	4618.2	705.2	252670.2	138193.2	43168.4	7327.4	158610.9
37087.6	46245.6	9347.6	4863.1	248.7	204608.5	104517.6	25121.6	7130.5	117498.7
8386.4	11389.8	3190.6	943.1	86.2	75150.6	32058.5	7924.8	4552.3	37726.7
5585.3	7251.9	1735.6	854.3		60821.8	33510.4	9435.8	645.2	35993.8
1742.9	2130.8	404.0	208.7		7207.1	2276.2	813.6	379.2	2655.4
68798.5	81605.1	15307.2	4570.2	8606.1	242729.0	108824.6	18724.6	24990.1	131228.4
27107.9	33462.1	7111.1	2041.0	662.4	83210.9	33276.2	5708.5	9057.6	36594.8
1064.1	1460.9	396.8	53.7	6823.2	22847.5	1652.0	143.5	7550.7	9292.7
20430.6	23224.0	3578.9	969.7	1088.4	76561.4	47481.2	9633.1	1485.7	49100.2
124.0	196.7	72.7	9.5		1076.1	327.5	240.0	33.9	409.4
5870.2	7354.1	1537.9	396.8		11216.4	2922.8	574.0	2800.0	5722.8
2610.5	2412.5	105.6	105.6		3054.3	9.0	8.0		2000.0
2403.0	2764.6	371.6	167.7		6187.3	1499.4	268.8	409.5	2302.6
9188.2	10730.2	2132.6	826.2	32.1	38575.1	21656.5	2148.7	3652.7	25805.9
139069.4	153197.9	22053.0	2560.8	1678.1	275173.2	132877.0	10708.7	14736.8	151260.8
2.1	4.2	2.1	2.1		2540.0	830.0	815.2		830.0
126.2	158.2	32.0	32.0		2361.6	1861.6	1053.0		1861.6
116.9	156.0	39.1	28.2		1640.0	329.3	286.6	200.0	529.3
10.9	16.7	5.8	1.4	965.0	1726.6	499.6	76.5	390.9	890.6
58.7	59.3	20.4	12.8		416.7	166.3	40.9		166.3
27198.1	35341.3	8917.5	1031.1	329.9	82848.8	25245.7	2393.0	9910.8	37661.4
111556.5	117462.2	13036.1	1453.2	383.2	183639.5	103944.5	6043.5	4235.1	109321.6

1-22 续表 2

指标名称	二、期末资产负债					
	所有者权益合计	实收资本				
			国家资本	集体资本	法人资本	个人资本
总 计	**4811025.6**	**3172403.0**	**1115333.6**	**83181.8**	**937390.6**	**907977.2**
按零售行业小类分						
综合零售	1490265.1	611831.4	26217.6	23852.2	263991.6	195481.3
百货零售	714188.1	269156.1	15748.1	8328.6	87940.6	88217.8
超级市场零售	719077.8	306090.9	4641.1	10094.9	169760.5	88276.7
其他综合零售	56999.2	36584.4	5828.4	5428.7	6290.5	18986.8
食品、饮料及烟草制品专门零售	261163.3	140993.0	19960.2	6442.0	41992.3	72598.5
粮油零售	28856.6	27729.4	13423.5	6013.0	7377.0	915.9
糕点、面包零售	926.7	534.2			377.7	156.5
果品、蔬菜零售	19940.4	8494.3	30.0	62.0	2987.9	5414.4
肉、禽、蛋、奶及水产品零售	129820.1	44599.4	3929.5	10.0	9404.2	31255.7
营养和保健品零售	2262.6	1641.9			420.0	1221.9
酒、饮料及茶叶零售	52654.4	37408.0	1273.7	357.0	15158.0	20619.3
烟草制品零售	7000.4	3299.5	1236.0		212.1	1851.4
其他食品零售	19702.1	17286.3	67.5		6055.4	11163.4
纺织、服装及日用品专门零售	136180.3	106104.0	2046.1	2443.7	43834.6	55021.2
纺织品及针织品零售	32683.2	32032.0	966.5		23287.3	7778.2
服装零售	57283.8	48716.7	541.2	1745.0	16533.3	29668.8
鞋帽零售	8455.8	5151.0		160.0	1250.0	3741.0
化妆品及卫生用品零售	14230.9	5316.8	10.0	20.0	180.0	2576.8
钟表、眼镜零售	488.6	369.3			50.0	319.3
箱、包零售	1206.2	1122.0			200.0	922.0
厨房用具及日用杂品零售	3149.2	1882.6			1172.6	710.0
自行车零售	365.2	300.0				300.0
其他日用品零售	18317.4	11213.6	528.4	518.7	1161.4	9005.1
文化、体育用品及器材专门零售	401007.5	277180.2	205182.4	2131.0	51117.2	16949.6
文具用品零售	9891.5	7352.1	100.0	50.0	3937.6	3264.5
体育用品及器材零售	3344.6	4500.0			2700.0	
图书、报刊零售	242949.5	186413.2	159270.2	2031.0	23070.1	2041.9
音像制品及电子出版物零售	2074.1	2060.2	10.0		33.4	2016.8
珠宝首饰零售	20793.7	17577.2		50.0	10219.3	7307.9
工艺美术品及收藏品零售	16537.5	5626.8	2190.0		3036.8	400.0
乐器零售	360.2	238.0				238.0
照相器材零售	284.1	280.0				280.0
其他文化用品零售	104772.3	53132.7	43612.2		8120.0	1400.5

单位：万元

二、期末资产负债		三、损益及分配							
港澳台资本	外商资本	营业收入	主营业务收入	营业成本	主营业务成本	营业税金及附加	主营业务税金及附加	其他业务利润	销售费用
31288.3	**97231.5**	**32749065.3**	**32424356.1**	**28681777.0**	**28535272.8**	**346237.5**	**288293.0**	**208096.7**	**1658535.0**
11314.9	90973.8	6865066.0	6705486.1	5687215.4	5671240.3	126300.3	77142.9	142767.6	516523.1
71.0	68850.0	2748266.8	2691601.9	2235597.2	2230207.8	39556.5	38065.5	50168.6	188548.5
11243.9	22073.8	3870930.9	3772016.9	3256510.6	3246542.7	81815.9	34183.9	88295.0	308082.1
	50.0	245868.3	241867.3	195107.6	194489.8	4927.9	4893.5	4304.0	19892.5
		939119.2	926590.5	754365.9	747602.4	15208.9	14584.9	10466.2	63894.4
		151198.4	145897.4	124981.3	124537.3	1652.8	1475.2	838.5	16719.3
		3973.2	3973.2	2917.9	2917.9	229.2	163.7		345.5
		150561.4	150550.0	129924.8	129078.7	1083.5	1030.8	177.5	5295.0
		171628.5	171192.3	123818.4	123567.2	3439.8	3439.8	8019.2	17187.5
		12258.3	12258.3	8792.9	8792.9	192.0	192.0		1365.6
		270748.6	270606.2	212204.6	212142.0	6667.8	6619.4	754.6	12706.7
		59649.9	59649.9	47713.0	47713.0	496.3	496.3		4635.6
		119100.9	112463.2	104013.0	98853.4	1447.5	1167.7	676.4	5639.2
2668.4	90.0	960044.5	956672.1	761452.9	760989.4	19190.7	19129.3	4929.6	81710.4
		120417.9	120385.4	86739.7	86732.0	5425.2	5425.2	161.3	3063.2
228.4		462702.4	460096.3	368110.8	367743.7	6865.2	6850.6	3687.0	47888.8
		130948.7	130948.7	100865.5	100865.5	948.0	948.0	87.5	16360.4
2440.0	90.0	86989.0	86269.8	75195.2	75165.2	813.8	773.3	974.1	4279.6
		2263.5	2263.5	1469.3	1410.6	88.0	88.0		290.0
		6157.8	6157.8	4987.3	4987.3	81.5	81.5		344.9
		26904.2	26904.2	21949.8	21949.8	809.1	809.1		1037.2
		500.1	500.1	410.0	410.0	9.5	9.1		14.3
		123160.9	123146.3	101725.3	101725.3	4150.4	4144.5	19.7	8432.0
	1800.0	1259986.4	1257258.4	976688.1	959686.7	10489.7	10162.8	5091.3	124802.0
		46761.6	46761.6	37936.8	37934.8	618.9	617.7	1.0	2499.8
	1800.0	1864.5	1742.0	1112.5	1112.5	55.8	55.8		227.6
		616791.9	614534.5	459117.7	451172.5	5441.4	5152.0	4849.5	52343.2
		2415.2	2415.2	1364.8	1364.8	30.4	30.4		334.4
		145056.4	145056.4	129943.3	129943.3	1124.4	1115.5	-9.6	6132.4
		25752.3	25427.9	22519.6	22519.6	276.6	276.6	250.0	802.8
		2129.0	2129.0	1788.7	1788.7	42.5	42.5		125.8
		1503.4	1503.4	1362.8	1362.8	2.3	2.3	0.4	78.7
		417712.1	417688.4	321541.9	312487.7	2897.4	2870.0		62257.3

1-22 续表 3

指标名称	二、期末资产负债					
	所有者权益合计	实收资本				
			国家资本	集体资本	法人资本	个人资本
医药及医疗器材专门零售	226030.3	131829.4	10846.6		53499.2	54321.2
药品零售	212448.4	122980.9	10726.6		50543.7	48548.2
医疗用品及器材零售	13581.9	8848.5	120.0		2955.5	5773.0
汽车、摩托车、燃料及零配件专门零售	1812993.4	1565123.5	844136.8	18629.0	355168.0	341810.7
汽车零售	749157.3	610114.4	3994.1	15654.0	285699.8	300464.5
汽车零配件零售	7312.2	4707.7		300.0	1914.6	2493.1
摩托车及零配件零售	31342.0	19859.6	80.0		7007.2	12772.4
机动车燃料零售	1025181.9	930441.8	840062.7	2675.0	60546.4	26080.7
家用电器及电子产品专门零售	247972.7	187117.0	640.9	25550.1	67696.0	92403.6
家用视听设备零售	94059.3	83878.7	500.0	25492.1	31909.3	25150.9
日用家电设备零售	87109.8	47760.1	140.9	50.0	17904.0	29665.2
计算机、软件及辅助设备零售	37423.9	31520.0		8.0	12091.4	19420.6
通信设备零售	24828.0	21206.0			5202.9	16003.1
其他电子产品零售	4551.7	2752.2			588.4	2163.8
五金、家具及室内装饰材料专门零售	111500.6	76108.6	3677.2	933.4	38305.2	33007.9
五金零售	46616.1	32301.0	3655.2	911.3	11998.3	15736.2
灯具零售	13554.8	1549.7			919.7	630.0
家具零售	27461.2	25199.0	22.0	22.1	15881.8	9088.2
涂料零售	666.7	325.7			73.7	252.0
卫生洁具零售	5493.6	4981.4			2130.0	2851.4
木质装饰材料零售	1054.3	72.8			50.7	22.1
陶瓷、石材装饰材料零售	3884.7	2039.0			1309.9	729.1
其他室内装饰材料零售	12769.2	9640.0			5941.1	3698.9
货摊、无店铺及其他零售业	123912.4	76115.9	2625.8	3200.4	21786.5	46383.2
货摊食品零售	1710.0	1700.0				1700.0
货摊纺织、服装及鞋零售	500.0	500.0			500.0	
货摊日用品零售						
互联网零售	1110.7	1050.0			500.0	550.0
邮购及电视、电话零售	836.0	800.0				800.0
旧货零售	250.4	250.2	50.0			200.2
生活用燃料零售	45187.4	43261.5	454.0	5.4	14176.9	26505.2
其他未列明零售业	74317.9	28554.2	2121.8	3195.0	6609.6	16627.8

单位：万元

二、期末资产负债		三、损益及分配							
港澳台资本	外商资本	营业收入	主营业务收入	营业成本	主营业务成本	营业税金及附加	主营业务税金及附加	其他业务利润	销售费用
9284.0	3878.4	1840984.1	1834623.0	1554955.1	1550640.4	20332.5	16950.1	6335.3	125402.3
9284.0	3878.4	1754544.2	1748183.1	1492930.5	1488615.8	16649.2	13268.3	5902.5	122718.4
		86439.9	86439.9	62024.6	62024.6	3683.3	3681.8	432.8	2683.9
4912.2	466.8	17126173.7	17014491.5	15825355.9	15736285.0	81649.1	78026.2	21132.0	548330.9
4292.0	10.0	9146752.7	9096970.0	8365065.8	8322906.8	48195.4	48020.9	18077.9	277685.8
		53583.5	53417.4	43083.5	43066.2	619.8	619.8	2.9	4809.6
		201760.7	201170.7	166928.0	166388.0	5420.2	4553.8	187.7	8081.1
620.2	456.8	7724076.8	7662933.4	7250278.6	7203924.0	27413.7	24831.7	2863.5	257754.4
826.4		2076146.4	2050774.5	1740542.8	1729377.9	26667.9	26030.6	5739.9	118657.2
826.4		795428.0	775707.2	641786.3	633685.5	9995.3	9943.4	3325.5	52387.4
		715112.1	713270.1	610829.8	609551.9	8914.0	8552.6	1167.0	36213.3
		361265.7	361042.4	319673.1	319523.0	5340.1	5184.8	248.9	15081.5
		188008.8	184423.0	156165.0	154528.9	1824.6	1822.9	994.7	14026.6
		16331.8	16331.8	12088.6	12088.6	593.9	526.9	3.8	948.4
162.4	22.5	746555.4	744691.0	597619.9	596510.5	18997.3	18912.9	10598.9	48108.7
		301962.8	300884.0	230037.1	228934.1	9896.2	9890.5	1942.1	15510.1
		14160.8	14130.8	11720.2	11720.2	267.7	262.7		608.1
162.4	22.5	198932.9	198177.3	169577.3	169570.9	3490.8	3486.7	763.4	16204.8
		13076.5	13076.5	12125.7	12125.7	382.6	382.6		225.8
		64396.2	64396.2	52879.8	52879.8	1059.6	1059.6	7893.4	8297.1
		1422.1	1422.1	899.9	899.9	113.9	113.0		107.2
		21112.4	21112.4	15364.2	15364.2	670.1	670.1		1481.4
		131491.7	131491.7	105015.7	105015.7	3116.4	3047.7		5674.2
2120.0		934989.6	933769.0	783581.0	782940.2	27401.1	27353.3	1035.9	31106.0
		2221.6	2221.6	2136.7	2136.7	2.3	2.3		67.3
		8799.5	8799.5	7722.4	7722.4	46.0	46.0		521.9
		65465.6	65465.6	64120.4	64120.4	166.1	166.1		192.9
		3116.6	3116.6	2493.3	2493.3	7.0	7.0		31.3
		1147.7	1147.7	781.1	781.1	29.9	29.9		107.3
2120.0		422776.3	421830.0	339282.3	338746.0	19128.4	19091.7	830.2	14720.8
		431462.3	431188.0	367044.8	366940.3	8021.4	8010.3	205.7	15464.5

1-22 续表 4

指标名称	三、损益及分配					
	管理费用	税金	财务费用	利息收入	利息支出	资产减值损失
总　计	**920591.3**	**44965.2**	**191466.0**	**16682.4**	**100353.2**	**7810.7**
按零售行业小类分						
综合零售	297464.6	13657.9	36585.9	8815.0	22469.6	3674.2
百货零售	159007.6	6004.9	17858.4	3882.1	13179.1	1034.9
超级市场零售	127365.9	7023.7	16067.6	4535.5	8237.3	2618.3
其他综合零售	11091.1	629.3	2659.9	397.4	1053.2	21.0
食品、饮料及烟草制品专门零售	42027.7	1600.1	10655.4	338.8	3411.8	170.6
粮油零售	5039.6	487.1	2030.9	-0.2	545.7	49.9
糕点、面包零售	239.9	9.0	135.6	0.5	4.7	
果品、蔬菜零售	5173.5	120.3	1418.4	49.9	195.3	91.0
肉、禽、蛋、奶及水产品零售	11586.4	290.7	3639.3	163.4	1379.8	8.5
营养和保健品零售	557.2	14.3	50.4		9.8	
酒、饮料及茶叶零售	12695.5	463.7	1891.2	84.2	645.0	1.0
烟草制品零售	1897.8	55.0	381.9	10.2	140.8	
其他食品零售	4837.8	160.0	1107.7	30.8	490.7	20.2
纺织、服装及日用品专门零售	41562.8	2285.9	9267.2	138.5	2356.6	32.3
纺织品及针织品零售	5856.7	418.3	429.7		4.7	2.5
服装零售	20454.8	821.0	4943.6	122.7	1382.7	28.8
鞋帽零售	4801.1	53.9	2316.3	6.9	319.2	
化妆品及卫生用品零售	2664.6	49.4	534.4	-68.5	431.5	1.0
钟表、眼镜零售	279.5	4.5	68.8	0.1	6.7	
箱、包零售	345.2	10.6	27.6	1.0	15.1	
厨房用具及日用杂品零售	1517.1	6.9	553.1		40.4	
自行车零售	16.5	1.4	3.6		3.6	
其他日用品零售	5627.3	919.9	390.1	76.3	152.7	
文化、体育用品及器材专门零售	71837.0	1883.3	4226.3	-1258.3	2182.8	638.4
文具用品零售	2289.9	190.0	469.8	0.6	72.3	2.8
体育用品及器材零售	893.3	2.1	49.3	96.8		
图书、报刊零售	47330.6	1049.8	3000.6	655.9	447.7	1498.0
音像制品及电子出版物零售	164.2	2.1	62.3	0.3	0.8	
珠宝首饰零售	4036.1	310.8	2274.4	4.3	1568.1	
工艺美术品及收藏品零售	1482.1	56.9	22.9	11.9	23.1	70.2
乐器零售	118.5	13.1	3.0	0.2	0.5	
照相器材零售	55.5	1.2	0.4		0.4	
其他文化用品零售	15466.8	257.3	-1656.4	-2028.3	69.9	-932.6

单位：万元

三、损益及分配							四、人工成本及增值税	
公允价值变动收益	投资收益	营业利润	营业外收入	补贴收入	利润总额	应交所得税	应付职工薪酬（本年贷方累计发生额）	应交增值税
164.0	**48344.2**	**1063327.9**	**34977.8**	**4983.6**	**869943.8**	**129865.3**	**855692.7**	**421985.5**
-6.0	37572.7	295458.3	14075.0	2099.1	278835.2	45357.9	277241.8	98123.0
	12695.6	124956.9	6491.9	222.4	128139.0	31729.8	127569.9	50968.1
-6.0	24852.6	157873.8	7202.9	1693.8	138730.9	12749.2	137830.0	44829.3
	24.5	12627.6	380.2	182.9	11965.3	878.9	11841.9	2325.6
16.4	3630.3	56352.0	5317.2	570.0	57813.4	5573.7	37764.6	15175.6
3.5	25.6	770.0	1187.6	356.4	2748.4	174.5	6440.6	2227.0
10.7	15.0	130.8			167.0	4.6	399.0	62.6
		7531.5	120.3	82.0	5603.6	266.0	3808.8	768.4
	3563.9	15512.5	3689.0	12.2	22544.0	1261.5	7935.0	3059.8
		1300.2	1.0		334.7	47.2	749.5	349.7
	4.5	24592.6	251.0	66.9	20027.6	3018.9	6801.2	5078.4
		4525.3	45.8	45.0	3971.9	511.0	2356.6	1025.8
2.2	21.3	1989.1	22.5	7.5	2416.2	290.0	9273.9	2603.9
49.1	45.5	49505.3	671.5	44.5	21521.5	3827.1	39514.2	21384.7
		18495.3			1817.9	348.4	3847.9	425.7
48.6	45.5	17673.8	544.8	33.2	9014.5	1045.1	21329.4	11099.6
		5608.0	36.6	9.3	4652.9	650.6	7302.4	3835.9
0.5		3349.4	61.3		1912.9	1409.1	2960.3	846.0
		67.9			52.6	8.3	183.9	36.6
		371.3	0.1		234.6	29.3	174.1	110.7
		1037.9			987.3	137.5	639.6	327.9
		46.2			46.2		15.0	
		2855.5	28.7	2.0	2802.6	198.8	3061.6	4702.3
-14.1	314.3	77385.3	5447.2	1102.6	70109.4	1582.0	65939.2	25822.8
2.0	1.0	2941.5	56.8	23.1	2378.4	184.1	2816.7	631.8
		-474.0	1.2		-472.8		866.4	93.7
-16.1	284.5	54123.8	1252.7	735.2	44198.4	1011.5	33857.3	9995.0
		459.1	0.9	0.9	207.6	4.1	192.8	
	-1.3	1534.9	462.9	1.0	1374.5	136.2	3202.4	1137.6
	30.1	605.9	527.0	10.0	1276.4	155.6	1862.0	295.1
		50.5			50.5	10.1	49.7	53.2
		4.1			4.1	0.5	84.0	12.0
		18139.5	3145.7	332.4	21092.3	79.9	23007.9	13604.4

1-22 续表 5

指标名称	三、损益及分配					
	管理费用	税金	财务费用	利息收入	利息支出	资产减值损失
医药及医疗器材专门零售	56473.9	2567.7	15300.2	2386.0	11777.4	724.3
药品零售	53697.9	2201.7	14391.0	2348.1	11361.0	662.6
医疗用品及器材零售	2776.0	366.0	909.2	37.9	416.4	61.7
汽车、摩托车、燃料及零配件专门零售	278483.6	15200.8	85197.6	5547.8	52596.9	1976.7
汽车零售	206517.2	9753.1	68963.8	4997.7	43947.1	364.8
汽车零配件零售	2665.3	38.0	324.7	30.9	258.0	
摩托车及零配件零售	8041.5	424.7	1864.9	18.5	243.9	30.1
机动车燃料零售	61259.6	4985.0	14044.2	500.7	8147.9	1581.8
家用电器及电子产品专门零售	64944.3	4407.7	15686.2	1015.8	3279.8	184.4
家用视听设备零售	26887.8	2186.7	5456.7	379.6	785.6	1.0
日用家电设备零售	18006.3	1048.8	6450.6	478.3	1242.0	18.7
计算机、软件及辅助设备零售	8901.2	832.3	1983.6	54.7	1028.6	103.3
通信设备零售	9745.9	291.8	1589.6	103.0	163.5	61.4
其他电子产品零售	1403.1	48.1	205.7	0.2	60.1	
五金、家具及室内装饰材料专门零售	32109.8	2008.0	8752.9	166.7	1245.8	105.2
五金零售	17071.8	576.9	6494.9	11.0	311.9	40.5
灯具零售	704.5	34.0	178.5		160.0	
家具零售	6179.5	466.3	799.6	52.6	527.5	64.7
涂料零售	150.8	8.2	46.1	0.2	3.0	
卫生洁具零售	667.8	13.4	70.1		50.2	
木质装饰材料零售	60.6	9.0	40.9	9.7	8.9	
陶瓷、石材装饰材料零售	1167.2	28.2	307.1		70.4	
其他室内装饰材料零售	6107.6	872.0	815.7	93.2	113.9	
货摊、无店铺及其他零售业	35687.6	1353.8	5794.3	-467.9	1032.5	304.6
货摊食品零售	3.8		0.2		0.2	
货摊纺织、服装及鞋零售	485.0		0.7			
货摊日用品零售						
互联网零售	594.5	4.0	-1.3	1.9	0.2	
邮购及电视、电话零售	92.1	19.0	34.9	0.1	34.7	
旧货零售	106.1	4.2	-0.1	0.2		
生活用燃料零售	19119.2	396.2	2476.0	-487.3	395.3	302.3
其他未列明零售业	15286.9	930.4	3283.9	17.2	602.1	2.3

单位：万元

三、损益及分配							四、人工成本及增值税	
公允价值变动收益	投资收益	营业利润	营业外收入	补贴收入	利润总额	应交所得税	应付职工薪酬（本年贷方累计发生额）	应交增值税
29.2	1941.5	73895.6	1656.1	640.0	61815.6	7467.6	62892.3	32776.4
29.2	1941.5	59161.6	1652.1	636.0	57835.0	7324.0	61092.8	31255.7
		14734.0	4.0	4.0	3980.6	143.6	1799.5	1520.7
17.4	3434.9	312918.9	6636.1	142.6	247498.1	53818.0	283144.8	176419.1
15.3	1894.6	186792.8	4850.9	137.4	154020.0	32551.7	170445.7	99726.2
		2080.6	1.8		392.9	104.7	2043.9	517.8
2.1	-1.2	12267.4	10.7		10392.0	381.6	3327.5	2748.1
	1541.5	111778.1	1772.7	5.2	82693.2	20780.0	107327.7	73427.0
35.6	787.4	101424.8	673.5	111.1	60722.8	6154.0	58828.4	29496.7
		51950.4	309.9	67.7	33168.6	1744.9	21141.6	12767.4
7.0	602.2	33750.4	55.1	7.4	18125.9	3183.8	19698.1	6756.6
17.9	162.3	10412.3	72.7	32.0	5574.9	377.0	8273.0	4271.1
	8.0	4190.2	227.8		3075.4	821.6	8826.0	4037.0
10.7	14.9	1121.5	8.0	4.0	778.0	26.7	889.7	1664.6
36.4	49.3	42663.4	264.2	121.2	22464.3	1615.1	17062.3	8648.1
	15.0	24533.6	143.6	22.4	9518.3	440.1	8130.2	3928.1
		656.8			598.0	113.5	406.3	226.2
36.4	34.3	2812.5	88.2	78.8	1484.5	544.7	4021.1	1829.9
		145.5			145.5	6.1	285.2	316.7
		1421.8	6.4		1296.5	110.0	1172.1	69.1
		200.5			200.5	9.8	111.5	5.4
		2122.4			2104.4	89.8	589.8	457.1
		10770.3	26.0	20.0	7116.6	301.1	2346.1	1815.6
	568.3	53724.3	237.0	152.5	49163.5	4469.9	13305.1	14139.1
		11.3			11.2	0.1	173.8	29.6
		23.5	51.3		23.5		190.8	71.7
		393.0			392.8	32.7	1028.4	4402.7
		458.0	53.8		1.6	0.6	137.5	24.6
		123.4			88.7	0.2	53.6	82.7
	568.3	27916.2	126.6	143.0	24430.1	907.9	6461.4	3249.2
		24798.9	5.3	9.5	24215.6	3528.4	5259.6	6278.6

1-23 限额以上零售法人企业

指标名称	法人企业数(个)	执行《2006年企业会计准则》企业数(个)	一、年初存货	二、期末资产负债		
				流动资产合计	应收账款	存货
总 计	**3420**	**2146**	**1823486.5**	**7814480.3**	**840415.1**	**2026588.2**
按登记注册类型分						
内资企业	3378	2116	1757869.9	7410414.6	822557.8	1963074.1
国有企业	96	68	29477.7	106051.8	8813.3	26806.6
集体企业	45	29	8770.7	32971.0	6368.1	7749.4
股份合作企业	9	7	17930.7	2985.3	721.7	484.4
联营企业	1		549.9	1523.0	1.8	179.2
国有联营企业						
集体联营企业						
国有与集体联营企业						
其他联营企业	1		549.9	1523.0	1.8	179.2
有限责任公司	720	520	534188.1	2763942.2	347913.0	628837.8
国有独资公司	25	17	15045.0	44249.9	4541.2	13855.4
其他有限责任公司	695	503	519143.1	2719692.3	343371.8	614982.4
股份有限公司	140	101	320453.4	1379986.1	34685.8	338887.9
私营企业	2336	1373	843154.9	3115585.0	421791.6	957674.6
私营独资企业	212	124	29600.6	63398.9	6776.7	21569.8
私营合伙企业	61	24	7376.6	16546.6	1214.3	4278.4
私营有限责任公司	1919	1155	741124.9	2839016.3	390544.9	878653.5
私营股份有限公司	144	70	65052.8	196623.2	23255.7	53172.9
其他企业	31	18	3344.5	7370.2	2262.5	2454.2
港、澳、台商投资企业	21	11	32565.7	192808.7	13104.0	28014.4
与港澳台商合资经营企业	11	5	25283.1	128064.8	16595.4	14485.5
与港澳台商合作经营企业						
港澳台商独资企业	8	5	1080.3	15228.0	-9043.0	5812.1
港澳台商投资股份有限公司	1	1	6181.9	41793.0	5372.7	7694.9
其他港澳台投资企业	1		20.4	7722.9	178.9	21.9
外商投资企业	21	19	33050.9	211257.0	4753.3	35499.7
中外合资经营企业	8	8	9486.6	90600.4	548.9	8468.0
中外合作经营企业						
外资企业	13	11	23564.3	120656.6	4204.4	27031.7
外商投资股份有限公司						
其他外商投资企业						

财务状况按登记注册类型分组

单位：万元

二、期末资产负债									
固定资产合计	固定资产原价	累计折旧	本年折旧	在建工程	资产总计	流动负债合计	应付账款	非流动负债合计	负债合计
2610587.3	**3534507.8**	**1017909.4**	**229384.8**	**402126.2**	**13316628.9**	**7789218.3**	**1533869.6**	**610532.6**	**8505603.3**
2497291.9	3342401.3	943139.7	217854.4	377626.4	12649475.2	7456851.8	1392274.9	548668.3	8116113.2
64179.7	88661.0	25475.8	3468.1	2384.7	236573.7	62035.0	18461.6	5351.6	69898.5
28136.4	37300.7	9832.8	1585.6	2764.1	69293.3	35028.0	8375.1	3459.0	39385.7
7655.5	8682.6	1027.1	74.5	1290.2	14718.4	11558.6	2993.6	157.2	11715.8
490.5	672.5	185.5	26.8	3.5	2096.5	1861.4	27.4		1861.4
490.5	672.5	185.5	26.8	3.5	2096.5	1861.4	27.4		1861.4
617256.7	892580.8	308820.0	90776.8	23816.2	3910033.5	2737054.4	521981.7	186275.9	2958609.5
63571.7	76478.2	13411.8	2066.0	3160.4	122735.9	163042.0	9921.5	1886.1	164928.1
553685.0	816102.6	295408.2	88710.8	20655.8	3787297.6	2574012.4	512060.2	184389.8	2793681.4
786712.2	1080627.3	330806.5	41930.9	293535.6	3682681.1	1697185.6	329745.4	86015.2	1794986.5
979498.2	1217888.5	264273.6	78954.1	53049.5	4700856.5	2892346.8	508796.6	266990.6	3216494.8
43977.0	53158.8	9587.9	2939.5	913.7	122024.1	39737.0	8882.4	7474.1	50609.5
15088.7	19396.9	4926.2	1187.7		46192.3	8355.4	2618.0	694.2	10129.5
857475.6	1066283.9	229960.7	68217.5	50783.7	4218272.6	2662602.0	465123.5	251167.2	2930476.4
62956.9	79048.9	19798.8	6609.4	1352.1	314367.5	181652.4	32172.7	7655.1	225279.4
13362.7	15987.9	2718.4	1037.6	782.6	33222.2	19782.0	1893.5	418.8	23161.0
54318.1	66982.7	12665.9	4703.5	22267.3	351936.8	151866.1	44481.6	56953.1	204078.5
12559.2	16962.6	4404.7	1725.9	1990.5	169271.8	45317.6	19590.6	51653.1	92230.0
38310.6	43798.0	5487.4	2531.9	16772.2	60940.2	34162.2	18350.4	5300.0	39462.2
3377.2	5845.7	2468.5	421.0	3504.6	113621.7	68426.2	3673.5		68426.2
71.1	376.4	305.3	24.7		8103.1	3960.1	2867.1		3960.1
58977.3	125123.8	62103.8	6826.9	2232.5	315216.9	180500.4	97113.1	4911.2	185411.6
6134.6	9184.1	3056.5	239.4	7.5	103122.3	51145.1	38859.5	598.9	51744.0
52842.7	115939.7	59047.3	6587.5	2225.0	212094.6	129355.3	58253.6	4312.3	133667.6

1-23 续表 1

指标名称	二、期末资产负债					
	所有者权益合计	实收资本				
			国家资本	集体资本	法人资本	个人资本
总　计	**4811025.6**	**3172403.0**	**1115333.6**	**83181.8**	**937390.6**	**907977.2**
按登记注册类型分						
内资企业	4533362.0	2984302.6	1112333.6	58089.7	901439.6	905658.5
国有企业	166675.2	129493.4	120423.1	867.5	6814.6	1388.2
集体企业	29907.6	22322.7		21383.2	562.6	376.9
股份合作企业	3002.6	2851.9	14.1		1860.7	977.1
联营企业	235.1	445.5		155.0		290.5
国有联营企业						
集体联营企业						
国有与集体联营企业						
其他联营企业	235.1	445.5		155.0		290.5
有限责任公司	951424.0	618095.5	179027.8	27210.8	268023.4	140013.1
国有独资公司	-42192.2	32346.3	25846.2		0.1	6500.0
其他有限责任公司	993616.2	585749.2	153181.6	27210.8	268023.3	133513.1
股份有限公司	1887694.6	1053523.7	810506.3	226.4	155274.3	86162.2
私营企业	1484361.7	1149212.8	2362.3	8246.8	465379.3	671618.1
私营独资企业	71414.6	54414.6	398.6	186.0	13913.5	39827.5
私营合伙企业	36062.8	32681.5		165.5	4136.2	28379.8
私营有限责任公司	1287796.2	993752.3	1963.7	7895.3	415715.7	566738.3
私营股份有限公司	89088.1	68364.4			31613.9	36672.5
其他企业	10061.2	8357.1			3524.7	4832.4
港、澳、台商投资企业	147858.3	104232.0		25092.1	31266.9	1428.7
与港澳台商合资经营企业	77041.8	63320.1		25092.1	15979.6	
与港澳台商合作经营企业						
港澳台商独资企业	21478.0	14911.9				
港澳台商投资股份有限公司	45195.5	20000.0			9287.3	1428.7
其他港澳台投资企业	4143.0	6000.0			6000.0	
外商投资企业	129805.3	83868.4	3000.0		4684.1	890.0
中外合资经营企业	51378.3	11022.0	3000.0		3632.0	890.0
中外合作经营企业						
外资企业	78427.0	72846.4			1052.1	
外商投资股份有限公司						
其他外商投资企业						

单位：万元

二、期末资产负债		三、损益及分配							
港澳台资本	外商资本	营业收入	主营业务收入	营业成本	主营业务成本	营业税金及附加	主营业务税金及附加	其他业务利润	销售费用
31288.3	**97231.5**	**32749065.3**	**32424356.1**	**28681777.0**	**28535272.8**	**346237.5**	**288293.0**	**208096.7**	**1658535.0**
2373.5	4407.7	31655055.5	31363058.4	27804278.2	27664231.3	339956.0	282124.9	192772.1	1551980.5
		759567.0	757111.4	619780.1	615269.2	11514.8	11404.1	347.1	43759.3
		339770.8	339374.1	295507.6	295240.1	4582.2	4577.5	541.3	16560.6
		56019.5	55336.7	43910.6	43910.6	2488.0	1511.7		3528.9
		2343.5	2343.5	1926.7	1926.7	8.6	8.6	133.5	254.9
		2343.5	2343.5	1926.7	1926.7	8.6	8.6	133.5	254.9
10.0	3810.4	8206456.6	8104885.0	7120683.4	7085985.8	66761.5	65003.4	82825.3	529152.3
		249077.0	243368.7	215495.6	212216.9	2310.8	2024.8	2089.3	16129.2
10.0	3810.4	7957379.6	7861516.3	6905187.8	6873768.9	64450.7	62978.6	80736.0	513023.1
1354.5		9251582.0	9138386.2	8450007.1	8395249.6	47163.2	43145.7	63752.0	364668.5
1009.0	597.3	12923801.0	12850906.4	11190612.2	11145667.5	203279.2	153323.6	45172.9	586977.7
49.0	40.0	449206.9	447763.8	362157.6	360967.6	11270.1	11212.6	1026.7	19207.1
		322131.3	320707.4	232373.1	232373.1	21216.2	21200.9		15493.9
960.0	479.3	11388963.8	11319913.8	9948386.9	9904835.7	158904.0	109345.4	41231.7	515830.2
	78.0	763499.0	762521.4	647694.6	647491.1	11888.9	11564.7	2914.5	36446.5
		115515.1	114715.1	81850.5	80981.8	4158.5	3150.3		7078.3
26444.3	20000.0	505762.4	483598.7	399520.4	393769.9	2518.9	2498.9	4741.3	52440.1
2248.4	20000.0	273014.8	260467.8	218719.0	213881.0	1001.3	981.3	919.0	18818.4
14911.9		132321.6	125226.9	115026.5	114225.2	573.4	573.4	1411.5	14276.8
9284.0		70573.0	70573.0	43402.1	43402.1	550.0	550.0		15613.4
		29853.0	27331.0	22372.8	22261.6	394.2	394.2	2410.8	3731.5
2470.5	72823.8	588247.4	577699.0	477978.4	477271.6	3762.6	3669.2	10583.3	54114.4
1700.0	1800.0	146120.6	145998.1	122243.4	122243.4	666.1	662.0	122.4	8391.8
770.5	71023.8	442126.8	431700.9	355735.0	355028.2	3096.5	3007.2	10460.9	45722.6

1-23 续表 2

指标名称	三、损益及分配					
	管理费用	税金	财务费用	利息收入	利息支出	资产减值损失
总　计	**920591.3**	**44965.2**	**191466.0**	**16682.4**	**100353.2**	**7810.7**
按登记注册类型分						
内资企业	863316.6	42351.9	187188.3	17247.8	95595.8	8065.1
国有企业	34439.4	1137.1	11711.7	671.7	323.4	40.6
集体企业	10263.1	815.5	3214.0	55.4	139.1	
股份合作企业	3267.7	70.4	696.4	0.1	353.8	23.5
联营企业	287.4		25.6			
国有联营企业						
集体联营企业						
国有与集体联营企业						
其他联营企业	287.4		25.6			
有限责任公司	262608.3	9607.2	43432.2	4285.7	33008.3	1613.5
国有独资公司	8739.6	363.1	741.9	26.4	321.9	90.2
其他有限责任公司	253868.7	9244.1	42690.3	4259.3	32686.4	1523.3
股份有限公司	145585.6	6891.8	15983.7	7221.7	14001.0	5533.0
私营企业	399466.3	23583.5	110441.4	4953.3	47581.6	854.5
私营独资企业	18766.2	1715.0	5577.4	31.5	1016.3	33.0
私营合伙企业	13286.4	1147.8	3244.4	417.4	318.2	3.0
私营有限责任公司	340610.9	19502.7	92127.7	3991.4	42587.1	818.5
私营股份有限公司	26802.8	1218.0	9491.9	513.0	3660.0	
其他企业	7398.8	246.4	1683.3	59.9	188.6	
港、澳、台商投资企业	20136.9	1463.5	4589.2	397.9	4431.4	
与港澳台商合资经营企业	9604.7	1208.7	3315.8	55.6	3039.8	
与港澳台商合作经营企业						
港澳台商独资企业	2321.9	245.7	506.2	-62.5	483.2	
港澳台商投资股份有限公司	7080.8	1.0	800.3	369.8	908.4	
其他港澳台投资企业	1129.5	8.1	-33.1	35.0		
外商投资企业	37137.8	1149.8	-311.5	-963.3	326.0	-254.4
中外合资经营企业	3211.6	50.7	371.1	97.9	4.1	-26.6
中外合作经营企业						
外资企业	33926.2	1099.1	-682.6	-1061.2	321.9	-227.8
外商投资股份有限公司						
其他外商投资企业						

单位：万元

三、损益及分配							四、人工成本及增值税	
公允价值变动收益	投资收益	营业利润	营业外收入		利润总额	应交所得税	应付职工薪酬（本年贷方累计发生额）	应交增值税
				补贴收入				
164.0	**48344.2**	**1063327.9**	**34977.8**	**4983.6**	**869943.8**	**129865.3**	**855692.7**	**421985.5**
164.0	46248.8	1025112.4	34073.1	4983.6	845558.5	122392.3	803989.9	396124.1
	27.8	39844.7	632.1	83.1	25455.7	1465.4	23589.7	3729.0
	62.0	9826.8	1825.1		6523.6	293.4	7374.2	1617.8
26.8	28.1	2159.3	24.6		90.0	47.0	1669.6	173.4
		-26.2	5.2		-30.6		154.0	
		-26.2	5.2		-30.6		154.0	
18.4	10367.5	206789.4	11634.1	2557.7	169393.4	28217.9	291104.8	135717.1
-13.9	21.3	5602.4	105.9	24.7	4700.7	1186.2	8279.1	2542.5
32.3	10346.2	201187.0	11528.2	2533.0	164692.7	27031.7	282825.7	133174.6
66.5	33640.2	260166.3	8092.9	1283.0	217976.2	41851.6	162206.9	106035.6
52.3	1906.0	494851.3	11813.5	1059.8	420916.9	50422.0	315935.5	147837.5
2.0	3.0	32792.6	152.0	16.5	24264.9	1820.4	11738.5	9133.8
1.7	43.6	35315.6	174.7		33284.0	974.2	5974.3	3425.7
48.6	1505.7	394690.5	11212.4	1026.9	333149.9	45321.6	278588.0	126553.5
	353.7	32052.6	274.4	16.4	30218.1	2305.8	19634.7	8724.5
	217.2	11500.8	45.6		5233.3	95.0	1955.2	1013.7
	1478.4	21638.2	385.1		11621.8	2926.8	23644.9	12092.2
		15158.6	279.0		5047.9	786.7	6984.0	5935.0
		-383.3	25.8		-367.2	1344.5	5168.7	2140.6
	1478.4	4604.8	56.4		4661.2	795.6	10361.5	3423.3
		2258.1	23.9		2279.9		1130.7	593.3
	617.0	16577.3	519.6		12763.5	4546.2	28057.9	13769.2
		11263.2	16.3		10887.8	423.9	4254.8	3570.2
	617.0	5314.1	503.3		1875.7	4122.3	23803.1	10199.0

1-24 限额以上零售法人

指标名称	法人企业数(个)	执行《2006年企业会计准则》企业数(个)	一、年初存货	二、期末资产负债			
				流动资产合计	应收账款	存货	固定资产合计
总计	**3420**	**2146**	**1823486.5**	**7814480.3**	**840415.1**	**2026588.2**	**2610587.3**
按单位规模分							
大型	91	69	572138.7	2917307.3	247989.1	617388.2	1087909.6
中型	936	610	857618.3	3527019.6	386517.4	1042661.2	986925.6
小型	1863	1116	354434.3	1273260.4	187768.3	333376.0	461668.2
微型	530	351	39295.2	96893.0	18140.3	33162.8	74083.9

1-24 续表 1

指标名称	二、期末资产负债							
	所有者权益合计	实收资本						
			国家资本	集体资本	法人资本	个人资本	港澳台资本	外商资本
总计	**4811025.6**	**3172403.0**	**1115333.6**	**83181.8**	**937390.6**	**907977.2**	**31288.3**	**97231.5**
按单位规模分								
大型	2429381.4	1287930.4	839614.7	7651.0	236690.1	131328.3	11600.1	61046.2
中型	1316309.5	1052740.0	183360.2	62339.8	400823.5	352281.3	18447.2	35488.0
小型	941992.5	742786.7	91103.1	12622.8	267922.2	369334.2	1169.6	634.8
微型	123342.2	88945.9	1255.6	568.2	31954.8	55033.4	71.4	62.5

企业财务状况按单位规模分组

单位：万元

二、期末资产负债								
固定资产原价	累计折旧	本年折旧	在建工程	资产总计	流动负债合计	应付账款	非流动负债合计	负债合计
3534507.8	**1017909.4**	**229384.8**	**402126.2**	**13316628.9**	**7789218.3**	**1533869.6**	**610532.6**	**8505603.3**
1578207.6	575077.7	101560.4	304484.4	5874982.1	3295434.6	703621.8	117635.7	3445600.7
1295545.6	315401.4	88644.9	69197.1	5159376.9	3470914.8	614114.0	372793.0	3843067.4
575295.5	114599.3	34398.0	27832.0	2047110.6	962318.4	193631.6	105161.4	1105118.1
85459.1	12831.0	4781.5	612.7	235159.3	60550.5	22502.2	14942.5	111817.1

单位：万元

三、损益及分配							
营业收入	主营业务收入	营业成本	主营业务成本	营业税金及附加	主营业务税金及附加	其他业务利润	销售费用
32749065.3	**32424356.1**	**28681777.0**	**28535272.8**	**346237.5**	**288293.0**	**208096.7**	**1658535.0**
12572173.0	12366039.1	11164626.1	11106740.7	109382.9	60300.4	134683.1	732068.1
13149578.1	13049756.5	11625463.2	11546976.6	108341.1	104620.3	64523.9	631156.9
6336920.1	6320353.6	5318799.1	5309222.3	114209.5	109141.3	7301.9	265293.7
690394.1	688206.9	572888.6	572333.2	14304.0	14231.0	1587.8	30016.3

1-24 续表 2

指标名称	三、损益及分配						
	管理费用	税金	财务费用	利息收入	利息支出	资产减值损失	公允价值变动收益
总 计	**920591.3**	**44965.2**	**191466.0**	**16682.4**	**100353.2**	**7810.7**	**164.0**
按单位规模分							
大型	300732.7	12528.1	21738.1	8264.9	21650.0	4629.2	
中型	362728.9	18828.2	114973.6	6041.1	59658.2	2460.1	0.5
小型	233750.7	11993.6	50629.4	2200.4	17506.0	647.2	101.0
微型	23379.0	1615.3	4124.9	176.0	1539.0	74.2	62.5

1-25 限额以上零售法人企业

指标名称	法人企业数(个)	执行《2006年企业会计准则》企业数(个)	一、年初存货	二、期末资产负债			
				流动资产合计	应收账款	存货	固定资产合计
总 计	**3420**	**2146**	**1823486.5**	**7814480.3**	**840415.1**	**2026588.2**	**2610587.3**
按经营形式分							
独立门店	3027	1878	1273481.2	5156015.8	592605.2	1447349.1	1487411.8
连锁总店	113	83	349118.2	1815113.5	64863.4	365897.2	688258.6
连锁门店	111	76	104398.3	302453.0	9623.4	113329.1	194717.0
其他	169	109	96488.8	540898.0	173323.1	100012.8	240199.9

单位：万元

三、损益及分配						四、人工成本及增值税	
投资收益	营业利润	营业外收入	补贴收入	利润总额	应交所得税	应付职工薪酬（本年贷方累计发生额）	应交增值税
48344.2	**1063327.9**	**34977.8**	**4983.6**	**869943.8**	**129865.3**	**855692.7**	**421985.5**
42680.4	339069.5	16805.5	1719.1	317843.5	62412.2	352429.2	168569.1
4051.9	316055.6	15454.2	2800.0	223649.3	29138.2	354464.7	166747.3
1671.8	362264.7	2238.5	418.2	291469.1	34552.9	137637.2	76162.1
-59.9	45938.1	479.6	46.3	36981.9	3762.0	11161.6	10507.0

财务状况按经营形式分组

单位：万元

二、期末资产负债								
固定资产原价	累计折旧	本年折旧	在建工程	资产总计	流动负债合计	应付账款	非流动负债合计	负债合计
3534507.8	**1017909.4**	**229384.8**	**402126.2**	**13316628.9**	**7789218.3**	**1533869.6**	**610532.6**	**8505603.3**
1968634.5	488163.8	133291.2	153581.8	7953680.4	4640593.8	916150.9	463890.3	5166840.9
1010228.4	391883.9	72105.9	169311.4	3759390.1	2329061.6	392966.9	112599.6	2481181.5
279598.4	87010.7	12288.2	78182.6	771315.7	369273.5	87200.0	8908.7	378897.3
276046.5	50851.0	11699.5	1050.4	832242.7	450289.4	137551.8	25134.0	478683.6

1-25 续表 1

指标名称	二、期末资产负债							
	所有者权益合计							
		实收资本						
			国家资本	集体资本	法人资本	个人资本	港澳台资本	外商资本
总　计	**4811025.6**	**3172403.0**	**1115333.6**	**83181.8**	**937390.6**	**907977.2**	**31288.3**	**97231.5**
按经营形式分								
独立门店	2786839.5	1816318.1	251113.0	63443.4	676812.0	734028.1	21464.3	69457.3
连锁总店	1278208.6	774899.7	511973.7	8524.4	166701.1	63984.3	9824.0	13892.2
连锁门店	392418.4	368706.4	283338.1	2031.0	46334.6	24920.7		12082.0
其他	353559.1	212478.8	68908.8	9183.0	47542.9	85044.1		1800.0

1-25 续表 2

指标名称	三、损益及分配						
	管理费用		财务费用			资产减值损失	公允价值变动收益
		税金		利息收入	利息支出		
总　计	**920591.3**	**44965.2**	**191466.0**	**16682.4**	**100353.2**	**7810.7**	**164.0**
按经营形式分							
独立门店	634952.5	33689.0	161678.6	9841.1	79519.9	2878.8	160.0
连锁总店	173061.3	7208.9	15055.0	7284.3	14546.5	4341.3	
连锁门店	53694.5	2033.5	6476.7	321.8	3033.4	319.7	
其他	58883.0	2033.8	8255.7	-764.8	3253.4	270.9	4.0

单位：万元

三、损益及分配							
营业收入	主营业务收入	营业成本	主营业务成本	营业税金及附加	主营业务税金及附加	其他业务利润	销售费用
32749065.3	**32424356.1**	**28681777.0**	**28535272.8**	**346237.5**	**288293.0**	**208096.7**	**1658535.0**
20868179.2	20720320.3	18193766.5	18118308.5	277239.6	223071.3	93085.7	932414.1
7780086.8	7641998.3	6972573.1	6932233.6	33026.3	30453.5	83800.4	448536.1
2330922.1	2297326.8	2021065.8	1995002.1	17948.5	17685.2	23637.7	155569.6
1769877.2	1764710.7	1494371.6	1489728.6	18023.1	17083.0	7572.9	122015.2

单位：万元

三、损益及分配						四、人工成本及增值税	
投资收益	营业利润	营业外收入	补贴收入	利润总额	应交所得税	应付职工薪酬（本年贷方累计发生额）	应交增值税
48344.2	**1063327.9**	**34977.8**	**4983.6**	**869943.8**	**129865.3**	**855692.7**	**421985.5**
7377.3	732686.5	18464.2	2332.9	596255.2	89418.0	516361.0	262608.8
39906.4	179101.9	9405.3	1650.9	163418.1	26775.0	215475.2	103959.3
587.4	80206.5	1502.2	79.9	60608.5	9470.8	67105.8	24572.9
473.1	71333.0	5606.1	919.9	49662.0	4201.5	56750.7	30844.5

1-26 限额以上零售法人企业

指标名称	法人企业数(个)	执行《2006年企业会计准则》企业数(个)	一、年初存货	二、期末资产负债			
				流动资产合计	应收账款	存货	固定资产合计
总　计	**3420**	**2146**	**1823486.5**	**7814480.3**	**840415.1**	**2026588.2**	**2610587.3**
按控股情况分							
国有控股	247	186	349043.3	1591572.4	149608.0	384092.3	969204.9
集体控股	79	54	102374.5	611144.5	15053.9	90750.6	128834.2
私人控股	2906	1767	1121515.4	4407987.5	611932.1	1299392.3	1287947.5
港澳台商控股	17	8	28651.6	169906.9	9721.1	21752.8	51630.7
外商控股	13	13	27519.8	135556.5	4192.1	29215.7	52305.7
其他	158	118	194381.9	898312.5	49907.9	201384.5	120664.3

1-26　续表 1

指标名称	二、期末资产负债							
	所有者权益合计	实收资本						
			国家资本	集体资本	法人资本	个人资本	港澳台资本	外商资本
总　计	**4811025.6**	**3172403.0**	**1115333.6**	**83181.8**	**937390.6**	**907977.2**	**31288.3**	**97231.5**
按控股情况分								
国有控股	1871161.6	1258924.0	1105490.3	5784.5	100819.4	45029.8		1800.0
集体控股	407149.2	135131.4	104.0	56205.2	77340.3	1481.9		
私人控股	2034054.2	1474826.1	4357.3	8641.8	647095.6	807950.2	2373.5	4407.7
港澳台商控股	117277.5	72062.4			26745.3	1628.7	23688.4	20000.0
外商控股	91205.0	74307.9			1984.1		1400.0	70923.8
其他	290178.1	157151.2	5382.0	12550.3	83405.9	51886.6	3826.4	100.0

财务状况按控股情况分组

单位：万元

二、期末资产负债								
固定资产原价	累计折旧	本年折旧	在建工程	资产总计	流动负债合计	应付账款	非流动负债合计	负债合计
3534507.8	**1017909.4**	**229384.8**	**402126.2**	**13316628.9**	**7789218.3**	**1533869.6**	**610532.6**	**8505603.3**
1402798.2	466213.7	80846.3	294348.6	4008191.8	1974261.5	349290.0	131606.5	2137030.2
145481.0	46613.1	5213.3	6174.4	1015561.8	590765.7	176336.8	16774.1	608412.6
1624511.9	371393.1	113000.4	71614.6	6622554.7	4146735.0	722580.9	355981.3	4588500.5
65358.2	13727.5	4073.9	20839.3	299472.1	130030.5	33716.7	56878.9	182194.6
114884.7	58529.3	6828.8	2225.5	229439.4	133487.3	62271.9	4747.1	138234.4
181473.8	61432.7	19422.1	6923.8	1141409.1	813938.3	189673.3	44544.7	851231.0

单位：万元

三、损益及分配							
营业收入	主营业务收入	营业成本	主营业务成本	营业税金及附加	主营业务税金及附加	其他业务利润	销售费用
32749065.3	**32424356.1**	**28681777.0**	**28535272.8**	**346237.5**	**288293.0**	**208096.7**	**1658535.0**
10752104.3	10652394.2	9702911.8	9628683.2	58764.5	54234.0	36108.4	474941.0
1445798.9	1401775.6	1264520.3	1258051.8	10914.5	10886.2	31801.2	74463.0
17293435.9	17176996.2	14934606.5	14874192.8	260471.6	207302.4	82800.9	841435.2
447909.5	437481.1	361720.3	361533.8	2252.7	2163.4	6112.0	53057.3
439977.5	431380.4	353715.2	353008.4	3074.7	3070.6	8581.2	43145.1
2369839.2	2324328.6	2064302.9	2059802.8	10759.5	10636.4	42693.0	171493.4

1-26 续表 2

指标名称	三、损益及分配						
	管理费用	税金	财务费用	利息收入	利息支出	资产减值损失	公允价值变动收益
总 计	**920591.3**	**44965.2**	**191466.0**	**16682.4**	**100353.2**	**7810.7**	**164.0**
按控股情况分							
国有控股	221302.1	9989.8	34179.1	5049.7	22591.7	4080.5	2.2
集体控股	49716.6	2214.0	4350.5	3831.3	3966.7	2866.2	48.5
私人控股	535155.0	28453.4	139213.1	7383.9	62919.0	1021.9	122.9
港澳台商控股	16061.0	1380.8	4213.0	419.7	4204.1		
外商控股	35184.1	1090.6	-585.5	-1086.3	326.0	-254.4	
其他	63172.5	1836.6	10095.8	1084.1	6345.7	96.5	-9.6

1-27 限额以上零售法人企业

指标名称	法人企业数（个）	执行《2006年企业会计准则》企业数（个）	一、年初存货	二、期末资产负债			
				流动资产合计	应收账款	存货	固定资产合计
总 计	**3420**	**2146**	**1823486.5**	**7814480.3**	**840415.1**	**2026588.2**	**2610587.3**
按零售业态分							
有店铺零售	3408	2136	1816472.1	7659389.1	836501.2	2019704.9	2604176.6
食杂店	23	16	3644.4	7189.2	1985.0	3142.0	2895.2
便利店	31	22	7517.1	22577.5	2547.4	10258.3	8567.0
折扣店							
超市	401	240	126940.8	311147.3	28930.1	114111.4	197477.1
大型超市	104	70	246973.7	1319780.7	25815.9	260460.0	371555.1
仓储会员店	8	2	716.2	4166.0	1147.2	2674.1	5639.4
百货店	169	100	172555.8	1096306.0	28320.6	203651.9	413512.8
专业店	1456	864	607182.5	2342085.5	491398.6	652724.1	1148737.2
专卖店	1036	704	592533.7	2338891.9	206542.6	719304.0	395094.5
家居建材商店	53	33	6577.5	27010.9	7813.6	5123.4	18117.7
购物中心	15	6	10733.2	26128.0	898.8	4582.8	11645.2
厂家直销中心	112	79	41097.2	164106.1	41101.4	43672.9	30935.4
无店铺零售	12	10	7014.4	155091.2	3913.9	6883.3	6410.7
电视购物	3	3	6130.6	138133.2	2689.2	5914.1	6026.9
邮购							
网上商店	8	7	765.6	16207.4	973.2	876.1	372.9
自动售货亭							
电话购物	1		118.2	750.6	251.5	93.1	10.9

单位：万元

三、损益及分配						四、人工成本及增值税	
投资收益	营业利润	营业外收入	补贴收入	利润总额	应交所得税	应付职工薪酬（本年贷方累计发生额）	应交增值税
48344.2	**1063327.9**	**34977.8**	**4983.6**	**869943.8**	**129865.3**	**855692.7**	**421985.5**
12669.4	274682.3	9452.9	1620.2	233680.2	46251.5	248496.7	128286.0
24890.8	57124.2	4095.1	1433.1	47999.7	3484.0	37713.2	19307.5
3593.9	654024.2	14713.4	1487.1	514721.7	65919.9	452202.4	215699.1
1478.4	12754.3	390.2		12394.3	2931.3	22523.9	10084.8
617.0	6315.3	506.3		2493.3	3906.7	23861.7	10398.0
5094.7	58427.6	5819.9	443.2	58654.6	7371.9	70894.8	38210.1

财务状况按零售业态分组

单位：万元

二、期末资产负债								
固定资产原价	累计折旧	本年折旧	在建工程	资产总计	流动负债合计	应付账款	非流动负债合计	负债合计
3534507.8	**1017909.4**	**229384.8**	**402126.2**	**13316628.9**	**7789218.3**	**1533869.6**	**610532.6**	**8505603.3**
3519483.9	1009296.3	227828.9	400662.9	13144516.6	7726989.6	1495626.8	609941.7	8442783.6
3522.1	631.1	251.5		11263.9	5878.6	1220.8	661.7	6468.1
11899.2	3834.2	1708.7	82.5	33616.8	14910.2	4812.0	1390.9	16727.8
241904.3	55421.5	16153.7	5572.8	627950.0	288599.6	62634.5	45818.5	348803.4
482847.0	158123.8	30804.7	30646.9	2037584.5	1351318.2	410380.5	50344.1	1413067.6
6500.2	1128.0	171.2	10.8	11105.1	6117.0	4166.0	261.8	6833.9
614278.3	221920.3	62384.8	25902.6	1875584.2	978736.7	222662.9	161245.9	1168305.4
1544337.6	419122.4	67016.6	289974.6	5012084.0	2719127.5	437143.1	163459.6	2930635.4
540916.0	129755.5	44419.5	35470.9	3126430.3	2194194.3	314181.3	165574.0	2349017.6
23035.5	5495.0	1492.1	7123.1	67692.1	13867.5	3969.5	11800.8	26246.5
8690.8	2295.6	731.9	585.2	43705.0	18241.6	3732.6	1517.3	29179.7
41552.9	11568.9	2694.2	5293.5	297500.7	135998.4	30723.6	7867.1	147498.2
15023.9	8613.1	1555.9	1463.3	172112.3	62228.7	38242.8	590.9	62819.7
14133.5	8106.5	1376.2	498.3	152259.0	58943.8	36649.8		58943.8
873.7	500.8	178.3		18126.7	2785.3	1516.5	200.0	2985.3
16.7	5.8	1.4	965.0	1726.6	499.6	76.5	390.9	890.6

1-27 续表 1

指标名称	二、期末资产负债							
	所有者权益合计	实收资本	国家资本	集体资本	法人资本	个人资本	港澳台资本	外商资本
总　计	**4811025.6**	**3172403.0**	**1115333.6**	**83181.8**	**937390.6**	**907977.2**	**31288.3**	**97231.5**
按零售业态分								
有店铺零售	4701733.0	3112151.5	1074333.6	83181.8	926590.6	901325.7	31288.3	95431.5
食杂店	4795.8	3762.0	452.1	376.9	1204.1	1728.9		
便利店	16889.0	9459.6	258.2	794.2	1293.6	7113.6		
折扣店								
超市	279146.6	205030.9	8781.5	10644.7	76330.2	109274.5		
大型超市	624516.9	251008.9	5210.0	4416.0	159722.9	48342.3	11243.9	22073.8
仓储会员店	4271.2	3112.5	200.0		2206.0	706.5		
百货店	707278.8	270388.3	16269.0	10395.6	88519.1	86143.6	121.0	68940.0
专业店	2081448.6	1682097.0	1018382.8	11094.4	305377.7	329220.2	14121.0	3900.9
专卖店	777412.7	562246.9	21553.1	17779.4	242872.0	274549.6	4976.0	516.8
家居建材商店	41445.6	24086.8	487.9		10761.7	12837.2		
购物中心	14525.3	15451.3		88.5	14262.8	1100.0		
厂家直销中心	150002.5	85507.3	2739.0	27592.1	24040.5	30309.3	826.4	
无店铺零售	109292.6	60251.5	41000.0		10800.0	6651.5		1800.0
电视购物	93315.2	43100.0	38100.0			5000.0		
邮购								
网上商店	15141.4	16351.5	2900.0		10800.0	851.5		1800.0
自动售货亭								
电话购物	836.0	800.0				800.0		

1-27 续表 2

指标名称	三、损益及分配						
	管理费用	税金	财务费用	利息收入	利息支出	资产减值损失	公允价值变动收益
总　计	**920591.3**	**44965.2**	**191466.0**	**16682.4**	**100353.2**	**7810.7**	**164.0**
按零售业态分							
有店铺零售	905336.1	44787.4	193299.9	18614.4	100312.7	8753.2	164.0
食杂店	7116.5	91.3	497.6	2.6	273.6		
便利店	5209.3	196.4	982.8	20.6	344.0		
折扣店							
超市	76237.7	5268.0	20329.6	1185.5	5330.2	65.6	-6.0
大型超市	95320.2	4486.5	5788.4	4057.3	4618.1	2670.4	
仓储会员店	737.7	11.1	384.8	0.7	63.5		
百货店	163745.9	7165.1	20026.7	3908.2	14672.9	1047.8	22.2
专业店	317356.4	14887.0	73483.7	4706.8	35916.3	4362.1	87.9
专卖店	210676.5	10894.6	63014.1	4543.8	37198.3	552.8	57.9
家居建材商店	6814.9	1022.5	1284.3	28.8	305.0	51.5	
购物中心	3212.2	182.6	847.6	0.3	74.4	2.0	
厂家直销中心	18908.8	582.3	6660.3	159.8	1516.4	1.0	2.0
无店铺零售	15255.2	177.8	-1833.9	-1932.0	40.5	-942.5	
电视购物	10872.7	142.0	-1668.0	-1742.0	1.0	-906.7	
邮购							
网上商店	4290.4	16.8	-200.8	-190.1	4.8	-35.8	
自动售货亭							
电话购物	92.1	19.0	34.9	0.1	34.7		

单位：万元

三、损益及分配							
营业收入	主营业务收入	营业成本	主营业务成本	营业税金及附加	主营业务税金及附加	其他业务利润	销售费用
32749065.3	**32424356.1**	**28681777.0**	**28535272.8**	**346237.5**	**288293.0**	**208096.7**	**1658535.0**
32280563.3	31955976.6	28308641.8	28171190.2	342844.5	284910.0	208096.7	1595612.1
186988.7	186988.7	158869.2	158822.6	2945.1	2944.6		6992.1
84715.0	84671.2	63527.5	63484.3	1638.9	1637.5	254.7	7248.2
2006285.1	1998136.7	1656717.1	1654924.8	30328.1	28265.9	5480.9	129012.7
3148331.9	3035942.4	2647197.4	2636974.6	70664.3	24832.7	98963.8	280932.0
30740.2	30647.6	26146.0	26146.0	239.7	239.7	11.2	1520.1
2777051.4	2732903.3	2250607.9	2244684.0	44996.0	43473.5	43468.2	181272.2
15289415.1	15187918.0	13717971.2	13622481.7	119429.1	112976.1	24901.8	639348.7
7891615.2	7846882.8	7069808.9	7052085.1	59846.9	58025.5	25925.6	304537.1
252366.3	252254.3	207787.1	207707.1	6184.8	6117.6	7893.4	18909.0
91715.4	91703.6	77901.2	77871.2	943.8	943.8		3749.6
521339.0	507928.0	432108.3	426008.8	5627.8	5453.1	1197.1	22090.4
468502.0	468379.5	373135.2	364082.6	3393.0	3383.0		62922.9
377560.3	377560.3	290656.4	281603.8	2795.9	2795.9		59636.8
87825.1	87702.6	79985.5	79985.5	590.1	580.1		3254.8
3116.6	3116.6	2493.3	2493.3	7.0	7.0		31.3

单位：万元

三、损益及分配						四、人工成本及增值税	
投资收益	营业利润	营业外收入	补贴收入	利润总额	应交所得税	应付职工薪酬（本年贷方累计发生额）	应交增值税
48344.2	**1063327.9**	**34977.8**	**4983.6**	**869943.8**	**129865.3**	**855692.7**	**421985.5**
48344.2	1046755.8	31700.7	4665.6	850825.3	129814.8	831645.4	403663.2
	10512.5	26.8	8.2	9316.1	1809.3	1900.0	3587.8
86.5	6136.5	149.6	21.0	5681.1	686.6	6632.5	1172.4
439.2	95436.9	4611.4	374.5	75092.3	6415.8	79863.6	21256.2
24600.9	123436.3	6138.9	1679.7	99167.6	11603.5	106711.0	35719.7
	2161.7	80.0	71.0	1943.0	74.2	665.9	171.0
12492.5	136212.1	4653.3	132.4	134099.7	30623.2	124602.4	57044.4
4613.1	429763.1	7226.6	1767.0	317384.1	40377.2	313659.3	176802.9
6108.9	197989.3	8061.1	574.1	182226.6	36644.4	173500.2	96922.3
	11310.9	37.9	24.0	7737.7	564.7	5374.9	2154.3
	5061.0	0.2		965.5	161.7	2479.7	534.2
3.1	28735.5	714.9	13.7	17211.6	854.2	16255.9	8298.0
	16572.1	3277.1	318.0	19118.5	50.5	24047.3	18322.3
	16173.2	2742.7		18923.6		19787.7	13183.7
	-59.1	480.6	318.0	193.3	49.9	4122.1	5114.0
	458.0	53.8		1.6	0.6	137.5	24.6

1-28 限额以上零售法人

地区	法人企业数(个)		一、年初存货	二、期末资产负债			
		执行《2006年企业会计准则》企业数(个)		流动资产合计	应收账款	存货	固定资产合计
湖南省	**3420**	**2146**	**1823486.5**	**7814480.3**	**840415.1**	**2026588.2**	**2610587.3**
长沙市	1363	1125	822654.2	4233311.3	526184.4	991961.2	781780.8
株洲市	583	241	116047.6	460504.9	46031.4	144236.9	226035.0
湘潭市	224	161	117773.0	744701.2	25753.2	138521.0	184081.6
衡阳市	506	194	101637.1	314385.9	21318.6	82074.8	164095.1
邵阳市	352	244	97661.0	287593.2	32457.8	109564.4	229266.1
岳阳市	544	479	90007.7	254671.7	36091.7	70401.6	144296.9
常德市	406	309	100055.0	290874.0	27789.8	97639.3	142142.4
张家界市	54	26	34423.8	80721.9	12406.2	41306.7	40416.5
益阳市	349	179	78330.9	242443.9	44737.5	64149.3	108317.5
郴州市	452	310	80033.6	278969.8	22635.8	96866.1	109695.0
永州市	205	123	46480.3	158142.1	15262.2	38046.5	154553.4
怀化市	141	65	66514.6	268322.4	12274.6	74637.1	145217.0
娄底市	291	97	49343.6	157186.6	16165.8	57248.0	151530.1
湘西州	67	35	22524.1	42651.4	1306.1	19935.3	29159.9

1-28 续表 1

地区	二、期末资产负债							
	所有者权益合计	实收资本						
			国家资本	集体资本	法人资本	个人资本	港澳台资本	外商资本
湖南省	**4811025.6**	**3172403.0**	**1115333.6**	**83181.8**	**937390.6**	**907977.2**	**31288.3**	**97231.5**
长沙市	1586916.8	866809.4	173265.8	19980.5	330645.9	238994.9	19984.5	83937.8
株洲市	252367.5	142197.4	40514.0	129.0	41660.3	57344.1	400.0	2150.0
湘潭市	508758.8	223920.1	55840.4	1685.7	129003.0	36507.6	416.6	466.8
衡阳市	386522.4	341135.5	167201.9	27766.9	50786.0	94430.4	887.8	62.5
邵阳市	264880.9	141926.2	25240.7	5015.3	61986.0	49684.2		
岳阳市	312111.8	236988.8	107251.9	4046.0	76266.9	41382.5	6345.5	1696.0
常德市	237501.7	110395.8	23839.4	17.8	32123.7	49424.0	1190.5	3800.4
张家界市	-78146.5	28098.0	7688.9	38.0	6477.6	13803.5	50.0	40.0
益阳市	219723.1	139735.4	55254.8	4580.8	33940.3	45659.5	300.0	
郴州市	326345.8	220080.2	99536.4	4598.9	33370.1	82356.8	140.0	78.0
永州市	279885.9	234444.0	111539.3	13322.9	47003.1	62507.7	71.0	
怀化市	203952.0	187871.0	130070.4		29801.4	26651.4	1347.8	
娄底市	244230.0	232978.4	69309.9	2000.0	57923.9	98744.6		5000.0
湘西州	65975.4	65822.8	48779.8		6402.4	10486.0	154.6	

企业财务状况按地区分组

单位：万元

二、期末资产负债								
固定资产原价	累计折旧	本年折旧	在建工程	资产总计	流动负债合计	应付账款	非流动负债合计	负债合计
3534507.8	**1017909.4**	**229384.8**	**402126.2**	**13316628.9**	**7789218.3**	**1533869.6**	**610532.6**	**8505603.3**
1206290.5	418818.6	107436.1	115577.5	5907025.6	4042907.0	888158.3	292633.9	4320108.8
299719.2	77784.8	18364.2	28511.5	1114753.4	809487.6	50618.8	34165.7	862385.9
207313.6	55852.1	10612.3	24601.1	1250300.4	668412.6	174472.7	72604.4	741541.6
207695.6	50270.7	11474.7	32423.5	697976.8	241821.8	58061.4	56567.0	311454.4
274922.0	51209.0	10568.9	7228.2	592473.3	272093.7	35959.2	13994.6	327592.4
212092.3	67509.6	14882.9	30691.5	603049.8	258786.1	69488.5	29585.0	290938.0
185835.4	51581.7	9074.4	6136.6	501564.8	227485.3	58018.5	31857.3	264063.1
56975.6	17113.7	3401.0	2855.8	137473.6	208718.2	27601.8	6892.9	215620.1
141793.4	35443.8	7299.2	21324.7	509267.0	248739.0	46429.1	35462.5	289543.9
151591.8	45588.2	8752.8	29559.9	544530.2	211450.3	32044.8	6140.6	218184.4
187598.3	38780.4	7215.9	22626.9	428882.6	127003.8	26910.3	11637.9	148996.7
164964.6	51505.7	8718.8	49303.6	508695.7	296481.9	40495.3	7879.4	304743.7
184600.9	40955.4	9394.8	17415.9	400673.2	139647.8	21757.4	7508.3	156443.2
53114.6	15495.7	2188.8	13869.5	119962.5	36183.2	3853.5	3603.1	53987.1

单位：万元

三、损益及分配							
营业收入	主营业务收入	营业成本	主营业务成本	营业税金及附加	主营业务税金及附加	其他业务利润	销售费用
32749065.3	**32424356.1**	**28681777.0**	**28535272.8**	**346237.5**	**288293.0**	**208096.7**	**1658535.0**
12349809.3	12159494.8	10913035.3	10859883.1	54713.0	50331.6	117177.4	679499.0
2116890.0	2099632.6	1857055.5	1846858.5	16356.4	16259.6	18875.6	107397.2
2067849.8	2039048.6	1833437.9	1828802.9	17989.9	17989.0	26817.3	72005.7
2295364.0	2274165.5	1966532.2	1953173.1	73086.1	22778.5	6426.3	125165.7
1551754.6	1537174.8	1347383.9	1334598.0	22855.8	22175.8	2775.3	88824.5
2991613.1	2986033.5	2513493.6	2509975.4	54304.5	53399.3	4161.1	143526.5
1455807.3	1442370.1	1281077.5	1262533.9	9196.1	7997.1	8768.1	91182.2
362781.1	356551.6	324616.2	323560.3	1165.2	1158.6	3083.0	23168.2
1387480.7	1381858.7	1236245.8	1229720.7	10257.9	10227.8	2461.8	47518.6
1640029.6	1632596.0	1416384.6	1409745.0	30372.9	30278.9	2660.5	69716.9
1377353.7	1376028.0	1226101.6	1221622.2	15045.7	15017.0	2128.2	45746.5
1236627.5	1227655.3	1113720.3	1107157.0	5604.2	5593.0	9166.3	76994.4
1526795.9	1524228.1	1298150.5	1293310.4	33799.1	33608.8	2598.5	68867.9
388908.7	387518.5	354542.1	354332.3	1490.7	1478.0	997.3	18921.7

1-28 续表 2

地　区	三、损益及分配						
	管理费用	税金	财务费用	利息收入	利息支出	资产减值损　失	公允价值变动收益
湖南省	**920591.3**	**44965.2**	**191466.0**	**16682.4**	**100353.2**	**7810.7**	**164.0**
长沙市	355927.6	16773.3	64142.5	7425.7	61090.1	2595.2	6.7
株洲市	55384.0	1478.8	13063.5	748.5	5345.0	39.7	
湘潭市	60790.8	2846.0	8880.4	4316.0	6354.1	2839.8	-0.4
衡阳市	75677.1	1286.1	17021.8	248.8	3951.0	-62.3	36.4
邵阳市	38337.5	2051.0	8023.2	472.0	3732.7	620.7	8.2
岳阳市	103859.6	5940.8	31019.0	247.6	2420.0	435.6	95.0
常德市	31662.7	1479.9	6507.3	1413.0	2941.6	749.1	21.4
张家界市	10171.4	552.8	1668.2	49.1	1021.3	12.8	0.5
益阳市	30419.8	1381.6	7252.7	156.2	2458.9	77.5	-6.0
郴州市	44791.2	4750.2	12032.9	201.3	2384.2	282.4	
永州市	38286.1	1854.4	7825.7	109.1	2717.0	134.3	2.2
怀化市	25404.2	761.1	6023.8	660.2	3912.9	21.3	
娄底市	42391.4	3553.7	6647.7	223.3	1312.3	-17.6	
湘西州	7487.9	255.5	1357.3	411.6	712.1	82.2	

三、损益及分配						四、人工成本及增值税	
投资收益	营业利润	营业外收入	补贴收入	利润总额	应交所得税	应付职工薪酬(本年贷方累计发生额)	应交增值税
48344.2	**1063327.9**	**34977.8**	**4983.6**	**869943.8**	**129865.3**	**855692.7**	**421985.5**
19095.0	305434.3	19415.2	2384.7	269236.4	53889.9	385272.8	200959.3
19.0	71256.7	1525.0	76.0	64097.1	7481.6	53499.0	31726.3
26226.5	100184.4	2478.8	1293.6	82952.8	8618.2	46404.9	24263.0
35.6	84317.2	3606.8	352.8	53594.3	5388.4	58611.3	24106.2
415.6	46578.6	471.1	133.4	36175.2	3619.7	38350.7	15481.6
730.5	150266.8	1419.7	14.0	76543.1	7450.9	55746.8	28319.5
176.2	35056.1	530.5	192.8	29013.9	3809.4	46364.3	17243.5
0.3	2643.7	594.4	77.9	1702.0	1616.8	7699.4	2733.1
152.2	56255.5	567.6	208.5	47164.4	3004.3	28901.9	11653.5
891.1	67679.7	863.9	219.1	67115.2	7880.6	38743.3	23134.5
195.5	44899.9	1991.7	13.6	37206.2	4271.2	30181.9	13450.6
214.9	15954.1	267.0	-46.8	17141.9	4164.0	25423.7	10933.7
135.2	77628.0	870.3	40.0	51200.7	3938.6	30562.4	14058.7
56.6	5172.9	375.8	24.0	36800.6	14731.7	9930.3	3922.0

1-29 限额以下批发业法人单位情况

指标名称	法人单位数（个）	通过互联网销售或采购商品和服务法人单位数（个）	从业人员期末人数（人）	其中：女性	批发和零售业年末零售营业面积（平方米）
批发业	**43663**	**2120**	**632254**	**231572**	**12959306**
按批发行业小类分					
农、林、牧产品批发	4786	193	97829	35889	2247628
谷物、豆及薯类批发	741	33	17877	6557	379407
种子批发	453	22	5796	1988	218129
饲料批发	327	16	4675	1569	108979
棉、麻批发	173	6	4224	1543	114911
林业产品批发	1027	39	23047	8421	684019
牲畜批发	1014	34	20247	7621	395775
其他农牧产品批发	1051	43	21963	8190	346408
食品、饮料及烟草制品批发	5863	276	101932	40703	1827154
米、面制品及食用油批发	537	29	8202	3173	178190
糕点、糖果及糖批发	306	19	3882	1735	69262
果品、蔬菜批发	1357	46	33685	12920	602746
肉、禽、蛋、奶及水产品批发	750	47	14595	5140	362675
盐及调味品批发	73	4	887	312	30855
营养和保健品批发	131	4	1494	574	24161
酒、饮料及茶叶批发	999	60	16221	6680	200068
烟草制品批发	155	6	4172	1696	34180
其他食品批发	1555	61	18794	8473	325017
纺织、服装及家庭用品批发	3778	225	43201	21142	802478
纺织品、针织品及原料批发	422	25	5517	2721	102871
服装批发	1085	68	10682	5993	213102
鞋帽批发	111	7	2001	1035	24690
化妆品及卫生用品批发	266	28	3988	2203	48789
厨房、卫生间用具及日用杂货批发	329	14	3823	1667	77787
灯具、装饰物品批发	174	14	1864	726	38790
家用电器批发	804	42	9064	4037	170461
其他家庭用品批发	587	27	6262	2760	125988
文化、体育用品及器材批发	1155	48	14998	7423	237620
文具用品批发	332	14	3449	1495	60947
体育用品及器材批发	100	7	964	423	18221
图书批发	59	4	949	472	11189
报刊批发	24	2	366	152	3695
音像制品及电子出版物批发	23	2	396	199	5794
首饰、工艺品及收藏品批发	171	5	2035	1170	32506
其他文化用品批发	446	14	6839	3512	105268
医药及医疗器材批发	1302	58	20602	9108	299819
西药批发	188	12	4598	2289	63665
中药批发	222	13	5424	2219	77122
医疗用品及器材批发	892	33	10580	4600	159032

1-29 续表 1

指标名称	法人单位数(个)	通过互联网销售或采购商品和服务法人单位数(个)	从业人员期末人数(人)	其中：女性	批发和零售业年末零售营业面积(平方米)
矿产品、建材及化工产品批发	13028	642	182582	57432	4278669
煤炭及制品批发	912	27	24227	5149	691308
石油及制品批发	456	16	6331	2326	218784
非金属矿及制品批发	589	19	9318	2757	265224
金属及金属矿批发	2571	265	32907	10559	659570
建材批发	5142	189	66596	21704	1635627
化肥批发	1201	39	13144	4083	293225
农药批发	506	16	6069	2013	94851
农用薄膜批发	19		233	76	7418
其他化工产品批发	1632	71	23757	8765	412662
机械设备、五金产品及电子产品批发	9132	444	104579	36838	1873785
农业机械批发	775	42	9164	2829	201328
汽车批发	285	11	3704	1360	106877
汽车零配件批发	367	16	4393	1574	100714
摩托车及零配件批发	138	4	1387	523	35118
五金产品批发	2104	142	26346	9054	461767
电气设备批发	694	31	7272	2643	118493
计算机、软件及辅助设备批发	685	42	7620	3022	106882
通讯及广播电视设备批发	267	11	3129	1311	45031
其他机械设备及电子产品批发	3817	145	41564	14522	697575
贸易经纪与代理	1295	93	18008	7085	322523
贸易代理	741	64	10794	4197	192106
拍卖	179	9	2131	892	37898
其他贸易经纪与代理	375	20	5083	1996	92519
其他批发业	3324	141	48523	15952	1069630
再生物资回收与批发	1438	70	24683	6701	585335
其他未列明批发业	1886	71	23840	9251	484295
按登记注册类型分					
内资企业	43590	2117	630871	230986	12937126
国有企业	344	8	7753	2702	242426
集体企业	271	10	4677	1714	120338
股份合作企业	50	1	614	240	54919
联营企业	54	3	1022	379	23996
国有联营企业	4		108	30	3565
集体联营企业	25	2	289	108	14929
国有与集体联营企业	6		173	70	1661
其他联营企业	19	1	452	171	3841

1-29 续表 2

指标名称	法人单位数(个)	通过互联网销售或采购商品和服务法人单位数(个)	从业人员期末人数(人)	其中：女性	批发和零售业年末零售营业面积(平方米)
有限责任公司	7262	242	105184	38551	1853523
国有独资公司	63	3	3758	825	97760
其他有限责任公司	7199	239	101426	37726	1755763
股份有限公司	889	104	16385	6426	302206
私营企业	29944	1572	382190	139007	8747939
私营独资企业	6695	290	76517	26989	1901242
私营合伙企业	730	36	11137	3581	370069
私营有限责任公司	21022	1208	271828	100484	5852612
私营股份有限公司	1497	38	22708	7953	624016
其他企业	4776	177	113046	41967	1591779
港、澳、台商投资企业	27		703	328	8718
与港澳台商合资经营企业	14		308	152	4491
与港澳台商合作经营企业	2		27	15	360
港澳台商独资企业	8		265	119	2632
港澳台商投资股份有限公司	2		80	33	1152
其他港澳台投资企业	1		23	9	83
外商投资企业	46	3	680	258	13462
中外合资经营企业	12		201	90	4579
中外合作经营企业	4		55	23	1920
外资企业	22	2	280	99	4610
外商投资股份有限公司	3	1	21	8	670
其他外商投资企业	5		123	38	1683
按控股情况分					
国有控股	568	19	14977	4733	419851
集体控股	656	26	15640	5525	402435
私人控股	38009	1934	523464	191542	11028207
港澳台商控股	20	1	535	246	7998
外商控股	34	3	495	190	8118
其他	4366	137	76959	29284	1092597
按经营形式分					
独立门店	32795	1671	464337	168718	9378060
连锁总店(总部)	115	5	3303	1609	51431
连锁门店	174	12	2829	1272	62532
其他	10497	427	160348	59441	3467283
按单位规模分					
大型					
中型	203	10	13831	5384	183723
小型	7766	660	201314	71673	3172585
微型	35694	1450	417109	154515	9602998

1-30 限额以下批发法人企业财务状况按行业分组

指标名称	法人单位数(个)	营业收入(万元)	其中：主营业务收入(万元)	营业税金及附加(万元)	其中：主营业务营业税金及附加(万元)	资产总计(万元)	实收资本(万元)
批发业	**43663**	**29679644**	**29486824**	**785688**	**772345**	**17841608**	**9551182**
按批发行业小类分							
农、林、牧产品批发	4786	2363487	2343110	65371	64051	1694501	878613
谷物、豆及薯类批发	741	400350	396940	10589	10375	292753	144215
种子批发	453	260256	259187	5995	5909	215506	108183
饲料批发	327	187418	185078	9717	9552	102212	63138
棉、麻批发	173	133607	132260	5338	5077	90539	42159
林业产品批发	1027	464505	460730	11704	11600	354762	173806
牲畜批发	1014	420679	418518	8904	8753	302024	157411
其他农牧产品批发	1051	496671	490397	13125	12786	336706	189701
食品、饮料及烟草制品批发	5863	2917023	2886634	91563	89855	1926976	1000104
米、面制品及食用油批发	537	268691	265124	11037	10804	199153	111908
糕点、糖果及糖批发	306	164268	161849	6033	5865	82977	46009
果品、蔬菜批发	1357	614117	607750	15270	14871	452529	179433
肉、禽、蛋、奶及水产品批发	750	372169	370262	10082	9948	246992	118547
盐及调味品批发	73	32348	31992	926	922	27695	16438
营养和保健品批发	131	83135	81664	2928	2909	37038	22961
酒、饮料及茶叶批发	999	450471	447957	16720	16499	351247	189457
烟草制品批发	155	118298	115797	3109	3091	66948	32733
其他食品批发	1555	813527	804239	25459	24946	462397	282617
纺织、服装及家庭用品批发	3778	1812019	1800701	62983	60956	1269492	694102
纺织品、针织品及原料批发	422	186000	184208	6953	6808	132852	84931
服装批发	1085	452135	449854	15277	14910	394292	231844
鞋帽批发	111	73838	73022	3056	3042	59495	32982
化妆品及卫生用品批发	266	166158	164735	5398	5140	97386	46006
厨房、卫生间用具及日用杂货批发	329	155882	154398	5621	5596	94992	58050
灯具、装饰物品批发	174	100795	100281	3961	3889	54507	32845
家用电器批发	804	418880	417286	12826	12746	281851	122100
其他家庭用品批发	587	258330	256918	9890	8826	154117	85343
文化、体育用品及器材批发	1155	725118	720464	22388	22181	496957	247994
文具用品批发	332	196097	195082	5867	5832	115244	58433
体育用品及器材批发	100	46124	45905	1592	1565	33398	22337
图书批发	59	46998	46127	812	803	37834	19828
报刊批发	24	31994	31881	621	619	23632	10712

1-30 续表

指标名称	法人单位数(个)	营业收入(万元)	其中：主营业务收入(万元)	营业税金及附加(万元)	其中：主营业务营业税金及附加(万元)	资产总计(万元)	实收资本(万元)
音像制品及电子出版物批发	23	15119	15105	562	557	6180	3927
首饰、工艺品及收藏品批发	171	93524	92978	1920	1891	59412	39561
其他文化用品批发	446	295263	293385	11015	10914	221256	93196
医药及医疗器材批发	1302	945206	939448	22556	21611	578402	271760
西药批发	188	234304	232779	4819	4318	136177	56185
中药批发	222	179520	178755	3729	3621	124027	49342
医疗用品及器材批发	892	531382	527914	14009	13672	318198	166233
矿产品、建材及化工产品批发	13028	13006622	12946293	285900	283191	6416413	3414610
煤炭及制品批发	912	972551	964418	25329	25090	819970	377713
石油及制品批发	456	394905	394090	11875	11785	285247	177838
非金属矿及制品批发	589	356107	353322	12759	12647	310568	158640
金属及金属矿批发	2571	6010795	6000686	85976	85693	1808825	919877
建材批发	5142	3290016	3272449	84424	83246	2028249	1110513
化肥批发	1201	601401	597509	19362	19209	348121	191282
农药批发	506	267344	264670	6218	6159	152455	95082
农用薄膜批发	19	11336	8192	407	407	3545	2486
其他化工产品批发	1632	1102169	1090956	39550	38955	659432	381179
机械设备、五金产品及电子产品批发	9132	5429174	5388711	143213	140965	3458977	1903301
农业机械批发	775	397464	394910	13428	13110	252718	124701
汽车批发	285	317690	317207	4619	4516	175398	88290
汽车零配件批发	367	221740	218249	4472	4400	147442	85511
摩托车及零配件批发	138	68115	67710	2420	2359	45072	20091
五金产品批发	2104	1641375	1635683	44746	44485	806002	456339
电气设备批发	694	338758	336646	12136	11976	239026	142414
计算机、软件及辅助设备批发	685	359947	357598	11369	11213	198792	135867
通讯及广播电视设备批发	267	115582	114008	3443	3356	87855	50695
其他机械设备及电子产品批发	3817	1968502	1946699	46581	45551	1506672	799393
贸易经纪与代理	1295	662909	657975	22408	21906	586152	333469
贸易代理	741	393795	390538	14736	14385	275827	166763
拍卖	179	65025	64720	2417	2342	92928	40151
其他贸易经纪与代理	375	204088	202718	5255	5179	217396	126554
其他批发业	3324	1818086	1803487	69306	67629	1413739	807230
再生物资回收与批发	1438	762241	758144	37009	36841	500570	314679
其他未列明批发业	1886	1055845	1045343	32297	30788	913169	492551

1-31 限额以下批发法人企业财务状况按登记注册类型分组

指标名称	法人单位数(个)	营业收入(万元)	其中：主营业务收入(万元)	营业税金及附加(万元)	其中：主营业务营业税金及附加(万元)	资产总计(万元)	实收资本(万元)
批发业	**43663**	**29679644**	**29486824**	**785688**	**772345**	**17841608**	**9551182**
按登记注册类型分							
内资企业	43590	29617202	29424604	784253	770916	17772372	9523250
国有企业	344	280915	277156	6415	6300	209278	81902
集体企业	271	111180	109673	3620	3556	74954	29616
股份合作企业	50	16151	16079	611	610	9812	6925
联营企业	54	20609	20367	925	899	15810	10412
国有联营企业	4	729	729	54	54	294	212
集体联营企业	25	10120	10103	464	459	6380	3348
国有与集体联营企业	6	3355	3130	169	158	5090	3576
其他联营企业	19	6406	6405	239	229	4046	3276
有限责任公司	7262	5302344	5262948	133854	131184	4180074	2129120
国有独资公司	63	85712	79380	2317	2313	207899	75520
其他有限责任公司	7199	5216632	5183568	131538	128871	3972175	2053600
股份有限公司	889	841432	836246	25458	24571	658416	304703
私营企业	29944	20895781	20780271	560432	551915	11327534	6317235
私营独资企业	6695	2987707	2966454	88098	87172	1485870	853681
私营合伙企业	730	338859	336384	12509	12217	219320	131767
私营有限责任公司	21022	16551274	16467695	418169	412794	8817959	4929621
私营股份有限公司	1497	1017940	1009738	41656	39733	804386	402166
其他企业	4776	2148790	2121864	52938	51881	1296493	643336
港、澳、台商投资企业	27	23195	23186	797	797	21073	9272
与港澳台商合资经营企业	14	8712	8712	250	250	10155	5930
与港澳台商合作经营企业	2	427	427	39	39	480	379
港澳台商独资企业	8	11411	11411	327	327	8958	1631
港澳台商投资股份有限公司	2	1492	1492	65	65	1151	1010
其他港澳台投资企业	1	1154	1144	117	117	329	320
外商投资企业	46	39247	39035	638	633	48163	18661
中外合资经营企业	12	17156	17152	130	130	10862	6209
中外合作经营企业	4	4557	4557	15	15	15673	500
外资企业	22	14508	14307	310	305	18267	9496
外商投资股份有限公司	3	1767	1767	129	129	2109	1614
其他外商投资企业	5	1259	1252	55	55	1251	842

1-32 限额以下批发法人企业财务状况按单位规模分组

指标名称	法人单位数（个）	营业收入（万元）	其中：主营业务收入（万元）	营业税金及附加（万元）	其中：主营业务营业税金及附加（万元）	资产总计（万元）	实收资本（万元）
批发业	**43663**	**29679644**	**29486824**	**785688**	**772345**	**17841608**	**9551182**
按单位规模分							
大型							
中型	203	2729510	2721994	21638	21111	1168598	394772
小型	7766	17393395	17335710	478260	472870	6916081	3369558
微型	35694	9556739	9429120	285791	278365	9756929	5786852

1-33 限额以下批发法人企业财务状况按经营形式分组

指标名称	法人单位数（个）	营业收入（万元）	其中：主营业务收入（万元）	营业税金及附加（万元）	其中：主营业务营业税金及附加（万元）	资产总计（万元）	实收资本（万元）
批发业	**43663**	**29679644**	**29486824**	**785688**	**772345**	**17841608**	**9551182**
按经营形式分							
独立门店	32795	22627272	22487062	627683	617243	12502588	6772741
连锁总店(总部)	115	137839	137289	3105	3029	93211	45522
连锁门店	174	284401	283681	4392	4381	62549	24656
其他	10497	6603489	6552585	149607	146800	5162051	2697796

1-34 限额以下批发法人企业财务状况按控股情况分组

指标名称	法人单位数(个)	营业收入(万元)	其中：主营业务收入(万元)	营业税金及附加(万元)	其中：主营业务营业税金及附加(万元)	资产总计(万元)	实收资本(万元)
批发业	43663	29679644	29486824	785688	772345	17841608	9551182
按控股情况分							
国有控股	568	684040	672640	12951	12556	625138	255641
集体控股	656	359478	355983	11492	11238	282511	122944
私人控股	38009	26125306	25972831	700066	688609	15264713	8215527
港澳台商控股	20	13233	13223	600	599	16513	8881
外商控股	34	21298	20654	507	500	25773	15142
其他	4366	2475540	2450744	60073	58843	1626959	933048

1-35 限额以下批发法人企业财务状况按地区分组

指标名称	法人单位数(个)	营业收入(万元)	其中：主营业务收入(万元)	营业税金及附加(万元)	其中：主营业务营业税金及附加(万元)	资产总计(万元)	实收资本(万元)
批发业	43663	29679644	29486824	785688	772345	17841608	9551182
按地区分							
长沙市	17038	12054069	11981256	206006	201973	8053889	4395507
株洲市	2113	974125	967521	19106	18643	742932	360149
湘潭市	1546	4718225	4711110	71513	71093	833758	356997
衡阳市	2300	965918	954025	30575	29909	930549	542939
邵阳市	1312	440757	433264	11995	10852	446120	209733
岳阳市	4081	3509660	3483035	215397	212739	2090065	1382828
常德市	4176	2347600	2335059	68211	66769	1090008	494694
张家界市	265	77783	76761	1261	1250	84882	37422
益阳市	3289	1895164	1879078	54038	53173	936460	578072
郴州市	2005	854156	844365	58643	58209	924393	402336
永州市	663	352091	347993	10289	9720	245443	106560
怀化市	1373	445324	438443	15978	15668	422122	182106
娄底市	2360	839237	833921	18593	18388	679150	411905
湘西州	1142	205534	200993	4085	3960	361838	89935

1-36 限额以下零售业法人基本情况

指标名称	法人单位数(个)	通过互联网销售或采购商品和服务法人单位数(个)	从业人员期末人数(人)	其中：女性	批发和零售业年末零售营业面积(平方米)
零售业	**42197**	**2466**	**482090**	**225426**	**13865709**
按零售行业小类分					
零售业	42197	2466	482090	225426	13865709
综合零售	7349	408	99808	52955	2670781
百货零售	4156	245	54570	27277	1398000
超级市场零售	1283	90	23675	15115	765096
其他综合零售	1910	73	21563	10563	507685
食品、饮料及烟草制品专门零售	4141	213	52739	23852	1672245
粮油零售	428	20	5833	2332	170814
糕点、面包零售	199	15	2692	1517	34914
果品、蔬菜零售	464	18	7517	3414	141865
肉、禽、蛋、奶及水产品零售	538	20	9182	3798	545137
营养和保健品零售	136	11	1461	727	27381
酒、饮料及茶叶零售	790	63	9377	4338	168446
烟草制品零售	226	2	2717	1101	46616
其他食品零售	1360	64	13960	6625	537072
纺织、服装及日用品专门零售	6660	380	71981	41096	1499262
纺织品及针织品零售	609	24	6928	3762	263484
服装零售	3300	232	37132	22563	643066
鞋帽零售	514	18	5805	3601	85867
化妆品及卫生用品零售	421	29	4313	2438	87155
钟表、眼镜零售	146	12	1636	878	26065
箱、包零售	114	5	1382	853	12905
厨房用具及日用杂品零售	371	19	3351	1442	72087
自行车零售	57	2	408	161	5758
其他日用品零售	1128	39	11026	5398	302875
文化、体育用品及器材专门零售	1808	122	19763	9798	391749
文具用品零售	451	31	4917	2297	101036
体育用品及器材零售	143	15	1459	644	42361
图书、报刊零售	149	11	1628	772	38188
音像制品及电子出版物零售	51		521	258	6260
珠宝首饰零售	367	32	4487	2651	75738
工艺美术品及收藏品零售	240	12	2654	1246	52607
乐器零售	32		351	142	7103
照相器材零售	22	1	200	82	5797
其他文化用品零售	353	20	3546	1706	62659

1-36 续表 1

指标名称	法 人单位数(个)	通过互联网销售或采购商品和服务法人单位数(个)	从业人员期末人数(人)	其中：女性	批发和零售业年末零售营业面积(平方米)
医药及医疗器材专门零售	3470	186	34345	18287	732805
药品零售	2927	159	28414	15692	606995
医疗用品及器材零售	543	27	5931	2595	125810
汽车、摩托车、燃料及零配件专门零售	4460	213	49509	18823	2174306
汽车零售	1688	70	21390	8272	1050555
汽车零配件零售	767	39	9117	3198	228758
摩托车及零配件零售	734	42	6796	2322	187761
机动车燃料零售	1271	62	12206	5031	707232
家用电器及电子产品专门零售	5368	376	56365	24464	1082820
家用视听设备零售	575	24	7311	3625	166490
日用家电设备零售	1422	103	14519	6414	364601
计算机、软件及辅助设备零售	1392	112	13359	5179	195937
通信设备零售	809	57	9100	4583	148639
其他电子产品零售	1170	80	12076	4663	207153
五金、家具及室内装饰材料专门零售	5885	372	63857	24046	1791644
五金零售	2062	137	20349	7312	395756
灯具零售	201	15	2152	857	53106
家具零售	1408	104	15819	6724	788007
涂料零售	195	10	2369	858	41746
卫生洁具零售	156	10	1882	784	36972
木质装饰材料零售	329	13	3909	1419	86647
陶瓷、石材装饰材料零售	409	23	4533	1618	136940
其他室内装饰材料零售	1125	60	12844	4474	252470
货摊、无店铺及其他零售业	3056	196	33723	12105	1850097
货摊食品零售	35	1	287	126	3254
货摊纺织、服装及鞋零售	48	3	528	310	8583
货摊日用品零售	42	2	327	150	9017
互联网零售	71	60	766	357	8023
邮购及电视、电话零售	17	10	84	38	2660
旧货零售	53	3	651	204	23609
生活用燃料零售	489	16	7034	2144	790911
其他未列明零售业	2301	101	24046	8776	1004040
按登记注册类型分					
内资企业	42132	2458	480430	224543	13817305
国有企业	244	8	5228	2468	188569

1-36 续表 2

指标名称	法　人 单位数 (个)	通过互联网销售或采购商品和服务法人单位数 (个)	从业人员 期末人数 (人)	其中：女性	批发和零售业年末零售营业面积 (平方米)
集体企业	419	13	8936	4013	289685
股份合作企业	65	3	981	546	23437
联营企业	71	3	720	346	22136
国有联营企业	3	1	74	38	1050
集体联营企业	47	2	363	168	13947
国有与集体联营企业	4		52	24	1535
其他联营企业	17		231	116	5604
有限责任公司	3929	207	46499	21040	1714847
国有独资公司	43	2	899	379	37022
其他有限责任公司	3886	205	45600	20661	1677825
股份有限公司	606	44	13283	6560	249146
私营企业	33371	2024	350930	165053	10006794
私营独资企业	19833	1152	188092	91366	4458763
私营合伙企业	1322	132	17385	9059	614399
私营有限责任公司	11305	700	132772	58405	4179376
私营股份有限公司	911	40	12681	6223	754256
其他企业	3427	156	53853	24517	1322691
港、澳、台商投资企业	31	5	534	239	22164
与港澳台商合资经营企业	7	1	190	100	6245
与港澳台商合作经营企业					
港澳台商独资企业	11	2	135	45	8623
港澳台商投资股份有限公司	10	2	164	63	6669
其他港澳台投资企业	3		45	31	627
外商投资企业	34	3	1126	644	26240
中外合资经营企业	11	1	667	414	19093
中外合作经营企业	4		66	22	366
外资企业	10	1	255	139	2575
外商投资股份有限公司	1		3	1	200
其他外商投资企业	8	1	135	68	4006
按控股情况分					
国有控股	418	17	8723	4132	414131
集体控股	619	23	12395	5672	368036
私人控股	38004	2247	416466	194969	12216911
港澳台商控股	22	3	385	169	11168
外商控股	18	2	805	448	11642
其他	3115	174	43308	20029	843721

1-36 续表 3

指标名称	法 人 单位数 (个)	通过互联网销售或采购商品和服务法人单位数 (个)	从业人员 期末人数 (人)	其中: 女性	批发和零售业年末零售营业面积 (平方米)
按经营形式分					
独立门店	37259	2116	417541	194503	11213567
连锁总店(总部)	138	7	5504	3450	73814
连锁门店	643	54	10764	7120	455922
其他	4128	288	48018	20235	2122406
按单位规模分					
大型					
中型	405	26	38556	20672	885782
小型	13473	968	268326	123994	6629411
微型	28319	1472	175208	80760	6350516
按零售业态分					
有店铺零售	41922	2330	479514	224325	13822667
食杂店	818	50	7970	3529	145017
便利店	4003	177	37762	17264	1081098
折扣店	155	6	1774	973	24000
超市	4725	358	65601	36836	1699083
大型超市	96	8	5474	3713	278144
仓储会员店	139	8	1848	753	94943
百货店	3988	179	46892	23260	1273827
专业店	14654	788	156130	68620	4845510
加油站					
专卖店	9989	598	116891	53535	2896530
家居建材商店	1579	92	17230	6687	603105
购物中心	81	5	1140	630	39771
社区购物中心					
市区购物中心					
城郊购物中心					
厂家直销中心	1695	61	20802	8525	841639
无店铺零售	246	135	2313	983	43042
电视购物	8		225	104	1645
邮购	26	2	222	82	3202
网上商店	152	127	1368	603	19360
自动售货亭	9	1	72	23	7872
电话购物	51	5	426	171	10963

1-37 限额以下零售法人企业财务状况按行业分组

指标名称	法人单位数(个)	营业收入(万元)	其中：主营业务收入(万元)	营业税金及附加(万元)	其中：主营业务营业税金及附加(万元)	资产总计(万元)	实收资本(万元)
零售业	**42197**	**12317260**	**12188926**	**431604**	**423633**	**10961588**	**5578176**
综合零售	7349	2085810	2063641	74544	73084	1504258	870165
百货零售	4156	1074415	1061687	36768	36062	817260	454846
超级市场零售	1283	535529	529225	19249	18828	346728	212352
其他综合零售	1910	475866	472728	18527	18195	340270	202967
食品、饮料及烟草制品专门零售	4141	1083004	1054259	39230	38217	2200032	492623
粮油零售	428	123606	121687	5708	5183	103122	61346
糕点、面包零售	199	55568	55454	1588	1576	38175	23188
果品、蔬菜零售	464	123633	122591	4208	4191	101959	53046
肉、禽、蛋、奶及水产品零售	538	149504	148305	6212	6057	118158	69274
营养和保健品零售	136	43658	43349	1413	1401	33304	17328
酒、饮料及茶叶零售	790	182864	181516	6068	5999	165486	89187
烟草制品零售	226	76927	57024	2183	2132	1398026	40612
其他食品零售	1360	327244	324334	11850	11680	241801	138641
纺织、服装及日用品专门零售	6660	1709660	1697494	68416	67736	1150368	689249
纺织品及针织品零售	609	165731	164912	5901	5871	107430	66330
服装零售	3300	867671	863000	36564	36226	562465	353862
鞋帽零售	514	128629	127743	5627	5569	79686	50294
化妆品及卫生用品零售	421	97526	96294	3621	3609	74545	45751
钟表、眼镜零售	146	30327	30299	1306	1283	20888	11470
箱、包零售	114	30161	29991	1333	1326	23862	16369
厨房用具及日用杂品零售	371	100903	100369	3446	3369	55755	29253
自行车零售	57	11182	11114	316	312	7339	4343
其他日用品零售	1128	277531	273771	10303	10170	218399	111577
文化、体育用品及器材专门零售	1808	491737	487806	17761	17535	415613	264978
文具用品零售	451	102963	102461	3854	3807	72278	46521
体育用品及器材零售	143	28403	28205	1062	1035	24641	18094
图书、报刊零售	149	29150	29050	1189	1178	44006	33236
音像制品及电子出版物零售	51	13279	13195	407	403	10652	6144
珠宝首饰零售	367	138131	136157	5739	5696	129774	70891
工艺美术品及收藏品零售	240	79660	79307	2000	1959	57499	35943
乐器零售	32	5426	5393	203	201	3183	3103
照相器材零售	22	5123	5092	238	237	3562	3363
其他文化用品零售	353	89601	88947	3069	3019	70018	47683

1-37 续表

指标名称	法 人单位数(个)	营业收入(万元)	其中：主营业务收入(万元)	营业税金及附加(万元)	其中：主营业务营业税金及附加(万元)	资产总计(万元)	实收资本(万元)
医药及医疗器材专门零售	3470	958032	948291	32829	32251	684474	364336
药品零售	2927	778399	770083	26670	26169	526101	276122
医疗用品及器材零售	543	179632	178207	6160	6082	158373	88214
汽车、摩托车、燃料及零配件专门零售	4460	1900108	1885814	57054	55597	1619171	830509
汽车零售	1688	922175	915921	21640	21261	785737	399286
汽车零配件零售	767	209938	207401	8689	8209	200532	100429
摩托车及零配件零售	734	214883	213529	6767	6481	135198	82253
机动车燃料零售	1271	553112	548964	19958	19645	497703	248540
家用电器及电子产品专门零售	5368	1461041	1442416	51287	49999	1174431	756283
家用视听设备零售	575	223780	221748	7678	7570	143823	87691
日用家电设备零售	1422	479997	474246	14546	14031	340658	177889
计算机、软件及辅助设备零售	1392	298968	295650	12045	11849	287147	221486
通信设备零售	809	189119	187755	7269	7181	153343	98722
其他电子产品零售	1170	269177	263018	9748	9368	249460	170494
五金、家具及室内装饰材料专门零售	5885	1693949	1683828	59422	58684	1324884	762286
五金零售	2062	628542	625232	21325	21103	472000	274854
灯具零售	201	45045	44844	1475	1435	23913	14469
家具零售	1408	413642	411761	15228	15044	380505	175874
涂料零售	195	51479	51276	2002	1974	33348	21026
卫生洁具零售	156	39226	39134	1614	1581	25984	21221
木质装饰材料零售	329	77195	76667	2873	2833	50500	30408
陶瓷、石材装饰材料零售	409	117355	117110	3660	3602	76112	49066
其他室内装饰材料零售	1125	321466	317805	11246	11112	262522	175367
货摊、无店铺及其他零售业	3056	933919	925376	31061	30529	888357	547747
货摊食品零售	35	8608	8579	202	202	4010	2614
货摊纺织、服装及鞋零售	48	10416	10408	265	265	11166	6544
货摊日用品零售	42	7900	7880	298	295	4067	2773
互联网零售	71	12656	12609	362	356	22649	19627
邮购及电视、电话零售	17	2045	2045	31	31	1493	1129
旧货零售	53	15733	15719	595	591	12038	6808
生活用燃料零售	489	186796	184973	7259	7181	195587	111975
其他未列明零售业	2301	689766	683164	22048	21607	637348	396277

1-38 限额以下零售法人企业财务状况按登记注册类型分组

指标名称	法人单位数（个）	营业收入（万元）	其中：主营业务收入（万元）	营业税金及附加（万元）	其中：主营业务营业税金及附加（万元）	资产总计（万元）	实收资本（万元）
零售业	**42197**	**12317260**	**12188926**	**431604**	**423633**	**10961588**	**5578176**
按登记注册类型分							
内资企业	42132	12281190	12152964	430138	422170	10902979	5543175
国有企业	244	86694	66488	2216	2171	1452179	54567
集体企业	419	98617	97512	4155	4081	118228	48777
股份合作企业	65	25962	25810	1208	1199	20588	11301
联营企业	71	15821	15579	736	726	17222	10469
国有联营企业	3	1074	1074	9	9	600	217
集体联营企业	47	7948	7873	447	439	8689	6727
国有与集体联营企业	4	1312	1291	33	33	5039	1722
其他联营企业	17	5487	5340	246	245	2894	1803
有限责任公司	3929	1396291	1380307	42864	41834	1399364	763922
国有独资公司	43	8751	8442	286	279	26508	10151
其他有限责任公司	3886	1387540	1371865	42578	41555	1372856	753772
股份有限公司	606	241852	239619	10101	9877	243989	174628
私营企业	33371	9456386	9381877	328668	323017	7015270	4128679
私营独资企业	19833	5185870	5157590	185194	183259	3191075	1921590
私营合伙企业	1322	447985	444586	18179	17767	300848	177978
私营有限责任公司	11305	3505458	3466460	113312	110330	3278596	1879192
私营股份有限公司	911	317073	313242	11983	11661	244751	149919
其他企业	3427	959566	945772	40191	39265	636139	350830
港、澳、台商投资企业	31	12837	12794	481	480	28696	15661
与港澳台商合资经营企业	7	5063	5053	263	262	5821	4126
与港澳台商合作经营企业							
港澳台商独资企业	11	3900	3873	85	85	4524	2031
港澳台商投资股份有限公司	10	3311	3306	100	99	10293	9348
其他港澳台投资企业	3	563	563	33	33	8058	157
外商投资企业	34	23234	23168	985	983	29914	19340
中外合资经营企业	11	9051	9033	431	430	16432	4345
中外合作经营企业	4	542	542	15	15	945	6126
外资企业	10	11311	11275	449	449	11320	7899
外商投资股份有限公司	1	14	14	1	1	10	10
其他外商投资企业	8	2316	2305	89	88	1207	959

1-39 限额以下零售法人企业财务状况按单位规模分组

指标名称	法 人 单位数 (个)	营业收入 (万元)	其中：主营业务收入 (万元)	营业税金及附加 (万元)	其中：主营业务营业税金及附加 (万元)	资产总计 (万元)	实收资本 (万元)
零售业	**42197**	**12317260**	**12188926**	**431604**	**423633**	**10961588**	**5578176**
按单位规模分							
大型							
中型	405	979621	947566	27609	26990	2133125	263703
小型	13473	6029689	5977242	230759	226924	4758299	2740037
微型	28319	5307950	5264118	173236	169720	4070164	2574435

1-40 限额以下零售法人企业财务状况按经营形式分组

指标名称	法 人 单位数 (个)	营业收入 (万元)	其中：主营业务收入 (万元)	营业税金及附加 (万元)	其中：主营业务营业税金及附加 (万元)	资产总计 (万元)	实收资本 (万元)
零售业	**42197**	**12317260**	**12188926**	**431604**	**423633**	**10961588**	**5578176**
按经营形式分							
独立门店	37259	10732134	10640224	384782	378052	8016898	4605571
连锁总店(总部)	138	200956	198924	2969	2675	204566	72829
连锁门店	643	234340	231047	8696	8554	220827	134769
其他	4128	1146176	1115181	35046	34242	2515155	762351

1-41 限额以下零售法人企业财务状况按控股情况分组

指标名称	法人单位数（个）	营业收入（万元）	其中：主营业务收入（万元）	营业税金及附加（万元）	其中：主营业务营业税金及附加（万元）	资产总计（万元）	实收资本（万元）
零售业	**42197**	**12317260**	**12188926**	**431604**	**423633**	**10961588**	**5578176**
按控股情况分							
国有控股	418	209598	187012	8039	7792	1624723	114946
集体控股	619	163423	160997	6447	6320	190905	86034
私人控股	38004	10914461	10826599	380105	373516	8238317	4873163
港澳台商控股	22	8521	8514	197	197	21207	10447
外商控股	18	19468	19414	859	859	29175	18010
其他	3115	1001789	986391	35956	34949	857260	475577

1-42 限额以下零售法人企业财务状况按零售业态分组

指标名称	法人单位数(个)	营业收入(万元)	其中：主营业务收入(万元)	营业税金及附加(万元)	其中：主营业务营业税金及附加(万元)	资产总计(万元)	实收资本(万元)
零售业	**42197**	**12317260**	**12188926**	**431604**	**423633**	**10961588**	**5578176**
按零售业态分							
有店铺零售	41922	12262299	12134386	430310	422397	10898143	5526785
食杂店	818	212184	209675	7624	7468	132584	84913
便利店	4003	938415	928705	31941	31197	617446	347547
折扣店	155	54466	54432	2154	2151	27262	15649
超市	4725	1476239	1462732	53587	52522	1077930	675338
大型超市	96	70351	68575	2775	2735	46340	25236
仓储会员店	139	68857	68735	1309	1260	39716	23504
百货店	3988	965667	956403	33967	33543	768693	425126
专业店	14654	4312041	4255942	145099	142229	4823673	1963595
加油站							
专卖店	9989	3109342	3081940	118796	116615	2416819	1413173
家居建材商店	1579	458927	456724	16915	16718	417002	210874
购物中心	81	26062	25302	816	807	23929	15123
社区购物中心							
市区购物中心							
城郊购物中心							
厂家直销中心	1695	569748	565221	15326	15151	506749	326707
无店铺零售	246	51307	50989	1183	1126	59304	48735
电视购物	8	8577	8577	21	21	6331	5372
邮购	26	4491	4361	254	217	4695	3386
网上商店	152	24821	24644	599	579	34106	31353
自动售货亭	9	2704	2704	81	81	6944	3423
电话购物	51	10714	10702	228	227	7228	5202

1-43 限额以下零售法人企业财务状况按地区分组

指标名称	法人单位数（个）	营业收入（万元）	其中：主营业务收入（万元）	营业税金及附加（万元）	其中：主营业务营业税金及附加（万元）	资产总计（万元）	实收资本（万元）
零售业	**42197**	**12317260**	**12188926**	**431604**	**423633**	**10961588**	**5578176**
按地区分							
长沙市	6497	1951141	1908389	42153	40669	3364956	1282662
株洲市	1411	430722	428148	10532	10331	399222	138947
湘潭市	863	421042	416304	13107	12873	331100	134169
衡阳市	2397	684706	674563	20049	18885	706801	430756
邵阳市	1941	633481	629231	14513	14367	463772	268303
岳阳市	3797	1139316	1129395	63702	62262	951192	642537
常德市	11734	3420632	3401644	113840	112795	1971147	1130316
张家界市	440	106770	103863	2941	2827	119573	58160
益阳市	5609	1407514	1399483	54915	54049	991058	581464
郴州市	2466	716571	708867	48763	48341	533534	295402
永州市	905	364705	360217	16620	16340	349805	145825
怀化市	972	295698	291593	8205	8106	222829	98496
娄底市	2626	639504	633670	20385	20110	444603	306092
湘西州	539	105459	103559	1877	1678	111997	65046

1-44 批发业产业活动单位情况

指标名称	产业活动单位数(个)	通过互联网销售或采购商品和服务产业活动单位数(个)	从业人员期末人数(人)	女性	经营性单位收入(万元)	批发和零售业年末零售营业面积(平方米)
批　发	**2793**	**128**	**58374**	**22809**	**11385883**	**1148909**
按批发行业小类分						
农、林、牧产品批发	227	5	2733	912	166577	96908
谷物、豆及薯类批发	102	3	893	259	42750	45464
种子批发	67		554	193	18211	14264
饲料批发	9	1	247	111	7079	1161
棉、麻批发	4		56	29	6343	635
林业产品批发	9	1	101	33	2868	14516
牲畜批发	22		461	102	68376	13928
其他农牧产品批发	14		421	185	20951	6940
食品、饮料及烟草制品批发	634	37	23759	8484	7252402	463936
米、面制品及食用油批发	48	5	1468	529	74803	34010
糕点、糖果及糖批发	15	1	207	104	8006	4489
果品、蔬菜批发	30		622	223	42362	11163
肉、禽、蛋、奶及水产品批发	25	3	324	113	13188	12340
盐及调味品批发	114	5	3031	1088	166872	91959
营养和保健品批发	13	1	150	78	2622	2548
酒、饮料及茶叶批发	67	2	2610	981	248756	19560
烟草制品批发	239	10	13839	4638	6632308	252065
其他食品批发	83	10	1508	730	63486	35802
纺织、服装及家庭用品批发	167	7	3961	2367	605148	59221
纺织品、针织品及原料批发	21		386	137	84681	5155
服装批发	51		592	414	299150	13087
鞋帽批发	8		539	329	12743	1315
化妆品及卫生用品批发	12	1	125	76	11329	1274
厨房、卫生间用具及日用杂货批发	14		286	149	18070	3407
灯具、装饰物品批发	4		181	111	21440	538
家用电器批发	37	4	1314	750	107745	19502
其他家庭用品批发	20	2	538	401	49990	14943
文化、体育用品及器材批发	57	1	1174	568	82155	17694
文具用品批发	11		149	56	3586	4687
体育用品及器材批发	3		12	5	186	500

1-44 续表 1

指标名称	产业活动单位数(个)	通过互联网销售或采购商品和服务产业活动单位数(个)	从业人员期末人数(人)	女性	经营性单位收入(万元)	批发和零售业年末零售营业面积(平方米)
图书批发	14		592	297	16071	6880
报刊批发	1		3	2	46	50
音像制品及电子出版物批发	1		4		511	289
首饰、工艺品及收藏品批发	17		226	97	43754	3329
其他文化用品批发	10	1	188	111	18001	1959
医药及医疗器材批发	183	13	4295	2517	573466	60010
西药批发	66	5	2780	1734	432700	24050
中药批发	42	6	792	440	86597	18404
医疗用品及器材批发	75	2	723	343	54169	17556
矿产品、建材及化工产品批发	892	37	13595	4644	2187224	293679
煤炭及制品批发	35	1	1052	332	52685	17849
石油及制品批发	286	13	5212	2367	1332230	152921
非金属矿及制品批发	13	1	213	90	5612	4355
金属及金属矿批发	49	4	605	222	230967	12296
建材批发	105	4	3741	654	479715	40477
化肥批发	314	8	1836	646	57574	50636
农药批发	44		286	97	6188	4815
农用薄膜批发	2		9	3	220	265
其他化工产品批发	44	6	641	233	22033	10065
机械设备、五金产品及电子产品批发	373	17	5402	2126	357277	82483
农业机械批发	37	2	263	79	11219	7912
汽车批发	14	1	267	136	12668	7205
汽车零配件批发	13		121	29	8407	11374
摩托车及零配件批发	7		45	22	2260	1900
五金产品批发	50	1	417	156	25787	5790
电气设备批发	22	1	398	125	12083	3608
计算机、软件及辅助设备批发	23	1	284	130	10260	2846
通讯及广播电视设备批发	32	2	923	444	57898	8857
其他机械设备及电子产品批发	175	9	2684	1005	216696	32991
贸易经纪与代理	52	8	953	397	49028	13401
贸易代理	26	8	516	191	42513	7793
拍卖	3		18	8	223	708
其他贸易经纪与代理	23		419	198	6293	4900

1-44 续表 2

指标名称	产业活动单位数(个)	通过互联网销售或采购商品和服务产业活动单位数(个)	从业人员期末人数(人)	女性	经营性单位收入(万元)	批发和零售业年末零售营业面积(平方米)
其他批发业	208	3	2502	794	112607	61577
再生物资回收与批发	81		1162	325	34239	24765
其他未列明批发业	127	3	1340	469	78368	36812
按登记注册类型分						
内资企业	2689	121	54713	21133	10882818	1123650
国有企业	460	14	17076	5734	6366508	362656
集体企业	197	3	1488	520	41335	36719
股份合作企业	7	1	150	86	3498	1666
联营企业	22	2	133	52	6263	6153
国有联营企业	5	1	47	21	4853	1142
集体联营企业	12	1	66	29	1260	4699
国有与集体联营企业	2		2		30	160
其他联营企业	3		18	2	120	152
有限责任公司	652	33	12277	4895	1181852	256806
国有独资公司	85	6	2099	823	149715	78129
其他有限责任公司	567	27	10178	4072	1032137	178677
股份有限公司	254	18	8235	3039	1352938	159937
私营企业	974	49	13693	6213	1412025	266523
私营独资企业	116	8	1186	464	73072	39584
私营合伙企业	38	2	745	245	31563	16510
私营有限责任公司	744	36	10924	5142	1245910	187659
私营股份有限公司	76	3	838	362	61480	22770
其他企业	123	1	1661	594	518399	33190
港、澳、台商投资企业	42	5	1577	1052	167652	9821
合资经营企业(港或澳、台资)	10	1	507	356	44606	1918
合作经营企业(港或澳、台资)						
港、澳、台商独资经营企业	29	3	1021	658	121978	6913
港、澳、台商投资股份有限公司	2		35	32	717	800
外商投资企业	62	2	2084	624	335414	15438
中外合资经营企业	23	1	1163	307	307797	5439
中外合作经营企业	3	1	24	6	723	2540
外资企业	27		716	243	21946	5126
外商投资股份有限公司	9		181	68	4948	2333

1-45 零售业产业活动单位情况

指标名称	产业活动单位数(个)	通过互联网销售或采购商品和服务产业活动单位数(个)	从业人员期末人数(人)	女性	经营性单位收入(万元)	批发和零售业年末零售营业面积(平方米)
零　售	**7782**	**421**	**137348**	**90771**	**9816691**	**6942924**
按零售行业小类分						
综合零售	1268	104	59311	44171	2049594	2141855
百货零售	591	63	25568	19163	1066056	1097810
超级市场零售	398	27	30535	23065	865539	984711
其他综合零售	279	14	3208	1943	117999	59334
食品、饮料及烟草制品专门零售	670	44	7633	4300	332876	159077
粮油零售	71		1193	469	54028	42478
糕点、面包零售	96	8	1262	770	24733	12127
果品、蔬菜零售	37	2	710	436	10743	16396
肉、禽、蛋、奶及水产品零售	48	2	347	172	16802	14439
营养和保健品零售	17	3	177	137	2701	2581
酒、饮料及茶叶零售	82	9	808	347	19309	13811
烟草制品零售	62	5	458	210	49444	7510
其他食品零售	257	15	2678	1759	155117	49735
纺织、服装及日用品专门零售	496	26	8144	6329	435553	212432
纺织品及针织品零售	86	9	2134	1842	121643	24521
服装零售	215	7	3331	2542	138111	82191
鞋帽零售	16		188	138	6293	2719
化妆品及卫生用品零售	34	3	562	405	49425	8880
钟表、眼镜零售	49	1	324	226	8549	67161
箱、包零售	1		22	17	499	580
厨房用具及日用杂品零售	10	2	164	58	3556	2621
自行车零售						
其他日用品零售	85	4	1419	1101	107477	23759
文化、体育用品及器材专门零售	320	32	3903	2236	198624	152406
文具用品零售	30	3	481	338	15773	8237
体育用品及器材零售	15	1	197	82	9356	2521
图书、报刊零售	201	20	2343	1248	145206	127439
音像制品及电子出版物零售	10	6	78	68	1266	3400
珠宝首饰零售	27		450	277	13209	5548
工艺美术品及收藏品零售	11		125	85	5455	1456
乐器零售	2		7	5	19	320
照相器材零售	12	1	93	66	6479	1714
其他文化用品零售	12	1	129	67	1862	1771
医药及医疗器材专门零售	1983	76	17957	12665	570795	1890343
药品零售	1932	74	17339	12329	561252	1879231
医疗用品及器材零售	51	2	618	336	9542	11112
汽车、摩托车、燃料及零配件专门零售	2110	65	24803	13297	4929715	1707551
汽车零售	150	6	3368	1262	1028645	134828
汽车零配件零售	36	1	444	187	25271	69410
摩托车及零配件零售	16		120	46	3540	5863
机动车燃料零售	1908	58	20871	11802	3872259	1497450
家用电器及电子产品专门零售	402	47	9925	5743	927641	207915
家用视听设备零售	41	4	2123	1091	177959	28723
日用家电设备零售	142	18	4815	3181	589564	145116
计算机、软件及辅助设备零售	64	7	750	422	57878	6997
通信设备零售	109	10	1752	788	89201	20128
其他电子产品零售	46	8	485	261	13039	6951

1-45 续表

指标名称	产业活动单位数(个)	通过互联网销售或采购商品和服务产业活动单位数(个)	从业人员期末人数(人)	女性	经营性单位收入(万元)	批发和零售业年末零售营业面积(平方米)
五金、家具及室内装饰材料专门零售	123	7	1622	572	75320	335771
五金零售	55	2	436	173	10268	11010
灯具零售	3		5	3	49	155
家具零售	26	4	459	226	17767	308660
涂料零售	7		29	12	142	761
卫生洁具零售						
木质装饰材料零售	2		11	4	574	219
陶瓷、石材装饰材料零售	12		192	34	3628	3615
其他室内装饰材料零售	18	1	490	120	42893	11351
货摊、无店铺及其他零售业	410	20	4050	1458	296573	135574
货摊食品零售	4	1	17	8	159	499
货摊纺织、服装及鞋零售	3		22	8	266	360
货摊日用品零售	1		18	6	302	150
互联网零售	1	1	13		62312	
邮购及电视、电话零售						
旧货零售	1		16	3	416	240
生活用燃料零售	265	9	2348	859	152537	106113
其他未列明零售业	135	9	1616	574	80581	28212
按登记注册类型分						
内资企业	7530	392	130149	86240	9392529	6608567
国有企业	625	27	6958	3531	681432	438386
集体企业	391	6	3860	1614	98504	145671
股份合作企业	24	4	176	119	9978	7288
联营企业	40		453	299	21351	17497
国有联营企业	4		38	18	8874	790
集体联营企业	28		337	235	11632	14887
国有与集体联营企业	1		12	10	85	80
其他联营企业	7		66	36	760	1740
有限责任公司	1644	80	35045	24334	1741563	980611
国有独资公司	131	8	1266	727	140793	71697
其他有限责任公司	1513	72	33779	23607	1600770	908914
股份有限公司	1576	75	31769	22376	3792103	3189201
私营企业	2988	190	49228	32272	2986745	1767503
私营独资企业	395	14	4125	2576	125539	174789
私营合伙企业	109	2	1165	775	42134	50862
私营有限责任公司	2187	155	39791	26117	2632160	1407951
私营股份有限公司	297	19	4147	2804	186912	133901
其他企业	242	10	2660	1695	60853	62410
港、澳、台商投资企业	137	18	2043	1325	198053	31215
合资经营企业(港或澳、台资)	45	5	616	372	94261	7936
合作经营企业(港或澳、台资)	1		5	4	162	150
港、澳、台商独资经营企业	58	10	632	496	61007	13973
港、澳、台商投资股份有限公司	32	3	786	449	42502	9110
外商投资企业	115	11	5156	3206	226110	303142
中外合资经营企业	49	6	689	381	67578	12916
中外合作经营企业	3	1	65	57	3940	910
外资企业	62	3	4125	2542	128593	241316
外商投资股份有限公司	1	1	277	226	26000	48000

1-46 批发和零售业连锁企业基本情况

项目	连锁总店数(个)	门店数(个)		直营店门店数(个)		加盟店门店数(个)		年末从业人员数(人)	
	本年	本年	上年同期	本年	上年同期	本年	上年同期	本年	上年同期
总　计	**102**	**6479**	**6192**	**3763**	**3433**	**2716**	**2759**	**75888**	**64483**
按登记注册类型分									
内资企业	95	6243	5994	3527	3235	2716	2759	70712	60246
国有企业	9	482	422	482	422			4733	4525
集体企业	1	11	11	11	11			119	125
股份合作企业									
联营企业									
国有联营企业									
集体联营企业									
国有与集体联营企业									
其他联营企业									
有限责任公司	27	1992	1870	1130	1012	862	858	18415	16680
国有独资公司									
其他有限责任公司	27	1992	1870	1130	1012	862	858	18415	16680
股份有限公司	19	1998	1926	1391	1317	607	609	26552	22611
私营企业	36	1660	1682	462	428	1198	1254	16951	12113
私营独资企业	2	8	6	8	6			448	289
私营合伙企业									
私营有限责任公司	28	671	694	308	292	363	402	13665	8923
私营股份有限公司	6	981	982	146	130	835	852	2838	2901
其他企业	3	100	83	51	45	49	38	3942	4192
港、澳、台商投资企业	6	233	195	233	195			4346	3420
合资经营企业(港或澳、台资)	2	32	33	32	33			155	442
合作经营企业(港或澳、台资)									
港、澳、台商独资经营企业	3	15	8	15	8			1708	859
港、澳、台商投资股份有限公司	1	186	154	186	154			2483	2119
其他港澳台投资企业									
外商投资企业	1	3	3	3	3			830	817
中外合资经营企业									
中外合作经营企业									
外资企业	1	3	3	3	3			830	817
外商投资股份有限公司									
其他外商投资企业									

1-46 续表 1

项 目	连锁总店数（个）	门店数（个）		直营店门店数（个）		加盟店门店数（个）		年末从业人员数（人）	
	本年	本年	上年同期	本年	上年同期	本年	上年同期	本年	上年同期
按行业分									
批发业	9	1272	1266	289	284	983	982	3185	3356
农、林、牧产品批发	2	769	769	7	7	762	762	817	864
食品、饮料及烟草制品批发	1	22	22	12	12	10	10	78	89
纺织、服装及家庭用品批发	1	20	19	20	19			782	952
文化、体育用品及器材批发	1	2	3	2	3			573	554
医药及医疗器材批发	2	16	15	15	15	1		198	165
矿产品、建材及化工产品批发									
机械设备、五金产品及电子产品批发									
贸易经纪与代理									
其他批发业	2	443	438	233	228	210	210	737	732
零售业	93	5207	4926	3474	3149	1733	1777	72703	61127
综合零售	38	1305	1285	567	538	738	747	43029	33205
食品、饮料及烟草制品专门零售	3	476	485	88	62	388	423	971	801
纺织、服装及日用品专门零售	3	191	166	98	81	93	85	636	757
文化、体育用品及器材专门零售	3	32	28	32	28			389	1054
医药及医疗器材专门零售	14	1456	1340	942	818	514	522	12124	10705
汽车、摩托车、燃料及零配件专门零售	26	1676	1559	1676	1559			13251	12391
家用电器及电子产品专门零售	6	71	63	71	63			2303	2214
五金、家具及室内装饰材料专门零售									
货摊、无店铺及其他零售业									
按业态分									
便利店	2	42	33	22	22	20	11	212	183
折扣店									
超市	15	772	776	143	148	629	628	9015	6877
大型超市	10	224	189	214	180	10	9	25672	18716
仓储会员店									
百货店	3	8	5	8	5			1246	316
专业店	57	4564	4326	2985	2733	1579	1593	32552	30060
其中：加油站	24	1521	1412	1521	1412			12423	11633
专卖店	9	723	729	255	221	468	508	2981	3895
家具建材商店									
厂家直销中心	2	3	3	3	3			150	150
其他	3	73	67	63	57	10	10	3628	3879

1-46 续表 2

项 目	直营店年末从业人员数(人)		加盟店年末从业人员数(人)		年末零售营业面积(平方米)		直营店年末零售营业面积(平方米)		加盟店年末零售营业面积(平方米)	
	本年	上年同期	本年	上年同期	本年	上年同期	本年	上年同期	本年	上年同期
总 计	**69977**	**59863**	**5911**	**4620**	**5565117**	**5216790**	**5329358**	**4982364**	**235759**	**234426**
按登记注册类型分										
内资企业	64801	55626	5911	4620	5378780	5074736	5143021	4840310	235759	234426
国有企业	4733	4525			560243	552928	560243	552928		
集体企业	119	125			5350	5236	5350	5236		
股份合作企业										
联营企业										
国有联营企业										
集体联营企业										
国有与集体联营企业										
其他联营企业										
有限责任公司	16646	16092	1769	588	1164335	1067964	1080731	990941	83604	77023
国有独资公司										
其他有限责任公司	16646	16092	1769	588	1164335	1067964	1080731	990941	83604	77023
股份有限公司	25399	21711	1153	900	2883613	2881988	2852513	2855028	31100	26960
私营企业	14232	9238	2719	2875	574922	386884	459167	260521	115755	126363
私营独资企业	448	289			24751	12001	24751	12001		
私营合伙企业										
私营有限责任公司	12005	7083	1660	1840	441086	266922	395706	211140	45380	55782
私营股份有限公司	1779	1866	1059	1035	109085	107961	38710	37380	70375	70581
其他企业	3672	3935	270	257	190317	179736	185017	175656	5300	4080
港、澳、台商投资企业	4346	3420			138989	94706	138989	94706		
合资经营企业(港或澳、台资)	155	442			5076	10162	5076	10162		
合作经营企业(港或澳、台资)										
港、澳、台商独资经营企业	1708	859			97593	52064	97593	52064		
港、澳、台商投资股份有限公司	2483	2119			36320	32480	36320	32480		
其他港澳台投资企业										
外商投资企业	830	817			47348	47348	47348	47348		
中外合资经营企业										
中外合作经营企业										
外资企业	830	817			47348	47348	47348	47348		
外商投资股份有限公司										
其他外商投资企业										

1-46 续表 3

项 目	直营店年末从业人员数（人）		加盟店年末从业人员数（人）		年末零售营业面积（平方米）		直营店年末零售营业面积（平方米）		加盟店年末零售营业面积（平方米）	
	本年	上年同期	本年	上年同期	本年	上年同期	本年	上年同期	本年	上年同期
按行业分										
批发业	2071	2193	1114	1163	120701	114538	57627	51584	63074	62954
农、林、牧产品批发	37	37	780	827	53960	53960	15380	15380	38580	38580
食品、饮料及烟草制品批发	42	45	36	44	12540	12540	6240	6240	6300	6300
纺织、服装及家庭用品批发	782	952			3574	2825	3574	2825		
文化、体育用品及器材批发	573	554			8800	3731	8800	3731		
医药及医疗器材批发	192	165	6		2421	2276	2301	2276	120	
矿产品、建材及化工产品批发										
机械设备、五金产品及电子产品批发										
贸易经纪与代理										
其他批发业	445	440	292	292	39406	39206	21332	21132	18074	18074
零售业	67906	57670	4797	3457	5444416	5102252	5271731	4930780	172685	171472
综合零售	41275	32518	1754	687	2938033	2495990	2833513	2395041	104520	100949
食品、饮料及烟草制品专门零售	475	353	496	448	18265	18280	4685	3475	13580	14805
纺织、服装及日用品专门零售	426	587	210	170	23706	28250	17226	21750	6480	6500
文化、体育用品及器材专门零售	389	1054			10210	16690	10210	16690		
医药及医疗器材专门零售	9787	8553	2337	2152	199063	182254	150958	133036	48105	49218
汽车、摩托车、燃料及零配件专门零售	13251	12391			2058450	2172799	2058450	2172799		
家用电器及电子产品专门零售	2303	2214			196689	187989	196689	187989		
五金、家具及室内装饰材料专门零售										
货摊、无店铺及其他零售业										
按业态分										
便利店	152	153	60	30	2486	2086	1686	1686	800	400
折扣店										
超市	7934	6807	1081	70	175264	162915	145164	133105	30100	29810
大型超市	25300	18427	372	289	2010969	1781406	1950059	1726587	60910	54819
仓储会员店										
百货店	1246	316			122780	9200	122780	9200		
专业店	28846	26491	3706	3569	2993283	2997778	2875214	2875986	118069	121792
其中：加油站	12423	11633			1798770	1914119	1798770	1914119		
专卖店	2325	3277	656	618	57395	68665	37815	47360	19580	21305
家具建材商店										
厂家直销中心	150	150			1000	1000	1000	1000		
其他	3592	3835	36	44	194940	187340	188640	181040	6300	6300

1-47 批发和零售业

项　目	连锁总店数(个)	商品购进总额		直营店商品购进总额		加盟店商品购进总额	
	本年	本年	上年同期	本年	上年同期	本年	上年同期
总　计	**102**	**8828473**	**8826211**	**8621194**	**8638595**	**207279**	**187616**
按登记注册类型分							
内资企业	95	8629856	8669512	8422576	8481896	207279	187616
国有企业	9	2330020	2206446	2330020	2206446		
集体企业	1	6443	4995	6443	4995		
股份合作企业							
联营企业							
国有联营企业							
集体联营企业							
国有与集体联营企业							
其他联营企业							
有限责任公司	27	1551798	1652381	1468469	1573415	83329	78966
国有独资公司							
其他有限责任公司	27	1551798	1652381	1468469	1573415	83329	78966
股份有限公司	19	3971161	4208150	3942806	4181316	28355	26834
私营企业	36	569465	438613	476565	358733	92901	79880
私营独资企业	2	8900	6198	8900	6198		
私营合伙企业							
私营有限责任公司	28	429620	330534	383176	283025	46444	47508
私营股份有限公司	6	130946	101881	84489	69509	46457	32372
其他企业	3	200968	158927	198273	156992	2695	1936
港、澳、台商投资企业	6	159405	107445	159405	107445		
合资经营企业(港或澳、台资)	2	21316	13325	21316	13325		
合作经营企业(港或澳、台资)							
港、澳、台商独资经营企业	3	53261	26264	53261	26264		
港、澳、台商投资股份有限公司	1	84829	67857	84829	67857		
其他港澳台投资企业							
外商投资企业	1	39213	49253	39213	49253		
中外合资经营企业							
中外合作经营企业							
外资企业	1	39213	49253	39213	49253		
外商投资股份有限公司							
其他外商投资企业							

连锁企业经营情况

统一配送商品购进额		直营店统一配送商品购进额		加盟店统一配送商品购进额		自有配送中心配送商品购进额		加盟店自有配送中心配送商品购进额		直营店自有配送中心配送商品购进额	
本年	上年同期	本年	上年同期	本年	上年同期	本年	上年同期	本年	上年同期	本年	上年同期
6587304	**6118066**	**6443708**	**5986372**	**143596**	**131694**	**3380152**	**3035965**	**47525**	**39463**	**3332627**	**2996502**
6453658	6018115	6310062	5886421	143596	131694	3276405	2957022	47525	39463	3228880	2917559
1541123	1359922	1541123	1359922			957791	883404			957791	883404
1374927	1476019	1313161	1417032	61766	58987	634958	681898	947	513	634011	681385
1374927	1476019	1313161	1417032	61766	58987	634958	681898	947	513	634011	681385
3102323	2871862	3073968	2845028	28355	26834	1464189	1218091	28355	26834	1435834	1191257
425973	303648	375193	259710	50780	43937	210701	167838	16073	11053	194628	156785
3385	1885	3385	1885			3003	1583			3003	1583
343956	232545	304948	189744	39009	42801	160376	118671	16073	11053	144303	107618
78632	69218	66861	68082	11771	1137	47322	47584			47322	47584
9312	6665	6617	4729	2695	1936	8766	5791	2150	1063	6616	4728
133646	99951	133646	99951			103747	78943			103747	78943
18919	11086	18919	11086			18919	11086			18919	11086
29899	21008	29899	21008								
84829	67857	84829	67857			84829	67857			84829	67857

1-47 续表 1

项　目	连锁总店数(个)	商品购进总额		直营店商品购进总额		加盟店商品购进总额	
	本年	本年	上年同期	本年	上年同期	本年	上年同期
按行业分							
批发业	9	447117	408640	391056	357660	56061	50980
农、林、牧产品批发	2	34119	30896	1057	1016	33062	29880
食品、饮料及烟草制品批发	1	2250	2140	1040	1020	1210	1120
纺织、服装及家庭用品批发	1	47322	47584	47322	47584		
文化、体育用品及器材批发	1	278956	256622	278956	256622		
医药及医疗器材批发	2	20291	15320	20066	15320	225	
矿产品、建材及化工产品批发							
机械设备、五金产品及电子产品批发							
贸易经纪与代理							
其他批发业	2	64179	56078	42616	36098	21563	19979
零售业	93	8381357	8417571	8230138	8280934	151219	136637
综合零售	38	2716469	2271819	2650307	2209065	66162	62754
食品、饮料及烟草制品专门零售	3	50835	56259	33473	35241	17362	21018
纺织、服装及日用品专门零售	3	38243	32352	34591	28099	3652	4253
文化、体育用品及器材专门零售	3	17571	27801	17571	27801		
医药及医疗器材专门零售	14	324316	227960	260273	179349	64043	48611
汽车、摩托车、燃料及零配件专门零售	26	5007603	5522968	5007603	5522968		
家用电器及电子产品专门零售	6	226320	278412	226320	278412		
五金、家具及室内装饰材料专门零售							
货摊、无店铺及其他零售业							
按业态分							
便利店	2	4479	3654	2979	2754	1500	900
折扣店							
超市	15	256398	231374	239586	221545	16813	9829
大型超市	10	1669742	1393182	1624113	1343182	45629	50000
仓储会员店							
百货店	3	61812	5411	61812	5411		
专业店	57	6418214	6815189	6296486	6714693	121728	100496
其中：加油站	24	5002975	5521801	5002975	5521801		
专卖店	9	201346	208471	180947	183200	20400	25271
家具建材商店							
厂家直销中心	2	778	752	778	752		
其他	3	208079	163958	206869	162838	1210	1120

统一配送商品购进额		直营店统一配送商品购进额		加盟店统一配送商品购进额		自有配送中心配送商品购进额		加盟店自有配送中心配送商品购进额		直营店自有配送中心配送商品购进额	
本年	上年同期	本年	上年同期	本年	上年同期	本年	上年同期	本年	上年同期	本年	上年同期
340450	313762	340450	313762			326278	304206			326278	304206
47322	47584	47322	47584			47322	47584			47322	47584
278956	256622	278956	256622			278956	256622			278956	256622
14173	9556	14173	9556								
6246853	5804304	6103258	5672610	143596	131694	3053874	2731759	47525	39463	3006349	2692296
2267618	1851433	2203079	1790034	64539	61399	1519074	1240997	1500	900	1517574	1240097
50434	55857	33072	34840	17362	21018	18060	21966	17362	21018	698	948
38243	32352	34591	28099	3652	4253	38243	32352	3652	4253	34591	28099
17571	27801	17571	27801			11251	22114			11251	22114
300996	222752	242953	177728	58043	45024	158127	119433	25012	13293	133116	106141
3348367	3338667	3348367	3338667			1133221	1059658			1133221	1059658
223624	275442	223624	275442			175898	235240			175898	235240
3550	2805	2050	1905	1500	900	3550	2805	1500	900	2050	1905
148197	121214	133007	112740	15189	8474	55676	55424			55676	55424
1528584	1242552	1482955	1192552	45629	50000	1428671	1156815			1428671	1156815
61812	5411	61812	5411			3122	2503			3122	2503
4622017	4523838	4561139	4476789	60877	47049	1760262	1679822	25626	13293	1734636	1666530
3343739	3337500	3343739	3337500			1133221	1059658			1133221	1059658
201346	208471	180947	183200	20400	25271	121246	134377	20400	25271	100847	109106
14173	9556	14173	9556								

1-47 续表 2

项 目	非自有配送中心配送商品购进额		直营店非自有配送中心配送商品购进额		加盟店非自有配送中心配送商品购进额	
	本年	上年同期	本年	上年同期	本年	上年同期
总 计	**344591**	**295565**	**314865**	**283057**	**29726**	**12508**
按登记注册类型分						
内资企业	344591	274557	314865	262049	29726	12508
国有企业	297545	243135	297545	243135		
集体企业						
股份合作企业						
联营企业						
国有联营企业						
集体联营企业						
国有与集体联营企业						
其他联营企业						
有限责任公司	15189	8474			15189	8474
国有独资公司						
其他有限责任公司	15189	8474			15189	8474
股份有限公司						
私营企业	31311	22073	17319	18912	13992	3162
私营独资企业	382	302	382	302		
私营合伙企业						
私营有限责任公司	8917	7104	6696	5079	2220	2025
私营股份有限公司	22012	14667	10241	13531	11771	1137
其他企业	546	874	1	2	545	873
港、澳、台商投资企业		21008		21008		
合资经营企业(港或澳、台资)						
合作经营企业(港或澳、台资)						
港、澳、台商独资经营企业		21008		21008		
港、澳、台商投资股份有限公司						
其他港澳台投资企业						
外商投资企业						
中外合资经营企业						
中外合作经营企业						
外资企业						
外商投资股份有限公司						
其他外商投资企业						

商品销售总额		直营店商品销售总额		加盟店商品销售总额		零售额		直营店零售额		加盟店零售额	
本年	上年同期	本年	上年同期	本年	上年同期	本年	上年同期	本年	上年同期	本年	上年同期
10420124	**9241516**	**10168532**	**9023343**	**251592**	**218174**	**8735237**	**7919467**	**8561672**	**7769706**	**173565**	**149762**
10199954	9063962	9948362	8845788	251592	218174	8515489	7742285	8341925	7592523	173565	149762
2313690	1982402	2313690	1982402			1981599	1722130	1981599	1722130		
6498	5200	6498	5200			3432	2873	3432	2873		
1855681	1677866	1758341	1597652	97340	80214	1323429	1241162	1253120	1183282	70309	57879
1855681	1677866	1758341	1597652	97340	80214	1323429	1241162	1253120	1183282	70309	57879
5164933	4688738	5123917	4650886	41016	37852	4503427	4206529	4462412	4168677	41016	37852
660793	518344	550956	420944	109836	97400	505244	378180	446404	326857	58840	51323
8014	6453	8014	6453			8014	6453	8014	6453		
476269	352319	425157	302613	51112	49706	458576	331707	408606	283008	49970	48699
176510	159572	117786	111878	58725	47695	38654	40021	29785	37396	8870	2625
198359	191411	194959	188705	3400	2707	198359	191411	194959	188705	3400	2707
171008	121047	171008	121047			170585	120674	170585	120674		
26934	25024	26934	25024			26511	24652	26511	24652		
53469	30133	53469	30133			53469	30133	53469	30133		
90606	65889	90606	65889			90606	65889	90606	65889		
49162	56508	49162	56508			49162	56508	49162	56508		
49162	56508	49162	56508			49162	56508	49162	56508		

1-47 续表 3

项 目	非自有配送中心配送商品购进额		直营店非自有配送中心配送商品购进额		加盟店非自有配送中心配送商品购进额	
	本年	上年同期	本年	上年同期	本年	上年同期
按行业分						
批发业						
农、林、牧产品批发						
食品、饮料及烟草制品批发						
纺织、服装及家庭用品批发						
文化、体育用品及器材批发						
医药及医疗器材批发						
矿产品、建材及化工产品批发						
机械设备、五金产品及电子产品批发						
贸易经纪与代理						
其他批发业						
零售业	344591	295565	314865	283057	29726	12508
综合零售	24488	36888	7078	26389	17410	10499
食品、饮料及烟草制品专门零售						
纺织、服装及日用品专门零售						
文化、体育用品及器材专门零售						
医药及医疗器材专门零售	22558	15541	10242	13532	12316	2009
汽车、摩托车、燃料及零配件专门零售	297545	243135	297545	243135		
家用电器及电子产品专门零售						
五金、家具及室内装饰材料专门零售						
货摊、无店铺及其他零售业						
按业态分						
便利店						
折扣店						
超市	15571	8776	382	302	15189	8474
大型超市		21008		21008		
仓储会员店						
百货店	1496	1103	1496	1103		
专业店	327524	264678	312987	260643	14537	4034
其中：加油站	297545	243135	297545	243135		
专卖店						
家具建材商店						
厂家直销中心						
其他						

商品销售总额		直营店商品销售总额		加盟店商品销售总额		零售额		直营店零售额		加盟店零售额	
本年	上年同期	本年	上年同期	本年	上年同期	本年	上年同期	本年	上年同期	本年	上年同期
528373	456138	451412	387726	76961	68412	17131	9389	17019	9389	112	
52649	48102	2794	3032	49855	45070						
2120	2015	1030	1008	1090	1007						
74568	79540	74568	79540			7303	7589	7303	7589		
313239	256122	313239	256122								
19134	14919	18971	14919	163		9199	563	9087	563	112	
66663	55440	40810	33105	25853	22335	629	1237	629	1237		
9891751	8785378	9717120	8635617	174632	149762	8718106	7910078	8544653	7760317	173453	149762
2815376	2420212	2738712	2356685	76663	63528	2696547	2302959	2619884	2239432	76663	63528
69541	64058	40437	36735	29103	27323	69541	64058	40437	36735	29103	27323
43708	42917	39492	38664	4216	4253	39480	42917	36442	38664	3038	4253
19342	43954	19342	43954			19342	43954	19342	43954		
367571	293785	302923	239127	64649	54658	349086	293785	284437	239127	64649	54658
6279310	5659067	6279310	5659067			5249083	4902670	5249083	4902670		
296904	261386	296904	261386			295028	259737	295028	259737		
5399	4397	3599	3317	1800	1080	5399	4397	3599	3317	1800	1080
272292	237870	253694	228707	18598	9163	269225	235543	250627	226380	18598	9163
1747107	1539114	1694348	1489054	52760	50060	1648882	1433790	1596122	1383730	52760	50060
74514	7702	74514	7702			72376	6714	72376	6714		
7842501	6978250	7697299	6852963	145203	125287	6349471	5849571	6281205	5791688	68265	57882
5915263	5368072	5915263	5368072			4934426	4611675	4934426	4611675		
266345	276171	234204	244595	32141	31576	193870	202582	161729	171006	32141	31576
1085	1043	1085	1043			541	541	541	541		
204382	191805	203292	190798	1090	1007	188975	181166	188975	181166		

1-48 湖南省商品交易市场基本情况按市场分组

项 目	市场数量(个)	总摊位数(个)	年末出租摊位数(个)	营业面积(平方米)	成交额(万元)
总 计	**2600**	**552148**	**488957**	**18608720**	**37571613**
按市场类别分组					
1.综合市场	1590	340723	299583	8115369	16814505
综合贸易市场	1590	340723	299583	8115369	16814505
生产资料综合市场	9	1299	1229	40090	58557
工业消费品综合市场	90	47726	41974	1568378	6802184
农产品综合市场	713	126701	108453	3000110	6013602
其他综合市场	778	164997	147927	3506791	3940162
2.专业市场	1010	211425	189374	10493351	20757108
生产资料市场	104	29547	25418	3153588	6487887
农业生产用具市场	2	205	129	20750	9840
农用生产资料市场	11	1227	1219	105521	127590
煤炭市场					
木材市场	16	1602	1544	206643	108572
建材市场	40	15631	13441	1066692	898067
化工材料及制品市场	3	1356	921	72600	141202
金属材料市场	9	3164	2728	1367442	4434249
机械设备市场	9	4852	3943	257914	717825
其他生产资料市场	14	1510	1493	56026	50542
农产品市场	499	69806	61459	1775811	4173435
粮油市场	24	3952	3064	130016	420484
肉禽蛋市场	86	10777	9016	273339	258734
水产品市场	6	1082	1055	93405	1060779
蔬菜市场	141	20747	20164	539605	1409345
干鲜果品市场	25	3607	2886	196122	265634
棉麻土畜、烟叶市场	2	590	575	7000	5110
其他农产品市场	215	29051	24699	536324	753349
食品、饮料及烟酒市场	58	12343	9950	233923	516446
食品饮料市场	28	6507	5272	114267	198651
茶叶市场	2	339	339	25950	13047
烟酒市场	3	1570	644	23351	46227
其他食品饮料及烟酒市场	25	3927	3695	70355	258521
纺织、服装、鞋帽市场	168	58324	54606	1523211	2447965
布料及纺织品市场	17	2770	2003	93631	110616
服装市场	113	39388	37128	1031160	1448107
鞋帽市场	6	1562	1511	79400	77591
其他纺织服装鞋帽市场	32	14604	13964	319020	811651
日用品及文化用品市场	22	3717	3404	124236	277196
小商品市场	6	1304	1197	36240	48385
箱包市场	1	43	43	3000	2012
玩具市场					
文具市场	2	165	165	17000	36568
图书、报刊杂志市场	2	503	503	14900	94782
音像制品及电子出版物市场	2	391	390	9300	64110
体育用品市场					
其他日用品及文化用品市场	9	1311	1106	43796	31339

1-48 续表

项 目	市场数量（个）	总摊位数（个）	年末出租摊位数（个）	营业面积（平方米）	成交额（万元）
黄金、珠宝、玉器等首饰市场	3	420	370	4200	7560
电器、通讯器材、电子设备市场	44	6993	6261	304383	857803
家电市场	13	1886	1775	132502	396593
通讯器材市场	21	1974	1714	49390	93852
照相、摄像器材市场					
计算机及辅助设备市场	9	2453	2112	110491	319876
其他电器、通讯器材、电子设备市场	1	680	660	12000	47482
医药、医疗用品及器材市场	4	1877	1767	483870	682891
中药材市场	2	1747	1747	477652	680598
其他医药、医疗用品及器材市场	2	130	20	6218	2293
家具、五金及装饰材料市场	69	16732	15323	1754188	2272333
家具市场	18	2481	2294	216039	135275
装饰材料市场	34	9219	8371	833124	1258211
灯具市场					
厨具、盥洗设备市场					
五金材料市场	9	3478	3382	475590	660549
其他装修市场	8	1554	1276	229435	218298
汽车、摩托车及零配件市场	22	9531	8856	817753	2806946
汽车市场	12	2775	2244	539763	2322940
摩托车市场	4	496	371	18600	51059
机动车零配件市场	6	6260	6241	259390	432947
花、鸟、鱼、虫市场	5	734	647	250740	171136
花卉市场	4	659	575	246240	170236
鸟市场					
观赏鱼市场					
其他花鸟鱼虫市场	1	75	72	4500	900
旧货市场	7	688	633	43200	32324
古玩、古董、字画市场	5	596	565	31500	28137
邮票、硬币市场					
其他旧货市场	2	92	68	11700	4187
其他专业市场	5	713	680	24248	23186
按营业状态分组					
1.常年营业	2400	523130	464597	18169312	37268843
2.季节性营业	86	11879	9967	190250	114848
3.其他	114	17139	14393	249158	187922
按经营方式分组					
1.以批发为主	361	134751	122395	9280224	24474637
2.以零售为主	2239	417397	366562	9328496	13096976
按经营环境分组					
1.露天式	793	131143	115143	3855193	7288298
2.封闭式	1154	294810	262376	10819950	23691404
3.其他	653	126195	111438	3933577	6591911

1-49 湖南省商品交易市场成交额

摊 位	合计	按经营方式分	
		以批发为主	以零售为主
总 计	**37571613**	**24474637**	**13096976**
1.粮油、食品、饮料、烟酒类	138650710	88520050	50130660
(1)粮油、食品类	119627870	74844670	44783200
粮油类	13783560	6546810	7236750
肉禽蛋类	22407010	7615240	14791770
水产品类	19566640	14347090	5219550
蔬菜类	26173290	16779800	9393490
干鲜果品类	23638340	19509510	4128830
(2)饮料类	5647380	3757660	1889720
(3)烟酒类	13375460	9917720	3457740
2.服装、鞋帽、针纺织品类	40791310	17100690	23690620
(1)服装类	27140850	10996660	16144190
(2)鞋帽类	7601500	3216890	4384610
(3)针纺织品类	6048960	2887140	3161820
3.化妆品类	1920020	1162770	757250
4.金银珠宝类	290650	84170	206480
5.日用品类	8738920	4881650	3857270
其中：洗涤用品类	3583340	1898050	1685290
儿童玩具类	1741270	1342900	398370
6.五金、电料类	16500940	12612070	3888870
7.体育、娱乐用品类	1073440	808300	265140
8.书报杂志类	882720	34350	848370
9.电子出版物及音像制品类	2276750	851740	1425010
10.家用电器和音像器材类	8703980	7109270	1594710
11.中西药品类	8844660	8352120	492540
其中：西药类	490960	255260	235700
中草药及中成药类	8175130	8058800	116330
12.文化办公用品类	7516240	4038810	3477430
13.家具类	6783020	3282320	3500700
14.通讯器材类	2000720	334320	1666400
15.煤炭及制品类	130320	1710	128610
16.木材及制品类	2131040	1801200	329840
17.石油及制品类	135490	2690	132800
18.化工材料及制品类	2518270	1840640	677630
其中：化肥类	878870	355440	523430
19.金属材料类	44984720	44576970	407750
20.建筑及装潢材料类	28426410	21479820	6946590
21.机电产品及设备类	10293770	9418000	875770
其中：农机类	294830	132530	162300
22.汽车类	31069790	9054360	22015430
23.种子饲料类	1753780	1096720	657060
24.棉麻类	123460	80440	43020
25.其他类	9175000	6221190	2953810

按摊位和经营方式、状态、环境分组

单位：万元

按营业状态分			按经营环境分		
常年营业	季节性营业	其他	露天式	封闭式	其他
37268843	**114848**	**187922**	**7288298**	**23691404**	**6591911**
136801010	796410	1053290	23844490	73525550	41280670
117943770	739320	944780	22520990	57560290	39546590
13537400	57510	188650	1639940	7933450	4210170
21961140	116440	329430	3349780	10195950	8861280
19461630	45030	59980	6395500	10549790	2621350
25952430	141100	79760	9640670	11212090	5320530
23553040	42810	42490	832610	6612330	16193400
5558020	18480	70880	422410	4613050	611920
13299220	38610	37630	901090	11352210	1122160
40331920	163930	295460	3195730	33327370	4268210
26844390	110460	186000	1664320	22753850	2722680
7507560	34720	59220	631840	6192050	777610
5979970	18750	50240	899570	4381470	767920
1902070	6460	11490	91480	1373340	455200
287880	1450	1320	7550	142720	140380
8659940	21790	57190	705820	6861950	1171150
3538420	11550	33370	391390	2759560	432390
1724750	2470	14050	110210	1406620	224440
16417240	12140	71560	529960	14801800	1169180
1067490	2880	3070	41160	842650	189630
876420	3850	2450	29810	814570	38340
2265250	2460	9040	125200	1975490	176060
8671840	6710	25430	348200	7603180	752600
8822390	6560	15710	161460	8487760	195440
481730	2260	6970	69250	331170	90540
8171130	1220	2780	35080	8095990	44060
7502110	8420	5710	163720	7064980	287540
6747370	6960	28690	1052630	5296430	433960
1991630	3100	5990	89990	1657190	253540
121560	3270	5490	44260	30620	55440
2090370	20810	19860	481150	1094780	555110
131180	1170	3140	19710	34530	81250
2478090	7950	32230	228460	1187730	1102080
848570	6120	24180	169300	453900	255670
44961830	1840	21050	37400210	2859520	4724990
28391300	8680	26430	1634400	22142440	4649570
10278160	3440	12170	1430210	7735460	1128100
290870	700	3260	59890	150120	84820
31069190		600	12670	31026360	30760
1691900	8500	53380	246120	1249580	258080
114630	720	8110	15030	89570	18860
9015660	48980	110360	983560	5688470	2502970

1-50 湖南省商品交易市场成交额

项　目	合计	按经营方式分	
		以批发为主	以零售为主
总　计	**37571613**	**24474637**	**13096976**
按市场类别分组			
1.综合市场	16814505	10505012	6309493
综合贸易市场	16814505	10505012	6309493
生产资料综合市场	58557	58557	
工业消费品综合市场	6802184	5935834	866350
农产品综合市场	6013602	3516093	2497509
其他综合市场	3940162	994528	2945634
2.专业市场	20757108	13969625	6787483
生产资料市场	6487887	6452170	35717
农业生产用具市场	9840	9840	
农用生产资料市场	127590	99550	28040
煤炭市场			
木材市场	108572	108572	
建材市场	898067	891032	7035
化工材料及制品市场	141202	141202	
金属材料市场	4434249	4434249	
机械设备市场	717825	717825	
其他生产资料市场	50542	49900	642
农产品市场	4173435	2964710	1208725
粮油市场	420484	374048	46436
肉禽蛋市场	258734	48751	209983
水产品市场	1060779	1055951	4828
蔬菜市场	1409345	1193348	215997
干鲜果品市场	265634	232979	32655
棉麻土畜、烟叶市场	5110		5110
其他农产品市场	753349	59633	693716
食品、饮料及烟酒市场	516446	283672	232774
食品饮料市场	198651	98110	100541
茶叶市场	13047	4355	8692
烟酒市场	46227	42120	4107
其他食品饮料及烟酒市场	258521	139087	119434
纺织、服装、鞋帽市场	2447965	1114873	1333092
布料及纺织品市场	110616	46050	64566
服装市场	1448107	745514	702593
鞋帽市场	77591	77591	
其他纺织服装鞋帽市场	811651	245718	565933
日用品及文化用品市场	277196	76092	201104
小商品市场	48385	28198	20187

按市场和经营方式、状态、环境分组

单位：万元

按营业状态分			按经营环境分		
常年营业	季节性营业	其他	露天式	封闭式	其他
37268843	**114848**	**187922**	**7288298**	**23691404**	**6591911**
16578315	87212	148978	1590094	10554163	4670248
16578315	87212	148978	1590094	10554163	4670248
56777		1780	19993	38564	
6792064	2761	7359	74581	6480014	247589
5932509	52131	28962	759873	1974186	3279543
3796965	32320	110877	735647	2061399	1143116
20690528	27636	38944	5698204	13137241	1921663
6480021	3586	4280	4000625	1683290	803972
9840				9840	
127590			28040	99550	
107084	1488		16839	60011	31722
898067			17122	736052	144893
141202				64972	76230
4434249			3730829	248220	455200
717825			201705	445514	70606
44164	2098	4280	6090	19131	25321
4124024	17040	32371	1335173	2474119	364143
420016		468	6403	405069	9012
258220	327	187	29516	156044	73174
1060779			439670	621109	
1400668	8677		754168	621789	33388
264195	1439		3133	199917	62584
5110			5110		
715036	6597	31716	97173	470191	185985
516446			42853	376505	97088
198651			9428	164763	24460
13047				4355	8692
46227			28620	17607	
258521			4805	189780	63936
2440955	7010		68635	2288053	91277
110616				105213	5403
1448107			47944	1326570	73593
77591				77591	
804641	7010		20691	778679	12281
277196			12836	254539	9821
48385				48385	

1-50 续表

项　目	合计	按经营方式分	
		以批发为主	以零售为主
箱包市场	2012	2012	
玩具市场			
文具市场	36568	28000	8568
图书、报刊杂志市场	94782		94782
音像制品及电子出版物市场	64110		64110
体育用品市场			
其他日用品及文化用品市场	31339	17882	13457
黄金、珠宝、玉器等首饰市场	7560		7560
电器、通讯器材、电子设备市场	857803	418224	439579
家电市场	396593	377993	18600
通讯器材市场	93852	19295	74557
照相、摄像器材市场			
计算机及辅助设备市场	319876	20936	298940
其他电器、通讯器材、电子设备市场	47482		47482
医药、医疗用品及器材市场	682891	682891	
中药材市场	680598	680598	
其他医药、医疗用品及器材市场	2293	2293	
家具、五金及装饰材料市场	2272333	1208660	1063673
家具市场	135275	34683	100592
装饰材料市场	1258211	573607	684604
灯具市场			
厨具、盥洗设备市场			
五金材料市场	660549	417324	243225
其他装修市场	218298	183046	35252
汽车、摩托车及零配件市场	2806946	587976	2218970
汽车市场	2322940	158655	2164285
摩托车市场	51059	22773	28286
机动车零配件市场	432947	406548	26399
花、鸟、鱼、虫市场	171136	168280	2856
花卉市场	170236	168280	1956
鸟市场			
观赏鱼市场			
其他花鸟鱼虫市场	900		900
旧货市场	32324		32324
古玩、古董、字画市场	28137		28137
邮票、硬币市场			
其他旧货市场	4187		4187
其他专业市场	23186	12077	11109

单位：万元

按营业状态分			按经营环境分		
常年营业	季节性营业	其他	露天式	封闭式	其他
2012				2012	
36568				36568	
94782				94782	
64110				54289	9821
31339			12836	18503	
7560				7560	
857803				839013	18790
396593				392793	3800
93852				78862	14990
319876				319876	
47482				47482	
680598		2293		682891	
680598				680598	
		2293		2293	
2272333			237432	1683278	351623
135275				135275	
1258211			69936	908030	280245
660549				605224	55325
218298			167496	34749	16053
2806946			650	2806296	
2322940			650	2322290	
51059				51059	
432947				432947	
171136				2767	168369
170236				1867	168369
900				900	
32324				18168	14156
28137				13981	14156
4187				4187	
23186				20762	2424

1-51 湖南省长株潭地区

项 目	长株潭地区合计			
	市场个数(个)	总摊位数(个)	年末营业面积(平方米)	成交额(万元)
总 计	**750**	**172130**	**9487787**	**22380272**
按市场类别分组				
1.综合市场	350	74148	3042449	9371821
综合贸易市场	350	74148	3042449	9371821
生产资料综合市场	1	80	9000	6270
工业消费品综合市场	24	19727	990026	5304698
农产品综合市场	126	19601	1154135	3058082
其他综合市场	199	34740	889288	1002771
2.专业市场	400	97982	6445338	13008451
生产资料市场	39	17267	2434364	5499909
农业生产用具市场	1	153	20000	9240
农用生产资料市场				
煤炭市场				
木材市场	5	461	37280	63356
建材市场	19	8147	790898	581476
化工材料及制品市场	3	1356	72600	141202
金属材料市场	6	2802	1296862	4197022
机械设备市场	4	3718	194724	487613
其他生产资料市场	1	630	22000	20000
农产品市场	147	18131	618357	1519134
粮油市场	8	1112	48870	44015
肉禽蛋市场	7	478	12941	8095
水产品市场	2	413	37340	457101
蔬菜市场	74	10017	314940	764877
干鲜果品市场	5	857	88500	98540
棉麻土畜、烟叶市场				
其他农产品市场	51	5254	115766	146506
食品、饮料及烟酒市场	18	3502	70916	76388
食品饮料市场	9	1483	23000	16978
茶叶市场	1	211	22000	8692
烟酒市场	2	1410	20751	42120
其他食品饮料及烟酒市场	6	398	5165	8598
纺织、服装、鞋帽市场	91	33670	999196	1400318
布料及纺织品市场	11	1949	63625	47668
服装市场	72	28416	826670	1099203
鞋帽市场	3	906	57000	52513
其他纺织服装鞋帽市场	5	2399	51901	200934
日用品及文化用品市场	16	2980	109456	186794
小商品市场	5	1219	35240	46138
箱包市场	1	43	3000	2012
玩具市场				
文具市场	2	165	17000	36568
图书、报刊杂志市场	1	423	13100	85625
音像制品及电子出版物市场				
体育用品市场				
其他日用品及文化用品市场	7	1130	41116	16451

商品交易市场情况按市场分组

长沙				株洲				湘潭			
市场个数(个)	总摊位数(个)	年末营业面积(平方米)	成交额(万元)	市场个数(个)	总摊位数(个)	年末营业面积(平方米)	成交额(万元)	市场个数(个)	总摊位数(个)	年末营业面积(平方米)	成交额(万元)
325	**80906**	**6591776**	**16901211**	**351**	**72508**	**2108150**	**3377941**	**74**	**18716**	**787861**	**2101120**
119	31988	2169714	8088072	187	34149	619001	931666	44	8011	253734	352083
119	31988	2169714	8088072	187	34149	619001	931666	44	8011	253734	352083
				1	80	9000	6270				
11	15118	839808	4968090	9	2794	72314	181884	4	1815	77904	154724
71	9977	984773	2722176	37	6247	102992	260629	18	3377	66370	75277
37	6893	345133	397806	140	25028	434695	482883	22	2819	109460	122082
206	48918	4422062	8813139	164	38359	1489149	2446275	30	10705	534127	1749037
19	9156	1786904	3245721	10	2118	224190	654776	10	5993	423270	1599412
								1	153	20000	9240
				3	383	27480	62171	2	78	9800	1185
12	4839	549580	399774	4	1126	143400	106592	3	2182	97918	75110
2	1169	60600	120039	1	187	12000	21163				
1	1600	1080000	2420000	2	422	41310	464850	3	780	175552	1312172
3	918	74724	285908					1	2800	120000	201705
1	630	22000	20000								
64	6628	359343	1193287	74	9660	228258	239880	9	1843	30756	85967
5	609	24270	20361	3	503	24600	23654				
4	373	10280	6517	2	75	2011	565	1	30	650	1013
1	313	13340	439670	1	100	24000	17431				
27	3182	178984	656221	45	5953	128850	96226	2	882	7106	12430
1	200	70000	28500	2	117	7000	11735	2	540	11500	58305
26	1951	62469	42018	21	2912	41797	90269	4	391	11500	14219
6	679	33400	29972	10	1547	23565	17598	2	1276	13951	28818
				8	1442	22500	16780	1	41	500	198
1	211	22000	8692								
1	175	7300	13500					1	1235	13451	28620
4	293	4100	7780	2	105	1065	818				
40	12110	313035	363109	43	20093	624011	1007745	8	1467	62150	29464
5	441	17665	8866	5	1228	17960	29002	1	280	28000	9800
31	11270	279969	340815	34	15959	512551	738724	7	1187	34150	19664
				3	906	57000	52513				
4	399	15401	13428	1	2000	36500	187506				
13	2465	88616	173068	3	515	20840	13726				
4	769	27400	36970	1	450	7840	9168				
				1	43	3000	2012				
2	165	17000	36568								
1	423	13100	85625								
6	1108	31116	13905	1	22	10000	2546				

1-51 续表

项　目	长株潭地区合计			
	市场个数(个)	总摊位数(个)	年末营业面积(平方米)	成交额(万元)
黄金、珠宝、玉器等首饰市场				
电器、通讯器材、电子设备市场	26	3909	144390	409537
家电市场	5	538	21270	34574
通讯器材市场	15	1188	22620	64537
照相、摄像器材市场				
计算机及辅助设备市场	6	2183	100500	310426
其他电器、通讯器材、电子设备市场				
医药、医疗用品及器材市场				
中药材市场				
其他医药、医疗用品及器材市场				
家具、五金及装饰材料市场	39	8678	1026486	1111286
家具市场	9	1178	137345	83739
装饰材料市场	20	4784	481724	735267
灯具市场				
厨具、盥洗设备市场				
五金材料市场	5	2282	331700	260688
其他装修市场	5	434	75717	31592
汽车、摩托车及零配件市场	13	8526	749933	2601176
汽车市场	6	2178	497133	2156844
摩托车市场	3	434	15600	50459
机动车零配件市场	4	5914	237200	393873
花、鸟、鱼、虫市场	3	555	244540	169585
花卉市场	2	480	240040	168685
鸟市场				
观赏鱼市场				
其他花鸟鱼虫市场	1	75	4500	900
旧货市场	7	688	43200	32324
古玩、古董、字画市场	5	596	31500	28137
邮票、硬币市场				
其他旧货市场	2	92	11700	4187
其他专业市场	1	76	4500	2000
按营业状态分组				
1.常年营业	731	169421	9433176	22329690
2.季节性营业	6	765	23976	42018
3.其他	13	1944	30635	8564
按经营方式分组				
1.以批发为主	163	72603	6039120	16818485
2.以零售为主	587	99527	3448667	5561787
按经营环境分组				
1.露天式	141	23993	1964487	5291485
2.封闭式	423	105153	5296596	12347259
3.其他	186	42984	2226704	4741528

长沙				株洲				湘潭			
市场个数（个）	总摊位数（个）	年末营业面积（平方米）	成交额（万元）	市场个数（个）	总摊位数（个）	年末营业面积（平方米）	成交额（万元）	市场个数（个）	总摊位数（个）	年末营业面积（平方米）	成交额（万元）
21	3210	89540	359013	4	573	50850	45148	1	126	4000	5376
3	294	15270	9887	1	118	2000	19311	1	126	4000	5376
13	878	9770	53533	2	310	12850	11004				
5	2038	64500	295593	1	145	36000	14833				
24	6312	788051	912026	15	2366	238435	199260				
6	619	90945	45016	3	559	46400	38723				
13	3792	416006	651107	7	992	65718	84160				
2	1625	232100	197235	3	657	99600	63453				
3	276	49000	18668	2	158	26717	12924				
10	7229	685333	2341649	3	1297	64600	259527				
5	1188	445333	1927050	1	990	51800	229794				
1	127	2800	20726	2	307	12800	29733				
4	5914	237200	393873								
3	555	244540	169585								
2	480	240040	168685								
1	75	4500	900								
5	498	28800	23709	2	190	14400	8615				
4	466	27000	22859	1	130	4500	5278				
1	32	1800	850	1	60	9900	3337				
1	76	4500	2000								
320	80579	6575685	16893484	346	71899	2097200	3376021	65	16943	760291	2060185
3	262	15571	7049	1	29	600	113	2	474	7805	34856
2	65	520	678	4	580	10350	1807	7	1299	19765	6079
65	38885	4476005	13139234	76	24193	1051464	1893356	22	9525	511651	1785895
260	42021	2115771	3761977	275	48315	1056686	1484585	52	9191	276210	315225
32	6211	1485433	3585337	95	11785	165653	141811	14	5997	313401	1564337
225	56799	3649195	9711255	148	37197	1230051	2129594	50	11157	417350	506410
68	17896	1457148	3604619	108	23526	712446	1106536	10	1562	57110	30373

1-52 湖南省商品交易市场基本情况按地区分组

地　　区	市场个数 (个)	总摊位数 (个)	出租摊位数 (个)	年末营业面积 (平方米)	成交额 (万元)
湖南省	**2600**	**552148**	**488957**	**18608720**	**37571613**
长沙市	325	80906	70997	6591776	16901211
株洲市	351	72508	67201	2108150	3377941
湘潭市	74	18716	12585	787861	2101120
衡阳市	290	51993	46561	1013290	2040822
邵阳市	125	32956	29416	1043606	2230022
岳阳市	83	19768	18393	321559	1241250
常德市	179	30140	25850	1029573	1728608
张家界市	50	8335	5524	156613	187985
益阳市	111	16706	14567	439909	1021189
郴州市	247	60140	54318	1297599	1552898
永州市	338	59944	54476	1117402	1277293
怀化市	222	49337	41797	1481582	2144307
娄底市	62	17654	16834	479422	1008256
湘西州	143	33045	30438	740378	758711

1-53 湖南省亿元以上商品交易市场成交情况

项 目	摊位数(个)	成交额(万元)
总 计	**185758**	**31691542**
1.粮油、食品、饮料、烟酒类	60037	10681753
(1)粮油、食品类	51180	9153449
粮油类	5824	879536
肉禽蛋类	9342	1389610
水产品类	4960	1645154
蔬菜类	16044	1988548
干鲜果品类	9338	2072318
(2)饮料类	3721	425764
(3)烟酒类	5136	1102540
2.服装、鞋帽、针纺织品类	54851	3087231
(1)服装类	38653	2035411
(2)鞋帽类	9048	589172
(3)针纺织品类	7150	462648
3.化妆品类	1608	157764
4.金银珠宝类	87	16877
5.日用品类	7291	684206
其中：洗涤用品类	3408	284091
儿童玩具类	1004	154498
6.五金、电料类	6775	1537056
7.体育、娱乐用品类	940	95983
8.书报杂志类	538	75107
9.电子出版物及音像制品类	1384	200148
10.家用电器和音像器材类	2983	773793
11.中西药品类	2265	843991
其中：西药类	101	29375
中草药及中成药类	2069	808335
12.文化办公用品类	2995	690339
13.家具类	3071	537652
14.通讯器材类	862	120186
15.煤炭及制品类	43	2572
16.木材及制品类	1464	155666
17.石油及制品类	19	7745
18.化工材料及制品类	1249	188070
其中：化肥类	84	37831
19.金属材料类	2947	4444923
20.建筑及装潢材料类	16717	2562453
21.机电产品及设备类	3905	980001
其中：农机类	73	6194
22.汽车类	7737	3055404
23.种子饲料类	374	111690
24.棉麻类	82	9444
25.其他类	5534	671488

1-54 湖南省亿元以上商品交易市场情况

项 目	市场数量(个)	总摊位数(个)	年末出租摊位数(个)	营业面积(平方米)	成交额(万元)
总 计	**327**	**197044**	**185758**	**10587290**	**31691542**
一、按市场类别分组					
1.综合市场	126	90469	86815	3617433	13258951
综合贸易市场	126	90469	86815	3617433	13258951
生产资料综合市场	1	144	144	6200	19283
工业消费品综合市场	29	31798	31373	1233080	6605050
农产品综合市场	44	26561	25126	1387048	4600473
其他综合市场	52	31966	30172	991105	2034145
2.专业市场	201	106575	98943	6969857	18432591
生产资料市场	42	19982	18120	2253697	6253128
农业生产用具市场					
农用生产资料市场	2	62	55	37000	78480
煤炭市场					
木材市场	2	790	777	75000	78972
建材市场	21	9608	9401	447439	799888
化工材料及制品市场	3	1356	921	72600	141202
金属材料市场	5	2772	2446	1344904	4407162
机械设备市场	7	4754	3880	244754	710896
其他生产资料市场	2	640	640	32000	36528
农产品市场	47	17828	15883	769895	3213552
粮油市场	5	1321	1185	76541	370132
肉禽蛋市场	7	2092	1986	69560	118307
水产品市场	5	1017	990	92570	1055951
蔬菜市场	10	5231	5133	289832	1169869
干鲜果品市场	7	1860	1350	120737	192004
棉麻土畜、烟叶市场					
其他农产品市场	13	6307	5239	120655	307289
食品、饮料及烟酒市场	8	4725	2842	95139	372517
食品饮料市场	3	2267	1410	43000	121568
茶叶市场					
烟酒市场	2	1410	509	20751	42120
其他食品饮料及烟酒市场	3	1048	923	31388	208829
纺织、服装、鞋帽市场	43	37396	37017	1026854	2002416
布料及纺织品市场	2	652	652	17400	66682
服装市场	33	25600	25421	708515	1130792
鞋帽市场	3	1224	1204	62000	68198
其他纺织服装鞋帽市场	5	9920	9740	238939	736744
日用品及文化用品市场	5	866	862	53750	199780
小商品市场	1	110	110	18000	19030
箱包市场					
玩具市场					
文具市场	1	65	65	13000	28000
图书、报刊杂志市场	1	423	423	13100	85625
音像制品及电子出版物市场	1	183	182	7800	54289
体育用品市场					
其他日用品及文化用品市场	1	85	82	1850	12836

1-54　续表

项　目	市场数量(个)	总摊位数(个)	年末出租摊位数(个)	营业面积(平方米)	成交额(万元)
黄金、珠宝、玉器等首饰市场					
电器、通讯器材、电子设备市场	14	4068	3712	194982	747540
家电市场	7	1291	1264	96232	368241
通讯器材市场	2	291	251	2750	29092
照相、摄像器材市场					
计算机及辅助设备市场	4	1806	1537	84000	302725
其他电器、通讯器材、电子设备市场	1	680	660	12000	47482
医药、医疗用品及器材市场	2	1747	1747	477652	680598
中药材市场	2	1747	1747	477652	680598
其他医药、医疗用品及器材市场					
家具、五金及装饰材料市场	27	11215	10461	1219275	2027360
家具市场	4	829	807	84400	62053
装饰材料市场	16	6670	5978	546917	1143489
灯具市场					
厨具、盥洗设备市场					
五金材料市场	4	2990	2950	443090	626584
其他装修市场	3	726	726	144868	195234
汽车、摩托车及零配件市场	11	7995	7561	736473	2755343
汽车市场	4	1689	1299	482283	2287286
摩托车市场	2	314	289	14800	43499
机动车零配件市场	5	5992	5973	239390	424558
花、鸟、鱼、虫市场	1	428	428	133340	168280
花卉市场	1	428	428	133340	168280
鸟市场					
观赏鱼市场					
其他花鸟鱼虫市场					
旧货市场					
古玩、古董、字画市场					
邮票、硬币市场					
其他旧货市场					
其他专业市场	1	325	310	8800	12077
二、按营业状态分组					
1.常年营业	325	195520	184706	10561325	31619076
2.季节性营业	1	450	280	6965	30660
3.其他	1	1074	772	19000	41806
三、按经营方式分组					
1.以批发为主	172	104237	98750	7589452	23670570
2.以零售为主	155	92807	87008	2997838	8020972
四、按经营环境分组					
1.露天式	24	17427	14752	1923366	5835094
2.封闭式	255	149871	144190	6821518	20872266
3.其他	48	29746	26816	1842406	4984182

1-55 湖南省亿元以下商品交易市场成交情况

项目	年末出租摊位数(个)	成交额(万元)
总计	**303199**	**5880071**
1.粮油、食品、饮料、烟酒类	176851	3183318
(1)粮油、食品类	158593	2809338
粮油类	23983	498820
肉禽蛋类	34522	851091
水产品类	15540	311510
蔬菜类	56785	628781
干鲜果品类	16018	291516
(2)饮料类	7642	138974
(3)烟酒类	10616	235006
2.服装、鞋帽、针纺织品类	56224	991900
(1)服装类	36756	678674
(2)鞋帽类	11384	170978
(3)针纺织品类	8084	142248
3.化妆品类	2651	34238
4.金银珠宝类	475	12188
5.日用品类	13673	189686
其中：洗涤用品类	6063	74243
儿童玩具类	2139	19629
6.五金、电料类	5102	113038
7.体育、娱乐用品类	961	11361
8.书报杂志类	759	13165
9.电子出版物及音像制品类	1625	27527
10.家用电器和音像器材类	2444	96605
11.中西药品类	2027	40475
其中：西药类	860	19721
中草药及中成药类	650	9178
12.文化办公用品类	2711	61285
13.家具类	3048	140650
14.通讯器材类	2274	79886
15.煤炭及制品类	458	10460
16.木材及制品类	1960	57438
17.石油及制品类	135	5804
18.化工材料及制品类	1935	63757
其中：化肥类	1359	50056
19.金属材料类	1117	53549
20.建筑及装潢材料类	7675	280188
21.机电产品及设备类	1033	49376
其中：农机类	538	23289
22.汽车类	1261	51575
23.种子饲料类	2802	63688
24.棉麻类	294	2902
25.其他类	13704	246012

1-56 湖南省亿元以下商品交易市场情况

项 目	市场数量（个）	总摊位数（个）	年末出租摊位数（个）	营业面积（平方米）	成交额（万元）
总 计	**2273**	**355104**	**303199**	**8021430**	**5880071**
按市场类别分组					
1.综合市场	1464	250254	212768	4497936	3555554
综合贸易市场	1464	250254	212768	4497936	3555554
生产资料综合市场	8	1155	1085	33890	39274
工业消费品综合市场	61	15928	10601	335298	197134
农产品综合市场	669	100140	83327	1613062	1413129
其他综合市场	726	133031	117755	2515686	1906017
2.专业市场	809	104850	90431	3523494	2324517
生产资料市场	62	9565	7298	899891	234759
农业生产用具市场	2	205	129	20750	9840
农用生产资料市场	9	1165	1164	68521	49110
煤炭市场					
木材市场	14	812	767	131643	29600
建材市场	19	6023	4040	619253	98179
化工材料及制品市场					
金属材料市场	4	392	282	22538	27087
机械设备市场	2	98	63	13160	6929
其他生产资料市场	12	870	853	24026	14014
农产品市场	452	51978	45576	1005916	959883
粮油市场	19	2631	1879	53475	50352
肉禽蛋市场	79	8685	7030	203779	140427
水产品市场	1	65	65	835	4828
蔬菜市场	131	15516	15031	249773	239476
干鲜果品市场	18	1747	1536	75385	73630
棉麻土畜、烟叶市场	2	590	575	7000	5110
其他农产品市场	202	22744	19460	415669	446060
食品、饮料及烟酒市场	50	7618	7108	138784	143929
食品饮料市场	25	4240	3862	71267	77083
茶叶市场	2	339	339	25950	13047
烟酒市场	1	160	135	2600	4107
其他食品饮料及烟酒市场	22	2879	2772	38967	49692
纺织、服装、鞋帽市场	125	20928	17589	496357	445549
布料及纺织品市场	15	2118	1351	76231	43934
服装市场	80	13788	11707	322645	317315
鞋帽市场	3	338	307	17400	9393
其他纺织服装鞋帽市场	27	4684	4224	80081	74907
日用品及文化用品市场	17	2851	2542	70486	77416
小商品市场	5	1194	1087	18240	29355
箱包市场	1	43	43	3000	2012
玩具市场					
文具市场	1	100	100	4000	8568
图书、报刊杂志市场	1	80	80	1800	9157
音像制品及电子出版物市场	1	208	208	1500	9821
体育用品市场					
其他日用品及文化用品市场	8	1226	1024	41946	18503

1-56 续表

项 目	市场数量(个)	总摊位数(个)	年末出租摊位数(个)	营业面积(平方米)	成交额(万元)
黄金、珠宝、玉器等首饰市场	3	420	370	4200	7560
电器、通讯器材、电子设备市场	30	2925	2549	109401	110263
家电市场	6	595	511	36270	28352
通讯器材市场	19	1683	1463	46640	64760
照相、摄像器材市场					
计算机及辅助设备市场	5	647	575	26491	17151
其他电器、通讯器材、电子设备市场					
医药、医疗用品及器材市场	2	130	20	6218	2293
中药材市场					
其他医药、医疗用品及器材市场	2	130	20	6218	2293
家具、五金及装饰材料市场	42	5517	4862	534913	244973
家具市场	14	1652	1487	131639	73222
装饰材料市场	18	2549	2393	286207	114722
灯具市场					
厨具、盥洗设备市场					
五金材料市场	5	488	432	32500	33965
其他装修市场	5	828	550	84567	23064
汽车、摩托车及零配件市场	11	1536	1295	81280	51603
汽车市场	8	1086	945	57480	35654
摩托车市场	2	182	82	3800	7560
机动车零配件市场	1	268	268	20000	8389
花、鸟、鱼、虫市场	4	306	219	117400	2856
花卉市场	3	231	147	112900	1956
鸟市场					
观赏鱼市场					
其他花鸟鱼虫市场	1	75	72	4500	900
旧货市场	7	688	633	43200	32324
古玩、古董、字画市场	5	596	565	31500	28137
邮票、硬币市场					
其他旧货市场	2	92	68	11700	4187
其他专业市场	4	388	370	15448	11109
按营业状态分组					
1.常年营业	2075	327610	279891	7607987	5649767
2.季节性营业	85	11429	9687	183285	84188
3.其他	113	16065	13621	230158	146116
按经营方式分组					
1.以批发为主	189	30514	23645	1690772	804067
2.以零售为主	2084	324590	279554	6330658	5076004
按经营环境分组					
1.露天式	769	113716	100391	1931827	1453204
2.封闭式	899	144939	118186	3998432	2819138
3.其他	605	96449	84622	2091171	1607729

1-57 外商投资企业基本情况

指标名称	单位数(个)	从业人员(人)	女	营业收入(万元)	主营业务收 入(万元)	资产总计(万元)
总 计	**1714**	**388245**	**193652**	**30171758.09**	**29970709.6**	**28644104.9**
按登记注册类型分组						
港澳台商投资企业	936	227138	122293	14585476.29	14456277.9	15106064.7
与港澳台商合资经营	436	113336	56437	7685647.353	7630764.52	7412382.74
与港澳台商合作经营	40	4372	1492	302338.3254	294359.885	523844.826
港澳台商独资	409	100773	61793	5832969.451	5778597.93	6375020.87
港澳台商投资股份有限公司	40	8170	2349	729190.6476	719879.091	758931.49
其他港澳台投资	11	487	222	35330.5116	32676.4617	35884.7833
外商投资企业	778	161107	71359	15586281.8	15514431.7	13538040.1
中外合资经营	363	72013	27923	7326779.612	7294523.04	8557927.44
中外合作经营	37	3380	959	218212.2853	217708.985	260036.053
外资企业	294	81073	40357	7717414.717	7678806.12	4336016.31
外商投资股份有限公司	29	2825	1138	285883.1248	285762.425	310546.413
其他外商投资	55	1816	982	37992.06	37631.1091	73513.922
按国民经济行业门类分组						
农业	28	1088	287	12504.1101	12008.0071	51892.9497
采矿业	17	3290	429	144751.2277	144650.228	87958.8776
制造业	867	300974	157851	23197780.86	23103279.8	14475110.8
电力、热力、燃气及水生产和供应业	53	8289	2164	1468753.086	1457425	2871699.97
建筑业	22	10947	1032	420234.8251	420032.444	278572.853
批发和零售业	191	17352	9248	1796517.134	1763034.55	941349.887
交通运输、仓储和邮政业	36	3517	1346	191459.0787	186645.075	1007684.5
住宿和餐饮业	83	16862	8520	244827.0588	244023.119	435390.244
信息传输、软件和信息技术服务业	44	9836	4742	1027601.468	978868.481	1117554.09
金融业	26	2191	1423	1938.4025	1881.5614	33665.9458
房地产业	194	6880	2800	1483916.778	1482585.92	5826737.52
租赁和商务服务业	65	1267	495	71490.9823	67216.5593	1187703.24
科学研究和技术服务业	21	536	200	7244.6897	7244.6897	17208.0549
水利、环境和公共设施管理业	7	353	143	3214.4282	3207.5532	80433.9155
居民服务、修理和其他服务业	24	1216	841	13914.5032	13618.1052	21931.5764
教育	4	527	224	8055.6615	8055.6615	30115.6161
卫生和社会工作	2	1099	850	32313.1516	32171.8516	50667.9658
文化、体育和娱乐业	30	2021	1057	45240.6403	44760.9408	128426.846
按企业控股情况分组						
国有控股	68	19536	8475	1887318.668	1856395.5	2497747.05
集体控股	22	5918	1079	460022.1217	442880.322	1007984.88

1-57 续表

指标名称	单位数(个)	从业人员(人)	女	营业收入(万元)	主营业务收入(万元)	资产总计(万元)
私人控股	287	42427	21419	2414827.226	2410126.42	1617354.16
港澳台商控股	686	185779	106166	11534846.71	11445198.4	12365896.6
外商控股	480	107218	47864	10264785.48	10222207	7830113.26
其他	171	27367	8649	3609957.888	3593902.02	3325008.91
按地区分组						
长沙市	600	118214	53250	11039090.07	10959765.2	13386700.3
株洲市	129	37597	16518	1936293.749	1922162.68	2153118.33
湘潭市	87	35578	22839	2792474.608	2788797.93	1697948.41
衡阳市	155	40910	18542	4342046.155	4312838.42	2027223.58
邵阳市	61	12969	8628	722318.3483	719914.21	467521.556
岳阳市	120	20124	6647	1830984.251	1820106.08	1436636.49
常德市	78	15784	7575	1654049.925	1637365.52	1898003.13
张家界市	37	3762	2086	179068.6857	176675.989	404616.838
益阳市	98	21115	9797	1187371.606	1178895.83	907589.099
郴州市	132	27768	15802	2231534.178	2215321.61	1431668.83
永州市	97	33501	23180	873893.4762	867526.579	854245.783
怀化市	39	4740	1841	488306.2816	482455.902	766716.433
娄底市	62	15804	6769	856105.5034	850757.704	1174467.33
湘西州	19	379	178	38221.2534	38125.8916	37648.7182
按企业营业状态分组						
营业	1544	383596	191863	30083035.06	29882731.8	27186971.9
停业(歇业)	68	904	279	23418.2053	23418.2053	101862.263
筹建	36	1676	504	11286.2642	11108.0316	562193.706
当年关闭	44	1555	844	47502.7394	46954.0525	49740.6503
当年破产	5	225	43	1459.235	1459.235	5333.4
其他	17	289	119	5056.5796	5038.2604	738002.97
按报表类别分组						
农业	28	1088	287	12504.1101	12008.0071	51892.9497
工业	937	312553	160444	24811285.18	24705355.1	17434769.7
建筑业	22	10947	1032	420234.8251	420032.444	278572.853
批发和零售业	191	17352	9248	1796517.134	1763034.55	941349.887
金融系统	21	2119	1394			
住宿和餐饮业	83	16862	8520	244827.0588	244023.119	435390.244
房地产开发经营业	161	5150	2094	1464513.989	1463293.33	5592881.25
重点服务业	68	15962	8176	1230488.8	1178611.9	2097795.1
其他	203	6212	2457	191386.9939	184351.161	1811452.92

1-58 外商投资企业主要财务状况

指标名称	营业税金及附加（万元）	主营业务税金及附加（万元）	实收资本（万元）
总 计	**460559**	**457778**	**8654667**
按登记注册类型分组			
港澳台商投资企业	247545	245575	4253185
与港澳台商合资经营	106123	104877	1768900
与港澳台商合作经营	7058	6804	178837
港澳台商独资	127075	126712	2123651
港澳台商投资股份有限公司	6642	6601	156752
其他港澳台投资	647	580	25044
外商投资企业	213014	212203	4401483
中外合资经营	133433	133059	2653341
中外合作经营	2554	2547	135401
外资企业	74094	73670	1497077
外商投资股份有限公司	1867	1866	75875
其他外商投资	1066	1061	39788
按企业控股情况分组			
国有控股	31773	31224	501058
集体控股	1769	1508	451228
私人控股	35222	34892	442365
港澳台商控股	202511	201445	3545417
外商控股	105452	105071	2669845
其他	83831	83638	1044754
按地区分组			
长沙市	235424	234425	4626160
株洲市	39070	38813	618938
湘潭市	17645	17596	418993
衡阳市	28975	28674	573045
邵阳市	11243	11217	100009
岳阳市	29384	29318	401003
常德市	14982	14645	299777
张家界市	5356	5354	88313
益阳市	23240	22945	231751
郴州市	25994	25991	409895
永州市	12284	12252	221783
怀化市	6901	6748	82967
娄底市	9961	9702	568466
湘西州	99	97	13568

1-59 限额以上住宿业法人基本情况

指标名称	法 人 企业数 (个)	从业人员 期末人数 (人)	
			其中：女性
总 计	**747**	**92775**	**55889**
按住宿业行业小类分			
旅游饭店	488	74320	43849
一般旅馆	226	15840	10382
其他住宿业	33	2615	1658
按登记注册类型分			
内资企业	720	85887	53134
国有企业	80	10117	5862
集体企业	11	1041	631
股份合作企业	3	282	258
联营企业	2	135	50
国有联营企业			
集体联营企业	1	100	50
国有与集体联营企业			
其他联营企业	1	35	
有限责任公司	236	34714	20948
国有独资公司	6	1086	615
其他有限责任公司	230	33628	20333
股份有限公司	38	6913	4143
私营企业	342	32305	20963
私营独资企业	48	3335	2140
私营合伙企业	43	2201	1551
私营有限责任公司	227	24328	15541
私营股份有限公司	24	2441	1731
其他企业	8	380	279
港、澳、台商投资企业	21	5943	2256
与港澳台商合资经营企业	12	4585	1568

1-59 续表

指标名称	法 人 企业数 (个)	从业人员 期末人数 (人)	其中：女性
与港澳台商合作经营企业	2	456	275
港澳台商独资企业	4	605	224
港澳台商投资股份有限公司	2	253	161
其他港澳台投资企业	1	44	28
外商投资企业	6	945	499
中外合资经营企业	2	168	40
中外合作经营企业	1	404	192
外资企业	3	373	267
外商投资股份有限公司			
其他外商投资企业			
按控股情况分			
国有控股	116	20164	11574
集体控股	30	3981	2473
私人控股	514	53203	33688
港澳台商控股	18	3543	1995
外商控股	3	369	262
其他	66	11515	5897
按经营形式分			
独立门店	666	81650	50027
连锁总店	4	2028	101
连锁门店	25	3239	1977
其他	52	5858	3784
按单位规模分			
大型	17	11798	5851
中型	157	40652	23729
小型	552	40037	26102
微型	21	288	207

1-60 限额以上住宿业法人企业

指标名称	法人企业数（个）	从业人员期末人数（人）	营业额（万元）	客房收入
总计	**747**	**92775**	**1492312.9**	**674229.0**
按登记注册类型分				
内资企业	720	85887	1404983.2	633777.0
国有企业	80	10117	158710.1	67773.7
集体企业	11	1041	23188.7	9464.4
股份合作企业	3	282	2567.7	1587.2
联营企业	2	135	4332.9	1254.3
国有联营企业				
集体联营企业	1	100	3535.9	883.4
国有与集体联营企业				
其他联营企业	1	35	797.0	370.9
有限责任公司	236	34714	584271.9	248477.5
国有独资公司	6	1086	11447.5	4294.9
其他有限责任公司	230	33628	572824.4	244182.6
股份有限公司	38	6913	117614.8	49245.9
私营企业	342	32305	509414.4	253170.7
私营独资企业	48	3335	51406.4	26897.1
私营合伙企业	43	2201	38289.4	18245.4
私营有限责任公司	227	24328	379997.3	188357.5
私营股份有限公司	24	2441	39721.3	19670.7
其他企业	8	380	4882.7	2803.3
港、澳、台商投资企业	21	5943	74508.3	32725.7
与港澳台商合资经营企业	12	4585	46410.5	22275.0
与港澳台商合作经营企业	2	456	15517.9	5523.2
港澳台商独资企业	4	605	6211.0	2614.4
港澳台商投资股份有限公司	2	253	6188.9	2165.9
其他港澳台投资企业	1	44	180.0	147.2
外商投资企业	6	945	12821.4	7726.3
中外合资经营企业	2	168	1212.1	960.6
中外合作经营企业	1	404	6161.8	3609.2
外资企业	3	373	5447.5	3156.5
外商投资股份有限公司				
其他外商投资企业				

经营情况按登记注册类型分组

			客房数 (间)	床位数 (个)	餐位数 (位)	年末餐饮 营业面积 (平方米)
餐费收入	商品销售收入	其他收入				
662488.0	**68932.1**	**86663.8**	**97561**	**166957**	**365393**	**2234686**
626961.3	66519.5	77725.4	92338	158708	348000	2166180
71733.0	11421.9	7781.5	10388	19664	40409	225089
8556.6	4457.5	710.2	1053	1980	2286	16050
931.0	11.2	38.3	344	633	990	3990
2971.3	59.9	47.4	128	242	1030	2600
2601.1	4.0	47.4	100	192	700	1600
370.2	55.9		28	50	330	1000
271554.0	23821.3	40419.1	37913	64018	145526	798846
5225.3	596.0	1331.3	1188	1951	3084	15250
266328.7	23225.3	39087.8	36725	62067	142442	783596
56120.6	2424.6	9823.7	6105	10579	22087	117053
213448.6	24159.9	18635.2	35838	60640	133446	981772
21729.6	1523.3	1256.4	3506	5982	15955	107475
16007.4	2084.3	1952.3	2769	4951	9261	54930
159382.4	17422.8	14834.6	26923	44991	96270	752943
16329.2	3129.5	591.9	2640	4716	11960	66424
1646.2	163.2	270.0	569	952	2226	20780
31780.6	2411.1	7590.9	3600	5729	14241	56706
19006.1	67.3	5062.1	2403	3711	9301	42286
6208.3	2148.6	1637.8	260	420	1160	3800
2744.7	151.6	700.3	597	1036	2255	5920
3788.7	43.6	190.7	294	500	1400	3500
32.8			46	62	125	1200
3746.1	1.5	1347.5	1623	2520	3152	11800
251.5			456	808	200	1000
2413.9		138.7	411	560	2500	7500
1080.7	1.5	1208.8	756	1152	452	3300

1-61 限额以上住宿业法人

指标名称	法人企业数(个)	从业人员期末人数(人)	营业额(万元)	客房收入	餐费收入
总计	**747**	**92775**	**1492312.9**	**674229.0**	**662488.0**
按住宿业行业小类分					
旅游饭店	488	74320	1146189.6	505272.2	518898.0
一般旅馆	226	15840	289104.0	145954.5	115293.5
其他住宿业	33	2615	57019.3	23002.3	28296.5

1-62 限额以上住宿业法人

指标名称	法人企业数(个)	从业人员期末人数(人)	营业额(万元)	客房收入	餐费收入
总计	**747**	**92775**	**1492312.9**	**674229.0**	**662488.0**
按单位规模分					
大型	17	11798	253355.3	86959.7	123174.8
中型	157	40652	664593.7	283448.6	316626.5
小型	552	40037	572086.2	302177.6	222135.0
微型	21	288	2277.7	1643.1	551.7

1-63 限额以上住宿业法人企业

指标名称	法人企业数(个)	从业人员期末人数(人)	营业额(万元)	客房收入	餐费收入
总计	**747**	**92775**	**1492312.9**	**674229.0**	**662488.0**
按经营形式分					
独立门店	666	81650	1321812.2	592144.0	598356.8
连锁总店	4	2028	18461.2	8801.3	6136.2
连锁门店	25	3239	54254.2	25454.0	22569.3
其他	52	5858	97785.3	47829.7	35425.7

企业经营情况按行业分组

		客房数(间)	床位数(个)	餐位数(位)	年末餐饮营业面积(平方米)
商品销售收入	其他收入				
68932.1	**86663.8**	**97561**	**166957**	**365393**	**2234686**
47142.3	74877.1	74603	127891	296085	1755070
18670.1	9185.9	19750	33649	60664	430086
3119.7	2600.8	3208	5417	8644	49530

企业经营情况按单位规模分组

		客房数(间)	床位数(个)	餐位数(位)	年末餐饮营业面积(平方米)
商品销售收入	其他收入				
68932.1	**86663.8**	**97561**	**166957**	**365393**	**2234686**
17190.6	26030.2	7136	11907	30392	184246
24884.1	39634.5	35677	59728	161156	793328
26806.8	20966.8	53478	93067	171906	1239238
50.6	32.3	1270	2255	1939	17874

经营情况按经营形式分组

		客房数(间)	床位数(个)	餐位数(位)	年末餐饮营业面积(平方米)
商品销售收 入	其他收入				
68932.1	**86663.8**	**97561**	**166957**	**365393**	**2234686**
58879.0	72432.4	87425	149394	326868	2033440
1139.2	2384.5	509	930	1880	5665
442.3	5788.6	4205	6666	13950	69003
8471.6	6058.3	5422	9967	22695	126578

1-64 限额以上住宿业法人

指标名称	法人企业数（个）	从业人员期末人数（人）	营业额（万元）		
				客房收入	餐费收入
总 计	**747**	**92775**	**1492312.9**	**674229.0**	**662488.0**
按控股情况分					
国有控股	116	20164	328287.4	131547.3	149654.0
集体控股	30	3981	78104.3	34399.0	31258.5
私人控股	514	53203	846898.0	408476.7	371174.9
港澳台商控股	18	3543	60816.3	22621.9	29057.7
外商控股	3	369	5600.4	3330.9	1060.7
其他	66	11515	172606.5	73853.2	80282.2

1-65 限额以上住宿业法人

地 区	法人企业数（个）	从业人员期末人数（人）	营业额（万元）		
				客房收入	餐费收入
湖南省	**747**	**92775**	**1492312.9**	**674229.0**	**662488.0**
长沙市	162	28747	550915.7	224472.1	259907.6
株洲市	59	6505	119468.6	52739.9	54894.2
湘潭市	23	3726	98718.6	25277.3	56015.9
衡阳市	70	9410	132918.5	71874.7	46501.5
邵阳市	38	4930	54425.6	23038.0	27563.9
岳阳市	50	5924	108517.0	59493.0	43035.2
常德市	61	7169	72201.4	33907.6	32374.2
张家界市	46	4685	52118.9	31964.5	15246.9
益阳市	68	4392	61464.0	28229.2	29383.3
郴州市	72	6578	80357.2	43953.8	30340.9
永州市	21	2695	52268.5	20086.8	25321.3
怀化市	25	2559	28697.3	14208.1	12439.3
娄底市	27	3136	50531.7	27085.1	20282.7
湘西州	25	2319	29709.9	17898.9	9181.1

企业经营情况按控股情况分组

		客房数（间）	床位数（个）	餐位数（位）	年末餐饮营业面积（平方米）
商品销售收入	其他收入				
68932.1	**86663.8**	**97561**	**166957**	**365393**	**2234686**
20474.4	26611.7	19320	34357	72819	386962
5424.8	7022.0	4115	7779	11355	49783
31682.9	35563.5	58232	98504	208165	1553876
3935.6	5201.1	3193	5204	13158	49506
	1208.8	919	1482	400	2600
7414.4	11056.7	11782	19631	59496	191959

企业经营情况按地区分组

		客房数（间）	床位数（个）	餐位数（位）	年末餐饮营业面积（平方米）
商品销售收入	其他收入				
68932.1	**86663.8**	**97561**	**166957**	**365393**	**2234686**
18407.4	48128.6	28896	46909	79318	530524
9542.6	2291.9	6046	10112	23841	147723
15668.9	1756.5	3495	7722	15696	86835
6873.1	7669.2	7185	12404	26122	187938
2306.9	1516.8	4383	7371	28046	165612
2532.1	3456.7	6023	10311	20626	107942
1186.5	4733.1	6742	11107	21949	159414
716.6	4190.9	8794	16381	18780	94383
2170.0	1681.5	4080	6550	21407	145632
1809.8	4252.7	8055	13757	32229	202469
3593.8	3266.6	2337	4178	13239	100494
1354.1	695.8	4647	8265	41970	162747
1911.7	1252.2	3185	5410	14828	102823
858.6	1771.3	3693	6480	7342	40150

1-66 限额以上住宿业法人企业

指标名称	法人企业数（个）	执行《2006年企业会计准则》企业数（个）	一、年初存货	二、期末资产负债			
				流动资产合计	应收账款	存货	固定资产合计
总　计	**747**	**462**	**64233.5**	**1071993.6**	**80956.2**	**58431.0**	**1704297.2**
按住宿业行业小类分							
旅游饭店	488	308	49912.9	767437.1	72329.7	45034.5	1509870.5
一般旅馆	226	136	6267.7	62334.4	7288.9	5447.1	158313.5
其他住宿业	33	18	8052.9	242222.1	1337.6	7949.4	36113.2

1-66　续表 1

指标名称	二、期末资产负债							
	所有者权益合计	实收资本						
			国家资本	集体资本	法人资本	个人资本	港澳台资本	外商资本
总　计	**1123869.2**	**998059.0**	**227356.3**	**17916.1**	**439923.8**	**266453.8**	**41409.0**	**5000.0**
按住宿业行业小类分								
旅游饭店	874438.7	868306.1	203801.7	15889.4	408028.3	197350.3	38236.4	5000.0
一般旅馆	116806.3	104078.6	5827.4	1431.7	28648.1	64998.8	3172.6	
其他住宿业	132624.2	25674.3	17727.2	595.0	3247.4	4104.7		

1-66　续表 2

指标名称	三、损益及分配						
	销售费用	管理费用		财务费用			资产减值损失
			税金		利息收入	利息支出	
总　计	**294818.3**	**361592.2**	**18431.2**	**78701.3**	**2202.4**	**55480.6**	**447.5**
按住宿业行业小类分							
旅游饭店	254288.1	316202.9	15919.4	64411.0	1969.2	44731.9	398.7
一般旅馆	37001.4	33843.7	1917.5	5511.7	124.5	2589.7	20.6
其他住宿业	3528.8	11545.6	594.3	8778.6	108.7	8159.0	28.2

财务状况按行业分组

单位：万元

二、期末资产负债								
固定资产原价	累计折旧	本年折旧	在建工程	资产总计	流动负债合计	应付账款	非流动负债合计	负债合计
2484231.2	**858306.1**	**168787.1**	**181637.3**	**3501278.5**	**1694867.2**	**156520.8**	**701214.4**	**2377409.3**
2204417.2	765774.7	146845.5	162590.6	2778789.6	1429540.4	131677.8	489119.2	1904350.9
203193.3	50730.4	14615.5	16865.3	271331.5	124995.6	22205.1	26131.6	154525.2
76620.7	41801.0	7326.1	2181.4	451157.4	140331.2	2637.9	185963.6	318533.2

单位：万元

三、损益及分配						
营业收入	主营业务收入	营业成本	主营业务成本	营业税金及附加	主营业务税金及附加	其他业务利润
1486269.5	**1476897.0**	**686119.7**	**675207.0**	**73262.1**	**72048.6**	**28245.1**
1141051.2	1134260.5	481353.7	474405.1	58157.3	57376.2	25117.4
288200.2	285831.3	173264.0	170551.2	12609.9	12185.5	2952.0
57018.1	56805.2	31502.0	30250.7	2494.9	2486.9	175.7

单位：万元

三、损益及分配							四、人工成本
公允价值变动收益	投资收益	营业利润	营业外收入	补贴收入	利润总额	应交所得税	应付职工薪酬(本年贷方累计发生额)
113.7	**14934.0**	**15998.4**	**18749.9**	**2177.3**	**-16241.8**	**8001.1**	**295290.9**
109.2	1038.5	-26544.4	17971.1	2176.3	-47509.5	6246.2	238199.6
	1.0	28171.9	698.0	1.0	17633.4	1649.2	46661.8
4.5	13894.5	14370.9	80.8		13634.3	105.7	10429.5

1-67 限额以上住宿业法人企业

指标名称	法人企业数（个）	执行《2006年企业会计准则》企业数（个）	一、年初存货	二、期末资产负债			
				流动资产合计	应收账款	存货	固定资产合计
总计	**747**	**462**	**64233.5**	**1071993.6**	**80956.2**	**58431.0**	**1704297.2**
按登记注册类型分							
内资企业	720	443	61444.4	950338.4	78264.2	54681.5	1533347.1
国有企业	80	51	7899.8	72418.6	12893.1	6841.8	174645.5
集体企业	11	6	648.5	17614.1	121.5	516.5	8080.8
股份合作企业	3	1	57.9	263.6		64.0	1960.1
联营企业	2	2	126.0	2045.9	8.8	9.6	1202.1
国有联营企业							
集体联营企业	1	1	125.0	2015.2		7.5	1062.8
国有与集体联营企业							
其他联营企业	1	1	1.0	30.7	8.8	2.1	139.3
有限责任公司	236	162	25101.9	317044.9	34745.2	20689.0	806155.4
国有独资公司	6	5	677.9	8965.9	476.5	885.8	68695.4
其他有限责任公司	230	157	24424.0	308079.0	34268.7	19803.2	737460.0
股份有限公司	38	23	4266.6	261983.4	3090.5	4010.6	131399.6
私营企业	342	193	23288.8	278241.7	27104.6	22506.4	406924.4
私营独资企业	48	25	972.6	10473.5	3094.8	1539.9	37716.7
私营合伙企业	43	20	829.4	7856.0	1734.0	695.5	22190.8
私营有限责任公司	227	133	20194.4	249914.1	20909.8	18887.6	323338.8
私营股份有限公司	24	15	1292.4	9998.1	1366.0	1383.4	23678.1
其他企业	8	5	54.9	726.2	300.5	43.6	2979.2
港、澳、台商投资企业	21	14	2175.5	114407.0	2213.1	3043.1	98745.2
与港澳台商合资经营企业	12	9	1544.3	90382.9	1576.1	2573.0	81653.9
与港澳台商合作经营企业	2	2	150.0	2794.7		22.3	1561.0
港澳台商独资企业	4	1	360.7	19574.9	547.8	316.6	13514.7
港澳台商投资股份有限公司	2	1	98.9	1459.5		108.1	1621.8
其他港澳台投资企业	1	1	21.6	195.0	89.2	23.1	393.8
外商投资企业	6	5	613.6	7248.2	478.9	706.4	72204.9
中外合资经营企业	2	2	12.1	676.7	142.5	38.0	369.0
中外合作经营企业	1	1	302.3	3901.2	161.4	354.7	52504.9
外资企业	3	2	299.2	2670.3	175.0	313.7	19331.0
外商投资股份有限公司							
其他外商投资企业							

财务状况按登记注册类型分组

单位：万元

二、期末资产负债								
固定资产原价	累计折旧	本年折旧	在建工程	资产总计	流动负债合计	应付账款	非流动负债合计	负债合计
2484231.2	**858306.1**	**168787.1**	**181637.3**	**3501278.5**	**1694867.2**	**156520.8**	**701214.4**	**2377409.3**
2257999.8	775783.2	158260.1	141305.4	3170271.2	1495121.4	137018.2	636165.2	2126216.7
255494.9	96484.5	25910.1	24511.6	312337.6	113205.4	15694.2	44708.0	164441.9
23264.3	15270.5	1120.1	1059.1	27327.1	5950.6	711.2	346.4	6497.0
2429.1	656.5	112.9		2595.8	25.9		11.0	171.4
2044.2	842.1	94.4		3248.0	943.2	278.1	150.2	1093.4
1796.2	733.4	75.2		3078.0	926.7	273.8	143.1	1069.8
248.0	108.7	19.2		170.0	16.5	4.3	7.1	23.6
1172105.4	378525.1	73104.5	46217.2	1380255.4	808553.1	74679.1	217794.9	1018565.7
93209.9	24514.4	6227.6	24.2	89195.8	35349.7	19591.3	2433.8	37482.3
1078895.5	354010.7	66876.9	46193.0	1291059.6	773203.4	55087.8	215361.1	981083.4
238111.4	110015.5	19770.6	14650.5	613275.0	206201.4	2679.7	176997.7	407395.2
560946.8	173350.0	38014.5	54847.0	826634.5	358564.3	42750.6	195805.8	525904.2
36735.1	12391.3	2329.8	4814.2	60266.2	13010.2	902.6	6809.1	22805.0
28207.2	7273.4	1687.3	324.8	32629.5	5829.2	1117.4	1538.1	7793.3
460519.0	141798.3	31414.2	49342.6	687553.5	326579.9	39074.6	186733.0	481259.4
35485.5	11887.0	2583.2	365.4	46185.3	13145.0	1656.0	725.6	14046.5
3603.7	639.0	133.0	20.0	4597.8	1677.5	225.3	351.2	2147.9
131331.8	59785.0	7067.0	40322.4	249537.2	138346.7	17463.4	47607.9	172352.2
102302.4	45078.2	5600.5	37553.7	206965.9	114162.8	17067.1	40357.8	154520.6
1947.7	386.7	155.8		4391.9	966.1			966.1
24271.1	13525.1	1194.4	2768.7	34501.5	21656.9	216.6	7250.1	15304.6
2294.3	672.5	88.7		3084.5	1434.2	53.0		1434.2
516.3	122.5	27.6		593.4	126.7	126.7		126.7
94899.6	22737.9	3460.0	9.5	81470.1	61399.1	2039.2	17441.3	78840.4
2391.6	2065.8	832.1	5.9	1319.1	1727.3	8.4		1727.3
64507.9	12003.0	1801.0		56406.1	50350.1	1384.3	17141.3	67491.4
28000.1	8669.1	826.9	3.6	23744.9	9321.7	646.5	300.0	9621.7

1-67 续表 1

指标名称	二、期末资产负债					
	所有者权益合计	实收资本				
			国家资本	集体资本	法人资本	个人资本
总　计	**1123869.2**	**998059.0**	**227356.3**	**17916.1**	**439923.8**	**266453.8**
按登记注册类型分						
内资企业	1044054.5	891897.0	225683.3	17916.1	398367.6	249797.5
国有企业	147895.7	136341.5	118744.2	45.0	17349.8	95.0
集体企业	20830.1	7074.0		7058.6	15.4	
股份合作企业	2424.4	849.6		701.6	100.0	48.0
联营企业	2154.6	508.1		361.7	146.4	
国有联营企业						
集体联营企业	2008.2	361.7		361.7		
国有与集体联营企业						
其他联营企业	146.4	146.4			146.4	
有限责任公司	361689.7	400356.9	79137.9	3923.9	242508.8	74761.3
国有独资公司	51713.5	12150.0	12100.0		50.0	
其他有限责任公司	309976.2	388206.9	67037.9	3923.9	242458.8	74761.3
股份有限公司	205879.8	75723.9	25263.4	5348.8	20922.0	24189.7
私营企业	300730.3	268421.1	2537.8	476.5	117161.3	148245.5
私营独资企业	37461.2	24126.0			6939.8	17186.2
私营合伙企业	24836.2	17214.0	0.1	80.0	2191.9	14942.0
私营有限责任公司	206294.1	199267.2	2537.7	313.6	86435.4	109980.5
私营股份有限公司	32138.8	27813.9		82.9	21594.2	6136.8
其他企业	2449.9	2621.9			163.9	2458.0
港、澳、台商投资企业	77185.0	79341.0	430.0		22169.2	15805.3
与港澳台商合资经营企业	52445.3	54298.1			22135.2	11200.6
与港澳台商合作经营企业	3425.8	1500.0			25.2	14.8
港澳台商独资企业	19196.9	20957.4				3300.0
港澳台商投资股份有限公司	1650.3	2118.8	430.0		8.8	823.2
其他港澳台投资企业	466.7	466.7				466.7
外商投资企业	2629.7	26821.0	1243.0		19387.0	851.0
中外合资经营企业	-408.2	401.0			100.0	301.0
中外合作经营企业	-11085.3	15000.0	1243.0		8207.0	550.0
外资企业	14123.2	11420.0			11080.0	
外商投资股份有限公司						
其他外商投资企业						

单位：万元

二、期末资产负债		三、损益及分配						
港澳台资本	外商资本	营业收入	主营业务收入	营业成本	主营业务成本	营业税金及附加	主营业务税金及附加	其他业务利润
41409.0	**5000.0**	**1486269.5**	**1476897.0**	**686119.7**	**675207.0**	**73262.1**	**72048.6**	**28245.1**
132.5		1398304.9	1389554.0		638666.8	68656.0	67716.9	28096.1
107.5		159066.9	157997.4	81469.2	80329.3	7210.5	7061.4	552.0
		22959.7	22959.7	7246.2	7243.7	1155.8	1155.8	20.4
		2567.7	2567.7	1736.0	1736.0	207.7	207.7	12.2
		4332.9	4332.9	2655.4	2655.4	102.1	72.4	
		3535.9	3535.9	2121.5	2121.5	83.6	53.9	
		797.0	797.0	533.9	533.9	18.5	18.5	
25.0		581104.4	577253.1	241286.2	237152.1	31085.4	30510.9	15750.6
		12458.1	12428.4	6806.2	4361.9	602.6	509.4	27.8
25.0		568646.3	564824.7	234480.0	232790.2	30482.8	30001.5	15722.8
		117357.9	116542.3	45490.2	44596.6	6362.6	6348.2	1176.6
		506260.8	503327.8	266724.5	262229.6	22257.0	22085.6	10584.3
		50662.3	50030.8	30317.3	30060.8	1934.7	1928.2	626.8
		38329.8	38235.7	22715.8	21836.9	1905.6	1891.7	274.2
		379781.6	377710.4	192016.7	188709.5	16714.8	16564.3	9494.6
		37487.1	37350.9	21674.7	21622.4	1701.9	1701.4	188.7
		4654.6	4573.1	2749.1	2724.1	274.9	274.9	
40936.5		75160.1	74677.2	30475.4	30285.3	3918.5	3651.3	220.6
20962.3		47197.7	47059.5	15909.9	15909.9	2719.8	2704.8	
1460.0		15517.9	15517.9	8955.3	8955.3	738.5	486.3	
17657.4		6284.1	5939.4	2720.4	2530.3	308.4	308.4	112.5
856.8		5980.4	5980.4	2773.0	2773.0	137.1	137.1	108.1
		180.0	180.0	116.8	116.8	14.7	14.7	
340.0	5000.0	12804.5	12665.8	6287.5	6254.9	687.6	680.4	-71.6
		1213.2	1213.2	138.7	138.7	63.6	63.6	
	5000.0	6161.8	6023.1	3261.8	3229.2	344.5	337.3	-71.6
340.0		5429.5	5429.5	2887.0	2887.0	279.5	279.5	

1-67 续表 2

指标名称	三、损益及分配					
	销售费用	管理费用		财务费用		
			税金		利息收入	利息支出
总 计	**294818.3**	**361592.2**	**18431.2**	**78701.3**	**2202.4**	**55480.6**
按登记注册类型分						
内资企业	268625.1	339114.6	17607.2	71937.7	2119.1	49454.8
国有企业	31241.3	33053.9	1654.8	1946.9	241.6	711.0
集体企业	5264.6	7207.5	118.8	367.6	14.0	148.0
股份合作企业	163.1	113.0		43.4		
联营企业	416.7	441.1	18.4	32.5		31.5
国有联营企业						
集体联营企业	368.9	406.9	11.6	30.7		30.7
国有与集体联营企业						
其他联营企业	47.8	34.2	6.8	1.8		0.8
有限责任公司	122526.3	181562.1	9127.0	38710.8	397.9	28117.3
国有独资公司	2124.9	10152.9	932.0	502.0	140.3	612.7
其他有限责任公司	120401.4	171409.2	8195.0	38208.8	257.6	27504.6
股份有限公司	22290.8	30786.0	1753.8	11499.3	252.5	8981.5
私营企业	86255.8	85421.0	4893.0	19250.3	1212.6	11403.8
私营独资企业	5761.7	4696.9	153.0	950.3	1.7	639.4
私营合伙企业	5159.8	3120.1	544.3	662.6	12.0	265.1
私营有限责任公司	69316.9	72867.3	3985.7	17214.0	1196.4	10295.0
私营股份有限公司	6017.4	4736.7	210.0	423.4	2.5	204.3
其他企业	466.5	530.0	41.4	86.9	0.5	61.7
港、澳、台商投资企业	24484.3	17822.4	576.8	4608.2	71.3	3905.8
与港澳台商合资经营企业	17635.6	13462.5	427.2	4081.4	69.9	3797.4
与港澳台商合作经营企业	3111.0	860.8	52.6	75.8		
港澳台商独资企业	2766.5	2704.7	83.1	427.2	1.3	102.3
港澳台商投资股份有限公司	913.2	757.0	13.9	21.1		6.1
其他港澳台投资企业	58.0	37.4		2.7	0.1	
外商投资企业	1708.9	4655.2	247.2	2155.4	12.0	2120.0
中外合资经营企业	355.1	781.1	32.5	4.6	0.1	0.1
中外合作经营企业	388.3	3032.5	7.6	2089.4	5.5	2094.9
外资企业	965.5	841.6	207.1	61.4	6.4	25.0
外商投资股份有限公司						
其他外商投资企业						

单位：万元

三、损益及分配								四、人工成本
资产减值损失	公允价值变动收益	投资收益	营业利润	营业外收入	补贴收入	利润总额	应交所得税	应付职工薪酬（本年贷方累计发生额）
447.5	**113.7**	**14934.0**	**15998.4**	**18749.9**	**2177.3**	**-16241.8**	**8001.1**	**295290.9**
447.5	116.2	14932.5	24600.1	18363.2	2177.3	-4985.3	7798.4	279080.3
37.1	4.5	30.7	5286.0	1619.0	654.2	-190.6	453.7	33122.2
			1720.5	1.3		1408.0	5.7	3022.1
			292.3	-17.7		157.6		1393.6
			685.1			685.1	8.6	675.2
			524.3			524.3		598.6
			160.8			160.8	8.6	76.6
37.1	45.8	-42.1	-29786.3	15447.7	1333.2	-28629.0	3991.5	127280.1
-23.6			-7617.0	883.5		-6744.6	2.3	4338.5
60.7	45.8	-42.1	-22169.3	14564.2	1333.2	-21884.4	3989.2	122941.6
18.2		14776.3	16049.0	404.7	61.8	12903.6	1497.2	26298.6
355.1	65.9	167.6	29806.3	908.2	128.1	8308.7	1782.6	86465.3
		6.3	7099.2	167.6		4136.2	243.6	7838.6
		41.0	5751.6	25.4	3.5	3219.2	75.6	4670.1
355.1	65.9	120.3	14005.4	592.1	124.3	-192.5	1384.1	67239.3
			2950.1	123.1	0.3	1145.8	79.3	6717.3
			547.2			371.3	59.1	823.2
			-5913.1	353.1		-8603.1	202.7	12475.7
			-6596.5	334.4		-7529.5		8884.7
			1776.5			66.4		1017.2
			-2530.6	18.7		-2573.8	0.9	1518.9
			1487.1			1483.4	201.8	995.5
			-49.6			-49.6		59.4
	-2.5	1.5	-2688.6	33.6		-2653.4		3734.9
		1.5	-128.4	27.1		-107.1		352.0
			-2954.7			-2954.7		1927.9
	-2.5		394.5	6.5		408.4		1455.0

1-68 限额以上住宿业法人企业

指标名称	法人企业数（个）	执行《2006年企业会计准则》企业数（个）	一、年初存货	二、期末资产负债			
				流动资产合计	应收账款	存货	固定资产合计
总　计	**747**	**462**	**64233.5**	**1071993.6**	**80956.2**	**58431.0**	**1704297.2**
按单位规模分							
大型	17	11	11721.7	325953.4	17391.3	10157.3	297324.6
中型	157	110	26006.4	461085.7	24450.0	23879.3	904719.1
小型	552	327	17606.2	272591.3	38948.7	17770.5	496850.8
微型	21	14	8899.2	12363.2	166.2	6623.9	5402.7

1-68 续表 1

指标名称	二、期末资产负债							
	所有者权益合计	实收资本						
			国家资本	集体资本	法人资本	个人资本	港澳台资本	外商资本
总　计	**1123869.2**	**998059.0**	**227356.3**	**17916.1**	**439923.8**	**266453.8**	**41409.0**	**5000.0**
按单位规模分								
大型	329716.5	171021.9	71956.6	3500.0	89265.3	4609.7	1690.3	
中型	413928.5	435165.4	77505.2	7350.9	210528.5	101515.0	33265.8	5000.0
小型	382371.4	380370.9	72938.9	6709.3	135335.1	158959.7	6427.9	
微型	-2147.2	11500.8	4955.6	355.9	4794.9	1369.4	25.0	

1-68 续表 2

指标名称	三、损益及分配						
	销售费用	管理费用	税金	财务费用	利息收入	利息支出	资产减值损失
总　计	**294818.3**	**361592.2**	**18431.2**	**78701.3**	**2202.4**	**55480.6**	**447.5**
按单位规模分							
大型	54122.1	77667.2	3300.4	25141.7	274.3	23162.2	-9.9
中型	142923.0	194303.2	9591.6	38291.4	1715.6	23348.2	359.4
小型	97000.9	88388.0	5392.7	15211.8	212.3	8946.9	86.9
微型	772.3	1233.8	146.5	56.4	0.2	23.3	11.1

财务状况按单位规模分组

单位：万元

二、期末资产负债								
固定资产原价	累计折旧	本年折旧	在建工程	资产总计	流动负债合计	应付账款	非流动负债合计	负债合计
2484231.2	**858306.1**	**168787.1**	**181637.3**	**3501278.5**	**1694867.2**	**156520.8**	**701214.4**	**2377409.3**
530725.6	238736.4	27348.4	2701.9	860180.5	272741.4	15197.2	252954.0	530464.0
1272093.0	404881.3	95276.1	90653.9	1635254.4	958570.0	85426.2	292634.8	1221325.9
670971.1	209543.5	45722.3	80869.1	977492.5	434236.9	55811.8	147568.0	595121.1
10441.5	5144.9	440.3	7412.4	28351.1	29318.9	85.6	8057.6	30498.3

单位：万元

三、损益及分配						
营业收入	主营业务收入	营业成本	主营业务成本	营业税金及附加	主营业务税金及附加	其他业务利润
1486269.5	**1476897.0**	**686119.7**	**675207.0**	**73262.1**	**72048.6**	**28245.1**
250634.6	250569.7	73653.5	73547.5	12592.6	12325.3	1259.2
660323.3	655315.7	287629.1	284268.6	33889.0	33620.7	18523.4
572376.8	568076.8	323339.1	315905.2	26588.3	25910.4	8450.3
2934.8	2934.8	1498.0	1485.7	192.2	192.2	12.2

单位：万元

三、损益及分配							四、人工成本
公允价值变动收益	投资收益	营业利润	营业外收入	补贴收入	利润总额	应交所得税	应付职工薪酬（本年贷方累计发生额）
113.7	**14934.0**	**15998.4**	**18749.9**	**2177.3**	**-16241.8**	**8001.1**	**295290.9**
	14816.3	22282.1	10928.9	72.4	26906:4	3692.2	49690.6
	36.9	-31210.2	4006.5	1189.5	-42930.4	1758.7	133433.6
113.7	80.8	25762.5	3769.3	915.4	633.5	2543.8	111481.7
		-836.0	45.2		-851.3	6.4	685.0

1-69 限额以上住宿业法人企业

指标名称	法人企业数(个)	执行《2006年企业会计准则》企业数(个)	一、年初存货	二、期末资产负债			
				流动资产合计	应收账款	存货	固定资产合计
总计	**747**	**462**	**64233.5**	**1071993.6**	**80956.2**	**58431.0**	**1704297.2**
按经营形式分							
独立门店	666	411	56502.6	1013643.3	73813.4	52375.3	1478407.7
连锁总店	4	2	131.5	11046.6	362.8	1388.3	5531.3
连锁门店	25	17	2021.0	15151.5	3462.0	1628.6	127738.4
其他	52	32	5578.4	32152.2	3318.0	3038.8	92619.8

1-69 续表 1

指标名称	二、期末资产负债							
	所有者权益合计	实收资本	国家资本	集体资本	法人资本	个人资本	港澳台资本	外商资本
总计	**1123869.2**	**998059.0**	**227356.3**	**17916.1**	**439923.8**	**266453.8**	**41409.0**	**5000.0**
按经营形式分								
独立门店	1040069.3	902066.3	193478.7	16388.1	399018.1	248462.7	39718.7	5000.0
连锁总店	13341.6	6400.0			100.0	4909.7	1390.3	
连锁门店	27549.0	38622.6	14889.7	90.0	20594.4	3048.5		
其他	42909.3	50970.1	18987.9	1438.0	20211.3	10032.9	300.0	

1-69 续表 2

指标名称	三、损益及分配						
	销售费用	管理费用	税金	财务费用	利息收入	利息支出	资产减值损失
总计	**294818.3**	**361592.2**	**18431.2**	**78701.3**	**2202.4**	**55480.6**	**447.5**
按经营形式分							
独立门店	256866.4	320245.5	16141.5	70694.5	2175.4	49459.4	390.8
连锁总店	9029.6	5039.2	0.1	131.8	0.1	0.1	
连锁门店	8132.3	22146.0	1350.9	5523.0	12.6	5287.4	20.5
其他	20790.0	14161.5	938.7	2352.0	14.3	733.7	36.2

财务状况按经营形式分组

单位：万元

二、期末资产负债								
固定资产原价	累计折旧	本年折旧	在建工程	资产总计	流动负债合计	应付账款	非流动负债合计	负债合计
2484231.2	**858306.1**	**168787.1**	**181637.3**	**3501278.5**	**1694867.2**	**156520.8**	**701214.4**	**2377409.3**
2200344.7	778024.9	149359.9	156379.8	3144509.3	1470559.8	126828.8	653383.7	2104440.0
2252.1	1247.7	1137.2	15.0	19572.3	4785.7	2476.7	1325.0	6230.7
168129.3	40422.4	9987.6	15.8	182327.0	130972.1	21021.4	23690.7	154778.0
113505.1	38611.1	8302.4	25226.7	154869.9	88549.6	6193.9	22815.0	111960.6

单位：万元

三、损益及分配						
营业收入	主营业务收入	营业成本	主营业务成本	营业税金及附加	主营业务税金及附加	其他业务利润
1486269.5	**1476897.0**	**686119.7**	**675207.0**	**73262.1**	**72048.6**	**28245.1**
1316036.2	1307070.0	605910.0	596025.1	64255.2	63366.5	26327.4
19227.4	19227.4	3946.2	3946.2	1127.3	1112.3	502.9
54427.3	54250.4	23395.7	23240.6	2989.6	2944.5	185.5
96578.6	96349.2	52867.8	51995.1	4890.0	4625.3	1229.3

单位：万元

三、损益及分配							四、人工成本
公允价值变动收益	投资收益	营业利润	营业外收入	补贴收入	利润总额	应交所得税	应付职工薪酬（本年贷方累计发生额）
113.7	**14934.0**	**15998.4**	**18749.9**	**2177.3**	**-16241.8**	**8001.1**	**295290.9**
47.8	14975.8	21615.2	7334.7	1886.3	-17020.1	5423.7	266680.7
		-31.7	64.5		-242.9		557.8
		-8039.2	10911.4	70.5	1601.2	2186.2	11554.3
65.9	-41.8	2454.1	439.3	220.5	-580.0	391.2	16498.1

1-70 限额以上住宿业法人企业

指标名称	法人企业数(个)	执行《2006年企业会计准则》企业数(个)	一、年初存货	二、期末资产负债			
				流动资产合计	应收账款	存货	固定资产合计
总 计	**747**	**462**	**64233.5**	**1071993.6**	**80956.2**	**58431.0**	**1704297.2**
按控股情况分							
国有控股	116	80	19002.8	349653.2	16718.8	15334.9	596379.0
集体控股	30	17	3481.3	34497.8	1207.9	2872.2	70011.0
私人控股	514	308	35462.3	454079.9	47904.8	33059.2	795749.4
港澳台商控股	18	11	2227.6	81146.5	1336.5	1836.8	87476.3
外商控股	3	2	311.3	1862.0	287.6	351.7	18352.2
其他	66	44	3748.2	150754.2	13500.6	4976.2	136329.3

1-70 续表 1

指标名称	二、期末资产负债							
	所有者权益合计	实收资本						
			国家资本	集体资本	法人资本	个人资本	港澳台资本	外商资本
总 计	**1123869.2**	**998059.0**	**227356.3**	**17916.1**	**439923.8**	**266453.8**	**41409.0**	**5000.0**
按控股情况分								
国有控股	425126.2	359458.0	208153.6	45.0	151056.9	95.0	107.5	
集体控股	74234.6	29050.8	210.0	13908.7	14872.1	60.0		
私人控股	517154.1	458914.4	4387.7	1241.5	201544.2	243106.0	3635.0	5000.0
港澳台商控股	62387.9	65064.3	430.0		22394.0	5964.1	36276.2	
外商控股	10724.4	11180.0			11180.0			
其他	34242.0	74391.5	14175.0	2720.9	38876.6	17228.7	1390.3	

财务状况按控股情况分组

单位：万元

二、期末资产负债								
固定资产原价	累计折旧	本年折旧	在建工程	资产总计	流动负债合计	应付账款	非流动负债合计	负债合计
2484231.2	**858306.1**	**168787.1**	**181637.3**	**3501278.5**	**1694867.2**	**156520.8**	**701214.4**	**2377409.3**
922678.9	342354.0	57566.6	35037.7	1253846.7	546979.3	51234.8	269716.8	828720.5
138017.6	69143.0	10096.8	1714.5	141384.2	45596.8	6986.3	20772.4	67149.6
1065846.2	302396.6	71760.9	88234.5	1551914.9	689064.9	65299.4	363259.4	1034760.8
121280.3	56719.5	6386.9	34363.8	192445.9	122017.7	12787.6	21833.7	130058.0
27851.0	9498.8	929.1	3.6	21832.0	10807.6	646.5	300.0	11107.6
208557.2	78194.2	22046.8	22283.2	339854.8	280400.9	19566.2	25332.1	305612.8

单位：万元

三、损益及分配						
营业收入	主营业务收入	营业成本	主营业务成本	营业税金及附加	主营业务税金及附加	其他业务利润
1486269.5	**1476897.0**	**686119.7**	**675207.0**	**73262.1**	**72048.6**	**28245.1**
321624.1	319620.8	132470.8	128585.3	16827.9	16582.5	3263.3
77665.8	76924.9	29513.2	28850.0	3859.2	3859.2	268.1
843811.1	839726.9	417087.0	412221.8	41438.7	40845.8	24104.6
60662.3	60179.4	27819.9	27629.8	2547.0	2294.8	220.6
5600.4	5600.4	2674.5	2674.5	302.1	302.1	
176905.8	174844.6	76554.3	75245.6	8287.2	8164.2	388.5

1-70 续表 2

指标名称	三、损益及分配						
	销售费用	管理费用	税金	财务费用	利息收入	利息支出	资产减值损失
总　计	**294818.3**	**361592.2**	**18431.2**	**78701.3**	**2202.4**	**55480.6**	**447.5**
按控股情况分							
国有控股	56397.5	111998.2	5673.0	23310.4	510.4	20426.7	63.9
集体控股	17940.0	21891.8	898.0	2973.4	70.7	1878.5	6.3
私人控股	165539.6	171996.6	8624.5	41317.9	1467.6	26178.2	366.9
港澳台商控股	14460.4	13708.2	514.2	2372.7	71.2	1947.5	
外商控股	932.5	1419.0	232.1	21.3	6.5	25.1	
其他	39548.3	40578.4	2489.4	8705.6	76.0	5024.6	10.4

1-71 限额以上住宿法人企业

地　区	法人企业数（个）	执行《2006年企业会计准则》企业数（个）	一、年初存货	二、期末资产负债			
				流动资产合计	应收账款	存货	固定资产合计
湖南省	**747**	**462**	**64233.5**	**1071993.6**	**80956.2**	**58431.0**	**1704297.2**
长沙市	343	263	26911.3	592362.5	27242.8	22443.5	708121.0
株洲市	112	63	2770.2	39030.3	3998.5	2703.7	87873.4
湘潭市	54	33	3079.7	37664.6	1861.5	2190.1	71797.0
衡阳市	108	55	9139.8	94661.9	6053.4	9673.0	73931.6
邵阳市	75	42	2549.9	26015.2	3253.6	3542.8	82390.6
岳阳市	91	80	2285.0	23800.4	3276.3	2020.8	59719.1
常德市	109	87	3394.1	59075.6	13552.3	2874.6	80573.7
张家界市	49	14	2808.3	56738.8	4702.3	3023.9	207663.9
益阳市	112	56	2174.5	30154.9	1502.8	2142.2	71117.4
郴州市	114	83	2792.0	46479.2	7092.8	3189.7	130734.8
永州市	51	25	3772.6	20297.7	990.9	1661.3	35451.6
怀化市	45	17	775.9	17690.6	2970.8	956.1	23756.9
娄底市	40	23	952.8	10323.1	1882.9	1136.0	19835.4
湘西州	31	15	827.4	17698.8	2575.3	873.3	51330.8

单位：万元

三、损益及分配							四、人工成本
公允价值变动收益	投资收益	营业利润	营业外收入	补贴收入	利润总额	应交所得税	应付职工薪酬（本年贷方累计发生额）
113.7	**14934.0**	**15998.4**	**18749.9**	**2177.3**	**-16241.8**	**8001.1**	**295290.9**
4.5	13902.4	-4308.4	15053.9	1785.2	579.0	3303.5	77926.4
	922.6	2550.2	347.5	61.8	1179.2	892.5	14504.0
111.7	175.3	11375.5	2660.7	259.8	-13145.9	3443.1	155467.0
		-25.3	281.7		-6897.1	202.7	11522.8
-2.5	1.5	252.5	33.6		283.1		1433.9
	-67.8	6153.9	372.5	70.5	1759.9	159.3	34436.8

财务状况按地区分组

单位：万元

二、期末资产负债								
固定资产原价	累计折旧	本年折旧	在建工程	资产总计	流动负债合计	应付账款	非流动负债合计	负债合计
2484231.2	**858306.1**	**168787.1**	**181637.3**	**3501278.5**	**1694867.2**	**156520.8**	**701214.4**	**2377409.3**
1158488.4	450611.7	59800.4	32305.9	1660879.2	777789.1	43853.2	357459.5	1142806.8
128826.1	53874.9	6832.7	13966.1	144863.8	71199.2	9189.3	18109.7	89814.7
85872.7	20626.3	6683.5	7994.6	133868.5	81225.9	10112.0	30256.0	119171.2
103731.0	34861.5	7258.4	7740.0	202133.0	57466.9	4340.8	81346.5	127138.6
92347.5	20285.3	4856.7	12083.2	143205.2	65647.6	24183.2	23266.5	89203.0
100743.0	41148.5	21169.6	7434.0	134589.3	52227.3	5245.2	27586.9	79804.2
114746.5	39016.3	11445.4	26137.2	177055.9	137016.1	13319.4	14477.6	152193.6
242920.6	65483.4	23173.4	34276.1	317817.1	179050.4	10168.3	67751.7	229469.3
89224.5	18456.1	4145.8	14594.6	134696.2	59831.0	4933.1	20326.6	80637.5
186290.1	56774.7	12489.5	3703.3	205950.3	90514.0	15665.9	23509.7	114940.2
50500.0	17280.6	2814.5	2069.7	65081.3	34226.3	2661.7	10981.1	33124.5
30197.9	9283.2	1699.0	5232.4	47263.4	25692.3	4410.6	5972.2	34864.2
29973.9	10805.6	2606.3	5339.6	45688.6	25432.7	3702.1	1498.5	27282.1
70369.0	19798.0	3811.9	8760.6	88186.7	37548.4	4736.0	18671.9	56959.4

1-71 续表 1

地　　区	二、期末资产负债							
	所有者权益合计	实收资本						
			国家资本	集体资本	法人资本	个人资本	港澳台资本	外商资本
湖南省	**1123869.2**	**998059.0**	**227356.3**	**17916.1**	**439923.8**	**266453.8**	**41409.0**	**5000.0**
长沙市	518072.4	377299.7	137101.1	9502.0	177369.9	35139.6	13187.1	5000.0
株洲市	55049.1	33302.7	15790.5		7940.0	8665.4	906.8	
湘潭市	14697.3	23109.6	4000.0	4748.2	9919.4	4442.0		
衡阳市	74994.4	73940.2	11907.5	740.0	11567.4	45635.0	4090.3	
邵阳市	54002.2	50146.1	10000.0	148.9	11391.9	28605.3		
岳阳市	54785.1	44762.0	7540.5	669.5	30118.1	6433.9		
常德市	24862.3	45956.1	5061.2	100.0	14099.9	26448.0	247.0	
张家界市	88347.8	126280.4	17346.6	914.4	85242.9	22776.5		
益阳市	54058.7	38499.4	463.0		10749.6	23606.2	3680.6	
郴州市	91010.1	89935.4	10685.2	430.5	53621.3	23508.6	1689.8	
永州市	31956.8	33067.4		64.7	12396.3	5849.6	14756.8	
怀化市	12399.2	17844.6	2261.6	100.0	3590.4	9042.0	2850.6	
娄底市	18406.5	15722.4	1918.0	147.9	4269.6	9386.9		
湘西州	31227.3	28193.0	3281.1	350.0	7647.1	16914.8		

1-71 续表 2

地　　区	三、损益及分配						
	销售费用	管理费用		财务费用			资产减值损　　失
			税金		利息收入	利息支出	
湖南省	**294818.3**	**361592.2**	**18431.2**	**78701.3**	**2202.4**	**55480.6**	**447.5**
长沙市	133181.6	194035.3	9296.0	36844.5	1938.5	32635.3	53.5
株洲市	17025.9	19928.5	1045.3	1858.2	100.6	1078.2	-9.6
湘潭市	10340.3	11213.3	198.8	4824.4	18.4	2844.2	0.6
衡阳市	28216.7	22437.7	158.5	7868.3	1.3	2376.1	9.5
邵阳市	11002.2	9475.4	306.9	2853.3	25.9	2349.7	
岳阳市	8431.9	10915.1	1833.3	1984.0	1.9	861.4	22.6
常德市	20104.6	18400.4	1398.1	1151.4	43.0	620.2	17.1
张家界市	16117.4	25691.7	661.5	8505.7	3.6	4502.9	13.5
益阳市	5517.4	7389.8	629.1	2597.9	9.1	2119.5	
郴州市	17739.8	17098.6	1137.0	2877.9	8.1	1402.1	20.0
永州市	7054.3	7378.3	151.4	2204.9	0.8	404.5	
怀化市	5546.3	5850.6	242.2	2131.7	1.4	2024.1	
娄底市	5007.1	5015.3	1222.8	550.3	12.6	281.1	
湘西州	9532.8	6762.2	150.3	2448.8	37.2	1981.3	320.3

单位：万元

三、损益及分配						
营业收入	主营业务收入	营业成本	主营业务成本	营业税金及附加	主营业务税金及附加	其他业务利润
1486269.5	**1476897.0**	**686119.7**	**675207.0**	**73262.1**	**72048.6**	**28245.1**
552056.6	549976.1	189183.1	188462.1	27120.9	26989.4	6556.1
107263.2	105351.7	54191.5	52911.5	5034.2	4938.5	304.1
99488.6	98941.7	57636.0	57607.2	3433.3	3433.3	768.6
133510.4	133064.1	71579.9	70177.5	7533.8	6801.4	590.6
56251.2	56231.8	31055.9	31045.9	2415.8	2415.8	1769.3
108267.0	107976.3	63709.6	63682.5	5512.1	5437.5	224.9
71746.3	70715.5	32771.1	32494.2	3805.9	3765.5	3839.6
53931.1	53057.9	19653.2	16757.3	3095.2	2993.6	1217.6
62219.4	61865.3	39203.5	36773.0	3331.7	3331.7	294.0
80695.5	80462.1	35803.6	35728.1	4506.4	4493.3	12216.2
52309.9	52268.5	34270.8	34226.7	2039.5	2027.3	139.6
28283.7	27570.4	14715.9	13235.0	1380.0	1374.0	53.9
50591.3	50264.4	31348.6	31165.3	2429.0	2428.5	185.6
29655.3	29151.2	10997.0	10940.7	1624.3	1618.8	85.0

单位：万元

三、损益及分配							四、人工成本
公允价值变动收益	投资收益	营业利润	营业外收入	补贴收入	利润总额	应交所得税	应付职工薪酬（本年贷方累计发生额）
113.7	**14934.0**	**15998.4**	**18749.9**	**2177.3**	**-16241.8**	**8001.1**	**295290.9**
	14857.8	-13632.3	13039.7	203.3	-3889.7	3913.0	126901.2
	1.0	12372.7	155.8	3.5	8646.6	711.2	19854.8
		12242.7	496.3		-5306.5	262.5	12004.9
	-2.7	-2432.2	562.6	294.5	-4931.5	257.7	22114.4
	56.0	-337.7	109.2	8.0	-219.2	681.5	11199.6
70.1	40.7	17802.1	1047.0	43.0	4920.3		19308.7
	53.7	-3512.0	604.1	261.2	-4675.3	318.6	16902.8
-2.5	41.0	-18761.4	1664.5	1121.2	-16766.0	81.9	11677.9
		6392.6	200.9	53.0	746.2	225.9	10870.4
45.8	-113.8	2593.2	237.7	22.7	3269.7	521.1	18536.5
		-542.4	20.3		-643.4	557.7	5847.0
		-465.2	262.5	12.9	-818.6	57.8	5786.6
		6278.6	230.3	128.4	5069.4	279.9	7957.1
0.3	0.3	-2000.3	119.0	25.6	-1643.8	132.3	6329.0

1-72 限额以上餐饮业法人基本情况

指标名称	法人企业数(个)	从业人员期末人数(人)	其中：女性
总　计	**587**	**58662**	**35066**
按餐饮业行业小类分			
正餐服务	562	47907	28627
快餐服务	17	10445	6207
饮料及冷饮服务	4	188	138
茶馆服务	3	128	96
咖啡馆服务			
酒吧服务			
其他饮料及冷饮服务	1	60	42
其他餐饮业	4	122	94
小吃服务	1	14	6
餐饮配送服务			
其他未列明餐饮业	3	108	88
按登记注册类型分			
内资企业	571	49864	30082
国有企业	9	917	554
集体企业	1	25	19
股份合作企业			
联营企业			
国有联营企业			
集体联营企业			
国有与集体联营企业			
其他联营企业			
有限责任公司	193	17809	10598
国有独资公司			
其他有限责任公司	193	17809	10598
股份有限公司	13	1196	776
私营企业	346	29217	17684
私营独资企业	68	4170	2791
私营合伙企业	47	2871	1941
私营有限责任公司	203	20056	11676
私营股份有限公司	28	2120	1276

1-72 续表

指标名称	法 人 企业数 (个)	从业人员 期末人数 (人)	其中：女性
其他企业	9	700	451
港、澳、台商投资企业	10	856	538
与港澳台商合资经营企业	5	267	174
与港澳台商合作经营企业			
港澳台商独资企业	5	589	364
港澳台商投资股份有限公司			
其他港澳台投资企业			
外商投资企业	6	7942	4446
中外合资经营企业	2	112	61
中外合作经营企业			
外资企业	3	7762	4343
外商投资股份有限公司			
其他外商投资企业	1	68	42
按控股情况分			
国有控股	15	1512	865
集体控股	5	270	186
私人控股	502	42842	26048
港澳台商控股	8	744	455
外商控股	3	7830	4385
其他	54	5464	3127
按经营形式分			
独立门店	542	43290	26114
连锁总店	17	13106	7431
连锁门店	10	891	542
其他	18	1375	979
按单位规模分			
大型	6	12135	6539
中型	68	15824	9648
小型	489	30248	18622
微型	24	455	257

1-73 限额以上餐饮业法人

指标名称	法　人 企业数 (个)	从业人员 期末人数 (人)	营业额 (万元)	客房收入
总　计	**587**	**58662**	**1092942.2**	**103210.8**
按餐饮业行业小类分				
正餐服务	562	47907	893603.1	102653.8
快餐服务	17	10445	186965.7	557.0
饮料及冷饮服务	4	188	1639.6	
茶馆服务	3	128	1070.4	
咖啡馆服务				
酒吧服务				
其他饮料及冷饮服务	1	60	569.2	
其他餐饮业	4	122	10733.8	
小吃服务	1	14	514.1	
餐饮配送服务				
其他未列明餐饮业	3	108	10219.7	

企业经营情况按行业分组

餐费收入	商品销售收入	其他收入	客房数(间)	床位数(个)	餐位数(位)	年末餐饮营业面积(平方米)
940400.2	**28222.3**	**21108.9**	**16081**	**27526**	**286732**	**1382623**
745310.6	26908.0	18730.7	15936	27272	257088	1289063
182781.6	1248.9	2378.2	145	254	28295	84620
1612.2	27.4				795	3360
1043.0	27.4				385	1760
569.2					410	1600
10695.8	38.0				554	5580
514.1					220	500
10181.7	38.0				334	5080

1-74 限额以上餐饮业法人企业

指标名称	法人企业数(个)	从业人员期末人数(人)	营业额(万元)	客房收入
总　计	**587**	**58662**	**1092942.2**	**103210.8**
按登记注册类型分				
内资企业	571	49864	934697.7	102636.3
国有企业	9	917	11163.9	4218.2
集体企业	1	25	796.8	425.3
股份合作企业				
联营企业				
国有联营企业				
集体联营企业				
国有与集体联营企业				
其他联营企业				
有限责任公司	193	17809	334210.9	29126.1
国有独资公司				
其他有限责任公司	193	17809	334210.9	29126.1
股份有限公司	13	1196	33520.6	3007.4
私营企业	346	29217	542696.4	64965.8
私营独资企业	68	4170	94507.2	15446.3
私营合伙企业	47	2871	54776.0	5527.4
私营有限责任公司	203	20056	351043.3	40313.2
私营股份有限公司	28	2120	42369.9	3678.9
其他企业	9	700	12309.1	893.5
港、澳、台商投资企业	10	856	20361.4	574.5
与港澳台商合资经营企业	5	267	10264.2	
与港澳台商合作经营企业				
港澳台商独资企业	5	589	10097.2	574.5
港澳台商投资股份有限公司				
其他港澳台投资企业				
外商投资企业	6	7942	137883.1	
中外合资经营企业	2	112	2525.7	
中外合作经营企业				
外资企业	3	7762	126249.6	
外商投资股份有限公司				
其他外商投资企业	1	68	9107.8	

经营情况按登记注册类型分组

			客房数（间）	床位数（个）	餐位数（位）	年末餐饮营业面积（平方米）
餐费收入	商品销售收入	其他收入				
940400.2	**28222.3**	**21108.9**	**16081**	**27526**	**286732**	**1382623**
790798.4	20581.0	20682.0	15928	27266	264874	1308550
6395.9	136.9	412.9	778	1308	4559	35290
297.0	36.7	37.8	38	50	80	850
294710.8	3980.5	6393.5	4553	7862	94242	496046
294710.8	3980.5	6393.5	4553	7862	94242	496046
30330.2	58.6	124.4	386	681	4335	25178
447773.1	16340.0	13617.5	9983	17089	158759	739306
75764.2	2690.4	606.3	1504	2589	28491	134671
47736.1	1039.4	473.1	1181	1944	21622	107741
289314.7	9467.1	11948.3	6675	11459	98549	448104
34958.1	3143.1	589.8	623	1097	10097	48790
11291.4	28.3	95.9	190	276	2899	11880
18597.9	762.1	426.9	153	260	4498	20571
9933.6		330.6			1080	6411
8664.3	762.1	96.3	153	260	3418	14160
131003.9	6879.2				17360	53502
2525.7					600	5000
126249.6					16110	47302
2228.6	6879.2				650	1200

1-75 限额以上餐饮业法人企业

指标名称	法　人 企业数 (个)	从业人员 期末人数 (人)	营业额 (万元)		
				客房收入	餐费收入
总　计	**587**	**58662**	**1092942.2**	**103210.8**	**940400.2**
按单位规模分					
大型	6	12135	209939.0		209132.0
中型	68	15824	290989.5	39536.8	227635.2
小型	489	30248	571442.6	62635.6	484484.7
微型	24	455	20571.1	1038.4	19148.3

1-76 限额以上餐饮业法人

指标名称	法　人 企业数 (个)	从业人员 期末人数 (人)	营业额 (万元)		
				客房收入	餐费收入
总　计	**587**	**58662**	**1092942.2**	**103210.8**	**940400.2**
按经营形式分					
独立门店	542	43290	809546.3	99092.0	665174.2
连锁总店	17	13106	223764.6		221197.8
连锁门店	10	891	24407.0	856.9	23545.3
其他	18	1375	35224.3	3261.9	30482.9

经营情况按单位规模分组

商品销售收入	其他收入	客房数 (间)	床位数 (个)	餐位数 (位)	年末餐饮营业面积 (平方米)
28222.3	**21108.9**	**16081**	**27526**	**286732**	**1382623**
148.0	659.0			22935	77807
9697.4	14120.1	4152	7185	54964	276264
18055.9	6266.4	11761	20011	206355	1002691
321.0	63.4	168	330	2478	25861

企业经营情况按经营形式分组

商品销售收入	其他收入	客房数 (间)	床位数 (个)	餐位数 (位)	年末餐饮营业面积 (平方米)
28222.3	**21108.9**	**16081**	**27526**	**286732**	**1382623**
26037.9	19242.2	15297	26129	244764	1204720
887.0	1679.8			33331	137808
	4.8	207	366	3561	18285
1297.4	182.1	577	1031	5076	21810

1-77 限额以上餐饮业法人企业

指标名称	法人企业数(个)	从业人员期末人数(人)	营业额(万元)		
				客房收入	餐费收入
总 计	**587**	**58662**	**1092942.2**	**103210.8**	**940400.2**
按控股情况分					
国有控股	15	1512	18968.5	6128.9	11999.7
集体控股	5	270	5872.6	651.3	5031.0
私人控股	502	42842	837911.9	92487.4	705774.4
港澳台商控股	8	744	13146.6	574.5	11449.3
外商控股	3	7830	123923.7		117044.5
其他	54	5464	93118.9	3368.7	89101.3

1-78 限额以上餐饮业法人

地 区	法人企业数(个)	从业人员期末人数(人)	营业额(万元)		
				客房收入	餐费收入
湖南省	**587**	**58662**	**1092942.2**	**103210.8**	**940400.2**
长沙市	181	28919	572163.2	17178.4	532508.3
株洲市	53	4035	68927.0	8766.7	57054.7
湘潭市	31	2679	58416.4	7853.4	45125.0
衡阳市	38	2940	63545.9	1865.8	59610.2
邵阳市	37	2813	34608.1	6632.3	25708.2
岳阳市	41	2714	91968.9	20308.1	68309.8
常德市	48	3208	55621.1	12784.8	41634.4
张家界市	3	53	931.9		681.9
益阳市	44	1982	28082.3	3710.8	23378.9
郴州市	42	2886	30730.5	3672.2	25678.1
永州市	30	2759	37345.5	10459.8	25280.9
怀化市	20	1942	27804.3	7695.1	16072.5
娄底市	13	1403	20087.7	1758.7	17262.2
湘西州	6	329	2709.4	524.7	2095.1

经营情况按控股情况分组

		客房数(间)	床位数(个)	餐位数(位)	年末餐饮营业面积(平方米)
商品销售收入	其他收入				
28222.3	**21108.9**	**16081**	**27526**	**286732**	**1382623**
339.7	500.2	1122	2004	7634	61384
37.7	152.6	108	185	1186	3600
19721.3	19928.8	13898	23928	227905	1120137
762.1	360.7	153	260	3738	16771
6879.2				16680	48082
482.3	166.6	800	1149	29589	132649

企业经营情况按地区分组

		客房数(间)	床位数(个)	餐位数(位)	年末餐饮营业面积(平方米)
商品销售收入	其他收入				
28222.3	**21108.9**	**16081**	**27526**	**286732**	**1382623**
12687.1	9789.4	3010	4802	106888	493925
1661.0	1444.6	1037	2217	24657	101117
2880.4	2557.6	1120	1897	17195	88367
1652.7	417.2	394	777	13248	72233
1820.1	447.5	1420	2399	22377	103341
2624.2	726.8	1100	1927	17374	94202
713.7	488.2	1723	2909	17123	102650
250.0				710	4600
374.1	618.5	1016	1662	15045	79122
1072.8	307.4	1412	2345	16970	73003
417.4	1187.4	1917	3277	16071	66058
1695.3	2341.4	1354	2353	10042	45130
302.3	764.5	370	578	7606	51525
71.2	18.4	208	383	1426	7350

1-79 限额以上餐饮业法人

指标名称	法人企业数(个)	执行《2006年企业会计准则》企业数(个)	一、年初存货	二、期末资产负债		
				流动资产合计	应收账款	存货
总　计	**587**	**394**	**40657.4**	**274807.9**	**40992.1**	**37735.1**
按餐饮业行业小类分						
正餐服务	562	372	34530.4	253322.1	39356.9	32185.5
快餐服务	17	15	5861.8	20812.7	1588.0	5181.9
饮料及冷饮服务	4	3	127.7	446.3	23.8	301.3
茶馆服务	3	2	126.7	321.9	23.8	298.1
咖啡馆服务						
酒吧服务						
其他饮料及冷饮服务	1	1	1.0	124.4		3.2
其他餐饮业	4	4	137.5	226.8	23.4	66.4
小吃服务	1	1	14.0	132.3	20.2	16.8
餐饮配送服务						
其他未列明餐饮业	3	3	123.5	94.5	3.2	49.6

1-79 续表 1

指标名称	二、期末资产负债					
	所有者权益合计	实收资本				
			国家资本	集体资本	法人资本	个人资本
总　计	**375485.3**	**338503.6**	**26939.8**	**3389.3**	**148898.2**	**154683.4**
按餐饮业行业小类分						
正餐服务	357627.8	320022.0	26742.9	3389.3	136886.6	150151.0
快餐服务	14119.0	16171.3	196.9		10932.7	3301.0
饮料及冷饮服务	616.9	616.9			566.9	50.0
茶馆服务	566.9	566.9			566.9	
咖啡馆服务						
酒吧服务						
其他饮料及冷饮服务	50.0	50.0				50.0
其他餐饮业	3121.6	1693.4			512.0	1181.4
小吃服务	272.8	70.6				70.6
餐饮配送服务						
其他未列明餐饮业	2848.8	1622.8			512.0	1110.8

企业财务状况按行业分组

单位：万元

二、期末资产负债									
固定资产合计	固定资产原价	累计折旧	本年折旧	在建工程	资产总计	流动负债合计	应付账款	非流动负债合计	负债合计
408826.7	**529323.8**	**131395.5**	**35196.9**	**56286.8**	**930011.8**	**411343.7**	**103364.1**	**128091.9**	**554526.5**
377695.5	483326.0	116722.7	32033.8	50169.2	834893.1	345231.1	93122.0	116949.9	477265.3
29305.9	43635.9	14129.2	2796.4	6117.6	88898.4	65599.7	9890.5	9179.5	74779.4
604.0	823.5	226.5	111.9		1050.3	204.8	108.5	222.2	433.4
593.4	790.6	204.2	110.0		915.3	119.8	108.5	222.2	348.4
10.6	32.9	22.3	1.9		135.0	85.0			85.0
1221.3	1538.4	317.1	254.8		5170.0	308.1	243.1	1740.3	2048.4
205.5	275.7	70.2	10.1		337.8	65.0			65.0
1015.8	1262.7	246.9	244.7		4832.2	243.1	243.1	1740.3	1983.4

单位：万元

二、期末资产负债		三、损益及分配						
港澳台资本	外商资本	营业收入	主营业务收入	营业成本	主营业务成本	营业税金及附加	主营业务税金及附加	其他业务利润
1978.7	**2614.2**	**1079581.2**	**1074820.2**	**635946.1**	**633156.1**	**53606.5**	**52965.3**	**12518.0**
1978.7	873.5	892562.9	887956.2	541385.0	538655.7	43697.5	43056.7	12424.0
	1740.7	174663.6	174509.3	87167.6	87106.9	9203.4	9203.0	94.0
		1620.9	1620.9	919.9	919.9	81.2	81.2	
		1051.7	1051.7	699.3	699.3	31.1	31.1	
		569.2	569.2	220.6	220.6	50.1	50.1	
		10733.8	10733.8	6473.6	6473.6	624.4	624.4	
		514.1	514.1	258.4	258.4	38.3	38.3	
		10219.7	10219.7	6215.2	6215.2	586.1	586.1	

1-79 续表 2

指标名称	三、损益及分配					
	销售费用	管理费用	税金	财务费用	利息收入	利息支出
总　计	**223684.7**	**108295.3**	**6168.0**	**17982.8**	**277.2**	**9059.7**
按餐饮业行业小类分						
正餐服务	163417.4	93475.4	6037.0	16153.6	276.0	8519.0
快餐服务	59444.7	14363.8	97.3	1723.3	1.2	502.8
饮料及冷饮服务	348.9	23.1	1.5	15.3		3.5
茶馆服务	123.4	22.5	1.5	15.3		3.5
咖啡馆服务						
酒吧服务						
其他饮料及冷饮服务	225.5	0.6				
其他餐饮业	473.7	433.0	32.2	90.6		34.4
小吃服务	62.0	55.5	1.0	9.0		9.0
餐饮配送服务						
其他未列明餐饮业	411.7	377.5	31.2	81.6		25.4

单位：万元

三、损益及分配								四、人工成本
资产减值损失	公允价值变动收益	投资收益	营业利润	营业外收入	补贴收入	利润总额	应交所得税	应付职工薪酬（本年贷方累计发生额）
1132.5	**466.5**	**1019.7**	**46929.2**	**2117.9**	**627.6**	**21571.8**	**5224.7**	**178562.7**
245.1	328.4	1019.6	42046.2	2009.2	623.6	20216.4	4522.6	143235.9
887.4	138.1	0.1	2012.0	108.7	4.0	514.6	608.0	33963.8
			232.5			220.0	0.8	587.5
			160.1			147.6	0.8	429.1
			72.4			72.4		158.4
			2638.5			620.8	93.3	775.5
			90.9			80.9	9.8	38.6
			2547.6			539.9	83.5	736.9

1-80 限额以上餐饮业法人企业

指标名称	法人企业数(个)	执行《2006年企业会计准则》企业数(个)	一、年初存货	二、期末资产负债		
				流动资产合计	应收账款	存货
总　计	**587**	**394**	**40657.4**	**274807.9**	**40992.1**	**37735.1**
按登记注册类型分						
内资企业	571	381	34929.0	257982.3	38571.9	32044.8
国有企业	9	4	707.9	3867.0	718.7	576.7
集体企业	1	1	1.9	21.5	2.2	2.1
股份合作企业						
联营企业						
国有联营企业						
集体联营企业						
国有与集体联营企业						
其他联营企业						
有限责任公司	193	152	11961.9	107135.8	12109.3	12472.9
国有独资公司						
其他有限责任公司	193	152	11961.9	107135.8	12109.3	12472.9
股份有限公司	13	12	502.7	3470.7	798.0	325.0
私营企业	346	206	21527.9	142819.7	24588.9	18472.3
私营独资企业	68	41	2258.0	12337.8	2944.8	1978.4
私营合伙企业	47	29	668.1	5233.1	1661.0	453.9
私营有限责任公司	203	117	17179.6	114606.2	17198.2	14589.0
私营股份有限公司	28	19	1422.2	10642.6	2784.9	1451.0
其他企业	9	6	226.7	667.6	354.8	195.8
港、澳、台商投资企业	10	8	643.3	4417.9	714.5	804.8
与港澳台商合资经营企业	5	4	416.2	1064.5	139.9	469.8
与港澳台商合作经营企业						
港澳台商独资企业	5	4	227.1	3353.4	574.6	335.0
港澳台商投资股份有限公司						
其他港澳台投资企业						
外商投资企业	6	5	5085.1	12407.7	1705.7	4885.5
中外合资经营企业	2	2	13.7	721.1	339.3	13.3
中外合作经营企业						
外资企业	3	2	4771.4	9516.6	2.4	4066.2
外商投资股份有限公司						
其他外商投资企业	1	1	300.0	2170.0	1364.0	806.0

财务状况按登记注册类型分组

单位：万元

二、期末资产负债									
固定资产合计	固定资产原价	累计折旧	本年折旧	在建工程	资产总计	流动负债合计	应付账款	非流动负债合计	负债合计
408826.7	**529323.8**	**131395.5**	**35196.9**	**56286.8**	**930011.8**	**411343.7**	**103364.1**	**128091.9**	**554526.5**
389758.5	497177.4	118410.5	31867.5	50179.8	864622.9	355653.0	95263.2	127083.5	497827.3
11209.3	14520.7	3321.6	286.0	8.7	16794.6	3231.0	631.8	2019.5	7439.8
732.9	852.4	119.5	42.6		821.0	39.2	1.8	416.2	455.4
96526.2	136464.3	41597.3	8462.5	11520.9	288453.8	149796.9	27774.9	49773.4	189322.8
96526.2	136464.3	41597.3	8462.5	11520.9	288453.8	149796.9	27774.9	49773.4	189322.8
16757.4	20276.6	3519.2	766.2	494.5	26489.5	5193.7	1403.2	2261.4	7455.1
260421.8	320345.1	69054.8	21879.5	37997.7	526074.8	195110.7	65079.2	72151.9	290400.1
34767.6	43903.7	10601.5	2826.7	772.9	61072.0	20692.4	2522.4	7201.4	28775.2
14232.1	18720.8	4575.1	1073.5	78.3	22877.6	3757.0	1028.4	1561.2	6603.5
195924.5	238363.5	49377.1	16844.4	35202.4	403796.4	157783.2	57546.8	58542.8	236186.3
15497.6	19357.1	4501.1	1134.9	1944.1	38328.8	12878.1	3981.6	4846.5	18835.1
4110.9	4718.3	798.1	430.7	158.0	5989.2	2281.5	372.3	461.1	2754.1
3139.6	5309.8	2277.8	994.5	2289.0	10644.2	8239.9	2776.4	362.1	8602.1
1387.6	2351.4	1058.9	722.4		3310.7	1965.1	1616.2	161.1	2126.3
1752.0	2958.4	1218.9	272.1	2289.0	7333.5	6274.8	1160.2	201.0	6475.8
15928.6	26836.6	10707.2	2334.9	3818.0	54744.7	47450.8	5324.5	646.3	48097.1
77.4	142.4	65.0	12.2		848.6	608.5	311.8		608.5
15532.2	26192.2	10459.2	2218.7	3818.0	51407.1	45507.4	3677.8	646.3	46153.7
319.0	502.0	183.0	104.0		2489.0	1334.9	1334.9		1334.9

1-80 续表 1

指标名称	二、期末资产负债					
	所有者权益合计	实收资本				
			国家资本	集体资本	法人资本	个人资本
总　计	**375485.3**	**338503.6**	**26939.8**	**3389.3**	**148898.2**	**154683.4**
按登记注册类型分						
内资企业	366795.6	332490.0	26939.8	3389.3	146935.0	154434.7
国有企业	9354.8	8555.4	8245.4		310.0	
集体企业	365.6	219.4		219.4		
股份合作企业						
联营企业						
国有联营企业						
集体联营企业						
国有与集体联营企业						
其他联营企业						
有限责任公司	99131.0	96771.8	18532.4	1609.2	36639.4	39244.5
国有独资公司						
其他有限责任公司	99131.0	96771.8	18532.4	1609.2	36639.4	39244.5
股份有限公司	19034.4	10118.0		1316.1	1173.2	7628.7
私营企业	235674.7	215364.5	152.0	44.6	108732.4	106390.6
私营独资企业	32296.8	23950.0			3552.1	20397.9
私营合伙企业	16274.1	11907.3	22.0	30.8	4132.1	7677.5
私营有限责任公司	167610.1	163138.4	130.0	1.1	95051.0	67956.3
私营股份有限公司	19493.7	16368.8		12.7	5997.2	10358.9
其他企业	3235.1	1460.9	10.0	200.0	80.0	1170.9
港、澳、台商投资企业	2042.1	2875.7			1571.0	98.7
与港澳台商合资经营企业	1184.4	1268.7			382.0	98.7
与港澳台商合作经营企业						
港澳台商独资企业	857.7	1607.0			1189.0	
港澳台商投资股份有限公司						
其他港澳台投资企业						
外商投资企业	6647.6	3137.9			392.2	150.0
中外合资经营企业	240.1	220.0			15.0	150.0
中外合作经营企业						
外资企业	5253.4	2117.9			377.2	
外商投资股份有限公司						
其他外商投资企业	1154.1	800.0				

单位：万元

二、期末资产负债		三、损益及分配						
港澳台资本	外商资本	营业收入	主营业务收入	营业成本	主营业务成本	营业税金及附加	主营业务税金及附加	其他业务利润
1978.7	**2614.2**	**1079581.2**	**1074820.2**	**635946.1**	**633156.1**	**53606.5**	**52965.3**	**12518.0**
767.7	23.5	933094.7	928333.7	554012.5	551222.5	46044.2	45403.0	12381.5
		11165.6	11130.9	6387.4	6367.7	488.2	488.2	0.6
		796.8	796.8	572.4	572.4	60.1	60.1	
745.3	1.0	336237.7	332788.2	193330.3	191974.7	17874.6	17438.1	8176.1
745.3	1.0	336237.7	332788.2	193330.3	191974.7	17874.6	17438.1	8176.1
		33409.1	33409.1	22857.7	22857.7	1525.8	1523.8	163.7
22.4	22.5	539297.2	538020.4	322985.0	321570.3	25427.9	25292.2	4041.1
		97266.6	96915.9	66975.0	66546.8	3485.3	3441.5	3.4
22.4	22.5	53111.9	53060.6	35870.8	35853.7	2246.8	2246.7	197.8
		343563.6	342688.8	189758.9	188889.5	17677.0	17585.2	3839.9
		45355.1	45355.1	30380.3	30280.3	2018.8	2018.8	
		12188.3	12188.3	7879.7	7879.7	667.6	600.6	
1206.0		20037.1	20037.1	13181.2	13181.2	584.5	584.5	136.5
788.0		9934.6	9934.6	5728.8	5728.8	249.7	249.7	
418.0		10102.5	10102.5	7452.4	7452.4	334.8	334.8	136.5
5.0	2590.7	126449.4	126449.4	68752.4	68752.4	6977.8	6977.8	
5.0	50.0	2525.7	2525.7	2051.0	2051.0	47.3	47.3	
	1740.7	114815.9	114815.9	61208.4	61208.4	6429.5	6429.5	
	800.0	9107.8	9107.8	5493.0	5493.0	501.0	501.0	

1-80 续表 2

指标名称	三、损益及分配					
	销售费用	管理费用	税金	财务费用	利息收入	利息支出
总 计	**223684.7**	**108295.3**	**6168.0**	**17982.8**	**277.2**	**9059.7**
按登记注册类型分						
内资企业	184886.6	96156.0	6145.6	16802.4	276.0	9035.5
国有企业	1516.4	1800.6	97.0	406.1	2.1	223.1
集体企业		18.9	12.0	12.4		1.0
股份合作企业						
联营企业						
国有联营企业						
集体联营企业						
国有与集体联营企业						
其他联营企业						
有限责任公司	78355.1	42945.8	1910.4	4038.0	110.3	2607.9
国有独资公司						
其他有限责任公司	78355.1	42945.8	1910.4	4038.0	110.3	2607.9
股份有限公司	3744.1	1615.6	51.2	594.6	0.5	91.0
私营企业	99225.8	48667.6	3986.8	11618.9	157.0	6095.3
私营独资企业	8301.5	6964.8	736.6	1378.0	45.9	404.7
私营合伙企业	4803.6	3734.9	554.5	780.9	35.9	269.1
私营有限责任公司	82404.9	34272.0	2502.6	8718.0	74.0	4889.7
私营股份有限公司	3715.8	3695.9	193.1	742.0	1.2	531.8
其他企业	2045.2	1107.5	88.2	132.4	6.1	17.2
港、澳、台商投资企业	3998.6	1369.6	12.6	180.0	0.8	3.6
与港澳台商合资经营企业	3072.4	495.0	2.3	24.8		
与港澳台商合作经营企业						
港澳台商独资企业	926.2	874.6	10.3	155.2	0.8	3.6
港澳台商投资股份有限公司						
其他港澳台投资企业						
外商投资企业	34799.5	10769.7	9.8	1000.4	0.4	20.6
中外合资经营企业	362.9	55.4	0.4	0.6	0.2	0.2
中外合作经营企业						
外资企业	33015.1	9514.3	9.0	979.6		
外商投资股份有限公司						
其他外商投资企业	1421.5	1200.0	0.4	20.2	0.2	20.4

单位：万元

三、损益及分配								四、人工成本
资产减值损失	公允价值变动收益	投资收益	营业利润	营业外收入	补贴收入	利润总额	应交所得税	应付职工薪酬（本年贷方累计发生额）
1132.5	**466.5**	**1019.7**	**46929.2**	**2117.9**	**627.6**	**21571.8**	**5224.7**	**178562.7**
245.1	466.5	1019.7	42943.8	1996.7	610.3	18746.4	4574.3	151069.9
			566.9	4.1		174.9	10.6	2864.4
			133.0			133.0	21.5	109.2
75.7	88.9	913.9	5960.4	772.4	83.6	1013.2	1649.8	59162.8
75.7	88.9	913.9	5960.4	772.4	83.6	1013.2	1649.8	59162.8
27.9	35.6	22.6	3101.6	15.5	13.4	175.3	67.8	4852.8
67.8	342.0	83.2	32759.0	1204.7	513.3	17010.9	2820.7	82029.6
31.8	162.6	6.0	10999.1	88.6	70.0	5396.5	423.7	11101.2
32.0	32.1	32.2	5647.0	96.4	32.6	4515.8	444.5	6436.1
4.0		21.0	11139.3	947.5	399.8	4216.8	1728.6	59555.2
	147.3	24.0	4973.6	72.2	10.9	2881.8	223.9	4937.1
73.7			422.9			239.1	3.9	2051.1
			723.2	27.3	17.3	512.2	19.1	2865.8
			363.9	17.3	17.3	101.2	1.6	757.8
			359.3	10.0		411.0	17.5	2108.0
887.4			3262.2	93.9		2313.2	631.3	24627.0
			8.5			8.5	2.1	235.6
887.4			2781.6	93.9		1832.6	511.2	24037.3
			472.1			472.1	118.0	354.1

1-81 限额以上餐饮业法人企业

指标名称	法人企业数(个)	执行《2006年企业会计准则》企业数(个)	一、年初存货	二、期末资产负债			
				流动资产合计	应收账款	存货	固定资产合计
总　计	**587**	**394**	**40657.4**	**274807.9**	**40992.1**	**37735.1**	**408826.7**
按单位规模分							
大型	6	3	5897.1	22607.4	764.2	5575.0	30569.2
中型	68	49	19798.7	127556.2	13271.8	17096.7	160575.9
小型	489	322	14779.2	122855.7	26624.2	14818.5	205309.5
微型	24	20	182.4	1788.6	331.9	244.9	12372.1

1-81 续表 1

指标名称	二、期末资产负债							
	所有者权益合计	实收资本	国家资本	集体资本	法人资本	个人资本	港澳台资本	外商资本
总　计	**375485.3**	**338503.6**	**26939.8**	**3389.3**	**148898.2**	**154683.4**	**1978.7**	**2614.2**
按单位规模分								
大型	11962.4	14152.6			11200.3	1211.6		1740.7
中型	133633.3	122499.6	1484.5		82356.5	37914.3	744.3	
小型	217960.7	198512.9	25433.3	3367.2	52825.3	114824.1	1212.0	851.0
微型	11928.9	3338.5	22.0	22.1	2516.1	733.4	22.4	22.5

1-81 续表 2

指标名称	三、损益及分配						
	销售费用	管理费用	税金	财务费用	利息收入	利息支出	资产减值损失
总　计	**223684.7**	**108295.3**	**6168.0**	**17982.8**	**277.2**	**9059.7**	**1132.5**
按单位规模分							
大型	72034.2	17562.2	1009.7	1978.5	65.6	684.7	887.4
中型	64351.1	37085.3	1531.3	8168.0	37.8	5212.7	108.3
小型	86699.9	53134.4	3555.3	7704.9	140.9	3124.9	104.8
微型	599.5	513.4	71.7	131.4	32.9	37.4	32.0

财务状况按单位规模分组

单位：万元

二、期末资产负债								
固定资产原价	累计折旧	本年折旧	在建工程	资产总计	流动负债合计	应付账款	非流动负债合计	负债合计
529323.8	**131395.5**	**35196.9**	**56286.8**	**930011.8**	**411343.7**	**103364.1**	**128091.9**	**554526.5**
45616.4	15962.4	3062.8	5556.3	94102.0	69474.9	9964.0	12652.5	82139.6
208633.8	51075.8	14558.9	23045.8	391708.9	187996.2	51642.7	62177.0	258075.6
261845.2	63497.1	17359.1	27609.4	429411.7	151393.1	41269.3	52844.6	211451.0
13228.4	860.2	216.1	75.3	14789.2	2479.5	488.1	417.8	2860.3

单位：万元

三、损益及分配						
营业收入	主营业务收入	营业成本	主营业务成本	营业税金及附加	主营业务税金及附加	其他业务利润
1079581.2	**1074820.2**	**635946.1**	**633156.1**	**53606.5**	**52965.3**	**12518.0**
209939.0	209280.0	104059.6	104059.6	11833.5	11833.5	6386.2
292429.9	290099.6	165810.1	165279.6	15475.2	15166.6	4289.6
571002.9	569282.5	361681.4	359439.0	25983.7	25682.1	1811.0
6209.4	6158.1	4395.0	4377.9	314.1	283.1	31.2

单位：万元

三、损益及分配							四、人工成本
公允价值变动收益	投资收益	营业利润	营业外收入	补贴收入	利润总额	应交所得税	应付职工薪酬（本年贷方累计发生额）
466.5	**1019.7**	**46929.2**	**2117.9**	**627.6**	**21571.8**	**5224.7**	**178562.7**
		1586.0	258.9	39.1	-133.1	966.3	41558.2
85.9	579.9	7390.8	849.2	326.8	5483.3	958.9	49709.5
348.5	407.5	37692.9	977.3	229.1	16032.8	3181.9	86717.5
32.1	32.3	259.5	32.5	32.6	188.8	117.6	577.5

1-82 限额以上餐饮业法人企业

指标名称	法人企业数(个)	执行《2006年企业会计准则》企业数(个)	一、年初存货	二、期末资产负债			
				流动资产合计	应收账款	存货	固定资产合计
总 计	**587**	**394**	**40657.4**	**274807.9**	**40992.1**	**37735.1**	**408826.7**
按经营形式分							
独立门店	542	359	26091.3	232485.7	35708.2	26348.2	329269.0
连锁总店	17	12	6528.4	28828.9	2893.8	6677.8	33513.0
连锁门店	10	8	279.1	3884.7	381.0	298.9	582.4
其他	18	15	7758.6	9608.6	2009.1	4410.2	45462.3

1-82 续表 1

指标名称	二、期末资产负债							
	所有者权益合计	实收资本	国家资本	集体资本	法人资本	个人资本	港澳台资本	外商资本
总 计	**375485.3**	**338503.6**	**26939.8**	**3389.3**	**148898.2**	**154683.4**	**1978.7**	**2614.2**
按经营形式分								
独立门店	311718.0	268587.0	13501.3	3189.3	108133.3	141510.9	1378.7	873.5
连锁总店	16907.9	18718.3			9657.5	6720.1	600.0	1740.7
连锁门店	1800.6	1910.0			510.0	1400.0		
其他	45058.8	49288.3	13438.5	200.0	30597.4	5052.4		

1-82 续表 2

指标名称	三、损益及分配						
	销售费用	管理费用	税金	财务费用	利息收入	利息支出	资产减值损失
总 计	**223684.7**	**108295.3**	**6168.0**	**17982.8**	**277.2**	**9059.7**	**1132.5**
按经营形式分							
独立门店	142694.2	85228.5	4208.1	15167.2	269.5	7881.7	171.1
连锁总店	72533.5	18052.8	1042.3	2335.7	6.4	950.5	887.4
连锁门店	5009.0	1380.4	378.7	121.0	0.6	23.7	0.3
其他	3448.0	3633.6	538.9	358.9	0.7	203.8	73.7

财务状况按经营形式分组

单位：万元

二、期末资产负债								
固定资产原价	累计折旧	本年折旧	在建工程	资产总计	流动负债合计	应付账款	非流动负债合计	负债合计
529323.8	**131395.5**	**35196.9**	**56286.8**	**930011.8**	**411343.7**	**103364.1**	**128091.9**	**554526.5**
415721.5	97267.1	26549.8	41516.9	750644.6	308595.8	70473.6	115218.8	438926.6
51159.9	17484.5	3633.8	4606.0	105170.6	77083.8	13701.2	11166.7	88262.7
1721.0	1005.0	171.9		6025.4	4100.9	1926.8	123.9	4224.8
60721.4	15638.9	4841.4	10163.9	68171.2	21563.2	17262.5	1582.5	23112.4

单位：万元

三、损益及分配						
营业收入	主营业务收入	营业成本	主营业务成本	营业税金及附加	主营业务税金及附加	其他业务利润
1079581.2	**1074820.2**	**635946.1**	**633156.1**	**53606.5**	**52965.3**	**12518.0**
810255.0	805993.5	494929.9	492244.9	39469.6	38917.3	9275.0
221286.8	220887.3	110289.2	110289.2	12054.6	12054.2	282.5
23434.8	23434.8	15911.7	15911.7	1031.7	1031.7	103.0
24604.6	24504.6	14815.3	14710.3	1050.6	962.1	2857.5

单位：万元

三、损益及分配							四、人工成本
公允价值变动收益	投资收益	营业利润	营业外收入	补贴收入	利润总额	应交所得税	应付职工薪酬（本年贷方累计发生额）
466.5	**1019.7**	**46929.2**	**2117.9**	**627.6**	**21571.8**	**5224.7**	**178562.7**
466.5	978.6	40494.7	1628.0	568.4	16727.4	3414.8	130149.5
	0.1	5136.5	394.6	35.3	3400.5	1671.0	41479.1
		-195.9	54.6	13.4	-147.2	66.3	3335.5
	41.0	1493.9	40.7	10.5	1591.1	72.6	3598.6

1-83 限额以上餐饮业法人企业

指标名称	法人企业数（个）	执行《2006年企业会计准则》企业数（个）	一、年初存货	二、期末资产负债			
				流动资产合计	应收账款	存货	固定资产合计
总 计	**587**	**394**	**40657.4**	**274807.9**	**40992.1**	**37735.1**	**408826.7**
按控股情况分							
国有控股	15	9	917.2	6820.2	1002.2	800.2	25357.4
集体控股	5	4	183.8	505.0	54.0	125.7	2717.5
私人控股	502	329	31927.0	229439.2	35010.9	29046.6	340160.7
港澳台商控股	8	7	587.0	4640.4	884.9	765.5	2845.9
外商控股	3	2	5071.4	11686.6	1366.4	4872.2	15851.2
其他	54	43	1971.0	21716.5	2673.7	2124.9	21894.0

1-83 续表 1

指标名称	二、期末资产负债							
	所有者权益合计	实收资本						
			国家资本	集体资本	法人资本	个人资本	港澳台资本	外商资本
总 计	**375485.3**	**338503.6**	**26939.8**	**3389.3**	**148898.2**	**154683.4**	**1978.7**	**2614.2**
按控股情况分								
国有控股	22101.7	28086.8	26776.8		1010.0	300.0		
集体控股	1636.5	2038.9		2018.9	20.0			
私人控股	326928.2	287167.7	153.0	86.4	137236.2	148722.9	895.7	73.5
港澳台商控股	1676.4	2377.0			1354.0		1023.0	
外商控股	6407.5	2917.9			377.2			2540.7
其他	16735.0	15915.3	10.0	1284.0	8900.8	5660.5	60.0	

1-83 续表 2

指标名称	三、损益及分配						
	销售费用	管理费用		财务费用			资产减值损失
			税金		利息收入	利息支出	
总 计	**223684.7**	**108295.3**	**6168.0**	**17982.8**	**277.2**	**9059.7**	**1132.5**
按控股情况分							
国有控股	3836.9	4246.3	131.3	487.9	4.3	284.8	1.4
集体控股	653.3	783.4	48.9	132.0	0.3	84.6	
私人控股	164343.7	80748.0	5225.6	15289.0	261.0	8146.4	197.9
港澳台商控股	1320.8	906.0	10.5	176.9	0.9	3.7	
外商控股	34436.6	10714.3	9.4	999.8	0.2	20.4	887.4
其他	19093.4	10897.3	742.3	897.2	10.5	519.8	45.8

财务状况按控股情况分组

单位：万元

二、期末资产负债								
固定资产原价	累计折旧	本年折旧	在建工程	资产总计	流动负债合计	应付账款	非流动负债合计	负债合计
529323.8	**131395.5**	**35196.9**	**56286.8**	**930011.8**	**411343.7**	**103364.1**	**128091.9**	**554526.5**
34983.4	9677.5	968.5	15.3	38398.6	12018.1	1480.1	2089.5	16296.9
5013.9	2296.4	267.1	494.5	4748.3	1939.3	129.5	1172.5	3111.8
427450.0	96884.6	29314.3	45045.0	765094.8	308331.0	86139.6	116734.3	438166.6
4813.4	1980.0	787.5	2289.0	10209.2	8307.8	2883.7	225.0	8532.8
26694.2	10642.2	2322.7	3818.0	53896.1	46842.3	5012.7	646.3	47488.6
30368.9	9914.8	1536.8	4625.0	57664.8	33905.2	7718.5	7224.3	40929.8

单位：万元

三、损益及分配						
营业收入	主营业务收入	营业成本	主营业务成本	营业税金及附加	主营业务税金及附加	其他业务利润
1079581.2	**1074820.2**	**635946.1**	**633156.1**	**53606.5**	**52965.3**	**12518.0**
19647.0	19226.6	9882.7	9844.7	919.5	919.5	368.9
5781.4	5781.4	3514.6	3514.6	413.8	413.8	114.8
835650.4	831469.5	497312.4	494736.5	40599.2	40061.9	11791.5
12822.4	12822.4	9685.7	9685.7	382.1	382.1	136.5
123923.7	123923.7	66701.4	66701.4	6930.5	6930.5	
81756.3	81596.6	48849.3	48673.2	4361.4	4257.5	106.3

单位：万元

三、损益及分配							四、人工成本
公允价值变动收益	投资收益	营业利润	营业外收入	补贴收入	利润总额	应交所得税	应付职工薪酬（本年贷方累计发生额）
466.5	**1019.7**	**46929.2**	**2117.9**	**627.6**	**21571.8**	**5224.7**	**178562.7**
		272.3	33.0	10.5	-103.0	42.3	5193.4
		284.3	0.6		-23.2	21.6	921.4
466.5	1029.7	44896.8	1718.5	562.8	21797.8	4209.2	127148.0
		350.9	27.3	17.3	419.9	18.0	2394.7
		3253.7	93.9		2304.7	629.2	24391.4
	-10.0	-2128.8	244.6	37.0	-2824.4	304.4	18513.8

1-84 限额以上餐饮法人企业

地区	法人企业数(个)	执行《2006年企业会计准则》企业数(个)	一、年初存货	二、期末资产负债			
				流动资产合计	应收账款	存货	固定资产合计
湖南省	**587**	**394**	**40657.4**	**274807.9**	**40992.1**	**37735.1**	**408826.7**
长沙市	343	263	27702.3	155483.5	16435.9	24172.2	178102.0
株洲市	112	63	1947.9	13155.2	3324.8	2296.6	24151.2
湘潭市	54	33	1740.7	19195.5	1283.3	1664.4	31289.0
衡阳市	108	55	760.8	5193.0	1713.7	761.9	10362.7
邵阳市	75	42	948.3	7312.5	1177.8	694.0	19454.8
岳阳市	91	80	1357.8	6273.3	1796.0	509.7	23130.2
常德市	109	87	1505.5	21130.5	4006.7	1489.5	20508.6
张家界市	49	14	17.7	190.7	30.9	37.9	504.3
益阳市	112	56	509.6	6455.1	3918.8	536.0	17704.8
郴州市	114	83	795.1	11615.1	1908.3	1443.4	31528.8
永州市	51	25	1032.3	11414.0	2015.0	1147.1	20975.2
怀化市	45	17	1312.3	7680.0	1374.0	1471.0	15705.9
娄底市	40	23	943.2	6167.7	1354.6	1059.3	12500.6
湘西州	31	15	83.9	3541.8	652.3	452.1	2908.6

1-84 续表 1

地区	二、期末资产负债							
	所有者权益合计	实收资本						
			国家资本	集体资本	法人资本	个人资本	港澳台资本	外商资本
湖南省	375485.3	338503.6	26939.8	3389.3	148898.2	154683.4	1978.7	2614.2
长沙市	119476.7	126020.4	19358.8	679.2	65953.3	36885.4	552.0	2591.7
株洲市	26661.1	17381.0	91.4		8333.6	8211.7	744.3	
湘潭市	18590.1	22187.6		519.0	10695.1	10973.5		
衡阳市	10239.4	8813.1	22.0	22.1	3554.7	5109.4	82.4	22.5
邵阳市	17848.6	17570.7	196.9	8.7	3457.2	13907.9		
岳阳市	26629.2	21390.8	1588.5	265.4	11544.5	7992.4		
常德市	34064.9	21186.9			12810.1	8376.8		
张家界市	279.9	912.7				912.7		
益阳市	22277.2	17981.2		565.0	8973.7	8442.5		
郴州市	31454.2	24803.7	5251.2		5251.1	13701.4	600.0	
永州市	19720.4	18311.4			11078.2	7233.2		
怀化市	14533.1	16903.6	429.0	1328.8	5232.0	9913.8		
娄底市	26845.4	18845.8	2.0	1.1	1408.5	17434.2		
湘西州	6865.1	6194.7			606.2	5588.5		

财务状况按地区分组

单位：万元

二、期末资产负债								
固定资产原　价	累计折旧	本年折旧	在建工程	资产总计	流动负债合　计	应付账款	非流动负债合计	负债合计
529323.8	**131395.5**	**35196.9**	**56286.8**	**930011.8**	**411343.7**	**103364.1**	**128091.9**	**554526.5**
238031.4	63870.1	17836.8	30556.9	442553.7	248628.3	65877.0	67154.1	323077.0
29779.8	6843.7	2240.2	2397.7	44982.4	17284.9	6026.5	1060.1	18321.3
37583.6	8052.4	2036.6	3599.8	64033.0	24173.1	2138.6	12357.6	45442.9
13658.1	3578.7	1634.0	96.4	19574.4	6537.7	3198.8	1080.5	9335.0
24731.1	5986.1	1363.1		31943.7	11153.4	1268.0	683.0	14095.1
29369.3	6303.8	1693.3		42880.7	8425.4	1692.8	4918.3	16251.5
26962.5	7375.1	2666.5	653.7	67088.2	36065.5	7770.4	8964.3	33023.3
613.5	109.2	8.0		1848.8	245.1	155.1		1568.9
19828.9	2321.2	613.8	3136.5	30754.5	4226.4	872.0	4175.0	8477.3
38984.8	8256.9	2300.8	2750.2	50296.7	15765.7	4849.3	2427.7	18842.5
26240.5	5520.5	1102.2	8909.4	59153.2	17463.6	7101.6	21809.0	39432.8
25424.1	10270.2	1135.8	830.5	28120.4	10230.6	1339.7	883.2	13587.3
14339.3	2037.2	434.1	390.7	36747.3	9355.3	525.2	459.6	9901.9
3776.9	870.4	131.7	2965.0	10034.8	1788.7	549.1	2119.5	3169.7

单位：万元

三、损益及分配						
营业收入	主营业务收　入	营业成本	主营业务成　本	营业税金及附加	主营业务税金及附加	其他业务利　润
1079581.2	1074820.2	635946.1	633156.1	53606.5	52965.3	12518.0
570228.5	568247.3	314852.1	314299.2	29434.8	29293.3	10370.9
64292.9	64084.7	38790.0	38237.2	3526.6	3487.5	49.1
58179.7	58018.9	41108.7	40855.9	2365.3	2353.2	45.4
60809.9	60804.9	38623.1	38578.6	2571.6	2546.5	35.6
34343.6	34256.7	21739.9	21703.2	1508.5	1472.5	33.2
92751.8	92751.8	61419.2	61419.2	3926.3	3924.3	
43315.5	43122.5	24869.4	24635.8	2174.4	2089.6	284.8
931.9	931.9	666.6	666.6	38.7	38.7	
27934.2	27881.5	16603.0	16436.4	1141.4	1141.4	470.0
30857.3	30628.7	18132.8	18008.8	2119.4	2117.4	104.9
37345.5	37345.5	23008.3	23008.3	1291.3	1291.3	122.9
30872.6	29046.4	16999.5	16173.4	2159.6	1861.0	743.0
25008.4	25008.4	17635.4	17635.4	1144.0	1144.0	132.2
2709.4	2691.0	1498.1	1498.1	204.6	204.6	126.0

1-84 续表 2

地区	三、损益及分配						
	销售费用	管理费用	税金	财务费用	利息收入	利息支出	资产减值损失
湖南省	223684.7	108295.3	6168.0	17982.8	277.2	9059.7	1132.5
长沙市	156466.6	61372.9	3567.1	8642.1	145.9	5367.3	960.0
株洲市	11612.5	5868.7	264.7	744.4	38.9	241.7	4.2
湘潭市	6354.4	4685.0	132.0	1542.8	1.8	513.5	
衡阳市	10969.7	4262.5	72.0	500.2	38.1	125.4	32.0
邵阳市	4770.4	3537.4	20.8	977.1	13.4	124.5	
岳阳市	2768.2	4661.8	656.2	1281.9		338.6	27.9
常德市	9334.3	5985.0	152.5	719.5	13.1	322.9	9.8
张家界市	130.1	152.6	0.5	7.5		7.5	
益阳市	3150.8	2160.8	133.6	211.1	6.4	71.3	
郴州市	5014.9	4955.3	270.1	419.0	1.0	239.3	0.3
永州市	5056.4	4797.6	158.4	1768.7	18.0	1023.9	
怀化市	5092.2	3046.9	186.3	571.1	0.4	385.4	98.3
娄底市	2568.9	2376.7	532.9	320.8	0.2	268.7	
湘西州	395.3	432.1	20.9	276.6		29.7	

单位：万元

三、损益及分配							四、人工成本
公允价值变动收益	投资收益	营业利润	营业外收入	补贴收入	利润总额	应交所得税	应付职工薪酬(本年贷方累计发生额)
466.5	1019.7	46929.2	2117.9	627.6	21571.8	5224.7	178562.7
3.0	557.0	-670.2	1170.2	199.7	-4438.1	3142.5	106015.0
	41.0	3878.8	156.9	120.0	3388.1	466.1	11854.8
	24.0	2192.9	256.8	188.0	1593.4	98.0	5922.4
32.1	32.2	4323.3	69.9	32.6	3267.6	142.0	5959.2
9.2		2010.0	30.9		1335.3	84.5	5738.6
35.6	22.6	18724.7	0.7		6088.4	220.3	9721.0
	-3.0	5372.0	113.7	50.0	4993.1	129.8	8809.1
		-67.9			-67.9		142.3
	6.0	4839.7	60.5		3050.1	393.7	4731.6
300.7		590.1	48.5	17.3	202.1	121.9	5812.7
	21.0	1463.9	13.4		178.6	190.6	5657.3
85.9	318.9	3404.3	139.6		1096.2	57.5	4302.7
		962.8	49.3	20.0	964.7	161.2	3464.1
		-95.2	7.5		-79.8	16.6	431.9

1-85 限额以下住宿业法人单位情况

指标名称	法　人 单位数 (个)	通过互联网销售或采购商品和服务法人单位数 (个)	从业人员 期末人数 (人)	其中：女性	住宿和餐饮业年末餐饮营业面积 (平方米)
住宿业	**2661**	**146**	**53143**	**33773**	**2828567**
按住宿业行业分					
旅游饭店	669	46	16778	10401	823380
一般旅馆	1531	79	27463	17649	1548151
其他住宿业	461	21	8902	5723	457036
按登记注册类型分					
内资企业	2648	146	52719	33464	2811515
国有企业	85	3	1646	983	99343
集体企业	46		865	490	25588
股份合作企业	22	1	650	387	30482
联营企业	10	1	158	119	9230
国有联营企业					
集体联营企业	5	1	62	44	3840
国有与集体联营企业	1		9	6	80
其他联营企业	4		87	69	5310
有限责任公司	207	11	6753	4065	313636
国有独资公司	2		28	20	1715
其他有限责任公司	205	11	6725	4045	311921
股份有限公司	50	4	1273	723	81805
私营企业	1985	118	36842	23943	1987049
私营独资企业	1169	59	18847	12111	961201
私营合伙企业	293	19	5219	3495	292637
私营有限责任公司	457	34	11226	7338	660552
私营股份有限公司	66	6	1550	999	72659
其他企业	243	8	4532	2754	264382
港、澳、台商投资企业	12		333	258	16488
与港澳台商合资经营企业	9		285	218	14388
与港澳台商合作经营企业					
港澳台商独资企业	2		40	33	1800
港澳台商投资股份有限公司					
其他港澳台投资企业	1		8	7	300
外商投资企业	1		91	51	564
中外合资经营企业					
中外合作经营企业					
外资企业	1		91	51	564
外商投资股份有限公司					
其他外商投资企业					
按控股情况分					
国有控股	98	4	2011	1240	107840
集体控股	81	3	1697	984	76326
私人控股	2311	132	45577	29295	2468045
港澳台商控股	8		71	49	14407
外商控股	2		49	38	1700
其他	157	7	3652	2129	159209
按经营形式分					
1独立门店	2410	129	47485	30085	2480199
2连锁总店(总部)	18	2	829	544	35753
3连锁门店	62	10	1200	837	94331
9其他	170	5	3572	2262	218284
按单位规模分					
大型					
中型	2	1	599	341	27540
小型	1398	105	40822	26181	1757829
微型	1261	40	11722	7251	1043198

1-86 限额以下住宿法人企业财务状况按行业分组

指标名称	法人单位数（个）	营业收入（万元）	其中：主营业务收入（万元）	营业税金及附加（万元）	其中：主营业务营业税金及附加（万元）	资产总计（万元）	实收资本（万元）
住宿业	**2661**	**560220**	**551982**	**30409**	**29924**	**1127390**	**579347**
按住宿业行业分							
旅游饭店	669	161338	157599	9089	8901	491360	229483
一般旅馆	1531	307523	304425	17071	16884	487257	269791
其他住宿业	461	91359	89959	4250	4139	148773	80073

1-87 限额以下住宿法人企业财务状况按登记注册类型分组

指标名称	法人单位数（个）	营业收入（万元）	其中：主营业务收入（万元）	营业税金及附加（万元）	其中：主营业务营业税金及附加（万元）	资产总计（万元）	实收资本（万元）
住宿业	**2661**	**560220**	**551982**	**30409**	**29924**	**1127390**	**579347**
按登记注册类型分							
内资企业	2648	556886	548709	30169	29685	1097210	559524
国有企业	85	14033	13856	903	885	40181	16773
集体企业	46	5668	5454	299	284	7822	2771
股份合作企业	22	4742	4666	238	237	10014	4136
联营企业	10	1867	1568	89	84	7918	4085
国有联营企业							
集体联营企业	5	634	634	28	28	2962	660
国有与集体联营企业	1	27	27	5	5	147	3
其他联营企业	4	1206	907	55	51	4809	3422
有限责任公司	207	62824	62328	3120	3076	235617	106265
国有独资公司	2	224	212	2	2	500	400
其他有限责任公司	205	62599	62117	3118	3074	235117	105865
股份有限公司	50	10427	10264	602	584	47865	24394
私营企业	1985	408431	402674	22346	22005	682195	364365
私营独资企业	1169	220076	217019	12258	12046	277780	171569
私营合伙企业	293	62831	62310	3054	3038	69993	44214
私营有限责任公司	457	109304	107964	5485	5393	295414	132394
私营股份有限公司	66	16221	15381	1549	1528	39008	16187
其他企业	243	48894	47898	2574	2530	65599	36735
港、澳、台商投资企业	12	3010	2948	222	222	11426	9823
与港澳台商合资经营企业	9	2375	2333	191	191	10464	8881
与港澳台商合作经营企业							
港澳台商独资企业	2	460	440	22	22	800	780
港澳台商投资股份有限公司							
其他港澳台投资企业	1	175	175	9	9	162	162
外商投资企业	1	325	325	18	18	18754	10000
中外合资经营企业							
中外合作经营企业							
外资企业	1	325	325	18	18	18754	10000
外商投资股份有限公司							
其他外商投资企业							

1-88 限额以下住宿法人企业财务状况按单位规模分组

指标名称	法人单位数(个)	营业收入(万元)	其中：主营业务收入(万元)	营业税金及附加(万元)	其中：主营业务营业税金及附加(万元)	资产总计(万元)	实收资本(万元)
住宿业	**2661**	**560220**	**551982**	**30409**	**29924**	**1127390**	**579347**
按单位规模分							
大型							
中型	2	8041	7977	270	270	47301	4598
小型	1398	443766	438165	23336	22977	705439	368453
微型	1261	108413	105840	6804	6677	374649	206296

1-89 限额以下住宿法人企业财务状况按经营形式分组

指标名称	法人单位数(个)	营业收入(万元)	其中：主营业务收入(万元)	营业税金及附加(万元)	其中：主营业务营业税金及附加(万元)	资产总计(万元)	实收资本(万元)
住宿业	**2661**	**560220**	**551982**	**30409**	**29924**	**1127390**	**579347**
按经营形式分							
独立门店	2410	511614	504031	27139	26694	1000513	518489
连锁总店(总部)	18	7137	6834	951	947	32325	9396
连锁门店	62	13948	13734	648	638	22703	12979
其他	170	27205	27366	1649	1629	71002	38434

1-90 限额以下住宿法人企业财务状况按控股情况分组

指标名称	法人单位数（个）	营业收入（万元）	其中：主营业务收入（万元）	营业税金及附加（万元）	其中：主营业务营业税金及附加（万元）	资产总计（万元）	实收资本（万元）
住宿业	**2661**	**560220**	**551982**	**30409**	**29924**	**1127390**	**579347**
按控股情况分							
国有控股	98	17038	16814	1079	1059	44928	19370
集体控股	81	13847	13501	725	705	21234	7565
私人控股	2311	494428	487451	26656	26233	996772	513448
港澳台商控股	8	947	940	54	54	10017	8620
外商控股	2	524	492	16	16	1000	900
其他	157	33248	32604	1872	1852	53189	29434

1-91 限额以下住宿法人企业财务状况按地区分组

指标名称	法人单位数（个）	营业收入（万元）	其中：主营业务收入（万元）	营业税金及附加（万元）	其中：主营业务营业税金及附加（万元）	资产总计（万元）	实收资本（万元）
住宿业	**2661**	**560220**	**551982**	**30409**	**29924**	**1127390**	**579347**
按地区分							
长沙市	292	66244	64838	3494	3428	229353	103185
株洲市	80	18331	18128	849	841	41656	18434
湘潭市	74	25352	25310	1072	1068	28359	17156
衡阳市	292	55208	53502	2635	2569	101914	60584
邵阳市	156	29739	29470	1421	1413	54394	28687
岳阳市	248	51126	50423	3573	3523	57492	41647
常德市	291	52798	52685	4470	4436	74679	47742
张家界市	136	24247	24000	1225	1207	198095	79074
益阳市	257	43812	43354	1736	1721	56353	29864
郴州市	278	56073	55461	3461	3434	71105	35545
永州市	72	17736	16846	1041	993	33274	18495
怀化市	193	64540	63948	3248	3171	74105	31291
娄底市	184	43111	42384	1748	1722	74697	50138
湘西州	108	11904	11632	436	399	31914	17506

1-92 限额以下餐饮业法人单位情况

指标名称	法人单位数(个)	通过互联网销售或采购商品和服务法人单位数(个)	从业人员期末人数(人)	其中：女性	住宿和餐饮业年末餐饮营业面积(平方米)
餐饮业	**5233**	**244**	**90284**	**51456**	**2631554**
按餐饮业行业小类分					
正餐服务	3954	164	70705	40068	2130897
正餐服务	3954	164	70705	40068	2130897
快餐服务	277	15	3858	2359	85655
快餐服务	277	15	3858	2359	85655
饮料及冷饮服务	380	52	6573	4045	153018
茶馆服务	276	42	4674	2846	113170
咖啡馆服务	36	8	633	413	14229
酒吧服务	19		375	202	9004
其他饮料及冷饮服务	49	2	891	584	16615
其他餐饮业	622	13	9148	4984	261984
小吃服务	196	6	2223	1245	52845
餐饮配送服务	88	2	1245	696	41660
其他未列明餐饮业	338	5	5680	3043	167479
按登记注册类型分					
内资企业	5206	239	89532	50984	2611704
国有企业	56	2	884	488	55502
集体企业	18	4	251	150	8582
股份合作企业	13	2	206	132	14387
联营企业	11	1	353	214	7815
国有联营企业	1	1	15	3	120
集体联营企业	5		144	103	3975
国有与集体联营企业	1		11	6	220
其他联营企业	4		183	102	3500
有限责任公司	269	17	7740	3983	183074
国有独资公司					
其他有限责任公司	269	17	7740	3983	183074
股份有限公司	37	2	934	607	29732
私营企业	4216	186	67756	39520	2025980
私营独资企业	3088	135	46655	27267	1267839
私营合伙企业	406	23	7284	4364	273522
私营有限责任公司	646	26	12401	7076	410076
私营股份有限公司	76	2	1416	813	74543

1-92 续表

指标名称	法 人 单位数 (个)	通过互联网销售或采购商品和服务法人单位数 (个)	从业人员期末人数 (人)	其中：女性	住宿和餐饮业年末餐饮营业面积 (平方米)
其他企业	586	25	11408	5890	286632
港、澳、台商投资企业	10	3	225	95	6734
与港澳台商合资经营企业	5		97	34	2859
与港澳台商合作经营企业	1		25	10	1000
港澳台商独资企业	4	3	103	51	2875
港澳台商投资股份有限公司					
其他港澳台投资企业					
外商投资企业	17	2	527	377	13116
中外合资经营企业	3		63	34	3176
中外合作经营企业					
外资企业	13	2	442	325	3940
外商投资股份有限公司	1		22	18	6000
其他外商投资企业					
按控股情况分					
国有控股	56	1	815	425	50813
集体控股	33	6	566	362	23799
私人控股	4731	207	80696	46085	2318647
港澳台商控股	6	3	139	67	3455
外商控股	12	2	375	271	11426
其他	380	25	7351	4087	211902
按经营形式分					
独立门店	4790	214	80330	45892	2365781
连锁总店(总部)	27	3	1064	428	16008
连锁门店	119	13	3499	2116	81580
其他	296	14	5382	3014	168185
按单位规模分					
大型					
中型	6		1351	797	43600
小型	2629	177	65545	37862	1651325
微型	2598	67	23388	12797	936629

1-93 限额以下餐饮法人企业财务状况按行业分组

指标名称	法人单位数(个)	营业收入(万元)	其中：主营业务收入(万元)	营业税金及附加(万元)	其中：主营业务营业税金及附加(万元)	资产总计(万元)	实收资本(万元)
餐饮业	**5233**	**1017782**	**1005526**	**47390**	**47136**	**988097**	**593526**
按餐饮业行业小类分							
正餐服务	3954	801268	791142	38074	37863	767708	455143
正餐服务	3954	801268	791142	38074	37863	767708	455143
快餐服务	277	51120	50541	2257	2243	48193	32311
快餐服务	277	51120	50541	2257	2243	48193	32311
饮料及冷饮服务	380	65914	65291	2776	2731	74664	43130
茶馆服务	276	46057	45511	1786	1755	57551	30808
咖啡馆服务	36	6874	6864	274	273	4442	3083
酒吧服务	19	2949	2911	158	146	2605	1791
其他饮料及冷饮服务	49	10033	10006	558	557	10067	7447
其他餐饮业	622	99480	98551	4283	4299	97532	62942
小吃服务	196	29828	29538	1249	1297	21508	15079
餐饮配送服务	88	16282	16034	655	649	16610	10571
其他未列明餐饮业	338	53370	52979	2378	2353	59415	37292

1-94 限额以下餐饮法人企业财务状况按登记注册类型分组

指标名称	法人单位数（个）	营业收入（万元）	其中：主营业务收入（万元）	营业税金及附加（万元）	其中：主营业务营业税金及附加（万元）	资产总计（万元）	实收资本（万元）
餐饮业	**5233**	**1017782**	**1005526**	**47390**	**47136**	**988097**	**593526**
按登记注册类型分							
内资企业	5206	1010741	998605	46981	46731	979283	585312
国有企业	56	6501	6494	225	225	7951	3692
集体企业	18	2182	2152	166	148	3332	2068
股份合作企业	13	1772	1752	99	98	1318	1147
联营企业	11	3620	3620	268	265	3047	1993
国有联营企业	1	166	166	1	1	85	60
集体联营企业	5	1406	1406	120	120	1895	1291
国有与集体联营企业	1	153	153	3	0	0	0
其他联营企业	4	1895	1895	143	143	1066	641
有限责任公司	269	66197	65437	3174	3140	66962	37546
国有独资公司							
其他有限责任公司	269	66197	65437	3174	3140	66962	37546
股份有限公司	37	8228	7956	364	358	15505	13766
私营企业	4216	793061	783504	36549	36467	784354	472951
私营独资企业	3088	548775	543007	25022	24939	520660	316046
私营合伙企业	406	95481	94321	4252	4199	80151	46981
私营有限责任公司	646	130703	128804	6280	6340	165332	100482
私营股份有限公司	76	18102	17372	995	989	18212	9442
其他企业	586	129179	127690	6135	6031	96814	52149
港、澳、台商投资企业	10	2519	2509	120	119	2510	2765
与港澳台商合资经营企业	5	701	701	26	24	1070	183
与港澳台商合作经营企业	1	230	220	12	12	300	290
港澳台商独资企业	4	1589	1589	82	82	1140	2291
港澳台商投资股份有限公司							
其他港澳台投资企业							
外商投资企业	17	4522	4411	288	286	6305	5449
中外合资经营企业	3	666	666	37	37	736	140
中外合作经营企业							
外资企业	13	3476	3365	239	237	5549	5309
外商投资股份有限公司	1	380	380	12	12	20	0
其他外商投资企业							

1-95 限额以下餐饮法人企业财务状况按单位规模分组

指标名称	法人单位数(个)	营业收入(万元)	其中：主营业务收入(万元)	营业税金及附加(万元)	其中：主营业务营业税金及附加(万元)	资产总计(万元)	实收资本(万元)
餐饮业	**5233**	**1017782**	**1005526**	**47390**	**47136**	**988097**	**593526**
按单位规模分							
大型							
中型	6	19781	19781	814	814	14035	3996
小型	2629	749252	741761	35756	35769	693195	418048
微型	2598	248750	243985	10819	10552	280868	171482

1-96 限额以下餐饮法人企业财务状况按经营形式分组

指标名称	法人单位数(个)	营业收入(万元)	其中：主营业务收入(万元)	营业税金及附加(万元)	其中：主营业务营业税金及附加(万元)	资产总计(万元)	实收资本(万元)
餐饮业	**5233**	**1017782**	**1005526**	**47390**	**47136**	**988097**	**593526**
按经营形式分							
独立门店	4790	922137	911210	42908	42415	888621	526027
连锁总店(总部)	27	7821	7437	347	344	7588	4740
连锁门店	119	33564	32969	1625	1893	25987	18940
其他	296	54080	53733	2499	2474	65610	43539

1-97 限额以下餐饮法人企业财务状况按控股情况分组

指标名称	法人单位数（个）	营业收入（万元）	其中：主营业务收入（万元）	营业税金及附加（万元）	其中：主营业务营业税金及附加（万元）	资产总计（万元）	实收资本（万元）
餐饮业	**5233**	**1017782**	**1005526**	**47390**	**47136**	**988097**	**593526**
按控股情况分							
国有控股	56	8023	8015	274	271	8899	4152
集体控股	33	5003	4953	330	327	6360	4573
私人控股	4731	908317	896842	42170	41985	895640	537169
港澳台商控股	6	1721	1721	90	89	1233	2341
外商控股	12	3531	3420	215	213	5706	4869
其他	380	90543	89930	4268	4208	69783	40113

1-98 限额以下餐饮法人企业财务状况按地区分组

指标名称	法人单位数（个）	营业收入（万元）	其中：主营业务收入（万元）	营业税金及附加（万元）	其中：主营业务营业税金及附加（万元）	资产总计（万元）	实收资本（万元）
餐饮业	**5233**	**1017782**	**1005526**	**47390**	**47136**	**988097**	**593526**
按地区分							
长沙市	396	72214	71604	3325	3770	86865	60667
株洲市	217	53670	51841	2414	2370	53131	31401
湘潭市	113	25723	25295	1251	1235	32529	14202
衡阳市	571	102470	100871	3466	3396	148212	91013
邵阳市	224	55988	55576	2118	2098	32800	23400
岳阳市	794	148016	146050	8299	8156	157509	109816
常德市	1119	177745	177226	7020	6912	136930	74769
张家界市	122	11875	11672	752	739	13576	6025
益阳市	507	99152	98481	3865	3812	87948	50842
郴州市	564	128174	126785	7410	7332	116546	60773
永州市	113	40479	38547	2206	2082	26853	12651
怀化市	195	61577	61352	3700	3690	47693	25286
娄底市	241	34027	33626	1267	1249	36680	27074
湘西州	57	6673	6600	296	293	10824	5608

1-99 住宿业产业活动单位情况

指标名称	产业活动单位数(个)	通过互联网销售或采购商品和服务产业活动单位数(个)	从业人员期末人数(人)	女性	经营性单位收入(万元)	住宿和餐饮业年末餐饮营业面积(平方米)
住宿业	**281**	**49**	**11687**	**6740**	**175670**	**615912**
按住宿行业小类分						
旅游饭店	104	20	7357	3880	117551	277362
旅游饭店	104	20	7357	3880	117551	277362
一般旅馆	127	20	3197	2214	46063	190313
一般旅馆	127	20	3197	2214	46063	190313
其他住宿业	50	9	1133	646	12056	148237
其他住宿业	50	9	1133	646	12056	148237
按登记注册类型分						
内资企业	258	44	10395	5910	155160	575160
国有企业	28	4	646	354	11448	137960
集体企业	15		157	100	1162	7518
股份合作企业						
联营企业	4	2	33	20	755	1850
国有联营企业	1	1	6	6	60	600
集体联营企业	2	1	23	12	685	950
国有与集体联营企业	1		4	2	10	300
其他联营企业						
有限责任公司	88	18	4634	2391	84371	188003
国有独资公司	3	1	247	127	2887	1065
其他有限责任公司	85	17	4387	2264	81484	186938
股份有限公司	15	4	797	237	11663	35983
私营企业	100	16	4031	2735	44944	200246
私营独资企业	12		294	190	2286	17445
私营合伙企业	5	1	119	78	1042	6278
私营有限责任公司	74	13	3009	2066	30805	110701
私营股份有限公司	9	2	609	401	10811	65822
其他企业	8		97	73	817	3600
港、澳、台商投资企业	9		1060	656	12828	15842
合资经营企业(港或澳、台资)	5		972	589	11783	11388
合作经营企业(港或澳、台资)						
港、澳、台商独资经营企业	4		88	67	1045	4454
港、澳、台商投资股份有限公司						
外商投资企业	14	5	232	174	7682	24910
中外合资经营企业						
中外合作经营企业						
外资企业	14	5	232	174	7682	24910
外商投资股份有限公司						

1-100 餐饮业产业活动单位情况

指标名称	产业活动单位数(个)	通过互联网销售或采购商品和服务产业活动单位数(个)	从业人员期末人数(人)	女性	经营性单位收入(万元)	住宿和餐饮业年末餐饮营业面积(平方米)
餐饮业	**1142**	**106**	**29632**	**18787**	**323366**	**627788**
按餐饮业行业小类分						
正餐服务	637	51	18386	11255	176964	391235
正餐服务	637	51	18386	11255	176964	391235
快餐服务	259	34	7817	5322	100983	129387
快餐服务	259	34	7817	5322	100983	129387
饮料及冷饮服务	51	8	716	443	14443	11585
茶馆服务	5	1	95	75	4626	3450
咖啡馆服务	19	3	294	177	6087	3503
酒吧服务	3		79	48	417	1132
其他饮料及冷饮服务	24	4	248	143	3314	3500
其他餐饮业	195	13	2713	1767	30976	95581
小吃服务	22	4	314	201	3416	3578
餐饮配送服务	46	3	897	584	15026	8910
其他未列明餐饮业	127	6	1502	982	12534	83093
按登记注册类型分						
内资企业	971	69	22891	14183	238536	524702
国有企业	222	4	1723	1042	13394	102785
集体企业	34	2	200	132	312	8457
股份合作企业	1		10	8	97	3560
联营企业	9		145	100	1275	4789
国有联营企业	2		6	2	17	250
集体联营企业	7		139	98	1258	4539
国有与集体联营企业						
其他联营企业						
有限责任公司	263	19	10922	6852	119748	228394
国有独资公司	1		135	102	578	2000
其他有限责任公司	262	19	10787	6750	119170	226394
股份有限公司	23	6	981	629	21236	15718
私营企业	246	30	7529	4707	70784	120069
私营独资企业	55	1	1108	691	8855	25434
私营合伙企业	12		362	254	3926	7424
私营有限责任公司	159	27	5189	3247	51420	67509
私营股份有限公司	20	2	870	515	6583	19702
其他企业	173	8	1381	713	11689	40930
港、澳、台商投资企业	24	2	442	265	7910	6983
合资经营企业(港或澳、台资)	3		82	42	681	438
合作经营企业(港或澳、台资)						
港、澳、台商独资经营企业	21	2	360	223	7229	6545
港、澳、台商投资股份有限公司						
外商投资企业	147	35	6299	4339	76920	96103
中外合资经营企业	10	3	414	275	2975	8606
中外合作经营企业	2		43	31	436	435
外资企业	131	31	5672	3940	72007	85682
外商投资股份有限公司						

1-101 住宿和餐饮业连锁

项 目	连锁总店数(个)	门店数(个)		直营店门店数(个)		加盟店门店数(个)		年末从业人员数(人)	
	本年	本年	上年同期	本年	上年同期	本年	上年同期	本年	上年同期
总 计	**10**	**377**	**348**	**290**	**266**	**87**	**82**	**25206**	**23321**
按登记注册类型分									
内资企业	9	251	225	164	143	87	82	17473	16387
有限责任公司	3	82	71	28	21	54	50	6621	6068
国有独资公司									
其他有限责任公司	3	82	71	28	21	54	50	6621	6068
股份有限公司									
私营企业	6	169	154	136	122	33	32	10852	10319
私营独资企业	1	10	9	5	3	5	6	512	525
私营合伙企业									
私营有限责任公司	5	159	145	131	119	28	26	10340	9794
私营股份有限公司									
其他企业									
外商投资企业	1	126	123	126	123			7733	6934
中外合资经营企业									
中外合作经营企业									
外资企业	1	126	123	126	123			7733	6934
外商投资股份有限公司									
其他外商投资企业									
按行业分									
正餐服务	6	180	167	98	91	82	76	15251	14452
快餐服务	4	197	181	192	175	5	6	9955	8869

企业基本情况

直营店年末从业人员数(人)		加盟店年末从业人员数(人)		年末餐饮营业面积(平方米)		直营店年末餐饮营业面积(平方米)		加盟店年末餐饮营业面积(平方米)	
本年	上年同期	本年	上年同期	本年	上年同期	本年	上年同期.	本年	上年同期
17210	**15766**	**7996**	**7555**	**243570**	**236052**	**147920**	**144152**	**95650**	**91900**
9477	8832	7996	7555	196950	189520	101300	97620	95650	91900
2085	1868	4536	4200	125520	118970	49470	44970	76050	74000
2085	1868	4536	4200	125520	118970	49470	44970	76050	74000
7392	6964	3460	3355	71430	70550	51830	52650	19600	17900
237	210	275	315	4230	4350	1830	1650	2400	2700
7155	6754	3185	3040	67200	66200	50000	51000	17200	15200
7733	6934			46620	46532	46620	46532		
7733	6934			46620	46532	46620	46532		
7530	7212	7721	7240	186520	179970	93270	90770	93250	89200
9680	8554	275	315	57050	56082	54650	53382	2400	2700

1-101 续表

项 目	客房数(间)		直营店客房数(间)		加盟店客房数(间)		床位数(个)	
	本年	上年同期	本年	上年同期	本年	上年同期	本年	上年同期
总 计	**6200**	**5000**	**5000**	**4500**	**1200**	**500**	**9000**	**8200**
按登记注册类型分								
内资企业	6200	5000	5000	4500	1200	500	9000	8200
有限责任公司								
国有独资公司								
其他有限责任公司								
股份有限公司								
私营企业	6200	5000	5000	4500	1200	500	9000	8200
私营独资企业								
私营合伙企业								
私营有限责任公司	6200	5000	5000	4500	1200	500	9000	8200
私营股份有限公司								
其他企业								
外商投资企业								
中外合资经营企业								
中外合作经营企业								
外资企业								
外商投资股份有限公司								
其他外商投资企业								
按行业分								
正餐服务	6200	5000	5000	4500	1200	500	9000	8200
快餐服务								

直营店床位数（个）		加盟店床位数（个）		餐位数（位）		直营店餐位数（位）		加盟店餐位数（位）	
本年	上年同期	本年	上年同期	本年	上年同期	本年	上年同期	本年	上年同期
7200	**6700**	**1800**	**1500**	**100325**	**94680**	**68460**	**68844**	**31865**	**25836**
7200	6700	1800	1500	86465	79724	54600	53888	31865	25836
				29613	28506	10538	10030	19075	18476
				29613	28506	10538	10030	19075	18476
7200	6700	1800	1500	56852	51218	44062	43858	12790	7360
				1572	1638	722	618	850	1020
7200	6700	1800	1500	55280	49580	43340	43240	11940	6340
				13860	14956	13860	14956		
				13860	14956	13860	14956		
7200	6700	1800	1500	73913	67606	42898	42790	31015	24816
				26412	27074	25562	26054	850	1020

1-102 住宿和餐饮业连锁

项目	连锁总店数(个)	商品购进(采购)总额		直营店商品购进(采购)总额		加盟店商品购进(采购)总额	
	本年	本年	上年同期	本年	上年同期	本年	上年同期
总计	**10**	**112257**	**96901**	**94385**	**84608**	**17872**	**12293**
按登记注册类型分							
内资企业	9	51588	37676	33716	25383	17872	12293
有限责任公司	3	26771	16463	11651	6863	15120	9600
国有独资公司							
其他有限责任公司	3	26771	16463	11651	6863	15120	9600
股份有限公司							
私营企业	6	24816	21213	22064	18520	2752	2693
私营独资企业	1	1963	2182	964	850	999	1332
私营合伙企业							
私营有限责任公司	5	22853	19031	21100	17671	1753	1361
私营股份有限公司							
其他企业							
港、澳、台商投资企业							
外商投资企业	1	60670	59225	60670	59225		
中外合资经营企业							
中外合作经营企业							
外资企业	1	60670	59225	60670	59225		
外商投资股份有限公司							
其他外商投资企业							
按行业分							
正餐服务	6	36017	26124	19144	15163	16873	10961
快餐服务	4	76240	70777	75241	69445	999	1332

企业经营情况

单位：万元

统一配送商品购进(采购)额		直营店统一配送商品购进(采购)额		加盟店统一配送商品购进(采购)额		自有配送中心配送商品购进(采购)额	
本年	上年同期	本年	上年同期	本年	上年同期	本年	上年同期
11097	**6483**	**7002**	**3738**	**4096**	**2745**	**7651**	**3338**
11097	6483	7002	3738	4096	2745	7651	3338
7051	2818	4027	898	3024	1920	7051	2818
7051	2818	4027	898	3024	1920	7051	2818
4046	3664	2974	2840	1072	825	600	520
4046	3664	2974	2840	1072	825	600	520
10417	5833	6322	3088	4096	2745	7651	3338
680	650	680	650				

1-102 续表 1

项 目	加盟店自有配送中心配送商品购进(采购)额		直营店自有配送中心配送商品购进(采购)额		非自有配送中心配送商品购进(采购)额	
	本年	上年同期	本年	上年同期	本年	上年同期
总 计	**4437**	**1290**	**3214**	**2048**		
按登记注册类型分						
内资企业	4437	1290	3214	2048		
有限责任公司	4027	898	3024	1920		
国有独资公司						
其他有限责任公司	4027	898	3024	1920		
股份有限公司						
私营企业	410	392	190	128		
私营独资企业						
私营合伙企业						
私营有限责任公司	410	392	190	128		
私营股份有限公司						
其他企业						
港、澳、台商投资企业						
外商投资企业						
中外合资经营企业						
中外合作经营企业						
外资企业						
外商投资股份有限公司						
其他外商投资企业						
按行业分						
正餐服务	4437	1290	3214	2048		
快餐服务						

单位：万元

直营店非自有配送中心配送商品购进(采购)额		加盟店非自有配送中心配送商品购进(采购)额		营业额		直营店营业额	
本年	上年同期	本年	上年同期	本年	上年同期	本年	上年同期
				245398	**207211**	**200931**	**176357**
				131065	81370	86597	50517
				65253	39685	27453	15685
				65253	39685	27453	15685
				65811	41685	59144	34831
				3913	4453	1874	1734
				61898	37232	57270	33097
				114334	125841	114334	125841
				114334	125841	114334	125841
				87576	61187	45148	33053
				157822	146024	155783	143305

1-102 续表 2

项　目	加盟店营业额		餐费收入		直营店餐费收入	
	本年	上年同期	本年	上年同期	本年	上年同期
总　计	**44467**	**30854**	**238687**	**200881**	**195464**	**171295**
按登记注册类型分						
内资企业	44467	30854	124354	75040	81130	45455
有限责任公司	37800	24000	65253	39685	27453	15685
国有独资公司						
其他有限责任公司	37800	24000	65253	39685	27453	15685
股份有限公司						
私营企业	6667	6854	59100	35355	53677	29769
私营独资企业	2039	2719	3913	4453	1874	1734
私营合伙企业						
私营有限责任公司	4628	4134	55187	30902	51803	28035
私营股份有限公司						
其他企业						
港、澳、台商投资企业						
外商投资企业			114334	125841	114334	125841
中外合资经营企业						
中外合作经营企业						
外资企业			114334	125841	114334	125841
外商投资股份有限公司						
其他外商投资企业						
按行业分						
正餐服务	42428	28134	82408	56037	41224	29171
快餐服务	2039	2719	156279	144844	154240	142125

单位：万元

加盟店餐费收入		商品销售额		直营店商品销售额		加盟店商品销售额	
本年	上年同期	本年	上年同期	本年	上年同期	本年	上年同期
43224	**29586**	**1653**	**1425**	**1285**	**1140**	**368**	**285**
43224	29586	1653	1425	1285	1140	368	285
37800	24000						
37800	24000						
5424	5586	1653	1425	1285	1140	368	285
2039	2719						
3384	2866	1653	1425	1285	1140	368	285
41184	26866	1653	1425	1285	1140	368	285
2039	2719						

主要指标解释

财务状况

存货 指企业在日常活动中持有以备出售的产成品或商品、处在生产过程中的在产品、在生产过程或提供劳务过程中耗用的材料或物料等，通常包括原材料、在产品、半成品、产成品、商品以及周转材料等。根据会计“资产负债表”中“存货”项目的期末余额数填报。其中：“年初存货”根据会计“资产负债表”中“存货”项目的年初余额数填报。

流动资产合计 资产满足以下条件之一应归为流动资产：（1）预计在一个正常营业周期中变现、出售或耗用，主要包括存货、应收账款等；（2）主要为交易目的而持有；（3）预计在资产负债表日起一年内（含一年）变现；（4）自资产负债日起一年内，交换其他资产或清偿负债的能力不受限制的现金或现金等价物。包括货币资金、应收票据、应收账款、存货等项目。根据会计“资产负债表”中“流动资产合计”项目的期末余额数填报。

应收账款 指企业因销售商品、提供劳务等经营活动，应向购货单位或接受劳务单位收取的款项，主要包括企业销售商品或提供劳务等应向有关债务人收取的价款及代购货单位垫付的包装费、运杂费等。根据会计“资产负债表”中“应收账款”项目的期末余额数填报。

固定资产合计 指企业为生产商品、提供劳务、出租或经营管理而持有的，使用寿命超过一个会计年度的有形资产。包括使用期限超过一年的房屋、建筑物、机器、机械、运输工具以及其他与生产、经营有关的设备、器具、工具等。固定资产合计是时点指标，表示固定资产经过扣减折旧、减值准备等后的期末余额。执行 2006 年《企业会计准则》的企业，根据会计“资产负债表”中“固定资产”项目的期末余额数填报。

固定资产原价 指固定资产的成本，包括企业在购置、自行建造、安装、改建、扩建、技术改造某项固定资产时所发生的全部支出总额。根据会计“固定资产”科目的期末借方余额填报。

累计折旧 指企业在报告期末提取的历年固定资产折旧累计数。根据会计“累计折旧”科目的期末贷方余额填报。

本年折旧 指企业在报告期内提取的固定资产折旧合计数。可以根据会计“财务状况变动表”中“固定资产折旧”项的数值填报。若企业执行 2001 年《企业会计制度》，可以根据会计核算中《资产减值准备、投资及固定资产情况表》内“当年计提的固定资产折旧总额”项本年增加数填报。

在建工程 指企业在基建、更新改造等方面发生的支出。根据会计“在建工程”科目的期末借方余额填报。

资产总计 指企业过去的交易或者事项形成的、由企业拥有或者控制的、预期会给企业带来经济利益的资源。资产一般按流动性（资产的变现或耗用时间长短）分为流动资产和非流动资产。其中流动资产可分为货币资金、交易性金融资产、应收票据、应收账款、预付款项、其他应收款、存货等；非流动资产可分为长期股权投资、固定资产、无形资产及其他非流动资产等。根据会计“资产负债表”中“资产总计”项目的期末余额数填报。

执行 2006 年《企业会计准则》的企业：资产总计=流动资产合计+非流动资产合计；未执行 2006 年《企业会计准则》企业的资产包括流动资产、长期投资、固定资产、无形资产和其他资产等。

流动负债合计 负债满足下列条件之一的应归为流动负债：（1）预计在一个正常营业周期中清偿；（2）主要为交易目的而持有；（3）自资产负债表日起一年内到期应予清偿；（4）企业无权自主地将清偿推迟至资产负债表日后一年以上。包括短期借款、应付票据、应付账款、应付职工薪酬、应交税费等项目。根据会计“资产负债表”中“流动负债合计”项目的期末余额数填报。

应付账款 指企业因购买材料、商品和接受劳务供应等经营活动应支付的款项。根据会计“资产负债表”中“应付账款”项目的期末余额数填报。

非流动负债合计 指流动负债之外的负债。包括长期借款、应付债券等。根据会计“资产负债表”中“非流动负债合计”项目的期末余额数填报。未执行 2006 年《企业会计准则》的企业，根据会计“资产负债表”中的“长期负债合计”的期末余额数填报。

负债合计 指企业过去的交易或者事项形成的，预期会导致经济利益流出企业的现时义务。负债一般按偿还期长短分为流动负债和非流动负债。根据会计“资产负债表”中“负债合计”项目的期末余额数填报。

执行 2006 年《企业会计准则》的企业：负债合计=流动负债合计+非流动负债合计；未执行 2006 年《企业会计准则》企业的负债包括流动负债和长期负债。

所有者权益合计 指企业资产扣除负债后由所有者享有的剩余权益。公司的所有者权益又称股东权益。包括实收资本、资本公积、盈余公积、未分配利润等。根据会计“资产负债表”中“所有者权益合计”项目的期末余额数填报。

实收资本 指企业各投资者实际投入的资本（或股本）总额，包括货币、实物、无形资产等各种形式的投入。实收资本按投资主体可分为国家资本、集体资本、法人资本、个人资本、港澳台资本和外商资本。根据会计“资产负债表”中“所有者权益”项下“实收资本”的期末余额数填报。

国家资本　指有权代表国家投资的政府部门或机构、直属事业单位对企业形成的资本金。根据会计“实收资本”科目计算填报。

集体资本　指由本企业职工等自然人集体投资或各种机构对企业进行扶持形成的集体性质的资本金。根据会计“实收资本”科目计算填报。

法人资本　指法人以其依法可支配的资产投入企业形成的资本金。根据会计“实收资本”科目计算填报。

个人资本　指自然人实际投入企业的资本金。根据会计“实收资本”科目计算填报。

港澳台资本　指我国香港、澳门和台湾地区投资者实际投入企业的资本金。根据会计“实收资本”科目计算填报。

外商资本　指外国投资者实际投入企业的资本金。根据会计“实收资本”科目计算填报。

营业收入　指企业经营主要业务和其他业务所确认的收入总额。营业收入合计包括“主营业务收入”和“其他业务收入”。根据会计“利润表”中“营业收入”项目的本期金额数填报。

主营业务收入　指企业确认的销售商品、提供劳务等主营业务的收入。根据会计“主营业务收入”科目的期末贷方余额（结转前）填报。执行 2006 年《企业会计准则》的企业，如未设置该科目，以“营业收入”代替填报。

营业成本　指企业经营主要业务和其他业务所发生的成本总额。包括企业（单位）在报告期内从事销售商品、提供劳务等日常活动发生的各种耗费。包括“主营业务成本”和“其他业务成本”。根据会计“利润表”中“营业成本”项目的本期金额数填报。

主营业务成本　指企业经营主要业务所发生的成本总额。根据会计“主营业务成本”科目的期末借方余额（结转前）填报。执行 2006 年《企业会计准则》的企业，如未设置该科目，以“营业成本”代替填报。

营业税金及附加　指企业因从事生产经营活动按税法规定缴纳的应从经营收入中抵扣的税金和附加，包括营业税、消费税、城市维护建设税、教育费附加等。根据会计“利润表”中“营业税金及附加”项目的本期金额数填报。

主营业务税金及附加　指企业经营主要业务应负担的营业税、消费税、城市维护建设税、教育费附加等。根据会计“主营业务税金及附加”科目的期末借方余额（结转前）填报。执行 2006 年《企业会计准则》的企业，如未设置该科目，以“营业税金及附加”代替填报。

其他业务利润　指企业经营除主要业务以外的其他业务实现的利润。根据会计“其他业务收入”科目的期末贷方余额减“其他业务成本”科目的期末借方余额计算填报。执行 2006 年《企业会计准则》的企业，如果未设置该科目，则在此处填 0。

销售费用　指企业在销售商品和材料、提供劳务的过程中发生的各种费用，包括保险费、包装费、展览费和广告费、商品维修费、预计产品质量保证损失、运输费、装卸费等以及为销售本企业商品而专设的销售机构（含销售网点、售后服务网点等）的职工薪酬、业务费、折旧费等经营费用。建筑业企业销售费用指企业从事施工生产活动过程中发生的各项费用，包括应由企业负担的运输费、装卸费、包装费、保险费、维修费、展览费、差旅费、广告费和其他经费。房地产企业销售费用指企业在从事主要经营业务过程中所发生的各项销售费用，包括转让、销售、结算和出租开发产品等。根据会计“利润表”中“销售费用”项目的本期金额数填报。未执行 2006 年《企业会计准则》的企业，根据会计“利润表”中“营业费用（或经营费用）”项目的本期金额数填报。

管理费用　指企业为组织和管理企业生产经营所发生的费用，包括企业在筹建期间内发生的开办费、董事会和行政管理部门在企业经营管理中发生的，或者应当由企业统一负担的公司经费等。根据会计“利润表”中“管理费用”项目的本期金额数填报。

税金　指企业按照规定从管理费用中支付的房产税、印花税、车船使用税和土地使用税。根据“管理费用明细账”中“管理费用——税金”的期末借方余额（结转前）分析填报。

财务费用　指企业为筹集生产经营所需资金等而发生的筹资费用，包括企业生产经营期间发生的利息支出（减利息收入）、汇兑损失（减汇兑收益）以及相关的手续费等。根据会计“利润表”中“财务费用”项目的本期金额数填报。

利息收入　指非金融企业存款业务所确认的利息金额。根据企业“财务费用明细账”中“财务费用——利息收入”科目的本期发生额填报。如果企业没有设置该科目，此处可填“0”。

利息支出　指企业短期借款利息、长期借款利息、应付票据利息、票据贴现利息、应付债券利息、长期应付引进国外设备款利息等利息支出。根据企业“财务费用明细账”中“财务费用——利息支出”科目的本期发生额填报。如果企业没有单独设立“利息收入”科目，应填报利息支出减去银行存款等的利息收入后的净额。

资产减值损失　指企业计提各项资产减值准备所形成的损失。根据会计“利润表”中“资产减值损失”项目的本期金额数填报。未执行 2006 年《企业会计准则》的企业可免填。

公允价值变动收益　指企业的交易性金融资产、交易性金融负债，以及采用公允价值模式计量的投资性房地产、衍生工具、套期保值业务等公允价值变动形成的应计入当期损益的利得或损失。根据会计“利润表”中“公允价值变动收益”项目的本期金额数填报，或根据“公允价值变动损益”会计科目的余额填报。余额在贷方，则为净收益，余额在借方，则为净损失，以“-”号记。未执行 2006 年《企业会计准则》的企业可免填。

投资收益　指企业确认的投资收益或投资损失，反映企业以各种方式对外投资所取得的收益。根据会计“利润表”中“投资收益”项目的本期金额数填报。如为投资损失以“-”号记。

营业利润 指企业从事生产经营活动所取得的利润。执行2006年《企业会计准则》的企业，营业利润为营业收入减去营业成本、营业税金及附加、销售费用、管理费用、财务费用、资产减值损失，再加上公允价值变动收益和投资收益。未执行2006年《企业会计准则》的企业，营业利润为主营业务收入减去主营业务成本、主营业务税金及附加，加上其他业务利润后，再减去销售费用、管理费用、财务费用后的金额。根据会计"利润表"中"营业利润"项目的本期金额数填报。

营业外收入 指企业发生的与经营业务无直接关系的各项收入，包括非流动资产处置利得、非货币性资产交换利得、债务重组利得、政府补助、盘盈利得、捐赠利得等。根据会计"利润表"中"营业外收入"项目的本期金额数填报；未执行2006年《企业会计准则》的企业，"营业外收入"中不含"补贴收入"。

补贴收入 指企业实际收到的补贴收入，包括实际收到的先征后返的增值税；企业按销量或工作量等，依据国家规定的补助定额计算并按期给予的定额补贴。执行2006年《企业会计准则》的企业，根据会计 "营业外收入——补贴收入" 科目的期末贷方余额（结转前）填报；未执行2006年《企业会计准则》的企业，根据会计"补贴收入"科目的期末贷方余额（结转前）填报。

利润总额 指企业在一定会计期间的经营成果，是生产经营过程中各种收入扣除各种耗费后的盈余，反映企业在报告期内实现的盈亏总额。根据会计"利润表"中"利润总额"项目的本期金额数填报。执行2006年《企业会计准则》的企业，利润总额为营业利润加上营业外收入，减去营业外支出后的金额；未执行2006年《企业会计准则》的企业，利润总额为营业利润加上投资收益、补贴收入、营业外收入，再减去营业外支出后的金额。

应交所得税 指企业按税法规定，应从生产经营等活动的所得中缴纳的税金。执行2006年《企业会计准则》的企业，根据会计"利润表"中"所得税费用"项目的本期金额数填报；未执行2006年《企业会计准则》的企业，根据会计"利润表"中 "所得税"项目的本期金额数填报。

应付职工薪酬 指企业为获得职工提供的服务而给予各种形式的报酬以及其他相关支出。包括职工工资、奖金、津贴和补贴，职工福利费，医疗保险费、养老保险费、失业保险费、工伤保险费和生育保险费等社会保险费，住房公积金，工会经费和职工教育经费，非货币性福利，因解除与职工的劳动关系给予的补偿，其他与获得职工提供的服务相关的支出。执行2006年《企业会计准则》的企业，根据会计科目"应付职工薪酬"的本年贷方累计发生额填报；未执行2006年《企业会计准则》的企业，应将本年上述职工薪酬包含的科目归并填报。

应交增值税 指企业按税法规定，从事货物销售或提供加工、修理修配劳务等增加货物价值的活动本期应交纳的税金，不含期初未抵扣税额。根据会计相关科目贷方累计发生额，按下述公式计算填报：

应交增值税=销项税额－（进项税额－进项税额转出）－出口抵减内销产品应纳税额－减免税款+出口退税

生产经营情况

1. 批发和零售业

商品购进额 指从本企业以外的单位和个人购进（包括从国外直接进口）作为转卖或加工后转卖的商品金额（含增值税）。本指标反映批发和零售业从国内外市场上购进商品的总价。

商品购进包括：（1）从工农业生产者、批发和零售业企业、住宿和餐饮业企业、出版社或报社的出版发行部门和其他服务业企业购进的商品；（2）从机关团体、事业单位购进的商品；（3）从海关、市场管理部门购进的缉私和没收的商品；（4）从居民收购的废旧商品等。

不包括：（1）企业为本单位自身经营用，不是作为转卖而购进的商品，如材料物资、包装物、低值易耗品、办公用品等；（2）未通过买卖行为而收入的商品，如接受其他部门移交的商品、借入的商品、收入代其他单位保管的商品、其他单位赠送的样品、加工回收的成品等；（3）经本单位介绍，由买卖双方直接结算，本单位只收取手续费的业务；（4）销售退回和买方拒付货款的商品；（5）商品溢余。

购进的各种商品，不论是否进入本单位仓库，凡是通过本企业结算货款的，都包括在内。从国内购进的商品，以进货全价计算商品购进，包括原始进价（或农副产品收购价）和购入环节缴纳的各项税金（包括增值税），企业购进商品发生的购进折扣、退回和折让，及购进商品发生的经确认的索赔收入，冲减商品购进金额。进口商品的国外进价按到岸价格（CIF）、折合成人民币计算，如果对外合同以离岸价格（FOB）成交，商品离开对方口岸后，应由我方企业负担的各项费用也包括在商品购进的金额内，但不包括到达我国口岸后发生的各项费用，收入的进口佣金冲减购进金额，不包括不易按商品认定的佣金金额。企业委托其他单位代理进口的商品，其购进金额为实际支付给代理单位的全部价款。

进口 指直接从国外进口或委托外贸企业代理进口的商品金额，不包括从国内有关单位购进的进口商品。对外贸易企业只统计自主经营进口的商品，不统计受托代理进口的商品。

商品销售额 指对本单位以外的单位和个人出售的商品金额（包括售给本单位消费用的商品，含增值税）。在批发和零售业中，本指标反映在国内市场上销售商品以及出口商品的总量。

商品销售包括：（1）售给城乡居民和社会集团消费用的商品；（2）售给农业、工业、建筑业、服务业等国民经济各行业用于生产、经营用的商品，包括售予批发和零售业作为转卖或加工后转卖的商品；（3）对国（境）外直接出口的商品。

商品销售不包括：（1）未通过买卖行为付出的商品，如随机构变动移交给其他企业单位的商品、借出的商品、归还受其他单位委托代保管的商品、付出的加工原料和赠送给其他单位的样品等；（2）经本单位介绍，由买卖双方直接结算，本单位只收取手续费的业务；（3）购货退回的商品；（4）商品损耗和损失；（5）出售本单位自用的废旧物资。

商品销售是指商品已经售出、商品所有权已经转移给买方后，以收到货款或取得收取货款的证据时作为商品销售。（1）采取直接收款方式的，在实际收到货款或取得收款的凭证时作为商品销售；采取托收承付和委托银行收款结算方式的，在发出商品并办妥托收手续时作为商品销售；采用分期收款方式的，按合同约定的收款日期作为商品销售；采用预收货款方式的，在商品发出时作为商品销售；（2）委托其他单位代销商品，以收到代销单位的销售清单时作为商品销售。在交款提货的情况下，如货款已经收到，只要账单和提货单已经交给买方，不论商品是否发出，都应作为商品销售；（3）出口商品销售，陆路以取得承运货物收据或铁路联运运单、海运以取得出口装船提单、空运以取得运单并在银行办理了交单作业作为商品销售。预收货款不通过银行交单的，取得以上提单、运单后作为商品销售。出口商品一律以离岸价（FOB）计算商品销售，如按到岸价（CIF）对外成交的，应扣除商品离境后发生的由我方负担的国外运费、保险费、佣金（不包括不易按商品认定的累计佣金）、银行财务费和对外理赔款等作为商品销售；（4）自营进口商品销售，企业与境内用户签订合同实行货到结算的，在商品到达我国境内港口取得船舶到港通知，企业向订货单位开出结算凭证时作为商品销售；合同规定对境内实行单向结算的，企业凭境外账单向订货单位开出结算凭证时作为商品销售；已先期到达并存放在相应的仓储企业单位库存的进口商品，企业凭出库单向用户开出结算凭证后作为商品销售。

批发额　指售给国民经济各行业用于生产、经营用的商品金额。

商品批发包括：（1）售给农业、工业、建筑业等行业用于生产的各种机器设备、工具、原料、材料、燃料、建筑材料，售给农民的农业生产资料，售给交通运输、仓储和邮政业用于业务活动的设备、车辆和燃料等；（2）售给信息传输、软件和信息技术服务，科学研究和技术服务业，水利、环境和公共设施管理业等行业用于生产经营、勘察设计、科研试验等业务经营使用的商品，售给批发和零售业、住宿和餐饮业使用的各种设备、工具、原材料、燃料、仓储运输用的商品；（3）售给居民服务、修理和其他服务业各种营业用品，如售给理发业的理发工具、毛巾等，日用品修理业的设备、工具、材料、零配件等，售给民政部门救灾用的商品等；（4）售给批发和零售业作为转卖用的商品；售给餐饮业用于烹饪、调制加工后出售的商品和转卖的商品；售给服务业转卖的商品；（5）出口的商品。

出口　指直接向国（境）外出口商品和委托外贸企业代理出口的商品金额，商品出口不包括售给外贸企业出口或加工后出口的商品，以及在国内市场以外币销售的商品。外贸企业只统计自主经营出口的商品，不包括受托代理出口的商品。

零售额　指售给城乡居民用于生活消费和社会集团用于公共消费的商品金额。

商品零售包括：（1）售给城乡居民的各种生活消费品，售给入境旅游的外国人、华侨、港澳台同胞的各类商品；（2）售给行政事业单位、社会团体、军队和武警等机构的商品，以及以零售方式售给各类企业的商品。具体包括：用于非生产和社会交往的办公用品，如通讯设备、计算器具和设备、电讯网络设备、文印设备、音像视听器材和设备、纸张、本册、文具及装订文印材料、家具、日用电器、针纺织品、清洁卫生用品、文体用品、奖品、纪念品、礼品等；供内部人员乘坐的交通工具和燃料；用于办公设施修缮的各类配件、材料、工具等；用于取暖和防暑降温的设备、燃料、材料及食品等；专用于教学的用品和设备；非营利医疗机构的中、西药品、中药材和医疗设备器材；非专用的劳动保护用品；不对外营业的内部食堂用的餐具、炊具、设备、清洁卫生工具和食品、燃料等；军队、武警用于其人员生活的衣着品和个人用品；其他各类非生产性设备和用品。

商品零售不包括：（1）售给城乡居民已确知是用于生产、经营的商品；（2）售给各类农业生产者的生产资料类商品，如农机、农药化肥、农膜、种子饲料等商品；（3）售给企业单位生产用具及生产上专用的劳动保护用品。

商品库存额　对于批发和零售业法人企业和个体经营户，是指报告期末取得所有权的全部商品金额（含增值税）；对于批发和零售业产业活动单位，是指报告期末实际在库且归属法人具有所有权的全部商品金额（含增值税）。这个指标反映批发和零售业的商品库存情况，以及对市场商品供应的保证程度。

库存商品包括：（1）存放在本单位（如门市部、批发站、采购站、经营处）的仓库、货场、货柜和货架中的商品；（2）挑选、整理、包装中的商品；（3）已记入购进而尚未运到本单位的商品，即发货单或银行承兑凭证已到而货未到的商品；（4）寄放他处的商品，如因购货方拒绝付款而暂时存在购货方的商品；（5）委托其他单位代销（未作销售或调出）尚未售出的商品；（6）代其他单位购进尚未交付的商品。

库存商品不包括：（1）所有权不属于本单位的商品，如商品已作销售但买方尚未取走的商品，代替他人保管、运输、加工的商品，代其他单位销售（未做购进或调入）而未售出的商品；（2）委托外单位加工的商品（包括本单位所属加工厂和其他生产单位加工生产尚未收回成品的商品）；（3）外贸企业代理其他单位从国外进口，尚未付给订货单位的商品；（4）代国家储备部门保管的商品。

库存商品金额可以采用进价或售价进行核算。采用进价核算的商品，应按商品进货原则（或实际采购成本）计算期末库存；采用售价核算的商品，应按商品的售价计算期末库存。购入的商品，在商品到达验收入库后计算期末库存（对已记入购进尚未运到的商品，也可计算期末库存）；对于月终尚未开出承兑商业汇票的入库商品，按应付给供货单位的价款暂估计算期末库存；年度终了，凡已转入库存和已作销售的进口商品，属于国外以离岸价格成交、有应付未付国外运保费的，应先估计期末库存，委托其他单位代销的商品包括在期末库存中；委托外单位加工的商品，在发出商品时作减少期末库存，当加工商品收回时增加期末库存（包括商品进货原价、加工费用、加工税金等)。

2. 住宿和餐饮业

营业额 指住宿和餐饮业单位在经营活动中因提供服务或销售商品等取得的全部收入，包括：客房收入、餐费收入、商品销售额（含增值税）和其他收入。不包括法人企业附营的其他行业产业活动单位的餐费收入、商品销售收入等各项收入。

客房收入 指住宿和餐饮业单位在经营活动中因提供住宿服务取得的收入。不包括法人企业附营的其他行业产业活动单位的客房收入。

餐费收入 指住宿和餐饮业单位为顾客提供就餐服务取得的收入。包括：经烹饪、调制加工后出售的各种食品，如主食、炒菜、凉拌菜等的收入。不包括法人企业附营的其他行业产业活动单位的餐费收入。

商品销售额 指对本单位以外的单位和个人出售的商品金额（包括售给本单位消费用的商品，含增值税）。在住宿和餐饮业中，本指标反映住宿和餐饮业单位出售商品的销售总额（含增值税），不包括法人企业附营的其他行业产业活动单位的商品销售额。

其他收入 指营业额中除客房收入、餐费收入、商品销售额（含增值税）以外的其他收入。

客房数 指住宿和餐饮业连锁门店提供住宿服务的房间数，该指标按报告期内正常情况下的实有数统计。

床位数 指住宿和餐饮业连锁门店供应旅客使用的床位数，不包括临时加床和门店内部工作人员使用的床位。该指标按报告期内正常情况下的实有数统计。

餐位数 指住宿和餐饮业连锁门店为顾客提供就餐服务时，正常可同时容纳就餐人员的餐位数量，不包括临时加的餐位。该指标按报告期内正常情况下的实有数统计。

第2篇

房地产业

2-1　各地区全部房地产开发企业主要数据

地　区	法人单位个数 (个)	从业人员期末人数 (人)	资产总计 (亿元)
湖南省	**5930**	**157845**	**10865.31**
长沙市	1421	39801	5924.32
株洲市	476	12073	801.23
湘潭市	258	6480	455.12
衡阳市	711	19182	510.53
邵阳市	324	9013	271.49
岳阳市	577	15426	442.44
常德市	342	8281	423.92
张家界市	108	2278	171.28
益阳市	271	6462	271.19
郴州市	411	11638	678.23
永州市	291	8129	224.34
怀化市	284	9411	278.70
娄底市	282	7354	292.87
湘西州	174	2317	119.67

注：本表包含未纳入联网直报的房地产开发企业。

2-2 各地区按登记注册类型分联网

地　区	总　计	内　资	国　有	集　体	股份合作	国有联营	集体联营
湖南省	**3739**	**3621**	**87**	**8**	**6**		
长沙市	809	777	17				
株洲市	368	353	2	1			
湘潭市	176	163	3				
衡阳市	326	311	11	2			
邵阳市	207	204	5	1	1		
岳阳市	307	299	10		1		
常德市	271	266	8	1			
张家界市	74	72	3				
益阳市	196	191	2	1			
郴州市	299	290	8	1	1		
永州市	192	185	3		2		
怀化市	190	188	9		1		
娄底市	184	182	2	1			
湘西州	140	140	4				

注：本表数据范围为联网直报房地产开发企业。

2-2　续表

地　区	私营股份有限公司	其他内资企　业	港澳台商投　资	合资经营	合作经营	独　资
湖南省	**217**	**8**	**84**	**39**	**2**	**42**
长沙市	21	1	25	11	1	13
株洲市	17	1	11	5		6
湘潭市	11	1	12	5	1	6
衡阳市	16	1	8	5		3
邵阳市	18	2	2	1		1
岳阳市	33	1	4	2		2
常德市	15		3	1		2
张家界市	5		1			1
益阳市	13		1	1		
郴州市	12		9	4		5
永州市	17		5	2		2
怀化市	13	1	1			1
娄底市	15		2	2		
湘西州	11					

注：本表数据范围为联网直报房地产开发企业。

直报房地产开发企业法人单位个数

单位：个

国有与集体联营	其他联营	国有独资公司	其他有限责任公司	股份有限公司	私营独资	私营合伙	私营有限责任公司
	2	**67**	**1577**	**243**	**18**	**8**	**1380**
	2	21	489	29	2		195
		9	142	19		1	161
		6	60	16			66
		1	134	28	1	1	116
		1	67	24	4	2	79
		2	120	27	2	1	102
		6	128	24			84
			23	8		1	32
		8	74	18			75
		5	134	20	1		108
		1	48	8	5	2	99
		1	67	12	3		81
		3	77	6			78
		3	14	4			104

单位：个

股份有限	其他	外商投资	合资经营	合作经营	独资	股份有限	其他
1		**34**	**20**		**12**	**2**	
		7	4		2	1	
		4	4				
		1			1		
		7	3		4		
		1	1				
		4	2		2		
		2	1		1		
		1			1		
		4	3			1	
1		2	2				
		1			1		

2-3 各地区按登记注册类型分联网

地 区	总 计	内 资					
			国 有	集 体	股份合作	国有联营	集体联营
湖南省	**108041**	**103874**	**2558**	**232**	**153**		
长沙市	27741	25790	620				
株洲市	9924	9363	40	20			
湘潭市	4929	4632	77				
衡阳市	9638	9212	556	40			
邵阳市	6766	6677	64	120	4		
岳阳市	7505	7323	178		15		
常德市	5629	5561	110				
张家界市	1672	1596	34				
益阳市	4787	4695	61	37			
郴州市	9570	9399	220	2	48		
永州市	5538	5366	65		17		
怀化市	7338	7282	423		69		
娄底市	5073	5047	34	13			
湘西州	1931	1931	76				

注：本表数据范围为联网直报房地产开发企业。

2-3 续表

地 区			港澳台商投 资			
	私营股份有限公司	其他内资企 业		合资经营	合作经营	独 资
湖南省	**6156**	**297**	**2717**	**1135**	**32**	**1512**
长沙市	640	20	1314	474	22	818
株洲市	697	34	333	162		171
湘潭市	232	32	268	100	10	158
衡阳市	455	15	232	117		115
邵阳市	269	31	55	25		30
岳阳市	1257	30	88	52		36
常德市	243		36	12		24
张家界市	129		15			15
益阳市	333		42	42		
郴州市	241		171	92		79
永州市	429		111	33		40
怀化市	575	135	26			26
娄底市	530		26	26		
湘西州	126					

注：本表数据范围为联网直报房地产开发企业。

直报房地产开发企业从业人员平均人数

单位：人

国有与集体联营	其他联营	国有独资公司	其他有限责任公司	股份有限公司	私营独资	私营合伙	私营有限责任公司
	65	**2700**	**48637**	**6665**	**381**	**194**	**35836**
	65	803	16270	1071	58		6243
		169	4736	515			3152
		384	2010	390			1507
		25	4390	811	5	15	2900
		17	3177	450	77	91	2377
		49	2558	1070	44	35	2087
		303	2803	340			1762
			527	211		25	670
		135	1385	412			2332
		359	4385	582	1		3561
		16	1831	157	84	28	2739
		28	2588	412	112		2940
		351	1710	161			2248
		61	267	83			1318

单位：人

股份有限	其他	外商投资	合资经营	合作经营	独资	股份有限	其他
38		**1450**	**576**		**847**	**27**	
		637	68		566	3	
		228	228				
		29			29		
		194	89		105		
		34	34				
		94	41		53		
		32	29		3		
		61			61		
		50	26			24	
38		61	61				
		30			30		

2-4 各地区按资质等级分联网直报房地产开发企业法人单位个数

单位：个

地 区	总 计	一 级	二 级	三 级	四 级	暂 定	其 他
湖南省	**3739**	**26**	**229**	**1710**	**521**	**1131**	**122**
长沙市	809	14	90	363	43	284	15
株洲市	368	2	14	229	6	109	8
湘潭市	176	4	19	100	17	30	6
衡阳市	326		15	166	54	82	9
邵阳市	207	1	11	87	43	51	14
岳阳市	307	1	10	94	82	112	8
常德市	271	1	20	134	81	33	2
张家界市	74		4	22	15	29	4
益阳市	196		1	74	55	59	7
郴州市	299		6	146	22	119	6
永州市	192	1	5	81	24	50	31
怀化市	190	1	18	121	9	37	4
娄底市	184	1	11	50	48	71	3
湘西州	140		5	43	22	65	5

注：本表数据范围为联网直报房地产开发企业。

2-5 各地区按资质等级分联网直报房地产开发企业从业人员平均人数

单位：人

地 区	总 计	一 级	二 级	三 级	四 级	暂 定	其 他
湖南省	**108041**	**2174**	**12900**	**50270**	**11607**	**28215**	**2875**
长沙市	27741	1064	5708	11361	922	8229	457
株洲市	9924	415	755	6079	114	2436	125
湘潭市	4929	337	1132	2342	236	734	148
衡阳市	9638		987	4853	1553	2065	180
邵阳市	6766	10	579	3259	1211	1568	139
岳阳市	7505	128	366	2369	2096	2439	107
常德市	5629	66	684	2820	1393	623	43
张家界市	1672		141	509	289	654	79
益阳市	4787		24	2561	868	1263	71
郴州市	9570		493	5079	708	3065	225
永州市	5538	29	405	2122	576	1325	1081
怀化市	7338	93	1189	4796	196	995	69
娄底市	5073	32	339	1453	1079	2106	64
湘西州	1931		98	667	366	713	87

注：本表数据范围为联网直报房地产开发企业。

2-6 各地区按用途分联网直报房地产开发企业房屋施工面积

单位：平方米

地 区	房屋施工面积	住 宅	别墅、高档公寓	办公楼	商业营业用房	其 他
湖南省	**254000906**	**195942736**	**5377045**	**5807039**	**25780676**	**26470455**
长沙市	86681471	60985272	3412683	4090424	8637809	12967966
株洲市	22553977	17217487	310548	158830	2555086	2622574
湘潭市	13685270	10836614	176903	455440	1060211	1333005
衡阳市	19450548	15731416	161930	196589	1809101	1713442
邵阳市	12050067	10198787	89482	29288	981648	840344
岳阳市	12194648	9996950	325330	120082	1177608	900008
常德市	10582672	8490674	13380	71658	1182843	837497
张家界市	5289064	4153533	342183	47709	580243	507579
益阳市	10204439	8123512	46806	149907	1190379	740641
郴州市	17079108	14076679	236824	69066	1636365	1296998
永州市	11216798	9443464	26262	55575	1395943	321816
怀化市	13157481	10871259	223619	199230	1251557	835435
娄底市	12824052	10034281	11095	128350	1532275	1129146
湘西州	7031311	5782808		34891	789608	424004

注：本表数据范围为联网直报房地产开发企业。

2-7 各地区按资质等级分联网直报房地产开发企业房屋施工面积

单位：平方米

地 区	总 计	一 级	二 级	三 级	四 级	暂 定	其 他
湖南省	**254000906**	**9147176**	**30715394**	**110246416**	**19857813**	**78954253**	**4779331**
长沙市	86681471	4901443	15817618	32379071	2217222	30398435	967682
株洲市	22553977	882708	1767786	11436972	107083	7902125	457303
湘潭市	13685270	2604504	2339117	6147860	279981	1895432	173792
衡阳市	19450548		2539838	11403436	1919575	3425199	138500
邵阳市	12050067		1021132	5288908	2296537	3262745	180745
岳阳市	12194648	149474	918045	4348471	2157385	4400538	220735
常德市	10582672	170860	1043500	4606789	3188342	1525135	48046
张家界市	5289064		325186	1801838	688397	2085910	387733
益阳市	10204439		132000	5080446	1954505	2849361	188127
郴州市	17079108		1363835	7738822	647350	7006137	309077
永州市	11216798	63154	170778	4623542	1523298	3305654	1530372
怀化市	13157481	327009	799041	8872208	326927	2748389	65855
娄底市	12824052	48024	1672508	3942635	1957070	5160403	43412
湘西州	7031311		805010	2575418	594141	2988790	67952

注：本表数据范围为联网直报房地产开发企业。

2-8 各地区按用途分联网直报房地产开发企业房屋新开工面积

单位：平方米

地区	房屋新开工面积	住宅		办公楼	商业营业用房	其他
			别墅、高档公寓			
湖南省	**88691284**	**68541533**	**1547889**	**1497105**	**9204162**	**9448484**
长沙市	27826388	19840120	838537	1059345	2685442	4241481
株洲市	6857858	5401606	30189	10413	737048	708791
湘潭市	4047319	2931232	89602	79291	463054	573742
衡阳市	6582895	5314348	26117	41675	582521	644351
邵阳市	4915526	4070976	44704	18534	411803	414213
岳阳市	4156699	3434305	182192	22067	396559	303768
常德市	4810270	3945331	2180	48853	460845	355241
张家界市	2590090	1858739	113811	38081	365312	327958
益阳市	3242236	2435301		32914	491157	282864
郴州市	7461495	6265739	118367	24399	668168	503189
永州市	4385799	3789960	26262	27531	405846	162462
怀化市	3872162	3155265	69500	50229	409770	256898
娄底市	6333722	4906023	6428	38855	871712	517132
湘西州	1608825	1192588		4918	254925	156394

注：本表数据范围为联网直报房地产开发企业。

2-9 各地区按资质等级分联网直报房地产开发企业房屋新开工面积

单位：平方米

地区	总计	一级	二级	三级	四级	暂定	其他
湖南省	**88691284**	**2584102**	**9099901**	**36940511**	**8766268**	**29323534**	**1885708**
长沙市	27826388	1306713	4379397	10632028	1133765	10078698	295787
株洲市	6857858	98614	214977	3440071	56975	2861685	185536
湘潭市	4047319	919201	1009367	1027847	203399	840297	
衡阳市	6582895		685307	3776398	550099	1450466	96625
邵阳市	4915526		176490	1732331	1062566	1819062	125077
岳阳市	4156699	50000	349709	1288664	856981	1469661	141684
常德市	4810270	161325	176610	2146666	1551950	736302	37417
张家界市	2590090		145504	884991	376636	823701	359258
益阳市	3242236			1587458	933455	652766	68557
郴州市	7461495		860636	3051860	214930	3261148	70921
永州市	4385799		1000	2299284	973091	762942	349482
怀化市	3872162	48249	158152	2566249	70167	956673	54620
娄底市	6333722		875163	1858046	568115	2988986	43412
湘西州	1608825		67589	648618	214139	621147	57332

注：本表数据范围为联网直报房地产开发企业。

2-10　各地区按用途分联网直报房地产开发企业房屋竣工面积

单位：平方米

地　区	房屋竣工面积	住　宅	别墅、高档公寓	办公楼	商业营业用房	其他
湖南省	**45937631**	**37647106**	**1052539**	**494725**	**4133294**	**3662506**
长沙市	14003625	10653032	689167	356162	1155131	1839300
株洲市	3491215	3013468	27179	4334	219841	253572
湘潭市	2933261	2530224	28520	8537	169159	225341
衡阳市	4203414	3373450	57777	48591	469430	311943
邵阳市	1827865	1525182	1060	6204	142162	154317
岳阳市	2849195	2373398	126648	7305	334512	133980
常德市	1641384	1431774		7858	152267	49485
张家界市	1182852	974042	4513	21258	75137	112415
益阳市	1627124	1372661		308	194591	59564
郴州市	2487597	2128193	64192	18820	228389	112195
永州市	4061685	3526494		11030	415800	108361
怀化市	2796337	2474338	52416	2654	274184	45161
娄底市	1965468	1518659	1067	1664	224240	220905
湘西州	866609	752191			78451	35967

注：本表数据范围为联网直报房地产开发企业。

2-11　各地区按资质等级分联网直报房地产开发企业房屋竣工面积

单位：平方米

地　区	总　计	一　级	二　级	三　级	四　级	暂　定	其　他
湖南省	**45937631**	**2148028**	**5872435**	**20610595**	**4489448**	**11727703**	**1089422**
长沙市	14003625	414458	3270624	6181461	131114	3882747	123221
株洲市	3491215	229805	277518	1878464	56975	941335	107118
湘潭市	2933261	1494230	339540	641150	22600	360741	75000
衡阳市	4203414		314326	2552866	75839	1260383	
邵阳市	1827865		215943	691359	458122	449441	13000
岳阳市	2849195		273907	1136129	602202	744743	92214
常德市	1641384	9535	133170	454870	862053	181756	
张家界市	1182852		4657	454703	199594	523898	
益阳市	1627124			851186	544045	189765	42128
郴州市	2487597		30000	1270257	98821	988942	99577
永州市	4061685		74924	1651346	914599	884452	536364
怀化市	2796337		188930	2010573	103250	493584	
娄底市	1965468		541407	385461	344064	694536	
湘西州	866609		207489	450770	76170	131380	800

注：本表数据范围为联网直报房地产开发企业。

2-12 各地区按用途分联网直报房地产开发企业房屋竣工价值

单位：万元

地区	房屋竣工价值	住宅	别墅、高档公寓	办公楼	商业营业用房	其他
湖南省	**11571564**	**8895546**	**557684**	**354379**	**1469573**	**852066**
长沙市	4903424	3443168	459068	321420	661979	476857
株洲市	917169	774075	8506	1219	70949	70926
湘潭市	689030	597692	9414	1185	41157	48996
衡阳市	762213	583321	9940	8484	115407	55001
邵阳市	314678	249824	300	629	33955	30270
岳阳市	632387	484431	35675	6386	119540	22030
常德市	383892	338127		2337	32740	10688
张家界市	298617	235615	1720	6187	31831	24984
益阳市	364018	287086		24	66722	10186
郴州市	513202	440082	10396	3810	43765	25545
永州市	732182	622406		1728	86377	21671
怀化市	525793	437263	22575	661	80437	7432
娄底市	412775	295831	90	309	73981	42654
湘西州	122184	106625			10733	4826

注：本表数据范围为联网直报房地产开发企业。

2-13 各地区联网直报房地产开发企业建造的房屋面积和造价

地区	房屋施工面积（平方米）	房屋竣工面积（平方米）	房屋建筑面积竣工率（%）	房屋竣工价值（万元）	房屋竣工造价（元/平方米）
湖南省	**254000906**	**45937631**	**18.1**	**11571564**	**2519**
长沙市	86681471	14003625	16.2	4903424	3502
株洲市	22553977	3491215	15.5	917169	2627
湘潭市	13685270	2933261	21.4	689030	2349
衡阳市	19450548	4203414	21.6	762213	1813
邵阳市	12050067	1827865	15.2	314678	1722
岳阳市	12194648	2849195	23.4	632387	2220
常德市	10582672	1641384	15.5	383892	2339
张家界市	5289064	1182852	22.4	298617	2525
益阳市	10204439	1627124	15.9	364018	2237
郴州市	17079108	2487597	14.6	513202	2063
永州市	11216798	4061685	36.2	732182	1803
怀化市	13157481	2796337	21.3	525793	1880
娄底市	12824052	1965468	15.3	412775	2100
湘西州	7031311	866609	12.3	122184	1410

注：本表数据范围为联网直报房地产开发企业。

2-14 各地区按用途分联网直报房地产开发企业商品房销售面积

单位：平方米

地 区	商品房销售面积	住 宅		办公楼	商业营业用房	其 他
			别墅、高档公寓			
湖南省	**59523802**	**54114845**	**930945**	**787239**	**3436330**	**1185388**
长沙市	18405936	16400304	597925	642587	933191	429854
株洲市	5569998	5203074	50302	51352	230349	85223
湘潭市	2419766	2186000	35186	163	122461	111142
衡阳市	3843498	3496081	19435	21125	247582	78710
邵阳市	2300839	2172440	10040	2000	102648	23751
岳阳市	3045808	2801254	14154	10997	174710	58847
常德市	2525345	2298760			203753	22832
张家界市	747350	709387	14822	1387	31214	5362
益阳市	3098844	2875499	35204	19526	197878	5941
郴州市	3635311	3366029	100474	6434	208640	54208
永州市	4689325	4184642	5692		416743	87940
怀化市	4462365	4158035	40241	18654	224205	61471
娄底市	3713270	3280032	7470	13014	265293	154931
湘西州	1066147	983308			77663	5176

注：本表数据范围为联网直报房地产开发企业。

2-15 各地区按资质等级分联网直报房地产开发企业商品房销售面积

单位：平方米

地 区	总 计	一 级	二 级	三 级	四 级	暂 定	其 他
湖南省	**59523802**	**1886469**	**6242995**	**27452115**	**5031059**	**17143503**	**1754655**
长沙市	18405936	1043692	3040037	7622042	457527	6005953	236685
株洲市	5569998	128444	406306	2710256	57435	1892813	374744
湘潭市	2419766	665982	326487	874304	53254	353162	133571
衡阳市	3843498		398385	2297713	175501	971221	678
邵阳市	2300839		272970	974236	474764	574369	4500
岳阳市	3045808	6264	146375	1222877	442234	1169200	58858
常德市	2525345		205984	979710	954135	381348	4168
张家界市	747350		54478	317297	102944	202776	69855
益阳市	3098844		37271	1654584	696920	606220	103849
郴州市	3635311		79462	1726060	144201	1576773	108815
永州市	4689325	3585	98978	2279420	782819	917551	606972
怀化市	4462365	38502	222571	3433331	129106	620995	17860
娄底市	3713270		758091	1060689	421690	1472800	
湘西州	1066147		195600	299596	138529	398322	34100

注：本表数据范围为联网直报房地产开发企业。

2-16 各地区按用途分联网直报房地产开发企业商品房期房销售面积

单位：平方米

地 区	商品房期房销售面积	住 宅	别墅、高档公寓	办公楼	商业营业用房	其他
湖南省	**42447367**	**39101785**	**538897**	**715588**	**1966913**	**663081**
长沙市	15140097	13773625	385904	607056	519591	239825
株洲市	4838263	4567614	25813	44452	165444	60753
湘潭市	2069089	1908770	17282	163	77621	82535
衡阳市	2286069	2093638	12338	19415	158108	14908
邵阳市	1223609	1171592	5234		39686	12331
岳阳市	2089015	1942952	10319	9544	95070	41449
常德市	1636347	1527548			105165	3634
张家界市	486881	463883	3796	1387	18810	2801
益阳市	1984256	1883765	28394	3194	92912	4385
郴州市	1482645	1393711	20675		88140	794
永州市	2355066	2104575			241947	8544
怀化市	2974309	2800953	23804	18500	109729	45127
娄底市	3128436	2767630	5338	11877	207326	141603
湘西州	753285	701529			47364	4392

注：本表数据范围为联网直报房地产开发企业。

2-17 各地区按用途分联网直报房地产开发企业房屋出租面积

单位：平方米

地 区	房屋出租面积	住 宅	别墅、高档公寓	办公楼	商业营业用房	其他
湖南省	**279807**	**38315**		**33333**	**196849**	**11310**
长沙市	98943			30185	68758	
株洲市	7541	7541				
湘潭市						
衡阳市	18756	5276			13480	
邵阳市	2500	2500				
岳阳市	6897				6897	
常德市	79915	13713			61293	4909
张家界市	4805				1404	3401
益阳市	20000	155			16845	3000
郴州市	130	130				
永州市	2000				2000	
怀化市	12280	9000			3280	
娄底市	4792				4792	
湘西州	21248			3148	18100	

注：本表数据范围为联网直报房地产开发企业。

2-18　各地区按用途分联网直报房地产开发企业商品房销售额

单位：万元

地　区	商品房销售额	住　宅	别墅、高档公寓	办公楼	商业营业用房	其他
湖南省	**25256439**	**21149740**	**755556**	**867437**	**2814772**	**424490**
长沙市	11603801	9465296	545312	780627	1177364	180514
株洲市	2350875	2058968	27922	45907	214376	31624
湘潭市	914733	798416	25461	93	80035	36189
衡阳市	1255067	1066032	11302	14093	149228	25714
邵阳市	688016	622074	4570	400	61024	4518
岳阳市	995288	882824	8499	4565	93446	14453
常德市	1023646	828122			185448	10076
张家界市	256317	222830	8726	480	31676	1331
益阳市	971234	818980	27270	8411	142128	1715
郴州市	1268756	1132355	76857	1951	118419	16031
永州市	1177577	985154	1937		153486	38937
怀化市	1310904	1138435	15017	6993	148800	16676
娄底市	1141266	879477	2683	3917	212496	45376
湘西州	298959	250777			46846	1336

注：本表数据范围为联网直报房地产开发企业。

2-19　各地区按资质等级分联网直报房地产开发企业商品房销售额

单位：万元

地　区	总　计	一　级	二　级	三　级	四　级	暂　定	其　他
湖南省	**25256439**	**1103594**	**3019603**	**11021408**	**1617261**	**7891369**	**596997**
长沙市	11603801	768836	1835296	4407268	209115	4219596	163690
株洲市	2350875	65264	182378	1148949	17069	845168	92047
湘潭市	914733	258116	122667	327368	14721	135760	49894
衡阳市	1255067		165735	763795	52860	272381	296
邵阳市	688016		139702	266186	126404	154464	1260
岳阳市	995288	2115	44663	451843	132608	353271	10788
常德市	1023646		79107	410486	377757	155415	881
张家界市	256317		25851	97155	28544	76188	28579
益阳市	971234		13086	511227	200100	210246	36575
郴州市	1268756		45321	564793	73737	548844	36061
永州市	1177577	905	34295	583923	181672	214582	162200
怀化市	1310904	8358	64699	1031671	25919	176611	3646
娄底市	1141266		223101	367760	139708	410697	
湘西州	298959		43702	88984	37047	118146	11080

注：本表数据范围为联网直报房地产开发企业。

2-20 各地区按用途分联网直报房地产开发企业商品房待售面积

单位：平方米

地区	商品房待售面积	住宅	别墅、高档公寓	办公楼	商业营业用房	其他
湖南省	**22199516**	**15637576**	**737005**	**487382**	**3851903**	**2222655**
长沙市	8184101	5239496	439628	333079	1303851	1307675
株洲市	728239	491816	17743	6186	166692	63545
湘潭市	846634	632975	48536		127860	85799
衡阳市	1919665	1389502	40029	52145	346084	131934
邵阳市	1563451	1291470	5059	5602	145356	121023
岳阳市	1299931	859627	10569	12576	331729	95999
常德市	1055603	777617			235615	42371
张家界市	480539	326903	69042	19871	94768	38997
益阳市	1211123	794074	6449	13133	372349	31567
郴州市	1999675	1572476	48901	9019	237744	180436
永州市	868270	751822		530	92478	23440
怀化市	827378	643492	31524	25706	137722	20458
娄底市	800988	606371	19525	6503	140407	47707
湘西州	413919	259935		3032	119248	31704

注：本表数据范围为联网直报房地产开发企业。

2-21　各地区联网直报房地产开发企业土地开发及其购置情况

地　区	待开发土地面积（平方米）	本年土地购置面积（平方米）	本年土地成交价款（万元）
湖南省	**18970656**	**13276428**	**2458650**
长沙市	7766071	4589869	1200063
株洲市	1788509	947994	202166
湘潭市	963459	655844	94478
衡阳市	1451822	848295	85093
邵阳市	884222	836081	90754
岳阳市	1647096	945967	104580
常德市	510377	794133	120625
张家界市	750229	738830	116008
益阳市	332027	373359	81132
郴州市	1057485	1097425	168249
永州市	187962	104820	11265
怀化市	934774	621308	71221
娄底市	557020	568093	95587
湘西州	139603	154410	17429

注：本表数据范围为联网直报房地产开发企业。

2-22 各地区按登记注册类型分联网

地　区	总　　计	内　　资					
			国　　有	集　　体	股份合作	国有联营	集体联营
湖南省	**71366014.4**	**67931104.4**	**1275073.6**	**26298.6**	**3224.7**		
长沙市	39230315.6	37431654.5	706327.7				
株洲市	5715735.9	5184547.9	27139.1	900			
湘潭市	3439115.6	3200863.5	47388.3				
衡阳市	3384004.1	3052695.1	192409.8	15346.2			
邵阳市	1600826.1	1529577.4	4959.4	2170.7			
岳阳市	2776966.3	2639078.1	40014.1		26.5		
常德市	3023082.7	2994636.3	34170.5				
张家界市	1073353.8	991102.2	6783.5				
益阳市	1943509.6	1881826.9	74143.7	913			
郴州市	3662675.4	3625400.2	25081	5964.9	2836.3		
永州市	973634.1	870537.2	1508.9		326.3		
怀化市	1743894.9	1740483.9	55828.5		35.6		
娄底市	2006452.5	1996253.4	45	1003.8			
湘西州	792447.8	792447.8	59274.1				

注：本表数据范围为联网直报房地产开发企业。

2-22 续表

地　区			港澳台商投　　资			
	私营股份有限公司	其他内资企　　业		合资经营	合作经营	独　　资
湖南省	**1861600.4**	**75704.7**	**2345922.4**	**989143.8**	**5691.8**	**1350068.9**
长沙市	502727.1	13433.5	1418014.1	614325.6	5291.8	798396.7
株洲市	267054.8	22252.3	299034.3	116575.2		182459.1
湘潭市	115622.2	14182.1	178852.6	106589.2	400	71863.4
衡阳市	87374.3	12381.5	247485.7	16246.6		231239.1
邵阳市	71945.1	5268.4	24500.4	2512.2		21988.2
岳阳市	160230.8	8105.6	25721.2	15635.2		10086
常德市	120264.1		6654.6	1156.1		5498.5
张家界市	42182.7					
益阳市	37524.2		44596.4	44596.4		
郴州市	59987.2		37275.2	16192		21083.2
永州市	85046		53588.8	45116.2		7454.7
怀化市	110669.8	81.3				
娄底市	170185		10199.1	10199.1		
湘西州	30787.1					

注：本表数据范围为联网直报房地产开发企业。

直报房地产开发企业负债合计

单位：万元

国有与集体联营	其他联营	国有独资公司	其他有限责任公司	股份有限公司	私营独资	私营合伙	私营有限责任公司
	68585.3	**4650396.3**	**38906401.1**	**3147342.7**	**146640.1**	**85748.5**	**17684088.4**
	68585.3	3250972.7	24852715.3	1614703.2	36925.3		6385264.4
		323726.5	2600344.5	206033.2			1737097.5
		396390.7	1690328.7	111733			825218.5
		32303.5	1479038.3	152910.7	400		1080530.8
		1358	552776	63996	27109.4	22494.9	777499.5
		11991.4	1074844.1	212710.7	36931.6	40856.3	1053367
		264436.8	1515117.8	228008			832639.1
			308655.4	63378.3		22037.2	548065.1
		32315.8	940968.4	143786.2			652175.6
		148289.7	2091985.7	237637.7	8925.2		1044692.5
		26545.1	285441.5	8090.8	9245.5	360.1	453973
		9313.2	542061.7	47889.7	27103.1		947501
		121893.4	842518.2	42814			817794
		30859.5	129605.5	13651.2			528270.4

单位：万元

股份有限	其他	外商投资	合资经营	合作经营	独资	股份有限	其他
1017.9		**1088987.6**	**705552.4**		**381298.6**	**2136.6**	
		380647	213279.3		167242.6	125.1	
		232153.7	232153.7				
		59399.5			59399.5		
		83823.3	31660.5		52162.8		
		46748.3	46748.3				
		112167	95335.9		16831.1		
		21791.8	21791.8				
		82251.6			82251.6		
		17086.3	15074.8			2011.5	
1017.9		49508.1	49508.1				
		3411			3411		

2-23 各地区按登记注册类型分联网

地　区	总　　计	内　　资					
			国　　有	集　　体	股份合作	国有联营	集体联营
湖南省	**23867432.8**	**2281235.1**	**38684.5**	**1263.3**	**519.6**		
长沙市	13073354.1	1408480.5	22124.2				
株洲市	1759943.7	133591.4	120.4	-91.1			
湘潭市	1169428.4	96997.4	-503.4				
衡阳市	1034438.9	77989.2	38.3	1715.7			
邵阳市	485181	14591.2	65.9	-362.8	24.9		
岳阳市	1034943.5	121680.7	2631.9				
常德市	875604.8	119015.6	99.6				
张家界市	219182.7	22634.9	107.6				
益阳市	478129.4	48914.2	13747.2	-1			
郴州市	1156511.7	80630.2	352.3		89.3		
永州市	804756.1	58633.7	112.7		57.6		
怀化市	650640.8	39685.1	2349.6		347.8		
娄底市	896091.4	48593.8	35.4	2.5			
湘西州	229226.3	9797.2	-2597.2				

注：本表数据范围为联网直报房地产开发企业。

2-23　续表

地　区			港澳台商投资			
	私营股份有限公司	其他内资企业		合资经营	合作经营	独　　资
湖南省	**71322**	**3341.1**	**145703.5**	**34809.4**	**-90.4**	**110972.5**
长沙市	14125.5	-147.3	145668.5	28453.8	-31.8	117246.5
株洲市	4240.5	-342.6	10410	7569		2841
湘潭市	4161.6	370	-1873.9	-1107.1	-58.6	-708.2
衡阳市	-3892.6	-168.2	-5805.6	1051.4		-6857
邵阳市	3182.5	3235.7	-1997.6			-1997.6
岳阳市	3229.3	5.7	-812.5	-681.4		-131.1
常德市	14341.1		295	-101.7		396.7
张家界市	329.7		204			204
益阳市	1660.1		-2946.6	-2946.6		
郴州市	2314.8		892.3	1952.9		-1060.6
永州市	7740.6		1471.3	715.5		743.8
怀化市	2503.8	387.8	295			295
娄底市	14751.3		-96.4	-96.4		
湘西州	2633.8					

注：本表数据范围为联网直报房地产开发企业。

直报房地产开发企业主营业务收入

单位：万元

国有与集体联营	其他联营	国有独资公司	其他有限责任公司	股份有限公司	私营独资	私营合伙	私营有限责任公司
	-2817.4	**99364.7**	**1417832**	**83702**	**-2055.3**	**486.2**	**569592.4**
	-2817.4	64267.7	1015282.1	26044.1	161.3		269440.3
		20366.7	86573.8	13.3			22710.4
		-1823.7	74386.5	2028.1			18378.3
		2238.1	48313.6	6034.3			23710
		-16.2	-705.4	1109.6	-734.5		8791.5
		865.3	55987.5	11595.5	-1237		48602.5
		4713.8	62234.8	10649.3			26977
			4058.2	10109.9		462.6	7566.9
		227.5	14649.1	4506.9			14124.4
		1180.5	30218.3	12970.4			33504.6
		3321.9	7674.6	1968.9	557.3	23.6	37176.5
		-352.1	13278.7	-4697.4	-802.4		26669.3
		3493.4	4638.2	1351.1			24321.9
		881.8	1242	18			7618.8

单位：万元

股份有限	其他	外商投资	合资经营	合作经营	独资	股份有限	其他
12		**26593.7**	**24148**		**2418.4**	**27.3**	
		6483.7	-1131.1		7675.1	-60.3	
		11494.6	11494.6				
		-858.3			-858.3		
		3722.9	5763.4		-2040.5		
		2721.4	2721.4				
		4002.5	4623.1		-620.6		
		-236.7	-236.7				
		-2040.9			-2040.9		
		-5.5	-93.1			87.6	
12		1006.4	1006.4				
		303.6			303.6		

2-24 各地区按登记注册类型分联网

地 区	总 计	内 资					
			国 有	集 体	股份合作	国有联营	集体联营
湖南省	**2453532.3**	**2281235.1**	**38684.5**	**1263.3**	**519.6**		
长沙市	1560632.7	1408480.5	22124.2				
株洲市	155496	133591.4	120.4	-91.1			
湘潭市	94265.2	96997.4	-503.4				
衡阳市	75906.5	77989.2	38.3	1715.7			
邵阳市	15315	14591.2	65.9	-362.8	24.9		
岳阳市	124870.7	121680.7	2631.9				
常德市	119073.9	119015.6	99.6				
张家界市	20798	22634.9	107.6				
益阳市	45962.1	48914.2	13747.2	-1			
郴州市	81522.5	80630.2	352.3		89.3		
永州市	61111.4	58633.7	112.7		57.6		
怀化市	40283.7	39685.1	2349.6		347.8		
娄底市	48497.4	48593.8	35.4	2.5			
湘西州	9797.2	9797.2	-2597.2				

注：本表数据范围为联网直报房地产开发企业。

2-24 续表

地 区			港澳台商投 资			
	私营股份有限公司	其他内资企 业		合资经营	合作经营	独 资
湖南省	**71322**	**3341.1**	**145703.5**	**34809.4**	**-90.4**	**110972.5**
长沙市	14125.5	-147.3	145668.5	28453.8	-31.8	117246.5
株洲市	4240.5	-342.6	10410	7569		2841
湘潭市	4161.6	370	-1873.9	-1107.1	-58.6	-708.2
衡阳市	-3892.6	-168.2	-5805.6	1051.4		-6857
邵阳市	3182.5	3235.7	-1997.6			-1997.6
岳阳市	3229.3	5.7	-812.5	-681.4		-131.1
常德市	14341.1		295	-101.7		396.7
张家界市	329.7		204			204
益阳市	1660.1		-2946.6	-2946.6		
郴州市	2314.8		892.3	1952.9		-1060.6
永州市	7740.6		1471.3	715.5		743.8
怀化市	2503.8	387.8	295			295
娄底市	14751.3		-96.4	-96.4		
湘西州	2633.8					

注：本表数据范围为联网直报房地产开发企业。

直报房地产开发企业利润总额

单位：万元

国有与集体联营	其他联营	国有独资公司	其他有限责任公司	股份有限公司	私营独资	私营合伙	私营有限责任公司
	-2817.4	**99364.7**	**1417832**	**83702**	**-2055.3**	**486.2**	**569592.4**
	-2817.4	64267.7	1015282.1	26044.1	161.3		269440.3
		20366.7	86573.8	13.3			22710.4
		-1823.7	74386.5	2028.1			18378.3
		2238.1	48313.6	6034.3			23710
		-16.2	-705.4	1109.6	-734.5		8791.5
		865.3	55987.5	11595.5	-1237		48602.5
		4713.8	62234.8	10649.3			26977
			4058.2	10109.9		462.6	7566.9
		227.5	14649.1	4506.9			14124.4
		1180.5	30218.3	12970.4			33504.6
		3321.9	7674.6	1968.9	557.3	23.6	37176.5
		-352.1	13278.7	-4697.4	-802.4		26669.3
		3493.4	4638.2	1351.1			24321.9
		881.8	1242	18			7618.8

单位：万元

股份有限	其他	外商投资	合资经营	合作经营	独资	股份有限	其他
12		**26593.7**	**24148**		**2418.4**	**27.3**	
		6483.7	-1131.1		7675.1	-60.3	
		11494.6	11494.6				
		-858.3			-858.3		
		3722.9	5763.4		-2040.5		
		2721.4	2721.4				
		4002.5	4623.1		-620.6		
		-236.7	-236.7				
		-2040.9			-2040.9		
		-5.5	-93.1			87.6	
12		1006.4	1006.4				
		303.6			303.6		

2-25 各地区联网直报房地产开发企业主营业务收入及其构成

单位：万元

地区	主营业务收入总计	土地转让收入	商品房销售收入	房屋出租收入	其他收入
湖南省	**23867432.8**	**316963.8**	**22768047**	**226373.7**	**556048.3**
长沙市	13073354.1	145170.1	12547255.3	128554.5	252374.2
株洲市	1759943.7	43138.5	1681112.5	19412.4	16280.3
湘潭市	1169428.4	217.9	1158855.4	4494	5861.1
衡阳市	1034438.9	22002.4	972626	12779.9	27030.6
邵阳市	485181	4870.7	458148.3	10768.5	11393.5
岳阳市	1034943.5	641.1	995799	5068.5	33434.9
常德市	875604.8	21635.4	811995.1	6885.9	35088.4
张家界市	219182.7		216237.6	2940.1	5
益阳市	478129.4	916	440363.9	10893.7	25955.8
郴州市	1156511.7		1015457.5	6254.2	134800
永州市	804756.1	21725.1	779730.1	351.9	2949
怀化市	650640.8	54339.5	579785.4	9233.1	7282.8
娄底市	896091.4	-842.9	885103.5	8259.5	3571.3
湘西州	229226.3	3150	225577.4	477.5	21.4

注：本表数据范围为联网直报房地产开发企业。

主要指标解释

法人单位个数　指具有法人资格并在工商行政管理机构登记注册，从事房地产开发经营活动的单位。

登记注册类型　指企业或企业产业活动单位的登记注册类型，按其在工商行政管理机关登记注册的类型填写。

房地产开发经营业企业资质等级　根据企业的人员素质、管理水平、资金数量、承包能力和建设业绩进行综合评价划分的等级。依据建设部《房地产开发企业资质管理规定》（中华人民共和国建设部令2000年第77号）划分为一级、二级、三级、四级、暂定级，没有级别的填写“9其他”。

从业人员期末人数　指报告期末最后一日24时在本单位工作，并取得工资或其他形式劳动报酬的人员数。该指标为时点指标，不包括最后一日当天及以前已经与单位解除劳动合同关系的人员，是在岗职工、劳务派遣人员及其他从业人员之和。

在岗职工　指在本单位工作且与本单位签订劳动合同，并由单位支付各项工资和社会保险、住房公积金的人员，以及上述人员中由于学习、病伤、产假等原因暂未工作仍由单位支付工资的人员。在岗职工还包括：

1. 应订立劳动合同而未订立劳动合同人员（如使用的农村户籍人员）；
2. 处于试用期人员；
3. 编制外招用的人员，如临时人员；
4. 派往外单位工作，但工资仍由本单位发放的人员（如挂职锻炼、外派工作等情况）。

劳务派遣人员　根据《中华人民共和国劳动合同法》规定，指与劳务派遣单位签订劳动合同，并被劳务派遣单位派遣到实际用工单位工作，且劳务派遣单位与实际用工单位签订《劳务派遣协议》的人员。

注意：无论用工单位是否直接支付劳动报酬，劳务派遣人员均由实际用工单位填报，而劳务派遣单位（派出单位）不填报这些人员。

其他从业人员　指在本单位工作，不能归到在岗职工、劳务派遣人员中的人员。此类人员是实际参加本单位生产或工作并从本单位取得劳动报酬的人员。具体包括：非全日制人员、聘用的正式离退休人员、兼职人员和第二职业者等，以及在本单位中工作的外籍和港澳台方人员。

中层及以上管理人员　指在单位及其职能部门中担任领导职务并具有决策、管理权的人员。

专业技术人员　指专门从事各种科学研究和专业技术工作的人员。从事本类职业工作的人员，一般都要求接受过系统的专业教育，具备相应的专业理论知识，并且按规定的标准条件评聘专业技术职务，以及未聘任专业技术职务，但在专业技术岗位上工作的人员。

从业人员平均人数　指报告期内（年度、季度、月度）平均拥有的从业人员数。年度平均人数按单位实际月平均人数计算得到，不得用期末人数替代。

1. 月平均人数是以报告月内每天实有的全部人数相加之和，除以报告月的日历日数。计算公式为：

$$月平均人数=\frac{报告月内每天实有的全部人数之和}{报告月的日历日数}$$

对人员增减变动很小的单位，其月平均人数也可以用月初人数与月末人数之和除以2求得。计算公式为：

$$月平均人数=\frac{月初人数+月末人数}{2}.$$

2. 年平均人数是以12个月的平均人数相加之和除以12求得，或以4个季度的平均人数之和除以4求得。计算公式为：

$$年平均人数=\frac{报告年内12个月平均人数之和}{12}$$

或：

$$年平均人数=\frac{报告年内4个季度平均人数之和}{4}$$

在年内新成立的单位年平均人数计算方法为：从实际开工之月起到年底的月平均人数相加除以12个月。计算公式为：

$$年平均人数=\frac{开工之月平均人数+\cdots+12月平均人数}{12}$$

房屋施工面积　指报告期内施工的全部房屋建筑面积。包括本期新开工的房屋建筑面积、上期跨入本期继续施工的房屋建筑面积、上期停缓建在本期恢复施工的房屋建筑面积、本期竣工的房屋建筑面积以及本期施工后又停缓建的房屋建筑面积。多层建筑应填各层建筑面积之和。

房屋建筑面积按房屋设计所规定的用途进行划分，一般分为以下几种：

住宅房屋　指专供居住用的房屋。包括保障性住房、普通商品房、别墅、公寓、各部门的职工家属宿舍和集体宿舍(包括职工单身宿舍和学生宿舍)等供居住的房屋。不包括住宅楼中作为人防工程用的房屋，也不包括不住人的地下室。

商业及服务用房屋　包括批发和零售用房、宾馆用房屋、餐饮用房屋、商务会展用房屋和其他商业及服务用房屋五类。

商厦房屋（批发和零售用房）　指批发和零售企业对外营业的各种批发市场、超级市场、商店、门市部、粮店、书店、供销店等房屋。不包括批发零售企业的厂房和仓库。

宾馆用房屋（住宿用房）　指住宿行业对外营业的宾馆、

度假村、招待所及各种饭店等房屋。

餐饮用房屋（餐饮用房） 指餐饮行业对外营业的酒楼、餐厅、快餐店、酒吧茶馆等房屋。

商务会展用房屋 指用于商务及会议展览，信息交流，商务会谈服务，商务研讨及培训等房屋。包括国际会议展览中心、俱乐部、商务活动中心等房屋建筑。

其他商业及服务用房屋(居民服务业用房) 指上述4类用途外的其他商业及服务用房。

办公用房屋 指企业、事业、机关、团体、学校、医院等单位的办公用房，也包括商务办公楼。

科研、教育、医疗用房屋 指用于科学实验研究，学生教育和卫生医疗的房屋建筑。包括科研、教育和医疗用房屋。

科学研究用房屋 指独立的科学实验研究机构或企业、事业单位进行科学实验研究工作所用的房屋(包括天文台的科研用房)。

教育用房屋 指各类学校(包括党校、技校、干校、工读学校、幼儿园在内)的教室、图书馆、试验室、体育馆、展览馆等有关教育用房。不包括学校的教职员工宿舍、学生宿舍、食堂、浴室等非教育用房。

医疗用房屋(卫生医疗用房) 指各类医疗机构(包括防疫站、防治所)的病房、门诊部、保健站、卫生所、化验室、药房、病案室、太平间等房屋，不包括医护人员的职工宿舍、食堂及独立的办公用房。

文化、体育、娱乐用房屋 指各种俱乐部、博物馆、图书馆、影剧院、文化馆、展览馆、宗教寺院等文化用房；各种健身房、体育馆等体育用房；各种娱乐厅、游乐园、夜总会等休闲娱乐用房。不包括各类学校内的文化体育用房。

厂房及建筑物 指直接用于生产或为生产配套的各种房屋及建筑物。包括车间、锅炉房、烟囱、水塔、其他厂房及建筑物。

厂房 指直接用于生产或为生产配套的各种房屋，包括主要车间、辅助用房及附属设施用房。凡工业、农业、建筑业、交通运输业、商业等单位中的厂房都包括在内。

仓库 仓库指工业、农业、建筑业、交通运输业、商业、供销、外贸及其他企事业单位建造的成品库、原材料库、货物仓库、物资储备库以及冷藏库、粮油库等。

其他未列明的房屋建筑物 指凡不属于上述各项用途的房屋。如各种人防工程、厕所等。

房屋新开工面积 指报告期内新开工建设的房屋建筑面积，以单位工程为核算对象，即整栋房屋的全部建筑面积，不能分割计算。不包括在上期开工跨入报告期继续施工的房屋建筑面积和上期停缓建而在本期恢复施工的房屋建筑面积。房屋的开工应以房屋正式开始破土刨槽（地基处理或打永久桩）的日期为准。

房屋新开工面积 指报告期内新开工建设的房屋建筑面积，以单位工程为核算对象，即整栋房屋的全部建筑面积，不能分割计算。不包括在上期开工跨入报告期继续施工的房屋建筑面积和上期停缓建而在本期恢复施工的房屋建筑面积。房屋的开工应以房屋正式开始破土刨槽（地基处理或打永久桩）的日期为准。

房屋竣工面积 指报告期内房屋建筑按照设计要求已全部完工，达到住人和使用条件，经验收鉴定合格或达到竣工验收标准，可正式移交使用的各栋房屋建筑面积的总和。

竣工面积以房屋单位工程（栋）为核算对象，在整栋房屋符合竣工条件后按其全部建筑面积一次性计算，而不是按各栋施工房屋中已完成的部分或层次分割计算。

计算房屋竣工面积，要求严格执行房屋竣工验收标准。民用建筑一般应按设计要求在土建工程和房屋本身附属的水、电、卫（包括设计中有的煤气、暖气）工程已经完工，通风、电梯等设备已经安装完毕，做到水通、灯亮，经验收鉴定合格，并正式交付给使用单位后，才能计算竣工面积。工业及科研等生产性房屋建筑一般应按设计要求在土建工程（包括水、暖、电、卫、通风）及属于房屋组成部分的生活间、操作间等已经完成（不包括安装设备的基础工程），可以进行工艺设备和管线安装时，方可计算房屋竣工面积。

房屋建筑面积竣工率 指报告期房屋竣工面积与房屋施工面积的比率。公式表示为:

$$房屋建筑面积竣工率=\frac{房屋竣工面积}{房屋施工面积}\times 100\%$$

房屋竣工价值 指报告期内按规定已经上报竣工的房屋本身的建造价值。一般按房屋设计和预算规定的内容计算。包括竣工房屋本身的基础、结构、屋面、装修以及水、电、卫等附属工程的建筑价值；也包括作为房屋建筑组成部分而列入房屋建筑工程预算内的设备（如电梯、通风设备等）的购置和安装费用。不包括厂房内的工艺设备、工艺管线的购置和安装，工艺设备基础的建造；室外的水、暖、电、卫、道路工程、挡土墙等环境工程的费用；办公和生活用家具的购置等费用；购置土地的费用；迁移补偿费和场地平整的费用及城市建设配套投资。

房屋竣工价值不仅包括该竣工房屋在报告期内完成的价值，也包括跨年施工的房屋在本期以前完成的价值。未竣工而转让给其他单位的房屋建筑工程，出让单位不计算竣工价值，待接受单位继续施工并符合竣工条件后，由接受单位计算其竣工价值，包括出让单位在出让前所完成的价值。房屋竣工价值一般按结算价格（或中标价）计算。

房屋竣工造价 指报告期房屋竣工价值除以房屋竣工面积。公式表示为:

$$房屋竣工造价（元/平方米）=\frac{房屋竣工价值}{房屋竣工面积}$$

商品房销售面积 指报告期内出售商品房屋的合同总面积（即双方签署的正式买卖合同中所确定的建筑面积）。本月销售面积指从本月1日起至本月最后一天止出售商品房屋的合同总面积。商品房销售面积由现房销售面积和期房销售面积两部分组成。

（1）现房销售面积：指在报告期内正式签订买卖合同、已经竣工达到入住条件的商品房屋建筑面积。包括以一次性付款方式和分期付款方式销售的现房建筑面积。

（2）期房销售面积：指在报告期内正式签订买卖合同、

正在建设尚未竣工交付使用的商品房屋建筑面积。包括以一次性付款方式和分期付款方式销售的商品房屋建筑面积。期房销售建筑面积竣工后不再结转为现房销售建筑面积。

待售面积　指报告期末已竣工的可供销售或出租的商品房屋建筑面积中，尚未销售或出租的商品房屋建筑面积，包括以前年度竣工和本期竣工的房屋面积，但不包括报告期已竣工的拆迁还建、统建代建、公共配套建筑、房地产公司自用及周转房等不可销售或出租的房屋面积。按照商品房待售时间的长短可以划分为待售一年以下、待售一到三年（含一年）和待售三年以上（含三年）。

房屋出租面积　指在报告期末房屋开发单位出租的商品房屋的全部面积。

商品房销售额　指报告期内出售商品房屋的合同总价款（即双方签署的正式买卖合同中所确定的合同总价）。本月销售额指从本月1日起至本月最后一天止出售商品房屋的合同总价款。该指标与商品房销售面积同口径，由现房销售额和期房销售额两部分组成。

（1）现房销售额：指报告期内销售的已竣工商品房屋的合同总价款。包括现房销售前期预收的定金、预收款、首付款及全部按揭贷款的本金等款项。该指标与现房销售面积同口径。

（2）期房销售额：指报告期内销售的正在建设尚未竣工的商品房屋的合同总价款。包括预售房屋前期预收的定金、预收款、首付款及全部按揭贷款的本金等项。该指标与期房销售面积同口径。

土地购置费　指房地产开发企业通过各种方式取得土地使用权而支付的费用。土地购置费包括：（1）通过划拨方式取得的土地使用权所支付的土地补偿费、附着物和青苗补偿费、安置补偿费及土地征收管理费等；（2）通过出让方式取得土地使用权所支付的出让金；（3）通过“招、拍、挂”方式取得土地使用权所支付的资金。以划拨和“招拍挂”方式取得土地所支付的资金在房地产项目竣工后计入新增固定资产，以出让方式取得土地所有权所支付的出让金不计入新增固定资产。土地购置费按当期实际发生额计入投资。土地购置费为分期付款的，应分期计入房地产开发投资。

待开发土地面积　指经有关部门批准，通过各种方式获得土地使用权，但尚未开工建设的土地面积。

本年土地购置面积　指在本年内通过各种方式获得土地使用权的土地面积。

本年土地成交价款　指进行土地使用权交易活动的最终金额。在土地一级市场，是指土地最后的划拨款、“招拍挂”价格和出让价；在土地二级市场是指土地转让、出租、抵押等最后确定的合同价格。土地成交价款与土地购置面积同口径，可以计算土地的平均购置价格。

资产总计　指企业过去的交易或者事项形成的、由企业拥有或者控制的、预期会给企业带来经济利益的资源。资产一般按流动性（资产的变现或耗用时间长短）分为流动资产和非流动资产。其中流动资产可分为货币资金、交易性金融资产、应收票据、应收账款、预付款项、其他应收款、存货等；非流动资产可分为长期股权投资、固定资产、无形资产及其他非流动资产等。根据会计“资产负债表”中“资产总计”项目的期末余额数填报。

执行2006年《企业会计准则》或2011年《小企业会计准则》的企业：资产总计=流动资产合计+非流动资产合计；执行其他企业会计制度的企业资产包括流动资产、长期投资、固定资产、无形资产和其他资产等。

流动资产合计　资产满足以下条件之一应归为流动资产：（1）预计在一个正常营业周期中变现、出售或耗用，主要包括存货、应收账款等；（2）主要为交易目的而持有；（3）预计在资产负债表日起一年内（含一年）变现；（4）自资产负债日起一年内，交换其他资产或清偿负债的能力不受限制的现金或现金等价物。包括货币资金、应收票据、应收账款、存货等项目。根据会计“资产负债表”中“流动资产合计”项目的期末余额数填报。

应收账款　指企业因销售商品、提供劳务等经营活动，应向购货单位或接受劳务单位收取的款项，主要包括企业销售商品或提供劳务等应向有关债务人收取的价款及代购货单位垫付的包装费、运杂费等。根据会计“资产负债表”中“应收账款”项目的期末余额数填报。

应收工程款　指建筑业企业在报告期末向发包单位应收而未收的工程款。根据会计“应收账款——应收工程款”明细账对应科目填报。注意事项：（1）应收工程款中不包括质量保证金和工程款押金，一般纳入“其他应收款”；（2）建设工程质量保证金或保修金，是发包人与承包人在建设工程承包合同中约定，从应付的工程款中预留，用以保证工程质量的资金。

存货　指企业在日常活动中持有以备出售的产成品或商品、处在生产过程中的在产品、在生产过程或提供劳务过程中耗用的材料或物料等，通常包括原材料、在产品、半成品、产成品、商品以及周转材料等。根据会计“资产负债表”中“存货”项目的期末余额数填报。其中：“年初存货”根据会计“资产负债表”中“存货”项目的年初余额数填报。注意：“存货”具有实物形态，不属于无形资产，由于企业持有存货的最终目的是为了出售，所以房地产开发企业（单位）购置的土地、尚未销售的商品房等均计入“存货”。

固定资产合计　指企业为生产商品、提供劳务、出租或经营管理而持有的，使用寿命超过一个会计年度的有形资产。包括使用期限超过一年的房屋、建筑物、机器、机械、运输工具以及其他与生产、经营有关的设备、器具、工具等。固定资产合计是时点指标，表示固定资产经过扣减折旧、减值准备等后的期末余额。执行2006年《企业会计准则》或2011年《小企业会计准则》的企业，根据会计“资产负债表”中“固定资产”项目的期末余额数填报。

固定资产原价　指固定资产的成本，包括企业在购置、自行建造、安装、改建、扩建、技术改造某项固定资产时所发生的全部支出总额。根据会计“固定资产”科目的期末借方余额填报。

固定资产折旧　指企业在固定资产的使用寿命内，按照确定的方法对应计折旧额进行系统分摊。

累计折旧 指企业在报告期末提取的历年固定资产折旧累计数。根据会计"累计折旧"科目的期末贷方余额填报。

本年折旧 指企业在报告期内提取的固定资产折旧合计数。可以根据会计"财务状况变动表"中"固定资产折旧"项的数值填报。若企业执行2001年《企业会计制度》，可以根据会计核算中《资产减值准备、投资及固定资产情况表》内"当年计提的固定资产折旧总额"项本年增加数填报。

在建工程 指企业在基建、更新改造等方面发生的支出。根据会计"在建工程"科目的期借方余额填报。

负债合计 指企业过去的交易或者事项形成的，预期会导致经济利益流出企业的现时义务。负债一般按偿还期长短分为流动负债和非流动负债。根据会计"资产负债表"中"负债合计"项目的期末余额数填报。

执行2006年《企业会计准则》或2011年《小企业会计准则》的企业：负债合计=流动负债合计+非流动负债合计；执行其他企业会计制度的企业负债包括流动负债和长期负债。

主营业务收入 指企业确认的销售商品、提供劳务等主营业务的收入。根据会计"主营业务收入"科目的期末贷方余额（结转前）填报。执行2006年《企业会计准则》或2011年《小企业会计准则》的企业，如未设置该科目，以"营业收入"代替填报。

其他（主营业务）收入 指房地产开发企业在报告期内从事除以上收入外的其他业务活动所得到的收入，包括配套设施销售收入、代建工程结算收入等。根据会计"利润表"和相关核算资料计算填报。

土地转让收入 指房地产开发企业按国家规定在报告期转让已经开发的土地和未经开发的土地所得到的收入。根据会计"利润表"和相关核算资料计算填报。

商品房销售收入 指房地产开发企业在报告期售出商品房屋的收入，一次收款的，一次性全部计入销售收入，按合同规定分期收款的，可按合同规定的时间分次计入收入。根据会计"利润表"和相关核算资料计算填报。

房屋出租收入 指房地产开发企业在报告期内，在不改变现有财产所有权关系的条件下，将企业的全部或部分房屋出租给其他单位或个人使用所得到的租金收入。根据会计"利润表"和相关核算资料计算填报。

其他（主营业务）收入 指房地产开发企业在报告期内从事除以上收入外的其他业务活动所得到的收入，包括配套设施销售收入、代建工程结算收入等。根据会计"利润表"和相关核算资料计算填报。

利润总额 指企业在一定会计期间的经营成果，是生产经营过程中各种收入扣除各种耗费后的盈余，反映企业在报告期内实现的盈亏总额。根据会计"利润表"中"利润总额"项目的本期金额数填报。执行2006年《企业会计准则》或2011年《小企业会计准则》的企业，利润总额为营业利润加上营业外收入，减去营业外支出后的金额；执行其他企业会计制度的企业，利润总额为营业利润加上投资收益、补贴收入、营业外收入，再减去营业外支出后的金额。

第3篇

服务业

3-1 服务业企业

指标名称	单位数（个）	资产总计（万元）
总　计	**71895**	**189227048.91**
交通运输、仓储和邮政业	**5980**	**19548844.67**
铁路运输业		
道路运输业	3459	13352730.94
水上运输业	268	319983.73
航空运输业	27	1308375.71
管道运输业	11	197530.00
装卸搬运和运输代理业	1147	926360.43
仓储业	455	2821544.55
邮政业	613	622319.31
信息传输、软件和信息技术服务业	**5264**	**11327895.09**
电信、广播电视和卫星传输服务	729	8494652.62
互联网和相关服务	971	642382.86
软件和信息技术服务业	3564	2190859.61
房地产业	**5284**	**7595444.50**
物业管理	3347	1679741.87
房地产中介服务	1322	787869.98
自有房地产经营活动	203	1138254.61
其他房地产业	412	3989578.03
租赁和商务服务业	**21873**	**122892720.64**
租赁业	1469	648385.54
商务服务业	20404	122244335.10
科学研究和技术服务业	**9155**	**10134945.97**
研究和试验发展	2060	3392777.14
专业技术服务业	3949	4805234.89
科技推广和应用服务业	3146	1936933.94
水利、环境和公共设施管理业	**1360**	**6488079.16**
水利管理业	183	1022005.74
生态保护和环境治理业	224	414293.40
公共设施管理业	953	5051780.03
居民服务、修理和其他服务业	**7297**	**1824674.60**
居民服务业	3071	929986.05
机动车、电子产品和日用产品修理业	3099	636400.20
其他服务业	1127	258288.35
教育	**3033**	**1168616.63**
教育	3033	1168616.63
卫生和社会工作	**1243**	**1179714.15**
卫生	1161	1117545.20
社会工作	82	62168.95
文化、体育和娱乐业	**11406**	**7066113.49**
新闻和出版业	120	2063033.43
广播、电视、电影和影视录音制作业	399	3082688.29
文化艺术业	827	454082.27
体育	285	174511.41
娱乐业	9775	1291798.08

分行业汇总表

实收资本（万元）	营业收入（万元）	主营业务收入（万元）	营业税金及附加（万元）	从业人员期末人数（人）
59563767.98	**37283079.85**	**36515924.05**	**1205433.83**	**1556590**
4789181.09	**5916806.77**	**5777237.87**	**165249.28**	**281683**
3156583.52	3257104.30	3155042.50	103838.33	179718
135273.96	244139.56	243730.25	8828.37	11820
515261.12	128861.40	128839.40	3242.99	5301
11645.88	15680.25	14313.45	485.88	400
412623.02	866799.84	866212.24	27896.00	28955
468803.30	737469.42	710256.52	8856.20	10953
88990.30	666752.00	658843.50	12101.51	44536
7228252.19	**6064754.35**	**5935276.05**	**189448.52**	**123352**
924877.61	4593531.18	4470204.57	144624.81	60078
231659.34	259318.43	259318.43	8237.69	13250
6071715.24	1211904.75	1205753.05	36586.02	50024
2017293.86	**2054858.25**	**2046809.77**	**110198.33**	**159700**
747529.35	1059560.23	1051818.94	56619.85	126585
440271.10	420891.90	420584.70	19584.64	21050
88129.73	50951.50	50951.50	2955.21	3485
741363.67	523454.62	523454.63	31038.63	8580
35718509.55	**11440313.45**	**11332718.93**	**356828.42**	**372226**
302227.58	389374.99	389153.39	16800.70	20110
35416281.98	11050938.46	10943565.54	340027.73	352116
4167313.64	**4869149.68**	**4820604.08**	**152525.87**	**202861**
1471441.19	678444.76	645076.96	15702.56	27213
1795794.90	2794828.38	2783977.18	90326.57	93205
900077.55	1395876.53	1391549.94	46496.74	82443
1114184.13	**745306.73**	**742422.93**	**24096.13**	**36506**
336354.89	83637.71	82862.71	3028.60	5123
91453.95	83935.31	83554.61	2257.91	4090
686375.29	577733.71	576005.61	18809.61	27293
885383.16	**1763348.15**	**1759602.25**	**73007.64**	**130949**
365034.50	799277.27	795943.47	34357.47	71594
372312.72	706826.24	706640.54	26542.14	38106
148035.94	257244.65	257018.25	12108.04	21249
546400.89	**738228.24**	**737004.54**	**30831.62**	**68842**
546400.89	738228.24	737004.54	30831.62	68842
509197.18	**819075.48**	**814716.38**	**16723.22**	**47507**
489288.51	799725.36	795388.76	15902.87	45995
19908.66	19350.12	19327.62	820.35	1512
2588052.30	**2871238.76**	**2549531.26**	**86524.79**	**132964**
485821.52	463298.57	456792.77	8232.09	9256
1036588.51	902567.41	588329.51	9139.87	12743
224654.00	213009.61	212583.31	8851.01	15358
82235.54	69194.85	68865.65	2849.91	5674
758752.72	1223168.31	1222960.01	57451.91	89933

3-2 服务业企业分登记

指标名称	单位数(个)	资产总计(万元)
内资企业	**71629**	**185351466.76**
国有企业	1394	14079961.52
集体企业	745	601413.98
股份合作企业	179	74573.80
联营企业	139	143071.02
国有联营企业	15	43231.71
集体联营企业	71	77181.10
国有与集体联营企业	14	5845.18
其他联营企业	39	16813.03
有限责任公司	15643	128041271.15
国有独资公司	694	61099040.96
其他有限责任公司	14949	66942230.20
股份有限公司	1895	16069058.79
私营企业	45802	24470145.90
私营独资企业	14622	2174922.84
私营合伙企业	2458	778142.90
私营有限责任公司	26846	19957640.47
私营股份有限公司	1876	1559439.68
其他企业	5832	1871970.59
港、澳、台商投资企业	**143**	**2035686.55**
合资经营企业(港或澳、台资)	66	965573.23
合作经营企业(港或澳、台资)	10	399905.88
港、澳、台商独资经营企业	60	555036.12
港、澳、台商投资股份有限公司	5	97063.42
外商投资企业	**123**	**1839895.60**
中外合资经营企业	48	1089510.03
中外合作经营企业	10	33677.57
外资企业	45	636550.83
外商投资股份有限公司	5	28743.42

注册类型主要指标

实收资本（万元）	营业收入（万元）	主营业务收　入（万元）	营业税金及附加（万元）	从业人员期末人数（人）
58246431.59	**35863142.47**	**35147863.56**	**1164402.60**	**1534488**
2266094.17	4416356.46	4004212.46	108422.88	134765
214826.39	335730.52	333757.52	14894.16	28387
44015.46	90087.85	89853.55	3485.16	5111
25700.10	90578.77	83855.17	3091.66	3450
5929.34	14403.34	14391.74	279.98	848
8691.69	61708.38	54996.38	2060.95	1692
5307.52	4885.20	4885.20	138.61	228
5771.55	9581.86	9581.86	612.12	682
33687664.48	14325247.03	14115706.33	382821.61	428361
19582002.25	3523934.71	3432455.60	76600.20	50158
14105662.23	10801312.32	10683250.74	306221.41	378203
4170461.94	2714749.28	2650870.18	90542.75	87998
16837786.37	11983334.81	11965545.10	485823.24	713021
1306576.68	2484060.84	2483346.24	104893.26	168032
387623.72	627143.46	626898.96	26384.29	45142
14462401.95	8292018.08	8277875.17	332856.82	462077
681184.02	580112.42	577424.72	21688.86	37770
999882.67	1907057.74	1904063.24	75321.14	133395
619079.62	**631700.10**	**584247.20**	**18791.66**	**11083**
263251.52	208832.92	193691.62	6546.69	4184
117088.11	124759.93	121705.93	2417.67	1734
211427.07	226141.15	205370.35	7668.35	4527
9808.63	68924.60	60559.80	2087.17	454
698256.78	**788237.28**	**783813.28**	**22239.56**	**11019**
561031.99	150193.41	148659.81	3119.19	4409
21491.30	10578.86	10578.86	568.53	164
64945.88	592630.66	589740.26	18402.30	5972
21977.78	24773.64	24773.64	73.68	83

3-3 服务业企业分地区、控股情况主要指标

指标名称	单位数（个）	资产总计（万元）	实收资本（万元）	营业收入（万元）	主营业务收入（万元）	营业税金及附加（万元）	从业人员期末人数（人）
总　计	**71895**	**189227048.91**	**59563767.98**	**37283079.85**	**36515924.05**	**1205433.83**	**1556590**
分市州							
长沙市	26188	102967086.84	32676641.60	15444859.66	14938309.77	439526.95	498414
株洲市	2646	15937078.90	2511907.07	2175101.09	2147293.78	55307.77	87738
湘潭市	2355	16268481.60	2825034.05	1628112.88	1610648.78	37891.51	54656
衡阳市	5484	8751041.68	1152154.56	1940405.29	1920652.18	59656.80	111773
邵阳市	2500	2862922.25	762956.86	842296.77	829087.97	26105.76	49427
岳阳市	6736	8114072.76	2657323.42	4486463.75	4455118.55	245637.91	220069
常德市	6889	4685205.96	11107934.49	2801621.74	2776244.14	91753.89	145143
张家界市	1111	2170169.64	395746.36	578529.05	573312.85	18476.24	24264
益阳市	3979	3898839.71	850916.83	1607911.30	1599328.90	52000.98	82561
郴州市	4148	6630912.12	1652437.37	1703522.30	1670838.10	55961.62	82499
永州市	1928	7222408.63	1151288.50	998274.87	987012.57	32115.12	46129
怀化市	2718	3704674.45	661590.07	1325830.89	1309568.09	45160.92	60396
娄底市	2976	3937978.10	853301.66	1329408.82	1286557.42	33537.13	64540
湘西州	2237	2076176.27	304535.14	420741.43	411950.93	12301.22	28981
分区域							
长株潭城市群	31189	135172647.34	38013582.72	19248073.63	18696252.33	532726.23	640808
环长株潭城市群	57253	164559785.56	54635213.68	31413884.53	30734153.53	1015312.94	1264894
湘南地区	11560	22604362.43	3955880.44	4642202.46	4578502.86	147733.54	240401
大湘西地区	8797	11212251.07	2178769.02	3222277.78	3178738.77	104101.60	165959
洞庭湖生态经济区	18296	19262476.16	15024114.34	9163324.21	9088944.61	397880.87	461996
按控股情况分							
国有控股	2883	120306189.64	31421545.11	13951027.67	13328273.77	321493.72	268420
集体控股	1481	2594133.40	633274.36	1079002.80	1041541.91	38223.23	78003
私人控股	58702	42769391.99	22195065.39	17195415.97	17159267.65	697134.37	993430
港澳台商控股	119	1424716.86	445494.95	406209.07	377382.97	11774.49	7481
外商控股	76	1128508.98	544012.26	290562.43	288700.33	6876.99	5951
其他	8633	20972035.21	4324375.93	4360338.08	4320233.59	129912.39	203258

3-4　交通运输、仓储和邮政业企业主要指标

指标名称	单位数（个）	资产总计（万元）	实收资本（万元）	营业收入（万元）	主营业务收入（万元）	营业税金及附加（万元）	从业人员期末人数（人）
总　计	**5980**	**19548844.67**	**4789181.09**	**5916806.77**	**5777237.87**	**165249.28**	**281683**
道路运输业	3459	13352730.94	3156583.52	3257104.30	3155042.50	103838.33	179718
城市公共交通运输	508	4500509.73	1108856.68	565991.18	528831.48	20756.31	54585
公路旅客运输	587	1147814.88	237075.61	666823.30	619338.00	20629.23	47880
道路货物运输	1967	2521289.60	973445.98	1562534.16	1548028.86	46963.86	60390
道路运输辅助活动	397	5183116.74	837205.24	461755.66	458844.16	15488.92	16863
水上运输业	268	319983.73	135273.96	244139.56	243730.25	8828.37	11820
水上旅客运输	62	22672.40	12305.97	30745.33	30745.33	1684.98	1712
水上货物运输	127	232453.61	87450.32	150995.31	150708.01	4790.95	7618
水上运输辅助活动	79	64857.72	35517.68	62398.91	62276.91	2352.43	2490
航空运输业	27	1308375.71	515261.12	128861.40	128839.40	3242.99	5301
航空客货运输	9	23891.59	2194.06	4926.05	4926.05	42.85	360
通用航空服务	7	2179.26	650.25	2623.97	2623.97	114.05	155
航空运输辅助活动	11	1282304.86	512416.81	121311.38	121289.38	3086.10	4786
管道运输业	11	197530.00	11645.88	15680.25	14313.45	485.88	400
管道运输业	11	197530.00	11645.88	15680.25	14313.45	485.88	400
装卸搬运和运输代理业	1147	926360.43	412623.02	866799.84	866212.24	27896.00	28955
装卸搬运	385	301837.77	142741.25	275495.76	275367.25	10080.46	13727
运输代理业	762	624522.66	269881.76	591304.08	590844.98	17815.55	15228
仓储业	455	2821544.55	468803.30	737469.42	710256.52	8856.20	10953
谷物、棉花等农产品仓储	214	1710423.56	251338.30	604354.21	583419.71	3881.22	5598
其他仓储业	241	1111120.99	217465.00	133115.21	126836.81	4974.97	5355
邮政业	613	622319.31	88990.30	666752.00	658843.50	12101.51	44536
邮政基本服务	53	432340.02	19347.47	416271.30	409098.20	3575.88	24203
快递服务	560	189979.29	69642.83	250480.70	249745.30	8525.63	20333
按登记注册类型分							
内资企业	5944	18541160.14	4495939.25	5725347.69	5590425.19	159859.14	278166
国有企业	286	2863991.74	351278.63	1432479.01	1384596.61	18054.43	60215
集体企业	180	139156.46	53226.99	107130.54	106612.04	3695.74	12328
股份合作企业	18	10311.08	5278.73	15857.81	15857.81	365.96	565
联营企业	25	54245.78	8627.74	17863.63	17852.03	659.73	1233
国有联营企业	1	39275.00	2945.00	11570.40	11558.80	92.40	515
集体联营企业	14	4824.02	2730.08	4140.25	4140.25	330.77	442
国有与集体联营企业	3	926.58	743.10	186.39	186.39	1.68	39
其他联营企业	7	9220.18	2209.57	1966.59	1966.59	234.88	237
有限责任公司	1323	9748874.16	1682367.41	1912334.61	1834440.51	49936.21	83784
国有独资公司	71	3067258.02	563728.85	234459.79	226483.69	4066.79	8766
其他有限责任公司	1252	6681616.14	1118638.56	1677874.82	1607956.82	45869.42	75018
股份有限公司	244	1628019.10	693995.00	278067.28	274392.18	9138.38	15294
私营企业	3661	3948680.71	1647954.80	1866017.96	1861077.15	74340.12	99248
私营独资企业	518	175943.07	87860.32	162957.49	162957.49	7723.22	8721
私营合伙企业	272	145384.77	67717.44	130159.48	130145.08	5082.61	7024
私营有限责任公司	2610	3396386.28	1401852.48	1430769.43	1425903.62	56997.00	73386
私营股份有限公司	261	230966.59	90524.56	142131.56	142070.96	4537.30	10117

3-4 续表

指标名称	单位数(个)	资产总计(万元)	实收资本(万元)	营业收入(万元)	主营业务收入(万元)	营业税金及附加(万元)	从业人员期末人数(人)
其他企业	207	147881.11	53209.95	95596.86	95596.86	3668.58	5499
港、澳、台商投资企业	17	720384.03	197946.80	116115.90	112856.90	4100.17	2334
合资经营企业(港或澳、台资)	9	507433.89	117178.80	41753.70	41670.70	1506.23	757
合作经营企业(港或澳、台资)	4	182077.42	58384.60	56839.17	53785.17	1775.74	1213
港、澳、台商独资经营企业	3	12769.11	4883.40	14501.23	14501.23	747.00	183
港、澳、台商投资股份有限公司							
外商投资企业	19	287300.51	95295.04	75343.18	73955.78	1289.97	1183
中外合资经营企业	8	226501.15	68569.19	36767.93	35380.83	644.38	974
中外合作经营企业	8	33520.86	21388.05	10122.45	10122.45	567.29	63
外资企业	2	20498.50	5107.80	4306.70	4306.40	48.30	118
外商投资股份有限公司	1	6780.00	230.00	24146.10	24146.10	30.00	28
按地区分组							
长沙市	1210	8271729.31	2481964.27	1824350.68	1764664.18	40081.81	67219
株洲市	288	485535.14	113004.88	417568.11	413603.81	8818.46	16688
湘潭市	206	2133919.62	442144.19	282848.12	276973.12	6625.03	10589
衡阳市	571	1482923.49	248331.59	290740.18	289045.88	8094.52	23624
邵阳市	268	341848.65	67122.65	176046.26	168917.26	4769.42	14993
岳阳市	730	1408854.29	488395.65	849150.33	846052.63	45524.80	35431
常德市	682	961243.18	131935.00	558233.09	548182.89	11877.31	23426
张家界市	122	269679.77	63592.13	127325.26	126461.96	3936.99	4714
益阳市	375	472208.29	95119.39	338132.29	336345.19	8449.88	16671
郴州市	377	717947.15	235329.12	233632.00	211452.50	6539.55	13591
永州市	299	2183189.84	130856.79	267927.97	263370.87	6462.26	15164
怀化市	276	320190.71	74432.80	228370.37	218834.37	6071.89	15341
娄底市	375	339405.79	180747.80	250922.10	247231.90	6553.02	17522
湘西州	201	160169.44	36204.84	71560.01	66101.31	1444.34	6710
按区域分组							
长株潭城市群	1704	10891184.07	3037113.33	2524766.92	2455241.12	55525.30	94496
环长株潭城市群	4437	15555819.11	4181642.76	4811944.90	4722099.60	136024.82	211170
湘南地区	1247	4384060.48	614517.50	792300.15	763869.25	21096.33	52379
大湘西地区	909	1106638.65	248745.44	617745.93	594698.33	16588.51	42787
洞庭湖生态经济区	1866	3130140.25	788440.49	1839488.38	1815504.67	67886.60	79029
按控股情况分							
国有控股	464	8348726.73	1742658.80	2167248.32	2078653.71	33288.17	93001
集体控股	300	550679.29	142951.54	366580.22	342119.52	9477.47	26539
私人控股	4718	8580913.67	2472994.11	2672908.60	2665743.80	104821.22	136007
港澳台商控股	13	342448.40	103004.90	47393.40	45966.30	1803.77	855
外商控股	5	31169.66	6911.75	30145.05	30144.75	100.19	178
其他	479	1662834.12	320659.99	632007.36	614085.96	15739.82	25056

3-5 信息传输、软件和信息技术服务业 企业主要指标

指标名称	单位数（个）	资产总计（万元）	实收资本（万元）	营业收入（万元）	主营业务收入（万元）	营业税金及附加（万元）	从业人员期末人数（人）
总 计	**5264**	**11327895.09**	**7228252.19**	**6064754.35**	**5935276.05**	**189448.52**	**123352**
电信、广播电视和卫星传输服务	729	8494652.62	924877.61	4593531.18	4470204.57	144624.81	60078
电信	482	7676465.31	729468.26	4301562.37	4179328.57	137401.48	47591
广播电视传输服务	238	815538.25	194116.72	289788.24	288695.44	7116.72	12377
卫星传输服务	9	2649.06	1292.63	2180.56	2180.56	106.61	110
互联网和相关服务	971	642382.86	231659.34	259318.43	259318.43	8237.69	13250
互联网接入及相关服务	94	16657.84	10858.32	15992.69	15992.69	676.87	1108
互联网信息服务	749	594229.90	199511.56	211792.93	211792.93	6376.06	10871
其他互联网服务	128	31495.12	21289.46	31532.81	31532.81	1184.76	1271
软件和信息技术服务业	3564	2190859.61	6071715.24	1211904.75	1205753.05	36586.02	50024
软件开发	1995	1143960.27	657645.40	708194.71	702994.71	17225.81	28362
信息系统集成服务	467	207359.65	139236.77	170360.24	170018.24	6534.67	6497
信息技术咨询服务	650	164290.28	114697.57	145338.64	145338.63	5686.35	7958
数据处理和存储服务	41	487243.19	5061735.45	52000.06	52000.06	1545.33	866
集成电路设计	28	21781.15	7130.09	35245.09	35245.09	1132.60	878
其他信息技术服务业	383	166225.05	91269.95	100766.02	100156.32	4461.25	5463
按登记注册类型分							
内资企业	5220	10210340.97	7129406.89	5037152.88	4951909.88	159872.95	113516
国有企业	49	637669.65	17383.52	458139.51	448930.61	17223.93	7443
集体企业	7	763.77	637.35	597.42	597.42	34.41	245
股份合作企业	9	1959.10	1630.67	2219.83	2219.83	167.09	221
联营企业	6	60839.91	643.13	49193.63	42481.63	1493.00	464
国有联营企业	2	1067.43	500.63	618.86	618.86	34.19	23
集体联营企业	2	59530.80	7.50	47990.90	41278.90	1439.92	420
国有与集体联营企业							
其他联营企业	2	241.67	135.00	583.87	583.87	18.90	21
有限责任公司	1540	6877322.86	1143915.39	2651036.63	2636952.43	78397.65	46657
国有独资公司	61	1487209.38	80703.40	640995.24	637746.64	19953.86	10892
其他有限责任公司	1479	5390113.48	1063211.99	2010041.39	1999205.79	58443.79	35765
股份有限公司	167	1593112.44	222251.15	1051418.38	997820.18	32135.13	17339
私营企业	3248	1001024.01	5722034.83	783528.04	781888.34	28858.75	38759
私营独资企业	493	67021.26	43611.82	93386.90	93386.90	4072.00	4326
私营合伙企业	57	12394.57	8026.50	21661.31	21661.31	1355.62	801
私营有限责任公司	2555	845948.60	5535601.89	634071.26	633096.56	22296.54	31886
私营股份有限公司	143	75659.59	134794.61	34408.57	33743.57	1134.59	1746
其他企业	194	37649.23	20910.85	41019.44	41019.44	1562.99	2388

3-5 续表

指标名称	单位数(个)	资产总计(万元)	实收资本(万元)	营业收入(万元)	主营业务收入(万元)	营业税金及附加(万元)	从业人员期末人数(人)
港、澳、台商投资企业	22	695146.56	57061.51	428696.14	387306.84	11337.46	4138
合资经营企业(港或澳、台资)	10	230738.43	23949.22	124770.69	110264.99	3665.07	1008
合作经营企业(港或澳、台资)	1	110387.60	27000.00	56241.71	56241.71	357.01	339
港、澳、台商独资经营企业	10	268427.23	6112.29	178871.44	160352.64	5231.57	2392
港、澳、台商投资股份有限公司	1	85593.30		68812.30	60447.50	2083.80	399
外商投资企业	22	422407.56	41783.79	598905.33	596059.33	18238.11	5698
中外合资经营企业	6	25051.16	8746.84	25880.31	25880.31	742.23	627
中外合作经营企业							
外资企业	13	397063.74	32759.16	572920.35	570074.35	17494.03	5044
外商投资股份有限公司	2	198.14	277.80	104.67	104.67	1.85	23
按地区分组							
长沙市	3313	6762508.26	6658894.68	2249630.61	2206962.31	64078.33	54504
株洲市	119	431339.26	39704.16	347900.92	339158.32	10272.64	5148
湘潭市	150	284484.23	27880.04	239423.60	233130.30	7587.51	3129
衡阳市	171	521528.00	55698.33	388586.61	375943.41	11579.95	6673
邵阳市	98	355459.68	103863.44	297211.64	292753.14	9029.29	4022
岳阳市	381	517508.14	115673.30	528046.50	519814.50	24062.58	12322
常德市	268	499237.50	46541.56	450344.22	442738.12	14166.87	8428
张家界市	72	179520.56	7375.00	106986.73	104709.23	3323.35	2142
益阳市	134	286242.32	48539.36	256757.37	250559.27	8369.11	5189
郴州市	176	373495.69	37472.14	287695.95	278891.45	8954.33	5372
永州市	72	275026.97	18423.36	225583.68	219479.18	6888.70	4155
怀化市	147	356792.13	37652.06	298487.10	293150.10	9193.15	5598
娄底市	111	276369.90	16556.07	248329.74	240489.34	7661.25	3984
湘西州	52	208382.45	13978.69	139769.69	137497.39	4281.47	2686
按区域分组							
长株潭城市群	3582	7478331.75	6726478.87	2836955.13	2779250.93	81938.48	62781
环长株潭城市群	4647	9579217.62	7009487.49	4709019.56	4608795.56	147778.23	99377
湘南地区	419	1170050.66	111593.83	901866.24	874314.04	27422.98	16200
大湘西地区	373	1101937.73	163566.19	843187.14	828841.84	25835.72	14510
洞庭湖生态经济区	813	1406297.53	216918.09	1240116.83	1218080.63	46783.46	26241
按控股情况分							
国有控股	266	8182250.24	913640.28	4205017.43	4114706.43	130961.10	52576
集体控股	47	115541.08	23982.15	80317.85	73271.75	2363.94	2543
私人控股	4264	1767304.22	5972170.90	1123604.95	1121583.15	38057.08	53773
港澳台商控股	18	481297.46	56883.51	278819.66	254268.76	6872.59	2935
外商控股	16	111526.20	38945.79	171789.32	170112.92	5131.68	2363
其他	653	669975.89	222629.56	205205.13	201333.03	6062.14	9162

3-6　房地产业(不含房地产开发经营业)企业主要指标

指标名称	单位数(个)	资产总计(万元)	实收资本(万元)	营业收入(万元)	主营业务收入(万元)	营业税金及附加(万元)	从业人员期末人数(人)
总　计	**5284**	**7595444.50**	**2017293.86**	**2054858.25**	**2046809.77**	**110198.33**	**159700**
房地产业	5284	7595444.50	2017293.86	2054858.25	2046809.77	110198.33	159700
房地产开发经营							
物业管理	3347	1679741.87	747529.35	1059560.23	1051818.94	56619.85	126585
房地产中介服务	1322	787869.98	440271.10	420891.90	420584.70	19584.64	21050
自有房地产经营活动	203	1138254.61	88129.73	50951.50	50951.50	2955.21	3485
其他房地产业	412	3989578.03	741363.67	523454.62	523454.63	31038.63	8580
按登记注册类型分							
内资企业	5251	7361588.23	1865432.15	2035455.46	2027458.68	108770.50	157970
国有企业	111	147373.51	45251.74	29599.70	29539.30	1115.29	2976
集体企业	102	44280.94	12979.70	18563.21	18563.21	833.36	1594
股份合作企业	11	5184.66	1878.61	6553.88	6549.38	164.86	240
联营企业	5	7201.13	3546.24	1347.17	1347.17	55.45	46
国有联营企业	1	15.00	15.00	201.86	201.86	50.00	12
集体联营企业	3	5517.46	2387.98	475.51	475.51	2.10	21
国有与集体联营企业							
其他联营企业	1	1668.67	1143.26	669.79	669.79	3.35	13
有限责任公司	1699	4309800.63	758376.40	791642.78	786878.00	45326.99	65348
国有独资公司	44	1390557.09	138813.75	57792.62	57754.62	5339.14	3601
其他有限责任公司	1655	2919243.54	619562.65	733850.16	729123.38	39987.85	61747
股份有限公司	198	396099.44	61094.83	113459.52	113394.62	5839.20	6977
私营企业	2989	2405413.11	950327.80	1032118.68	1029016.48	53009.34	78406
私营独资企业	151	35579.40	25527.59	41554.36	41408.96	2510.81	3218
私营合伙企业	55	20334.13	15710.07	21322.73	21322.73	1161.64	1432
私营有限责任公司	2574	2212781.89	858145.85	894325.28	892732.38	45787.63	68521
私营股份有限公司	209	136717.68	50944.29	74916.30	73552.40	3549.26	5235
其他企业	136	46234.80	31976.82	42170.53	42170.53	2426.01	2383
港、澳、台商投资企业	25	200541.39	135685.79	10361.08	10353.48	930.33	1242
合资经营企业(港或澳、台资)	7	103671.86	88041.19	1746.60	1746.60	152.98	139
合作经营企业(港或澳、台资)	2	13902.75	10200.00	1008.72	1008.72	131.46	86
港、澳、台商独资经营企业	16	82966.79	37444.60	7605.76	7598.16	645.89	1017
港、澳、台商投资股份有限公司							

3-6 续表

单位：个、万元、人

指标名称	单位数（个）	资产总计（万元）	实收资本（万元）	营业收入（万元）	主营业务收入（万元）	营业税金及附加（万元）	从业人员期末人数（人）
外商投资企业	8	33314.88	16175.92	9041.71	8997.61	497.50	488
中外合资经营企业	2	826.43	680.00	357.19	357.19	65.52	36
中外合作经营企业							
外资企业	3	31784.32	15152.00	7244.12	7200.02	404.22	171
外商投资股份有限公司							
按地区分组							
长沙市	1799	3745367.19	857775.63	815438.22	810463.74	38984.13	58983
株洲市	326	615189.65	174200.58	175891.32	174438.52	11344.94	18591
湘潭市	191	666982.96	135064.22	65791.69	65672.19	3340.03	7694
衡阳市	448	307214.60	106065.39	110233.08	110151.27	4274.94	11158
邵阳市	184	228469.66	52118.05	42332.98	42320.98	1487.07	3932
岳阳市	467	294701.39	214305.96	296170.68	296160.48	23848.21	14169
常德市	337	221513.22	53390.02	120707.60	119932.80	5731.57	11206
张家界市	77	47473.23	18485.45	15995.52	15995.52	961.91	1471
益阳市	223	82599.78	46994.80	57731.39	57727.18	2992.23	5073
郴州市	312	244435.90	79896.20	45710.42	45708.82	2620.77	7613
永州市	199	372227.56	101598.07	56878.42	56878.42	3112.20	4026
怀化市	302	601414.46	95537.07	177516.33	177511.83	8366.84	7779
娄底市	240	85701.85	54678.55	51989.51	51857.51	2259.84	5481
湘西州	179	82153.05	27183.87	22471.10	21990.50	873.65	2524
按区域分组							
长株潭城市群	2316	5027539.79	1167040.43	1057121.23	1050574.45	53669.10	85268
环长株潭城市群	4031	6019270.64	1642475.15	1693953.48	1686403.70	92775.90	132355
湘南地区	959	923878.05	287559.66	212821.92	212738.52	10007.91	22797
大湘西地区	765	1041050.57	199964.01	262080.59	261583.49	11961.73	15971
洞庭湖生态经济区	1096	784173.46	362970.10	486568.05	485753.15	33927.48	32059
按控股情况分							
国有控股	231	3061262.41	279453.00	291634.86	287798.47	14531.12	11611
集体控股	196	157475.32	64351.34	68226.29	68221.79	4002.75	6642
私人控股	4224	3393982.38	1328245.38	1437721.29	1434019.79	77300.51	119203
港澳台商控股	21	130133.25	59321.00	13214.18	13163.08	951.16	1275
外商控股	6	32391.00	15730.48	8046.90	8002.80	460.88	249
其他	606	820200.13	270192.66	236014.74	235603.85	12951.91	20720

3-7　租赁和商务服务业企业主要指标

指标名称	单位数(个)	资产总计(万元)	实收资本(万元)	营业收入(万元)	主营业务收入(万元)	营业税金及附加(万元)	从业人员期末人数(人)
总　计	**21873**	**122892720.64**	**35718509.55**	**11440313.45**	**11332718.93**	**356828.42**	**372226**
租赁业	1469	648385.54	302227.58	389374.99	389153.39	16800.70	20110
机械设备租赁	1395	631531.12	289354.52	363012.45	362790.85	15256.32	19240
文化及日用品出租	74	16854.41	12873.06	26362.54	26362.54	1544.38	870
商务服务业	20404	122244335.10	35416281.98	11050938.46	10943565.54	340027.73	352116
企业管理服务	4531	110383311.03	29408491.06	5955826.58	5870360.17	120584.51	90882
法律服务	444	114812.67	57163.48	122182.30	122182.30	6184.04	7933
咨询与调查	3923	1913776.84	997345.98	821795.01	821794.82	36888.45	44268
广告业	4012	1428678.02	531648.96	1171331.52	1170565.52	67599.00	44447
知识产权服务	126	24288.37	17990.90	18848.25	18848.25	805.38	1052
人力资源服务	1363	313957.02	200413.96	494141.33	492970.93	18571.99	48795
旅行社及相关服务	1220	2283657.02	445902.69	795138.64	793338.24	16362.44	20551
安全保护服务	321	184503.75	65381.70	177547.54	177524.74	6358.17	29188
其他商务服务业	4464	5597350.37	3691943.25	1494127.28	1475980.58	66673.74	65000
按登记注册类型分							
内资企业	21808	121705017.38	35058831.49	11368822.47	11263472.35	355010.12	370959
国有企业	217	5288172.91	280080.01	443299.45	432542.85	36590.79	13144
集体企业	193	227884.08	43946.34	124330.56	124254.26	5905.18	7685
股份合作企业	46	15466.83	10838.75	16834.15	16834.15	787.05	1049
联营企业	31	4908.99	3113.00	4521.85	4521.85	216.18	387
国有联营企业	2	1402.55	1179.60	665.42	665.42	40.56	37
集体联营企业	17	2100.46	1326.84	2345.98	2345.98	89.63	170
国有与集体联营企业	4	442.08	279.97	359.10	359.10	27.06	40
其他联营企业	8	963.90	326.58	1151.35	1151.35	58.93	140
有限责任公司	6803	96707570.39	27242660.83	6381356.00	6294508.39	134430.52	127739
国有独资公司	336	53007576.12	18006582.89	2270099.79	2196306.08	38467.61	15468
其他有限责任公司	6467	43699994.27	9236077.94	4111256.21	4098202.31	95962.91	112271
股份有限公司	693	8731078.95	2259617.09	678321.15	676715.55	28031.27	28428
私营企业	13027	10405802.38	5034238.25	3478943.20	3472879.19	138144.61	179172
私营独资企业	1289	249711.85	148737.52	316183.12	316183.12	13384.09	16885
私营合伙企业	444	149574.62	88179.82	103643.84	103643.84	4909.76	6249
私营有限责任公司	10654	9286547.51	4537929.43	2903105.62	2897403.82	113644.15	147782
私营股份有限公司	640	719968.39	259391.47	156010.62	155648.42	6206.61	8256
其他企业	798	324132.85	184337.23	241216.09	241216.09	10904.52	13355
港、澳、台商投资企业	33	306888.01	181450.23	41407.02	39162.62	1497.32	894
合资经营企业(港或澳、台资)	18	51645.25	14781.96	13413.48	13413.48	582.68	500

3-7 续表

指标名称	单位数(个)	资产总计(万元)	实收资本(万元)	营业收入(万元)	主营业务收入(万元)	营业税金及附加(万元)	从业人员期末人数(人)
合作经营企业(港或澳、台资)	1	92448.20	20485.10	10417.70	10417.70	138.20	52
港、澳、台商独资经营企业	11	158963.61	142794.37	17463.54	15219.14	773.08	307
港、澳、台商投资股份有限公司	3	3830.95	3388.80	112.30	112.30	3.37	35
外商投资企业	32	880815.25	478227.83	30083.96	30083.96	320.98	373
中外合资经营企业	11	706031.15	427381.41	19159.40	19159.40	163.11	196
中外合作经营企业							
外资企业	14	104768.96	2851.08	3027.65	3027.65	132.61	98
外商投资股份有限公司	1	20629.98	20629.98				12
按地区分组							
长沙市	11226	69570985.64	17883068.23	5359562.06	5297224.36	174831.30	148963
株洲市	696	12253039.04	1560134.69	660080.74	659880.22	12008.85	18960
湘潭市	858	12188162.29	1657995.59	800083.54	795128.34	10324.51	16989
衡阳市	1018	5641196.18	346587.19	573466.12	570868.82	13211.00	22064
邵阳市	700	1372800.25	334849.24	108644.40	108644.40	4170.76	8765
岳阳市	1654	3564661.77	631352.97	978182.89	978142.49	57141.37	42100
常德市	1408	1926248.34	10443619.78	535230.81	530010.21	24336.26	35473
张家界市	365	775331.23	186093.91	215095.71	213744.41	5812.62	6400
益阳市	856	1359573.29	284020.12	381130.26	381051.36	12119.75	19374
郴州市	813	4340493.12	965399.40	674464.35	673879.84	14409.04	13500
永州市	446	3871245.82	658844.08	284817.40	284817.30	8101.29	8436
怀化市	737	2040223.36	261347.28	363498.09	362912.89	12018.08	12917
娄底市	730	2847630.11	393933.81	449611.76	420147.86	6621.11	13675
湘西州	366	1141130.22	111263.28	56445.32	56266.42	1722.49	4610
按区域分组							
长株潭城市群	12780	94012186.96	21101198.50	6819726.34	6752232.93	197164.67	184912
环长株潭城市群	18446	109351496.65	33200712.37	9737348.18	9632453.66	310594.14	317598
湘南地区	2277	13852935.12	1970830.66	1532747.86	1529565.96	35721.33	44000
大湘西地区	2235	5610871.75	926560.28	772715.15	770599.65	24824.74	33479
洞庭湖生态经济区	4138	8652098.62	11544495.02	2010034.00	2004694.10	95539.25	100419
按控股情况分							
国有控股	869	87518191.52	25125676.62	4410053.41	4324149.20	88011.87	42801
集体控股	434	990021.07	211658.25	281312.61	277881.71	12321.54	24186
私人控股	17691	19639265.26	7813487.27	5417643.61	5404933.80	218976.09	256071
港澳台商控股	29	395307.88	191570.60	41873.46	39629.06	1422.91	878
外商控股	22	771194.54	439844.41	21844.26	21844.26	317.85	245
其他	2828	13578740.37	1936272.40	1267586.10	1264280.90	35778.16	48045

3-8 科学研究和技术服务业企业主要指标

指标名称	单位数(个)	资产总计(万元)	实收资本(万元)	营业收入(万元)	主营业务收入(万元)	营业税金及附加(万元)	从业人员期末人数(人)
总 计	**9155**	**10134945.97**	**4167313.64**	**4869149.68**	**4820604.08**	**152525.87**	**202861**
研究和试验发展	2060	3392777.14	1471441.19	678444.76	645076.96	15702.56	27213
自然科学研究和试验发展	297	521269.92	178713.53	60237.81	60057.61	2190.66	3211
工程和技术研究和试验发展	1341	2343549.01	1091682.36	476425.30	459041.90	9600.46	17142
农业科学研究和试验发展	261	423956.00	147444.62	92111.00	76306.80	2465.92	4371
医学研究和试验发展	133	91146.74	45451.86	39205.83	39205.83	910.18	2143
社会人文科学研究	28	12855.47	8148.82	10464.82	10464.82	535.34	346
专业技术服务业	3949	4805234.89	1795794.90	2794828.38	2783977.18	90326.57	93205
气象服务	29	7716.58	5395.37	6581.05	6581.05	297.08	385
地震服务	4	481.04	402.48	869.60	869.60	49.72	62
海洋服务	1	79.53	30.00	218.99	218.99	7.88	9
测绘服务	85	22180.52	9411.16	21500.42	21500.42	890.41	1588
质检技术服务	293	203246.42	65387.60	146111.10	144858.20	6510.28	7099
环境与生态监测	63	31689.66	19503.16	20519.49	20519.49	686.45	1102
地质勘查	108	207785.77	137734.64	66762.36	66668.46	2192.90	3073
工程技术	1760	3700013.41	1207493.52	2013817.16	2005308.36	61324.03	57946
其他专业技术服务业	1606	632041.96	350436.98	518448.21	517452.61	18367.82	21941
科技推广和应用服务业	3146	1936933.94	900077.55	1395876.53	1391549.94	46496.74	82443
技术推广服务	2595	1612220.85	687345.19	1224244.39	1221969.99	39452.49	75387
科技中介服务	239	182662.15	124327.85	54790.95	54790.95	2660.29	2783
其他科技推广和应用服务业	312	142050.95	88404.51	116841.19	114788.99	4383.96	4273
按登记注册类型分							
内资企业	9134	10117737.92	4149518.68	4861904.99	4813359.39	152320.28	202325
国有企业	231	2579220.70	599025.66	955001.82	924978.42	19935.02	20319
集体企业	69	13853.99	5438.06	17615.66	17169.76	662.56	1498
股份合作企业	13	6555.65	4055.94	8686.84	8686.84	458.93	262
联营企业	22	7335.04	5167.18	4039.14	4039.14	127.95	395
国有联营企业	5	998.13	703.36	802.01	802.01	47.95	186
集体联营企业	12	2699.12	1103.04	2132.34	2132.34	61.79	175
国有与集体联营企业	2	2781.43	2781.33	694.50	694.50	8.73	23
其他联营企业	3	856.36	579.46	410.29	410.29	9.48	11
有限责任公司	2099	3837618.17	1666560.30	1460549.34	1444962.04	42210.34	44435
国有独资公司	54	1016972.06	512996.79	180399.13	178617.83	6114.80	4938
其他有限责任公司	2045	2820646.11	1153563.51	1280150.21	1266344.21	36095.54	39497
股份有限公司	222	626054.67	153604.37	145556.00	145508.30	5472.32	6293
私营企业	5157	2374633.20	1363165.73	1411601.58	1411434.67	52115.35	70605
私营独资企业	526	113021.27	62291.79	117148.47	117148.47	5135.54	7281
私营合伙企业	119	31305.25	22218.39	27913.12	27831.42	1031.65	1521
私营有限责任公司	4272	2032180.61	1218835.76	1208458.12	1208372.92	44008.68	58456
私营股份有限公司	240	198126.07	59819.79	58081.86	58081.86	1939.47	3347

3-8 续表

指标名称	单位数(个)	资产总计(万元)	实收资本(万元)	营业收入(万元)	主营业务收入(万元)	营业税金及附加(万元)	从业人员期末人数(人)
其他企业	1321	672466.51	352501.46	858854.60	856580.20	31337.81	58518
港、澳、台商投资企业	11	10720.53	8026.83	4251.15	4251.15	94.79	250
合资经营企业(港或澳、台资)	5	1786.33	1300.25	1491.81	1491.81	40.41	79
合作经营企业(港或澳、台资)							
港、澳、台商独资经营企业	6	8934.20	6726.58	2759.34	2759.34	54.39	171
港、澳、台商投资股份有限公司							
外商投资企业	10	6487.52	9768.13	2993.54	2993.54	110.80	286
中外合资经营企业	5	1958.11	2490.88	1659.93	1659.93	34.57	134
中外合作经营企业	1	133.71	85.25	436.41	436.41	0.63	98
外资企业	3	4337.60	7182.00	791.00	791.00	71.80	46
外商投资股份有限公司							
按地区分组							
长沙市	4752	5772950.17	2335149.52	2752293.65	2735393.84	73183.43	84546
株洲市	286	1477085.53	478213.76	277098.48	265420.58	4053.27	7320
湘潭市	276	533733.59	367076.17	107797.22	107793.72	4317.47	5205
衡阳市	384	167191.70	72468.15	100325.38	100304.38	3758.36	8086
邵阳市	196	105215.11	34619.34	31885.39	31438.89	929.31	2288
岳阳市	717	728658.71	332055.62	738697.89	720843.99	34302.45	38629
常德市	482	184644.32	78689.63	286923.47	286607.47	6959.76	17100
张家界市	72	41907.72	15608.95	9302.72	9302.72	446.97	1043
益阳市	475	183850.33	90859.81	149920.55	149920.55	5064.33	8816
郴州市	817	401615.75	126316.95	214530.99	214162.09	11026.90	16122
永州市	125	161913.65	130393.08	38471.47	38471.47	3029.76	2458
怀化市	225	80934.58	47897.52	75661.65	75268.95	2341.14	4671
娄底市	205	93020.35	38889.15	65126.62	64561.22	2384.38	4953
湘西州	143	202224.45	19075.98	21114.20	21114.20	728.34	1624
按区域分组							
长株潭城市群	5314	7783769.30	3180439.45	3137189.35	3108608.15	81554.17	97071
环长株潭城市群	7577	9141134.71	3793401.82	4478183.26	4430845.76	134023.44	174655
湘南地区	1326	730721.11	329178.18	353327.83	352937.93	17815.02	26666
大湘西地区	648	432572.14	119246.69	139033.53	138194.33	4466.61	9749
洞庭湖生态经济区	1735	1136596.96	536884.21	1187998.44	1169828.54	46875.84	65547
按控股情况分							
国有控股	393	5137287.05	1661640.33	1574946.64	1541336.54	35714.87	32961
集体控股	198	555841.67	123226.26	144221.10	143262.10	4928.04	7295
私人控股	7186	3544695.51	1952450.61	2297005.94	2290473.73	85825.70	122251
港澳台商控股	8	9032.80	4623.03	3594.15	3594.15	56.97	200
外商控股	8	2208.03	1968.13	2843.54	2843.54	108.60	270
其他	1362	885880.91	423405.30	846538.31	839094.02	25891.69	39884

3-9 水利、环境和公共设施管理业企业主要指标

指标名称	单位数（个）	资产总计（万元）	实收资本（万元）	营业收入（万元）	主营业务收入（万元）	营业税金及附加（万元）	从业人员期末人数（人）
总　计	**1360**	**6488079.16**	**1114184.13**	**745306.73**	**742422.93**	**24096.13**	**36506**
水利管理业	183	1022005.74	336354.89	83637.71	82862.71	3028.60	5123
防洪除涝设施管理	19	20306.65	5638.90	11119.90	11094.90	428.36	548
水资源管理	33	541544.02	232247.44	23401.05	23401.05	475.11	765
天然水收集与分配	44	137466.03	70162.05	11783.07	11662.07	554.90	1846
水文服务	6	2041.99	1535.00	1210.36	1210.36	81.36	135
其他水利管理业	81	320647.05	26771.50	36123.32	35494.32	1488.87	1829
生态保护和环境治理业	224	414293.40	91453.95	83935.31	83554.61	2257.91	4090
生态保护	45	212189.66	18391.74	19449.07	19198.07	459.26	1407
环境治理业	179	202103.74	73062.21	64486.24	64356.54	1798.65	2683
公共设施管理业	953	5051780.03	686375.29	577733.71	576005.61	18809.61	27293
市政设施管理	128	2753711.08	184872.51	87728.23	87668.93	2430.11	2568
环境卫生管理	81	198373.80	68787.87	46676.89	46676.89	1836.01	2598
城乡市容管理	35	37100.40	31015.29	10106.40	10106.40	382.79	581
绿化管理	384	305223.02	144086.61	219625.86	219309.06	7518.16	8374
公园和游览景区管理	325	1757371.73	257613.00	213596.32	212244.32	6642.55	13172
按登记注册类型分							
内资企业	1353	6407645.25	1111889.22	742092.30	739208.50	23810.99	36153
国有企业	86	378542.43	73572.11	48902.72	48176.32	2106.19	5820
集体企业	18	8494.97	5545.35	4606.04	4606.04	169.02	205
股份合作企业	3	116.32	67.64	390.80	390.80	16.46	36
联营企业	3	161.74	159.74	458.68	458.68	24.41	57
国有联营企业							
集体联营企业	3	161.74	159.74	458.68	458.68	24.41	57
国有与集体联营企业							
其他联营企业							
有限责任公司	382	5041312.27	638966.47	304140.63	302921.23	7702.31	11472
国有独资公司	62	859571.86	115804.71	66636.92	65930.62	1021.20	2534
其他有限责任公司	320	4181740.41	523161.76	237503.71	236990.61	6681.11	8938
股份有限公司	66	177796.22	60642.21	55027.83	54696.33	2602.44	2447
私营企业	726	768736.76	305483.02	313430.38	312823.88	10620.03	14907
私营独资企业	87	25070.27	8726.00	16882.79	16720.59	574.57	1596
私营合伙企业	17	2555.53	1643.05	3386.41	3386.41	92.28	264
私营有限责任公司	574	675913.78	270056.47	275669.22	275224.92	9153.10	11885
私营股份有限公司	48	65197.18	25057.51	17491.96	17491.96	800.09	1162
其他企业	69	32484.54	27452.67	15135.23	15135.23	570.12	1209

3-9 续表

指标名称	单位数(个)	资产总计(万元)	实收资本(万元)	营业收入(万元)	主营业务收入(万元)	营业税金及附加(万元)	从业人员期末人数(人)
港、澳、台商投资企业	4	5901.68	1434.25	2228.07	2228.07	102.85	141
合资经营企业(港或澳、台资)	2	177.15	77.15	425.25	425.25	2.74	38
合作经营企业(港或澳、台资)							
港、澳、台商独资经营企业	2	5724.54	1357.10	1802.82	1802.82	100.11	103
港、澳、台商投资股份有限公司							
外商投资企业	3	74532.23	860.66	986.36	986.36	182.29	212
中外合资经营企业	1	5.13	0.66	12.83	12.83	1.67	21
中外合作经营企业							
外资企业	1	73391.80	20.00	450.66	450.66	138.80	171
外商投资股份有限公司	1	1135.30	840.00	522.87	522.87	41.83	20
按地区分组							
长沙市	346	2472611.68	452661.65	173865.27	173865.27	5444.65	6635
株洲市	60	228361.24	49625.61	52676.32	52641.72	1837.39	2948
湘潭市	69	186069.34	47003.39	24904.72	24904.72	972.59	1072
衡阳市	73	25145.94	10969.29	14568.33	14568.33	628.68	1510
邵阳市	64	159725.18	38589.39	31253.23	31197.43	981.52	1522
岳阳市	134	451180.21	71277.18	88665.34	88105.04	4955.99	4642
常德市	93	318058.95	67801.44	35754.03	35750.13	1389.88	1910
张家界市	59	645280.97	46408.06	49317.75	48705.15	1417.14	3318
益阳市	88	1156888.53	81582.94	73137.73	73137.73	896.25	1876
郴州市	147	210547.70	67987.12	37172.74	36867.04	2070.81	4348
永州市	52	216077.51	41530.64	19289.45	18958.95	744.51	1612
怀化市	65	140157.06	54695.08	26273.31	25865.91	953.68	1688
娄底市	40	94367.38	46213.26	73055.88	72739.58	1014.04	1395
湘西州	70	183607.48	37839.07	45372.63	45115.93	789.00	2030
按区域分组							
长株潭城市群	475	2887042.26	549290.65	251446.32	251411.72	8254.63	10655
环长株潭城市群	903	4932683.26	827134.77	536627.63	535712.53	17139.47	21988
湘南地区	272	451771.15	120487.06	71030.52	70394.32	3444.00	7470
大湘西地区	263	1136965.79	178226.59	153128.27	151795.77	4271.69	8611
洞庭湖生态经济区	363	1976568.00	240983.01	204526.06	203961.86	7809.75	9304
按控股情况分							
国有控股	200	3394183.69	408946.44	212328.01	210923.31	4521.32	10122
集体控股	43	33604.30	11305.13	11443.99	11443.99	595.76	677
私人控股	956	1149759.83	402518.37	441063.74	439954.94	15936.98	20443
港澳台商控股	3	5746.68	1379.25	1869.07	1869.07	101.65	126
外商控股	3	74532.23	860.66	986.36	986.36	182.29	212
其他	155	1830252.42	289174.28	77615.57	77245.27	2758.12	4926

3-10 居民服务、修理和其他服务业企业主要指标

指标名称	单位数(个)	资产总计(万元)	实收资本(万元)	营业收入(万元)	主营业务收入(万元)	营业税金及附加(万元)	从业人员期末人数(人)
总 计	**7297**	**1824674.60**	**885383.16**	**1763348.15**	**1759602.25**	**73007.64**	**130949**
居民服务业	3071	929986.05	365034.50	799277.27	795943.47	34357.47	71594
家庭服务	385	69267.13	32292.91	83683.83	83664.83	3821.25	12738
托儿所服务	32	8117.31	5038.78	4309.67	4309.67	138.45	556
洗染服务	172	25690.41	14297.07	27007.27	27007.27	1063.97	1995
理发及美容服务	894	167056.14	79376.80	210951.93	210938.23	8915.55	16737
洗浴服务	279	86067.99	40800.32	88774.10	88764.40	4351.82	8460
保健服务	253	79934.61	34605.17	99608.66	99594.56	4487.72	10808
婚姻服务	221	26434.41	15833.57	33743.17	33743.17	1184.63	2699
殡葬服务	92	122928.08	32601.08	46057.87	45011.07	2146.27	2390
其他居民服务业	743	344489.97	110188.81	205140.79	202910.29	8247.80	15211
机动车、电子产品和日用产品修理业	3099	636400.20	372312.72	706826.24	706640.54	26542.14	38106
汽车、摩托车修理与维护	2008	470216.50	276447.73	460014.88	459839.88	16966.91	26857
计算机和办公设备维修	274	50183.93	26348.79	57892.16	57881.46	2106.20	2782
家用电器修理	624	88297.76	48740.24	156650.12	156650.12	6320.66	6699
其他日用产品修理业	193	27702.01	20775.96	32269.08	32269.08	1148.36	1768
其他服务业	1127	258288.35	148035.94	257244.65	257018.25	12108.04	21249
清洁服务	691	97526.99	53816.02	129244.39	129244.39	5079.84	13283
其他未列明服务业	436	160761.36	94219.92	128000.26	127773.86	7028.19	7966
按登记注册类型分							
内资企业	7273	1802743.03	872797.67	1749433.65	1745837.75	72613.80	129733
国有企业	55	29156.09	13093.49	17928.12	17911.32	738.83	1633
集体企业	47	16216.99	4525.12	14097.34	13191.54	519.60	797
股份合作企业	13	3070.98	2109.70	3850.93	3850.93	152.62	475
联营企业	9	790.31	371.90	2656.32	2656.32	54.73	165
国有联营企业							
集体联营企业	7	738.31	326.20	2394.32	2394.32	39.73	152
国有与集体联营企业	1		5.70				1
其他联营企业	1	52.00	40.00	262.00	262.00	15.00	12
有限责任公司	827	359601.99	127002.08	280426.72	278024.91	11407.25	24390
国有独资公司	12	5866.36	3148.89	5950.93	5765.03	257.87	1298
其他有限责任公司	815	353735.62	123853.18	274475.79	272259.88	11149.38	23092
股份有限公司	109	52540.12	24161.76	40907.16	40907.16	2057.02	2711
私营企业	5670	1229570.75	644217.55	1262378.77	1262107.97	52097.64	90547
私营独资企业	3384	502149.37	306194.99	681885.04	681856.34	25651.96	43958
私营合伙企业	377	76145.43	37750.58	83103.27	83103.27	3608.81	7567
私营有限责任公司	1776	609803.12	285058.58	448990.47	448885.57	20662.66	34686
私营股份有限公司	133	41472.83	15213.41	48399.99	48262.79	2174.21	4336

3-10 续表

指标名称	单位数(个)	资产总计(万元)	实收资本(万元)	营业收入(万元)	主营业务收入(万元)	营业税金及附加(万元)	从业人员期末人数(人)
其他企业	543	111795.80	57316.08	127188.30	127187.60	5586.11	9015
港、澳、台商投资企业	13	14135.06	9874.23	8069.88	7919.88	180.61	545
合资经营企业(港或澳、台资)	5	6649.60	3615.70	6677.11	6527.11	123.32	335
合作经营企业(港或澳、台资)	1	8.92	8.86	12.57	12.57	0.85	14
港、澳、台商独资经营企业	7	7476.53	6249.67	1380.20	1380.20	56.44	196
港、澳、台商投资股份有限公司							
外商投资企业	11	7796.52	2711.26	5844.62	5844.62	213.24	671
中外合资经营企业	4	3348.33	855.00	1990.86	1990.86	108.40	404
中外合作经营企业							
外资企业	6	4338.66	1775.03	3665.88	3665.88	100.40	255
外商投资股份有限公司							
按地区分组							
长沙市	1244	465313.24	183562.55	310592.38	310386.68	11472.43	24904
株洲市	189	151837.06	44719.52	58369.36	57961.56	2276.79	4935
湘潭市	128	53753.89	26530.37	25829.15	25829.15	873.52	2652
衡阳市	573	136460.15	75430.19	114797.26	114797.26	3189.40	10563
邵阳市	244	82002.12	31950.68	47106.90	46201.10	1493.69	4320
岳阳市	762	247992.36	162090.31	332146.59	330908.59	19742.00	23650
常德市	2301	303353.93	155541.52	522142.55	521499.85	19105.84	28948
张家界市	116	29249.67	13193.54	15992.90	15992.90	496.12	1925
益阳市	528	87798.02	52272.01	106801.82	106801.82	4370.21	7390
郴州市	405	104652.48	45855.86	75732.79	75510.19	4085.83	7728
永州市	134	31648.75	13089.67	23575.10	23575.10	1038.52	2640
怀化市	211	56034.18	27862.62	61750.39	61750.39	2031.35	4027
娄底市	327	55589.91	42000.07	53318.21	53318.21	2142.15	4893
湘西州	135	18988.85	11284.24	15192.76	15069.46	689.79	2374
按区域分组							
长株潭城市群	1561	670904.18	254812.45	394790.89	394177.39	14622.73	32491
环长株潭城市群	6052	1502098.55	742146.54	1523997.30	1521503.10	63172.34	107935
湘南地区	1112	272761.38	134375.72	214105.15	213882.55	8313.76	20931
大湘西地区	717	187944.63	85377.20	141522.27	140493.17	4745.69	12745
洞庭湖生态经济区	3674	674597.72	383698.62	970420.11	968539.41	43860.23	61552
按控股情况分							
国有控股	77	41206.50	18121.91	34936.72	34511.42	1299.33	2818
集体控股	84	46059.60	9939.04	35367.25	33842.45	1449.60	4294
私人控股	6548	1548509.47	781547.34	1527684.82	1527375.32	63018.13	112978
港澳台商控股	13	9296.01	4224.23	7285.18	7135.18	94.56	337
外商控股	6	11108.51	8043.46	4195.10	4195.10	144.76	452
其他	569	168494.50	63507.17	153879.10	152542.79	7001.27	10070

3-11　教育业企业主要指标

指标名称	单位数(个)	资产总计(万元)	实收资本(万元)	营业收入(万元)	主营业务收入(万元)	营业税金及附加(万元)	从业人员期末人数(人)
总　计	**3033**	**1168616.63**	**546400.89**	**738228.24**	**737004.54**	**30831.62**	**68842**
教育	3033	1168616.63	546400.89	738228.24	737004.54	30831.62	68842
学前教育	1213	193343.33	125503.85	213637.92	213625.62	10640.00	20432
初等教育	51	46848.60	14309.28	20396.25	20299.75	452.14	2679
中等教育	183	288108.27	135927.98	94269.42	93315.12	2666.59	12414
高等教育	16	31505.55	29921.20	9764.97	9764.97	202.42	938
特殊教育	8	835.27	635.50	549.42	549.42	31.12	90
技能培训、教育辅助及其他教育	1562	607975.62	240103.08	399610.26	399449.67	16839.35	32289
按登记注册类型分							
内资企业	3029	1138501.02	546278.89	730172.57	728948.88	30823.94	68315
国有企业	119	117182.26	91631.07	43245.29	43245.29	2223.44	6384
集体企业	35	7363.78	4623.65	11362.79	11336.30	670.13	1088
股份合作企业	23	8034.64	4896.48	8523.98	8472.18	556.87	725
联营企业	13	1647.74	1398.04	3083.01	3083.01	135.69	204
国有联营企业	2	395.27	505.75	209.11	209.11	1.57	27
集体联营企业	7	235.40	142.50	1016.97	1016.97	41.48	102
国有与集体联营企业	1	490.00	400.00	1550.00	1550.00	77.50	35
其他联营企业	3	527.08	349.80	306.93	306.93	15.15	40
有限责任公司	253	99480.69	49147.20	65334.63	65322.63	2577.53	4722
国有独资公司	3	427.57	260.28	218.64	218.64	9.15	41
其他有限责任公司	250	99053.12	48886.92	65115.99	65103.99	2568.38	4681
股份有限公司	48	36818.85	32104.97	12741.74	12741.74	646.94	1090
私营企业	1698	641100.73	249739.86	379749.74	379331.54	15879.11	35426
私营独资企业	887	239078.97	127353.43	182116.34	181762.04	7848.97	17500
私营合伙企业	291	109476.67	44982.93	73648.17	73586.07	3060.14	7368
私营有限责任公司	456	260185.87	66678.68	112557.08	112556.68	4528.52	9445
私营股份有限公司	64	32359.22	10724.82	11428.15	11426.75	441.48	1113
其他企业	840	226872.33	112737.64	206131.38	205416.18	8134.22	18676
港、澳、台商投资企业	1	29936.20		7620.30	7620.30		495
合资经营企业(港或澳、台资)	1	29936.20		7620.30	7620.30		495
合作经营企业(港或澳、台资)							
港、澳、台商独资经营企业							
港、澳、台商投资股份有限公司							

3-11 续表

指标名称	单位数(个)	资产总计(万元)	实收资本(万元)	营业收入(万元)	主营业务收入(万元)	营业税金及附加(万元)	从业人员期末人数(人)
外商投资企业	3	179.42	122.00	435.36	435.36	7.68	32
中外合资经营企业	3	179.42	122.00	435.36	435.36	7.68	32
中外合作经营企业							
外资企业							
外商投资股份有限公司							
按地区分组							
长沙市	628	310902.61	94963.78	151850.40	151850.40	5071.56	12041
株洲市	121	98655.09	12239.43	44345.82	44247.72	1386.69	4374
湘潭市	92	37439.19	27634.28	19123.98	19123.98	536.81	1912
衡阳市	304	88964.54	49295.86	65770.73	65692.03	2423.40	6150
邵阳市	135	70738.46	20167.07	29312.18	29181.88	736.51	3648
岳阳市	599	254648.16	204774.87	189710.98	189710.98	12415.06	17828
常德市	182	69862.73	24830.76	48805.59	48471.99	1646.30	4953
张家界市	50	9154.51	3533.59	3152.51	3152.51	136.53	698
益阳市	179	53082.98	28365.82	55768.28	55652.08	2072.63	4169
郴州市	239	60781.80	23044.93	31897.53	31685.23	1153.77	4286
永州市	141	34219.02	15227.31	19955.72	19701.22	691.62	2215
怀化市	128	30744.85	14534.25	32844.55	32844.55	1154.69	2717
娄底市	183	37592.17	22584.81	40878.04	40878.04	1267.54	3151
湘西州	52	11830.52	5204.12	4811.91	4811.91	138.50	700
按区域分组							
长株潭城市群	841	446996.89	134837.49	215320.21	215222.11	6995.06	18327
环长株潭城市群	2288	951147.47	464689.62	616253.82	615627.23	26819.99	54578
湘南地区	684	183965.37	87568.10	117623.99	117078.49	4268.78	12651
大湘西地区	375	124605.63	44508.21	71152.87	71022.57	2191.80	7930
洞庭湖生态经济区	1002	391560.49	265808.80	297287.66	296837.87	16366.92	27648
按控股情况分							
国有控股	55	27759.70	13093.37	22626.47	22626.47	622.01	1918
集体控股	53	19062.60	10165.61	19079.64	19053.15	1275.86	1641
私人控股	2183	819077.54	352491.94	504570.73	503962.93	21277.71	45528
港澳台商控股							
外商控股	3	30008.62	15.00	7872.66	7872.66	5.84	505
其他	739	272708.17	170634.96	184078.74	183489.34	7650.20	19250

3-12　卫生和社会工作业企业主要指标

指标名称	单位数(个)	资产总计(万元)	实收资本(万元)	营业收入(万元)	主营业务收入(万元)	营业税金及附加(万元)	从业人员期末人数(人)
总　计	**1243**	**1179714.15**	**509197.18**	**819075.48**	**814716.38**	**16723.22**	**47507**
卫生	1161	1117545.20	489288.51	799725.36	795388.76	15902.87	45995
医院	450	930085.53	365660.92	632760.39	628723.79	11145.27	35210
社区医疗与卫生院	316	73301.56	54656.71	54402.64	54402.64	1749.38	3911
门诊部(所)	299	52558.21	30525.53	58331.37	58031.37	1525.44	3703
计划生育技术服务活动	10	3728.17	2974.00	2020.65	2020.65	59.54	108
妇幼保健院(所、站)	9	19001.73	9976.92	12478.25	12478.25	271.86	853
专科疾病防治院(所、站)	12	2788.30	2507.67	3431.85	3431.85	152.99	225
疾病预防控制中心	6	5927.34	5247.13	4295.84	4295.84	157.25	270
其他卫生活动	59	30154.36	17739.62	32004.37	32004.37	841.15	1715
社会工作	82	62168.95	19908.66	19350.12	19327.62	820.35	1512
提供住宿社会工作	69	47844.47	18430.50	13479.71	13457.21	742.03	1339
不提供住宿社会工作	13	14324.49	1478.17	5870.41	5870.41	78.32	173
按登记注册类型分							
内资企业	1241	1129046.19	485697.18	786762.32	782544.53	16682.63	46408
国有企业	113	252454.56	113632.12	166038.15	162623.65	3184.61	7342
集体企业	61	138242.20	81658.26	30640.94	30640.94	2090.88	2357
股份合作企业	21	18412.43	10188.96	23277.06	23099.06	661.47	1195
联营企业	9	986.72	425.67	811.02	811.02	60.62	228
国有联营企业	1	52.00	48.00	78.29	78.29	5.98	8
集体联营企业	3	257.00	171.00	294.23	294.23	20.86	69
国有与集体联营企业	2	217.60	148.67	110.50	110.50	3.78	31
其他联营企业	3	460.13	58.00	328.00	328.00	30.00	120
有限责任公司	78	215784.27	74173.82	157445.35	157014.35	1694.97	6488
国有独资公司	3	1723.69	1088.23	2651.39	2651.39	1.84	167
其他有限责任公司	75	214060.58	73085.59	154793.96	154362.96	1693.14	6321
股份有限公司	29	44486.77	18226.00	49873.43	49865.03	701.17	2352
私营企业	646	363837.38	135022.33	261174.38	260992.68	5951.22	19185
私营独资企业	404	94919.72	53569.28	96336.34	96312.34	2694.12	7313
私营合伙企业	89	86901.60	33185.01	49617.67	49531.37	1040.79	4281
私营有限责任公司	136	171513.41	44039.71	100560.56	100489.16	2156.23	6664
私营股份有限公司	17	10502.66	4228.33	14659.80	14659.80	60.10	927
其他企业	284	94841.86	52370.01	97501.99	97497.79	2337.68	7261
港、澳、台商投资企业	1	576.67	500.00	789.25	789.25	40.59	27
合资经营企业(港或澳、台资)							
合作经营企业(港或澳、台资)							
港、澳、台商独资经营企业	1	576.67	500.00	789.25	789.25	40.59	27
港、澳、台商投资股份有限公司							

3-12 续表

指标名称	单位数(个)	资产总计(万元)	实收资本(万元)	营业收入(万元)	主营业务收入(万元)	营业税金及附加(万元)	从业人员期末人数(人)
外商投资企业	1	50091.30	23000.00	31523.90	31382.60		1072
中外合资经营企业	1	50091.30	23000.00	31523.90	31382.60		1072
中外合作经营企业							
外资企业							
外商投资股份有限公司							
按地区分组							
长沙市	202	337826.54	104182.27	263971.51	263519.51	1312.62	11308
株洲市	44	78400.98	9546.28	63168.51	62178.71	500.73	3951
湘潭市	38	39162.67	11282.53	17863.64	17841.14	133.58	1876
衡阳市	239	96625.09	26288.05	85910.08	83612.38	1383.89	5329
邵阳市	43	61390.23	18387.13	31263.95	31193.05	418.08	2330
岳阳市	157	386619.86	248097.91	185507.72	185507.72	9660.70	9606
常德市	186	45644.87	18859.02	60799.47	60613.47	697.64	3421
张家界市	12	7992.87	2332.34	7565.52	7565.52	156.03	631
益阳市	72	21117.93	15395.16	21609.83	21609.83	698.67	1405
郴州市	66	29402.01	10705.05	16617.59	16612.99	238.88	1794
永州市	77	27572.11	13044.10	26531.82	26516.22	520.43	2476
怀化市	32	11057.17	9339.72	9751.77	9751.77	558.85	1184
娄底市	60	27387.73	15367.01	25332.29	25032.29	416.31	1747
湘西州	15	9514.11	6370.59	3181.77	3161.77	26.81	449
按区域分组							
长株潭城市群	284	455390.18	125011.08	345003.66	343539.36	1946.92	17135
环长株潭城市群	998	1032785.67	449018.24	724163.05	719915.05	14804.14	38643
湘南地区	382	153599.20	50037.20	129059.50	126741.60	2143.20	9599
大湘西地区	103	90254.38	36429.79	51953.01	51862.11	1163.20	4625
洞庭湖生态经济区	427	456317.34	283288.29	269349.53	269163.53	11093.90	14662
按控股情况分							
国有控股	93	216497.47	38560.48	165273.96	161845.56	1592.53	6079
集体控股	54	73677.91	17359.58	52214.96	52206.56	718.71	2486
私人控股	835	491062.59	196803.25	379759.33	379161.23	8101.35	26768
港澳台商控股	1	576.67	500.00	789.25	789.25	40.59	27
外商控股	2	51491.30	24400.00	31603.90	31462.60		1192
其他	258	346408.21	231573.86	189434.07	189251.18	6270.04	10955

3-13　文化、体育和娱乐业企业主要指标

指标名称	单位数（个）	资产总计（万元）	实收资本（万元）	营业收入（万元）	主营业务收入（万元）	营业税金及附加（万元）	从业人员期末人数（人）
总　计	**11406**	**7066113.49**	**2588052.30**	**2871238.76**	**2549531.26**	**86524.79**	**132964**
新闻和出版业	120	2063033.43	485821.52	463298.57	456792.77	8232.09	9256
新闻业	16	14058.06	4026.41	12110.19	11833.69	328.02	619
出版业	104	2048975.37	481795.11	451188.38	444959.08	7904.07	8637
广播、电视、电影和影视录音制作业	399	3082688.29	1036588.51	902567.41	588329.51	9139.87	12743
广播	22	73824.40	40445.55	6135.44	6135.44	386.86	311
电视	51	1465581.88	734345.46	687074.82	377501.12	2260.65	3950
电影和影视节目制作	78	1275133.90	192497.50	111310.97	108425.07	2439.51	2015
电影和影视节目发行	23	12675.57	8682.33	7290.78	7290.78	248.73	404
电影放映	214	248139.62	54734.66	89010.81	87232.51	3764.43	5949
录音制作	11	7332.92	5883.01	1744.60	1744.60	39.69	114
文化艺术业	827	454082.27	224654.00	213009.61	212583.31	8851.01	15358
文艺创作与表演	280	106907.17	64250.80	72367.67	72301.67	3034.74	7112
艺术表演场馆	27	141285.94	24409.60	18093.93	17882.43	848.25	1228
图书馆与档案馆	7	1391.45	869.74	2527.99	2527.99	180.41	137
文物及非物质文化遗产保护	23	14065.90	5887.41	4265.67	4265.67	145.72	345
博物馆	3	617.89	427.25	603.39	603.39	13.45	75
烈士陵园、纪念馆	3	13772.92	313.00	635.40	521.60	2.66	143
群众文化活动	157	42296.31	29135.97	24759.48	24724.48	857.94	1660
其他文化艺术业	327	133744.69	99360.23	89756.08	89756.08	3767.84	4658
体育	285	174511.41	82235.54	69194.85	68865.65	2849.91	5674
体育组织	23	5055.67	4422.65	4101.13	4101.13	118.37	305
体育场馆	19	14493.19	6972.60	3820.49	3820.49	132.67	403
休闲健身活动	214	144485.25	64211.26	54044.63	53715.43	2360.12	4510
其他体育	29	10477.30	6629.03	7228.60	7228.60	238.75	456
娱乐业	9775	1291798.08	758752.72	1223168.31	1222960.01	57451.91	89933
室内娱乐活动	9403	1070650.48	659842.08	1099884.95	1099681.85	51766.54	82939
游乐园	50	85289.18	31058.93	37593.32	37593.12	1427.41	1598
彩票活动	1	20.00	20.00	50.00	50.00	1.50	10
文化、娱乐、体育经纪代理	206	52853.35	34696.91	58461.65	58461.65	2995.87	2896
其他娱乐业	115	82985.07	33134.80	27178.39	27173.39	1260.60	2490

3-13 续表 1

指标名称	单位数(个)	资产总计(万元)	实收资本(万元)	营业收入(万元)	主营业务收入(万元)	营业税金及附加(万元)	从业人员期末人数(人)
按登记注册类型分							
内资企业	11376	6937686.64	2530640.16	2825998.12	2504698.42	84638.26	130943
国有企业	127	1786197.69	681145.81	821722.68	511668.08	7250.35	9489
集体企业	33	5156.80	2245.57	6786.01	6786.01	313.29	590
股份合作企业	22	5462.12	3069.99	3892.57	3892.57	153.84	343
联营企业	16	4953.66	2247.46	6604.31	6604.31	263.90	271
国有联营企业	1	26.33	32.00	257.38	257.38	7.34	40
集体联营企业	3	1116.80	336.82	459.17	459.17	10.26	84
国有与集体联营企业	1	987.49	948.75	1984.72	1984.72	19.85	59
其他联营企业	11	2823.04	929.88	3903.03	3903.03	226.45	88
有限责任公司	639	843905.73	304494.59	320980.33	314681.83	9137.83	13326
国有独资公司	48	261878.80	158874.46	64730.25	60981.05	1367.94	2453
其他有限责任公司	591	582026.93	145620.13	256250.09	253700.79	7769.89	10873
股份有限公司	119	2783052.23	644764.58	289376.80	284829.10	3918.88	5067
私营企业	8980	1331346.86	785602.20	1194392.09	1193993.19	54807.07	86766
私营独资企业	6883	672427.65	442703.96	775609.99	775609.99	35297.99	57234
私营合伙企业	737	144070.34	68209.92	112687.45	112687.45	5040.99	8635
私营有限责任公司	1239	466379.41	244203.10	283511.03	283209.53	13622.33	19366
私营股份有限公司	121	48469.47	30485.23	22583.62	22486.22	845.75	1531
其他企业	1440	177611.55	107069.96	182243.33	182243.33	8793.10	15091
港、澳、台商投资企业	16	51456.43	27099.99	12161.32	11758.72	507.53	1017
合资经营企业(港或澳、台资)	9	33534.52	14307.26	10933.99	10531.39	473.26	833
合作经营企业(港或澳、台资)	1	1080.99	1009.55	240.06	240.06	14.40	30
港、澳、台商独资经营企业	4	9197.45	5359.05	967.57	967.57	19.28	131
港、澳、台商投资股份有限公司	1	7639.17	6419.83				20
外商投资企业	14	76970.41	30312.15	33079.32	33074.12	1379.00	1004
中外合资经营企业	7	75517.85	29186.02	32405.71	32400.51	1351.63	913
中外合作经营企业	1	23.00	18.00	20.00	20.00	0.60	3
外资企业	3	367.26	98.81	224.29	224.29	12.15	69
外商投资股份有限公司							

3-13 续表 2

指标名称	单位数(个)	资产总计(万元)	实收资本(万元)	营业收入(万元)	主营业务收入(万元)	营业税金及附加(万元)	从业人员期末人数(人)
按地区分组							
长沙市	1468	5256892.21	1624419.04	1543304.87	1223979.47	25066.69	29311
株洲市	517	117635.91	30518.15	78001.50	77762.60	2808.02	4823
湘潭市	347	144773.82	82423.27	44447.22	44252.12	3180.46	3538
衡阳市	1703	283791.99	161020.53	196007.53	195668.43	11112.66	16616
邵阳市	568	85272.90	61289.87	47239.84	47239.84	2090.12	3607
岳阳市	1135	259247.88	189299.65	300184.84	299872.14	13984.76	21692
常德市	950	155398.91	86725.75	182680.91	182437.21	5842.46	10278
张家界市	166	164579.12	39123.39	27794.42	27682.92	1788.58	1922
益阳市	1049	195478.23	107767.42	166921.79	166523.89	6967.94	12598
郴州市	796	147540.53	60430.59	86067.96	86067.96	4861.73	8145
永州市	383	49287.40	28281.39	35243.83	35243.83	1525.83	2947
怀化市	595	67125.95	38291.67	51677.33	51677.33	2471.24	4474
娄底市	705	80912.92	42331.12	70844.69	70301.49	3217.48	7739
湘西州	1024	58175.71	36130.45	40822.05	40822.05	1606.81	5274
按区域分组							
长株潭城市群	2332	5519301.95	1737360.46	1665753.58	1345994.18	31055.17	37672
环长株潭城市群	7874	6494131.88	2324504.93	2582393.34	2260797.34	72180.48	106595
湘南地区	2882	480619.92	249732.52	317319.32	316980.22	17500.23	27708
大湘西地区	2409	379409.80	176144.60	169759.01	169647.51	8051.93	15552
洞庭湖生态经济区	3182	654125.79	400627.72	657535.16	656580.86	27737.43	45535
按控股情况分							
国有控股	235	4378824.33	1219753.88	866961.85	551722.65	10951.39	14533
集体控股	72	52170.56	18335.46	20238.91	20238.91	1089.55	1700
私人控股	10097	1834821.51	922356.21	1393452.97	1392058.97	63819.60	100408
港澳台商控股	13	50877.71	23988.43	11370.73	10968.13	430.30	848
外商控股	5	12878.90	7292.58	11235.34	11235.34	424.91	285
其他	984	736540.48	396325.74	567978.96	563307.26	9809.03	15190

3-14 规模以上服务业

指标名称	单位数（个）	年初存货	固定资产原价	本年折旧	资产总计	负债合计
总 计	**2776**	**13345280.10**	**19193605.59**	**1360628.05**	**80925124.40**	**41372358.19**
交通运输、仓储和邮政业	669	672263.90	4018171.80	263514.70	13531778.70	9713711.80
信息传输、软件和信息技术服务业	264	98580.30	9807208.80	807474.30	8954092.10	4141784.80
房地产业	266	11070.80	111583.30	5436.20	306122.60	205499.90
租赁和商务服务业	508	11980805.60	2833689.80	105850.80	44656977.00	21704519.00
科学研究和技术服务业	462	323920.20	558388.30	43464.10	4908993.00	2434335.60
水利、环境和公共设施管理业	90	84196.50	507056.60	25026.50	2697681.90	1297283.70
居民服务、修理和其他服务业	115	9553.10	89005.50	7113.10	195328.10	135107.90
教育	109	1229.40	205699.59	11309.85	267836.40	114004.69
卫生和社会工作	141	16767.70	304600.40	24531.80	526212.20	393102.50
文化、体育和娱乐业	152	146892.60	758201.50	66906.70	4880102.40	1233008.30

3-14 续表

指标名称	销售费用	管理费用	其中：税金	财务费用	其中：利息收入	其中：利息支出
总 计	**1643882.02**	**1804509.37**	**40812.30**	**512742.90**	**188661.30**	**640298.50**
交通运输、仓储和邮政业	55522.40	464814.10	10227.40	237687.10	6272.70	230570.00
信息传输、软件和信息技术服务业	1180616.50	355040.00	9792.90	-45426.70	68408.20	20072.80
房地产业	21740.20	55637.70	1237.00	3276.70	438.30	1948.10
租赁和商务服务业	132474.10	272402.50	8780.30	243734.60	74943.30	303511.80
科学研究和技术服务业	69853.20	292944.20	4331.30	21455.50	13464.00	23862.50
水利、环境和公共设施管理业	24115.70	31591.70	1544.00	35231.10	798.70	23588.10
居民服务、修理和其他服务业	14219.20	26669.90	323.30	4443.60	33.30	3538.80
教育	5469.42	22484.27	255.40	2938.60	211.20	1629.80
卫生和社会工作	25389.80	69877.60	681.80	5714.30	-421.40	3062.20
文化、体育和娱乐业	114481.5	213047.4	3638.9	3688.1	24513	28514.4

单位分行业门类经济指标

单位：万元

所有者权益合计	其中：实收资本	营业收入	其中：主营业务收入	营业成本	其中：主营业务成本	营业税金及附加	其中：主营业务税金及附加
39552766.21	**27966012.70**	**17605173.12**	**16835147.82**	**11717204.03**	**11300095.73**	**413600.98**	**402531.98**
3818066.90	2359391.80	3602632.80	3462432.30	3040542.90	2893997.80	66686.90	64026.50
4812307.30	6082194.40	4793673.60	4663605.20	2364151.00	2188165.80	144941.40	143521.40
100622.70	78033.80	265584.40	257535.90	159239.00	157340.40	13928.10	13443.40
22952458.00	16372800.70	4176829.00	4069234.50	3008146.40	2995383.20	99124.50	97964.00
2474657.40	1192899.20	2394821.70	2345854.20	1773306.20	1753134.20	54768.60	52039.80
1400398.20	394820.40	283604.50	280720.70	166721.00	164988.50	5958.20	5174.10
60220.20	19636.60	186959.50	183213.60	128786.30	122596.70	7512.70	6426.10
153831.71	42179.00	120747.02	118650.62	80566.43	75046.33	2168.68	2091.58
133109.70	83408.30	433006.20	428293.90	291801.20	277782.80	1946.00	1912.40
3647094.10	1340648.50	1347314.40	1025606.90	703943.60	671660.00	16565.90	15932.70

单位：万元

投资收益	营业利润	利润总额	应交所得税	应付职工薪酬（本年贷方累计发生额）	应交增值税	从业人员期末人数（人）	从业人员平均人数（人）
223418.00	**1786830.80**	**2150622.33**	**386932.10**	**2373752.85**	**116182.40**	**469009**	**463431**
3066.90	-197476.00	-77615.30	39932.50	722806.60	21676.60	154100	153163
13366.80	807740.10	824699.00	203616.80	420129.20	15815.80	62640	63023
1585.90	11891.70	14324.40	3899.60	124533.20	959.10	40720	39825
141457.10	536671.80	725374.60	86302.20	289147.70	27561.40	70631	68846
19774.80	216982.60	236035.10	33547.30	404983.30	27063.30	61438	60457
458.30	20390.90	27292.30	3414.10	32748.00	5367.60	9680	9799
-46.90	6053.80	7228.40	738.20	80774.30	484.80	18925	18080
145.90	9979.40	8989.73	1320.90	42172.75	309.60	11989	11815
-39.50	40458.20	37284.80	7711.20	106699.90	694.10	19422	18942
43648.7	334138.3	347009.3	6449.3	149757.9	16250.1	19464	19481

3-15 规模以上服务业

指标名称	单位数(个)	年初存货	固定资产原价	本年折旧	资产总计	负债合计
总计	**2776**	**13345280.10**	**19193605.59**	**1360628.05**	**80925124.40**	**41372358.19**
按登记注册类型分组						
内资企业	2708	13330404.40	16818930.79	1180812.45	78827329.30	40187759.99
国有企业	236	2765074.00	3348251.00	230764.90	9980197.90	5283797.80
集体企业	61	11385.00	136634.49	10771.35	213399.50	97833.29
股份合作企业	14	664.30	16893.20	926.70	18688.60	6848.30
联营企业	2	776.30	122312.80	13957.20	98797.80	57278.00
国有联营企业	1	417.30	42469.00	6370.30	39275.00	29342.00
集体联营企业	1	359.00	79843.80	7586.90	59522.80	27936.00
国有与集体联营企业						
其他联营企业						
有限责任公司	999	10211799.40	8303771.60	568937.10	52760842.90	27813623.90
国有独资公司	157	8137422.40	3937801.80	196759.30	31287111.00	16173683.80
其他有限责任公司	842	2074377.00	4365969.80	372177.80	21473731.90	11639940.10
股份有限公司	167	203450.10	3708016.60	263263.30	12255089.10	4905986.70
私营企业	951	127143.20	987152.30	80674.10	3108837.40	1845013.80
私营独资企业	80	1542.50	61908.10	5025.00	88574.90	48504.80
私营合伙企业	45	1115.40	50679.00	4635.90	85394.80	54196.80
私营有限责任公司	748	121316.60	774793.60	64023.10	2732960.10	1632907.00
私营股份有限公司	78	3168.70	99771.60	6990.10	201907.60	109405.20
其他企业	278	10112.10	195898.80	11517.80	391476.10	177378.20
港、澳、台商投资企业	41	10299.60	1336665.70	100115.20	1283762.40	623082.50
合资经营企业(港或澳、台资)	18	6466.30	530366.20	32875.70	481879.90	272783.50
合作经营企业(港或澳、台资)	3	48.30	156225.70	8059.40	274005.40	170570.00
港、澳、台商独资经营企业	18	2735.60	500454.90	46865.20	424180.20	153747.80
港、澳、台商投资股份有限公司	1	1011.10	128942.00	11631.50	85593.30	25845.80
外商投资企业	27	4576.10	1038009.10	79700.40	814032.70	561515.70
中外合资经营企业	12	1508.50	294822.90	12191.40	350496.20	274501.40
中外合作经营企业	2		49806.70	1999.30	33080.90	11792.30
外资企业	12	3047.60	693289.50	65499.70	423675.60	274242.00
外商投资股份有限公司	1	20.00	90.00	10.00	6780.00	980.00
按企业控股情况分组						
国有控股	642	12929761.40	14226337.40	993645.70	63796375.20	31236360.10
集体控股	163	37779.90	600111.89	40427.45	1236030.20	568530.89
私人控股	1529	229447.80	2040651.70	165802.50	10113650.90	6367370.70
港澳台商控股	34	8676.70	723400.10	60046.60	779049.30	412841.00
外商控股	14	3013.60	287904.40	21940.90	216650.60	165463.10
其他	393	136600.70	1312723.10	78764.90	4780591.20	2620792.40

单位分类别经济指标

单位：万元

所有者权益合计	其中：实收资本	营业收入	其中：主营业务收入	营业成本	其中：主营业务成本	营业税金及附加	其中：主营业务税金及附加
39552766.21	**27966012.70**	**17605173.12**	**16835147.82**	**11717204.03**	**11300095.73**	**413600.98**	**402531.98**
38639569.31	27499766.50	16374684.32	15656535.92	11100391.43	10744453.83	376993.48	366619.08
4696400.10	1463997.50	3736626.00	3324240.20	2637617.90	2562578.60	84546.80	83345.60
115566.21	16709.80	139331.62	137358.62	91282.43	89735.83	5183.48	5121.28
11840.30	6831.30	20342.00	20107.70	14525.00	14487.00	127.30	126.30
41519.80	2945.00	59543.30	52819.70	40866.10	32585.30	1532.00	1532.00
9933.00	2945.00	11570.40	11558.80	12729.70	12729.70	92.40	92.40
31586.80		47972.90	41260.90	28136.40	19855.60	1439.60	1439.60
24947219.00	17470611.20	8237616.30	8026874.50	5595960.20	5441519.40	171538.40	166930.50
15113427.20	13696497.60	2549348.90	2457792.60	1749578.40	1721754.90	49905.60	48921.70
9833791.80	3774113.60	5688267.40	5569081.90	3846381.80	3719764.50	121632.80	118008.80
7349102.40	2775178.30	2074329.30	2010450.20	1240363.20	1153935.50	60162.50	59429.60
1263823.60	5706393.80	1622799.50	1604079.00	1156529.80	1131610.20	42299.40	40732.20
40070.10	9650.30	70491.30	69530.40	47637.00	41754.50	1741.90	1669.60
31198.00	18510.90	44455.40	44210.90	31117.20	23816.60	931.30	801.00
1100053.10	5530059.00	1410028.40	1395201.00	1000234.90	989018.40	36235.90	34965.00
92502.40	148173.60	97824.40	95136.70	77540.70	77020.70	3390.30	3296.60
214097.90	57099.60	484096.30	480606.00	323246.80	318002.00	11603.60	9401.60
660679.90	281742.20	514419.90	466967.00	298570.10	239753.20	16129.00	15528.90
209096.40	32364.80	174413.30	159272.00	101950.40	79468.90	5446.20	5198.80
103435.40	78388.30	67113.60	64059.60	30242.60	30242.60	1907.40	1907.40
270432.40	153489.10	201058.90	180288.10	124996.30	99163.60	6620.40	6334.00
59747.50		68812.30	60447.50	39633.60	29130.90	2083.80	2083.80
252517.00	184504.00	716068.90	711644.90	318242.50	315888.70	20478.50	20384.00
75994.80	119333.30	99034.80	97501.20	54026.50	52914.60	2014.10	2014.10
21288.60	21012.30	10077.40	10077.40	3822.00	3822.00	564.40	564.40
149433.60	43928.40	582810.60	579920.20	238012.80	236770.90	17870.00	17775.50
5800.00	230.00	24146.10	24146.10	22381.20	22381.20	30.00	30.00
32560015.10	20001168.30	11042189.50	10419116.60	7118935.90	6891572.80	252923.80	248737.20
667499.31	177316.30	631330.22	593869.32	449415.13	427914.73	18905.18	18607.98
3746280.20	6664487.60	3370312.80	3332002.90	2412396.80	2318886.10	95485.10	93362.80
366208.30	218606.50	291827.80	263001.70	180060.10	141453.60	9370.40	9237.10
51187.50	75442.20	229788.10	227926.00	121678.50	120745.10	5237.00	5181.90
2159798.80	828991.80	2039233.70	1998740.30	1434243.70	1399049.50	31679.50	27405.00

3-15 续表 1

指标名称	单位数(个)	年初存货	固定资产原价	本年折旧	资产总计	负债合计
按隶属关系分组						
中央	117	552452.00	4775960.30	365031.20	10362096.80	5863004.60
省(自治区、直辖市)	214	699879.20	4930989.90	330708.70	23210635.10	11612229.10
地(区、市、州、盟)	349	5948571.70	2868101.80	216095.80	20643979.40	10717422.40
县(区、市、旗)	411	3778839.00	1704324.79	65613.95	11214129.60	4976951.09
街道	7	4013.00	19818.00	1999.40	37396.40	9834.00
镇	18	89989.70	20628.80	1473.40	180118.80	139958.70
乡	12	635.70	14756.30	1273.10	17657.30	5774.40
(社区)居委会	5	121.30	132.10	13.70	2348.30	1108.60
村委会	12	42.10	12208.70	401.00	15803.00	5613.60
其他	1631	2270736.40	4846684.90	378017.80	15240959.70	8040461.70
按营业状态分组						
常年营业	2757	13344280.30	19129590.99	1355496.05	80757373.30	41278597.69
季节性营业	5	30.10	4565.10	202.90	10770.10	4963.70
其他						
按执行会计标准类别分组						
企业会计制度	2752	13344185.70	19135573.39	1356795.85	80843206.80	41335527.39
事业单位会计制度						
行政单位会计制度						
民间非营利组织会计制度						
其他	24	1094.40	58032.20	3832.20	81917.60	36830.80
按是否执行2006年《企业会计准则》分组						
执行2006年《企业会计准则》	2175	10879632.70	17775950.10	1293065.50	71267272.60	35815127.40
不执行2006年《企业会计准则》	599	2465620.30	1413488.09	67320.45	9649039.40	5551968.29
按机构类型分组						
企业	2571	13334306.40	18645789.09	1314882.35	79098400.50	40770173.59
事业单位	30	4635.90	384413.60	36052.20	1571559.70	498158.80
机关						
社会团体						
民办非企业单位	61	907.10	115471.50	6298.30	152881.10	70410.80
基金会						
居委会						
村委会						
其他组织机构	114	5430.70	47931.40	3395.20	102283.10	33615.00
按企业集团情况分组						
集团母公司	312	5168224.70	1657135.70	101245.00	24135454.80	12640736.90
成员企业	345	3364739.50	10861270.30	810875.70	23324810.70	11460111.60
亏损企业	798	1833654.90	4584535.59	315730.55	21217889.20	13509541.89
不亏损企业	1978	11511625.20	14609070.00	1044897.50	59707235.20	27862816.30

单位：万元

所有者权益合计	其中：实收资本	营业收入	其中：主营业务收入	营业成本	其中：主营业务成本	营业税金及附加	其中：主营业务税金及附加
4499092.20	1915507.60	3234190.90	3169710.40	2205621.60	2120546.00	68305.60	67539.90
11598406.00	5825972.30	3929823.10	3498967.70	2387846.70	2274804.40	103256.00	101934.60
9926557.00	1513480.10	3116258.50	2946635.50	2147537.70	2039669.40	68820.90	66916.90
6237178.51	10753992.90	1083008.32	1053328.82	766458.43	746031.73	27629.68	25943.38
27562.40	438.30	17129.30	17119.80	9494.20	9492.20	1107.60	1107.60
40160.10	7548.50	44123.50	43807.90	35852.80	35852.80	1471.80	1471.80
11882.90	5503.00	18457.20	18357.20	12238.40	12093.40	202.50	202.50
1239.70	551.00	6174.80	6110.00	5228.40	5164.00	25.80	25.50
10189.40	8591.90	24387.30	24387.30	17174.90	17174.90	534.50	518.50
7200498.00	7934427.10	6131620.20	6056723.20	4129750.90	4039266.90	142246.60	136871.30
39478775.61	27946943.90	17446523.42	16676498.12	11561300.43	11144192.13	412370.48	401313.88
5806.40	3848.00	7425.00	7425.00	5009.20	5009.20	109.80	109.80
39507679.41	27958274.60	17547439.12	16778916.82	11668424.73	11253704.13	412902.18	401843.48
45086.80	7738.10	57734.00	56231.00	48779.30	46391.60	698.80	688.50
35452145.20	26676506.90	16026276.80	15299792.00	10552007.40	10167842.30	368478.90	357953.20
4097071.11	1287517.20	1570773.22	1527232.72	1157730.33	1124787.13	45002.78	44459.48
38328226.91	27290327.70	16620789.52	16166219.42	11218265.23	10838710.23	405720.98	394962.08
1073400.90	637168.10	747016.10	433850.40	338556.40	308849.80	3276.30	3187.20
82470.30	17544.20	73131.30	71405.30	52364.90	44666.30	491.90	490.50
68668.10	20972.70	164236.20	163672.70	108017.50	107869.40	4111.80	3892.20
11494717.90	9233030.10	1919123.30	1863721.50	1317155.30	1285262.20	44190.40	41303.60
11864699.10	3361125.80	7913844.30	7727242.10	5130879.20	4950675.20	168923.00	166807.30
7708347.31	4013414.00	2629904.22	2525357.92	2359730.53	2243963.33	49844.88	47882.88
31844418.90	23952598.70	14975268.90	14309789.90	9357473.50	9056132.40	363756.10	354649.10

3-15 续表 2

指标名称	销售费用	管理费用	其中：税金	财务费用	其中：利息收入	其中：利息支出
总 计	**1643882.02**	**1804509.37**	**40812.30**	**512742.90**	**188661.30**	**640298.50**
按登记注册类型分组						
内资企业	1367006.82	1719778.57	38397.60	482239.60	188087.00	611654.30
国有企业	247378.10	457167.80	9268.40	34207.30	14457.20	41410.10
集体企业	5739.82	22442.67	782.80	1447.30	111.50	1057.40
股份合作企业	1529.80	3980.60	3.20	65.20	1.50	4.50
联营企业	12179.50	3418.60	41.60	871.40	-1.50	1108.40
国有联营企业		1462.80		491.60	-1.50	789.20
集体联营企业	12179.50	1955.80	41.60	379.80		319.20
国有与集体联营企业						
其他联营企业						
有限责任公司	702530.50	721069.70	17172.00	324645.20	132410.90	428732.70
国有独资公司	171311.10	179780.80	5597.30	171769.60	3037.00	171805.60
其他有限责任公司	531219.40	541288.90	11574.70	152875.60	129373.90	256927.10
股份有限公司	281901.70	238310.00	5290.60	83647.20	38100.40	117649.70
私营企业	96464.70	222167.00	5244.10	31558.00	2367.00	19932.20
私营独资企业	3965.00	10204.60	301.10	1132.60	64.20	556.80
私营合伙企业	2953.50	5198.10	359.50	1939.20	0.50	153.50
私营有限责任公司	86805.90	192294.70	4333.00	26528.90	1706.20	17697.30
私营股份有限公司	2740.30	14469.60	250.50	1957.30	596.10	1524.60
其他企业	19282.70	51222.20	594.90	5798.00	640.00	1759.30
港、澳、台商投资企业	91879.30	37907.40	1304.40	17964.90	288.90	16704.00
合资经营企业(港或澳、台资)	33407.40	14329.60	511.40	10226.90	32.90	9723.50
合作经营企业(港或澳、台资)	3521.80	3128.70	95.10	3863.10	57.10	3924.90
港、澳、台商独资经营企业	39032.70	17069.20	623.60	3300.70	216.20	2497.10
港、澳、台商投资股份有限公司	15917.40	2485.50	74.30	591.60	0.10	558.50
外商投资企业	184995.90	46823.40	1110.30	12538.40	285.40	11940.20
中外合资经营企业	12831.80	16380.10	216.10	11535.70	240.20	10868.90
中外合作经营企业		567.40		-32.40		
外资企业	172130.90	29565.90	894.20	1032.10	44.20	1068.90
外商投资股份有限公司	33.20	310.00		3.00	1.00	2.40
按企业控股情况分组						
国有控股	1254774.80	1046450.90	22825.60	270295.80	173530.20	418541.10
集体控股	32635.72	82147.67	2749.90	7177.90	3426.20	9692.70
私人控股	175142.10	413519.00	9146.80	194107.80	6551.90	172994.70
港澳台商控股	54350.00	30254.50	1444.50	10544.00	276.80	9147.30
外商控股	44124.30	16685.50	344.40	3744.90	68.60	2997.70
其他	82855.10	215435.80	4301.10	26872.50	4807.60	26925.00

单位：万元

投资收益	营业利润	利润总额	应交所得税	应付职工薪酬（本年贷方累计发生额）	应交增值税	从业人员期末人数（人）	从业人员平均人数（人）
223418.00	**1786830.80**	**2150622.33**	**386932.10**	**2373752.85**	**116182.40**	**469009**	**463431**
223418.00	1609414.60	1972592.13	349436.80	2278047.85	115035.50	453047	447437
15744.00	314783.20	433411.10	19707.80	646689.20	16110.80	94959	94861
491.10	4897.00	4987.43	484.90	38938.75	5137.20	12615	12274
-52.60	252.50	27.50	37.60	4580.50	55.70	1337	1318
30.20	-21.60	58.30		5758.00	5.70	932	915
30.20	-3206.10	-3206.10		4291.20	5.50	515	511
	3184.50	3264.40		1466.80	0.20	417	404
127405.50	870295.80	1077677.60	272926.10	920088.60	61411.60	178717	175695
116043.50	320647.10	472748.10	66326.80	211978.50	14197.20	33304	32721
11362.00	549648.70	604929.50	206599.30	708110.10	47214.40	145413	142974
72984.60	253248.80	287856.70	28271.30	277034.30	19219.20	48207	47830
5077.10	88307.90	98047.40	19209.30	300033.00	10977.70	86657	85230
12.50	5730.30	5241.20	454.30	19803.10	199.20	6641	6512
9.10	2091.90	1601.30	320.00	13139.80	206.90	3788	3778
4910.40	83553.20	85265.30	17831.30	228797.90	10245.10	67361	66147
145.10	-3067.50	5939.60	603.70	38292.20	326.50	8867	8793
1738.10	77651.00	70526.10	8799.80	84925.50	2117.60	29623	29314
	48406.80	50668.90	9159.20	36625.90	312.50	7457	7479
	8122.50	8729.60	889.80	11390.50	236.10	2810	2838
	24548.50	25682.00	6436.90	8467.60	0.30	1227	1233
	8125.60	8509.00	1782.90	14019.90	36.70	2840	2839
	7282.00	7386.30		1605.60	3.10	399	388
	129009.40	127361.30	28336.10	59079.10	834.40	8505	8515
	2195.40	2129.30	3010.00	18890.60	331.00	3231	3036
	5156.10	5156.10	1302.70	155.40		38	38
	120657.90	119075.90	23723.40	39851.40	303.40	5208	5413
	1000.00	1000.00	300.00	181.70	200.00	28	28
185476.90	1296717.30	1615376.60	294973.80	1319819.70	44007.00	198676	197798
18144.40	51636.90	50627.43	5695.30	174485.25	10731.90	47055	46325
9846.80	155193.70	172034.70	58684.50	583819.00	37042.60	154033	151145
	5208.20	6649.70	2664.10	21891.10	261.10	4301	4306
	37217.90	36555.50	2196.10	31622.10	610.70	4014	4019
9949.90	240855.70	269378.40	22718.30	241744.70	23529.10	60801	59709

3-15 续表 3

指标名称	销售费用	管理费用	其中：税金	财务费用	其中：利息收入	其中：利息支出
按隶属关系分组						
中央	447641.90	336351.50	7289.10	-9769.20	115766.80	99620.60
省(自治区、直辖市)	386065.70	445228.10	11701.10	270800.50	51993.60	311810.40
地(区、市、州、盟)	223190.90	365730.40	5116.30	109860.90	8951.40	100784.00
县(区、市、旗)	30062.02	109243.57	2925.00	54943.60	3751.90	45662.90
街道	2823.00	3015.90	115.00	23.60	2.00	6.50
镇	468.70	1915.00	109.80	247.30	241.10	212.10
乡	399.00	1311.10	25.30	272.30	0.60	108.20
(社区)居委会	38.80	436.80	0.70	2.40	0.10	1.60
村委会	658.10	2757.40	231.90	319.60	23.10	312.90
其他	552533.90	538519.60	13298.10	86041.90	7930.70	81779.30
按营业状态分组						
常年营业	1643266.72	1798711.27	40596.20	511902.00	188482.40	639758.70
季节性营业	156.70	533.80	17.70	-1.70	0.30	
其他						
按执行会计标准类别分组						
企业会计制度	1643665.02	1796567.07	40789.40	512538.70	188673.60	640205.80
事业单位会计制度						
行政单位会计制度						
民间非营利组织会计制度						
其他	217.00	7942.30	22.90	204.20	-12.30	92.70
按是否执行2006年《企业会计准则》分组						
执行2006年《企业会计准则》	1575789.90	1634762.50	38138.60	481212.30	186077.00	614230.70
不执行2006年《企业会计准则》	68092.12	168169.87	2673.70	31546.10	2619.20	26067.80
按机构类型分组						
企业	1587910.02	1672560.37	39045.60	516611.60	181133.10	638391.50
事业单位	44444.80	108354.00	1700.10	-7211.10	7499.50	142.20
机关						
社会团体						
民办非企业单位	1226.00	14702.20	44.00	1878.10	2.30	1323.00
基金会						
居委会						
村委会						
其他组织机构	10301.20	8892.80	22.60	1464.30	26.40	441.80
按企业集团情况分组						
集团母公司	61801.50	307201.10	5169.30	173735.30	46783.30	225484.90
成员企业	1120660.70	599813.40	16706.60	22405.20	109656.80	125456.40
亏损企业	172284.12	527780.47	11008.00	227747.40	70544.40	282829.60
不亏损企业	1471597.90	1276728.90	29804.30	284995.50	118116.90	357468.90

单位：万元

投资收益	营业利润	利润总额	应交所得税	应付职工薪酬（本年贷方累计发生额）	应交增值税	从业人员期末人数（人）	从业人员平均人数（人）
9272.30	223115.80	269962.90	184358.00	458256.80	10660.10	53067	53566
146433.60	469625.60	518658.90	45054.20	479196.30	36339.60	60395	59795
19512.50	241601.80	404690.20	37496.30	469521.10	9616.60	99660	98300
4160.30	119542.30	182835.93	32582.20	183374.85	5112.00	60184	59695
	695.00	695.00	50.00	4028.00	837.10	1391	1343
	4176.50	15392.50	648.80	3080.90	120.80	863	919
	4263.40	801.90	47.10	4428.80	63.60	1442	1382
41.00	341.90	341.90	2.70	441.20	19.10	198	196
1.20	2969.10	2993.10	414.30	6432.00	79.00	2019	1921
43997.10	720499.40	754250.00	86278.50	764992.90	53334.50	189790	186314
223358.50	1788506.30	2152028.13	386517.30	2359092.15	116072.30	467050	460481
	1617.20	1606.80	240.00	583.30	23.20	178	222
223473.00	1783109.10	2148029.63	386787.80	2358780.35	116070.50	465165	459643
-55.00	3721.70	2592.70	144.30	14972.50	111.90	3844	3788
213774.00	1666512.90	1987538.20	360451.20	2119553.80	104766.70	398992	396147
9644.00	121341.90	162849.73	26467.10	252416.95	11382.40	69689	66954
222112.70	1487585.20	1855049.43	381625.20	2251386.85	109245.90	442372	437044
	259460.90	258592.60	1229.60	68980.60	5436.70	6628	6578
205.20	5661.00	4872.40	385.00	26352.40	39.30	8126	8011
1100.10	34123.70	32107.90	3692.30	27033.00	1460.50	11883	11798
140770.10	141840.60	258111.90	24287.70	291868.90	7178.00	62934	61942
17490.80	893674.10	965124.50	235771.30	857426.00	32528.80	109873	110505
2194.00	-680364.00	-460454.57	157454.10	600166.65	16015.20	136262	134907
221224.00	2467194.80	2611076.90	229478.00	1773586.20	100167.20	332747	328524

3-16 规模以上服务业

地　区	单位数(个)	年初存货	固定资产原　价	本年折旧	资产总计	负债合计
总　计	**2776**	**13345280.10**	**19193605.59**	**1360628.05**	**80925124.40**	**41372358.19**
长沙市	927	8487899.50	8016809.60	544494.20	50079693.30	24844540.60
株洲市	188	92212.40	1692312.10	100819.00	5810534.70	3060987.50
湘潭市	70	57619.60	641805.50	48219.20	2002852.20	1401447.00
衡阳市	203	1822899.30	1119105.00	87006.50	4878573.40	2414338.50
邵阳市	89	44378.80	864976.30	58800.40	775964.20	463065.50
岳阳市	351	223819.10	1286265.00	81086.30	2444678.00	1242112.20
常德市	362	210480.20	1089266.59	96375.35	1993396.80	1082670.59
张家界市	41	35554.90	469545.00	43345.00	758801.10	508869.10
益阳市	88	148873.30	781764.80	50492.30	2537492.60	1269431.50
郴州市	174	123737.40	857718.50	66388.60	2076465.00	1120648.80
永州市	64	727105.10	565317.10	44096.70	3138859.80	1760142.10
怀化市	70	119582.70	769005.60	60289.00	1132541.70	650543.00
娄底市	92	1189731.00	611530.80	46981.30	2781280.30	1246852.00
湘西州	57	61386.80	428183.70	32234.20	513991.30	306709.80

3-16 续表

地　区	销售费用	管理费用	其中：税金	财务费用	其中：利息收入	其中：利息支出
总　计	**1643882.02**	**1804509.37**	**40812.30**	**512742.90**	**188661.30**	**640298.50**
长沙市	631777.10	998166.70	21637.00	186810.00	180923.00	375339.30
株洲市	114289.30	101107.00	2572.10	16872.10	519.40	9625.30
湘潭市	62936.70	56224.90	986.00	42459.50	975.30	39920.50
衡阳市	96837.50	79412.30	1514.00	52700.00	876.70	47284.90
邵阳市	86035.20	57652.50	1387.10	9504.80	688.30	7614.90
岳阳市	105629.10	96195.40	2579.60	28428.40	1237.30	13473.60
常德市	103861.82	93077.67	3003.40	19324.10	198.90	18114.50
张家界市	43451.60	31428.30	1208.60	21390.40	1838.40	23246.10
益阳市	64267.00	52235.90	1169.60	30643.80	73.20	6837.10
郴州市	91990.70	70945.00	1386.70	6621.90	81.60	4466.10
永州市	62808.80	38270.70	805.20	81456.30	82.60	79215.20
怀化市	73122.90	49061.10	1492.00	8741.80	814.80	9926.70
娄底市	66962.80	52637.90	593.30	5155.70	275.40	3108.70
湘西州	39911.50	28094.00	477.70	2634.10	76.40	2125.60

分市州经济指标

单位：万元

所有者权益合计	其中：实收资本	营业收入	其中：主营业务收入	营业成本	其中：主营业务成本	营业税金及附加	其中：主营业务税金及附加
39552766.21	**27966012.70**	**17605173.12**	**16835147.82**	**11717204.03**	**11300095.73**	**413600.98**	**402531.98**
25235152.70	15211923.90	8890833.90	8384206.80	5931307.20	5818825.00	209301.90	207273.80
2749547.20	714222.30	1093183.00	1065375.70	726635.40	699583.30	24693.90	23829.90
601405.20	416998.80	576428.10	558964.00	395996.10	366127.80	12116.00	11969.20
2464234.90	166326.00	838643.60	817080.00	513299.10	496353.90	20073.40	19163.90
312898.70	131119.10	470542.10	457333.30	268869.90	249870.80	12156.70	11809.90
1202565.80	160460.20	1016185.80	984356.80	618593.50	605438.10	30720.00	26323.70
910726.21	10222145.20	1005895.22	980144.42	672234.93	643591.93	23048.18	22536.78
249932.00	106757.50	337654.50	332438.30	211825.50	208191.50	8637.80	8567.00
1268061.10	200995.30	587701.90	579119.50	387755.60	376001.20	12891.20	12802.70
955816.20	169005.50	959519.90	926710.90	662897.70	627646.50	21798.00	21278.20
1378717.70	112993.00	425126.10	413863.80	357152.30	291424.00	9293.30	9254.50
481998.70	74738.70	419893.00	403630.20	248343.30	236531.50	10732.10	10056.00
1534428.30	236291.90	759179.80	716328.40	576849.90	542071.30	12190.80	11739.70
207281.50	42035.30	224386.20	215595.70	145443.60	138438.90	5947.70	5926.70

单位：万元

投资收益	营业利润	利润总额	应交所得税	应付职工薪酬（本年贷方累计发生额）	应交增值税	从业人员期末人数（人）	从业人员平均人数（人）
223418.00	**1786830.80**	**2150622.33**	**386932.10**	**2373752.85**	**116182.40**	**469009**	**463431**
194146.50	1107728.50	1299752.20	290617.10	1228386.70	65451.00	178819	175994
5531.80	130098.40	156981.50	7451.20	149917.40	2795.50	34045	33610
1713.10	22562.20	32511.90	12922.60	68721.90	2562.80	16396	16481
2730.00	73063.30	83727.10	4015.00	113439.20	8874.60	30413	29996
382.50	34295.20	45762.10	10731.00	79699.30	438.30	17930	18015
3187.20	128523.80	135877.10	5501.40	151531.90	15170.70	39168	38999
1034.60	100516.00	111500.73	16806.90	165377.15	3148.30	49554	48972
9842.30	29426.70	34655.10	8537.30	28337.80	91.20	5663	5616
718.40	77094.20	82284.10	9027.30	73798.90	913.40	18246	17248
4040.70	114600.50	122238.00	12499.40	89762.50	13836.70	22190	22166
101.50	-76225.70	-63688.70	3540.00	56604.30	272.10	13237	13018
-2.00	28844.10	33644.90	701.00	59995.00	722.30	15231	15233
-90.50	15792.20	70127.40	3985.50	65832.00	1752.40	18452	18324
81.90	511.40	5248.90	596.40	42348.80	153.10	9665	9759

3-17 规模以上交通运输、

指标名称	单位数(个)	年初存货	固定资产原价	本年折旧	资产总计	负债合计
总　计	**669**	**672263.90**	**4018171.80**	**263514.70**	**13531778.70**	**9713711.80**
铁路运输业	1	62.30	2039.70	75.20	2639.60	1223.10
铁路旅客运输						
铁路货物运输						
铁路运输辅助活动	1	62.30	2039.70	75.20	2639.60	1223.10
道路运输业	453	46777.40	2423375.80	169410.80	9639109.40	6968437.60
城市公共交通运输	137	11354.00	625124.00	56201.80	3034097.10	2186933.10
公路旅客运输	87	3576.50	625878.70	49898.70	793104.80	563762.30
道路货物运输	195	29939.20	458397.10	35466.30	1437573.70	961278.40
道路运输辅助活动	34	1907.70	713976.00	27844.00	4374333.80	3256463.80
水上运输业	35	990.00	123166.20	9763.10	148708.80	72003.20
水上旅客运输	2	37.60	214.20	12.30	507.70	262.30
水上货物运输	27	815.30	95210.60	8785.10	112084.00	63912.90
水上运输辅助活动	6	137.10	27741.40	965.70	36117.10	7828.00
航空运输业	6	411.70	671769.10	29968.20	1270108.80	730974.10
航空客货运输						
通用航空服务	2	36.90	1838.00	58.70	1484.70	342.40
航空运输辅助活动	4	374.80	669931.10	29909.50	1268624.10	730631.70
管道运输业	2	15.00	40546.60	5325.60	187903.10	81894.70
管道运输业	2	15.00	40546.60	5325.60	187903.10	81894.70
装卸搬运和运输代理业	77	8669.30	118698.10	9109.40	316478.40	176678.10
装卸搬运	37	7615.80	32452.60	2163.30	77628.80	30388.70
运输代理业	40	1053.50	86245.50	6946.10	238849.60	146289.40
仓储业	68	604200.10	276509.40	15865.80	1453923.40	1274035.30
谷物、棉花等农产品仓储	52	601863.90	233217.50	10537.50	1330880.50	1188451.50
其他仓储业	16	2336.20	43291.90	5328.30	123042.90	85583.80
邮政业	27	11138.10	362066.90	23996.60	512907.20	408465.70
邮政基本服务	17	10578.70	337563.80	20871.40	417737.20	340958.80
快递服务	10	559.40	24503.10	3125.20	95170.00	67506.90

仓储和邮政业分行业经济指标

单位：万元

所有者权益合计		营业收入		营业成本		营业税金及附加
	其中：实收资本		其中：主营业务收入		其中：主营业务成本	
3818066.90	**2359391.80**	**3602632.80**	**3462432.30**	**3040542.90**	**2893997.80**	**66686.90**
1416.50		5733.70	5733.70	4485.40	4485.40	45.40
1416.50		5733.70	5733.70	4485.40	4485.40	45.40
2670671.80	1585276.90	1965025.30	1862829.00	1600199.80	1481187.10	49224.40
847164.00	570060.00	395188.00	357903.50	354040.20	345658.00	12884.80
229342.50	71459.90	411424.50	363929.50	262948.70	231468.20	10835.40
476295.30	372613.50	855444.50	840939.20	699116.80	677330.60	16116.80
1117870.00	571143.50	302968.30	300056.80	284094.10	226730.30	9387.40
76705.60	33531.00	91996.70	91332.10	79832.20	79269.70	2009.50
245.40		268.30	13.00	176.50		14.30
48171.10	12475.00	71358.30	71071.00	63447.80	63061.80	1325.90
28289.10	21056.00	20370.10	20248.10	16207.90	16207.90	669.30
539134.70	501800.00	117027.20	117005.20	93567.10	93451.20	3000.30
1142.30		682.90	682.90	617.90	508.00	22.20
537992.40	501800.00	116344.30	116322.30	92949.20	92943.20	2978.10
106008.40	5000.00	10783.80	9417.00	5337.80	4238.10	208.20
106008.40	5000.00	10783.80	9417.00	5337.80	4238.10	208.20
139800.30	80431.20	362387.60	361800.00	332356.30	325474.30	4823.70
47240.10	5546.70	102731.70	102603.20	88121.10	87886.90	1045.30
92560.20	74884.50	259655.90	259196.80	244235.20	237587.40	3778.40
179888.10	130452.00	533370.00	505915.30	502543.80	492685.60	1559.30
142429.00	110552.00	502146.10	480969.80	481486.60	475023.00	880.70
37459.10	19900.00	31223.90	24945.50	21057.20	17662.60	678.60
104441.50	22900.70	516308.50	508400.00	422220.50	413206.40	5816.10
76778.40	9517.70	396174.30	389001.20	320770.50	312323.00	2815.80
27663.10	13383.00	120134.20	119398.80	101450.00	100883.40	3000.30

3-17 续表

指标名称	其中：主营业务税金及附加	销售费用	管理费用	其中：税金	财务费用	其中：利息收入
总 计	**64026.50**	**55522.40**	**464814.10**	**10227.40**	**237687.10**	**6272.70**
铁路运输业	45.40	367.40	774.40	27.00	-1.20	1.50
铁路旅客运输						
铁路货物运输						
铁路运输辅助活动	45.40	367.40	774.40	27.00	-1.20	1.50
道路运输业	47639.50	33455.10	291504.10	5271.10	194573.10	4057.40
城市公共交通运输	12545.40	11330.40	72344.40	1118.10	6438.00	813.40
公路旅客运输	10193.60	1411.10	117176.30	2189.20	9006.60	945.80
道路货物运输	15543.40	19380.40	70002.30	1391.80	10717.80	2005.50
道路运输辅助活动	9357.10	1333.20	31981.10	572.00	168410.70	292.70
水上运输业	1908.60	542.80	10446.60	40.30	1375.00	-18.10
水上旅客运输		44.00	15.50		12.70	
水上货物运输	1305.60	342.80	8784.80	24.30	1279.50	-0.80
水上运输辅助活动	603.00	156.00	1646.30	16.00	82.80	-17.30
航空运输业	2999.10	681.40	20319.90	1955.20	8122.70	1066.20
航空客货运输						
通用航空服务	21.00	542.20	468.80		0.10	0.10
航空运输辅助活动	2978.10	139.20	19851.10	1955.20	8122.60	1066.10
管道运输业	208.20	107.90	2819.40		1861.50	
管道运输业	208.20	107.90	2819.40		1861.50	
装卸搬运和运输代理业	4455.50	1160.10	20648.20	492.70	4687.70	270.40
装卸搬运	1025.00	394.20	6599.00	173.40	594.00	-1.10
运输代理业	3430.50	765.90	14049.20	319.30	4093.70	271.50
仓储业	1395.00	17344.70	31755.50	625.80	24552.30	188.70
谷物、棉花等农产品仓储	857.50	16391.60	28370.40	609.10	21357.00	170.70
其他仓储业	537.50	953.10	3385.10	16.70	3195.30	18.00
邮政业	5375.20	1863.00	86546.00	1815.30	2516.00	706.60
邮政基本服务	2374.90		72469.20	1583.10	2265.20	463.60
快递服务	3000.30	1863.00	14076.80	232.20	250.80	243.00

单位：万元

其中：利息支出	投资收益	营业利润	利润总额	应交所得税	应付职工薪酬（本年贷方累计发生额）	应交增值税	从业人员期末人数（人）	从业人员平均人数（人）
230570.00	**3066.90**	**-197476.00**	**-77615.30**	**39932.50**	**722806.60**	**21676.60**	**154100**	**153163**
0.20		62.20	125.60		569.20		86	86
0.20		62.20	125.60		569.20		86	86
192562.50	2621.20	-152646.20	-68389.60	30135.40	374641.10	17699.50	100275	98696
5622.60	114.70	-50660.60	15386.20	6691.00	135744.60	1498.50	38380	37778
8894.10	1950.10	2500.10	13269.80	5589.50	112014.00	1897.60	30456	30222
9812.60	585.30	31014.60	31870.50	8615.40	99638.30	13925.60	24071	23429
168233.20	-28.90	-135500.30	-128916.10	9239.50	27244.20	377.80	7368	7267
1572.00	36.80	-2214.00	-1416.40	781.40	14504.30	344.10	3249	3316
		23.70	18.70	2.60	573.10		192	191
1569.50	36.80	-3382.20	-2818.20	385.70	11478.50	243.70	2544	2598
2.50		1144.50	1383.10	393.10	2452.70	100.40	513	527
7196.40	0.90	-7345.20	-2328.50	3908.00	36671.30	757.40	4573	4506
0.20		-968.30	-968.30		332.80		97	98
7196.20	0.90	-6376.90	-1360.20	3908.00	36338.50	757.40	4476	4408
		453.70	444.50	309.10	438.30		169	169
		453.70	444.50	309.10	438.30		169	169
4549.20	75.40	3466.10	-848.00	986.30	40516.10	1179.30	8501	9390
372.90	50.20	5676.30	1267.90	1363.10	14360.90	602.30	4791	4766
4176.30	25.20	-2210.20	-2115.90	-376.80	26155.20	577.00	3710	4624
22598.60	29.40	-43089.70	-7594.30	773.70	18294.40	564.00	3726	3702
19620.10	-10.40	-43594.80	-9100.60	479.90	14829.80	312.20	2854	2834
2978.50	39.80	505.10	1506.30	293.80	3464.60	251.80	872	868
2091.10	303.20	3837.10	2391.40	3038.60	237171.90	1132.30	33521	33298
2072.40	303.20	3930.70	2967.80	2120.10	184044.60	97.80	22583	23053
18.70		-93.60	-576.40	918.50	53127.30	1034.50	10938	10245

3-18 规模以上交通运输、

指标名称	单位数(个)	年初存货	固定资产原价	本年折旧	资产总计	负债合计
总 计	**669**	**672263.90**	**4018171.80**	**263514.70**	**13531778.70**	**9713711.80**
按登记注册类型分组						
内资企业	650	671817.10	3396527.60	240925.00	12828399.10	9267322.60
国有企业	100	568043.70	1035775.50	69344.20	2410322.00	2029129.20
集体企业	36	375.20	40171.80	3325.00	54889.50	30629.00
股份合作企业						
联营企业	1	417.30	42469.00	6370.30	39275.00	29342.00
国有联营企业	1	417.30	42469.00	6370.30	39275.00	29342.00
集体联营企业						
国有与集体联营企业						
其他联营企业						
有限责任公司	207	68222.60	1512402.20	104052.00	8090111.50	5923224.20
国有独资公司	21	48444.20	563270.70	29097.20	2969327.50	2237101.60
其他有限责任公司	186	19778.40	949131.50	74954.80	5120784.00	3686122.60
股份有限公司	34	11367.70	323012.10	20391.70	1468480.20	824339.80
私营企业	265	23377.90	428210.90	36478.60	746607.90	419275.20
私营独资企业	5	6.20	4515.90	155.90	4255.80	1946.60
私营合伙企业	5		7942.30	220.80	8283.40	4364.80
私营有限责任公司	219	21753.00	366845.10	31514.00	673480.90	369019.50
私营股份有限公司	36	1618.70	48907.60	4587.90	60587.80	43944.30
其他企业	7	12.70	14486.10	963.20	18713.00	11383.20
港、澳、台商投资企业	10	407.00	411862.20	14137.20	440221.80	253835.40
合资经营企业(港或澳、台资)	5	2.90	224077.30	5035.60	227900.30	148882.10
合作经营企业(港或澳、台资)	2	48.30	156210.00	8057.60	181557.20	98582.10
港、澳、台商独资经营企业	2	317.50	10898.00	360.60	12660.70	6235.80
港、澳、台商投资股份有限公司						
外商投资企业	9	39.80	209782.00	8452.50	263157.80	192553.80
中外合资经营企业	5	19.80	159161.90	6425.10	222798.40	179590.80
中外合作经营企业	2		49806.70	1999.30	33080.90	11792.30
外资企业	1		723.40	18.10	498.50	190.70
外商投资股份有限公司	1	20.00	90.00	10.00	6780.00	980.00
按企业控股情况分组						
国有控股	161	621616.70	2372205.50	148380.50	7443907.30	5450911.80
集体控股	60	3890.00	319317.10	16786.30	373002.30	255707.90
私人控股	379	32997.30	653130.40	59090.60	4314346.80	2925990.20
港澳台商控股	7	324.40	51169.40	2194.30	84985.30	54011.50
外商控股	2	20.00	813.40	28.10	7278.50	1170.70
其他	60	13415.50	621536.00	37034.90	1308258.50	1025919.70

仓储和邮政业分类别经济指标

单位：万元

所有者权益合计	其中：实收资本	营业收入	其中：主营业务收入	营业成本	其中：主营业务成本	营业税金及附加	其中：主营业务税金及附加
3818066.90	**2359391.80**	**3602632.80**	**3462432.30**	**3040542.90**	**2893997.80**	**66686.90**	**64026.50**
3561076.50	2178026.70	3429269.90	3293715.80	2945165.70	2799925.00	61806.60	59212.50
381192.80	179213.80	1276759.60	1228635.40	1136053.90	1108637.00	12366.50	11650.10
24260.50	3266.90	50081.10	49562.60	31633.90	31051.90	1133.00	1100.10
9933.00	2945.00	11570.40	11558.80	12729.70	12729.70	92.40	92.40
9933.00	2945.00	11570.40	11558.80	12729.70	12729.70	92.40	92.40
2166887.30	1242351.30	1355274.00	1277379.90	1175291.80	1065071.90	29527.70	28289.10
732225.90	531015.00	179313.50	171337.40	161502.90	157656.60	2767.50	2618.50
1434661.40	711336.30	1175960.50	1106042.50	1013788.90	907415.30	26760.20	25670.60
644140.40	616282.50	169914.60	166239.50	133089.20	129985.30	4916.10	4911.10
327332.70	130967.20	559851.10	554520.50	451999.30	448081.30	13579.70	12978.50
2309.20	50.00	4246.50	4246.50	2859.50	2822.50	237.00	173.80
3918.60	695.00	8199.90	8185.50	5605.80	5565.00	313.60	248.60
304461.40	125262.50	507030.80	501775.20	405276.40	401503.00	12012.50	11551.60
16643.50	4959.70	40373.90	40313.30	38257.60	38190.80	1016.60	1004.50
7329.80	3000.00	5819.10	5819.10	4367.90	4367.90	191.20	191.20
186386.40	90703.30	100274.40	97015.40	38489.20	38284.50	3618.20	3551.90
79018.20	10476.30	26151.80	26068.80	11514.60	11309.90	1033.70	1033.70
82975.10	57903.20	56695.90	53641.90	21728.90	21728.90	1769.20	1769.20
6424.90	4823.80	14404.90	14404.90	3498.50	3498.50	744.10	744.10
70604.00	90661.80	73088.50	71701.10	56888.00	55788.30	1262.10	1262.10
43207.60	67311.70	34558.30	33171.20	26928.80	25829.10	619.40	619.40
21288.60	21012.30	10077.40	10077.40	3822.00	3822.00	564.40	564.40
307.80	2107.80	4306.70	4306.40	3756.00	3756.00	48.30	48.30
5800.00	230.00	24146.10	24146.10	22381.20	22381.20	30.00	30.00
1992995.50	1436706.30	1916913.60	1828077.20	1664539.00	1607704.60	25261.40	23683.60
117294.40	47002.40	241699.00	217238.30	188789.40	179962.00	4367.60	4334.70
1388356.60	700488.10	986492.80	978938.20	848906.90	780430.60	27629.50	26960.60
30973.80	25761.40	31551.90	30124.80	13018.40	11714.00	1321.80	1321.80
6107.80	2337.80	28452.80	28452.50	26137.20	26137.20	78.30	78.30
282338.80	147095.80	397522.70	379601.30	299152.00	288049.40	8028.30	7647.50

3-18 续表 1

指标名称	单位数(个)	年初存货	固定资产原价	本年折旧	资产总计	负债合计
按隶属关系分组						
中央	47	476499.80	412606.60	19777.20	1472128.40	1281739.10
省(自治区、直辖市)	33	71495.60	1152010.40	57009.20	4080911.50	2883475.30
地(区、市、州、盟)	99	51531.90	1412343.20	99700.80	5909958.20	4220181.10
县(区、市、旗)	109	38928.90	213800.10	19625.20	443284.40	322160.70
街道	1	50.00	118.00	5.00	113.00	5.00
镇	3		682.10	67.50	2089.30	1498.40
乡	2		2618.00	261.00	1118.40	17.30
(社区)居委会						
村委会	1				744.50	783.30
其他	374	33757.70	823993.40	67068.80	1621431.00	1003851.60
按营业状态分组						
常年营业	663	671737.90	3988590.90	259545.70	13501499.10	9693397.60
季节性营业	2		1607.40	43.00	1620.00	631.00
其他						
按执行会计标准类别分组						
企业会计制度	667	672262.10	4015173.50	263182.30	13528104.60	9710324.40
事业单位会计制度						
行政单位会计制度						
民间非营利组织会计制度						
其他	2	1.80	2998.30	332.40	3674.10	3387.40
按是否执行2006年《企业会计准则》分组						
执行2006年《企业会计准则》	530	570897.70	3576379.10	235834.20	10208697.10	7334446.70
不执行2006年《企业会计准则》	139	101366.20	441792.70	27680.50	3323081.60	2379265.10
按机构类型分组						
企业	668	672263.90	4017419.90	263469.70	13530871.10	9713137.30
事业单位	1		751.90	45.00	907.60	574.50
机关						
社会团体						
民办非企业单位						
基金会						
居委会						
村委会						
其他组织机构						
按企业集团情况分组						
集团母公司	85	24060.40	617994.20	50736.90	3652260.50	2648235.50
成员企业	91	515520.20	1202820.20	65675.50	3037927.60	2537236.80
亏损企业	251	506602.50	1932176.10	125553.10	10015129.70	7507645.90
不亏损企业	418	165661.40	2085995.70	137961.60	3516649.00	2206065.90

单位：万元

所有者权益合计	其中：实收资本	营业收入	其中：主营业务收入	营业成本	其中：主营业务成本	营业税金及附加	其中：主营业务税金及附加
190389.30	107570.20	643851.60	626256.00	566311.70	551696.30	2918.10	2723.60
1197436.20	1082144.70	608198.10	603723.60	509637.90	508252.20	11174.00	11125.20
1689777.10	731269.60	984314.40	902463.90	890162.60	791703.40	20651.40	19380.80
121123.70	49456.00	280370.10	258729.60	225716.70	213312.60	5589.70	5383.10
108.00		134.00	134.00	125.00	125.00	5.00	5.00
590.90	390.50	2700.30	2700.30	2235.50	2235.50	36.10	36.10
1101.10		869.10	869.10	562.40	562.40	38.20	38.20
-38.80	3.00	4357.80	4357.80	4045.10	4045.10	227.20	227.20
617579.40	388557.80	1077837.40	1063198.00	841746.00	822065.30	26047.20	25107.30
3808101.50	2353080.00	3453738.80	3313538.30	2890444.40	2743899.30	65720.50	63060.10
989.00	60.00	1228.00	1228.00	864.50	864.50	42.10	42.10
3817780.20	2359149.50	3601818.50	3461618.00	3039860.10	2893315.00	66670.40	64010.00
286.70	242.30	814.30	814.30	682.80	682.80	16.50	16.50
2874250.40	1721154.20	3115002.20	2990823.70	2651095.30	2523621.40	55000.50	52621.00
943816.50	638237.60	487630.60	471608.60	389447.60	370376.40	11686.40	11405.50
3817733.80	2359071.80	3602443.80	3462243.30	3040424.80	2893879.70	66679.90	64019.50
333.10	320.00	189.00	189.00	118.10	118.10	7.00	7.00
1004025.00	675449.30	543904.20	512474.30	410355.50	391470.80	12780.20	12116.90
500690.80	323630.50	1207424.20	1181920.30	1088037.50	1075663.60	11170.50	10677.20
2507483.80	1739036.50	1323609.60	1271564.30	1326182.20	1235401.40	21199.90	20572.50
1310583.10	620355.30	2279023.20	2190868.00	1714360.70	1658596.40	45487.00	43454.00

3-18 续表 2

指标名称	销售费用	管理费用	其中：税金	财务费用	其中：利息收入	其中：利息支出
总 计	**55522.40**	**464814.10**	**10227.40**	**237687.10**	**6272.70**	**230570.00**
按登记注册类型分组						
内资企业	50391.40	447156.00	10032.60	218820.30	5955.10	211841.70
国有企业	16218.80	176752.70	3387.20	28112.60	1074.10	25341.20
集体企业	323.80	7402.70	180.10	519.70	8.70	49.20
股份合作企业						
联营企业		1462.80		491.60	-1.50	789.20
国有联营企业		1462.80		491.60	-1.50	789.20
集体联营企业						
国有与集体联营企业						
其他联营企业						
有限责任公司	15227.70	174417.00	4197.00	175062.00	2732.00	172128.90
国有独资公司	2685.00	22175.10	1477.40	11323.10	186.40	10102.30
其他有限责任公司	12542.70	152241.90	2719.60	163738.90	2545.60	162026.60
股份有限公司	3780.10	36850.70	489.70	3675.80	1219.30	5264.90
私营企业	14818.60	49086.00	1711.10	10721.30	747.00	8209.40
私营独资企业	118.40	316.80	41.20	24.40		5.80
私营合伙企业		1164.30	125.20	131.90		10.50
私营有限责任公司	14003.60	45268.60	1492.40	9626.40	729.80	7402.20
私营股份有限公司	696.60	2336.30	52.30	938.60	17.20	790.90
其他企业	22.40	1184.10	67.50	237.30	175.50	58.90
港、澳、台商投资企业	4989.90	10247.30	172.70	10329.20	230.40	10582.00
合资经营企业(港或澳、台资)	2216.90	2328.00	32.10	6659.60	20.40	6657.10
合作经营企业(港或澳、台资)	2773.00	2960.10	91.30	3874.40	41.20	3924.90
港、澳、台商独资经营企业		4064.80	49.30	-187.40	186.20	
港、澳、台商投资股份有限公司						
外商投资企业	141.10	7410.80	22.10	8537.60	87.20	8146.30
中外合资经营企业	107.90	5609.50	22.10	8570.60	83.70	8143.90
中外合作经营企业		567.40		-32.40		
外资企业		923.90		-3.60	2.50	
外商投资股份有限公司	33.20	310.00		3.00	1.00	2.40
按企业控股情况分组						
国有控股	21310.40	276661.80	6266.70	73372.40	3346.80	70919.20
集体控股	831.40	30798.10	871.80	3938.40	12.40	3409.80
私人控股	22215.90	91266.30	2199.10	140023.70	978.20	135266.40
港澳台商控股	2315.30	7699.40	72.40	747.40	207.80	434.40
外商控股	33.20	1233.90		-0.60	3.50	2.40
其他	8816.20	57154.60	817.40	19605.80	1724.00	20537.80

单位：万元

投资收益	营业利润	利润总额	应交所得税	应付职工薪酬（本年贷方累计发生额）	应交增值税	从业人员期末人数（人）	从业人员平均人数（人）
3066.90	**-197476.00**	**-77615.30**	**39932.50**	**722806.60**	**21676.60**	**154100**	**153163**
3066.90	-228692.60	-109922.60	29662.20	706580.50	21035.50	151060	150262
1856.30	-87370.90	-11695.50	6901.10	314960.00	1289.10	51938	52973
63.10	1187.90	1209.20	114.90	16379.20	459.20	7062	6918
30.20	-3206.10	-3206.10		4291.20	5.50	515	511
30.20	-3206.10	-3206.10		4291.20	5.50	515	511
701.60	-156257.50	-118850.10	13781.50	252146.80	12386.20	56394	55411
-149.40	-16483.60	-9065.80	351.00	37388.60	777.30	5981	5966
851.00	-139773.90	-109784.30	13430.50	214758.20	11608.90	50413	49445
-201.20	-9852.70	-6106.10	1382.80	34467.80	1342.20	7721	7670
616.90	26974.60	28663.50	7455.90	82469.60	5521.10	26416	25771
	705.60	633.40	61.20	903.60	130.00	479	468
	1256.20	1287.20	128.10	1623.40	107.30	509	508
497.00	29014.70	23563.10	6977.40	68519.70	5032.60	21737	21221
119.90	-4001.90	3179.80	289.20	11422.90	251.20	3691	3574
	-167.90	62.50	26.00	1865.90	32.20	1014	1008
	32807.00	33902.70	8576.50	11188.70	164.40	1922	1915
	2505.40	2538.50	649.20	1598.50	126.60	441	443
	23688.60	24822.10	6221.90	7718.10	0.30	1175	1166
	6284.80	6180.10	1655.80	729.80	1.20	125	125
	-1590.40	-1595.40	1693.80	5037.40	476.70	1118	986
	-7328.70	-7333.70	91.10	4180.80	263.00	942	818
	5156.10	5156.10	1302.70	155.40		38	38
	-417.80	-417.80		519.50	13.70	110	102
	1000.00	1000.00	300.00	181.70	200.00	28	28
1777.80	-128653.50	-31111.60	19856.40	458789.10	6233.60	78504	79027
63.10	5568.10	5698.50	1025.70	54745.00	1808.60	17711	17727
443.00	-75905.30	-72061.80	10681.70	150372.70	12494.00	43219	42255
	6505.20	6428.40	2299.50	2673.90	113.20	462	459
	582.20	582.20	300.00	701.20	213.70	138	130
783.00	-5572.70	12849.00	5769.20	55524.70	813.50	14066	13565

3-18 续表 3

指标名称	销售费用	管理费用	其中：税金	财务费用	其中：利息收入	其中：利息支出
按隶属关系分组						
中央	13083.70	75760.50	1404.60	17022.80	590.40	16438.20
省(自治区、直辖市)	3607.40	67251.20	2872.70	106616.60	1626.70	104667.10
地(区、市、州、盟)	7153.50	181757.90	2646.80	74743.60	1634.80	75153.30
县(区、市、旗)	3147.60	34146.80	629.50	5620.00	1041.90	4824.20
街道		6.00		0.60		
镇		193.20		59.10		
乡	19.20	225.80	18.80	21.30		
(社区)居委会						
村委会		98.90		-0.30	0.30	
其他	28511.00	105373.80	2655.00	33603.40	1378.60	29487.20
按营业状态分组						
常年营业	55356.40	460706.50	10182.10	237363.50	6100.40	230551.00
季节性营业	6.00	302.00	14.10			
其他						
按执行会计标准类别分组						
企业会计制度	55522.40	464523.70	10212.20	237685.40	6271.70	230567.30
事业单位会计制度						
行政单位会计制度						
民间非营利组织会计制度						
其他		290.40	15.20	1.70	1.00	2.70
按是否执行2006年《企业会计准则》分组						
执行2006年《企业会计准则》	43936.30	411758.30	9199.50	224885.80	5559.80	219745.40
不执行2006年《企业会计准则》	11586.10	53055.80	1027.90	12801.30	712.90	10824.60
按机构类型分组						
企业	55522.40	464789.10	10225.90	237667.10	6272.70	230564.00
事业单位		25.00	1.50	20.00		6.00
机关						
社会团体						
民办非企业单位						
基金会						
居委会						
村委会						
其他组织机构						
按企业集团情况分组						
集团母公司	7875.20	124276.60	1610.90	8568.70	1444.10	9525.80
成员企业	17899.20	120687.00	4189.40	59966.90	2066.00	57635.70
亏损企业	24343.50	220880.40	4668.00	189973.60	3732.00	189851.20
不亏损企业	31178.90	243933.70	5559.40	47713.50	2540.70	40718.80

单位：万元

投资收益	营业利润	利润总额	应交所得税	应付职工薪酬（本年贷方累计发生额）	应交增值税	从业人员期末人数（人）	从业人员平均人数（人）
292.80	-43215.60	-14067.30	2401.10	133014.30	644.00	18380	18841
-51.90	-84569.80	-78000.00	11420.80	129509.70	2078.50	16469	16122
2298.80	-118978.20	-52306.70	9306.80	223161.30	2883.50	48376	48708
100.20	-401.10	5942.10	1345.40	50937.70	2318.00	17632	17628
	-2.60	-2.60		190.00		95	95
	178.40	112.90	9.30	476.80	70.90	189	189
	0.80	0.80	0.10	619.00		138	138
	-14.10	-14.10		3959.80	8.70	1200	1152
427.00	49526.20	60719.60	15449.00	180938.00	13673.00	51621	50290
3066.90	-194770.80	-75138.40	39859.40	709270.40	21589.70	152444	150559
	13.40	3.00	0.80	244.80		150	149
3066.90	-197298.90	-77514.50	39932.50	722559.90	21676.60	154048	153111
	-177.10	-100.80		246.70		52	52
1545.10	-209321.80	-107099.30	33493.30	655288.90	19506.80	134166	133854
1521.80	11845.80	29484.00	6439.20	67517.70	2169.80	19934	19309
3066.90	-197494.90	-77634.20	39920.50	722631.10	21676.60	154050	153113
	18.90	18.90	12.00	175.50		50	50
761.60	-39087.50	-2739.40	4096.40	115407.70	2417.80	30878	30497
381.90	-80664.30	-41187.90	9990.90	231958.70	3170.10	30528	31064
2334.10	-397802.80	-279391.50	1151.30	291552.60	10373.50	68028	68097
732.80	200326.80	201776.20	38781.20	431254.00	11303.10	86072	85066

3-19 规模以上交通运输、

地　　区	单位数（个）	年初存货	固定资产原　　价	本年折旧	资产总计	负债合计	所有者权益合计
总　计	**669**	**672263.90**	**4018171.80**	**263514.70**	**13531778.70**	**9713711.80**	**3818066.90**
长沙市	129	73830.00	1959278.10	121899.00	6259199.60	4258610.00	2000589.60
株洲市	49	40473.50	185255.80	12975.40	327787.90	200774.90	127013.00
湘潭市	22	49320.90	137528.10	10873.80	1296949.50	959475.80	337473.70
衡阳市	50	2978.90	206966.90	17842.10	970784.90	694023.40	276761.50
邵阳市	28	33425.70	138475.50	9906.20	224942.60	211738.30	13204.30
岳阳市	75	4057.10	390145.60	18739.60	453810.80	314881.40	138929.40
常德市	113	119518.20	220729.30	22035.00	767907.80	630116.30	137791.50
张家界市	8	31122.50	81685.10	3983.90	128333.00	93624.20	34708.80
益阳市	39	84622.30	135047.20	7151.50	334180.60	258994.90	75185.70
郴州市	34	77390.00	158650.50	12778.60	282507.50	196565.10	85942.40
永州市	33	65526.00	103025.00	5610.90	2023596.70	1506554.30	517042.40
怀化市	33	37878.70	129796.40	8114.90	177583.00	158105.20	19477.80
娄底市	41	39056.50	117832.10	9199.30	198979.30	151446.10	47533.20
湘西州	15	13063.60	53756.20	2404.50	85215.50	78801.90	6413.60

3-19　续表

地　　区	销售费用	管理费用	其中：税金	财务费用	其中：利息收入	其中：利息支出	投资收益
总　计	**55522.40**	**464814.10**	**10227.40**	**237687.10**	**6272.70**	**230570.00**	**3066.90**
长沙市	18295.50	153738.70	4006.70	35065.90	3680.30	36967.50	1126.30
株洲市	5273.50	28373.10	418.40	3590.50	72.20	1637.50	140.30
湘潭市	1791.70	18989.20	360.50	38473.90	736.60	38159.70	1504.50
衡阳市	2025.20	25434.50	399.20	31636.40	53.10	30104.40	36.90
邵阳市	1800.30	32961.40	705.70	5221.00	651.00	5178.10	60.20
岳阳市	2658.80	25624.40	513.90	12132.70	186.40	10455.20	
常德市	4574.50	38267.70	1149.60	15810.80	-82.00	15272.50	91.80
张家界市	4425.10	10386.70	282.20	3092.20	576.00	3594.60	-92.50
益阳市	3200.50	26520.30	489.10	6373.70	18.80	4719.00	59.20
郴州市	4655.80	30427.80	731.00	2061.20	66.00	1881.40	47.20
永州市	2144.30	19247.30	162.20	78723.20	79.80	78360.20	101.50
怀化市	2112.90	23194.30	565.70	1879.70	7.10	1549.20	
娄底市	2122.00	20244.10	318.50	2885.70	209.90	2206.70	-8.70
湘西州	442.30	11404.60	124.70	740.20	17.50	484.00	0.20

仓储和邮政业分市州经济指标

单位：万元

其中：实收资本	营业收入	其中：主营业务收入	营业成本	其中：主营业务成本	营业税金及附加	其中：主营业务税金及附加
2359391.80	**3602632.80**	**3462432.30**	**3040542.90**	**2893997.80**	**66686.90**	**64026.50**
1555958.70	1375168.20	1315481.70	1143711.70	1129864.30	26035.40	25285.80
27701.10	300203.10	296238.80	249631.80	247084.10	5227.40	5157.20
365882.20	218633.80	212758.80	192742.20	186014.70	3415.50	3327.90
44893.30	142481.70	140532.10	125758.40	124744.20	3315.90	2934.20
10274.70	110027.80	102898.80	84889.30	79560.30	2302.70	2118.50
18771.60	205768.40	202670.70	158923.00	154300.40	5568.30	5230.30
51013.10	356190.60	345888.90	282464.20	273116.10	5218.10	5148.30
16768.10	92674.00	91810.70	55705.80	55360.90	2858.90	2821.70
31707.20	186849.90	185062.80	155757.70	151250.40	2998.40	2986.70
49508.30	161829.80	139525.50	129899.80	106964.60	2789.60	2437.50
53054.10	154425.20	149868.10	208831.70	151414.50	2362.40	2347.00
11238.20	111212.60	101676.60	89706.60	85234.00	1643.90	1425.10
116988.00	142925.90	139235.70	127482.10	117618.90	2381.80	2241.40
5633.20	44241.80	38783.10	35038.60	31470.40	568.60	564.90

单位：万元

营业利润	利润总额	应交所得税	应付职工薪酬（本年贷方累计发生额）	应交增值税	从业人员期末人数（人）	从业人员平均人数（人）
-197476.00	**-77615.30**	**39932.50**	**722806.60**	**21676.60**	**154100**	**153163**
-2337.90	30476.30	21428.90	281553.50	6225.70	48599	47911
4238.30	15901.00	2171.60	30737.50	1557.70	8381	8461
-33240.30	-22302.00	2139.20	32025.30	1108.20	6559	6725
-46116.80	-39048.10	967.20	43833.10	356.60	12349	12285
-17601.10	-7797.60	284.90	43789.00	296.80	8994	8996
-6632.30	1421.10	291.00	46219.90	6069.10	11261	11388
10328.40	24125.00	3156.10	53686.30	1930.50	13368	13261
16138.00	18296.40	5903.10	10559.90		1546	1560
2482.60	4850.50	1423.80	32409.40	542.30	7269	7253
3428.90	4188.10	899.00	38889.80	1494.10	7255	7190
-106741.50	-101214.70	240.30	33273.70	102.40	7121	6880
-7626.80	-2884.80	290.50	27980.20	381.00	8102	8068
-9673.40	-3007.90	563.90	30280.40	1537.10	9586	9525
-4122.10	-618.60	173.00	17568.60	75.10	3710	3660

3-20 规模以上信息传输、软件和

指标名称	单位数(个)	年初存货	固定资产原　价	本年折旧	资产总计	负债合计
总　计	**264**	**98580.30**	**9807208.80**	**807474.30**	**8954092.10**	**4141784.80**
电信、广播电视和卫星传输服务业	150	59427.50	9632183.90	796451.60	7905830.90	3448041.00
电信	63	35130.40	8936002.80	737238.40	7218371.50	3126510.30
广播电视传输服务	87	24297.10	696181.10	59213.20	687459.40	321530.70
卫星传输服务						
互联网和相关服务	9	1627.10	107182.50	5539.50	148902.70	101351.00
互联网接入及相关服务						
互联网信息服务	9	1627.10	107182.50	5539.50	148902.70	101351.00
其他互联网服务						
软件和信息技术服务业	105	37525.70	67842.40	5483.20	899358.50	592392.80
软件开发	69	19295.60	47259.40	2923.80	337009.20	122540.50
信息系统集成服务	17	4785.40	5814.90	916.90	47186.10	20993.80
信息技术咨询服务	6	193.90	835.20	89.70	1521.30	427.50
数据处理和存储服务	4	492.90	11448.50	1316.10	474872.90	417246.00
集成电路设计	1	46.60	77.30	27.20	78.60	53.30
其他信息技术服务业	8	12711.30	2407.10	209.50	38690.40	31131.70

3-20 续表

指标名称	销售费用	管理费用	其中：税金	财务费用	其中：利息收入	其中：利息支出
总　计	**1180616.50**	**355040.00**	**9792.90**	**-45426.70**	**68408.20**	**20072.80**
电信、广播电视和卫星传输　服务业	1148638.10	292249.70	9152.10	-41868.60	61938.80	16661.50
电信	1135768.80	254598.90	8847.20	-49170.80	61660.80	11683.30
广播电视传输服务	12869.30	37650.80	304.90	7302.20	278.00	4978.20
卫星传输服务						
互联网和相关服务	7933.20	8721.30	79.50	2175.50	346.40	2512.60
互联网接入及相关服务						
互联网信息服务	7933.20	8721.30	79.50	2175.50	346.40	2512.60
其他互联网服务						
软件和信息技术服务业	24045.20	54069.00	561.30	-5733.60	6123.00	898.70
软件开发	12517.00	38856.20	401.70	-493.10	290.50	531.00
信息系统集成服务	1933.90	7247.30	106.50	84.80	203.80	137.90
信息技术咨询服务	94.90	821.00	15.80	77.60	0.40	26.50
数据处理和存储服务	9067.10	5809.40	28.70	-5623.00	5625.20	0.50
集成电路设计	17.10	15.80				
其他信息技术服务业	415.20	1319.30	8.60	220.10	3.10	202.80

信息技术服务业分行业经济指标

单位：万元

所有者权益合计	其中：实收资本	营业收入	其中：主营业务收入	营业成本	其中：主营业务成本	营业税金及附加	其中：主营业务税金及附加
4812307.30	**6082194.40**	**4793673.60**	**4663605.20**	**2364151.00**	**2188165.80**	**144941.40**	**143521.40**
4457789.90	761108.20	4410313.50	4286909.70	2116733.70	1942233.70	137699.60	136349.80
4091861.20	611244.10	4173705.10	4051394.10	1989557.80	1818832.20	132433.30	131536.70
365928.70	149864.10	236608.40	235515.60	127175.90	123401.50	5266.30	4813.10
47551.70	50669.30	65315.60	65315.60	35504.40	35504.40	1356.60	1356.60
47551.70	50669.30	65315.60	65315.60	35504.40	35504.40	1356.60	1356.60
306965.70	5270416.90	318044.50	311379.90	211912.90	210427.70	5885.20	5815.00
214468.70	191876.00	203691.50	197978.60	134430.70	133574.70	2711.60	2679.20
26192.30	23276.70	65027.30	64685.30	51877.60	51877.60	1864.40	1830.60
1093.80	722.40	1740.60	1740.60	723.70	723.70	76.60	72.60
57626.90	5051350.00	42898.10	42898.10	19715.90	19715.90	1164.10	1164.10
25.30	20.00	209.80	209.80	171.10	171.10	1.30	1.30
7558.70	3171.80	4477.20	3867.50	4993.90	4364.70	67.20	67.20

单位：万元

投资收益	营业利润	利润总额	应交所得税	应付职工薪酬（本年贷方累计发生额）	应交增值税	从业人员期末人数（人）	从业人员平均人数（人）
13366.80	**807740.10**	**824699.00**	**203616.80**	**420129.20**	**15815.80**	**62640**	**63023**
9721.10	771063.60	780548.40	198103.20	342111.50	8250.10	51242	51720
9673.80	725009.30	734715.80	196988.70	298813.50	431.90	41910	42470
47.30	46054.30	45832.60	1114.50	43298.00	7818.20	9332	9250
1.60	9630.70	10039.00	3500.20	12899.70	573.50	2052	1938
1.60	9630.70	10039.00	3500.20	12899.70	573.50	2052	1938
3644.10	27045.80	34111.60	2013.40	65118.00	6992.20	9346	9365
3457.10	14372.20	20530.30	1107.50	42519.00	5567.90	6459	6584
51.70	2087.50	2438.20	703.00	14925.90	1305.40	1673	1625
127.10	-148.90	-105.10	72.50	768.40	84.70	331	310
8.20	12640.00	12804.70	93.60	4793.80	1.80	392	362
	4.60	4.60	1.40	134.90	10.60	29	27
	-1909.60	-1561.10	35.40	1976.00	21.80	462	457

3-21 规模以上信息传输、软件和

指标名称	单位数(个)	年初存货	固定资产原价	本年折旧	资产总计	负债合计
总 计	**264**	**98580.30**	**9807208.80**	**807474.30**	**8954092.10**	**4141784.80**
按登记注册类型分组						
内资企业	246	90774.30	8420077.60	677027.40	8062573.40	3700616.10
国有企业	12	3655.40	1347655.90	89389.10	603772.50	224633.00
集体企业						
股份合作企业						
联营企业	1	359.00	79843.80	7586.90	59522.80	27936.00
国有联营企业						
集体联营企业	1	359.00	79843.80	7586.90	59522.80	27936.00
国有与集体联营企业						
其他联营企业						
有限责任公司	136	47754.60	4262860.90	382855.20	5731137.10	2889378.60
国有独资公司	30	9291.10	2016264.20	145477.50	1438102.70	1133083.90
其他有限责任公司	106	38463.50	2246596.70	237377.70	4293034.40	1756294.70
股份有限公司	33	18004.90	2697604.80	194208.70	1477185.00	483198.30
私营企业	60	20702.50	30301.30	2748.50	185851.40	72764.60
私营独资企业	1	80.10	1852.70	131.30	6155.90	6140.20
私营合伙企业	1	126.80	1460.00	54.30	1641.60	738.90
私营有限责任公司	54	20239.00	25164.00	2490.20	153886.70	64497.60
私营股份有限公司	4	256.60	1824.60	72.70	24167.20	1387.90
其他企业	4	297.90	1810.90	239.00	5104.60	2705.60
港、澳、台商投资企业	9	4759.40	728121.80	65817.30	497233.10	186489.00
合资经营企业(港或澳、台资)	2	1689.30	254396.20	21926.70	155352.20	48049.60
合作经营企业(港或澳、台资)						
港、澳、台商独资经营企业	6	2059.00	344783.60	32259.10	256287.60	112593.60
港、澳、台商投资股份有限公司	1	1011.10	128942.00	11631.50	85593.30	25845.80
外商投资企业	9	3046.60	659009.40	64629.60	394285.60	254679.70
中外合资经营企业						
中外合作经营企业						
外资企业	9	3046.60	659009.40	64629.60	394285.60	254679.70
外商投资股份有限公司						
按企业控股情况分组						
国有控股	133	56127.50	8963416.50	732611.30	8006299.40	3749429.50
集体控股	8	1825.10	95157.30	8723.30	82204.10	38467.80
私人控股	89	31528.00	95375.80	6719.00	352673.10	122245.50
港澳台商控股	6	3250.90	432422.10	37649.30	283838.80	97222.00
外商控股	6	1705.70	156807.60	16328.40	87359.00	55049.10
其他	22	4143.10	64029.50	5443.00	141717.70	79370.90

信息技术服务业分类别经济指标

单位：万元

所有者权益合计	其中：实收资本	营业收入	其中：主营业务收入	营业成本	其中：主营业务成本	营业税金及附加	其中：主营业务税金及附加
4812307.30	**6082194.40**	**4793673.60**	**4663605.20**	**2364151.00**	**2188165.80**	**144941.40**	**143521.40**
4361957.30	6051804.90	3865205.20	3779372.10	1919889.20	1797481.00	116822.30	115897.30
379139.50	1928.00	433601.90	424393.00	209929.70	204729.00	16432.80	16397.10
31586.80		47972.90	41260.90	28136.40	19855.60	1439.60	1439.60
31586.80		47972.90	41260.90	28136.40	19855.60	1439.60	1439.60
2841758.50	768182.00	2268295.10	2253915.50	1036425.10	1010041.40	65909.80	65254.30
305018.80	61532.60	614413.80	611088.00	340373.30	321153.60	19224.90	19107.30
2536739.70	706649.40	1653881.30	1642827.50	696051.80	688887.80	46684.90	46147.00
993986.70	144918.30	1008190.00	954591.80	566836.20	485302.60	30441.70	30216.90
113086.80	5136354.20	104782.60	102848.20	77367.00	76357.60	2515.00	2510.00
15.70		2169.70	2169.70	1711.30	1711.30	8.10	8.10
902.70		1512.00	1512.00	1288.40	1288.40	24.40	24.40
89389.10	5034778.20	98684.40	97415.00	73100.40	72091.00	2427.80	2422.80
22779.30	101576.00	2416.50	1751.50	1266.90	1266.90	54.70	54.70
2399.00	422.40	2362.70	2362.70	1194.80	1194.80	83.40	79.40
310744.10	1268.90	355886.70	314497.40	212641.00	160305.90	10636.20	10235.70
107302.60		117786.80	103281.10	68961.80	50501.60	3542.10	3294.70
143694.00	1268.90	169287.60	150768.80	104045.60	80673.40	5010.30	4857.20
59747.50		68812.30	60447.50	39633.60	29130.90	2083.80	2083.80
139605.90	29120.60	572581.70	569735.70	231620.80	230378.90	17482.90	17388.40
139605.90	29120.60	572581.70	569735.70	231620.80	230378.90	17482.90	17388.40
4256869.90	832961.20	4109554.70	4019166.50	1962567.90	1828267.80	127987.20	126740.90
43736.30	5133.60	64177.20	57131.10	39727.30	31304.50	1690.20	1632.90
230427.60	5185463.70	195584.40	193049.70	132968.30	131674.60	3817.00	3785.70
186616.80	1268.90	207032.70	182481.80	124603.20	93578.20	6183.00	6183.00
32309.90	29720.60	144397.60	142721.20	62117.10	61195.90	4362.70	4307.60
62346.80	27646.40	72927.00	69054.90	42167.20	42144.80	901.30	871.30

3-21 续表 1

指标名称	单位数(个)	年初存货	固定资产原　　价	本年折旧	资产总计	负债合计
按隶属关系分组						
中央	37	15003.60	4109387.60	324068.90	4512239.30	2010100.80
省(自治区、直辖市)	25	13106.60	2488992.00	188359.70	1454682.40	448122.40
地(区、市、州、盟)	21	9890.50	780528.10	84657.30	618963.00	374784.30
县(区、市、旗)	52	10932.70	209474.10	19392.40	223043.00	110729.10
街道						
镇						
乡						
(社区)居委会	1	70.40	11.10	2.10	382.20	173.80
村委会						
其他	128	49576.50	2218815.90	190993.90	2144782.20	1197874.40
按营业状态分组						
常年营业	264	98580.30	9807208.80	807474.30	8954092.10	4141784.80
季节性营业						
其他						
按执行会计标准类别分组						
企业会计制度	264	98580.30	9807208.80	807474.30	8954092.10	4141784.80
事业单位会计制度						
行政单位会计制度						
民间非营利组织会计制度						
其他						
按是否执行2006年《企业会计准则》分组						
执行2006年《企业会计准则》	222	85262.70	9745808.90	802984.10	8803733.90	4072245.20
不执行2006年《企业会计准则》	42	13317.60	61399.90	4490.20	150358.20	69539.60
按机构类型分组						
企业	264	98580.30	9807208.80	807474.30	8954092.10	4141784.80
事业单位						
机关						
社会团体						
民办非企业单位						
基金会						
居委会						
村委会						
其他组织机构						
按企业集团情况分组						
集团母公司	33	5907.40	144941.40	10050.10	205925.50	128399.10
成员企业	82	44302.80	8542324.20	699139.10	7637027.50	3440850.10
亏损企业	65	19715.70	1307967.10	109063.20	3082584.90	1526913.10
不亏损企业	199	78864.60	8499241.70	698411.10	5871507.20	2614871.70

单位：万元

所有者权益合计	其中：实收资本	营业收入	其中：主营业务收入	营业成本	其中：主营业务成本	营业税金及附加	其中：主营业务税金及附加
2502138.50	550822.80	1536538.80	1506656.40	824307.90	766818.10	49812.20	49599.10
1006560.00	52249.90	976237.30	914498.40	517748.30	440401.20	29963.90	29323.40
244178.70	45915.40	647559.40	641702.30	243202.60	241443.30	18894.00	18836.10
112313.90	46152.40	87036.00	86554.10	48519.00	45436.50	1869.40	1791.10
208.40	201.00	1812.00	1812.00	1693.30	1693.30	2.20	2.20
946907.80	5386852.90	1544490.10	1512382.00	728679.90	692373.40	44399.70	43969.50
4812307.30	6082194.40	4793673.60	4663605.20	2364151.00	2188165.80	144941.40	143521.40
4812307.30	6082194.40	4793673.60	4663605.20	2364151.00	2188165.80	144941.40	143521.40
4731488.70	6061213.50	4719015.60	4589793.30	2306867.40	2131141.60	142641.80	141262.90
80818.60	20980.90	74658.00	73811.90	57283.60	57024.20	2299.60	2258.50
4812307.30	6082194.40	4793673.60	4663605.20	2364151.00	2188165.80	144941.40	143521.40
77526.40	5075853.70	81759.50	81544.00	58803.40	58544.70	2185.60	2138.50
4196177.40	718980.00	3946304.40	3841486.30	1912604.40	1755963.90	120571.50	119520.60
1555671.80	579710.30	271654.90	264310.80	255459.60	247079.50	6745.50	6654.40
3256635.50	5502484.10	4522018.70	4399294.40	2108691.40	1941086.30	138195.90	136867.00

3-21 续表 2

指标名称	销售费用	管理费用	其中：税金	财务费用	其中：利息收入	其中：利息支出
总 计	**1180616.50**	**355040.00**	**9792.90**	**-45426.70**	**68408.20**	**20072.80**
按登记注册类型分组						
内资企业	927177.70	310072.30	8340.90	-49035.20	68380.70	16869.90
国有企业	113351.60	17672.70	916.30	1293.90	3.60	904.00
集体企业						
股份合作企业						
联营企业	12179.50	1955.80	41.60	379.80		319.20
国有联营企业						
集体联营企业	12179.50	1955.80	41.60	379.80		319.20
国有与集体联营企业						
其他联营企业						
有限责任公司	559779.00	206121.70	4763.60	-55868.40	68194.70	10997.60
国有独资公司	135954.10	40279.40	1731.20	6544.30	396.30	6708.10
其他有限责任公司	423824.90	165842.30	3032.40	-62412.70	67798.40	4289.50
股份有限公司	234187.40	65395.30	2482.30	5125.60	313.80	3897.00
私营企业	7621.30	18610.90	122.10	-48.40	-134.50	681.70
私营独资企业		431.60		0.40	0.40	
私营合伙企业	96.10	68.90		28.50		28.50
私营有限责任公司	7233.70	16838.40	121.60	315.00	-545.30	642.10
私营股份有限公司	291.50	1272.00	0.50	-392.30	410.40	11.10
其他企业	58.90	315.90	15.00	82.30	3.10	70.40
港、澳、台商投资企业	81569.10	16857.40	557.80	3526.90	1.40	3182.90
合资经营企业(港或澳、台资)	29074.10	5374.10	241.20	1221.30		1238.20
合作经营企业(港或澳、台资)						
港、澳、台商独资经营企业	36577.60	8997.80	242.30	1714.00	1.30	1386.20
港、澳、台商投资股份有限公司	15917.40	2485.50	74.30	591.60	0.10	558.50
外商投资企业	171869.70	28110.30	894.20	81.60	26.10	20.00
中外合资经营企业						
中外合作经营企业						
外资企业	171869.70	28110.30	894.20	81.60	26.10	20.00
外商投资股份有限公司						
按企业控股情况分组						
国有控股	1065517.60	284171.70	8651.50	-49104.70	67922.30	15946.90
集体控股	12582.90	4446.50	62.30	553.10	0.90	418.20
私人控股	13548.10	38449.60	360.30	127.30	403.70	1119.80
港澳台商控股	46876.70	9677.00	359.40	2180.20	1.30	1816.80
外商控股	38716.00	6932.70	247.90	85.40	14.70	20.00
其他	3375.20	11362.50	111.50	732.00	65.30	751.10

单位：万元

投资收益	营业利润	利润总额	应交所得税	应付职工薪酬（本年贷方累计发生额）	应交增值税	从业人员期末人数（人）	从业人员平均人数（人）
13366.80	**807740.10**	**824699.00**	**203616.80**	**420129.20**	**15815.80**	**62640**	**63023**
13366.80	661505.70	679986.00	179868.80	367747.90	15489.70	54540	54706
-154.30	71799.80	72037.40	31.50	37492.40	64.90	6428	6458
	3184.50	3264.40		1466.80	0.20	417	404
	3184.50	3264.40		1466.80	0.20	417	404
10986.70	471382.70	480181.40	178979.00	209314.10	11669.50	29408	29482
	82301.10	89114.70	18471.40	79359.00	573.30	9929	9825
10986.70	389081.60	391066.70	160507.60	129955.10	11096.20	19479	19657
484.50	111894.60	121168.90	252.80	100007.10	2233.40	14073	14187
1933.90	2723.80	2813.60	533.00	18987.30	1470.80	3926	3887
	18.30	18.30	0.50	412.90		120	120
	5.70	4.20	0.10	603.00	71.50	89	88
1932.20	2776.10	2199.30	477.30	16391.60	1397.80	3433	3340
1.70	-76.30	591.80	55.10	1579.80	1.50	284	339
116.00	520.30	520.30	72.50	480.20	50.90	288	288
	26358.80	26407.80	24.80	13748.70	36.40	3081	3085
	8169.10	7887.10		2784.70	0.10	747	763
	10907.70	11134.40	24.80	9358.40	33.20	1935	1934
	7282.00	7386.30		1605.60	3.10	399	388
	119875.60	118305.20	23723.20	38632.60	289.70	5019	5232
	119875.60	118305.20	23723.20	38632.60	289.70	5019	5232
11204.00	738365.00	748981.20	201471.00	341457.90	9616.40	48841	49276
	3839.70	4085.90	58.60	3739.10	413.40	899	886
2098.80	8800.70	10796.40	832.50	36457.40	3388.60	7317	7324
	14887.90	15192.60	24.80	9568.90	36.20	1927	1909
	31472.90	31023.80	299.30	16546.10	396.20	1739	1827
64.00	10373.90	14619.10	930.60	12359.80	1965.00	1917	1801

3-21 续表 3

指标名称	销售费用	管理费用	其中：税金	财务费用	其中：利息收入	其中：利息支出
按隶属关系分组						
中央	419250.70	150703.00	3813.20	-53445.00	61779.30	7976.30
省(自治区、直辖市)	229138.20	47136.60	2166.40	4897.40	513.70	4842.90
地(区、市、州、盟)	158301.30	34691.50	901.80	2589.40	50.00	1523.00
县(区、市、旗)	4143.50	14258.40	220.00	3132.30	53.20	2358.60
街道						
镇						
乡						
(社区)居委会	19.80	92.00	0.10			
村委会						
其他	369763.00	108158.50	2691.40	-2600.80	6012.00	3372.00
按营业状态分组						
常年营业	1180616.50	355040.00	9792.90	-45426.70	68408.20	20072.80
季节性营业						
其他						
按执行会计标准类别分组						
企业会计制度	1180616.50	355040.00	9792.90	-45426.70	68408.20	20072.80
事业单位会计制度						
行政单位会计制度						
民间非营利组织会计制度						
其他						
按是否执行2006年《企业会计准则》分组						
执行2006年《企业会计准则》	1178492.70	344313.90	9675.10	-45727.90	68791.70	19460.60
不执行2006年《企业会计准则》	2123.80	10726.10	117.80	301.20	-383.50	612.20
按机构类型分组						
企业	1180616.50	355040.00	9792.90	-45426.70	68408.20	20072.80
事业单位						
机关						
社会团体						
民办非企业单位						
基金会						
居委会						
村委会						
其他组织机构						
按企业集团情况分组						
集团母公司	3766.00	10765.70	133.50	3090.30	269.20	3094.60
成员企业	1035691.30	259569.90	8260.90	-55161.80	67946.50	11551.90
亏损企业	67185.80	103324.30	1854.80	-54673.50	61816.30	7028.30
不亏损企业	1113430.70	251715.70	7938.10	9246.80	6591.90	13044.50

单位：万元

投资收益	营业利润	利润总额	应交所得税	应付职工薪酬（本年贷方累计发生额）	应交增值税	从业人员期末人数（人）	从业人员平均人数（人）
10921.90	181886.90	186171.40	169503.80	161131.30	1129.30	20975	21249
247.00	138298.90	146836.60	3521.20	77460.10	8300.70	10842	10760
179.30	183512.00	185441.00	4408.40	33804.20	410.90	5562	5507
-49.30	14295.70	14733.30	935.40	20053.60	836.50	4834	4803
	4.70	4.70	0.90	77.00	18.10	18	18
2067.90	289741.90	291512.00	25247.10	127603.00	5120.30	20409	20686
13366.80	807740.10	824699.00	203616.80	420129.20	15815.80	62640	63023
13366.80	807740.10	824699.00	203616.80	420129.20	15815.80	62640	63023
11465.80	802091.90	820719.60	203360.70	409321.20	15443.70	60089	60482
1901.00	5648.20	3979.40	256.10	10808.00	372.10	2551	2541
13366.80	807740.10	824699.00	203616.80	420129.20	15815.80	62640	63023
176.00	1859.30	2991.20	872.70	14070.60	1077.70	2569	2579
11096.90	690093.50	703120.00	188752.60	302854.00	9947.50	41636	42175
-3543.40	-105353.80	-102106.50	154919.80	83692.30	1175.60	10335	10267
16910.20	913093.90	926805.50	48697.00	336436.90	14640.20	52305	52756

3-22 规模以上信息传输、软件和

地　　区	单位数(个)	年初存货	固定资产原　　价	本年折旧	资产总计	负债合计	所有者权益合计
总　计	**264**	**98580.30**	**9807208.80**	**807474.30**	**8954092.10**	**4141784.80**	**4812307.30**
长沙市	110	46259.40	2876969.30	249586.80	4924692.70	2318299.10	2606393.60
株洲市	11	3663.20	691077.00	52112.20	382665.60	162156.00	220509.60
湘潭市	6	2217.90	418756.50	33067.20	256860.10	110389.20	146470.90
衡阳市	20	8200.30	746846.60	60614.70	469002.30	208411.20	260591.10
邵阳市	13	4165.80	623839.20	42000.80	343145.50	150649.90	192495.60
岳阳市	18	7491.80	677566.20	49099.90	368030.10	158362.60	209667.50
常德市	17	6549.60	758502.40	66540.90	431656.20	168512.40	263143.80
张家界市	5	1778.10	256315.60	21758.60	157109.80	88624.50	68485.30
益阳市	9	3130.90	466175.70	39872.00	249340.70	128325.90	121014.80
郴州市	15	4042.00	549754.80	44917.70	348609.00	153340.30	195268.70
永州市	10	2657.30	418897.60	36141.20	258062.00	123880.90	134181.10
怀化市	12	4141.50	567244.00	50786.60	326499.20	154287.70	172211.50
娄底市	7	2450.90	416130.90	32740.50	237382.50	109685.20	127697.30
湘西州	11	1831.60	339133.00	28235.20	201036.40	106859.90	94176.50

3-22 续表

地　　区	销售费用	管理费用		财务费用			投资收益
			其中：税金		其中：利息收入	其中：利息支出	
总　计	**1180616.50**	**355040.00**	**9792.90**	**-45426.70**	**68408.20**	**20072.80**	**13366.80**
长沙市	331466.50	173418.20	3690.70	-59934.20	68157.00	8808.40	13231.60
株洲市	80257.80	15049.80	560.50	2367.80	14.30	1032.60	177.60
湘潭市	52160.40	11091.70	447.90	1020.80	8.30	612.40	
衡阳市	79691.40	18302.40	653.00	1167.10	69.30	1066.50	
邵阳市	79696.60	15670.30	607.90	1036.10	9.30	868.00	-28.10
岳阳市	85231.90	16821.20	576.70	1412.70	9.40	1129.20	
常德市	91909.50	19509.00	614.50	1986.90	40.40	1790.00	24.00
张家界市	26639.30	6916.90	229.10	480.70	2.20	448.10	
益阳市	58584.00	11921.10	557.20	692.00	18.70	638.60	-154.30
郴州市	74368.20	14649.80	409.70	1202.60	14.30	1146.90	116.00
永州市	59234.80	11687.50	547.30	905.90	2.10	791.60	
怀化市	68383.50	18795.20	431.30	1054.70	50.50	741.60	
娄底市	57918.50	10626.40	198.20	722.60	9.00	581.40	
湘西州	35074.10	10580.50	268.90	457.60	3.40	417.50	

信息技术服务业分市州经济指标

单位：万元

其中：实收资本	营业收入	其中：主营业务收入	营业成本	其中：主营业务成本	营业税金及附加	其中：主营业务税金及附加
6082194.40	**4793673.60**	**4663605.20**	**2364151.00**	**2188165.80**	**144941.40**	**143521.40**
5830739.50	1493738.00	1450992.50	772759.80	723186.00	42486.40	42326.20
17225.40	316126.50	307383.90	143553.20	133087.10	9583.70	9557.80
4408.00	217368.10	211074.80	111639.30	89208.50	6626.90	6623.60
24334.00	356617.30	343461.20	168236.00	155863.60	10388.60	9966.80
94316.70	287693.30	283234.80	131292.80	125020.50	8633.90	8525.00
10313.00	336536.30	328304.30	132884.60	128446.50	13196.70	13125.40
16125.40	365634.60	358028.50	174960.80	164606.80	11001.00	10744.80
	97710.40	95432.90	59275.40	56555.20	2984.00	2981.40
28285.50	219432.50	213234.40	108091.00	101492.70	6644.20	6573.60
21146.70	270804.60	262000.10	129722.80	120040.10	8133.20	8051.60
8341.00	206419.40	200314.90	107827.00	100698.00	6293.60	6270.20
16469.10	260560.70	255223.70	126794.90	120025.60	7868.70	7692.60
1215.70	228651.00	220810.60	118004.80	94126.00	6954.10	6938.30
9274.40	136380.90	134108.60	79108.60	75809.20	4146.40	4144.10

单位：万元

营业利润	利润总额	应交所得税	应付职工薪酬（本年贷方累计发生额）	应交增值税	从业人员期末人数（人）	从业人员平均人数（人）
807740.10	**824699.00**	**203616.80**	**420129.20**	**15815.80**	**62640**	**63023**
245255.00	254429.50	165378.50	170567.60	7264.50	19868	19783
62547.80	63333.20	218.70	22969.40	67.40	3765	3772
47535.50	48155.20	9939.10	12575.40	19.40	1892	1882
72350.80	75696.50	162.90	23405.00	7222.60	4375	4353
49984.90	50689.00	9506.00	18406.20	50.70	3140	3154
84661.60	84495.10	136.20	22358.60	228.90	4361	4399
65638.40	66660.60	12165.80	34410.10	291.50	4911	5035
580.60	960.90	902.90	7676.00	87.90	1628	1628
32036.70	32492.00	13.80	18789.30	136.00	3208	3263
40880.40	40216.00	332.30	21589.80	151.50	3848	3869
18841.40	18554.50	3095.80	14645.90	9.50	2947	3013
35865.10	36318.60	24.00	21706.30	207.00	3754	3819
46252.10	46621.00	1699.40	16804.90	0.90	2615	2606
5309.80	6076.90	41.40	14224.70	78.00	2328	2447

3-23 规模以上房地

指标名称	单位数(个)	年初存货	固定资产原价	本年折旧	资产总计
总计	**266**	**11070.80**	**111583.30**	**5436.20**	**306122.60**
按登记注册类型分组					
内资企业	262	11070.70	78723.80	4591.60	276033.20
国有企业	3	1.30	753.30	27.80	1382.50
集体企业					
股份合作企业	1		1.70	0.30	385.20
联营企业					
国有联营企业					
集体联营企业					
国有与集体联营企业					
其他联营企业					
有限责任公司	130	1558.40	35766.00	2911.80	137584.90
国有独资公司	8	719.40	2115.00	264.20	8891.30
其他有限责任公司	122	839.00	33651.00	2647.60	128693.60
股份有限公司	11	1267.10	1154.50	85.20	5881.00
私营企业	116	8239.50	41020.80	1564.50	130306.30
私营独资企业	4	1.20	112.80	12.20	1228.40
私营合伙企业					
私营有限责任公司	105	8163.80	25243.50	1104.70	87599.40
私营股份有限公司	7	74.50	15664.50	447.60	41478.50
其他企业	1	4.40	27.50	2.00	493.30
港、澳、台商投资企业	3	0.10	62.40	10.50	1264.40
合资经营企业(港或澳、台资)					
合作经营企业(港或澳、台资)					
港、澳、台商独资经营企业	3	0.10	62.40	10.50	1264.40
港、澳、台商投资股份有限公司					
外商投资企业	1		32797.10	834.10	28825.00
中外合资经营企业					
中外合作经营企业					
外资企业	1		32797.10	834.10	28825.00
外商投资股份有限公司					
按企业控股情况分组					
国有控股	25	793.60	20032.50	1320.80	41485.00
集体控股	10	35.50	508.80	51.10	3210.30
私人控股	192	9672.40	54717.50	2739.80	181850.40
港澳台商控股	4	0.10	144.30	48.00	2406.20
外商控股	1		32797.10	834.10	28825.00
其他	34	569.20	3383.10	442.40	48345.70
按隶属关系分组					
中央	3	241.40	634.00	31.40	3191.40

产业分类别经济指标

单位：万元

负债合计	所有者权益合计	其中：实收资本	营业收入	其中：主营业务收入	营业成本	其中：主营业务成本	营业税金及附加	其中：主营业务税金及附加
205499.90	**100622.70**	**78033.80**	**265584.40**	**257535.90**	**159239.00**	**157340.40**	**13928.10**	**13443.40**
183441.90	92591.30	64115.70	258694.50	250697.70	155707.50	153808.90	13538.80	13054.50
1443.70	-61.20	10.80	1295.80	1235.40	554.70	554.70	66.70	66.70
337.40	47.80		500.60	496.10	436.10	398.10	19.80	19.80
86896.90	50688.00	28910.20	165812.00	161047.20	100880.30	99936.50	8978.30	8863.70
5536.00	3355.30	3858.20	11612.00	11574.00	8751.00	8643.80	624.80	572.10
81360.90	47332.70	25052.00	154200.00	149473.20	92129.30	91292.70	8353.50	8291.60
4280.40	1600.60	1263.30	9032.70	8967.80	4260.30	4195.90	478.80	478.80
89753.70	40552.60	33431.40	81274.50	78172.30	48970.00	48117.60	3951.60	3581.90
768.40	460.00	708.00	1314.50	1169.10	1028.10	943.00	68.40	68.40
56816.40	30783.00	21923.40	75499.50	73906.60	45384.60	44617.30	3637.70	3343.50
32168.90	9309.60	10800.00	4460.50	3096.60	2557.30	2557.30	245.50	170.00
729.80	-236.50	500.00	778.90	778.90	606.10	606.10	43.60	43.60
2696.30	-1431.90	1218.10	1001.30	993.70	898.20	898.20	55.40	55.00
2696.30	-1431.90	1218.10	1001.30	993.70	898.20	898.20	55.40	55.00
19361.70	9463.30	12700.00	5888.60	5844.50	2633.30	2633.30	333.90	333.90
19361.70	9463.30	12700.00	5888.60	5844.50	2633.30	2633.30	333.90	333.90
26005.70	15479.30	8057.00	44833.90	40997.50	28291.80	28019.00	2343.10	2290.40
2411.40	798.90	1190.20	15043.90	15039.40	5555.30	5517.30	1135.80	1135.80
122494.90	59355.50	43458.20	152703.70	149002.20	91485.70	90518.20	7495.30	7100.90
3541.80	-1135.60	1718.10	3104.00	3052.90	2636.30	2636.30	173.80	173.40
19361.70	9463.30	12700.00	5888.60	5844.50	2633.30	2633.30	333.90	333.90
31684.40	16661.30	10910.30	44010.30	43599.40	28636.60	28016.30	2446.20	2409.00
2023.00	1168.40	1009.00	4860.10	4860.10	3942.70	3942.70	264.30	264.30

3-23 续表 1

指标名称	单位数(个)	年初存货	固定资产原价	本年折旧	资产总计
省(自治区、直辖市)	7	17.90	14447.50	600.50	16168.50
地(区、市、州、盟)	36	775.80	5064.10	384.10	41595.20
县(区、市、旗)	22	1241.50	9082.20	963.10	12922.70
街道	2		138.60	17.10	857.40
镇					
乡					
(社区)居委会	2	10.10	2.90	0.30	40.70
村委会					
其他	194	8784.10	82214.00	3439.70	231346.70
按营业状态分组					
常年营业	266	11070.80	111583.30	5436.20	306122.60
季节性营业					
其他					
按执行会计标准类别分组					
企业会计制度	266	11070.80	111583.30	5436.20	306122.60
事业单位会计制度					
行政单位会计制度					
民间非营利组织会计制度					
其他					
按是否执行2006年《企业会计准则》分组					
执行2006年《企业会计准则》	216	10941.60	64614.10	3961.00	229613.30
不执行2006年《企业会计准则》	50	129.20	46969.20	1475.20	76509.30
按机构类型分组					
企业	266	11070.80	111583.30	5436.20	306122.60
事业单位					
机关					
社会团体					
民办非企业单位					
基金会					
居委会					
村委会					
其他组织机构					
按企业集团情况分组					
集团母公司	31	7932.30	32733.90	1003.30	96159.10
成员企业	25	877.70	4411.60	312.40	28150.20
亏损企业	90	9119.70	41333.70	1648.20	121375.00
不亏损企业	176	1951.10	70249.60	3788.00	184747.60
按行业分					
物业管理	253	11060.50	109205.40	5133.70	287184.50
房地产中介服务	13	10.30	2377.90	302.50	18938.10

单位：万元

负债合计	所有者权益合计	其中：实收资本	营业收入	其中：主营业务收入	营业成本	其中：主营业务成本	营业税金及附加	其中：主营业务税金及附加
11761.40	4407.10	2663.80	14133.30	11167.80	7181.60	6825.90	747.20	726.70
28092.30	13502.90	7778.60	56400.10	55941.10	35840.40	35653.10	2983.70	2917.50
4335.50	8587.20	1119.00	16702.60	16641.10	8610.20	8572.20	722.70	712.60
680.70	176.70	174.20	9123.80	9123.80	4357.70	4357.70	808.60	808.60
381.70	-341.00	300.00	440.60	375.80	220.60	156.20	22.30	22.30
158225.30	73121.40	64989.20	163923.90	159426.20	99085.80	97832.60	8379.30	7991.40
205499.90	100622.70	78033.80	265584.40	257535.90	159239.00	157340.40	13928.10	13443.40
205499.90	100622.70	78033.80	265584.40	257535.90	159239.00	157340.40	13928.10	13443.40
151581.60	78031.70	56511.30	212287.60	204467.70	127899.90	126153.00	11166.90	10693.10
53918.30	22591.00	21522.50	53296.80	53068.20	31339.10	31187.40	2761.20	2750.30
205499.90	100622.70	78033.80	265584.40	257535.90	159239.00	157340.40	13928.10	13443.40
67282.60	28876.50	21723.60	41953.10	37659.00	24431.50	24387.70	1956.20	1877.20
18044.90	10105.30	6710.00	45426.40	44480.60	29965.90	29686.70	2419.60	2365.10
96569.70	24805.30	34676.20	50437.40	48257.90	28542.80	27998.60	2587.40	2492.80
108930.20	75817.40	43357.60	215147.00	209278.00	130696.20	129341.80	11340.70	10950.60
200260.30	86924.20	76487.80	227744.40	220003.10	148784.10	146897.50	11996.50	11511.80
5239.60	13698.50	1546.00	37840.00	37532.80	10454.90	10442.90	1931.60	1931.60

3-23 续表 2

指标名称	销售费用	管理费用	其中：税金	财务费用	其中：利息收入
总 计	**21740.20**	**55637.70**	**1237.00**	**3276.70**	**438.30**
按登记注册类型分组					
内资企业	21479.00	54509.60	1237.00	2324.40	421.90
国有企业	2.20	642.40	31.20		0.10
集体企业					
股份合作企业				16.90	
联营企业					
国有联营企业					
集体联营企业					
国有与集体联营企业					
其他联营企业					
有限责任公司	12389.80	33552.70	379.20	-218.90	375.50
国有独资公司	25.00	2316.90	39.80	-2.10	4.10
其他有限责任公司	12364.80	31235.80	339.40	-216.80	371.40
股份有限公司	2263.50	1432.00	44.20	-13.40	18.00
私营企业	6823.50	18760.80	782.10	2509.00	28.30
私营独资企业		192.10	0.50	-4.00	4.00
私营合伙企业					
私营有限责任公司	6823.50	17293.50	694.70	1701.40	22.60
私营股份有限公司		1275.20	86.90	811.60	1.70
其他企业		121.70	0.30	30.80	
港、澳、台商投资企业		622.50		-1.80	0.80
合资经营企业(港或澳、台资)					
合作经营企业(港或澳、台资)					
港、澳、台商独资经营企业		622.50		-1.80	0.80
港、澳、台商投资股份有限公司					
外商投资企业	261.20	505.60		954.10	15.60
中外合资经营企业					
中外合作经营企业					
外资企业	261.20	505.60		954.10	15.60
外商投资股份有限公司					
按企业控股情况分组					
国有控股	1011.10	10572.50	140.80	8.90	100.00
集体控股	3509.10	4562.80	111.80	18.00	0.40
私人控股	12454.60	32750.00	919.20	2729.10	70.90
港澳台商控股		797.50	5.00	-4.50	10.80
外商控股	261.20	505.60		954.10	15.60
其他	4504.20	6449.30	60.20	-428.90	240.60
按隶属关系分组					
中央		611.10	6.60	-2.80	4.00

单位：万元

其中：利息支出	投资收益	营业利润	利润总额	应交所得税	应付职工薪酬（本年贷方累计发生额）	应交增值税	从业人员期末人数（人）	从业人员平均人数（人）
1948.10	**1585.90**	**11891.70**	**14324.40**	**3899.60**	**124533.20**	**959.10**	**40720**	**39825**
899.20	1585.90	11264.60	13709.80	3899.60	122724.00	959.10	40348	39455
		31.60	22.80	5.00	1000.80		494	493
		64.40	64.20	16.40	194.00		88	88
-96.10	1270.50	9254.50	11334.20	2802.40	78162.20	916.00	24084	23444
7.50		-35.00	-31.10	72.30	6220.30		2227	2099
-103.60	1270.50	9289.50	11365.30	2730.10	71941.90	916.00	21857	21345
0.20		666.70	624.70	147.80	4502.70	26.60	1237	1211
964.30	315.40	1270.70	1687.20	928.00	38628.30	16.50	14368	14142
		29.90	27.80	2.20	753.90		339	335
951.10	261.90	1670.80	2043.60	925.20	35903.40	16.50	13182	12954
13.20	53.50	-430.00	-384.20	0.60	1971.00		847	853
30.80		-23.30	-23.30		236.00		77	77
		-573.10	-574.00		1134.00		306	304
		-573.10	-574.00		1134.00		306	304
1048.90		1200.20	1188.60		675.20		66	66
1048.90		1200.20	1188.60		675.20		66	66
48.60	3.40	2679.80	3633.60	928.60	18438.90	37.20	5741	5556
0.70	-41.80	297.80	255.80	37.40	5920.40	836.00	2097	1900
1031.50	357.90	4880.70	6629.30	2034.10	75495.90	36.00	26182	25742
7.30		-499.20	-500.00		2154.90		565	559
1048.90		1200.20	1188.60		675.20		66	66
-188.90	1266.40	3332.40	3117.10	899.50	21847.90	49.90	6069	6002
	3.00	41.10	45.00	12.60	2686.40		643	634

3-23 续表 3

指标名称	销售费用	管理费用	其中：税金	财务费用	其中：利息收入
省(自治区、直辖市)	106.20	4322.50	92.60	101.70	0.70
地(区、市、州、盟)	4780.60	9173.70	85.90	-117.20	137.10
县(区、市、旗)	3086.10	3529.00	40.40	173.70	12.40
街道	1888.70	2012.60	109.20	-0.50	2.00
镇					
乡					
(社区)居委会		312.50		1.30	0.10
村委会					
其他	11878.60	35676.30	902.30	3120.50	282.00
按营业状态分组					
常年营业	21740.20	55637.70	1237.00	3276.70	438.30
季节性营业					
其他					
按执行会计标准类别分组					
企业会计制度	21740.20	55637.70	1237.00	3276.70	438.30
事业单位会计制度					
行政单位会计制度					
民间非营利组织会计制度					
其他					
按是否执行2006年《企业会计准则》分组					
执行2006年《企业会计准则》	16455.50	43883.00	1051.60	1710.90	407.00
不执行2006年《企业会计准则》	5284.70	11754.70	185.40	1565.80	31.30
按机构类型分组					
企业	21740.20	55637.70	1237.00	3276.70	438.30
事业单位					
机关					
社会团体					
民办非企业单位					
基金会					
居委会					
村委会					
其他组织机构					
按企业集团情况分组					
集团母公司	2711.30	10091.60	216.20	1866.40	28.40
成员企业	4047.10	7646.80	113.80	1.40	34.80
亏损企业	5328.70	18621.90	273.70	2355.40	21.00
不亏损企业	16411.50	37015.80	963.30	921.30	417.30
按行业分					
物业管理	11915.50	48116.30	1215.40	3254.50	410.20
房地产中介服务	9824.70	7521.40	21.60	22.20	28.10

单位：万元

其中：利息支出	投资收益	营业利润	利润总额	应交所得税	应付职工薪酬（本年贷方累计发生额）	应交增值税	从业人员期末人数（人）	从业人员平均人数（人）
33.60		1674.10	1678.90	494.20	2342.50	0.10	725	725
23.10	28.30	3535.30	3941.00	1098.00	28355.80	64.10	7794	7495
7.70	10.00	447.30	1310.00	89.50	6397.00	14.40	2664	2651
		56.70	56.70	11.40	2707.30	836.00	1009	974
1.20		-116.10	-116.10		256.20		145	145
1882.50	1544.60	6253.30	7408.90	2193.90	81788.00	44.50	27740	27201
1948.10	1585.90	11891.70	14324.40	3899.60	124533.20	959.10	40720	39825
1948.10	1585.90	11891.70	14324.40	3899.60	124533.20	959.10	40720	39825
448.60	1529.60	10908.90	12262.20	3595.00	103885.00	958.10	34393	33566
1499.50	56.30	982.80	2062.20	304.60	20648.20	1.00	6327	6259
1948.10	1585.90	11891.70	14324.40	3899.60	124533.20	959.10	40720	39825
1029.90	404.20	684.20	1632.90	636.50	18406.90	27.30	5869	5640
22.10	-0.80	1426.30	1390.90	350.50	19635.30	37.20	5905	5710
1039.70	413.10	-7645.10	-5828.80	32.80	29747.20	7.40	10816	10503
908.40	1172.80	19536.80	20153.20	3866.80	94786.00	951.70	29904	29322
1900.50	1585.90	5363.90	6851.80	2024.50	106293.10	956.70	37668	36890
47.60		6527.80	7472.60	1875.10	18240.10	2.40	3052	2935

3-24 规模以上房地

地　　区	单位数(个)	年初存货	固定资产原　　价	本年折旧	资产总计	负债合计	所有者权益合计
总　计	**266**	**11070.80**	**111583.30**	**5436.20**	**306122.60**	**205499.90**	**100622.70**
长沙市	133	8864.90	70060.10	2930.00	201394.90	139250.60	62144.30
株洲市	21	436.10	19804.70	1095.80	52584.00	38528.10	14055.90
湘潭市	7	85.50	6724.70	229.50	8078.10	6884.20	1193.90
衡阳市	14	46.70	1688.60	138.10	5528.50	4045.30	1483.20
邵阳市	6	26.60	3575.20	192.60	5717.60	2292.60	3425.00
岳阳市	18	53.00	1350.40	124.40	3922.00	1125.80	2796.20
常德市	39	1283.00	5685.50	535.90	16022.80	7057.70	8965.10
张家界市							
益阳市	1	14.30	482.10	68.00	646.50	75.00	571.50
郴州市	13	57.80	1375.80	50.60	4312.30	1531.40	2780.90
永州市							
怀化市	5	11.00	310.80	16.80	2104.00	1220.10	883.90
娄底市	7	190.60	450.00	47.10	3920.30	1784.20	2136.10
湘西州	2	1.30	75.40	7.40	1891.60	1704.90	186.70

3-24 续表

地　　区	销售费用	管理费用		财务费用			投资收益
			其中：税金		其中：利息收入	其中：利息支出	
总　计	**21740.20**	**55637.70**	**1237.00**	**3276.70**	**438.30**	**1948.10**	**1585.90**
长沙市	19220.00	38783.10	977.60	1856.40	411.70	1741.80	929.10
株洲市	325.60	4078.90	85.60	955.80	2.50	15.40	456.00
湘潭市	2.20	1036.50	17.20	130.20	1.50	114.50	208.60
衡阳市	1116.90	1171.40	0.50	186.10	1.90	65.10	-0.40
邵阳市	8.30	1058.20	18.00	3.20	0.50	0.20	
岳阳市	70.50	1140.30	2.60	101.90	0.20		27.10
常德市	928.10	4428.40	117.90	0.80	18.20	10.00	
张家界市							
益阳市		217.90		-0.20	0.40	0.20	
郴州市	68.10	885.10	1.70	22.00	1.00	0.30	
永州市							
怀化市		421.40	2.20	19.40			
娄底市	0.50	1554.10	2.00	1.90	0.40	0.60	-34.20
湘西州		862.40	11.70	-0.80			-0.30

产业分市州经济指标

单位：万元

其中：实收资本	营业收入	其中：主营业务收入	营业成本	其中：主营业务成本	营业税金及附加	其中：主营业务税金及附加
78033.80	**265584.40**	**257535.90**	**159239.00**	**157340.40**	**13928.10**	**13443.40**
58166.40	184640.30	179665.80	105058.10	104477.10	10420.50	10401.30
11755.20	23998.90	22546.10	16738.80	16737.00	1251.90	847.20
2179.80	8001.00	7881.50	7077.00	7077.00	224.60	224.60
1224.70	6048.90	5967.10	2878.40	2562.00	224.10	209.50
305.60	2569.40	2557.40	1991.90	1991.90	92.40	92.40
318.60	5662.80	5652.60	3588.80	3305.60	212.80	202.70
460.00	18103.40	17328.60	10320.40	9689.60	731.80	696.30
250.00	872.40	868.20	654.10	653.30	54.80	54.80
2842.10	8336.80	8335.20	6835.90	6835.90	349.50	349.50
10.00	1588.50	1584.00	1232.70	1194.70	46.60	46.60
371.40	4540.90	4408.90	2571.10	2524.50	274.60	274.00
150.00	1221.10	740.50	291.80	291.80	44.50	44.50

单位：万元

营业利润	利润总额	应交所得税	应付职工薪酬（本年贷方累计发生额）	应交增值税	从业人员期末人数（人）	从业人员平均人数（人）
11891.70	**14324.40**	**3899.60**	**124533.20**	**959.10**	**40720**	**39825**
10629.50	11103.90	3051.90	83573.70	871.30	22365	21761
579.40	641.00	158.00	11989.60	2.80	4316	4167
41.30	-224.20	10.40	5563.00		3064	3070
248.80	225.10	31.50	2702.60	14.90	1224	1214
-569.10	17.10	43.00	1977.10	7.40	982	1004
358.20	212.40	17.50	4465.80		1165	1166
476.90	2202.80	511.40	7103.70	39.70	3844	3713
20.40	20.10	19.00	350.00	21.00	180	175
33.70	63.50	3.70	2785.40	2.00	1639	1681
-95.00	-97.10	25.10	998.30		474	448
144.90	137.10	18.40	2235.60		1073	1050
22.70	22.70	9.70	788.40		394	376

3-25 规模以上租赁和商务

指标名称	单位数	年初存货	固定资产原价	本年折旧	资产总计	负债合计
总 计	**508**	**11980805.60**	**2833689.80**	**105850.80**	**44656977.00**	**21704519.00**
租赁业	25	6823.70	41067.30	3606.60	136225.80	107437.60
机械设备租赁	24	6823.70	41013.60	3595.90	134712.40	106739.60
文化及日用品出租	1		53.70	10.70	1513.40	698.00
商务服务业	483	11973981.90	2792622.50	102244.20	44520751.20	21597081.40
企业管理服务	128	11939317.10	1788204.90	61922.40	41166682.60	19627447.90
法律服务	11	21.70	5506.50	397.60	12537.80	6854.60
咨询与调查	32	16676.50	9245.40	851.30	85127.80	57779.40
广告业	54	411.50	52947.20	7278.30	453122.30	392051.10
知识产权服务						
人力资源服务	27	1.40	4041.60	411.50	30463.40	23491.90
旅行社及相关服务	99	1223.30	500518.90	10769.60	1096843.00	649978.30
安全保护服务	42	1285.80	32134.50	3050.90	52809.30	27107.50
其他商务服务业	90	15044.60	400023.50	17562.60	1623165.00	812370.70

3-25 续表

指标名称	销售费用	管理费用	其中：税金	财务费用	其中：利息收入	其中：利息支出
总 计	**132474.10**	**272402.50**	**8780.30**	**243734.60**	**74943.30**	**303511.80**
租赁业	2511.80	5625.60	69.00	20.10	490.40	381.60
机械设备租赁	2095.60	5193.80	65.40	8.30	490.40	369.90
文化及日用品出租	416.20	431.80	3.60	11.80		11.70
商务服务业	129962.30	266776.90	8711.30	243714.50	74452.90	303130.20
企业管理服务	31873.20	137718.30	3796.00	222967.90	68903.90	283122.90
法律服务		2267.00	110.60	46.10	13.50	48.20
咨询与调查	1096.90	9269.90	18.80	1.60	19.20	70.20
广告业	39416.60	14855.20	863.30	2144.70	1324.00	486.00
知识产权服务						
人力资源服务	1209.80	4665.70	776.90	51.10	104.00	50.50
旅行社及相关服务	17528.90	20023.40	291.90	3602.00	1399.70	4333.60
安全保护服务	18743.10	10480.30	82.20	311.20	39.40	153.30
其他商务服务业	20093.80	67497.10	2771.60	14589.90	2649.20	14865.50

服务业分行业经济指标

单位：万元

所有者权益合计	其中：实收资本	营业收入	其中：主营业务收入	营业成本	其中：主营业务成本	营业税金及附加	其中：主营业务税金及附加
22952458.00	**16372800.70**	**4176829.00**	**4069234.50**	**3008146.40**	**2995383.20**	**99124.50**	**97964.00**
28788.20	14447.20	33141.90	32920.30	23645.60	23645.60	1016.20	1004.00
27972.80	14247.20	29626.00	29404.40	21635.70	21635.70	819.30	807.10
815.40	200.00	3515.90	3515.90	2009.90	2009.90	196.90	196.90
22923669.80	16358353.50	4143687.10	4036314.20	2984500.80	2971737.60	98108.30	96960.00
21539234.70	15636389.10	2898425.30	2812958.90	2115813.20	2108990.50	40410.40	39760.80
5683.20	2460.50	15750.60	15750.60	11587.90	11583.20	828.40	828.40
27348.40	22459.70	36442.10	36441.90	22264.80	22036.90	1995.50	1995.40
61071.20	30418.40	253993.20	253227.20	154044.80	153599.00	28899.00	28870.50
6971.50	4777.50	144326.00	143155.60	135423.80	134812.00	2670.20	2637.40
446864.70	204042.50	444450.80	442650.40	382554.10	381178.30	4838.30	4802.90
25701.80	8684.30	82840.00	82817.20	45293.70	44878.30	1972.80	1790.20
810794.30	449121.50	267459.10	249312.40	117518.50	114659.40	16493.70	16274.40

单位：万元

投资收益	营业利润	利润总额	应交所得税	应付职工薪酬（本年贷方累计发生额）	应交增值税	从业人员期末人数（人）	从业人员平均人数（人）
141457.10	**536671.80**	**725374.60**	**86302.20**	**289147.70**	**27561.40**	**70631**	**68846**
316.40	282.70	242.70	271.10	9845.80	181.40	2448	2393
316.40	-166.60	-206.60	260.70	9782.40	181.40	2434	2379
	449.30	449.30	10.40	63.40		14	14
141140.70	536389.10	725131.90	86031.10	279301.90	27380.00	68183	66453
126761.60	451336.50	640863.90	70847.10	84970.00	17777.40	13447	13504
-1.90	1089.30	1060.50	249.40	2470.70	78.60	640	635
73.50	1665.20	1648.30	730.50	8809.30	225.00	1681	1640
	14000.60	11033.20	1842.00	11410.10	4276.40	1953	1946
	2236.80	1630.40	136.20	53300.50	30.00	19930	18477
11031.60	25119.00	25965.00	2577.80	19285.90	17.90	5062	4977
1020.20	5841.10	6370.00	1457.90	43821.90	38.30	15631	15439
2255.70	35100.60	36560.60	8190.20	55233.50	4936.40	9839	9835

3-26 规模以上租赁和

指标名称	单位数(个)	年初存货	固定资产原价	本年折旧	资产总计	负债合计
总计	**508**	**11980805.60**	**2833689.80**	**105850.80**	**44656977.00**	**21704519.00**
按登记注册类型分组						
内资企业	503	11976384.80	2700915.10	92272.80	44394556.20	21589187.60
国有企业	18	1953118.40	177676.40	6815.30	2684256.20	1187721.00
集体企业	13	8367.90	84404.60	6664.40	141351.10	55084.90
股份合作企业	2		5.30	0.70	161.50	69.10
联营企业						
国有联营企业						
集体联营企业						
国有与集体联营企业						
其他联营企业						
有限责任公司	241	9930153.70	1755014.40	32930.40	34453591.50	16757189.80
国有独资公司	62	8047752.90	1211590.30	15925.40	26131593.10	12345797.00
其他有限责任公司	179	1882400.80	543424.10	17005.00	8321998.40	4411392.80
股份有限公司	34	61545.20	523317.80	34421.60	5971316.70	2832092.00
私营企业	187	23180.10	155459.90	11252.80	1132293.70	750420.10
私营独资企业	4		362.30	51.90	1650.20	479.60
私营合伙企业	4		703.50	103.40	1070.50	560.20
私营有限责任公司	171	22684.80	143474.50	10613.20	1108189.70	741341.60
私营股份有限公司	8	495.30	10919.60	484.30	21383.30	8038.70
其他企业	8	19.50	5036.70	187.60	11585.50	6610.70
港、澳、台商投资企业	5	4420.80	132774.70	13578.00	262420.80	115331.40
合资经营企业(港或澳、台资)	2	4420.80	707.70	57.90	31540.10	24556.00
合作经营企业(港或澳、台资)	1		15.70	1.80	92448.20	71987.90
港、澳、台商独资经营企业	2		132051.30	13518.30	138432.50	18787.50
港、澳、台商投资股份有限公司						
外商投资企业						
中外合资经营企业						
中外合作经营企业						
外资企业						
外商投资股份有限公司						
按企业控股情况分组						
国有控股	123	11795658.90	1752742.10	29029.10	38621969.30	18158297.70
集体控股	29	22970.30	95165.20	8285.40	243379.10	98821.20
私人控股	312	67270.70	686372.50	50009.30	3675626.00	2334884.50
港澳台商控股	6	4420.80	200049.50	15001.70	355967.80	212392.80
外商控股						
其他	38	90484.90	99360.50	3525.30	1760034.80	900122.80

商务服务业分类别经济指标

单位：万元

所有者权益合计	其中：实收资本	营业收入	其中：主营业务收入	营业成本	其中：主营业务成本	营业税金及附加	其中：主营业务税金及附加
22952458.00	**16372800.70**	**4176829.00**	**4069234.50**	**3008146.40**	**2995383.20**	**99124.50**	**97964.00**
22805368.60	16206835.60	4147682.90	4042332.80	2982508.60	2972205.90	97900.60	96873.00
1496535.20	83028.80	302034.90	291278.30	205702.00	204476.90	31927.70	31860.30
86266.20	13242.90	67556.40	67480.10	43752.70	43741.20	3782.00	3777.70
92.40	38.70	1409.20	1409.20	719.20	719.20	59.60	59.60
17696401.70	14592123.30	3019169.30	2932321.70	2268054.00	2262358.40	36855.30	36127.30
13785796.10	12973179.20	1528366.00	1454572.30	1105202.20	1102970.10	21978.70	21723.30
3910605.60	1618944.10	1490803.30	1477749.40	1162851.80	1159388.30	14876.60	14404.00
3139224.70	1311768.50	450793.40	449187.80	258168.90	257925.70	16519.80	16519.80
381873.60	204515.90	293099.20	287035.20	195900.50	192777.90	8037.10	7809.20
1170.60	794.40	6665.70	6665.70	5190.50	5190.50	115.40	115.40
510.30	166.00	1512.40	1512.40	1179.90	1179.90	70.90	70.90
366848.10	195755.90	279467.80	273766.00	185016.70	182236.20	7377.60	7149.70
13344.60	7799.60	5453.30	5091.10	4513.40	4171.30	473.20	473.20
4974.80	2117.50	13620.50	13620.50	10211.30	10206.60	719.10	719.10
147089.40	165965.10	29146.10	26901.70	25637.80	23177.30	1223.90	1091.00
6984.10	6289.00	6708.60	6708.60	5063.50	5063.50	369.60	369.60
20460.30	20485.10	10417.70	10417.70	8513.70	8513.70	138.20	138.20
119645.00	139191.00	12019.80	9775.40	12060.60	9600.10	716.10	583.20
20463671.60	15631585.40	2550944.80	2465040.60	1861486.00	1858667.50	57613.70	57132.50
144557.90	29750.10	152227.30	148796.40	108680.50	106192.80	7413.50	7249.80
1340741.50	418080.80	948370.20	935660.40	624067.60	620232.90	28302.50	27976.00
143575.00	170355.10	31425.00	29180.60	26014.20	23553.70	1223.90	1091.00
859912.00	123029.30	493861.70	490556.50	387898.10	386736.30	4570.90	4514.70

3-26 续表 1

指标名称	单位数(个)	年初存货	固定资产原价	本年折旧	资产总计	负债合计
按隶属关系分组						
中央	6	963.20	10944.60	425.90	1633685.20	1111822.90
省(自治区、直辖市)	43	278392.50	575914.90	29685.50	12437320.80	6777778.20
地(区、市、州、盟)	84	5817056.70	439893.60	14449.70	12040922.70	5260063.80
县(区、市、旗)	73	3705338.30	1033802.50	11390.40	9775305.80	4110283.30
街道	2	3963.00	18906.90	1959.00	35151.20	8215.10
镇	8	88579.80	10762.30	658.60	163739.50	128626.70
乡	1		45.80	6.70	178.50	140.90
(社区)居委会						
村委会	2		7199.50	136.80	6496.30	1022.90
其他	289	2086512.10	736219.70	47138.20	8564177.00	4306565.20
按营业状态分组						
常年营业	500	11980770.70	2806254.40	104913.50	44544056.50	21650042.70
季节性营业	2	30.10	33.20	5.90	5392.10	4332.70
其他						
按执行会计标准类别分组						
企业会计制度	506	11980786.10	2829818.20	105697.30	44647998.00	21698862.80
事业单位会计制度						
行政单位会计制度						
民间非营利组织会计制度						
其他	2	19.50	3871.60	153.50	8979.00	5656.20
按是否执行2006年《企业会计准则》分组						
执行2006年《企业会计准则》	408	9876503.20	2242504.80	91702.70	39611639.70	19247763.60
不执行2006年《企业会计准则》	100	2104302.40	591185.00	14148.10	5045337.30	2456755.40
按机构类型分组						
企业	502	11980798.70	2735945.30	103500.70	44548723.60	21638846.10
事业单位	5	6.90	97134.90	2321.00	106724.70	65636.70
机关						
社会团体						
民办非企业单位						
基金会						
居委会						
村委会						
其他组织机构	1		609.60	29.10	1528.70	36.20
按企业集团情况分组						
集团母公司	66	5051582.00	455322.80	11487.00	16998422.60	8634328.20
成员企业	43	2681265.80	677260.50	14185.20	9353910.70	3971724.50
亏损企业	149	1252332.40	641429.50	31329.10	5985781.60	3171938.90
不亏损企业	359	10728473.20	2192260.30	74521.70	38671195.40	18532580.10

单位：万元

所有者权益合计	其中：实收资本	营业收入	其中：主营业务收入	营业成本	其中：主营业务成本	营业税金及附加	其中：主营业务税金及附加
521862.30	508081.00	57588.00	56807.00	7522.30	7024.80	197.80	132.20
5659542.60	3241661.40	774243.90	757866.40	473032.70	472943.60	39569.60	39397.60
6780858.90	558565.80	1039706.10	965233.40	752685.80	747954.90	16623.00	16400.20
5665022.50	10562363.10	447931.80	446029.70	317559.20	316070.20	13778.90	13513.80
26936.10	50.00	5470.10	5460.60	4456.10	4454.10	205.80	205.80
35112.80	6400.00	32761.00	32445.40	26806.30	26806.30	1334.10	1334.10
37.60	38.00	753.80	753.80	699.60	699.60	42.20	42.20
5473.40	6978.90	2009.80	2009.80	182.60	182.60	127.20	127.20
4257611.80	1488662.50	1816364.50	1802628.40	1425201.80	1419247.10	27245.90	26810.90
22894013.80	16363921.70	4168807.00	4061212.50	3003401.90	2990638.70	98955.30	97794.80
1059.40	30.00	5222.50	5222.50	3523.70	3523.70	18.10	18.10
22949135.20	16371563.70	4169543.80	4061949.30	3002417.70	2989654.50	98741.00	97580.50
3322.80	1237.00	7285.20	7285.20	5728.70	5728.70	383.50	383.50
20363876.10	15970096.90	3788423.60	3685652.00	2732905.30	2721235.10	84636.90	83476.70
2588581.90	402703.80	388405.40	383582.50	275241.10	274148.10	14487.60	14487.30
22909877.50	16362645.80	4165172.30	4058108.30	3000979.30	2988953.00	98615.90	97457.20
41088.00	9424.90	8160.80	7630.30	4244.30	3507.40	292.70	290.90
1492.50	730.00	3495.90	3495.90	2922.80	2922.80	215.90	215.90
8364094.40	2749201.10	697835.70	694184.20	438435.70	435781.40	14153.20	13769.70
5382186.20	1635070.70	1166784.80	1122519.90	934014.90	930745.80	11291.40	11125.10
2813842.70	1186745.40	490183.80	457247.80	416731.30	412877.70	7993.70	7831.70
20138615.30	15186055.30	3686645.20	3611986.70	2591415.10	2582505.50	91130.80	90132.30

3-26 续表 2

指标名称	销售费用	管理费用	其中：税金	财务费用	其中：利息收入	其中：利息支出
总　计	**132474.10**	**272402.50**	**8780.30**	**243734.60**	**74943.30**	**303511.80**
按登记注册类型分组						
内资企业	130257.60	268897.60	8467.80	241913.50	74901.50	302323.80
国有企业	34863.70	18921.20	890.90	229.90	1926.60	839.70
集体企业	4457.30	10701.00	545.00	942.10	81.60	1008.20
股份合作企业	16.60	576.70		-0.10		-0.20
联营企业						
国有联营企业						
集体联营企业						
国有与集体联营企业						
其他联营企业						
有限责任公司	54425.10	138925.10	4324.90	171043.60	54107.20	218693.50
国有独资公司	17320.30	76421.40	1813.30	136929.00	742.40	137063.70
其他有限责任公司	37104.80	62503.70	2511.60	34114.60	53364.80	81629.80
股份有限公司	12877.90	50189.80	1570.20	64509.60	17323.50	78250.00
私营企业	23617.00	47888.10	1118.90	5145.00	1449.10	3484.20
私营独资企业	55.60	499.10	20.70	53.60		
私营合伙企业	72.00	179.60	96.40	6.40		3.50
私营有限责任公司	23369.60	46290.50	981.20	5148.30	1283.00	3378.40
私营股份有限公司	119.80	918.90	20.60	-63.30	166.10	102.30
其他企业		1695.70	17.90	43.40	13.50	48.40
港、澳、台商投资企业	2216.50	3504.90	312.50	1821.10	41.80	1188.00
合资经营企业(港或澳、台资)	3.60	1086.20	31.00	399.60		398.10
合作经营企业(港或澳、台资)	748.80	168.60	3.80	-11.30	15.90	
港、澳、台商独资经营企业	1464.10	2250.10	277.70	1432.80	25.90	789.90
港、澳、台商投资股份有限公司						
外商投资企业						
中外合资经营企业						
中外合作经营企业						
外资企业						
外商投资股份有限公司						
按企业控股情况分组						
国有控股	66591.40	136849.40	3425.10	205405.80	69292.90	272475.00
集体控股	9543.70	15046.50	1480.20	1168.20	275.60	1098.70
私人控股	48134.80	104723.30	3014.70	30992.00	4632.00	23919.10
港澳台商控股	2224.50	6652.90	746.30	5771.50	42.50	5137.70
外商控股						
其他	5979.70	9130.40	114.00	397.10	700.30	881.30

单位：万元

投资收益	营业利润	利润总额	应交所得税	应付职工薪酬（本年贷方累计发生额）	应交增值税	从业人员期末人数（人）	从业人员平均人数（人）
141457.10	**536671.80**	**725374.60**	**86302.20**	**289147.70**	**27561.40**	**70631**	**68846**
141457.10	541929.70	730274.70	85982.30	286474.10	27559.10	70357	68554
4561.20	17261.60	51068.80	3754.90	29203.70	3823.60	8203	7203
422.80	3839.70	3801.10	299.20	16091.70	4455.00	4366	4187
	37.20	37.20	2.40	371.20		64	63
117053.00	432256.80	569990.60	55143.20	127724.00	13649.30	28822	28735
114032.70	248924.00	376566.20	44842.10	35951.80	10672.20	7196	7069
3020.30	183332.80	193424.40	10301.10	91772.20	2977.10	21626	21666
17836.60	74200.40	92252.80	22920.70	69201.40	4918.40	15286	14933
1583.50	13362.10	12170.70	3631.30	41849.40	634.20	13004	12826
	755.30	754.80	78.00	424.60	10.00	124	124
-1.90	50.80	44.20	0.50	240.50		144	150
1585.40	12777.20	11587.10	3529.40	40319.70	623.10	12434	12247
	-221.20	-215.40	23.40	864.60	1.10	302	305
	971.90	953.50	230.60	2032.70	78.60	612	607
	-5257.90	-4900.10	319.90	2673.60	2.30	274	292
	-213.90	-142.90	2.70	651.60		116	119
	859.90	859.90	215.00	749.50		52	67
	-5903.90	-5617.10	102.20	1272.50	2.30	106	106
134801.70	333655.90	513381.50	48486.30	98017.10	4540.20	21868	20805
427.80	13058.60	12624.30	1638.20	64332.90	5448.20	16909	16482
5437.30	118970.40	117327.80	29223.90	104076.90	6907.40	25651	25517
	-10461.80	-10124.00	319.90	2875.60	2.30	300	321
790.30	81448.70	92165.00	6633.90	19845.20	10663.30	5903	5721

3-26 续表 3

指标名称	销售费用	管理费用	其中：税金	财务费用	其中：利息收入	其中：利息支出
按隶属关系分组						
中央	272.40	7546.20	230.30	16782.90	47177.80	62655.60
省(自治区、直辖市)	53489.10	76108.10	2676.70	154038.40	25463.70	171907.30
地(区、市、州、盟)	29731.90	61627.70	938.40	22216.20	3855.50	21755.70
县(区、市、旗)	6520.50	23270.80	1384.50	26626.40	1892.70	20049.10
街道	163.00	271.60		20.60		6.50
镇	125.50	1432.90	109.30	53.70	241.00	194.90
乡		15.60		-0.20	0.20	
(社区)居委会						
村委会		1895.30	145.10	-0.80	0.80	
其他	42171.70	100234.30	3296.00	23997.40	-3688.40	26942.70
按营业状态分组						
常年营业	132197.20	270931.70	8611.10	243219.80	74936.80	302991.10
季节性营业	124.20	192.70	3.60	-1.70	0.30	
其他						
按执行会计标准类别分组						
企业会计制度	132474.10	271424.10	8779.10	243713.50	74937.30	303473.50
事业单位会计制度						
行政单位会计制度						
民间非营利组织会计制度						
其他		978.40	1.20	21.10	6.00	38.30
按是否执行2006年《企业会计准则》分组						
执行2006年《企业会计准则》	110108.50	240184.00	8109.00	232493.60	74040.60	294091.80
不执行2006年《企业会计准则》	22365.60	32218.50	671.30	11241.00	902.70	9420.00
按机构类型分组						
企业	132470.10	268703.10	8696.80	243616.00	74914.60	303377.50
事业单位	4.00	3646.80	83.50	118.60	28.70	134.30
机关						
社会团体						
民办非企业单位						
基金会						
居委会						
村委会						
其他组织机构		52.60				
按企业集团情况分组						
集团母公司	12023.70	57512.70	1845.20	132804.00	42510.80	184174.00
成员企业	14253.20	40916.50	661.60	19390.70	17245.60	38508.40
亏损企业	12159.50	59526.30	1781.30	59816.90	567.40	54492.20
不亏损企业	120314.60	212876.20	6999.00	183917.70	74375.90	249019.60

单位：万元

投资收益	营业利润	利润总额	应交所得税	应付职工薪酬(本年贷方累计发生额)	应交增值税	从业人员期末人数(人)	从业人员平均人数(人)
3278.50	28479.70	29427.00	1938.70	3721.40	522.90	422	430
111327.50	81798.40	101044.20	22467.50	63944.90	8707.90	8705	8758
5885.20	124307.80	217112.30	16838.70	94121.90	1994.00	23208	22136
3929.20	90475.00	143360.00	28317.60	36997.90	34.20	13804	13422
	353.00	353.00	10.10	433.70		126	126
	3009.20	14417.00	556.80	1264.90	5.60	235	291
	-3.50	-3.50		699.60		335	275
1.20	-194.60	45.20		272.60	7.20	97	97
17035.50	208446.80	219619.40	16172.80	87690.80	16289.60	23699	23311
141397.60	535770.70	724432.10	85970.00	288609.40	27538.20	70477	68692
	1365.50	1365.50	229.70	136.60	23.20	23	23
141457.10	536498.30	725338.20	86293.10	288322.60	27482.80	70482	68697
	173.50	36.40	9.10	825.10	78.60	149	149
136207.60	492009.50	654934.60	75786.00	240184.60	26419.20	55499	54647
5249.50	44662.30	70440.00	10516.20	48963.10	1142.20	15132	14199
141457.10	536485.80	723891.30	86004.90	286887.50	27497.10	70142	68359
	-171.20	962.90	148.10	1598.80	64.30	277	279
	357.20	520.40	149.20	661.40		212	208
122110.10	152883.60	222547.30	14981.20	35275.70	305.70	7372	7250
8043.80	155718.60	155744.70	14420.10	50340.30	536.90	8249	8277
4655.60	-100092.20	-30509.60	466.60	46400.20	237.10	13425	13404
136801.50	636764.00	755884.20	85835.60	242747.50	27324.30	57206	55442

3-27 规模以上租赁和

地区	单位数(个)	年初存货	固定资产原价	本年折旧	资产总计	负债合计	所有者权益合计
总计	**508**	**11980805.60**	**2833689.80**	**105850.80**	**44656977.00**	**21704519.00**	**22952458.00**
长沙市	204	8110678.10	1671379.90	67698.90	30376328.90	15097251.20	15279077.70
株洲市	44	38621.30	563662.50	10583.80	3425925.60	1879888.40	1546037.20
湘潭市	16	2735.40	43456.60	2262.70	283486.00	198776.00	84710.00
衡阳市	39	1809119.40	67929.60	2804.70	3289067.10	1440135.20	1848931.90
邵阳市	9	0.20	10426.90	958.00	9027.70	359.40	8668.30
岳阳市	51	1072.40	92162.60	3973.20	773217.00	362343.00	410874.00
常德市	46	77488.90	24128.30	1623.90	629836.00	211666.70	418169.30
张家界市	20	215.50	73857.40	8509.00	171520.40	81755.10	89765.30
益阳市	12	17967.70	137806.90	1688.60	781173.50	360351.50	420822.00
郴州市	23	37355.50	31053.40	2072.40	1273098.70	673342.80	599755.90
永州市	5	658109.10	5952.20	262.80	801836.20	116560.10	685276.10
怀化市	11	57730.10	56376.70	1011.40	513459.10	287832.40	225626.70
娄底市	17	1134151.90	47869.20	2159.70	2223524.50	931685.70	1291838.80
湘西州	11	35560.10	7627.60	241.70	105476.30	62571.50	42904.80

3-27 续表

地区	销售费用	管理费用	其中：税金	财务费用	其中：利息收入	其中：利息支出	投资收益
总计	**132474.10**	**272402.50**	**8780.30**	**243734.60**	**74943.30**	**303511.80**	**141457.10**
长沙市	92596.90	172286.50	5901.00	190624.40	72284.20	274908.10	125562.90
株洲市	6085.30	11101.20	475.90	2778.30	201.20	1984.20	122.40
湘潭市	1050.60	8525.80	119.70	371.20	218.10	600.50	
衡阳市	10936.20	13638.40	282.70	18879.20	715.90	15844.50	2649.20
邵阳市	270.20	991.20	25.00	14.50	2.00	3.10	279.50
岳阳市	7133.40	9597.50	77.30	8672.90	153.80	218.50	32.10
常德市	1695.80	17400.20	1034.80	633.50	166.60	514.40	849.90
张家界市	5922.00	5898.80	164.10	2375.20	824.90	3536.70	10000.00
益阳市	330.50	6557.40	44.30	11781.00	21.30	1.30	430.80
郴州市	1215.00	8890.10	144.20	875.80	-184.90	-91.90	1579.90
永州市	439.90	2575.80	7.20	1725.90	0.40	31.00	
怀化市	1850.80	4399.90	479.20	4203.10	461.30	5956.00	-2.00
娄底市	1656.20	9192.40	12.90	775.40	51.10	2.50	-47.60
湘西州	1291.30	1347.30	12.00	24.20	27.40	2.90	

商务服务业分市州经济指标

单位：万元

其中：实收资本	营业收入	其中：主营业务收入	营业成本	其中：主营业务成本	营业税金及附加	其中：主营业务税金及附加
16372800.70	**4176829.00**	**4069234.50**	**3008146.40**	**2995383.20**	**99124.50**	**97964.00**
5529503.90	2544570.60	2482232.90	1769802.70	1763816.00	73286.40	72661.60
217464.20	136388.50	136188.00	74766.50	74737.80	3479.90	3447.10
25302.80	72166.80	67211.60	54444.10	53734.10	547.10	547.10
87012.50	228113.70	225516.40	145993.80	144729.00	4547.00	4543.30
110.00	8896.80	8896.80	6700.00	6700.00	152.00	152.00
38768.50	101487.00	101446.60	61878.30	60474.90	1930.70	1748.00
10129754.10	73079.40	67858.80	50665.80	49072.90	4317.00	4277.20
67769.40	109310.60	107959.30	87453.30	86903.00	1860.40	1852.20
64301.00	109581.00	109502.10	87484.90	87190.00	2270.90	2264.70
53959.90	415210.30	414625.80	348842.90	347968.60	4670.80	4650.30
33717.50	39938.00	39937.90	25490.30	25486.40	106.30	106.30
12723.00	26318.60	25733.40	16135.30	16134.20	610.30	369.30
102906.00	292628.70	263164.80	262348.60	262296.40	1021.20	1020.40
9507.90	19139.00	18960.10	16139.90	16139.90	324.50	324.50

单位：万元

营业利润	利润总额	应交所得税	应付职工薪酬（本年贷方累计发生额）	应交增值税	从业人员期末人数（人）	从业人员平均人数（人）
536671.80	**725374.60**	**86302.20**	**289147.70**	**27561.40**	**70631**	**68846**
365148.70	486266.50	65587.30	152613.00	15233.20	22373	22295
38313.40	50294.20	1542.50	20403.60	60.40	6670	6515
6417.30	6622.10	358.90	8458.90	0.40	2140	2187
36249.90	37230.90	1858.20	13356.80	889.70	4572	4361
677.60	515.90	37.00	1548.40	0.50	700	745
11701.10	11104.70	1282.70	15159.80	61.60	5148	5102
3564.10	2701.70	313.10	29187.70	493.50	11810	11421
14918.40	14962.60	1202.30	4790.00	1.10	1147	1097
29039.10	31111.00	7298.10	16414.00	171.50	5623	4606
47507.30	47409.80	6328.20	5947.90	10629.80	2798	2840
9480.70	16991.50	13.10	1772.90		794	807
-17.30	271.50	254.40	5957.30		2058	2059
-26320.20	19900.50	74.00	10342.40	19.70	3567	3567
-8.30	-8.30	152.40	3195.00		1231	1244

3-28 规模以上科学研究和

指标名称	单位数(个)	年初存货	固定资产原价	本年折旧	资产总计	负债合计
总 计	**462**	**323920.20**	**558388.30**	**43464.10**	**4908993.00**	**2434335.60**
研究和试验发展	26	214283.80	84829.80	9459.20	1931474.80	852712.10
自然科学研究和试验发展	1		810.80	59.90	4876.60	3013.50
工程和技术研究和试验发展	17	11163.80	74881.70	8980.30	1653381.80	685223.10
农业科学研究和试验发展	7	203095.50	6467.30	354.00	267715.60	160335.50
医学研究和试验发展	1	24.50	2670.00	65.00	5500.80	4140.00
社会人文科学研究						
专业技术服务业	216	88237.60	380926.90	28321.00	2296688.90	1347346.90
气象服务						
地震服务						
海洋服务						
测绘服务						
质检技术服务	22	569.00	22553.10	2112.20	53755.90	29648.80
环境与生态监测	2	628.70	1156.00	113.60	6936.20	5739.30
地质勘查	6	78.10	3517.60	356.90	17150.20	8451.10
工程技术	162	71530.60	323010.70	23539.80	2088811.90	1244500.40
其他专业技术服务业	24	15431.20	30689.50	2198.50	130034.70	59007.30
科技推广和应用服务业	220	21398.80	92631.60	5683.90	680829.30	234276.60
技术推广服务	210	18477.10	87883.30	5319.10	620429.00	220541.90
科技中介服务	3	129.00	2593.40	120.50	44528.10	8512.50
其他科技推广和应用服务业	7	2792.70	2154.90	244.30	15872.20	5222.20

3-28 续表

指标名称	销售费用	管理费用		财务费用		
			其中：税金		其中：利息收入	其中：利息支出
总 计	**69853.20**	**292944.20**	**4331.30**	**21455.50**	**13464.00**	**23862.50**
研究和试验发展	8853.50	44383.20	314.60	1815.70	3988.40	4633.20
自然科学研究和试验发展	41.80	1399.60	3.10	-92.40	92.50	
工程和技术研究和试验发展	8294.20	41297.00	182.40	1480.20	3889.10	4273.90
农业科学研究和试验发展	517.50	1662.60	129.10	427.70	6.70	359.30
医学研究和试验发展		24.00		0.20	0.10	
社会人文科学研究						
专业技术服务业	43976.10	219125.80	3424.30	13324.20	6064.10	13378.60
气象服务						
地震服务						
海洋服务						
测绘服务						
质检技术服务	2983.30	9190.80	164.40	74.40	194.20	179.40
环境与生态监测	60.80	930.30	4.30	-1.30	1.40	
地质勘查	308.70	2159.30	21.70	-30.00	69.40	25.00
工程技术	34931.70	192038.90	3089.40	12109.90	5591.90	12130.30
其他专业技术服务业	5691.60	14806.50	144.50	1171.20	207.20	1043.90
科技推广和应用服务业	17023.60	29435.20	592.40	6315.60	3411.50	5850.70
技术推广服务	15539.90	25883.70	547.50	6159.80	3402.80	5728.30
科技中介服务	479.10	992.90	10.70	18.90	3.70	23.20
其他科技推广和应用服务业	1004.60	2558.60	34.20	136.90	5.00	99.20

技术服务业分行业经济指标

单位：万元

所有者权益合计	其中：实收资本	营业收入	其中：主营业务收入	营业成本	其中：主营业务成本	营业税金及附加	其中：主营业务税金及附加
2474657.40	**1192899.20**	**2394821.70**	**2345854.20**	**1773306.20**	**1753134.20**	**54768.60**	**52039.80**
1078762.70	709173.00	228564.40	195196.60	192049.20	183821.10	1985.00	1710.00
1863.10	1000.20	556.00	375.80	369.80	369.80	19.20	19.20
968158.70	655804.80	201886.90	184503.50	171588.60	163488.50	1664.50	1389.50
107380.10	51868.00	25211.50	9407.30	19249.80	19121.80	301.30	301.30
1360.80	500.00	910.00	910.00	841.00	841.00		
949342.00	388637.80	1659815.40	1648542.30	1199639.70	1192226.90	43474.40	43228.20
24107.10	11777.80	48857.80	47604.90	29772.30	29760.30	1435.30	1396.30
1196.90	1500.00	3921.80	3921.80	2659.60	2659.60	130.00	130.00
8699.10	113.00	9450.10	8934.30	6059.90	5794.90	539.50	476.30
844311.50	346785.10	1494290.00	1485781.20	1088859.60	1082340.80	39050.30	38906.30
71027.40	28461.90	103295.70	102300.10	72288.30	71671.30	2319.30	2319.30
446552.70	95088.40	506441.90	502115.30	381617.30	377086.20	9309.20	7101.60
399887.10	88112.40	471640.80	469366.40	352680.30	350947.90	8682.00	6474.40
36015.60	2000.00	5987.80	5987.80	4825.90	4825.90	321.30	321.30
10650.00	4976.00	28813.30	26761.10	24111.10	21312.40	305.90	305.90

单位：万元

投资收益	营业利润	利润总额	应交所得税	应付职工薪酬（本年贷方累计发生额）	应交增值税	从业人员期末人数（人）	从业人员平均人数（人）
19774.80	**216982.60**	**236035.10**	**33547.30**	**404983.30**	**27063.30**	**61438**	**60457**
-6249.20	-8312.20	8264.50	1439.30	40947.40	1060.10	4233	4187
48.10	-1182.10	3.30	0.10	510.00		123	125
-6297.30	-10227.40	4143.80	1345.10	37793.90	948.50	3502	3450
	3052.50	4072.60	82.90	2325.00	87.10	553	557
	44.80	44.80	11.20	318.50	24.50	55	55
6944.40	140908.40	150838.10	24250.10	314974.90	23753.40	36965	36217
38.80	5546.30	5137.10	817.50	8874.60	637.90	1702	1675
	142.40	143.70	37.70	808.80	135.20	144	142
	415.10	397.70	82.70	1415.50	7.20	359	358
3833.60	125088.00	134758.30	22042.40	284560.60	20715.10	32379	31665
3072.00	9716.60	10401.30	1269.80	19315.40	2258.00	2381	2377
19079.60	84386.40	76932.50	7857.90	49061.00	2249.80	20240	20053
19070.10	83301.80	75989.00	7474.70	46684.40	1861.30	19876	19690
	-650.20	-650.60	28.40	216.10	17.60	60	60
9.50	1734.80	1594.10	354.80	2160.50	370.90	304	303

3-29 规模以上科学研究和

指标名称	单位数(个)	年初存货	固定资产原价	本年折旧	资产总计	负债合计
总　计	**462**	**323920.20**	**558388.30**	**43464.10**	**4908993.00**	**2434335.60**
按登记注册类型分组						
内资企业	461	323812.50	553263.20	42856.80	4902761.30	2426670.50
国有企业	51	218900.30	235712.90	18837.90	2419725.10	1259415.90
集体企业	3	-71.50	1611.10	126.60	1700.20	1845.60
股份合作企业	2	282.60	230.50	28.60	1085.20	471.80
联营企业						
国有联营企业						
集体联营企业						
国有与集体联营企业						
其他联营企业						
有限责任公司	109	59334.30	176353.60	13901.60	1446490.30	747257.90
国有独资公司	12	8118.00	22248.40	1708.60	217156.30	124753.60
其他有限责任公司	97	51216.30	154105.20	12193.00	1229334.00	622504.30
股份有限公司	17	8117.60	24303.50	1618.60	485493.60	149072.90
私营企业	76	28973.30	47261.80	4041.90	347349.50	182121.30
私营独资企业	2	38.60	1585.70	94.00	3122.40	94.00
私营合伙企业	1	162.80	617.20	108.30	1225.40	500.00
私营有限责任公司	70	28531.90	44267.90	3742.70	336819.30	178909.70
私营股份有限公司	3	240.00	791.00	96.90	6182.40	2617.60
其他企业	203	8275.90	67789.80	4301.60	200917.40	86485.10
港、澳、台商投资企业	1	107.70	5125.10	607.30	6231.70	7665.10
合资经营企业(港或澳、台资)						
合作经营企业(港或澳、台资)						
港、澳、台商独资经营企业	1	107.70	5125.10	607.30	6231.70	7665.10
港、澳、台商投资股份有限公司						
外商投资企业						
中外合资经营企业						
中外合作经营企业						
外资企业						
外商投资股份有限公司						
按企业控股情况分组						
国有控股	89	261171.00	337868.80	27136.80	3461044.60	1779447.20
集体控股	29	5556.10	36681.90	2479.30	462853.80	134013.50
私人控股	195	42934.10	112142.50	8099.80	632755.10	309957.30
港澳台商控股	1	107.70	5125.10	607.30	6231.70	7665.10
外商控股						
其他	148	14151.30	66570.00	5140.90	346107.80	203252.50

技术服务业分类别经济指标

单位：万元

所有者权益合计	其中：实收资本	营业收入	其中：主营业务收入	营业成本	其中：主营业务成本	营业税金及附加	其中：主营业务税金及附加
2474657.40	**1192899.20**	**2394821.70**	**2345854.20**	**1773306.20**	**1753134.20**	**54768.60**	**52039.80**
2476090.80	1190327.30	2393143.30	2344175.80	1770136.50	1749964.50	54768.60	52039.80
1160309.20	553005.40	848617.20	818593.80	644146.70	632807.10	16959.40	16667.50
-145.40		4401.90	3956.00	2845.80	2845.80	164.00	139.00
613.40	501.00	1530.30	1530.30	1116.50	1116.50	31.30	31.30
699232.40	447919.90	886059.00	870049.80	689861.20	682834.70	19611.00	19410.70
92402.70	60202.50	125769.80	123988.50	96281.00	94959.80	3578.00	3530.00
606829.70	387717.40	760289.20	746061.30	593580.20	587874.90	16033.00	15880.70
336420.70	83111.50	84102.40	84054.70	59609.70	59609.70	2570.60	2570.60
165228.20	79296.20	205723.50	205556.60	130406.30	130332.80	5859.40	5845.40
3028.40	30.00	4177.80	4177.80	1632.50	1632.50	300.10	300.10
725.40		95.80	14.10			14.00	
157909.60	76566.20	196863.70	196778.50	125187.30	125113.80	5455.30	5455.30
3564.80	2700.00	4586.20	4586.20	3586.50	3586.50	90.00	90.00
114432.30	26493.30	362709.00	360434.60	242150.30	240417.90	9572.90	7375.30
-1433.40	2571.90	1678.40	1678.40	3169.70	3169.70		
-1433.40	2571.90	1678.40	1678.40	3169.70	3169.70		
1681597.40	918492.70	1371376.00	1337765.90	1058965.80	1045774.40	28536.40	28175.40
328840.30	81478.30	99191.00	98232.00	62418.10	62407.50	3207.10	3182.10
322797.80	138320.30	463300.50	456346.40	296849.60	296507.40	13891.50	13693.80
-1433.40	2571.90	1678.40	1678.40	3169.70	3169.70		
142855.30	52036.00	459275.80	451831.50	351903.00	345275.20	9133.60	6988.50

3-29 续表 1

指标名称	单位数(个)	年初存货	固定资产原价	本年折旧	资产总计	负债合计
按隶属关系分组						
中央	21	54951.00	239668.00	20617.00	2725455.40	1447411.70
省(自治区、直辖市)	55	208152.00	96833.70	6362.10	685919.70	333745.80
地(区、市、州、盟)	46	7039.90	39978.10	3266.20	232106.80	97983.00
县(区、市、旗)	51	1714.80	17155.50	1257.60	84597.60	23563.50
街道	1		322.20	15.30	668.20	454.80
镇	5	842.30	4125.90	163.30	9715.50	5809.10
乡	7	630.40	2493.10	237.70	4612.40	1915.60
(社区)居委会	1		117.60	11.20	1871.60	549.90
村委会	9	42.10	5009.20	264.20	8562.20	3807.40
其他	266	50547.70	152685.00	11269.50	1155483.60	519094.80
按营业状态分组						
常年营业	462	323920.20	558388.30	43464.10	4908993.00	2434335.60
季节性营业						
其他						
按执行会计标准类别分组						
企业会计制度	458	323713.30	555366.80	43207.60	4900892.70	2430405.70
事业单位会计制度						
行政单位会计制度						
民间非营利组织会计制度						
其他	4	206.90	3021.50	256.50	8100.30	3929.90
按是否执行2006年《企业会计准则》分组						
执行2006年《企业会计准则》	345	108389.00	496198.90	38728.90	4346796.90	2117431.10
不执行2006年《企业会计准则》	116	215531.00	60240.40	4595.80	556910.80	313620.80
按机构类型分组						
企业	353	318543.30	517016.50	40167.60	4794405.70	2400312.80
事业单位	6	341.80	8061.20	819.50	26542.70	8460.40
机关						
社会团体						
民办非企业单位						
基金会						
居委会						
村委会						
其他组织机构	103	5035.10	33310.60	2477.00	88044.60	25562.40
按企业集团情况分组						
集团母公司	41	5990.80	73068.50	9186.80	1606602.50	744616.80
成员企业	48	57504.70	237151.90	17143.60	1723229.80	993557.30
亏损企业	46	16668.40	72685.80	4587.00	487856.40	197149.10
不亏损企业	416	307251.80	485702.50	38877.10	4421136.60	2237186.50

单位：万元

所有者权益合计	其中：实收资本	营业收入	其中：主营业务收入	营业成本	其中：主营业务成本	营业税金及附加	其中：主营业务税金及附加
1278043.70	745764.60	982741.40	967648.30	796683.10	785157.20	14988.00	14695.50
352173.90	175641.90	379148.10	352603.20	258630.70	255955.60	11561.80	11536.40
134123.80	42117.40	141203.50	140177.10	74588.10	73527.00	6070.60	5968.90
61034.10	15798.00	100938.80	100136.20	79108.60	79045.80	1703.90	1699.50
213.40	170.00	828.40	828.40	431.50	431.50	34.60	34.60
3906.40	558.00	6317.20	6317.20	5323.40	5323.40	31.80	31.80
2696.80	465.00	14528.60	14428.60	9445.60	9400.60	62.10	62.10
1321.70		3692.20	3692.20	3107.50	3107.50	1.20	0.90
4754.80	1610.00	18019.70	18019.70	12947.20	12947.20	180.10	164.10
636388.80	210774.30	747403.80	742003.30	533040.50	528238.40	20134.50	17846.00
2474657.40	1192899.20	2394821.70	2345854.20	1773306.20	1753134.20	54768.60	52039.80
2470487.00	1190609.30	2387786.50	2338819.00	1766239.40	1746067.40	54649.30	51920.50
4170.40	2289.90	7035.20	7035.20	7066.80	7066.80	119.30	119.30
2229365.80	1057502.00	2035442.60	2003409.40	1509251.00	1490097.50	45305.60	42728.40
243290.00	134367.30	355506.20	338571.90	259787.40	258768.90	9343.70	9192.10
2394092.90	1173796.10	2215593.90	2167189.90	1660726.80	1640702.90	49837.20	47328.00
18082.30	2761.40	27220.10	27220.10	12124.80	12124.80	1172.50	1172.50
62482.20	16341.70	152007.70	151444.20	100454.60	100306.50	3758.90	3539.30
861985.70	504288.90	273469.60	262548.20	219025.60	210973.50	4920.00	4645.00
729672.50	384363.80	1054475.20	1047010.70	828288.40	821518.70	18832.20	18815.30
290707.30	252938.20	113118.30	110678.70	88853.50	88227.40	2744.00	2744.00
2183950.10	939961.00	2281703.40	2235175.50	1684452.70	1664906.80	52024.60	49295.80

3-29 续表 2

指标名称	销售费用	管理费用	其中：税金	财务费用	其中：利息收入	其中：利息支出
总　计	**69853.20**	**292944.20**	**4331.30**	**21455.50**	**13464.00**	**23862.50**
按登记注册类型分组						
内资企业	69853.20	292378.30	4318.30	21182.10	13462.30	23607.60
国有企业	28635.10	119029.20	1469.90	10052.30	3824.30	11799.90
集体企业	532.70	952.00	3.80	-13.50	14.00	
股份合作企业	326.40	265.50	1.70	6.50	0.20	4.70
联营企业						
国有联营企业						
集体联营企业						
国有与集体联营企业						
其他联营企业						
有限责任公司	13498.60	97975.50	1718.50	1095.20	6132.30	4018.70
国有独资公司	1668.70	18393.80	261.20	976.80	704.90	1078.60
其他有限责任公司	11829.90	79581.70	1457.30	118.40	5427.40	2940.10
股份有限公司	1744.50	14578.00	134.50	1869.80	2956.90	5245.40
私营企业	10637.70	32229.60	556.90	4190.80	189.60	1971.70
私营独资企业	195.80	179.70	122.00	115.00		44.80
私营合伙企业	9.30	25.10		18.00		
私营有限责任公司	10432.60	31152.70	429.60	4058.10	189.60	1926.90
私营股份有限公司		872.10	5.30	-0.30		
其他企业	14478.20	27348.50	433.00	3981.00	345.00	567.20
港、澳、台商投资企业		565.90	13.00	273.40	1.70	254.90
合资经营企业(港或澳、台资)						
合作经营企业(港或澳、台资)						
港、澳、台商独资经营企业		565.90	13.00	273.40	1.70	254.90
港、澳、台商投资股份有限公司						
外商投资企业						
中外合资经营企业						
中外合作经营企业						
外资企业						
外商投资股份有限公司						
按企业控股情况分组						
国有控股	33932.70	174211.70	2338.10	10496.30	8978.90	14510.20
集体控股	2641.10	17129.60	138.50	1273.00	3121.70	4726.50
私人控股	23159.80	57898.80	1470.30	6170.80	289.70	3299.60
港澳台商控股		565.90	13.00	273.40	1.70	254.90
外商控股						
其他	10119.60	43138.20	371.40	3242.00	1072.00	1071.30

单位：万元

投资收益	营业利润	利润总额	应交所得税	应付职工薪酬（本年贷方累计发生额）	应交增值税	从业人员期末人数（人）	从业人员平均人数（人）
19774.80	**216982.60**	**236035.10**	**33547.30**	**404983.30**	**27063.30**	**61438**	**60457**
19774.80	219311.90	238364.40	33547.30	404126.50	27063.30	61328	60347
1891.80	50008.40	59027.90	8133.90	171851.80	5139.60	16242	16135
	-79.10	38.70	35.10	1399.60	208.40	256	256
	-61.30	-61.70	10.90	68.40	55.70	37	37
-3243.00	56790.30	65948.70	13097.40	136470.40	12642.20	16805	16329
145.40	4686.70	8460.50	1920.90	33850.70	1242.60	4004	3869
-3388.40	52103.60	57488.20	11176.50	102619.70	11399.60	12801	12460
19233.00	21843.30	21968.90	1490.80	20022.10	4709.90	2708	2671
589.90	22702.90	30534.90	3143.60	26666.60	2510.90	5397	5227
	1764.00	1754.70	65.50	144.10	45.60	52	48
	15.30	15.30	0.20	35.50		15	15
589.90	20885.90	28739.50	3064.70	25819.90	2427.30	5169	5019
	37.70	25.40	13.20	667.10	38.00	161	145
1303.10	68107.40	60907.00	7635.60	47647.60	1796.60	19883	19692
	-2329.30	-2329.30		856.80		110	110
	-2329.30	-2329.30		856.80		110	110
-3396.80	76773.60	96804.90	15452.60	260044.30	13242.50	25649	25156
17690.10	28534.80	27948.30	2814.00	23831.50	1839.90	4078	4101
1474.10	64420.90	72258.60	10500.60	63949.60	9882.10	13879	13554
	-2329.30	-2329.30		856.80		110	110
4007.40	49582.60	41352.60	4780.10	56301.10	2098.80	17722	17536

3-29 续表 3

指标名称	销售费用	管理费用	其中：税金	财务费用	其中：利息收入	其中：利息支出
按隶属关系分组						
中央	14819.60	100541.10	1826.20	9893.90	6194.10	12550.50
省(自治区、直辖市)	14671.30	66893.90	892.50	347.60	977.60	2032.40
地(区、市、州、盟)	8310.90	36603.20	247.30	-858.90	2254.30	97.90
县(区、市、旗)	2015.30	8372.50	147.70	242.30	7.70	93.20
街道		345.40	5.80			
镇	133.90	190.10	0.50	44.20	0.10	7.20
乡	226.40	461.90	6.50	92.80	0.10	0.10
(社区)居委会	5.00	26.80	0.60	1.00		0.40
村委会	658.10	763.20	86.80	320.70	22.00	312.90
其他	29012.70	78746.10	1117.40	11371.90	4008.10	8767.90
按营业状态分组						
常年营业	69853.20	292944.20	4331.30	21455.50	13464.00	23862.50
季节性营业						
其他						
按执行会计标准类别分组						
企业会计制度	69797.20	292115.40	4331.30	21485.30	13498.60	23857.70
事业单位会计制度						
行政单位会计制度						
民间非营利组织会计制度						
其他	56.00	828.80		-29.80	-34.60	4.80
按是否执行2006年《企业会计准则》分组						
执行2006年《企业会计准则》	58417.60	263071.80	3988.80	19951.10	12533.30	22768.70
不执行2006年《企业会计准则》	11435.60	29214.20	342.50	1539.30	965.60	1093.80
按机构类型分组						
企业	60838.00	276956.20	4255.30	20272.50	13395.50	23418.40
事业单位	649.40	9194.60	53.40	-49.20	44.70	2.30
机关						
社会团体						
民办非企业单位						
基金会						
居委会						
村委会						
其他组织机构	8365.80	6793.40	22.60	1232.20	23.80	441.80
按企业集团情况分组						
集团母公司	10234.00	46233.40	228.70	4249.20	1587.50	3350.40
成员企业	18580.90	104231.70	2032.20	7460.90	6832.40	11222.50
亏损企业	5443.80	36346.40	406.40	1050.10	3721.00	2577.10
不亏损企业	64409.40	256597.80	3924.90	20405.40	9743.00	21285.40

单位：万元

投资收益	营业利润	利润总额	应交所得税	应付职工薪酬（本年贷方累计发生额）	应交增值税	从业人员期末人数（人）	从业人员平均人数（人）
-5223.90	55678.80	68033.40	10407.20	156039.10	8145.60	12411	12178
249.60	27289.20	34317.20	6024.20	84954.40	5444.40	11129	10993
1906.30	16564.40	15775.00	3931.00	39571.20	1007.20	5612	5434
232.10	9411.50	9633.30	796.50	21500.50	1326.20	8435	8402
	16.90	16.90	7.20	238.40	1.10	50	50
	599.70	473.40	21.30	1020.60	44.30	306	306
	4421.00	856.50	46.50	1983.10	63.60	741	739
41.00	450.00	450.00	1.00	104.00	0.20	30	28
	3177.80	2962.00	414.30	2199.60	63.10	722	672
22569.70	99373.30	103517.40	11898.10	97372.40	10967.60	22002	21655
19774.80	216982.60	236035.10	33547.30	404983.30	27063.30	61438	60457
19774.80	217897.00	235486.20	33533.50	403332.20	27030.00	61024	60039
	-914.40	548.90	13.80	1651.10	33.30	414	418
19088.80	173859.50	194010.00	26726.30	357965.10	22968.90	51074	50357
686.00	44260.50	41790.70	6807.20	45796.60	4061.10	10186	9918
18674.70	179176.50	201593.80	29234.10	370924.60	25335.60	49709	48832
	4320.90	3144.60	799.20	10083.50	267.20	885	862
1100.10	33485.20	31296.70	3514.00	23975.20	1460.50	10844	10763
1878.30	9293.90	15657.70	1813.70	57991.60	2574.50	6951	6751
-3697.40	68637.50	78230.50	13080.50	172504.70	10554.40	14609	14329
-6331.70	-27115.50	-13100.70	157.60	30230.30	1157.60	4792	4732
26106.50	244098.10	249135.80	33389.70	374753.00	25905.70	56646	55725

3-30 规模以上科学研究和

地 区	单位数（个）	年初存货	固定资产原价	本年折旧	资产总计	负债合计	所有者权益合计
总 计	**462**	**323920.20**	**558388.30**	**43464.10**	**4908993.00**	**2434335.60**	**2474657.40**
长沙市	174	93184.60	403378.90	28536.50	2902213.10	1476222.90	1425990.20
株洲市	8	930.50	34369.30	6471.80	1238148.50	552485.10	685663.40
湘潭市	6	2727.90	2433.70	191.20	100019.00	83315.40	16703.60
衡阳市	14	77.30	13355.00	762.10	19314.20	4605.10	14709.10
邵阳市	7	1048.70	4005.80	224.90	11159.70	6231.30	4928.40
岳阳市	122	206412.90	42915.70	2849.60	423786.60	227913.00	195873.60
常德市	64	3638.10	18439.90	1474.00	64030.70	17118.60	46912.10
张家界市	1		322.20	15.30	668.20	454.80	213.40
益阳市	8	8127.00	9137.60	400.80	33661.30	12646.50	21014.80
郴州市	45	2179.00	22756.90	1923.10	55176.00	35376.00	19800.00
永州市	3	373.20	2233.30	168.70	6899.20	2079.70	4819.50
怀化市	4	5092.00	2650.00	269.40	18027.90	6691.50	11336.40
娄底市	5	129.00	1924.80	175.80	35149.90	8943.90	26206.00
湘西州	1		465.20	0.90	738.70	251.80	486.90

3-30 续表

地 区	销售费用	管理费用	其中：税金	财务费用	其中：利息收入	其中：利息支出	投资收益
总 计	**69853.20**	**292944.20**	**4331.30**	**21455.50**	**13464.00**	**23862.50**	**19774.80**
长沙市	37661.80	204848.00	3425.10	10753.40	12202.30	19334.10	14403.70
株洲市	8298.40	24133.90	37.20	2710.40	137.10	2448.10	3.80
湘潭市	4945.70	10814.60	10.90	1969.50	7.30		
衡阳市	313.40	3077.90	52.80	63.40	24.00	16.00	38.80
邵阳市	684.30	698.60	14.70	316.20	1.70	316.30	
岳阳市	6832.40	26493.40	702.80	4186.00	880.10	997.00	3075.90
常德市	2457.50	5656.70	21.00	321.40	4.40	124.10	229.10
张家界市		345.40	5.80				
益阳市	495.60	1684.30	13.10	242.40	3.00	232.50	
郴州市	7187.90	8920.30	31.90	722.60	177.10	189.90	2023.50
永州市		530.20					
怀化市	514.70	1656.60	11.40	176.10	23.60	204.50	
娄底市	461.50	4002.50	4.60	-15.40	3.40		
湘西州		81.80		9.50			

技术服务业分市州经济指标

单位：万元

其中：实收资本	营业收入	其中：主营业务收入	营业成本	其中：主营业务成本	营业税金及附加	其中：主营业务税金及附加
1192899.20	**2394821.70**	**2345854.20**	**1773306.20**	**1753134.20**	**54768.60**	**52039.80**
655559.70	1658204.60	1641304.80	1252487.90	1245902.60	38069.00	38026.70
405696.00	176322.60	164644.70	150507.30	140234.30	1936.40	1661.40
11834.60	36218.70	36215.20	14521.50	14521.50	1074.90	1074.90
1129.30	13145.70	12702.80	6323.80	6075.90	529.30	464.50
3571.00	3697.70	3251.20	2199.10	2199.10	98.80	73.80
79004.10	250380.20	232526.30	174685.00	173246.50	5771.20	3635.80
16541.90	135817.20	135501.20	109036.90	108391.90	680.70	628.80
170.00	828.40	828.40	431.50	431.50	34.60	34.60
5350.00	16251.00	16251.00	12596.70	12596.70	637.00	637.00
5811.10	70531.50	70162.60	27076.60	26767.30	4686.20	4620.90
1600.00	6418.10	6418.10	5410.10	5410.10	206.60	206.60
5856.00	15302.50	14909.80	11301.00	11070.10	399.40	378.30
350.00	11363.70	10798.30	6453.20	6011.10	629.50	581.50
425.50	339.80	339.80	275.60	275.60	15.00	15.00

单位：万元

营业利润	利润总额	应交所得税	应付职工薪酬（本年贷方累计发生额）	应交增值税	从业人员期末人数（人）	从业人员平均人数（人）
216982.60	**236035.10**	**33547.30**	**404983.30**	**27063.30**	**61438**	**60457**
124434.10	140589.90	23193.20	296676.00	17284.80	32787	32195
6845.00	9079.30	760.50	26559.20	499.30	2141	2054
2725.50	2705.30	471.80	3511.40	1242.20	900	816
2629.30	1355.90	230.10	3625.70	166.00	779	756
-300.80	-60.90	31.00	928.60	52.50	327	384
35353.90	34832.50	3534.60	36329.20	5966.90	11044	10828
19396.10	15494.40	317.20	20227.70	181.70	9078	9102
16.90	16.90	7.20	238.40	1.10	50	50
469.50	430.80	77.00	2705.60	39.60	740	732
24076.10	31195.30	4654.90	10152.20	1406.00	2520	2466
271.20	265.60	31.50	864.80		375	384
1413.10	416.70	107.00	1952.30	134.30	458	452
-305.20	-244.50	131.30	1086.90	88.90	181	180
-42.10	-42.10		125.30		58	58

3-31 规模以上水利、环境和

指标名称	单位数（个）	年初存货	固定资产原价	本年折旧	资产总计	负债合计
总　计	**90**	**84196.50**	**507056.60**	**25026.50**	**2697681.90**	**1297283.70**
水利管理业	13	4475.80	248343.20	7776.70	620379.80	185946.00
防洪除涝设施管理	1		2434.40	45.60	1647.10	261.10
水资源管理	1		202760.90	6489.60	295856.30	87212.10
天然水收集与分配	6	72.80	41556.50	1101.90	36290.70	10358.00
水文服务						
其他水利管理业	5	4403.00	1591.40	139.60	286585.70	88114.80
生态保护和环境治理业	14	879.40	24989.40	1683.60	120233.30	81095.40
生态保护	4	379.00	3239.00	152.40	13379.70	5438.20
环境治理业	10	500.40	21750.40	1531.20	106853.60	75657.20
公共设施管理业	63	78841.30	233724.00	15566.20	1957068.80	1030242.30
市政设施管理	4	45032.80	11639.60	73.10	1175834.30	528513.10
环境卫生管理	3	832.40	1424.70	177.70	6964.90	1600.00
城乡市容管理						
绿化管理	20	17949.80	29109.80	3595.20	107316.90	43888.60
公园和游览景区管理	36	15026.30	191549.90	11720.20	666952.70	456240.60

3-31 续表

指标名称	管理费用		财务费用		
		其中：税金		其中：利息收入	其中：利息支出
总　计	**31591.70**	**1544.00**	**35231.10**	**798.70**	**23588.10**
水利管理业	4863.40	156.40	1157.20	4.60	1088.50
防洪除涝设施管理	73.80				
水资源管理	1627.70	138.60	812.40		812.40
天然水收集与分配	2153.50	10.90	108.50	1.70	104.50
水文服务					
其他水利管理业	1008.40	6.90	236.30	2.90	171.60
生态保护和环境治理业	2608.80	36.00	1522.30	15.80	1056.60
生态保护	1032.10	1.50	8.80	0.20	7.20
环境治理业	1576.70	34.50	1513.50	15.60	1049.40
公共设施管理业	24119.50	1351.60	32551.60	778.30	21443.00
市政设施管理	1222.20	0.50	11612.30	272.70	1475.40
环境卫生管理	525.80		61.80		69.00
城乡市容管理					
绿化管理	5231.90	3.30	1333.50	4.90	395.80
公园和游览景区管理	17139.60	1347.80	19544.00	500.70	19502.80

公共设施管理业分行业经济指标

单位：万元

所有者权益合计	其中：实收资本	营业收入	其中：主营业务收入	营业成本	其中：主营业务成本	营业税金及附加	其中：主营业务税金及附加	销售费用
1400398.20	**394820.40**	**283604.50**	**280720.70**	**166721.00**	**164988.50**	**5958.20**	**5174.10**	**24115.70**
434433.80	186340.70	35704.40	34929.40	27977.10	27648.80	1069.90	1050.80	
1386.00	1256.10	174.00	149.00	143.90	109.90	1.90	1.90	
208644.20	170000.00	17398.30	17398.30	11472.00	11472.00	270.40	270.40	
25932.70	11305.50	2863.60	2742.60	2062.80	2062.80	271.40	271.40	
198470.90	3779.10	15268.50	14639.50	14298.40	14004.10	526.20	507.10	
39137.90	23549.80	26998.50	26617.80	21017.00	20836.60	382.30	382.30	786.20
7941.50	4126.70	2404.80	2153.80	1258.40	1078.00	11.50	11.50	100.30
31196.40	19423.10	24593.70	24464.00	19758.60	19758.60	370.80	370.80	685.90
926826.50	184929.90	220901.60	219173.50	117726.90	116503.10	4506.00	3741.00	23329.50
647321.20	73400.00	36212.10	36152.80	10100.20	10094.60	116.20	116.20	69.50
5364.90	5216.50	4319.00	4319.00	3478.00	3478.00	219.10	219.10	
63428.30	23044.00	96626.50	96309.70	73924.50	72861.80	1628.20	906.70	4992.10
210712.10	83269.40	83744.00	82392.00	30224.20	30068.70	2542.50	2499.00	18267.90

单位：万元

投资收益	营业利润	利润总额	应交所得税	应付职工薪酬（本年贷方累计发生额）	应交增值税	从业人员期末人数（人）	从业人员平均人数（人）
458.30	**20390.90**	**27292.30**	**3414.10**	**32748.00**	**5367.60**	**9680**	**9799**
19.60	571.40	1173.30	0.50	5075.20	2919.80	1278	1287
	-36.10	-36.10		109.40		59	59
19.60	3235.40	3235.40		1768.00	2796.20	206	206
	-1827.10	-1246.70		1788.60	106.60	613	623
	-800.80	-779.30	0.50	1409.20	17.00	400	399
	1074.00	1684.40	326.00	1849.10	2369.30	698	651
	-104.80	-31.10	0.20	795.90		462	411
	1178.80	1715.50	325.80	1053.20	2369.30	236	240
438.70	18745.50	24434.60	3087.60	25823.70	78.50	7704	7861
372.20	13448.30	13423.80		491.30		155	172
	34.30	32.80	10.70	836.70		216	373
	9090.80	9429.30	1930.20	5205.30	22.10	1683	1656
66.50	-3827.90	1548.70	1146.70	19290.40	56.40	5650	5660

3-32 规模以上水利、环境和

指标名称	单位数(个)	年初存货	固定资产原价	本年折旧	资产总计	负债合计
总计	**90**	**84196.50**	**507056.60**	**25026.50**	**2697681.90**	**1297283.70**
按登记注册类型分组						
内资企业	89	83972.40	502474.50	25015.30	2692169.70	1292606.00
国有企业	16	2173.90	66432.30	2544.60	86383.60	46928.20
集体企业						
股份合作企业						
联营企业						
国有联营企业						
集体联营企业						
国有与集体联营企业						
其他联营企业						
有限责任公司	36	61778.30	358247.10	13729.20	2350360.80	1125736.70
国有独资公司	6	14715.10	66106.80	1529.30	391520.20	259522.00
其他有限责任公司	30	47063.20	292140.30	12199.90	1958840.60	866214.70
股份有限公司	8	7434.60	34953.00	4639.00	112302.00	62043.30
私营企业	29	12585.60	42842.10	4102.50	143123.30	57897.80
私营独资企业	4	258.20	2282.70	424.70	6425.00	4980.40
私营合伙企业						
私营有限责任公司	23	12309.10	40090.70	3596.70	127000.60	52690.80
私营股份有限公司	2	18.30	468.70	81.10	9697.70	226.60
其他企业						
港、澳、台商投资企业	1	224.10	4582.10	11.20	5512.20	4677.70
合资经营企业(港或澳、台资)						
合作经营企业(港或澳、台资)						
港、澳、台商独资经营企业	1	224.10	4582.10	11.20	5512.20	4677.70
港、澳、台商投资股份有限公司						
外商投资企业						
中外合资经营企业						
中外合作经营企业						
外资企业						
外商投资股份有限公司						
按企业控股情况分组						
国有控股	32	58518.50	152524.00	7893.00	1938582.10	910919.50
集体控股	1	133.40	134.90	13.60	1296.10	114.30
私人控股	43	18696.00	67265.90	6058.10	273437.40	142660.10
港澳台商控股	1	224.10	4582.10	11.20	5512.20	4677.70
外商控股						
其他	13	6624.50	282549.70	11050.60	478854.10	238912.10

公共设施管理业分类别经济指标

单位：万元

所有者权益合计	其中：实收资本	营业收入	其中：主营业务收入	营业成本	其中：主营业务成本	营业税金及附加	其中：主营业务税金及附加
1400398.20	**394820.40**	**283604.50**	**280720.70**	**166721.00**	**164988.50**	**5958.20**	**5174.10**
1399563.70	394163.30	282257.80	279374.00	165938.30	164205.80	5903.70	5119.60
39455.40	21345.90	11578.50	10852.10	6345.70	6258.50	472.20	472.20
1224624.10	296803.40	138585.90	137366.50	62912.70	62564.50	2390.00	2338.00
131998.20	28323.80	27812.00	27105.70	4153.40	4124.70	410.10	398.40
1092625.90	268479.60	110773.90	110260.80	58759.30	58439.80	1979.90	1939.60
50258.70	28658.00	35837.80	35506.30	24608.70	24589.10	1802.30	1313.70
85225.50	47356.00	96255.60	95649.10	72071.20	70793.70	1239.20	995.70
1444.60	800.00	2134.40	1972.20	1379.80	1216.60	66.90	66.40
74309.80	36016.00	93092.60	92648.30	69886.80	68772.50	1116.00	873.00
9471.10	10540.00	1028.60	1028.60	804.60	804.60	56.30	56.30
834.50	657.10	1346.70	1346.70	782.70	782.70	54.50	54.50
834.50	657.10	1346.70	1346.70	782.70	782.70	54.50	54.50
1027662.60	130646.50	88014.90	86610.20	25567.00	25451.10	1417.40	1402.90
1181.80	1000.00	384.50	384.50	353.20	353.20	18.80	18.80
130777.30	68935.10	152733.90	151625.10	118690.40	117099.30	2979.20	2698.90
834.50	657.10	1346.70	1346.70	782.70	782.70	54.50	54.50
239942.00	193581.70	41124.50	40754.20	21327.70	21302.20	1488.30	999.00

3-32 续表 1

指标名称	单位数	年初存货	固定资产原　　价	本年折旧	资产总计	负债合计
按隶属关系分组						
中央						
省(自治区、直辖市)						
地(区、市、州、盟)	11	43334.40	37057.00	1528.90	1472955.10	591288.90
县(区、市、旗)	31	19750.00	121907.00	6928.70	519576.20	354800.40
街道						
镇	2	567.60	5058.50	584.00	4574.50	4024.50
乡	1	5.30	6399.40	667.70	7948.00	3200.60
(社区)居委会						
村委会						
其他	45	20539.20	336634.70	15317.20	692628.10	343969.30
按营业状态分组						
常年营业	87	83763.40	500855.40	24840.60	2674226.40	1278628.30
季节性营业	1		2924.50	154.00	3758.00	
其他						
按执行会计标准类别分组						
企业会计制度	90	84196.50	507056.60	25026.50	2697681.90	1297283.70
事业单位会计制度						
行政单位会计制度						
民间非营利组织会计制度						
其他						
按是否执行2006年《企业会计准则》分组						
执行2006年《企业会计准则》	74	70775.30	472734.90	22681.40	2567626.00	1214332.00
不执行2006年《企业会计准则》	16	13421.20	34321.70	2345.10	130055.90	82951.70
按机构类型分组						
企业	82	84075.80	459423.70	23404.30	2654301.40	1285185.40
事业单位	7	120.70	40099.30	1310.30	36246.90	6345.20
机关						
社会团体						
民办非企业单位						
基金会						
居委会						
村委会						
其他组织机构	1		7533.60	311.90	7133.60	5753.10
按企业集团情况分组						
集团母公司	5	749.00	9368.30	513.30	55185.40	19826.20
成员企业	7	5821.80	70797.80	5551.40	213663.70	159751.60
亏损企业	36	9565.00	183879.70	12399.70	917238.00	577229.00
不亏损企业	54	74631.50	323176.90	12626.80	1780443.90	720054.70

单位：万元

所有者权益合计	其中：实收资本	营业收入	其中：主营业务收入	营业成本	其中：主营业务成本	营业税金及附加	其中：主营业务税金及附加
881666.20	81144.00	59592.00	59437.80	26400.80	26381.50	1046.70	1037.80
164775.80	52397.00	53782.70	51912.00	18635.70	18239.40	1288.70	1243.70
550.00	200.00	2345.00	2345.00	1487.60	1487.60	69.80	69.80
4747.40	5000.00	1805.70	1805.70	1230.80	1230.80	60.00	60.00
348658.80	256079.40	166079.10	165220.20	118966.10	117649.20	3493.00	2762.80
1395598.10	391062.40	282238.40	279354.60	165877.60	164145.10	5873.10	5101.40
3758.00	3758.00	974.50	974.50	621.00	621.00	49.60	49.60
1400398.20	394820.40	283604.50	280720.70	166721.00	164988.50	5958.20	5174.10
1353294.00	374448.40	254514.00	252095.80	142399.40	141509.50	5287.30	4503.70
47104.20	20372.00	29090.50	28624.90	24321.60	23479.00	670.90	670.40
1369116.00	379094.60	277131.10	274786.40	163074.90	161411.50	5566.50	4782.40
29901.70	13125.80	4891.50	4352.40	2843.70	2774.60	308.20	308.20
1380.50	2600.00	1581.90	1581.90	802.40	802.40	83.50	83.50
35359.20	12932.00	12982.80	12828.60	8192.00	8172.70	495.20	473.90
53912.10	32644.30	82252.10	82189.60	53557.40	53532.20	1284.30	1041.30
340009.00	81791.30	89833.30	88431.20	49247.70	49074.00	2982.50	2505.00
1060389.20	313029.10	193771.20	192289.50	117473.30	115914.50	2975.70	2669.10

3-32 续表 2

指标名称	销售费用	管理费用	其中：税金	财务费用	其中：利息收入	其中：利息支出
总　计	**24115.70**	**31591.70**	**1544.00**	**35231.10**	**798.70**	**23588.10**
按登记注册类型分组						
内资企业	23986.80	31360.80	1509.50	35231.00	798.70	23588.10
国有企业	1324.30	4946.40	32.00	305.00	1.90	111.70
集体企业						
股份合作企业						
联营企业						
国有联营企业						
集体联营企业						
国有与集体联营企业						
其他联营企业						
有限责任公司	11610.00	14881.30	1194.90	30155.80	762.80	20090.30
国有独资公司	2786.40	4816.10	103.50	15515.40	706.50	16083.40
其他有限责任公司	8823.60	10065.20	1091.40	14640.40	56.30	4006.90
股份有限公司	4409.60	4803.70	223.00	2444.10	32.20	2291.60
私营企业	6642.90	6729.40	59.60	2326.10	1.80	1094.50
私营独资企业	767.40	337.30	24.90	154.40		
私营合伙企业						
私营有限责任公司	5545.00	5853.20	34.20	2171.90	1.40	1094.50
私营股份有限公司	330.50	538.90	0.50	-0.20	0.40	
其他企业						
港、澳、台商投资企业	128.90	230.90	34.50	0.10		
合资经营企业(港或澳、台资)						
合作经营企业(港或澳、台资)						
港、澳、台商独资经营企业	128.90	230.90	34.50	0.10		
港、澳、台商投资股份有限公司						
外商投资企业						
中外合资经营企业						
中外合作经营企业						
外资企业						
外商投资股份有限公司						
按企业控股情况分组						
国有控股	7329.10	13822.00	343.50	28231.80	721.40	18200.80
集体控股		9.80		-1.50	1.50	
私人控股	8885.10	10087.90	99.90	3682.50	35.10	2270.30
港澳台商控股	128.90	230.90	34.50	0.10		
外商控股						
其他	7772.60	7441.10	1066.10	3318.20	40.70	3117.00

单位：万元

投资收益	营业利润	利润总额	应交所得税	应付职工薪酬（本年贷方累计发生额）	应交增值税	从业人员期末人数（人）	从业人员平均人数（人）
458.30	**20390.90**	**27292.30**	**3414.10**	**32748.00**	**5367.60**	**9680**	**9799**
458.30	20241.40	27166.40	3414.10	32606.10	5367.60	9629	9746
	-1454.00	-747.40	68.90	4533.20	164.90	1971	1924
429.10	17217.10	22025.70	1695.30	15308.20	5190.40	4131	4214
16.30	-351.00	2223.80	359.10	3552.90	13.00	1159	1093
412.80	17568.10	19801.90	1336.20	11755.30	5177.40	2972	3121
-66.70	-2946.30	-2398.30	56.40	5223.40	0.30	1002	1022
95.90	7424.60	8286.40	1593.50	7541.30	12.00	2525	2586
	-483.70	-486.20		779.70		401	409
95.90	8609.80	9308.80	1593.50	6206.00	12.00	1980	2014
	-701.50	-536.20		555.60		144	163
	149.50	125.90		141.90		51	53
	149.50	125.90		141.90		51	53
230.60	11551.60	14620.00	707.80	11165.40	155.10	3729	3752
	4.10	4.10	1.20	224.70		82	80
116.90	8789.00	10781.90	2167.10	12586.60	2391.40	3668	3762
	149.50	125.90		141.90		51	53
110.80	-103.30	1760.40	538.00	8629.40	2821.10	2150	2152

3-32 续表 3

指标名称	销售费用	管理费用	其中：税金	财务费用	其中：利息收入	其中：利息支出
按隶属关系分组						
中央						
省(自治区、直辖市)						
地(区、市、州、盟)	1847.60	4213.50	3.80	11819.10	30.80	1589.20
县(区、市、旗)	7894.80	11896.70	353.80	17891.00	720.80	17851.90
街道						
镇	209.30	98.80		90.30		10.00
乡	138.40	565.80		108.40	0.30	108.10
(社区)居委会						
村委会						
其他	14025.60	14816.90	1186.40	5322.30	46.80	4028.90
按营业状态分组						
常年营业	24089.20	31417.00	1543.90	35229.10	798.60	23588.00
季节性营业	26.50	39.10				
其他						
按执行会计标准类别分组						
企业会计制度	24115.70	31591.70	1544.00	35231.10	798.70	23588.10
事业单位会计制度						
行政单位会计制度						
民间非营利组织会计制度						
其他						
按是否执行2006年《企业会计准则》分组						
执行2006年《企业会计准则》	23231.70	29909.60	1499.50	34490.30	783.70	23136.10
不执行2006年《企业会计准则》	884.00	1682.10	44.50	740.80	15.00	452.00
按机构类型分组						
企业	23039.40	28587.00	1517.50	35042.60	797.60	23587.90
事业单位	501.90	2804.10	26.50	4.70	1.10	0.20
机关						
社会团体						
民办非企业单位						
基金会						
居委会						
村委会						
其他组织机构	574.40	200.60		183.80		
按企业集团情况分组						
集团母公司	1118.00	1524.80	3.60	914.70	28.40	890.10
成员企业	10286.70	7115.90	916.80	2864.90	37.50	2309.00
亏损企业	14919.40	17184.30	1346.80	19038.50	492.30	19177.70
不亏损企业	9196.30	14407.40	197.20	16192.60	306.40	4410.40

单位：万元

投资收益	营业利润	利润总额	应交所得税	应付职工薪酬（本年贷方累计发生额）	应交增值税	从业人员期末人数（人）	从业人员平均人数（人）
372.20	14641.00	15114.50	628.90	3593.30	47.70	753	789
-50.40	-3920.90	-947.80	429.40	12308.10	140.60	4046	4116
	389.20	389.20	61.40	318.60		133	133
	-297.90	-194.90		977.10		178	180
136.50	9579.50	12931.30	2294.40	15550.90	5179.30	4570	4581
458.30	20156.50	27057.90	3404.60	32412.10	5367.60	9605	9679
	238.30	238.30	9.50	201.90		5	50
458.30	20390.90	27292.30	3414.10	32748.00	5367.60	9680	9799
458.30	18760.70	25274.70	3123.90	29704.20	2969.30	8771	8851
	1630.20	2017.60	290.20	3043.80	2398.30	909	948
458.30	21670.70	28064.00	3397.20	29704.60	5271.70	8468	8588
	-1561.60	-1106.00	16.90	2755.50	95.90	1037	1040
	281.80	334.30		287.90		175	171
	470.90	1069.70	65.70	2635.50		521	598
	7134.50	9551.60	2069.60	5825.20	1.80	1353	1360
-61.60	-13599.90	-7578.90	526.30	17148.10	2529.90	5131	5104
519.90	33990.80	34871.20	2887.80	15599.90	2837.70	4549	4695

3-33 规模以上水利、环境和

地　　区	单位数（个）	年初存货	固定资产原　　价	本年折旧	资产总计	负债合计	所有者权益合计
总　计	**90**	**84196.50**	**507056.60**	**25026.50**	**2697681.90**	**1297283.70**	**1400398.20**
长沙市	9	5250.20	213836.10	7457.60	344511.50	112033.30	232478.20
株洲市	10	5618.70	75686.20	5637.40	184001.90	149925.80	34076.10
湘潭市							
衡阳市	5	427.50	1731.20	54.30	3425.30	1002.50	2422.80
邵阳市	5	1937.50	26708.10	670.10	84363.90	36803.00	47560.90
岳阳市	16	1620.50	21142.60	1268.80	354877.50	136991.30	217886.20
常德市	2	138.30	771.90	98.70	1164.40	1721.60	-557.20
张家界市	4	2356.30	39028.60	4631.60	281271.30	231974.40	49296.90
益阳市	5	33645.60	5469.10	202.10	1103082.90	478167.70	624915.20
郴州市	16	2074.90	62157.40	2286.30	66148.90	32003.80	34145.10
永州市	4	1.30	20273.90	449.50	24029.00	2643.50	21385.50
怀化市	4	14729.40	12184.90	87.80	94415.90	42255.90	52160.00
娄底市	3	5521.70	7091.80	1405.10	46095.50	18913.40	27182.10
湘西州	7	10874.60	20974.80	777.20	110293.90	52847.50	57446.40

3-33　续表

地　　区	销售费用	管理费用	其中：税金	财务费用	其中：利息收入	其中：利息支出	投资收益
总　计	**24115.70**	**31591.70**	**1544.00**	**35231.10**	**798.70**	**23588.10**	**458.30**
长沙市	280.30	3387.00	146.40	1647.90	13.60	1599.30	19.60
株洲市	7437.00	4092.60	916.40	2652.40	41.10	2167.60	
湘潭市							
衡阳市	269.60	552.60	0.60	68.10	0.50	9.80	
邵阳市	782.50	1837.20	0.50	693.80	1.90	556.10	
岳阳市	282.00	2604.20	49.60	450.70	4.50	176.20	36.90
常德市	76.30	171.80		20.50			
张家界市	5098.90	5132.80	331.80	14889.50	430.00	15131.60	-66.70
益阳市	412.00	1418.70	0.30	10671.80	0.60	406.70	372.20
郴州市	1844.00	3507.60	36.70	1013.80	5.90	802.40	16.30
永州市	842.40	1841.20	20.20	14.40	0.10	14.50	
怀化市	261.00	583.60		1407.50	272.30	1475.40	
娄底市	3721.80	3323.70	1.90	425.40	0.10	38.60	
湘西州	2807.90	3138.70	39.60	1275.30	28.10	1209.90	80.00

公共设施管理业分市州经济指标

单位：万元

其中：实收资本	营业收入	其中：主营业务收入	营业成本	其中：主营业务成本	营业税金及附加	其中：主营业务税金及附加
394820.40	**283604.50**	**280720.70**	**166721.00**	**164988.50**	**5958.20**	**5174.10**
190416.00	39211.10	39211.10	30345.90	30345.90	1026.70	1026.40
25462.00	27320.10	27285.50	10932.90	10227.40	896.00	896.00
570.00	1980.30	1980.30	1057.40	1057.40	54.60	42.20
3000.00	16217.00	16161.20	9641.60	9640.60	361.40	358.60
9784.60	23296.70	22736.40	20318.50	20137.80	816.50	342.20
800.00	914.70	910.80	940.90	940.00	29.00	28.50
13500.00	25800.20	25187.60	3611.90	3599.70	514.80	492.00
62900.00	45862.10	45862.10	17934.80	17934.80	53.40	53.40
23242.40	12760.20	12454.50	7517.50	7297.00	742.90	742.90
10456.30	4525.30	4194.80	1226.80	1191.70	107.50	107.50
28140.00	4741.20	4333.80	3027.80	2727.90	161.00	141.90
11384.00	64518.70	64202.40	50041.10	49783.70	589.20	346.20
15165.10	16456.90	16200.20	10123.90	10104.60	605.20	596.30

单位：万元

营业利润	利润总额	应交所得税	应付职工薪酬（本年贷方累计发生额）	应交增值税	从业人员期末人数（人）	从业人员平均人数（人）
20390.90	**27292.30**	**3414.10**	**32748.00**	**5367.60**	**9680**	**9799**
2542.40	2643.00	21.80	4200.00	2796.20	653	811
1311.50	3212.80	777.50	5985.40	13.80	1617	1595
-22.00	-59.00	15.10	562.50	10.10	185	202
2418.10	2572.90	617.60	1371.40	13.30	548	495
-1255.80	-746.40	72.60	2506.30	2386.30	1000	947
-257.70	-260.20		343.70		184	172
-3438.50	-1121.00	0.90	3448.10		788	791
15788.30	15970.30	136.10	580.80		198	198
-1418.60	-711.20	145.00	4090.40	106.60	1564	1598
493.00	431.00	85.60	2004.60	41.30	929	939
-715.30	-380.00		1275.40		333	334
6417.50	6714.70	1348.20	1792.30		460	460
-1472.00	-974.60	193.70	4587.10		1221	1257

3-34 规模以上居民服务、修理和

指标名称	单位数(个)	年初存货	固定资产原价	本年折旧	资产总计	负债合计
总计	**115**	**9553.10**	**89005.50**	**7113.10**	**195328.10**	**135107.90**
居民服务业	85	6543.70	78442.00	5875.10	167446.10	121363.10
家庭服务	8	129.90	1377.00	117.90	3138.80	1166.50
托儿所服务						
洗染服务	3	18.70	1912.30	240.60	2342.40	812.10
理发及美容服务	9	1002.00	9905.10	736.70	38214.50	31488.20
洗浴服务	19	245.80	17324.60	1675.50	18825.20	11721.80
保健服务	19	319.60	12454.60	648.90	26704.70	18962.40
婚姻服务						
殡葬服务	13	2539.10	32692.70	2335.20	66287.40	47174.20
其他居民服务业	14	2288.60	2775.70	120.30	11933.10	10037.90
机动车、电子产品和日用产品修理业	17	2710.10	6896.00	860.20	19485.70	10551.40
汽车、摩托车修理与维护	13	2511.40	5314.80	657.40	17299.00	9291.90
计算机和办公设备维修	1	96.40	321.50	59.80	177.90	146.40
家用电器修理	3	102.30	1259.70	143.00	2008.80	1113.10
其他日用产品修理业						
其他服务业	13	299.30	3667.50	377.80	8396.30	3193.40
清洁服务	10	200.00	3322.20	357.70	6311.10	2037.70
其他未列明服务业	3	99.30	345.30	20.10	2085.20	1155.70

3-34 续表

指标名称	销售费用	管理费用		财务费用		
			其中：税金		其中：利息收入	其中：利息支出
总计	**14219.20**	**26669.90**	**323.30**	**4443.60**	**33.30**	**3538.80**
居民服务业	12105.60	22993.40	199.40	3840.70	23.40	3207.80
家庭服务	250.90	728.60	1.60	4.20	1.40	0.70
托儿所服务						
洗染服务	79.70	189.60	0.40	29.20	1.20	11.60
理发及美容服务	3734.00	2629.30	0.10	1163.40		1125.90
洗浴服务	4108.20	3036.00	116.30	674.20	1.20	184.20
保健服务	2497.00	8122.70	50.90	698.90	0.20	599.60
婚姻服务						
殡葬服务	1284.70	7309.00	6.10	1235.10	8.40	1241.50
其他居民服务业	151.10	978.20	24.00	35.70	11.00	44.30
机动车、电子产品和日用产品修理业	1718.90	2701.10	107.30	463.70	9.20	265.50
汽车、摩托车修理与维护	1583.10	1560.30	104.40	466.00	6.90	263.00
计算机和办公设备维修	100.20					
家用电器修理	35.60	1140.80	2.90	-2.30	2.30	2.50
其他日用产品修理业						
其他服务业	394.70	975.40	16.60	139.20	0.70	65.50
清洁服务	367.20	506.50	15.80	120.70	0.20	65.50
其他未列明服务业	27.50	468.90	0.80	18.50	0.50	

其他服务业分行业经济指标

单位：万元

所有者权益合计	其中：实收资本	营业收入	其中：主营业务收入	营业成本	其中：主营业务成本	营业税金及附加	其中：主营业务税金及附加
60220.20	**19636.60**	**186959.50**	**183213.60**	**128786.30**	**122596.70**	**7512.70**	**6426.10**
46083.00	14449.80	140992.70	137658.90	94000.60	91703.60	6313.80	5228.50
1972.30	855.00	12907.50	12888.50	12033.80	12014.80	104.70	104.70
1530.30	5.00	1626.50	1626.50	971.90	971.90	79.20	79.20
6726.30	1654.10	19672.50	19658.80	11565.90	11565.90	998.90	998.90
7103.40	1299.10	20134.00	20124.30	9705.40	9705.40	1372.10	1370.20
7742.30	3366.70	34837.30	34823.20	19379.60	19379.60	1767.10	1767.10
19113.20	6809.90	20525.90	19479.10	11320.70	11218.00	1093.50	57.60
1895.20	460.00	31289.00	29058.50	29023.30	26848.00	898.30	850.80
8934.30	2946.10	37010.70	36825.00	28077.10	24369.20	937.70	937.70
8007.10	2520.00	24245.80	24070.80	18713.00	15005.10	377.10	377.10
31.50		781.90	771.20	249.90	249.90	38.10	38.10
895.70	426.10	11983.00	11983.00	9114.20	9114.20	522.50	522.50
5202.90	2240.70	8956.10	8729.70	6708.60	6523.90	261.20	259.90
4273.40	1950.00	5841.20	5841.20	4412.60	4412.60	151.60	150.40
929.50	290.70	3114.90	2888.50	2296.00	2111.30	109.60	109.50

单位：万元

投资收益	营业利润	利润总额	应交所得税	应付职工薪酬（本年贷方累计发生额）	应交增值税	从业人员期末人数（人）	从业人员平均人数（人）
-46.90	**6053.80**	**7228.40**	**738.20**	**80774.30**	**484.80**	**18925**	**18080**
-50.00	2475.80	3728.00	514.30	69773.30	48.20	16065	15230
	-109.40	-53.40	2.30	9416.90	1.70	3360	2679
	266.90	264.90	28.60	408.60		195	189
-30.00	-398.90	-540.40	87.10	9722.50	10.00	1900	1829
	1210.90	1293.60	141.10	4752.40	20.00	1674	1601
-30.00	1567.50	2560.40	124.10	23367.00		3815	3831
	-434.60	-132.40	78.10	3230.50	1.90	916	908
10.00	373.40	335.30	53.00	18875.40	14.60	4205	4193
3.10	3079.90	3005.40	112.70	8013.10	219.60	1679	1671
3.10	1554.60	1480.10	72.40	2098.40	207.60	594	595
	393.70	393.70	4.10	100.90	12.00	20	20
	1131.60	1131.60	36.20	5813.80		1065	1056
	498.10	495.00	111.20	2987.90	217.00	1181	1179
	306.60	293.90	62.90	2468.60	122.50	1018	1016
	191.50	201.10	48.30	519.30	94.50	163	163

3-35 规模以上居民服务、修理和

指标名称	单位数(个)	年初存货	固定资产原价	本年折旧	资产总计	负债合计
总计	**115**	**9553.10**	**89005.50**	**7113.10**	**195328.10**	**135107.90**
按登记注册类型分组						
内资企业	108	9354.80	83043.10	6837.00	186932.50	130672.50
国有企业	2	-384.40	2276.50	104.80	7396.80	6798.80
集体企业	1	2283.00	2535.60	94.10	8403.10	7345.40
股份合作企业						
联营企业						
国有联营企业						
集体联营企业						
国有与集体联营企业						
其他联营企业						
有限责任公司	42	5460.30	31679.40	3667.10	74819.80	50807.30
国有独资公司	2		1.80	0.30	676.40	609.20
其他有限责任公司	40	5460.30	31677.60	3666.80	74143.40	50198.10
股份有限公司	4	45.60	3579.10	252.60	7801.10	4762.20
私营企业	57	1950.30	42513.10	2633.30	87838.00	60860.20
私营独资企业	12	336.10	4775.60	381.90	5385.50	3743.60
私营合伙企业	1		260.00	40.00	200.00	28.40
私营有限责任公司	37	1351.40	27194.10	1775.80	58665.40	40744.30
私营股份有限公司	7	262.80	10283.40	435.60	23587.10	16343.90
其他企业	2		459.40	85.10	673.70	98.60
港、澳、台商投资企业	5	157.40	3245.60	148.60	5150.90	1907.20
合资经营企业(港或澳、台资)	4	130.20	2872.90	135.10	4699.80	1728.30
合作经营企业(港或澳、台资)						
港、澳、台商独资经营企业	1	27.20	372.70	13.50	451.10	178.90
港、澳、台商投资股份有限公司						
外商投资企业	2	40.90	2716.80	127.50	3244.70	2528.20
中外合资经营企业	2	40.90	2716.80	127.50	3244.70	2528.20
中外合作经营企业						
外资企业						
外商投资股份有限公司						
按企业控股情况分组						
国有控股	6	-338.50	3090.40	142.60	8856.70	7499.50
集体控股	7	2286.10	6043.60	316.60	12596.20	10763.10
私人控股	84	6803.00	65876.20	4996.90	151282.20	108259.20
港澳台商控股	4	157.40	2728.20	145.20	4755.00	1659.60
外商控股	1	39.70	145.10	7.50	489.80	120.50
其他	13	605.40	11122.00	1504.30	17348.20	6806.00

其他服务业分类别经济指标

单位：万元

所有者权益合计	其中：实收资本	营业收入	其中：主营业务收入	营业成本	其中：主营业务成本	营业税金及附加	其中：主营业务税金及附加
60220.20	**19636.60**	**186959.50**	**183213.60**	**128786.30**	**122596.70**	**7512.70**	**6426.10**
56260.00	16820.90	178621.20	175025.30	122958.10	120476.40	7292.80	6206.20
598.00	60.00	3665.80	3649.00	1576.30	1545.60	35.90	35.90
1057.70		4824.40	3918.60	4305.30	3541.20	79.90	79.90
24012.50	7425.10	81525.20	79123.40	59677.90	58279.80	3556.20	2482.70
67.20	60.00	3082.60	2896.70	2943.20	2794.70	162.20	154.20
23945.30	7365.10	78442.60	76226.70	56734.70	55485.10	3394.00	2328.50
3038.90	600.10	7419.80	7419.80	5045.70	5045.70	286.20	286.20
26977.80	8735.70	75673.30	75402.50	47489.60	47272.80	3280.80	3267.70
1641.90	572.10	9290.40	9261.70	3467.50	3448.50	391.90	390.00
171.60		686.00	686.00	476.20	476.20	20.00	20.00
17921.10	4589.30	40535.00	40430.10	26870.60	26783.60	1568.50	1563.40
7243.20	3574.30	25161.90	25024.70	16675.30	16564.50	1300.40	1294.30
575.10		5512.70	5512.00	4863.30	4791.30	53.80	53.80
3243.70	2015.70	6470.90	6320.90	5029.70	1321.80	115.20	115.20
2971.50	2015.70	6098.70	5948.70	4872.20	1164.30	94.40	94.40
272.20		372.20	372.20	157.50	157.50	20.80	20.80
716.50	800.00	1867.40	1867.40	798.50	798.50	104.70	104.70
716.50	800.00	1867.40	1867.40	798.50	798.50	104.70	104.70
1357.20	292.00	8625.10	8199.80	5872.60	5510.50	264.90	256.90
1833.10	500.00	16718.50	15193.70	14866.20	13341.30	573.20	554.90
43023.00	15578.80	133718.20	133408.70	86837.90	86621.10	5220.20	5205.90
3095.40	1965.70	5127.40	4977.40	4037.80	329.90	39.20	39.20
369.30	500.00	887.10	887.10	611.90	611.90	49.80	49.80
10542.20	800.10	21883.20	20546.90	16559.90	16182.00	1365.40	319.40

3-35 续表 1

指标名称	单位数（个）	年初存货	固定资产原价	本年折旧	资产总计	负债合计
按隶属关系分组						
中央	2	2328.90	2604.50	99.70	8849.40	7481.90
省(自治区、直辖市)	1	1836.80	511.00	40.50	8359.60	6895.30
地(区、市、州、盟)	6	246.70	7332.50	770.50	7866.10	3779.90
县(区、市、旗)	16	-231.10	13868.20	1347.30	21991.20	10657.50
街道	1		332.30	3.00	606.60	478.40
镇						
乡						
(社区)居委会						
村委会						
其他	89	5371.80	64357.00	4852.10	147655.20	105814.90
按营业状态分组						
常年营业	114	9547.30	88867.60	7086.10	195296.60	134989.00
季节性营业						
其他						
按执行会计标准类别分组						
企业会计制度	115	9553.10	89005.50	7113.10	195328.10	135107.90
事业单位会计制度						
行政单位会计制度						
民间非营利组织会计制度						
其他						
按是否执行2006年《企业会计准则》分组						
执行2006年《企业会计准则》	87	8988.70	73155.30	5210.90	169538.90	123606.00
不执行2006年《企业会计准则》	28	564.40	15850.20	1902.20	25789.20	11501.90
按机构类型分组						
企业	115	9553.10	89005.50	7113.10	195328.10	135107.90
事业单位						
机关						
社会团体						
民办非企业单位						
基金会						
居委会						
村委会						
其他组织机构						
按企业集团情况分组						
集团母公司	10	147.20	10139.00	937.20	17475.70	6586.30
成员企业	6	2156.50	10483.00	490.00	31000.60	23541.60
亏损企业	29	1589.10	17041.40	1892.30	67946.20	56691.10
不亏损企业	86	7964.00	71964.10	5220.80	127381.90	78416.80

单位：万元

所有者权益合计	其中：实收资本	营业收入	其中：主营业务收入	营业成本	其中：主营业务成本	营业税金及附加	其中：主营业务税金及附加
1367.50	222.00	5741.90	4613.50	4988.30	4041.30	106.00	106.00
1464.30	1200.00	4718.00	4718.00	2568.80	2568.80		
4086.20	2502.00	5974.30	5974.30	3487.80	3487.80	150.20	150.20
11333.70	1345.60	21532.80	19602.80	15603.10	14519.00	1885.10	813.30
128.20	44.10	1573.00	1573.00	123.90	123.90	53.60	53.60
41840.30	14322.90	147419.50	146732.00	102014.40	97855.90	5317.80	5303.00
60307.60	19616.60	186812.00	183066.10	128780.40	122590.80	7502.90	6416.30
60220.20	19636.60	186959.50	183213.60	128786.30	122596.70	7512.70	6426.10
45932.90	17276.60	154759.80	151350.70	105900.50	103639.30	6589.40	5512.00
14287.30	2360.00	32199.70	31862.90	22885.80	18957.40	923.30	914.10
60220.20	19636.60	186959.50	183213.60	128786.30	122596.70	7512.70	6426.10
10889.40	1210.10	11454.60	10425.30	7523.30	7523.30	1315.40	279.50
7459.00	3432.10	31725.00	31266.60	20649.70	20233.00	1304.10	1303.60
11255.10	7139.90	40737.50	40706.10	26100.80	26099.00	1743.90	1743.80
48965.10	12496.70	146222.00	142507.50	102685.50	96497.70	5768.80	4682.30

3-35 续表 2

指标名称	销售费用	管理费用	其中：税金	财务费用	其中：利息收入	其中：利息支出
总　计	**14219.20**	**26669.90**	**323.30**	**4443.60**	**33.30**	**3538.80**
按登记注册类型分组						
内资企业	13069.00	25384.50	315.20	4441.40	27.50	3538.80
国有企业		2044.40		0.60	7.90	8.50
集体企业		349.40	6.70	-6.90	6.90	
股份合作企业						
联营企业						
国有联营企业						
集体联营企业						
国有与集体联营企业						
其他联营企业						
有限责任公司	8044.10	8454.20	84.20	2161.70	5.30	1774.80
国有独资公司				-0.20	-0.20	
其他有限责任公司	8044.10	8454.20	84.20	2161.90	5.50	1774.80
股份有限公司	6.80	1727.20		8.80	0.40	43.40
私营企业	4956.80	12522.30	214.30	2155.00	7.00	1712.10
私营独资企业	1797.30	2420.10	29.90	27.60	1.20	8.90
私营合伙企业	34.30	49.70	20.00			
私营有限责任公司	2723.90	5209.40	113.70	1509.60	5.80	1104.20
私营股份有限公司	401.30	4843.10	50.70	617.80		599.00
其他企业	61.30	287.00	10.00	122.20		
港、澳、台商投资企业	558.70	888.50	6.80	1.00	5.80	
合资经营企业(港或澳、台资)	424.90	825.60		0.90	5.80	
合作经营企业(港或澳、台资)						
港、澳、台商独资经营企业	133.80	62.90	6.80	0.10		
港、澳、台商投资股份有限公司						
外商投资企业	591.50	396.90	1.30	1.20		
中外合资经营企业	591.50	396.90	1.30	1.20		
中外合作经营企业						
外资企业						
外商投资股份有限公司						
按企业控股情况分组						
国有控股		2321.60	0.50	37.20	8.20	8.50
集体控股	607.60	764.10	7.00	-8.20	10.10	0.30
私人控股	11835.80	19777.40	291.70	4048.00	8.20	3308.20
港澳台商控股	471.50	694.10	6.80	1.00	5.80	
外商控股	19.50	229.90	1.00	-0.10		
其他	1284.80	2882.80	16.30	365.70	1.00	221.80

单位：万元

投资收益	营业利润	利润总额	应交所得税	应付职工薪酬（本年贷方累计发生额）	应交增值税	从业人员期末人数（人）	从业人员平均人数（人）
-46.90	**6053.80**	**7228.40**	**738.20**	**80774.30**	**484.80**	**18925**	**18080**
-46.90	6076.50	7253.00	718.40	78872.80	391.60	18109	17267
	8.60	9.50	1.20	874.20		136	136
	96.70	96.70	28.40	976.50	14.60	150	150
-20.00	797.80	1040.70	345.20	39374.30	121.20	9711	8924
	-22.70	-24.20	0.40	3873.20		1031	1035
-20.00	820.50	1064.90	344.80	35501.10	121.20	8680	7889
	357.00	318.80		2344.50		868	852
-26.90	4443.40	5413.60	340.60	34985.20	247.80	7188	7149
	460.70	460.50	71.00	4168.00	10.80	1260	1223
	105.80	105.80	2.00	200.80		68	68
3.10	2773.80	2772.10	186.30	12470.80	234.50	3239	3254
-30.00	1103.10	2075.20	81.30	18145.60	2.50	2621	2604
	373.00	373.70	3.00	318.10	8.00	56	56
	2.80	0.90	19.80	1085.50	93.20	422	425
	5.80	4.80	19.80	942.00	93.20	332	335
	-3.00	-3.90		143.50		90	90
	-25.50	-25.50		816.00		394	388
	-25.50	-25.50		816.00		394	388
	49.60	41.80	16.30	3502.90	44.80	712	717
	129.60	127.90	40.40	9591.60	14.60	2821	2789
-56.90	5185.10	6089.80	617.90	56198.70	330.50	13049	12241
	8.80	6.90	19.80	424.90	93.20	176	176
	-24.10	-24.10		536.80		262	258
10.00	704.80	986.10	43.80	10519.40	1.70	1905	1899

3-35 续表 3

指标名称	销售费用	管理费用	其中：税金	财务费用	其中：利息收入	其中：利息支出
按隶属关系分组						
中央		511.60	7.20	-7.20	7.40	
省(自治区、直辖市)	221.50	1708.60	0.90	211.70		211.70
地(区、市、州、盟)	188.00	1677.40	1.60	198.20	0.50	178.40
县(区、市、旗)	899.80	3496.90	0.10	244.70	11.60	87.40
街道	771.30	380.30		2.90		
镇						
乡						
(社区)居委会						
村委会						
其他	12138.60	18895.10	313.50	3793.30	13.80	3061.30
按营业状态分组						
常年营业	14073.30	26669.90	323.30	4443.10	33.30	3538.80
季节性营业						
其他						
按执行会计标准类别分组						
企业会计制度	14219.20	26669.90	323.30	4443.60	33.30	3538.80
事业单位会计制度						
行政单位会计制度						
民间非营利组织会计制度						
其他						
按是否执行2006年《企业会计准则》分组						
执行2006年《企业会计准则》	12087.30	21859.00	309.80	3878.10	27.10	3254.20
不执行2006年《企业会计准则》	2131.90	4810.90	13.50	565.50	6.20	284.60
按机构类型分组						
企业	14219.20	26669.90	323.30	4443.60	33.30	3538.80
事业单位						
机关						
社会团体						
民办非企业单位						
基金会						
居委会						
村委会						
其他组织机构						
按企业集团情况分组						
集团母公司	1408.40	1811.80	26.60	238.60	0.20	136.50
成员企业	417.00	6799.70	52.10	831.90	1.00	810.70
亏损企业	7572.40	6384.40	10.60	1895.10	0.40	1885.40
不亏损企业	6646.80	20285.50	312.70	2548.50	32.90	1653.40

单位：万元

投资收益	营业利润	利润总额	应交所得税	应付职工薪酬（本年贷方累计发生额）	应交增值税	从业人员期末人数（人）	从业人员平均人数（人）
	140.30	147.10	43.10	1155.20	59.40	165	166
	7.40	7.40	1.80	384.70		85	85
	291.60	284.60	72.40	1676.90	34.20	568	563
-30.00	766.60	752.30	142.10	11487.70		2900	2896
	271.00	271.00	21.30	458.60		111	98
-16.90	4576.90	5766.00	457.50	65611.20	391.20	15096	14272
-46.90	6068.50	7243.10	738.20	80645.20	484.80	18893	18050
-46.90	6053.80	7228.40	738.20	80774.30	484.80	18925	18080
-50.00	4904.90	6085.00	556.70	65023.20	350.80	13628	13448
3.10	1148.90	1143.40	181.50	15751.10	134.00	5297	4632
-46.90	6053.80	7228.40	738.20	80774.30	484.80	18925	18080
3.10	309.30	182.10	75.70	2699.90	121.90	1230	1168
-30.00	1527.70	2513.90	94.00	19118.70	44.80	2543	2529
-26.90	-3069.90	-2622.80	1.30	24360.40	31.00	7294	6512
-20.00	9123.70	9851.20	736.90	56413.90	453.80	11631	11568

3-36 规模以上居民服务、修理和

地　区	单位数（个）	年初存货	固定资产原　价	本年折旧	资产总计	负债合计	所有者权益合计
总　计	**115**	**9553.10**	**89005.50**	**7113.10**	**195328.10**	**135107.90**	**60220.20**
长沙市	31	4073.00	29022.80	2287.90	93948.80	76922.00	17026.80
株洲市	12	655.40	8394.60	1153.40	9880.50	1582.20	8298.30
湘潭市	2	17.50	808.80	159.30	20457.50	17964.60	2492.90
衡阳市	13	405.60	5457.10	338.40	12581.30	6009.10	6572.20
邵阳市	5	2547.90	7282.50	397.50	14815.30	9268.10	5547.20
岳阳市	19	1444.20	25235.10	1826.90	24141.20	12563.20	11578.00
常德市	12	147.50	3223.00	470.90	9320.50	5592.50	3728.00
张家界市	1	27.20	372.70	13.50	451.10	178.90	272.20
益阳市	1	0.40	9.20	1.80	115.80	49.20	66.60
郴州市	14	81.40	7958.10	385.90	7284.70	4130.20	3154.50
永州市	1	81.70	519.10	33.10	537.60	22.00	515.60
怀化市							
娄底市	1	65.70	554.70	16.70	1130.00	500.00	630.00
湘西州	3	5.60	167.80	27.80	663.80	325.90	337.90

3-36 续表

地　区	销售费用	管理费用		财务费用			投资收益
			其中：税金		其中：利息收入	其中：利息支出	
总　计	**14219.20**	**26669.90**	**323.30**	**4443.60**	**33.30**	**3538.80**	**-46.90**
长沙市	6791.20	14798.50	88.50	2610.60	15.30	2510.00	-60.00
株洲市	2042.10	937.80	0.80	228.60	2.90	53.50	
湘潭市	287.50	871.50		418.50	1.40	417.10	
衡阳市	904.00	3955.90	8.10	18.00	2.30	3.40	
邵阳市	36.30	527.90	6.70	80.90	8.10	65.30	
岳阳市	1036.00	3141.60	174.10	797.70	0.30	355.40	10.00
常德市	670.70	660.20	21.30	123.60	2.00	123.90	3.10
张家界市	133.80	62.90	6.80	0.10			
益阳市		28.20		0.30		0.30	
郴州市	2139.80	1380.80	17.00	165.30	1.00	9.90	
永州市	60.20	83.30					
怀化市							
娄底市	103.80	81.60					
湘西州	13.80	139.70					

其他服务业分市州经济指标

单位：万元

	营业收入		营业成本		营业税金及附加	
其中：实收资本		其中：主营业务收入		其中：主营业务成本		其中：主营业务税金及附加
19636.60	**186959.50**	**183213.60**	**128786.30**	**122596.70**	**7512.70**	**6426.10**
11323.50	78643.90	78438.20	50792.60	47054.00	2794.40	2794.40
409.30	14618.60	14210.80	9398.00	8871.00	846.50	827.50
2184.30	3849.90	3849.90	3147.30	3147.30		
836.10	18021.90	18021.90	10280.70	10280.70	576.40	576.40
1000.00	8976.10	8070.30	7640.30	6876.20	323.70	323.70
178.70	39407.90	38169.90	30881.40	30712.10	2009.80	965.80
10.00	10594.70	9952.00	8953.80	8256.90	413.10	395.60
	372.20	372.20	157.50	157.50	20.80	20.80
30.00	134.60	134.60	96.30	96.30	14.90	14.90
2809.10	9711.20	9488.60	5359.40	5176.50	371.60	371.60
515.60	125.50	125.50	13.50	13.50		
	303.90	303.90	158.40	158.40	28.80	28.80
340.00	2199.10	2075.80	1907.10	1796.30	112.70	106.60

单位：万元

营业利润	利润总额	应交所得税	应付职工薪酬（本年贷方累计发生额）	应交增值税	从业人员期末人数（人）	从业人员平均人数（人）
6053.80	**7228.40**	**738.20**	**80774.30**	**484.80**	**18925**	**18080**
669.10	1708.40	210.60	43020.10	274.10	8861	8121
1363.10	1675.70	181.50	5553.70	12.00	1545	1526
-774.30	-765.50		1695.50		412	412
1598.00	1461.80	98.20	6854.40	32.30	1486	1474
289.00	287.00	68.90	2743.30	17.10	900	900
2562.40	2479.80	95.40	11215.10	61.80	2752	2728
31.90	29.30	12.40	5343.60	40.80	1304	1310
-3.00	-3.90		143.50		90	90
-5.10	-5.10		96.00		45	50
397.70	396.20	68.60	3210.30	46.70	1221	1177
-31.50	-31.50		29.20		17	17
-69.10			77.70		35	18
25.60	-3.80	2.60	791.90		257	257

3-37 规模以上教育

指标名称	单位数(个)	年初存货	固定资产原价	本年折旧	资产总计	负债合计	所有者权益合计
总计	**109**	**1229.40**	**205699.59**	**11309.85**	**267836.40**	**114004.69**	**153831.71**
学前教育	12	105.20	6747.70	397.70	6975.00	1971.70	5003.30
初等教育	10	225.00	33266.00	1257.80	38938.60	12430.10	26508.50
中等教育	24	98.00	109976.90	5064.60	151367.70	65487.80	85879.90
高等教育							
特殊教育							
技能培训、教育辅助及其他教育	63	801.20	55708.99	4589.75	70555.10	34115.09	36440.01

3-37 续表

指标名称	销售费用	管理费用		财务费用			投资收益
			其中：税金		其中：利息收入	其中：利息支出	
总计	**5469.42**	**22484.27**	**255.40**	**2938.60**	**211.20**	**1629.80**	**145.90**
学前教育	11.60	726.80	11.40	82.00		36.40	32.80
初等教育	32.10	2995.70	5.50	392.80	1.20	277.90	3.00
中等教育	953.20	9515.00	11.40	1781.00	40.40	1054.20	225.00
高等教育							
特殊教育							
技能培训、教育辅助及其他教育	4472.52	9246.77	227.10	682.80	169.60	261.30	-114.90

分行业经济指标

单位：万元

其中：实收资本	营业收入	其中：主营业务收入	营业成本	其中：主营业务成本	营业税金及附加	其中：主营业务税金及附加
42179.00	**120747.02**	**118650.62**	**80566.43**	**75046.33**	**2168.68**	**2091.58**
3438.70	3324.60	3312.30	2256.00	1844.70	49.40	49.00
4713.10	18221.30	17897.80	16003.30	14404.40	19.40	19.40
23450.60	47349.00	46232.80	31296.60	29361.50	143.60	143.60
10576.60	51852.12	51207.72	31010.53	29435.73	1956.28	1879.58

单位：万元

营业利润	利润总额	应交所得税	应付职工薪酬(本年贷方累计发生额)	应交增值税	从业人员期末人数(人)	从业人员平均人数(人)
9979.40	**8989.73**	**1320.90**	**42172.75**	**309.60**	**11989**	**11815**
167.70	168.00	26.70	1538.20	15.40	617	614
672.10	158.50	30.00	7154.00		2535	2538
5294.80	4873.90	397.50	19349.20	2.70	4928	4815
3844.80	3789.33	866.70	14131.35	291.50	3909	3848

3-38 规模以上教育

指标名称	单位数(个)	年初存货	固定资产原价	本年折旧	资产总计	负债合计
总 计	**109**	**1229.40**	**205699.59**	**11309.85**	**267836.40**	**114004.69**
按登记注册类型分组						
内资企业	108	1198.30	183220.29	9992.65	237900.20	96953.79
国有企业	3	174.00	9272.60	126.50	10994.50	3329.40
集体企业	3	33.30	428.49	40.75	256.10	66.99
股份合作企业	3	105.00	6752.00	386.80	6772.20	1137.70
联营企业						
国有联营企业						
集体联营企业						
国有与集体联营企业						
其他联营企业						
有限责任公司	15	131.60	15963.40	1575.90	15400.30	6715.90
国有独资公司						
其他有限责任公司	15	131.60	15963.40	1575.90	15400.30	6715.90
股份有限公司	2	6.20	142.20	11.60	634.40	217.50
私营企业	47	436.60	74400.30	4388.60	94824.50	46088.70
私营独资企业	18	217.40	30583.10	2208.10	37443.10	20511.40
私营合伙企业	13	21.40	14508.10	687.80	20996.20	11833.40
私营有限责任公司	13	183.80	24729.30	1440.10	30857.60	13171.40
私营股份有限公司	3	14.00	4579.80	52.60	5527.60	572.50
其他企业	35	311.60	76261.30	3462.50	109018.20	39397.60
港、澳、台商投资企业	1	31.10	22479.30	1317.20	29936.20	17050.90
合资经营企业(港或澳、台资)	1	31.10	22479.30	1317.20	29936.20	17050.90
合作经营企业(港或澳、台资)						
港、澳、台商独资经营企业						
港、澳、台商投资股份有限公司						
外商投资企业						
中外合资经营企业						
中外合作经营企业						
外资企业						
外商投资股份有限公司						
按企业控股情况分组						
国有控股	4	191.20	9307.60	131.50	11185.40	3771.70
集体控股	7	39.50	7981.09	737.95	10347.70	593.09
私人控股	74	688.20	111458.40	6279.90	126191.00	55947.10
港澳台商控股						
外商控股	1	31.10	22479.30	1317.20	29936.20	17050.90
其他	22	279.40	51996.20	2843.30	87399.10	35641.90

分类别经济指标

单位：万元

所有者权益合计	其中：实收资本	营业收入	其中：主营业务收入	营业成本	其中：主营业务成本	营业税金及附加	其中：主营业务税金及附加
153831.71	**42179.00**	**120747.02**	**118650.62**	**80566.43**	**75046.33**	**2168.68**	**2091.58**
140946.41	42179.00	113126.72	111030.32	75026.43	69506.33	2168.68	2091.58
7665.10	88.00	3443.00	3443.00	1179.40	1179.40	66.30	66.30
189.11		823.82	797.32	589.83	400.83	16.08	16.08
5634.50	2642.30	2496.10	2444.30	2043.00	2043.00	15.60	15.60
8684.40	4290.50	8324.10	7828.30	5612.60	5233.20	392.40	373.40
8684.40	4290.50	8324.10	7828.30	5612.60	5233.20	392.40	373.40
416.90		437.10	437.10	339.10	339.10	9.60	9.60
48735.80	14163.90	43434.90	43016.70	29234.10	26576.60	882.80	825.10
16931.70	1654.10	17314.60	16960.30	12849.40	11715.30	216.20	216.20
9162.80	3564.30	6878.80	6816.70	4973.20	4318.40	155.90	130.50
17686.20	4935.50	18219.60	18219.20	10906.30	10037.70	495.10	462.80
4955.10	4010.00	1021.90	1020.50	505.20	505.20	15.60	15.60
69620.60	20994.30	54167.70	53063.60	36028.40	33734.20	785.90	785.50
12885.30		7620.30	7620.30	5540.00	5540.00		
12885.30		7620.30	7620.30	5540.00	5540.00		
7413.70	108.00	4137.70	4137.70	1575.70	1575.70	89.60	89.60
9754.61	2642.30	4396.62	4370.12	3875.93	3686.93	19.18	19.18
70243.90	21235.40	59255.10	58163.50	39555.80	36476.90	1366.00	1289.20
12885.30		7620.30	7620.30	5540.00	5540.00		
51757.20	18193.30	44846.30	43868.00	29545.10	27292.90	693.90	693.60

3-38 续表 1

指标名称	单位数（个）	年初存货	固定资产原价	本年折旧	资产总计	负债合计
按隶属关系分组						
中央						
省(自治区、直辖市)	2	174.00	9218.30	122.30	10877.60	3293.90
地(区、市、州、盟)	9	2.90	17385.00	1285.40	25442.20	9199.20
县(区、市、旗)	24	22.00	49711.99	2121.05	51095.80	11342.09
街道						
镇						
乡						
(社区)居委会						
村委会						
其他	74	1030.50	129384.30	7781.10	180420.80	90169.50
按营业状态分组						
常年营业	109	1229.40	205699.59	11309.85	267836.40	114004.69
季节性营业						
其他						
按执行会计标准类别分组						
企业会计制度	101	1229.40	186233.49	10446.65	244029.70	110117.69
事业单位会计制度						
行政单位会计制度						
民间非营利组织会计制度						
其他	8		19466.10	863.20	23806.70	3887.00
按是否执行2006年《企业会计准则》分组						
执行2006年《企业会计准则》	70	805.80	137993.00	7151.90	179930.10	71450.70
不执行2006年《企业会计准则》	39	423.60	67706.59	4157.95	87906.30	42553.99
按机构类型分组						
企业	73	1057.90	106608.09	6555.65	138591.30	58371.49
事业单位	1		54.30	4.20	116.90	35.50
机关						
社会团体						
民办非企业单位	32	171.50	97557.20	4623.10	128147.90	55477.60
基金会						
居委会						
村委会						
其他组织机构	3		1480.00	126.90	980.30	120.10
按企业集团情况分组						
集团母公司	10	224.70	21256.40	892.00	25103.80	8007.20
成员企业						
亏损企业	22	409.00	53992.09	2933.85	59817.30	31339.49
不亏损企业	87	820.40	151707.50	8376.00	208019.10	82665.20

单位：万元

所有者权益合计	其中：实收资本	营业收入	其中：主营业务收入	营业成本	其中：主营业务成本	营业税金及附加	其中：主营业务税金及附加
7583.70	88.00	2828.50	2828.50	729.60	729.60	48.10	48.10
16243.00	2078.60	10941.50	10041.30	7295.50	6920.40	139.80	123.60
39753.71	16292.20	31077.92	30712.22	22082.43	20565.03	425.68	423.08
90251.30	23720.20	75899.10	75068.60	50458.90	46831.30	1555.10	1496.80
153831.71	42179.00	120747.02	118650.62	80566.43	75046.33	2168.68	2091.58
133912.01	40258.80	104294.42	102586.92	67051.03	63116.23	2049.18	1980.98
19919.70	1920.20	16452.60	16063.70	13515.40	11930.10	119.50	110.60
108479.40	30759.20	80536.70	79320.90	56757.70	52492.90	765.10	713.50
45352.31	11419.80	40210.32	39329.72	23808.73	22553.43	1403.58	1378.08
80219.81	28010.70	72540.12	71842.02	46206.93	44090.33	1904.98	1828.28
81.40		614.50	614.50	449.80	449.80	18.20	18.20
72670.30	14168.30	46626.80	45228.50	33099.80	29696.30	221.40	221.00
860.20		965.60	965.60	809.90	809.90	24.10	24.10
17096.60	85.50	9621.80	9621.40	8691.30	7936.00	112.30	79.90
28477.81	6770.10	18449.22	17619.72	17154.63	15008.93	261.98	245.78
125353.90	35408.90	102297.80	101030.90	63411.80	60037.40	1906.70	1845.80

3-38 续表 2

指标名称	销售费用	管理费用	其中：税金	财务费用	其中：利息收入	其中：利息支出
总　计	**5469.42**	**22484.27**	**255.40**	**2938.60**	**211.20**	**1629.80**
按登记注册类型分组						
内资企业	5469.42	21506.57	255.40	2500.50	211.20	1629.80
国有企业	1016.90	2196.60	17.50	2.30	2.20	0.30
集体企业	9.02	116.77	41.70	4.40		
股份合作企业		231.60	1.50	8.10	1.20	
联营企业						
国有联营企业						
集体联营企业						
国有与集体联营企业						
其他联营企业						
有限责任公司	419.10	1110.10	59.90	234.40		
国有独资公司						
其他有限责任公司	419.10	1110.10	59.90	234.40		
股份有限公司	10.70	8.80	1.10	10.90		5.80
私营企业	1540.60	9072.80	114.30	1189.60	59.00	768.70
私营独资企业	62.90	3140.50	31.20	413.90	57.90	358.90
私营合伙企业	353.50	1252.90	22.30	111.90	0.40	
私营有限责任公司	1034.80	4500.80	54.10	625.20	0.70	404.20
私营股份有限公司	89.40	178.60	6.70	38.60		5.60
其他企业	2473.10	8769.90	19.40	1050.80	148.80	855.00
港、澳、台商投资企业		977.70		438.10		
合资经营企业(港或澳、台资)		977.70		438.10		
合作经营企业(港或澳、台资)						
港、澳、台商独资经营企业						
港、澳、台商投资股份有限公司						
外商投资企业						
中外合资经营企业						
中外合作经营企业						
外资企业						
外商投资股份有限公司						
按企业控股情况分组						
国有控股	1016.90	2350.40	17.50	27.70	2.20	25.70
集体控股	11.02	842.27	42.80	43.90	2.20	35.90
私人控股	2395.20	10619.90	161.50	1864.60	59.20	1060.90
港澳台商控股						
外商控股		977.70		438.10		
其他	2046.30	7678.00	33.60	564.30	147.60	507.30

单位：万元

投资收益	营业利润	利润总额	应交所得税	应付职工薪酬（本年贷方累计发生额）	应交增值税	从业人员期末人数（人）	从业人员平均人数（人）
145.90	**9979.40**	**8989.73**	**1320.90**	**42172.75**	**309.60**	**11989**	**11815**
145.90	9314.90	8439.93	1102.80	39834.55	309.60	11494	11325
	-1107.80	-993.10	2.60	743.60		241	242
	4.20	-9.87	1.00	173.65		146	146
	169.40	169.40	1.50	1011.50		421	421
	416.10	888.70	209.10	1958.00	173.80	665	635
	416.10	888.70	209.10	1958.00	173.80	665	635
	58.00	58.00	6.40	212.30		60	63
-114.90	2666.70	1737.70	197.00	14495.80	117.70	4530	4476
	1271.50	1047.40	87.80	6333.50	2.80	1994	1960
-59.90	475.50	-48.10	32.20	3001.30	4.20	997	995
-55.00	725.20	573.90	75.20	4822.70	110.00	1348	1330
	194.50	164.50	1.80	338.30	0.70	191	191
260.80	7108.30	6589.10	685.20	21239.70	18.10	5431	5342
	664.50	549.80	218.10	2338.20		495	490
	664.50	549.80	218.10	2338.20		495	490
	-1011.90	-897.20	7.60	1015.00		291	285
	129.60	86.33	5.10	1793.75		574	555
-111.90	3919.60	2763.20	548.80	19916.60	291.50	6265	6162
	664.50	549.80	218.10	2338.20		495	490
257.80	6276.50	6487.60	541.30	16738.20	18.10	4235	4194

3-38 续表 3

指标名称	销售费用	管理费用	其中：税金	财务费用	其中：利息收入	其中：利息支出
按隶属关系分组						
中央						
省(自治区、直辖市)	1016.90	2060.70	17.50	2.30	2.20	0.30
地(区、市、州、盟)	8.70	2239.80	18.00	11.00	2.60	3.60
县(区、市、旗)	813.92	4902.77	74.10	667.60	1.20	268.00
街道						
镇						
乡						
(社区)居委会						
村委会						
其他	3629.90	13281.00	145.80	2257.70	205.20	1357.90
按营业状态分组						
常年营业	5469.42	22484.27	255.40	2938.60	211.20	1629.80
季节性营业						
其他						
按执行会计标准类别分组						
企业会计制度	5438.12	20026.97	249.90	2828.70	196.30	1600.80
事业单位会计制度						
行政单位会计制度						
民间非营利组织会计制度						
其他	31.30	2457.30	5.50	109.90	14.90	29.00
按是否执行2006年《企业会计准则》分组						
执行2006年《企业会计准则》	1320.40	17337.80	164.20	1678.80	62.90	996.20
不执行2006年《企业会计准则》	4149.02	5146.47	91.20	1259.80	148.30	633.60
按机构类型分组						
企业	4993.52	13068.97	228.10	1372.50	209.20	471.40
事业单位		135.90				
机关						
社会团体						
民办非企业单位	461.40	9211.60	27.30	1557.60	2.00	1158.40
基金会						
居委会						
村委会						
其他组织机构	14.50	67.80		8.50		
按企业集团情况分组						
集团母公司		660.80	15.20	312.40		308.60
成员企业						
亏损企业	307.82	4045.17	54.70	905.30	0.40	893.70
不亏损企业	5161.60	18439.10	200.70	2033.30	210.80	736.10

单位：万元

投资收益	营业利润	利润总额	应交所得税	应付职工薪酬(本年贷方累计发生额)	应交增值税	从业人员期末人数(人)	从业人员平均人数(人)
	-1029.00	-1003.60		607.70		202	203
	1795.00	2491.00	20.60	4428.40		989	945
	2880.90	2678.83	343.40	11619.55	176.50	3207	3142
145.90	6332.50	4823.50	956.90	25517.10	133.10	7591	7525
145.90	9979.40	8989.73	1320.90	42172.75	309.60	11989	11815
200.90	8258.20	7298.83	1305.80	35917.75	309.60	10144	9995
-55.00	1721.20	1690.90	15.10	6255.00		1845	1820
-27.10	4933.60	4490.30	413.00	30887.00	23.90	8651	8551
173.00	5045.80	4499.43	907.90	11285.75	285.70	3338	3264
-111.90	5068.00	4770.13	1087.10	22075.55	294.20	5774	5684
	-78.80	10.50	2.60	135.90		39	39
257.80	4949.40	4168.30	229.20	19490.20	15.40	6008	5924
	40.80	40.80	2.00	471.10		168	168
	-134.90	-561.80	8.90	2980.50	2.80	1186	1144
	-3580.70	-2556.37	54.30	6750.35		2358	2303
145.90	13560.10	11546.10	1266.60	35422.40	309.60	9631	9512

3-39 规模以上教育

地　　区	单位数(个)	年初存货	固定资产原　　价	本年折旧	资产总计	负债合计	所有者权益合计
总　计	**109**	**1229.40**	**205699.59**	**11309.85**	**267836.40**	**114004.69**	**153831.71**
长沙市	13	484.70	26314.90	1326.00	43875.80	16736.60	27139.20
株洲市	10	74.60	49542.30	4385.80	55720.80	30020.30	25700.50
湘潭市							
衡阳市	23	146.40	33463.20	1599.50	39282.50	7913.90	31368.60
邵阳市	6	120.00	25590.30	622.40	34169.40	10832.30	23337.10
岳阳市	11	70.40	3741.20	185.20	2647.00	1185.50	1461.50
常德市	29	123.00	35259.69	1446.05	36994.00	16268.49	20725.51
张家界市							
益阳市	4	78.80	8674.20	253.80	10193.80	5821.10	4372.70
郴州市	8	128.60	14347.70	791.80	26970.30	16002.10	10968.20
永州市	1	2.90	1311.70	136.70	7350.90	1833.90	5517.00
怀化市							
娄底市	3		6841.30	490.00	7132.10	5074.70	2057.40
湘西州	1		613.10	72.60	3499.80	2315.80	1184.00

3-39 续表

地　　区	销售费用	管理费用	其中：税金	财务费用	其中：利息收入	其中：利息支出	投资收益
总　计	**5469.42**	**22484.27**	**255.40**	**2938.60**	**211.20**	**1629.80**	**145.90**
长沙市	3056.80	7607.60	23.80	117.50	149.00	173.00	
株洲市	739.00	3773.50	18.30	1060.20	2.20	258.30	
湘潭市							
衡阳市	240.50	3187.00	38.40	352.50	1.20	45.90	3.00
邵阳市	126.00	1051.70	0.50	617.30	13.70	545.90	
岳阳市	11.20	342.90	83.20	9.10		2.50	
常德市	353.32	1798.67	13.50	207.10	44.50	105.60	-114.90
张家界市							
益阳市	497.00	2624.70	20.20	0.30		0.30	
郴州市	178.80	867.90	13.00	537.70	0.60	498.30	257.80
永州市		663.90					
怀化市							
娄底市	266.80	390.50	44.50	36.60			
湘西州		175.90		0.30			

分市州经济指标

单位：万元

其中：实收资本	营业收入	其中：主营业务收入	营业成本	其中：主营业务成本	营业税金及附加	其中：主营业务税金及附加
42179.00	**120747.02**	**118650.62**	**80566.43**	**75046.33**	**2168.68**	**2091.58**
11928.60	34949.00	34949.00	18835.90	18835.90	883.80	874.90
3956.40	25550.80	25452.70	18441.00	16563.60	550.60	518.30
4330.10	22375.70	21908.10	17579.30	16099.60	121.40	121.10
4207.70	7210.00	7079.70	5476.40	5434.40	94.60	94.60
399.60	3401.00	2917.20	2593.00	2028.90	98.00	79.30
3762.00	14597.92	14264.32	10662.43	10162.53	227.98	211.38
4030.00	3175.80	3059.60	891.00	880.00	20.50	20.50
6454.40	3155.40	2943.10	1936.10	890.10	52.50	52.20
1000.00	3011.20	2756.70	1219.00	1219.00		
1500.00	2732.30	2732.30	2590.80	2590.80	91.00	91.00
610.20	587.90	587.90	341.50	341.50	28.30	28.30

单位：万元

营业利润	利润总额	应交所得税	应付职工薪酬（本年贷方累计发生额）	应交增值税	从业人员期末人数（人）	从业人员平均人数（人）
9979.40	**8989.73**	**1320.90**	**42172.75**	**309.60**	**11989**	**11815**
4514.20	4190.80	547.40	11862.60	123.10	2235	2247
2712.30	2357.20	562.50	7756.40	176.50	1977	1953
2240.50	2102.70	35.30	8092.10	6.40	2790	2746
-236.20	-146.90	2.60	2604.10		686	682
117.00	135.40	6.10	794.10	3.60	362	362
1107.00	112.63	59.80	6495.35		2400	2344
-1083.60	-842.80	43.50	1294.70		368	356
55.30	-170.50	26.90	1315.30		644	645
1128.30	1128.30		1213.00		265	238
-617.30	81.00	26.40	585.10		216	196
41.90	41.90	10.40	160.00		46	46

3-40 规模以上卫生和

指标名称	单位数(个)	年初存货	固定资产原价	本年折旧	资产总计	负债合计
总 计	**141**	**16767.70**	**304600.40**	**24531.80**	**526212.20**	**393102.50**
卫生	139	14615.00	288413.20	24356.90	499712.50	373286.30
医院	131	13552.90	271711.70	22919.50	481309.40	363630.60
社区医疗与卫生院	1		560.00	1.30	564.20	
门诊部(所)	3	278.70	7339.20	762.60	8168.80	7009.00
计划生育技术服务活动						
妇幼保健院(所、站)						
专科疾病防治院(所、站)						
疾病预防控制中心						
其他卫生活动	4	783.40	8802.30	673.50	9670.10	2646.70
社会工作	2	2152.70	16187.20	174.90	26499.70	19816.20
提供住宿社会工作	1	26.10	11422.20	153.20	14148.00	12600.30
不提供住宿社会工作	1	2126.60	4765.00	21.70	12351.70	7215.90

3-40 续表

指标名称	销售费用	管理费用		财务费用		
			其中：税金		其中：利息收入	其中：利息支出
总 计	**25389.80**	**69877.60**	**681.80**	**5714.30**	**-421.40**	**3062.20**
卫生	25240.50	68970.00	681.80	5714.80	-421.40	3063.40
医院	25069.20	66915.70	619.30	5560.40	-422.80	3060.80
社区医疗与卫生院	4.00	3.20		2.10		
门诊部(所)	73.20	1005.80	0.90	52.70		
计划生育技术服务活动						
妇幼保健院(所、站)						
专科疾病防治院(所、站)						
疾病预防控制中心						
其他卫生活动	94.10	1045.30	61.60	99.60	1.40	2.60
社会工作	149.30	907.60		-0.50		-1.20
提供住宿社会工作	49.30	51.00		0.60		0.60
不提供住宿社会工作	100.00	856.60		-1.10		-1.80

社会工作分行业经济指标

单位：万元

所有者权益合计	其中：实收资本	营业收入	其中：主营业务收入	营业成本	其中：主营业务成本	营业税金及附加	其中：主营业务税金及附加
133109.70	**83408.30**	**433006.20**	**428293.90**	**291801.20**	**277782.80**	**1946.00**	**1912.40**
126426.20	82029.30	428928.60	424238.80	289145.80	275127.40	1933.00	1899.40
117678.80	76183.30	413955.40	409565.60	277772.10	263753.70	1793.80	1760.20
564.20		235.80	235.80	191.00	191.00	2.90	2.90
1159.80	156.00	6772.00	6472.00	5687.60	5687.60	11.60	11.60
7023.40	5690.00	7965.40	7965.40	5495.10	5495.10	124.70	124.70
6683.50	1379.00	4077.60	4055.10	2655.40	2655.40	13.00	13.00
1547.70	700.00	985.00	962.50	610.70	610.70	13.00	13.00
5135.80	679.00	3092.60	3092.60	2044.70	2044.70		

单位：万元

投资收益	营业利润	利润总额	应交所得税	应付职工薪酬（本年贷方累计发生额）	应交增值税	从业人员期末人数（人）	从业人员平均人数（人）
-39.50	**40458.20**	**37284.80**	**7711.20**	**106699.90**	**694.10**	**19422**	**18942**
-39.50	40105.40	36938.10	7711.20	106208.60	694.10	19325	18847
-39.50	39014.50	35849.70	7677.30	103865.20	185.60	18653	18184
	32.60	32.60	0.80	50.50		18	20
	-61.60	-61.60	0.50	1673.10		471	481
	1119.90	1117.40	32.60	619.80	508.50	183	162
	352.80	346.70		491.30		97	95
	260.40	260.40		117.00		65	63
	92.40	86.30		374.30		32	32

3-41 规模以上卫生和

指标名称	单位数(个)	年初存货	固定资产原价	本年折旧	资产总计	负债合计
总 计	**141**	**16767.70**	**304600.40**	**24531.80**	**526212.20**	**393102.50**
按登记注册类型分组						
内资企业	140	15622.70	246662.00	22122.40	476120.90	323850.60
国有企业	6	4503.10	52698.30	3286.00	106724.90	75015.20
集体企业	5	397.10	7482.90	520.50	6799.50	2861.40
股份合作企业	6	276.70	9903.70	510.30	10284.50	4832.30
联营企业						
国有联营企业						
集体联营企业						
国有与集体联营企业						
其他联营企业						
有限责任公司	22	4632.80	49007.60	5505.50	126575.90	77376.30
国有独资公司	1	59.10	525.80	33.70	829.50	687.90
其他有限责任公司	21	4573.70	48481.80	5471.80	125746.40	76688.40
股份有限公司	11	860.00	17701.30	1785.90	22823.30	12194.50
私营企业	74	3799.90	84785.20	8421.40	168574.30	125198.90
私营独资企业	28	564.70	14424.40	1474.20	21469.10	9358.60
私营合伙企业	16	750.30	22957.20	3254.30	49908.00	35730.50
私营有限责任公司	25	2305.00	44180.90	3246.30	90942.20	77185.10
私营股份有限公司	5	179.90	3222.70	446.60	6255.00	2924.70
其他企业	16	1153.10	25083.00	2092.80	34338.50	26372.00
港、澳、台商投资企业						
合资经营企业(港或澳、台资)						
合作经营企业(港或澳、台资)						
港、澳、台商独资经营企业						
港、澳、台商投资股份有限公司						
外商投资企业	1	1145.00	57938.40	2409.40	50091.30	69251.90
中外合资经营企业	1	1145.00	57938.40	2409.40	50091.30	69251.90
中外合作经营企业						
外资企业						
外商投资股份有限公司						
按企业控股情况分组						
国有控股	8	4810.80	59883.60	4538.00	167813.80	115104.10
集体控股	10	850.70	23600.70	2290.70	24241.70	10425.20
私人控股	102	6336.90	127848.90	12247.50	229976.70	170645.00
港澳台商控股						
外商控股	1	1145.00	57938.40	2409.40	50091.30	69251.90
其他	20	3624.30	35328.80	3046.20	54088.70	27676.30

社会工作分类别经济指标

单位：万元

所有者权益合计	其中：实收资本	营业收入	其中：主营业务收入	营业成本	其中：主营业务成本	营业税金及附加	其中：主营业务，税金及附加
133109.70	**83408.30**	**433006.20**	**428293.90**	**291801.20**	**277782.80**	**1946.00**	**1912.40**
152270.30	60408.30	401482.30	396911.30	269852.30	255846.10	1946.00	1912.40
31709.70	3832.20	63010.90	59596.40	50847.50	49973.40		
3938.10	200.00	11644.00	11644.00	8154.90	8154.90	8.50	8.50
5452.20	3649.30	14405.80	14227.80	10210.20	10210.20	1.00	
49199.60	9837.30	125927.80	125496.80	83449.80	82840.00	317.30	317.30
141.60	50.00	2215.60	2215.60	1522.90	1522.90		
49058.00	9787.30	123712.20	123281.20	81926.90	81317.10	317.30	317.30
10628.80	6414.90	38027.60	38019.20	22185.70	22185.70	56.80	56.80
43375.40	32902.50	113666.40	113238.40	73427.00	62046.20	1480.70	1448.10
12110.50	4112.70	21980.70	21710.40	17201.70	12757.60	290.60	283.90
14177.50	14085.60	24244.90	24158.60	17061.90	10456.90	270.10	244.20
13757.10	12990.20	58738.30	58666.90	32411.40	32080.00	912.80	912.80
3330.30	1714.00	8702.50	8702.50	6752.00	6751.70	7.20	7.20
7966.50	3572.10	34799.80	34688.70	21577.20	20435.70	81.70	81.70
-19160.60	23000.00	31523.90	31382.60	21948.90	21936.70		
-19160.60	23000.00	31523.90	31382.60	21948.90	21936.70		
52709.70	8322.20	125686.50	122258.10	90021.30	89147.20	35.30	35.30
13816.50	4593.80	33360.60	33352.20	22820.50	22820.50	103.10	103.10
59331.70	44890.80	189332.90	188381.60	121509.90	108377.80	1684.10	1651.50
-19160.60	23000.00	31523.90	31382.60	21948.90	21936.70		
26412.40	2601.50	53102.30	52919.40	35500.60	35500.60	123.50	122.50

3-41 续表 1

指标名称	单位数(个)	年初存货	固定资产原价	本年折旧	资产总计	负债合计
按隶属关系分组						
中央						
省(自治区、直辖市)	7	3582.40	70973.20	3523.90	78589.50	91410.20
地(区、市、州、盟)	16	2668.20	57915.20	4748.50	94359.90	70427.40
县(区、市、旗)	15	1127.30	20964.10	1607.90	31268.30	17334.70
街道						
镇						
乡						
(社区)居委会						
村委会						
其他	103	9389.80	154747.90	14651.50	321994.50	213930.20
按营业状态分组						
常年营业	140	16767.70	303941.20	24519.00	525148.20	392906.80
季节性营业						
其他						
按执行会计标准类别分组						
企业会计制度	134	15901.50	275997.70	22305.30	488929.70	373142.20
事业单位会计制度						
行政单位会计制度						
民间非营利组织会计制度						
其他	7	866.20	28602.70	2226.50	37282.50	19960.30
按是否执行2006年《企业会计准则》分组						
执行2006年《企业会计准则》	104	14423.70	261890.50	21071.90	416283.30	305409.20
不执行2006年《企业会计准则》	36	2317.10	40491.50	3357.20	106401.80	85714.50
按机构类型分组						
企业	102	11792.70	250795.40	20705.00	424235.50	325655.20
事业单位	4	3843.80	30893.10	1701.30	72647.60	50370.90
机关						
社会团体						
民办非企业单位	29	735.60	17914.30	1675.20	24733.20	14933.20
基金会						
居委会						
村委会						
其他组织机构	6	395.60	4997.60	450.30	4595.90	2143.20
按企业集团情况分组						
集团母公司	16	1149.00	31712.60	2064.30	36062.30	22393.60
成员企业	11	4146.50	33368.90	2934.40	112902.40	72762.00
亏损企业	60	5432.40	152860.60	12480.90	189573.70	166879.90
不亏损企业	81	11335.30	151739.80	12050.90	336638.50	226222.60

单位：万元

所有者权益合计	其中：实收资本	营业收入	其中：主营业务收入	营业成本	其中：主营业务成本	营业税金及附加	其中：主营业务税金及附加
-12820.70	24428.60	45671.20	45529.90	34111.30	34099.10	23.50	23.50
23932.50	2270.70	75800.20	72414.90	55723.50	54873.30	155.30	155.30
13933.60	6185.80	37079.00	36751.20	26920.20	26567.70	160.10	159.10
108064.30	50523.20	274455.80	273597.90	175046.20	162242.70	1607.10	1574.50
132241.40	83308.30	432786.10	428073.80	291589.90	277571.50	1946.00	1912.40
115787.50	81359.60	407017.50	403419.30	270165.60	256949.60	1888.00	1854.40
17322.20	2048.70	25988.70	24874.60	21635.60	20833.20	58.00	58.00
110874.10	73593.20	353873.30	350103.40	234788.20	225560.40	1561.40	1534.30
20687.30	8856.40	74882.70	73940.30	53814.50	49023.90	384.60	378.10
98580.30	75399.20	359588.70	357628.80	238434.50	228962.50	1646.10	1613.50
22276.70	3332.20	40727.90	38303.20	31073.80	30822.50		
9800.00	3375.90	26504.50	26176.80	19265.10	14970.00	270.50	269.50
2452.70	1301.00	6185.10	6185.10	3027.80	3027.80	29.40	29.40
13668.70	8155.10	47059.80	46750.70	34308.60	34304.70	123.20	123.20
40140.40	14617.70	111667.50	111653.60	71423.20	71423.20	167.20	167.20
22693.80	49245.90	151288.00	150737.70	109719.60	101780.70	104.70	78.90
110415.90	34162.40	281718.20	277556.20	182081.60	176002.10	1841.30	1833.50

3-41 续表 2

指标名称	销售费用	管理费用	其中：税金	财务费用	其中：利息收入	其中：利息支出
总　计	**25389.80**	**69877.60**	**681.80**	**5714.30**	**-421.40**	**3062.20**
按登记注册类型分组						
内资企业	21158.60	64890.30	644.90	3430.60	-436.50	1135.80
国有企业	100.00	8693.60	0.10	-2.80	1.60	-1.80
集体企业	417.00	2920.80	5.50	1.50	0.30	
股份合作企业	1186.80	2906.80		33.80	0.10	
联营企业						
国有联营企业						
集体联营企业						
国有与集体联营企业						
其他联营企业						
有限责任公司	3411.40	14906.60	124.20	205.90	-455.70	220.60
国有独资公司	487.60	216.20	2.70	7.90		
其他有限责任公司	2923.80	14690.40	121.50	198.00	-455.70	220.60
股份有限公司	3951.50	5277.40	6.80	140.60	2.80	157.90
私营企业	10450.00	19793.80	495.50	2753.90	11.90	630.50
私营独资企业	744.50	2566.90	9.50	243.70	0.70	127.10
私营合伙企业	2282.70	2283.70	95.60	1599.20	0.10	111.00
私营有限责任公司	7341.10	13409.70	383.00	907.10	10.80	391.50
私营股份有限公司	81.70	1533.50	7.40	3.90	0.30	0.90
其他企业	1641.90	10391.30	12.80	297.70	2.50	128.60
港、澳、台商投资企业						
合资经营企业(港或澳、台资)						
合作经营企业(港或澳、台资)						
港、澳、台商独资经营企业						
港、澳、台商投资股份有限公司						
外商投资企业	4231.20	4987.30	36.90	2283.70	15.10	1926.40
中外合资经营企业	4231.20	4987.30	36.90	2283.70	15.10	1926.40
中外合作经营企业						
外资企业						
外商投资股份有限公司						
按企业控股情况分组						
国有控股	93.00	10681.10	16.30	-411.10	-459.60	
集体控股	2492.60	6979.40	35.50	206.90	1.20	2.60
私人控股	17244.30	36367.60	529.10	3369.90	17.00	1111.10
港澳台商控股						
外商控股	4231.20	4987.30	36.90	2283.70	15.10	1926.40
其他	1328.70	10862.20	64.00	264.90	4.90	22.10

单位：万元

投资收益	营业利润	利润总额	应交所得税	应付职工薪酬（本年贷方累计发生额）	应交增值税	从业人员期末人数（人）	从业人员平均人数（人）
-39.50	**40458.20**	**37284.80**	**7711.20**	**106699.90**	**694.10**	**19422**	**18942**
-39.50	42385.40	39200.30	7711.20	96762.20	694.00	18350	17933
	5481.00	1768.50	85.60	15831.90		2379	2350
5.20	-152.40	-148.40	6.30	3918.10		635	617
-52.60	42.80	-181.60	6.40	2935.40		727	709
-75.50	24265.90	24787.70	6143.00	28395.40	510.60	4134	3943
	-19.00	-22.80	1.00	840.50		111	120
-75.50	24284.90	24810.50	6142.00	27554.90	510.60	4023	3823
	6410.70	6374.60	448.00	9190.10		1601	1599
83.40	6033.10	5880.60	981.00	25886.50	183.40	6744	6603
12.50	852.10	673.00	77.30	5715.10		1784	1744
70.90	-225.80	-215.70	133.40	7100.10	23.90	1800	1790
	4911.40	4927.90	756.80	10693.30	159.50	2659	2576
	495.40	495.40	13.50	2378.00		501	493
	304.30	718.90	40.90	10604.80		2130	2112
	-1927.20	-1915.50		9937.70	0.10	1072	1009
	-1927.20	-1915.50		9937.70	0.10	1072	1009
37.60	27403.60	24032.10	5653.70	27397.80		3132	3050
5.20	556.00	277.70	74.70	9113.70	371.20	1603	1527
83.40	9436.10	9720.60	1203.10	47171.50	183.40	10731	10528
	-1927.20	-1915.50		9937.70	0.10	1072	1009
-165.70	4989.70	5169.90	779.70	13079.20	139.40	2884	2828

3-41 续表 3

指标名称	销售费用	管理费用	其中：税金	财务费用	其中：利息收入	其中：利息支出
按隶属关系分组						
中央						
省(自治区、直辖市)	4754.50	6929.10	37.00	2292.80	16.60	1924.60
地(区、市、州、盟)	3905.20	14581.20	47.50	274.40	1.70	283.00
县(区、市、旗)	949.70	4039.10	30.50	199.70	3.00	107.70
街道						
镇						
乡						
(社区)居委会						
村委会						
其他	15780.40	44328.20	566.80	2947.40	-442.70	746.90
按营业状态分组						
常年营业	25389.80	69832.60	680.30	5714.30	-421.40	3062.20
季节性营业						
其他						
按执行会计标准类别分组						
企业会计制度	25260.10	66493.20	681.80	5613.60	-421.40	3044.30
事业单位会计制度						
行政单位会计制度						
民间非营利组织会计制度						
其他	129.70	3384.40		100.70		17.90
按是否执行2006年《企业会计准则》分组						
执行2006年《企业会计准则》	22287.90	57056.00	663.30	4947.00	-427.00	2559.30
不执行2006年《企业会计准则》	3101.90	11902.80	18.50	747.90	5.60	502.90
按机构类型分组						
企业	23178.70	56161.00	665.00	5356.80	-425.90	2899.40
事业单位	100.00	6447.60	0.10	-2.80	1.60	-1.80
机关						
社会团体						
民办非企业单位	764.60	5490.60	16.70	320.50	0.30	164.60
基金会						
居委会						
村委会						
其他组织机构	1346.50	1778.40		39.80	2.60	
按企业集团情况分组						
集团母公司	2637.60	9365.30	22.00	344.00	2.20	314.30
成员企业	1567.80	10926.80	93.80	-400.30	-453.00	27.90
亏损企业	14978.00	30313.10	83.70	4635.10	20.80	2605.00
不亏损企业	10411.80	39564.50	598.10	1079.20	-442.20	457.20

单位：万元

投资收益	营业利润	利润总额	应交所得税	应付职工薪酬（本年贷方累计发生额）	应交增值税	从业人员期末人数（人）	从业人员平均人数（人）
	-2442.50	-3891.00		13105.30	0.10	1754	1694
-52.60	3175.90	1177.10	144.30	20196.60	371.20	3851	3778
	5011.50	4864.60	101.20	9694.00	139.40	1682	1646
13.10	34713.30	35134.10	7465.70	63704.00	183.40	12135	11824
-39.50	40549.30	37375.90	7711.20	106578.70	694.10	19380	18900
-39.50	37545.70	36867.50	7604.90	100790.30	694.10	18081	17636
	2912.50	417.30	106.30	5909.60		1341	1306
-41.50	35092.20	32026.40	7477.60	86117.50	694.10	15577	15222
2.00	5252.60	5258.40	233.60	20021.90		3695	3572
13.10	36722.20	35052.70	7521.90	87569.20	670.20	15397	14966
	3065.70	1612.30	6.40	10631.10		1423	1401
-52.60	711.60	704.10	155.80	6862.20	23.90	2118	2087
	-41.30	-84.30	27.10	1637.40		484	488
5.20	435.50	267.10	323.30	13613.30	3.00	2671	2636
37.60	27999.50	27286.30	6161.30	23323.30	505.50	2183	2116
-86.90	-8835.10	-9861.90	23.20	45334.10	0.10	8973	8822
47.40	49293.30	47146.70	7688.00	61365.80	694.00	10449	10120

3-42 规模以上卫生和

地 区	单位数(个)	年初存货	固定资产原 价	本年折旧	资产总计	负债合计	所有者权益合计
总 计	**141**	**16767.70**	**304600.40**	**24531.80**	**526212.20**	**393102.50**	**133109.70**
长沙市	37	8638.40	110850.30	6571.70	236285.20	210473.30	25811.90
株洲市	16	1651.40	47523.70	5090.30	66579.70	34346.90	32232.80
湘潭市	8	288.10	23966.10	951.70	27633.90	21039.30	6594.60
衡阳市	14	1305.30	30912.80	2445.70	59440.30	39175.40	20264.90
邵阳市	10	1106.40	25072.80	3827.90	48622.50	34890.60	13731.90
岳阳市	12	1296.30	27883.00	2534.50	34360.10	22522.90	11837.20
常德市	25	1485.00	11837.30	887.30	18728.20	10604.80	8123.40
张家界市							
益阳市	3	31.00	3094.60	41.50	4459.50	412.70	4046.80
郴州市	6	428.20	9663.90	1182.20	12357.60	8357.10	4000.50
永州市	5	186.80	8144.80	669.00	10910.60	5290.90	5619.70
怀化市							
娄底市	3	316.90	4751.10	293.50	5754.60	5838.60	-84.00
湘西州	2	33.90	900.00	36.50	1080.00	150.00	930.00

3-42 续表

地 区	销售费用	管理费用	其中：税金	财务费用	其中：利息收入	其中：利息支出	投资收益
总 计	**25389.80**	**69877.60**	**681.80**	**5714.30**	**-421.40**	**3062.20**	**-39.50**
长沙市	18502.40	31515.80	104.10	2563.60	-436.90	2473.30	37.60
株洲市	846.40	6727.50	37.70	542.80	3.20	26.60	-113.10
湘潭市	139.90	2989.80	5.10	-0.10	1.90	0.60	
衡阳市	792.90	7899.00	37.90	166.90	7.00	125.60	
邵阳市	2630.70	2856.00	8.10	1521.80	0.10	81.90	70.90
岳阳市	1777.30	9155.00	381.70	613.20	0.80	135.40	5.20
常德市	260.70	3816.20	24.40	30.80	1.40	29.70	-52.60
张家界市							
益阳市	62.80	214.60	10.00	2.60	0.30	0.30	10.50
郴州市	333.10	1415.60	1.50	20.90	0.60	28.90	
永州市	20.30	1307.40	63.10	61.80	0.20	17.90	
怀化市							
娄底市	23.30	1913.30	7.00	187.00		142.00	
湘西州		67.40	1.20	3.00			2.00

社会工作分市州经济指标

单位：万元

其中：实收资本	营业收入	其中：主营业务收入	营业成本	其中：主营业务成本	营业税金及附加	其中：主营业务税金及附加
83408.30	**433006.20**	**428293.90**	**291801.20**	**277782.80**	**1946.00**	**1912.40**
45576.30	202787.20	202335.20	119371.10	118658.70	246.60	246.60
1498.00	54424.60	53434.80	42554.20	41931.40	376.60	376.60
3930.80	12127.20	12104.70	9233.40	9233.40	13.00	13.00
1136.40	44770.30	42241.10	32778.60	32534.80	183.00	176.50
14333.40	25254.00	25183.10	19038.50	12447.80	97.20	71.30
2726.90	44797.80	44797.80	30772.70	30772.70	802.90	802.90
2899.70	25099.10	24791.40	20355.50	15656.70	28.60	27.40
3990.00	1927.30	1927.30	1510.60	1510.60	26.40	26.40
3231.50	7180.10	7175.50	5706.70	5706.40	1.70	1.70
2608.50	8280.80	8265.20	5908.20	4765.60	168.80	168.80
1476.80	5816.10	5516.10	4247.70	4247.70		
	541.70	521.70	324.00	317.00	1.20	1.20

单位：万元

营业利润	利润总额	应交所得税	应付职工薪酬(本年贷方累计发生额)	应交增值税	从业人员期末人数(人)	从业人员平均人数(人)
40458.20	**37284.80**	**7711.20**	**106699.90**	**694.10**	**19422**	**18942**
30661.50	30938.70	5863.10	49210.70	0.10	6357	6123
5649.90	3394.20	703.70	14101.80	22.20	2902	2820
-260.00	-1900.70	2.60	3515.60		1080	1058
3093.50	3067.30	576.20	9718.20	139.40	2037	1990
-367.20	-314.40	140.00	6331.20		1653	1655
1087.20	1364.30	39.10	11773.90	371.20	1800	1804
1089.80	1150.70	255.20	6104.40	158.20	1719	1680
52.00	60.40	15.60	201.70	3.00	135	119
-360.30	-349.20	40.80	1781.40		701	700
52.80	52.80	73.70	2290.30		603	554
-426.70	-363.00		1374.60		325	329
185.70	183.70	1.20	296.10		110	110

3-43 规模以上文化、体育和

指标名称	单位数(个)	年初存货	固定资产原价	本年折旧	资产总计	负债合计
总计	**152**	**146892.60**	**758201.50**	**66906.70**	**4880102.40**	**1233008.30**
新闻和出版业	36	71860.30	258855.50	12943.70	2041257.60	376046.70
新闻业	2		3310.80	403.20	12648.30	6586.50
出版业	34	71860.30	255544.70	12540.50	2028609.30	369460.20
广播、电视、电影和影视录音制作业	52	64371.20	307370.70	38923.90	2600428.40	722378.30
广播						
电视	9	1593.00	204106.50	30353.00	1310101.90	369204.90
电影和影视节目制作	9	62342.70	59474.50	4858.00	1222115.30	314207.80
电影和影视节目发行	2		400.40	63.40	6449.20	1134.00
电影放映	32	435.50	43389.30	3649.50	61762.00	37831.60
录音制作						
文化艺术业	19	8071.60	46720.40	5858.90	67984.80	38478.10
文艺创作与表演	8	5.50	5527.00	203.00	11722.10	6343.80
艺术表演场馆	5	59.30	35784.20	5156.30	37964.00	20395.40
图书馆与档案馆						
文物及非物质文化遗产保护	1		485.10	25.00	503.90	503.90
博物馆						
烈士陵园、纪念馆	1	7694.30	2692.50	346.20	13458.50	8974.60
群众文化活动	1		148.10	19.20	587.40	140.50
其他文化艺术业	3	312.50	2083.50	109.20	3748.90	2119.90
体育	11	533.30	39893.30	2868.70	52463.30	53606.30
体育组织						
体育场馆						
休闲健身活动	11	533.30	39893.30	2868.70	52463.30	53606.30
其他体育						
娱乐业	34	2056.20	105361.60	6311.50	117968.30	42498.90
室内娱乐活动	27	292.40	24109.70	1904.30	31764.00	11516.90
游乐园	4	426.20	59208.90	3316.70	47670.60	10197.20
彩票活动						
文化、娱乐、体育经纪代理						
其他娱乐业	3	1337.60	22043.00	1090.50	38533.70	20784.80

娱乐业分行业经济指标

单位：万元

所有者权益合计	其中：实收资本	营业收入	其中：主营业务收入	营业成本	其中：主营业务成本	营业税金及附加	其中：主营业务税金及附加
3647094.10	**1340648.50**	**1347314.40**	**1025606.90**	**703943.60**	**671660.00**	**16565.90**	**15932.70**
1665210.90	471884.80	442598.90	436093.10	308211.70	305876.70	7612.00	7538.60
6061.80	3404.00	9772.30	9495.80	4732.00	4520.40	225.10	222.60
1659149.10	468480.80	432826.60	426597.30	303479.70	301356.30	7386.90	7316.00
1878050.10	806579.30	806383.80	492145.90	353998.70	324560.30	5081.60	4547.90
940897.00	618279.50	667701.80	358128.10	293356.70	265206.90	1609.40	1579.40
907907.50	172274.40	95698.50	92812.60	40101.30	39118.60	1729.10	1387.60
5315.20	5300.00	3401.00	3401.00	3323.80	3323.80	36.00	36.00
23930.40	10725.40	39582.50	37804.20	17216.90	16911.00	1707.10	1544.90
29506.70	14032.80	28882.00	28455.70	15806.00	15796.00	634.10	632.70
5378.30	2379.00	7027.80	6961.80	3450.30	3450.30	102.70	101.30
17568.60	10195.20	13294.70	13083.20	6783.60	6773.60	475.20	475.20
		611.50	611.50	605.10	605.10	5.60	5.60
4483.90		613.40	499.60	274.60	274.60	1.00	1.00
446.90	220.00	2656.00	2621.00	975.80	975.80	5.70	5.70
1629.00	1238.60	4678.60	4678.60	3716.60	3716.60	43.90	43.90
-1143.00	6692.60	13176.00	12846.80	7466.80	7358.10	868.10	868.10
-1143.00	6692.60	13176.00	12846.80	7466.80	7358.10	868.10	868.10
75469.40	41459.00	56273.70	56065.40	18460.40	18068.90	2370.10	2345.40
20247.10	15314.00	24144.40	23941.30	11210.50	10919.00	1115.30	1090.60
37473.40	17902.00	26651.50	26651.30	4925.60	4825.60	952.80	952.80
17748.90	8243.00	5477.80	5472.80	2324.30	2324.30	302.00	302.00

3-43 续表

指标名称	销售费用	管理费用	其中：税金	财务费用	其中：利息收入	其中：利息支出
总 计	**114481.50**	**213047.40**	**3638.90**	**3688.10**	**24513.00**	**28514.40**
新闻和出版业	36344.90	70931.70	3011.00	-12214.60	16351.70	5267.60
新闻业	3056.30	2096.50	6.00	-24.50	25.20	0.50
出版业	33288.60	68835.20	3005.00	-12190.10	16326.50	5267.10
广播、电视、电影和影视录音制作业	59719.90	119549.00	169.20	12786.50	8000.70	20298.30
广播						
电视	41675.10	83477.70	5.30	-7338.30	7456.10	32.70
电影和影视节目制作	7506.30	28894.10	86.80	19743.30	573.50	20121.80
电影和影视节目发行	157.10	642.60	4.00	69.50	3.50	
电影放映	10381.40	6534.60	73.10	312.00	-32.40	143.80
录音制作						
文化艺术业	3167.30	8362.40	195.90	987.90	11.10	953.20
文艺创作与表演	130.90	3095.50	4.10	-1.80	3.90	3.20
艺术表演场馆	1279.50	4376.60	189.70	795.00	5.30	754.40
图书馆与档案馆						
文物及非物质文化遗产保护						
博物馆						
烈士陵园、纪念馆	150.60	188.80	0.50	135.30		135.30
群众文化活动	1400.20	120.70		0.70	0.20	
其他文化艺术业	206.10	580.80	1.60	58.70	1.70	60.30
体育	2532.80	4252.40	60.90	1097.20	7.40	1112.40
体育组织						
体育场馆						
休闲健身活动	2532.80	4252.40	60.90	1097.20	7.40	1112.40
其他体育						
娱乐业	12716.60	9951.90	201.90	1031.10	142.10	882.90
室内娱乐活动	4908.30	4563.90	46.10	253.50	0.70	90.80
游乐园	7056.90	3820.40	76.70	145.70	139.30	222.30
彩票活动						
文化、娱乐、体育经纪代理						
其他娱乐业	751.40	1567.60	79.10	631.90	2.10	569.80

单位：万元

投资收益	营业利润	利润总额	应交所得税	应付职工薪酬（本年贷方累计发生额）	应交增值税	从业人员期末人数（人）	从业人员平均人数（人）
43648.70	**334138.30**	**347009.30**	**6449.30**	**149757.90**	**16250.10**	**19464**	**19481**
32613.50	57711.00	65349.10	1740.20	66828.70	9186.80	7977	7913
	-403.80	656.90		2326.70	169.90	440	402
32613.50	58114.80	64692.20	1740.20	64502.00	9016.90	7537	7511
11019.60	267278.00	270632.60	925.20	61892.40	6903.90	5796	5895
-1662.40	253223.30	253200.90		44119.30	5256.50	2907	2930
12600.60	10810.20	12650.00	147.00	11080.50	600.20	1041	1097
	-827.90	72.60	3.20	1257.40	15.90	115	126
81.40	4072.40	4709.10	775.00	5435.20	1031.30	1733	1742
11.40	112.00	1989.30	586.40	6961.40	81.50	1753	1742
9.90	221.80	178.10	8.20	3255.00	7.30	637	642
1.50	-204.80	1717.20	566.30	2241.90	1.10	675	661
	6.30	6.30	0.20	278.50		87	87
	-136.90	-136.90		265.80		124	123
	152.90	152.90		242.00		31	30
	72.70	71.70	11.70	678.20	73.10	199	199
	-2940.70	-3049.00	59.60	4339.00	5.00	1096	1103
	-2940.70	-3049.00	59.60	4339.00	5.00	1096	1103
4.20	11978.00	12087.30	3137.90	9736.40	72.90	2842	2828
4.20	2277.70	2456.20	479.70	5253.40	3.20	1892	1880
	9800.00	9767.20	2655.50	3328.50	68.30	579	570
	-99.70	-136.10	2.70	1154.50	1.40	371	378

3-44 规模以上文化、体育和

指标名称	单位数(个)	年初存货	固定资产原价	本年折旧	资产总计	负债合计
总 计	**152**	**146892.60**	**758201.50**	**66906.70**	**4880102.40**	**1233008.30**
按登记注册类型分组						
内资企业	141	146396.80	654023.60	59171.50	4769882.80	1176438.40
国有企业	25	14888.30	419997.30	40288.70	1649239.80	449383.40
集体企业						
股份合作企业						
联营企业						
国有联营企业						
集体联营企业						
国有与集体联营企业						
其他联营企业						
有限责任公司	61	32772.80	106477.00	7808.40	334770.80	149040.30
国有独资公司	15	8322.60	55678.80	2723.10	129014.00	66592.60
其他有限责任公司	46	24450.20	50798.20	5085.30	205756.80	82447.70
股份有限公司	13	94801.20	82248.30	5848.40	2703171.80	533785.80
私营企业	40	3897.50	40356.90	5042.00	72068.50	40633.30
私营独资企业	2	40.00	1412.90	90.80	1439.50	482.00
私营合伙企业	4	54.10	2230.70	167.00	2069.70	440.60
私营有限责任公司	31	3794.80	33603.60	4499.40	65518.30	38530.60
私营股份有限公司	3	8.60	3109.70	284.80	3041.00	1180.10
其他企业	2	37.00	4944.10	184.00	10631.90	3595.60
港、澳、台商投资企业	6	192.00	28412.50	4487.90	35791.30	33429.50
合资经营企业(港或澳、台资)	4	192.00	25832.80	4403.20	32451.30	32516.60
合作经营企业(港或澳、台资)						
港、澳、台商独资经营企业	2		2579.70	84.70	3340.00	912.90
港、澳、台商投资股份有限公司						
外商投资企业	5	303.80	75765.40	3247.30	74428.30	23140.40
中外合资经营企业	4	302.80	75005.80	3229.40	74361.80	23130.50
中外合作经营企业						
外资企业	1	1.00	759.60	17.90	66.50	9.90
外商投资股份有限公司						
按企业控股情况分组						
国有控股	61	131211.70	555266.40	42462.10	4095231.60	1034973.40
集体控股	2	193.20	15521.30	743.20	22898.90	17213.40
私人控股	59	12521.20	66463.60	9561.60	175512.20	74286.90
港澳台商控股	5	191.30	27179.40	4389.60	35352.30	31670.50
外商控股	2	72.10	16923.50	1016.20	12670.80	3458.30
其他	23	2703.10	76847.30	8734.00	538436.60	71405.80

娱乐业分类别经济指标

单位：万元

所有者权益合计	其中：实收资本	营业收入	其中：主营业务收入	营业成本	其中：主营业务成本	营业税金及附加	其中：主营业务税金及附加
3647094.10	**1340648.50**	**1347314.40**	**1025606.90**	**703943.60**	**671660.00**	**16565.90**	**15932.70**
3593444.40	1295084.80	1305200.50	983900.80	693208.80	661033.90	14845.40	14212.20
1199856.40	621484.60	792618.40	482563.80	381282.00	352417.00	6219.30	6129.50
185730.50	72768.20	188643.90	182345.40	113794.80	112359.00	4000.40	3474.00
62421.40	38276.30	56763.60	53014.40	28848.50	27928.70	1159.40	817.90
123309.10	34491.90	131880.30	129331.00	84946.30	84430.30	2841.00	2656.10
2169386.00	582161.20	270573.90	266026.20	166219.70	164756.70	3080.60	3066.10
31435.20	18670.80	49038.40	48639.50	29664.80	29253.70	1473.10	1470.60
957.50	929.00	1197.00	1197.00	316.70	316.70	47.30	47.30
1629.10		1325.60	1325.60	531.80	531.80	62.40	62.40
26987.70	17241.80	41896.70	41595.20	26194.40	25783.30	1232.60	1230.10
1860.90	500.00	4619.10	4521.70	2621.90	2621.90	130.80	130.80
7036.30		4325.90	4325.90	2247.50	2247.50	72.00	72.00
2361.80	17342.10	10995.10	10592.50	6381.80	6273.10	425.60	425.60
-65.30	13583.80	10047.10	9644.50	5998.30	5889.60	406.40	406.40
2427.10	3758.30	948.00	948.00	383.50	383.50	19.20	19.20
51287.90	28221.60	31118.80	31113.60	4353.00	4353.00	1294.90	1294.90
51231.30	28221.60	31085.20	31080.00	4350.30	4350.30	1290.00	1290.00
56.60		33.60	33.60	2.70	2.70	4.90	4.90
3060258.20	1033997.00	822102.30	506863.10	420048.80	401455.00	9374.80	8929.70
5685.50	4025.60	4131.60	4131.60	2328.70	2328.70	376.70	376.70
101225.30	28036.40	88821.10	87427.10	51524.70	50947.30	3099.80	3000.30
3681.80	14308.30	10561.70	10159.10	5797.80	5689.10	374.20	374.20
9212.50	7183.80	11017.80	11017.80	2690.10	2690.10	412.30	412.30
467030.80	253097.40	410679.90	406008.20	221553.50	208549.80	2928.10	2839.50

3-44 续表 1

指标名称	单位数(个)	年初存货	固定资产原价	本年折旧	资产总计	负债合计
按隶属关系分组						
中央	1	2464.10	115.00	11.10	6547.70	2425.20
省(自治区、直辖市)	41	123121.40	522088.90	45005.00	4437805.50	1055746.60
地(区、市、州、盟)	21	16024.70	70605.00	5304.40	199810.20	61622.50
县(区、市、旗)	18	14.60	14559.10	980.30	51044.60	11744.30
街道						
镇						
乡	1		3200.00	100.00	3800.00	500.00
(社区)居委会	1	40.80	0.50	0.10	53.80	3.20
村委会						
其他	69	5227.00	147633.00	15505.80	181040.60	100966.50
按营业状态分组						
常年营业	152	146892.60	758201.50	66906.70	4880102.40	1233008.30
季节性营业						
其他						
按执行会计标准类别分组						
企业会计制度	151	146892.60	758129.50	66906.60	4880027.40	1232998.30
事业单位会计制度						
行政单位会计制度						
民间非营利组织会计制度						
其他	1		72.00	0.10	75.00	10.00
按是否执行2006年《企业会计准则》分组						
执行2006年《企业会计准则》	119	132645.00	704670.60	63738.50	4733413.40	1176861.30
不执行2006年《企业会计准则》	33	14247.60	53530.90	3168.20	146689.00	56147.00
按机构类型分组						
企业	146	146569.90	550782.60	37055.80	3551729.10	866272.70
事业单位	6	322.70	207418.90	29850.90	1328373.30	366735.60
机关						
社会团体						
民办非企业单位						
基金会						
居委会						
村委会						
其他组织机构						
按企业集团情况分组						
集团母公司	15	70481.90	260598.60	14374.10	1442257.40	361061.40
成员企业	32	53143.50	82652.20	5444.10	1186998.20	242642.80
亏损企业	50	12220.70	181169.60	13843.20	290586.40	177185.70
不亏损企业	102	134671.90	577031.90	53063.50	4589516.00	1055822.60

单位：万元

所有者权益合计	其中：实收资本	营业收入	其中：主营业务收入	营业成本	其中：主营业务成本	营业税金及附加	其中：主营业务税金及附加
4122.50	2038.00	2869.10	2869.10	1865.60	1865.60	19.20	19.20
3382058.90	1245894.00	1124644.70	806031.90	584205.80	553028.40	10167.90	9753.70
138187.70	39838.00	94767.00	93249.40	58150.60	57724.70	2106.20	1946.50
39300.30	2883.80	6556.60	6259.90	3703.30	3703.30	205.50	204.10
3300.00		500.00	500.00	300.00	200.00		
50.60	50.00	230.00	230.00	207.00	207.00	0.10	0.10
80074.10	49944.70	117747.00	116466.60	55511.30	54931.00	4067.00	4009.10
3647094.10	1340648.50	1347314.40	1025606.90	703943.60	671660.00	16565.90	15932.70
3647029.10	1340648.50	1347156.40	1025448.90	703793.60	671510.00	16563.90	15932.10
65.00		158.00	158.00	150.00	150.00	2.00	0.60
3556552.10	1313951.60	1312421.40	992775.10	684142.70	652391.60	15524.00	14907.60
90542.00	26696.90	34893.00	32831.80	19800.90	19268.40	1041.90	1025.10
2685456.40	732444.70	682102.10	670066.00	416241.70	412607.40	15088.20	14542.30
961637.70	608203.80	665212.30	355540.90	287701.90	259052.60	1477.70	1390.40
1081196.00	184130.80	199082.20	195685.80	107388.40	106167.40	6149.10	5799.80
944355.40	241676.70	267784.70	264714.50	192337.80	191908.10	1882.20	1791.90
113400.70	75360.20	80592.20	75803.70	41738.40	40416.10	3481.30	3014.00
3533693.40	1265288.30	1266722.20	949803.20	662205.20	631243.90	13084.60	12918.70

3-44 续表 2

指标名称	销售费用	管理费用	其中：税金	财务费用	其中：利息收入	其中：利息支出
总　计	**114481.50**	**213047.40**	**3638.90**	**3688.10**	**24513.00**	**28514.40**
按登记注册类型分组						
内资企业	104164.10	203622.60	3276.00	1431.00	24364.60	26219.60
国有企业	51865.50	106268.60	2523.30	-5786.50	7614.90	2406.60
集体企业						
股份合作企业						
联营企业						
国有联营企业						
集体联营企业						
国有与集体联营企业						
其他联营企业						
有限责任公司	23725.70	30725.50	325.60	773.90	556.80	904.40
国有独资公司	10384.00	15161.90	168.20	475.40	296.60	762.00
其他有限责任公司	13341.70	15563.60	157.40	298.50	260.20	142.40
股份有限公司	18669.70	58047.10	338.80	5875.40	16233.50	22493.50
私营企业	9356.30	7473.30	69.30	615.70	7.80	415.10
私营独资企业	223.10	120.50	21.20	103.60		11.30
私营合伙企业	105.60	173.90		43.30		
私营有限责任公司	8298.10	6477.90	28.50	465.90	7.80	402.20
私营股份有限公司	729.50	701.00	19.60	2.90		1.60
其他企业	546.90	1108.10	19.00	-47.50	-48.40	
港、澳、台商投资企业	2416.20	4012.30	207.10	1576.90	7.00	1496.20
合资经营企业(港或澳、台资)	1687.90	3738.00	207.10	1507.40	6.70	1430.10
合作经营企业(港或澳、台资)						
港、澳、台商独资经营企业	728.30	274.30		69.50	0.30	66.10
港、澳、台商投资股份有限公司						
外商投资企业	7901.20	5412.50	155.80	680.20	141.40	798.60
中外合资经营企业	7901.20	5386.40	155.80	680.20	141.40	798.60
中外合作经营企业						
外资企业		26.10				
外商投资股份有限公司						
按企业控股情况分组						
国有控股	57972.60	134808.70	1625.60	2231.50	23617.10	26406.20
集体控股	416.30	1568.60		-13.90	0.20	
私人控股	15268.50	11578.20	101.00	1099.90	57.90	607.80
港澳台商控股	2333.10	3936.80	207.10	1574.90	6.90	1496.20
外商控股	863.20	1818.40	58.60	-15.70	19.70	
其他	37627.80	59336.70	1646.60	-1188.60	811.20	4.20

单位：万元

投资收益	营业利润	利润总额	应交所得税	应付职工薪酬（本年贷方累计发生额）	应交增值税	从业人员期末人数（人）	从业人员平均人数（人）
43648.70	**334138.30**	**347009.30**	**6449.30**	**149757.90**	**16250.10**	**19464**	**19481**
43648.70	326077.10	338120.20	3530.10	142319.20	16166.00	17832	17842
7589.00	260124.90	262912.20	723.10	70197.60	5628.70	6927	6947
303.10	14172.10	20330.00	730.00	31235.20	4152.40	4563	4578
1998.50	1646.60	5526.80	308.60	10941.50	918.80	1666	1645
-1695.40	12525.50	14803.20	421.40	20293.70	3233.60	2897	2933
35698.40	50617.10	53594.40	1565.60	31862.90	5988.40	3651	3622
	706.00	859.20	405.40	8523.00	263.30	2559	2563
	356.60	357.50	10.80	167.70		88	81
	408.40	408.40	23.50	335.20		166	164
	-591.70	-450.00	245.50	7650.80	231.80	2180	2192
	532.70	543.30	125.60	369.30	31.50	125	126
58.20	457.00	424.40	106.00	500.50	133.20	132	132
	-3415.50	-2514.80	0.10	3458.50	16.20	796	805
	-3008.40	-2107.70		3075.50	16.20	679	688
	-407.10	-407.10	0.10	383.00		117	117
	11476.70	11403.90	2919.10	3980.20	67.90	836	834
	11476.80	11404.00	2918.90	3956.10	67.90	823	821
	-0.10	-0.10	0.20	24.10		13	13
40818.60	235903.60	245890.30	2393.50	99991.30	10137.20	10209	10174
	-481.40	-481.40		1192.60		281	278
4.20	6696.50	7728.90	874.80	17593.10	1137.70	4072	4060
	-3052.90	-2150.80	0.10	3194.20	16.20	710	719
	5249.40	5150.70	1378.70	886.90	0.70	242	239
2825.90	89823.10	90871.60	1802.20	26899.80	4958.30	3950	4011

3-44 续表 3

指标名称	销售费用	管理费用	其中：税金	财务费用	其中：利息收入	其中：利息支出
按隶属关系分组						
中央	215.50	678.00	1.00	-13.80	13.80	
省(自治区、直辖市)	79060.60	172817.40	2944.80	2292.00	23392.40	26190.50
地(区、市、州、盟)	8963.20	19164.50	225.20	-1014.90	984.10	176.80
县(区、市、旗)	590.80	1330.60	44.40	145.90	7.40	15.10
街道						
镇						
乡	15.00	42.00		50.00		
(社区)居委会	14.00	5.50		0.10		
村委会						
其他	25622.40	19009.40	423.50	2228.80	115.30	2132.00
按营业状态分组						
常年营业	114481.50	213047.40	3638.90	3688.10	24513.00	28514.40
季节性营业						
其他						
按执行会计标准类别分组						
企业会计制度	114481.50	213044.40	3637.90	3687.50	24512.60	28514.40
事业单位会计制度						
行政单位会计制度						
民间非营利组织会计制度						
其他		3.00	1.00	0.60	0.40	
按是否执行2006年《企业会计准则》分组						
执行2006年《企业会计准则》	109452.00	205389.10	3477.80	2904.60	24297.90	27769.80
不执行2006年《企业会计准则》	5029.50	7658.30	161.10	783.50	215.10	744.60
按机构类型分组						
企业	71292.00	126947.40	2103.80	10990.50	17089.60	28513.20
事业单位	43189.50	86100.00	1535.10	-7302.40	7423.40	1.20
机关						
社会团体						
民办非企业单位						
基金会						
居委会						
村委会						
其他组织机构						
按企业集团情况分组						
集团母公司	20027.30	44958.40	1067.40	21347.00	912.50	22660.70
成员企业	17917.50	41919.10	386.00	-12549.40	15946.00	3368.20
亏损企业	20045.20	31154.20	528.00	2750.90	172.80	3279.30
不亏损企业	94436.30	181893.20	3110.90	937.20	24340.20	25235.10

单位：万元

投资收益	营业利润	利润总额	应交所得税	应付职工薪酬（本年贷方累计发生额）	应交增值税	从业人员期末人数（人）	从业人员平均人数（人）
	104.60	206.30	51.50	509.10	158.90	71	68
34661.40	308598.90	317669.20	1124.50	106887.00	11807.90	10484	10455
8895.00	12757.00	15660.40	1047.20	20611.50	2803.80	2947	2945
18.50	575.80	509.30	81.70	2378.80	126.20	980	989
	143.00	143.00	0.50	150.00		50	50
	3.30	3.30	0.80	4.00	0.80	5	5
73.80	11955.70	12817.80	4143.10	19217.50	1352.50	4927	4969
43648.70	334138.30	347009.30	6449.30	149757.90	16250.10	19464	19481
43648.70	334132.30	347009.30	6449.30	149672.90	16250.10	19421	19438
	6.00			85.00		43	43
43597.40	333273.50	344834.70	5918.70	141177.10	15431.90	17144	17169
51.30	864.80	2174.60	530.60	8580.80	818.20	2320	2312
43648.70	80271.30	93059.90	6204.90	106157.60	11240.80	16547	16574
	253867.00	253949.40	244.40	43600.30	5009.30	2917	2907
15431.60	15126.30	17065.10	1413.60	28787.20	647.30	3687	3679
1658.80	21800.80	28474.50	851.80	31865.80	7730.60	2867	2945
4841.70	-13269.00	-6897.50	120.90	24951.10	503.00	5110	5163
38807.00	347407.30	353906.80	6328.40	124806.80	15747.10	14354	14318

3-45 规模以上文化、体育

地　　区	单位数（个）	年初存货	固定资产原　　价	本年折旧	资产总计	负债合计
总　计	**152**	**146892.60**	**758201.50**	**66906.70**	**4880102.40**	**1233008.30**
长沙市	87	136636.20	655719.20	56199.80	4697242.80	1138741.60
株洲市	7	87.70	16996.00	1313.10	67240.20	11279.80
湘潭市	3	226.40	8131.00	483.80	9368.10	3602.50
衡阳市	11	191.90	10754.00	406.90	10147.00	9017.40
邵阳市						
岳阳市	9	300.50	4122.60	484.20	5885.70	4223.50
常德市	15	108.60	10689.30	1262.70	17736.20	14011.50
张家界市	2	55.30	17963.40	4433.10	19447.30	12257.20
益阳市	6	1255.30	15868.20	812.20	20638.00	24587.00
郴州市						
永州市	2	166.80	4959.50	624.80	5637.60	1276.80
怀化市	1		442.80	2.10	452.60	150.20
娄底市	5	7847.80	8084.90	453.60	22211.60	12980.20
湘西土家族苗族自治州	4	16.10	4470.60	430.40	4095.30	880.60

3-45　续表

地　　区	销售费用	管理费用	其中：税金	财务费用	其中：利息收入	其中：利息支出
总　计	**114481.50**	**213047.40**	**3638.90**	**3688.10**	**24513.00**	**28514.40**
长沙市	103905.70	197783.30	3273.10	1504.50	24446.50	26823.80
株洲市	2984.20	2838.70	21.30	-14.70	42.70	1.50
湘潭市	2558.70	1905.80	24.70	75.50	0.20	15.70
衡阳市	547.40	2193.20	40.80	162.30	1.50	3.70
邵阳市						
岳阳市	595.60	1274.90	17.70	51.50	1.80	4.20
常德市	935.40	1368.80	6.40	188.70	3.40	144.30
张家界市	1232.50	2684.80	188.80	552.70	5.30	535.10
益阳市	684.60	1048.70	35.40	879.90	10.10	837.90
郴州市						
永州市	66.90	334.10	5.20	25.10		
怀化市		10.10	2.20	1.30		
娄底市	688.40	1309.30	3.70	136.50	1.50	136.90
湘西土家族苗族自治州	282.10	295.70	19.60	124.80		11.30

和娱乐业分市州经济指标

单位：万元

所有者权益合计	其中：实收资本	营业收入	其中：主营业务收入	营业成本	其中：主营业务成本	营业税金及附加	其中：主营业务税金及附加
3647094.10	**1340648.50**	**1347314.40**	**1025606.90**	**703943.60**	**671660.00**	**16565.90**	**15932.70**
3558501.20	1322751.30	1278921.00	959595.60	668141.50	636684.50	14052.70	13629.90
55960.40	3054.70	18229.30	17990.40	10111.70	10109.60	544.90	540.80
5765.60	1276.30	8062.60	7867.50	3191.30	3191.30	214.00	158.10
1129.60	859.60	5088.10	4749.00	2412.70	2406.70	133.10	129.40
1662.20	194.60	5447.70	5135.00	2068.20	2012.70	313.10	191.30
3724.70	779.00	5863.60	5619.90	3874.20	3698.50	400.90	378.50
7190.10	8550.00	10958.70	10847.20	5190.10	5183.70	364.30	364.30
-3949.00	151.60	3615.30	3217.40	2738.50	2396.40	170.70	170.70
4360.80	1700.00	1982.60	1982.60	1225.70	1225.20	48.10	48.10
302.40	302.40	168.90	168.90	145.00	145.00	2.20	2.20
9231.40	100.00	5698.60	5155.40	2952.10	2713.80	220.60	218.10
3214.70	929.00	3278.00	3278.00	1892.60	1892.60	101.30	101.30

单位：万元

投资收益	营业利润	利润总额	应交所得税	应付职工薪酬（本年贷方累计发生额）	应交增值税	从业人员期末人数（人）	从业人员平均人数（人）
43648.70	**334138.30**	**347009.30**	**6449.30**	**149757.90**	**16250.10**	**19464**	**19481**
38895.70	326211.90	337405.20	5334.40	135109.50	15378.00	14721	14747
4744.80	6537.70	7092.90	374.70	3860.80	383.40	731	747
	117.20	221.70	0.60	1376.80	192.60	349	331
2.50	791.30	1694.00	40.30	1288.80	36.60	616	615
	570.50	578.20	26.20	709.20	21.30	275	275
4.20	-858.90	-716.20	15.90	2474.60	12.40	936	934
1.50	1214.30	1543.20	520.90	1481.90	1.10	414	400
	-1705.70	-1803.10	0.40	957.40		480	496
	279.90	133.80		509.90	118.90	186	186
	20.30			125.20		52	53
	389.60	288.50	123.90	1252.10	105.80	394	393
	570.20	571.10	12.00	611.70		310	304

3-46 服务业非企业主要情况

指标名称	单位个数(个)	非企业单位支出(费用)合计(万元)	年末资产(万元)	从业人员期末人数(人)
总 计	**136617**	**36901540.34**	**65085426.05**	**1074442**
分行业				
交通运输、仓储和邮政业	373	240736.47	511485.92	20319
铁路运输业				
道路运输业	260	212290.39	203877.26	17258
水上运输业	30	4660.00	4486.07	614
航空运输业	1	8.53	208.52	4
管道运输业				
装卸搬运和运输代理业	14	637.05	1813.60	225
仓储业	28	12201.84	284379.55	1169
邮政业	40	10938.67	16720.92	1049
信息传输、软件和信息技术服务业	409	61744.82	260155.31	6071
电信、广播电视和卫星传输服务	278	45350.16	91562.73	4728
互联网和相关服务	51	3116.96	3639.94	308
软件和信息技术服务业	80	13277.70	164952.64	1035
房地产业	147	46184.89	190396.57	3574
物业管理	50	15203.64	21876.04	1388
房地产中介服务	20	2151.41	1224.28	306
自有房地产经营活动	6	1364.19	2966.16	217
其他房地产业	71	27465.65	164330.09	1663
租赁和商务服务业	2301	431460.67	2941816.57	36031
租赁业	33	2362.42	2544.67	285
商务服务业	2268	429098.26	2939271.90	35746
科学研究和技术服务业	4334	1070760.11	1758036.68	90418
研究和试验发展	435	199066.44	361300.81	20642
专业技术服务业	1746	671041.15	1171513.65	39838
科技推广和应用服务业	2153	200652.52	225222.22	29938
水利、环境和公共设施管理业	2506	887864.49	1544973.20	90383
水利管理业	1524	229994.34	518063.60	23565
生态保护和环境治理业	178	38797.09	93735.54	5425
公共设施管理业	804	619073.07	933174.06	61393
居民服务、修理和其他服务业	530	90230.23	183877.70	7880
居民服务业	438	77063.21	164000.15	5956
机动车、电子产品和日用产品修理业	26	2203.83	6144.10	401
其他服务业	66	10963.19	13733.45	1523
教育	18708	8078631.79	21322641.51	819766
教育	18708	8078631.79	21322641.51	819766

3-46　续表

指标名称	单位个数（个）	非企业单位支出（费用）合计（万元）	年末资产（万元）	从业人员期末人数（人）
卫生和社会工作	14791	7209507.29	9214682.41	390188
卫生	12617	6957226.68	8819089.86	369744
社会工作	2174	252280.61	395592.55	20444
文化、体育和娱乐业	3068	651170.30	1168280.18	58185
新闻和出版业	130	76084.31	145825.51	3315
广播、电视、电影和影视录音制作业	439	235654.73	406375.19	15979
文化艺术业	1778	232692.21	384326.38	30492
体育	237	38027.31	73180.41	4615
娱乐业	484	68711.74	158572.70	3784
公共管理、社会保障和社会组织	89450	18133249.27	25989079.99	1410007
中国共产党机关	1963	574710.21	438768.35	38396
国家机构	26641	14450696.67	19929217.32	848442
人民政协、民主党派	309	100149.18	77216.99	5601
社会保障	776	318092.21	104973.32	10292
群众团体、社会团体和其他成员组织	13563	966879.03	1495831.54	270486
基层群众自治组织	46198	1722721.97	3943072.47	236790
分市州				
长沙市	10092	9194713.80	23148630.67	407031
株洲市	6912	2720361.04	6048374.07	165747
湘潭市	5150	1847000.69	4556025.71	133246
衡阳市	17894	3210984.01	4144234.44	308797
邵阳市	14054	2633312.03	3224093.68	256849
岳阳市	8865	2142180.41	4246339.39	237710
常德市	11413	2424364.07	3100384.11	210478
张家界市	4163	715202.31	1049983.75	72113
益阳市	6505	1803044.39	2324286.61	153535
郴州市	9773	1886947.12	3326801.97	214594
永州市	13887	2202532.37	3624552.40	253455
怀化市	11792	2564575.50	2660470.12	215948
娄底市	6737	1777293.46	1871237.04	159012
湘西州	9380	1779029.14	1760012.10	144307
分区域				
长株潭城市群	22154	13762075.54	33753030.45	706024
环长株潭城市群	73568	25119941.88	49439512.04	1775556
湘南地区	41554	7300463.49	11095588.80	776846
大湘西地区	41550	8090056.30	9059317.55	729556
洞庭湖生态经济区	27624	6893159.66	10545807.83	630330

3-47 交通运输、仓储和邮政业非企业主要指标

指标名称	单位数(个)	非企业单位支出(费用)合计(万元)	年末资产(万元)	从业人员期末人数(人)
总 计	**373**	**240736.47**	**511485.92**	**20319**
道路运输业	260	212290.39	203877.26	17258
城市公共交通运输	10	2379.27	6674.11	340
公路旅客运输	6	962.86	1374.44	217
道路货物运输	13	4453.95	1410.29	279
道路运输辅助活动	231	204494.31	194418.43	16422
水上运输业	30	4660.00	4486.07	614
水上旅客运输	5	109.60	51.16	15
水上货物运输	1	1.20	5.50	2
水上运输辅助活动	24	4549.20	4429.41	597
航空运输业	1	8.53	208.52	4
航空客货运输				
通用航空服务				
航空运输辅助活动	1	8.53	208.52	4
管道运输业				
管道运输业				
装卸搬运和运输代理业	14	637.05	1813.60	225
装卸搬运	1	300.00	1000.00	60
运输代理业	13	337.05	813.60	165
仓储业	28	12201.84	284379.55	1169
谷物、棉花等农产品仓储	13	1144.74	3331.04	162
其他仓储业	15	11057.10	281048.50	1007
邮政业	40	10938.67	16720.92	1049
邮政基本服务	35	10881.35	16498.64	1015
快递服务	5	57.32	222.28	34
按地区分组				
长沙市	39	58952.87	289849.89	3417
株洲市	6	7823.18	46013.72	499
湘潭市	14	4515.30	12159.21	457
衡阳市	32	21783.90	16595.45	1825
邵阳市	29	41293.69	39127.40	2871
岳阳市	40	13334.59	17770.46	1886
常德市	29	12121.59	16062.10	1495
张家界市	18	12801.96	5683.43	1040
益阳市	18	2264.41	3445.70	284
郴州市	28	15555.38	19659.00	1415
永州市	34	16914.45	11864.92	2156
怀化市	46	26661.88	21551.13	2115
娄底市	10	1411.63	2188.33	180
湘西州	30	5301.64	9515.19	679
按区域分组				
长株潭城市群	59	71291.36	348022.82	4373
环长株潭城市群	188	122207.47	404084.86	10043
湘南地区	94	54253.73	48119.37	5396
大湘西地区	130	91852.20	77709.56	6923
洞庭湖生态经济区	88	28832.32	39661.61	3686

3-48　信息传输、软件和信息技术服务业非企业主要指标

指标名称	单位数(个)	非企业单位支出(费用)合计(万元)	年末资产(万元)	从业人员期末人数(人)
总　计	**409**	**61744.82**	**260155.31**	**6071**
电信、广播电视和卫星传输服务	278	45350.16	91562.73	4728
电信	28	1310.65	1083.89	369
广播电视传输服务	249	43504.51	89550.85	4335
卫星传输服务	1	535.00	928.00	24
互联网和相关服务	51	3116.96	3639.94	308
互联网接入及相关服务	1	1.30	16.00	3
互联网信息服务	44	2690.62	3043.26	271
其他互联网服务	6	425.05	580.68	34
软件和信息技术服务业	80	13277.70	164952.64	1035
软件开发	10	1493.23	5239.27	190
信息系统集成服务	7	1848.15	2122.03	100
信息技术咨询服务	29	5387.10	148936.92	346
数据处理和存储服务	25	1793.74	2064.83	222
集成电路设计				
其他信息技术服务业	9	2755.49	6589.59	177
按地区分组				
长沙市	57	17595.32	168928.98	957
株洲市	4	980.16	1453.82	83
湘潭市	11	1263.53	1139.27	99
衡阳市	25	4365.24	5490.32	433
邵阳市	40	2285.43	3562.23	393
岳阳市	28	4749.60	9478.39	1015
常德市	25	4968.77	7379.49	501
张家界市	40	1978.48	8231.64	294
益阳市	28	4675.62	7686.86	282
郴州市	16	11111.59	30878.34	788
永州市	22	1439.68	2542.73	208
怀化市	43	2242.25	1815.79	255
娄底市	10	1062.31	1621.13	117
湘西州	60	3026.85	9946.32	646
按区域分组				
长株潭城市群	72	19839.01	171522.07	1139
环长株潭城市群	188	39660.54	203178.25	3487
湘南地区	63	16916.50	38911.39	1429
大湘西地区	185	9704.02	23802.98	1606
洞庭湖生态经济区	82	14418.97	24557.72	1802

3-49 房地产业(不含房地产开发经营业)非企业主要指标

指标名称	单位数(个)	非企业单位支出(费用)合计(万元)	年末资产(万元)	从业人员期末人数(人)
总 计	**147**	**46184.89**	**190396.57**	**3574**
房地产业	147	46184.89	190396.57	3574
房地产开发经营				
物业管理	50	15203.64	21876.04	1388
房地产中介服务	20	2151.41	1224.28	306
自有房地产经营活动	6	1364.19	2966.16	217
其他房地产业	71	27465.65	164330.09	1663
按地区分组				
长沙市	18	14331.09	14089.33	983
株洲市	6	1764.64	133388.85	231
湘潭市	7	1622.30	2625.31	142
衡阳市	12	1490.80	534.92	158
邵阳市	2	646.21	1877.83	61
岳阳市	9	539.20	2812.63	167
常德市	14	1983.80	3848.39	140
张家界市				
益阳市	4	946.69	540.78	44
郴州市	6	2217.09	1858.67	124
永州市	18	855.22	563.28	122
怀化市	21	4256.55	10029.01	446
娄底市	12	10099.69	17582.78	827
湘西州	18	5431.62	644.79	129
按区域分组				
长株潭城市群	31	17718.03	150103.49	1356
环长株潭城市群	82	32778.20	175422.99	2692
湘南地区	36	4563.11	2956.87	404
大湘西地区	41	10334.37	12551.63	636
洞庭湖生态经济区	27	3469.69	7201.80	351

3-50 租赁和商务服务业非企业主要指标

指标名称	单位数(个)	非企业单位支出(费用)合计(万元)	年末资产(万元)	从业人员期末人数(人)
总 计	**2301**	**431460.67**	**2941816.57**	**36031**
租赁业	33	2362.42	2544.67	285
机械设备租赁	26	2265.62	2436.82	254
文化及日用品出租	7	96.80	107.86	31
商务服务业	2268	429098.26	2939271.90	35746
企业管理服务	744	164683.56	515703.45	9752
法律服务	527	41667.80	28061.44	6432
咨询与调查	233	68422.18	207632.64	3980
广告业	29	5678.18	6005.31	446
知识产权服务	13	1495.67	1900.69	94
人力资源服务	243	38852.95	42587.36	2618
旅行社及相关服务	34	2801.06	1880681.34	352
安全保护服务	20	4839.87	1720.99	300
其他商务服务业	425	100656.98	254978.68	11772
按地区分组				
长沙市	316	153540.96	407598.10	6845
长沙市	112	21715.66	2023929.53	2171
长沙市	85	15419.98	21111.79	996
长沙市	254	22312.70	196841.07	3815
长沙市	227	22345.83	33433.17	3479
长沙市	123	32349.36	38518.68	2899
长沙市	164	39660.84	42259.13	2416
长沙市	77	4519.88	11608.25	533
长沙市	98	10735.35	25294.68	1317
长沙市	215	39706.10	52352.49	3420
长沙市	219	16935.06	26295.47	2681
长沙市	181	22801.87	18063.13	2391
长沙市	92	14380.08	20954.02	1609
长沙市	138	15037.02	23557.05	1459
按区域分组				
长株潭城市群	513	190676.60	2452639.42	10012
环长株潭城市群	1244	310114.92	2776507.01	22068
湘南地区	688	78953.86	275489.04	9916
大湘西地区	643	65756.21	88175.90	8070
洞庭湖生态经济区	399	86403.89	114902.87	6823

3-51 科学研究和技术服务业非企业主要指标

指标名称	单位数 (个)	非企业单位支出 (费用)合计 (万元)	年末资产 (万元)	从业人员 期末人数 (人)
总　计	**4334**	**1070760.11**	**1758036.68**	**90418**
研究和试验发展	435	199066.44	361300.81	20642
自然科学研究和试验发展	45	48740.63	80297.97	9381
工程和技术研究和试验发展	42	26122.73	19344.69	1289
农业科学研究和试验发展	225	105069.41	229899.92	7868
医学研究和试验发展	27	3109.79	5732.17	572
社会人文科学研究	96	16023.88	26026.06	1532
专业技术服务业	1746	671041.15	1171513.65	39838
气象服务	135	36610.55	64343.98	2437
地震服务	43	8295.83	22883.94	488
海洋服务	3	469.80	22.76	42
测绘服务	81	52792.16	48455.63	2153
质检技术服务	403	82577.51	110474.17	7154
环境与生态监测	99	38199.99	46163.83	2310
地质勘查	74	182398.36	335742.97	9572
工程技术	511	162240.92	392330.13	10478
其他专业技术服务业	397	107456.04	151096.23	5204
科技推广和应用服务业	2153	200652.52	225222.22	29938
技术推广服务	1978	170512.34	186144.21	26910
科技中介服务	84	7739.77	12026.20	1511
其他科技推广和应用服务业	91	22400.42	27051.82	1517
按地区分组				
长沙市	467	474096.59	740853.01	19932
株洲市	214	82250.16	112384.36	5421
湘潭市	137	39190.50	108005.64	3046
衡阳市	603	72017.63	71653.91	9885
邵阳市	286	33688.30	55749.69	5019
岳阳市	187	31963.76	35131.21	3936
常德市	317	31757.83	238700.97	4068
张家界市	164	11562.40	24451.42	2317
益阳市	274	43101.56	44984.50	3660
郴州市	281	66287.71	93116.87	5241
永州市	420	41440.89	48177.85	14701
怀化市	390	61389.95	61697.10	5275
娄底市	86	43028.87	68205.82	2257
湘西州	508	38983.95	54924.33	5660
按区域分组				
长株潭城市群	818	595537.26	961243.01	28399
环长株潭城市群	2285	817406.91	1419919.42	52205
湘南地区	1304	179746.23	212948.64	29827
大湘西地区	1400	154256.22	202667.31	26420
洞庭湖生态经济区	794	110766.52	322020.22	11898

3-52　居民服务、修理和其他服务业非企业主要指标

指标名称	单位数(个)	非企业单位支出(费用)合计(万元)	年末资产(万元)	从业人员期末人数(人)
总　计	**530**	**90230.23**	**183877.70**	**7880**
居民服务业	438	77063.21	164000.15	5956
家庭服务	26	1294.79	2356.51	249
托儿所服务	98	6089.93	5882.09	1143
洗染服务				
理发及美容服务	10	794.25	576.31	144
洗浴服务	3	311.52	295.00	80
保健服务	11	544.87	5632.12	211
婚姻服务	35	2792.04	1988.41	244
殡葬服务	69	25147.17	56641.33	1231
其他居民服务业	186	40088.65	90628.39	2654
机动车、电子产品和日用产品修理业	26	2203.83	6144.10	401
汽车、摩托车修理与维护	17	957.02	3130.30	237
计算机和办公设备维修	5	1070.24	2145.90	108
家用电器修理	1	123.93	79.38	28
其他日用产品修理业	3	52.64	788.52	28
其他服务业	66	10963.19	13733.45	1523
清洁服务	19	5644.46	7207.95	813
其他未列明服务业	47	5318.73	6525.50	710
按地区分组				
长沙市	103	32228.97	42369.31	1766
株洲市	8	1510.22	3504.97	106
湘潭市	7	3605.75	1565.47	191
衡阳市	35	3638.11	18494.53	668
邵阳市	62	7151.92	14723.56	547
岳阳市	33	1906.42	3955.84	621
常德市	56	10725.74	12085.60	753
张家界市	13	695.69	1765.50	82
益阳市	24	3030.73	5961.27	291
郴州市	52	3716.82	12520.10	762
永州市	57	7286.98	8933.01	1109
怀化市	35	9940.01	9698.80	624
娄底市	17	2491.61	2685.90	226
湘西州	28	2301.23	45613.82	134
按区域分组				
长株潭城市群	118	37344.95	47439.76	2063
环长株潭城市群	283	59137.56	90622.90	4622
湘南地区	144	14641.92	39947.65	2539
大湘西地区	144	20514.56	72421.37	1443
洞庭湖生态经济区	120	15803.01	22987.67	1713

3-53 水利、环境和公共设施管理业企业主要指标

指标名称	单位数(个)	非企业单位支出(费用)合计(万元)	年末资产(万元)	从业人员期末人数(人)
总 计	**2506**	**887864.49**	**1544973.20**	**90383**
水利管理业	1524	229994.34	518063.60	23565
防洪除涝设施管理	220	54800.27	119725.18	4401
水资源管理	167	24453.23	45580.74	2295
天然水收集与分配	559	85672.54	236689.18	10758
水文服务	45	3066.93	7839.72	425
其他水利管理业	533	62001.36	108228.78	5686
生态保护和环境治理业	178	38797.09	93735.54	5425
生态保护	139	31950.78	65576.18	4691
环境治理业	39	6846.31	28159.36	734
公共设施管理业	804	619073.07	933174.06	61393
市政设施管理	205	77811.18	338686.04	5704
环境卫生管理	217	203080.52	160210.51	34829
城乡市容管理	89	58015.31	43045.98	5928
绿化管理	121	173091.27	57924.21	6552
公园和游览景区管理	172	107074.78	333307.33	8380
按地区分组				
长沙市	208	301452.86	353509.54	14304
株洲市	73	41495.85	42824.70	3945
湘潭市	90	42775.80	73801.28	5494
衡阳市	295	57826.06	103727.00	9878
邵阳市	179	43683.28	176229.67	5920
岳阳市	210	55572.19	98919.54	9452
常德市	328	67979.13	105484.63	6920
张家界市	88	13075.49	27086.27	1467
益阳市	160	45869.23	93258.70	4185
郴州市	146	34394.95	93322.10	5447
永州市	196	43435.29	247642.59	7950
怀化市	188	48948.10	50140.14	7268
娄底市	72	48927.48	51080.54	3357
湘西州	273	42428.77	27946.49	4796
按区域分组				
长株潭城市群	371	385724.51	470135.52	23743
环长株潭城市群	1436	661898.60	922605.94	57535
湘南地区	637	135656.30	444691.69	23275
大湘西地区	746	150253.34	284051.69	21274
洞庭湖生态经济区	723	177477.88	326404.87	21035

3-54　教育业非企业主要指标

指标名称	单位数(个)	非企业单位支出(费用)合计(万元)	年末资产(万元)	从业人员期末人数(人)
总　计	**18708**	**8078631.79**	**21322641.51**	**819766**
教育	18708	8078631.79	21322641.51	819766
学前教育	7631	653837.29	951095.12	104690
初等教育	4594	1442291.55	2262818.96	216986
中等教育	3700	3112621.90	6063495.96	355096
高等教育	256	2280853.74	10981279.43	91727
特殊教育	89	19331.72	55911.67	2172
技能培训、教育辅助及其他教育	2438	569695.58	1008040.37	49095
按地区分组				
长沙市	2345	2462036.72	10893042.62	132537
株洲市	1313	507986.49	1238707.27	47742
湘潭市	702	512048.36	1079466.88	35963
衡阳市	2289	592969.84	1047422.66	93293
邵阳市	1998	536708.80	952987.14	68847
岳阳市	1297	426518.85	1005587.02	60749
常德市	1139	514346.17	807769.50	57274
张家界市	449	152143.03	312220.62	18707
益阳市	866	372844.92	635868.76	46134
郴州市	1202	332593.25	667760.21	55187
永州市	1951	441219.82	1105239.27	64232
怀化市	1212	536701.03	599068.97	55724
娄底市	996	373456.59	483833.07	47226
湘西州	949	317057.92	493667.53	36151
按区域分组				
长株潭城市群	4360	3482071.57	13211216.77	216242
环长株潭城市群	10947	5762207.93	17191697.78	520918
湘南地区	5442	1366782.91	2820422.13	212712
大湘西地区	4822	1588610.94	2436897.87	187154
洞庭湖生态经济区	3555	1446939.84	2943839.64	174793

3-55 卫生和社会工作业非企业主要指标

指标名称	单位数(个)	非企业单位支出(费用)合计(万元)	年末资产(万元)	从业人员期末人数(人)
总 计	**14791**	**7209507.29**	**9214682.41**	**390188**
卫生	12617	6957226.68	8819089.86	369744
医院	960	5177166.44	6692893.63	219506
社区医疗与卫生院	8931	1023974.09	1160056.95	100053
门诊部(所)	1179	74693.76	157487.23	9066
计划生育技术服务活动	864	79926.87	73181.17	7619
妇幼保健院(所、站)	132	280840.00	392642.52	15289
专科疾病防治院(所、站)	100	77164.18	104660.52	4335
疾病预防控制中心	264	181165.13	157018.31	10185
其他卫生活动	187	62296.21	81149.54	3691
社会工作	2174	252280.61	395592.55	20444
提供住宿社会工作	1906	218113.60	358910.87	17375
不提供住宿社会工作	268	34167.01	36681.67	3069
按地区分组				
长沙市	786	2025223.02	2783081.26	65117
株洲市	1025	358988.58	500001.45	24311
湘潭市	296	367384.91	429757.31	16960
衡阳市	4456	567940.30	736709.33	46173
邵阳市	1569	552588.60	614260.37	33424
岳阳市	554	375977.22	506807.70	22642
常德市	840	431939.25	502300.54	27852
张家界市	292	137589.46	197892.78	8285
益阳市	510	353167.24	369370.91	22893
郴州市	882	488290.89	634074.44	27175
永州市	1385	447213.67	511663.02	30037
怀化市	793	496473.04	644780.09	29554
娄底市	323	344885.48	398935.43	18533
湘西州	1080	261845.63	385047.78	17232
按区域分组				
长株潭城市群	2107	2751596.51	3712840.02	106388
环长株潭城市群	8790	4825506.01	6226963.93	244481
湘南地区	6723	1503444.86	1882446.79	103385
大湘西地区	3997	1496654.37	1907480.47	92008
洞庭湖生态经济区	1967	1187246.61	1434881.61	75908

3-56　文化、体育和娱乐业非企业主要指标

指标名称	单位数(个)	非企业单位支出(费用)合计(万元)	年末资产(万元)	从业人员期末人数(人)
总　计	**3068**	**651170.30**	**1168280.18**	**58185**
新闻和出版业	130	76084.31	145825.51	3315
新闻业	44	12710.50	21652.19	839
出版业	86	63373.81	124173.32	2476
广播、电视、电影和影视录音制作业	439	235654.73	406375.19	15979
广播	126	47839.80	58061.62	2613
电视	225	177407.28	316905.05	11331
电影和影视节目制作	13	1831.80	2539.20	249
电影和影视节目发行	7	1499.82	4114.21	183
电影放映	65	6988.42	24483.74	1566
录音制作	3	87.61	271.37	37
文化艺术业	1778	232692.21	384326.38	30492
文艺创作与表演	233	28908.88	38205.61	6811
艺术表演场馆	76	16331.05	42116.44	1747
图书馆与档案馆	226	37216.49	63538.66	3290
文物及非物质文化遗产保护	210	53596.55	58791.40	3573
博物馆	49	25325.52	39930.99	1376
烈士陵园、纪念馆	41	16407.34	44245.46	1018
群众文化活动	848	46418.56	88959.55	11245
其他文化艺术业	95	8487.82	8538.27	1432
体育	237	38027.31	73180.41	4615
体育组织	148	21117.96	38856.72	3007
体育场馆	33	10052.53	22063.39	824
休闲健身活动	35	3272.31	4455.65	443
其他体育	21	3584.51	7804.66	341

3-56 续表

指标名称	单位数(个)	非企业单位支出(费用)合计(万元)	年末资产(万元)	从业人员期末人数(人)
娱乐业	484	68711.74	158572.70	3784
室内娱乐活动	421	11869.00	18103.57	2608
游乐园				
彩票活动	27	33451.00	85629.92	419
文化、娱乐、体育经纪代理	7	1452.87	671.78	90
其他娱乐业	29	21938.86	54167.42	667
按地区分组				
长沙市	407	288882.49	536756.56	16513
株洲市	98	28114.38	69426.11	2281
湘潭市	72	23197.24	44001.88	1704
衡阳市	307	32166.22	61898.82	4803
邵阳市	296	24969.29	30315.13	3980
岳阳市	157	23968.79	43668.36	3533
常德市	243	39727.15	59101.38	3986
张家界市	51	7697.68	12244.60	1092
益阳市	124	29258.39	37862.83	2331
郴州市	177	27505.72	47582.67	3072
永州市	206	17283.91	44513.53	3049
怀化市	268	57129.57	104513.52	3039
娄底市	114	15621.44	22179.67	2568
湘西州	548	35648.02	54215.13	6234
按区域分组				
长株潭城市群	577	340194.11	650184.55	20498
环长株潭城市群	1522	480936.10	874895.60	37719
湘南地区	690	76955.85	153995.02	10924
大湘西地区	1198	127236.42	204247.99	14778
洞庭湖生态经济区	604	98431.72	155678.20	12877

3-57 公共管理、社会保障和社会组织非企业主要指标

指标名称	单位数（个）	非企业单位支出（费用）合计（万元）	年末资产（万元）	从业人员期末人数（人）
总 计	**89450**	**18133249.27**	**25989079.99**	**1410007**
中国共产党机关	1963	574710.21	438768.35	38396
中国共产党机关	1963	574710.21	438768.35	38396
国家机构	26641	14450696.67	19929217.32	848442
国家权力机构	431	232457.98	223261.76	14998
国家行政机构	25493	13601439.19	18915462.63	787321
人民法院和人民检察院	360	414601.61	526460.79	28662
其他国家机构	357	202197.89	264032.15	17461
人民政协、民主党派	309	100149.18	77216.99	5601
人民政协	184	81955.67	67668.65	4407
民主党派	125	18193.51	9548.34	1194
社会保障	776	318092.21	104973.32	10292
社会保障	776	318092.21	104973.32	10292
群众团体、社会团体和其他成员组织	13563	966879.03	1495831.54	270486
群众团体	1367	183223.67	261379.37	67631
社会团体	9328	615602.33	764817.39	179146
基金会	102	25568.41	97940.74	889
宗教组织	2766	142484.62	371694.04	22820
基层群众自治组织	46198	1722721.97	3943072.47	236790
社区自治组织	4420	266164.64	620893.68	33173
村民自治组织	41778	1456557.34	3322178.79	203617
按地区分组				
长沙市	5346	3366372.91	6918552.06	144660
株洲市	4053	1667731.71	1876739.28	78957
湘潭市	3729	835977.02	2782391.67	68194
衡阳市	9586	1834473.23	1884866.42	137866
邵阳市	9366	1367950.67	1301827.49	132308
岳阳市	6227	1175300.43	2483689.58	130810
常德市	8258	1269153.79	1305392.36	105073
张家界市	2971	373138.24	448799.24	38296
益阳市	4399	937150.24	1100011.62	72114
郴州市	6768	865567.61	1673677.08	111963
永州市	9379	1168507.38	1617116.73	127210
怀化市	8615	1298031.25	1139112.43	109257
娄底市	5005	921928.29	801970.35	82112
湘西州	5748	1051966.49	654933.67	71187
按区域分组				
长株潭城市群	13128	5870081.64	11577683.02	291811
环长株潭城市群	46603	12008087.62	19153613.35	819786
湘南地区	25733	3868548.22	5175660.22	377039
大湘西地区	28244	4374883.64	3749310.78	369244
洞庭湖生态经济区	19265	3723369.20	5153671.62	319444

3-58 规模以上企业分行业

指标名称	企业数(个)	使用计算机的企业		有信息技术人员的企业	
		数量(个)	比重(%)	数量(个)	比重(%)
总　计	**28679**	**28419**	**99.1**	**21401**	**74.6**
分行业					
采矿业	1408	1375	97.7	1120	79.5
煤炭开采和洗选业	764	750	98.2	641	83.9
石油和天然气开采业					
黑色金属矿采选业	121	111	91.7	76	62.8
有色金属矿采选业	238	234	98.3	185	77.7
非金属矿采选业	282	277	98.2	215	76.2
开采辅助活动					
其他采矿业	3	3	100.0	3	100.0
制造业	11611	11478	98.9	9050	77.9
农副食品加工业	1050	1043	99.3	790	75.2
食品制造业	342	338	98.8	269	78.7
酒、饮料和精制茶制造业	308	304	98.7	251	81.5
烟草制品业	7	7	100.0	6	85.7
纺织业	247	246	99.6	169	68.4
纺织服装、服饰业	199	196	98.5	164	82.4
皮革、毛皮、羽毛及其制品和制鞋业	209	209	100.0	180	86.1
木材加工和木、竹、藤、棕、草制品业	440	421	95.7	319	72.5
家具制造业	123	121	98.4	100	81.3
造纸和纸制品业	314	310	98.7	226	72.0
印刷和记录媒介复制业	199	197	99.0	151	75.9
文教、工美、体育和娱乐用品制造业	115	115	100.0	89	77.4
石油加工、炼焦和核燃料加工业	30	29	96.7	23	76.7
化学原料和化学制品制造业	1624	1609	99.1	1313	80.8
医药制造业	291	290	99.7	248	85.2
化学纤维制造业	12	12	100.0	11	91.7
橡胶和塑料制品业	323	322	99.7	232	71.8
非金属矿物制品业	1478	1464	99.1	1147	77.6
黑色金属冶炼和压延加工业	547	529	96.7	354	64.7
有色金属冶炼和压延加工业	582	575	98.8	448	77.0
金属制品业	414	410	99.0	321	77.5
通用设备制造业	727	718	98.8	577	79.4
专用设备制造业	538	535	99.4	432	80.3
汽车制造业	267	267	100.0	212	79.4
铁路、船舶、航空航天和其他运输设备制造业	110	110	100.0	93	84.5
电气机械和器材制造业	496	489	98.6	408	82.3
计算机、通信和其他电子设备制造业	385	382	99.2	318	82.6

和分地区信息化基本情况

有局域网的企业		使用信息化管理的企业		使用互联网的企业	
数量(个)	比重(%)	数量(个)	比重(%)	数量(个)	比重(%)
15722	**54.8**	**27005**	**94.2**	**27829**	**97.0**
671	47.7	1287	91.4	1285	91.3
366	47.9	713	93.3	675	88.4
45	37.2	103	85.1	103	85.1
121	50.8	215	90.3	232	97.5
137	48.6	253	89.7	272	96.5
2	66.7	3	100.0	3	100.0
6204	53.4	10812	93.1	11268	97.0
474	45.1	961	91.5	1025	97.6
189	55.3	327	95.6	334	97.7
154	50.0	279	90.6	302	98.1
5	71.4	7	100.0	7	100.0
131	53.0	234	94.7	240	97.2
105	52.8	188	94.5	195	98.0
126	60.3	199	95.2	205	98.1
146	33.2	381	86.6	399	90.7
71	57.7	114	92.7	121	98.4
160	51.0	294	93.6	305	97.1
110	55.3	185	93.0	193	97.0
62	53.9	104	90.4	113	98.3
19	63.3	29	96.7	28	93.3
890	54.8	1535	94.5	1573	96.9
190	65.3	276	94.8	284	97.6
4	33.3	12	100.0	12	100.0
158	48.9	300	92.9	318	98.5
747	50.5	1366	92.4	1433	97.0
215	39.3	496	90.7	515	94.1
280	48.1	552	94.8	569	97.8
236	57.0	392	94.7	408	98.6
453	62.3	675	92.8	711	97.8
330	61.3	510	94.8	523	97.2
188	70.4	250	93.6	264	98.9
85	77.3	107	97.3	110	100.0
305	61.5	463	93.3	478	96.4
235	61.0	356	92.5	376	97.7

3-58 续表 1

指标名称	企业数(个)	使用计算机的企业		有信息技术人员的企业	
		数量(个)	比重(%)	数量(个)	比重(%)
仪器仪表制造业	108	106	98.1	92	85.2
其他制造业	49	48	98.0	42	85.7
废弃资源综合利用业	74	73	98.6	63	85.1
金属制品、机械和设备修理业	3	3	100.0	2	66.7
电力、热力、燃气及水生产和供应业	394	392	99.5	302	76.6
电力、热力生产和供应业	277	276	99.6	208	75.1
燃气生产和供应业	37	37	100.0	30	81.1
水的生产和供应业	80	79	98.8	64	80.0
建筑业	2412	2403	99.6	1782	73.9
房屋建筑业	1430	1426	99.7	1082	75.7
土木工程建筑业	440	438	99.5	326	74.1
建筑安装业	219	217	99.1	158	72.1
建筑装饰和其他建筑业	323	322	99.7	216	66.9
批发和零售业	5453	5410	99.2	3861	70.8
批发业	2071	2049	98.9	1372	66.2
零售业	3382	3361	99.4	2489	73.6
交通运输、仓储和邮政业	662	658	99.4	435	65.7
铁路运输业	1	1	100.0	1	100.0
道路运输业	450	447	99.3	297	66.0
水上运输业	35	35	100.0	18	51.4
航空运输业	6	6	100.0	4	66.7
管道运输业	2	2	100.0	2	100.0
装卸搬运和运输代理业	74	73	98.6	38	51.4
仓储业	67	67	100.0	51	76.1
邮政业	27	27	100.0	24	88.9
住宿和餐饮业	1299	1291	99.4	1017	78.3
住宿业	730	727	99.6	587	80.4
餐饮业	569	564	99.1	430	75.6
信息传输、软件和信息技术服务业	264	264	100.0	249	94.3
电信、广播电视和卫星传输服务	150	150	100.0	141	94.0
互联网和相关服务	9	9	100.0	9	100.0
软件和信息技术服务业	105	105	100.0	99	94.3
房地产业	3612	3592	99.4	2467	68.3
房地产业	3612	3592	99.4	2467	68.3
租赁和商务服务业	500	500	100.0	316	63.2
租赁业	24	24	100.0	17	70.8
商务服务业	476	476	100.0	299	62.8

有局域网的企业		使用信息化管理的企业		使用互联网的企业	
数量(个)	比重(%)	数量(个)	比重(%)	数量(个)	比重(%)
73	67.6	100	92.6	104	96.3
25	51.0	47	95.9	47	95.9
36	48.6	70	94.6	73	98.6
2	66.7	3	100.0	3	100.0
275	69.8	379	96.2	388	98.5
190	68.6	267	96.4	273	98.6
28	75.7	35	94.6	36	97.3
57	71.3	77	96.3	79	98.8
1309	54.3	2351	97.5	2350	97.4
748	52.3	1400	97.9	1396	97.6
266	60.5	433	98.4	432	98.2
124	56.6	207	94.5	208	95.0
171	52.9	311	96.3	314	97.2
2781	51.0	5037	92.4	5307	97.3
1024	49.4	1893	91.4	2013	97.2
1757	52.0	3144	93.0	3294	97.4
370	55.9	642	97.0	649	98.0
1	100.0	1	100.0		
239	53.1	436	96.9	442	98.2
16	45.7	33	94.3	34	97.1
5	83.3	6	100.0	6	100.0
2	100.0	2	100.0	2	100.0
37	50.0	70	94.6	71	95.9
45	67.2	67	100.0	67	100.0
25	92.6	27	100.0	27	100.0
798	61.4	1207	92.9	1266	97.5
489	67.0	687	94.1	713	97.7
309	54.3	520	91.4	553	97.2
233	88.3	259	98.1	259	98.1
136	90.7	149	99.3	146	97.3
8	88.9	9	100.0	9	100.0
89	84.8	101	96.2	104	99.0
2040	56.5	3528	97.7	3522	97.5
2040	56.5	3528	97.7	3522	97.5
330	66.0	485	97.0	493	98.6
17	70.8	23	95.8	22	91.7
313	65.8	462	97.1	471	98.9

3-58 续表 2

指标名称	企业数(个)	使用计算机的企业		有信息技术人员的企业	
		数量(个)	比重(%)	数量(个)	比重(%)
科学研究和技术服务业	462	457	98.9	338	73.2
研究和试验发展	26	26	100.0	19	73.1
专业技术服务业	216	216	100.0	165	76.4
科技推广和应用服务业	220	215	97.7	154	70.0
水利、环境和公共设施管理业	87	87	100.0	56	64.4
水利管理业	13	13	100.0	9	69.2
生态保护和环境治理业	14	14	100.0	7	50.0
公共设施管理业	60	60	100.0	40	66.7
居民服务、修理和其他服务业	114	112	98.2	80	70.2
居民服务业	84	82	97.6	56	66.7
机动车、电子产品和日用产品修理业	17	17	100.0	14	82.4
其他服务业	13	13	100.0	10	76.9
教育	109	109	100.0	91	83.5
教育	109	109	100.0	91	83.5
卫生和社会工作	140	140	100.0	121	86.4
卫生	138	138	100.0	120	87.0
社会工作	2	2	100.0	1	50.0
文化、体育和娱乐业	152	151	99.3	116	76.3
新闻和出版业	36	36	100.0	31	86.1
广播、电视、电影和影视录音制作业	52	51	98.1	39	75.0
文化艺术业	19	19	100.0	13	68.4
体育	11	11	100.0	5	45.5
娱乐业	34	34	100.0	28	82.4
分市州					
长沙市	6489	6485	99.9	4935	76.1
株洲市	2868	2829	98.6	2007	70.0
湘潭市	1543	1537	99.6	1162	75.3
衡阳市	2465	2440	99.0	2055	83.4
邵阳市	1686	1660	98.5	1321	78.4
岳阳市	2817	2773	98.4	2117	75.2
常德市	2153	2130	98.9	1474	68.5
张家界市	407	402	98.8	330	81.1
益阳市	1731	1716	99.1	1180	68.2
郴州市	2206	2201	99.8	1732	78.5
永州市	1267	1254	99.0	868	68.5
怀化市	1098	1077	98.1	747	68.0
娄底市	1438	1413	98.3	1170	81.4
湘西州	511	502	98.2	303	59.3

有局域网的 企 业		使用信息化管理的企业		使用互联网的企业	
数量(个)	比重(%)	数量(个)	比重(%)	数量(个)	比重(%)
273	59.1	436	94.4	450	97.4
18	69.2	25	96.2	26	100.0
162	75.0	212	98.1	212	98.1
93	42.3	199	90.5	212	96.4
48	55.2	83	95.4	87	100.0
5	38.5	12	92.3	13	100.0
7	50.0	12	85.7	14	100.0
36	60.0	59	98.3	60	100.0
71	62.3	109	95.6	106	93.0
53	63.1	80	95.2	78	92.9
11	64.7	17	100.0	16	94.1
7	53.8	12	92.3	12	92.3
77	70.6	106	97.2	109	100.0
77	70.6	106	97.2	109	100.0
114	81.4	135	96.4	139	99.3
113	81.9	133	96.4	137	99.3
1	50.0	2	100.0	2	100.0
128	84.2	149	98.0	151	99.3
33	91.7	35	97.2	36	100.0
44	84.6	51	98.1	51	98.1
15	78.9	19	100.0	19	100.0
9	81.8	10	90.9	11	100.0
27	79.4	34	100.0	34	100.0
4491	69.2	6263	97	6353	97.9
1574	54.9	2600	91	2753	96.0
829	53.7	1504	98	1520	98.5
1362	55.3	2343	95	2374	96.3
851	50.5	1580	94	1630	96.7
1396	49.6	2702	96	2720	96.6
1000	46.4	1997	93	2083	96.7
248	60.9	380	93	387	95.1
679	39.2	1552	90	1662	96.0
1103	50.0	1988	90	2181	98.9
552	43.6	1213	96	1222	96.4
556	50.6	1032	94	1058	96.4
812	56.5	1363	95	1387	96.5
269	52.6	488	96	499	97.7

3-58 续表 3

指标名称	连接宽带的企业		有网站的企业数		通过互联网对本企业进行宣传和推广的企业	
	数量(个)	比重(%)	数量(个)	比重(%)	数量(个)	比重(%)
总　计	**26575**	**92.7**	**11986**	**41.8**	**19806**	**69.1**
分行业						
采矿业	1202	85.4	309	21.9	735	52.2
煤炭开采和洗选业	619	81.0	148	19.4	352	46.1
石油和天然气开采业						
黑色金属矿采选业	100	82.6	26	21.5	61	50.4
有色金属矿采选业	231	97.1	65	27.3	141	59.2
非金属矿采选业	249	88.3	70	24.8	180	63.8
开采辅助活动						
其他采矿业	3	100.0			1	33.3
制造业	10680	92.0	5200	44.8	8356	72.0
农副食品加工业	991	94.4	467	44.5	745	71.0
食品制造业	320	93.6	173	50.6	261	76.3
酒、饮料和精制茶制造业	293	95.1	159	51.6	236	76.6
烟草制品业	6	85.7	4	57.1	3	42.9
纺织业	236	95.5	89	36.0	167	67.6
纺织服装、服饰业	158	79.4	90	45.2	154	77.4
皮革、毛皮、羽毛及其制品和制鞋业	200	95.7	83	39.7	149	71.3
木材加工和木、竹、藤、棕、草制品业	383	87.0	115	26.1	256	58.2
家具制造业	116	94.3	58	47.2	87	70.7
造纸和纸制品业	294	93.6	106	33.8	208	66.2
印刷和记录媒介复制业	181	91.0	82	41.2	133	66.8
文教、工美、体育和娱乐用品制造业	110	95.7	44	38.3	81	70.4
石油加工、炼焦和核燃料加工业	27	90.0	12	40.0	19	63.3
化学原料和化学制品制造业	1460	89.9	637	39.2	1163	71.6
医药制造业	267	91.8	175	60.1	232	79.7
化学纤维制造业	12	100.0	3	25.0	8	66.7
橡胶和塑料制品业	305	94.4	155	48.0	247	76.5
非金属矿物制品业	1369	92.6	588	39.8	945	63.9
黑色金属冶炼和压延加工业	485	88.7	157	28.7	337	61.6
有色金属冶炼和压延加工业	535	91.9	265	45.5	425	73.0
金属制品业	376	90.8	190	45.9	329	79.5
通用设备制造业	661	90.9	385	53.0	568	78.1
专用设备制造业	503	93.5	295	54.8	413	76.8
汽车制造业	246	92.1	163	61.0	214	80.1
铁路、船舶、航空航天和其他运输设备制造业	103	93.6	69	62.7	86	78.2
电气机械和器材制造业	461	92.9	282	56.9	391	78.8
计算机、通信和其他电子设备制造业	363	94.3	215	55.8	311	80.8

期末使用计算机数量（个）	使用计算机人员数量（人）	信息技术人员数量（人）	使用互联网人员数量（人）	从业人员平均人数数量（人）	拥有网站数量（个）
904501	**1344461**	**91024**	**1082582**	**5721809**	**14770**
17303	33323	3350	27889	328937	398
8466	16997	1897	13892	207231	204
981	1908	179	1718	18977	34
5008	8587	732	7118	61799	76
2816	5766	528	5140	40569	84
32	65	14	21	361	
348488	519613	40296	405905	2758878	6310
16737	29543	2802	27027	190655	579
8683	14163	1059	12238	95339	222
7498	10371	877	8301	58111	201
3626	2711	107	3057	15568	6
6408	11101	755	9656	94840	102
4726	7589	633	6777	54375	100
5005	12775	697	10943	95008	101
4175	7584	899	7006	80696	143
1316	4175	336	3639	25449	68
4486	7370	689	6366	66132	128
3604	5180	698	4458	29572	93
1558	3270	422	2713	23798	54
6860	8339	198	6686	20448	14
24650	43821	4421	37308	357292	721
11484	16659	1052	14604	65501	231
271	497	22	433	2969	3
4230	5885	790	4912	47515	177
24181	42667	3666	36814	314910	700
16916	31022	1892	11964	130333	192
15564	25323	1963	21632	130950	307
8528	14614	1154	12308	71905	229
20740	28130	2544	23177	119211	475
48641	61138	2574	47132	182517	381
21513	27328	1655	15507	87837	207
21578	26796	599	18290	52636	84
22114	27763	2174	20082	111696	358
24599	31438	3956	23044	189057	266

3-58 续表 4

指标名称	连接宽带的企业		有网站的企业数		通过互联网对本企业进行宣传和推广的企业	
	数量(个)	比重(%)	数量(个)	比重(%)	数量(个)	比重(%)
仪器仪表制造业	100	92.6	70	64.8	96	88.9
其他制造业	47	95.9	29	59.2	40	81.6
废弃资源综合利用业	70	94.6	39	52.7	51	68.9
金属制品、机械和设备修理业	2	66.7	1	33.3	1	33.3
电力、热力、燃气及水生产和供应业	372	94.4	176	44.7	245	62.2
电力、热力生产和供应业	260	93.9	123	44.4	166	59.9
燃气生产和供应业	34	91.9	14	37.8	27	73.0
水的生产和供应业	78	97.5	39	48.8	52	65.0
建筑业	2289	94.9	921	38.2	1657	68.7
房屋建筑业	1365	95.5	494	34.5	974	68.1
土木工程建筑业	420	95.5	198	45.0	312	70.9
建筑安装业	204	93.2	104	47.5	155	70.8
建筑装饰和其他建筑业	300	92.9	125	38.7	216	66.9
批发和零售业	5063	92.8	2081	38.2	3429	62.9
批发业	1920	92.7	770	37.2	1298	62.7
零售业	3143	92.9	1311	38.8	2131	63.0
交通运输、仓储和邮政业	622	94.0	236	35.6	395	59.7
铁路运输业						
道路运输业	421	93.6	159	35.3	267	59.3
水上运输业	34	97.1	6	17.1	16	45.7
航空运输业	6	100.0	4	66.7	5	83.3
管道运输业	2	100.0	1	50.0	2	100.0
装卸搬运和运输代理业	68	91.9	27	36.5	40	54.1
仓储业	64	95.5	24	35.8	43	64.2
邮政业	27	100.0	15	55.6	22	81.5
住宿和餐饮业	1189	91.5	658	50.7	975	75.1
住宿业	668	91.5	413	56.6	577	79.0
餐饮业	521	91.6	245	43.1	398	69.9
信息传输、软件和信息技术服务业	246	93.2	159	60.2	209	79.2
电信、广播电视和卫星传输服务	138	92.0	76	50.7	111	74.0
互联网和相关服务	9	100.0	7	77.8	7	77.8
软件和信息技术服务业	99	94.3	76	72.4	91	86.7
房地产业	3439	95.2	1459	40.4	2646	73.3
房地产业	3439	95.2	1459	40.4	2646	73.3
租赁和商务服务业	472	94.4	272	54.4	380	76.0
租赁业	21	87.5	6	25.0	17	70.8
商务服务业	451	94.7	266	55.9	363	76.3

期末使用计算机数量（个）	使用计算机人员数量（人）	信息技术人员数量（人）	使用互联网人员数量（人）	从业人员平均人数数量（人）	拥有网站数量（个）
7143	8018	1279	7068	20335	86
492	1924	163	1154	13288	37
1081	2316	216	1533	10596	44
81	103	4	76	339	1
62535	74324	1955	31801	159430	211
55442	63695	1438	24052	132323	153
2333	2963	149	2491	6804	14
4760	7666	368	5258	20303	44
105605	270276	9115	241041	1402276	1077
54694	170995	5332	150743	1037398	579
36148	74479	2522	67811	264948	246
8905	13105	628	11577	50743	117
5858	11697	633	10910	49187	135
114679	153649	11012	122251	359902	2743
40800	49223	3599	41768	124738	983
73879	104426	7413	80483	235164	1760
32069	50844	1816	39485	150559	306
30	30	1		86	
14623	25692	1037	19876	98070	205
473	560	46	523	3316	13
1766	3009	151	1690	4506	4
45	45	2	45	169	1
1190	1608	128	1346	7412	32
1215	1663	91	1388	3702	30
12727	18237	360	14617	33298	21
31697	33736	2866	27370	148057	821
24559	24579	1907	19550	92236	521
7138	9157	959	7820	55821	300
60561	52565	9353	48829	63023	226
48542	41629	4684	38211	51720	113
2482	2037	531	2042	1938	8
9537	8899	4138	8576	9365	105
52264	70765	5816	65330	143673	1727
52264	70765	5816	65330	143673	1727
14844	17685	1003	14832	68692	342
233	446	31	361	2381	6
14611	17239	972	14471	66311	336

3-58 续表 5

指标名称	连接宽带的企业		有网站的企业数		通过互联网对本企业进行宣传和推广的企业	
	数量(个)	比重(%)	数量(个)	比重(%)	数量(个)	比重(%)
科学研究和技术服务业	436	94.4	184	39.8	311	67.3
研究和试验发展	26	100.0	19	73.1	23	88.5
专业技术服务业	201	93.1	133	61.6	167	77.3
科技推广和应用服务业	209	95.0	32	14.5	121	55.0
水利、环境和公共设施管理业	80	92.0	46	52.9	69	79.3
水利管理业	13	100.0	6	46.2	7	53.8
生态保护和环境治理业	10	71.4	5	35.7	11	78.6
公共设施管理业	57	95.0	35	58.3	51	85.0
居民服务、修理和其他服务业	97	85.1	44	38.6	67	58.8
居民服务业	71	84.5	36	42.9	51	60.7
机动车、电子产品和日用产品修理业	15	88.2	3	17.6	8	47.1
其他服务业	11	84.6	5	38.5	8	61.5
教育	106	97.2	64	58.7	94	86.2
教育	106	97.2	64	58.7	94	86.2
卫生和社会工作	137	97.9	85	60.7	112	80.0
卫生	135	97.8	85	61.6	111	80.4
社会工作	2	100.0			1	50.0
文化、体育和娱乐业	145	95.4	92	60.5	126	82.9
新闻和出版业	33	91.7	26	72.2	33	91.7
广播、电视、电影和影视录音制作业	50	96.2	30	57.7	43	82.7
文化艺术业	17	89.5	13	68.4	14	73.7
体育	11	100.0	6	54.5	8	72.7
娱乐业	34	100.0	17	50.0	28	82.4
分市州						
长沙市	5939	91.5	3737	57.6	5106	79
株洲市	2595	90.5	1116	38.9	1838	64
湘潭市	1462	94.8	759	49.2	1169	76
衡阳市	2283	92.6	916	37.2	1695	69
邵阳市	1572	93.2	633	37.5	1105	66
岳阳市	2653	94.2	995	35.3	1790	64
常德市	2007	93.2	814	37.8	1410	66
张家界市	372	91.4	206	50.6	299	74
益阳市	1605	92.7	601	34.7	1100	64
郴州市	2081	94.3	714	32.4	1511	69
永州市	1197	94.5	424	33.5	859	68
怀化市	1030	93.8	361	32.9	669	61
娄底市	1294	90.0	548	38.1	952	66
湘西州	485	94.9	162	31.7	303	59

期末使用计算机数量（个）	使用计算机人员数量（人）	信息技术人员数量（人）	使用互联网人员数量（人）	从业人员平均人数数量（人）	拥有网站数量（个）
30482	31080	2598	28169	60457	215
2910	2937	71	2820	4187	22
25958	26035	2247	23377	36217	158
1614	2108	280	1972	20053	35
1592	2773	166	2591	9679	55
378	455	34	378	1287	6
116	227	11	186	651	5
1098	2091	121	2027	7741	44
2019	3956	157	2701	18050	54
1621	3271	109	2254	15200	46
310	519	33	315	1671	3
88	166	15	132	1179	5
7699	6346	391	6079	11815	66
7699	6346	391	6079	11815	66
7370	11699	593	6799	18900	100
7337	11666	592	6786	18805	100
33	33	1	13	95	
15294	11827	537	11510	19481	119
5631	5837	246	5682	7913	42
3878	4194	173	3998	5895	41
432	532	55	670	1742	13
260	296	6	276	1103	6
5093	968	57	884	2828	17
391334	499103.0	29743	398223.0	1366168	4755.0
81971	122747.0	7689	93124.0	644856	1368.0
49662	79042.0	5171	59145.0	389683	902.0
54832	106820.0	8495	88591.0	533840	1128.0
31660	60160.0	5531	49274.0	347457	759.0
61974	92045.0	7033	80650.0	558005	1194.0
47311	77535.0	4053	64312.0	377650	995.0
9303	15521.0	1187	13167.0	55747	257.0
30556	49583.0	3709	42896.0	274242	697.0
46658	72967.0	5900	59347.0	369492	840.0
24782	47853.0	3234	38342.0	231109	519.0
25252	35971.0	2412	29430.0	183598	457.0
34962	70567.0	5757	54047.0	306758	703.0
14244	14547.0	1110	12034.0	83204	196.0

3-59 规模以上企业分专业

指标名称	企业数(个)	使用计算机的企业		有信息技术人员的企业	
		数量(个)	比重(%)	数量(个)	比重(%)
总　计	**28679**	**28419**	**99.1**	**21401**	**74.6**
工业	13413	13245	98.7	10472	78.1
高新技术企业	1284	1282	99.8	1136	88.5
非高新技术企业	12129	11963	98.6	9336	77.0
制造业	11611	11478	98.9	9050	77.9
高技术产业	873	866	99.2	735	84.2
非高技术产业	10738	10612	98.8	8315	77.4
建筑业按资质等级分	2412	2403	99.6	1782	73.9
施工总承包	1462	1458	99.7	1138	77.8
特级	11	11	100.0	11	100.0
一级	186	186	100.0	162	87.1
二级	509	509	100.0	395	77.6
三级及以下	756	752	99.5	570	75.4
专业承包	548	546	99.6	379	69.2
一级	56	56	100.0	36	64.3
二级	106	106	100.0	74	69.8
三级及以下	386	384	99.5	269	69.7
劳务分包	402	399	99.3	265	65.9
一级	312	310	99.4	208	66.7
二级	73	72	98.6	45	61.6
三级及以下	17	17	100.0	12	70.6
批发和零售业	5453	5410	99.2	3861	70.8
独立门店	4430	4399	99.3	3131	70.7
连锁总店(总部)	125	125	100.0	115	92.0
连锁门店	127	126	99.2	103	81.1
其他	771	760	98.6	512	66.4
零售业	3382	3361	99.4	2489	73.6
食杂店	23	21	91.3	13	56.5
便利店	31	31	100.0	23	74.2
折扣店					
超市	391	389	99.5	313	80.1
大型超市	104	104	100.0	94	90.4
仓储会员店	8	8	100.0	6	75.0
百货店	166	163	98.2	127	76.5

及特有分组信息化基本情况

有局域网的企业		使用信息化管理的企业		使用互联网的企业	
数量(个)	比重(%)	数量(个)	比重(%)	数量(个)	比重(%)
15722	**54.8**	**27005**	**94.2**	**27829**	**97.0**
7150	53.3	12478	93.0	12941	96.5
1053	82.0	1256	97.8	1268	98.8
6097	50.3	11222	92.5	11673	96.2
6204	53.4	10812	93.1	11268	97.0
555	63.6	815	93.4	852	97.6
5649	52.6	9997	93.1	10416	97.0
1309	54.3	2351	97.5	2350	97.4
833	57.0	1439	98.4	1432	97.9
11	100.0	11	100.0	11	100.0
145	78.0	185	99.5	185	99.5
304	59.7	507	99.6	505	99.2
373	49.3	736	97.4	731	96.7
311	56.8	531	96.9	532	97.1
42	75.0	55	98.2	55	98.2
72	67.9	101	95.3	101	95.3
197	51.0	375	97.2	376	97.4
165	41.0	381	94.8	386	96.0
129	41.3	294	94.2	300	96.2
30	41.1	72	98.6	69	94.5
6	35.3	15	88.2	17	100.0
2781	51.0	5037	92.4	5307	97.3
2204	49.8	4098	92.5	4322	97.6
100	80.0	125	100.0	123	98.4
88	69.3	124	97.6	120	94.5
389	50.5	690	89.5	742	96.2
1757	52.0	3144	93.0	3294	97.4
11	47.8	22	95.7	20	87.0
6	19.4	31	100.0	29	93.5
227	58.1	367	93.9	378	96.7
84	80.8	101	97.1	101	97.1
1	12.5	6	75.0	8	100.0
96	57.8	155	93.4	159	95.8

3-59 续表 1

指标名称	企业数(个)	使用计算机的企业		有信息技术人员的企业	
		数量(个)	比重(%)	数量(个)	比重(%)
专业店	1443	1435	99.4	1024	71.0
专卖店	1025	1020	99.5	759	74.0
家居建材商店	53	53	100.0	34	64.2
购物中心	15	15	100.0	12	80.0
厂家直销中心	111	110	99.1	73	65.8
电视购物	3	3	100.0	3	100.0
邮购					
网上商店	8	8	100.0	8	100.0
自动售货亭					
电话购物	1	1	100.0		
服务业	2756	2744	99.6	1969	71.4
高新技术企业	103	103	100.0	97	94.2
非高新技术企业	2653	2641	99.5	1872	70.6
高技术产业	755	750	99.3	605	80.1
非高技术产业	2001	1994	99.7	1364	68.2
住宿和餐饮业	1299	1291	99.4	1017	78.3
独立门店	1175	1168	99.4	923	78.6
连锁总店(总部)	21	21	100.0	17	81.0
连锁门店	34	34	100.0	26	76.5
其他	69	68	98.6	51	73.9
住宿业	730	727	99.6	587	80.4
一星	5	5	100.0	4	80.0
二星	67	66	98.5	45	67.2
三星	198	196	99.0	171	86.4
四星	95	95	100.0	91	95.8
五星	38	38	100.0	37	97.4
其他	327	327	100.0	239	73.1
房地产业	3346	3326	99.4	2300	68.7
一级	25	25	100.0	24	96.0
二级	214	212	99.1	162	75.7
三级	1544	1535	99.4	1036	67.1
四级	454	452	99.6	323	71.1
暂定	1012	1007	99.5	693	68.5
其他	97	95	97.9	62	63.9

有局域网的企业		使用信息化管理的企业		使用互联网的企业	
数量(个)	比重(%)	数量(个)	比重(%)	数量(个)	比重(%)
711	49.3	1343	93.1	1417	98.2
538	52.5	941	91.8	994	97.0
17	32.1	47	88.7	53	100.0
11	73.3	14	93.3	15	100.0
47	42.3	105	94.6	108	97.3
1	33.3	3	100.0	3	100.0
6	75.0	8	100.0	8	100.0
1	100.0	1	100.0	1	100.0
1785	64.8	2658	96.4	2707	98.2
93	90.3	103	100.0	100	97.1
1692	63.8	2555	96.3	2607	98.3
531	70.3	723	95.8	739	97.9
1254	62.7	1935	96.7	1968	98.4
798	61.4	1207	92.9	1266	97.5
718	61.1	1094	93.1	1146	97.5
14	66.7	20	95.2	21	100.0
20	58.8	31	91.2	32	94.1
46	66.7	62	89.9	67	97.1
489	67.0	687	94.1	713	97.7
4	80.0	5	100.0	5	100.0
39	58.2	62	92.5	62	92.5
135	68.2	184	92.9	192	97.0
83	87.4	94	98.9	94	98.9
34	89.5	38	100.0	38	100.0
194	59.3	304	93.0	322	98.5
1899	56.8	3274	97.8	3258	97.4
23	92.0	25	100.0	25	100.0
148	69.2	213	99.5	209	97.7
880	57.0	1518	98.3	1509	97.7
202	44.5	450	99.1	443	97.6
594	58.7	978	96.6	983	97.1
52	53.6	90	92.8	89	91.8

3-59 续表 2

指标名称	连接宽带的企业		有网站的企业数		通过互联网对本企业进行宣传和推广的企业	
	数量(个)	比重(%)	数量(个)	比重(%)	数量(个)	比重(%)
总　计	**26575**	**92.7**	**11986**	**41.8**	**19806**	**69.1**
工业	12254	91.4	5685	42.4	9336	69.6
高新技术企业	1202	93.6	1020	79.4	1174	91.4
非高新技术企业	11052	91.1	4665	38.5	8162	67.3
制造业	10680	92.0	5200	44.8	8356	72.0
高技术产业	818	93.7	517	59.2	715	81.9
非高技术产业	9862	91.8	4683	43.6	7641	71.2
建筑业按资质等级分	2289	94.9	921	38.2	1657	68.7
施工总承包	1400	95.8	581	39.7	1029	70.4
特级	11	100.0	11	100.0	11	100.0
一级	180	96.8	149	80.1	166	89.2
二级	495	97.2	217	42.6	364	71.5
三级及以下	714	94.4	204	27.0	488	64.6
专业承包	515	94.0	260	47.4	385	70.3
一级	54	96.4	43	76.8	51	91.1
二级	100	94.3	59	55.7	80	75.5
三级及以下	361	93.5	158	40.9	254	65.8
劳务分包	374	93.0	80	19.9	243	60.4
一级	289	92.6	63	20.2	190	60.9
二级	68	93.2	14	19.2	43	58.9
三级及以下	17	100.0	3	17.6	10	58.8
批发和零售业	5063	92.8	2081	38.2	3429	62.9
独立门店	4123	93.1	1642	37.1	2767	62.5
连锁总店(总部)	119	95.2	74	59.2	92	73.6
连锁门店	116	91.3	68	53.5	91	71.7
其他	705	91.4	297	38.5	479	62.1
零售业	3143	92.9	1311	38.8	2131	63.0
食杂店	19	82.6	6	26.1	12	52.2
便利店	27	87.1	10	32.3	19	61.3
折扣店						
超市	362	92.6	144	36.8	217	55.5
大型超市	96	92.3	67	64.4	79	76.0
仓储会员店	6	75.0	2	25.0	5	62.5
百货店	147	88.6	68	41.0	112	67.5

期末使用计算机数量（个）	使用计算机人员数量（人）	信息技术人员数量（人）	使用互联网人员数量（人）	从业人员平均人数数量（人）	拥有网站数量（个）
904501	**1344461**	**91024**	**1082582**	**5721809**	**14770**
428326	627260	45601	465595	3247245	6919
166213	217922	12149	161109	666392	1330
262113	409338	33452	304486	2580853	5589
348488	519613	40296	405905	2758878	6310
46835	61115	6636	48661	292818	647
301653	458498	33660	357244	2466060	5663
105605	270276	9115	241041	1402276	1077
86438	232592	6964	207804	1218348	702
21205	27984	158	26441	61644	39
32046	72375	1578	67552	382615	165
20762	77483	2578	67125	441076	253
12425	54750	2650	46686	333013	245
16633	27290	1623	24170	100584	290
4012	5977	174	5444	15576	44
5974	8478	590	7809	30994	65
6647	12835	859	10917	54014	181
2534	10394	528	9067	83344	85
1879	7086	422	6308	69703	66
576	3127	72	2592	12231	16
79	181	34	167	1410	3
114679	153649	11012	122251	359902	2743
64239	88107	8318	73810	223708	2163
28439	34073	963	22838	60455	115
4084	7390	296	4841	18093	91
17917	24079	1435	20762	57646	374
73879	104426	7413	80483	235164	1760
98	169	22	104	595	10
393	494	40	419	2657	10
5130	9940	875	6821	32205	203
10923	18398	900	11052	44335	95
50	77	14	61	272	2
6843	10379	453	6851	27990	92

3-59 续表 3

指标名称	连接宽带的企业		有网站的企业数		通过互联网对本企业进行宣传和推广的企业	
	数量(个)	比重(%)	数量(个)	比重(%)	数量(个)	比重(%)
专业店	1361	94.3	498	34.5	869	60.2
专卖店	943	92.0	446	43.5	693	67.6
家居建材商店	53	100.0	18	34.0	32	60.4
购物中心	15	100.0	5	33.3	11	73.3
厂家直销中心	102	91.9	36	32.4	70	63.1
电视购物	3	100.0	3	100.0	3	100.0
邮购						
网上商店	8	100.0	7	87.5	8	100.0
自动售货亭						
电话购物	1	100.0	1	100.0	1	100.0
服务业	2594	94.1	1273	46.2	1929	70.0
高新技术企业	94	91.3	87	84.5	95	92.2
非高新技术企业	2500	94.2	1186	44.7	1834	69.1
高技术产业	708	93.8	357	47.3	544	72.1
非高技术产业	1886	94.3	916	45.8	1385	69.2
住宿和餐饮业	1189	91.5	658	50.7	975	75.1
独立门店	1083	92.2	593	50.5	881	75.0
连锁总店(总部)	16	76.2	15	71.4	19	90.5
连锁门店	28	82.4	14	41.2	24	70.6
其他	62	89.9	36	52.2	51	73.9
住宿业	668	91.5	413	56.6	577	79.0
一星	3	60.0	3	60.0	3	60.0
二星	58	86.6	27	40.3	45	67.2
三星	183	92.4	111	56.1	159	80.3
四星	84	88.4	80	84.2	87	91.6
五星	36	94.7	36	94.7	37	97.4
其他	304	93.0	156	47.7	246	75.2
房地产业	3186	95.2	1368	40.9	2480	74.1
一级	25	100.0	22	88.0	23	92.0
二级	202	94.4	139	65.0	186	86.9
三级	1481	95.9	637	41.3	1156	74.9
四级	435	95.8	140	30.8	313	68.9
暂定	958	94.7	402	39.7	741	73.2
其他	85	87.6	28	28.9	61	62.9

期末使用计算机数量（个）	使用计算机人员数量（人）	信息技术人员数量（人）	使用互联网人员数量（人）	从业人员平均人数数量（人）	拥有网站数量（个）
30202	37815	2455	29961	74721	659
16841	22470	2159	20642	41273	609
411	574	63	535	1931	20
180	259	33	296	928	8
1068	1298	211	1228	5334	39
1288	2038	128	2038	2395	3
417	472	60	435	485	9
35	43		40	43	1
177616	197559	17126	169305	460481	1598
23955	22142	3645	20606	27418	117
153661	175417	13481	148699	433063	1481
93813	86322	12017	79791	126609	458
83803	111237	5109	89514	333872	1140
31697	33736	2866	27370	148057	821
27762	29164	2499	23250	123131	731
818	1142	90	1130	13529	19
1172	1418	75	1315	4203	16
1945	2012	202	1675	7194	55
24559	24579	1907	19550	92236	521
28	76	5	46	280	3
950	943	81	709	4073	36
5900	5128	489	3883	21644	134
6255	6688	438	5258	23771	92
4084	4943	169	4358	16170	44
7342	6801	725	5296	26298	212
46578	61981	5304	57020	103848	1612
1630	1741	49	1723	2174	34
6744	7969	518	7339	12755	183
20911	27570	2393	25317	48473	714
3546	5423	575	4884	10895	166
12843	17638	1617	16278	26808	479
904	1640	152	1479	2743	36

3-60 规模以上企业按

指标名称	企业数(个)	使用计算机的企业		有信息技术人员的企业	
		数量(个)	比重(%)	数量(个)	比重(%)
总　计	**28679**	**28419**	**99.1**	**21401**	**74.6**
大型	512	512	100.0	483	94.3
中型	6397	6380	99.7	5175	80.9
小型	18417	18241	99.0	13597	73.8
微型	3105	3038	97.8	1934	62.3
工业	13413	13245	98.7	10472	78.1
大型	206	206	100.0	202	98.1
中型	2230	2222	99.6	1887	84.6
小型	10798	10668	98.8	8282	76.7
微型	179	149	83.2	101	56.4
建筑业	2412	2403	99.6	1782	73.9
大型	46	46	100.0	42	91.3
中型	715	715	100.0	575	80.4
小型	1168	1168	100.0	855	73.2
微型	483	474	98.1	310	64.2
批发和零售业	5453	5410	99.2	3861	70.8
大型	137	137	100.0	131	95.6
中型	1453	1450	99.8	1200	82.6
小型	3234	3205	99.1	2190	67.7
微型	629	618	98.3	340	54.1
批发业	2071	2049	98.9	1372	66.2
大型	46	46	100.0	44	95.7
中型	525	525	100.0	409	77.9
小型	1382	1364	98.7	865	62.6
微型	118	114	96.6	54	45.8
零售业	3382	3361	99.4	2489	73.6
大型	91	91	100.0	87	95.6
中型	928	925	99.7	791	85.2
小型	1852	1841	99.4	1325	71.5
微型	511	504	98.6	286	56.0
服务业	2756	2744	99.6	1969	71.4
大型	97	97	100.0	83	85.6
中型	435	432	99.3	363	83.4
小型	1573	1565	99.5	1078	68.5
微型	403	402	99.8	233	57.8
住宿和餐饮业	1299	1291	99.4	1017	78.3
大型	23	23	100.0	23	100.0
中型	224	224	100.0	211	94.2
小型	1021	1015	99.4	764	74.8
微型	31	29	93.5	19	61.3
住宿业	730	727	99.6	587	80.4
大型	17	17	100.0	17	100.0
中型	157	157	100.0	150	95.5
小型	540	538	99.6	412	76.3
微型	16	15	93.8	8	50.0
餐饮业	569	564	99.1	430	75.6
大型	6	6	100.0	6	100.0
中型	67	67	100.0	61	91.0
小型	481	477	99.2	352	73.2
微型	15	14	93.3	11	73.3
房地产业	3346	3326	99.4	2300	68.7
大型	3	3	100.0	2	66.7
中型	1340	1337	99.8	939	70.1
小型	623	620	99.5	428	68.7
微型	1380	1366	99	931	67.5

大中小微分信息化基本情况

有局域网的企业		使用信息化管理的企业		使用互联网的企业	
数量(个)	比重(%)	数量(个)	比重(%)	数量(个)	比重(%)
15722	**54.8**	**27005**	**94.2**	**27829**	**97.0**
480	93.8	512	100.0	508	99.2
4367	68.3	6259	97.8	6284	98.2
9305	50.5	17148	93.1	17853	96.9
1379	44.4	2846	91.7	2938	94.6
7150	53.3	12478	93.0	12941	96.5
201	97.6	206	100.0	204	99.0
1539	69.0	2179	97.7	2189	98.2
5348	49.5	9962	92.3	10409	96.4
62	34.6	131	73.2	139	77.7
1309	54.3	2351	97.5	2350	97.4
46	100.0	46	100.0	46	100.0
468	65.5	712	99.6	703	98.3
607	52.0	1145	98.0	1145	98.0
188	38.9	448	92.8	456	94.4
2781	51.0	5037	92.4	5307	97.3
127	92.7	137	100.0	137	100.0
990	68.1	1398	96.2	1429	98.3
1467	45.4	2976	92.0	3156	97.6
197	31.3	526	83.6	585	93.0
1024	49.4	1893	91.4	2013	97.2
44	95.7	46	100.0	46	100.0
345	65.7	499	95.0	521	99.2
593	42.9	1250	90.4	1336	96.7
42	35.6	98	83.1	110	93.2
1757	52.0	3144	93.0	3294	97.4
83	91.2	91	100.0	91	100.0
645	69.5	899	96.9	908	97.8
874	47.2	1726	93.2	1820	98.3
155	30.3	428	83.8	475	93.0
1785	64.8	2658	96.4	2707	98.2
82	84.5	97	100.0	95	97.9
347	79.8	428	98.4	427	98.2
962	61.2	1513	96.2	1542	98.0
203	50.4	380	94.3	397	98.5
798	61.4	1207	92.9	1266	97.5
21	91.3	23	100.0	23	100.0
182	81.3	217	96.9	223	99.6
586	57.4	943	92.4	992	97.2
9	29.0	24	77.4	28	90.3
489	67.0	687	94.1	713	97.7
16	94.1	17	100.0	17	100.0
135	86.0	153	97.5	156	99.4
333	61.7	503	93.1	526	97.4
5	31.3	14	87.5	14	87.5
309	54.3	520	91.4	553	97.2
5	83.3	6	100.0	6	100.0
47	70.1	64	95.5	67	100.0
253	52.6	440	91.5	466	96.9
4	26.7	10	66.7	14	93.3
1899	56.8	3274	97.8	3258	97.4
3	100.0	3	100.0	3	100.0
841	62.8	1325	98.9	1313	98.0
335	53.8	609	97.8	609	97.8
720	52.2	1337	96.9	1333	96.6

3-60 续表

指标名称	连接宽带的企业		有网站的企业数		通过互联网对本企业进行宣传和推广的企业	
	数量(个)	比重(%)	数量(个)	比重(%)	数量(个)	比重(%)
总　计	**26575**	**92.7**	**11986**	**41.8**	**19806**	**69.1**
大型	499	97.5	431	84.2	451	88.1
中型	6077	95.0	3462	54.1	4963	77.6
小型	16936	92.0	7038	38.2	12334	67.0
微型	2822	90.9	906	29.2	1853	59.7
工业	12254	91.4	5685	42.4	9336	69.6
大型	204	99.0	186	90.3	188	91.3
中型	2133	95.7	1190	53.4	1693	75.9
小型	9790	90.7	4264	39.5	7375	68.3
微型	127	70.9	45	25.1	80	44.7
建筑业	2289	94.9	921	38.2	1657	68.7
大型	45	97.8	41	89.1	42	91.3
中型	689	96.4	395	55.2	562	78.6
小型	1118	95.7	377	32.3	777	66.5
微型	437	90.5	108	22.4	276	57.1
批发和零售业	5063	92.8	2081	38.2	3429	62.9
大型	135	98.5	110	80.3	118	86.1
中型	1351	93.0	759	52.2	1045	71.9
小型	3022	93.4	1071	33.1	1959	60.6
微型	555	88.2	141	22.4	307	48.8
批发业	1920	92.7	770	37.2	1298	62.7
大型	45	97.8	39	84.8	41	89.1
中型	494	94.1	262	49.9	355	67.6
小型	1283	92.8	432	31.3	826	59.8
微型	98	83.1	37	31.4	76	64.4
零售业	3143	92.9	1311	38.8	2131	63.0
大型	90	98.9	71	78.0	77	84.6
中型	857	92.3	497	53.6	690	74.4
小型	1739	93.9	639	34.5	1133	61.2
微型	457	89.4	104	20.4	231	45.2
服务业	2594	94.1	1273	46.2	1929	70.0
大型	92	94.8	69	71.1	78	80.4
中型	414	95.2	265	60.9	347	79.8
小型	1470	93.5	639	40.6	1053	66.9
微型	377	93.5	151	37.5	246	61.0
住宿和餐饮业	1189	91.5	658	50.7	975	75.1
大型	20	87.0	23	100.0	22	95.7
中型	205	91.5	169	75.4	200	89.3
小型	937	91.8	460	45.1	736	72.1
微型	27	87.1	6	19.4	17	54.8
住宿业	668	91.5	413	56.6	577	79.0
大型	15	88.2	17	100.0	16	94.1
中型	144	91.7	126	80.3	147	93.6
小型	495	91.7	268	49.6	405	75.0
微型	14	87.5	2	12.5	9	56.3
餐饮业	521	91.6	245	43.1	398	69.9
大型	5	83.3	6	100.0	6	100.0
中型	61	91.0	43	64.2	53	79.1
小型	442	91.9	192	39.9	331	68.8
微型	13	86.7	4	26.7	8	53.3
房地产业	3186	95.2	1368	40.9	2480	74.1
大型	3	100.0	2	66.7	3	100.0
中型	1285	95.9	684	51.0	1116	83.3
小型	599	96.1	227	36.4	434	69.7
微型	1299	94.1	455	33	927	67.2

期末使用计算机数量（个）	使用计算机人员数量（人）	信息技术人员数量（人）	使用互联网人员数量（人）	从业人员平均人数数量（人）	拥有网站数 量（个）
904501	**1344461**	**91024**	**1082582**	**5721809**	**14770**
308406	397648	10204	272372	1120705	673
320326	509405	32798	433534	2348367	4319
237065	382626	43211	331045	2103606	8548
23638	36740	3827	32766	118425	1064
428326	627260	45601	465595	3247245	6919
171132	223910	5519	128312	697097	287
113653	183110	11912	147168	1164701	1408
142690	218625	28002	189158	1376873	5172
851	1615	168	957	8574	52
105605	270276	9115	241041	1402276	1077
36123	54410	332	52210	178919	71
48798	140522	5109	125538	750961	454
17870	67640	3127	56274	420738	435
2814	7704	547	7019	51658	117
114679	153649	11012	122251	359902	2743
50023	63129	1584	44891	120579	188
42015	58296	4165	48354	149489	1050
20909	29794	4778	26841	83816	1345
1732	2430	485	2165	6018	160
40800	49223	3599	41768	124738	983
18696	18751	369	14702	36831	68
13254	17671	1353	15468	44021	334
8311	12065	1779	10919	41326	536
539	736	98	679	2560	45
73879	104426	7413	80483	235164	1760
31327	44378	1215	30189	83748	120
28761	40625	2812	32886	105468	716
12598	17729	2999	15922	42490	809
1193	1694	387	1486	3458	115
177616	197559	17126	169305	460481	1598
48118	51532	2656	42958	101063	99
74442	78086	8128	68480	171343	362
34408	42693	4719	38676	136522	781
5582	7206	639	6326	20847	190
31697	33736	2866	27370	148057	821
2793	4426	111	3760	22775	26
13095	13670	910	11044	56190	218
15673	15460	1816	12417	68410	568
136	180	29	149	682	9
24559	24579	1907	19550	92236	521
2306	3829	92	3208	12110	17
11406	11238	716	8839	40681	164
10765	9407	1089	7408	39141	336
82	105	10	95	304	4
7138	9157	959	7820	55821	300
487	597	19	552	10665	9
1689	2432	194	2205	15509	54
4908	6053	727	5009	29269	232
54	75	19	54	378	5
46578	61981	5304	57020	103848	1612
217	241	2	241	272	2
28323	35721	2574	32950	55683	827
5515	8414	769	7679	17247	247
12523	17605	1959	16150	30646	536

3-61 规模以上企业按登记

指标名称	企业数(个)	使用计算机的企业		有信息技术人员的企业	
		数量(个)	比重(%)	数量(个)	比重(%)
总　计	**28679**	**28419**	**99.1**	**21401**	**74.6**
按登记注册类型分组					
内资企业	27809	27552	99.1	20703	74.4
国有企业	928	920	99.1	740	79.7
集体企业	609	598	98.2	458	75.2
股份合作企业	78	78	100.0	60	76.9
联营企业	24	24	100.0	20	83.3
国有联营企业	4	4	100.0	4	100.0
集体联营企业	12	12	100.0	10	83.3
国有与集体联营企业	3	3	100.0	3	100.0
其他联营企业	5	5	100.0	3	60.0
有限责任公司	7638	7607	99.6	5709	74.7
国有独资公司	442	442	100.0	332	75.1
其他有限责任公司	7196	7165	99.6	5377	74.7
股份有限公司	1318	1310	99.4	1031	78.2
私营企业	16304	16134	99.0	12017	73.7
私营独资企业	1397	1371	98.1	1045	74.8
私营合伙企业	979	957	97.8	764	78.0
私营有限责任公司	12561	12465	99.2	9153	72.9
私营股份有限公司	1367	1341	98.1	1055	77.2
其他企业	910	881	96.8	668	73.4
港、澳、台商投资企业	512	511	99.8	409	79.9
与港澳台商合资经营企业	243	243	100.0	195	80.2
与港澳台商合作经营企业	16	16	100.0	10	62.5
港澳台商独资企业	234	233	99.6	188	80.3
港澳台商投资股份有限公司	16	16	100.0	13	81.3
其他港澳台投资企业	3	3	100.0	3	100.0
外商投资企业	358	356	99.4	289	80.7
中外合资经营企业	206	205	99.5	167	81.1
中外合作经营企业	13	13	100.0	11	84.6
外资企业	126	125	99.2	101	80.2
外商投资股份有限公司	11	11	100.0	8	72.7
其他外商投资企业	2	2	100	2	100
按控股情况分					
国有控股	2489	2476	99.5	1952	78.4
集体控股	1286	1272	98.9	985	76.6
私人控股	22475	22262	99.1	16629	74.0
港澳台商控股	416	415	99.8	332	79.8
外商控股	241	241	100.0	193	80.1
其他	1772	1753	98.9	1310	73.9

注册类型分信息化基本情况

有局域网的企业		使用信息化管理的企业		使用互联网的企业	
数量(个)	比重(%)	数量(个)	比重(%)	数量(个)	比重(%)
15722	**54.8**	**27005**	**94.2**	**27829**	**97.0**
15085	54.2	26158	94.1	26981	97.0
621	66.9	890	95.9	910	98.1
276	45.3	581	95.4	579	95.1
37	47.4	73	93.6	73	93.6
12	50.0	23	95.8	24	100.0
2	50.0	4	100.0	4	100.0
6	50.0	11	91.7	12	100.0
1	33.3	3	100.0	3	100.0
3	60.0	5	100.0	5	100.0
4650	60.9	7312	95.7	7466	97.7
315	71.3	439	99.3	437	98.9
4335	60.2	6873	95.5	7029	97.7
813	61.7	1272	96.5	1291	98.0
8253	50.6	15198	93.2	15811	97.0
663	47.5	1267	90.7	1349	96.6
445	45.5	900	91.9	898	91.7
6438	51.3	11737	93.4	12251	97.5
707	51.7	1294	94.7	1313	96.0
423	46.5	809	88.9	827	90.9
366	71.5	499	97.5	503	98.2
174	71.6	238	97.9	243	100.0
9	56.3	15	93.8	15	93.8
167	71.4	227	97.0	226	96.6
13	81.3	16	100.0	16	100.0
3	100.0	3	100.0	3	100.0
271	75.7	348	97.2	345	96.4
150	72.8	201	97.6	199	96.6
9	69.2	12	92.3	13	100.0
104	82.5	122	96.8	121	96.0
7	63.6	11	100.0	10	90.9
1	50	2	100	2	100
1811	72.8	2423	97.3	2451	98.5
713	55.4	1232	95.8	1231	95.7
11668	51.9	21029	93.6	21809	97.0
298	71.6	403	96.9	407	97.8
182	75.5	236	97.9	230	95.4
1050	59.3	1682	94.9	1701	96

3-61 续表

指标名称	连接宽带的企业		有网站的企业数		通过互联网对本企业进行宣传和推广的企业	
	数量(个)	比重(%)	数量(个)	比重(%)	数量(个)	比重(%)
总 计	**26575**	**92.7**	**27829**	**97.0**	**19806**	**69.1**
按登记注册类型分组						
内资企业	25758	92.6	26981	97.0	19132	68.8
国有企业	874	94.2	910	98.1	608	65.5
集体企业	557	91.5	579	95.1	322	52.9
股份合作企业	69	88.5	73	93.6	53	67.9
联营企业	22	91.7	24	100.0	17	70.8
国有联营企业	4	100.0	4	100.0	3	75.0
集体联营企业	10	83.3	12	100.0	10	83.3
国有与集体联营企业	3	100.0	3	100.0	1	33.3
其他联营企业	5	100.0	5	100.0	3	60.0
有限责任公司	7138	93.5	7466	97.7	5585	73.1
国有独资公司	415	93.9	437	98.9	329	74.4
其他有限责任公司	6723	93.4	7029	97.7	5256	73.0
股份有限公司	1239	94.0	1291	98.0	975	74.0
私营企业	15087	92.5	15811	97.0	11066	67.9
私营独资企业	1283	91.8	1349	96.6	877	62.8
私营合伙企业	853	87.1	898	91.7	535	54.6
私营有限责任公司	11691	93.1	12251	97.5	8685	69.1
私营股份有限公司	1260	92.2	1313	96.0	969	70.9
其他企业	772	84.8	827	90.9	506	55.6
港、澳、台商投资企业	487	95.1	503	98.2	406	79.3
与港澳台商合资经营企业	234	96.3	243	100.0	201	82.7
与港澳台商合作经营企业	14	87.5	15	93.8	13	81.3
港澳台商独资企业	220	94.0	226	96.6	177	75.6
港澳台商投资股份有限公司	16	100.0	16	100.0	13	81.3
其他港澳台投资企业	3	100.0	3	100.0	2	66.7
外商投资企业	330	92.2	345	96.4	268	74.9
中外合资经营企业	189	91.7	199	96.6	155	75.2
中外合作经营企业	13	100.0	13	100.0	9	69.2
外资企业	116	92.1	121	96.0	95	75.4
外商投资股份有限公司	10	90.9	10	90.9	8	72.7
其他外商投资企业	2	100	2	100	1	50
按控股情况分						
国有控股	2352	94.5	1297	52.1	1790	71.9
集体控股	1179	91.7	439	34.1	778	60.5
私人控股	20807	92.6	9051	40.3	15488	68.9
港澳台商控股	396	95.2	211	50.7	319	76.7
外商控股	220	91.3	139	57.7	179	74.3
其他	1621	91.5	849	47.9	1252	70.7

期末使用计算机数量（个）	使用计算机人员数量（人）	信息技术人员数量（人）	使用互联网人员数量（人）	从业人员平均人数数量（人）	拥有网站数　量（个）
904501	**1344461**	**91024**	**1082582**	**5721809**	**14770**
843447	1265744	85847	1021241	5373161	14173
117561	145377	4714	92202	401467	482
7168	24364	1496	18970	168038	198
1392	2154	243	1502	10588	43
785	966	89	907	6017	8
197	283	15	262	1140	2
473	517	23	517	1475	5
58	86	43	85	2661	
57	80	8	43	741	1
335600	501591	28514	407871	1823803	4454
61158	78546	3867	69094	257200	337
274442	423045	24647	338777	1566603	4117
116210	164146	7667	132169	473184	881
253399	411473	41509	353434	2390556	7790
11396	18895	3008	16838	198955	521
7134	13537	2083	10660	174990	294
207989	332275	31799	285353	1764474	6308
26880	46766	4619	40583	252137	667
11332	15673	1615	14186	99508	317
31248	43756	3157	35573	206214	344
14474	17936	747	14741	102931	191
498	694	59	416	3671	6
13614	20868	2289	18272	91958	129
2362	3998	55	1884	7279	17
300	260	7	260	375	1
29806	34961	2020	25768	142434	253
12909	15997	747	11451	62889	153
449	865	27	827	2836	7
16073	17288	1220	12663	74256	89
348	766	22	764	2185	4
27	45	4	63	268	
365321	462162	17731	348918	1190673	1663
35991	74516	3955	56992	358878	551
397633	655176	58425	557445	3527094	11031
23612	34856	2880	27628	173998	255
19965	23377	1551	17203	100769	165
61979	94374	6482	74396	370397	1105

3-62 规模以上企业分行业

指标名称	企业数(个)	使用信息化管理的企业	
		数量(个)	比重(%)
总　计	**28679**	**27005**	**94.2**
分行业			
采矿业	1408	1287	91.4
煤炭开采和洗选业	764	713	93.3
石油和天然气开采业			
黑色金属矿采选业	121	103	85.1
有色金属矿采选业	238	215	90.3
非金属矿采选业	282	253	89.7
开采辅助活动			
其他采矿业	3	3	100.0
制造业	11611	10812	93.1
农副食品加工业	1050	961	91.5
食品制造业	342	327	95.6
酒、饮料和精制茶制造业	308	279	90.6
烟草制品业	7	7	100.0
纺织业	247	234	94.7
纺织服装、服饰业	199	188	94.5
皮革、毛皮、羽毛及其制品和制鞋业	209	199	95.2
木材加工和木、竹、藤、棕、草制品业	440	381	86.6
家具制造业	123	114	92.7
造纸和纸制品业	314	294	93.6
印刷和记录媒介复制业	199	185	93.0
文教、工美、体育和娱乐用品制造业	115	104	90.4
石油加工、炼焦和核燃料加工业	30	29	96.7
化学原料和化学制品制造业	1624	1535	94.5
医药制造业	291	276	94.8
化学纤维制造业	12	12	100.0
橡胶和塑料制品业	323	300	92.9
非金属矿物制品业	1478	1366	92.4
黑色金属冶炼和压延加工业	547	496	90.7
有色金属冶炼和压延加工业	582	552	94.8
金属制品业	414	392	94.7
通用设备制造业	727	675	92.8
专用设备制造业	538	510	94.8
汽车制造业	267	250	93.6
铁路、船舶、航空航天和其他运输设备制造业	110	107	97.3
电气机械和器材制造业	496	463	93.3
计算机、通信和其他电子设备制造业	385	356	92.5

和分地区信息化管理情况

财务管理		购销存管理		生产制造管理	
数量(个)	比重(%)	数量(个)	比重(%)	数量(个)	比重(%)
23839	**88.3**	**11559**	**42.8**	**5083**	**18.8**
1138	88.4	425	33.0	337	26.2
641	89.9	236	33.1	216	30.3
89	86.4	35	34.0	22	21.4
182	84.7	69	32.1	45	20.9
224	88.5	84	33.2	54	21.3
2	66.7	1	33.3		
9747	90.1	5108	47.2	3339	30.9
865	90.0	476	49.5	253	26.3
290	88.7	165	50.5	106	32.4
241	86.4	148	53.0	83	29.7
7	100.0	4	57.1	4	57.1
212	90.6	96	41.0	53	22.6
175	93.1	93	49.5	47	25.0
180	90.5	94	47.2	78	39.2
323	84.8	158	41.5	82	21.5
96	84.2	45	39.5	31	27.2
254	86.4	130	44.2	83	28.2
166	89.7	86	46.5	77	41.6
89	85.6	44	42.3	36	34.6
26	89.7	13	44.8	11	37.9
1390	90.6	640	41.7	396	25.8
260	94.2	167	60.5	113	40.9
9	75.0	6	50.0	4	33.3
271	90.3	145	48.3	71	23.7
1226	89.8	620	45.4	431	31.6
461	92.9	190	38.3	101	20.4
500	90.6	202	36.6	115	20.8
366	93.4	186	47.4	125	31.9
604	89.5	365	54.1	264	39.1
472	92.5	276	54.1	184	36.1
232	92.8	158	63.2	118	47.2
100	93.5	61	57.0	43	40.2
412	89.0	239	51.6	190	41.0
332	93.3	202	56.7	164	46.1

3-62 续表 1

指标名称	企业数(个)	使用信息化管理的企业	
		数量(个)	比重(%)
仪器仪表制造业	108	100	92.6
其他制造业	49	47	95.9
废弃资源综合利用业	74	70	94.6
金属制品、机械和设备修理业	3	3	100.0
电力、热力、燃气及水生产和供应业	394	379	96.2
电力、热力生产和供应业	277	267	96.4
燃气生产和供应业	37	35	94.6
水的生产和供应业	80	77	96.3
建筑业	2412	2351	97.5
房屋建筑业	1430	1400	97.9
土木工程建筑业	440	433	98.4
建筑安装业	219	207	94.5
建筑装饰和其他建筑业	323	311	96.3
批发和零售业	5453	5037	92.4
批发业	2071	1893	91.4
零售业	3382	3144	93.0
交通运输、仓储和邮政业	662	642	97.0
铁路运输业	1	1	100.0
道路运输业	450	436	96.9
水上运输业	35	33	94.3
航空运输业	6	6	100.0
管道运输业	2	2	100.0
装卸搬运和运输代理业	74	70	94.6
仓储业	67	67	100.0
邮政业	27	27	100.0
住宿和餐饮业	1299	1207	92.9
住宿业	730	687	94.1
餐饮业	569	520	91.4
信息传输、软件和信息技术服务业	264	259	98.1
电信、广播电视和卫星传输服务	150	149	99.3
互联网和相关服务	9	9	100.0
软件和信息技术服务业	105	101	96.2
房地产业	3612	3528	97.7
房地产业	3612	3528	97.7
租赁和商务服务业	500	485	97.0
租赁业	24	23	95.8
商务服务业	476	462	97.1

财务管理		购销存管理		生产制造管理	
数量(个)	比重(%)	数量(个)	比重(%)	数量(个)	比重(%)
88	88.0	54	54.0	46	46.0
36	76.6	19	40.4	12	25.5
61	87.1	24	34.3	17	24.3
3	100.0	2	66.7	1	33.3
357	94.2	147	38.8	136	35.9
251	94.0	96	36.0	102	38.2
34	97.1	19	54.3	10	28.6
72	93.5	32	41.6	24	31.2
2005	85.3	494	21.0	383	16.3
1175	83.9	248	17.7	219	15.6
388	89.6	109	25.2	86	19.9
175	84.5	78	37.7	32	15.5
267	85.9	59	19.0	46	14.8
4372	86.8	3231	64.1	343	6.8
1620	85.6	1084	57.3	155	8.2
2752	87.5	2147	68.3	188	6.0
555	86.4	135	21.0	65	10.1
1	100.0				
370	84.9	64	14.7	36	8.3
27	81.8	2	6.1	1	3.0
6	100.0	2	33.3	1	16.7
2	100.0	1	50.0		
62	88.6	11	15.7	7	10.0
63	94.0	39	58.2	5	7.5
24	88.9	16	59.3	15	55.6
1057	87.6	589	48.8	92	7.6
617	89.8	333	48.5	43	6.3
440	84.6	256	49.2	49	9.4
238	91.9	132	51.0	35	13.5
142	95.3	90	60.4	21	14.1
9	100.0	4	44.4		
87	86.1	38	37.6	14	13.9
3083	87.4	914	25.9	212	6.0
3083	87.4	914	25.9	212	6.0
427	88.0	70	14.4	20	4.1
22	95.7	5	21.7	5	21.7
405	87.7	65	14.1	15	3.2

3-62 续表 2

指标名称	企业数(个)	使用信息化管理的企业	
		数量(个)	比重(%)
科学研究和技术服务业	462	436	94.4
研究和试验发展	26	25	96.2
专业技术服务业	216	212	98.1
科技推广和应用服务业	220	199	90.5
水利、环境和公共设施管理业	87	83	95.4
水利管理业	13	12	92.3
生态保护和环境治理业	14	12	85.7
公共设施管理业	60	59	98.3
居民服务、修理和其他服务业	114	109	95.6
居民服务业	84	80	95.2
机动车、电子产品和日用产品修理业	17	17	100.0
其他服务业	13	12	92.3
教育	109	106	97.2
教育	109	106	97.2
卫生和社会工作	140	135	96.4
卫生	138	133	96.4
社会工作	2	2	100.0
文化、体育和娱乐业	152	149	98.0
新闻和出版业	36	35	97.2
广播、电视、电影和影视录音制作业	52	51	98.1
文化艺术业	19	19	100.0
体育	11	10	90.9
娱乐业	34	34	100.0
分市州			
长沙市	6489	6263	96.5
株洲市	2868	2600	90.7
湘潭市	1543	1504	97.5
衡阳市	2465	2343	95.1
邵阳市	1686	1580	93.7
岳阳市	2817	2702	95.9
常德市	2153	1997	92.8
张家界市	407	380	93.4
益阳市	1731	1552	89.7
郴州市	2206	1988	90.1
永州市	1267	1213	95.7
怀化市	1098	1032	94.0
娄底市	1438	1363	94.8
湘西州	511	488	95.5

财务管理		购销存管理		生产制造管理	
数量(个)	比重(%)	数量(个)	比重(%)	数量(个)	比重(%)
359	82.3	111	25.5	66	15.1
22	88.0	12	48.0	8	32.0
191	90.1	41	19.3	43	20.3
146	73.4	58	29.1	15	7.5
72	86.7	21	25.3	8	9.6
10	83.3	1	8.3	5	41.7
9	75.0			2	16.7
53	89.8	20	33.9	1	1.7
91	83.5	28	25.7	10	9.2
67	83.8	21	26.3	9	11.3
14	82.4	5	29.4		
10	83.3	2	16.7	1	8.3
90	84.9	15	14.2	1	0.9
90	84.9	15	14.2	1	0.9
119	88.1	80	59.3	12	8.9
117	88.0	80	60.2	12	9.0
2	100.0				
129	86.6	59	39.6	24	16.1
33	94.3	21	60.0	16	45.7
45	88.2	16	31.4	4	7.8
16	84.2	4	21.1	2	10.5
8	80.0	3	30.0		
27	79.4	15	44.1	2	5.9
5714	91.2	3038	48.5	1342	21.4
2303	88.6	1154	44.4	447	17.2
1336	88.8	707	47.0	321	21.3
1982	84.6	921	39.3	408	17.4
1369	86.6	718	45.4	347	22.0
2367	87.6	971	35.9	473	17.5
1759	88.1	857	42.9	307	15.4
328	86.3	152	40.0	47	12.4
1339	86.3	623	40.1	273	17.6
1721	86.6	739	37.2	414	20.8
1089	89.8	540	44.5	279	23.0
869	84.2	340	32.9	124	12.0
1234	90.5	610	44.8	240	17.6
429	87.9	189	38.7	61	12.5

3-62 续表 3

指标名称	物流配送管理		客户关系管理	
	数量(个)	比重(%)	数量(个)	比重(%)
总 计	**2995**	**11.1**	**9107**	**33.7**
分行业				
采矿业	107	8.3	331	25.7
煤炭开采和洗选业	69	9.7	148	20.8
石油和天然气开采业				
黑色金属矿采选业	11	10.7	35	34.0
有色金属矿采选业	6	2.8	67	31.2
非金属矿采选业	21	8.3	79	31.2
开采辅助活动				
其他采矿业			2	66.7
制造业	1387	12.8	3260	30.2
农副食品加工业	120	12.5	308	32.0
食品制造业	63	19.3	114	34.9
酒、饮料和精制茶制造业	44	15.8	111	39.8
烟草制品业	1	14.3		
纺织业	25	10.7	59	25.2
纺织服装、服饰业	24	12.8	81	43.1
皮革、毛皮、羽毛及其制品和制鞋业	31	15.6	57	28.6
木材加工和木、竹、藤、棕、草制品业	34	8.9	104	27.3
家具制造业	17	14.9	41	36.0
造纸和纸制品业	39	13.3	86	29.3
印刷和记录媒介复制业	32	17.3	73	39.5
文教、工美、体育和娱乐用品制造业	15	14.4	33	31.7
石油加工、炼焦和核燃料加工业	6	20.7	10	34.5
化学原料和化学制品制造业	127	8.3	415	27.0
医药制造业	50	18.1	95	34.4
化学纤维制造业	3	25.0	3	25.0
橡胶和塑料制品业	34	11.3	86	28.7
非金属矿物制品业	168	12.3	353	25.8
黑色金属冶炼和压延加工业	36	7.3	110	22.2
有色金属冶炼和压延加工业	38	6.9	134	24.3
金属制品业	45	11.5	127	32.4
通用设备制造业	90	13.3	212	31.4
专用设备制造业	82	16.1	183	35.9
汽车制造业	65	26.0	84	33.6
铁路、船舶、航空航天和其他运输设备制造业	26	24.3	37	34.6
电气机械和器材制造业	80	17.3	152	32.8
计算机、通信和其他电子设备制造业	58	16.3	111	31.2

人力资源管理		其他		没有使用信息化管理的企业数	
数量(个)	比重(%)	数量(个)	比重(%)	数量(个)	比重(%)
9233	**34.2**	**8125**	**30.1**	**1674**	**5.8**
343	26.7	392	30.5	121	8.6
190	26.6	213	29.9	51	6.7
25	24.3	26	25.2	18	14.9
51	23.7	67	31.2	23	9.7
77	30.4	84	33.2	29	10.3
		2	66.7		
3241	30.0	2556	23.6	799	6.9
275	28.6	242	25.2	89	8.5
110	33.6	84	25.7	15	4.4
90	32.3	74	26.5	29	9.4
4	57.1				
60	25.6	56	23.9	13	5.3
73	38.8	32	17.0	11	5.5
69	34.7	56	28.1	10	4.8
100	26.2	112	29.4	59	13.4
35	30.7	38	33.3	9	7.3
80	27.2	83	28.2	20	6.4
60	32.4	37	20.0	14	7.0
37	35.6	26	25.0	11	9.6
12	41.4	4	13.8	1	3.3
349	22.7	443	28.9	89	5.5
108	39.1	61	22.1	15	5.2
5	41.7	2	16.7		
84	28.0	60	20.0	23	7.1
386	28.3	321	23.5	112	7.6
93	18.8	90	18.1	51	9.3
153	27.7	124	22.5	30	5.2
141	36.0	76	19.4	22	5.3
221	32.7	140	20.7	52	7.2
174	34.1	102	20.0	28	5.2
88	35.2	38	15.2	17	6.4
42	39.3	19	17.8	3	2.7
170	36.7	111	24.0	33	6.7
146	41.0	73	20.5	29	7.5

3-62 续表 4

指标名称	物流配送管理		客户关系管理	
	数量(个)	比重(%)	数量(个)	比重(%)
仪器仪表制造业	21	21.0	38	38.0
其他制造业	7	14.9	29	61.7
废弃资源综合利用业	6	8.6	14	20.0
金属制品、机械和设备修理业				
电力、热力、燃气及水生产和供应业	33	8.7	110	29.0
电力、热力生产和供应业	27	10.1	62	23.2
燃气生产和供应业	4	11.4	20	57.1
水的生产和供应业	2	2.6	28	36.4
建筑业	103	4.4	715	30.4
房屋建筑业	49	3.5	429	30.6
土木工程建筑业	20	4.6	130	30.0
建筑安装业	17	8.2	70	33.8
建筑装饰和其他建筑业	17	5.5	86	27.7
批发和零售业	955	19.0	2006	39.8
批发业	340	18.0	690	36.5
零售业	615	19.6	1316	41.9
交通运输、仓储和邮政业	164	25.5	188	29.3
铁路运输业				
道路运输业	108	24.8	116	26.6
水上运输业	4	12.1	10	30.3
航空运输业	1	16.7	2	33.3
管道运输业				
装卸搬运和运输代理业	20	28.6	19	27.1
仓储业	10	14.9	24	35.8
邮政业	21	77.8	17	63.0
住宿和餐饮业	93	7.7	528	43.7
住宿业	41	6.0	335	48.8
餐饮业	52	10.0	193	37.1
信息传输、软件和信息技术服务业	28	10.8	128	49.4
电信、广播电视和卫星传输服务	19	12.8	85	57.0
互联网和相关服务	1	11.1	5	55.6
软件和信息技术服务业	8	7.9	38	37.6
房地产业	50	1.4	1348	38.2
房地产业	50	1.4	1348	38.2
租赁和商务服务业	13	2.7	176	36.3
租赁业	2	8.7	8	34.8
商务服务业	11	2.4	168	36.4

人力资源管理		其他		没有使用信息化管理的企业数	
数量(个)	比重(%)	数量(个)	比重(%)	数量(个)	比重(%)
39	39.0	19	19.0	8	7.4
19	40.4	8	17.0	2	4.1
18	25.7	25	35.7	4	5.4
169	44.6	101	26.6	15	3.8
122	45.7	73	27.3	10	3.6
20	57.1	10	28.6	2	5.4
27	35.1	18	23.4	3	3.8
1130	48.1	989	42.1	61	2.5
705	50.4	620	44.3	30	2.1
216	49.9	175	40.4	7	1.6
92	44.4	78	37.7	12	5.5
117	37.6	116	37.3	12	3.7
1569	31.1	1420	28.2	416	7.6
504	26.6	567	30.0	178	8.6
1065	33.9	853	27.1	238	7.0
245	38.2	231	36.0	20	3.0
1	100.0				
157	36.0	170	39.0	14	3.1
8	24.2	12	36.4	2	5.7
5	83.3	5	83.3		
1	50.0				
19	27.1	18	25.7	4	5.4
32	47.8	17	25.4		
22	81.5	9	33.3		
540	44.7	392	32.5	92	7.1
323	47.0	225	32.8	43	5.9
217	41.7	167	32.1	49	8.6
130	50.2	86	33.2	5	1.9
84	56.4	48	32.2	1	0.7
3	33.3	1	11.1		
43	42.6	37	36.6	4	3.8
1265	35.9	1331	37.7	84	2.3
1265	35.9	1331	37.7	84	2.3
206	42.5	215	44.3	15	3.0
11	47.8	8	34.8	1	4.2
195	42.2	207	44.8	14	2.9

3-62 续表 5

指标名称	物流配送管理		客户关系管理	
	数量(个)	比重(%)	数量(个)	比重(%)
科学研究和技术服务业	33	7.6	142	32.6
研究和试验发展	4	16.0	11	44.0
专业技术服务业	5	2.4	69	32.5
科技推广和应用服务业	24	12.1	62	31.2
水利、环境和公共设施管理业	3	3.6	31	37.3
水利管理业			4	33.3
生态保护和环境治理业	1	8.3	3	25.0
公共设施管理业	2	3.4	24	40.7
居民服务、修理和其他服务业	2	1.8	35	32.1
居民服务业			26	32.5
机动车、电子产品和日用产品修理业	1	5.9	4	23.5
其他服务业	1	8.3	5	41.7
教育			29	27.4
教育			29	27.4
卫生和社会工作	6	4.4	32	23.7
卫生	6	4.5	32	24.1
社会工作				
文化、体育和娱乐业	18	12.1	48	32.2
新闻和出版业	15	42.9	17	48.6
广播、电视、电影和影视录音制作业	1	2.0	13	25.5
文化艺术业	1	5.3	5	26.3
体育			4	40.0
娱乐业	1	2.9	9	26.5
分市州				
长沙市	835	13.3	2417	38.6
株洲市	355	13.7	833	32.0
湘潭市	169	11.2	524	34.8
衡阳市	231	9.9	859	36.7
邵阳市	230	14.6	561	35.5
岳阳市	282	10.4	717	26.5
常德市	182	9.1	725	36.3
张家界市	28	7.4	144	37.9
益阳市	124	8.0	496	32.0
郴州市	172	8.7	592	29.8
永州市	123	10.1	393	32.4
怀化市	78	7.6	290	28.1
娄底市	146	10.7	417	30.6
湘西州	40	8.2	139	28.5

人力资源管理		其他		没有使用信息化管理的企业数	
数量(个)	比重(%)	数量(个)	比重(%)	数量(个)	比重(%)
158	36.2	188	43.1	26	5.6
12	48.0	9	36.0	1	3.8
115	54.2	87	41.0	4	1.9
31	15.6	92	46.2	21	9.5
45	54.2	38	45.8	4	4.6
8	66.7	6	50.0	1	7.7
5	41.7	6	50.0	2	14.3
32	54.2	26	44.1	1	1.7
40	36.7	30	27.5	5	4.4
35	43.8	24	30.0	4	4.8
2	11.8	3	17.6		
3	25.0	3	25.0	1	7.7
42	39.6	47	44.3	3	2.8
42	39.6	47	44.3	3	2.8
52	38.5	45	33.3	5	3.6
52	39.1	45	33.8	5	3.6
58	38.9	64	43.0	3	2.0
18	51.4	13	37.1	1	2.8
18	35.3	25	49.0	1	1.9
7	36.8	8	42.1		
4	40.0	4	40.0	1	9.1
11	32.4	14	41.2		
2533	40.4	1832	29	226	3.6
879	33.8	793	31	268	9.3
509	33.8	389	26	39	2.5
814	34.7	746	32	122	4.9
564	35.7	444	28	106	6.3
719	26.6	946	35	115	4.1
664	33.2	556	28	156	7.2
156	41.1	110	29	27	6.6
448	28.9	491	32	179	10.3
601	30.2	607	31	218	9.9
417	34.4	309	26	54	4.3
281	27.2	300	29	66	6.0
502	36.8	469	34	75	5.2
146	29.9	133	27	23	4.5

3-63 规模以上企业分专业及特有分组信息化管理情况

指标名称	企业数(个)	使用信息化管理的企业		财务管理		购销存管理		生产制造管理	
		数量(个)	比重(%)	数量(个)	比重(%)	数量(个)	比重(%)	数量(个)	比重(%)
总　计	**28679**	**27005**	**94.2**	**23839**	**88.3**	**11559**	**42.8**	**5083**	**18.8**
工业	13413	12478	93.0	11242	90.1	5680	45.5	3812	30.5
高新技术企业	1284	1256	97.8	1202	95.7	847	67.4	595	47.4
非高新技术企业	12129	11222	92.5	10040	89.5	4833	43.1	3217	28.7
制造业	11611	10812	93.1	9747	90.1	5108	47.2	3339	30.9
高技术产业	873	815	93.4	757	92.9	478	58.7	362	44.4
非高技术产业	10738	9997	93.1	8990	89.9	4630	46.3	2977	29.8
建筑业按资质等级分	2412	2351	97.5	2005	85.3	494	21.0	383	16.3
施工总承包	1462	1439	98.4	1259	87.5	296	20.6	263	18.3
特级	11	11	100.0	11	100.0	7	63.6	4	36.4
一级	186	185	99.5	172	93.0	32	17.3	40	21.6
二级	509	507	99.6	448	88.4	109	21.5	88	17.4
三级及以下	756	736	97.4	628	85.3	148	20.1	131	17.8
专业承包	548	531	96.9	451	84.9	160	30.1	91	17.1
一级	56	55	98.2	46	83.6	16	29.1	12	21.8
二级	106	101	95.3	91	90.1	34	33.7	20	19.8
三级及以下	386	375	97.2	314	83.7	110	29.3	59	15.7
劳务分包	402	381	94.8	295	77.4	38	10.0	29	7.6
一级	312	294	94.2	226	76.9	27	9.2	20	6.8
二级	73	72	98.6	55	76.4	10	13.9	7	9.7
三级及以下	17	15	88.2	14	93.3	1	6.7	2	13.3
批发和零售业	5453	5037	92.4	4372	86.8	3231	64.1	343	6.8
独立门店	4430	4098	92.5	3557	86.8	2614	63.8	276	6.7
连锁总店(总部)	125	125	100.0	111	88.8	109	87.2	16	12.8
连锁门店	127	124	97.6	116	93.5	97	78.2	3	2.4
其他	771	690	89.5	588	85.2	411	59.6	48	7.0
零售业	3382	3144	93.0	2752	87.5	2147	68.3	188	6.0
食杂店	23	22	95.7	15	68.2	10	45.5		
便利店	31	31	100.0	23	74.2	22	71.0	4	12.9
折扣店									
超市	391	367	93.9	316	86.1	275	74.9	18	4.9
大型超市	104	101	97.1	94	93.1	84	83.2	4	4.0
仓储会员店	8	6	75.0	6	100.0	3	50.0		
百货店	166	155	93.4	135	87.1	111	71.6	1	0.6

3-63 续表 1

指标名称	企业数(个)	使用信息化管理的企业		财务管理		购销存管理		生产制造管理	
		数量(个)	比重(%)	数量(个)	比重(%)	数量(个)	比重(%)	数量(个)	比重(%)
专业店	1443	1343	93.1	1176	87.6	877	65.3	75	5.6
专卖店	1025	941	91.8	840	89.3	662	70.4	75	8.0
家居建材商店	53	47	88.7	40	85.1	33	70.2	4	8.5
购物中心	15	14	93.3	11	78.6	11	78.6		
厂家直销中心	111	105	94.6	85	81.0	51	48.6	6	5.7
电视购物	3	3	100.0	3	100.0	2	66.7		
邮购									
网上商店	8	8	100.0	7	87.5	6	75.0	1	12.5
自动售货亭									
电话购物	1	1	100.0	1	100.0				
服务业	2756	2658	96.4	2306	86.8	686	25.8	248	9.3
高新技术企业	103	103	100.0	101	98.1	38	36.9	27	26.2
非高新技术企业	2653	2555	96.3	2205	86.3	648	25.4	221	8.6
高技术产业	755	723	95.8	621	85.9	245	33.9	105	14.5
非高技术产业	2001	1935	96.7	1685	87.1	441	22.8	143	7.4
住宿和餐饮业	1299	1207	92.9	1057	87.6	589	48.8	92	7.6
独立门店	1175	1094	93.1	957	87.5	536	49.0	83	7.6
连锁总店(总部)	21	20	95.2	16	80.0	10	50.0	1	5.0
连锁门店	34	31	91.2	30	96.8	16	51.6	2	6.5
其他	69	62	89.9	54	87.1	27	43.5	6	9.7
住宿业	730	687	94.1	617	89.8	333	48.5	43	6.3
一星	5	5	100.0	4	80.0	2	40.0	1	20.0
二星	67	62	92.5	50	80.6	17	27.4	1	1.6
三星	198	184	92.9	167	90.8	99	53.8	14	7.6
四星	95	94	98.9	92	97.9	57	60.6	7	7.4
五星	38	38	100.0	38	100.0	29	76.3	2	5.3
其他	327	304	93.0	266	87.5	129	42.4	18	5.9
房地产业	3346	3274	97.8	2857	87.3	879	26.8	205	6.3
一级	25	25	100.0	25	100.0	13	52.0	5	20.0
二级	214	213	99.5	195	91.5	75	35.2	14	6.6
三级	1544	1518	98.3	1333	87.8	402	26.5	82	5.4
四级	454	450	99.1	362	80.4	110	24.4	24	5.3
暂定	1012	978	96.6	861	88.0	263	26.9	72	7.4
其他	97	90	92.8	81	90	16	17.8	8	8.9

3-63 续表 2

指标名称									没有使用信息化管理的企业数	
	物流配送管理		客户关系管理		人力资源管理		其他			
	数量(个)	比重(%)	数量(个)	比重(%)	数量(个)	比重(%)	数量(个)	比重(%)	数量(个)	比重(%)
总 计	**2995**	**11.1**	**9107**	**33.7**	**9233**	**34.2**	**8125**	**30.1**	**1674**	**5.8**
工业	1527	12.2	3701	29.7	3753	30.1	3049	24.4	935	7.0
高新技术企业	259	20.6	448	35.7	581	46.3	214	17.0	28	2.2
非高新技术企业	1268	11.3	3253	29.0	3172	28.3	2835	25.3	907	7.5
制造业	1387	12.8	3260	30.2	3241	30.0	2556	23.6	799	6.9
高技术产业	148	18.2	283	34.7	326	40.0	168	20.6	58	6.6
非高技术产业	1239	12.4	2977	29.8	2915	29.2	2388	23.9	741	6.9
建筑业按资质等级分	103	4.4	715	30.4	1130	48.1	989	42.1	61	2.5
施工总承包	63	4.4	462	32.1	773	53.7	598	41.6	23	1.6
特级	1	9.1	6	54.5	11	100.0	8	72.7		
一级	8	4.3	56	30.3	127	68.6	76	41.1	1	0.5
二级	22	4.3	176	34.7	293	57.8	217	42.8	2	0.4
三级及以下	32	4.3	224	30.4	342	46.5	297	40.4	20	2.6
专业承包	34	6.4	176	33.1	230	43.3	204	38.4	17	3.1
一级	6	10.9	23	41.8	33	60.0	28	50.9	1	1.8
二级	11	10.9	40	39.6	55	54.5	42	41.6	5	4.7
三级及以下	17	4.5	113	30.1	142	37.9	134	35.7	11	2.8
劳务分包	6	1.6	77	20.2	127	33.3	187	49.1	21	5.2
一级	3	1.0	57	19.4	109	37.1	149	50.7	18	5.8
二级	3	4.2	17	23.6	12	16.7	34	47.2	1	1.4
三级及以下			3	20.0	6	40.0	4	26.7	2	11.8
批发和零售业	955	19.0	2006	39.8	1569	31.1	1420	28.2	416	7.6
独立门店	719	17.5	1709	41.7	1263	30.8	1162	28.4	332	7.5
连锁总店(总部)	68	54.4	47	37.6	69	55.2	28	22.4		
连锁门店	47	37.9	25	20.2	50	40.3	28	22.6	3	2.4
其他	121	17.5	225	32.6	187	27.1	202	29.3	81	10.5
零售业	615	19.6	1316	41.9	1065	33.9	853	27.1	238	7.0
食杂店	4	18.2	1	4.5	3	13.6	6	27.3	1	4.3
便利店	7	22.6	7	22.6	9	29.0	9	29.0		
折扣店										
超市	103	28.1	124	33.8	136	37.1	76	20.7	24	6.1
大型超市	47	46.5	32	31.7	60	59.4	25	24.8	3	2.9
仓储会员店	1	16.7	2	33.3	2	33.3	1	16.7	2	25.0
百货店	38	24.5	60	38.7	67	43.2	40	25.8	11	6.6

3-63　续表 3

指标名称									没有使用信息化管理的企业数	
	物流配送管理		客户关系管理		人力资源管理		其他			
	数量(个)	比重(%)	数量(个)	比重(%)	数量(个)	比重(%)	数量(个)	比重(%)	数量(个)	比重(%)
专业店	252	18.8	539	40.1	404	30.1	379	28.2	100	6.9
专卖店	136	14.5	493	52.4	331	35.2	268	28.5	84	8.2
家居建材商店	10	21.3	14	29.8	14	29.8	8	17.0	6	11.3
购物中心	2	14.3	4	28.6	7	50.0	2	14.3	1	6.7
厂家直销中心	9	8.6	33	31.4	26	24.8	37	35.2	6	5.4
电视购物	2	66.7	2	66.7	2	66.7				
邮购										
网上商店	4	50.0	5	62.5	3	37.5	2	25.0		
自动售货亭										
电话购物					1	100.0				
服务业	270	10.2	893	33.6	1097	41.3	1033	38.9	98	3.6
高新技术企业	10	9.7	46	44.7	60	58.3	35	34.0		
非高新技术企业	260	10.2	847	33.2	1037	40.6	998	39.1	98	3.7
高技术产业	62	8.6	277	38.3	295	40.8	289	40.0	32	4.2
非高技术产业	208	10.7	616	31.8	802	41.4	744	38.4	66	3.3
住宿和餐饮业	93	7.7	528	43.7	540	44.7	392	32.5	92	7.1
独立门店	78	7.1	479	43.8	478	43.7	361	33.0	81	6.9
连锁总店(总部)	5	25.0	5	25.0	8	40.0	7	35.0	1	4.8
连锁门店	2	6.5	20	64.5	21	67.7	7	22.6	3	8.8
其他	8	12.9	24	38.7	33	53.2	17	27.4	7	10.1
住宿业	41	6.0	335	48.8	323	47.0	225	32.8	43	5.9
一星	1	20.0	1	20.0	1	20.0	1	20.0		
二星	1	1.6	24	38.7	25	40.3	19	30.6	5	7.5
三星	13	7.1	111	60.3	99	53.8	65	35.3	14	7.1
四星	8	8.5	43	45.7	58	61.7	30	31.9	1	1.1
五星	3	7.9	18	47.4	24	63.2	13	34.2		
其他	15	4.9	138	45.4	116	38.2	97	31.9	23	7.0
房地产业	47	1.4	1264	38.6	1144	34.9	1242	37.9	72	2.2
一级	1	4.0	15	60.0	15	60.0	10	40.0		
二级	2	0.9	86	40.4	110	51.6	80	37.6	1	0.5
三级	16	1.1	572	37.7	510	33.6	599	39.5	26	1.7
四级	2	0.4	179	39.8	128	28.4	189	42.0	4	0.9
暂定	22	2.2	378	38.7	350	35.8	339	34.7	34	3.4
其他	4	4.4	34	37.8	31	34.4	25	27.8	7	7.2

3-64 规模以上企业按大中小微分信息化管理情况

指标名称	企业数(个)	使用信息化管理的企业		财务管理		购销存管理		生产制造管理	
		数量(个)	比重(%)	数量(个)	比重(%)	数量(个)	比重(%)	数量(个)	比重(%)
总　计	**28679**	**27005**	**94.2**	**23839**	**88.3**	**11559**	**42.8**	**5083**	**18.8**
大型	512	512	100.0	502	98.0	352	68.8	200	39.1
中型	6397	6259	97.8	5751	91.9	3132	50.0	1212	19.4
小型	18417	17148	93.1	15020	87.6	7279	42.4	3488	20.3
微型	3105	2846	91.7	2358	82.9	701	24.6	170	6.0
工业	13413	12478	93.0	11242	90.1	5680	45.5	3812	30.5
大型	206	206	100.0	201	97.6	150	72.8	133	64.6
中型	2230	2179	97.7	2028	93.1	1143	52.5	760	34.9
小型	10798	9962	92.3	8896	89.3	4352	43.7	2900	29.1
微型	179	131	73.2	117	89.3	35	26.7	19	14.5
建筑业	2412	2351	97.5	2005	85.3	494	21.0	383	16.3
大型	46	46	100.0	46	100.0	14	30.4	16	34.8
中型	715	712	99.6	640	89.9	167	23.5	133	18.7
小型	1168	1145	98.0	971	84.8	254	22.2	196	17.1
微型	483	448	92.8	348	77.7	59	13.2	38	8.5
批发和零售业	5453	5037	92.4	4372	86.8	3231	64.1	343	6.8
大型	137	137	100.0	136	99.3	132	96.4	17	12.4
中型	1453	1398	96.2	1284	91.8	1062	76.0	124	8.9
小型	3234	2976	92.0	2533	85.1	1772	59.5	182	6.1
微型	629	526	83.6	419	79.7	265	50.4	20	3.8
批发业	2071	1893	91.4	1620	85.6	1084	57.3	155	8.2
大型	46	46	100.0	46	100.0	44	95.7	7	15.2
中型	525	499	95.0	457	91.6	347	69.5	40	8.0
小型	1382	1250	90.4	1042	83.4	652	52.2	99	7.9
微型	118	98	83.1	75	76.5	41	41.8	9	9.2
零售业	3382	3144	93.0	2752	87.5	2147	68.3	188	6.0
大型	91	91	100.0	90	98.9	88	96.7	10	11.0
中型	928	899	96.9	827	92.0	715	79.5	84	9.3
小型	1852	1726	93.2	1491	86.4	1120	64.9	83	4.8
微型	511	428	83.8	344	80.4	224	52.3	11	2.6
服务业	2756	2658	96.4	2306	86.8	686	25.8	248	9.3
大型	97	97	100.0	94	96.9	36	37.1	30	30.9
中型	435	428	98.4	397	92.8	188	43.9	79	18.5
小型	1573	1513	96.2	1291	85.3	323	21.3	111	7.3
微型	403	380	94.3	316	83.2	44	11.6	15	3.9
住宿和餐饮业	1299	1207	92.9	1057	87.6	589	48.8	92	7.6
大型	23	23	100.0	22	95.7	18	78.3	3	13.0
中型	224	217	96.9	212	97.7	140	64.5	20	9.2
小型	1021	943	92.4	803	85.2	428	45.4	69	7.3
微型	31	24	77.4	20	83.3	3	12.5		
住宿业	730	687	94.1	617	89.8	333	48.5	43	6.3
大型	17	17	100.0	17	100.0	14	82.4	2	11.8
中型	157	153	97.5	151	98.7	105	68.6	12	7.8
小型	540	503	93.1	438	87.1	213	42.3	29	5.8
微型	16	14	87.5	11	78.6	1	7.1		
餐饮业	569	520	91.4	440	84.6	256	49.2	49	9.4
大型	6	6	100.0	5	83.3	4	66.7	1	16.7
中型	67	64	95.5	61	95.3	35	54.7	8	12.5
小型	481	440	91.5	365	83.0	215	48.9	40	9.1
微型	15	10	66.7	9	90.0	2	20.0		
房地产业	3346	3274	97.8	2857	87.3	879	26.8	205	6.3
大型	3	3	100.0	3	100.0	2	66.7	1	33.3
中型	1340	1325	98.9	1190	89.8	432	32.6	96	7.2
小型	623	609	97.8	526	86.4	150	24.6	30	4.9
微型	1380	1337	96.9	1138	85.1	295	22.1	78	5.8

3-64　续表

指标名称	物流配送管理 数量(个)	物流配送管理 比重(%)	客户关系管理 数量(个)	客户关系管理 比重(%)	人力资源管理 数量(个)	人力资源管理 比重(%)	其他 数量(个)	其他 比重(%)	没有使用信息化管理的企业数 数量(个)	没有使用信息化管理的企业数 比重(%)
总　计	**2995**	**11.1**	**9107**	**33.7**	**9233**	**34.2**	**8125**	**30.1**	**1674**	**5.8**
大型	202	39.5	218	42.6	381	74.4	168	32.8		
中型	820	13.1	2411	38.5	2803	44.8	1864	29.8	138	2.2
小型	1843	10.7	5542	32.3	5170	30.1	4934	28.8	1269	6.9
微型	124	4.4	875	30.7	784	27.5	1067	37.5	259	8.3
工业	1527	12.2	3701	29.7	3753	30.1	3049	24.4	935	7.0
大型	75	36.4	69	33.5	140	68.0	44	21.4		
中型	333	15.3	655	30.1	837	38.4	493	22.6	51	2.3
小型	1113	11.2	2952	29.6	2756	27.7	2491	25.0	836	7.7
微型	6	4.6	25	19.1	20	15.3	21	16.0	48	26.8
建筑业	103	4.4	715	30.4	1130	48.1	989	42.1	61	2.5
大型	2	4.3	13	28.3	40	87.0	23	50.0		
中型	36	5.1	246	34.6	429	60.3	311	43.7	3	0.4
小型	48	4.2	356	31.1	522	45.6	462	40.3	23	2.0
微型	17	3.8	100	22.3	139	31.0	193	43.1	35	7.2
批发和零售业	955	19.0	2006	39.8	1569	31.1	1420	28.2	416	7.6
大型	101	73.7	84	61.3	113	82.5	45	32.8		
中型	347	24.8	613	43.8	611	43.7	344	24.6	55	3.8
小型	449	15.1	1135	38.1	774	26.0	861	28.9	258	8.0
微型	58	11.0	174	33.1	71	13.5	170	32.3	103	16.4
批发业	340	18.0	690	36.5	504	26.6	567	30.0	178	8.6
大型	37	80.4	30	65.2	35	76.1	17	37.0		
中型	113	22.6	161	32.3	166	33.3	117	23.4	26	5.0
小型	182	14.6	459	36.7	281	22.5	397	31.8	132	9.6
微型	8	8.2	40	40.8	22	22.4	36	36.7	20	16.9
零售业	615	19.6	1316	41.9	1065	33.9	853	27.1	238	7.0
大型	64	70.3	54	59.3	78	85.7	28	30.8		
中型	234	26.0	452	50.3	445	49.5	227	25.3	29	3.1
小型	267	15.5	676	39.2	493	28.6	464	26.9	126	6.8
微型	50	11.7	134	31.3	49	11.4	134	31.3	83	16.2
服务业	270	10.2	893	33.6	1097	41.3	1033	38.9	98	3.6
大型	17	17.5	40	41.2	71	73.2	43	44.3		
中型	58	13.6	184	43.0	258	60.3	170	39.7	7	1.6
小型	160	10.6	481	31.8	545	36.0	587	38.8	60	3.8
微型	29	7.6	127	33.4	128	33.7	141	37.1	23	5.7
住宿和餐饮业	93	7.7	528	43.7	540	44.7	392	32.5	92	7.1
大型	7	30.4	10	43.5	14	60.9	12	52.2		
中型	21	9.7	120	55.3	135	62.2	63	29.0	7	3.1
小型	65	6.9	395	41.9	386	40.9	308	32.7	78	7.6
微型			3	12.5	5	20.8	9	37.5	7	22.6
住宿业	41	6.0	335	48.8	323	47.0	225	32.8	43	5.9
大型	5	29.4	8	47.1	11	64.7	10	58.8		
中型	12	7.8	90	58.8	104	68.0	44	28.8	4	2.5
小型	24	4.8	234	46.5	204	40.6	163	32.4	37	6.9
微型			3	21.4	4	28.6	8	57.1	2	12.5
餐饮业	52	10.0	193	37.1	217	41.7	167	32.1	49	8.6
大型	2	33.3	2	33.3	3	50.0	2	33.3		
中型	9	14.1	30	46.9	31	48.4	19	29.7	3	4.5
小型	41	9.3	161	36.6	182	41.4	145	33.0	41	8.5
微型					1	10.0	1	10.0	5	33.3
房地产业	47	1.4	1264	38.6	1144	34.9	1242	37.9	72	2.2
大型			2	66.7	3	100.0	1	33.3		
中型	25	1.9	593	44.8	533	40.2	483	36.5	15	1.1
小型	8	1.3	223	36.6	187	30.7	225	36.9	14	2.2
微型	14	1	446	33.4	421	31.5	533	39.9	43	3.1

3-65 规模以上企业按登记注册类型分信息化管理情况

指标名称	企业数(个)	使用信息化管理的企业		财务管理		购销存管理		生产制造管理	
		数量(个)	比重(%)	数量(个)	比重(%)	数量(个)	比重(%)	数量(个)	比重(%)
总　计	**28679**	**27005**	**94.2**	**23839**	**88.3**	**11559**	**42.8**	**5083**	**18.8**
按登记注册类型分组									
内资企业	27809	26158	94.1	23053	88.1	11099	42.4	4779	18.3
国有企业	928	890	95.9	815	91.6	349	39.2	191	21.5
集体企业	609	581	95.4	491	84.5	147	25.3	102	17.6
股份合作企业	78	73	93.6	59	80.8	29	39.7	16	21.9
联营企业	24	23	95.8	16	69.6	6	26.1	2	8.7
国有联营企业	4	4	100.0	4	100.0	1	25.0		
集体联营企业	12	11	91.7	8	72.7	3	27.3	2	18.2
国有与集体联营企业	3	3	100.0	2	66.7	1	33.3		
其他联营企业	5	5	100.0	2	40.0	1	20.0		
有限责任公司	7638	7312	95.7	6550	89.6	3097	42.4	1321	18.1
国有独资公司	442	439	99.3	422	96.1	189	43.1	91	20.7
其他有限责任公司	7196	6873	95.5	6128	89.2	2908	42.3	1230	17.9
股份有限公司	1318	1272	96.5	1156	90.9	581	45.7	273	21.5
私营企业	16304	15198	93.2	13316	87.6	6638	43.7	2781	18.3
私营独资企业	1397	1267	90.7	1083	85.5	526	41.5	218	17.2
私营合伙企业	979	900	91.9	774	86.0	318	35.3	186	20.7
私营有限责任公司	12561	11737	93.4	10329	88.0	5278	45.0	2113	18.0
私营股份有限公司	1367	1294	94.7	1130	87.3	516	39.9	264	20.4
其他企业	910	809	88.9	650	80.3	252	31.1	93	11.5
港、澳、台商投资企业	512	499	97.5	460	92.2	261	52.3	180	36.1
与港澳台商合资经营企业	243	238	97.9	226	95.0	132	55.5	82	34.5
与港澳台商合作经营企业	16	15	93.8	14	93.3	7	46.7	5	33.3
港澳台商独资企业	234	227	97.0	202	89.0	109	48.0	87	38.3
港澳台商投资股份有限公司	16	16	100.0	15	93.8	11	68.8	5	31.3
其他港澳台投资企业	3	3	100.0	3	100.0	2	66.7	1	33.3
外商投资企业	358	348	97.2	326	93.7	199	57.2	124	35.6
中外合资经营企业	206	201	97.6	187	93.0	109	54.2	69	34.3
中外合作经营企业	13	12	92.3	12	100.0	8	66.7	5	41.7
外资企业	126	122	96.8	115	94.3	76	62.3	46	37.7
外商投资股份有限公司	11	11	100.0	10	90.9	5	45.5	4	36.4
其他外商投资企业	2	2	100	2	100	1	50		

3-65　续表

指标名称									没有使用信息化管理的企业数	
	物流配送管理		客户关系管理		人力资源管理		其他			
	数量(个)	比重(%)	数量(个)	比重(%)	数量(个)	比重(%)	数量(个)	比重(%)	数量(个)	比重(%)
总　计	**2995**	**11.1**	**9107**	**33.7**	**9233**	**34.2**	**8125**	**30.1**	**1674**	**5.8**
按登记注册类型分组										
内资企业	2831	10.8	8817	33.7	8825	33.7	7937	30.3	1651	5.9
国有企业	114	12.8	274	30.8	440	49.4	294	33.0	38	4.1
集体企业	41	7.1	115	19.8	191	32.9	191	32.9	28	4.6
股份合作企业	7	9.6	20	27.4	25	34.2	26	35.6	5	6.4
联营企业	3	13.0	8	34.8	7	30.4	8	34.8	1	4.2
国有联营企业	1	25.0	1	25.0	2	50.0	1	25.0		
集体联营企业	1	9.1	4	36.4	3	27.3	3	27.3	1	8.3
国有与集体联营企业			1	33.3	1	33.3				
其他联营企业	1	20.0	2	40.0	1	20.0	4	80.0		
有限责任公司	769	10.5	2622	35.9	2965	40.5	2269	31.0	326	4.3
国有独资公司	44	10.0	126	28.7	220	50.1	128	29.2	3	0.7
其他有限责任公司	725	10.5	2496	36.3	2745	39.9	2141	31.2	323	4.5
股份有限公司	191	15.0	485	38.1	555	43.6	363	28.5	46	3.5
私营企业	1631	10.7	5035	33.1	4462	29.4	4427	29.1	1106	6.8
私营独资企业	112	8.8	370	29.2	266	21.0	391	30.9	130	9.3
私营合伙企业	59	6.6	213	23.7	227	25.2	307	34.1	79	8.1
私营有限责任公司	1307	11.1	4027	34.3	3566	30.4	3331	28.4	824	6.6
私营股份有限公司	153	11.8	425	32.8	403	31.1	398	30.8	73	5.3
其他企业	75	9.3	258	31.9	180	22.2	359	44.4	101	11.1
港、澳、台商投资企业	92	18.4	170	34.1	230	46.1	103	20.6	13	2.5
与港澳台商合资经营企业	38	16.0	80	33.6	103	43.3	49	20.6	5	2.1
与港澳台商合作经营企业	5	33.3	8	53.3	5	33.3	3	20.0	1	6.3
港澳台商独资企业	46	20.3	76	33.5	113	49.8	48	21.1	7	3.0
港澳台商投资股份有限公司	3	18.8	4	25.0	7	43.8	3	18.8		
其他港澳台投资企业			2	66.7	2	66.7				
外商投资企业	72	20.7	120	34.5	178	51.1	85	24.4	10	2.8
中外合资经营企业	38	18.9	71	35.3	96	47.8	48	23.9	5	2.4
中外合作经营企业	1	8.3	6	50.0	8	66.7	2	16.7	1	7.7
外资企业	31	25.4	39	32.0	72	59.0	32	26.2	4	3.2
外商投资股份有限公司	2	18.2	3	27.3	1	9.1	1	9.1		
其他外商投资企业			1	50	1	50	2	100		

3-66 规模以上企业分行业

指标名称	企业数(个)	使用互联网的企业			
				接入窄带	
		数量(个)	比重(%)	数量(个)	占接入互联网企业的比重(%)
总　计	**28679**	**27829**	**97.0**	**1015**	**3.6**
分行业					
采矿业	1408	1285	91.3	63	4.9
煤炭开采和洗选业	764	675	88.4	43	6.4
石油和天然气开采业					
黑色金属矿采选业	121	103	85.1	3	2.9
有色金属矿采选业	238	232	97.5	3	1.3
非金属矿采选业	282	272	96.5	14	5.1
开采辅助活动					
其他采矿业	3	3	100.0		
制造业	11611	11268	97.0	538	4.8
农副食品加工业	1050	1025	97.6	37	3.6
食品制造业	342	334	97.7	14	4.2
酒、饮料和精制茶制造业	308	302	98.1	9	3.0
烟草制品业	7	7	100.0		
纺织业	247	240	97.2	12	5.0
纺织服装、服饰业	199	195	98.0	39	20.0
皮革、毛皮、羽毛及其制品和制鞋业	209	205	98.1	7	3.4
木材加工和木、竹、藤、棕、草制品业	440	399	90.7	14	3.5
家具制造业	123	121	98.4	8	6.6
造纸和纸制品业	314	305	97.1	10	3.3
印刷和记录媒介复制业	199	193	97.0	11	5.7
文教、工美、体育和娱乐用品制造业	115	113	98.3	5	4.4
石油加工、炼焦和核燃料加工业	30	28	93.3	1	3.6
化学原料和化学制品制造业	1624	1573	96.9	102	6.5
医药制造业	291	284	97.6	9	3.2
化学纤维制造业	12	12	100.0	1	8.3
橡胶和塑料制品业	323	318	98.5	12	3.8
非金属矿物制品业	1478	1433	97.0	67	4.7
黑色金属冶炼和压延加工业	547	515	94.1	25	4.9
有色金属冶炼和压延加工业	582	569	97.8	22	3.9
金属制品业	414	408	98.6	29	7.1
通用设备制造业	727	711	97.8	30	4.2
专用设备制造业	538	523	97.2	22	4.2
汽车制造业	267	264	98.9	8	3.0
铁路、船舶、航空航天和其他运输设备制造业	110	110	100.0	5	4.5
电气机械和器材制造业	496	478	96.4	17	3.6
计算机、通信和其他电子设备制造业	385	376	97.7	11	2.9

和分地区接入互联网方式

接入宽带		接入固定宽带		接入移动宽带	
数量（个）	占接入互联网企业的比重（%）	数量（个）	占接入宽带企业的比重（%）	数量（个）	占接入宽带企业的比重（%）
26575	**95.5**	**24163**	**90.9**	**5238**	**19.7**
1202	93.5	1031	85.8	277	23.0
619	91.7	510	82.4	172	27.8
100	97.1	85	85.0	22	22.0
231	99.6	209	90.5	34	14.7
249	91.5	224	90.0	49	19.7
3	100.0	3	100.0		
10680	94.8	9770	91.5	1947	18.2
991	96.7	914	92.2	181	18.3
320	95.8	298	93.1	59	18.4
293	97.0	269	91.8	52	17.7
6	85.7	5	83.3	2	33.3
236	98.3	206	87.3	47	19.9
158	81.0	148	93.7	29	18.4
200	97.6	181	90.5	36	18.0
383	96.0	345	90.1	71	18.5
116	95.9	97	83.6	35	30.2
294	96.4	272	92.5	48	16.3
181	93.8	173	95.6	27	14.9
110	97.3	106	96.4	13	11.8
27	96.4	26	96.3	4	14.8
1460	92.8	1312	89.9	282	19.3
267	94.0	263	98.5	31	11.6
12	100.0	10	83.3	2	16.7
305	95.9	284	93.1	43	14.1
1369	95.5	1234	90.1	240	17.5
485	94.2	440	90.7	83	17.1
535	94.0	498	93.1	89	16.6
376	92.2	356	94.7	54	14.4
661	93.0	603	91.2	124	18.8
503	96.2	467	92.8	103	20.5
246	93.2	221	89.8	59	24.0
103	93.6	95	92.2	17	16.5
461	96.4	426	92.4	86	18.7
363	96.5	317	87.3	94	25.9

3-66 续表 1

指标名称	企业数(个)	使用互联网的企业		接入窄带	
		数量(个)	比重(%)	数量(个)	占接入互联网企业的比重(%)
仪器仪表制造业	108	104	96.3	6	5.8
其他制造业	49	47	95.9	4	8.5
废弃资源综合利用业	74	73	98.6		
金属制品、机械和设备修理业	3	3	100.0	1	33.3
电力、热力、燃气及水生产和供应业	394	388	98.5	5	1.3
电力、热力生产和供应业	277	273	98.6	3	1.1
燃气生产和供应业	37	36	97.3	2	5.6
水的生产和供应业	80	79	98.8		
建筑业	2412	2350	97.4	71	3.0
房屋建筑业	1430	1396	97.6	47	3.4
土木工程建筑业	440	432	98.2	8	1.9
建筑安装业	219	208	95.0	6	2.9
建筑装饰和其他建筑业	323	314	97.2	10	3.2
批发和零售业	5453	5307	97.3	139	2.6
批发业	2071	2013	97.2	52	2.6
零售业	3382	3294	97.4	87	2.6
交通运输、仓储和邮政业	662	649	98.0	21	3.2
铁路运输业	1				
道路运输业	450	442	98.2	12	2.7
水上运输业	35	34	97.1		
航空运输业	6	6	100.0		
管道运输业	2	2	100.0		
装卸搬运和运输代理业	74	71	95.9	2	2.8
仓储业	67	67	100.0	6	9.0
邮政业	27	27	100.0	1	3.7
住宿和餐饮业	1299	1266	97.5	35	2.8
住宿业	730	713	97.7	14	2.0
餐饮业	569	553	97.2	21	3.8
信息传输、软件和信息技术服务业	264	259	98.1	16	6.2
电信、广播电视和卫星传输服务	150	146	97.3	9	6.2
互联网和相关服务	9	9	100.0	1	11.1
软件和信息技术服务业	105	104	99.0	6	5.8
房地产业	3612	3522	97.5	85	2.4
房地产业	3612	3522	97.5	85	2.4
租赁和商务服务业	500	493	98.6	15	3.0
租赁业	24	22	91.7	1	4.5
商务服务业	476	471	98.9	14	3.0

接入宽带		接入固定宽带		接入移动宽带	
数量（个）	占接入互联网企业的比重（%）	数量（个）	占接入宽带企业的比重（%）	数量（个）	占接入宽带企业的比重（%）
100	96.2	97	97.0	18	18.0
47	100.0	45	95.7	6	12.8
70	95.9	60	85.7	12	17.1
2	66.7	2	100.0		
372	95.9	340	91.4	50	13.4
260	95.2	235	90.4	36	13.8
34	94.4	32	94.1	4	11.8
78	98.7	73	93.6	10	12.8
2289	97.4	2082	91.0	588	25.7
1365	97.8	1230	90.1	375	27.5
420	97.2	383	91.2	112	26.7
204	98.1	188	92.2	48	23.5
300	95.5	281	93.7	53	17.7
5063	95.4	4590	90.7	951	18.8
1920	95.4	1734	90.3	386	20.1
3143	95.4	2856	90.9	565	18.0
622	95.8	570	91.6	112	18.0
421	95.2	385	91.4	81	19.2
34	100.0	32	94.1	4	11.8
6	100.0	6	100.0	1	16.7
2	100.0	1	50.0	1	50.0
68	95.8	60	88.2	12	17.6
64	95.5	61	95.3	8	12.5
27	100.0	25	92.6	5	18.5
1189	93.9	1073	90.2	231	19.4
668	93.7	596	89.2	143	21.4
521	94.2	477	91.6	88	16.9
246	95.0	224	91.1	85	34.6
138	94.5	125	90.6	53	38.4
9	100.0	8	88.9	6	66.7
99	95.2	91	91.9	26	26.3
3439	97.6	3115	90.6	731	21.3
3439	97.6	3115	90.6	731	21.3
472	95.7	432	91.5	93	19.7
21	95.5	20	95.2	3	14.3
451	95.8	412	91.4	90	20.0

3-66 续表 2

指标名称	企业数(个)	使用互联网的企业			
				接入窄带	
		数量(个)	比重(%)	数量(个)	占接入互联网企业的比重(%)
科学研究和技术服务业	462	450	97.4	6	1.3
研究和试验发展	26	26	100.0		
专业技术服务业	216	212	98.1	3	1.4
科技推广和应用服务业	220	212	96.4	3	1.4
水利、环境和公共设施管理业	87	87	100.0		
水利管理业	13	13	100.0		
生态保护和环境治理业	14	14	100.0		
公共设施管理业	60	60	100.0		
居民服务、修理和其他服务业	114	106	93.0	8	7.5
居民服务业	84	78	92.9	7	9.0
机动车、电子产品和日用产品修理业	17	16	94.1		
其他服务业	13	12	92.3	1	8.3
教育	109	109	100.0	1	0.9
教育	109	109	100.0	1	0.9
卫生和社会工作	140	139	99.3	7	5.0
卫生	138	137	99.3	7	5.1
社会工作	2	2	100.0		
文化、体育和娱乐业	152	151	99.3	5	3.3
新闻和出版业	36	36	100.0	1	2.8
广播、电视、电影和影视录音制作业	52	51	98.1	2	3.9
文化艺术业	19	19	100.0	2	10.5
体育	11	11	100.0		
娱乐业	34	34	100.0		
分市州					
长沙市	6489	6353	97.9	234	3.7
株洲市	2868	2753	96	127	4.6
湘潭市	1543	1520	98.5	58	3.8
衡阳市	2465	2374	96.3	72	3
邵阳市	1686	1630	96.7	50	3.1
岳阳市	2817	2720	96.6	134	4.9
常德市	2153	2083	96.7	74	3.6
张家界市	407	387	95.1	7	1.8
益阳市	1731	1662	96	37	2.2
郴州市	2206	2181	98.9	62	2.8
永州市	1267	1222	96.4	38	3.1
怀化市	1098	1058	96.4	19	1.8
娄底市	1438	1387	96.5	86	6.2
湘西州	511	499	97.7	17	3.4

接入宽带		接入固定宽带		接入移动宽带	
数量(个)	占接入互联网企业的比重(%)	数量(个)	占接入宽带企业的比重(%)	数量(个)	占接入宽带企业的比重(%)
436	96.9	418	95.9	70	16.1
26	100.0	26	100.0	3	11.5
201	94.8	192	95.5	37	18.4
209	98.6	200	95.7	30	14.4
80	92.0	71	88.8	15	18.8
13	100.0	11	84.6	2	15.4
10	71.4	9	90.0	1	10.0
57	95.0	51	89.5	12	21.1
97	91.5	93	95.9	11	11.3
71	91.0	69	97.2	8	11.3
15	93.8	13	86.7	2	13.3
11	91.7	11	100.0	1	9.1
106	97.2	98	92.5	21	19.8
106	97.2	98	92.5	21	19.8
137	98.6	124	90.5	25	18.2
135	98.5	122	90.4	25	18.5
2	100.0	2	100.0		
145	96.0	132	91.0	31	21.4
33	91.7	32	97.0	6	18.2
50	98.0	47	94.0	9	18.0
17	89.5	14	82.4	4	23.5
11	100.0	9	81.8	5	45.5
34	100.0	30	88.2	7	20.6
5939	93.5	5446	91.7	1321	22.2
2595	94.3	2343	90.3	519	20
1462	96.2	1372	93.8	203	13.9
2283	96.2	2106	92.2	402	17.6
1572	96.4	1376	87.5	340	21.6
2653	97.5	2465	92.9	394	14.9
2007	96.4	1826	91	403	20.1
372	96.1	327	87.9	90	24.2
1605	96.6	1413	88	338	21.1
2081	95.4	1866	89.7	426	20.5
1197	98	1096	91.6	238	19.9
1030	97.4	947	91.9	154	15
1294	93.3	1147	88.6	309	23.9
485	97.2	433	89.3	101	20.8

3-66 续表 3

指标名称	通过笔记本		通过平板电脑	
	数量(个)	占接入移动宽带企业的比重(%)	数量(个)	占通过移动宽带企业的比重(%)
总 计	**3615**	**69.0**	**3068**	**58.6**
分行业				
采矿业	135	48.7	146	52.7
煤炭开采和洗选业	68	39.5	87	50.6
石油和天然气开采业				
黑色金属矿采选业	13	59.1	9	40.9
有色金属矿采选业	18	52.9	24	70.6
非金属矿采选业	36	73.5	26	53.1
开采辅助活动				
其他采矿业				
制造业	1372	70.5	1127	57.9
农副食品加工业	132	72.9	103	56.9
食品制造业	46	78.0	41	69.5
酒、饮料和精制茶制造业	39	75.0	26	50.0
烟草制品业	2	100.0	1	50.0
纺织业	33	70.2	27	57.4
纺织服装、服饰业	19	65.5	18	62.1
皮革、毛皮、羽毛及其制品和制鞋业	22	61.1	19	52.8
木材加工和木、竹、藤、棕、草制品业	43	60.6	38	53.5
家具制造业	24	68.6	19	54.3
造纸和纸制品业	34	70.8	30	62.5
印刷和记录媒介复制业	19	70.4	16	59.3
文教、工美、体育和娱乐用品制造业	10	76.9	8	61.5
石油加工、炼焦和核燃料加工业	4	100.0	3	75.0
化学原料和化学制品制造业	172	61.0	132	46.8
医药制造业	26	83.9	24	77.4
化学纤维制造业			2	100.0
橡胶和塑料制品业	33	76.7	25	58.1
非金属矿物制品业	161	67.1	148	61.7
黑色金属冶炼和压延加工业	51	61.4	39	47.0
有色金属冶炼和压延加工业	71	79.8	57	64.0
金属制品业	39	72.2	36	66.7
通用设备制造业	87	70.2	66	53.2
专用设备制造业	82	79.6	75	72.8
汽车制造业	40	67.8	26	44.1
铁路、船舶、航空航天和其他运输设备制造业	15	88.2	9	52.9
电气机械和器材制造业	64	74.4	59	68.6
计算机、通信和其他电子设备制造业	79	84.0	57	60.6

通过手机		其他		其他	
数量 (个)	占通过移动宽带企业的比重 (%)	数量 (个)	占通过移动宽带企业的比重 (%)	数量 (个)	占接入互联网企业的比重 (%)
3229	**61.6**	**914**	**17.4**	**1346**	**4.8**
144	52.0	66	23.8	40	3.1
81	47.1	50	29.1	23	3.4
18	81.8	8	36.4	1	1.0
20	58.8	3	8.8		
25	51.0	5	10.2	16	5.9
1120	57.5	261	13.4	475	4.2
99	54.7	20	11.0	32	3.1
43	72.9	8	13.6	16	4.8
30	57.7	12	23.1	11	3.6
2	100.0			1	14.3
28	59.6	8	17.0	3	1.3
22	75.9	2	6.9	4	2.1
19	52.8	9	25.0	6	2.9
40	56.3	10	14.1	9	2.3
17	48.6	3	8.6		
27	56.3	9	18.8	8	2.6
20	74.1	3	11.1	9	4.7
8	61.5	2	15.4		
4	100.0			1	3.6
125	44.3	37	13.1	53	3.4
26	83.9	8	25.8	28	9.9
23	53.5	5	11.6	11	3.5
132	55.0	41	17.1	72	5.0
48	57.8	8	9.6	24	4.7
62	69.7	10	11.2	26	4.6
35	64.8	5	9.3	14	3.4
69	55.6	19	15.3	48	6.8
65	63.1	10	9.7	23	4.4
36	61.0	9	15.3	19	7.2
9	52.9	2	11.8	3	2.7
52	60.5	9	10.5	20	4.2
56	59.6	10	10.6	19	5.1

3-66 续表 4

指标名称	通过笔记本		通过平板电脑	
	数量(个)	占接入移动宽带企业的比重(%)	数量(个)	占通过移动宽带企业的比重(%)
仪器仪表制造业	17	94.4	9	50.0
其他制造业	3	50.0	6	100.0
废弃资源综合利用业	5	41.7	8	66.7
金属制品、机械和设备修理业				
电力、热力、燃气及水生产和供应业	29	58.0	34	68.0
电力、热力生产和供应业	20	55.6	26	72.2
燃气生产和供应业	2	50.0	4	100.0
水的生产和供应业	7	70.0	4	40.0
建筑业	457	77.7	357	60.7
房屋建筑业	291	77.6	237	63.2
土木工程建筑业	83	74.1	59	52.7
建筑安装业	41	85.4	29	60.4
建筑装饰和其他建筑业	42	79.2	32	60.4
批发和零售业	636	66.9	545	57.3
批发业	263	68.1	198	51.3
零售业	373	66.0	347	61.4
交通运输、仓储和邮政业	65	58.0	62	55.4
铁路运输业				
道路运输业	47	58.0	46	56.8
水上运输业	2	50.0	2	50.0
航空运输业			1	100.0
管道运输业	1	100.0		
装卸搬运和运输代理业	6	50.0	5	41.7
仓储业	4	50.0	5	62.5
邮政业	5	100.0	3	60.0
住宿和餐饮业	138	59.7	136	58.9
住宿业	82	57.3	84	58.7
餐饮业	56	63.6	52	59.1
信息传输、软件和信息技术服务业	74	87.1	46	54.1
电信、广播电视和卫星传输服务	48	90.6	24	45.3
互联网和相关服务	5	83.3	5	83.3
软件和信息技术服务业	21	80.8	17	65.4
房地产业	514	70.3	457	62.5
房地产业	514	70.3	457	62.5
租赁和商务服务业	67	72.0	54	58.1
租赁业	1	33.3	3	100.0
商务服务业	66	73.3	51	56.7

				其他	
通过手机		其他			
数量（个）	占通过移动宽带企业的比重（%）	数量（个）	占通过移动宽带企业的比重（%）	数量（个）	占接入互联网企业的比重（%）
15	83.3	2	11.1	11	10.6
3	50.0			1	2.1
5	41.7			3	4.1
27	54.0	7	14.0	24	6.2
20	55.6	6	16.7	16	5.9
2	50.0			6	16.7
5	50.0	1	10.0	2	2.5
421	71.6	107	18.2	111	4.7
269	71.7	70	18.7	66	4.7
76	67.9	23	20.5	26	6.0
41	85.4	7	14.6	5	2.4
35	66.0	7	13.2	14	4.5
566	59.5	197	20.7	286	5.4
229	59.3	78	20.2	109	5.4
337	59.6	119	21.1	177	5.4
64	57.1	29	25.9	31	4.8
46	56.8	19	23.5	28	6.3
3	75.0				
1	100.0				
		1	100.0		
4	33.3	6	50.0	1	1.4
5	62.5	2	25.0	2	3.0
5	100.0	1	20.0		
136	58.9	49	21.2	82	6.5
79	55.2	31	21.7	52	7.3
57	64.8	18	20.5	30	5.4
73	85.9	16	18.8	28	10.8
47	88.7	8	15.1	17	11.6
5	83.3	1	16.7	1	11.1
21	80.8	7	26.9	10	9.6
492	67.3	130	17.8	185	5.3
492	67.3	130	17.8	185	5.3
57	61.3	17	18.3	30	6.1
2	66.7			3	13.6
55	61.1	17	18.9	27	5.7

3-66 续表 5

指标名称	通过笔记本		通过平板电脑	
	数量（个）	占接入移动宽带企业的比重（%）	数量（个）	占通过移动宽带企业的比重（%）
科学研究和技术服务业	53	75.7	44	62.9
研究和试验发展	2	66.7	3	100.0
专业技术服务业	25	67.6	25	67.6
科技推广和应用服务业	26	86.7	16	53.3
水利、环境和公共设施管理业	11	73.3	7	46.7
水利管理业			1	50.0
生态保护和环境治理业	1	100.0		
公共设施管理业	10	83.3	6	50.0
居民服务、修理和其他服务业	8	72.7	7	63.6
居民服务业	5	62.5	5	62.5
机动车、电子产品和日用产品修理业	2	100.0	1	50.0
其他服务业	1	100.0	1	100.0
教育	17	81.0	14	66.7
教育	17	81.0	14	66.7
卫生和社会工作	16	64.0	17	68.0
卫生	16	64.0	17	68.0
社会工作				
文化、体育和娱乐业	23	74.2	15	48.4
新闻和出版业	6	100.0	3	50.0
广播、电视、电影和影视录音制作业	6	66.7	4	44.4
文化艺术业	2	50.0	1	25.0
体育	3	60.0	1	20.0
娱乐业	6	85.7	6	85.7
分市州				
长沙市	998	75.5	761	57.6
株洲市	327	63	302	58.2
湘潭市	135	66.5	127	62.6
衡阳市	247	61.4	230	57.2
邵阳市	213	62.6	197	57.9
岳阳市	301	76.4	210	53.3
常德市	276	68.5	267	66.3
张家界市	67	74.4	54	60
益阳市	222	65.7	186	55
郴州市	287	67.4	263	61.7
永州市	166	69.7	141	59.2
怀化市	102	66.2	70	45.5
娄底市	206	66.7	206	66.7
湘西州	68	67.3	54	53.5

通过手机		其他		其他	
数量（个）	占通过移动宽带企业的比重（%）	数量（个）	占通过移动宽带企业的比重（%）	数量（个）	占接入互联网企业的比重（%）
56	80.0	8	11.4	21	4.7
2	66.7	1	33.3		
29	78.4	5	13.5	17	8.0
25	83.3	2	6.7	4	1.9
9	60.0	4	26.7	10	11.5
		1	50.0	1	7.7
				4	28.6
9	75.0	3	25.0	5	8.3
10	90.9	4	36.4	4	3.8
8	100.0	3	37.5	3	3.8
1	50.0	1	50.0	1	6.3
1	100.0				
17	81.0	6	28.6	5	4.6
17	81.0	6	28.6	5	4.6
14	56.0	9	36.0	5	3.6
14	56.0	9	36.0	5	3.6
23	74.2	4	12.9	9	6.0
4	66.7	1	16.7	4	11.1
7	77.8	1	11.1	3	5.9
2	50.0	1	25.0		
5	100.0				
5	71.4	1	14.3	2	5.9
889	67.3	200	15.1	429	6.8
326	62.8	138	26.6	157	5.7
142	70	30	14.8	59	3.9
271	67.4	75	18.7	104	4.4
172	50.6	70	20.6	61	3.7
220	55.8	55	14	64	2.4
254	63	54	13.4	80	3.8
65	72.2	23	25.6	17	4.4
153	45.3	38	11.2	64	3.9
248	58.2	67	15.7	106	4.9
152	63.9	33	13.9	46	3.8
82	53.2	36	23.4	37	3.5
195	63.1	66	21.4	104	7.5
60	59.4	29	28.7	18	3.6

3-67 规模以上企业分专业

指标名称	企业数(个)	使用互联网的企业		接入窄带	
		数量(个)	比重(%)	数量(个)	占接入互联网企业的比重(%)
总 计	**28679**	**27829**	**97.0**	**1015**	**3.6**
工业	13413	12941	96.5	606	4.7
高新技术企业	1284	1268	98.8	38	3.0
非高新技术企业	12129	11673	96.2	568	4.9
制造业	11611	11268	97.0	538	4.8
高技术产业	873	852	97.6	28	3.3
非高技术产业	10738	10416	97.0	510	4.9
建筑业按资质等级分	2412	2350	97.4	71	3.0
施工总承包	1462	1432	97.9	44	3.1
特级	11	11	100.0	1	9.1
一级	186	185	99.5	4	2.2
二级	509	505	99.2	19	3.8
三级及以下	756	731	96.7	20	2.7
专业承包	548	532	97.1	15	2.8
一级	56	55	98.2	1	1.8
二级	106	101	95.3		
三级及以下	386	376	97.4	14	3.7
劳务分包	402	386	96.0	12	3.1
一级	312	300	96.2	9	3.0
二级	73	69	94.5	2	2.9
三级及以下	17	17	100.0	1	5.9
批发和零售业	5453	5307	97.3	139	2.6
独立门店	4430	4322	97.6	108	2.5
连锁总店(总部)	125	123	98.4	6	4.9
连锁门店	127	120	94.5	5	4.2
其他	771	742	96.2	20	2.7
零售业	3382	3294	97.4	87	2.6
食杂店	23	20	87.0	1	5.0
便利店	31	29	93.5	1	3.4
折扣店					
超市	391	378	96.7	8	2.1
大型超市	104	101	97.1	6	5.9
仓储会员店	8	8	100.0		
百货店	166	159	95.8	6	3.8

及特有分组接入互联网方式

接入宽带		接入固定宽带		接入移动宽带	
数量（个）	占接入互联网企业的比重（%）	数量（个）	占接入宽带企业的比重（%）	数量（个）	占接入宽带企业的比重（%）
26575	**95.5**	**24163**	**90.9**	**5238**	**19.7**
12254	94.7	11141	90.9	2274	18.6
1202	94.8	1131	94.1	277	23.0
11052	94.7	10010	90.6	1997	18.1
10680	94.8	9770	91.5	1947	18.2
818	96.0	761	93.0	155	18.9
9862	94.7	9009	91.4	1792	18.2
2289	97.4	2082	91.0	588	25.7
1400	97.8	1263	90.2	391	27.9
11	100.0	11	100.0	6	54.5
180	97.3	167	92.8	44	24.4
495	98.0	455	91.9	138	27.9
714	97.7	630	88.2	203	28.4
515	96.8	478	92.8	118	22.9
54	98.2	51	94.4	10	18.5
100	99.0	94	94.0	21	21.0
361	96.0	333	92.2	87	24.1
374	96.9	341	91.2	79	21.1
289	96.3	264	91.3	57	19.7
68	98.6	63	92.6	14	20.6
17	100.0	14	82.4	8	47.1
5063	95.4	4590	90.7	951	18.8
4123	95.4	3723	90.3	782	19.0
119	96.7	111	93.3	22	18.5
116	96.7	107	92.2	16	13.8
705	95.0	649	92.1	131	18.6
3143	95.4	2856	90.9	565	18.0
19	95.0	17	89.5	2	10.5
27	93.1	24	88.9	4	14.8
362	95.8	317	87.6	76	21.0
96	95.0	87	90.6	16	16.7
6	75.0	5	83.3	1	16.7
147	92.5	136	92.5	30	20.4

3-67 续表 1

指标名称	企业数(个)	使用互联网的企业		接入窄带	
		数量(个)	比重(%)	数量(个)	占接入互联网企业的比重(%)
专业店	1443	1417	98.2	36	2.5
专卖店	1025	994	97.0	23	2.3
家居建材商店	53	53	100.0	1	1.9
购物中心	15	15	100.0	1	6.7
厂家直销中心	111	108	97.3	3	2.8
电视购物	3	3	100.0		
邮购					
网上商店	8	8	100.0	1	12.5
自动售货亭					
电话购物	1	1	100.0		
服务业	2756	2707	98.2	84	3.1
高新技术企业	103	100	97.1	3	3.0
非高新技术企业	2653	2607	98.3	81	3.1
高技术产业	755	739	97.9	21	2.8
非高技术产业	2001	1968	98.4	63	3.2
住宿和餐饮业	1299	1266	97.5	35	2.8
独立门店	1175	1146	97.5	31	2.7
连锁总店(总部)	21	21	100.0	1	4.8
连锁门店	34	32	94.1	1	3.1
其他	69	67	97.1	2	3.0
住宿业	730	713	97.7	14	2.0
一星	5	5	100.0		
二星	67	62	92.5		
三星	198	192	97.0	6	3.1
四星	95	94	98.9	2	2.1
五星	38	38	100.0	1	2.6
其他	327	322	98.5	5	1.6
房地产业	3346	3258	97.4	80	2.5
一级	25	25	100.0	2	8.0
二级	214	209	97.7	7	3.3
三级	1544	1509	97.7	32	2.1
四级	454	443	97.6	11	2.5
暂定	1012	983	97.1	27	2.7
其他	97	89	91.8	1	1.1

接入宽带		接入固定宽带		接入移动宽带	
数量(个)	占接入互联网企业的比重(%)	数量(个)	占接入宽带企业的比重(%)	数量(个)	占接入宽带企业的比重(%)
1361	96.0	1236	90.8	244	17.9
943	94.9	864	91.6	163	17.3
53	100.0	50	94.3	7	13.2
15	100.0	13	86.7	4	26.7
102	94.4	95	93.1	16	15.7
3	100.0	3	100.0		
8	100.0	8	100.0	2	25.0
1	100.0	1	100.0		
2594	95.8	2394	92.3	501	19.3
94	94.0	87	92.6	27	28.7
2500	95.9	2307	92.3	474	19.0
708	95.8	666	94.1	159	22.5
1886	95.8	1728	91.6	342	18.1
1189	93.9	1073	90.2	231	19.4
1083	94.5	975	90.0	213	19.7
16	76.2	16	100.0	2	12.5
28	87.5	27	96.4	3	10.7
62	92.5	55	88.7	13	21.0
668	93.7	596	89.2	143	21.4
3	60.0	3	100.0		
58	93.5	49	84.5	16	27.6
183	95.3	158	86.3	42	23.0
84	89.4	80	95.2	20	23.8
36	94.7	34	94.4	9	25.0
304	94.4	272	89.5	56	18.4
3186	97.8	2883	90.5	693	21.8
25	100.0	22	88.0	7	28.0
202	96.7	186	92.1	43	21.3
1481	98.1	1350	91.2	329	22.2
435	98.2	388	89.2	103	23.7
958	97.5	859	89.7	197	20.6
85	95.5	78	91.8	14	16.5

3-67 续表 2

指标名称	通过笔记本		通过平板电脑	
	数量(个)	占接入宽带企业的比重(%)	数量(个)	占通过移动宽带企业的比重(%)
总　计	**3615**	**69.0**	**3068**	**58.6**
工业	1536	67.5	1307	57.5
高新技术企业	254	91.7	166	59.9
非高新技术企业	1282	64.2	1141	57.1
制造业	1372	70.5	1127	57.9
高技术产业	132	85.2	99	63.9
非高技术产业	1240	69.2	1028	57.4
建筑业按资质等级分	457	77.7	357	60.7
施工总承包	301	77.0	242	61.9
特级	6	100.0	6	100.0
一级	42	95.5	25	56.8
二级	108	78.3	88	63.8
三级及以下	145	71.4	123	60.6
专业承包	98	83.1	67	56.8
一级	10	100.0	7	70.0
二级	20	95.2	11	52.4
三级及以下	68	78.2	49	56.3
劳务分包	58	73.4	48	60.8
一级	42	73.7	36	63.2
二级	10	71.4	9	64.3
三级及以下	6	75.0	3	37.5
批发和零售业	636	66.9	545	57.3
独立门店	522	66.8	458	58.6
连锁总店(总部)	17	77.3	14	63.6
连锁门店	9	56.3	10	62.5
其他	88	67.2	63	48.1
零售业	373	66.0	347	61.4
食杂店	2	100.0		
便利店	4	100.0	1	25.0
折扣店				
超市	44	57.9	40	52.6
大型超市	10	62.5	11	68.8
仓储会员店				
百货店	24	80.0	21	70.0

通过手机		其他		其他	
数量（个）	占通过移动宽带企业的比重（%）	数量（个）	占通过移动宽带企业的比重（%）	数量（个）	占接入互联网企业的比重（%）
3229	**61.6**	**914**	**17.4**	**1346**	**4.8**
1291	56.8	334	14.7	539	4.2
199	71.8	35	12.6	94	7.4
1092	54.7	299	15.0	445	3.8
1120	57.5	261	13.4	475	4.2
104	67.1	22	14.2	58	6.8
1016	56.7	239	13.3	417	4.0
421	71.6	107	18.2	111	4.7
282	72.1	73	18.7	72	5.0
6	100.0	2	33.3	1	9.1
39	88.6	11	25.0	13	7.0
101	73.2	33	23.9	32	6.3
136	67.0	27	13.3	26	3.6
91	77.1	20	16.9	21	3.9
9	90.0	2	20.0	3	5.5
16	76.2	5	23.8	5	5.0
66	75.9	13	14.9	13	3.5
48	60.8	14	17.7	18	4.7
35	61.4	12	21.1	16	5.3
7	50.0	1	7.1	1	1.4
6	75.0	1	12.5	1	5.9
566	59.5	197	20.7	286	5.4
469	60.0	161	20.6	224	5.2
16	72.7	5	22.7	10	8.1
6	37.5	3	18.8	7	5.8
75	57.3	28	21.4	45	6.1
337	59.6	119	21.1	177	5.4
1	25.0			1	3.4
42	55.3	23	30.3	19	5.0
8	50.0	4	25.0	5	5.0
1	100.0			2	25.0
22	73.3	8	26.7	17	10.7

3-67 续表 3

指标名称	通过笔记本		通过平板电脑	
	数量(个)	占接入宽带企业的比重(%)	数量(个)	占通过移动宽带企业的比重(%)
专业店	165	67.6	163	66.8
专卖店	110	67.5	97	59.5
家居建材商店	1	14.3	5	71.4
购物中心	2	50.0	1	25.0
厂家直销中心	9	56.3	6	37.5
电视购物				
邮购				
网上商店	2	100.0	2	100.0
自动售货亭				
电话购物				
服务业	354	70.7	285	56.9
高新技术企业	23	85.2	20	74.1
非高新技术企业	331	69.8	265	55.9
高技术产业	130	81.8	90	56.6
非高技术产业	224	65.5	195	57.0
住宿和餐饮业	138	59.7	136	58.9
独立门店	126	59.2	127	59.6
连锁总店(总部)	2	100.0	1	50.0
连锁门店	3	100.0	2	66.7
其他	7	53.8	6	46.2
住宿业	82	57.3	84	58.7
一星				
二星	8	50.0	9	56.3
三星	23	54.8	22	52.4
四星	12	60.0	12	60.0
五星	8	88.9	9	100.0
其他	31	55.4	32	57.1
房地产业	494	71.3	438	63.2
一级	6	85.7	5	71.4
二级	36	83.7	29	67.4
三级	240	72.9	214	65.0
四级	71	68.9	59	57.3
暂定	133	67.5	123	62.4
其他	8	57.1	8	57.1

通过手机		其他		其他	
数量（个）	占通过移动宽带企业的比重（%）	数量（个）	占通过移动宽带企业的比重（%）	数量（个）	占接入互联网企业的比重（%）
142	58.2	46	18.9	77	5.4
108	66.3	33	20.2	48	4.8
4	57.1	1	14.3		
2	50.0	2	50.0	1	6.7
6	37.5	1	6.3	6	5.6
1	50.0	1	50.0	1	12.5
345	68.9	107	21.4	162	6.0
23	85.2	11	40.7	10	10.0
322	67.9	96	20.3	152	5.8
130	81.8	26	16.4	57	7.7
215	62.9	81	23.7	105	5.3
136	58.9	49	21.2	82	6.5
125	58.7	46	21.6	67	5.8
2	100.0	1	50.0	4	19.0
2	66.7			6	18.8
7	53.8	2	15.4	5	7.5
79	55.2	31	21.7	52	7.3
				2	40.0
7	43.8	3	18.8	4	6.5
18	42.9	8	19.0	9	4.7
17	85.0	6	30.0	10	10.6
8	88.9	1	11.1	4	10.5
29	51.8	13	23.2	23	7.1
470	67.8	120	17.3	166	5.1
5	71.4	5	71.4	1	4.0
34	79.1	3	7.0	15	7.2
233	70.8	56	17.0	68	4.5
66	64.1	19	18.4	19	4.3
124	62.9	36	18.3	57	5.8
8	57.1	1	7.1	6	6.7

3-68 规模以上企业按

指标名称	企业数(个)	使用互联网的企业			
				接入窄带	
		数量(个)	比重(%)	数量(个)	占接入互联网企业的比重(%)
总　计	**28679**	**27829**	**97.0**	**1015**	**3.6**
大型	512	508	99.2	19	3.7
中型	6397	6284	98.2	186	3.0
小型	18417	17853	96.9	722	4.0
微型	3105	2938	94.6	80	2.7
工业	13413	12941	96.5	606	4.7
大型	206	204	99.0	4	2.0
中型	2230	2189	98.2	73	3.3
小型	10798	10409	96.4	524	5.0
微型	179	139	77.7	5	3.6
建筑业	2412	2350	97.4	71	3.0
大型	46	46	100.0	2	4.3
中型	715	703	98.3	20	2.8
小型	1168	1145	98.0	33	2.9
微型	483	456	94.4	16	3.5
批发和零售业	5453	5307	97.3	139	2.6
大型	137	137	100.0	7	5.1
中型	1453	1429	98.3	39	2.7
小型	3234	3156	97.6	76	2.4
微型	629	585	93.0	17	2.9
批发业	2071	2013	97.2	52	2.6
大型	46	46	100.0	3	6.5
中型	525	521	99.2	8	1.5
小型	1382	1336	96.7	34	2.5
微型	118	110	93.2	7	6.4
零售业	3382	3294	97.4	87	2.6
大型	91	91	100.0	4	4.4
中型	928	908	97.8	31	3.4
小型	1852	1820	98.3	42	2.3
微型	511	475	93.0	10	2.1

大中小微分接入互联网方式

接入宽带		接入固定宽带		接入移动宽带	
数量（个）	占接入互联网企业的比重（%）	数量（个）	占接入互联网企业的比重（%）	数量（个）	占接入互联网企业的比重（%）
26575	**95.5**	**24163**	**90.9**	**5238**	**19.7**
499	98.2	471	94.4	129	25.9
6077	96.7	5575	91.7	1268	20.9
16936	94.9	15353	90.7	3274	19.3
2822	96.1	2544	90.1	521	18.5
12254	94.7	11141	90.9	2274	18.6
204	100.0	194	95.1	58	28.4
2133	97.4	1986	93.1	340	15.9
9790	94.1	8845	90.3	1858	19.0
127	91.4	116	91.3	18	14.2
2289	97.4	2082	91.0	588	25.7
45	97.8	42	93.3	14	31.1
689	98.0	629	91.3	201	29.2
1118	97.6	1013	90.6	290	25.9
437	95.8	398	91.1	83	19.0
5063	95.4	4590	90.7	951	18.8
135	98.5	125	92.6	37	27.4
1351	94.5	1214	89.9	280	20.7
3022	95.8	2755	91.2	546	18.1
555	94.9	496	89.4	88	15.9
1920	95.4	1734	90.3	386	20.1
45	97.8	41	91.1	18	40.0
494	94.8	440	89.1	104	21.1
1283	96.0	1170	91.2	244	19.0
98	89.1	83	84.7	20	20.4
3143	95.4	2856	90.9	565	18.0
90	98.9	84	93.3	19	21.1
857	94.4	774	90.3	176	20.5
1739	95.5	1585	91.1	302	17.4
457	96.2	413	90.4	68	14.9

3-68 续表 1

指标名称	企业数(个)	使用互联网的企业		接入窄带	
		数量(个)	比重(%)	数量(个)	占接入互联网企业的比重(%)
服务业	2756	2707	98.2	84	3.1
大型	97	95	97.9	5	5.3
中型	435	427	98.2	15	3.5
小型	1573	1542	98.0	45	2.9
微型	403	397	98.5	11	2.8
住宿和餐饮业	1299	1266	97.5	35	2.8
大型	23	23	100.0	1	4.3
中型	224	223	99.6	5	2.2
小型	1021	992	97.2	29	2.9
微型	31	28	90.3		
住宿业	730	713	97.7	14	2.0
大型	17	17	100.0	1	5.9
中型	157	156	99.4	2	1.3
小型	540	526	97.4	11	2.1
微型	16	14	87.5		
餐饮业	569	553	97.2	21	3.8
大型	6	6	100.0		
中型	67	67	100.0	3	4.5
小型	481	466	96.9	18	3.9
微型	15	14	93.3		
房地产业	3346	3258	97.4	80	2.5
大型	3	3	100.0		
中型	1340	1313	98.0	34	2.6
小型	623	609	97.8	15	2.5
微型	1380	1333	96.6	31	2.3

接入宽带					
		接入固定宽带		接入移动宽带	
数量（个）	占接入互联网企业的比重（%）	数量（个）	占接入互联网企业的比重（%）	数量（个）	占接入互联网企业的比重（%）
2594	95.8	2394	92.3	501	19.3
92	96.8	88	95.7	15	16.3
414	97.0	387	93.5	104	25.1
1470	95.3	1349	91.8	277	18.8
377	95.0	350	92.8	59	15.6
1189	93.9	1073	90.2	231	19.4
20	87.0	20	100.0	3	15.0
205	91.9	186	90.7	49	23.9
937	94.5	845	90.2	173	18.5
27	96.4	22	81.5	6	22.2
668	93.7	596	89.2	143	21.4
15	88.2	15	100.0	2	13.3
144	92.3	132	91.7	37	25.7
495	94.1	439	88.7	99	20.0
14	100.0	10	71.4	5	35.7
521	94.2	477	91.6	88	16.9
5	83.3	5	100.0	1	20.0
61	91.0	54	88.5	12	19.7
442	94.8	406	91.9	74	16.7
13	92.9	12	92.3	1	7.7
3186	97.8	2883	90.5	693	21.8
3	100.0	2	66.7	2	66.7
1285	97.9	1173	91.3	294	22.9
599	98.4	546	91.2	130	21.7
1299	97.4	1162	89.5	267	20.6

3-68 续表 2

指标名称	通过笔记本		通过平板电脑	
	数量(个)	占接入宽带企业的比重(%)	数量(个)	占通过移动宽带企业的比重(%)
总　计	**3615**	**69.0**	**3068**	**58.6**
大型	113	87.6	82	63.6
中型	998	78.7	768	60.6
小型	2143	65.5	1868	57.1
微型	328	63.0	319	61.2
工业	1536	67.5	1307	57.5
大型	53	91.4	37	63.8
中型	264	77.6	210	61.8
小型	1208	65.0	1046	56.3
微型	11	61.1	14	77.8
建筑业	457	77.7	357	60.7
大型	13	92.9	10	71.4
中型	167	83.1	130	64.7
小型	215	74.1	168	57.9
微型	62	74.7	49	59.0
批发和零售业	636	66.9	545	57.3
大型	31	83.8	22	59.5
中型	208	74.3	164	58.6
小型	348	63.7	311	57.0
微型	49	55.7	48	54.5
批发业	263	68.1	198	51.3
大型	17	94.4	11	61.1
中型	76	73.1	56	53.8
小型	161	66.0	122	50.0
微型	9	45.0	9	45.0
零售业	373	66.0	347	61.4
大型	14	73.7	11	57.9
中型	132	75.0	108	61.4
小型	187	61.9	189	62.6
微型	40	58.8	39	57.4

通过手机		其他		其他	
数量(个)	占通过移动宽带企业的比重(%)	数量(个)	占通过移动宽带企业的比重(%)	数量(个)	占通过移动宽带企业的比重(%)
3229	**61.6**	**914**	**17.4**	**1346**	**4.8**
98	76.0	24	18.6	32	6.3
883	69.6	237	18.7	333	5.3
1911	58.4	541	16.5	815	4.6
306	58.7	97	18.6	156	5.3
1291	56.8	334	14.7	539	4.2
40	69.0	7	12.1	8	3.9
212	62.4	44	12.9	68	3.1
1028	55.3	281	15.1	454	4.4
11	61.1	2	11.1	9	6.5
421	71.6	107	18.2	111	4.7
12	85.7	5	35.7	4	8.7
154	76.6	43	21.4	42	6.0
205	70.7	43	14.8	44	3.8
50	60.2	16	19.3	21	4.6
566	59.5	197	20.7	286	5.4
27	73.0	7	18.9	12	8.8
188	67.1	67	23.9	99	6.9
315	57.7	109	20.0	150	4.8
36	40.9	14	15.9	25	4.3
229	59.3	78	20.2	109	5.4
15	83.3	2	11.1	4	8.7
69	66.3	21	20.2	36	6.9
135	55.3	51	20.9	61	4.6
10	50.0	4	20.0	8	7.3
337	59.6	119	21.1	177	5.4
12	63.2	5	26.3	8	8.8
119	67.6	46	26.1	63	6.9
180	59.6	58	19.2	89	4.9
26	38.2	10	14.7	17	3.6

3-68 续表 3

指标名称	通过笔记本		通过平板电脑	
	数量(个)	占接入宽带企业的比重(%)	数量(个)	占通过移动宽带企业的比重(%)
服务业	354	70.7	285	56.9
大型	12	80.0	10	66.7
中型	93	89.4	57	54.8
小型	185	66.8	151	54.5
微型	31	52.5	36	61.0
住宿和餐饮业	138	59.7	136	58.9
大型	2	66.7	1	33.3
中型	40	81.6	30	61.2
小型	95	54.9	102	59.0
微型	1	16.7	3	50.0
住宿业	82	57.3	84	58.7
大型	1	50.0	1	50.0
中型	31	83.8	24	64.9
小型	49	49.5	56	56.6
微型	1	20.0	3	60.0
餐饮业	56	63.6	52	59.1
大型	1	100.0		
中型	9	75.0	6	50.0
小型	46	62.2	46	62.2
微型				
房地产业	494	71.3	438	63.2
大型	2	100.0	2	100.0
中型	226	76.9	177	60.2
小型	92	70.8	90	69.2
微型	174	65.2	169	63.3

通过手机		其他		其他	
数量（个）	占通过移动宽带企业的比重（%）	数量（个）	占通过移动宽带企业的比重（%）	数量（个）	占通过移动宽带企业的比重（%）
345	68.9	107	21.4	162	6.0
14	93.3	2	13.3	5	5.3
82	78.8	20	19.2	28	6.6
184	66.4	55	19.9	88	5.7
34	57.6	15	25.4	31	7.8
136	58.9	49	21.2	82	6.5
3	100.0	2	66.7	3	13.0
36	73.5	11	22.4	19	8.5
94	54.3	35	20.2	59	5.9
3	50.0	1	16.7	1	3.6
79	55.2	31	21.7	52	7.3
2	100.0	2	100.0	2	11.8
27	73.0	6	16.2	15	9.6
48	48.5	22	22.2	35	6.7
2	40.0	1	20.0		
57	64.8	18	20.5	30	5.4
1	100.0			1	16.7
9	75.0	5	41.7	4	6.0
46	62.2	13	17.6	24	5.2
1	100.0			1	7.1
470	67.8	120	17.3	166	5.1
2	100.0	1	50.0		
211	71.8	52	17.7	77	5.9
85	65.4	18	13.8	20	3.3
172	64.4	49	18.4	69	5.2

3-69 规模以上企业按登记

指标名称	企业数(个)	使用互联网的企业			
				接入窄带	
		数量(个)	比重(%)	数量(个)	占接入互联网企业的比重(%)
总　计	**28679**	**27829**	**97.0**	**1015**	**3.6**
按登记注册类型分组					
内资企业	27809	26981	97.0	985	3.7
国有企业	928	910	98.1	29	3.2
集体企业	609	579	95.1	34	5.9
股份合作企业	78	73	93.6	1	1.4
联营企业	24	24	100.0	3	12.5
国有联营企业	4	4	100.0		
集体联营企业	12	12	100.0	3	25.0
国有与集体联营企业	3	3	100.0		
其他联营企业	5	5	100.0		
有限责任公司	7638	7466	97.7	258	3.5
国有独资公司	442	437	98.9	12	2.7
其他有限责任公司	7196	7029	97.7	246	3.5
股份有限公司	1318	1291	98.0	31	2.4
私营企业	16304	15811	97.0	573	3.6
私营独资企业	1397	1349	96.6	61	4.5
私营合伙企业	979	898	91.7	36	4.0
私营有限责任公司	12561	12251	97.5	423	3.5
私营股份有限公司	1367	1313	96.0	53	4.0
其他企业	910	827	90.9	56	6.8
港、澳、台商投资企业	512	503	98.2	17	3.4
与港澳台商合资经营企业	243	243	100.0	10	4.1
与港澳台商合作经营企业	16	15	93.8		
港澳台商独资企业	234	226	96.6	6	2.7
港澳台商投资股份有限公司	16	16	100.0		
其他港澳台投资企业	3	3	100.0	1	33.3
外商投资企业	358	345	96.4	13	3.8
中外合资经营企业	206	199	96.6	7	3.5
中外合作经营企业	13	13	100.0		
外资企业	126	121	96.0	5	4.1
外商投资股份有限公司	11	10	90.9	1	10.0
其他外商投资企业	2	2	100		

注册类型分接入互联网方式

接入宽带		接入固定宽带		接入移动宽带	
数量（个）	占接入互联网企业的比重（%）	数量（个）	占接入互联网企业的比重（%）	数量（个）	占接入互联网企业的比重（%）
26575	**95.5**	**24163**	**90.9**	**5238**	**19.7**
25758	95.5	23414	90.9	5070	19.7
874	96.0	804	92.0	144	16.5
557	96.2	494	88.7	127	22.8
69	94.5	61	88.4	13	18.8
22	91.7	22	100.0	1	4.5
4	100.0	4	100.0		
10	83.3	10	100.0	1	10.0
3	100.0	3	100.0		
5	100.0	5	100.0		
7138	95.6	6532	91.5	1485	20.8
415	95.0	386	93.0	80	19.3
6723	95.6	6146	91.4	1405	20.9
1239	96.0	1146	92.5	249	20.1
15087	95.4	13638	90.4	2939	19.5
1283	95.1	1174	91.5	206	16.1
853	95.0	723	84.8	197	23.1
11691	95.4	10612	90.8	2267	19.4
1260	96.0	1129	89.6	269	21.3
772	93.3	717	92.9	112	14.5
487	96.8	442	90.8	104	21.4
234	96.3	204	87.2	57	24.4
14	93.3	13	92.9	2	14.3
220	97.3	206	93.6	41	18.6
16	100.0	16	100.0	3	18.8
3	100.0	3	100.0	1	33.3
330	95.7	307	93.0	64	19.4
189	95.0	176	93.1	38	20.1
13	100.0	12	92.3	2	15.4
116	95.9	107	92.2	22	19.0
10	100.0	10	100.0	2	20.0
2	100	2	100		

3-69 续表

指标名称	通过笔记本		通过平板电脑	
	数量(个)	占接入宽带企业的比重(%)	数量(个)	占通过移动宽带企业的比重(%)
总 计	**3615**	**69.0**	**3068**	**58.6**
按登记注册类型分组				
内资企业	3480	68.6	2973	58.6
国有企业	91	63.2	74	51.4
集体企业	86	67.7	77	60.6
股份合作企业	9	69.2	6	46.2
联营企业	1	100.0		
国有联营企业				
集体联营企业	1	100.0		
国有与集体联营企业				
其他联营企业				
有限责任公司	1071	72.1	889	59.9
国有独资公司	59	73.8	42	52.5
其他有限责任公司	1012	72.0	847	60.3
股份有限公司	182	73.1	150	60.2
私营企业	1971	67.1	1714	58.3
私营独资企业	133	64.6	120	58.3
私营合伙企业	95	48.2	101	51.3
私营有限责任公司	1558	68.7	1330	58.7
私营股份有限公司	185	68.8	163	60.6
其他企业	69	61.6	63	56.3
港、澳、台商投资企业	81	77.9	64	61.5
与港澳台商合资经营企业	40	70.2	34	59.6
与港澳台商合作经营企业	1	50.0	2	100.0
港澳台商独资企业	36	87.8	25	61.0
港澳台商投资股份有限公司	3	100.0	2	66.7
其他港澳台投资企业	1	100.0	1	100.0
外商投资企业	54	84.4	31	48.4
中外合资经营企业	30	78.9	17	44.7
中外合作经营企业	2	100.0		
外资企业	21	95.5	13	59.1
外商投资股份有限公司	1	50.0	1	50.0
其他外商投资企业				

				其他	
通过手机		其他			
数量(个)	占通过移动宽带企业的比重(%)	数量(个)	占通过移动宽带企业的比重(%)	数量(个)	占通过移动宽带企业的比重(%)
3229	**61.6**	**914**	**17.4**	**1346**	**4.8**
3128	61.7	888	17.5	1300	4.8
90	62.5	34	23.6	50	5.5
66	52.0	28	22.0	19	3.3
5	38.5	3	23.1	5	6.8
1	100.0				
1	100.0				
995	67.0	249	16.8	408	5.5
51	63.7	16	20.0	30	6.9
944	67.2	233	16.6	378	5.4
151	60.6	35	14.1	75	5.8
1756	59.7	514	17.5	716	4.5
109	52.9	28	13.6	49	3.6
95	48.2	40	20.3	27	3.0
1386	61.1	405	17.9	575	4.7
166	61.7	41	15.2	65	5.0
64	57.1	25	22.3	27	3.3
60	57.7	10	9.6	27	5.4
30	52.6	3	5.3	12	4.9
1	50.0	1	50.0	1	6.7
25	61.0	5	12.2	14	6.2
3	100.0				
1	100.0	1	100.0		
41	64.1	16	25.0	19	5.5
24	63.2	7	18.4	12	6.0
2	100.0	1	50.0		
13	59.1	7	31.8	7	5.8
2	100.0	1	50.0		

3-70 规模以上企业分行业和

指标名称	企业数(个)	使用互联网的企业	
		数量(个)	比重(%)
总 计	**28679**	**27829**	**97.0**
分行业			
采矿业	1408	1285	91.3
煤炭开采和洗选业	764	675	88.4
石油和天然气开采业			
黑色金属矿采选业	121	103	85.1
有色金属矿采选业	238	232	97.5
非金属矿采选业	282	272	96.5
开采辅助活动			
其他采矿业	3	3	100.0
制造业	11611	11268	97.0
农副食品加工业	1050	1025	97.6
食品制造业	342	334	97.7
酒、饮料和精制茶制造业	308	302	98.1
烟草制品业	7	7	100.0
纺织业	247	240	97.2
纺织服装、服饰业	199	195	98.0
皮革、毛皮、羽毛及其制品和制鞋业	209	205	98.1
木材加工和木、竹、藤、棕、草制品业	440	399	90.7
家具制造业	123	121	98.4
造纸和纸制品业	314	305	97.1
印刷和记录媒介复制业	199	193	97.0
文教、工美、体育和娱乐用品制造业	115	113	98.3
石油加工、炼焦和核燃料加工业	30	28	93.3
化学原料和化学制品制造业	1624	1573	96.9
医药制造业	291	284	97.6
化学纤维制造业	12	12	100.0
橡胶和塑料制品业	323	318	98.5
非金属矿物制品业	1478	1433	97.0
黑色金属冶炼和压延加工业	547	515	94.1
有色金属冶炼和压延加工业	582	569	97.8
金属制品业	414	408	98.6
通用设备制造业	727	711	97.8
专用设备制造业	538	523	97.2
汽车制造业	267	264	98.9
铁路、船舶、航空航天和其他运输设备制造业	110	110	100.0
电气机械和器材制造业	496	478	96.4
计算机、通信和其他电子设备制造业	385	376	97.7

分地区接入互联网带宽情况

网速＜1Mbps的企业		1Mbps≤网速＜10Mbps的企业	
数量（个）	占使用互联网企业的比重（%）	数量（个）	占使用互联网企业的比重（%）
1827	**6.6**	**11556**	**41.5**
139	10.8	590	45.9
92	13.6	287	42.5
12	11.7	60	58.3
8	3.4	113	48.7
27	9.9	129	47.4
		1	33.3
821	7.3	4890	43.4
64	6.2	477	46.5
15	4.5	153	45.8
20	6.6	121	40.1
		1	14.3
7	2.9	117	48.8
40	20.5	86	44.1
9	4.4	106	51.7
28	7.0	203	50.9
9	7.4	64	52.9
24	7.9	139	45.6
12	6.2	82	42.5
7	6.2	49	43.4
2	7.1	11	39.3
200	12.7	714	45.4
10	3.5	110	38.7
		8	66.7
14	4.4	160	50.3
98	6.8	638	44.5
43	8.3	232	45.0
37	6.5	246	43.2
36	8.8	159	39.0
48	6.8	275	38.7
29	5.5	186	35.6
8	3.0	85	32.2
9	8.2	38	34.5
24	5.0	194	40.6
11	2.9	139	37.0

3-70 续表 1

指标名称	企业数(个)	使用互联网的企业	
		数量(个)	比重(%)
仪器仪表制造业	108	104	96.3
其他制造业	49	47	95.9
废弃资源综合利用业	74	73	98.6
金属制品、机械和设备修理业	3	3	100.0
电力、热力、燃气及水生产和供应业	394	388	98.5
电力、热力生产和供应业	277	273	98.6
燃气生产和供应业	37	36	97.3
水的生产和供应业	80	79	98.8
建筑业	2412	2350	97.4
房屋建筑业	1430	1396	97.6
土木工程建筑业	440	432	98.2
建筑安装业	219	208	95.0
建筑装饰和其他建筑业	323	314	97.2
批发和零售业	5453	5307	97.3
批发业	2071	2013	97.2
零售业	3382	3294	97.4
交通运输、仓储和邮政业	662	649	98.0
铁路运输业	1		
道路运输业	450	442	98.2
水上运输业	35	34	97.1
航空运输业	6	6	100.0
管道运输业	2	2	100.0
装卸搬运和运输代理业	74	71	95.9
仓储业	67	67	100.0
邮政业	27	27	100.0
住宿和餐饮业	1299	1266	97.5
住宿业	730	713	97.7
餐饮业	569	553	97.2
信息传输、软件和信息技术服务业	264	259	98.1
电信、广播电视和卫星传输服务	150	146	97.3
互联网和相关服务	9	9	100.0
软件和信息技术服务业	105	104	99.0
房地产业	3612	3522	97.5
房地产业	3612	3522	97.5
租赁和商务服务业	500	493	98.6
租赁业	24	22	91.7
商务服务业	476	471	98.9

网速＜1Mbps的企业		1Mbps≤网速＜10Mbps的企业	
数量（个）	占使用互联网企业的比重（%）	数量（个）	占使用互联网企业的比重（%）
2	1.9	40	38.5
2	4.3	13	27.7
12	16.4	44	60.3
1	33.3		
17	4.4	156	40.2
12	4.4	118	43.2
2	5.6	11	30.6
3	3.8	27	34.2
102	4.3	859	36.6
58	4.2	543	38.9
16	3.7	128	29.6
7	3.4	82	39.4
21	6.7	106	33.8
346	6.5	2481	46.7
129	6.4	936	46.5
217	6.6	1545	46.9
31	4.8	260	40.1
20	4.5	178	40.3
1	2.9	17	50.0
		1	16.7
		1	50.0
5	7.0	32	45.1
5	7.5	27	40.3
		4	14.8
92	7.3	414	32.7
35	4.9	192	26.9
57	10.3	222	40.1
4	1.5	62	23.9
2	1.4	37	25.3
		1	11.1
2	1.9	24	23.1
180	5.1	1297	36.8
180	5.1	1297	36.8
26	5.3	176	35.7
4	18.2	8	36.4
22	4.7	168	35.7

3-70 续表 2

指标名称	企业数(个)	使用互联网的企业	
		数量(个)	比重(%)
科学研究和技术服务业	462	450	97.4
研究和试验发展	26	26	100.0
专业技术服务业	216	212	98.1
科技推广和应用服务业	220	212	96.4
水利、环境和公共设施管理业	87	87	100.0
水利管理业	13	13	100.0
生态保护和环境治理业	14	14	100.0
公共设施管理业	60	60	100.0
居民服务、修理和其他服务业	114	106	93.0
居民服务业	84	78	92.9
机动车、电子产品和日用产品修理业	17	16	94.1
其他服务业	13	12	92.3
教育	109	109	100.0
教育	109	109	100.0
卫生和社会工作	140	139	99.3
卫生	138	137	99.3
社会工作	2	2	100.0
文化、体育和娱乐业	152	151	99.3
新闻和出版业	36	36	100.0
广播、电视、电影和影视录音制作业	52	51	98.1
文化艺术业	19	19	100.0
体育	11	11	100.0
娱乐业	34	34	100.0
分市州			
长沙市	6489	6353	97.9
株洲市	2868	2753	96
湘潭市	1543	1520	98.5
衡阳市	2465	2374	96.3
邵阳市	1686	1630	96.7
岳阳市	2817	2720	96.6
常德市	2153	2083	96.7
张家界市	407	387	95.1
益阳市	1731	1662	96
郴州市	2206	2181	98.9
永州市	1267	1222	96.4
怀化市	1098	1058	96.4
娄底市	1438	1387	96.5
湘西州	511	499	97.7

网速＜1Mbps的企业		1Mbps⩽网速＜10Mbps的企业	
数量(个)	占使用互联网企业的比重(%)	数量(个)	占使用互联网企业的比重(%)
36	8.0	171	38.0
1	3.8	9	34.6
11	5.2	54	25.5
24	11.3	108	50.9
7	8.0	34	39.1
1	7.7	5	38.5
2	14.3	5	35.7
4	6.7	24	40.0
13	12.3	42	39.6
11	14.1	26	33.3
1	6.3	12	75.0
1	8.3	4	33.3
		38	34.9
		38	34.9
6	4.3	54	38.8
6	4.4	54	39.4
7	4.6	32	21.2
1	2.8	3	8.3
3	5.9	16	31.4
2	10.5	5	26.3
1	9.1	4	36.4
		4	11.8
340	5.4	2060	32.4
257	9.3	1410	51.2
114	7.5	689	45.3
161	6.8	1035	43.6
104	6.4	681	41.8
199	7.3	1142	42
134	6.4	935	44.9
19	4.9	150	38.8
124	7.5	766	46.1
137	6.3	826	37.9
40	3.3	651	53.3
36	3.4	500	47.3
134	9.7	498	35.9
28	5.6	213	42.7

3-70 续表 3

指标名称	10Mbps≤网速＜30Mbps的企业		30Mbps≤网速＜100Mbps的企业	
	数量(个)	占使用互联网企业的比重(%)	数量(个)	占使用互联网企业的比重(%)
总　计	**4855**	**17.4**	**3670**	**13.2**
分行业				
采矿业	233	18.1	164	12.8
煤炭开采和洗选业	113	16.7	87	12.9
石油和天然气开采业				
黑色金属矿采选业	13	12.6	8	7.8
有色金属矿采选业	65	28.0	24	10.3
非金属矿采选业	41	15.1	44	16.2
开采辅助活动				
其他采矿业	1	33.3	1	33.3
制造业	1983	17.6	1420	12.6
农副食品加工业	189	18.4	106	10.3
食品制造业	57	17.1	45	13.5
酒、饮料和精制茶制造业	54	17.9	44	14.6
烟草制品业	1	14.3	2	28.6
纺织业	41	17.1	19	7.9
纺织服装、服饰业	22	11.3	17	8.7
皮革、毛皮、羽毛及其制品和制鞋业	37	18.0	18	8.8
木材加工和木、竹、藤、棕、草制品业	66	16.5	40	10.0
家具制造业	20	16.5	9	7.4
造纸和纸制品业	55	18.0	31	10.2
印刷和记录媒介复制业	31	16.1	25	13.0
文教、工美、体育和娱乐用品制造业	25	22.1	14	12.4
石油加工、炼焦和核燃料加工业	2	7.1	5	17.9
化学原料和化学制品制造业	292	18.6	177	11.3
医药制造业	52	18.3	44	15.5
化学纤维制造业			3	25.0
橡胶和塑料制品业	60	18.9	33	10.4
非金属矿物制品业	276	19.3	184	12.8
黑色金属冶炼和压延加工业	86	16.7	77	15.0
有色金属冶炼和压延加工业	92	16.2	92	16.2
金属制品业	58	14.2	66	16.2
通用设备制造业	115	16.2	104	14.6
专用设备制造业	90	17.2	70	13.4
汽车制造业	47	17.8	45	17.0
铁路、船舶、航空航天和其他运输设备制造业	23	20.9	7	6.4
电气机械和器材制造业	80	16.7	59	12.3
计算机、通信和其他电子设备制造业	72	19.1	60	16.0

100Mbps≤网速＜500Mbps的企业		500Mbps≤网速＜1G的企业		网速≥1G的企业	
数量（个）	占使用互联网企业的比重（%）	数量（个）	占使用互联网企业的比重（%）	数量（个）	占使用互联网企业的比重（%）
2122	**7.6**	**1157**	**4.2**	**2642**	**9.5**
64	5.0	48	3.7	47	3.7
35	5.2	34	5.0	27	4.0
		3	2.9	7	6.8
10	4.3	6	2.6	6	2.6
19	7.0	5	1.8	7	2.6
795	7.1	446	4.0	913	8.1
54	5.3	52	5.1	83	8.1
21	6.3	14	4.2	29	8.7
20	6.6	13	4.3	30	9.9
3	42.9				
18	7.5	14	5.8	24	10.0
12	6.2	8	4.1	10	5.1
10	4.9	5	2.4	20	9.8
23	5.8	11	2.8	28	7.0
6	5.0	7	5.8	6	5.0
20	6.6	9	3.0	27	8.9
16	8.3	13	6.7	14	7.3
8	7.1	2	1.8	8	7.1
3	10.7	1	3.6	4	14.3
69	4.4	36	2.3	85	5.4
16	5.6	18	6.3	34	12.0
		1	8.3		
12	3.8	10	3.1	29	9.1
90	6.3	60	4.2	87	6.1
31	6.0	19	3.7	27	5.2
35	6.2	20	3.5	47	8.3
38	9.3	20	4.9	31	7.6
61	8.6	35	4.9	73	10.3
77	14.7	17	3.3	54	10.3
30	11.4	13	4.9	36	13.6
18	16.4	5	4.5	10	9.1
56	11.7	19	4.0	46	9.6
31	8.2	15	4.0	48	12.8

3-70 续表 4

指标名称	10Mbps≤网速＜30Mbps的企业		30Mbps≤网速＜100Mbps的企业	
	数量(个)	占使用互联网企业的比重(%)	数量(个)	占使用互联网企业的比重(%)
仪器仪表制造业	18	17.3	18	17.3
其他制造业	11	23.4	5	10.6
废弃资源综合利用业	10	13.7	1	1.4
金属制品、机械和设备修理业	1	33.3		
电力、热力、燃气及水生产和供应业	85	21.9	56	14.4
电力、热力生产和供应业	58	21.2	33	12.1
燃气生产和供应业	10	27.8	7	19.4
水的生产和供应业	17	21.5	16	20.3
建筑业	359	15.3	355	15.1
房屋建筑业	215	15.4	190	13.6
土木工程建筑业	80	18.5	67	15.5
建筑安装业	26	12.5	28	13.5
建筑装饰和其他建筑业	38	12.1	70	22.3
批发和零售业	915	17.2	613	11.6
批发业	357	17.7	211	10.5
零售业	558	16.9	402	12.2
交通运输、仓储和邮政业	113	17.4	82	12.6
铁路运输业				
道路运输业	88	19.9	53	12.0
水上运输业	2	5.9	6	17.6
航空运输业	1	16.7	2	33.3
管道运输业				
装卸搬运和运输代理业	10	14.1	7	9.9
仓储业	8	11.9	8	11.9
邮政业	4	14.8	6	22.2
住宿和餐饮业	259	20.5	193	15.2
住宿业	156	21.9	140	19.6
餐饮业	103	18.6	53	9.6
信息传输、软件和信息技术服务业	34	13.1	56	21.6
电信、广播电视和卫星传输服务	16	11.0	33	22.6
互联网和相关服务	1	11.1		
软件和信息技术服务业	17	16.3	23	22.1
房地产业	590	16.8	513	14.6
房地产业	590	16.8	513	14.6
租赁和商务服务业	93	18.9	68	13.8
租赁业	3	13.6	2	9.1
商务服务业	90	19.1	66	14.0

100Mbps⩽网速＜500Mbps的企业		500Mbps⩽网速＜1G的企业		网速⩾1G的企业	
数量（个）	占使用互联网企业的比重（%）	数量（个）	占使用互联网企业的比重（%）	数量（个）	占使用互联网企业的比重（%）
10	9.6	4	3.8	12	11.5
5	10.6	3	6.4	8	17.0
2	2.7	2	2.7	2	2.7
				1	33.3
26	6.7	19	4.9	29	7.5
19	7.0	12	4.4	21	7.7
3	8.3	2	5.6	1	2.8
4	5.1	5	6.3	7	8.9
210	8.9	120	5.1	345	14.7
116	8.3	73	5.2	201	14.4
49	11.3	28	6.5	64	14.8
17	8.2	11	5.3	37	17.8
28	8.9	8	2.5	43	13.7
325	6.1	173	3.3	454	8.6
134	6.7	66	3.3	180	8.9
191	5.8	107	3.2	274	8.3
64	9.9	34	5.2	65	10.0
41	9.3	21	4.8	41	9.3
3	8.8	3	8.8	2	5.9
				2	33.3
		1	50.0		
5	7.0	2	2.8	10	14.1
7	10.4	5	7.5	7	10.4
8	29.6	2	7.4	3	11.1
136	10.7	46	3.6	126	10.0
91	12.8	26	3.6	73	10.2
45	8.1	20	3.6	53	9.6
45	17.4	19	7.3	39	15.1
23	15.8	12	8.2	23	15.8
3	33.3	2	22.2	2	22.2
19	18.3	5	4.8	14	13.5
305	8.7	180	5.1	457	13.0
305	8.7	180	5.1	457	13.0
54	11.0	19	3.9	57	11.6
2	9.1	1	4.5	2	9.1
52	11.0	18	3.8	55	11.7

3-70 续表 5

指标名称	10Mbps≤网速＜30Mbps的企业 数量(个)	10Mbps≤网速＜30Mbps的企业 占使用互联网企业的比重(%)	30Mbps≤网速＜100Mbps的企业 数量(个)	30Mbps≤网速＜100Mbps的企业 占使用互联网企业的比重(%)
科学研究和技术服务业	89	19.8	54	12.0
研究和试验发展	5	19.2	2	7.7
专业技术服务业	29	13.7	37	17.5
科技推广和应用服务业	55	25.9	15	7.1
水利、环境和公共设施管理业	18	20.7	8	9.2
水利管理业	2	15.4		
生态保护和环境治理业	5	35.7	1	7.1
公共设施管理业	11	18.3	7	11.7
居民服务、修理和其他服务业	12	11.3	18	17.0
居民服务业	12	15.4	14	17.9
机动车、电子产品和日用产品修理业				
其他服务业			4	33.3
教育	22	20.2	20	18.3
教育	22	20.2	20	18.3
卫生和社会工作	25	18.0	22	15.8
卫生	24	17.5	22	16.1
社会工作	1	50.0		
文化、体育和娱乐业	25	16.6	28	18.5
新闻和出版业	2	5.6	10	27.8
广播、电视、电影和影视录音制作业	5	9.8	8	15.7
文化艺术业	4	21.1	5	26.3
体育	3	27.3	1	9.1
娱乐业	11	32.4	4	11.8
分市州				
长沙市	1107	17.4	966	15.2
株洲市	358	13	299	10.9
湘潭市	192	12.6	165	10.9
衡阳市	364	15.3	350	14.7
邵阳市	289	17.7	186	11.4
岳阳市	644	23.7	310	11.4
常德市	363	17.4	272	13.1
张家界市	80	20.7	52	13.4
益阳市	286	17.2	207	12.5
郴州市	443	20.3	346	15.9
永州市	196	16	133	10.9
怀化市	195	18.4	124	11.7
娄底市	217	15.6	198	14.3
湘西州	121	24.2	62	12.4

100Mbps≤网速＜500Mbps的企业		500Mbps≤网速＜1G的企业		网速≥1G的企业	
数量（个）	占使用互联网企业的比重（%）	数量（个）	占使用互联网企业的比重（%）	数量（个）	占使用互联网企业的比重（%）
37	8.2	22	4.9	41	9.1
3	11.5	3	11.5	3	11.5
33	15.6	15	7.1	33	15.6
1	0.5	4	1.9	5	2.4
7	8.0	5	5.7	8	9.2
2	15.4	1	7.7	2	15.4
				1	7.1
5	8.3	4	6.7	5	8.3
9	8.5	2	1.9	10	9.4
6	7.7	1	1.3	8	10.3
		1	6.3	2	12.5
3	25.0				
11	10.1	6	5.5	12	11.0
11	10.1	6	5.5	12	11.0
13	9.4	7	5.0	12	8.6
13	9.5	7	5.1	11	8.0
				1	50.0
21	13.9	11	7.3	27	17.9
11	30.6	1	2.8	8	22.2
6	11.8	3	5.9	10	19.6
		2	10.5	1	5.3
1	9.1			1	9.1
3	8.8	5	14.7	7	20.6
779	12.3	309	4.9	792	12.5
141	5.1	74	2.7	214	7.8
137	9	83	5.5	140	9.2
162	6.8	82	3.5	220	9.3
128	7.9	53	3.3	189	11.6
112	4.1	109	4	204	7.5
139	6.7	71	3.4	169	8.1
33	8.5	21	5.4	32	8.3
68	4.1	49	2.9	162	9.7
179	8.2	96	4.4	154	7.1
66	5.4	54	4.4	82	6.7
47	4.4	40	3.8	116	11
114	8.2	90	6.5	136	9.8
17	3.4	26	5.2	32	6.4

3-71 规模以上企业分专业及特有

指标名称	企业数(个)	使用互联网的企业	
		数量(个)	比重(%)
总　计	**28679**	**27829**	**97.0**
工业	13413	12941	96.5
高新技术企业	1284	1268	98.8
非高新技术企业	12129	11673	96.2
制造业	11611	11268	97.0
高技术产业	873	852	97.6
非高技术产业	10738	10416	97.0
建筑业按资质等级分	2412	2350	97.4
施工总承包	1462	1432	97.9
特级	11	11	100.0
一级	186	185	99.5
二级	509	505	99.2
三级及以下	756	731	96.7
专业承包	548	532	97.1
一级	56	55	98.2
二级	106	101	95.3
三级及以下	386	376	97.4
劳务分包	402	386	96.0
一级	312	300	96.2
二级	73	69	94.5
三级及以下	17	17	100.0
批发和零售业	5453	5307	97.3
独立门店	4430	4322	97.6
连锁总店(总部)	125	123	98.4
连锁门店	127	120	94.5
其他	771	742	96.2
零售业	3382	3294	97.4
食杂店	23	20	87.0
便利店	31	29	93.5
折扣店			
超市	391	378	96.7
大型超市	104	101	97.1
仓储会员店	8	8	100.0
百货店	166	159	95.8

分组接入互联网带宽情况

网速＜1Mbps的企业		1Mbps≤网速＜10Mbps的企业	
数量(个)	占使用互联网企业的比重(%)	数量(个)	占使用互联网企业的比重(%)
1827	**6.6**	**11556**	**41.5**
977	7.5	5636	43.6
36	2.8	332	26.2
941	8.1	5304	45.4
821	7.3	4890	43.4
26	3.1	318	37.3
795	7.6	4572	43.9
102	4.3	859	36.6
52	3.6	493	34.4
1	0.5	32	17.3
23	4.6	189	37.4
28	3.8	272	37.2
29	5.5	185	34.8
2	3.6	12	21.8
3	3.0	31	30.7
24	6.4	142	37.8
21	5.4	181	46.9
16	5.3	138	46.0
3	4.3	33	47.8
2	11.8	10	58.8
346	6.5	2481	46.7
291	6.7	2047	47.4
7	5.7	43	35.0
5	4.2	60	50.0
43	5.8	331	44.6
217	6.6	1545	46.9
3	15.0	8	40.0
2	6.9	18	62.1
27	7.1	185	48.9
5	5.0	40	39.6
3	37.5	3	37.5
16	10.1	67	42.1

3-71 续表 1

指标名称	企业数(个)	使用互联网的企业	
		数量(个)	比重(%)
专业店	1443	1417	98.2
专卖店	1025	994	97.0
家居建材商店	53	53	100.0
购物中心	15	15	100.0
厂家直销中心	111	108	97.3
电视购物	3	3	100.0
邮购			
网上商店	8	8	100.0
自动售货亭			
电话购物	1	1	100.0
服务业	2756	2707	98.2
高新技术企业	103	100	97.1
非高新技术企业	2653	2607	98.3
高技术产业	755	739	97.9
非高技术产业	2001	1968	98.4
住宿和餐饮业	1299	1266	97.5
独立门店	1175	1146	97.5
连锁总店(总部)	21	21	100.0
连锁门店	34	32	94.1
其他	69	67	97.1
住宿业	730	713	97.7
一星	5	5	100.0
二星	67	62	92.5
三星	198	192	97.0
四星	95	94	98.9
五星	38	38	100.0
其他	327	322	98.5
房地产业	3346	3258	97.4
一级	25	25	100.0
二级	214	209	97.7
三级	1544	1509	97.7
四级	454	443	97.6
暂定	1012	983	97.1
其他	97	89	91.8

网速＜1Mbps的企业		1Mbps≤网速＜10Mbps的企业	
数量（个）	占使用互联网企业的比重（%）	数量（个）	占使用互联网企业的比重（%）
95	6.7	707	49.9
57	5.7	438	44.1
		22	41.5
		6	40.0
9	8.3	50	46.3
		1	12.5
145	5.4	987	36.5
		16	16.0
145	5.6	971	37.2
42	5.7	241	32.6
103	5.2	746	37.9
92	7.3	414	32.7
86	7.5	371	32.4
4	19.0	7	33.3
2	6.3	14	43.8
		22	32.8
35	4.9	192	26.9
		1	20.0
3	4.8	16	25.8
5	2.6	60	31.3
4	4.3	12	12.8
		2	5.3
23	7.1	101	31.4
165	5.1	1179	36.2
		6	24.0
7	3.3	72	34.4
64	4.2	546	36.2
32	7.2	179	40.4
55	5.6	345	35.1
7	7.9	31	34.8

3-71 续表 2

指标名称	10Mbps≤网速＜30Mbps的企业		30Mbps≤网速＜100Mbps的企业	
	数量(个)	占使用互联网企业的比重(%)	数量(个)	占使用互联网企业的比重(%)
总　计	**4855**	**17.4**	**3670**	**13.2**
工业	2301	17.8	1640	12.7
高新技术企业	254	20.0	215	17.0
非高新技术企业	2047	17.5	1425	12.2
制造业	1983	17.6	1420	12.6
高技术产业	162	19.0	137	16.1
非高技术产业	1821	17.5	1283	12.3
建筑业按资质等级分	359	15.3	355	15.1
施工总承包	250	17.5	207	14.5
特级			7	63.6
一级	45	24.3	36	19.5
二级	72	14.3	71	14.1
三级及以下	133	18.2	93	12.7
专业承包	65	12.2	93	17.5
一级	7	12.7	14	25.5
二级	14	13.9	18	17.8
三级及以下	44	11.7	61	16.2
劳务分包	44	11.4	55	14.2
一级	34	11.3	48	16.0
二级	9	13.0	7	10.1
三级及以下	1	5.9		
批发和零售业	915	17.2	613	11.6
独立门店	744	17.2	513	11.9
连锁总店(总部)	21	17.1	18	14.6
连锁门店	19	15.8	12	10.0
其他	131	17.7	70	9.4
零售业	558	16.9	402	12.2
食杂店	4	20.0	2	10.0
便利店	4	13.8	3	10.3
折扣店				
超市	67	17.7	40	10.6
大型超市	14	13.9	15	14.9
仓储会员店			1	12.5
百货店	27	17.0	20	12.6

100Mbps≤网速<500Mbps的企业		500Mbps≤网速<1G的企业		网速≥1G的企业	
数量（个）	占使用互联网企业的比重（%）	数量（个）	占使用互联网企业的比重（%）	数量（个）	占使用互联网企业的比重（%）
2122	**7.6**	**1157**	**4.2**	**2642**	**9.5**
885	6.8	513	4.0	989	7.6
187	14.7	71	5.6	173	13.6
698	6.0	442	3.8	816	7.0
795	7.1	446	4.0	913	8.1
64	7.5	41	4.8	104	12.2
731	7.0	405	3.9	809	7.8
210	8.9	120	5.1	345	14.7
132	9.2	82	5.7	216	15.1
4	36.4				
17	9.2	11	5.9	43	23.2
51	10.1	25	5.0	74	14.7
60	8.2	46	6.3	99	13.5
49	9.2	27	5.1	84	15.8
9	16.4	2	3.6	9	16.4
11	10.9	5	5.0	19	18.8
29	7.7	20	5.3	56	14.9
29	7.5	11	2.8	45	11.7
19	6.3	7	2.3	38	12.7
8	11.6	2	2.9	7	10.1
2	11.8	2	11.8		
325	6.1	173	3.3	454	8.6
239	5.5	141	3.3	347	8.0
14	11.4	7	5.7	13	10.6
9	7.5	1	0.8	14	11.7
63	8.5	24	3.2	80	10.8
191	5.8	107	3.2	274	8.3
1	5.0			2	10.0
2	6.9				
23	6.1	8	2.1	28	7.4
8	7.9	5	5.0	14	13.9
1	12.5				
6	3.8	11	6.9	12	7.5

3-71 续表 3

指标名称	10Mbps≤网速＜30Mbps的企业		30Mbps≤网速＜100Mbps的企业	
	数量(个)	占使用互联网企业的比重(%)	数量(个)	占使用互联网企业的比重(%)
专业店	218	15.4	167	11.8
专卖店	175	17.6	127	12.8
家居建材商店	13	24.5	12	22.6
购物中心	2	13.3	4	26.7
厂家直销中心	28	25.9	11	10.2
电视购物	1	33.3		
邮购				
网上商店	5	62.5		
自动售货亭				
电话购物				
服务业	475	17.5	392	14.5
高新技术企业	14	14.0	18	18.0
非高新技术企业	461	17.7	374	14.3
高技术产业	132	17.9	117	15.8
非高技术产业	343	17.4	275	14.0
住宿和餐饮业	259	20.5	193	15.2
独立门店	236	20.6	181	15.8
连锁总店(总部)	3	14.3	2	9.5
连锁门店	2	6.3	2	6.3
其他	18	26.9	8	11.9
住宿业	156	21.9	140	19.6
一星	1	20.0	1	20.0
二星	21	33.9	9	14.5
三星	44	22.9	44	22.9
四星	19	20.2	27	28.7
五星	3	7.9	11	28.9
其他	68	21.1	48	14.9
房地产业	546	16.8	477	14.6
一级	2	8.0	4	16.0
二级	42	20.1	34	16.3
三级	255	16.9	216	14.3
四级	72	16.3	56	12.6
暂定	159	16.2	155	15.8
其他	16	18	12	13.5

100Mbps≤网速＜500Mbps的企业		500Mbps≤网速＜1G的企业		网速≥1G的企业	
数量（个）	占使用互联网企业的比重（%）	数量（个）	占使用互联网企业的比重（%）	数量（个）	占使用互联网企业的比重（%）
71	5.0	41	2.9	118	8.3
67	6.7	39	3.9	91	9.2
6	11.3				
		1	6.7	2	13.3
3	2.8	2	1.9	5	4.6
2	66.7				
				2	25.0
1	100.0				
289	10.7	134	5.0	285	10.5
27	27.0	7	7.0	18	18.0
262	10.0	127	4.9	267	10.2
83	11.2	41	5.5	83	11.2
206	10.5	93	4.7	202	10.3
136	10.7	46	3.6	126	10.0
116	10.1	38	3.3	118	10.3
5	23.8				
6	18.8	2	6.3	4	12.5
9	13.4	6	9.0	4	6.0
91	12.8	26	3.6	73	10.2
2	40.0				
4	6.5	1	1.6	8	12.9
14	7.3	2	1.0	23	12.0
19	20.2	1	1.1	12	12.8
16	42.1	3	7.9	3	7.9
36	11.2	19	5.9	27	8.4
277	8.5	171	5.2	443	13.6
5	20.0	2	8.0	6	24.0
19	9.1	10	4.8	25	12.0
127	8.4	90	6.0	211	14.0
30	6.8	19	4.3	55	12.4
91	9.3	45	4.6	133	13.5
5	5.6	5	5.6	13	14.6

3-72 规模以上企业按大中小

指标名称	企业数(个)	使用互联网的企业	
		数量(个)	比重(%)
总 计	**28679**	**27829**	**97.0**
大型	512	508	99.2
中型	6397	6284	98.2
小型	18417	17853	96.9
微型	3105	2938	94.6
工业	13413	12941	96.5
大型	206	204	99.0
中型	2230	2189	98.2
小型	10798	10409	96.4
微型	179	139	77.7
建筑业	2412	2350	97.4
大型	46	46	100.0
中型	715	703	98.3
小型	1168	1145	98.0
微型	483	456	94.4
批发和零售业	5453	5307	97.3
大型	137	137	100.0
中型	1453	1429	98.3
小型	3234	3156	97.6
微型	629	585	93.0
批发业	2071	2013	97.2
大型	46	46	100.0
中型	525	521	99.2
小型	1382	1336	96.7
微型	118	110	93.2
零售业	3382	3294	97.4
大型	91	91	100.0
中型	928	908	97.8
小型	1852	1820	98.3
微型	511	475	93.0
服务业	2756	2707	98.2
大型	97	95	97.9
中型	435	427	98.2
小型	1573	1542	98.0
微型	403	397	98.5
住宿和餐饮业	1299	1266	97.5
大型	23	23	100.0
中型	224	223	99.6
小型	1021	992	97.2
微型	31	28	90.3
住宿业	730	713	97.7
大型	17	17	100.0
中型	157	156	99.4
小型	540	526	97.4
微型	16	14	87.5
餐饮业	569	553	97.2
大型	6	6	100.0
中型	67	67	100.0
小型	481	466	96.9
微型	15	14	93.3
房地产业	3346	3258	97.4
大型	3	3	100.0
中型	1340	1313	98.0
小型	623	609	97.8
微型	1380	1333	96.6

微分接入互联网带宽情况

网速＜1Mbps的企业		1Mbps≤网速＜10Mbps的企业	
数量（个）	占使用互联网企业的比重（%）	数量（个）	占使用互联网企业的比重（%）
1827	**6.6**	**11556**	**41.5**
7	1.4	82	16.1
282	4.5	2166	34.5
1294	7.2	7928	44.4
238	8.1	1288	43.8
977	7.5	5636	43.6
		26	12.7
114	5.2	824	37.6
849	8.2	4724	45.4
14	10.1	62	44.6
102	4.3	859	36.6
		1	2.2
24	3.4	201	28.6
43	3.8	448	39.1
35	7.7	209	45.8
346	6.5	2481	46.7
3	2.2	35	25.5
74	5.2	552	38.6
205	6.5	1576	49.9
64	10.9	318	54.4
129	6.4	936	46.5
		7	15.2
24	4.6	196	37.6
95	7.1	673	50.4
10	9.1	60	54.5
217	6.6	1545	46.9
3	3.3	28	30.8
50	5.5	356	39.2
110	6.0	903	49.6
54	11.4	258	54.3
145	5.4	987	36.5
4	4.2	17	17.9
15	3.5	123	28.8
92	6.0	591	38.3
28	7.1	164	41.3
92	7.3	414	32.7
		3	13.0
17	7.6	38	17.0
75	7.6	359	36.2
		14	50.0
35	4.9	192	26.9
		1	5.9
8	5.1	22	14.1
27	5.1	163	31.0
		6	42.9
57	10.3	222	40.1
		2	33.3
9	13.4	16	23.9
48	10.3	196	42.1
		8	57.1
165	5.1	1179	36.2
38	2.9	428	32.6
30	4.9	230	37.8
97	7.3	521	39.1

3-72 续表

指标名称	10Mbps≤网速＜30Mbps的企业 数量(个)	10Mbps≤网速＜30Mbps的企业 占使用互联网企业的比重(%)	30Mbps≤网速＜100Mbps的企业 数量(个)	30Mbps≤网速＜100Mbps的企业 占使用互联网企业的比重(%)
总　计	**4855**	**17.4**	**3670**	**13.2**
大型	81	15.9	104	20.5
中型	1177	18.7	911	14.5
小型	3125	17.5	2199	12.3
微型	426	14.5	414	14.1
工业	2301	17.8	1640	12.7
大型	31	15.2	38	18.6
中型	410	18.7	325	14.8
小型	1830	17.6	1263	12.1
微型	30	21.6	14	10.1
建筑业	359	15.3	355	15.1
大型	9	19.6	18	39.1
中型	121	17.2	108	15.4
小型	180	15.7	154	13.4
微型	49	10.7	75	16.4
批发和零售业	915	17.2	613	11.6
大型	24	17.5	26	19.0
中型	304	21.3	165	11.5
小型	500	15.8	355	11.2
微型	87	14.9	67	11.5
批发业	357	17.7	211	10.5
大型	8	17.4	9	19.6
中型	119	22.8	62	11.9
小型	212	15.9	126	9.4
微型	18	16.4	14	12.7
零售业	558	16.9	402	12.2
大型	16	17.6	17	18.7
中型	185	20.4	103	11.3
小型	288	15.8	229	12.6
微型	69	14.5	53	11.2
服务业	475	17.5	392	14.5
大型	16	16.8	14	14.7
中型	61	14.3	76	17.8
小型	283	18.4	208	13.5
微型	69	17.4	52	13.1
住宿和餐饮业	259	20.5	193	15.2
大型	1	4.3	7	30.4
中型	33	14.8	53	23.8
小型	217	21.9	132	13.3
微型	8	28.6	1	3.6
住宿业	156	21.9	140	19.6
大型			6	35.3
中型	22	14.1	46	29.5
小型	131	24.9	87	16.5
微型	3	21.4	1	7.1
餐饮业	103	18.6	53	9.6
大型	1	16.7	1	16.7
中型	11	16.4	7	10.4
小型	86	18.5	45	9.7
微型	5	35.7		
房地产业	546	16.8	477	14.6
大型			1	33.3
中型	248	18.9	184	14.0
小型	115	18.9	87	14.3
微型	183	13.7	205	15.4

100Mbps≤网速＜500Mbps的企业		500Mbps≤网速＜1G的企业		网速≥1G的企业	
数量(个)	占使用互联网企业的比重(%)	数量(个)	占使用互联网企业的比重(%)	数量(个)	占使用互联网企业的比重(%)
2122	**7.6**	**1157**	**4.2**	**2642**	**9.5**
139	27.4	29	5.7	66	13.0
633	10.1	342	5.4	773	12.3
1131	6.3	664	3.7	1512	8.5
195	6.6	109	3.7	268	9.1
885	6.8	513	4.0	989	7.6
66	32.4	13	6.4	30	14.7
191	8.7	129	5.9	196	9.0
620	6.0	368	3.5	755	7.3
8	5.8	3	2.2	8	5.8
210	8.9	120	5.1	345	14.7
11	23.9			7	15.2
79	11.2	45	6.4	125	17.8
89	7.8	64	5.6	167	14.6
31	6.8	11	2.4	46	10.1
325	6.1	173	3.3	454	8.6
28	20.4	6	4.4	15	10.9
102	7.1	61	4.3	171	12.0
175	5.5	93	2.9	252	8.0
20	3.4	13	2.2	16	2.7
134	6.7	66	3.3	180	8.9
16	34.8	2	4.3	4	8.7
38	7.3	25	4.8	57	10.9
76	5.7	37	2.8	117	8.8
4	3.6	2	1.8	2	1.8
191	5.8	107	3.2	274	8.3
12	13.2	4	4.4	11	12.1
64	7.0	36	4.0	114	12.6
99	5.4	56	3.1	135	7.4
16	3.4	11	2.3	14	2.9
289	10.7	134	5.0	285	10.5
25	26.3	8	8.4	11	11.6
72	16.9	25	5.9	55	12.9
136	8.8	71	4.6	161	10.4
32	8.1	17	4.3	35	8.8
136	10.7	46	3.6	126	10.0
7	30.4	2	8.7	3	13.0
50	22.4	6	2.7	26	11.7
77	7.8	36	3.6	96	9.7
2	7.1	2	7.1	1	3.6
91	12.8	26	3.6	73	10.2
5	29.4	2	11.8	3	17.6
36	23.1	5	3.2	17	10.9
49	9.3	17	3.2	52	9.9
1	7.1	2	14.3	1	7.1
45	8.1	20	3.6	53	9.6
2	33.3				
14	20.9	1	1.5	9	13.4
28	6.0	19	4.1	44	9.4
1	7.1				
277	8.5	171	5.2	443	13.6
2	66.7				
139	10.6	76	5.8	200	15.2
34	5.6	32	5.3	81	13.3
102	7.7	63	4.7	162	12.2

3-73 规模以上企业按登记

指标名称	企业数(个)	使用互联网的企业	
		数量(个)	比重(%)
总　计	**28679**	**27829**	**97.0**
按登记注册类型分组			
内资企业	27809	26981	97.0
国有企业	928	910	98.1
集体企业	609	579	95.1
股份合作企业	78	73	93.6
联营企业	24	24	100.0
国有联营企业	4	4	100.0
集体联营企业	12	12	100.0
国有与集体联营企业	3	3	100.0
其他联营企业	5	5	100.0
有限责任公司	7638	7466	97.7
国有独资公司	442	437	98.9
其他有限责任公司	7196	7029	97.7
股份有限公司	1318	1291	98.0
私营企业	16304	15811	97.0
私营独资企业	1397	1349	96.6
私营合伙企业	979	898	91.7
私营有限责任公司	12561	12251	97.5
私营股份有限公司	1367	1313	96.0
其他企业	910	827	90.9
港、澳、台商投资企业	512	503	98.2
与港澳台商合资经营企业	243	243	100.0
与港澳台商合作经营企业	16	15	93.8
港澳台商独资企业	234	226	96.6
港澳台商投资股份有限公司	16	16	100.0
其他港澳台投资企业	3	3	100.0
外商投资企业	358	345	96.4
中外合资经营企业	206	199	96.6
中外合作经营企业	13	13	100.0
外资企业	126	121	96.0
外商投资股份有限公司	11	10	90.9
其他外商投资企业	2	2	100

注册类型分接入互联网带宽情况

网速＜1Mbps的企业		1Mbps≤网速＜10Mbps的企业		10Mbps≤网速＜30Mbps的企业	
数量(个)	占使用互联网企业的比重(%)	数量(个)	占使用互联网企业的比重(%)	数量(个)	占使用互联网企业的比重(%)
1827	**6.6**	**11556**	**41.5**	**4855**	**17.4**
1793	6.6	11263	41.7	4705	17.4
34	3.7	324	35.6	160	17.6
45	7.8	257	44.4	87	15.0
5	6.8	30	41.1	23	31.5
3	12.5	11	45.8	4	16.7
		2	50.0		
2	16.7	6	50.0	1	8.3
		2	66.7	1	33.3
1	20.0	1	20.0	2	40.0
446	6.0	2787	37.3	1262	16.9
18	4.1	139	31.8	72	16.5
428	6.1	2648	37.7	1190	16.9
73	5.7	446	34.5	215	16.7
1088	6.9	6999	44.3	2797	17.7
164	12.2	617	45.7	244	18.1
91	10.1	447	49.8	173	19.3
747	6.1	5384	43.9	2156	17.6
86	6.5	551	42.0	224	17.1
99	12.0	409	49.5	157	19.0
20	4.0	178	35.4	89	17.7
11	4.5	76	31.3	42	17.3
		7	46.7	1	6.7
8	3.5	87	38.5	44	19.5
1	6.3	7	43.8	1	6.3
		1	33.3	1	33.3
14	4.1	115	33.3	61	17.7
12	6.0	64	32.2	38	19.1
		4	30.8	1	7.7
2	1.7	43	35.5	19	15.7
		3	30.0	2	20.0
		1	50	1	50

3-73 续表

指标名称	30Mbps≤网速<100Mbps的企业		100Mbps≤网速<500Mbps的企业	
	数量(个)	占使用互联网企业的比重(%)	数量(个)	占使用互联网企业的比重(%)
总　计	**3670**	**13.2**	**2122**	**7.6**
按登记注册类型分组				
内资企业	3538	13.1	2031	7.5
国有企业	139	15.3	109	12.0
集体企业	80	13.8	35	6.0
股份合作企业	6	8.2	4	5.5
联营企业	1	4.2	2	8.3
国有联营企业	1	25.0	1	25.0
集体联营企业			1	8.3
国有与集体联营企业				
其他联营企业				
有限责任公司	1111	14.9	704	9.4
国有独资公司	81	18.5	67	15.3
其他有限责任公司	1030	14.7	637	9.1
股份有限公司	198	15.3	149	11.5
私营企业	1935	12.2	1000	6.3
私营独资企业	163	12.1	60	4.4
私营合伙企业	89	9.9	49	5.5
私营有限责任公司	1535	12.5	794	6.5
私营股份有限公司	148	11.3	97	7.4
其他企业	68	8.2	28	3.4
港、澳、台商投资企业	81	16.1	49	9.7
与港澳台商合资经营企业	43	17.7	24	9.9
与港澳台商合作经营企业	4	26.7		
港澳台商独资企业	30	13.3	23	10.2
港澳台商投资股份有限公司	3	18.8	2	12.5
其他港澳台投资企业	1	33.3		
外商投资企业	51	14.8	42	12.2
中外合资经营企业	35	17.6	24	12.1
中外合作经营企业	1	7.7	1	7.7
外资企业	14	11.6	16	13.2
外商投资股份有限公司	1	10.0	1	10.0
其他外商投资企业				

500Mbps≤网速<1G的企业		网速≥1G的企业	
数量(个)	占使用互联网企业的比重(%)	数量(个)	占使用互联网企业的比重(%)
1157	**4.2**	**2642**	**9.5**
1109	4.1	2542	9.4
41	4.5	103	11.3
25	4.3	50	8.6
1	1.4	4	5.5
1	4.2	2	8.3
		2	16.7
1	20.0		
328	4.4	828	11.1
20	4.6	40	9.2
308	4.4	788	11.2
57	4.4	153	11.9
643	4.1	1349	8.5
31	2.3	70	5.2
22	2.4	27	3.0
524	4.3	1111	9.1
66	5.0	141	10.7
13	1.6	53	6.4
30	6.0	56	11.1
13	5.3	34	14.0
2	13.3	1	6.7
13	5.8	21	9.3
2	12.5		
18	5.2	44	12.8
7	3.5	19	9.5
4	30.8	2	15.4
5	4.1	22	18.2
2	20.0	1	10.0

3-74 规模以上企业分行业和

指标名称	企业数(个)	使用互联网的企业			
		数量(个)	比重(%)	收发电子邮件	
				数量(个)	占使用互联网企业的比重(%)
总　计	**28679**	**27829**	**97.0**	**24656**	**88.6**
分行业					
采矿业	1408	1285	91.3	1025	79.8
煤炭开采和洗选业	764	675	88.4	526	77.9
石油和天然气开采业					
黑色金属矿采选业	121	103	85.1	91	88.3
有色金属矿采选业	238	232	97.5	182	78.4
非金属矿采选业	282	272	96.5	223	82.0
开采辅助活动					
其他采矿业	3	3	100.0	3	100.0
制造业	11611	11268	97.0	9979	88.6
农副食品加工业	1050	1025	97.6	895	87.3
食品制造业	342	334	97.7	299	89.5
酒、饮料和精制茶制造业	308	302	98.1	271	89.7
烟草制品业	7	7	100.0	7	100.0
纺织业	247	240	97.2	216	90.0
纺织服装、服饰业	199	195	98.0	176	90.3
皮革、毛皮、羽毛及其制品和制鞋业	209	205	98.1	193	94.1
木材加工和木、竹、藤、棕、草制品业	440	399	90.7	334	83.7
家具制造业	123	121	98.4	105	86.8
造纸和纸制品业	314	305	97.1	262	85.9
印刷和记录媒介复制业	199	193	97.0	169	87.6
文教、工美、体育和娱乐用品制造业	115	113	98.3	97	85.8
石油加工、炼焦和核燃料加工业	30	28	93.3	27	96.4
化学原料和化学制品制造业	1624	1573	96.9	1375	87.4
医药制造业	291	284	97.6	258	90.8
化学纤维制造业	12	12	100.0	12	100.0
橡胶和塑料制品业	323	318	98.5	276	86.8
非金属矿物制品业	1478	1433	97.0	1243	86.7
黑色金属冶炼和压延加工业	547	515	94.1	434	84.3
有色金属冶炼和压延加工业	582	569	97.8	465	81.7
金属制品业	414	408	98.6	379	92.9
通用设备制造业	727	711	97.8	656	92.3
专用设备制造业	538	523	97.2	488	93.3
汽车制造业	267	264	98.9	250	94.7
铁路、船舶、航空航天和其他运输设备制造业	110	110	100.0	107	97.3
电气机械和器材制造业	496	478	96.4	441	92.3
计算机、通信和其他电子设备制造业	385	376	97.7	356	94.7

分地区通过互联网开展活动的情况

了解商品和服务的信息		从政府机构获取信息		与政府机构互动		使用网上银行		使用其他金融服务	
数量（个）	占使用互联网企业的比重（%）	数量（个）	占使用互联网企业的比重（%）	数量（个）	占使用互联网企业的比重（%）	数量（个）	占使用互联网企业的比重（%）	数量（个）	占使用互联网企业的比重（%）
15602	**56.1**	**14308**	**51.4**	**6679**	**24.0**	**17576**	**63.2**	**3418**	**12.3**
614	47.8	531	41.3	218	17.0	514	40.0	79	6.1
305	45.2	262	38.8	108	16.0	266	39.4	37	5.5
62	60.2	45	43.7	20	19.4	51	49.5	12	11.7
128	55.2	109	47.0	43	18.5	86	37.1	15	6.5
117	43.0	114	41.9	44	16.2	110	40.4	15	5.5
2	66.7	1	33.3	3	100.0	1	33.3		
6800	60.3	5544	49.2	2621	23.3	6552	58.1	1328	11.8
625	61.0	509	49.7	230	22.4	626	61.1	120	11.7
210	62.9	179	53.6	70	21.0	206	61.7	38	11.4
180	59.6	151	50.0	78	25.8	182	60.3	28	9.3
4	57.1	6	85.7	4	57.1	6	85.7	3	42.9
149	62.1	115	47.9	56	23.3	165	68.8	22	9.2
97	49.7	82	42.1	32	16.4	109	55.9	19	9.7
101	49.3	102	49.8	34	16.6	120	58.5	24	11.7
258	64.7	193	48.4	85	21.3	165	41.4	35	8.8
66	54.5	61	50.4	40	33.1	66	54.5	11	9.1
161	52.8	136	44.6	68	22.3	161	52.8	23	7.5
112	58.0	90	46.6	43	22.3	115	59.6	20	10.4
65	57.5	59	52.2	29	25.7	61	54.0	18	15.9
19	67.9	14	50.0	5	17.9	19	67.9	2	7.1
916	58.2	756	48.1	319	20.3	758	48.2	146	9.3
193	68.0	175	61.6	94	33.1	205	72.2	52	18.3
8	66.7	4	33.3			6	50.0		
198	62.3	148	46.5	72	22.6	177	55.7	25	7.9
788	55.0	614	42.8	274	19.1	766	53.5	138	9.6
287	55.7	200	38.8	86	16.7	239	46.4	46	8.9
330	58.0	251	44.1	116	20.4	338	59.4	77	13.5
263	64.5	193	47.3	101	24.8	262	64.2	52	12.7
474	66.7	371	52.2	208	29.3	455	64.0	101	14.2
355	67.9	306	58.5	154	29.4	350	66.9	104	19.9
169	64.0	165	62.5	92	34.8	205	77.7	45	17.0
72	65.5	71	64.5	41	37.3	73	66.4	11	10.0
326	68.2	278	58.2	139	29.1	306	64.0	80	16.7
243	64.6	208	55.3	95	25.3	271	72.1	54	14.4

3-74 续表 1

指标名称	企业数(个)	使用互联网的企业			
				收发电子邮件	
		数量(个)	比重(%)	数量(个)	占使用互联网企业的比重(%)
仪器仪表制造业	108	104	96.3	94	90.4
其他制造业	49	47	95.9	43	91.5
废弃资源综合利用业	74	73	98.6	48	65.8
金属制品、机械和设备修理业	3	3	100.0	3	100.0
电力、热力、燃气及水生产和供应业	394	388	98.5	347	89.4
电力、热力生产和供应业	277	273	98.6	240	87.9
燃气生产和供应业	37	36	97.3	34	94.4
水的生产和供应业	80	79	98.8	73	92.4
建筑业	2412	2350	97.4	2231	94.9
房屋建筑业	1430	1396	97.6	1333	95.5
土木工程建筑业	440	432	98.2	406	94.0
建筑安装业	219	208	95.0	197	94.7
建筑装饰和其他建筑业	323	314	97.2	295	93.9
批发和零售业	5453	5307	97.3	4549	85.7
批发业	2071	2013	97.2	1737	86.3
零售业	3382	3294	97.4	2812	85.4
交通运输、仓储和邮政业	662	649	98.0	586	90.3
铁路运输业	1				
道路运输业	450	442	98.2	397	89.8
水上运输业	35	34	97.1	29	85.3
航空运输业	6	6	100.0	6	100.0
管道运输业	2	2	100.0	2	100.0
装卸搬运和运输代理业	74	71	95.9	60	84.5
仓储业	67	67	100.0	65	97.0
邮政业	27	27	100.0	27	100.0
住宿和餐饮业	1299	1266	97.5	1050	82.9
住宿业	730	713	97.7	605	84.9
餐饮业	569	553	97.2	445	80.5
信息传输、软件和信息技术服务业	264	259	98.1	251	96.9
电信、广播电视和卫星传输服务	150	146	97.3	143	97.9
互联网和相关服务	9	9	100.0	9	100.0
软件和信息技术服务业	105	104	99.0	99	95.2
房地产业	3612	3522	97.5	3254	92.4
房地产业	3612	3522	97.5	3254	92.4
租赁和商务服务业	500	493	98.6	468	94.9
租赁业	24	22	91.7	22	100.0
商务服务业	476	471	98.9	446	94.7

了解商品和服务的信息		从政府机构获取信息		与政府机构互动		使用网上银行		使用其他金融服务	
数量（个）	占使用互联网企业的比重（%）	数量（个）	占使用互联网企业的比重（%）	数量（个）	占使用互联网企业的比重（%）	数量（个）	占使用互联网企业的比重（%）	数量（个）	占使用互联网企业的比重（%）
65	62.5	58	55.8	32	30.8	68	65.4	22	21.2
28	59.6	22	46.8	8	17.0	32	68.1	5	10.6
35	47.9	25	34.2	15	20.5	38	52.1	7	9.6
3	100.0	2	66.7	1	33.3	2	66.7		
159	41.0	236	60.8	107	27.6	230	59.3	36	9.3
111	40.7	159	58.2	69	25.3	154	56.4	26	9.5
18	50.0	24	66.7	10	27.8	22	61.1	4	11.1
30	38.0	53	67.1	28	35.4	54	68.4	6	7.6
1123	47.8	1613	68.6	683	29.1	1806	76.9	319	13.6
619	44.3	977	70.0	400	28.7	1102	78.9	192	13.8
220	50.9	308	71.3	150	34.7	340	78.7	57	13.2
129	62.0	135	64.9	54	26.0	166	79.8	37	17.8
155	49.4	193	61.5	79	25.2	198	63.1	33	10.5
3452	65.0	2156	40.6	967	18.2	3283	61.9	636	12.0
1296	64.4	869	43.2	393	19.5	1175	58.4	258	12.8
2156	65.5	1287	39.1	574	17.4	2108	64.0	378	11.5
281	43.3	358	55.2	162	25.0	454	70.0	82	12.6
180	40.7	256	57.9	112	25.3	302	68.3	52	11.8
15	44.1	16	47.1	7	20.6	26	76.5	6	17.6
2	33.3	3	50.0	3	50.0	5	83.3		
27	38.0	27	38.0	12	16.9	46	64.8	7	9.9
43	64.2	41	61.2	19	28.4	53	79.1	7	10.4
14	51.9	15	55.6	9	33.3	22	81.5	10	37.0
610	48.2	522	41.2	284	22.4	803	63.4	127	10.0
337	47.3	314	44.0	170	23.8	464	65.1	66	9.3
273	49.4	208	37.6	114	20.6	339	61.3	61	11.0
169	65.3	165	63.7	91	35.1	222	85.7	57	22.0
88	60.3	87	59.6	44	30.1	126	86.3	29	19.9
7	77.8	7	77.8	6	66.7	6	66.7	2	22.2
74	71.2	71	68.3	41	39.4	90	86.5	26	25.0
1689	48.0	2307	65.5	1135	32.2	2674	75.9	551	15.6
1689	48.0	2307	65.5	1135	32.2	2674	75.9	551	15.6
228	46.2	286	58.0	154	31.2	365	74.0	93	18.9
9	40.9	12	54.5	7	31.8	14	63.6	2	9.1
219	46.5	274	58.2	147	31.2	351	74.5	91	19.3

3-74 续表 2

指标名称	企业数(个)	使用互联网的企业		收发电子邮件	
		数量(个)	比重(%)	数量(个)	占使用互联网企业的比重(%)
科学研究和技术服务业	462	450	97.4	394	87.6
研究和试验发展	26	26	100.0	26	100.0
专业技术服务业	216	212	98.1	201	94.8
科技推广和应用服务业	220	212	96.4	167	78.8
水利、环境和公共设施管理业	87	87	100.0	79	90.8
水利管理业	13	13	100.0	11	84.6
生态保护和环境治理业	14	14	100.0	12	85.7
公共设施管理业	60	60	100.0	56	93.3
居民服务、修理和其他服务业	114	106	93.0	82	77.4
居民服务业	84	78	92.9	60	76.9
机动车、电子产品和日用产品修理业	17	16	94.1	12	75.0
其他服务业	13	12	92.3	10	83.3
教育	109	109	100.0	96	88.1
教育	109	109	100.0	96	88.1
卫生和社会工作	140	139	99.3	128	92.1
卫生	138	137	99.3	127	92.7
社会工作	2	2	100.0	1	50.0
文化、体育和娱乐业	152	151	99.3	137	90.7
新闻和出版业	36	36	100.0	34	94.4
广播、电视、电影和影视录音制作业	52	51	98.1	45	88.2
文化艺术业	19	19	100.0	18	94.7
体育	11	11	100.0	11	100.0
娱乐业	34	34	100.0	29	85.3
分市州					
长沙市	6489	6353	97.9	5942	93.5
株洲市	2868	2753	96	2495	90.6
湘潭市	1543	1520	98.5	1408	92.6
衡阳市	2465	2374	96.3	2025	85.3
邵阳市	1686	1630	96.7	1426	87.5
岳阳市	2817	2720	96.6	2265	83.3
常德市	2153	2083	96.7	1917	92
张家界市	407	387	95.1	359	92.8
益阳市	1731	1662	96	1433	86.2
郴州市	2206	2181	98.9	1847	84.7
永州市	1267	1222	96.4	1076	88.1
怀化市	1098	1058	96.4	887	83.8
娄底市	1438	1387	96.5	1129	81.4
湘西州	511	499	97.7	447	89.6

了解商品和服务的信息		从政府机构获取信息		与政府机构互动		使用网上银行		使用其他金融服务	
数量（个）	占使用互联网企业的比重（%）	数量（个）	占使用互联网企业的比重（%）	数量（个）	占使用互联网企业的比重（%）	数量（个）	占使用互联网企业的比重（%）	数量（个）	占使用互联网企业的比重（%）
235	52.2	263	58.4	107	23.8	278	61.8	51	11.3
21	80.8	17	65.4	11	42.3	20	76.9	8	30.8
112	52.8	137	64.6	75	35.4	163	76.9	34	16.0
102	48.1	109	51.4	21	9.9	95	44.8	9	4.2
45	51.7	57	65.5	25	28.7	60	69.0	9	10.3
4	30.8	8	61.5	4	30.8	8	61.5	1	7.7
5	35.7	11	78.6	4	28.6	9	64.3	2	14.3
36	60.0	38	63.3	17	28.3	43	71.7	6	10.0
35	33.0	43	40.6	20	18.9	64	60.4	5	4.7
25	32.1	34	43.6	15	19.2	50	64.1	3	3.8
7	43.8	3	18.8	3	18.8	6	37.5	1	6.3
3	25.0	6	50.0	2	16.7	8	66.7	1	8.3
30	27.5	58	53.2	22	20.2	70	64.2	8	7.3
30	27.5	58	53.2	22	20.2	70	64.2	8	7.3
66	47.5	87	62.6	43	30.9	98	70.5	13	9.4
65	47.4	87	63.5	43	31.4	97	70.8	13	9.5
1	50.0					1	50.0		
66	43.7	82	54.3	40	26.5	103	68.2	24	15.9
24	66.7	21	58.3	13	36.1	27	75.0	7	19.4
23	45.1	26	51.0	12	23.5	34	66.7	7	13.7
7	36.8	12	63.2	9	47.4	13	68.4	4	21.1
2	18.2	6	54.5	3	27.3	8	72.7	2	18.2
10	29.4	17	50.0	3	8.8	21	61.8	4	11.8
3879	61.1	4136	65.1	2208	34.8	4824	75.9	1066	16.8
1638	59.5	1196	43.4	501	18.2	1472	53.5	332	12.1
896	58.9	856	56.3	383	25.2	962	63.3	201	13.2
1184	49.9	1068	45	460	19.4	1326	55.9	242	10.2
974	59.8	807	49.5	342	21	998	61.2	199	12.2
1385	50.9	1000	36.8	455	16.7	1302	47.9	214	7.9
1083	52	1182	56.7	524	25.2	1611	77.3	203	9.7
203	52.5	217	56.1	117	30.2	268	69.3	68	17.6
949	57.1	728	43.8	334	20.1	929	55.9	179	10.8
1141	52.3	927	42.5	422	19.3	1296	59.4	204	9.4
746	61	649	53.1	308	25.2	723	59.2	152	12.4
551	52.1	577	54.5	213	20.1	557	52.6	117	11.1
724	52.2	692	49.9	311	22.4	954	68.8	186	13.4
249	49.9	273	54.7	101	20.2	354	70.9	55	11

3-74 续表 3

指标名称	提供客户服务		拨打互联网电话或召开视频会议	
	数量（个）	占使用互联网企业的比重（%）	数量（个）	占使用互联网企业的比重（%）
总　计	**8934**	**32.1**	**2123**	**7.6**
分行业				
采矿业	198	15.4	36	2.8
煤炭开采和洗选业	96	14.2	13	1.9
石油和天然气开采业				
黑色金属矿采选业	23	22.3	6	5.8
有色金属矿采选业	38	16.4	13	5.6
非金属矿采选业	40	14.7	4	1.5
开采辅助活动				
其他采矿业	1	33.3		
制造业	3580	31.8	749	6.6
农副食品加工业	343	33.5	80	7.8
食品制造业	119	35.6	24	7.2
酒、饮料和精制茶制造业	97	32.1	19	6.3
烟草制品业	1	14.3	3	42.9
纺织业	65	27.1	12	5.0
纺织服装、服饰业	62	31.8	11	5.6
皮革、毛皮、羽毛及其制品和制鞋业	63	30.7	17	8.3
木材加工和木、竹、藤、棕、草制品业	99	24.8	10	2.5
家具制造业	45	37.2	2	1.7
造纸和纸制品业	86	28.2	15	4.9
印刷和记录媒介复制业	68	35.2	9	4.7
文教、工美、体育和娱乐用品制造业	35	31.0	3	2.7
石油加工、炼焦和核燃料加工业	7	25.0	2	7.1
化学原料和化学制品制造业	415	26.4	57	3.6
医药制造业	127	44.7	42	14.8
化学纤维制造业	4	33.3	1	8.3
橡胶和塑料制品业	97	30.5	10	3.1
非金属矿物制品业	357	24.9	72	5.0
黑色金属冶炼和压延加工业	107	20.8	15	2.9
有色金属冶炼和压延加工业	134	23.6	37	6.5
金属制品业	146	35.8	30	7.4
通用设备制造业	289	40.6	44	6.2
专用设备制造业	199	38.0	54	10.3
汽车制造业	121	45.8	48	18.2
铁路、船舶、航空航天和其他运输设备制造业	43	39.1	20	18.2
电气机械和器材制造业	206	43.1	43	9.0
计算机、通信和其他电子设备制造业	159	42.3	56	14.9

在线提供产品		发布信息或即时消息		员工培训		对外或者对内招聘		其他	
数量（个）	占使用互联网企业的比重（%）	数量（个）	占使用互联网企业的比重（%）	数量（个）	占使用互联网企业的比重（%）	数量（个）	占使用互联网企业的比重（%）	数量（个）	占使用互联网企业的比重（%）
3161	**11.4**	**7288**	**26.2**	**6175**	**22.2**	**8108**	**29.1**	**8181**	**29.4**
68	5.3	128	10.0	205	16.0	102	7.9	390	30.4
28	4.1	52	7.7	120	17.8	37	5.5	204	30.2
8	7.8	14	13.6	15	14.6	12	11.7	29	28.2
13	5.6	25	10.8	35	15.1	18	7.8	69	29.7
18	6.6	36	13.2	34	12.5	34	12.5	87	32.0
1	33.3	1	33.3	1	33.3	1	33.3	1	33.3
1577	14.0	2471	21.9	1928	17.1	2852	25.3	2836	25.2
157	15.3	249	24.3	203	19.8	261	25.5	273	26.6
64	19.2	82	24.6	59	17.7	103	30.8	88	26.3
62	20.5	70	23.2	71	23.5	89	29.5	84	27.8
		4	57.1	5	71.4	1	14.3	1	14.3
22	9.2	41	17.1	34	14.2	58	24.2	51	21.3
32	16.4	26	13.3	32	16.4	37	19.0	69	35.4
26	12.7	28	13.7	29	14.1	34	16.6	38	18.5
42	10.5	50	12.5	37	9.3	52	13.0	118	29.6
22	18.2	22	18.2	29	24.0	31	25.6	35	28.9
31	10.2	37	12.1	43	14.1	46	15.1	94	30.8
26	13.5	45	23.3	30	15.5	52	26.9	54	28.0
26	23.0	28	24.8	18	15.9	27	23.9	28	24.8
6	21.4	10	35.7	8	28.6	9	32.1	4	14.3
181	11.5	235	14.9	185	11.8	242	15.4	407	25.9
68	23.9	113	39.8	88	31.0	116	40.8	70	24.6
2	16.7	2	16.7	1	8.3	4	33.3	3	25.0
44	13.8	65	20.4	42	13.2	80	25.2	76	23.9
133	9.3	251	17.5	209	14.6	272	19.0	367	25.6
41	8.0	63	12.2	45	8.7	61	11.8	112	21.7
62	10.9	99	17.4	82	14.4	124	21.8	140	24.6
59	14.5	88	21.6	74	18.1	110	27.0	79	19.4
117	16.5	194	27.3	144	20.3	249	35.0	174	24.5
96	18.4	170	32.5	118	22.6	198	37.9	120	22.9
47	17.8	107	40.5	70	26.5	121	45.8	53	20.1
16	14.5	44	40.0	34	30.9	50	45.5	29	26.4
84	17.6	134	28.0	108	22.6	180	37.7	119	24.9
68	18.1	139	37.0	83	22.1	167	44.4	87	23.1

3-74 续表 4

指标名称	提供客户服务		拨打互联网电话或召开视频会议	
	数量(个)	占使用互联网企业的比重(%)	数量(个)	占使用互联网企业的比重(%)
仪器仪表制造业	48	46.2	11	10.6
其他制造业	22	46.8		
废弃资源综合利用业	15	20.5	2	2.7
金属制品、机械和设备修理业	1	33.3		
电力、热力、燃气及水生产和供应业	105	27.1	44	11.3
电力、热力生产和供应业	60	22.0	34	12.5
燃气生产和供应业	12	33.3	6	16.7
水的生产和供应业	33	41.8	4	5.1
建筑业	629	26.8	168	7.1
房屋建筑业	353	25.3	89	6.4
土木工程建筑业	124	28.7	49	11.3
建筑安装业	68	32.7	11	5.3
建筑装饰和其他建筑业	84	26.8	19	6.1
批发和零售业	1943	36.6	449	8.5
批发业	719	35.7	147	7.3
零售业	1224	37.2	302	9.2
交通运输、仓储和邮政业	207	31.9	67	10.3
铁路运输业				
道路运输业	135	30.5	23	5.2
水上运输业	9	26.5		
航空运输业	4	66.7	4	66.7
管道运输业				
装卸搬运和运输代理业	22	31.0	7	9.9
仓储业	20	29.9	18	26.9
邮政业	17	63.0	15	55.6
住宿和餐饮业	463	36.6	76	6.0
住宿业	304	42.6	48	6.7
餐饮业	159	28.8	28	5.1
信息传输、软件和信息技术服务业	153	59.1	112	43.2
电信、广播电视和卫星传输服务	84	57.5	78	53.4
互联网和相关服务	6	66.7	5	55.6
软件和信息技术服务业	63	60.6	29	27.9
房地产业	1095	31.1	288	8.2
房地产业	1095	31.1	288	8.2
租赁和商务服务业	207	42.0	48	9.7
租赁业	8	36.4	2	9.1
商务服务业	199	42.3	46	9.8

在线提供产品		发布信息或即时消息		员工培训		对外或者对内招聘		其他	
数量（个）	占使用互联网企业的比重（%）	数量（个）	占使用互联网企业的比重（%）	数量（个）	占使用互联网企业的比重（%）	数量（个）	占使用互联网企业的比重（%）	数量（个）	占使用互联网企业的比重（%）
27	26.0	48	46.2	27	26.0	51	49.0	28	26.9
12	25.5	11	23.4	12	25.5	11	23.4	4	8.5
4	5.5	15	20.5	8	11.0	14	19.2	30	41.1
		1	33.3			2	66.7	1	33.3
15	3.9	105	27.1	89	22.9	73	18.8	109	28.1
10	3.7	66	24.2	64	23.4	48	17.6	79	28.9
4	11.1	11	30.6	13	36.1	12	33.3	6	16.7
1	1.3	28	35.4	12	15.2	13	16.5	24	30.4
108	4.6	694	29.5	918	39.1	747	31.8	720	30.6
59	4.2	392	28.1	609	43.6	430	30.8	428	30.7
25	5.8	168	38.9	169	39.1	150	34.7	141	32.6
17	8.2	67	32.2	65	31.3	80	38.5	60	28.8
7	2.2	67	21.3	75	23.9	87	27.7	91	29.0
677	12.8	1480	27.9	1188	22.4	1555	29.3	1773	33.4
260	12.9	552	27.4	356	17.7	550	27.3	709	35.2
417	12.7	928	28.2	832	25.3	1005	30.5	1064	32.3
36	5.5	202	31.1	141	21.7	159	24.5	196	30.2
19	4.3	140	31.7	86	19.5	116	26.2	144	32.6
		5	14.7	5	14.7	4	11.8	7	20.6
1	16.7	4	66.7	3	50.0	4	66.7	1	16.7
7	9.9	21	29.6	13	18.3	15	21.1	17	23.9
3	4.5	17	25.4	16	23.9	11	16.4	19	28.4
6	22.2	15	55.6	18	66.7	9	33.3	8	29.6
168	13.3	344	27.2	351	27.7	490	38.7	390	30.8
120	16.8	217	30.4	219	30.7	298	41.8	223	31.3
48	8.7	127	23.0	132	23.9	192	34.7	167	30.2
77	29.7	139	53.7	145	56.0	129	49.8	73	28.2
45	30.8	75	51.4	94	64.4	51	34.9	37	25.3
6	66.7	7	77.8	4	44.4	4	44.4	2	22.2
26	25.0	57	54.8	47	45.2	74	71.2	34	32.7
248	7.0	1156	32.8	801	22.7	1378	39.1	1173	33.3
248	7.0	1156	32.8	801	22.7	1378	39.1	1173	33.3
70	14.2	198	40.2	150	30.4	232	47.1	159	32.3
1	4.5	12	54.5	6	27.3	8	36.4	5	22.7
69	14.6	186	39.5	144	30.6	224	47.6	154	32.7

3-74 续表 5

指标名称	提供客户服务		拨打互联网电话或召开视频会议	
	数量（个）	占使用互联网企业的比重（%）	数量（个）	占使用互联网企业的比重（%）
科学研究和技术服务业	134	29.8	31	6.9
研究和试验发展	11	42.3	5	19.2
专业技术服务业	82	38.7	22	10.4
科技推广和应用服务业	41	19.3	4	1.9
水利、环境和公共设施管理业	32	36.8	4	4.6
水利管理业	3	23.1	1	7.7
生态保护和环境治理业	1	7.1	1	7.1
公共设施管理业	28	46.7	2	3.3
居民服务、修理和其他服务业	30	28.3	1	0.9
居民服务业	22	28.2	1	1.3
机动车、电子产品和日用产品修理业	5	31.3		
其他服务业	3	25.0		
教育	36	33.0	5	4.6
教育	36	33.0	5	4.6
卫生和社会工作	50	36.0	17	12.2
卫生	50	36.5	17	12.4
社会工作				
文化、体育和娱乐业	72	47.7	28	18.5
新闻和出版业	21	58.3	5	13.9
广播、电视、电影和影视录音制作业	22	43.1	15	29.4
文化艺术业	6	31.6	3	15.8
体育	6	54.5	1	9.1
娱乐业	17	50.0	4	11.8
分市州				
长沙市	2731	43	807	12.7
株洲市	749	27.2	157	5.7
湘潭市	491	32.3	85	5.6
衡阳市	780	32.9	144	6.1
邵阳市	511	31.3	101	6.2
岳阳市	673	24.7	148	5.4
常德市	675	32.4	122	5.9
张家界市	139	35.9	31	8
益阳市	484	29.1	70	4.2
郴州市	554	25.4	125	5.7
永州市	342	28	121	9.9
怀化市	253	23.9	73	6.9
娄底市	427	30.8	109	7.9
湘西州	125	25.1	30	6

在线提供产品		发布信息或即时消息		员工培训		对外或者对内招聘		其他	
数量（个）	占使用互联网企业的比重（%）	数量（个）	占使用互联网企业的比重（%）	数量（个）	占使用互联网企业的比重（%）	数量（个）	占使用互联网企业的比重（%）	数量（个）	占使用互联网企业的比重（%）
43	9.6	151	33.6	92	20.4	142	31.6	168	37.3
4	15.4	15	57.7	8	30.8	15	57.7	6	23.1
21	9.9	100	47.2	64	30.2	107	50.5	79	37.3
18	8.5	36	17.0	20	9.4	20	9.4	83	39.2
14	16.1	40	46.0	21	24.1	29	33.3	37	42.5
3	23.1	3	23.1	3	23.1	4	30.8	4	30.8
		6	42.9	3	21.4	2	14.3	7	50.0
11	18.3	31	51.7	15	25.0	23	38.3	26	43.3
6	5.7	16	15.1	21	19.8	35	33.0	32	30.2
3	3.8	16	20.5	16	20.5	29	37.2	24	30.8
				1	6.3	4	25.0	3	18.8
3	25.0			4	33.3	2	16.7	5	41.7
4	3.7	40	36.7	40	36.7	40	36.7	37	33.9
4	3.7	40	36.7	40	36.7	40	36.7	37	33.9
13	9.4	54	38.8	37	26.6	75	54.0	41	29.5
13	9.5	54	39.4	37	27.0	74	54.0	40	29.2
						1	50.0	1	50.0
37	24.5	70	46.4	48	31.8	70	46.4	47	31.1
12	33.3	23	63.9	14	38.9	19	52.8	13	36.1
17	33.3	26	51.0	17	33.3	25	49.0	17	33.3
3	15.8	5	26.3	4	21.1	5	26.3	4	21.1
		5	45.5	3	27.3	8	72.7	3	27.3
5	14.7	11	32.4	10	29.4	13	38.2	10	29.4
1045	16.4	2578	40.6	1861	29.3	3144	49.5	1858	29.2
304	11	749	27.2	524	19	665	24.2	957	34.8
182	12	377	24.8	289	19	415	27.3	372	24.5
250	10.5	497	20.9	483	20.3	591	24.9	691	29.1
177	10.9	312	19.1	351	21.5	325	19.9	421	25.8
201	7.4	442	16.3	455	16.7	494	18.2	834	30.7
217	10.4	480	23	441	21.2	522	25.1	511	24.5
58	15	122	31.5	108	27.9	124	32	116	30
134	8.1	330	19.9	275	16.5	294	17.7	548	33
184	8.4	488	22.4	457	21	573	26.3	686	31.5
112	9.2	240	19.6	262	21.4	259	21.2	285	23.3
94	8.9	224	21.2	209	19.8	224	21.2	305	28.8
156	11.2	341	24.6	360	26	368	26.5	478	34.5
47	9.4	108	21.6	100	20	110	22	119	23.8

3-75 规模以上企业分专业及特有

指标名称	企业数(个)	使用互联网的企业			
		数量(个)	比重(%)	收发电子邮件	
				数量(个)	占使用互联网企业的比重(%)
总　计	**28679**	**27829**	**97.0**	**24656**	**88.6**
工业	13413	12941	96.5	11351	87.7
高新技术企业	1284	1268	98.8	1237	97.6
非高新技术企业	12129	11673	96.2	10114	86.6
制造业	11611	11268	97.0	9979	88.6
高技术产业	873	852	97.6	794	93.2
非高技术产业	10738	10416	97.0	9185	88.2
建筑业按资质等级分	2412	2350	97.4	2231	94.9
施工总承包	1462	1432	97.9	1373	95.9
特级	11	11	100.0	11	100.0
一级	186	185	99.5	185	100.0
二级	509	505	99.2	482	95.4
三级及以下	756	731	96.7	695	95.1
专业承包	548	532	97.1	507	95.3
一级	56	55	98.2	54	98.2
二级	106	101	95.3	98	97.0
三级及以下	386	376	97.4	355	94.4
劳务分包	402	386	96.0	351	90.9
一级	312	300	96.2	275	91.7
二级	73	69	94.5	61	88.4
三级及以下	17	17	100.0	15	88.2
批发和零售业	5453	5307	97.3	4549	85.7
独立门店	4430	4322	97.6	3688	85.3
连锁总店(总部)	125	123	98.4	115	93.5
连锁门店	127	120	94.5	106	88.3
其他	771	742	96.2	640	86.3
零售业	3382	3294	97.4	2812	85.4
食杂店	23	20	87.0	15	75.0
便利店	31	29	93.5	23	79.3
折扣店					
超市	391	378	96.7	309	81.7
大型超市	104	101	97.1	84	83.2
仓储会员店	8	8	100.0	6	75.0
百货店	166	159	95.8	133	83.6

分组通过互联网开展活动的情况

了解商品和服务的信息		从政府机构获取信息		与政府机构互动		使用网上银行		使用其他金融服务	
数量（个）	占使用互联网企业的比重（%）	数量（个）	占使用互联网企业的比重（%）	数量（个）	占使用互联网企业的比重（%）	数量（个）	占使用互联网企业的比重（%）	数量（个）	占使用互联网企业的比重（%）
15602	**56.1**	**14308**	**51.4**	**6679**	**24.0**	**17576**	**63.2**	**3418**	**12.3**
7573	58.5	6311	48.8	2946	22.8	7296	56.4	1443	11.2
965	76.1	900	71.0	517	40.8	1041	82.1	273	21.5
6608	56.6	5411	46.4	2429	20.8	6255	53.6	1170	10.0
6800	60.3	5544	49.2	2621	23.3	6552	58.1	1328	11.8
555	65.1	498	58.5	248	29.1	604	70.9	144	16.9
6245	60.0	5046	48.4	2373	22.8	5948	57.1	1184	11.4
1123	47.8	1613	68.6	683	29.1	1806	76.9	319	13.6
701	49.0	1052	73.5	468	32.7	1189	83.0	219	15.3
7	63.6	10	90.9	6	54.5	11	100.0	1	9.1
101	54.6	151	81.6	74	40.0	163	88.1	35	18.9
250	49.5	375	74.3	185	36.6	439	86.9	95	18.8
343	46.9	516	70.6	203	27.8	576	78.8	88	12.0
300	56.4	348	65.4	150	28.2	383	72.0	73	13.7
31	56.4	41	74.5	23	41.8	44	80.0	8	14.5
73	72.3	74	73.3	32	31.7	84	83.2	23	22.8
196	52.1	233	62.0	95	25.3	255	67.8	42	11.2
122	31.6	213	55.2	65	16.8	234	60.6	27	7.0
91	30.3	168	56.0	57	19.0	185	61.7	21	7.0
23	33.3	36	52.2	7	10.1	37	53.6	3	4.3
8	47.1	9	52.9	1	5.9	12	70.6	3	17.6
3452	65.0	2156	40.6	967	18.2	3283	61.9	636	12.0
2850	65.9	1683	38.9	766	17.7	2628	60.8	506	11.7
88	71.5	66	53.7	36	29.3	97	78.9	22	17.9
83	69.2	60	50.0	20	16.7	77	64.2	9	7.5
431	58.1	347	46.8	145	19.5	481	64.8	99	13.3
2156	65.5	1287	39.1	574	17.4	2108	64.0	378	11.5
12	60.0	5	25.0	5	25.0	12	60.0	1	5.0
23	79.3	11	37.9	6	20.7	17	58.6	1	3.4
246	65.1	146	38.6	67	17.7	235	62.2	48	12.7
61	60.4	53	52.5	27	26.7	70	69.3	10	9.9
1	12.5	2	25.0	1	12.5	4	50.0	1	12.5
102	64.2	69	43.4	38	23.9	99	62.3	16	10.1

3-75 续表 1

指标名称	企业数(个)	使用互联网的企业		收发电子邮件	
		数量(个)	比重(%)	数量(个)	占使用互联网企业的比重(%)
专业店	1443	1417	98.2	1225	86.5
专卖店	1025	994	97.0	861	86.6
家居建材商店	53	53	100.0	46	86.8
购物中心	15	15	100.0	13	86.7
厂家直销中心	111	108	97.3	86	79.6
电视购物	3	3	100.0	3	100.0
邮购					
网上商店	8	8	100.0	7	87.5
自动售货亭					
电话购物	1	1	100.0	1	100.0
服务业	2756	2707	98.2	2453	90.6
高新技术企业	103	100	97.1	98	98.0
非高新技术企业	2653	2607	98.3	2355	90.3
高技术产业	755	739	97.9	671	90.8
非高技术产业	2001	1968	98.4	1782	90.5
住宿和餐饮业	1299	1266	97.5	1050	82.9
独立门店	1175	1146	97.5	952	83.1
连锁总店(总部)	21	21	100.0	16	76.2
连锁门店	34	32	94.1	29	90.6
其他	69	67	97.1	53	79.1
住宿业	730	713	97.7	605	84.9
一星	5	5	100.0	4	80.0
二星	67	62	92.5	50	80.6
三星	198	192	97.0	167	87.0
四星	95	94	98.9	84	89.4
五星	38	38	100.0	36	94.7
其他	327	322	98.5	264	82.0
房地产业	3346	3258	97.4	3022	92.8
一级	25	25	100.0	25	100.0
二级	214	209	97.7	207	99.0
三级	1544	1509	97.7	1399	92.7
四级	454	443	97.6	403	91.0
暂定	1012	983	97.1	907	92.3
其他	97	89	91.8	81	91

了解商品和服务的信息		从政府机构获取信息		与政府机构互动		使用网上银行		使用其他金融服务	
数量（个）	占使用互联网企业的比重（%）	数量（个）	占使用互联网企业的比重（%）	数量（个）	占使用互联网企业的比重（%）	数量（个）	占使用互联网企业的比重（%）	数量（个）	占使用互联网企业的比重（%）
909	64.1	552	39.0	215	15.2	882	62.2	137	9.7
685	68.9	377	37.9	190	19.1	677	68.1	149	15.0
35	66.0	19	35.8	6	11.3	34	64.2	8	15.1
9	60.0	10	66.7	5	33.3	10	66.7		
62	57.4	35	32.4	11	10.2	60	55.6	5	4.6
3	100.0	3	100.0	2	66.7	2	66.7		
7	87.5	5	62.5	1	12.5	6	75.0	2	25.0
1	100.0								
1246	46.0	1552	57.3	716	26.4	1898	70.1	363	13.4
71	71.0	77	77.0	42	42.0	86	86.0	25	25.0
1175	45.1	1475	56.6	674	25.9	1812	69.5	338	13.0
414	56.0	450	60.9	211	28.6	520	70.4	115	15.6
832	42.3	1102	56.0	505	25.7	1378	70.0	248	12.6
610	48.2	522	41.2	284	22.4	803	63.4	127	10.0
553	48.3	468	40.8	254	22.2	729	63.6	116	10.1
12	57.1	7	33.3	5	23.8	16	76.2	4	19.0
16	50.0	16	50.0	5	15.6	21	65.6	1	3.1
29	43.3	31	46.3	20	29.9	37	55.2	6	9.0
337	47.3	314	44.0	170	23.8	464	65.1	66	9.3
2	40.0	3	60.0	2	40.0	4	80.0	1	20.0
28	45.2	29	46.8	14	22.6	35	56.5	8	12.9
91	47.4	88	45.8	52	27.1	130	67.7	17	8.9
53	56.4	47	50.0	27	28.7	76	80.9	13	13.8
29	76.3	21	55.3	8	21.1	34	89.5	3	7.9
134	41.6	126	39.1	67	20.8	185	57.5	24	7.5
1598	49.0	2154	66.1	1083	33.2	2490	76.4	530	16.3
18	72.0	20	80.0	10	40.0	22	88.0	10	40.0
111	53.1	162	77.5	85	40.7	182	87.1	47	22.5
744	49.3	1012	67.1	509	33.7	1172	77.7	259	17.2
209	47.2	276	62.3	138	31.2	317	71.6	52	11.7
475	48.3	629	64.0	321	32.7	733	74.6	147	15.0
41	46.1	55	61.8	20	22.5	64	71.9	15	16.9

3-75 续表 2

指标名称	提供客户服务		拨打互联网电话或召开视频会议	
	数量(个)	占使用互联网企业的比重(%)	数量(个)	占使用互联网企业的比重(%)
总　计	**8934**	**32.1**	**2123**	**7.6**
工业	3883	30.0	829	6.4
高新技术企业	687	54.2	252	19.9
非高新技术企业	3196	27.4	577	4.9
制造业	3580	31.8	749	6.6
高技术产业	377	44.2	123	14.4
非高技术产业	3203	30.8	626	6.0
建筑业按资质等级分	629	26.8	168	7.1
施工总承包	405	28.3	113	7.9
特级	5	45.5	8	72.7
一级	60	32.4	34	18.4
二级	147	29.1	39	7.7
三级及以下	193	26.4	32	4.4
专业承包	169	31.8	38	7.1
一级	28	50.9	10	18.2
二级	42	41.6	12	11.9
三级及以下	99	26.3	16	4.3
劳务分包	55	14.2	17	4.4
一级	45	15.0	12	4.0
二级	7	10.1	4	5.8
三级及以下	3	17.6	1	5.9
批发和零售业	1943	36.6	449	8.5
独立门店	1571	36.3	333	7.7
连锁总店(总部)	55	44.7	36	29.3
连锁门店	46	38.3	22	18.3
其他	271	36.5	58	7.8
零售业	1224	37.2	302	9.2
食杂店	5	25.0	1	5.0
便利店	10	34.5	1	3.4
折扣店				
超市	118	31.2	17	4.5
大型超市	39	38.6	20	19.8
仓储会员店	3	37.5	1	12.5
百货店	55	34.6	18	11.3

在线提供产品		发布信息或即时消息		员工培训		对外或者对内招聘		其他	
数量（个）	占使用互联网企业的比重（%）	数量（个）	占使用互联网企业的比重（%）	数量（个）	占使用互联网企业的比重（%）	数量（个）	占使用互联网企业的比重（%）	数量（个）	占使用互联网企业的比重（%）
3161	**11.4**	**7288**	**26.2**	**6175**	**22.2**	**8108**	**29.1**	**8181**	**29.4**
1660	12.8	2704	20.9	2222	17.2	3027	23.4	3335	25.8
349	27.5	634	50.0	448	35.3	763	60.2	304	24.0
1311	11.2	2070	17.7	1774	15.2	2264	19.4	3031	26.0
1577	14.0	2471	21.9	1928	17.1	2852	25.3	2836	25.2
182	21.4	336	39.4	219	25.7	376	44.1	199	23.4
1395	13.4	2135	20.5	1709	16.4	2476	23.8	2637	25.3
108	4.6	694	29.5	918	39.1	747	31.8	720	30.6
65	4.5	464	32.4	651	45.5	497	34.7	435	30.4
1	9.1	11	100.0	10	90.9	9	81.8	4	36.4
12	6.5	106	57.3	94	50.8	112	60.5	51	27.6
18	3.6	173	34.3	242	47.9	185	36.6	157	31.1
34	4.7	174	23.8	305	41.7	191	26.1	223	30.5
32	6.0	173	32.5	160	30.1	191	35.9	153	28.8
2	3.6	24	43.6	24	43.6	27	49.1	16	29.1
6	5.9	48	47.5	39	38.6	53	52.5	27	26.7
24	6.4	101	26.9	97	25.8	111	29.5	110	29.3
11	2.8	57	14.8	107	27.7	59	15.3	132	34.2
9	3.0	43	14.3	88	29.3	49	16.3	100	33.3
2	2.9	11	15.9	15	21.7	8	11.6	27	39.1
		3	17.6	4	23.5	2	11.8	5	29.4
677	12.8	1480	27.9	1188	22.4	1555	29.3	1773	33.4
532	12.3	1159	26.8	952	22.0	1201	27.8	1454	33.6
24	19.5	62	50.4	58	47.2	59	48.0	27	22.0
17	14.2	54	45.0	41	34.2	47	39.2	30	25.0
104	14.0	205	27.6	137	18.5	248	33.4	262	35.3
417	12.7	928	28.2	832	25.3	1005	30.5	1064	32.3
1	5.0	1	5.0	5	25.0	3	15.0	4	20.0
4	13.8	9	31.0	6	20.7	8	27.6	6	20.7
31	8.2	65	17.2	91	24.1	79	20.9	105	27.8
17	16.8	40	39.6	42	41.6	50	49.5	29	28.7
		2	25.0			3	37.5	2	25.0
19	11.9	44	27.7	39	24.5	49	30.8	52	32.7

3-75 续表 3

指标名称	提供客户服务		拨打互联网电话或召开视频会议	
	数量(个)	占使用互联网企业的比重(%)	数量(个)	占使用互联网企业的比重(%)
专业店	500	35.3	113	8.0
专卖店	444	44.7	119	12.0
家居建材商店	14	26.4	3	5.7
购物中心	4	26.7	1	6.7
厂家直销中心	23	21.3	3	2.8
电视购物	2	66.7	1	33.3
邮购				
网上商店	7	87.5	4	50.0
自动售货亭				
电话购物				
服务业	995	36.8	332	12.3
高新技术企业	55	55.0	26	26.0
非高新技术企业	940	36.1	306	11.7
高技术产业	295	39.9	151	20.4
非高技术产业	700	35.6	181	9.2
住宿和餐饮业	463	36.6	76	6.0
独立门店	419	36.6	63	5.5
连锁总店(总部)	9	42.9	2	9.5
连锁门店	15	46.9	8	25.0
其他	20	29.9	3	4.5
住宿业	304	42.6	48	6.7
一星	2	40.0		
二星	20	32.3	2	3.2
三星	88	45.8	11	5.7
四星	46	48.9	10	10.6
五星	25	65.8	10	26.3
其他	123	38.2	15	4.7
房地产业	1021	31.3	269	8.3
一级	10	40.0	8	32.0
二级	78	37.3	29	13.9
三级	463	30.7	112	7.4
四级	127	28.7	14	3.2
暂定	320	32.6	100	10.2
其他	23	25.8	6	6.7

在线提供产品		发布信息或即时消息		员工培训		对外或者对内招聘		其他	
数量(个)	占使用互联网企业的比重(%)	数量(个)	占使用互联网企业的比重(%)	数量(个)	占使用互联网企业的比重(%)	数量(个)	占使用互联网企业的比重(%)	数量(个)	占使用互联网企业的比重(%)
164	11.6	365	25.8	308	21.7	389	27.5	446	31.5
154	15.5	360	36.2	306	30.8	377	37.9	352	35.4
5	9.4	10	18.9	10	18.9	16	30.2	12	22.6
2	13.3	5	33.3	6	40.0	6	40.0	7	46.7
13	12.0	19	17.6	14	13.0	18	16.7	46	42.6
2	66.7	2	66.7	1	33.3	1	33.3		
5	62.5	5	62.5	4	50.0	5	62.5	3	37.5
		1	100.0			1	100.0		
313	11.6	996	36.8	767	28.3	1054	38.9	872	32.2
25	25.0	64	64.0	49	49.0	81	81.0	37	37.0
288	11.0	932	35.7	718	27.5	973	37.3	835	32.0
128	17.3	306	41.4	249	33.7	285	38.6	254	34.4
185	9.4	690	35.1	518	26.3	769	39.1	618	31.4
168	13.3	344	27.2	351	27.7	490	38.7	390	30.8
150	13.1	301	26.3	309	27.0	440	38.4	358	31.2
3	14.3	5	23.8	10	47.6	8	38.1	6	28.6
6	18.8	15	46.9	13	40.6	16	50.0	8	25.0
9	13.4	23	34.3	19	28.4	26	38.8	18	26.9
120	16.8	217	30.4	219	30.7	298	41.8	223	31.3
1	20.0	2	40.0	2	40.0	4	80.0	1	20.0
6	9.7	10	16.1	14	22.6	12	19.4	22	35.5
35	18.2	54	28.1	69	35.9	88	45.8	56	29.2
31	33.0	41	43.6	40	42.6	53	56.4	35	37.2
14	36.8	24	63.2	16	42.1	28	73.7	11	28.9
33	10.2	86	26.7	78	24.2	113	35.1	98	30.4
235	7.2	1070	32.8	729	22.4	1235	37.9	1091	33.5
7	28.0	14	56.0	14	56.0	18	72.0	10	40.0
25	12.0	102	48.8	65	31.1	112	53.6	59	28.2
97	6.4	490	32.5	326	21.6	587	38.9	529	35.1
29	6.5	121	27.3	75	16.9	107	24.2	138	31.2
68	6.9	326	33.2	232	23.6	388	39.5	333	33.9
9	10.1	17	19.1	17	19.1	23	25.8	22	24.7

3-76 规模以上企业按大中小

指标名称	企业数(个)	使用互联网的企业					
		数量(个)	比重(%)	收发电子邮件		了解商品和服务的信息	
				数量(个)	占使用互联网企业的比重(%)	数量(个)	占使用互联网企业的比重(%)
总　计	**28679**	**27829**	**97.0**	**24656**	**88.6**	**15602**	**56.1**
大型	512	508	99.2	493	97.0	366	72.0
中型	6397	6284	98.2	5801	92.3	3811	60.6
小型	18417	17853	96.9	15567	87.2	9988	55.9
微型	3105	2938	94.6	2572	87.5	1342	45.7
工业	13413	12941	96.5	11351	87.7	7573	58.5
大型	206	204	99.0	199	97.5	157	77.0
中型	2230	2189	98.2	1997	91.2	1367	62.4
小型	10798	10409	96.4	9033	86.8	5980	57.5
微型	179	139	77.7	122	87.8	69	49.6
建筑业	2412	2350	97.4	2231	94.9	1123	47.8
大型	46	46	100.0	46	100.0	23	50.0
中型	715	703	98.3	676	96.2	380	54.1
小型	1168	1145	98.0	1097	95.8	555	48.5
微型	483	456	94.4	412	90.4	165	36.2
批发和零售业	5453	5307	97.3	4549	85.7	3452	65.0
大型	137	137	100.0	131	95.6	104	75.9
中型	1453	1429	98.3	1262	88.3	968	67.7
小型	3234	3156	97.6	2682	85.0	2030	64.3
微型	629	585	93.0	474	81.0	350	59.8
批发业	2071	2013	97.2	1737	86.3	1296	64.4
大型	46	46	100.0	46	100.0	38	82.6
中型	525	521	99.2	459	88.1	337	64.7
小型	1382	1336	96.7	1140	85.3	862	64.5
微型	118	110	93.2	92	83.6	59	53.6
零售业	3382	3294	97.4	2812	85.4	2156	65.5
大型	91	91	100.0	85	93.4	66	72.5
中型	928	908	97.8	803	88.4	631	69.5
小型	1852	1820	98.3	1542	84.7	1168	64.2
微型	511	475	93.0	382	80.4	291	61.3
服务业	2756	2707	98.2	2453	90.6	1246	46.0
大型	97	95	97.9	92	96.8	62	65.3
中型	435	427	98.2	409	95.8	250	58.5
小型	1573	1542	98.0	1382	89.6	677	43.9
微型	403	397	98.5	347	87.4	162	40.8
住宿和餐饮业	1299	1266	97.5	1050	82.9	610	48.2
大型	23	23	100.0	22	95.7	17	73.9
中型	224	223	99.6	208	93.3	137	61.4
小型	1021	992	97.2	806	81.3	449	45.3
微型	31	28	90.3	14	50.0	7	25.0
住宿业	730	713	97.7	605	84.9	337	47.3
大型	17	17	100.0	16	94.1	12	70.6
中型	157	156	99.4	144	92.3	97	62.2
小型	540	526	97.4	437	83.1	225	42.8
微型	16	14	87.5	8	57.1	3	21.4
餐饮业	569	553	97.2	445	80.5	273	49.4
大型	6	6	100.0	6	100.0	5	83.3
中型	67	67	100.0	64	95.5	40	59.7
小型	481	466	96.9	369	79.2	224	48.1
微型	15	14	93.3	6	42.9	4	28.6
房地产业	3346	3258	97.4	3022	92.8	1598	49.0
大型	3	3	100.0	3	100.0	3	100.0
中型	1340	1313	98.0	1249	95.1	709	54.0
小型	623	609	97.8	567	93.1	297	48.8
微型	1380	1333	96.6	1203	90.2	589	44.2

微分通过互联网开展活动的情况

从政府机构获取信息		与政府机构互动		使用网上银行		使用其他金融服务	
数量(个)	占使用互联网企业的比重(%)	数量(个)	占使用互联网企业的比重(%)	数量(个)	占使用互联网企业的比重(%)	数量(个)	占使用互联网企业的比重(%)
14308	**51.4**	**6679**	**24.0**	**17576**	**63.2**	**3418**	**12.3**
342	67.3	217	42.7	423	83.3	108	21.3
3578	56.9	1794	28.5	4565	72.6	1010	16.1
8695	48.7	3915	21.9	10567	59.2	1964	11.0
1548	52.7	688	23.4	1854	63.1	315	10.7
6311	48.8	2946	22.8	7296	56.4	1443	11.2
139	68.1	84	41.2	165	80.9	48	23.5
1066	48.7	500	22.8	1289	58.9	268	12.2
5049	48.5	2335	22.4	5772	55.5	1117	10.7
57	41.0	27	19.4	70	50.4	10	7.2
1613	68.6	683	29.1	1806	76.9	319	13.6
36	78.3	19	41.3	41	89.1	7	15.2
532	75.7	266	37.8	612	87.1	140	19.9
804	70.2	315	27.5	907	79.2	137	12.0
241	52.9	83	18.2	246	53.9	35	7.7
2156	40.6	967	18.2	3283	61.9	636	12.0
89	65.0	66	48.2	123	89.8	30	21.9
664	46.5	328	23.0	1044	73.1	217	15.2
1197	37.9	504	16.0	1798	57.0	343	10.9
206	35.2	69	11.8	318	54.4	46	7.9
869	43.2	393	19.5	1175	58.4	258	12.8
30	65.2	19	41.3	43	93.5	9	19.6
247	47.4	115	22.1	365	70.1	81	15.5
550	41.2	238	17.8	702	52.5	154	11.5
42	38.2	21	19.1	65	59.1	14	12.7
1287	39.1	574	17.4	2108	64.0	378	11.5
59	64.8	47	51.6	80	87.9	21	23.1
417	45.9	213	23.5	679	74.8	136	15.0
647	35.5	266	14.6	1096	60.2	189	10.4
164	34.5	48	10.1	253	53.3	32	6.7
1552	57.3	716	26.4	1898	70.1	363	13.4
63	66.3	38	40.0	72	75.8	18	18.9
297	69.6	160	37.5	350	82.0	90	21.1
850	55.1	362	23.5	1046	67.8	199	12.9
197	49.6	91	22.9	263	66.2	35	8.8
522	41.2	284	22.4	803	63.4	127	10.0
12	52.2	8	34.8	19	82.6	3	13.0
111	49.8	61	27.4	182	81.6	34	15.2
393	39.6	212	21.4	591	59.6	88	8.9
6	21.4	3	10.7	11	39.3	2	7.1
314	44.0	170	23.8	464	65.1	66	9.3
10	58.8	7	41.2	14	82.4	3	17.6
77	49.4	42	26.9	132	84.6	22	14.1
221	42.0	119	22.6	312	59.3	40	7.6
6	42.9	2	14.3	6	42.9	1	7.1
208	37.6	114	20.6	339	61.3	61	11.0
2	33.3	1	16.7	5	83.3		
34	50.7	19	28.4	50	74.6	12	17.9
172	36.9	93	20.0	279	59.9	48	10.3
		1	7.1	5	35.7	1	7.1
2154	66.1	1083	33.2	2490	76.4	530	16.3
3	100.0	2	66.7	3	100.0	2	66.7
908	69.2	479	36.5	1088	82.9	261	19.9
402	66.0	187	30.7	453	74.4	80	13.1
841	63.1	415	31.1	946	71	187	14

3-76 续表

指标名称	提供客户服务		拨打互联网电话或召开视频会议		在线提供产品	
	数量（个）	占使用互联网企业的比重（%）	数量（个）	占使用互联网企业的比重（%）	数量（个）	占使用互联网企业的比重（%）
总　计	**8934**	**32.1**	**2123**	**7.6**	**3161**	**11.4**
大型	253	49.8	223	43.9	126	24.8
中型	2338	37.2	802	12.8	838	13.3
小型	5493	30.8	943	5.3	2009	11.3
微型	764	26.0	133	4.5	171	5.8
工业	3883	30.0	829	6.4	1660	12.8
大型	100	49.0	87	42.6	53	26.0
中型	662	30.2	240	11.0	289	13.2
小型	3088	29.7	497	4.8	1304	12.5
微型	33	23.7	5	3.6	14	10.1
建筑业	629	26.8	168	7.1	108	4.6
大型	19	41.3	27	58.7	3	6.5
中型	234	33.3	67	9.5	38	5.4
小型	307	26.8	64	5.6	55	4.8
微型	69	15.1	10	2.2	12	2.6
批发和零售业	1943	36.6	449	8.5	677	12.8
大型	87	63.5	68	49.6	45	32.8
中型	638	44.6	203	14.2	239	16.7
小型	1050	33.3	160	5.1	354	11.2
微型	168	28.7	18	3.1	39	6.7
批发业	719	35.7	147	7.3	260	12.9
大型	34	73.9	21	45.7	15	32.6
中型	207	39.7	56	10.7	65	12.5
小型	433	32.4	64	4.8	167	12.5
微型	45	40.9	6	5.5	13	11.8
零售业	1224	37.2	302	9.2	417	12.7
大型	53	58.2	47	51.6	30	33.0
中型	431	47.5	147	16.2	174	19.2
小型	617	33.9	96	5.3	187	10.3
微型	123	25.9	12	2.5	26	5.5
服务业	995	36.8	332	12.3	313	11.6
大型	32	33.7	30	31.6	16	16.8
中型	214	50.1	106	24.8	99	23.2
小型	541	35.1	154	10.0	147	9.5
微型	122	30.7	20	5.0	34	8.6
住宿和餐饮业	463	36.6	76	6.0	168	13.3
大型	12	52.2	8	34.8	8	34.8
中型	103	46.2	24	10.8	52	23.3
小型	340	34.3	43	4.3	106	10.7
微型	8	28.6	1	3.6	2	7.1
住宿业	304	42.6	48	6.7	120	16.8
大型	10	58.8	6	35.3	8	47.1
中型	82	52.6	19	12.2	42	26.9
小型	207	39.4	22	4.2	68	12.9
微型	5	35.7	1	7.1	2	14.3
餐饮业	159	28.8	28	5.1	48	8.7
大型	2	33.3	2	33.3		
中型	21	31.3	5	7.5	10	14.9
小型	133	28.5	21	4.5	38	8.2
微型	3	21.4				
房地产业	1021	31.3	269	8.3	235	7.2
大型	3	100.0	3	100.0	1	33.3
中型	487	37.1	162	12.3	121	9.2
小型	167	27.4	25	4.1	43	7.1
微型	364	27.3	79	5.9	70	5.3

发布信息或即时消息		员工培训		对外或者对内招聘		其他	
数量（个）	占使用互联网企业的比重（%）	数量（个）	占使用互联网企业的比重（%）	数量（个）	占使用互联网企业的比重（%）	数量（个）	占使用互联网企业的比重（%）
7288	**26.2**	**6175**	**22.2**	**8108**	**29.1**	**8181**	**29.4**
321	63.2	267	52.6	319	62.8	130	25.6
2241	35.7	1940	30.9	2493	39.7	1800	28.6
4000	22.4	3372	18.9	4450	24.9	5180	29.0
632	21.5	519	17.7	732	24.9	994	33.8
2704	20.9	2222	17.2	3027	23.4	3335	25.8
118	57.8	96	47.1	117	57.4	34	16.7
536	24.5	474	21.7	586	26.8	489	22.3
2035	19.6	1640	15.8	2304	22.1	2774	26.7
15	10.8	12	8.6	20	14.4	38	27.3
694	29.5	918	39.1	747	31.8	720	30.6
36	78.3	30	65.2	32	69.6	13	28.3
297	42.2	340	48.4	313	44.5	232	33.0
299	26.1	442	38.6	336	29.3	331	28.9
62	13.6	106	23.2	66	14.5	144	31.6
1480	27.9	1188	22.4	1555	29.3	1773	33.4
92	67.2	82	59.9	92	67.2	38	27.7
563	39.4	485	33.9	619	43.3	459	32.1
747	23.7	561	17.8	773	24.5	1059	33.6
78	13.3	60	10.3	71	12.1	217	37.1
552	27.4	356	17.7	550	27.3	709	35.2
36	78.3	28	60.9	32	69.6	15	32.6
174	33.4	128	24.6	189	36.3	176	33.8
320	24.0	185	13.8	302	22.6	470	35.2
22	20.0	15	13.6	27	24.5	48	43.6
928	28.2	832	25.3	1005	30.5	1064	32.3
56	61.5	54	59.3	60	65.9	23	25.3
389	42.8	357	39.3	430	47.4	283	31.2
427	23.5	376	20.7	471	25.9	589	32.4
56	11.8	45	9.5	44	9.3	169	35.6
996	36.8	767	28.3	1054	38.9	872	32.2
58	61.1	44	46.3	57	60.0	31	32.6
219	51.3	183	42.9	212	49.6	125	29.3
517	33.5	380	24.6	520	33.7	512	33.2
108	27.2	83	20.9	151	38.0	127	32.0
344	27.2	351	27.7	490	38.7	390	30.8
14	60.9	12	52.2	18	78.3	11	47.8
102	45.7	96	43.0	137	61.4	62	27.8
225	22.7	237	23.9	329	33.2	301	30.3
3	10.7	6	21.4	6	21.4	16	57.1
217	30.4	219	30.7	298	41.8	223	31.3
11	64.7	10	58.8	14	82.4	8	47.1
81	51.9	73	46.8	103	66.0	42	26.9
122	23.2	131	24.9	177	33.7	164	31.2
3	21.4	5	35.7	4	28.6	9	64.3
127	23.0	132	23.9	192	34.7	167	30.2
3	50.0	2	33.3	4	66.7	3	50.0
21	31.3	23	34.3	34	50.7	20	29.9
103	22.1	106	22.7	152	32.6	137	29.4
		1	7.1	2	14.3	7	50.0
1070	32.8	729	22.4	1235	37.9	1091	33.5
3	100.0	3	100.0	3	100.0	3	100.0
524	39.9	362	27.6	626	47.7	433	33.0
177	29.1	112	18.4	188	30.9	203	33.3
366	27.5	252	18.9	418	31.4	452	33.9

3-77 规模以上企业按登记注册

指标名称	企业数(个)	使用互联网的企业		收发电子邮件	
		数量(个)	比重(%)	数量(个)	占使用互联网企业的比重(%)
总　计	**28679**	**27829**	**97.0**	**24656**	**88.6**
按登记注册类型分组					
内资企业	27809	26981	97.0	23865	88.5
国有企业	928	910	98.1	816	89.7
集体企业	609	579	95.1	480	82.9
股份合作企业	78	73	93.6	62	84.9
联营企业	24	24	100.0	18	75.0
国有联营企业	4	4	100.0	4	100.0
集体联营企业	12	12	100.0	8	66.7
国有与集体联营企业	3	3	100.0	2	66.7
其他联营企业	5	5	100.0	4	80.0
有限责任公司	7638	7466	97.7	6870	92.0
国有独资公司	442	437	98.9	418	95.7
其他有限责任公司	7196	7029	97.7	6452	91.8
股份有限公司	1318	1291	98.0	1184	91.7
私营企业	16304	15811	97.0	13772	87.1
私营独资企业	1397	1349	96.6	1082	80.2
私营合伙企业	979	898	91.7	718	80.0
私营有限责任公司	12561	12251	97.5	10816	88.3
私营股份有限公司	1367	1313	96.0	1156	88.0
其他企业	910	827	90.9	663	80.2
港、澳、台商投资企业	512	503	98.2	469	93.2
与港澳台商合资经营企业	243	243	100.0	226	93.0
与港澳台商合作经营企业	16	15	93.8	14	93.3
港澳台商独资企业	234	226	96.6	211	93.4
港澳台商投资股份有限公司	16	16	100.0	15	93.8
其他港澳台投资企业	3	3	100.0	3	100.0
外商投资企业	358	345	96.4	322	93.3
中外合资经营企业	206	199	96.6	186	93.5
中外合作经营企业	13	13	100.0	13	100.0
外资企业	126	121	96.0	112	92.6
外商投资股份有限公司	11	10	90.9	9	90.0
其他外商投资企业	2	2	100	2	100

类型分通过互联网开展活动的情况

了解商品和服务的信息		从政府机构获取信息		与政府机构互动		使用网上银行		使用其他金融服务	
数量（个）	占使用互联网企业的比重（%）	数量（个）	占使用互联网企业的比重（%）	数量（个）	占使用互联网企业的比重（%）	数量（个）	占使用互联网企业的比重（%）	数量（个）	占使用互联网企业的比重（%）
15602	**56.1**	**14308**	**51.4**	**6679**	**24.0**	**17576**	**63.2**	**3418**	**12.3**
15102	56.0	13798	51.1	6414	23.8	16984	62.9	3284	12.2
495	54.4	584	64.2	282	31.0	613	67.4	113	12.4
265	45.8	281	48.5	122	21.1	328	56.6	43	7.4
35	47.9	32	43.8	20	27.4	40	54.8	15	20.5
12	50.0	11	45.8	8	33.3	13	54.2	3	12.5
2	50.0	4	100.0	1	25.0	3	75.0	1	25.0
7	58.3	4	33.3	5	41.7	5	41.7	1	8.3
		1	33.3	1	33.3	2	66.7		
3	60.0	2	40.0	1	20.0	3	60.0	1	20.0
4119	55.2	4281	57.3	2072	27.8	5450	73.0	1063	14.2
235	53.8	289	66.1	169	38.7	333	76.2	77	17.6
3884	55.3	3992	56.8	1903	27.1	5117	72.8	986	14.0
724	56.1	729	56.5	393	30.4	912	70.6	210	16.3
9021	57.1	7473	47.3	3375	21.3	9283	58.7	1771	11.2
705	52.3	484	35.9	217	16.1	590	43.7	82	6.1
412	45.9	325	36.2	125	13.9	342	38.1	48	5.3
7181	58.6	6018	49.1	2766	22.6	7579	61.9	1502	12.3
723	55.1	646	49.2	267	20.3	772	58.8	139	10.6
431	52.1	407	49.2	142	17.2	345	41.7	66	8.0
301	59.8	296	58.8	143	28.4	350	69.6	79	15.7
148	60.9	139	57.2	76	31.3	159	65.4	35	14.4
9	60.0	12	80.0	1	6.7	10	66.7	1	6.7
132	58.4	133	58.8	59	26.1	165	73.0	37	16.4
11	68.8	9	56.3	5	31.3	13	81.3	5	31.3
1	33.3	3	100.0	2	66.7	3	100.0	1	33.3
199	57.7	214	62.0	122	35.4	242	70.1	55	15.9
112	56.3	123	61.8	68	34.2	134	67.3	32	16.1
9	69.2	10	76.9	5	38.5	10	76.9	2	15.4
68	56.2	72	59.5	44	36.4	90	74.4	18	14.9
9	90.0	7	70.0	3	30.0	7	70.0	3	30.0
1	50	2	100	2	100	1	50		

3-77 续表

指标名称	提供客户服务		互联网电话或召开视频		在线提供产品	
	数量(个)	占使用互联网企业的比重(%)	数量(个)	占使用互联网企业的比重(%)	数量(个)	占使用互联网企业的比重(%)
总　计	**8934**	**32.1**	**2123**	**7.6**	**3161**	**11.4**
按登记注册类型分组						
内资企业	8616	31.9	1912	7.1	3030	11.2
国有企业	281	30.9	109	12.0	91	10.0
集体企业	120	20.7	14	2.4	30	5.2
股份合作企业	20	27.4	4	5.5	4	5.5
联营企业	8	33.3	2	8.3	1	4.2
国有联营企业	2	50.0				
集体联营企业	4	33.3	1	8.3	1	8.3
国有与集体联营企业	1	33.3				
其他联营企业	1	20.0	1	20.0		
有限责任公司	2611	35.0	787	10.5	868	11.6
国有独资公司	145	33.2	86	19.7	46	10.5
其他有限责任公司	2466	35.1	701	10.0	822	11.7
股份有限公司	491	38.0	180	13.9	183	14.2
私营企业	4897	31.0	796	5.0	1775	11.2
私营独资企业	294	21.8	27	2.0	87	6.4
私营合伙企业	153	17.0	13	1.4	42	4.7
私营有限责任公司	4034	32.9	691	5.6	1486	12.1
私营股份有限公司	416	31.7	65	5.0	160	12.2
其他企业	188	22.7	20	2.4	78	9.4
港、澳、台商投资企业	184	36.6	106	21.1	83	16.5
与港澳台商合资经营企业	97	39.9	47	19.3	42	17.3
与港澳台商合作经营企业	6	40.0	3	20.0	2	13.3
港澳台商独资企业	72	31.9	49	21.7	33	14.6
港澳台商投资股份有限公司	6	37.5	7	43.8	5	31.3
其他港澳台投资企业	3	100.0			1	33.3
外商投资企业	134	38.8	105	30.4	48	13.9
中外合资经营企业	77	38.7	45	22.6	25	12.6
中外合作经营企业	7	53.8	4	30.8	2	15.4
外资企业	46	38.0	52	43.0	18	14.9
外商投资股份有限公司	4	40.0	3	30.0	3	30.0
其他外商投资企业			1	50		

发布信息或即时消息		员工培训		对外或者对内招聘		其他	
数量（个）	占使用互联网企业的比重（%）	数量（个）	占使用互联网企业的比重（%）	数量（个）	占使用互联网企业的比重（%）	数量（个）	占使用互联网企业的比重（%）
7288	**26.2**	**6175**	**22.2**	**8108**	**29.1**	**8181**	**29.4**
7000	25.9	5924	22.0	7726	28.6	7993	29.6
294	32.3	237	26.0	208	22.9	256	28.1
72	12.4	124	21.4	78	13.5	159	27.5
19	26.0	17	23.3	14	19.2	18	24.7
7	29.2	8	33.3	9	37.5	6	25.0
2	50.0	2	50.0	3	75.0	1	25.0
3	25.0	3	25.0	5	41.7	3	25.0
1	33.3	2	66.7				
1	20.0	1	20.0	1	20.0	2	40.0
2467	33.0	2081	27.9	2731	36.6	2177	29.2
184	42.1	144	33.0	148	33.9	114	26.1
2283	32.5	1937	27.6	2583	36.7	2063	29.3
430	33.3	373	28.9	453	35.1	342	26.5
3535	22.4	2960	18.7	4112	26.0	4700	29.7
150	11.1	176	13.0	161	11.9	429	31.8
80	8.9	142	15.8	79	8.8	282	31.4
3013	24.6	2376	19.4	3542	28.9	3603	29.4
292	22.2	266	20.3	330	25.1	386	29.4
176	21.3	124	15.0	121	14.6	335	40.5
160	31.8	131	26.0	211	41.9	109	21.7
80	32.9	71	29.2	109	44.9	57	23.5
3	20.0	2	13.3	3	20.0	2	13.3
67	29.6	51	22.6	89	39.4	48	21.2
7	43.8	7	43.8	9	56.3	2	12.5
3	100.0			1	33.3		
128	37.1	120	34.8	171	49.6	79	22.9
69	34.7	60	30.2	90	45.2	50	25.1
6	46.2	6	46.2	9	69.2	3	23.1
49	40.5	51	42.1	67	55.4	26	21.5
4	40.0	3	30.0	4	40.0		
				1	50		

3-78 规模以上企业分行业和

指标名称	企业数（个）	使用互联网的企业		通过互联网进行宣传推广的企业数	
		数量（个）	比重（%）	数量（个）	占使用互联网企业的比重（%）
总　计	**28679**	**27829**	**97.0**	**19806**	**71.2**
分行业					
采矿业	1408	1285	91.3	735	57.2
煤炭开采和洗选业	764	675	88.4	352	52.1
石油和天然气开采业					
黑色金属矿采选业	121	103	85.1	61	59.2
有色金属矿采选业	238	232	97.5	141	60.8
非金属矿采选业	282	272	96.5	180	66.2
开采辅助活动					
其他采矿业	3	3	100.0	1	33.3
制造业	11611	11268	97.0	8356	74.2
农副食品加工业	1050	1025	97.6	745	72.7
食品制造业	342	334	97.7	261	78.1
酒、饮料和精制茶制造业	308	302	98.1	236	78.1
烟草制品业	7	7	100.0	3	42.9
纺织业	247	240	97.2	167	69.6
纺织服装、服饰业	199	195	98.0	154	79.0
皮革、毛皮、羽毛及其制品和制鞋业	209	205	98.1	149	72.7
木材加工和木、竹、藤、棕、草制品业	440	399	90.7	256	64.2
家具制造业	123	121	98.4	87	71.9
造纸和纸制品业	314	305	97.1	208	68.2
印刷和记录媒介复制业	199	193	97.0	133	68.9
文教、工美、体育和娱乐用品制造业	115	113	98.3	81	71.7
石油加工、炼焦和核燃料加工业	30	28	93.3	19	67.9
化学原料和化学制品制造业	1624	1573	96.9	1163	73.9
医药制造业	291	284	97.6	232	81.7
化学纤维制造业	12	12	100.0	8	66.7
橡胶和塑料制品业	323	318	98.5	247	77.7
非金属矿物制品业	1478	1433	97.0	945	65.9
黑色金属冶炼和压延加工业	547	515	94.1	337	65.4
有色金属冶炼和压延加工业	582	569	97.8	425	74.7
金属制品业	414	408	98.6	329	80.6
通用设备制造业	727	711	97.8	568	79.9
专用设备制造业	538	523	97.2	413	79.0
汽车制造业	267	264	98.9	214	81.1
铁路、船舶、航空航天和其他运输设备制造业	110	110	100.0	86	78.2
电气机械和器材制造业	496	478	96.4	391	81.8
计算机、通信和其他电子设备制造业	385	376	97.7	311	82.7

分地区互联网宣传和推广的方式情况

独立网站		互联网广告		搜索引擎		电子商务平台	
数量（个）	占使用互联网企业的比重（%）	数量（个）	占使用互联网企业的比重（%）	数量（个）	占使用互联网企业的比重（%）	数量（个）	占使用互联网企业的比重（%）
6633	**23.8**	**6284**	**22.6**	**3140**	**11.3**	**2830**	**10.2**
85	6.6	161	12.5	94	7.3	81	6.3
44	6.5	77	11.4	33	4.9	27	4.0
5	4.9	16	15.5	7	6.8	12	11.7
22	9.5	22	9.5	18	7.8	17	7.3
14	5.1	45	16.5	35	12.9	24	8.8
		1	33.3	1	33.3	1	33.3
2965	26.3	2630	23.3	1423	12.6	1246	11.1
269	26.2	228	22.2	119	11.6	101	9.9
113	33.8	89	26.6	59	17.7	55	16.5
99	32.8	76	25.2	38	12.6	46	15.2
2	28.6			1	14.3		
50	20.8	57	23.8	20	8.3	29	12.1
52	26.7	54	27.7	16	8.2	23	11.8
37	18.0	50	24.4	22	10.7	24	11.7
53	13.3	70	17.5	43	10.8	35	8.8
28	23.1	27	22.3	15	12.4	22	18.2
35	11.5	50	16.4	33	10.8	24	7.9
48	24.9	42	21.8	20	10.4	13	6.7
28	24.8	25	22.1	16	14.2	18	15.9
6	21.4	7	25.0	3	10.7	1	3.6
364	23.1	317	20.2	138	8.8	147	9.3
131	46.1	79	27.8	53	18.7	34	12.0
2	16.7	3	25.0				
81	25.5	88	27.7	49	15.4	42	13.2
266	18.6	285	19.9	164	11.4	130	9.1
80	15.5	94	18.3	34	6.6	39	7.6
123	21.6	105	18.5	71	12.5	65	11.4
107	26.2	132	32.4	58	14.2	50	12.3
235	33.1	194	27.3	115	16.2	98	13.8
208	39.8	141	27.0	79	15.1	59	11.3
115	43.6	71	26.9	44	16.7	31	11.7
51	46.4	18	16.4	21	19.1	11	10.0
172	36.0	151	31.6	80	16.7	60	12.6
138	36.7	115	30.6	72	19.1	53	14.1

3-78 续表 1

指标名称	企业数(个)	使用互联网的企业		通过互联网进行宣传推广的企业数	
		数量(个)	比重(%)	数量(个)	占使用互联网企业的比重(%)
仪器仪表制造业	108	104	96.3	96	92.3
其他制造业	49	47	95.9	40	85.1
废弃资源综合利用业	74	73	98.6	51	69.9
金属制品、机械和设备修理业	3	3	100.0	1	33.3
电力、热力、燃气及水生产和供应业	394	388	98.5	245	63.1
电力、热力生产和供应业	277	273	98.6	166	60.8
燃气生产和供应业	37	36	97.3	27	75.0
水的生产和供应业	80	79	98.8	52	65.8
建筑业	2412	2350	97.4	1657	70.5
房屋建筑业	1430	1396	97.6	974	69.8
土木工程建筑业	440	432	98.2	312	72.2
建筑安装业	219	208	95.0	155	74.5
建筑装饰和其他建筑业	323	314	97.2	216	68.8
批发和零售业	5453	5307	97.3	3429	64.6
批发业	2071	2013	97.2	1298	64.5
零售业	3382	3294	97.4	2131	64.7
交通运输、仓储和邮政业	662	649	98.0	395	60.9
铁路运输业	1				
道路运输业	450	442	98.2	267	60.4
水上运输业	35	34	97.1	16	47.1
航空运输业	6	6	100.0	5	83.3
管道运输业	2	2	100.0	2	100.0
装卸搬运和运输代理业	74	71	95.9	40	56.3
仓储业	67	67	100.0	43	64.2
邮政业	27	27	100.0	22	81.5
住宿和餐饮业	1299	1266	97.5	975	77.0
住宿业	730	713	97.7	577	80.9
餐饮业	569	553	97.2	398	72.0
信息传输、软件和信息技术服务业	264	259	98.1	209	80.7
电信、广播电视和卫星传输服务	150	146	97.3	111	76.0
互联网和相关服务	9	9	100.0	7	77.8
软件和信息技术服务业	105	104	99.0	91	87.5
房地产业	3612	3522	97.5	2646	75.1
房地产业	3612	3522	97.5	2646	75.1
租赁和商务服务业	500	493	98.6	380	77.1
租赁业	24	22	91.7	17	77.3
商务服务业	476	471	98.9	363	77.1

独立网站		互联网广告		搜索引擎		电子商务平台	
数量（个）	占使用互联网企业的比重（%）	数量（个）	占使用互联网企业的比重（%）	数量（个）	占使用互联网企业的比重（%）	数量（个）	占使用互联网企业的比重（%）
48	46.2	32	30.8	26	25.0	24	23.1
13	27.7	18	38.3	6	12.8	6	12.8
11	15.1	12	16.4	7	9.6	6	8.2
				1	33.3		
101	26.0	44	11.3	29	7.5	13	3.4
64	23.4	31	11.4	21	7.7	8	2.9
12	33.3	6	16.7	2	5.6	1	2.8
25	31.6	7	8.9	6	7.6	4	5.1
552	23.5	345	14.7	215	9.1	120	5.1
270	19.3	222	15.9	120	8.6	71	5.1
134	31.0	60	13.9	42	9.7	26	6.0
63	30.3	28	13.5	26	12.5	13	6.3
85	27.1	35	11.1	27	8.6	10	3.2
1015	19.1	1149	21.7	526	9.9	648	12.2
389	19.3	358	17.8	188	9.3	208	10.3
626	19.0	791	24.0	338	10.3	440	13.4
132	20.3	93	14.3	54	8.3	58	8.9
87	19.7	66	14.9	38	8.6	32	7.2
3	8.8	3	8.8				
4	66.7					2	33.3
1	50.0						
14	19.7	9	12.7	7	9.9	4	5.6
15	22.4	9	13.4	7	10.4	15	22.4
8	29.6	6	22.2	2	7.4	5	18.5
359	28.4	330	26.1	155	12.2	188	14.8
234	32.8	210	29.5	94	13.2	118	16.5
125	22.6	120	21.7	61	11.0	70	12.7
124	47.9	83	32.0	37	14.3	45	17.4
58	39.7	51	34.9	19	13.0	32	21.9
5	55.6	3	33.3	3	33.3		
61	58.7	29	27.9	15	14.4	13	12.5
722	20.5	1143	32.5	418	11.9	296	8.4
722	20.5	1143	32.5	418	11.9	296	8.4
205	41.6	96	19.5	59	12.0	43	8.7
3	13.6	3	13.6	2	9.1	1	4.5
202	42.9	93	19.7	57	12.1	42	8.9

3-78 续表 2

指标名称	企业数(个)	使用互联网的企业		通过互联网进行宣传推广的企业数	
		数量(个)	比重(%)	数量(个)	占使用互联网企业的比重(%)
科学研究和技术服务业	462	450	97.4	311	69.1
研究和试验发展	26	26	100.0	23	88.5
专业技术服务业	216	212	98.1	167	78.8
科技推广和应用服务业	220	212	96.4	121	57.1
水利、环境和公共设施管理业	87	87	100.0	69	79.3
水利管理业	13	13	100.0	7	53.8
生态保护和环境治理业	14	14	100.0	11	78.6
公共设施管理业	60	60	100.0	51	85.0
居民服务、修理和其他服务业	114	106	93.0	67	63.2
居民服务业	84	78	92.9	51	65.4
机动车、电子产品和日用产品修理业	17	16	94.1	8	50.0
其他服务业	13	12	92.3	8	66.7
教育	109	109	100.0	94	86.2
教育	109	109	100.0	94	86.2
卫生和社会工作	140	139	99.3	112	80.6
卫生	138	137	99.3	111	81.0
社会工作	2	2	100.0	1	50.0
文化、体育和娱乐业	152	151	99.3	126	83.4
新闻和出版业	36	36	100.0	33	91.7
广播、电视、电影和影视录音制作业	52	51	98.1	43	84.3
文化艺术业	19	19	100.0	14	73.7
体育	11	11	100.0	8	72.7
娱乐业	34	34	100.0	28	82.4
分市州					
长沙市	6489	6353	97.9	5106	80.4
株洲市	2868	2753	96	1838	66.8
湘潭市	1543	1520	98.5	1169	76.9
衡阳市	2465	2374	96.3	1695	71.4
邵阳市	1686	1630	96.7	1105	67.8
岳阳市	2817	2720	96.6	1790	65.8
常德市	2153	2083	96.7	1410	67.7
张家界市	407	387	95.1	299	77.3
益阳市	1731	1662	96	1100	66.2
郴州市	2206	2181	98.9	1511	69.3
永州市	1267	1222	96.4	859	70.3
怀化市	1098	1058	96.4	669	63.2
娄底市	1438	1387	96.5	952	68.6
湘西州	511	499	97.7	303	60.7

独立网站		互联网广告		搜索引擎		电子商务平台	
数量(个)	占使用互联网企业的比重(%)	数量(个)	占使用互联网企业的比重(%)	数量(个)	占使用互联网企业的比重(%)	数量(个)	占使用互联网企业的比重(%)
128	28.4	63	14.0	52	11.6	32	7.1
17	65.4	6	23.1	3	11.5	2	7.7
96	45.3	33	15.6	34	16.0	19	9.0
15	7.1	24	11.3	15	7.1	11	5.2
35	40.2	23	26.4	11	12.6	11	12.6
4	30.8	3	23.1			1	7.7
5	35.7	3	21.4			1	7.1
26	43.3	17	28.3	11	18.3	9	15.0
29	27.4	20	18.9	6	5.7	11	10.4
26	33.3	16	20.5	6	7.7	7	9.0
1	6.3	1	6.3			3	18.8
2	16.7	3	25.0			1	8.3
50	45.9	26	23.9	8	7.3	5	4.6
50	45.9	26	23.9	8	7.3	5	4.6
59	42.4	43	30.9	30	21.6	14	10.1
59	43.1	42	30.7	30	21.9	14	10.2
		1	50.0				
72	47.7	35	23.2	23	15.2	19	12.6
24	66.7	9	25.0	8	22.2	6	16.7
21	41.2	15	29.4	9	17.6	10	19.6
10	52.6	2	10.5	2	10.5	1	5.3
6	54.5	2	18.2	1	9.1	1	9.1
11	32.4	7	20.6	3	8.8	1	2.9
2534	39.9	1710	26.9	1011	15.9	828	13
622	22.6	555	20.2	269	9.8	308	11.2
447	29.4	361	23.8	240	15.8	148	9.7
438	18.4	590	24.9	271	11.4	219	9.2
286	17.5	342	21	139	8.5	180	11
418	15.4	657	24.2	263	9.7	224	8.2
466	22.4	334	16	178	8.5	192	9.2
96	24.8	140	36.2	48	12.4	57	14.7
279	16.8	331	19.9	159	9.6	149	9
301	13.8	464	21.3	243	11.1	185	8.5
221	18.1	261	21.4	133	10.9	115	9.4
167	15.8	183	17.3	60	5.7	79	7.5
274	19.8	261	18.8	93	6.7	110	7.9
84	16.8	95	19	33	6.6	36	7.2

3-78 续表 3

指标名称	电子邮件		微博	
	数量(个)	占使用互联网企业的比重(%)	数量(个)	占使用互联网企业的比重(%)
总 计	**7523**	**27.0**	**3476**	**12.5**
分行业				
采矿业	279	21.7	122	9.5
煤炭开采和洗选业	133	19.7	61	9.0
石油和天然气开采业				
黑色金属矿采选业	31	30.1	12	11.7
有色金属矿采选业	44	19.0	18	7.8
非金属矿采选业	70	25.7	30	11.0
开采辅助活动				
其他采矿业	1	33.3	1	33.3
制造业	3224	28.6	1168	10.4
农副食品加工业	280	27.3	95	9.3
食品制造业	91	27.2	47	14.1
酒、饮料和精制茶制造业	88	29.1	48	15.9
烟草制品业	1	14.3		
纺织业	68	28.3	16	6.7
纺织服装、服饰业	41	21.0	42	21.5
皮革、毛皮、羽毛及其制品和制鞋业	61	29.8	27	13.2
木材加工和木、竹、藤、棕、草制品业	104	26.1	44	11.0
家具制造业	37	30.6	22	18.2
造纸和纸制品业	63	20.7	33	10.8
印刷和记录媒介复制业	49	25.4	22	11.4
文教、工美、体育和娱乐用品制造业	29	25.7	16	14.2
石油加工、炼焦和核燃料加工业	7	25.0	1	3.6
化学原料和化学制品制造业	422	26.8	169	10.7
医药制造业	86	30.3	35	12.3
化学纤维制造业	3	25.0	1	8.3
橡胶和塑料制品业	89	28.0	23	7.2
非金属矿物制品业	340	23.7	129	9.0
黑色金属冶炼和压延加工业	138	26.8	36	7.0
有色金属冶炼和压延加工业	144	25.3	48	8.4
金属制品业	149	36.5	48	11.8
通用设备制造业	255	35.9	75	10.5
专用设备制造业	176	33.7	49	9.4
汽车制造业	103	39.0	28	10.6
铁路、船舶、航空航天和其他运输设备制造业	36	32.7	9	8.2
电气机械和器材制造业	157	32.8	43	9.0
计算机、通信和其他电子设备制造业	133	35.4	41	10.9

						没有通过互联网对本企业宣传推广	
博客		社交网站		其他			
数量（个）	占使用互联网企业的比重（%）	数量（个）	占使用互联网企业的比重（%）	数量（个）	占使用互联网企业的比重（%）	数量（个）	占使用互联网企业的比重（%）
1193	**4.3**	**1140**	**4.1**	**6456**	**23.2**	**8023**	**28.8**
50	3.9	29	2.3	293	22.8	550	42.8
22	3.3	11	1.6	135	20.0	323	47.9
6	5.8	5	4.9	23	22.3	42	40.8
8	3.4	3	1.3	58	25.0	91	39.2
13	4.8	9	3.3	77	28.3	92	33.8
1	33.3	1	33.3			2	66.7
449	4.0	395	3.5	2377	21.1	2912	25.8
24	2.3	32	3.1	235	22.9	280	27.3
23	6.9	18	5.4	85	25.4	73	21.9
20	6.6	12	4.0	63	20.9	66	21.9
						4	57.1
7	2.9	7	2.9	48	20.0	73	30.4
32	16.4	3	1.5	30	15.4	41	21.0
5	2.4	13	6.3	37	18.0	56	27.3
22	5.5	15	3.8	92	23.1	143	35.8
12	9.9	6	5.0	27	22.3	34	28.1
10	3.3	12	3.9	90	29.5	97	31.8
14	7.3	6	3.1	38	19.7	60	31.1
8	7.1	5	4.4	27	23.9	32	28.3
		1	3.6	5	17.9	9	32.1
49	3.1	46	2.9	349	22.2	410	26.1
21	7.4	15	5.3	47	16.5	52	18.3
		1	8.3			4	33.3
6	1.9	9	2.8	60	18.9	71	22.3
40	2.8	40	2.8	295	20.6	488	34.1
12	2.3	18	3.5	91	17.7	178	34.6
31	5.4	11	1.9	150	26.4	144	25.3
19	4.7	15	3.7	74	18.1	79	19.4
23	3.2	33	4.6	135	19.0	143	20.1
17	3.3	18	3.4	102	19.5	110	21.0
9	3.4	13	4.9	47	17.8	50	18.9
2	1.8	6	5.5	16	14.5	24	21.8
22	4.6	14	2.9	98	20.5	87	18.2
14	3.7	19	5.1	83	22.1	65	17.3

3-78 续表 4

指标名称	电子邮件		微博	
	数量(个)	占使用互联网企业的比重(%)	数量(个)	占使用互联网企业的比重(%)
仪器仪表制造业	40	38.5	11	10.6
其他制造业	16	34.0	8	17.0
废弃资源综合利用业	18	24.7	2	2.7
金属制品、机械和设备修理业				
电力、热力、燃气及水生产和供应业	91	23.5	22	5.7
电力、热力生产和供应业	64	23.4	16	5.9
燃气生产和供应业	10	27.8	5	13.9
水的生产和供应业	17	21.5	1	1.3
建筑业	773	32.9	258	11.0
房屋建筑业	485	34.7	175	12.5
土木工程建筑业	129	29.9	40	9.3
建筑安装业	68	32.7	21	10.1
建筑装饰和其他建筑业	91	29.0	22	7.0
批发和零售业	1347	25.4	803	15.1
批发业	522	25.9	225	11.2
零售业	825	25.0	578	17.5
交通运输、仓储和邮政业	155	23.9	52	8.0
铁路运输业				
道路运输业	105	23.8	34	7.7
水上运输业	7	20.6	2	5.9
航空运输业	2	33.3		
管道运输业				
装卸搬运和运输代理业	16	22.5	7	9.9
仓储业	20	29.9	7	10.4
邮政业	5	18.5	2	7.4
住宿和餐饮业	285	22.5	252	19.9
住宿业	157	22.0	137	19.2
餐饮业	128	23.1	115	20.8
信息传输、软件和信息技术服务业	74	28.6	57	22.0
电信、广播电视和卫星传输服务	43	29.5	36	24.7
互联网和相关服务	1	11.1	2	22.2
软件和信息技术服务业	30	28.8	19	18.3
房地产业	917	26.0	497	14.1
房地产业	917	26.0	497	14.1
租赁和商务服务业	128	26.0	76	15.4
租赁业	9	40.9		
商务服务业	119	25.3	76	16.1

博客		社交网站		其他		没有通过互联网对本企业宣传推广	
数量（个）	占使用互联网企业的比重（%）	数量（个）	占使用互联网企业的比重（%）	数量（个）	占使用互联网企业的比重（%）	数量（个）	占使用互联网企业的比重（%）
2	1.9	3	2.9	20	19.2	8	7.7
5	10.6	2	4.3	9	19.1	7	14.9
		2	2.7	23	31.5	22	30.1
				1	33.3	2	66.7
10	2.6	9	2.3	75	19.3	143	36.9
7	2.6	5	1.8	47	17.2	107	39.2
2	5.6	3	8.3	13	36.1	9	25.0
1	1.3	1	1.3	15	19.0	27	34.2
83	3.5	93	4.0	584	24.9	693	29.5
52	3.7	63	4.5	355	25.4	422	30.2
17	3.9	13	3.0	106	24.5	120	27.8
7	3.4	10	4.8	45	21.6	53	25.5
7	2.2	7	2.2	78	24.8	98	31.2
249	4.7	261	4.9	1201	22.6	1878	35.4
88	4.4	73	3.6	449	22.3	715	35.5
161	4.9	188	5.7	752	22.8	1163	35.3
19	2.9	24	3.7	154	23.7	254	39.1
12	2.7	17	3.8	101	22.9	175	39.6
				6	17.6	18	52.9
						1	16.7
				1	50.0		
1	1.4	2	2.8	18	25.4	31	43.7
5	7.5	4	6.0	16	23.9	24	35.8
1	3.7	1	3.7	12	44.4	5	18.5
79	6.2	78	6.2	314	24.8	291	23.0
38	5.3	42	5.9	167	23.4	136	19.1
41	7.4	36	6.5	147	26.6	155	28.0
16	6.2	14	5.4	72	27.8	50	19.3
10	6.8	9	6.2	42	28.8	35	24.0
2	22.2			1	11.1	2	22.2
4	3.8	5	4.8	29	27.9	13	12.5
160	4.5	184	5.2	990	28.1	876	24.9
160	4.5	184	5.2	990	28.1	876	24.9
29	5.9	18	3.7	127	25.8	113	22.9
		1	4.5	6	27.3	5	22.7
29	6.2	17	3.6	121	25.7	108	22.9

3-78 续表 5

指标名称	电子邮件		微博	
	数量（个）	占使用互联网企业的比重（%）	数量（个）	占使用互联网企业的比重（%）
科学研究和技术服务业	121	26.9	35	7.8
研究和试验发展	11	42.3	2	7.7
专业技术服务业	64	30.2	12	5.7
科技推广和应用服务业	46	21.7	21	9.9
水利、环境和公共设施管理业	24	27.6	18	20.7
水利管理业				
生态保护和环境治理业	5	35.7	1	7.1
公共设施管理业	19	31.7	17	28.3
居民服务、修理和其他服务业	21	19.8	19	17.9
居民服务业	15	19.2	16	20.5
机动车、电子产品和日用产品修理业	2	12.5	1	6.3
其他服务业	4	33.3	2	16.7
教育	33	30.3	17	15.6
教育	33	30.3	17	15.6
卫生和社会工作	24	17.3	23	16.5
卫生	23	16.8	23	16.8
社会工作	1	50.0		
文化、体育和娱乐业	27	17.9	57	37.7
新闻和出版业	5	13.9	13	36.1
广播、电视、电影和影视录音制作业	7	13.7	26	51.0
文化艺术业	5	26.3	5	26.3
体育	1	9.1	2	18.2
娱乐业	9	26.5	11	32.4
分市州				
长沙市	1821	28.7	1141	18
株洲市	653	23.7	343	12.5
湘潭市	461	30.3	145	9.5
衡阳市	672	28.3	251	10.6
邵阳市	455	27.9	184	11.3
岳阳市	596	21.9	274	10.1
常德市	675	32.4	200	9.6
张家界市	114	29.5	66	17.1
益阳市	422	25.4	147	8.8
郴州市	600	27.5	281	12.9
永州市	324	26.5	154	12.6
怀化市	251	23.7	81	7.7
娄底市	349	25.2	149	10.7
湘西州	130	26.1	60	12

博客		社交网站		其他		没有通过互联网对本企业宣传推广	
数量（个）	占使用互联网企业的比重（%）	数量（个）	占使用互联网企业的比重（%）	数量（个）	占使用互联网企业的比重（%）	数量（个）	占使用互联网企业的比重（%）
9	2.0	7	1.6	124	27.6	139	30.9
				4	15.4	3	11.5
6	2.8	6	2.8	48	22.6	45	21.2
3	1.4	1	0.5	72	34.0	91	42.9
2	2.3	6	6.9	23	26.4	18	20.7
				2	15.4	6	46.2
				5	35.7	3	21.4
2	3.3	6	10.0	16	26.7	9	15.0
4	3.8	1	0.9	18	17.0	39	36.8
3	3.8	1	1.3	14	17.9	27	34.6
				3	18.8	8	50.0
1	8.3			1	8.3	4	33.3
5	4.6	4	3.7	29	26.6	15	13.8
5	4.6	4	3.7	29	26.6	15	13.8
10	7.2	7	5.0	31	22.3	27	19.4
10	7.3	6	4.4	31	22.6	26	19.0
		1	50.0			1	50.0
19	12.6	10	6.6	44	29.1	25	16.6
5	13.9	3	8.3	11	30.6	3	8.3
8	15.7	4	7.8	17	33.3	8	15.7
2	10.5	1	5.3	2	10.5	5	26.3
1	9.1	1	9.1	2	18.2	3	27.3
3	8.8	1	2.9	12	35.3	6	17.6
383	6	312	4.9	1455	22.9	1247	19.6
137	5	72	2.6	555	20.2	915	33.2
41	2.7	46	3	280	18.4	351	23.1
84	3.5	65	2.7	534	22.5	679	28.6
73	4.5	58	3.6	381	23.4	525	32.2
117	4.3	113	4.2	698	25.7	930	34.2
62	3	63	3	486	23.3	673	32.3
22	5.7	25	6.5	92	23.8	88	22.7
49	2.9	89	5.4	425	25.6	562	33.8
78	3.6	112	5.1	541	24.8	670	30.7
66	5.4	66	5.4	309	25.3	363	29.7
29	2.7	36	3.4	238	22.5	389	36.8
31	2.2	69	5	378	27.3	435	31.4
21	4.2	14	2.8	84	16.8	196	39.3

3-79 规模以上企业分专业及特有

指标名称	企业数(个)	使用互联网的企业		通过互联网进行宣传推广的企业数	
		数量(个)	比重(%)	数量(个)	占使用互联网企业的比重(%)
总　计	**28679**	**27829**	**97.0**	**19806**	**71.2**
工业	13413	12941	96.5	9336	72.1
是高新技术企业	1284	1268	98.8	1174	92.6
不是高新技术企业	12129	11673	96.2	8162	69.9
制造业	11611	11268	97.0	8356	74.2
高技术产业	873	852	97.6	715	83.9
非高技术产业	10738	10416	97.0	7641	73.4
建筑业按资质等级分	2412	2350	97.4	1657	70.5
施工总承包	1462	1432	97.9	1029	71.9
特级	11	11	100.0	11	100.0
一级	186	185	99.5	166	89.7
二级	509	505	99.2	364	72.1
三级及以下	756	731	96.7	488	66.8
专业承包	548	532	97.1	385	72.4
一级	56	55	98.2	51	92.7
二级	106	101	95.3	80	79.2
三级及以下	386	376	97.4	254	67.6
劳务分包	402	386	96.0	243	63.0
一级	312	300	96.2	190	63.3
二级	73	69	94.5	43	62.3
三级及以下	17	17	100.0	10	58.8
批发和零售业	5453	5307	97.3	3429	64.6
独立门店	4430	4322	97.6	2767	64.0
连锁总店(总部)	125	123	98.4	92	74.8
连锁门店	127	120	94.5	91	75.8
其他	771	742	96.2	479	64.6
零售业	3382	3294	97.4	2131	64.7
食杂店	23	20	87.0	12	60.0
便利店	31	29	93.5	19	65.5
折扣店					
超市	391	378	96.7	217	57.4
大型超市	104	101	97.1	79	78.2
仓储会员店	8	8	100.0	5	62.5
百货店	166	159	95.8	112	70.4

分组互联网宣传和推广的方式情况

独立网站		互联网广告		搜索引擎		电子商务平台	
数量（个）	占使用互联网企业的比重（%）	数量（个）	占使用互联网企业的比重（%）	数量（个）	占使用互联网企业的比重（%）	数量（个）	占使用互联网企业的比重（%）
6633	**23.8**	**6284**	**22.6**	**3140**	**11.3**	**2830**	**10.2**
3151	24.3	2835	21.9	1546	11.9	1340	10.4
803	63.3	414	32.6	320	25.2	283	22.3
2348	20.1	2421	20.7	1226	10.5	1057	9.1
2965	26.3	2630	23.3	1423	12.6	1246	11.1
358	42.0	257	30.2	168	19.7	126	14.8
2607	25.0	2373	22.8	1255	12.0	1120	10.8
552	23.5	345	14.7	215	9.1	120	5.1
354	24.7	227	15.9	140	9.8	77	5.4
10	90.9	4	36.4	2	18.2	1	9.1
129	69.7	44	23.8	30	16.2	9	4.9
126	25.0	71	14.1	56	11.1	21	4.2
89	12.2	108	14.8	52	7.1	46	6.3
172	32.3	78	14.7	58	10.9	32	6.0
31	56.4	10	18.2	9	16.4	5	9.1
42	41.6	12	11.9	9	8.9	4	4.0
99	26.3	56	14.9	40	10.6	23	6.1
26	6.7	40	10.4	17	4.4	11	2.8
20	6.7	26	8.7	11	3.7	9	3.0
4	5.8	12	17.4	5	7.2	1	1.4
2	11.8	2	11.8	1	5.9	1	5.9
1015	19.1	1149	21.7	526	9.9	648	12.2
762	17.6	982	22.7	426	9.9	514	11.9
48	39.0	24	19.5	18	14.6	29	23.6
45	37.5	24	20.0	16	13.3	21	17.5
160	21.6	119	16.0	66	8.9	84	11.3
626	19.0	791	24.0	338	10.3	440	13.4
1	5.0	1	5.0			2	10.0
3	10.3	5	17.2	1	3.4	7	24.1
49	13.0	60	15.9	39	10.3	51	13.5
46	45.5	30	29.7	14	13.9	20	19.8
1	12.5	2	25.0			1	12.5
36	22.6	38	23.9	20	12.6	28	17.6

3-79 续表 1

指标名称	企业数(个)	使用互联网的企业		通过互联网进行宣传推广的企业数	
		数量(个)	比重(%)	数量(个)	占使用互联网企业的比重(%)
专业店	1443	1417	98.2	869	61.3
专卖店	1025	994	97.0	693	69.7
家居建材商店	53	53	100.0	32	60.4
购物中心	15	15	100.0	11	73.3
厂家直销中心	111	108	97.3	70	64.8
电视购物	3	3	100.0	3	100.0
邮购					
网上商店	8	8	100.0	8	100.0
自动售货亭					
电话购物	1	1	100.0	1	100.0
服务业	2756	2707	98.2	1929	71.3
是高新技术企业	103	100	97.1	95	95.0
不是高新技术企业	2653	2607	98.3	1834	70.3
高技术产业	755	739	97.9	544	73.6
非高技术产业	2001	1968	98.4	1385	70.4
住宿和餐饮业	1299	1266	97.5	975	77.0
独立门店	1175	1146	97.5	881	76.9
连锁总店(总部)	21	21	100.0	19	90.5
连锁门店	34	32	94.1	24	75.0
其他	69	67	97.1	51	76.1
住宿业	730	713	97.7	577	80.9
一星	5	5	100.0	3	60.0
二星	67	62	92.5	45	72.6
三星	198	192	97.0	159	82.8
四星	95	94	98.9	87	92.6
五星	38	38	100.0	37	97.4
其他	327	322	98.5	246	76.4
房地产业	3346	3258	97.4	2480	76.1
一级	25	25	100.0	23	92.0
二级	214	209	97.7	186	89.0
三级	1544	1509	97.7	1156	76.6
四级	454	443	97.6	313	70.7
暂定	1012	983	97.1	741	75.4
其他	97	89	91.8	61	68.5

独立网站		互联网广告		搜索引擎		电子商务平台	
数量（个）	占使用互联网企业的比重（%）	数量（个）	占使用互联网企业的比重（%）	数量（个）	占使用互联网企业的比重（%）	数量（个）	占使用互联网企业的比重（%）
233	16.4	283	20.0	118	8.3	165	11.6
219	22.0	335	33.7	124	12.5	147	14.8
10	18.9	9	17.0	10	18.9	3	5.7
1	6.7	4	26.7	2	13.3	1	6.7
18	16.7	19	17.6	4	3.7	7	6.5
3	100.0					1	33.3
5	62.5	5	62.5	6	75.0	7	87.5
1	100.0						
886	32.7	522	19.3	298	11.0	249	9.2
75	75.0	21	21.0	22	22.0	15	15.0
811	31.1	501	19.2	276	10.6	234	9.0
267	36.1	147	19.9	90	12.2	79	10.7
619	31.5	375	19.1	208	10.6	170	8.6
359	28.4	330	26.1	155	12.2	188	14.8
321	28.0	298	26.0	141	12.3	172	15.0
8	38.1	7	33.3	3	14.3	5	23.8
10	31.3	10	31.3	4	12.5	4	12.5
20	29.9	15	22.4	7	10.4	7	10.4
234	32.8	210	29.5	94	13.2	118	16.5
		1	20.0			1	20.0
9	14.5	16	25.8	4	6.5	4	6.5
57	29.7	52	27.1	17	8.9	32	16.7
60	63.8	32	34.0	16	17.0	19	20.2
29	76.3	25	65.8	15	39.5	10	26.3
79	24.5	84	26.1	42	13.0	52	16.1
670	20.6	1103	33.9	400	12.3	285	8.7
19	76.0	14	56.0	3	12.0	3	12.0
93	44.5	101	48.3	31	14.8	29	13.9
310	20.5	501	33.2	186	12.3	119	7.9
52	11.7	110	24.8	54	12.2	43	9.7
186	18.9	354	36.0	118	12.0	82	8.3
10	11.2	23	25.8	8	9	9	10.1

3-79 续表 2

指标名称	电子邮件		微博	
	数量(个)	占使用互联网企业的比重(%)	数量(个)	占使用互联网企业的比重(%)
总　计	**7523**	**27.0**	**3476**	**12.5**
工业	3594	27.8	1312	10.1
是高新技术企业	525	41.4	155	12.2
不是高新技术企业	3069	26.3	1157	9.9
制造业	3224	28.6	1168	10.4
高技术产业	292	34.3	95	11.2
非高技术产业	2932	28.1	1073	10.3
建筑业按资质等级分	773	32.9	258	11.0
施工总承包	492	34.4	176	12.3
特级	3	27.3	2	18.2
一级	48	25.9	14	7.6
二级	178	35.2	67	13.3
三级及以下	263	36.0	93	12.7
专业承包	162	30.5	51	9.6
一级	17	30.9	2	3.6
二级	33	32.7	12	11.9
三级及以下	112	29.8	37	9.8
劳务分包	119	30.8	31	8.0
一级	90	30.0	21	7.0
二级	22	31.9	8	11.6
三级及以下	7	41.2	2	11.8
批发和零售业	1347	25.4	803	15.1
独立门店	1088	25.2	688	15.9
连锁总店(总部)	31	25.2	25	20.3
连锁门店	29	24.2	22	18.3
其他	199	26.8	68	9.2
零售业	825	25.0	578	17.5
食杂店	4	20.0	1	5.0
便利店	13	44.8	7	24.1
折扣店				
超市	91	24.1	45	11.9
大型超市	22	21.8	24	23.8
仓储会员店	2	25.0		
百货店	43	27.0	43	27.0

博客		社交网站		其他		没有通过互联网对本企业宣传推广	
数量(个)	占使用互联网企业的比重(%)	数量(个)	占使用互联网企业的比重(%)	数量(个)	占使用互联网企业的比重(%)	数量(个)	占使用互联网企业的比重(%)
1193	**4.3**	**1140**	**4.1**	**6456**	**23.2**	**8023**	**28.8**
509	3.9	433	3.3	2745	21.2	3605	27.9
62	4.9	53	4.2	222	17.5	94	7.4
447	3.8	380	3.3	2523	21.6	3511	30.1
449	4.0	395	3.5	2377	21.1	2912	25.8
40	4.7	40	4.7	168	19.7	137	16.1
409	3.9	355	3.4	2209	21.2	2775	26.6
83	3.5	93	4.0	584	24.9	693	29.5
58	4.1	64	4.5	357	24.9	403	28.1
				1	9.1		
3	1.6	10	5.4	35	18.9	19	10.3
22	4.4	21	4.2	133	26.3	141	27.9
33	4.5	33	4.5	188	25.7	243	33.2
17	3.2	18	3.4	115	21.6	147	27.6
		1	1.8	14	25.5	4	7.3
5	5.0	3	3.0	24	23.8	21	20.8
12	3.2	14	3.7	77	20.5	122	32.4
8	2.1	11	2.8	112	29.0	143	37.0
5	1.7	10	3.3	92	30.7	110	36.7
3	4.3	1	1.4	15	21.7	26	37.7
				5	29.4	7	41.2
249	4.7	261	4.9	1201	22.6	1878	35.4
219	5.1	222	5.1	972	22.5	1555	36.0
7	5.7	5	4.1	31	25.2	31	25.2
1	0.8	6	5.0	26	21.7	29	24.2
22	3.0	28	3.8	172	23.2	263	35.4
161	4.9	188	5.7	752	22.8	1163	35.3
		1	5.0	6	30.0	8	40.0
3	10.3	1	3.4	3	10.3	10	34.5
16	4.2	19	5.0	80	21.2	161	42.6
4	4.0	6	5.9	15	14.9	22	21.8
				1	12.5	3	37.5
9	5.7	8	5.0	34	21.4	47	29.6

3-79 续表 3

指标名称	电子邮件		微博	
	数量(个)	占使用互联网企业的比重(%)	数量(个)	占使用互联网企业的比重(%)
专业店	345	24.3	202	14.3
专卖店	269	27.1	226	22.7
家居建材商店	11	20.8	7	13.2
购物中心	2	13.3	6	40.0
厂家直销中心	21	19.4	12	11.1
电视购物				
邮购				
网上商店	2	25.0	4	50.0
自动售货亭				
电话购物			1	100.0
服务业	670	24.8	392	14.5
是高新技术企业	31	31.0	12	12.0
不是高新技术企业	639	24.5	380	14.6
高技术产业	202	27.3	102	13.8
非高技术产业	468	23.8	290	14.7
住宿和餐饮业	285	22.5	252	19.9
独立门店	256	22.3	230	20.1
连锁总店(总部)	8	38.1	6	28.6
连锁门店	7	21.9	6	18.8
其他	14	20.9	10	14.9
住宿业	157	22.0	137	19.2
一星	2	40.0	1	20.0
二星	10	16.1	6	9.7
三星	50	26.0	40	20.8
四星	24	25.5	22	23.4
五星	11	28.9	18	47.4
其他	60	18.6	50	15.5
房地产业	854	26.2	459	14.1
一级	5	20.0	7	28.0
二级	66	31.6	39	18.7
三级	395	26.2	212	14.0
四级	123	27.8	41	9.3
暂定	239	24.3	152	15.5
其他	26	29.2	8	9

博客		社交网站		其他		没有通过互联网对本企业宣传推广	
数量（个）	占使用互联网企业的比重（%）	数量（个）	占使用互联网企业的比重（%）	数量（个）	占使用互联网企业的比重（%）	数量（个）	占使用互联网企业的比重（%）
63	4.4	76	5.4	337	23.8	548	38.7
59	5.9	71	7.1	229	23.0	301	30.3
1	1.9	1	1.9	9	17.0	21	39.6
1	6.7	1	6.7	3	20.0	4	26.7
5	4.6	3	2.8	34	31.5	38	35.2
		1	12.5	1	12.5		
121	4.5	107	4.0	685	25.3	778	28.7
3	3.0	2	2.0	21	21.0	5	5.0
118	4.5	105	4.0	664	25.5	773	29.7
31	4.2	23	3.1	206	27.9	195	26.4
90	4.6	84	4.3	479	24.3	583	29.6
79	6.2	78	6.2	314	24.8	291	23.0
73	6.4	73	6.4	287	25.0	265	23.1
3	14.3	1	4.8	7	33.3	2	9.5
1	3.1	4	12.5	8	25.0	8	25.0
2	3.0			12	17.9	16	23.9
38	5.3	42	5.9	167	23.4	136	19.1
1	20.0	1	20.0	1	20.0	2	40.0
		3	4.8	19	30.6	17	27.4
12	6.3	15	7.8	42	21.9	33	17.2
6	6.4	1	1.1	23	24.5	7	7.4
4	10.5	2	5.3	7	18.4	1	2.6
15	4.7	20	6.2	75	23.3	76	23.6
152	4.7	168	5.2	927	28.5	778	23.9
3	12.0	3	12.0	5	20.0	2	8.0
9	4.3	19	9.1	49	23.4	23	11.0
71	4.7	60	4.0	459	30.4	353	23.4
16	3.6	20	4.5	133	30.0	130	29.3
50	5.1	62	6.3	261	26.6	242	24.6
3	3.4	4	4.5	20	22.5	28	31.5

3-80 规模以上企业按大中小微分

指标名称	企业数（个）	使用互联网的企业		通过互联网进行宣传推广的企业数	
		数量（个）	比重（%）	数量（个）	占使用互联网企业的比重（%）
总　计	**28679**	**27829**	**97.0**	**19806**	**71.2**
大型	512	508	99.2	451	88.8
中型	6397	6284	98.2	4963	79.0
小型	18417	17853	96.9	12334	69.1
微型	3105	2938	94.6	1853	63.1
工业	13413	12941	96.5	9336	72.1
大型	206	204	99.0	188	92.2
中型	2230	2189	98.2	1693	77.3
小型	10798	10409	96.4	7375	70.9
微型	179	139	77.7	80	57.6
建筑业	2412	2350	97.4	1657	70.5
大型	46	46	100.0	42	91.3
中型	715	703	98.3	562	79.9
小型	1168	1145	98.0	777	67.9
微型	483	456	94.4	276	60.5
批发和零售业	5453	5307	97.3	3429	64.6
大型	137	137	100.0	118	86.1
中型	1453	1429	98.3	1045	73.1
小型	3234	3156	97.6	1959	62.1
微型	629	585	93.0	307	52.5
批发业	2071	2013	97.2	1298	64.5
大型	46	46	100.0	41	89.1
中型	525	521	99.2	355	68.1
小型	1382	1336	96.7	826	61.8
微型	118	110	93.2	76	69.1
零售业	3382	3294	97.4	2131	64.7
大型	91	91	100.0	77	84.6
中型	928	908	97.8	690	76.0
小型	1852	1820	98.3	1133	62.3
微型	511	475	93.0	231	48.6
服务业	2756	2707	98.2	1929	71.3
大型	97	95	97.9	78	82.1
中型	435	427	98.2	347	81.3
小型	1573	1542	98.0	1053	68.3
微型	403	397	98.5	246	62.0
住宿和餐饮业	1299	1266	97.5	975	77.0
大型	23	23	100.0	22	95.7
中型	224	223	99.6	200	89.7
小型	1021	992	97.2	736	74.2
微型	31	28	90.3	17	60.7
住宿业	730	713	97.7	577	80.9
大型	17	17	100.0	16	94.1
中型	157	156	99.4	147	94.2
小型	540	526	97.4	405	77.0
微型	16	14	87.5	9	64.3
餐饮业	569	553	97.2	398	72.0
大型	6	6	100.0	6	100.0
中型	67	67	100.0	53	79.1
小型	481	466	96.9	331	71.0
微型	15	14	93.3	8	57.1
房地产业	3346	3258	97.4	2480	76.1
大型	3	3	100.0	3	100.0
中型	1340	1313	98.0	1116	85.0
小型	623	609	97.8	434	71.3
微型	1380	1333	96.6	927	69.5

通过互联网宣传和推广的方式情况

独立网站		互联网广告		搜索引擎		电子商务平台	
数量（个）	占使用互联网企业的比重（%）	数量（个）	占使用互联网企业的比重（%）	数量（个）	占使用互联网企业的比重（%）	数量（个）	占使用互联网企业的比重（%）
6633	**23.8**	**6284**	**22.6**	**3140**	**11.3**	**2830**	**10.2**
338	66.5	154	30.3	108	21.3	113	22.2
2131	33.9	1872	29.8	927	14.8	798	12.7
3638	20.4	3644	20.4	1836	10.3	1705	9.6
417	14.2	546	18.6	231	7.9	195	6.6
3151	24.3	2835	21.9	1546	11.9	1340	10.4
138	67.6	71	34.8	55	27.0	50	24.5
719	32.8	561	25.6	322	14.7	265	12.1
2272	21.8	2186	21.0	1160	11.1	1008	9.7
22	15.8	17	12.2	9	6.5	17	12.2
552	23.5	345	14.7	215	9.1	120	5.1
34	73.9	13	28.3	10	21.7	5	10.9
276	39.3	121	17.2	82	11.7	44	6.3
194	16.9	163	14.2	97	8.5	62	5.4
48	10.5	48	10.5	26	5.7	9	2.0
1015	19.1	1149	21.7	526	9.9	648	12.2
86	62.8	42	30.7	22	16.1	41	29.9
426	29.8	411	28.8	205	14.3	230	16.1
446	14.1	619	19.6	264	8.4	331	10.5
57	9.7	77	13.2	35	6.0	46	7.9
389	19.3	358	17.8	188	9.3	208	10.3
31	67.4	9	19.6	4	8.7	11	23.9
153	29.4	91	17.5	58	11.1	59	11.3
189	14.1	240	18.0	115	8.6	127	9.5
16	14.5	18	16.4	11	10.0	11	10.0
626	19.0	791	24.0	338	10.3	440	13.4
55	60.4	33	36.3	18	19.8	30	33.0
273	30.1	320	35.2	147	16.2	171	18.8
257	14.1	379	20.8	149	8.2	204	11.2
41	8.6	59	12.4	24	5.1	35	7.4
886	32.7	522	19.3	298	11.0	249	9.2
58	61.1	16	16.8	15	15.8	12	12.6
205	48.0	119	27.9	63	14.8	69	16.2
424	27.5	261	16.9	150	9.7	123	8.0
90	22.7	58	14.6	32	8.1	26	6.5
359	28.4	330	26.1	155	12.2	188	14.8
21	91.3	10	43.5	5	21.7	5	21.7
126	56.5	79	35.4	45	20.2	52	23.3
210	21.2	241	24.3	104	10.5	129	13.0
2	7.1			1	3.6	2	7.1
234	32.8	210	29.5	94	13.2	118	16.5
15	88.2	7	41.2	5	29.4	4	23.5
91	58.3	61	39.1	36	23.1	41	26.3
127	24.1	142	27.0	52	9.9	71	13.5
1	7.1			1	7.1	2	14.3
125	22.6	120	21.7	61	11.0	70	12.7
6	100.0	3	50.0			1	16.7
35	52.2	18	26.9	9	13.4	11	16.4
83	17.8	99	21.2	52	11.2	58	12.4
1	7.1						
670	20.6	1103	33.9	400	12.3	285	8.7
1	33.3	2	66.7	1	33.3		
379	28.9	581	44.2	210	16.0	138	10.5
92	15.1	174	28.6	61	10.0	52	8.5
198	14.9	346	26	128	9.6	95	7.1

3-80 续表

指标名称	电子邮件 数量(个)	电子邮件 占使用互联网企业的比重(%)	微博 数量(个)	微博 占使用互联网企业的比重(%)
总 计	**7523**	**27.0**	**3476**	**12.5**
大型	153	30.1	103	20.3
中型	1808	28.8	983	15.6
小型	4803	26.9	2038	11.4
微型	703	23.9	312	10.6
工业	3594	27.8	1312	10.1
大型	71	34.8	27	13.2
中型	640	29.2	225	10.3
小型	2841	27.3	1047	10.1
微型	42	30.2	13	9.4
建筑业	773	32.9	258	11.0
大型	15	32.6	5	10.9
中型	238	33.9	84	11.9
小型	401	35.0	140	12.2
微型	119	26.1	29	6.4
批发和零售业	1347	25.4	803	15.1
大型	35	25.5	34	24.8
中型	397	27.8	287	20.1
小型	790	25.0	420	13.3
微型	125	21.4	62	10.6
批发业	522	25.9	225	11.2
大型	11	23.9	6	13.0
中型	129	24.8	54	10.4
小型	349	26.1	153	11.5
微型	33	30.0	12	10.9
零售业	825	25.0	578	17.5
大型	24	26.4	28	30.8
中型	268	29.5	233	25.7
小型	441	24.2	267	14.7
微型	92	19.4	50	10.5
服务业	670	24.8	392	14.5
大型	21	22.1	24	25.3
中型	114	26.7	79	18.5
小型	383	24.8	199	12.9
微型	96	24.2	50	12.6
住宿和餐饮业	285	22.5	252	19.9
大型	9	39.1	11	47.8
中型	57	25.6	65	29.1
小型	216	21.8	172	17.3
微型	3	10.7	4	14.3
住宿业	157	22.0	137	19.2
大型	6	35.3	8	47.1
中型	44	28.2	44	28.2
小型	105	20.0	83	15.8
微型	2	14.3	2	14.3
餐饮业	128	23.1	115	20.8
大型	3	50.0	3	50.0
中型	13	19.4	21	31.3
小型	111	23.8	89	19.1
微型	1	7.1	2	14.3
房地产业	854	26.2	459	14.1
大型	2	66.7	2	66.7
中型	362	27.6	243	18.5
小型	172	28.2	60	9.9
微型	318	23.9	154	11.6

博客		社交网站		其他		没有通过互联网对本企业宣传推广	
数量（个）	占使用互联网企业的比重（%）	数量（个）	占使用互联网企业的比重（%）	数量（个）	占使用互联网企业的比重（%）	数量（个）	占使用互联网企业的比重（%）
1193	**4.3**	**1140**	**4.1**	**6456**	**23.2**	**8023**	**28.8**
23	4.5	21	4.1	74	14.6	57	11.2
345	5.5	314	5.0	1412	22.5	1321	21.0
716	4.0	684	3.8	4148	23.2	5519	30.9
94	3.2	111	3.8	762	25.9	1085	36.9
509	3.9	433	3.3	2745	21.2	3605	27.9
8	3.9	6	2.9	20	9.8	16	7.8
89	4.1	60	2.7	391	17.9	496	22.7
408	3.9	365	3.5	2312	22.2	3034	29.1
4	2.9	2	1.4	22	15.8	59	42.4
83	3.5	93	4.0	584	24.9	693	29.5
1	2.2	1	2.2	6	13.0	4	8.7
30	4.3	34	4.8	179	25.5	141	20.1
46	4.0	44	3.8	277	24.2	368	32.1
6	1.3	14	3.1	122	26.8	180	39.5
249	4.7	261	4.9	1201	22.6	1878	35.4
8	5.8	9	6.6	25	18.2	19	13.9
87	6.1	101	7.1	306	21.4	384	26.9
134	4.2	131	4.2	745	23.6	1197	37.9
20	3.4	20	3.4	125	21.4	278	47.5
88	4.4	73	3.6	449	22.3	715	35.5
2	4.3	1	2.2	7	15.2	5	10.9
22	4.2	28	5.4	108	20.7	166	31.9
61	4.6	39	2.9	300	22.5	510	38.2
3	2.7	5	4.5	34	30.9	34	30.9
161	4.9	188	5.7	752	22.8	1163	35.3
6	6.6	8	8.8	18	19.8	14	15.4
65	7.2	73	8.0	198	21.8	218	24.0
73	4.0	92	5.1	445	24.5	687	37.7
17	3.6	15	3.2	91	19.2	244	51.4
121	4.5	107	4.0	685	25.3	778	28.7
4	4.2	5	5.3	17	17.9	17	17.9
34	8.0	23	5.4	112	26.2	80	18.7
53	3.4	56	3.6	399	25.9	489	31.7
15	3.8	13	3.3	97	24.4	151	38.0
79	6.2	78	6.2	314	24.8	291	23.0
2	8.7			6	26.1	1	4.3
26	11.7	14	6.3	53	23.8	23	10.3
50	5.0	64	6.5	246	24.8	256	25.8
1	3.6			9	32.1	11	39.3
38	5.3	42	5.9	167	23.4	136	19.1
1	5.9			3	17.6	1	5.9
18	11.5	10	6.4	36	23.1	9	5.8
18	3.4	32	6.1	124	23.6	121	23.0
1	7.1			4	28.6	5	35.7
41	7.4	36	6.5	147	26.6	155	28.0
1	16.7			3	50.0		
8	11.9	4	6.0	17	25.4	14	20.9
32	6.9	32	6.9	122	26.2	135	29.0
				5	35.7	6	42.9
152	4.7	168	5.2	927	28.5	778	23.9
79	6.0	82	6.2	371	28.3	197	15.0
25	4.1	24	3.9	169	27.8	175	28.7
48	3.6	62	4.7	387	29	406	30.5

3-81 规模以上企业按登记注册类型

指标名称	企业数(个)	使用互联网的企业		通过互联网进行宣传推广的企业数	
		数量(个)	比重(%)	数量(个)	占使用互联网企业的比重(%)
总　计	**28679**	**27829**	**97.0**	**19806**	**71.2**
按登记注册类型分组					
内资企业	27809	26981	97.0	19132	70.9
国有企业	928	910	98.1	608	66.8
集体企业	609	579	95.1	322	55.6
股份合作企业	78	73	93.6	53	72.6
联营企业	24	24	100.0	17	70.8
国有联营企业	4	4	100.0	3	75.0
集体联营企业	12	12	100.0	10	83.3
国有与集体联营企业	3	3	100.0	1	33.3
其他联营企业	5	5	100.0	3	60.0
有限责任公司	7638	7466	97.7	5585	74.8
国有独资公司	442	437	98.9	329	75.3
其他有限责任公司	7196	7029	97.7	5256	74.8
股份有限公司	1318	1291	98.0	975	75.5
私营企业	16304	15811	97.0	11066	70.0
私营独资企业	1397	1349	96.6	877	65.0
私营合伙企业	979	898	91.7	535	59.6
私营有限责任公司	12561	12251	97.5	8685	70.9
私营股份有限公司	1367	1313	96.0	969	73.8
其他企业	910	827	90.9	506	61.2
港、澳、台商投资企业	512	503	98.2	406	80.7
与港澳台商合资经营企业	243	243	100.0	201	82.7
与港澳台商合作经营企业	16	15	93.8	13	86.7
港澳台商独资企业	234	226	96.6	177	78.3
港澳台商投资股份有限公司	16	16	100.0	13	81.3
其他港澳台投资企业	3	3	100.0	2	66.7
外商投资企业	358	345	96.4	268	77.7
中外合资经营企业	206	199	96.6	155	77.9
中外合作经营企业	13	13	100.0	9	69.2
外资企业	126	121	96.0	95	78.5
外商投资股份有限公司	11	10	90.9	8	80.0
其他外商投资企业	2	2	100	1	50

分互联网宣传和推广的方式情况

独立网站		互联网广告		搜索引擎		电子商务平台	
数量(个)	占使用互联网企业的比重(%)	数量(个)	占使用互联网企业的比重(%)	数量(个)	占使用互联网企业的比重(%)	数量(个)	占使用互联网企业的比重(%)
6633	**23.8**	**6284**	**22.6**	**3140**	**11.3**	**2830**	**10.2**
6334	23.5	6029	22.3	3007	11.1	2729	10.1
256	28.1	153	16.8	78	8.6	76	8.4
51	8.8	94	16.2	45	7.8	33	5.7
14	19.2	22	30.1	11	15.1	4	5.5
6	25.0	5	20.8	4	16.7	2	8.3
2	50.0			1	25.0		
3	25.0	3	25.0	2	16.7	2	16.7
1	20.0	2	40.0	1	20.0		
2177	29.2	1836	24.6	949	12.7	807	10.8
163	37.3	95	21.7	50	11.4	32	7.3
2014	28.7	1741	24.8	899	12.8	775	11.0
415	32.1	333	25.8	157	12.2	175	13.6
3311	20.9	3449	21.8	1689	10.7	1579	10.0
191	14.2	259	19.2	97	7.2	93	6.9
82	9.1	126	14.0	45	5.0	48	5.3
2768	22.6	2772	22.6	1403	11.5	1293	10.6
270	20.6	292	22.2	144	11.0	145	11.0
104	12.6	137	16.6	74	8.9	53	6.4
162	32.2	146	29.0	73	14.5	65	12.9
96	39.5	80	32.9	45	18.5	37	15.2
4	26.7	5	33.3	1	6.7		
56	24.8	53	23.5	25	11.1	24	10.6
6	37.5	6	37.5	2	12.5	4	25.0
		2	66.7				
137	39.7	109	31.6	60	17.4	36	10.4
76	38.2	59	29.6	33	16.6	22	11.1
4	30.8	2	15.4	1	7.7	2	15.4
54	44.6	43	35.5	23	19.0	11	9.1
3	30.0	5	50.0	3	30.0	1	10.0

3-81 续表

指标名称	电子邮件		微博	
	数量(个)	占使用互联网企业的比重(%)	数量(个)	占使用互联网企业的比重(%)
总　计	**7523**	**27.0**	**3476**	**12.5**
按登记注册类型分组				
内资企业	7285	27.0	3363	12.5
国有企业	211	23.2	77	8.5
集体企业	154	26.6	56	9.7
股份合作企业	21	28.8	11	15.1
联营企业	5	20.8	2	8.3
国有联营企业	1	25.0		
集体联营企业	2	16.7	1	8.3
国有与集体联营企业	1	33.3		
其他联营企业	1	20.0	1	20.0
有限责任公司	2116	28.3	1010	13.5
国有独资公司	115	26.3	38	8.7
其他有限责任公司	2001	28.5	972	13.8
股份有限公司	372	28.8	161	12.5
私营企业	4218	26.7	1954	12.4
私营独资企业	270	20.0	151	11.2
私营合伙企业	191	21.3	99	11.0
私营有限责任公司	3369	27.5	1521	12.4
私营股份有限公司	388	29.6	183	13.9
其他企业	188	22.7	92	11.1
港、澳、台商投资企业	139	27.6	64	12.7
与港澳台商合资经营企业	65	26.7	30	12.3
与港澳台商合作经营企业	5	33.3	2	13.3
港澳台商独资企业	64	28.3	28	12.4
港澳台商投资股份有限公司	4	25.0	3	18.8
其他港澳台投资企业	1	33.3	1	33.3
外商投资企业	99	28.7	49	14.2
中外合资经营企业	59	29.6	22	11.1
中外合作经营企业	3	23.1	2	15.4
外资企业	33	27.3	24	19.8
外商投资股份有限公司	3	30.0	1	10.0
其他外商投资企业	1	50		

博客		社交网站		其他		没有通过互联网对本企业宣传推广	
数量(个)	占使用互联网企业的比重(%)	数量(个)	占使用互联网企业的比重(%)	数量(个)	占使用互联网企业的比重(%)	数量(个)	占使用互联网企业的比重(%)
1193	**4.3**	**1140**	**4.1**	**6456**	**23.2**	**8023**	**28.8**
1168	4.3	1095	4.1	6281	23.3	7849	29.1
31	3.4	36	4.0	181	19.9	302	33.2
17	2.9	18	3.1	115	19.9	257	44.4
3	4.1	6	8.2	22	30.1	20	27.4
1	4.2	1	4.2	4	16.7	7	29.2
						1	25.0
1	8.3	1	8.3	3	25.0	2	16.7
						2	66.7
				1	20.0	2	40.0
301	4.0	305	4.1	1749	23.4	1881	25.2
16	3.7	12	2.7	80	18.3	108	24.7
285	4.1	293	4.2	1669	23.7	1773	25.2
55	4.3	55	4.3	274	21.2	316	24.5
732	4.6	659	4.2	3715	23.5	4745	30.0
60	4.4	58	4.3	316	23.4	472	35.0
37	4.1	26	2.9	226	25.2	363	40.4
569	4.6	524	4.3	2825	23.1	3566	29.1
66	5.0	51	3.9	348	26.5	344	26.2
28	3.4	15	1.8	221	26.7	321	38.8
13	2.6	30	6.0	113	22.5	97	19.3
9	3.7	15	6.2	53	21.8	42	17.3
				6	40.0	2	13.3
4	1.8	13	5.8	51	22.6	49	21.7
		1	6.3	3	18.8	3	18.8
		1	33.3			1	33.3
12	3.5	15	4.3	62	18.0	77	22.3
6	3.0	5	2.5	41	20.6	44	22.1
				2	15.4	4	30.8
6	5.0	9	7.4	18	14.9	26	21.5
		1	10.0	1	10.0	2	20.0
						1	50

3-82 规模以上企业分行业和

指标名称	企业数(个)	有电子商务的企业		有电子商务销售的企业		有自营平台销售的企业	
		数量(个)	比重(%)	数量(个)	比重(%)	数量(个)	比重(%)
总　计	**28679**	**1151**	**4.0**	**970**	**3.4**	**389**	**1.4**
分行业							
采矿业	1408	33	2.3	26	1.8	8	0.6
煤炭开采和洗选业	764	11	1.4	6	0.8	2	0.3
石油和天然气开采业							
黑色金属矿采选业	121	7	5.8	6	5.0	2	1.7
有色金属矿采选业	238	12	5.0	11	4.6	3	1.3
非金属矿采选业	282	3	1.1	3	1.1	1	0.4
开采辅助活动							
其他采矿业	3						
制造业	11611	621	5.3	561	4.8	274	2.4
农副食品加工业	1050	49	4.7	46	4.4	25	2.4
食品制造业	342	28	8.2	27	7.9	14	4.1
酒、饮料和精制茶制造业	308	29	9.4	27	8.8	14	4.5
烟草制品业	7	2	28.6	2	28.6	1	14.3
纺织业	247	19	7.7	14	5.7	10	4.0
纺织服装、服饰业	199	13	6.5	13	6.5	7	3.5
皮革、毛皮、羽毛及其制品和制鞋业	209	9	4.3	9	4.3	1	0.5
木材加工和木、竹、藤、棕、草制品业	440	13	3.0	12	2.7	4	0.9
家具制造业	123	9	7.3	9	7.3	2	1.6
造纸和纸制品业	314	6	1.9	6	1.9	1	0.3
印刷和记录媒介复制业	199	5	2.5	5	2.5	4	2.0
文教、工美、体育和娱乐用品制造业	115	6	5.2	5	4.3	2	1.7
石油加工、炼焦和核燃料加工业	30	5	16.7	4	13.3	3	10.0
化学原料和化学制品制造业	1624	83	5.1	76	4.7	36	2.2
医药制造业	291	18	6.2	15	5.2	13	4.5
化学纤维制造业	12						
橡胶和塑料制品业	323	9	2.8	6	1.9	2	0.6
非金属矿物制品业	1478	110	7.4	100	6.8	44	3.0
黑色金属冶炼和压延加工业	547	7	1.3	6	1.1	1	0.2
有色金属冶炼和压延加工业	582	21	3.6	20	3.4	7	1.2
金属制品业	414	12	2.9	11	2.7	9	2.2
通用设备制造业	727	34	4.7	29	4.0	17	2.3
专用设备制造业	538	28	5.2	27	5.0	11	2.0
汽车制造业	267	22	8.2	18	6.7	9	3.4
铁路、船舶、航空航天和其他运输设备制造业	110	4	3.6	4	3.6	1	0.9
电气机械和器材制造业	496	25	5.0	21	4.2	13	2.6
计算机、通信和其他电子设备制造业	385	35	9.1	30	7.8	14	3.6

分地区电子商务交易情况

有B2C的企业		有面向大陆区域以外销售的企业		有服务类商品销售的企业		有电子商务采购的企业数	
数量(个)	比重(%)	数量(个)	比重(%)	数量(个)	比重(%)	数量(个)	比重(%)
469	**1.6**	**111**	**0.4**	**214**	**0.7**	**720**	**2.5**
7	0.5	2	0.1	4	0.3	27	1.9
2	0.3	1	0.1	2	0.3	9	1.2
3	2.5	1	0.8	2	1.7	4	3.3
1	0.4					12	5.0
1	0.4					2	0.7
256	2.2	87	0.7	95	0.8	445	3.8
30	2.9	2	0.2	6	0.6	26	2.5
19	5.6	2	0.6	3	0.9	19	5.6
15	4.9	3	1.0	8	2.6	14	4.5
						2	28.6
6	2.4	3	1.2	4	1.6	12	4.9
7	3.5	1	0.5	4	2.0	9	4.5
1	0.5	1	0.5	1	0.5	8	3.8
5	1.1	3	0.7	1	0.2	11	2.5
4	3.3	1	0.8			6	4.9
2	0.6	1	0.3			2	0.6
3	1.5	1	0.5	2	1.0	4	2.0
3	2.6					4	3.5
3	10.0	1	3.3	1	3.3	4	13.3
33	2.0	12	0.7	15	0.9	57	3.5
5	1.7	4	1.4	1	0.3	14	4.8
3	0.9	1	0.3	2	0.6	9	2.8
53	3.6	9	0.6	19	1.3	98	6.6
1	0.2	2	0.4			6	1.1
6	1.0	2	0.3	3	0.5	14	2.4
2	0.5	2	0.5	1	0.2	9	2.2
8	1.1	6	0.8	7	1.0	20	2.8
10	1.9	7	1.3	4	0.7	15	2.8
6	2.2	5	1.9	3	1.1	16	6.0
		2	1.8			3	2.7
12	2.4	5	1.0	4	0.8	22	4.4
12	3.1	5	1.3	4	1.0	26	6.8

3-82 续表 1

指标名称	企业数(个)	有电子商务的企业		有电子商务销售的企业		有自营平台销售的企业	
		数量(个)	比重(%)	数量(个)	比重(%)	数量(个)	比重(%)
仪器仪表制造业	108	15	13.9	15	13.9	7	6.5
其他制造业	49	4	8.2	4	8.2	2	4.1
废弃资源综合利用业	74	1	1.4				
金属制品、机械和设备修理业	3						
电力、热力、燃气及水生产和供应业	394	7	1.8	4	1.0		
电力、热力生产和供应业	277	7	2.5	4	1.4		
燃气生产和供应业	37						
水的生产和供应业	80						
建筑业	2412	68	2.8	33	1.4	6	0.2
房屋建筑业	1430	43	3.0	20	1.4	5	0.3
土木工程建筑业	440	12	2.7	4	0.9	1	0.2
建筑安装业	219	5	2.3	3	1.4		
建筑装饰和其他建筑业	323	8	2.5	6	1.9		
批发和零售业	5453	149	2.7	131	2.4	45	0.8
批发业	2071	58	2.8	53	2.6	15	0.7
零售业	3382	91	2.7	78	2.3	30	0.9
交通运输、仓储和邮政业	662	22	3.3	12	1.8	4	0.6
铁路运输业	1						
道路运输业	450	6	1.3	3	0.7	2	0.4
水上运输业	35						
航空运输业	6						
管道运输业	2						
装卸搬运和运输代理业	74	3	4.1	3	4.1		
仓储业	67	7	10.4	1	1.5		
邮政业	27	6	22.2	5	18.5	2	7.4
住宿和餐饮业	1299	99	7.6	94	7.2	11	0.8
住宿业	730	72	9.9	69	9.5	9	1.2
餐饮业	569	27	4.7	25	4.4	2	0.4
信息传输、软件和信息技术服务业	264	38	14.4	33	12.5	21	8.0
电信、广播电视和卫星传输服务	150	26	17.3	25	16.7	18	12.0
互联网和相关服务	9	2	22.2	1	11.1		
软件和信息技术服务业	105	10	9.5	7	6.7	3	2.9
房地产业	3612	51	1.4	23	0.6		
房地产业	3612	51	1.4	23	0.6		
租赁和商务服务业	500	19	3.8	17	3.4	6	1.2
租赁业	24						
商务服务业	476	19	4.0	17	3.6	6	1.3

有B2C的企业		有面向大陆区域以外销售的企业		有服务类商品销售的企业		有电子商务采购的企业数	
数量(个)	比重(%)	数量(个)	比重(%)	数量(个)	比重(%)	数量(个)	比重(%)
5	4.6	5	4.6	2	1.9	11	10.2
2	4.1	1	2.0			3	6.1
						1	1.4
2	0.5					4	1.0
2	0.7					4	1.4
16	0.7	2	0.1	8	0.3	55	2.3
11	0.8	2	0.1	6	0.4	35	2.4
1	0.2			1	0.2	11	2.5
1	0.5					5	2.3
3	0.9			1	0.3	4	1.2
73	1.3	7	0.1	20	0.4	68	1.2
24	1.2	5	0.2	10	0.5	26	1.3
49	1.4	2	0.1	10	0.3	42	1.2
5	0.8	1	0.2	4	0.6	12	1.8
1	0.2			2	0.4	3	0.7
1	1.4			1	1.4		
						6	9.0
3	11.1	1	3.7	1	3.7	3	11.1
40	3.1	7	0.5	44	3.4	26	2.0
26	3.6	6	0.8	36	4.9	20	2.7
14	2.5	1	0.2	8	1.4	6	1.1
26	9.8	1	0.4	14	5.3	17	6.4
22	14.7			9	6.0	7	4.7
1	11.1					2	22.2
3	2.9	1	1.0	5	4.8	8	7.6
11	0.3			5	0.1	40	1.1
11	0.3			5	0.1	40	1.1
12	2.4	1	0.2	6	1.2	9	1.8
12	2.5	1	0.2	6	1.3	9	1.9

3-82 续表 2

指标名称	企业数(个)	有电子商务的企业		有电子商务销售的企业		有自营平台销售的企业	
		数量(个)	比重(%)	数量(个)	比重(%)	数量(个)	比重(%)
科学研究和技术服务业	462	6	1.3	4	0.9	2	0.4
研究和试验发展	26	1	3.8				
专业技术服务业	216	5	2.3	4	1.9	2	0.9
科技推广和应用服务业	220						
水利、环境和公共设施管理业	87	8	9.2	7	8.0	1	1.1
水利管理业	13	1	7.7	1	7.7		
生态保护和环境治理业	14	1	7.1	1	7.1		
公共设施管理业	60	6	10.0	5	8.3	1	1.7
居民服务、修理和其他服务业	114	3	2.6	2	1.8		
居民服务业	84	3	3.6	2	2.4		
机动车、电子产品和日用产品修理业	17						
其他服务业	13						
教育	109	3	2.8	2	1.8	1	0.9
教育	109	3	2.8	2	1.8	1	0.9
卫生和社会工作	140	7	5.0	6	4.3	1	0.7
卫生	138	7	5.1	6	4.3	1	0.7
社会工作	2						
文化、体育和娱乐业	152	17	11.2	15	9.9	9	5.9
新闻和出版业	36	3	8.3	3	8.3	2	5.6
广播、电视、电影和影视录音制作业	52	10	19.2	9	17.3	5	9.6
文化艺术业	19	1	5.3	1	5.3	1	5.3
体育	11	1	9.1	1	9.1		
娱乐业	34	2	5.9	1	2.9	1	2.9
分市州							
长沙市	6489	344	5.3	291	4.5	121	1.9
株洲市	2868	157	5.5	148	5.2	84	2.9
湘潭市	1543	68	4.4	59	3.8	28	1.8
衡阳市	2465	65	2.6	55	2.2	13	0.5
邵阳市	1686	71	4.2	62	3.7	24	1.4
岳阳市	2817	60	2.1	45	1.6	11	0.4
常德市	2153	83	3.9	65	3	17	0.8
张家界市	407	30	7.4	26	6.4	14	3.4
益阳市	1731	42	2.4	37	2.1	21	1.2
郴州市	2206	112	5.1	88	4	17	0.8
永州市	1267	34	2.7	28	2.2	9	0.7
怀化市	1098	22	2	19	1.7	11	1
娄底市	1438	50	3.5	36	2.5	16	1.1
湘西州	511	13	2.5	11	2.2	3	0.6

有B2C的企业		有面向大陆区域以外销售的企业		有服务类商品销售的企业		有电子商务采购的企业数	
数量(个)	比重(%)	数量(个)	比重(%)	数量(个)	比重(%)	数量(个)	比重(%)
4	0.9	1	0.2	2	0.4	2	0.4
						1	3.8
4	1.9	1	0.5	2	0.9	1	0.5
3	3.4	1	1.1	4	4.6	2	2.3
				1	7.7		
3	5.0	1	1.7	3	5.0	2	3.3
				1	0.9	1	0.9
				1	1.2	1	1.2
				1	0.9	2	1.8
				1	0.9	2	1.8
5	3.6	1	0.7	2	1.4	3	2.1
5	3.6	1	0.7	2	1.4	3	2.2
9	5.9			4	2.6	7	4.6
1	2.8			1	2.8	1	2.8
6	11.5			2	3.8	3	5.8
1	5.3					1	5.3
1	9.1					1	9.1
				1	2.9	1	2.9
137	2.1	37	0.6	71	1.1	185	2.9
86	3	21	0.7	36	1.3	119	4.1
33	2.1	10	0.6	14	0.9	33	2.1
18	0.7			5	0.2	47	1.9
33	2	9	0.5	11	0.7	47	2.8
19	0.7	4	0.1	11	0.4	46	1.6
33	1.5	4	0.2	11	0.5	48	2.2
10	2.5	2	0.5	9	2.2	17	4.2
23	1.3	6	0.3	9	0.5	18	1
24	1.1	7	0.3	13	0.6	92	4.2
19	1.5	4	0.3	9	0.7	17	1.3
12	1.1	2	0.2	4	0.4	9	0.8
17	1.2	5	0.3	6	0.4	35	2.4
5	1			5	1	7	1.4

3-82 续表 3

指标名称	有自营平台采购的企业		有面向大陆以外区域采购的企业		有服务类商品采购的企业	
	数量(个)	比重(%)	数量(个)	比重(%)	数量(个)	比重(%)
总　计	**265**	**0.9**	**82**	**0.3**	**134**	**0.5**
分行业						
采矿业	6	0.4	2	0.1	3	0.2
煤炭开采和洗选业	1	0.1	1	0.1		
石油和天然气开采业						
黑色金属矿采选业	1	0.8			2	1.7
有色金属矿采选业	3	1.3	1	0.4		
非金属矿采选业	1	0.4			1	0.4
开采辅助活动						
其他采矿业						
制造业	201	1.7	66	0.6	60	0.5
农副食品加工业	10	1.0	2	0.2	4	0.4
食品制造业	7	2.0	2	0.6	4	1.2
酒、饮料和精制茶制造业	5	1.6	2	0.6	3	1.0
烟草制品业	1	14.3				
纺织业	6	2.4	2	0.8	2	0.8
纺织服装、服饰业	6	3.0			2	1.0
皮革、毛皮、羽毛及其制品和制鞋业	1	0.5				
木材加工和木、竹、藤、棕、草制品业	4	0.9	1	0.2		
家具制造业	2	1.6	1	0.8	1	0.8
造纸和纸制品业						
印刷和记录媒介复制业	3	1.5			3	1.5
文教、工美、体育和娱乐用品制造业	2	1.7				
石油加工、炼焦和核燃料加工业	2	6.7	1	3.3	1	3.3
化学原料和化学制品制造业	30	1.8	10	0.6	10	0.6
医药制造业	9	3.1	4	1.4	3	1.0
化学纤维制造业						
橡胶和塑料制品业	2	0.6	2	0.6	1	0.3
非金属矿物制品业	43	2.9	17	1.2	10	0.7
黑色金属冶炼和压延加工业	1	0.2	1	0.2		
有色金属冶炼和压延加工业	5	0.9	1	0.2	1	0.2
金属制品业	7	1.7	2	0.5	3	0.7
通用设备制造业	12	1.7	2	0.3	3	0.4
专用设备制造业	7	1.3	2	0.4	2	0.4
汽车制造业	6	2.2	2	0.7	2	0.7
铁路、船舶、航空航天和其他运输设备制造业	1	0.9	2	1.8		
电气机械和器材制造业	10	2.0	4	0.8	1	0.2
计算机、通信和其他电子设备制造业	12	3.1	3	0.8	2	0.5

有自营电子商务平台的企业		有面向大陆以外电子商务交易的企业		同时有电子商务销售和采购的企业		提供第三方电子商务交易平台的单位		提供第三方电子商务交易平台收取服务费的企业	
数量(个)	比重(%)	数量(个)	比重(%)	数量(个)	比重(%)	数量(个)	比重(%)	数量(个)	比重(%)
424	**1.5**	**152**	**0.5**	**539**	**1.9**	**83**	**0.3**	**65**	**0.2**
8	0.6	4	0.3	20	1.4	1	0.1		
2	0.3	2	0.3	4	0.5				
2	1.7	1	0.8	3	2.5				
3	1.3	1	0.4	11	4.6	1	0.4		
1	0.4			2	0.7				
292	2.5	117	1.0	385	3.3	55	0.5	47	0.4
25	2.4	3	0.3	23	2.2	9	0.9	7	0.7
14	4.1	3	0.9	18	5.3	3	0.9	3	0.9
15	4.9	5	1.6	12	3.9	3	1.0	3	1.0
1	14.3			2	28.6				
11	4.5	3	1.2	7	2.8	1	0.4	1	0.4
7	3.5	1	0.5	9	4.5				
1	0.5	1	0.5	8	3.8				
4	0.9	4	0.9	10	2.3	1	0.2	1	0.2
2	1.6	2	1.6	6	4.9	1	0.8	1	0.8
1	0.3	1	0.3	2	0.6				
4	2.0	1	0.5	4	2.0				
2	1.7			3	2.6				
3	10.0	1	3.3	3	10.0				
39	2.4	15	0.9	50	3.1	8	0.5	7	0.4
15	5.2	6	2.1	11	3.8	1	0.3	1	0.3
2	0.6	2	0.6	6	1.9				
48	3.2	20	1.4	88	6.0	14	0.9	11	0.7
1	0.2	2	0.4	5	0.9				
8	1.4	2	0.3	13	2.2				
9	2.2	2	0.5	8	1.9	3	0.7	3	0.7
19	2.6	6	0.8	15	2.1	2	0.3	2	0.3
12	2.2	8	1.5	14	2.6	3	0.6	3	0.6
10	3.7	6	2.2	12	4.5	2	0.7	1	0.4
1	0.9	3	2.7	3	2.7				
13	2.6	7	1.4	18	3.6	1	0.2	1	0.2
15	3.9	7	1.8	21	5.5	1	0.3	1	0.3

3-82 续表 4

指标名称	有自营平台采购的企业		有面向大陆以外区域采购的企业		有服务类商品采购的企业	
	数量(个)	比重(%)	数量(个)	比重(%)	数量(个)	比重(%)
仪器仪表制造业	4	3.7	3	2.8	2	1.9
其他制造业	2	4.1				
废弃资源综合利用业	1	1.4				
金属制品、机械和设备修理业						
电力、热力、燃气及水生产和供应业	2	0.5			2	0.5
电力、热力生产和供应业	2	0.7			2	0.7
燃气生产和供应业						
水的生产和供应业						
建筑业	10	0.4	3	0.1	14	0.6
房屋建筑业	5	0.3	2	0.1	8	0.6
土木工程建筑业	4	0.9			4	0.9
建筑安装业					1	0.5
建筑装饰和其他建筑业	1	0.3	1	0.3	1	0.3
批发和零售业	18	0.3	3	0.1	12	0.2
批发业	7	0.3	1		5	0.2
零售业	11	0.3	2	0.1	7	0.2
交通运输、仓储和邮政业	4	0.6	1	0.2	4	0.6
铁路运输业						
道路运输业	2	0.4				
水上运输业						
航空运输业						
管道运输业						
装卸搬运和运输代理业						
仓储业	2	3.0			2	3.0
邮政业			1	3.7	2	7.4
住宿和餐饮业	5	0.4	3	0.2	14	1.1
住宿业	3	0.4	2	0.3	13	1.8
餐饮业	2	0.4	1	0.2	1	0.2
信息传输、软件和信息技术服务业	8	3.0	1	0.4	5	1.9
电信、广播电视和卫星传输服务	5	3.3			3	2.0
互联网和相关服务			1	11.1	1	11.1
软件和信息技术服务业	3	2.9			1	1.0
房地产业	1				11	0.3
房地产业	1				11	0.3
租赁和商务服务业	5	1.0	1	0.2	2	0.4
租赁业						
商务服务业	5	1.1	1	0.2	2	0.4

有自营电子商务平台的企业		有面向大陆以外电子商务交易的企业		同时有电子商务销售和采购的企业		提供第三方电子商务交易平台的单位		提供第三方电子商务交易平台收取服务费的企业	
数量(个)	比重(%)	数量(个)	比重(%)	数量(个)	比重(%)	数量(个)	比重(%)	数量(个)	比重(%)
7	6.5	5	4.6	11	10.2	1	0.9	1	0.9
2	4.1	1	2.0	3	6.1				
1	1.4					1	1.4		
2	0.5			1	0.3				
2	0.7			1	0.4				
10	0.4	5	0.2	20	0.8	2	0.1	1	
5	0.3	4	0.3	12	0.8	2	0.1	1	0.1
4	0.9			3	0.7				
				3	1.4				
1	0.3	1	0.3	2	0.6				
46	0.8	9	0.2	50	0.9	8	0.1	7	0.1
16	0.8	5	0.2	21	1.0	2	0.1	2	0.1
30	0.9	4	0.1	29	0.9	6	0.2	5	0.1
8	1.2	1	0.2	2	0.3	3	0.5		
4	0.9					2	0.4		
2	3.0								
2	7.4	1	3.7	2	7.4	1	3.7		
12	0.9	8	0.6	21	1.6	5	0.4	4	0.3
9	1.2	7	1.0	17	2.3	3	0.4	2	0.3
3	0.5	1	0.2	4	0.7	2	0.4	2	0.4
22	8.3	2	0.8	12	4.5	6	2.3	3	1.1
19	12.7			6	4.0	2	1.3		
		1	11.1	1	11.1				
3	2.9	1	1.0	5	4.8	4	3.8	3	2.9
1				12	0.3				
1				12	0.3				
7	1.4	1	0.2	7	1.4				
7	1.5	1	0.2	7	1.5				

3-82 续表 5

指标名称	有自营平台采购的企业		有面向大陆以外区域采购的企业		有服务类商品采购的企业	
	数量(个)	比重(%)	数量(个)	比重(%)	数量(个)	比重(%)
科学研究和技术服务业					1	0.2
研究和试验发展						
专业技术服务业					1	0.5
科技推广和应用服务业						
水利、环境和公共设施管理业						
水利管理业						
生态保护和环境治理业						
公共设施管理业						
居民服务、修理和其他服务业	1	0.9			1	0.9
居民服务业	1	1.2			1	1.2
机动车、电子产品和日用产品修理业						
其他服务业						
教育					2	1.8
教育					2	1.8
卫生和社会工作	2	1.4	1	0.7	2	1.4
卫生	2	1.4	1	0.7	2	1.4
社会工作						
文化、体育和娱乐业	2	1.3	1	0.7	1	0.7
新闻和出版业	1	2.8				
广播、电视、电影和影视录音制作业					1	1.9
文化艺术业	1	5.3	1	5.3		
体育						
娱乐业						
分市州						
长沙市	75	1.2	17	0.3	48	0.7
株洲市	67	2.3	27	0.9	15	0.5
湘潭市	14	0.9	4	0.3	8	0.5
衡阳市	9	0.4			3	0.1
邵阳市	14	0.8	6	0.4	9	0.5
岳阳市	13	0.5	4	0.1	11	0.4
常德市	11	0.5	8	0.4	7	0.3
张家界市	9	2.2	2	0.5	1	0.2
益阳市	12	0.7	3	0.2	4	0.2
郴州市	13	0.6	7	0.3	14	0.6
永州市	8	0.6	2	0.2	4	0.3
怀化市	5	0.5				
娄底市	14	1	2	0.1	7	0.5
湘西州	1	0.2			3	0.6

有自营电子商务平台的企业		有面向大陆以外电子商务交易的企业		同时有电子商务销售和采购的企业		提供第三方电子商务交易平台的单位		提供第三方电子商务交易平台收取服务费的企业	
数量(个)	比重(%)	数量(个)	比重(%)	数量(个)	比重(%)	数量(个)	比重(%)	数量(个)	比重(%)
2	0.4	1	0.2						
2	0.9	1	0.5						
1	1.1	1	1.1	1	1.1				
1	1.7	1	1.7	1	1.7				
1	0.9								
1	1.2								
1	0.9			1	0.9				
1	0.9			1	0.9				
2	1.4	2	1.4	2	1.4				
2	1.4	2	1.4	2	1.4				
9	5.9	1	0.7	5	3.3	3	2.0	3	2.0
2	5.6			1	2.8				
5	9.6			2	3.8	3	5.8	3	5.8
1	5.3	1	5.3	1	5.3				
				1	9.1				
1	2.9								
132	2	46	0.7	132	2	28	0.4	24	0.4
85	3	36	1.3	110	3.8	18	0.6	14	0.5
28	1.8	10	0.6	24	1.6	3	0.2	3	0.2
15	0.6			37	1.5	9	0.4	6	0.2
24	1.4	13	0.8	38	2.3	4	0.2	4	0.2
16	0.6	6	0.2	31	1.1	1		1	
21	1	10	0.5	30	1.4	1		1	
15	3.7	3	0.7	13	3.2	4	1	3	0.7
23	1.3	8	0.5	13	0.8	5	0.3	3	0.2
19	0.9	8	0.4	68	3.1	3	0.1	1	
12	0.9	5	0.4	11	0.9	2	0.2	1	0.1
13	1.2	2	0.2	6	0.5	1	0.1	1	0.1
18	1.3	5	0.3	21	1.5	4	0.3	3	0.2
3	0.6			5	1				

3-83 规模以上企业分专业

指标名称	企业数(个)	有电子商务的企业		有电子商务销售的企业		有自营平台销售的企业	
		数量(个)	比重(%)	数量(个)	比重(%)	数量(个)	比重(%)
总　计	**28679**	**1151**	**4.0**	**970**	**3.4**	**389**	**1.4**
工业	13413	661	4.9	591	4.4	282	2.1
高新技术企业	1284	189	14.7	166	12.9	97	7.6
非高新技术企业	12129	472	3.9	425	3.5	185	1.5
制造业	11611	621	5.3	561	4.8	274	2.4
高技术产业	873	71	8.1	63	7.2	34	3.9
非高技术产业	10738	550	5.1	498	4.6	240	2.2
建筑业按资质等级分	2412	68	2.8	33	1.4	6	0.2
施工总承包	1462	41	2.8	17	1.2	5	0.3
特级	11	2	18.2				
一级	186	7	3.8	3	1.6	2	1.1
二级	509	14	2.8	6	1.2	3	0.6
三级及以下	756	18	2.4	8	1.1		
专业承包	548	16	2.9	11	2.0	1	0.2
一级	56	2	3.6	2	3.6		
二级	106	3	2.8	1	0.9		
三级及以下	386	11	2.8	8	2.1	1	0.3
劳务分包	402	11	2.7	5	1.2		
一级	312	7	2.2	2	0.6		
二级	73	4	5.5	3	4.1		
三级及以下	17						
批发和零售业	5453	149	2.7	131	2.4	45	0.8
独立门店	4430	102	2.3	87	2.0	28	0.6
连锁总店(总部)	125	13	10.4	13	10.4	10	8.0
连锁门店	127	2	1.6	2	1.6		
其他	771	32	4.2	29	3.8	7	0.9
零售业	3382	91	2.7	78	2.3	30	0.9
食杂店	23	3	13.0	2	8.7	2	8.7
便利店	31	1	3.2	1	3.2	1	3.2
折扣店							
超市	391	13	3.3	9	2.3	4	1.0
大型超市	104	5	4.8	5	4.8	2	1.9
仓储会员店	8						
百货店	166	8	4.8	8	4.8	5	3.0

及特有分组分电子商务交易情况

有B2C的企业		有面向大陆区域以外销售的企业		有服务类商品销售的企业		有电子商务采购的企业数	
数量(个)	比重(%)	数量(个)	比重(%)	数量(个)	比重(%)	数量(个)	比重(%)
469	**1.6**	**111**	**0.4**	**214**	**0.7**	**720**	**2.5**
265	2.0	89	0.7	99	0.7	476	3.5
70	5.5	42	3.3	28	2.2	139	10.8
195	1.6	47	0.4	71	0.6	337	2.8
256	2.2	87	0.7	95	0.8	445	3.8
23	2.6	14	1.6	7	0.8	52	6.0
233	2.2	73	0.7	88	0.8	393	3.7
16	0.7	2	0.1	8	0.3	55	2.3
9	0.6	2	0.1	6	0.4	34	2.3
						2	18.2
2	1.1	1	0.5	2	1.1	6	3.2
2	0.4			3	0.6	12	2.4
5	0.7	1	0.1	1	0.1	14	1.9
4	0.7			1	0.2	11	2.0
				1	1.8	1	1.8
						2	1.9
4	1.0					8	2.1
3	0.7			1	0.2	10	2.5
				1	0.3	6	1.9
3	4.1					4	5.5
73	1.3	7	0.1	20	0.4	68	1.2
44	1.0	4	0.1	11	0.2	45	1.0
10	8.0	1	0.8	5	4.0	7	5.6
						1	0.8
19	2.5	2	0.3	4	0.5	15	1.9
49	1.4	2	0.1	10	0.3	42	1.2
2	8.7					1	4.3
1	3.2					1	3.2
9	2.3			1	0.3	8	2.0
4	3.8			1	1.0	2	1.9
7	4.2			1	0.6	4	2.4

3-83 续表 1

指标名称	企业数(个)	有电子商务的企业		有电子商务销售的企业		有自营平台销售的企业	
		数量(个)	比重(%)	数量(个)	比重(%)	数量(个)	比重(%)
专业店	1443	30	2.1	25	1.7	7	0.5
专卖店	1025	20	2.0	17	1.7	4	0.4
家居建材商店	53						
购物中心	15						
厂家直销中心	111	2	1.8	2	1.8		
电视购物	3	1	33.3	1	33.3	1	33.3
邮购							
网上商店	8	8	100.0	8	100.0	4	50.0
自动售货亭							
电话购物	1						
服务业	2756	126	4.6	99	3.6	45	1.6
高新技术企业	103	7	6.8	5	4.9	2	1.9
非高新技术企业	2653	119	4.5	94	3.5	43	1.6
高技术产业	755	46	6.1	39	5.2	25	3.3
非高技术产业	2001	80	4.0	60	3.0	20	1.0
住宿和餐饮业	1299	99	7.6	94	7.2	11	0.8
独立门店	1175	86	7.3	81	6.9	9	0.8
连锁总店(总部)	21	4	19.0	4	19.0	1	4.8
连锁门店	34	3	8.8	3	8.8	1	2.9
其他	69	6	8.7	6	8.7		
住宿业	730	72	9.9	69	9.5	9	1.2
一星	5						
二星	67	4	6.0	3	4.5		
三星	198	12	6.1	12	6.1	2	1.0
四星	95	16	16.8	16	16.8	1	1.1
五星	38	12	31.6	12	31.6	3	7.9
其他	327	28	8.6	26	8.0	3	0.9
房地产业	3346	48	1.4	22	0.7		
一级	25						
二级	214	3	1.4				
三级	1544	31	2.0	14	0.9		
四级	454	5	1.1	3	0.7		
暂定	1012	8	0.8	4	0.4		
其他	97	1	1	1	1		

有B2C的企业		有面向大陆区域以外销售的企业		有服务类商品销售的企业		有电子商务采购的企业数	
数量(个)	比重(%)	数量(个)	比重(%)	数量(个)	比重(%)	数量(个)	比重(%)
10	0.7	1	0.1	5	0.3	10	0.7
9	0.9			1	0.1	11	1.1
1	0.9			1	0.9		
1	33.3					1	33.3
5	62.5	1	12.5			4	50.0
64	2.3	6	0.2	38	1.4	58	2.1
3	2.9			5	4.9	4	3.9
61	2.3	6	0.2	33	1.2	54	2.0
31	4.1	2	0.3	16	2.1	20	2.6
33	1.6	4	0.2	22	1.1	38	1.9
40	3.1	7	0.5	44	3.4	26	2.0
35	3.0	6	0.5	39	3.3	22	1.9
1	4.8			1	4.8	1	4.8
2	5.9	1	2.9	1	2.9		
2	2.9			3	4.3	3	4.3
26	3.6	6	0.8	36	4.9	20	2.7
				2	3.0	1	1.5
6	3.0	1	0.5	7	3.5	4	2.0
7	7.4	2	2.1	9	9.5	6	6.3
6	15.8	1	2.6	3	7.9	1	2.6
7	2.1	2	0.6	15	4.6	8	2.4
11	0.3			5	0.1	37	1.1
						3	1.4
8	0.5			3	0.2	24	1.6
1	0.2					3	0.7
1	0.1			2	0.2	6	0.6
1	1					1	1

3-83 续表 2

指标名称	有自营平台采购的企业		有面向大陆以外区域采购的企业		有服务类商品采购的企业	
	数量(个)	比重(%)	数量(个)	比重(%)	数量(个)	比重(%)
总　计	**265**	**0.9**	**82**	**0.3**	**134**	**0.5**
工业	209	1.6	68	0.5	65	0.5
高新技术企业	68	5.3	28	2.2	25	1.9
非高新技术企业	141	1.2	40	0.3	40	0.3
制造业	201	1.7	66	0.6	60	0.5
高技术产业	25	2.9	10	1.1	7	0.8
非高技术产业	176	1.6	56	0.5	53	0.5
建筑业按资质等级分	10	0.4	3	0.1	14	0.6
施工总承包	7	0.5	2	0.1	8	0.5
特级						
一级	4	2.2			2	1.1
二级	3	0.6			4	0.8
三级及以下			2	0.3	2	0.3
专业承包	2	0.4			3	0.5
一级					1	1.8
二级	1	0.9			1	0.9
三级及以下	1	0.3			1	0.3
劳务分包	1	0.2	1	0.2	3	0.7
一级	1	0.3	1	0.3	3	1.0
二级						
三级及以下						
批发和零售业	18	0.3	3	0.1	12	0.2
独立门店	9	0.2	3	0.1	7	0.2
连锁总店(总部)	5	4.0			3	2.4
连锁门店						
其他	4	0.5			2	0.3
零售业	11	0.3	2	0.1	7	0.2
食杂店						
便利店						
折扣店						
超市	2	0.5			2	0.5
大型超市	1	1.0				
仓储会员店						
百货店	2	1.2			1	0.6

有自营电子商务平台的企业		有面向大陆以外电子商务交易的企业		同时有电子商务销售和采购的企业		提供第三方电子商务交易平台的单位			
								提供第三方电子商务交易平台收取服务费的企业	
数量(个)	比重(%)	数量(个)	比重(%)	数量(个)	比重(%)	数量(个)	比重(%)	数量(个)	比重(%)
424	**1.5**	**152**	**0.5**	**539**	**1.9**	**83**	**0.3**	**65**	**0.2**
302	2.3	121	0.9	406	3.0	56	0.4	47	0.4
105	8.2	52	4.0	116	9.0	11	0.9	9	0.7
197	1.6	69	0.6	290	2.4	45	0.4	38	0.3
292	2.5	117	1.0	385	3.3	55	0.5	47	0.4
37	4.2	18	2.1	44	5.0	3	0.3	3	0.3
255	2.4	99	0.9	341	3.2	52	0.5	44	0.4
10	0.4	5	0.2	20	0.8	2	0.1	1	
7	0.5	4	0.3	10	0.7	2	0.1	1	0.1
4	2.2	1	0.5	2	1.1	1	0.5	1	0.5
3	0.6			4	0.8	1	0.2		
		3	0.4	4	0.5				
2	0.4			6	1.1				
				1	1.8				
1	0.9								
1	0.3			5	1.3				
1	0.2	1	0.2	4	1.0				
1	0.3	1	0.3	1	0.3				
				3	4.1				
46	0.8	9	0.2	50	0.9	8	0.1	7	0.1
28	0.6	6	0.1	30	0.7	6	0.1	5	0.1
10	8.0	1	0.8	7	5.6	2	1.6	2	1.6
				1	0.8				
8	1.0	2	0.3	12	1.6				
30	0.9	4	0.1	29	0.9	6	0.2	5	0.1
2	8.7					1	4.3	1	4.3
1	3.2			1	3.2				
4	1.0			4	1.0	1	0.3	1	0.3
2	1.9			2	1.9				
5	3.0			4	2.4	1	0.6		

3-83 续表 3

指标名称	有自营平台采购的企业		有面向大陆以外区域采购的企业		有服务类商品采购的企业	
	数量(个)	比重(%)	数量(个)	比重(%)	数量(个)	比重(%)
专业店	1	0.1	2	0.1	3	0.2
专卖店	2	0.2			1	0.1
家居建材商店						
购物中心						
厂家直销中心						
电视购物	1	33.3				
邮购						
网上商店	2	25.0				
自动售货亭						
电话购物						
服务业	22	0.8	5	0.2	18	0.7
高新技术企业	2	1.9				
非高新技术企业	20	0.8	5	0.2	18	0.7
高技术产业	9	1.2	2	0.3	6	0.8
非高技术产业	13	0.6	3	0.1	12	0.6
住宿和餐饮业	5	0.4	3	0.2	14	1.1
独立门店	5	0.4	3	0.3	12	1.0
连锁总店(总部)						
连锁门店						
其他					2	2.9
住宿业	3	0.4	2	0.3	13	1.8
一星						
二星						
三星					1	0.5
四星	1	1.1	1	1.1	6	6.3
五星	1	2.6	1	2.6	1	2.6
其他	1	0.3			5	1.5
房地产业	1				11	0.3
一级						
二级					2	0.9
三级	1	0.1			5	0.3
四级					1	0.2
暂定					3	0.3
其他						

有自营电子商务平台的企业		有面向大陆以外电子商务交易的企业		同时有电子商务销售和采购的企业		提供第三方电子商务交易平台的单位			
								提供第三方电子商务交易平台收取服务费的企业	
数量(个)	比重(%)	数量(个)	比重(%)	数量(个)	比重(%)	数量(个)	比重(%)	数量(个)	比重(%)
7	0.5	3	0.2	5	0.3	1	0.1	1	0.1
4	0.4			8	0.8	1	0.1	1	0.1
1	33.3			1	33.3				
4	50.0	1	12.5	4	50.0	1	12.5	1	12.5
53	1.9	9	0.3	31	1.1	12	0.4	6	0.2
2	1.9			2	1.9	3	2.9	2	1.9
51	1.9	9	0.3	29	1.1	9	0.3	4	0.2
26	3.4	4	0.5	13	1.7	7	0.9	4	0.5
27	1.3	5	0.2	18	0.9	5	0.2	2	0.1
12	0.9	8	0.6	21	1.6	5	0.4	4	0.3
10	0.9	7	0.6	17	1.4	5	0.4	4	0.3
1	4.8			1	4.8				
1	2.9	1	2.9						
				3	4.3				
9	1.2	7	1.0	17	2.3	3	0.4	2	0.3
						1	1.5		
2	1.0	1	0.5	4	2.0				
1	1.1	2	2.1	6	6.3	1	1.1	1	1.1
3	7.9	2	5.3	1	2.6	1	2.6	1	2.6
3	0.9	2	0.6	6	1.8				
1				11	0.3				
1	0.1			7	0.5				
				1	0.2				
				2	0.2				
				1	1				

3-84 规模以上企业按大中小

指标名称	企业数(个)	有电子商务的企业		有电子商务销售的企业		有自营平台销售的企业	
		数量(个)	比重(%)	数量(个)	比重(%)	数量(个)	比重(%)
总 计	**28679**	**1151**	**4.0**	**970**	**3.4**	**389**	**1.4**
大型	512	99	19.3	84	16.4	51	10.0
中型	6397	455	7.1	397	6.2	169	2.6
小型	18417	543	2.9	450	2.4	161	0.9
微型	3105	44	1.4	31	1.0	6	0.2
工业	13413	661	4.9	591	4.4	282	2.1
大型	206	60	29.1	49	23.8	30	14.6
中型	2230	280	12.6	258	11.6	126	5.7
小型	10798	315	2.9	279	2.6	123	1.1
微型	179	6	3.4	5	2.8	3	1.7
建筑业	2412	68	2.8	33	1.4	6	0.2
大型	46	4	8.7	1	2.2	1	2.2
中型	715	20	2.8	9	1.3	4	0.6
小型	1168	34	2.9	17	1.5		
微型	483	10	2.1	6	1.2	1	0.2
批发和零售业	5453	149	2.7	131	2.4	45	0.8
大型	137	24	17.5	24	17.5	16	11.7
中型	1453	42	2.9	38	2.6	10	0.7
小型	3234	75	2.3	62	1.9	17	0.5
微型	629	8	1.3	7	1.1	2	0.3
批发业	2071	58	2.8	53	2.6	15	0.7
大型	46	12	26.1	12	26.1	6	13.0
中型	525	17	3.2	16	3.0	5	1.0
小型	1382	25	1.8	22	1.6	2	0.1
微型	118	4	3.4	3	2.5	2	1.7
零售业	3382	91	2.7	78	2.3	30	0.9
大型	91	12	13.2	12	13.2	10	11.0
中型	928	25	2.7	22	2.4	5	0.5
小型	1852	50	2.7	40	2.2	15	0.8
微型	511	4	0.8	4	0.8		

微分电子商务交易情况

有B2C的企业		有面向大陆区域以外销售的企业		有服务类商品销售的企业		有电子商务采购的企业数	
数量(个)	比重(%)	数量(个)	比重(%)	数量(个)	比重(%)	数量(个)	比重(%)
469	**1.6**	**111**	**0.4**	**214**	**0.7**	**720**	**2.5**
41	8.0	18	3.5	25	4.9	61	11.9
219	3.4	40	0.6	91	1.4	316	4.9
193	1.0	51	0.3	87	0.5	311	1.7
11	0.4	1		8	0.3	27	0.9
265	2.0	89	0.7	99	0.7	476	3.5
20	9.7	15	7.3	12	5.8	46	22.3
136	6.1	32	1.4	44	2.0	233	10.4
107	1.0	41	0.4	42	0.4	194	1.8
2	1.1	1	0.6	1	0.6	3	1.7
16	0.7	2	0.1	8	0.3	55	2.3
1	2.2	1	2.2	1	2.2	4	8.7
4	0.6			4	0.6	16	2.2
9	0.8	1	0.1	2	0.2	26	2.2
2	0.4			1	0.2	9	1.9
73	1.3	7	0.1	20	0.4	68	1.2
16	11.7	1	0.7	8	5.8	10	7.3
23	1.6	2	0.1	7	0.5	18	1.2
31	1.0	4	0.1	3	0.1	37	1.1
3	0.5			2	0.3	3	0.5
24	1.2	5	0.2	10	0.5	26	1.3
6	13.0	1	2.2	3	6.5	3	6.5
7	1.3			2	0.4	10	1.9
9	0.7	4	0.3	3	0.2	10	0.7
2	1.7			2	1.7	3	2.5
49	1.4	2	0.1	10	0.3	42	1.2
10	11.0			5	5.5	7	7.7
16	1.7	2	0.2	5	0.5	8	0.9
22	1.2					27	1.5
1	0.2						

3-84 续表 1

指标名称	企业数(个)	有电子商务的企业		有电子商务销售的企业		有自营平台销售的企业	
		数量(个)	比重(%)	数量(个)	比重(%)	数量(个)	比重(%)
服务业	2756	126	4.6	99	3.6	45	1.6
大型	97	5	5.2	4	4.1	3	3.1
中型	435	46	10.6	39	9.0	25	5.7
小型	1573	56	3.6	41	2.6	15	1.0
微型	403	9	2.2	7	1.7		
住宿和餐饮业	1299	99	7.6	94	7.2	11	0.8
大型	23	6	26.1	6	26.1	1	4.3
中型	224	39	17.4	39	17.4	4	1.8
小型	1021	53	5.2	48	4.7	6	0.6
微型	31	1	3.2	1	3.2		
住宿业	730	72	9.9	69	9.5	9	1.2
大型	17	6	35.3	6	35.3	1	5.9
中型	157	31	19.7	31	19.7	2	1.3
小型	540	34	6.3	31	5.7	6	1.1
微型	16	1	6.3	1	6.3		
餐饮业	569	27	4.7	25	4.4	2	0.4
大型	6						
中型	67	8	11.9	8	11.9	2	3.0
小型	481	19	4.0	17	3.5		
微型	15						
房地产业	3346	48	1.4	22	0.7		
大型	3						
中型	1340	28	2.1	14	1.0		
小型	623	10	1.6	3	0.5		
微型	1380	10	0.7	5	0.4		

有B2C的企业		有面向大陆区域以外销售的企业		有服务类商品销售的企业		有电子商务采购的企业数	
数量(个)	比重(%)	数量(个)	比重(%)	数量(个)	比重(%)	数量(个)	比重(%)
64	2.3	6	0.2	38	1.4	58	2.1
1	1.0			1	1.0	1	1.0
32	7.4	3	0.7	17	3.9	21	4.8
23	1.5	2	0.1	15	1.0	28	1.8
3	0.7			2	0.5	3	0.7
40	3.1	7	0.5	44	3.4	26	2.0
3	13.0	1	4.3	3	13.0		
15	6.7	3	1.3	15	6.7	8	3.6
22	2.2	3	0.3	25	2.4	17	1.7
				1	3.2	1	3.2
26	3.6	6	0.8	36	4.9	20	2.7
3	17.6	1	5.9	3	17.6		
12	7.6	2	1.3	14	8.9	6	3.8
11	2.0	3	0.6	18	3.3	13	2.4
				1	6.3	1	6.3
14	2.5	1	0.2	8	1.4	6	1.1
3	4.5	1	1.5	1	1.5	2	3.0
11	2.3			7	1.5	4	0.8
11	0.3			5	0.1	37	1.1
9	0.7			4	0.3	20	1.5
1	0.2					9	1.4
1	0.1			1	0.1	8	0.6

3-84 续表 2

指标名称	有自营平台采购的企业		有面向大陆以外区域采购的企业		有服务类商品采购的企业	
	数量(个)	比重(%)	数量(个)	比重(%)	数量(个)	比重(%)
总　计	**265**	**0.9**	**82**	**0.3**	**134**	**0.5**
大型	35	6.8	15	2.9	18	3.5
中型	133	2.1	36	0.6	61	1.0
小型	90	0.5	28	0.2	45	0.2
微型	5	0.2	2	0.1	6	0.2
工业	209	1.6	68	0.5	65	0.5
大型	26	12.6	14	6.8	13	6.3
中型	107	4.8	32	1.4	30	1.3
小型	75	0.7	21	0.2	22	0.2
微型	1	0.6	1	0.6		
建筑业	10	0.4	3	0.1	14	0.6
大型	2	4.3				
中型	6	0.8			7	1.0
小型			2	0.2	6	0.5
微型	2	0.4	1	0.2	1	0.2
批发和零售业	18	0.3	3	0.1	12	0.2
大型	7	5.1	1	0.7	5	3.6
中型	4	0.3			4	0.3
小型	6	0.2	2	0.1	2	0.1
微型	1	0.2			1	0.2
批发业	7	0.3	1		5	0.2
大型	1	2.2	1	2.2	1	2.2
中型	3	0.6			2	0.4
小型	2	0.1			1	0.1
微型	1	0.8			1	0.8
零售业	11	0.3	2	0.1	7	0.2
大型	6	6.6			4	4.4
中型	1	0.1			2	0.2
小型	4	0.2	2	0.1	1	0.1
微型						

有自营电子商务平台的企业		有面向大陆以外电子商务交易的企业		同时有电子商务销售和采购的企业		提供第三方电子商务交易平台的单位			
								提供第三方电子商务交易平台收取服务费的企业	
数量(个)	比重(%)	数量(个)	比重(%)	数量(个)	比重(%)	数量(个)	比重(%)	数量(个)	比重(%)
424	**1.5**	**152**	**0.5**	**539**	**1.9**	**83**	**0.3**	**65**	**0.2**
55	10.7	22	4.3	46	9.0	14	2.7	10	2.0
184	2.9	57	0.9	258	4.0	38	0.6	28	0.4
174	0.9	68	0.4	218	1.2	31	0.2	27	0.1
8	0.3	3	0.1	14	0.5				
302	2.3	121	0.9	406	3.0	56	0.4	47	0.4
33	16.0	19	9.2	35	17.0	8	3.9	6	2.9
133	6.0	48	2.2	211	9.5	26	1.2	21	0.9
133	1.2	52	0.5	158	1.5	22	0.2	20	0.2
3	1.7	2	1.1	2	1.1				
10	0.4	5	0.2	20	0.8	2	0.1	1	
2	4.3	1	2.2	1	2.2				
6	0.8			5	0.7	2	0.3	1	0.1
		3	0.3	9	0.8				
2	0.4	1	0.2	5	1.0				
46	0.8	9	0.2	50	0.9	8	0.1	7	0.1
16	11.7	1	0.7	10	7.3	3	2.2	2	1.5
10	0.7	2	0.1	14	1.0	3	0.2	3	0.2
18	0.6	6	0.2	24	0.7	2	0.1	2	0.1
2	0.3			2	0.3				
16	0.8	5	0.2	21	1.0	2	0.1	2	0.1
6	13.0	1	2.2	3	6.5				
5	1.0			9	1.7	1	0.2	1	0.2
3	0.2	4	0.3	7	0.5	1	0.1	1	0.1
2	1.7			2	1.7				
30	0.9	4	0.1	29	0.9	6	0.2	5	0.1
10	11.0			7	7.7	3	3.3	2	2.2
5	0.5	2	0.2	5	0.5	2	0.2	2	0.2
15	0.8	2	0.1	17	0.9	1	0.1	1	0.1

3-84 续表 3

指标名称	有自营平台采购的企业		有面向大陆以外区域采购的企业		有服务类商品采购的企业	
	数量(个)	比重(%)	数量(个)	比重(%)	数量(个)	比重(%)
服务业	22	0.8	5	0.2	18	0.7
大型						
中型	14	3.2	2	0.5	7	1.6
小型	5	0.3	2	0.1	7	0.4
微型	1	0.2				
住宿和餐饮业	5	0.4	3	0.2	14	1.1
大型						
中型	1	0.4	2	0.9	6	2.7
小型	4	0.4	1	0.1	7	0.7
微型					1	3.2
住宿业	3	0.4	2	0.3	13	1.8
大型						
中型			1	0.6	5	3.2
小型	3	0.6	1	0.2	7	1.3
微型					1	6.3
餐饮业	2	0.4	1	0.2	1	0.2
大型						
中型	1	1.5	1	1.5	1	1.5
小型	1	0.2				
微型						
房地产业	1				11	0.3
大型						
中型	1	0.1			7	0.5
小型					1	0.2
微型					3	0.2

有自营电子商务平台的企业		有面向大陆以外电子商务交易的企业		同时有电子商务销售和采购的企业		提供第三方电子商务交易平台的单位			
								提供第三方电子商务交易平台收取服务费的企业	
数量(个)	比重(%)	数量(个)	比重(%)	数量(个)	比重(%)	数量(个)	比重(%)	数量(个)	比重(%)
53	1.9	9	0.3	31	1.1	12	0.4	6	0.2
3	3.1					1	1.0		
30	6.9	4	0.9	14	3.2	6	1.4	2	0.5
16	1.0	3	0.2	13	0.8	5	0.3	4	0.3
1	0.2			1	0.2				
12	0.9	8	0.6	21	1.6	5	0.4	4	0.3
1	4.3	1	4.3			2	8.7	2	8.7
4	1.8	3	1.3	8	3.6	1	0.4	1	0.4
7	0.7	4	0.4	12	1.2	2	0.2	1	0.1
				1	3.2				
9	1.2	7	1.0	17	2.3	3	0.4	2	0.3
1	5.9	1	5.9			2	11.8	2	11.8
2	1.3	2	1.3	6	3.8				
6	1.1	4	0.7	10	1.9	1	0.2		
				1	6.3				
3	0.5	1	0.2	4	0.7	2	0.4	2	0.4
2	3.0	1	1.5	2	3.0	1	1.5	1	1.5
1	0.2			2	0.4	1	0.2	1	0.2
1				11	0.3				
1	0.1			6	0.4				
				2	0.3				
				3	0.2				

3-85 规模以上企业按登记

指标名称	企业数(个)	有电子商务的企业		有电子商务销售的企业		有自营平台销售的企业	
		数量(个)	比重(%)	数量(个)	比重(%)	数量(个)	比重(%)
总　计	**28679**	**1151**	**4.0**	**970**	**3.4**	**389**	**1.4**
按登记注册类型分组							
内资企业	27809	1061	3.8	888	3.2	347	1.2
国有企业	928	44	4.7	32	3.4	8	0.9
集体企业	609	19	3.1	13	2.1	3	0.5
股份合作企业	78	2	2.6	2	2.6		
联营企业	24	1	4.2	1	4.2	1	4.2
国有联营企业	4						
集体联营企业	12	1	8.3	1	8.3	1	8.3
国有与集体联营企业	3						
其他联营企业	5						
有限责任公司	7638	330	4.3	268	3.5	91	1.2
国有独资公司	442	28	6.3	23	5.2	8	1.8
其他有限责任公司	7196	302	4.2	245	3.4	83	1.2
股份有限公司	1318	68	5.2	57	4.3	33	2.5
私营企业	16304	585	3.6	505	3.1	207	1.3
私营独资企业	1397	34	2.4	31	2.2	13	0.9
私营合伙企业	979	30	3.1	25	2.6	8	0.8
私营有限责任公司	12561	458	3.6	398	3.2	166	1.3
私营股份有限公司	1367	63	4.6	51	3.7	20	1.5
其他企业	910	12	1.3	10	1.1	4	0.4
港、澳、台商投资企业	512	59	11.5	56	10.9	26	5.1
与港澳台商合资经营企业	243	34	14.0	33	13.6	15	6.2
与港澳台商合作经营企业	16	1	6.3	1	6.3		
港澳台商独资企业	234	20	8.5	18	7.7	9	3.8
港澳台商投资股份有限公司	16	3	18.8	3	18.8	2	12.5
其他港澳台投资企业	3	1	33.3	1	33.3		
外商投资企业	358	31	8.7	26	7.3	16	4.5
中外合资经营企业	206	23	11.2	18	8.7	11	5.3
中外合作经营企业	13						
外资企业	126	7	5.6	7	5.6	4	3.2
外商投资股份有限公司	11	1	9.1	1	9.1	1	9.1
其他外商投资企业	2						

注册类型分电子商务交易情况

有B2C的企业		有面向大陆区域以外销售的企业		有服务类商品销售的企业		有电子商务采购的企业数	
数量(个)	比重(%)	数量(个)	比重(%)	数量(个)	比重(%)	数量(个)	比重(%)
469	**1.6**	**111**	**0.4**	**214**	**0.7**	**720**	**2.5**
433	1.6	97	0.3	198	0.7	658	2.4
13	1.4	2	0.2	8	0.9	24	2.6
9	1.5	1	0.2	2	0.3	17	2.8
				1	1.3		
1	4.2					1	4.2
1	8.3					1	8.3
131	1.7	30	0.4	60	0.8	195	2.6
11	2.5	1	0.2	3	0.7	13	2.9
120	1.7	29	0.4	57	0.8	182	2.5
33	2.5	9	0.7	18	1.4	41	3.1
241	1.5	54	0.3	106	0.7	371	2.3
15	1.1	2	0.1	9	0.6	24	1.7
9	0.9	1	0.1	5	0.5	23	2.3
191	1.5	45	0.4	83	0.7	278	2.2
26	1.9	6	0.4	9	0.7	46	3.4
5	0.5	1	0.1	3	0.3	9	1.0
24	4.7	10	2.0	14	2.7	38	7.4
17	7.0	8	3.3	7	2.9	23	9.5
						1	6.3
5	2.1	2	0.9	6	2.6	14	6.0
2	12.5						
				1	33.3		
12	3.4	4	1.1	2	0.6	24	6.7
9	4.4	4	1.9	1	0.5	19	9.2
2	1.6			1	0.8	4	3.2
1	9.1					1	9.1

3-85 续表

指标名称	有自营平台采购的企业		有面向大陆以外区域采购的企业		有服务类商品采购的企业	
	数量(个)	比重(%)	数量(个)	比重(%)	数量(个)	比重(%)
总　计	**265**	**0.9**	**82**	**0.3**	**134**	**0.5**
按登记注册类型分组						
内资企业	239	0.9	68	0.2	125	0.4
国有企业	8	0.9	2	0.2	8	0.9
集体企业	5	0.8	2	0.3	1	0.2
股份合作企业						
联营企业	1	4.2				
国有联营企业						
集体联营企业	1	8.3				
国有与集体联营企业						
其他联营企业						
有限责任公司	62	0.8	14	0.2	38	0.5
国有独资公司	2	0.5	1	0.2	1	0.2
其他有限责任公司	60	0.8	13	0.2	37	0.5
股份有限公司	21	1.6	9	0.7	12	0.9
私营企业	141	0.9	40	0.2	62	0.4
私营独资企业	9	0.6	3	0.2	4	0.3
私营合伙企业	10	1.0	3	0.3	1	0.1
私营有限责任公司	105	0.8	31	0.2	49	0.4
私营股份有限公司	17	1.2	3	0.2	8	0.6
其他企业	1	0.1	1	0.1	4	0.4
港、澳、台商投资企业	14	2.7	9	1.8	6	1.2
与港澳台商合资经营企业	7	2.9	8	3.3	2	0.8
与港澳台商合作经营企业						
港澳台商独资企业	7	3.0	1	0.4	4	1.7
港澳台商投资股份有限公司						
其他港澳台投资企业						
外商投资企业	12	3.4	5	1.4	3	0.8
中外合资经营企业	9	4.4	4	1.9	1	0.5
中外合作经营企业						
外资企业	3	2.4	1	0.8	1	0.8
外商投资股份有限公司					1	9.1
其他外商投资企业						

有自营电子商务平台的企业		有面向大陆以外电子商务交易的企业		同时有电子商务销售和采购的企业		提供第三方电子商务交易平台的单位			
								提供第三方电子商务交易平台收取服务费的企业	
数量(个)	比重(%)	数量(个)	比重(%)	数量(个)	比重(%)	数量(个)	比重(%)	数量(个)	比重(%)
424	**1.5**	**152**	**0.5**	**539**	**1.9**	**83**	**0.3**	**65**	**0.2**
380	1.4	132	0.5	485	1.7	68	0.2	56	0.2
12	1.3	2	0.2	12	1.3	3	0.3	1	0.1
5	0.8	3	0.5	11	1.8				
1	4.2			1	4.2	1	4.2		
1	8.3			1	8.3	1	8.3		
103	1.3	34	0.4	133	1.7	20	0.3	18	0.2
8	1.8	1	0.2	8	1.8				
95	1.3	33	0.5	125	1.7	20	0.3	18	0.3
36	2.7	15	1.1	30	2.3	7	0.5	4	0.3
219	1.3	77	0.5	291	1.8	36	0.2	32	0.2
13	0.9	4	0.3	21	1.5	5	0.4	3	0.2
11	1.1	3	0.3	18	1.8	2	0.2	2	0.2
173	1.4	63	0.5	218	1.7	24	0.2	22	0.2
22	1.6	7	0.5	34	2.5	5	0.4	5	0.4
4	0.4	1	0.1	7	0.8	1	0.1	1	0.1
27	5.3	14	2.7	35	6.8	9	1.8	6	1.2
15	6.2	12	4.9	22	9.1	5	2.1	4	1.6
				1	6.3				
10	4.3	2	0.9	12	5.1	4	1.7	2	0.9
2	12.5								
17	4.7	6	1.7	19	5.3	6	1.7	3	0.8
12	5.8	5	2.4	14	6.8	3	1.5	2	1.0
4	3.2	1	0.8	4	3.2	3	2.4	1	0.8
1	9.1			1	9.1				

3-86 规模以上企业分行业和

指标名称	电子商务销售额（万元）	自营电子商务平台销售额（万元）	B2C销售额（万元）	服务类销售额（万元）	面向大陆区域以外的销售额（万元）
总　计	**13649068.9**	**11390860.2**	**775273.1**	**418074.2**	**244221.2**
分行业					
采矿业	59419.3	1412.7	3405.5	118.0	12.0
煤炭开采和洗选业	7293.5	590.0	282.5	50.0	10.0
石油和天然气开采业					
黑色金属矿采选业	35416.0	68.0	2657.0	68.0	2.0
有色金属矿采选业	15455.7	389.9	101.2		
非金属矿采选业	1254.1	364.8	364.8		
开采辅助活动					
其他采矿业					
制造业	12008598.8	10796193.2	187524.5	111559.0	218022.5
农副食品加工业	201683.8	147940.4	21208.5	5172.1	1270.7
食品制造业	62828.6	32780.2	47497.5	462.4	141.0
酒、饮料和精制茶制造业	66076.8	26901.1	2813.8	3108.7	1.1
烟草制品业	9118154.7	9085514.1			
纺织业	54457.1	30963.7	474.1	13012.8	3505.8
纺织服装、服饰业	24754.3	4289.4	1571.1	769.4	1250.0
皮革、毛皮、羽毛及其制品和制鞋业	98140.9	4000.0	3200.0	3325.0	4000.0
木材加工和木、竹、藤、棕、草制品业	30109.1	14636.2	3788.1	50.0	3680.0
家具制造业	19337.5	402.6	2099.7		3000.0
造纸和纸制品业	5505.2	720.0	176.0		720.0
印刷和记录媒介复制业	23973.4	4808.4	1771.1	14812.8	78.9
文教、工美、体育和娱乐用品制造业	592.3	303.6	85.6		
石油加工、炼焦和核燃料加工业	914.1	49.0	35.9	0.1	0.1
化学原料和化学制品制造业	189508.4	63369.6	14023.2	5675.0	21675.2
医药制造业	116337.2	109263.1	6558.1	104.5	2355.2
化学纤维制造业					
橡胶和塑料制品业	8633.2	7168.7	595.1	259.5	50.0
非金属矿物制品业	150654.7	54920.4	21270.4	30566.7	2454.7
黑色金属冶炼和压延加工业	289841.8	272065.8	1000.0		42389.0
有色金属冶炼和压延加工业	448969.9	331863.3	13928.3	2884.8	3846.9
金属制品业	151857.8	150089.8	420.0	600.0	856.8
通用设备制造业	106287.6	47387.1	3048.8	6209.5	2786.9
专用设备制造业	87902.8	42058.0	22792.9	10442.4	9900.4
汽车制造业	46247.2	10834.6	3388.4	5907.7	3473.4
铁路、船舶、航空航天和其他运输设备制造业	183482.9	86469.3			3211.0
电气机械和器材制造业	104705.2	72652.6	9807.9	1664.6	7246.1
计算机、通信和其他电子设备制造业	286668.3	188846.0	5601.1	5991.0	81119.6
仪器仪表制造业	94312.5	1844.4	311.8	540.0	15033.2
其他制造业	36661.5	4051.8	57.1		3976.5
废弃资源综合利用业					
金属制品、机械和设备修理业					
电力、热力、燃气及水生产和供应业	17362.7		4098.5		
电力、热力生产和供应业	17362.7		4098.5		
燃气生产和供应业					
水的生产和供应业					
建筑业	4088.0	677.9	243.4	3204.2	26.5
房屋建筑业	3976.4	677.3	188.0	3203.9	26.5
土木工程建筑业	2.0	0.6	1.0	0.2	
建筑安装业	6.4		3.2		
建筑装饰和其他建筑业	103.2		51.2	0.1	
批发和零售业	1325160.2	423975.7	410964.9	216981.7	21091.3
批发业	1105957.7	244114.5	222104.6	214942.7	20643.3
零售业	219202.5	179861.2	188860.3	2039.0	448.0
交通运输、仓储和邮政业	6918.1	5029.9	492.3	5157.2	623.1
铁路运输业					
道路运输业	5011.8	5010.8	1.0	5010.8	

分地区电子商务交易额情况

电子商务采购额（万元）				第三方电子商务平台交易额（万元）	提供第三方电子商务平台收取服务费用金额（万元）
	自营电子商务平台采购额（万元）	服务类采购额（万元）	面向大陆区域以外的采购额（万元）		
6926561.2	**3784136.8**	**189710.3**	**166233.7**	**13144109.5**	**39742.4**
39155.2	886.6	269.5	271.4	21.3	
6212.5	210.0		226.3		
25499.6	36.0	4.5			
6969.8	375.6		45.1	21.3	
473.3	265.0	265.0			
5071027.8	2952594.1	57055.8	151594.0	46258.0	2641.0
97028.6	65146.3	5617.1	920.0	10213.5	83.2
41201.0	24144.5	1275.1	917.4	1505.8	386.0
17763.7	5944.4	29.8	65.2	1010.0	25.5
2346728.6	2327700.0				
58857.2	18847.5	1438.8	252.3	763.4	5.0
5772.3	2388.5	729.1			
102100.6	3500.0				
15451.8	7583.9		0.1	2231.0	120.0
9316.9	1139.0	770.0	30.0	800.0	0.5
2516.4					
25059.5	9638.3	13261.2			
3536.9	212.0				
789893.8	43.0	0.3	0.2		
506797.4	49732.4	1792.3	4661.3	2300.1	27.7
65116.6	63461.1	112.4	273.1	214.0	21.2
7012.7	5376.4	120.0	370.5		
88671.9	37300.5	8535.9	7681.1	23216.8	1900.6
9289.7	6199.7		500.0		
21551.3	705.2	0.8	88.0		
2619.1	1742.1	265.1	480.5	903.6	51.1
28974.2	20251.3	15202.3	1258.6	44.5	0.8
72060.5	52421.4	3648.0	3693.4	2815.5	14.2
18009.7	7118.4	2958.4	2083.7	102.8	2.0
449414.3	57414.3		100813.7		
107350.7	64226.8	421.5	8057.2	75.0	2.0
158660.0	116971.0	277.7	7514.7	2.0	1.0
16863.3	486.0	600.0	11933.0	2.0	0.2
3341.1	2832.1				
68.0	68.0			58.0	
445475.6	438325.1	96799.1			
445475.6	438325.1	96799.1			
645189.7	5073.1	365.3	14.9	153.8	0.7
639714.0	340.0	304.4	4.9	153.8	0.7
5416.1	4723.1	15.9			
46.3		35.0			
13.3	10.0	10.0	10.0		
702005.8	369669.0	31748.6	13789.9	16798.2	323.0
326072.0	42873.9	12936.6	12218.9	2337.4	109.3
375933.8	326795.1	18812.0	1571.0	14460.8	213.7
3508.7	1431.2	222.8	347.0	3511.8	
1369.8	1369.7			3501.0	

3-86 续表 1

指标名称	电子商务销售额（万元）	自营电子商务平台销售额（万元）	B2C销售额（万元）	服务类销售额（万元）	面向大陆区域以外的销售额（万元）
水上运输业					
航空运输业					
管道运输业					
装卸搬运和运输代理业	1259.5		10.1	3.4	
仓储业	3.5				
邮政业	643.3	19.1	481.2	143.0	623.1
住宿和餐饮业	12858.7	5944.9	2699.9	9045.7	4286.8
住宿业	11998.6	5938.9	2446.2	8919.7	4274.6
餐饮业	860.1	6.0	253.7	126.0	12.2
信息传输、软件和信息技术服务业	174541.3	132445.3	137708.5	48046.4	136.0
电信、广播电视和卫星传输服务	172396.8	131280.2	137016.2	47483.6	
互联网和相关服务	1.0		0.2		
软件和信息技术服务业	2143.5	1165.1	692.1	562.8	136.0
房地产业	7831.1		6475.4	60.3	
房地产业	7831.1		6475.4	60.3	
租赁和商务服务业	30230.5	24919.8	20178.4	23539.6	2.0
租赁业					
商务服务业	30230.5	24919.8	20178.4	23539.6	2.0
科学研究和技术服务业	267.0	37.0	165.5	101.0	0.5
研究和试验发展					
专业技术服务业	267.0	37.0	165.5	101.0	0.5
科技推广和应用服务业					
水利、环境和公共设施管理业	255.3	5.5	40.2	206.7	0.5
水利管理业	86.2			86.2	
生态保护和环境治理业	1.2				
公共设施管理业	167.9	5.5	40.2	120.5	0.5
居民服务、修理和其他服务业	10.0			5.0	
居民服务业	10.0			5.0	
机动车、电子产品和日用产品修理业					
其他服务业					
教育	39.0	20.0		10.0	
教育	39.0	20.0		10.0	
卫生和社会工作	1109.0	3.0	993.0	23.0	20.0
卫生	1109.0	3.0	993.0	23.0	20.0
社会工作					
文化、体育和娱乐业	379.9	195.3	283.1	16.4	
新闻和出版业	4.6	3.4	2.1	1.2	
广播、电视、电影和影视录音制作业	349.3	185.9	278.0	10.2	
文化艺术业	1.0	1.0	1.0		
体育	20.0		2.0		
娱乐业	5.0	5.0		5.0	
分市州					
长沙市	9975088.4	9642084.4	310018	66157.7	25763.2
株洲市	499645.5	295290.5	10779	5760.1	28730.4
湘潭市	457329.6	332963.9	21345.5	15383	40768.5
衡阳市	90128.5	23687.6	21130	17497.4	
邵阳市	194434.3	52649.6	34690.6	20509.6	16262
岳阳市	113535.5	56132.4	5702.8	14369	4002.1
常德市	225973.9	18482.5	25396.4	2119.4	4845.8
张家界市	12139.9	8327.7	662.6	846.7	4623.1
益阳市	494534.8	115886.4	68121.8	34053.9	24989.4
郴州市	469731.5	205970.1	34393.7	18111.1	86991
永州市	49894.6	12129.5	8713.1	272.9	1279.9
怀化市	562297.4	539125.6	221885.2	218595.2	200.3
娄底市	502123.3	87622	10434.3	3857.7	5765.5
湘西州	2211.7	508	2000.1	540.5	

电子商务采购额（万元）	自营电子商务平台采购额（万元）	服务类采购额（万元）	面向大陆区域以外的采购额（万元）	第三方电子商务平台交易额（万元）	提供第三方电子商务平台收取服务费用金额（万元）
1772.6	61.5	61.1			
366.3		161.7	347.0	10.8	
388.8	62.3	180.9	2.5	3615.9	252.5
223.1	58.3	178.9	0.5	3602.1	251.3
165.7	4.0	2.0	2.0	13.8	1.2
2263.7	955.5	382.1	208.5	13073685.1	36519.2
1156.9	642.3	155.6		23.0	
209.1		208.5	208.5		
897.7	313.2	18.0		13073662.1	36519.2
2217.4	2.0	75.4			
2217.4	2.0	75.4			
15175.0	15124.0	2588.2	2.5		
15175.0	15124.0	2588.2	2.5		
14.1		1.1			
13.0					
1.1		1.1			
95.3					
95.3					
0.1	0.1	0.1			
0.1	0.1	0.1			
4.0		3.0			
4.0		3.0			
10.3	10.0	1.3	1.0		
10.3	10.0	1.3	1.0		
29.7	3.8	17.1	2.0	65.4	6.0
1.8	1.8				
18.9		17.1		65.4	6.0
2.0	2.0		2.0		
2.0					
5.0					
4078511.3	3268301.8	118761.8	4447.3	13100288.2	37142.6
499313.6	78206.6	1070.4	110418.1	2210.4	43.4
67487.8	33213.8	6797.9	1232.9	6691.7	21.8
42437.4	11290.2	5155.1		22906	1852.1
86889.2	34778.9	6879.8	3917.8	1590	119.6
1284278.3	43800.8	7668.9	14.2	304	0.1
180037.7	44410.1	1048.7	6980.1	763.4	5
7478.2	4763.3	143	347.1	541	2.2
320395.6	62044.8	17562	41.5	1361	11.5
256202.7	149036.4	13389.7	35282.7	178.5	50
27171.4	8533.2	10916.8	1793.6	602.3	360
15412.3	7261.5			2231	120
60572.4	38445.4	263	1758.4	4442	14.1
373.3	50	53.2			

3-86 续表 2

指标名称	电子商务交易额（万元）	通过自营电子商务平台的交易额（万元）	服务类交易额（万元）	面向大陆以外区域的电子商务交易额（万元）
总　计	**10287815.1**	**15174997.0**	**303892.3**	**410454.9**
分行业				
采矿业	49287.3	2299.3	193.8	283.4
煤炭开采和洗选业	6753.0	800.0	25.0	236.3
石油和天然气开采业				
黑色金属矿采选业	30457.8	104.0	36.3	2.0
有色金属矿采选业	11212.8	765.5		45.1
非金属矿采选业	863.7	629.8	132.5	
开采辅助活动				
其他采矿业				
制造业	8539813.3	13748787.3	84307.4	369616.5
农副食品加工业	149356.2	213086.7	5394.6	2190.7
食品制造业	52014.8	56924.7	868.8	1058.4
酒、饮料和精制茶制造业	41920.3	32845.5	1569.3	66.3
烟草制品业	5732441.6	11413214.1		
纺织业	56657.1	49811.2	7225.8	3758.1
纺织服装、服饰业	15263.3	6677.9	749.3	1250.0
皮革、毛皮、羽毛及其制品和制鞋业	100120.8	7500.0	1662.5	4000.0
木材加工和木、竹、藤、棕、草制品业	22780.4	22220.1	25.0	3680.1
家具制造业	14327.2	1541.6	385.0	3030.0
造纸和纸制品业	4010.8	720.0		720.0
印刷和记录媒介复制业	24516.5	14446.7	14037.0	78.9
文教、工美、体育和娱乐用品制造业	2064.6	515.6		
石油加工、炼焦和核燃料加工业	395404.0	92.0	0.2	0.3
化学原料和化学制品制造业	348152.9	113102.0	3733.7	26336.5
医药制造业	90726.9	172724.2	108.5	2628.3
化学纤维制造业				
橡胶和塑料制品业	7823.0	12545.1	189.8	420.5
非金属矿物制品业	119663.3	92220.9	19551.3	10135.8
黑色金属冶炼和压延加工业	149565.8	278265.5		42889.0
有色金属冶炼和压延加工业	235260.6	332568.5	1442.8	3934.9
金属制品业	77238.4	151831.9	432.6	1337.3
通用设备制造业	67630.9	67638.4	10705.9	4045.5
专用设备制造业	79981.6	94479.4	7045.2	13593.8
汽车制造业	32128.4	17953.0	4433.1	5557.1
铁路、船舶、航空航天和其他运输设备制造业	316448.6	143883.6		104024.7
电气机械和器材制造业	106027.9	136879.4	1043.0	15303.3
计算机、通信和其他电子设备制造业	222664.1	305817.0	3134.3	88634.3
仪器仪表制造业	55587.9	2330.4	570.0	26966.2
其他制造业	20001.3	6883.9		3976.5
废弃资源综合利用业	34.0	68.0		
金属制品、机械和设备修理业				
电力、热力、燃气及水生产和供应业	231419.1	438325.1	48399.6	
电力、热力生产和供应业	231419.1	438325.1	48399.6	
燃气生产和供应业				
水的生产和供应业				
建筑业	324638.8	5751.0	1784.8	41.4
房屋建筑业	321845.2	1017.3	1754.2	31.4
土木工程建筑业	2709.1	4723.7	8.1	
建筑安装业	26.3		17.5	
建筑装饰和其他建筑业	58.3	10.0	5.0	10.0
批发和零售业	1013583.0	793644.7	124365.2	34881.2
批发业	716014.8	286988.4	113939.7	32862.2
零售业	297568.2	506656.3	10425.5	2019.0
交通运输、仓储和邮政业	5213.4	6461.1	2690.0	970.1
铁路运输业				
道路运输业	3190.8	6380.5	2505.4	

企业营业利润（万元）	有电子商务交易的企业营业利润（万元）	营业收入（万元）	有电子商务销售的企业的营业收入（万元）	营业成本（万元）	有电子商务采购的企业的营业成本（万元）
7386544.5	**810939.0**	**130091586.5**	**12972684.1**	**109678459.1**	**8664045.2**
292432.5	1509.0	4365439.3	20599.0	3650907.5	24160.1
171172.2	488.9	2047812.2	6270.5	1679820.2	4651.4
49410.1	715.5	720996.3	9117.3	586360.6	14822.4
35209.1	304.6	835329.5	5211.2	751390.7	4686.3
34954.5		746198.3		624081.2	
1686.6		15103.0		9254.8	
4510317.1	605010.3	77870707.0	10361930.1	66174267.7	7647871.5
424949.5	44386.7	6538548.1	928020.6	5629028.5	464716.4
109547.6	29817.2	2331150.3	741289.4	1973224.5	292992.0
98782.7	20582.0	1570826.2	217742.2	1285807.5	95826.1
59070.7		469759.6		148495.4	
79739.2	7484.0	1876900.7	133695.8	1658747.3	91756.8
83150.0	5170.4	1086693.9	80017.6	944590.4	32360.0
71445.6	6501.4	1445084.0	89697.3	1263310.2	82086.1
139845.7	2345.1	2183942.5	17071.7	1868812.7	20053.2
24126.7	2124.4	368934.7	27879.0	300140.1	22242.8
13761.0		874374.9		752277.5	
31382.2	4931.4	496914.8	22584.1	416156.7	15102.4
15640.6		258824.7		207731.8	
3270.2	1909.2	105073.4	69090.2	92799.8	61391.5
472009.6	38862.6	7529651.3	864262.8	6193719.4	650355.7
124461.8	665.4	1708049.1	24480.3	1328589.8	22158.6
4462.3		61107.9		52457.8	
84195.4	2930.2	1768527.0	65338.0	1550418.1	113439.0
488340.8	74513.0	7970531.0	1160363.7	6570415.8	965941.6
127045.9	-5125.6	6149454.1	3123291.8	5707341.1	2972695.8
148593.7	1255.9	4512940.7	130538.6	4115859.9	20060.1
124685.1	16445.1	2453917.7	138367.8	2143932.7	109938.0
240979.4	9280.6	3941691.5	233472.3	3355491.7	173830.2
301562.0	1185.1	3293875.5	27668.9	2826981.5	2466.6
100059.9	6931.9	3157630.8	160755.5	2670327.2	85433.4
441737.6	166521.8	5655411.4	991856.8	4585776.5	642864.5
294937.7	83871.4	5499702.2	570888.0	4711444.3	461892.0
319385.6	78225.5	3477630.1	473202.1	2934538.1	219393.0
33236.6	2556.2	521580.7	66432.0	414735.2	20888.8
9052.3	102.6	156237.7	3923.6	136499.5	1452.7
39112.7	1536.8	350935.3		286782.9	6534.2
1747.0		54805.2		47833.8	
244829.9	3199.8	4929291.7	17427.1	4362058.2	
223819.4	3199.8	4410911.3	17427.1	3953441.8	
22429.4		254792.3		205436.8	
-1418.9		263588.1		203179.6	
470480.0	20219.8	13753374.8	135778.6	12221987.0	73096.5
327700.5	12595.9	9394130.7	82788.7	8388844.3	51971.6
98438.1	2192.3	2939069.2	22473.4	2569781.1	18298.9
30613.0	107.1	1067961.0	567.8	961682.3	2650.3
13728.4	5324.5	352213.9	29948.7	301679.3	175.7
833319.2	113501.8	17568519.4	1613412.6	15228095.8	754198.6
478961.6	57968.0	7824031.4	513561.0	6670274.1	330789.9
354357.6	55533.8	9744488.0	1099851.6	8557821.7	423408.7
-120868.5	-3495.8	1044598.2	29035.7	931301.0	30889.8
-109420.3	2857.9	628835.0	19985.2	551552.8	125.0

3-86 续表 3

指标名称	电子商务交易额(万元)	通过自营电子商务平台的交易额(万元)	服务类交易额(万元)	面向大陆以外区域的电子商务交易额(万元)
水上运输业				
航空运输业				
管道运输业				
装卸搬运和运输代理业	629.8		1.7	
仓储业	888.0	61.5	30.6	
邮政业	504.8	19.1	152.3	970.1
住宿和餐饮业	6623.8	6007.2	4613.3	4289.3
住宿业	6110.9	5997.2	4549.3	4275.1
餐饮业	512.9	10.0	64.0	14.2
信息传输、软件和信息技术服务业	88402.5	133400.8	24214.3	344.5
电信、广播电视和卫星传输服务	86776.8	131922.5	23819.6	
互联网和相关服务	105.0		104.3	208.5
软件和信息技术服务业	1520.6	1478.3	290.4	136.0
房地产业	5024.3	2.0	67.8	
房地产业	5024.3	2.0	67.8	
租赁和商务服务业	22702.8	40043.8	13063.9	4.5
租赁业				
商务服务业	22702.8	40043.8	13063.9	4.5
科学研究和技术服务业	140.6	37.0	51.0	0.5
研究和试验发展	6.5			
专业技术服务业	134.1	37.0	51.0	0.5
科技推广和应用服务业				
水利、环境和公共设施管理业	175.3	5.5	103.3	0.5
水利管理业	43.1		43.1	
生态保护和环境治理业	0.6			
公共设施管理业	131.6	5.5	60.3	0.5
居民服务、修理和其他服务业	5.0	0.1	2.5	
居民服务业	5.0	0.1	2.5	
机动车、电子产品和日用产品修理业				
其他服务业				
教育	21.5	20.0	6.5	
教育	21.5	20.0	6.5	
卫生和社会工作	559.6	13.0	12.2	21.0
卫生	559.6	13.0	12.2	21.0
社会工作				
文化、体育和娱乐业	204.8	199.1	16.8	2.0
新闻和出版业	3.2	5.2	0.6	
广播、电视、电影和影视录音制作业	184.1	185.9	13.7	
文化艺术业	1.5	3.0		2.0
体育	11.0			
娱乐业	5.0	5.0	2.5	
分市州				
长沙市	7026799.9	12910386.2	92459.8	30210.5
株洲市	499479.5	373497.1	3415.3	139148.5
湘潭市	262408.7	366177.7	11090.5	42001.4
衡阳市	66282.9	34977.8	11326.3	
邵阳市	140661.8	87428.5	13694.7	20179.8
岳阳市	698906.9	99933.2	11019	4016.3
常德市	203005.8	62892.6	1584.1	11825.9
张家界市	9809	13091	494.9	4970.2
益阳市	407465.2	177931.2	25808	25030.9
郴州市	362967.1	355006.5	15750.4	122273.7
永州市	38533	20662.7	5594.8	3073.5
怀化市	288854.9	546387.1	109297.6	200.3
娄底市	281347.8	126067.4	2060.3	7523.9
湘西州	1292.5	558	296.9	

企业营业利润（万元）	有电子商务交易的企业营业利润（万元）	营业收入（万元）	有电子商务销售的企业的营业收入（万元）	营业成本（万元）	有电子商务采购的企业的营业成本（万元）
-873.9		23326.5		21393.2	
-1185.7		156.2		924.7	
6675.7		74835.9		63360.8	
-20263.2	-5523.9	217544.9		210867.6	23197.8
4198.9	-829.8	99899.7	9050.5	83201.9	7567.0
24691.8	-6970.7	771745.0	52967.3	436462.6	9028.2
11375.6	-5452.5	489704.4	41547.1	262545.0	8019.9
13316.2	-1518.2	282040.6	11420.2	173917.6	1008.3
373450.4	66497.8	1877437.5	637674.9	866669.6	77719.7
373522.6	66470.0	1867363.5	636943.7	860040.2	74849.0
95.4	48.8	3249.2		2648.5	2163.0
-167.6	-21.0	6824.8	731.2	3980.9	707.7
612149.2	8774.1	6265453.3	36722.4	4669982.7	16085.0
612149.2	8774.1	6265453.3	36722.4	4669982.7	16085.0
78878.6	1720.4	814665.5	23385.5	585455.2	25395.7
185.2		5734.1		3600.5	
78693.4	1720.4	808931.4	23385.5	581854.7	25395.7
15787.2	20.0	335640.3	2248.6	256967.8	
3745.1		145662.5		129373.3	
11129.2	20.0	165498.3	2248.6	105306.5	
912.9		24479.5		22288.0	
19015.3	-1473.5	172209.9	17383.7	88982.0	68.1
-350.5		12728.3		12019.2	
1352.8		4497.1		1844.5	
18013.0	-1473.5	154984.5	17383.7	75118.3	68.1
415.7		31138.9		22143.1	
-165.6		25428.1		18033.5	
500.3		4934.8		3680.4	
81.0		776.0		429.2	
2799.7		34184.5		22250.5	
2799.7		34184.5		22250.5	
10069.5	2071.3	103300.5	7952.7	72160.9	2213.4
9809.1	2071.3	102315.5	7952.7	71550.2	2213.4
260.4		985.0		610.7	
18776.9	354.7	153880.7	16165.9	88767.5	3318.6
14376.4	-411.8	80657.6	7338.6	48776.0	3318.6
5341.7	766.5	46579.5	8827.3	25815.9	
1199.2		12331.1		5895.5	
-1748.4		1462.2		951.8	
-392.0		12850.3		7328.3	
968972.3	60122.2	15139256.7	621378.9	12618545	240331.6
2043189.6	335137.9	36650494.7	3901451.8	30348799.6	2458761.1
1672407.4	115387.3	32226353.9	5367475.3	28632548	4037802.5
7574	-14.5	150230	303.1	92715.5	
176353.7	1814.2	3791960.3	110100.1	3145824.2	100432.6
116763.8	2134.2	2464405.7	162703.1	2098254.4	146953.8
126682.8	-1516.5	2712230	197928.7	2158501.3	128455.6
1551538	266942.5	20655352	2048473.7	17075440.2	1268368.8
17248.3	104.9	637478.4	536.2	572274.9	
548664.3	29487.4	12797335.4	492230.9	10742662.2	213464
140390.9	1339.4	2656723.7	70102.3	2030828.8	69475.2
16759.4		209765.7		162065	

3-87 规模以上企业分专业及

指标名称	电子商务销售额(万元)	自营电子商务平台销售额(万元)	B2C销售额(万元)	服务类销售额(万元)	面向大陆区域以外的销售额(万元)
总　计	**13649068.9**	**11390860.2**	**775273.1**	**418074.2**	**244221.2**
工业	12085380.8	10797605.9	195028.5	111677.0	218034.5
高新技术企业	1695883.8	1159911.8	70253.6	57027.8	125273.6
非高新技术企业	10389497.0	9637694.1	124774.9	54649.2	92760.9
制造业	12008598.8	10796193.2	187524.5	111559.0	218022.5
高技术产业	500669.8	299953.5	12471.5	6635.5	98508.0
非高技术产业	11507929.0	10496239.7	175053.0	104923.5	119514.5
建筑业按资质等级分	4088.0	677.9	243.4	3204.2	26.5
施工总承包	3956.7	677.3	176.0	3203.9	26.5
特级					
一级	343.4	338.9	45.0	13.8	26.0
二级	3570.4	338.4	120.1	3189.8	
三级及以下	42.9		10.9	0.3	0.5
专业承包	109.3	0.6	54.5	0.2	
一级	0.7			0.2	
二级	0.1				
三级及以下	108.5	0.6	54.5		
劳务分包	22.0		12.9	0.1	
一级	0.6			0.1	
二级	21.4		12.9		
三级及以下					
批发和零售业	1325160.2	423975.7	410964.9	216981.7	21091.3
独立门店	1082885.1	257946.5	237060.6	209897.5	16347.1
连锁总店(总部)	39599.9	10860.2	10660.5	1505.6	0.3
连锁门店	8.2				
其他	202667.0	155169.0	163243.8	5578.6	4743.9
零售业	219202.5	179861.2	188860.3	2039.0	448.0
食杂店	535.0	535.0	535.0		
便利店	121.8	13.5	121.8		
折扣店					
超市	5068.5	91.4	5068.5	5.6	
大型超市	9980.5	7206.5	9929.5	1.0	
仓储会员店					
百货店	583.8	515.4	538.4	69.1	

特有分组分电子商务交易金额情况

电子商务采购额(万元)				第三方电子商务平台交易额(万元)	提供第三方电子商务平台收取服务费用金额(万元)
	自营电子商务平台采购额(万元)	服务类采购额(万元)	面向大陆区域以外的采购额(万元)		
6926561.2	**3784136.8**	**189710.3**	**166233.7**	**13144109.5**	**39742.4**
5555658.6	3391805.8	154124.4	151865.4	46279.3	2641.0
989212.2	416010.2	24015.8	123777.3	9228.8	378.6
4566446.4	2975795.6	130108.6	28088.1	37050.5	2262.4
5071027.8	2952594.1	57055.8	151594.0	46258.0	2641.0
240669.9	180918.1	990.1	19720.8	218.0	22.4
4830357.9	2771676.0	56065.7	131873.2	46040.0	2618.6
645189.7	5073.1	365.3	14.9	153.8	0.7
645074.5	5055.2	302.7	4.9	153.8	0.7
638293.0					
5003.3	4995.0	8.3		64.8	0.7
1692.8	60.2	291.0		89.0	
85.4		3.4	4.9		
58.1	7.9	35.7			
0.2		0.2			
8.2	7.5	0.5			
49.7	0.4	35.0			
57.1	10.0	26.9	10.0		
29.6	10.0	26.9	10.0		
27.5					
702005.8	369669.0	31748.6	13789.9	16798.2	323.0
360370.3	43179.0	23840.1	13789.9	15471.4	137.4
15685.4	15674.4	7830.0		1326.8	185.6
0.1					
325950.0	310815.6	78.5			
375933.8	326795.1	18812.0	1571.0	14460.8	213.7
306.7				500.0	10.0
11.0					
1756.8	68.7	9.7		2.5	0.2
7635.4	7625.4				
92.9	72.8	22.8		69.4	

3-87 续表 1

指标名称	电子商务销售额(万元)	自营电子商务平台销售额(万元)	B2C销售额(万元)	服务类销售额(万元)	面向大陆区域以外的销售额(万元)
专业店	12241.0	2443.4	2350.6	654.5	0.3
专卖店	7029.6	1619.3	2757.9	1297.8	
家居建材商店					
购物中心					
厂家直销中心	11.3		0.3	11.0	
电视购物	100869.5	100869.5	100869.5		
邮购					
网上商店	82761.5	66567.2	66688.8		447.7
自动售货亭					
电话购物					
服务业	213752.6	162655.8	159861.0	77105.3	782.1
高新技术企业	15404.9	14730.7	14537.6	14958.0	
非高新技术企业	198347.7	147925.1	145323.4	62147.3	782.1
高技术产业	174886.4	132560.4	137951.5	48147.4	136.5
非高技术产业	38866.2	30095.4	21909.5	28957.9	645.6
住宿和餐饮业	12858.7	5944.9	2699.9	9045.7	4286.8
独立门店	12218.9	5940.6	2569.0	8955.4	4286.7
连锁总店(总部)	336.8	4.0	70.0	70.0	
连锁门店	97.6	0.3	45.7	0.1	0.1
其他	205.4		15.2	20.2	
住宿业	11998.6	5938.9	2446.2	8919.7	4274.6
一星					
二星	14.9			11.3	
三星	658.4	301.0	243.4	106.2	5.8
四星	2085.7	80.0	750.0	1254.8	1.5
五星	7849.7	5541.6	1436.0	6886.0	4265.2
其他	1389.9	16.3	16.8	661.4	2.1
房地产业	7828.6		6475.4	60.3	
一级					
二级					
三级	6465.8		6361.1	57.1	
四级	658.3		2.3		
暂定	594.5		2.0	3.2	
其他	110		110		

电子商务采购额（万元）	自营电子商务平台采购额（万元）	服务类采购额（万元）	面向大陆区域以外的采购额（万元）	第三方电子商务平台交易额（万元）	提供第三方电子商务平台收取服务费用金额（万元）
31476.6	34.5	10992.7	1571.0	3.6	0.1
20160.5	8065.8	7786.8		1324.3	185.4
259386.8	259386.8				
55107.1	51541.1			12561.0	18.0
21105.7	17524.6	3215.7	561.0	13077262.3	36525.2
10559.7	10541.7			6961.1	320.7
10546.0	6982.9	3215.7	561.0	13070301.2	36204.5
2279.8	957.5	383.2	210.5	13073687.1	36519.3
18825.9	16567.1	2832.5	350.5	3575.2	5.9
388.8	62.3	180.9	2.5	3615.9	252.5
240.2	62.3	178.7	2.5	3615.9	252.5
141.4					
7.2		2.2			
223.1	58.3	178.9	0.5	3602.1	251.3
0.5				7.2	
15.5		2.0			
156.0	22.0	133.8	0.3	718.4	117.3
0.6	0.3	0.1	0.2	2876.5	134.0
50.5	36.0	43.0			
2212.6	2.0	75.4			
6.3		4.0			
1179.1	2.0	11.1			
545.1		0.1			
481.1		60.2			
1					

3-87 续表 2

指标名称	电子商务交易额(万元)	通过自营电子商务平台的交易额(万元)	服务类交易额(万元)	面向大陆以外区域的电子商务交易额(万元)
总 计	**10287815.1**	**15174997.0**	**303892.3**	**410454.9**
工业	8820519.7	14189411.7	132900.7	369899.9
高新技术企业	1342548.0	1575922.0	40521.8	249050.9
非高新技术企业	7477971.7	12613489.7	92378.9	120849.0
制造业	8539813.3	13748787.3	84307.4	369616.5
高技术产业	370669.8	480871.6	3812.8	118228.8
非高技术产业	8169143.5	13267915.7	80494.6	251387.7
建筑业按资质等级分	324638.8	5751.0	1784.8	41.4
施工总承包	324515.6	5732.5	1753.3	31.4
特级	319146.5			
一级	2673.3	5333.9	11.1	26.0
二级	2631.6	398.6	1740.4	
三级及以下	64.2		1.8	5.4
专业承包	83.7	8.5	18.0	
一级	0.4		0.2	
二级	4.1	7.5	0.3	
三级及以下	79.1	1.0	17.5	
劳务分包	39.5	10.0	13.5	10.0
一级	15.1	10.0	13.5	10.0
二级	24.4			
三级及以下				
批发和零售业	1013583.0	793644.7	124365.2	34881.2
独立门店	721627.7	301125.5	116868.8	30137.0
连锁总店(总部)	27642.7	26534.6	4667.8	0.3
连锁门店	4.1			
其他	264308.5	465984.6	2828.6	4743.9
零售业	297568.2	506656.3	10425.5	2019.0
食杂店	420.9	535.0		
便利店	66.4	13.5		
折扣店				
超市	3412.7	160.1	7.6	
大型超市	8808.0	14831.9	0.5	
仓储会员店				
百货店	338.3	588.2	45.9	

企业营业利润（万元）	有电子商务交易的企业营业利润（万元）	营业收入（万元）	有电子商务销售的企业的营业收入（万元）	营业成本（万元）	有电子商务采购的企业的营业成本（万元）
7386544.5	**810939.0**	**130091586.5**	**12972684.1**	**109678459.1**	**8664045.2**
5047579.5	609719.1	87165438.0	10399956.2	74187233.4	7672031.6
1324671.2	447859.4	20985048.6	3999744.3	17622628.1	2431873.5
3572688.6	161859.7	63251309.7	6400211.9	54054803.0	5240158.1
4510317.1	605010.3	77870707.0	10361930.1	66174267.7	7647871.5
508624.2	81447.1	6138372.7	564114.4	5060008.5	262440.4
3942622.2	523563.2	71262574.7	9797815.7	60965763.8	7385431.1
470480.0	20219.8	13753374.8	135778.6	12221987.0	73096.5
421850.6	12421.0	12626168.8	81922.0	11270709.5	51971.6
25714.1		1720298.1		1592831.0	
127033.5	1849.5	5813740.2	30064.2	5324955.6	
138133.4	980.4	2878408.1		2489078.9	6324.0
130969.6	9591.1	2213722.4	51857.8	1863844.0	45647.6
44263.1	7605.7	995899.8	52951.9	837792.7	21108.1
5155.0	2177.1	280732.8	22473.4	256549.6	18075.2
7816.2	20.3	229051.8		189647.0	158.9
31291.9	5408.3	486115.2	30478.5	391596.1	2874.0
4366.3	193.1	131306.2	904.7	113484.8	16.8
3599.3	174.9	112579.5	866.7	97994.2	
710.6	18.2	10715.6	38.0	8406.7	16.8
56.4		8011.1		7083.9	
833319.2	113501.8	17568519.4	1613412.6	15228095.8	754198.6
660166.9	65950.5	12650214.0	712640.2	10863662.9	509086.6
76832.7	45358.7	2733790.1	854675.1	2484280.5	235945.1
33427.6	321.4	839109.1	11458.8	722131.2	9166.9
62892.0	1871.2	1345406.2	34638.5	1158021.2	
354357.6	55533.8	9744488.0	1099851.6	8557821.7	423408.7
7503.4	40.6	105788.7	1660.2	85905.6	
59.9		1170.0		856.0	
30993.7	1159.7	720073.1	32224.5	593658.4	20556.6
60125.5	44720.6	1188770.1	787515.4	1042469.1	196607.1
1738.1		25073.1		22037.5	
37746.6	8668.6	830793.9	214104.3	680232.2	169239.6

3-87 续表 3

指标名称	电子商务交易额(万元)	通过自营电子商务平台的交易额(万元)	服务类交易额(万元)	面向大陆以外区域的电子商务交易额(万元)
专业店	21858.8	2477.9	5823.6	1571.3
专卖店	13595.0	9685.1	4542.3	
家居建材商店				
购物中心				
厂家直销中心	5.7		5.5	
电视购物	180128.1	360256.3		
邮购				
网上商店	68934.3	118108.3		447.7
自动售货亭				
电话购物				
服务业	117429.2	180180.4	40160.5	1343.1
高新技术企业	12982.3	25272.4	7479.0	
非高新技术企业	104446.9	154908.0	32681.5	1343.1
高技术产业	88583.1	133517.9	24265.3	347.0
非高技术产业	28846.0	46662.5	15895.2	996.1
住宿和餐饮业	6623.8	6007.2	4613.3	4289.3
独立门店	6229.6	6002.9	4567.1	4289.2
连锁总店(总部)	239.1	4.0	35.0	
连锁门店	48.8	0.3	0.1	0.1
其他	106.3		11.2	
住宿业	6110.9	5997.2	4549.3	4275.1
一星				
二星	7.7		5.7	
三星	336.9	301.0	54.1	5.8
四星	1120.8	102.0	694.3	1.8
五星	3925.2	5541.9	3443.1	4265.4
其他	720.2	52.3	352.2	2.1
房地产业	5020.6	2.0	67.8	
一级				
二级	3.1		2.0	
三级	3822.4	2.0	34.1	
四级	601.7		0.1	
暂定	537.8		31.7	
其他	55.5			

企业营业利润（万元）	有电子商务交易的企业营业利润（万元）	营业收入（万元）	有电子商务销售的企业的营业收入（万元）	营业成本（万元）	有电子商务采购的企业的营业成本（万元）
146174.7	718.0	4673634.6	28889.3	4185354.8	12762.6
53905.6	130.2	1898176.8	34857.9	1696366.4	24242.8
1996.1		73871.2		61527.8	
322.6		9931.4		8232.1	
13237.3		213488.5		178246.8	
96.1	96.1	600.0	600.0	441.7	
458.0		3116.6		2493.3	
399141.4	65694.9	4618371.8	733847.0	2970060.6	139605.3
11173.1		239272.6		196350.1	
387968.3	65694.9	4379099.2	733847.0	2773710.5	139605.3
391312.2	66473.9	2225397.9	641195.3	1131097.5	77719.7
7829.2	-779.0	2392973.9	92651.7	1838963.1	61885.6
24691.8	-6970.7	771745.0	52967.3	436462.6	9028.2
21006.3	-6982.0	690662.2	42606.0	390318.2	4849.8
2050.7	24.0	19923.6	2103.2	12122.0	
-369.1	20.3	6015.8	550.3	2487.8	
2003.9	-33.0	55143.4	7707.8	31534.6	4178.4
11375.6	-5452.5	489704.4	41547.1	262545.0	8019.9
33.7		1058.6		668.6	
1470.3	-111.0	26911.5	848.3	16363.1	345.1
9219.3	-443.8	113299.9	4065.3	62931.9	804.7
-1653.3	1871.1	127562.7	15343.0	60890.5	5421.4
-9914.8	-2723.1	45307.8	5594.8	14276.8	
12220.4	-4045.7	175563.9	15695.7	107414.1	1448.7
611332.6	8774.1	6214137.5	36722.4	4634619.7	16085.0
91738.5		578643.1		403153.8	
77660.3		856042.8		634653.3	
268816.9	7854.5	2722373.6	24827.0	2053539.4	8190.0
38122.5	535.8	395207.5	5800.0	299146.1	3018.6
131058.7		1505846.5		1122972.7	
3935.7	383.8	156024	6095.4	121154.4	4876.4

3-88 规模以上企业按大中小

指标名称	电子商务销售额（万元）	自营电子商务平台销售额（万元）	B2C销售额（万元）	服务类销售额（万元）	面向大陆区域以外的销售额（万元）
总　计	**13649068.9**	**11390860.2**	**775273.1**	**418074.2**	**244221.2**
大型	11499083.9	10453674.5	386712.2	244795.9	149814.8
中型	1558559.0	698423.2	273179.1	144736.0	53665.6
小型	586611.9	237900.9	114068.8	28320.3	40711.8
微型	3666.1	838.6	320.0	189.0	9.0
工业	12085380.8	10797605.9	195028.5	111677.0	218034.5
大型	10381557.0	10116143.2	53560.8	27386.2	133304.7
中型	1238645.5	510415.1	90174.7	69618.1	52444.3
小型	464417.3	170489.6	51258.5	14512.7	32276.5
微型	761.0	558.0	34.5	160.0	9.0
建筑业	4088.0	677.9	243.4	3204.2	26.5
大型	130.2	130.2	42.0	12.3	26.0
中型	3679.1	547.1	123.4	3086.5	
小型	262.2		68.3	105.3	0.5
微型	16.5	0.6	9.7	0.1	
批发和零售业	1325160.2	423975.7	410964.9	216981.7	21091.3
大型	1101587.6	323711.8	323323.4	210461.4	12218.9
中型	119278.9	43162.4	28067.2	6031.9	448.0
小型	103229.4	56821.5	59319.0	468.4	8424.4
微型	1064.3	280.0	255.3	20.0	
批发业	1105957.7	244114.5	222104.6	214942.7	20643.3
大型	991308.8	213643.3	213385.8	208891.7	12218.9
中型	94793.7	28502.2	7112.4	5562.6	
小型	19213.4	1689.0	1351.4	468.4	8424.4
微型	641.8	280.0	255.0	20.0	
零售业	219202.5	179861.2	188860.3	2039.0	448.0
大型	110278.8	110068.5	109937.6	1569.7	
中型	24485.2	14660.2	20954.8	469.3	448.0
小型	84016.0	55132.5	57967.6		
微型	422.5		0.3		
服务业	213752.6	162655.8	159861.0	77105.3	782.1
大型	8275.3	8223.1	8204.0	50.0	
中型	186228.5	143918.0	147431.6	64347.6	759.6
小型	16828.0	10491.7	3214.1	12668.7	2.5
微型	1272.8		18.3	6.0	
住宿和餐饮业	12858.7	5944.9	2699.9	9045.7	4286.8
大型	7533.8	5466.2	1582.0	6886.0	4265.2
中型	4151.3	380.6	911.0	1593.6	13.7
小型	1172.7	98.1	206.9	565.2	7.9
微型	0.9			0.9	
住宿业	11998.6	5938.9	2446.2	8919.7	4274.6
大型	7533.8	5466.2	1582.0	6886.0	4265.2
中型	3535.2	374.6	779.9	1583.4	1.5
小型	928.7	98.1	84.3	449.4	7.9
微型	0.9			0.9	
餐饮业	860.1	6.0	253.7	126.0	12.2
大型					
中型	616.1	6.0	131.1	10.2	12.2
小型	244.0		122.6	115.8	
微型					
房地产业	7828.6		6475.4	60.3	
大型					
中型	6575.7		6471.2	58.3	
小型	702.3		2.0		
微型	550.6		2.2	2	

微分电子商务交易金额情况

电子商务采购额（万元）				第三方电子商务平台交易额（万元）	提供第三方电子商务平台收取服务费用金额（万元）
	自营电子商务平台采购额（万元）	服务类采购额（万元）	面向大陆区域以外的采购额（万元）		
6926561.2	**3784136.8**	**189710.3**	**166233.7**	**13144109.5**	**39742.4**
5847411.1	3282202.6	131294.8	127337.8	30988.6	724.6
740858.1	332203.8	54494.5	22372.7	13099098.3	38378.6
337412.7	169548.7	3837.8	16487.9	14022.6	639.2
865.0	171.7	78.9	34.3		
5555658.6	3391805.8	154124.4	151865.4	46279.3	2641.0
4661216.5	2990032.9	111223.1	115118.9	25986.7	287.7
640570.6	284317.0	40421.0	22021.4	12402.6	2158.0
253658.7	117305.9	2480.3	14700.8	7890.0	195.3
212.8	150.0		24.3		
645189.7	5073.1	365.3	14.9	153.8	0.7
643219.8	4926.8				
1505.9	135.9	31.2		153.8	0.7
431.7		324.1	4.9		
32.3	10.4	10.0	10.0		
702005.8	369669.0	31748.6	13789.9	16798.2	323.0
542961.8	287242.9	20071.7	12218.9	1396.2	185.6
79174.1	30744.6	10987.7		12755.0	20.1
79716.5	51673.5	681.2	1571.0	2647.0	117.3
153.4	8.0	8.0			
326072.0	42873.9	12936.6	12218.9	2337.4	109.3
267927.8	12218.9	12218.9	12218.9		
43491.8	30624.6	78.5		190.4	2.0
14499.0	22.4	631.2		2147.0	107.3
153.4	8.0	8.0			
375933.8	326795.1	18812.0	1571.0	14460.8	213.7
275034.0	275024.0	7852.8		1396.2	185.6
35682.3	120.0	10909.2		12564.6	18.1
65217.5	51651.1	50.0	1571.0	500.0	10.0
21105.7	17524.6	3215.7	561.0	13077262.3	36525.2
13.0				10.8	
17966.0	17002.3	2904.1	349.0	13073785.1	36199.2
3107.7	509.0	307.3	211.0	3466.4	326.0
4.7	3.3				
388.8	62.3	180.9	2.5	3615.9	252.5
				3594.9	251.3
282.4	2.0	135.7	2.3	1.8	0.6
105.6	60.3	44.4	0.2	19.2	0.6
0.8		0.8			
223.1	58.3	178.9	0.5	3602.1	251.3
				3594.9	251.3
139.0		133.7	0.3		
83.3	58.3	44.4	0.2	7.2	
0.8		0.8			
165.7	4.0	2.0	2.0	13.8	1.2
143.4	2.0	2.0	2.0	1.8	0.6
22.3	2.0			12.0	0.6
2212.6	2.0	75.4			
1359.1	2.0	14.8			
392.5		0.5			
461		60.1			

3-88 续表

指标名称	电子商务交易额（万元）	通过自营电子商务平台的交易额（万元）	服务类交易额（万元）	面向大陆以外区域的电子商务交易额（万元）
总　计	**20575630.1**	**15174997.0**	**607784.5**	**410454.9**
大型	17346495.0	13735877.1	376090.7	277152.6
中型	2299417.1	1030627.0	199230.5	76038.3
小型	924024.6	407449.6	32158.1	57199.7
微型	4531.1	1010.3	267.9	43.3
工业	17641039.4	14189411.7	265801.4	369899.9
大型	15042773.5	13106176.1	138609.3	248423.6
中型	1879216.1	794732.1	110039.1	74465.7
小型	718076.0	287795.5	16993.0	46977.3
微型	973.8	708.0	160.0	33.3
建筑业	649277.7	5751.0	3569.5	41.4
大型	643350.0	5057.0	12.3	26.0
中型	5185.0	683.0	3117.7	
小型	693.9		429.4	5.4
微型	48.8	11.0	10.1	10.0
批发和零售业	2027166.0	793644.7	248730.3	34881.2
大型	1644549.4	610954.7	230533.1	24437.8
中型	198453.0	73907.0	17019.6	448.0
小型	182945.9	108495.0	1149.6	9995.4
微型	1217.7	288.0	28.0	
批发业	1432029.7	286988.4	227879.3	32862.2
大型	1259236.6	225862.2	221110.6	24437.8
中型	138285.5	59126.8	5641.1	
小型	33712.4	1711.4	1099.6	8424.4
微型	795.2	288.0	28.0	
零售业	595136.3	506656.3	20851.0	2019.0
大型	385312.8	385092.5	9422.5	
中型	60167.5	14780.2	11378.5	448.0
小型	149233.5	106783.6	50.0	1571.0
微型	422.5			
服务业	234858.3	180180.4	80321.0	1343.1
大型	8288.3	8223.1	50.0	
中型	204194.5	160920.3	67251.7	1108.6
小型	19935.7	11000.7	12976.0	213.5
微型	1277.5	3.3	6.0	
住宿和餐饮业	13247.5	6007.2	9226.6	4289.3
大型	7533.8	5466.2	6886.0	4265.2
中型	4433.7	382.6	1729.3	16.0
小型	1278.3	158.4	609.6	8.1
微型	1.7		1.7	
住宿业	12221.7	5997.2	9098.6	4275.1
大型	7533.8	5466.2	6886.0	4265.2
中型	3674.2	374.6	1717.1	1.8
小型	1012.0	156.4	493.8	8.1
微型	1.7		1.7	
餐饮业	1025.8	10.0	128.0	14.2
大型				
中型	759.5	8.0	12.2	14.2
小型	266.3	2.0	115.8	
微型				
房地产业	10041.2	2.0	135.7	
大型				
中型	7934.8	2.0	73.1	
小型	1094.8		0.5	
微型	1011.6		62.1	

企业营业利润（万元）	有电子商务交易的企业营业利润（万元）	营业收入（万元）	有电子商务销售的企业的营业收入（万元）	营业成本（万元）	有电子商务采购的企业的营业成本（万元）
7386544.5	**810939.0**	**130091586.5**	**12972684.1**	**109678459.1**	**8664045.2**
1459301.2	418479.6	29575522.6	7466294.2	25575915.5	5237518.0
2669355.9	312093.1	44898449.2	4314418.6	37177323.9	2855165.7
3134601.7	75953.3	51513699.1	1141820.7	43460941.2	566490.2
110676.9	2341.7	3967415.6	42197.9	3370477.8	2657.9
5047579.5	609719.1	87165438.0	10399956.2	74187233.4	7672031.6
805995.8	310768.7	18064702.1	6007101.6	15852481.6	4546039.4
1441089.5	232330.9	22795902.9	3390307.4	18906527.1	2668227.5
2635574.6	66378.4	43061836.0	999812.1	36644785.0	457599.5
164919.6	241.1	3242997.0	2735.1	2783439.7	165.2
470480.0	20219.8	13753374.8	135778.6	12221987.0	73096.5
90670.1		4916438.6		4532114.0	
239013.6	9312.6	5998647.2	82448.3	5278907.8	18075.2
138217.0	10693.8	2746145.3	52425.6	2331374.7	54845.6
2579.3	213.4	92143.7	904.7	79590.5	175.7
833319.2	113501.8	17568519.4	1613412.6	15228095.8	754198.6
344877.3	109251.8	5491431.6	1442757.4	4618340.6	691478.6
220487.9	65.6	8107547.3	90124.7	7304017.9	44501.8
252689.7	2153.1	3697837.1	42700.1	3075040.9	16026.2
15264.3	2031.3	271703.4	37830.4	230696.4	2192.0
478961.6	57968.0	7824031.4	513561.0	6670274.1	330789.9
228134.2	55699.4	2040989.2	397721.5	1561704.0	295535.4
110775.9	-31.0	4109600.3	75394.9	3751335.5	30688.6
136609.9	315.0	1615533.0	3948.1	1305643.3	2373.9
3441.6	1984.6	57908.9	36496.5	51591.3	2192.0
354357.6	55533.8	9744488.0	1099851.6	8557821.7	423408.7
116743.1	53552.4	3450442.4	1045035.9	3056636.6	395943.2
109712.0	96.6	3997947.0	14729.8	3552682.4	13813.2
116079.8	1838.1	2082304.1	38752.0	1769397.6	13652.3
11822.7	46.7	213794.5	1333.9	179105.1	
399141.4	65694.9	4618371.8	733847.0	2970060.6	139605.3
209913.6	-1540.9	1040691.0	16435.2	541925.3	
119220.5	64554.2	2142631.6	674266.5	1389148.5	101948.5
52249.3	620.1	1149066.5	34472.9	825205.5	35318.4
5149.2	-9.8	149482.7	719.7	119980.6	125.0
24691.8	-6970.7	771745.0	52967.3	436462.6	9028.2
7844.4		62259.3		31054.0	
-8132.4	-3070.6	317082.6	40549.3	163540.1	6327.7
25192.8	-3892.1	386789.9	12410.0	238077.6	2700.5
-213.0	-8.0	5613.2	8.0	3790.9	
11375.6	-5452.5	489704.4	41547.1	262545.0	8019.9
8162.5		35482.2		17771.7	
-10283.4	-3132.7	215016.1	33725.5	101073.6	6327.7
13722.6	-2311.8	236777.7	7813.6	142634.9	1692.2
-226.1	-8.0	2428.4	8.0	1064.8	
13316.2	-1518.2	282040.6	11420.2	173917.6	1008.3
-318.1		26777.1		13282.3	
2151.0	62.1	102066.5	6823.8	62466.5	
11470.2	-1580.3	150012.2	4596.4	95442.7	1008.3
13.1		3184.8		2726.1	
611332.6	8774.1	6214137.5	36722.4	4634619.7	16085.0
657676.8	8900.4	5536637.6	36722.4	4135182.5	16085.0
30678.3		472024.3		346457.5	
-77022.5	-126.3	205475.6		152979.7	

3-89 规模以上企业按登记

指标名称	电子商务销售额(万元)	自营电子商务平台销售额(万元)	B2C销售额(万元)	服务类销售额(万元)	面向大陆区域以外的销售额(万元)
总　计	**13649068.9**	**11390860.2**	**775273.1**	**418074.2**	**244221.2**
按登记注册类型分组					
内资企业	13116660.3	11102582.8	767738.5	398530.7	160565.9
国有企业	9974516.6	9295004.7	209456.5	210060.8	12842.0
集体企业	1806.2	270.6	408.4	103.3	0.5
股份合作企业	2009.0			2000.0	
联营企业	8.0	8.0	8.0		
国有联营企业					
集体联营企业	8.0	8.0	8.0		
国有与集体联营企业					
其他联营企业					
有限责任公司	1079978.0	571711.6	230808.1	35561.9	63787.5
国有独资公司	113330.4	9244.3	12913.5	91.0	680.0
其他有限责任公司	966647.6	562467.3	217894.6	35470.9	63107.5
股份有限公司	882884.6	621843.4	132832.6	54951.9	34571.5
私营企业	1163523.6	604936.0	191891.7	95839.8	49344.4
私营独资企业	37499.2	19269.6	17837.6	14702.3	4.9
私营合伙企业	24096.7	7486.4	1412.0	531.2	15.0
私营有限责任公司	948800.5	512637.3	131890.5	71828.7	39737.8
私营股份有限公司	153127.2	65542.7	40751.6	8777.6	9586.7
其他企业	11934.3	8808.5	2333.2	13.0	20.0
港、澳、台商投资企业	377235.7	158742.8	4214.4	19384.4	78530.9
与港澳台商合资经营企业	207549.2	30817.6	3176.5	5525.2	23214.7
与港澳台商合作经营企业	15982.1				
港澳台商独资企业	153263.4	127722.4	621.6	13854.0	55316.2
港澳台商投资股份有限公司	435.8	202.8	416.3		
其他港澳台投资企业	5.2			5.2	
外商投资企业	155172.9	129534.6	3320.2	159.1	5124.4
中外合资经营企业	108950.7	101386.7	2214.7	90.0	5124.4
中外合作经营企业					
外资企业	44782.2	27155.1	112.7	69.1	
外商投资股份有限公司	1440.0	992.8	992.8		
其他外商投资企业					

注册类型分电子商务交易金额情况

电子商务采购额（万元）	自营电子商务平台采购额（万元）	服务类采购额（万元）	面向大陆区域以外的采购额（万元）	第三方电子商务平台交易额（万元）	提供第三方电子商务平台收取服务费用金额（万元）
6926561.2	**3784136.8**	**189710.3**	**166233.7**	**13144109.5**	**39742.4**
6596196.0	3590478.5	176018.2	144293.0	13120537.4	37348.3
3036898.9	2778663.5	102450.8	12565.9	67.2	0.1
633.0	278.8	2.2	4.9		
19.0	19.0			8.0	
19.0	19.0			8.0	
2056740.8	463455.0	23967.3	8673.3	13090881.5	36822.7
794973.4	7.8	0.1	150.0		
1261767.4	463447.2	23967.2	8523.3	13090881.5	36822.7
867008.3	17243.8	1022.5	101747.6	7716.2	143.0
631368.2	330318.4	48172.1	21201.3	21803.6	377.6
24416.7	4567.9	2720.8	488.5	686.6	60.1
5821.7	2627.8	27.0	57.6	241.0	2.6
528941.4	269009.6	26386.6	16826.3	15293.2	191.9
72188.4	54113.1	19037.7	3828.9	5582.8	123.0
3527.8	500.0	403.3	100.0	60.9	4.9
227275.9	101263.2	13369.2	19061.4	22028.1	2011.1
122697.9	14792.9	7826.8	11981.6	3602.0	1756.0
9767.0					
94811.0	86470.3	5542.4	7079.8	18426.1	255.1
103089.3	92395.1	322.9	2879.3	1544.0	383.0
80915.2	71152.2	0.1	2777.8	461.4	363.0
21874.1	21242.9	22.8	101.5	1082.6	20.0
300.0		300.0			

3-89 续表

指标名称	电子商务交易额(万元)	通过自营电子商务平台的交易额(万元)	服务类交易额(万元)	面向大陆以外区域的电子商务交易额(万元)
总 计	**10287815.1**	**15174997.0**	**303892.3**	**410454.9**
按登记注册类型分组				
内资企业	9856428.2	14693061.3	287274.5	304858.9
国有企业	6505707.8	12073668.2	156255.8	25407.9
集体企业	1219.6	549.4	52.8	5.4
股份合作企业	1004.5		1000.0	
联营企业	13.5	27.0		
国有联营企业				
集体联营企业	13.5	27.0		
国有与集体联营企业				
其他联营企业				
有限责任公司	1568359.4	1035166.6	29764.6	72460.8
国有独资公司	454151.9	9252.1	45.5	830.0
其他有限责任公司	1114207.5	1025914.5	29719.1	71630.8
股份有限公司	874946.4	639087.2	27987.2	136319.1
私营企业	897445.9	935254.4	72005.9	70545.7
私营独资企业	30957.9	23837.5	8711.5	493.4
私营合伙企业	14959.2	10114.2	279.1	72.6
私营有限责任公司	738870.9	781646.9	49107.6	56564.1
私营股份有限公司	112657.8	119655.8	13907.7	13415.6
其他企业	7731.0	9308.5	208.2	120.0
港、澳、台商投资企业	302255.8	260006.0	16376.8	97592.3
与港澳台商合资经营企业	165123.5	45610.5	6676.0	35196.3
与港澳台商合作经营企业	12874.5			
港澳台商独资企业	124037.2	214192.7	9698.2	62396.0
港澳台商投资股份有限公司	217.9	202.8		
其他港澳台投资企业	2.6		2.6	
外商投资企业	129131.1	221929.7	241.0	8003.7
中外合资经营企业	94932.9	172538.9	45.0	7902.2
中外合作经营企业				
外资企业	33328.1	48398.0	45.9	101.5
外商投资股份有限公司	870.0	992.8	150.0	
其他外商投资企业				

企业营业利润（万元）	有电子商务交易的企业营业利润（万元）	营业收入（万元）	有电子商务销售的企业的营业收入（万元）	营业成本（万元）	有电子商务采购的企业的营业成本（万元）
7386544.5	**810939.0**	**130091586.5**	**12972684.1**	**109678459.1**	**8664045.2**
6876727.8	710987.4	122662268.1	11453376.4	103506148.3	7756557.0
498464.0	65076.6	9267967.1	534261.2	7951260.0	368717.5
120192.9	3345.2	1752197.9	4988.3	1474441.7	38676.9
18795.3		294827.7		241025.2	
5526.9		50422.5		45187.7	
4937.7		34832.3		31365.4	
589.2		15590.2		13822.3	
2184378.6	118483.8	41190945.9	4592469.1	34758227.2	3726151.7
260450.1	-1733.1	7171280.2	298531.1	5909491.6	166875.7
1923928.5	120216.9	34019665.7	4293938.0	28848735.6	3559276.0
647617.5	302629.5	13047928.8	2569045.9	11145564.7	969573.1
3276490.6	217554.1	55808078.8	3702549.5	46960427.6	2612012.2
260128.5	14408.2	4182858.2	203085.6	3436745.1	120534.7
172388.6	12839.1	2918753.1	186879.5	2342942.6	119723.8
2517747.6	162060.1	42889127.1	2865161.5	36335304.5	1941483.1
326225.9	28246.7	5817340.4	447422.9	4845435.4	430270.6
125262.0	3898.2	1249899.4	50062.4	930014.2	41425.6
199678.4	77887.0	3201927.6	995717.7	2636281.6	425444.7
103840.4	59451.8	1655653.7	646979.4	1366971.1	368019.1
11210.4		103569.0		75741.5	
65286.8	3691.2	1089340.0	76657.0	886370.7	57425.6
19340.8	14744.0	353364.9	272081.3	307198.3	
310138.3	22064.6	4227390.8	523590.0	3536029.2	482043.5
200828.8	11508.1	2977341.2	257806.5	2644301.1	282455.2
2607.9		24437.5		20677.0	
105223.4	10556.5	1192143.4	265783.5	840538.2	199588.3
1478.2		33468.7		30512.9	

主要指标解释

资产总计 指企业过去的交易或者事项形成的、由企业拥有或者控制的、预期会给企业带来经济利益的资源。资产一般按流动性（资产的变现或耗用时间长短）分为流动资产和非流动资产。其中流动资产可分为货币资金、交易性金融资产、应收票据、应收账款、预付款项、其他应收款、存货等；非流动资产可分为长期股权投资、固定资产、无形资产及其他非流动资产等。根据会计“资产负债表”中“资产总计”项目的期末余额数填报。

执行2006年《企业会计准则》的企业：资产总计=流动资产合计+非流动资产合计；未执行2006年《企业会计准则》企业的资产包括流动资产、长期投资、固定资产、无形资产和其他资产等。

存货 指企业在日常活动中持有以备出售的产成品或商品、处在生产过程中的在产品、在生产过程或提供劳务过程中耗用的材料或物料等，通常包括原材料、在产品、半成品、产成品、商品以及周转材料等。根据会计“资产负债表”中“存货”项目的期末余额数填报。其中：“年初存货”根据会计“资产负债表”中“存货”项目的年初余额数填报。注意：“存货”具有实物形态，不属于无形资产，由于企业持有存货的最终目的是为了出售，所以房地产开发企业（单位）购置的土地、尚未销售的商品房等均计入“存货”。

固定资产原价 指固定资产的成本，包括企业在购置、自行建造、安装、改建、扩建、技术改造某项固定资产时所发生的全部支出总额。根据会计“固定资产”科目的期末借方余额填报。

固定资产折旧 指企业在固定资产的使用寿命内，按照确定的方法对应计折旧额进行系统分摊。

累计折旧 指企业在报告期末提取的历年固定资产折旧累计数。根据会计“累计折旧”科目的期末贷方余额填报。

本年折旧 指企业在报告期内提取的固定资产折旧合计数。可以根据会计“财务状况变动表”中“固定资产折旧”项的数值填报。若企业执行2001年《企业会计制度》，可以根据会计核算中《资产减值准备、投资及固定资产情况表》内“当年计提的固定资产折旧总额”项本年增加数填报。

负债合计 指企业过去的交易或者事项形成的，预期会导致经济利益流出企业的现时义务。负债一般按偿还期长短分为流动负债和非流动负债。根据会计“资产负债表”中“负债合计”项目的期末余额数填报。

执行2006年《企业会计准则》的企业：负债合计=流动负债合计+非流动负债合计；未执行2006年《企业会计准则》企业的负债包括流动负债和长期负债。

所有者权益合计 指企业资产扣除负债后由所有者享有的剩余权益。公司的所有者权益又称股东权益。包括实收资本、资本公积、盈余公积、未分配利润等。根据会计“资产负债表”中“所有者权益合计”项目的期末余额数填报。

营业收入 指企业经营主要业务和其他业务所确认的收入总额。营业收入合计包括“主营业务收入”和“其他业务收入”。根据会计“利润表”中“营业收入”项目的本期金额数填报。

主营业务收入 指企业确认的销售商品、提供劳务等主营业务的收入。根据会计“主营业务收入”科目的期末贷方余额（结转前）填报。执行2006年《企业会计准则》的企业，如未设置该科目，以“营业收入”代替填报。

营业成本 指企业经营主要业务和其他业务所发生的成本总额。包括企业（单位）在报告期内从事销售商品、提供劳务等日常活动发生的各种耗费。包括“主营业务成本”和“其他业务成本”。根据会计“利润表”中“营业成本”项目的本期金额数填报。

主营业务成本 指企业经营主要业务所发生的成本总额。根据会计“主营业务成本”科目的期末借方余额（结转前）填报。执行2006年《企业会计准则》的企业，如未设置该科目，以“营业成本”代替填报。

营业税金及附加 指企业因从事生产经营活动按税法规定缴纳的应从经营收入中抵扣的税金和附加，包括营业税、消费税、城市维护建设税、教育费附加等。根据会计“利润表”中“营业税金及附加”项目的本期金额数填报。

主营业务税金及附加 指企业经营主要业务应负担的营业税、消费税、城市维护建设税、教育费附加等。根据会计“主营业务税金及附加”科目的期末借方余额（结转前）填报。执行2006年《企业会计准则》的企业，如未设置该科目，以“营业税金及附加”代替填报。

销售费用 指企业在销售商品和材料、提供劳务的过程中发生的各种费用，包括保险费、包装费、展览费和广告费、商品维修费、预计产品质量保证损失、运输费、装卸费等以及为销售本企业商品而专设的销售机构（含销售网点、售后服务网点等）的职工薪酬、业务费、折旧费等经营费用。建筑业企业销售费用指企业从事施工生产活动过程中发生的各项费用，包括应由企业负担的运输费、装卸费、包装费、保险费、维修费、展览费、差旅费、广告费和其他经费。房地产企业销售费用指企业在从事主要经营业务过程中所发生的各项销售费用，包括转让、销售、结算和出租开发产品等。根据会计“利润表”中“销售费用”项目的本期金额数填报。未执行2006年《企业会计准则》的企业，根据会计“利润表”中“营业费用（或经营费用）”项目的本期金额数填报。

管理费用　指企业为组织和管理企业生产经营所发生的费用，包括企业在筹建期间内发生的开办费、董事会和行政管理部门在企业经营管理中发生的，或者应当由企业统一负担的公司经费等。根据会计“利润表”中“管理费用”项目的本期金额数填报。

税金　指企业按照规定从管理费用中支付的房产税、印花税、车船使用税和土地使用税。根据“管理费用明细账”中“管理费用——税金”的期末借方余额（结转前）分析填报。

财务费用　指企业为筹集生产经营所需资金等而发生的筹资费用，包括企业生产经营期间发生的利息支出（减利息收入）、汇兑损失（减汇兑收益）以及相关的手续费等。根据会计“利润表”中“财务费用”项目的本期金额数填报。

利息收入　指非金融企业存款业务所确认的利息金额。根据企业“财务费用明细账”中“财务费用——利息收入”科目的本期发生额填报。如果企业没有设置该科目，此处可填“0”。

利息支出　指企业短期借款利息、长期借款利息、应付票据利息、票据贴现利息、应付债券利息、长期应付引进国外设备款利息等利息支出。根据企业“财务费用明细账”中“财务费用——利息支出”科目的本期发生额填报。如果企业没有单独设立“利息收入”科目，应填报利息支出减去银行存款等的利息收入后的净额。

投资收益　指企业确认的投资收益或投资损失，反映企业以各种方式对外投资所取得的收益。根据会计“利润表”中“投资收益”项目的本期金额数填报。如为投资损失以“-”号记。

营业利润　指企业从事生产经营活动所取得的利润。执行 2006 年《企业会计准则》的企业，营业利润为营业收入减去营业成本、营业税金及附加、销售费用、管理费用、财务费用、资产减值损失，再加上公允价值变动收益和投资收益。未执行 2006 年《企业会计准则》的企业，营业利润为主营业务收入减去主营业务成本、主营业务税金及附加，加上其他业务利润后，再减去销售费用、管理费用、财务费用后的金额。根据会计“利润表”中“营业利润”项目的本期金额数填报。

利润总额　指企业在一定会计期间的经营成果，是生产经营过程中各种收入扣除各种耗费后的盈余，反映企业在报告期内实现的盈亏总额。根据会计“利润表”中“利润总额”项目的本期金额数填报。执行 2006 年《企业会计准则》的企业，利润总额为营业利润加上营业外收入，减去营业外支出后的金额；未执行 2006 年《企业会计准则》的企业，利润总额为营业利润加上投资收益、补贴收入、营业外收入，再减去营业外支出后的金额。

应交所得税　指企业按税法规定，应从生产经营等活动的所得中缴纳的税金。执行 2006 年《企业会计准则》的企业，根据会计“利润表”中“所得税费用”项目的本期金额数填报；未执行 2006 年《企业会计准则》的企业，根据会计“利润表”中“所得税”项目的本期金额数填报。

应付职工薪酬　指企业为获得职工提供的服务而给予各种形式的报酬以及其他相关支出。包括职工工资、奖金、津贴和补贴，职工福利费，医疗保险费、养老保险费、失业保险费、工伤保险费和生育保险费等社会保险费，住房公积金，工会经费和职工教育经费，非货币性福利，因解除与职工的劳动关系给予的补偿，其他与获得职工提供的服务相关的支出。执行 2006 年《企业会计准则》的企业，根据会计科目“应付职工薪酬”的本年贷方累计发生额填报；未执行 2006 年《企业会计准则》的企业，应将本年上述职工薪酬包含的科目归并填报。

应交增值税　指企业按税法规定，从事货物销售或提供加工、修理修配劳务等增加货物价值的活动本期应交纳的税金，不含期初未抵扣税额。根据会计相关科目贷方累计发生额，按下述公式计算填报：

应交增值税=销项税额－（进项税额－进项税额转出）－出口抵减内销产品应纳税额－减免税款+出口退税

（四）能源消费情况（略）

（五）科技活动情况（略）

（六）信息化情况

计算机数　指报告期末企业（单位）使用的计算机数量，包括台式机、笔记本电脑和平板电脑。

信息技术人员　指专职从事信息技术系统的制定、设计、开发、安装、操作、维护、管理和评估的人员。

局域网（LAN）指在局部区域，如单一建筑物、独立部门，连接计算机的网络，可以是无线网络。

互联网　指在世界范围内的公共计算机网络。它提供一系列通信服务（包括万维网）的接入，并传送电子邮件、新闻、娱乐和数据文件等。

窄带　包括通过模拟调制解调器（电话线拨号）、ISDN（综合业务数字网）、速度低于 256kbit/s 的 DSL 和移动电话以及表明下载速度低于 256kbit/s 的其他接入方式。请注意，窄带移动电话接入服务包括 CDMA1*（版本 0）、GPRS、WAP 和 i-mode。

固定宽带　指一个或两个方向速度至少为 256kbit/s 的技术，如 DSL（数字用户线路）、电缆调制解调器、高速租用线路、光纤入户、输电线、微型、固定无线、无线局域网和 WiMAX。

移动宽带　指一个或两个方向速度至少为 256kbit/s 的技术，如宽带 CDMA（W-CDMA），可通过任何装置（如平板电脑、笔记本电脑或者移动电话等）接入。

互联网接入带宽　指在单位时间内从网络中的某一点到另一点所能通过的最高数据率,即网络可通过的最高数据流量，通常的单位是 bps（bit per second）。带宽是指在固定的时间可传输的资料数量，亦即在传输管道中可以传递数据的能力。

从政府机构获取信息　指企业（单位）通过浏览网站或者发送电子邮件获取与政府相关的信息。

与政府机构互动　指企业（单位）通过互联网向政府机

构采购或者销售、在线支付以及在线填写或者下载政府要求提供的表格等活动。

提供客户服务 指企业（单位）通过网站或者电子邮件提供产品的规格、价目表以及提供售后服务（如产品维修咨询、在线订单跟踪等）。

在线提供产品 指企业（单位）通过互联网以数字形式交付产品（如报告、软件、音乐、视频、电脑游戏等）、以及提供在线服务（如计算机相关服务、信息服务、旅游预订或金融服务等）。

员工培训 指企业（单位）基于内网或者外部网站开展的电子教学应用。

网站数 指报告期末企业拥有和维护的，在互联网上可浏览的网站数，不包括企业内网。网站是指在公共互联网上，面向公众使用的，基于TCP/IP协议的计算机系统，以域名本身或者“WWW.+域名”为网址的web站点，由地址、软件、硬件和内容组成。

搜索引擎 指通过一定的策略和计算机程序从互联网上提取各个网站的信息，对信息进行组织和处理后，建立起数据库，根据用户检索和查询条件匹配信息显示给用户的互联网服务系统。

电子商务平台 是为企业（单位）或个人提供网上交易洽谈的平台，可提供网上交易和管理等全过程的服务，一般具有广告宣传、咨询洽谈、网上订购、网上支付、电子账户、服务传递、意见征询、交易管理等各项功能。一般分为B2B、B2C、C2C等几种形式。

电子邮件 是一种通过网络实现相互传送和接收信息的现代化通信方式。电子邮件账号（地址）在形式上通常以“ABC@域名”的形式呈现，这里的ABC可以是字母、符号、或者文字。

微博 是一种通过关注机制分享简短实时信息的广播式的社交网络平台。允许用户发布的内容一般较短，大多以140字左右的文字更新信息，并实现即时分享。

博客 是一种提供自主网络空间，包括文字、图片、多媒体等服务的网站或频道。

社交网站 是狭义的社交网站，即与人人网（校内网）等形态和功能类似的、基于用户真实社交关系从而为用户提供一个沟通、交流平台的社交网站，这些网站一般鼓励用户尽可能提供真实信息。

全年电子商务销售金额 指报告期内企业（单位）借助网络订单而销售的商品和服务总额。借助网络订单指通过网络接受订单。付款和配送可以不借助于网络。

全年电子商务采购金额 指报告期内企业（单位）借助网络订单而采购的商品和服务总额。借助网络订单指通过网络发送订单。付款和配送可以不借助于网络。

第三方电子商务交易平台 指为其他单位或个人开展电子商务交易活动提供服务的平台。

自营电子商务交易平台 指为企业自己开展电子商务交易活动提供服务的平台。

服务类商品 指有形的实体类商品以外的商品。

电子商务平台交易服务费用 指提供第三方电子商务交易平台的企业通过电子商务平台为交易各方提供服务所收取的费用。

（七）个体经营户普查表

个体经营户名称 按工商部门登记批准的名称填写，或据实填写。对于无证经营、无正式名称的个体经营户可以“户主+经营性质”方式命名。

个体经营户主姓名 填写领取工商执照的经营者姓名，或据实填写。

街（村）、门牌号 填写经营场所所在地的具体街（村）、门牌号。

联系电话 电话号码以填写固定座机电话号码为主，对于确实没有座机电话号码的个体户，可以填写户主的移动电话号码。

有无工商或民政证照 有工商部门营业执照或者民政部门登记证书的填写“1”，无填写“0”。

是否办理税务登记证 指在税务部门办理税务登记并领取税务登记证的填写“1”，否则填写“0”。

从业人员期末人数 指参加经营活动的所有人员，包括业主、雇员以及参加经营活动的其他人员，如家庭成员、帮手和学徒。

主要业务活动（或主要产品） 指个体经营户从事生产、销售和提供服务的主要活动内容或产品（服务）的具体名称。如生产刨花板、销售刨花板。

行业代码 普查单位免填。由所在地普查机构根据各单位填写的主要业务活动（或主要产品名称）对照《国民经济行业分类》（GB/T4754－2011）填写行业中类代码。

区划代码 普查单位免填。由所在地普查机构按统计设计管理部门最新更新的统计用区划代码统一填写。

普查小区代码 由普查机构填写，普查单位免填。

湖南经济普查年鉴

Hunan Economic Census Yearbook

2013

综 | 合 | 卷

湖南省第三次全国经济普查领导小组办公室
湖　南　省　统　计　局 编

中国统计出版社
China Statistics Press

图书在版编目（CIP）数据

湖南经济普查年鉴. 2013 / 湖南省第三次全国经济普查领导小组办公室，湖南省统计局编. -- 北京 : 中国统计出版社，2015.12

ISBN 978-7-5037-7733-2

Ⅰ. ①湖… Ⅱ. ①湖… ②湖… Ⅲ. ①经济－普查－湖南省-2013-年鉴 Ⅳ. ①F127.64-54

中国版本图书馆 CIP 数据核字（2015）第 315478 号

湖南经济普查年鉴—2013/综合卷

作　　者/湖南省第三次全国经济普查领导小组办公室　湖南省统计局
责任编辑/许立舫
封面设计/黄俊杰　李雪燕
出版发行/中国统计出版社
通信地址/北京市丰台区西三环南路甲 6 号　邮政编码/100073
电　　话/邮购（010）63376909　书店（010）68783171
网　　址/http://www.zgtjcbs.com/
印　　刷/河北天普润印刷厂
经　　销/新华书店
开　　本/880mm×1230mm　1/16
字　　数/746 千字
印　　张/24
版　　别/2015 年 12 月第 1 版
版　　次/2015 年 12 月第 1 次印刷
定　　价/680.00 元（全三册附光盘）

本书附同版本 CD-ROM 一张，光盘内容以书面文字为准。
如有印装差错，由本社发行部调换。

编者说明

为便于社会各界共同分享湖南省第三次全国经济普查的成果，更方便地开发利用普查资料，湖南省第三次全国经济普查领导小组办公室、湖南省统计局将经济普查资料编辑整理成《湖南经济普查年鉴—2013》一书。全书分三册，即综合卷、第二产业卷、第三产业卷。综合卷包括法人单位基本情况、文化产业基本情况、小微企业基本情况、个体经营户情况、全国各省普查主要数据。第二产业卷包括工业、科技、能源、建筑业基本情况。第三产业卷包括贸易、房地产业、服务业等基本情况。

为使读者能够更好地使用本资料，现对有关问题做如下说明：

一、第三次全国经济普查的标准时点为2013年12月31日，时期资料为2013年度。

二、每一卷后附有该卷主要的指标解释，使用时请仔细阅读。

三、本资料对部分数据由于计量单位取舍不同或四舍五入而产生的误差均未作调整。

四、本资料分省数据均来自各省发布的普查公报数据。

五、本资料服务业数据中均不包括金融和铁路的数据。

六、本资料中农林牧渔业仅包含从事农、林、牧、渔服务业和兼营第二、三产业活动的农、林、牧、渔业经营活动单位。

我们希望此书的面世，能使社会各界对湖南省第三次全国经济普查有一个全面的了解，更愿本书的内容，能为社会经济研究工作者提供有价值的参考。

经济普查资料是湖南省普查工作者共同辛勤工作的成果，也是广大普查对象积极支持配合的结果，在此，我们向全省所有普查工作者、普查对象及所有参与和支持工作的人员致以崇高的敬意和衷心的感谢！

湖南省第三次全国经济普查领导小组办公室

湖南省统计局

2015年12月

综合卷　目录

第一篇　综合

第二篇 文化产业

第1篇

综　合

1-1 按地区、行业(门类)

地 区	法 人 单位数 (个)	农、林、牧、渔业	采矿业	制造业	电力、热力、燃气及水生产和供应业	建筑业	批发和零售业	交通运输、仓储和邮政业	住宿和餐饮业
湖南省	**404083**	**7023**	**7122**	**59905**	**5339**	**8231**	**91397**	**6402**	**9228**
长沙市	80042	613	353	12231	259	2667	24898	1254	1031
株洲市	20466	182	439	4444	277	470	4107	295	409
湘潭市	14553	177	190	3047	60	346	2633	221	241
衡阳市	38644	1102	940	5182	255	779	5203	611	971
邵阳市	27817	714	730	4339	678	337	3605	301	455
岳阳市	33912	490	342	6083	198	935	8422	777	1133
常德市	45012	904	370	6265	310	582	16316	718	1519
张家界市	7953	276	252	642	146	143	759	141	307
益阳市	27699	887	195	5091	226	358	9247	396	876
郴州市	26780	392	1017	3644	1107	299	4923	411	956
永州市	22715	353	359	2814	758	241	1773	334	236
怀化市	21510	375	419	2128	560	241	2486	325	433
娄底市	20580	390	768	2937	238	455	5277	385	465
湘西州	16400	168	748	1058	267	378	1748	233	196

1-2 按行业(门类)分组的

行业门类	从业人员期末人数(人)	长沙市	株洲市	湘潭市	衡阳市	邵阳市
合 计	**13541601**	**3386137**	**1068335**	**666092**	**1235405**	**807025**
农、林、牧、渔业	148179	12295	5106	2977	24415	14569
采矿业	479672	24874	41361	12687	77484	43847
制造业	3944940	855725	505909	259480	355795	235567
电力、热力、燃气及水生产和供应业	243635	76917	10769	6790	15596	19028
建筑业	2224229	964973	145121	132040	189326	101851
批发和零售业	1482539	402342	74727	43709	101159	58378
交通运输、仓储和邮政业	306104	73178	17196	11386	25566	17920
住宿和餐饮业	294864	73588	16886	10961	26918	14485
信息传输、软件和信息技术服务业	129423	55461	5231	3228	7106	4415
金融业	62359	24688	2640	2228	4444	3779
房地产业	321119	99767	30895	14316	30498	13006
租赁和商务服务业	408257	155808	21131	17985	25879	12244
科学研究和技术服务业	293279	104478	12741	8251	17971	7307
水利、环境和公共设施管理业	126889	20939	6893	6566	11388	7442
居民服务、修理和其他服务业	138829	26670	5041	2843	11231	4867
教育	888608	144578	52116	37875	99443	72495
卫生和社会工作	437695	76425	28262	18836	51502	35754
文化、体育和娱乐业	191149	45824	7104	5242	21419	7587
公共管理、社会保障和社会组织	1419832	147607	79206	68692	138265	132484
国际组织						

分组的法人单位数

信息传输、软件和信息技术服务业	金融	房地产业	租赁和商务服务业	科学研究和技术服务业	水利、环境和公共设施管理业	居民服务、修理和其他服务业	教育	卫生和社会工作	文化、体育和娱乐业	公共管理、社会保障和社会组织
5672	**1054**	**11361**	**24175**	**13489**	**3866**	**7827**	**21741**	**16035**	**14474**	**89742**
3369	245	3238	11543	5219	554	1347	2973	989	1875	5384
123	87	808	808	500	133	197	1434	1069	615	4069
161	71	456	943	413	159	135	794	334	419	3753
196	84	1171	1272	987	368	608	2593	4695	2010	9617
138	63	510	927	482	243	306	2133	1612	864	9380
409	69	1053	1777	904	344	795	1896	711	1292	6282
293	80	693	1572	799	421	2357	1321	1026	1193	8273
112	34	185	442	236	147	129	499	304	217	2982
162	50	498	954	749	248	552	1045	582	1173	4410
192	74	729	1028	1098	293	457	1441	948	973	6798
94	55	508	665	545	248	191	2092	1462	589	9398
190	52	607	918	615	253	246	1340	825	863	8634
121	55	534	822	291	112	344	1179	383	819	5005
112	35	371	504	651	343	163	1001	1095	1572	5757

法人单位从业人员数

岳阳市	常德市	张家界市	益阳市	郴州市	永州市	怀化市	娄底市	湘西州
1330018	**1036989**	**191853**	**747974**	**845787**	**644954**	**558171**	**697648**	**325213**
15367	16728	9293	15388	7680	6699	5705	9540	2417
12474	16499	8425	7828	91880	13949	23938	81191	23235
431120	281427	22620	253520	210058	181414	116753	182702	52850
9334	9123	4646	8072	24504	20760	19316	9796	8984
147792	137449	19801	73951	90286	66051	43592	88721	23275
203102	178608	16803	125373	84341	35785	46163	80288	31761
37776	24987	5757	17000	15211	17345	17652	17702	7428
32475	28624	9299	18061	24293	9213	12851	12121	5089
13337	8929	2436	5471	6160	4363	5853	4101	3332
2859	3642	1106	2983	3427	3080	3379	2383	1721
29762	19627	3749	11579	19375	12277	17636	13662	4970
44999	37889	6933	20691	16920	11117	15308	15284	6069
42565	21168	3360	12476	21363	17159	9946	7210	7284
14094	8830	4785	6061	9795	9562	8956	4752	6826
24271	29701	2007	7681	8490	3749	4651	5119	2508
78577	62227	19405	50303	59473	66447	58441	50377	36851
32248	31273	8916	24298	28969	32513	30738	20280	17681
25225	14264	3014	14929	11217	5996	7513	10307	11508
132641	105994	39498	72309	112345	127475	109780	82112	71424

1-3 按地区、开业(成立)

地 区	法人单位数(个)	1949年及以前	1950-1977年	1978-1991年	1992-1995年
总 计	**404083**	**2293**	**20471**	**43316**	**15283**
长沙市	80042	448	1379	2025	1810
株洲市	20466	65	905	1953	558
湘潭市	14553	81	440	1405	1399
衡阳市	38644	344	2441	4692	1933
邵阳市	27817	193	2903	4951	2089
岳阳市	33912	187	1498	3300	1254
常德市	45012	203	1301	4036	1053
张家界市	7953	62	703	1545	360
益阳市	27699	49	630	1533	840
郴州市	26780	188	1532	3853	792
永州市	22715	202	1930	4535	1461
怀化市	21510	137	2070	3770	472
娄底市	20580	64	888	3181	855
湘西州	16400	70	1851	2537	407

1-3 续表

地 区	2003年	2004年	2005年	2006年	2007年
总 计	**12942**	**13001**	**16383**	**17483**	**15835**
长沙市	2399	2708	2872	3341	3534
株洲市	716	775	968	943	851
湘潭市	462	495	546	671	580
衡阳市	1128	1181	1552	1715	1530
邵阳市	849	876	980	1097	981
岳阳市	1510	1489	1800	2069	1742
常德市	1428	1100	1549	1536	1399
张家界市	211	226	264	258	272
益阳市	957	895	1269	1267	1069
郴州市	890	974	1186	1169	1126
永州市	706	709	825	816	709
怀化市	567	499	749	754	637
娄底市	620	558	793	950	754
湘西州	499	516	1030	897	651

时间分组的法人单位数

1996年	1997年	1998年	1999年	2000年	2001年	2002年
4085	**3532**	**8678**	**4458**	**8333**	**10854**	**10457**
526	553	843	831	1289	1825	1832
213	338	327	238	448	591	573
139	112	268	201	356	404	358
537	249	653	479	820	1269	1094
273	747	412	291	582	625	680
362	243	529	479	1004	1372	955
381	234	677	480	1036	1135	1230
67	85	340	89	171	220	220
293	178	392	288	721	1019	781
266	175	292	254	401	582	739
550	201	268	233	454	448	684
154	152	3199	257	365	475	437
183	113	279	205	355	463	446
141	152	199	133	331	426	428

2008年	2009年	2010年	2011年	2012年	2013年	其他(无开业年份)
17931	**23979**	**33194**	**36077**	**38800**	**43903**	**2795**
3799	5711	8678	10948	11482	11140	69
797	1027	1488	2100	2002	2425	165
580	774	1268	1404	1456	1066	88
1790	2791	3907	3218	2821	1997	503
1216	1299	1583	1514	2088	1566	22
1588	2167	2931	2588	2760	1648	437
1507	2077	2718	3463	4235	11931	303
283	463	463	461	536	500	154
2146	1775	2739	2145	2416	4104	193
1238	1848	1928	2070	2654	2551	72
697	1009	1231	1646	1515	1468	418
769	983	1199	1283	1719	811	52
871	1252	1820	1963	1733	2080	154
650	803	1241	1274	1383	616	165

1-4 按地区、开业(成立)时间

地 区	从 业 人员数 (人)	1949年及以前	1950-1977年	1978-1991年	1992-1995年
总 计	**13541601**	**229405**	**1582635**	**1151925**	**781496**
长沙市	3386137	47425	472171	205511	277039
株洲市	1068335	14763	110850	81829	55158
湘潭市	666092	21692	106054	39964	40967
衡阳市	1235405	28879	163470	116836	67496
邵阳市	807025	20527	119623	93367	45116
岳阳市	1330018	7917	108696	110767	83277
常德市	1036989	15828	74147	66720	41432
张家界市	191853	2340	20017	26308	9042
益阳市	747974	8681	51509	49285	28644
郴州市	845787	21189	85634	87616	34710
永州市	644954	11108	69592	87209	31483
怀化市	558171	12344	78734	67372	19034
娄底市	697648	9994	72573	77156	36749
湘西州	325213	6718	49565	41985	11349

1-4 续表

地 区	2003年	2004年	2005年	2006年	2007年
总 计	**560931**	**534344**	**626891**	**656020**	**600928**
长沙市	114287	119594	121988	171468	130456
株洲市	70895	49845	51214	41539	57550
湘潭市	26536	27683	26319	28389	31524
衡阳市	46152	47081	54529	65647	64892
邵阳市	39565	38743	33366	39260	28421
岳阳市	55865	58677	73641	82522	64946
常德市	50784	32679	48286	44823	37303
张家界市	6370	6013	7332	8368	7114
益阳市	30551	31370	35229	32886	34720
郴州市	32864	35901	61073	34239	46649
永州市	21899	28076	32297	23193	24955
怀化市	21050	16246	23444	24225	22542
娄底市	30540	29364	42358	45135	35325
湘西州	13573	13072	15815	14326	14531

分组的法人单位从业人员数

1996年	1997年	1998年	1999年	2000年	2001年	2002年
173203	**210246**	**384558**	**255111**	**430147**	**652551**	**476914**
55282	82544	143460	85295	152652	155732	103750
14904	21576	31587	21453	42650	69101	50094
5807	8523	13733	10982	16278	47172	23284
11881	10080	17119	17250	40756	39549	41934
9721	15535	16974	12371	17791	36657	29852
16836	15473	24255	28457	47282	61815	36318
10437	12497	22825	21608	31616	59497	45862
1448	2174	8352	3137	5022	12773	5541
9826	8343	13887	9294	16229	56840	32994
5464	9746	15265	11688	14316	30233	31030
13121	6533	7997	6329	15494	16789	25189
3519	5946	53479	12930	12064	22125	21357
10277	6571	8772	9471	11723	34869	19498
4680	4705	6853	4846	6274	9399	10211

2008年	2009年	2010年	2011年	2012年	2013年	其他(无开业年份)
518450	**643284**	**773022**	**777048**	**767368**	**631616**	**123508**
96181	142421	183128	205975	181157	137762	859
38215	40464	45874	56679	49344	45120	7631
21641	21612	32232	37228	54036	17520	6916
56829	68946	71853	80721	62672	39874	20959
29631	32941	47505	32024	38728	28674	633
59497	77752	95661	71220	78780	43733	26631
41238	49046	58541	66310	70903	125867	8740
6224	10201	8163	10256	11211	8956	5491
45788	43402	54661	44896	44673	54367	9899
39550	48124	47437	50997	53327	45747	2988
22958	33769	44999	37084	37879	28671	18330
20690	22518	24277	27221	31965	12999	2090
24801	39985	41502	37899	34197	31913	6976
15207	12103	17189	18538	18496	10413	5365

1-5 按地区、登记注册

地 区	法 人单位数(个)	内资	国有	集体	股份合作	联营	国有联营	集体联营
总 计	**404083**	**402379**	**59187**	**8002**	**1023**	**754**	**103**	**351**
长沙市	80042	79446	4818	729	117	115	11	72
株洲市	20466	20335	2567	392	50	36	5	18
湘潭市	14553	14466	1875	255	49	28	5	16
衡阳市	38644	38492	6256	1960	121	100	16	53
邵阳市	27817	27754	4865	1307	79	53	12	17
岳阳市	33912	33795	4268	528	102	63	6	25
常德市	45012	44934	5771	526	56	71	10	27
张家界市	7953	7917	1999	231	18	21	4	7
益阳市	27699	27601	2752	481	46	48	4	23
郴州市	26780	26651	4316	407	117	50	1	25
永州市	22715	22618	6027	257	58	32	7	11
怀化市	21510	21471	6190	370	87	53	10	21
娄底市	20580	20519	2069	352	99	54	10	23
湘西州	16400	16380	5414	207	24	30	2	13

1-5 续表

地 区	私营合伙	私营有限责任公司	私营股份有限公司	其他	港、澳、台商投资	港澳台商合资经营	港澳台商合作经营	港澳台商独 资
总 计	**14543**	**94157**	**8077**	**96294**	**930**	**432**	**41**	**406**
长沙市	1174	35038	1877	9603	282	131	13	124
株洲市	869	5240	497	5031	67	35	3	25
湘潭市	239	5257	276	3703	43	28	2	12
衡阳市	1457	6420	806	11607	91	40	5	44
邵阳市	1938	4689	527	9243	37	17	1	15
岳阳市	1253	8309	863	7473	64	34		25
常德市	1016	3784	624	7937	50	26	4	19
张家界市	168	1134	212	2517	19	9		9
益阳市	1333	5266	464	5836	56	31	3	17
郴州市	1804	4874	547	7427	93	31	6	52
永州市	905	2955	406	8406	72	26	2	41
怀化市	978	3092	400	6942	19	7		9
娄底市	1098	5225	467	5851	29	15	1	10
湘西州	311	2874	111	4718	8	2	1	4

类型分组的法人单位数

国有与集体联营	其他联营	有限责任公司	国有独资	其他有限责任公司	股份有限公司	私营	私营独资
63	**237**	**41687**	**1389**	**40298**	**6482**	**188950**	**72173**
9	23	20557	275	20282	1514	41993	3904
2	11	2485	115	2370	528	9246	2640
1	6	1280	62	1218	305	6971	1199
10	21	2439	79	2360	571	15438	6755
1	23	1066	97	969	409	10732	3578
5	27	3379	96	3283	980	17002	6577
5	29	2902	89	2813	361	27310	21886
1	9	606	36	570	126	2399	885
6	15	1060	89	971	363	17015	9952
9	15	1991	108	1883	323	12020	4795
1	13	1134	106	1028	239	6465	2199
5	17	1283	68	1215	320	6226	1756
2	19	1026	70	956	260	10808	4018
6	9	479	99	380	183	5325	2029

港澳台商投资股份有限公司	其他港澳台商投资	外商投资企业	中外合资经营	中外合作经营	外资企业	外商投资股份有限公司	其他外商投资
40	**11**	**774**	**356**	**36**	**293**	**28**	**61**
12	2	314	141	15	137	8	13
4		64	40	3	17	2	2
1		44	25		14	2	3
2		61	21		25	2	13
4		26	12		7	5	2
3	2	53	25	3	23		2
1		28	14	1	12	1	
1		17	3	1	9		4
3	2	42	24	2	7	1	8
3	1	36	11	3	16	4	2
2	1	25	12	1	8	1	3
1	2	20	8	2	5	1	4
2	1	32	15	3	9	1	4
1		12	5	2	4		1

1-6 按地区、登记注册

地区	从业人员数(人)	内资	国有	集体	股份合作	联营	国有联营	集体联营
总计	**13541601**	**13153890**	**2691001**	**305481**	**57215**	**22550**	**5012**	**8049**
长沙市	3386137	3267501	489617	39895	5742	4139	1707	1866
株洲市	1068335	1030511	155400	16535	3910	1564	430	658
湘潭市	666092	630538	111285	12818	2674	2681	260	294
衡阳市	1235405	1194988	267309	35763	6904	2192	480	1188
邵阳市	807025	794108	210672	27057	5119	845	282	277
岳阳市	1330018	1310118	241068	32381	6794	1491	249	716
常德市	1036989	1021199	182104	12118	2561	2188	480	227
张家界市	191853	188091	62030	6455	1335	326	75	93
益阳市	747974	726894	142014	18519	2836	1211	92	468
郴州市	845787	818228	183882	16041	5257	1252	10	304
永州市	644954	611584	211632	22965	3460	512	49	269
怀化市	558171	553428	191282	17070	4161	1808	677	414
娄底市	697648	681862	126197	38894	5094	1717	185	1086
湘西州	325213	324840	116509	8970	1368	624	36	189

1-6 续表

地区	私营合伙	私营有限责任公司	私营股份有限公司	其他	港、澳、台商投资	港澳台商合资经营	港澳台商合作经营	港澳台商独资
总计	**454548**	**3197626**	**389003**	**1244420**	**228794**	**113978**	**4374**	**101785**
长沙市	44781	789316	79499	211988	55619	34065	1981	15333
株洲市	75151	287767	40318	73440	16820	11835	525	2575
湘潭市	5361	192418	14098	48384	26154	25476	120	553
衡阳市	47001	274647	40360	106043	22480	6784	421	14855
邵阳市	54673	177161	32339	90591	8308	1097	260	6746
岳阳市	35888	355994	51548	156429	8719	3487		5011
常德市	20098	181763	20357	89203	11601	9040	129	2412
张家界市	3422	35385	4617	28664	1833	1020		805
益阳市	27514	199398	20970	74697	13455	3988	60	8021
郴州市	51462	199122	24913	91610	22762	4722	656	17234
永州市	20986	134412	18199	73079	26194	5243	194	20687
怀化市	21269	116263	18060	67236	2496	466		2012
娄底市	41265	176259	20160	77672	12096	6596	25	5458
湘西州	5677	77721	3565	55384	257	159	3	83

类型分组的法人单位从业人员数

国有与集体联营	其他联营	有限责任公司	国有独资	其他有限责任公司	股份有限公司	私营	私营独资
4095	**5394**	**2921409**	**393196**	**2528213**	**670251**	**5241563**	**1200386**
206	360	1252501	160696	1091805	240755	1022864	109268
9	467	215005	26051	188954	57039	507618	104382
2050	77	185892	49545	136347	28837	237967	26090
275	249	251139	32651	218488	47966	477672	115664
3	283	100379	20656	79723	30283	329162	64989
134	392	202005	30769	171236	77002	592948	149518
566	915	215614	7867	207747	41562	475849	253631
30	128	24772	3344	21428	9652	54857	11433
267	384	82908	7282	75626	30385	374324	126442
115	823	137621	18750	118871	26669	355896	80399
35	159	68214	12279	55935	16933	214789	41192
204	513	62787	6407	56380	24814	184270	28678
53	393	100713	13306	87407	30289	301286	63602
148	251	21859	3593	18266	8065	112061	25098

港澳台商投资股份有限公司	其他港澳台商投资	外商投资企业	中外合资经营	中外合作经营	外资企业	外商投资股份有限公司	其他外商投资
8170	**487**	**158917**	**70941**	**3194**	**80165**	**2745**	**1872**
3905	335	63017	21920	883	38940	800	474
1885		21004	18182	268	2169	198	187
5		9400	4975		4154	22	249
420		17937	4802		12892	64	179
205		4609	2005		1728	871	5
163	58	11181	4369	1023	5774		15
20		4189	1919	98	2159	13	
8		1929	372	60	1247		250
1364	22	7625	5876	10	1571	24	144
106	44	4797	1379	50	3255	44	69
60	10	7176	2974	4	4017	21	160
6	12	2247	503	775	873	43	53
11	6	3690	1586	15	1359	645	85
12		116	79	8	27		2

1-7 按地区分组的法人单位数及从业人员数

地区	单位数(个)	单产业法人	多产业法人	从业人员数(人)	#女性
全省	**404083**	**385402**	**18681**	**13541601**	**4545762**
长沙市	80042	77973	2069	3386137	1041202
株洲市	20466	19299	1167	1068335	354466
湘潭市	14553	12673	1880	666092	225343
衡阳市	38644	37611	1033	1235405	398850
邵阳市	27817	25252	2565	807025	283700
岳阳市	33912	33302	610	1330018	441818
常德市	45012	44282	730	1036989	386753
张家界市	7953	7605	348	191853	74818
益阳市	27699	27043	656	747974	279928
郴州市	26780	24921	1859	845787	285926
永州市	22715	21226	1489	644954	243039
怀化市	21510	20240	1270	558171	194003
娄底市	20580	18060	2520	697648	221041
湘西州	16400	15915	485	325213	114875

1-8 按地区、机构类型分组的法人单位数

地 区	法人单位数(个)	企业	事业单位	机关	社会团体	民办非企业单位	基金会	居委会	村委会	其他组织机构
总 计	**404083**	**261747**	**43947**	**12885**	**11097**	**13490**	**108**	**4420**	**41778**	**14611**
长沙市	80042	69214	3764	817	1379	1711	51	634	1256	1216
株洲市	20466	13412	1693	735	470	1262	3	323	1571	997
湘潭市	14553	9220	1260	518	885	440	1	205	1626	398
衡阳市	38644	20191	5354	1384	1120	2257	7	517	4893	2921
邵阳市	27817	13112	3447	1193	845	923	2	376	5533	2386
岳阳市	33912	24242	3202	931	537	655	7	334	3135	869
常德市	45012	33129	4243	1156	1018	843	4	448	3312	859
张家界市	7953	3572	1450	440	286	270	3	137	1511	284
益阳市	27699	20801	2124	589	617	484	2	215	1824	1043
郴州市	26780	16464	2842	1057	1178	821	12	292	2945	1169
永州市	22715	8532	4266	1393	825	1618	5	251	5137	688
怀化市	21510	9361	4862	1197	806	529	3	258	3828	666
娄底市	20580	13669	1290	580	363	679	4	243	3250	502
湘西州	16400	6828	4150	895	768	998	4	187	1957	613

1-9 按行业(中类)、开业(成立)

行业中类	法人单位数(个)			
		1949年及以前	1950-1977年	1978-1991年
总 计	**404083**	**2293**	**20471**	**43316**
按国民经济行业分类分组				
农、林、牧、渔业	**7023**	**3**	**106**	**247**
农业	11			
谷物种植				
豆类、油料和薯类种植				
棉、麻、糖、烟草种植	2			
蔬菜、食用菌及园艺作物种植	5			
水果种植	3			
坚果、含油果、香料和饮料作物种植				
中药材种植				
其他农业	1			
林业	5		4	
林木育种和育苗				
造林和更新				
森林经营和管护	3		3	
木材和竹材采运	1		1	
林产品采集	1			
畜牧业	24		1	
牲畜饲养	20			
家禽饲养	2			
狩猎和捕捉动物				
其他畜牧业	2		1	
渔业	3			
水产养殖	3			
水产捕捞				
农、林、牧、渔服务业	6980	3	101	247
农业服务业	4346	1	57	125
林业服务业	1118	1	26	78
畜牧服务业	1064		5	19
渔业服务业	452	1	13	25
采矿业	**7122**	**2**	**115**	**315**
煤炭开采和洗选业	1408	1	82	167
烟煤和无烟煤开采洗选	1288	1	81	164
褐煤开采洗选	9		1	
其他煤炭采选	111			3
石油和天然气开采业	1			
石油开采	1			
天然气开采				
黑色金属矿采选业	666			12
铁矿采选	260			4
锰矿、铬矿采选	306			6
其他黑色金属矿采选	100			2
有色金属矿采选业	883	1	9	30
常用有色金属矿采选	700		6	23
贵金属矿采选	78		2	2
稀有稀土金属矿采选	105	1	1	5
非金属矿采选业	4037		23	106
土砂石开采	3756		20	90
化学矿开采	50		1	5
采盐	3		2	1
石棉及其他非金属矿采选	228			10

时间分组的法人单位数

1992-1995年	1996年	1997年	1998年	1999年	2000年	2001年	2002年
15283	**4085**	**3532**	**8678**	**4458**	**8333**	**10854**	**10457**
111	**62**	**16**	**65**	**37**	**68**	**117**	**67**
	1					1	
	1						
						1	
					1	3	2
						3	2
					1		
111	61	16	65	37	67	113	65
68	45	9	42	20	38	59	51
21	6	5	18	5	10	35	3
16	5		4	5	13	12	9
6	5	2	1	7	6	7	2
173	**80**	**55**	**140**	**107**	**194**	**256**	**290**
87	39	23	41	44	56	61	51
85	39	20	38	44	55	61	47
			1				
2		3	2		1		4
6	4	1	6	7	13	11	29
2	2		4	1	3	7	11
1	1	1	2	5	8	4	12
3	1			1	2		6
9	10	7	14	12	20	26	36
7	5	6	9	9	16	22	24
1	2	1	2	2	2	4	5
1	3		3	1	2		7
70	26	23	79	44	103	152	168
65	25	21	73	41	99	140	158
		1		1	1	2	
5	1	1	6	2	3	10	10

1-9 续表 1

行业中类	法人单位数(个)	1949年及以前	1950-1977年	1978-1991年
开采辅助活动	53			
煤炭开采和洗选辅助活动	14			
石油和天然气开采辅助活动	12			
其他开采辅助活动	27			
其他采矿业	74		1	
其他采矿业	74		1	
制造业	**59905**	**13**	**499**	**1587**
农副食品加工业	5230	2	18	108
谷物磨制	1687	2	5	25
饲料加工	534			13
植物油加工	644		3	24
制糖业	19			
屠宰及肉类加工	783		8	24
水产品加工	144			
蔬菜、水果和坚果加工	516			1
其他农副食品加工	903		2	21
食品制造业	1835		3	42
焙烤食品制造	449		1	8
糖果、巧克力及蜜饯制造	136			5
方便食品制造	487		1	10
乳制品制造	33			
罐头食品制造	168		1	5
调味品、发酵制品制造	129			10
其他食品制造	433			4
酒、饮料和精制茶制造业	1789		20	42
酒的制造	453		5	9
饮料制造	706			11
精制茶加工	630		15	22
烟草制品业	121			1
烟叶复烤	88			
卷烟制造	3			1
其他烟草制品制造	30			
纺织业	1090		20	24
棉纺织及印染精加工	398		8	5
毛纺织及染整精加工	24		1	1
麻纺织及染整精加工	102			6
丝绢纺织及印染精加工	21			1
化纤织造及印染精加工	33			1
针织或钩针编织物及其制品制造	191		6	3
家用纺织制成品制造	227		5	5
非家用纺织制成品制造	94			2
纺织服装、服饰业	1199		8	26
机织服装制造	898		6	21
针织或钩针编织服装制造	83			1
服饰制造	218		2	4
皮革、毛皮、羽毛及其制品和制鞋业	948		16	19
皮革鞣制加工	71		2	2
皮革制品制造	253		4	2

1992-1995年	1996年	1997年	1998年	1999年	2000年	2001年	2002年
1	1	1				2	5
1						1	1
		1				1	1
	1						3
					2	4	1
					2	4	1
1698	**623**	**614**	**1351**	**1135**	**2016**	**2650**	**2474**
159	65	45	170	123	243	265	238
62	22	20	69	38	101	103	93
28	8	7	12	20	16	20	27
28	10	4	26	16	36	34	29
					4	1	
20	11	5	24	21	32	40	33
2	2		4	4	6	5	3
3	5		9	8	16	25	25
16	7	9	26	16	32	37	28
36	15	15	47	33	70	77	74
9	2	3	7	5	10	26	18
4	1		5	3	6	7	7
15	3	3	16	11	21	18	22
			1	2	2	2	1
1		5	2	3	8	4	10
1	6	2	6	5	9	7	3
6	3	2	10	4	14	13	13
39	21	19	28	29	54	75	84
12	8	7	12	14	14	32	30
9	4	7	8	12	28	24	28
18	9	5	8	3	12	19	26
1			1	1	1	1	
				1	1		
1			1				
						1	
28	8	13	23	28	51	42	69
4	4	5	12	8	17	25	31
2			1			1	
2		2		3	17	3	11
1		1					1
2					1		2
5	2	1	3	13	5	6	5
8	2	3	5	4	7	5	14
4		1	2		4	2	5
27	10	8	18	18	13	37	26
22	8	7	17	15	11	32	22
1			1	2	1	3	1
4	2	1		1	1	2	3
29	5	7	19	18	26	22	27
8			1	3	6	2	4
7		1	4	3	3	4	6

1-9 续表 2

行业中类	法人单位数(个)	1949年及以前	1950-1977年	1978-1991年
毛皮鞣制及制品加工	30			
羽毛(绒)加工及制品制造	38		1	3
制鞋业	556		9	12
木材加工和木、竹、藤、棕、草制品业	3230		17	40
木材加工	1298		13	22
人造板制造	680		1	2
木制品制造	509		2	8
竹、藤、棕、草等制品制造	743		1	8
家具制造业	1338		1	22
木质家具制造	1040		1	16
竹、藤家具制造	68			2
金属家具制造	60			2
塑料家具制造	16			
其他家具制造	154			2
造纸和纸制品业	1815		15	34
纸浆制造	20			
造纸	619		10	14
纸制品制造	1176		5	20
印刷和记录媒介复制业	1726	1	21	118
印刷	1524	1	20	106
装订及印刷相关服务	197		1	12
记录媒介复制	5			
文教、工美、体育和娱乐用品制造业	1153		9	22
文教办公用品制造	137		3	6
乐器制造	15			
工艺美术品制造	776		4	15
体育用品制造	64		2	1
玩具制造	144			
游艺器材及娱乐用品制造	17			
石油加工、炼焦和核燃料加工业	121		2	3
精炼石油产品制造	83		2	1
炼焦	36			2
核燃料加工	2			
化学原料和化学制品制造业	5719	2	42	155
基础化学原料制造	723	1	9	17
肥料制造	348		8	3
农药制造	113		3	4
涂料、油墨、颜料及类似产品制造	362		6	5
合成材料制造	210		3	3
专用化学产品制造	663	1	1	27
炸药、火工及焰火产品制造	3103		12	94
日用化学产品制造	197			2
医药制造业	696		8	17
化学药品原料药制造	99		1	5
化学药品制剂制造	60		3	2
中药饮片加工	93		1	
中成药生产	131		3	4
兽用药品制造	59			3
生物药品制造	185			1
卫生材料及医药用品制造	69			2

1992-1995年	1996年	1997年	1998年	1999年	2000年	2001年	2002年
1							
2	1		1			1	
11	4	6	13	12	17	15	17
60	23	21	66	72	125	156	185
27	10	7	25	30	58	65	63
10	2	4	10	9	19	46	54
9	2	3	12	12	14	11	25
14	9	7	19	21	34	34	43
24	15	23	27	34	42	73	51
20	14	19	22	27	35	62	42
2		1	2	2	1	3	3
2		1		1	2	3	3
	1	2	3	4	4	5	3
43	19	19	24	29	49	80	81
			1			2	2
24	13	6	12	10	19	34	34
19	6	13	11	19	30	44	45
75	23	30	40	39	70	73	82
68	22	28	34	36	66	64	76
7	1	2	5	3	4	9	6
			1				
30	7	6	11	21	23	35	23
3	3	3	2	2	3	6	2
19	2	3	7	17	16	20	16
5	1				3	3	
3	1		1	2	1	4	4
			1			2	1
	2		2	2	6	7	2
	2		2		4	3	1
				2	2	4	
							1
180	67	50	156	116	258	394	288
32	6	8	30	16	26	32	32
14	2	4	7	6	16	17	17
3	3	3	3		3	3	5
15	2	2	15	6	11	24	18
4	2	3	2	1	5	6	9
22	6	8	13	12	25	30	21
81	46	21	82	71	161	273	178
9		1	4	4	11	9	8
17	13	12	17	10	21	23	31
2	2	3	6	2	3	6	6
3	2		2		4	2	4
1	1		2	1	3	4	3
8	6	4	4	4	3	5	10
	1	1	2	1	2	1	2
3		4	1	1	4	4	3
	1			1	2	1	3

1-9 续表 3

行业中类	法人单位数(个)			
		1949年及以前	1950-1977年	1978-1991年
化学纤维制造业	46			
纤维素纤维原料及纤维制造	16			
合成纤维制造	30			
橡胶和塑料制品业	1726		15	48
橡胶制品业	300		4	16
塑料制品业	1426		11	32
非金属矿物制品业	11398	1	104	447
水泥、石灰和石膏制造	931	1	38	69
石膏、水泥制品及类似制品制造	2832		9	99
砖瓦、石材等建筑材料制造	5730		26	211
玻璃制造	105		2	1
玻璃制品制造	213		3	9
玻璃纤维和玻璃纤维增强塑料制品制造	68		1	4
陶瓷制品制造	742		14	24
耐火材料制品制造	261		5	19
石墨及其他非金属矿物制品制造	516		6	11
黑色金属冶炼和压延加工业	1604		19	47
炼铁	157			3
炼钢	26			
黑色金属铸造	664		10	33
钢压延加工	236		7	4
铁合金冶炼	521		2	7
有色金属冶炼和压延加工业	1517	3	9	23
常用有色金属冶炼	646	3	2	14
贵金属冶炼	164		1	2
稀有稀土金属冶炼	112			1
有色金属合金制造	230		3	2
有色金属铸造	35			
有色金属压延加工	330		3	4
金属制品业	2667		21	59
结构性金属制品制造	1196		7	18
金属工具制造	415		2	8
集装箱及金属包装容器制造	74		3	2
金属丝绳及其制品制造	67		1	4
建筑、安全用金属制品制造	248			7
金属表面处理及热处理加工	89		1	5
搪瓷制品制造	28		1	3
金属制日用品制造	170		1	1
其他金属制品制造	380		5	11
通用设备制造业	3524	1	36	85
锅炉及原动设备制造	187		2	13
金属加工机械制造	970	1	5	18
物料搬运设备制造	152		2	1
泵、阀门、压缩机及类似机械制造	397		5	8
轴承、齿轮和传动部件制造	190		6	10
烘炉、风机、衡器、包装等设备制造	290		7	7
文化、办公用机械制造	45		1	1
通用零部件制造	978		7	24
其他通用设备制造业	315		1	3

1992-1995年	1996年	1997年	1998年	1999年	2000年	2001年	2002年
1	2			1	2	2	
						1	
1	2			1	2	1	
41	21	24	32	36	58	79	69
12	4	4	6	6	8	16	12
29	17	20	26	30	50	63	57
432	159	152	349	240	408	559	493
37	14	24	31	18	24	47	36
100	47	33	88	67	123	143	113
249	75	71	183	119	197	277	271
		1	1	3	2	3	2
5		2	5	5	8	6	8
2		2			1	6	1
18	12	12	15	17	23	42	35
6	5		11	6	12	11	10
15	6	7	15	5	18	24	17
57	15	16	40	27	50	75	68
3	2		3	2	3	8	10
1				1	1	2	1
34	6	9	27	14	30	39	29
5	3	2	4	7	7	7	10
14	4	5	6	3	9	19	18
53	15	6	22	20	31	61	66
25	6	3	12	10	10	28	28
12	2		2	1	7	8	14
3				1	3	8	4
4	5		6	4	4	6	10
1		1				1	
8	2	2	2	4	7	10	10
61	21	28	43	44	62	84	92
10	5	9	14	14	21	34	39
14	3	6	11	13	15	17	19
3	3	2	3	1	6	1	2
3				6	1	3	3
9	4	2	2	1	3	7	3
7	1	1	2	2	2	3	5
	1	2	2		1		1
4	1	1	3	3	4	7	5
11	3	5	6	4	9	12	15
72	25	34	71	54	89	110	117
4	1	2	8	5	6	15	5
20	5	6	18	13	21	29	26
3		2	2	4	3	1	6
10	9	8	14	10	18	14	17
6	2	1	5	3	8	7	10
10	1	3	4	4	2	13	14
1	2			1			1
15	4	8	17	11	19	24	29
3	1	4	3	3	12	7	9

1-9 续表 4

行业中类	法人单位数(个)			
		1949年及以前	1950-1977年	1978-1991年
专用设备制造业	2953		37	62
采矿、冶金、建筑专用设备制造	643		5	15
化工、木材、非金属加工专用设备制造	430		3	10
食品、饮料、烟草及饲料生产专用设备制造	131		5	7
印刷、制药、日化及日用品生产专用设备制造	208		2	3
纺织、服装和皮革加工专用设备制造	74		4	3
电子和电工机械专用设备制造	316		4	6
农、林、牧、渔专用机械制造	369		8	11
医疗仪器设备及器械制造	232		1	1
环保、社会公共服务及其他专用设备制造	550		5	6
汽车制造业	770		11	21
汽车整车制造	26			2
改装汽车制造	26		3	5
低速载货汽车制造	5			
电车制造	4			
汽车车身、挂车制造	50		1	2
汽车零部件及配件制造	659		7	12
铁路、船舶、航空航天和其他运输设备制造业	434	2	7	21
铁路运输设备制造	188	2	1	9
城市轨道交通设备制造	5			
船舶及相关装置制造	138		4	6
航空、航天器及设备制造	17			1
摩托车制造	36		1	2
自行车制造	16		1	1
非公路休闲车及零配件制造	4			
潜水救捞及其他未列明运输设备制造	30			2
电气机械和器材制造业	2061	1	21	53
电机制造	235	1	3	8
输配电及控制设备制造	719		9	19
电线、电缆、光缆及电工器材制造	341		4	10
电池制造	119		1	1
家用电力器具制造	160		1	2
非电力家用器具制造	107		1	1
照明器具制造	176		2	3
其他电气机械及器材制造	204			9
计算机、通信和其他电子设备制造业	1295		3	15
计算机制造	137			
通信设备制造	127		1	2
广播电视设备制造	58			1
雷达及配套设备制造	7			
视听设备制造	27			1
电子器件制造	181			2
电子元件制造	515		2	8
其他电子设备制造	243			1
仪器仪表制造业	477		7	10
通用仪器仪表制造	260		4	2
专用仪器仪表制造	121		2	2
钟表与计时仪器制造	4			
光学仪器及眼镜制造	53		1	4
其他仪器仪表制造业	39			2

1992-1995年	1996年	1997年	1998年	1999年	2000年	2001年	2002年
55	15	22	41	39	75	87	83
16	7	5	12	12	16	11	15
5		4	4	3	9	10	10
6	2	1	3	6	1	8	6
2			2		4	8	15
2		1	2		4	2	5
6	1	5	5		6	10	7
11	2	1	6	5	13	18	6
4	2	1	2	3	2	6	11
3	1	4	5	10	20	14	8
23	12	11	7	13	26	50	44
	2			3		4	1
1	1			1	2	1	2
						3	
5				1	2	5	3
17	9	11	7	8	22	37	38
30	4	4	13	6	15	15	12
14	1	1	5	3	9	8	6
	1						1
7	1	1	3	2	2	7	2
			2				
9	1	2	2		2		1
			1				
				1	2		2
57	16	22	31	40	58	62	72
10	2	2	2	5	6	8	6
22	6	10	15	10	17	15	28
9	4	4	7	12	13	15	17
3	1	2	1	3	2	6	4
5	2	1	1	1	2	9	6
1	1	1		1	4	1	1
5		1	2	2	8	3	5
2		1	3	6	6	5	5
23	3	9	9	9	22	30	26
1		1	3	1	2	4	3
4			1	1	1	7	2
1				1	4	1	1
			1			2	
4	1	2	2		4	3	3
8	2	3	1	4	9	12	12
5		3	1	2	2	1	5
18	9	5	14	7	26	18	15
14	5	3	8	3	11	9	8
2		1	2		12	5	5
						1	
1	3	1	3	2	3	3	1
1	1		1	2			1

1-9 续表 5

行业中类	法人单位数（个）			
		1949年及以前	1950-1977年	1978-1991年
其他制造业	718		2	8
日用杂品制造	221		2	3
煤制品制造	304			4
核辐射加工				
其他未列明制造业	193			1
废弃资源综合利用业	458		3	6
金属废料和碎屑加工处理	304		2	3
非金属废料和碎屑加工处理	154		1	3
金属制品、机械和设备修理业	247		4	9
金属制品修理	23		1	1
通用设备修理	49		1	
专用设备修理	38		1	2
铁路、船舶、航空航天等运输设备修理	26			4
电气设备修理	22			
仪器仪表修理	6			1
其他机械和设备修理业	83		1	1
电力、热力、燃气及水生产和供应业	**5339**	**8**	**207**	**585**
电力、热力生产和供应业	3963	5	172	423
电力生产	3682	2	156	394
电力供应	259	3	16	28
热力生产和供应	22			1
燃气生产和供应业	214			4
燃气生产和供应业	214			4
水的生产和供应业	1162	3	35	158
自来水生产和供应	1025	2	34	158
污水处理及其再生利用	106		1	
其他水的处理、利用与分配	31	1		
建筑业	**8231**	**1**	**237**	**366**
房屋建筑业	2513	1	189	251
房屋建筑业	2513	1	189	251
土木工程建筑业	1532		38	64
铁路、道路、隧道和桥梁工程建筑	664		24	22
水利和内河港口工程建筑	240		8	15
海洋工程建筑	1			
工矿工程建筑	69		3	5
架线和管道工程建筑	181		3	14
其他土木工程建筑	377			8
建筑安装业	917		8	25
电气安装	238		2	5
管道和设备安装	190		2	8
其他建筑安装业	489		4	12
建筑装饰和其他建筑业	3269		2	26
建筑装饰业	2242		1	12
工程准备活动	246			4
提供施工设备服务	175			4
其他未列明建筑业	606		1	6
批发和零售业	**91397**	**21**	**447**	**841**
批发业	45780	4	149	389
农、林、牧产品批发	5042	1	30	56
食品、饮料及烟草制品批发	6269		30	80
纺织、服装及家庭用品批发	3903		10	31

1992-1995年	1996年	1997年	1998年	1999年	2000年	2001年	2002年
14	7	10	22	16	24	40	37
5	2	2	4	2	5	17	10
6	5	6	15	11	17	20	20
3		2	3	3	2	3	7
6	4	3	7	9	9	11	15
4	4	3	3	5	4	8	13
2			4	4	5	3	2
7	2		1	1	9	7	4
1							
						3	
2					1	2	
	2				1		1
2					2		
2			1	1	5	2	3
203	**65**	**55**	**104**	**84**	**147**	**188**	**210**
118	47	40	77	71	89	151	158
106	42	38	61	62	79	135	151
11	5	1	16	9	10	16	7
1		1					
3	3		3	3	4	5	10
3	3		3	3	4	5	10
82	15	15	24	10	54	32	42
82	15	15	23	9	51	29	39
					2	3	2
			1	1	1		1
317	**62**	**85**	**115**	**127**	**144**	**439**	**272**
153	36	44	60	51	58	246	112
153	36	44	60	51	58	246	112
89	10	17	21	20	34	58	49
44	2	8	13	5	14	17	14
12	2	4		3	10	21	16
8	2		1			5	2
17	1	4	1	4	4	9	9
8	3	1	6	8	6	6	8
32	6	13	20	21	15	43	29
9	2	3	5	5	2	10	8
7	2	4	3	7	2	8	8
16	2	6	12	9	11	25	13
43	10	11	14	35	37	92	82
23	4	6	10	19	22	63	56
9	1	2	2	4	4	9	4
1			1		1	2	1
10	5	3	1	12	10	18	21
863	**366**	**344**	**777**	**702**	**1424**	**1713**	**1658**
361	158	175	374	352	631	823	816
43	22	19	30	23	70	75	63
39	23	15	36	32	70	107	81
25	7	14	24	35	55	70	57

1-9 续表 6

行业中类	法人单位数(个)	1949年及以前	1950-1977年	1978-1991年
文化、体育用品及器材批发	1232		2	6
医药及医疗器材批发	1491		12	10
矿产品、建材及化工产品批发	13716		41	117
机械设备、五金产品及电子产品批发	9409	2	11	38
贸易经纪与代理	1300	1	5	10
其他批发业	3418		8	41
零售业	45617	17	298	452
综合零售	7839	3	150	197
食品、饮料及烟草制品专门零售	4437	2	27	44
纺织、服装及日用品专门零售	6850	1	13	43
文化、体育用品及器材专门零售	2011	6	70	26
医药及医疗器材专门零售	3625		19	28
汽车、摩托车、燃料及零配件专门零售	5728	2	11	42
家用电器及电子产品专门零售	5848		2	17
五金、家具及室内装饰材料专门零售	6092	1	5	38
货摊、无店铺及其他零售业	3187	2	1	17
交通运输、仓储和邮政业	**6402**	**8**	**168**	**262**
铁路运输业	4			
铁路旅客运输	1			
铁路货物运输	1			
铁路运输辅助活动	2			
道路运输业	3739	4	83	145
城市公共交通运输	520		14	16
公路旅客运输	598	3	17	31
道路货物运输	1985		16	23
道路运输辅助活动	636	1	36	75
水上运输业	299	2	22	36
水上旅客运输	68	1	7	10
水上货物运输	128		12	11
水上运输辅助活动	103	1	3	15
航空运输业	28		2	
航空客货运输	9			
通用航空服务	7			
航空运输辅助活动	12		2	
管道运输业	11			
管道运输业	11			
装卸搬运和运输代理业	1170		32	41
装卸搬运	392		30	33
运输代理业	778		2	8
仓储业	492		28	34
谷物、棉花等农产品仓储	235		17	22
其他仓储业	257		11	12
邮政业	659	2	1	6
邮政基本服务	89	2	1	6
快递服务	570			
住宿和餐饮业	**9228**	**2**	**55**	**163**
住宿业	3408		30	97
旅游饭店	1157		17	44
一般旅馆	1757		10	40
其他住宿业	494		3	13

1992-1995年	1996年	1997年	1998年	1999年	2000年	2001年	2002年
7	2	6	8	16	23	23	26
6	1	4	13	7	18	29	29
123	56	44	137	132	201	260	285
69	35	46	70	75	107	157	160
13	4	10	16	8	20	21	30
36	8	17	40	24	67	81	85
502	208	169	403	350	793	890	842
122	44	39	90	65	191	187	135
46	16	17	33	29	44	68	60
56	14	11	29	33	82	88	70
30	10	11	17	24	37	34	38
27	19	7	32	24	75	96	139
109	38	45	70	43	127	149	128
28	33	18	46	45	89	110	125
44	20	10	46	45	84	102	89
40	14	11	40	42	64	56	58
143	**45**	**53**	**114**	**82**	**176**	**216**	**173**
1						1	
1							
						1	
81	29	40	67	57	109	140	115
23	6	11	10	15	31	26	26
11	7	5	19	19	33	34	27
18	6	3	15	14	25	57	47
29	10	21	23	9	20	23	15
4	3	3	2	3	12	15	8
		1	1	1	1	3	1
2	1	2		1	9	6	5
2	2		1	1	2	6	2
1	1				2	1	2
1					1		
	1				1		1
						1	1
		1			1		
		1			1		
22	6	2	14	11	27	33	29
11	2		10	5	9	6	10
11	4	2	4	6	18	27	19
29	6	7	12	6	12	17	14
26	5	6	9	4	10	13	8
3	1	1	3	2	2	4	6
5			19	5	13	9	5
3			18	4	12	3	1
2			1	1	1	6	4
139	**76**	**63**	**120**	**97**	**206**	**248**	**246**
73	37	28	53	36	73	99	109
40	14	14	19	25	35	27	33
27	20	12	30	11	32	56	59
6	3	2	4		6	16	17

1-9 续表 7

行业中类	法人单位数(个)	1949年及以前	1950-1977年	1978-1991年
餐饮业	5820	2	25	66
正餐服务	4516	2	11	47
快餐服务	294		2	5
饮料及冷饮服务	384			
其他餐饮业	626		12	14
信息传输、软件和信息技术服务业	**5672**	**3**	**31**	**92**
电信、广播电视和卫星传输服务	1007	2	29	65
电信	510	1	1	7
广播电视传输服务	487	1	28	58
卫星传输服务	10			
互联网和相关服务	1022		1	1
互联网接入及相关服务	95			
互联网信息服务	793		1	1
其他互联网服务	134			
软件和信息技术服务业	3643	1	1	26
软件开发	2004			3
信息系统集成服务	474			
信息技术咨询服务	679		1	4
数据处理和存储服务	66			17
集成电路设计	28			
其他信息技术服务业	392	1		2
金融业	**1054**	**7**	**17**	**57**
货币金融服务	549	5	16	55
中央银行服务	15	5	2	5
货币银行服务	310		13	49
非货币银行服务	223			1
银行监管服务	1		1	
资本市场服务	14			
证券市场服务	3			
期货市场服务	4			
证券期货监管服务	4			
资本投资服务	2			
其他资本市场服务	1			
保险业	445	2	1	2
人身保险	196			
财产保险	209	2	1	2
再保险				
养老金	6			
保险经纪与代理服务	28			
保险监管服务	1			
其他保险活动	5			
其他金融业	46			
金融信托与管理服务	1			
控股公司服务				
非金融机构支付服务	8			
金融信息服务	33			
其他未列明金融业	4			
房地产业	**11361**		**74**	**157**
房地产业	11361		74	157
房地产开发经营	5930		2	49

1992-1995年	1996年	1997年	1998年	1999年	2000年	2001年	2002年
66	39	35	67	61	133	149	137
59	34	30	62	53	118	126	113
4		3	3	3	4	4	4
	1	1	1	1	5	9	12
3	4	1	1	4	6	10	8
65	**35**	**25**	**61**	**49**	**94**	**142**	**109**
46	20	12	37	17	33	72	42
8	2	5	15	14	18	33	23
37	18	7	22	3	14	39	19
1					1		
4	5	3	11	3	11	13	16
1			1			1	3
3	4	2	10	3	11	12	12
	1	1					1
15	10	10	13	29	50	57	51
6	8	5	8	15	24	35	31
1	1	3	1	5	9	11	6
5	1		4	4	10	7	7
1		1		1	1	1	1
					1		2
2		1		4	5	3	4
22	**30**	**21**	**8**	**13**	**2**	**14**	**29**
7	10	15	4	12	2	9	8
1				1			
4	9	13	1	7	2	5	2
2	1	2	3	4		4	6
4	1	1		1			1
1	1						1
2							
1				1			
		1					
11	19	5	4			5	19
2	10	2	2			2	12
9	9	3	2			2	7
						1	
							1
							1
287	**70**	**77**	**140**	**148**	**224**	**324**	**351**
287	70	77	140	148	224	324	351
213	50	44	90	101	144	192	222

1-9 续表 8

行业中类	法人单位数(个)	1949年及以前	1950-1977年	1978-1991年
物业管理	3397		5	14
房地产中介服务	1342		6	15
自有房地产经营活动	209		44	60
其他房地产业	483		17	19
租赁和商务服务业	**24175**	**8**	**164**	**465**
租赁业	1503		3	10
机械设备租赁	1422		3	9
文化及日用品出租	81			1
商务服务业	22672	8	161	455
企业管理服务	5275	4	124	189
法律服务	971	1	4	85
咨询与调查	4156		3	30
广告业	4041		1	6
知识产权服务	139			1
人力资源服务	1606	1	6	45
旅行社及相关服务	1254	2	3	13
安全保护服务	341		1	4
其他商务服务业	4889		19	82
科学研究和技术服务业	**13489**	**4**	**531**	**1098**
研究和试验发展	2494		96	118
自然科学研究和试验发展	342		9	18
工程和技术研究和试验发展	1382		8	13
农业科学研究和试验发展	486		73	68
医学研究和试验发展	160		1	3
社会人文科学研究	124		5	16
专业技术服务业	5695	2	196	437
气象服务	164		74	18
地震服务	47		4	8
海洋服务	4		1	
测绘服务	166		5	23
质检技术服务	696		20	89
环境与生态监测	162		10	28
地质勘查	182		27	11
工程技术	2271	2	34	178
其他专业技术服务业	2003		21	82
科技推广和应用服务业	5300	2	239	543
技术推广服务	4573	2	221	481
科技中介服务	323		5	28
其他科技推广和应用服务业	404		13	34
水利、环境和公共设施管理业	**3866**	**12**	**506**	**672**
水利管理业	1707	9	411	417
防洪除涝设施管理	239	1	60	56
水资源管理	200	1	23	39
天然水收集与分配	603	5	218	167
水文服务	51		6	8
其他水利管理业	614	2	104	147
生态保护和环境治理业	402	1	30	51
生态保护	184	1	28	43
环境治理业	218		2	8

1992-1995年	1996年	1997年	1998年	1999年	2000年	2001年	2002年
30	11	18	33	33	60	92	90
10	4	5	5	6	9	27	17
20	4	7	4	2	4	2	2
14	1	3	8	6	7	11	20
457	**144**	**146**	**196**	**181**	**417**	**552**	**474**
9	6	2	7	2	9	19	10
9	5	2	6	2	7	17	10
	1		1		2	2	
448	138	144	189	179	408	533	464
117	39	25	41	32	52	74	110
69	36	33	22	20	44	129	40
40	8	8	22	37	59	60	70
51	9	18	19	32	57	84	73
2			1	1		3	8
36	9	13	14	6	19	35	19
25	4	10	16	13	43	59	57
4		2		2	9	5	8
104	33	35	54	36	125	84	79
466	**147**	**90**	**249**	**125**	**219**	**330**	**327**
39	8	9	20	12	33	31	40
4			1		2	4	4
12	2	2	6	3	12	15	12
15	6	2	11	5	9	5	6
		1	1	1	5	6	6
8		4	1	3	5	1	12
211	87	53	112	75	115	164	174
4	2	3	4	3	8	4	3
1	2	2	2	1			1
8	1	5	2	4	4	5	6
24	24	11	24	8	12	22	21
7	2	1	3	1	3	7	5
9	2		4	1	4	9	6
102	35	20	50	37	50	76	89
56	19	11	23	20	34	41	43
216	52	28	117	38	71	135	113
201	43	23	104	28	58	104	89
7	5	3	5	4	5	13	12
8	4	2	8	6	8	18	12
218	**70**	**60**	**90**	**44**	**107**	**92**	**136**
123	31	25	49	12	48	34	59
11	5	4	8	2	9	8	14
21		2	4	1	7	4	7
37	15	3	17	7	14	10	6
6	2	3		1	2	2	
48	9	13	20	1	16	10	32
15	3	8	4	5	4	8	11
8	2	8	2	3	2	3	5
7	1		2	2	2	5	6

1-9 续表 9

行业中类	法人单位数(个)			
		1949年及以前	1950-1977年	1978-1991年
公共设施管理业	1757	2	65	204
市政设施管理	333	1	9	37
环境卫生管理	298	1	31	67
城乡市容管理	124		1	17
绿化管理	505		10	41
公园和游览景区管理	497		14	42
居民服务、修理和其他服务业	**7827**	**1**	**33**	**111**
居民服务业	3509	1	22	62
家庭服务	411			3
托儿所服务	130		1	3
洗染服务	172			
理发及美容服务	904	1	4	10
洗浴服务	282			
保健服务	264			3
婚姻服务	256		1	2
殡葬服务	161		10	13
其他居民服务业	929		6	28
机动车、电子产品和日用产品修理业	3125		7	35
汽车、摩托车修理与维护	2025		7	27
计算机和办公设备维修	279			4
家用电器修理	625			4
其他日用产品修理业	196			
其他服务业	1193		4	14
清洁服务	710			3
其他未列明服务业	483		4	11
教育	**21741**	**561**	**3383**	**2494**
教育	21741	561	3383	2494
学前教育	8844	6	113	195
初等教育	4645	291	1617	1179
中等教育	3883	254	1492	728
高等教育	272	5	31	80
特殊教育	97	1	2	19
技能培训、教育辅助及其他教育	4000	4	128	293
卫生和社会工作	**16035**	**85**	**2714**	**2118**
卫生	13779	85	2666	1783
医院	1410	56	406	121
社区医疗与卫生院	9247	23	1915	990
门诊部(所)	1478	2	116	130
计划生育技术服务活动	874	2	35	440
妇幼保健院(所、站)	141	1	84	30
专科疾病防治院(所、站)	112	1	36	23
疾病预防控制中心	271		56	23
其他卫生活动	246		18	26
社会工作	2256		48	335
提供住宿社会工作	1975		32	276
不提供住宿社会工作	281		16	59
文化、体育和娱乐业	**14474**	**21**	**415**	**649**
新闻和出版业	250	3	12	46
新闻业	60	1	1	9
出版业	190	2	11	37

1992-1995年	1996年	1997年	1998年	1999年	2000年	2001年	2002年
80	36	27	37	27	55	50	66
26	8	5	7	6	12	9	10
6	5	9	7	1	5	6	10
6	3	3	3	1	2	6	6
16	5	7	13	9	17	14	17
26	15	3	7	10	19	15	23
81	**35**	**41**	**80**	**91**	**138**	**188**	**195**
45	16	22	38	38	67	87	99
	1		1	3	5	1	4
1	1		2	2	6	6	8
		1	1	1	1		4
8	6	7	12	14	22	23	25
1		1	4	3	5	6	9
1	1	3	2	1	6	10	7
2	3	1	2	1	3	3	5
9		1	4	2	4	8	8
23	4	8	10	11	15	30	29
25	16	15	34	48	60	79	73
22	13	12	29	39	43	69	61
	1	1		2	3	1	6
3	1	1	4	3	11	5	5
	1	1	1	4	3	4	1
11	3	4	8	5	11	22	23
5	2	1	3	1	4	7	15
6	1	3	5	4	7	15	8
876	**261**	**205**	**458**	**270**	**560**	**625**	**593**
876	261	205	458	270	560	625	593
155	61	72	189	132	335	329	318
342	85	46	104	59	60	71	60
241	59	37	97	35	58	78	65
15	4	7	10	5	13	15	11
9	4	6	2		1	2	2
114	48	37	56	39	93	130	137
759	**217**	**142**	**379**	**208**	**392**	**391**	**380**
655	189	119	329	188	339	336	330
43	7	2	21	9	22	18	20
379	125	72	228	132	223	240	197
58	12	22	50	30	72	51	57
135	33	10	21	7	11	9	27
3		3	4			1	2
5	5	2	1	1		2	1
12	3	3	2	6	8	7	23
20	4	5	2	3	3	8	3
104	28	23	50	20	53	55	50
95	23	21	37	10	45	50	41
9	5	2	13	10	8	5	9
196	**66**	**54**	**140**	**97**	**227**	**329**	**365**
27	7	7	2	2	10	9	5
3	1	4			2	3	1
24	6	3	2	2	8	6	4

1-9 续表 10

行业中类	法 人 单位数 (个)	1949年及以前	1950-1977年	1978-1991年
广播、电视、电影和影视录音制作业	838	2	103	167
广播	148	1	19	41
电视	276		27	61
电影和影视节目制作	91		2	9
电影和影视节目发行	30		1	5
电影放映	279	1	54	50
录音制作	14			1
文化艺术业	2605	16	283	388
文艺创作与表演	513	2	49	31
艺术表演场馆	103	2	13	19
图书馆与档案馆	233	3	54	99
文物及非物质文化遗产保护	233	4	31	61
博物馆	52		4	12
烈士陵园、纪念馆	44	1	13	14
群众文化活动	1005	3	114	135
其他文化艺术业	422	1	5	17
体育	522		16	16
体育组织	171		9	8
体育场馆	52		5	3
休闲健身活动	249			3
其他体育	50		2	2
娱乐业	10259		1	32
室内娱乐活动	9824		1	16
游乐园	50			1
彩票活动	28			10
文化、娱乐、体育经纪代理	213			4
其他娱乐业	144			1
公共管理、社会保障和社会组织	**89742**	**1533**	**10769**	**31037**
中国共产党机关	1963	94	315	505
中国共产党机关	1963	94	315	505
国家机构	26643	340	2491	5885
国家权力机构	431	22	49	114
国家行政机构	25495	298	2321	5584
人民法院和人民检察院	360	11	88	123
其他国家机构	357	9	33	64
人民政协、民主党派	309	9	48	108
人民政协	184	4	34	70
民主党派	125	5	14	38
社会保障	785		10	121
社会保障	785		10	121
群众团体、社会团体和其他成员组织	13844	124	526	1821
群众团体	1386	42	237	250
社会团体	9567	13	119	952
基金会	105	1	1	8
宗教组织	2786	68	169	611
基层群众自治组织	46198	966	7379	22597
社区自治组织	4420	35	383	936
村民自治组织	41778	931	6996	21661
国际组织				

1992-1995年	1996年	1997年	1998年	1999年	2000年	2001年	2002年
65	14	7	15	16	13	18	22
12	4		5	3	2	1	8
45	9	7	6	10	7	9	10
				1	1	2	1
1			1			3	
7			2	2	3	3	3
	1		1				
71	29	22	82	30	50	62	55
8	1		7	6	16	9	15
3	1	1	1	2	5		1
7	7	5	8	3	5	5	3
11	7	3	7	2	2	3	8
5		1	3		1		1
1	1	2	1	1	1	1	2
35	11	10	50	12	19	31	18
1	1		5	4	1	13	7
14	4	5	2	6	13	12	14
5	1	3	1	2	8	8	5
2	3			2	1	1	1
4		1	1	2	3	2	8
3		1			1	1	
19	12	13	39	43	141	228	269
13	8	10	34	40	136	224	266
2						1	
1	2		1		1	1	1
				2	3		1
3	2	3	4	1	1	2	1
8209	**1631**	**1386**	**4091**	**861**	**1578**	**2040**	**2108**
180	33	41	51	15	29	44	49
180	33	41	51	15	29	44	49
2272	628	703	1703	301	614	812	1030
35	8	10	12	1	2	11	7
2195	606	678	1667	287	602	793	1008
14	4	11	14	2	3	2	3
28	10	4	10	11	7	6	12
24	5	7	21	2	6	5	
10	2	7	14	1	1	3	
14	3		7	1	5	2	
59	33	20	18	22	33	32	29
59	33	20	18	22	33	32	29
936	275	239	463	342	476	551	462
84	20	33	47	27	31	30	47
567	130	118	273	202	291	363	312
6	4	1	1	2	2	5	3
279	121	87	142	111	152	153	100
4738	657	376	1835	179	420	596	538
319	87	125	155	45	138	233	323
4419	570	251	1680	134	282	363	215

1-9 续表 11

行业中类	2003年	2004年	2005年	2006年
总 计	**12942**	**13001**	**16383**	**17483**
按国民经济行业分类分组				
农、林、牧、渔业	**92**	**65**	**124**	**143**
农业				
谷物种植				
豆类、油料和薯类种植				
棉、麻、糖、烟草种植				
蔬菜、食用菌及园艺作物种植				
水果种植				
坚果、含油果、香料和饮料作物种植				
中药材种植				
其他农业				
林业				
林木育种和育苗				
造林和更新				
森林经营和管护				
木材和竹材采运				
林产品采集				
畜牧业	4	4		
牲畜饲养	4	4		
家禽饲养				
狩猎和捕捉动物				
其他畜牧业				
渔业			1	
水产养殖			1	
水产捕捞				
农、林、牧、渔服务业	88	61	123	143
农业服务业	63	34	78	98
林业服务业	12	9	15	12
畜牧服务业	10	14	18	26
渔业服务业	3	4	12	7
采矿业	**389**	**399**	**567**	**619**
煤炭开采和洗选业	90	71	79	77
烟煤和无烟煤开采洗选	85	66	75	72
褐煤开采洗选	1	1		
其他煤炭采选	4	4	4	5
石油和天然气开采业				
石油开采				
天然气开采				
黑色金属矿采选业	45	72	86	90
铁矿采选	15	34	36	27
锰矿、铬矿采选	25	33	40	49
其他黑色金属矿采选	5	5	10	14
有色金属矿采选业	47	60	90	131
常用有色金属矿采选	39	52	75	116
贵金属矿采选	5	4	8	6
稀有稀土金属矿采选	3	4	7	9
非金属矿采选业	203	192	305	317
土砂石开采	188	174	284	296
化学矿开采	4	2	3	4
采盐				
石棉及其他非金属矿采选	11	16	18	17

2007年	2008年	2009年	2010年	2011年	2012年	2013年	其他（无开业年份）
15835	**17931**	**23979**	**33194**	**36077**	**38800**	**43903**	**2795**
147	**479**	**637**	**900**	**1025**	**1303**	**1207**	**2**
1			2	1	4	1	
					2		
			2	1		1	
1					1		
					1		
		1					
		1					
1	4		1	1	1	1	
1	3		1	1		1	
	1				1		
				2			
				2			
145	475	636	897	1021	1298	1205	2
76	183	410	581	671	820	815	2
27	220	66	100	123	176	150	
32	57	116	135	179	211	178	
10	15	44	81	48	91	62	
557	**434**	**525**	**534**	**506**	**434**	**427**	**4**
98	66	71	56	50	37	61	
89	54	58	43	38	27	46	
1	1	1	1			1	
8	11	12	12	12	10	14	
			1				
			1				
64	41	26	44	43	37	28	1
23	22	9	18	16	16	10	
34	16	10	20	8	15	16	
7	3	7	6	19	6	2	1
96	52	53	63	55	43	18	1
77	40	37	56	40	31	9	1
4	6	9	1	6	3	3	
15	6	7	6	9	9	6	
294	263	360	355	345	297	310	2
276	246	336	327	317	279	300	1
1	2	4	9	3	4	3	
17	15	20	19	25	14	7	1

1-9 续表 12

行业中类	2003年	2004年	2005年	2006年
开采辅助活动	3	2	4	1
煤炭开采和洗选辅助活动	1	1		
石油和天然气开采辅助活动	1			
其他开采辅助活动	1	1	4	1
其他采矿业	1	2	3	3
其他采矿业	1	2	3	3
制造业	**3201**	**3223**	**3669**	**4084**
农副食品加工业	300	324	390	352
谷物磨制	116	138	161	125
饲料加工	28	23	59	50
植物油加工	33	31	37	29
制糖业			3	1
屠宰及肉类加工	46	50	43	42
水产品加工	3	5	9	10
蔬菜、水果和坚果加工	28	34	33	31
其他农副食品加工	46	43	45	64
食品制造业	128	84	125	125
焙烤食品制造	25	23	33	34
糖果、巧克力及蜜饯制造	11	7	9	12
方便食品制造	31	25	38	34
乳制品制造	3	2	3	1
罐头食品制造	24	10	16	10
调味品、发酵制品制造	10	3	6	14
其他食品制造	24	14	20	20
酒、饮料和精制茶制造业	95	105	123	150
酒的制造	31	35	33	39
饮料制造	38	47	56	60
精制茶加工	26	23	34	51
烟草制品业	1	2	1	
烟叶复烤	1	1	1	
卷烟制造				
其他烟草制品制造		1		
纺织业	72	84	80	88
棉纺织及印染精加工	30	32	33	35
毛纺织及染整精加工	1	3	2	
麻纺织及染整精加工	13	14	9	7
丝绢纺织及印染精加工				1
化纤织造及印染精加工	1	1	2	1
针织或钩针编织物及其制品制造	7	3	13	25
家用纺织制成品制造	9	24	10	14
非家用纺织制成品制造	11	7	11	5
纺织服装、服饰业	35	30	40	46
机织服装制造	31	21	33	38
针织或钩针编织服装制造	2	5	2	1
服饰制造	2	4	5	7
皮革、毛皮、羽毛及其制品和制鞋业	36	20	42	43
皮革鞣制加工	6	2	4	
皮革制品制造	7	5	13	13

2007年	2008年	2009年	2010年	2011年	2012年	2013年	其他（无开业年份）
2	4	4	4	4	8	7	
	3	1			2	3	
		2	3	1		2	
2	1	1	1	3	6	2	
3	8	11	11	9	12	3	
3	8	11	11	9	12	3	
3526	**3393**	**3841**	**4947**	**5172**	**5331**	**4808**	**50**
287	306	335	345	377	412	363	3
100	93	69	73	83	108	81	
28	39	33	38	36	27	22	
27	33	53	54	48	42	47	
1		2	2	3	1	1	
39	46	53	67	66	66	45	2
4	12	7	13	18	20	17	
32	29	43	31	57	49	57	
56	54	75	67	66	99	93	1
118	114	99	131	183	192	124	
39	33	17	18	45	52	41	
10	12	4	10	8	8	7	
32	29	23	40	49	44	22	
2	2	3	1	3	1	4	
6	9	7	14	14	16	3	
8	5	3	7	8	9	7	
21	24	42	41	56	62	40	
129	93	94	122	136	159	171	1
26	25	20	22	21	36	21	1
56	36	51	52	48	61	70	
47	32	23	48	67	62	80	
3	4	4	13	49	31	7	
2	4	3	9	41	21	3	
1		1	4	8	10	4	
56	64	43	54	71	76	94	2
27	26	13	16	19	17	30	1
	1	2	1	1	3	4	
2		2	1	2	6	2	
3	1	1	2	7	1	1	
	2	2	3	2	9	4	
14	17	8	12	11	14	17	1
7	13	12	13	18	20	29	
3	4	3	6	11	6	7	
54	66	81	133	144	170	208	1
38	42	62	103	109	121	138	1
10	5	4	3	7	10	24	
6	19	15	27	28	39	46	
54	55	38	96	121	146	108	1
2	5	1	6	6	7	4	
15	11	8	19	43	55	30	

1-9 续表 13

行业中类	2003年	2004年	2005年	2006年
毛皮鞣制及制品加工			1	1
羽毛(绒)加工及制品制造		3	1	2
制鞋业	23	10	23	27
木材加工和木、竹、藤、棕、草制品业	208	183	226	267
木材加工	85	76	100	117
人造板制造	63	59	58	70
木制品制造	25	21	27	28
竹、藤、棕、草等制品制造	35	27	41	52
家具制造业	55	57	74	70
木质家具制造	43	47	57	53
竹、藤家具制造	2	2	10	9
金属家具制造	1	3	1	1
塑料家具制造		1		
其他家具制造	9	4	6	7
造纸和纸制品业	93	113	100	129
纸浆制造		1		1
造纸	44	48	44	49
纸制品制造	49	64	56	79
印刷和记录媒介复制业	98	100	78	106
印刷	87	90	71	93
装订及印刷相关服务	11	10	7	12
记录媒介复制				1
文教、工美、体育和娱乐用品制造业	31	33	56	54
文教办公用品制造	6	5	6	4
乐器制造	1			2
工艺美术品制造	16	22	36	32
体育用品制造	3	1	7	3
玩具制造	5	5	7	13
游艺器材及娱乐用品制造				
石油加工、炼焦和核燃料加工业	9	6	6	6
精炼石油产品制造	6	4	5	5
炼焦	3	2	1	1
核燃料加工				
化学原料和化学制品制造业	375	380	372	460
基础化学原料制造	41	58	49	60
肥料制造	24	30	19	17
农药制造	7	9	12	11
涂料、油墨、颜料及类似产品制造	22	20	17	23
合成材料制造	10	6	11	13
专用化学产品制造	45	39	49	62
炸药、火工及焰火产品制造	218	209	201	259
日用化学产品制造	8	9	14	15
医药制造业	48	53	40	43
化学药品原料药制造	7	4	6	10
化学药品制剂制造	3	4	3	3
中药饮片加工	7	9	7	3
中成药生产	14	16	6	10
兽用药品制造	3	9	5	3
生物药品制造	12	6	7	10
卫生材料及医药用品制造	2	5	6	4

2007年	2008年	2009年	2010年	2011年	2012年	2013年	其他(无开业年份)
		2	5	1	12	6	1
6	6	2		2	1	6	
31	33	25	66	69	71	62	
234	195	186	259	230	228	249	
107	75	64	92	86	82	94	
61	48	35	48	42	21	18	
23	30	37	61	40	57	62	
43	42	50	58	62	68	75	
64	75	92	132	121	144	142	
50	55	71	102	88	110	106	
4	5	3	6	4	3	4	
2	2	6	5	10	6	9	
1	1	5	2	3	3		
7	12	7	17	16	22	23	
123	124	165	129	118	164	164	
	1	4	5	1	2		
42	50	53	33	21	31	28	
81	73	108	91	96	131	136	
83	89	102	131	122	151	93	1
72	80	80	116	101	136	76	1
11	9	21	14	21	15	16	
		1	1			1	
51	51	62	210	116	160	137	5
2	8	11	19	11	19	12	1
	3	1	2	4	2		
34	29	39	167	83	102	94	3
3	1	2	4	6	12	7	
11	9	9	15	9	22	23	
1	1		3	3	3	1	1
6	9	5	15	9	12	12	
3	7	4	10	6	8	10	
3	2	1	5	3	3	2	
					1		
359	281	302	333	322	329	495	3
73	56	40	43	41	32	21	
22	27	26	31	19	24	15	
4	6	8	7	6	11	2	
29	18	29	30	24	26	19	1
15	16	19	20	20	25	17	
45	33	50	46	41	55	31	1
160	118	112	138	155	137	376	1
11	7	18	18	16	19	14	
37	34	61	51	66	62	31	1
5	3	6	5	6	5	6	
3	6	3	5	3	4	1	
6	3	9	11	10	8	4	
7	2	4	4	6	6	5	
2	2	11	3	3	5		
12	13	18	18	33	23	12	
2	5	10	5	5	11	3	1

1-9 续表 14

行业中类	2003年	2004年	2005年	2006年
化学纤维制造业	1	6	3	2
纤维素纤维原料及纤维制造	1	1	1	1
合成纤维制造		5	2	1
橡胶和塑料制品业	115	101	128	98
橡胶制品业	23	14	18	16
塑料制品业	92	87	110	82
非金属矿物制品业	608	531	711	854
水泥、石灰和石膏制造	59	42	68	57
石膏、水泥制品及类似制品制造	135	112	152	183
砖瓦、石材等建筑材料制造	287	260	386	478
玻璃制造	2	3	5	4
玻璃制品制造	14	6	9	15
玻璃纤维和玻璃纤维增强塑料制品制造	4	6	3	8
陶瓷制品制造	56	52	36	48
耐火材料制品制造	20	21	21	24
石墨及其他非金属矿物制品制造	31	29	31	37
黑色金属冶炼和压延加工业	129	184	150	103
炼铁	21	21	12	10
炼钢	1	3		4
黑色金属铸造	45	57	60	41
钢压延加工	18	13	13	14
铁合金冶炼	44	90	65	34
有色金属冶炼和压延加工业	100	109	136	150
常用有色金属冶炼	57	45	53	66
贵金属冶炼	13	16	17	9
稀有稀土金属冶炼	5	7	11	10
有色金属合金制造	12	22	20	23
有色金属铸造		5	4	2
有色金属压延加工	13	14	31	40
金属制品业	107	102	139	157
结构性金属制品制造	38	31	60	63
金属工具制造	25	24	16	27
集装箱及金属包装容器制造	3	4	5	1
金属丝绳及其制品制造	2	3	8	9
建筑、安全用金属制品制造	10	4	11	14
金属表面处理及热处理加工	7	4	4	7
搪瓷制品制造		1	2	1
金属制日用品制造	9	5	8	4
其他金属制品制造	13	26	25	31
通用设备制造业	165	171	170	208
锅炉及原动设备制造	8	10	11	10
金属加工机械制造	26	32	45	57
物料搬运设备制造	8	5	9	10
泵、阀门、压缩机及类似机械制造	16	21	27	33
轴承、齿轮和传动部件制造	25	11	13	14
烘炉、风机、衡器、包装等设备制造	19	20	10	13
文化、办公用机械制造	2	1	2	4
通用零部件制造	47	58	38	46
其他通用设备制造业	14	13	15	21

2007年	2008年	2009年	2010年	2011年	2012年	2013年	其他（无开业年份）
3	7		5	2	6	3	
2	1		2		4	2	
1	6		3	2	2	1	
76	106	114	136	150	160	119	
15	16	14	31	27	23	15	
61	90	100	105	123	137	104	
681	586	677	752	887	906	852	9
49	38	50	66	51	56	55	1
157	130	152	191	238	256	302	2
354	320	340	353	440	439	391	3
6	9	15	11	12	12	11	
13	14	14	9	18	27	23	
5	4	6	7	5	2	1	
44	30	42	63	54	58	46	1
19	18	17	15	6	7	7	1
34	23	41	37	63	49	16	1
114	102	100	96	87	71	49	5
7	12	14	11	7	4	4	
	1	1	2	2	4	2	
46	24	36	41	41	22	17	3
14	18	15	20	14	27	14	
47	47	34	22	23	14	12	2
127	108	118	105	115	84	52	4
54	61	56	37	38	28	8	2
14	5	11	10	4	14	1	1
11	14	5	7	15	5	2	
17	7	14	18	19	19	15	
3		3	4	2	2	6	1
28	21	29	29	37	16	20	
131	153	181	266	289	305	322	
57	79	81	129	131	151	205	
20	21	23	37	41	46	27	
5	1	3	9	6	5	6	
3	3	4	4	5	3	2	
13	17	16	31	34	28	32	
4	5	5	5	9	7	3	
1		3	3	1	2	3	
6	7	25	14	22	20	20	
22	20	21	34	40	43	24	
230	217	253	423	409	321	261	2
11	7	12	19	20	11	7	
65	61	76	145	115	101	83	2
12	7	17	14	23	13	10	
19	32	26	39	35	22	14	
9	9	7	15	15	11	3	
25	17	13	30	25	26	27	
4	2	8	4	3	4	4	
63	67	70	119	143	82	87	
22	15	24	38	30	51	26	

1-9 续表 15

行业中类	2003年	2004年	2005年	2006年
专用设备制造业	114	135	146	185
采矿、冶金、建筑专用设备制造	28	39	31	52
化工、木材、非金属加工专用设备制造	16	19	22	34
食品、饮料、烟草及饲料生产专用设备制造	8	7	6	7
印刷、制药、日化及日用品生产专用设备制造	10	7	14	15
纺织、服装和皮革加工专用设备制造	4	3	4	
电子和电工机械专用设备制造	8	11	16	12
农、林、牧、渔专用机械制造	15	13	17	12
医疗仪器设备及器械制造	7	6	10	21
环保、社会公共服务及其他专用设备制造	18	30	26	32
汽车制造业	54	41	39	36
汽车整车制造	1	1		
改装汽车制造	3	2		
低速载货汽车制造		1	1	
电车制造		1	1	
汽车车身、挂车制造	8	1	5	1
汽车零部件及配件制造	42	35	32	35
铁路、船舶、航空航天和其他运输设备制造业	21	19	24	24
铁路运输设备制造	13	12	12	13
城市轨道交通设备制造				
船舶及相关装置制造	5	5	10	6
航空、航天器及设备制造	1	1		1
摩托车制造	2			2
自行车制造		1	1	1
非公路休闲车及零配件制造				
潜水救捞及其他未列明运输设备制造			1	1
电气机械和器材制造业	80	94	99	116
电机制造	13	12	17	14
输配电及控制设备制造	23	31	34	33
电线、电缆、光缆及电工器材制造	16	19	16	19
电池制造	5	6	4	11
家用电力器具制造	5	8	5	9
非电力家用器具制造	6	2	3	4
照明器具制造	6	6	14	13
其他电气机械及器材制造	6	10	6	13
计算机、通信和其他电子设备制造业	31	45	62	80
计算机制造	5	4	6	2
通信设备制造	3	5	4	6
广播电视设备制造	1	1	6	4
雷达及配套设备制造			1	3
视听设备制造			5	3
电子器件制造	7	5	6	9
电子元件制造	11	21	30	45
其他电子设备制造	4	9	4	8
仪器仪表制造业	22	14	19	30
通用仪器仪表制造	14	7	11	16
专用仪器仪表制造	7	3	5	7
钟表与计时仪器制造				
光学仪器及眼镜制造		3		6
其他仪器仪表制造业	1	1	3	1

2007年	2008年	2009年	2010年	2011年	2012年	2013年	其他(无开业年份)
151	171	261	336	340	344	250	4
42	38	41	88	69	66	34	1
30	27	35	43	53	55	38	
5	9	12	4	12	11	5	
9	11	21	14	22	28	21	
1	4	3	12	8	6	5	1
19	17	35	41	35	35	37	
16	26	36	54	36	40	22	1
8	9	23	26	33	27	29	
21	30	55	54	72	76	59	1
34	36	36	80	86	63	47	
3		1	4	3	1		
		1	1	1	2		
1		1					
1	3	1	7	1	2	1	
29	33	32	68	81	58	46	
18	23	40	43	39	34	20	
7	13	14	14	16	9	6	
	1			2			
6	5	21	14	14	12	5	
2	3			2	2	2	
1	1	1	4	1	2	2	
2			3		4	1	
			2	1		1	
		4	6	3	5	3	
96	116	175	226	232	227	164	3
7	14	15	26	25	23	16	
33	39	61	81	89	78	65	1
24	17	21	33	35	29	17	
7	6	10	16	12	12	5	1
7	11	18	19	16	15	17	
4	6	15	16	13	14	12	
4	7	21	14	16	26	18	
10	16	14	21	26	30	14	1
87	78	115	161	178	181	126	2
8	12	11	16	21	22	15	
7	10	11	14	15	19	14	
4	3	7	7	5	10	1	
		1	1			1	
3	1	1	2	4	2	2	
11	6	15	33	32	22	13	1
44	36	41	59	52	60	54	1
10	10	28	29	49	46	26	
35	30	31	36	49	46	35	1
20	19	14	17	33	20	22	
7	4	7	12	11	16	10	1
2	1						
3	4	4	2	1	6	2	
3	2	6	5	4	4	1	

1-9 续表 16

行业中类	2003年	2004年	2005年	2006年
其他制造业	36	45	46	47
日用杂品制造	14	12	11	20
煤制品制造	18	25	25	22
核辐射加工				
其他未列明制造业	4	8	10	5
废弃资源综合利用业	21	42	30	42
金属废料和碎屑加工处理	16	30	21	30
非金属废料和碎屑加工处理	5	12	9	12
金属制品、机械和设备修理业	13	10	14	13
金属制品修理	1		3	2
通用设备修理	4	2	5	2
专用设备修理	2	2	1	3
铁路、船舶、航空航天等运输设备修理		2	1	2
电气设备修理		1	2	
仪器仪表修理	1			
其他机械和设备修理业	5	3	2	4
电力、热力、燃气及水生产和供应业	**341**	**455**	**467**	**421**
电力、热力生产和供应业	297	390	417	376
电力生产	285	387	399	358
电力供应	11	3	16	18
热力生产和供应	1		2	
燃气生产和供应业	10	9	8	10
燃气生产和供应业	10	9	8	10
水的生产和供应业	34	56	42	35
自来水生产和供应	31	49	38	33
污水处理及其再生利用	1	5	3	2
其他水的处理、利用与分配	2	2	1	
建筑业	**295**	**276**	**328**	**441**
房屋建筑业	101	73	123	196
房屋建筑业	101	73	123	196
土木工程建筑业	70	55	58	58
铁路、道路、隧道和桥梁工程建筑	36	31	25	23
水利和内河港口工程建筑	16	6	13	8
海洋工程建筑				
工矿工程建筑	1	4	3	3
架线和管道工程建筑	5	8	9	9
其他土木工程建筑	12	6	8	15
建筑安装业	19	34	41	36
电气安装	4	11	14	11
管道和设备安装	4	9	8	6
其他建筑安装业	11	14	19	19
建筑装饰和其他建筑业	105	114	106	151
建筑装饰业	79	75	64	88
工程准备活动	8	8	9	12
提供施工设备服务	4	1	4	16
其他未列明建筑业	14	30	29	35
批发和零售业	**2468**	**2353**	**3266**	**3724**
批发业	1246	1227	1646	1819
农、林、牧产品批发	84	98	159	129
食品、饮料及烟草制品批发	139	143	200	177
纺织、服装及家庭用品批发	107	86	114	146

2007年	2008年	2009年	2010年	2011年	2012年	2013年	其他（无开业年份）
36	41	37	71	52	64	61	2
8	10	10	28	17	15	24	
20	21	16	14	8	15	15	1
8	10	11	29	27	34	22	1
40	40	22	33	42	54	19	
29	25	16	22	28	29	9	
11	15	6	11	14	25	10	
9	19	12	24	30	29	30	
1	2	1	2	2	1	5	
2	6	2	5	8	6	3	
1	2	4	3	4	5	3	
2	2		4	2	2	1	
	1	1	4	3	2	4	
		1		2		1	
3	6	3	6	9	13	13	
284	**236**	**268**	**289**	**262**	**259**	**188**	**13**
227	157	156	171	168	157	87	9
212	148	150	151	141	137	79	9
14	8	6	17	25	13	6	
1	1		3	2	7	2	
10	9	21	22	21	34	23	2
10	9	21	22	21	34	23	2
47	70	91	96	73	68	78	2
43	57	54	78	59	61	63	2
2	11	34	16	9	5	10	
2	2	3	2	5	2	5	
298	**290**	**524**	**784**	**907**	**912**	**1008**	**3**
75	84	114	126	113	147	160	
75	84	114	126	113	147	160	
59	56	97	133	174	170	201	1
21	27	40	56	86	76	80	
11	6	13	17	23	22	14	
				1			
3		7	3	5	8	6	
11	5	12	16	15	13	12	
13	18	25	41	44	51	89	1
46	35	61	86	109	115	121	2
11	13	14	24	33	20	32	
9	3	10	13	25	32	20	
26	19	37	49	51	63	69	2
118	115	252	439	511	480	526	
76	82	179	296	337	350	400	
11	13	15	35	35	26	35	
9	3	17	28	30	26	27	
22	17	41	80	109	78	64	
3457	**4405**	**7123**	**10942**	**11751**	**13588**	**19141**	**23**
1750	2168	3605	6041	6920	7577	7537	12
148	197	464	556	685	1028	1061	1
187	251	472	697	978	1207	1303	2
136	133	265	432	536	611	1008	1

1-9 续表 17

行业中类	2003年	2004年	2005年	2006年
文化、体育用品及器材批发	37	44	35	62
医药及医疗器材批发	57	59	73	71
矿产品、建材及化工产品批发	429	370	540	606
机械设备、五金产品及电子产品批发	222	255	325	392
贸易经纪与代理	49	39	37	64
其他批发业	122	133	163	172
零售业	1222	1126	1620	1905
综合零售	244	224	311	383
食品、饮料及烟草制品专门零售	74	72	112	129
纺织、服装及日用品专门零售	142	98	209	245
文化、体育用品及器材专门零售	40	57	77	87
医药及医疗器材专门零售	199	174	233	206
汽车、摩托车、燃料及零配件专门零售	178	159	187	227
家用电器及电子产品专门零售	131	135	217	275
五金、家具及室内装饰材料专门零售	120	112	177	209
货摊、无店铺及其他零售业	94	95	97	144
交通运输、仓储和邮政业	**259**	**273**	**284**	**327**
铁路运输业		1		
铁路旅客运输				
铁路货物运输				
铁路运输辅助活动		1		
道路运输业	171	173	191	210
城市公共交通运输	33	41	36	22
公路旅客运输	37	32	41	54
道路货物运输	75	78	92	104
道路运输辅助活动	26	22	22	30
水上运输业	8	22	13	16
水上旅客运输	1	3	7	6
水上货物运输	5	12	2	7
水上运输辅助活动	2	7	4	3
航空运输业	2	1	2	
航空客货运输	1	1	1	
通用航空服务				
航空运输辅助活动	1		1	
管道运输业	1	1		
管道运输业	1	1		
装卸搬运和运输代理业	50	51	48	71
装卸搬运	14	13	12	23
运输代理业	36	38	36	48
仓储业	20	14	18	19
谷物、棉花等农产品仓储	11	5	5	7
其他仓储业	9	9	13	12
邮政业	7	10	12	11
邮政基本服务	1	2	4	2
快递服务	6	8	8	9
住宿和餐饮业	**369**	**364**	**523**	**631**
住宿业	151	151	202	254
旅游饭店	57	62	72	69
一般旅馆	82	72	116	161
其他住宿业	12	17	14	24

2007年	2008年	2009年	2010年	2011年	2012年	2013年	其他 (无开业年份)
51	49	83	161	177	218	196	
65	108	133	217	249	197	133	
588	729	1036	1806	2192	2008	2010	6
346	456	742	1529	1479	1609	1283	1
49	56	119	198	179	196	176	
180	189	291	445	445	503	367	1
1707	2237	3518	4901	4831	6011	11604	11
286	386	476	633	556	759	2357	1
146	209	294	477	466	784	1288	
199	268	452	653	650	958	2535	1
59	67	164	171	210	252	524	
179	244	325	456	364	382	397	
249	267	532	775	714	787	886	3
279	348	555	676	694	838	1185	2
187	283	440	646	772	886	1774	2
123	165	280	414	405	365	658	2
305	**290**	**494**	**691**	**712**	**637**	**685**	**5**
		1					
		1					
205	183	304	361	379	343	346	3
36	20	36	23	23	40	32	
45	26	30	27	30	37	33	
105	111	198	263	275	221	237	2
19	26	40	48	51	45	44	1
17	9	21	28	28	12	15	
4	3	3	5	4	2	4	
9	2	9	14	10	2	7	
4	4	9	9	14	8	4	
	3	3	2	1	2	3	
	1		1	1	1		
		1	1			2	
	2	2			1	1	
1	1		1	2		2	
1	1		1	2		2	
47	52	97	109	143	149	135	1
19	21	32	28	43	43	28	
28	31	65	81	100	106	107	1
18	20	25	45	45	33	69	1
11	6	11	13	9	6	31	
7	14	14	32	36	27	38	1
17	22	43	145	114	98	115	
6	5	3	4	2	5	5	
11	17	40	141	112	93	110	
570	**651**	**670**	**852**	**843**	**1003**	**1327**	**10**
231	263	226	300	301	347	340	7
62	81	83	93	85	118	102	5
152	155	107	158	155	157	144	1
17	27	36	49	61	72	94	1

1-9 续表 18

行业中类	2003年	2004年	2005年	2006年
餐饮业	218	213	321	377
正餐服务	180	176	270	311
快餐服务	5	7	13	15
饮料及冷饮服务	18	11	24	28
其他餐饮业	15	19	14	23
信息传输、软件和信息技术服务业	**137**	**163**	**202**	**231**
电信、广播电视和卫星传输服务	22	40	32	41
电信	13	27	19	25
广播电视传输服务	9	13	12	16
卫星传输服务			1	
互联网和相关服务	28	33	40	43
互联网接入及相关服务	2	3	6	5
互联网信息服务	22	22	31	33
其他互联网服务	4	8	3	5
软件和信息技术服务业	87	90	130	147
软件开发	61	64	79	89
信息系统集成服务	9	7	18	23
信息技术咨询服务	8	9	18	15
数据处理和存储服务				2
集成电路设计				
其他信息技术服务业	9	10	15	18
金融业	**45**	**25**	**47**	**61**
货币金融服务	9	5	11	24
中央银行服务				
货币银行服务		1	1	13
非货币银行服务	9	4	10	11
银行监管服务				
资本市场服务	1		1	
证券市场服务				
期货市场服务	1		1	
证券期货监管服务				
资本投资服务				
其他资本市场服务				
保险业	35	19	34	37
人身保险	23	7	3	9
财产保险	8	7	22	22
再保险				
养老金				
保险经纪与代理服务	3	4	8	5
保险监管服务				
其他保险活动	1	1	1	1
其他金融业		1	1	
金融信托与管理服务				
控股公司服务				
非金融机构支付服务		1		
金融信息服务			1	
其他未列明金融业				
房地产业	**496**	**534**	**617**	**772**
房地产业	496	534	617	772
房地产开发经营	318	286	346	442

2007年	2008年	2009年	2010年	2011年	2012年	2013年	其他（无开业年份）
339	388	444	552	542	656	987	3
276	304	357	405	415	476	688	3
10	17	22	25	27	41	80	
33	34	29	55	33	35	54	
20	33	36	67	67	104	165	
239	**305**	**418**	**600**	**763**	**870**	**1037**	**1**
36	62	72	88	60	99	80	
21	24	32	48	40	70	64	
15	35	39	40	18	29	15	
	3	1		2		1	
61	77	79	142	121	145	185	
5	5	5	13	9	13	23	
46	61	63	118	96	107	135	
10	11	11	11	16	25	27	
142	166	267	370	582	626	772	1
79	85	153	182	302	344	431	
23	20	29	75	90	80	63	
21	26	40	64	123	120	191	1
2	4	7	4	6	9	9	
	4	2	2	3	7	7	
17	27	36	43	58	66	71	
101	**91**	**29**	**65**	**84**	**89**	**82**	**115**
71	35	10	49	56	62	47	27
					1		
52	17	6	18	23	32	15	27
19	18	4	31	33	29	32	
			1		1	2	
			1		1		
						2	
29	56	17	11	24	15	16	84
10	26	10	8	15	9	9	37
16	27	6	2	6	5	5	46
1	2	1			1		1
2	1			3		2	
			1				
1		2	4	4	11	17	4
1			1	1	2	2	
		2	3	3	9	15	
							4
867	**612**	**963**	**1385**	**1427**	**955**	**870**	**11**
867	612	963	1385	1427	955	870	11
549	331	465	684	701	376	320	5

1-9 续表 19

行业中类	2003年	2004年	2005年	2006年
物业管理	135	184	188	243
房地产中介服务	24	30	54	61
自有房地产经营活动	1	8	3	1
其他房地产业	18	26	26	25
租赁和商务服务业	**652**	**572**	**721**	**738**
租赁业	27	25	39	44
机械设备租赁	25	25	36	39
文化及日用品出租	2		3	5
商务服务业	625	547	682	694
企业管理服务	151	85	122	132
法律服务	40	33	51	31
咨询与调查	79	91	116	120
广告业	100	115	142	145
知识产权服务	7	4	3	2
人力资源服务	52	28	42	58
旅行社及相关服务	66	82	74	63
安全保护服务	9	8	9	7
其他商务服务业	121	101	123	136
科学研究和技术服务业	**355**	**342**	**488**	**459**
研究和试验发展	32	22	60	49
自然科学研究和试验发展	2	5	9	8
工程和技术研究和试验发展	13	8	25	23
农业科学研究和试验发展	12	5	15	9
医学研究和试验发展	2	3	7	5
社会人文科学研究	3	1	4	4
专业技术服务业	238	229	285	289
气象服务		3	5	5
地震服务	1	2	1	4
海洋服务				
测绘服务	8	3	8	8
质检技术服务	65	47	56	55
环境与生态监测	3	3	7	5
地质勘查	8	5	3	4
工程技术	91	106	97	101
其他专业技术服务业	62	60	108	107
科技推广和应用服务业	85	91	143	121
技术推广服务	59	68	125	87
科技中介服务	10	11	11	16
其他科技推广和应用服务业	16	12	7	18
水利、环境和公共设施管理业	**136**	**88**	**137**	**100**
水利管理业	42	23	54	27
防洪除涝设施管理	3		8	5
水资源管理	2	5	10	5
天然水收集与分配	13	6	10	7
水文服务		2	11	
其他水利管理业	24	10	15	10
生态保护和环境治理业	12	3	12	17
生态保护	6	2	2	7
环境治理业	6	1	10	10

2007年	2008年	2009年	2010年	2011年	2012年	2013年	其他（无开业年份）
215	210	354	459	422	336	259	6
70	53	109	188	235	187	227	
6	2	2	12	9	8	8	
27	16	33	42	60	48	56	
830	**1083**	**1792**	**2758**	**3522**	**3847**	**4444**	**12**
38	60	122	216	217	290	348	
35	60	115	210	212	279	316	
3		7	6	5	11	32	
792	1023	1670	2542	3305	3557	4096	12
152	205	355	570	841	864	983	8
31	31	72	55	59	42	43	
134	208	314	519	611	730	895	2
159	221	302	515	610	636	746	
6	6	8	16	19	22	30	
70	93	144	195	222	234	265	
72	55	77	119	139	146	116	
12	16	22	42	101	48	32	
156	188	376	511	703	835	986	2
390	**528**	**848**	**1080**	**1665**	**2003**	**1742**	**3**
57	86	157	216	518	528	361	2
8	12	23	29	73	62	68	1
28	41	88	128	360	363	220	
7	12	29	32	58	59	47	1
9	11	14	16	21	29	19	
5	10	3	11	6	15	7	
217	249	321	414	579	584	664	
4	3	6	3	6	5	1	
3	3	3	3	2	3	1	
1		1			1		
8	4	13	10	10	11	20	
24	23	41	33	45	32	20	
8	9	5	8	11	14	22	
7	12	8	11	22	16	13	
77	72	124	180	233	256	261	
85	123	120	166	250	246	326	
116	193	370	450	568	891	717	1
94	164	329	350	507	795	640	1
10	11	15	32	35	49	36	
12	18	26	68	26	47	41	
116	**120**	**200**	**212**	**227**	**263**	**257**	**3**
27	34	52	44	49	78	59	
6	12	5	4	3	11	4	
5	5	18	6	8	11	16	
8	8	14	13	10	9	6	
1	1	1	2			3	
7	8	14	19	28	47	30	
19	21	32	32	36	34	43	1
8	10	15	8	10	3	7	1
11	11	17	24	26	31	36	

1-9 续表 20

行业中类	2003年	2004年	2005年	2006年
公共设施管理业	82	62	71	56
市政设施管理	19	8	14	11
环境卫生管理	6	8	6	7
城乡市容管理		2	7	2
绿化管理	32	21	17	16
公园和游览景区管理	25	23	27	20
居民服务、修理和其他服务业	**282**	**271**	**330**	**424**
居民服务业	117	128	177	214
家庭服务	10	15	11	12
托儿所服务	6	5	8	7
洗染服务	3	5	6	5
理发及美容服务	36	43	68	92
洗浴服务	13	18	16	29
保健服务	5	7	17	15
婚姻服务	5	4	6	7
殡葬服务	13	4	10	13
其他居民服务业	26	27	35	34
机动车、电子产品和日用产品修理业	132	102	114	146
汽车、摩托车修理与维护	107	76	92	114
计算机和办公设备维修	7	7	4	5
家用电器修理	16	13	14	20
其他日用产品修理业	2	6	4	7
其他服务业	33	41	39	64
清洁服务	16	16	17	39
其他未列明服务业	17	25	22	25
教育	**751**	**697**	**863**	**894**
教育	751	697	863	894
学前教育	377	392	519	515
初等教育	93	53	73	80
中等教育	102	69	68	100
高等教育	14	9	4	8
特殊教育	1	2	6	1
技能培训、教育辅助及其他教育	164	172	193	190
卫生和社会工作	**350**	**472**	**575**	**514**
卫生	283	390	449	334
医院	28	46	55	53
社区医疗与卫生院	176	241	268	179
门诊部(所)	40	61	59	49
计划生育技术服务活动	12	9	12	8
妇幼保健院(所、站)			2	
专科疾病防治院(所、站)	3	5	2	1
疾病预防控制中心	10	22	36	29
其他卫生活动	14	6	15	15
社会工作	67	82	126	180
提供住宿社会工作	60	72	114	169
不提供住宿社会工作	7	10	12	11
文化、体育和娱乐业	**669**	**834**	**951**	**1185**
新闻和出版业	7	9	8	12
新闻业	1	2	3	2
出版业	6	7	5	10

2007年	2008年	2009年	2010年	2011年	2012年	2013年	其他（无开业年份）
70	65	116	136	142	151	155	2
12	15	14	32	29	20	29	
7	7	17	17	23	28	24	
4	2	10	9	10	17	13	
17	12	37	49	44	53	58	
30	29	38	29	36	33	31	2
374	**355**	**540**	**680**	**694**	**916**	**1966**	**1**
191	174	266	285	285	375	799	1
14	12	48	42	38	58	133	
5	11	10	11	13	17	7	
8	6	5	11	14	12	89	
59	50	41	48	63	73	199	
30	26	21	26	12	23	39	
13	14	18	28	26	36	51	
12	10	13	18	24	43	91	
7	7	11	9	12	10	6	
43	38	99	92	83	103	184	1
142	123	177	254	274	345	924	
103	86	130	180	179	212	424	
12	18	9	28	24	28	119	
22	15	30	30	58	90	280	
5	4	8	16	13	15	101	
41	58	97	141	135	196	243	
23	34	60	81	80	123	180	
18	24	37	60	55	73	63	
874	**869**	**1052**	**1308**	**1189**	**1514**	**1443**	**1**
874	869	1052	1308	1189	1514	1443	1
494	571	675	847	727	880	941	1
85	50	53	65	55	69	55	
93	44	57	44	44	74	44	
4	5	3	7	12	7	3	
3	2	5	4	7	14	4	
195	197	259	341	344	470	396	
438	**582**	**785**	**1803**	**1079**	**926**	**726**	
291	448	640	1649	889	743	644	
50	61	54	55	83	113	87	
168	301	504	1318	664	501	403	
45	62	59	248	70	74	111	
5	4	9	5	38	30	12	
	1	2	1	3	2	2	
3	3		4	5	4	5	
9	4		5	2	5	6	
11	12	12	13	24	14	18	
147	134	145	154	190	183	82	
136	123	123	138	169	170	71	
11	11	22	16	21	13	11	
1086	**1044**	**1491**	**1368**	**1208**	**1254**	**824**	**1**
4	8	14	12	12	24	10	
		4	4	8	6	5	
4	8	10	8	4	18	5	

1-9 续表 21

行业中类	2003年	2004年	2005年	2006年
广播、电视、电影和影视录音制作业	18	14	21	21
广播	4	3	2	5
电视	8	7	7	4
电影和影视节目制作	1	1	8	3
电影和影视节目发行	1		1	2
电影放映	4	3	3	5
录音制作				2
文化艺术业	59	39	70	83
文艺创作与表演	16	11	17	23
艺术表演场馆	3	3	3	5
图书馆与档案馆	3		3	2
文物及非物质文化遗产保护	4	4	8	12
博物馆	1	2		1
烈士陵园、纪念馆				2
群众文化活动	18	11	31	28
其他文化艺术业	14	8	8	10
体育	20	23	25	18
体育组织	3	6	6	5
体育场馆	4	3		
休闲健身活动	11	12	17	12
其他体育	2	2	2	1
娱乐业	565	749	827	1051
室内娱乐活动	552	742	814	1022
游乐园	2			2
彩票活动				
文化、娱乐、体育经纪代理	4	2	6	19
其他娱乐业	7	5	7	8
公共管理、社会保障和社会组织	**1655**	**1595**	**2224**	**1715**
中国共产党机关	11	13	7	11
中国共产党机关	11	13	7	11
国家机构	622	458	773	512
国家权力机构	5	3	5	5
国家行政机构	603	452	753	498
人民法院和人民检察院	5		4	1
其他国家机构	9	3	11	8
人民政协、民主党派	3	1	6	6
人民政协	2		1	2
民主党派	1	1	5	4
社会保障	37	31	42	37
社会保障	37	31	42	37
群众团体、社会团体和其他成员组织	560	500	571	688
群众团体	38	43	35	33
社会团体	394	382	441	477
基金会		5	8	3
宗教组织	128	70	87	175
基层群众自治组织	422	592	825	461
社区自治组织	297	178	202	172
村民自治组织	125	414	623	289
国际组织				

2007年	2008年	2009年	2010年	2011年	2012年	2013年	其他 (无开业年份)
13	26	22	39	77	82	63	
3	8	2		10	6	9	
3	3	3	10	17	14	9	
3	4	6	9	12	14	14	
	1	2	2	3	4	3	
4	10	9	17	32	42	25	
			1	3	2	3	
84	120	180	173	225	289	195	
20	28	60	33	44	80	37	
4	8	11	5	4	6	3	
3	3	4	4	4	4	4	
6	8	6	6	8	22	10	
1		2	7	5	6		
		2	1	1			
27	55	67	74	91	89	76	
23	18	28	43	68	82	65	
17	42	46	56	50	61	62	
5	15	11	18	14	25	13	
2	3	2	6	5	2	7	
9	23	30	29	22	24	36	
1	1	3	3	9	10	6	
968	848	1229	1088	844	798	494	1
952	818	1195	1040	767	750	424	
	6	4	6	14	8	4	
1		1	2	2	1	4	
7	14	19	26	43	21	42	
8	10	10	14	18	18	20	1
1376	**2164**	**1779**	**1996**	**3041**	**2696**	**1721**	**2537**
9	19	11	20	20	16	16	454
9	19	11	20	20	16	16	454
510	544	610	748	1116	1202	720	2049
9	5	7	4	9	4	1	103
490	527	582	725	1087	1179	709	1851
7	4	1	1		1	1	60
4	8	20	18	20	18	9	35
1	4	7	5	2	2	4	33
1	2	3	1		1	1	24
	2	4	4	2	1	3	9
48	19	23	32	50	65	23	1
48	19	23	32	50	65	23	1
518	547	885	820	895	920	725	
26	38	52	58	75	72	68	
437	448	776	713	765	779	615	
3	5	9	11	6	10	11	
52	56	48	38	49	59	31	
290	1031	243	371	958	491	233	
154	107	108	85	140	129	69	
136	924	135	286	818	362	164	

1-10 按行业(中类)、开业(成立)

行业中类	从业人员数(人)			
		1949年及以前	1950-1977年	1978-1991年
总 计	**13541601**	**229405**	**1582635**	**1151925**
农、林、牧、渔业	**148179**	**15**	**3668**	**2449**
农业	899			
谷物种植				
豆类、油料和薯类种植				
棉、麻、糖、烟草种植	266			
蔬菜、食用菌及园艺作物种植	359			
水果种植	108			
坚果、含油果、香料和饮料作物种植				
中药材种植				
其他农业	166			
林业	337		320	
林木育种和育苗				
造林和更新				
森林经营和管护	180		180	
木材和竹材采运	140		140	
林产品采集	17			
畜牧业	873		104	
牲畜饲养	723			
家禽饲养	40			
狩猎和捕捉动物				
其他畜牧业	110		104	
渔业	69			
水产养殖	69			
水产捕捞				
农、林、牧、渔服务业	146001	15	3244	2449
农业服务业	91636	2	800	1059
林业服务业	24920	8	1962	885
畜牧服务业	18076		181	191
渔业服务业	11369	5	301	314
采矿业	**479672**	**5108**	**49927**	**40275**
煤炭开采和洗选业	242600	2508	41874	32227
烟煤和无烟煤开采洗选	239032	2508	41459	32134
褐煤开采洗选	550		415	
其他煤炭采选	3018			93
石油和天然气开采业	35			
石油开采	35			
天然气开采				
黑色金属矿采选业	33129			333
铁矿采选	18412			159
锰矿、铬矿采选	11649			143
其他黑色金属矿采选	3068			31
有色金属矿采选业	80364	2600	4480	3701
常用有色金属矿采选	56360		3467	2806
贵金属矿采选	9818		885	102
稀有稀土金属矿采选	14186	2600	128	793
非金属矿采选业	120643		3558	4014
土砂石开采	105626		1063	3144
化学矿开采	2696		42	277
采盐	2461		2453	8
石棉及其他非金属矿采选	9860			585

时间分组的法人单位从业人员数

1992-1995年	1996年	1997年	1998年	1999年	2000年	2001年	2002年
781496	**173203**	**210246**	**384558**	**255111**	**430147**	**652551**	**476914**
1055	**655**	**467**	**358**	**810**	**1099**	**2838**	**994**
	5					56	
	5						
						56	
					6	83	15
						83	15
					6		
1055	650	467	358	810	1093	2699	979
651	301	71	258	387	701	846	869
162	244	387	79	133	145	1646	17
149	55		11	30	116	139	89
93	50	9	10	260	131	68	4
17267	**10184**	**4708**	**10160**	**10291**	**19343**	**20701**	**17381**
14344	5230	3828	6396	7731	15288	11948	6176
14323	5230	3697	6299	7731	15263	11948	6066
			17				
21		131	80		25		110
123	238	2	255	339	546	788	1081
45	147		133	182	193	549	663
46	65	2	122	31	264	239	316
32	26			126	89		102
952	3953	442	1269	654	743	2620	4937
869	3420	136	1023	396	577	1354	3083
80	510	306	152	255	108	1266	537
3	23		94	3	58		1317
1813	760	414	2240	1567	2734	5227	5064
1728	738	333	2023	1437	2617	4003	4720
		8		30	15	533	
85	22	73	217	100	102	691	344

1-10 续表 1

行业中类	从业人员数(人)			
		1949年及以前	1950-1977年	1978-1991年
开采辅助活动	1072			
煤炭开采和洗选辅助活动	298			
石油和天然气开采辅助活动	237			
其他开采辅助活动	537			
其他采矿业	1829		15	
其他采矿业	1829		15	
制造业	**3944940**	**37378**	**159888**	**110772**
农副食品加工业	275201	247	1274	6280
谷物磨制	61219	247	752	334
饲料加工	48107			2519
植物油加工	29865		93	515
制糖业	1911			
屠宰及肉类加工	42725		381	646
水产品加工	10125			
蔬菜、水果和坚果加工	32478			4
其他农副食品加工	48771		48	2262
食品制造业	134131		10	3068
焙烤食品制造	17629		3	135
糖果、巧克力及蜜饯制造	8199			776
方便食品制造	26862		3	555
乳制品制造	4286			
罐头食品制造	28426		4	220
调味品、发酵制品制造	10460			1346
其他食品制造	38269			36
酒、饮料和精制茶制造业	86526		2484	5605
酒的制造	25505		1690	2090
饮料制造	27850			1050
精制茶加工	33171		794	2465
烟草制品业	18303			469
烟叶复烤	4192			
卷烟制造	12844			469
其他烟草制品制造	1267			
纺织业	115228		2291	1703
棉纺织及印染精加工	62563		293	926
毛纺织及染整精加工	1708		15	287
麻纺织及染整精加工	16852			87
丝绢纺织及印染精加工	937			3
化纤织造及印染精加工	2864			56
针织或钩针编织物及其制品制造	9179		178	85
家用纺织制成品制造	13966		1805	150
非家用纺织制成品制造	7159			109
纺织服装、服饰业	85188		942	729
机织服装制造	65661		930	592
针织或钩针编织服装制造	11345			41
服饰制造	8182		12	96
皮革、毛皮、羽毛及其制品和制鞋业	122921		2983	1836
皮革鞣制加工	7289		13	157
皮革制品制造	18747		119	16
毛皮鞣制及制品加工	1225			
羽毛(绒)加工及制品制造	1559		65	86
制鞋业	94101		2786	1577

1992-1995年	1996年	1997年	1998年	1999年	2000年	2001年	2002年
35	3	22				36	88
35						25	13
		22				11	17
	3						58
					32	82	35
					32	82	35
159262	**49929**	**64126**	**97080**	**118288**	**170162**	**210333**	**196431**
10368	2601	4375	10228	10763	12921	14045	11867
1269	303	320	4161	731	3341	2168	3384
6699	1146	2098	1475	2617	1402	2254	2706
910	181	31	1013	3096	1708	1362	1214
					71	5	
975	270	1196	2176	3837	1783	1978	1655
8	23		355	175	1421	1407	36
172	487		481	157	1968	1449	1033
335	191	730	567	150	1227	3422	1839
6517		5809	2860	2342	3886	5043	11670
1493	61	1627	118	58	421	600	819
122	8		473	49	306	399	968
2554	32	392	198	567	1029	765	785
			297	170	2	888	239
30		3258	985	264	1006	498	4349
34	3368	172	80	1037	378	682	306
2284	58	360	709	197	744	1211	4204
2586	1469	2483	1228	1682	2931	4424	3288
587	672	1745	129	1247	714	1106	1080
774	80	270	562	308	1825	1932	1270
1225	717	468	537	127	392	1386	938
12317			58	1064	13	123	
				1064	13		
12317			58				
						123	
3572	371	1787	4015	2241	2880	12097	14237
283	233	1248	1803	810	839	10826	11785
601			3			30	
52		9		9	186	692	1041
42		38					231
28					139		343
115	107	6	607	1231	475	254	250
936	31	460	964	191	976	49	426
1515		26	638		265	246	161
6153	953	3389	2167	955	2013	4252	1400
5296	943	3265	2146	537	1913	4029	808
805			21	388	45	152	400
52	10	124		30	55	71	192
4260	106	193	1379	1291	1396	3559	2923
1906			195	462	329	634	964
1815		66	289	529	67	1348	761
13							
25	52		12			20	
501	54	127	883	300	1000	1557	1198

1-10 续表 2

行业中类	从业人员数(人)	1949年及以前	1950-1977年	1978-1991年
木材加工和木、竹、藤、棕、草制品业	141536		680	610
木材加工	33775		599	318
人造板制造	61222		5	37
木制品制造	14368		73	113
竹、藤、棕、草等制品制造	32171		3	142
家具制造业	48857		3	936
木质家具制造	39536		3	713
竹、藤家具制造	3611			155
金属家具制造	1185			14
塑料家具制造	277			
其他家具制造	4248			54
造纸和纸制品业	98242		12262	3683
纸浆制造	1135			
造纸	62766		11659	3051
纸制品制造	34341		603	632
印刷和记录媒介复制业	60440	4	1150	4345
印刷	56710	4	1114	4124
装订及印刷相关服务	3338		36	221
记录媒介复制	392			
文教、工美、体育和娱乐用品制造业	47755		300	1357
文教办公用品制造	4180		141	105
乐器制造	566			
工艺美术品制造	28650		46	1249
体育用品制造	4946		113	3
玩具制造	8673			
游艺器材及娱乐用品制造	740			
石油加工、炼焦和核燃料加工业	22499		11753	660
精炼石油产品制造	18325		11753	653
炼焦	4148			7
核燃料加工	26			
化学原料和化学制品制造业	521478	734	16852	17504
基础化学原料制造	67708	726	4902	1668
肥料制造	27193		920	147
农药制造	11773		1081	268
涂料、油墨、颜料及类似产品制造	22369		2133	437
合成材料制造	20496		2242	129
专用化学产品制造	38821	8	1488	1388
炸药、火工及焰火产品制造	322612		4086	13428
日用化学产品制造	10506			39
医药制造业	75865		3571	2033
化学药品原料药制造	13975		78	501
化学药品制剂制造	11798		1405	636
中药饮片加工	6926		44	
中成药生产	24225		2044	479
兽用药品制造	5668			142
生物药品制造	8499			20
卫生材料及医药用品制造	4774			255

1992-1995年	1996年	1997年	1998年	1999年	2000年	2001年	2002年
3014	928	987	2037	3296	3814	9681	8685
525	218	95	563	1477	1230	1407	1437
1865	462	89	545	549	1133	6388	5075
106	9	42	378	242	208	204	520
518	239	761	551	1028	1243	1682	1653
1548	1091	966	1012	1700	1618	4223	2097
1462	1084	590	907	1248	1513	3870	1536
80		15	67	24	4	239	329
6		18		26	43	35	176
	7	343	38	402	58	79	56
3661	1323	2472	1303	1551	2247	5371	4937
			1			31	43
2650	1268	970	1145	578	1386	3592	3250
1011	55	1502	157	973	861	1748	1644
3830	347	834	1468	1354	3355	3146	3880
3735	317	811	1179	1317	3285	3038	3788
95	30	23	209	37	70	108	92
			80				
1643	684	84	503	927	2154	2362	859
119	337	45	27	292	64	52	128
1386	43	39	213	602	1565	824	426
75	290				522	303	
63	14		31	33	3	1138	216
			232			45	89
	97		33	740	3107	987	26
	97		33		2811	238	6
				740	296	749	
							20
19606	10159	8304	19775	14436	29003	54318	35410
2491	324	1216	3215	1448	1305	2468	2957
502	180	1321	288	345	1603	333	2413
325	1027	253	2504		680	235	368
1582	184	290	1161	166	792	1811	840
1125	67	24	56	8	3098	308	1057
1570	165	1776	1130	1218	1216	2116	1419
11727	8212	3419	11297	10763	19657	45489	25947
284		5	124	488	652	1558	409
2998	1904	2590	4473	3606	5030	5354	4596
94	105	1286	1171	185	675	1366	750
544	391		107		1373	1764	874
103	11		94	7	329	682	137
1731	1313	542	2586	3222	1979	998	1510
	28	226	250	56	280	50	320
526		536	265	91	257	114	217
	56			45	137	380	788

1-10 续表 3

行业中类	从业人员数(人)			
		1949年及以前	1950-1977年	1978-1991年
化学纤维制造业	3698			
纤维素纤维原料及纤维制造	1183			
合成纤维制造	2515			
橡胶和塑料制品业	77896		1066	3501
橡胶制品业	14521		302	2009
塑料制品业	63375		764	1492
非金属矿物制品业	567836	554	15625	25308
水泥、石灰和石膏制造	73144	554	5200	5875
石膏、水泥制品及类似制品制造	81268		2123	1884
砖瓦、石材等建筑材料制造	197749		2190	9761
玻璃制造	5967		11	3
玻璃制品制造	16108		647	419
玻璃纤维和玻璃纤维增强塑料制品制造	5019		239	115
陶瓷制品制造	139743		4481	2908
耐火材料制品制造	16866		421	3341
石墨及其他非金属矿物制品制造	31972		313	1002
黑色金属冶炼和压延加工业	152490		44518	2712
炼铁	6428			47
炼钢	1628			
黑色金属铸造	32801		494	1599
钢压延加工	59998		42997	221
铁合金冶炼	51635		1027	845
有色金属冶炼和压延加工业	154624	16402	7035	2750
常用有色金属冶炼	81793	16402	68	1200
贵金属冶炼	17126		2011	652
稀有稀土金属冶炼	7162			136
有色金属合金制造	16364		4689	562
有色金属铸造	1333			
有色金属压延加工	30846		267	200
金属制品业	118761		1754	3167
结构性金属制品制造	45862		449	543
金属工具制造	20349		339	397
集装箱及金属包装容器制造	3976		104	141
金属丝绳及其制品制造	2237		11	47
建筑、安全用金属制品制造	12074			664
金属表面处理及热处理加工	4753		64	117
搪瓷制品制造	3926		50	711
金属制日用品制造	6294		177	6
其他金属制品制造	19290		560	541
通用设备制造业	178151	314	4301	5660
锅炉及原动设备制造	14073		1473	612
金属加工机械制造	35538	314	239	1853
物料搬运设备制造	14696		62	10
泵、阀门、压缩机及类似机械制造	33382		47	362
轴承、齿轮和传动部件制造	9971		247	484
烘炉、风机、衡器、包装等设备制造	20563		1779	743
文化、办公用机械制造	2132		3	32
通用零部件制造	36387		370	1351
其他通用设备制造业	11409		81	213
专用设备制造业	228987		8483	4619
采矿、冶金、建筑专用设备制造	120902		346	2448

1992-1995年	1996年	1997年	1998年	1999年	2000年	2001年	2002年
1	11			4	67	37	
						19	
1	11			4	67	18	
2428	860	954	1280	1858	2152	3842	2887
1106	62	86	261	268	123	459	191
1322	798	868	1019	1590	2029	3383	2696
24161	7690	10990	18460	12948	20010	30963	25946
3527	811	1979	1478	1100	1298	4773	3327
2326	594	860	1755	2235	2072	2449	3150
8842	2885	2363	5970	3174	5947	8147	8515
		10	124	238	37	327	14
37		475	41	480	552	154	754
25		225			1	532	7
8480	3131	3982	8026	5431	8197	11513	9088
206	93		496	263	599	807	493
718	176	1096	570	27	1307	2261	598
4608	1660	2043	2900	3214	2724	5431	4370
23	311		14	20	14	91	285
16				12	6	291	3
1576	358	354	1452	351	1205	1680	2136
708	239	132	281	243	540	923	403
2285	752	1557	1153	2588	959	2446	1543
5714	2939	1641	1984	738	2123	8630	9317
3106	353	1412	1334	323	584	4018	5691
1076	163		68	112	526	1850	1456
666				68	146	614	101
187	715		328	71	427	658	668
25		17				22	
654	1708	212	254	164	440	1468	1401
3769	4262	1193	1725	2666	3139	3675	6392
175	682	637	251	303	584	926	2377
1192	239	367	468	1165	796	1545	2490
167	765	8	29	165	81	23	44
90				193	43	30	35
683	497	17	154	85	81	319	66
358	8	31	121	68	3	40	411
	1993	6	204		245		40
44	17	5	319	45	793	76	296
1060	61	122	179	642	513	716	633
5116	1556	2521	4883	5218	5322	5329	13150
1393	3	1046	732	205	214	1101	390
684	127	209	859	269	815	910	2080
320		26	370	1346	1607	11	112
1067	907	541	1791	852	1667	629	1670
549	192	308	406	89	89	503	323
619	13	27	95	869	142	1085	6123
1	9			481			40
377	285	210	469	914	419	814	2127
106	20	154	161	193	369	276	285
5062	954	1366	2211	33241	41403	5139	8715
1007	509	663	695	31441	38157	957	754

1-10 续表 4

行业中类	从业人员数(人)			
		1949年及以前	1950-1977年	1978-1991年
化工、木材、非金属加工专用设备制造	22173		1478	189
食品、饮料、烟草及饲料生产专用设备制造	6812		1381	152
印刷、制药、日化及日用品生产专用设备制造	12230		45	157
纺织、服装和皮革加工专用设备制造	7076		4095	214
电子和电工机械专用设备制造	10896		97	120
农、林、牧、渔专用机械制造	18095		485	457
医疗仪器设备及器械制造	9748		105	40
环保、社会公共服务及其他专用设备制造	21055		451	842
汽车制造业	102282		3243	3587
汽车整车制造	23414			33
改装汽车制造	4254		1169	337
低速载货汽车制造	843			
电车制造	248			
汽车车身、挂车制造	9044		215	2741
汽车零部件及配件制造	64479		1859	476
铁路、船舶、航空航天和其他运输设备制造业	62206	8368	3868	1786
铁路运输设备制造	43604	8368	2541	756
城市轨道交通设备制造	208			
船舶及相关装置制造	9088		1105	140
航空、航天器及设备制造	1829			291
摩托车制造	3123		208	552
自行车制造	2819		14	7
非公路休闲车及零配件制造	505			
潜水救捞及其他未列明运输设备制造	1030			40
电气机械和器材制造业	147200	10755	4439	3962
电机制造	29085	10755	389	198
输配电及控制设备制造	45830		3135	1442
电线、电缆、光缆及电工器材制造	26771		833	516
电池制造	15888		4	20
家用电力器具制造	9624		3	17
非电力家用器具制造	4584		61	1280
照明器具制造	9741		14	71
其他电气机械及器材制造	5677			418
计算机、通信和其他电子设备制造业	219616		6221	1929
计算机制造	12051			
通信设备制造	70717		5390	125
广播电视设备制造	5705			36
雷达及配套设备制造	571			
视听设备制造	3686			10
电子器件制造	24435			1301
电子元件制造	61736		831	456
其他电子设备制造	40715			1
仪器仪表制造业	27120		974	384
通用仪器仪表制造	17443		643	17
专用仪器仪表制造	7266		304	177
钟表与计时仪器制造	102			
光学仪器及眼镜制造	1377		27	28
其他仪器仪表制造业	932			162
其他制造业	27699		46	240
日用杂品制造	17299		46	143

1992-1995年	1996年	1997年	1998年	1999年	2000年	2001年	2002年
2477		34	564	83	224	254	173
220	186	6	75	422	12	229	1086
24			62		283	179	3133
196		81	185		28	43	486
528	80	122	173		74	447	173
403	56	272	286	121	790	2415	245
43	103	110	47	137	15	99	1983
164	20	78	124	1037	1820	516	682
3222	1597	818	954	5330	3649	3729	6751
	766			4061		135	5
4	20			55	511	76	397
						553	
447				804	515	398	292
2771	811	818	954	410	2623	2567	6057
10890	197	868	2822	891	1334	1489	870
7665	17	808	577	227	1141	1268	692
	93						30
1465	10	45	42	367	72	221	90
			314				
1760	77	15	105		14		40
			1784				
				297	107		18
4659	1243	1985	4453	2691	2993	5804	6255
727	84	7	261	316	212	2292	615
1492	265	1407	1679	810	748	930	2510
604	646	329	196	793	923	1363	1994
78	1	206	32	52	308	239	393
1023	220	3	1652	306	16	778	165
30	27	1		12	72	58	12
674		28	250	215	415	88	447
31		4	383	187	299	56	119
4402	133	4308	1210	835	1928	1449	2432
95		2671	888	70	176	67	87
207			15	46	35	223	215
10				32	631	440	75
			16			31	
110	1	187	227		142	161	82
3266	132	1408	30	643	812	520	1647
714		42	34	44	132	7	326
1811	580	381	1040	334	5918	874	1212
1687	565	124	747	320	4354	277	699
95		75	273		1381	579	476
						3	
4	3	182	7	6	183	15	1
25	12		13	8			36
1011	634	596	529	178	320	4562	1446
910	588	126	130	8	81	4304	861

1-10 续表 5

行业中类	从业人员数（人）			
		1949年及以前	1950-1977年	1978-1991年
煤制品制造	4489			88
核辐射加工				
其他未列明制造业	5911			9
废弃资源综合利用业	16353		1689	58
金属废料和碎屑加工处理	12519		1646	46
非金属废料和碎屑加工处理	3834		43	12
金属制品、机械和设备修理业	5851		71	291
金属制品修理	748		16	32
通用设备修理	948		10	
专用设备修理	962		15	40
铁路、船舶、航空航天等运输设备修理	702			205
电气设备修理	922			
仪器仪表修理	72			13
其他机械和设备修理业	1497		30	1
电力、热力、燃气及水生产和供应业	**243635**	**4232**	**25539**	**27196**
电力、热力生产和供应业	192635	3025	16005	17331
电力生产	97855	1475	11963	12618
电力供应	93718	1550	4042	4711
热力生产和供应	1062			2
燃气生产和供应业	10474			71
燃气生产和供应业	10474			71
水的生产和供应业	40526	1207	9534	9794
自来水生产和供应	36328	1058	9498	9794
污水处理及其再生利用	3510		36	
其他水的处理、利用与分配	688	149		
建筑业	**2224201**	**543**	**600257**	**260165**
房屋建筑业	1567656	543	424516	212486
房屋建筑业	1567656	543	424516	212486
土木工程建筑业	446504		158560	35643
铁路、道路、隧道和桥梁工程建筑	260362		106683	15624
水利和内河港口工程建筑	81671		38296	7125
海洋工程建筑	3			
工矿工程建筑	41445		10577	3059
架线和管道工程建筑	42363		3004	9255
其他土木工程建筑	20660			580
建筑安装业	82597		17096	2201
电气安装	22287		4117	134
管道和设备安装	26458		11362	466
其他建筑安装业	33852		1617	1601
建筑装饰和其他建筑业	127444		85	9835
建筑装饰业	70636		53	7481
工程准备活动	11829			1483
提供施工设备服务	5149			175
其他未列明建筑业	39830		32	696
批发和零售业	**1482539**	**457**	**22813**	**39460**
批发业	759132	96	5881	29839
农、林、牧产品批发	114062	14	1080	1123
食品、饮料及烟草制品批发	150011		1292	21504
纺织、服装及家庭用品批发	52125		235	828
文化、体育用品及器材批发	17449		8	1916

1992-1995年	1996年	1997年	1998年	1999年	2000年	2001年	2002年
56	46	61	343	111	225	221	308
45		409	56	59	14	37	277
208	8	189	77	173	350	297	667
190	8	189	35	154	282	105	630
18			42	19	68	192	37
127	45		13	21	362	98	146
3							
						44	
18					16	29	
	45				6		32
82					254		
24			13	21	86	25	114
73988	**2624**	**1557**	**3158**	**4300**	**6305**	**4809**	**5469**
72187	2332	1262	1661	3667	4998	3878	4004
8214	1884	1178	1185	1982	1070	2349	3391
63934	448	22	476	1685	3928	1529	613
39		62					
294	43		674	267	208	168	863
294	43		674	267	208	168	863
1507	249	295	823	366	1099	763	602
1507	249	295	819	361	676	567	521
					408	196	66
			4	5	15		15
228415	**38969**	**64195**	**135229**	**39158**	**62869**	**235951**	**75579**
145437	32106	50373	128414	29494	41958	181931	53557
145437	32106	50373	128414	29494	41958	181931	53557
61881	4925	10809	3732	6099	16827	32698	12259
45311	466	8086	3124	1331	12246	10198	3501
5950	598	878		2598	3357	9597	3870
1794	3129		288			7418	3045
8032	25	1765	47	992	718	5361	452
794	707	80	273	1178	506	124	1391
12405	962	1371	949	1808	1678	11077	5607
983	445	26	198	117	495	4760	3067
2153	31	1172	20	1040	60	3459	1537
9269	486	173	731	651	1123	2858	1003
8692	976	1642	2134	1757	2406	10245	4156
2954	253	1499	1709	1218	427	8139	1747
3444	159	39	58	28	119	1032	159
10			356		15	106	170
2284	564	104	11	511	1845	968	2080
33188	**7567**	**9447**	**14623**	**19013**	**40527**	**39823**	**33529**
7978	3198	4179	6879	9982	12245	15904	13400
761	588	259	812	541	1866	1395	1235
973	750	394	947	1364	1918	2124	2382
853	131	775	255	1378	984	2365	806
201	53	56	98	161	466	321	316

1-10 续表 6

行业中类	从业人员数(人)	1949年及以前	1950-1977年	1978-1991年
医药及医疗器材批发	36036		578	227
矿产品、建材及化工产品批发	206237		2331	2274
机械设备、五金产品及电子产品批发	113254	71	156	754
贸易经纪与代理	18074	11	62	284
其他批发业	51884		139	929
零售业	723407	361	16932	9621
综合零售	193406	12	5772	4073
食品、饮料及烟草制品专门零售	66462	17	384	1202
纺织、服装及日用品专门零售	84771	5	671	543
文化、体育用品及器材专门零售	31057	247	2944	1051
医药及医疗器材专门零售	54267		974	351
汽车、摩托车、燃料及零配件专门零售	111667	49	5813	1142
家用电器及电子产品专门零售	73553		205	371
五金、家具及室内装饰材料专门零售	70069	13	51	591
货摊、无店铺及其他零售业	38155	18	118	297
交通运输、仓储和邮政业	**306132**	**9580**	**30285**	**26680**
铁路运输业	2958			
铁路旅客运输	2504			
铁路货物运输	340			
铁路运输辅助活动	114			
道路运输业	197555	6375	25932	16333
城市公共交通运输	54942		11555	5048
公路旅客运输	48244	6138	6373	5527
道路货物运输	60846		3671	1114
道路运输辅助活动	33523	237	4333	4644
水上运输业	12468	17	966	3512
水上旅客运输	1761	3	112	81
水上货物运输	7620		693	2560
水上运输辅助活动	3087	14	161	871
航空运输业	5305		130	
航空客货运输	360			
通用航空服务	155			
航空运输辅助活动	4790		130	
管道运输业	400			
管道运输业	400			
装卸搬运和运输代理业	29374		1995	2351
装卸搬运	13947		1913	1591
运输代理业	15427		82	760
仓储业	12410		1258	900
谷物、棉花等农产品仓储	6047		495	557
其他仓储业	6363		763	343
邮政业	45662	3188	4	3584
邮政基本服务	25222	3188	4	3584
快递服务	20440			
住宿和餐饮业	**294864**	**71**	**4235**	**7081**
住宿业	145918		3282	5765
旅游饭店	91098		2813	3847
一般旅馆	43303		118	802
其他住宿业	11517		351	1116

1992-1995年	1996年	1997年	1998年	1999年	2000年	2001年	2002年
242	4	334	568	561	356	1703	367
2821	1005	1022	2305	4243	3056	3794	4334
976	467	716	861	1092	1769	2429	2111
302	57	137	140	84	289	236	408
849	143	486	893	558	1541	1537	1441
25210	4369	5268	7744	9031	28282	23919	20129
17768	829	3129	2806	5001	11369	8660	6618
681	572	260	480	376	751	2124	1023
966	645	187	422	528	1440	2606	1758
375	83	171	479	335	589	902	612
374	824	108	268	234	1845	2773	2913
2106	552	922	1314	540	9045	2561	2680
1270	519	218	767	767	1329	2022	2259
847	229	177	533	760	929	1440	1262
823	116	96	675	490	985	831	1004
9377	**2594**	**4103**	**18444**	**4563**	**12325**	**16848**	**8735**
2504						340	
2504							
						340	
5038	2137	3357	5759	2641	7073	6467	7112
1307	203	1099	528	754	1568	1642	1507
696	367	248	2914	617	3865	2261	2139
1064	731	37	941	795	1243	1358	3003
1971	836	1973	1376	475	397	1206	463
101	147	411	12	103	363	904	448
		118	10	18	3	96	42
61	12	293		80	267	634	315
40	135		2	5	93	174	91
275	36				7	54	122
275					3		
	36				4		61
						54	61
		3			7		
		3			7		
390	158	82	1430	327	944	1787	664
196	22		1408	165	426	214	226
194	136	82	22	162	518	1573	438
995	116	250	379	87	457	504	353
915	81	243	355	57	424	442	170
80	35	7	24	30	33	62	183
74			10864	1405	3474	6792	36
40			10713	1164	3470	1603	8
34			151	241	4	5189	28
8509	**4095**	**3495**	**4850**	**3420**	**5697**	**7728**	**9308**
6736	1906	1782	2906	1991	2924	3217	5330
5691	1595	1323	2336	1826	2388	1582	3313
980	258	395	532	165	446	1417	1399
65	53	64	38		90	218	618

1-10 续表 7

行业中类	从 业 人员数 (人)			
		1949年及以前	1950-1977年	1978-1991年
餐饮业	148946	71	953	1316
正餐服务	118612	71	787	1107
快餐服务	14303		56	41
饮料及冷饮服务	6761			
其他餐饮业	9270		110	168
信息传输、软件和信息技术服务业	**129423**	**263**	**575**	**2888**
电信、广播电视和卫星传输服务	64806	243	520	2492
电信	47960	241	41	1556
广播电视传输服务	16712	2	479	936
卫星传输服务	134			
互联网和相关服务	13558		52	75
互联网接入及相关服务	1111			
互联网信息服务	11142		52	75
其他互联网服务	1305			
软件和信息技术服务业	51059	20	3	321
软件开发	28176			99
信息系统集成服务	6597			
信息技术咨询服务	8304		3	88
数据处理和存储服务	1088			116
集成电路设计	878			
其他信息技术服务业	6016	20		18
金融业	**62359**		**1494**	**2972**
货币金融服务	48516		1494	2972
中央银行服务	25			
货币银行服务	46227		1494	2971
非货币银行服务	2264			1
银行监管服务				
资本市场服务	7372			
证券市场服务	6166			
期货市场服务	980			
证券期货监管服务	108			
资本投资服务	45			
其他资本市场服务	73			
保险业	5831			
人身保险	1057			
财产保险				
再保险				
养老金				
保险经纪与代理服务	4580			
保险监管服务	81			
其他保险活动	113			
其他金融业	640			
金融信托与管理服务	111			
控股公司服务				
非金融机构支付服务	144			
金融信息服务	385			
其他未列明金融业				
房地产业	**321119**		**1059**	**4688**
房地产业	321119		1059	4688
房地产开发经营	157845		47	2121
物业管理	127973		55	471
房地产中介服务	21356		50	388
自有房地产经营活动	3702		501	879
其他房地产业	10243		406	829

1992-1995年	1996年	1997年	1998年	1999年	2000年	2001年	2002年
1773	2189	1713	1944	1429	2773	4511	3978
1539	2143	1463	824	1313	2529	4111	3500
154		234	1085	25	75	32	112
	5	10	27	17	103	253	260
80	41	6	8	74	66	115	106
2372	**1469**	**1158**	**3732**	**7276**	**5786**	**11541**	**13451**
1907	174	983	2668	6737	4139	9639	12026
1018	11	894	2473	6607	2570	6193	11428
865	163	89	195	130	1543	3446	598
24					26		
44	166	30	495	28	226	562	204
15			1			3	17
29	122	14	494	28	226	559	184
	44	16					3
421	1129	145	569	511	1421	1340	1221
185	1099	78	510	215	709	834	452
1	20	61	38	148	225	216	123
197	10		21	12	428	223	83
5		3		77	8	3	2
					8		522
33		3		59	43	64	39
4107	**2285**	**6089**	**25**	**1268**	**21**	**852**	**1637**
183	609	6016	25	1176	21	771	441
160	597	5994		1140	21	729	406
23	12	22	25	36		42	35
3924	1676	73		92			1085
3405	1676						1085
514							
5				92			
		73					
						81	
						81	
							111
							111
10000	**1683**	**3199**	**5157**	**5367**	**10320**	**12983**	**13696**
10000	1683	3199	5157	5367	10320	12983	13696
7489	1338	1075	3030	2839	4878	5560	6678
1307	237	1952	1798	2119	5182	6565	6459
98	53	41	107	159	117	578	298
629	52	96	26	148	37	42	10
477	3	35	196	102	106	238	251

1-10 续表 8

行业中类	从业人员数(人)	1949年及以前	1950-1977年	1978-1991年
租赁和商务服务业	**408257**	**57**	**3629**	**11049**
租赁业	20395		17	254
机械设备租赁	19494		17	251
文化及日用品出租	901			3
商务服务业	387862	57	3612	10795
企业管理服务	100634	25	2256	1760
法律服务	14365	3	95	909
咨询与调查	48248		40	1184
广告业	44893		133	96
知识产权服务	1146			4
人力资源服务	51413	1	120	1157
旅行社及相关服务	20903	28	178	597
安全保护服务	29488		9	3323
其他商务服务业	76772		781	1765
科学研究和技术服务业	**293279**	**4204**	**24858**	**25271**
研究和试验发展	47855		5590	4194
自然科学研究和试验发展	12592		1024	684
工程和技术研究和试验发展	18431		1081	446
农业科学研究和试验发展	12239		3172	2614
医学研究和试验发展	2715		98	216
社会人文科学研究	1878		215	234
专业技术服务业	133043	4187	15717	14915
气象服务	2822		1447	419
地震服务	550		24	89
海洋服务	51		6	
测绘服务	3741		710	620
质检技术服务	14253		833	1956
环境与生态监测	3412		591	856
地质勘查	12645		5435	1693
工程技术	68424	4187	6384	8274
其他专业技术服务业	27145		287	1008
科技推广和应用服务业	112381	17	3551	6162
技术推广服务	102297	17	3169	5267
科技中介服务	4294		58	207
其他科技推广和应用服务业	5790		324	688
水利、环境和公共设施管理业	**126889**	**449**	**26031**	**31504**
水利管理业	28688	134	10229	6865
防洪除涝设施管理	4949	12	1676	1125
水资源管理	3060	74	623	467
天然水收集与分配	12604	28	5545	3422
水文服务	560		122	56
其他水利管理业	7515	20	2263	1795
生态保护和环境治理业	9515	7	1162	1474
生态保护	6098	7	1052	1300
环境治理业	3417		110	174

1992-1995年	1996年	1997年	1998年	1999年	2000年	2001年	2002年
15765	**3966**	**3622**	**3482**	**4872**	**12868**	**10861**	**15162**
927	99	62	139	13	102	276	429
927	94	62	131	13	96	236	429
	5		8		6	40	
14838	3867	3560	3343	4859	12766	10585	14733
5321	1826	1169	952	1000	913	3459	2203
1075	392	382	277	267	420	1506	447
517	169	189	292	979	1012	751	867
992	122	312	320	374	602	993	852
12			4	29		23	118
483	110	103	109	88	411	605	5122
840	55	194	335	469	1033	1210	977
1976		445		454	2592	283	1491
3622	1193	766	1054	1199	5783	1755	2656
16015	**2808**	**2248**	**4009**	**2747**	**6576**	**7517**	**13056**
2057	688	103	652	218	2036	421	7652
45			3		366	39	7212
1563	20	20	413	59	1204	187	173
327	668	10	229	144	360	145	68
		3	3	7	62	45	29
122		70	4	8	44	5	170
12095	1537	1771	2465	1874	3620	4746	3950
77	51	26	32	50	137	67	51
3	13	25	13	5			5
93	15	41	87	45	51	82	56
539	321	203	222	142	154	370	332
86	13	40	38	3	31	125	93
714	51		79	22	480	406	298
9241	770	1296	1602	1401	2329	3129	2447
1342	303	140	392	206	438	567	668
1863	583	374	892	655	920	2350	1454
1745	522	349	828	512	691	1760	1192
30	38	20	28	56	133	239	86
88	23	5	36	87	96	351	176
5620	**2404**	**4731**	**2771**	**1191**	**2906**	**2526**	**3517**
1618	623	436	1174	131	703	264	605
157	162	115	148	20	202	70	243
473		22	156	9	91	33	92
527	323	23	736	75	303	54	59
114	15	125		6	4	5	
347	123	151	134	21	103	102	211
555	18	166	33	70	273	122	124
365	6	166	16	58	207	40	42
190	12		17	12	66	82	82

1-10 续表 9

行业中类	从业人员数(人)			
		1949年及以前	1950-1977年	1978-1991年
公共设施管理业	88686	308	14640	23165
市政设施管理	8272	24	218	1166
环境卫生管理	37427	284	8710	13595
城乡市容管理	6509		1938	1633
绿化管理	14926		391	2817
公园和游览景区管理	21552		3383	3954
居民服务、修理和其他服务业	**138829**	**14**	**1147**	**2074**
居民服务业	77550	14	828	1439
家庭服务	12987			44
托儿所服务	1699		12	37
洗染服务	1995			
理发及美容服务	16881	14	69	189
洗浴服务	8540			
保健服务	11019			94
婚姻服务	2943		5	21
殡葬服务	3621		454	282
其他居民服务业	17865		288	772
机动车、电子产品和日用产品修理业	38507		285	473
汽车、摩托车修理与维护	27094		285	385
计算机和办公设备维修	2890			12
家用电器修理	6727			76
其他日用产品修理业	1796			
其他服务业	22772		34	162
清洁服务	14096			95
其他未列明服务业	8676		34	67
教育	**888608**	**74269**	**227063**	**151424**
教育	888608	74269	227063	151424
学前教育	125122	278	5155	3387
初等教育	219665	20335	66504	57344
中等教育	367510	44880	126843	67836
高等教育	92665	8526	23927	15278
特殊教育	2262	61	78	731
技能培训、教育辅助及其他教育	81384	189	4556	6848
卫生和社会工作	**437695**	**48962**	**200639**	**45050**
卫生	415739	48962	198944	41592
医院	254716	46232	126777	18355
社区医疗与卫生院	103964	1710	52009	13096
门诊部(所)	12769	6	2237	871
计划生育技术服务活动	7727	17	283	4002
妇幼保健院(所、站)	16142	982	10666	3290
专科疾病防治院(所、站)	4560	15	2599	966
疾病预防控制中心	10606		3408	415
其他卫生活动	5255		965	597
社会工作	21956		1695	3458
提供住宿社会工作	18714		1395	2849
不提供住宿社会工作	3242		300	609
文化、体育和娱乐业	**191149**	**3318**	**11188**	**17193**
新闻和出版业	12571	2020	992	2593
新闻业	1458	94	23	425
出版业	11113	1926	969	2168

1992-1995年	1996年	1997年	1998年	1999年	2000年	2001年	2002年
3447	1763	4129	1564	990	1930	2140	2788
1172	197	376	101	305	315	280	163
349	535	2824	306	12	711	456	918
125	143	125	222	4	52	194	191
734	276	771	441	358	320	691	778
1067	612	33	494	311	532	519	738
2001	**769**	**534**	**1151**	**1348**	**2591**	**3204**	**3774**
958	430	321	598	600	1713	2067	2241
	23		8	72	423	8	69
12	12		27	9	61	89	59
		13	5	20	71		41
168	78	153	236	207	410	746	1025
35		3	49	107	200	219	167
78	8	73	50	9	138	395	285
11	30	9	9	9	32	39	36
293		3	25	39	198	173	154
361	279	67	189	128	180	398	405
299	331	189	426	618	729	897	1002
282	286	165	362	511	525	816	790
	16	16		29	26	1	150
17	26	3	56	17	166	39	47
	3	5	8	61	12	41	15
744	8	24	127	130	149	240	531
633	7	5	28	5	86	69	403
111	1	19	99	125	63	171	128
42313	**12127**	**9760**	**15672**	**9677**	**27713**	**20365**	**22290**
42313	12127	9760	15672	9677	27713	20365	22290
2405	766	1187	2667	1805	4404	4587	4900
14636	4224	1844	4261	2189	2564	2913	2860
20570	4756	3265	7440	2207	6405	7389	6605
2124	1317	2361	185	2711	12344	3131	4312
199	87	215	34		8	41	27
2379	977	888	1085	765	1988	2304	3586
15894	**5310**	**1740**	**7036**	**2584**	**8079**	**3815**	**6449**
15016	5067	1355	6640	2286	7667	3218	6041
6145	2583	95	3798	1099	5429	947	1679
5862	1941	673	2026	887	1185	1560	1429
341	75	117	418	134	241	201	1236
1439	190	96	164	42	113	57	226
134		154	135			63	343
102	86	17	38	9		90	7
324	19	12	19	59	640	99	1105
669	173	191	42	56	59	201	16
878	243	385	396	298	412	597	408
785	195	357	303	82	293	558	339
93	48	28	93	216	119	39	69
3342	**1348**	**919**	**1566**	**2311**	**3846**	**5119**	**3694**
597	102	83	26	15	831	778	25
152	8	62			42	305	5
445	94	21	26	15	789	473	20

1-10 续表 10

行业中类	从业人员数(人)	1949年及以前	1950-1977年	1978-1991年
广播、电视、电影和影视录音制作业	28722	584	3562	7973
广播	2924	578	372	1038
电视	15281		1259	5000
电影和影视节目制作	2264		265	178
电影和影视节目发行	587		25	98
电影放映	7515	6	1641	1629
录音制作	151			30
文化艺术业	45850	714	6019	5479
文艺创作与表演	13923	225	1942	537
艺术表演场馆	2975	93	366	385
图书馆与档案馆	3427	296	905	1362
文物及非物质文化遗产保护	3918	44	607	915
博物馆	1451		354	378
烈士陵园、纪念馆	1161	8	371	483
群众文化活动	12905	34	1433	1135
其他文化艺术业	6090	14	41	284
体育	10289		497	610
体育组织	3312		233	487
体育场馆	1227		248	43
休闲健身活动	4953			21
其他体育	797		16	59
娱乐业	93717		118	538
室内娱乐活动	85547		118	215
游乐园	1598			39
彩票活动	429			214
文化、娱乐、体育经纪代理	2986			60
其他娱乐业	3157			10
公共管理、社会保障和社会组织	**1419832**	**40485**	**188340**	**343734**
中国共产党机关	38396	2523	7831	8119
中国共产党机关	38396	2523	7831	8119
国家机构	848442	30694	126904	191038
国家权力机构	14998	775	1474	4000
国家行政机构	787367	27953	114006	174649
人民法院和人民检察院	28662	1411	9757	8559
其他国家机构	17415	555	1667	3830
人民政协、民主党派	5601	155	1104	2104
人民政协	4407	103	944	1664
民主党派	1194	52	160	440
社会保障	10404		183	1838
社会保障	10404		183	1838
群众团体、社会团体和其他成员组织	280199	1337	14358	36249
群众团体	68439	626	11475	17236
社会团体	187832	104	1388	14400
基金会	924	7	8	155
宗教组织	23004	600	1487	4458
基层群众自治组织	236790	5776	37960	104386
社区自治组织	33173	183	3178	5355
村民自治组织	203617	5593	34782	99031
国际组织				

1992-1995年	1996年	1997年	1998年	1999年	2000年	2001年	2002年
950	628	100	116	1001	931	831	386
95	43		52	8	4	42	32
700	579	100	39	879	884	494	311
				90	11	54	2
13			7			138	
142			17	24	32	103	41
	6		1				
813	353	221	1029	814	664	1016	751
132	35		176	91	277	252	224
39	13	83	40	347	87		25
80	114	30	62	19	39	60	23
115	84	13	117	17	14	98	81
137		12	67		10		70
4	38	11	55	124	6	4	10
295	64	72	450	166	211	404	218
11	5		62	50	20	198	100
253	73	64	11	59	249	434	446
76	12	10	3	10	112	189	57
43	61			32	14	10	18
56		52	8	17	103	230	371
78		2			20	5	
729	192	451	384	422	1171	2060	2086
257	36	52	260	392	1100	1991	2069
445						20	
6	27		59		10	22	1
				9	60		8
21	129	399	65	21	1	27	8
133006	**22417**	**24148**	**56055**	**16627**	**31114**	**34737**	**32762**
4669	775	695	787	194	661	484	619
4669	775	695	787	194	661	484	619
90432	15183	18329	35656	8823	17729	19115	21271
1021	166	375	525	98	28	392	142
85541	14494	17165	34418	7785	17320	18479	20834
984	451	772	607	125	75	198	19
2886	72	17	106	815	306	46	276
428	155	140	275	65	36	111	
261	123	140	226	59	14	84	
167	32		49	6	22	27	
738	542	173	220	395	691	632	453
738	542	173	220	395	691	632	453
12350	3030	1929	8628	5981	9589	10255	6946
1682	659	247	645	432	2006	303	1670
8266	1230	959	6880	4762	5900	8670	4388
39	21	7	25	7	16	54	9
2363	1120	716	1078	780	1667	1228	879
24389	2732	2882	10489	1169	2408	4140	3473
2114	482	968	1067	358	1062	2172	2531
22275	2250	1914	9422	811	1346	1968	942

1-10 续表 11

行业中类	2003年	2004年	2005年	2006年
总　计	**560931**	**534344**	**626891**	**656020**
农、林、牧、渔业	**1387**	**1249**	**3425**	**2472**
农业				
谷物种植				
豆类、油料和薯类种植				
棉、麻、糖、烟草种植				
蔬菜、食用菌及园艺作物种植				
水果种植				
坚果、含油果、香料和饮料作物种植				
中药材种植				
其他农业				
林业				
林木育种和育苗				
造林和更新				
森林经营和管护				
木材和竹材采运				
林产品采集				
畜牧业	31	27		
牲畜饲养	31	27		
家禽饲养				
狩猎和捕捉动物				
其他畜牧业				
渔业			20	
水产养殖			20	
水产捕捞				
农、林、牧、渔服务业	1356	1222	3405	2472
农业服务业	1172	613	2082	1750
林业服务业	79	98	218	167
畜牧服务业	87	485	493	290
渔业服务业	18	26	612	265
采矿业	**30725**	**27433**	**45123**	**32841**
煤炭开采和洗选业	14948	11469	17007	12769
烟煤和无烟煤开采洗选	14892	11383	16974	12628
褐煤开采洗选	1	15		
其他煤炭采选	55	71	33	141
石油和天然气开采业				
石油开采				
天然气开采				
黑色金属矿采选业	3648	3829	5650	3950
铁矿采选	2119	2650	3240	1371
锰矿、铬矿采选	1492	1137	1810	1973
其他黑色金属矿采选	37	42	600	606
有色金属矿采选业	3863	5032	11780	7559
常用有色金属矿采选	1960	3589	8342	6334
贵金属矿采选	1091	421	974	352
稀有稀土金属矿采选	812	1022	2464	873
非金属矿采选业	8087	7041	10120	8417
土砂石开采	6720	6240	9296	7375
化学矿开采	419	274	131	331
采盐				
石棉及其他非金属矿采选	948	527	693	711

2007年	2008年	2009年	2010年	2011年	2012年	2013年	其他（无开业年份）
600928	**518450**	**643284**	**773022**	**777048**	**767368**	**631419**	**123705**
3605	**9043**	**14202**	**21878**	**26916**	**27249**	**22336**	**9**
40			324	15	444	15	
					266		
			324	15		15	
40					12		
					166		
		17					
		17					
17	90		5	486	3	6	
17	53		5	486		6	
	37				3		
				49			
				49			
3548	8953	14185	21549	26366	26802	22315	9
1716	4117	9514	14697	19069	15508	15444	9
947	3324	1368	2761	2977	3677	3636	
742	1201	2508	1768	3518	4023	2000	
143	311	795	2323	802	3594	1235	
34435	**23293**	**21890**	**17615**	**16410**	**12582**	**11934**	**46**
12347	5793	8517	3379	2963	2139	3719	
12153	5436	8309	2978	2537	1744	3340	
36	1	7	40			18	
158	356	201	361	426	395	361	
			35				
			35				
3167	2899	718	1964	1573	1009	1005	12
2500	1862	301	745	714	402	437	
591	839	266	1009	398	460	446	
76	198	151	210	461	147	122	12
9703	5727	2500	2202	2690	2343	608	6
7452	4254	1511	1529	2074	1981	197	6
902	675	599	110	156	182	155	
1349	798	390	563	460	180	256	
9104	8671	9866	9799	8893	6773	6453	28
8030	8058	8973	8982	7599	6257	6270	20
13	20	96	347	61	82	17	
1061	593	797	470	1233	434	166	8

1-10 续表 12

行业中类	2003年	2004年	2005年	2006年
开采辅助活动	31	23	227	1
煤炭开采和洗选辅助活动	9	20		
石油和天然气开采辅助活动	5			
其他开采辅助活动	17	3	227	1
其他采矿业	148	39	339	145
其他采矿业	148	39	339	145
制造业	**250411**	**250084**	**234894**	**294560**
农副食品加工业	16498	20723	27160	20903
谷物磨制	4868	6898	7220	5021
饲料加工	1249	1143	7648	3052
植物油加工	1441	3175	1548	1260
制糖业			1630	15
屠宰及肉类加工	2861	3941	2709	1980
水产品加工	1051	380	531	846
蔬菜、水果和坚果加工	1649	2712	3314	2153
其他农副食品加工	3379	2474	2560	6576
食品制造业	16997	9112	12926	6744
焙烤食品制造	717	487	1971	1823
糖果、巧克力及蜜饯制造	549	244	777	806
方便食品制造	4474	1445	1895	1652
乳制品制造	955	221	550	99
罐头食品制造	5436	1318	4656	1173
调味品、发酵制品制造	400	70	231	630
其他食品制造	4466	5327	2846	561
酒、饮料和精制茶制造业	5509	3914	6545	6496
酒的制造	2582	1816	497	1966
饮料制造	1522	1073	2269	1816
精制茶加工	1405	1025	3779	2714
烟草制品业	12	1276	156	
烟叶复烤	12	948	156	
卷烟制造				
其他烟草制品制造		328		
纺织业	14217	14598	6957	7475
棉纺织及印染精加工	6527	6268	3234	3919
毛纺织及染整精加工	205	215	34	
麻纺织及染整精加工	5485	4008	2093	1699
丝绢纺织及印染精加工				47
化纤织造及印染精加工	5	625	163	20
针织或钩针编织物及其制品制造	273	22	575	998
家用纺织制成品制造	654	2513	500	732
非家用纺织制成品制造	1068	947	358	60
纺织服装、服饰业	5311	2249	4055	2902
机织服装制造	2202	1465	3554	2755
针织或钩针编织服装制造	2965	658	413	3
服饰制造	144	126	88	144
皮革、毛皮、羽毛及其制品和制鞋业	3356	1334	6321	5715
皮革鞣制加工	674	62	234	
皮革制品制造	599	425	909	816
毛皮鞣制及制品加工			3	13
羽毛(绒)加工及制品制造		331	78	16
制鞋业	2083	516	5097	4870

2007年	2008年	2009年	2010年	2011年	2012年	2013年	其他（无开业年份）
25	63	134	29	129	120	106	
	43	30			71	52	
		63	23	74		22	
25	20	41	6	55	49	32	
89	140	155	207	162	198	43	
89	140	155	207	162	198	43	
262557	**210552**	**226869**	**262609**	**250365**	**209014**	**117899**	**1477**
16862	17995	16355	15187	14177	14961	9313	98
4203	4790	2647	2844	1965	2593	1160	
1620	2580	2221	2386	1473	932	887	
1767	2433	2522	2126	1512	1190	768	
1		40	17	46	25	61	
2821	2405	3293	2418	2442	1988	918	52
756	635	273	501	560	648	519	
1962	1327	1726	1756	4102	4044	1982	
3732	3825	3633	3139	2077	3541	3018	46
9408	5605	7536	5482	5688	7122	2779	
1261	1383	554	565	1277	1444	812	
432	939	343	602	129	165	112	
2290	1580	1054	1415	1531	2178	468	
68	26	303	16	282	25	145	
1487	427	797	898	528	1030	62	
297	430	33	262	330	120	254	
3573	820	4452	1724	1611	2160	926	
8737	5339	4502	6692	4081	3666	2849	16
1803	1492	1057	903	872	929	512	16
3057	1872	1526	3643	895	1224	882	
3877	1975	1919	2146	2314	1513	1455	
90	67	111	515	1369	552	111	
68	67	72	410	1164	199	19	
22		39	105	205	353	92	
6287	5741	2799	2891	3577	3280	2197	15
4706	3634	1469	720	1760	531	746	3
	10	70	72	32	54	80	
343		241	32	369	468	38	
226		3	41	272	26	8	
	112	32	195	107	872	167	
438	1081	257	693	519	336	667	12
269	577	650	857	374	483	369	
305	327	77	281	144	510	122	
3661	5801	4964	7816	9197	9991	6208	80
2914	4421	3618	6004	7266	7606	3317	80
549	694	1028	826	450	751	1156	
198	686	318	986	1481	1634	1735	
10767	7484	9741	25790	16294	10453	5723	17
522	155	8	397	366	83	128	
741	622	2316	1657	2215	2603	834	
		36	715	1	357	70	17
298	60	25		294	3	194	
9206	6647	7356	23021	13418	7407	4497	

1-10 续表 13

行业中类	2003年	2004年	2005年	2006年
木材加工和木、竹、藤、棕、草制品业	12678	11430	9902	13675
木材加工	2465	2780	2334	3384
人造板制造	7780	5834	4439	7072
木制品制造	324	1159	1302	610
竹、藤、棕、草等制品制造	2109	1657	1827	2609
家具制造业	1666	1588	2534	3261
木质家具制造	1508	1414	1229	2693
竹、藤家具制造	25	25	1142	154
金属家具制造	3	65	26	66
塑料家具制造		10		
其他家具制造	130	74	137	348
造纸和纸制品业	5322	7824	5727	6913
纸浆制造		2		684
造纸	3592	5740	4268	4212
纸制品制造	1730	2082	1459	2017
印刷和记录媒介复制业	3962	3978	1984	3483
印刷	3859	3805	1930	3136
装订及印刷相关服务	103	173	54	184
记录媒介复制				163
文教、工美、体育和娱乐用品制造业	1335	2400	1971	3858
文教办公用品制造	99	81	327	313
乐器制造	115			39
工艺美术品制造	894	2091	1229	2611
体育用品制造	139	22	119	210
玩具制造	88	206	296	685
游艺器材及娱乐用品制造				
石油加工、炼焦和核燃料加工业	1821	133	292	681
精炼石油产品制造	202	64	286	677
炼焦	1619	69	6	4
核燃料加工				
化学原料和化学制品制造业	43554	39174	30650	43040
基础化学原料制造	4832	5933	3512	6372
肥料制造	4290	2995	1118	1063
农药制造	992	785	984	705
涂料、油墨、颜料及类似产品制造	1600	1570	902	1582
合成材料制造	893	877	854	1269
专用化学产品制造	2298	2739	3866	3862
炸药、火工及焰火产品制造	27949	23925	18921	27210
日用化学产品制造	700	350	493	977
医药制造业	5210	7409	4968	5978
化学药品原料药制造	910	552	1807	2182
化学药品制剂制造	363	1265	55	1046
中药饮片加工	624	896	1036	696
中成药生产	2088	2516	661	816
兽用药品制造	178	1471	1095	190
生物药品制造	1005	252	120	817
卫生材料及医药用品制造	42	457	194	231

2007年	2008年	2009年	2010年	2011年	2012年	2013年	其他(无开业年份)
14115	8711	8173	10164	6059	7195	5702	
2999	2118	1591	2433	1870	2023	1909	
7042	3558	2657	3552	1566	1092	482	
586	1161	1329	2049	873	1819	1261	
3488	1874	2596	2130	1750	2261	2050	
3302	3359	3252	4758	3410	3566	2967	
2242	2734	2695	4156	2727	2838	2374	
360	478	19	191	233	24	47	
53	30	163	56	102	90	213	
13	15	100	36	67	36		
634	102	275	319	281	578	333	
5560	5527	7599	3804	3661	4152	3343	
	17	79	151	7	120		
3358	3716	3885	1405	1335	726	980	
2202	1794	3635	2248	2319	3306	2363	
3533	4333	2830	3949	2857	4255	1562	1
3342	4052	2336	3623	2529	4044	1341	1
191	281	429	246	328	211	217	
		65	80			4	
1965	2034	1830	8788	4901	4305	3206	289
21	173	271	771	193	333	161	127
	208	19	14	163	8		
1407	1117	1320	4445	2713	2345	2043	42
102	12	11	1755	409	633	228	
394	521	209	1761	1318	944	753	
41	3		42	105	42	21	120
308	318	69	614	119	267	474	
237	173	61	516	61	192	265	
71	145	8	98	58	69	209	
					6		
33903	24955	18219	18454	17028	13224	13073	103
8619	5928	3532	2999	2005	752	504	
2312	2818	1202	1762	551	743	287	
96	210	661	220	171	196	12	
1501	1185	1222	1269	764	989	354	35
4356	1223	683	988	447	536	256	
2665	1988	2299	1424	1601	1887	695	3
13736	11304	7720	9024	10877	7847	10009	65
618	299	900	768	612	274	956	
2572	2288	2959	3098	2628	1519	1054	27
442	326	377	304	299	142	423	
12	846	215	712	61	127	2	
204	104	385	536	649	314	75	
783	69	197	76	335	209	71	
327	286	168	122	364	115		
783	463	810	901	806	370	146	
21	194	807	447	114	242	337	27

1-10 续表 14

行业中类	2003年	2004年	2005年	2006年
化学纤维制造业	1	1043	48	37
纤维素纤维原料及纤维制造	1	117	19	15
合成纤维制造		926	29	22
橡胶和塑料制品业	6384	5028	5269	4241
橡胶制品业	2007	827	439	1040
塑料制品业	4377	4201	4830	3201
非金属矿物制品业	39652	30952	32093	35627
水泥、石灰和石膏制造	6187	3859	4355	3957
石膏、水泥制品及类似制品制造	2270	2778	4795	4897
砖瓦、石材等建筑材料制造	8373	7755	11491	15824
玻璃制造	16	45	1583	363
玻璃制品制造	1945	188	269	710
玻璃纤维和玻璃纤维增强塑料制品制造	127	101	111	434
陶瓷制品制造	17516	13144	5507	5325
耐火材料制品制造	1498	808	1484	1514
石墨及其他非金属矿物制品制造	1720	2274	2498	2603
黑色金属冶炼和压延加工业	9767	13563	7992	5388
炼铁	812	438	894	557
炼钢	2	247		27
黑色金属铸造	2819	3142	3250	1614
钢压延加工	1421	967	577	606
铁合金冶炼	4713	8769	3271	2584
有色金属冶炼和压延加工业	9860	11142	10547	14989
常用有色金属冶炼	4156	5156	5126	6076
贵金属冶炼	696	2901	1148	856
稀有稀土金属冶炼	121	594	789	558
有色金属合金制造	733	1413	841	932
有色金属铸造		322	52	37
有色金属压延加工	4154	756	2591	6530
金属制品业	7811	4155	8176	7594
结构性金属制品制造	1714	836	3035	3307
金属工具制造	1543	982	192	1117
集装箱及金属包装容器制造	308	92	191	153
金属丝绳及其制品制造	18	61	509	495
建筑、安全用金属制品制造	784	361	414	957
金属表面处理及热处理加工	1152	277	325	161
搪瓷制品制造		103	175	23
金属制日用品制造	330	202	251	77
其他金属制品制造	1962	1241	3084	1304
通用设备制造业	9586	11396	10706	15285
锅炉及原动设备制造	584	1260	559	1094
金属加工机械制造	925	1760	1906	2348
物料搬运设备制造	534	856	761	1353
泵、阀门、压缩机及类似机械制造	1381	2497	4533	5291
轴承、齿轮和传动部件制造	1952	497	581	562
烘炉、风机、衡器、包装等设备制造	1043	1252	593	1030
文化、办公用机械制造	8	14	68	75
通用零部件制造	2017	2843	1233	2824
其他通用设备制造业	1142	417	472	708
专用设备制造业	8338	7708	7462	13748
采矿、冶金、建筑专用设备制造	3342	3259	1827	6447

2007年	2008年	2009年	2010年	2011年	2012年	2013年	其他(无开业年份)
589	1035		530	65	169	61	
579	206		40		134	53	
10	829		490	65	35	8	
4056	7043	6487	6472	5168	4298	2622	
574	508	432	2081	898	566	282	
3482	6535	6055	4391	4270	3732	2340	
39828	27514	38664	39818	37315	31988	21317	413
3851	5248	5916	3768	2467	1726	1611	277
6308	4213	7097	7212	9801	6745	5696	8
16117	9829	14209	17335	14794	13898	10264	66
626	246	597	430	555	360	382	
1786	1013	747	574	725	3413	1179	
353	653	343	1285	420	42	6	
7151	4120	5708	6626	5165	2745	1479	20
2092	641	834	659	198	263	149	7
1544	1551	3213	1929	3190	2796	551	35
11048	5790	12137	4554	4014	2362	1582	113
285	622	1051	501	277	114	72	
	374	7	28	28	136	451	
2639	958	1882	2280	1691	756	490	75
523	805	5919	781	656	713	343	
7601	3031	3278	964	1362	643	226	38
16999	11053	7572	5102	4018	2672	1202	195
10161	7732	3716	2036	1792	1069	140	142
1374	285	871	403	102	492	36	48
1590	729	257	255	312	208	18	
814	537	889	780	352	418	350	
173		188	95	24	39	334	5
2887	1770	1651	1533	1436	446	324	
6650	9007	7886	10002	10974	8737	6027	
2604	5752	3610	5344	4889	4148	3696	
1150	1068	1231	1055	1295	1181	537	
440	53	174	317	441	133	147	
53	50	297	55	205	27	18	
1240	870	956	1037	1095	1316	478	
44	122	262	434	570	169	16	
28		126	60	3	90	69	
411	106	529	329	1265	479	537	
680	986	701	1371	1211	1194	529	
11442	11822	11436	15443	13194	9237	5228	6
525	187	504	1012	873	227	79	
2335	3097	2773	4392	3162	2495	1980	6
1706	1357	1622	852	911	634	246	
1761	1681	1593	2117	1944	784	267	
562	695	341	386	538	593	74	
1012	665	367	808	928	797	573	
64	21	835	292	86	78	25	
2506	3359	2401	4465	3876	2103	1424	
971	760	1000	1119	876	1526	560	
14239	7782	14753	13760	13932	10620	5403	49
8236	2260	3224	4137	6925	3489	769	10

1-10 续表 15

行业中类	2003年	2004年	2005年	2006年
化工、木材、非金属加工专用设备制造	681	1064	1236	1629
食品、饮料、烟草及饲料生产专用设备制造	184	337	123	122
印刷、制药、日化及日用品生产专用设备制造	936	304	499	1495
纺织、服装和皮革加工专用设备制造	68	150	268	
电子和电工机械专用设备制造	170	247	386	1156
农、林、牧、渔专用机械制造	1385	740	383	971
医疗仪器设备及器械制造	329	353	1067	795
环保、社会公共服务及其他专用设备制造	1243	1254	1673	1133
汽车制造业	5892	10850	4512	3438
汽车整车制造	3	1720		
改装汽车制造	1146	348		
低速载货汽车制造		260	30	
电车制造		35	53	
汽车车身、挂车制造	961	42	1640	53
汽车零部件及配件制造	3782	8445	2789	3385
铁路、船舶、航空航天和其他运输设备制造业	1800	4442	9100	900
铁路运输设备制造	1707	4245	7815	543
城市轨道交通设备制造				
船舶及相关装置制造	53	58	1186	80
航空、航天器及设备制造	6	78		26
摩托车制造	34			23
自行车制造		61	3	130
非公路休闲车及零配件制造				
潜水救捞及其他未列明运输设备制造			96	98
电气机械和器材制造业	4771	12457	7192	9179
电机制造	1397	3135	1200	1986
输配电及控制设备制造	860	2030	2791	1493
电线、电缆、光缆及电工器材制造	1256	3721	1946	1536
电池制造	195	478	175	2068
家用电力器具制造	134	1729	89	472
非电力家用器具制造	113	14	26	26
照明器具制造	413	892	804	1371
其他电气机械及器材制造	403	458	161	227
计算机、通信和其他电子设备制造业	3560	4208	6377	48882
计算机制造	234	60	414	22
通信设备制造	184	389	377	40727
广播电视设备制造	24	132	248	56
雷达及配套设备制造			133	361
视听设备制造			964	423
电子器件制造	1616	840	181	732
电子元件制造	1473	2388	3875	5960
其他电子设备制造	29	399	185	601
仪器仪表制造业	2228	709	1076	876
通用仪器仪表制造	1445	380	952	312
专用仪器仪表制造	779	277	70	522
钟表与计时仪器制造				
光学仪器及眼镜制造		43		41
其他仪器仪表制造业	4	9	54	1
其他制造业	1621	2918	1035	1818
日用杂品制造	1265	2431	386	1227

2007年	2008年	2009年	2010年	2011年	2012年	2013年	其他（无开业年份）
1220	1223	4675	1040	1061	2213	655	
369	658	479	120	229	337	85	
1152	786	1168	228	860	535	384	
37	38	60	442	415	188	70	12
604	560	1063	2183	1063	654	996	
1387	1118	1876	1844	962	955	924	20
369	312	541	1428	755	672	445	
865	827	1667	2338	1662	1577	1075	7
6036	3982	10861	7400	9601	5727	1103	
3367		7401	2672	338	2913		
		5	28	8	150		
8		152					
58	35	1	781	25	25	11	
2603	3947	3302	3919	9230	2639	1092	
2774	2012	2299	1303	2066	1148	979	
2266	1125	731	261	562	232	57	
	69			16			
214	632	1481	327	712	466	322	
112	183			496	83	240	
28	3	15	168	13	21	47	
154			219		247	200	
			211	205		89	
		72	117	62	99	24	
7415	8897	10358	14894	12395	6891	3500	12
241	788	498	2525	602	477	380	
2230	2624	4213	5784	4764	3071	1549	3
2222	913	1456	2014	1841	1293	376	
1563	3314	1439	1947	2962	348	61	5
372	140	737	509	649	229	381	
131	315	839	831	319	225	192	
328	109	958	838	787	700	339	
328	694	218	446	471	548	222	4
16560	9512	10711	20866	37014	31725	5334	20
697	2091	456	790	946	1347	940	
1316	552	1154	828	17656	816	462	
260	206	2387	436	379	344	9	
		6	36			35	
470	518	72	279	695	197	11	
1852	1205	955	9446	3337	1535	513	12
10420	4349	5045	7343	5092	3182	2856	8
1545	591	636	1708	8909	24304	508	
1108	2247	840	725	1508	1590	695	10
767	1823	271	427	1058	235	340	
190	116	246	221	287	878	310	10
51	48						
33	218	62	9	90	395	30	
67	42	261	68	73	82	15	
903	1364	980	2381	1913	1732	1459	13
204	669	407	1596	666	623	628	

1-10 续表 16

行业中类	2003年	2004年	2005年	2006年
煤制品制造	210	239	360	394
核辐射加工				
其他未列明制造业	146	248	289	197
废弃资源综合利用业	1334	2299	874	1048
金属废料和碎屑加工处理	1145	1985	600	671
非金属废料和碎屑加工处理	189	314	274	377
金属制品、机械和设备修理业	358	72	287	386
金属制品修理	58		71	92
通用设备修理	101	22	32	56
专用设备修理	12	13	21	58
铁路、船舶、航空航天等运输设备修理		8	114	43
电气设备修理		1	39	
仪器仪表修理	12			
其他机械和设备修理业	175	28	10	137
电力、热力、燃气及水生产和供应业	**12294**	**11315**	**10041**	**9049**
电力、热力生产和供应业	8980	7116	8315	8123
电力生产	7328	7028	7694	6452
电力供应	1611	88	389	1671
热力生产和供应	41		232	
燃气生产和供应业	2621	302	988	490
燃气生产和供应业	2621	302	988	490
水的生产和供应业	693	3897	738	436
自来水生产和供应	593	3575	570	353
污水处理及其再生利用	20	290	152	83
其他水的处理、利用与分配	80	32	16	
建筑业	**60777**	**50516**	**81236**	**72754**
房屋建筑业	32933	30701	47849	56317
房屋建筑业	32933	30701	47849	56317
土木工程建筑业	19353	10119	19346	7752
铁路、道路、隧道和桥梁工程建筑	12638	3872	15196	3806
水利和内河港口工程建筑	1618	247	1477	583
海洋工程建筑				
工矿工程建筑	4048	1463	1404	1953
架线和管道工程建筑	343	3223	1000	619
其他土木工程建筑	706	1314	269	791
建筑安装业	1806	2778	3330	2231
电气安装	786	1129	583	588
管道和设备安装	276	500	717	692
其他建筑安装业	744	1149	2030	951
建筑装饰和其他建筑业	6685	6918	10711	6454
建筑装饰业	2992	1679	7826	2181
工程准备活动	440	312	479	665
提供施工设备服务	94	45	27	919
其他未列明建筑业	3159	4882	2379	2689
批发和零售业	**50538**	**53658**	**68588**	**66635**
批发业	23157	23656	33572	31244
农、林、牧产品批发	1850	2341	3967	2960
食品、饮料及烟草制品批发	4097	2681	3888	4604
纺织、服装及家庭用品批发	1661	1464	2482	3036
文化、体育用品及器材批发	462	1020	430	1113

2007年	2008年	2009年	2010年	2011年	2012年	2013年	其他(无开业年份)
468	278	332	156	126	282	179	6
231	417	241	629	1121	827	652	7
1699	1360	746	956	1165	817	339	
1531	672	646	672	737	464	111	
168	688	100	284	428	353	228	
141	575	200	401	977	793	487	
10	297	48	9	16	28	68	
28	120	6	104	154	178	93	
10	82	98	38	179	312	21	
64	33		77	49	23	3	
	4	4	14	420	21	83	
		3		37		7	
29	39	41	159	122	231	212	
6452	**6336**	**5367**	**7709**	**7331**	**5048**	**3291**	**225**
5471	4616	3029	5539	5700	3378	1858	160
4463	3642	2711	3776	3371	2651	1270	160
1005	812	318	1745	2161	405	575	
3	162		18	168	322	13	
260	344	506	512	674	633	500	56
260	344	506	512	674	633	500	56
721	1376	1832	1658	957	1037	933	9
642	974	831	1177	725	915	619	9
36	372	895	456	163	86	251	
43	30	106	25	69	36	63	
45685	**25843**	**36995**	**34756**	**26838**	**28047**	**19403**	**21**
27692	12105	20894	13604	8611	11794	4341	
27692	12105	20894	13604	8611	11794	4341	
8815	5063	7322	9047	5913	5555	4771	15
927	2717	4664	3248	2749	2603	1372	
695	335	889	310	1247	982	1019	
				3			
1990		239	282	385	214	157	
1126	679	1041	3735	441	203	302	
4077	1332	489	1472	1088	1553	1921	15
4975	1257	1288	3039	2616	2155	1962	6
658	779	281	1698	733	342	368	
845	30	171	457	471	664	335	
3472	448	836	884	1412	1149	1259	6
4203	7418	7491	9066	9698	8543	8329	
1743	2206	3339	5278	5900	6007	6005	
368	308	303	771	809	240	613	
172	40	364	605	477	1089	485	
1920	4864	3485	2412	2512	1207	1226	
60051	**78096**	**112554**	**160223**	**163071**	**202906**	**205577**	**195**
30972	36981	58357	89651	102085	123058	96674	144
3388	5336	11035	11826	15008	25544	21123	10
3933	5693	11408	13658	18453	26680	21246	22
2040	2066	3437	5373	6471	7095	8370	20
752	886	1042	1960	1905	2230	2053	

1-10 续表 17

行业中类	2003年	2004年	2005年	2006年
医药及医疗器材批发	1701	2938	3060	2140
矿产品、建材及化工产品批发	6622	6253	12305	8980
机械设备、五金产品及电子产品批发	3262	3680	3944	4736
贸易经纪与代理	751	918	484	990
其他批发业	2751	2361	3012	2685
零售业	27381	30002	35016	35391
综合零售	6872	13475	8216	11403
食品、饮料及烟草制品专门零售	1198	1304	2188	1967
纺织、服装及日用品专门零售	2932	1701	3258	4710
文化、体育用品及器材专门零售	699	768	3383	1425
医药及医疗器材专门零售	5052	2279	6169	3033
汽车、摩托车、燃料及零配件专门零售	5158	5131	4890	4062
家用电器及电子产品专门零售	2560	2939	3417	3934
五金、家具及室内装饰材料专门零售	1716	1232	2330	2770
货摊、无店铺及其他零售业	1194	1173	1165	2087
交通运输、仓储和邮政业	**11807**	**12958**	**20299**	**12559**
铁路运输业		86		
铁路旅客运输				
铁路货物运输				
铁路运输辅助活动		86		
道路运输业	10254	9785	15669	8889
城市公共交通运输	3705	5586	8679	1174
公路旅客运输	2585	1109	1899	2074
道路货物运输	2925	1742	2467	4533
道路运输辅助活动	1039	1348	2624	1108
水上运输业	189	779	520	527
水上旅客运输	2	23	238	281
水上货物运输	154	477	130	124
水上运输辅助活动	33	279	152	122
航空运输业	23	24	2481	
航空客货运输	6	24	4	
通用航空服务				
航空运输辅助活动	17		2477	
管道运输业	80	88		
管道运输业	80	88		
装卸搬运和运输代理业	657	1702	996	2034
装卸搬运	245	808	275	1152
运输代理业	412	894	721	882
仓储业	508	388	373	803
谷物、棉花等农产品仓储	227	90	156	313
其他仓储业	281	298	217	490
邮政业	96	106	260	306
邮政基本服务	8	24	71	22
快递服务	88	82	189	284
住宿和餐饮业	**13640**	**11936**	**17468**	**28336**
住宿业	7138	6553	8921	11202
旅游饭店	4967	4674	5789	6842
一般旅馆	1830	1635	2824	3910
其他住宿业	341	244	308	450

2007年	2008年	2009年	2010年	2011年	2012年	2013年	其他（无开业年份）
2644	2714	2135	3908	3831	3976	2049	
10034	11097	14549	26133	29890	29766	23344	79
4693	5226	8894	18084	18393	18673	12255	12
761	630	1826	2326	2703	2464	2211	
2727	3333	4031	6383	5431	6630	4023	1
29079	41115	54197	70572	60986	79848	108903	51
7354	9708	11129	12411	10545	14242	22009	5
2709	4167	4903	8230	6011	11412	14503	
2892	3875	6019	8549	7393	11891	21777	3
716	880	2494	2425	2938	2714	4827	
2119	5930	3349	4860	3489	3709	3614	
5230	4625	9017	13687	10596	13193	9338	16
3481	6176	7249	7693	7270	8576	10525	6
2580	3721	6128	7950	8608	10146	16047	9
1998	2033	3909	4767	4136	3965	6263	12
13989	**8839**	**14247**	**21860**	**17038**	**15029**	**13710**	**263**
		28					
		28					
10314	4896	9280	10312	10112	10481	9329	10
2572	1094	1272	816	1166	2590	1077	
2587	520	905	758	2011	1269	1382	
4661	2750	6081	6686	5896	5148	3993	7
494	532	1022	2052	1039	1474	2877	3
391	207	721	590	819	236	505	
82	106	68	122	98	32	226	
231	63	504	370	338	79	235	
78	38	149	98	383	125	44	
	1950	41	15	3	98	46	
	5		8	3	32		
		11	7			36	
	1945	30			66	10	
81	3		36	30		72	
81	3		36	30		72	
1438	1063	2233	2039	2829	2258	1847	150
578	666	1086	740	954	835	447	
860	397	1147	1299	1875	1423	1400	150
352	448	723	909	974	809	721	103
247	149	243	207	311	98	267	
105	299	480	702	663	711	454	103
1413	272	1221	7959	2271	1147	1190	
685	48	16	500	4	46	24	
728	224	1205	7459	2267	1101	1166	
17629	**23130**	**25762**	**21906**	**23551**	**25541**	**27371**	**105**
9917	12156	11858	10535	10674	11226	9829	70
6047	7704	6952	4898	5268	6289	4894	60
3540	3789	4075	4848	4010	3603	2720	7
330	663	831	789	1396	1334	2215	3

1-10 续表 18

行业中类				
	2003年	2004年	2005年	2006年
餐饮业	6502	5383	8547	17134
正餐服务	5872	4780	7358	8558
快餐服务	155	47	530	7886
饮料及冷饮服务	283	239	329	345
其他餐饮业	192	317	330	345
信息传输、软件和信息技术服务业	**5187**	**10925**	**3935**	**4769**
电信、广播电视和卫星传输服务	3276	8498	517	514
电信	3015	8203	341	257
广播电视传输服务	261	295	171	257
卫星传输服务			5	
互联网和相关服务	358	587	477	995
互联网接入及相关服务	10	37	133	41
互联网信息服务	312	505	288	812
其他互联网服务	36	45	56	142
软件和信息技术服务业	1553	1840	2941	3260
软件开发	1079	1403	2014	1337
信息系统集成服务	109	85	155	1192
信息技术咨询服务	110	131	201	239
数据处理和存储服务				225
集成电路设计				
其他信息技术服务业	255	221	571	267
金融业	**380**	**380**	**4176**	**3577**
货币金融服务	60	25	241	3215
中央银行服务				
货币银行服务			153	3040
非货币银行服务	60	25	88	175
银行监管服务				
资本市场服务	227		239	
证券市场服务				
期货市场服务	227		239	
证券期货监管服务				
资本投资服务				
其他资本市场服务				
保险业	93	343	3691	362
人身保险				
财产保险				
再保险				
养老金				
保险经纪与代理服务	72	333	3686	354
保险监管服务				
其他保险活动	21	10	5	8
其他金融业		12	5	
金融信托与管理服务				
控股公司服务				
非金融机构支付服务		12		
金融信息服务			5	
其他未列明金融业				
房地产业	**16529**	**16481**	**20188**	**21111**
房地产业	16529	16481	20188	21111
房地产开发经营	9490	7087	8558	11130
物业管理	6262	7886	9366	8740
房地产中介服务	484	578	1783	791
自有房地产经营活动	68	110	26	69
其他房地产业	225	820	455	381

2007年	2008年	2009年	2010年	2011年	2012年	2013年	其他（无开业年份）
7712	10974	13904	11371	12877	14315	17542	35
6763	9651	12058	8278	10832	11403	13637	35
133	304	787	459	498	720	970	
568	501	559	1222	581	578	881	
248	518	500	1412	966	1614	2054	
3533	**5224**	**7566**	**8147**	**9411**	**9955**	**9882**	**378**
532	1627	2447	2390	1368	1166	943	
235	362	355	655	575	555	375	
297	1233	2058	1735	787	611	561	
	32	34		6		7	
678	1336	1103	1336	1275	1661	1870	
82	32	116	108	117	139	260	
495	1263	817	1102	1033	1321	1411	
101	41	170	126	125	201	199	
2323	2261	4016	4421	6768	7128	7069	378
1254	923	2553	1894	3487	4111	3940	
558	372	327	802	909	858	398	
231	332	543	903	1446	1214	1887	2
34	50	107	78	188	106	86	
	24	19	27	101	78	99	
246	560	467	717	637	761	659	376
15224	**1297**	**132**	**5670**	**3241**	**4012**	**3520**	
15123	1293	108	5543	3068	2805	3327	
					25		
14945	1134	71	5173	2722	2455	3022	
178	159	37	370	346	325	305	
			3		8	45	
			3		8		
						45	
79	4		69	34	1057	18	
					1057		
79	4			34		18	
			69				
22		24	55	139	142	130	
22			28	51	16	15	
		24	27	88	126	115	
27925	**16548**	**28580**	**35302**	**32986**	**21427**	**15712**	**178**
27925	16548	28580	35302	32986	21427	15712	178
14944	8457	13648	16802	16422	8848	7329	75
10816	6951	11400	14911	11475	9065	4853	103
1462	763	2505	2591	3984	2128	2398	
88	90	245	200	124	146	116	
615	287	782	798	981	1240	1016	

1-10 续表 19

行业中类	2003年	2004年	2005年	2006年
租赁和商务服务业	**14085**	**10820**	**24217**	**14551**
租赁业	329	384	958	761
机械设备租赁	301	384	893	719
文化及日用品出租	28		65	42
商务服务业	13756	10436	23259	13790
企业管理服务	4105	1440	3458	5656
法律服务	466	479	575	277
咨询与调查	1154	1475	1925	1511
广告业	1368	1698	1873	1535
知识产权服务	59	31	16	35
人力资源服务	3510	2172	10907	1539
旅行社及相关服务	822	1196	1231	748
安全保护服务	490	116	771	102
其他商务服务业	1782	1829	2503	2387
科学研究和技术服务业	**9184**	**6956**	**9025**	**7795**
研究和试验发展	540	343	1300	483
自然科学研究和试验发展	60	81	113	95
工程和技术研究和试验发展	269	126	426	278
农业科学研究和试验发展	140	55	616	53
医学研究和试验发展	37	30	74	44
社会人文科学研究	34	51	71	13
专业技术服务业	7213	5404	5406	4770
气象服务		28	102	45
地震服务	3	123	13	36
海洋服务				
测绘服务	174	40	147	142
质检技术服务	1092	732	1228	996
环境与生态监测	135	19	103	165
地质勘查	406	263	76	103
工程技术	4242	2888	2375	2048
其他专业技术服务业	1161	1311	1362	1235
科技推广和应用服务业	1431	1209	2319	2542
技术推广服务	992	918	2010	2034
科技中介服务	227	149	185	236
其他科技推广和应用服务业	212	142	124	272
水利、环境和公共设施管理业	**2918**	**2970**	**2476**	**1917**
水利管理业	620	297	675	403
防洪除涝设施管理	86		230	46
水资源管理	31	67	103	47
天然水收集与分配	324	29	88	71
水文服务		13	37	
其他水利管理业	179	188	217	239
生态保护和环境治理业	173	185	250	379
生态保护	104	136	111	272
环境治理业	69	49	139	107

2007年	2008年	2009年	2010年	2011年	2012年	2013年	其他（无开业年份）
16706	**17964**	**29560**	**43829**	**57371**	**45152**	**48004**	**665**
550	1158	1631	2419	2420	3655	3812	
528	1158	1603	2280	2378	3468	3526	
22		28	139	42	187	286	
16156	16806	27929	41410	54951	41497	44192	665
2232	4870	6001	13204	16090	10399	11670	625
476	447	1173	1467	1902	763	567	
1616	2521	4825	5923	6601	6803	7888	6
1915	2475	3326	5330	6205	6761	7611	
53	37	77	129	151	162	206	
2663	2237	3770	4054	3765	4399	4088	
1297	882	1262	1712	2189	2142	1506	
720	557	1889	2620	10140	1021	489	
5184	2780	5606	6971	7908	9047	10167	34
7849	**9914**	**22743**	**19137**	**27111**	**36276**	**27938**	**42**
777	1349	2452	2885	4984	5736	3354	41
142	146	343	297	726	667	536	13
308	659	1032	1428	3216	3627	1896	
119	306	612	377	688	926	582	28
164	112	445	538	321	263	224	
44	126	20	245	33	253	116	
4548	3623	6900	5921	8098	7012	7271	
36	43	65	24	41	58	23	
18	7	15	16	113	19	10	
35		9			1		
295	41	229	365	161	154	193	
714	338	2150	565	639	493	234	
176	179	39	75	175	121	349	
250	233	120	238	1105	234	439	
1210	1216	2288	2486	2892	2689	3030	
1814	1566	1985	2152	2972	3243	2993	
2524	4942	13391	10331	14029	23528	17313	1
1630	4589	12734	9224	13200	22415	16498	1
696	100	128	353	435	516	374	
198	253	529	754	394	597	441	
3147	**3569**	**5472**	**5570**	**5990**	**4897**	**4261**	**52**
602	328	630	451	444	691	765	
45	129	109	28	22	145	179	
56	18	211	59	54	99	275	
379	94	116	191	93	77	47	
8	4	8	18			25	
114	83	186	155	275	370	239	
217	373	1044	1310	468	667	423	22
79	169	800	936	121	34	55	22
138	204	244	374	347	633	368	

1-10 续表 20

行业中类	2003年	2004年	2005年	2006年
公共设施管理业	2125	2488	1551	1135
市政设施管理	429	265	327	183
环境卫生管理	429	974	89	284
城乡市容管理		18	292	9
绿化管理	772	649	363	232
公园和游览景区管理	495	582	480	427
居民服务、修理和其他服务业	**6350**	**6436**	**7299**	**10162**
居民服务业	3692	3822	4859	6168
家庭服务	1267	779	479	386
托儿所服务	126	68	100	134
洗染服务	121	115	104	162
理发及美容服务	611	841	1609	2390
洗浴服务	406	604	453	838
保健服务	179	322	545	621
婚姻服务	56	70	107	55
殡葬服务	363	42	457	327
其他居民服务业	563	981	1005	1255
机动车、电子产品和日用产品修理业	2106	1405	1620	2279
汽车、摩托车修理与维护	1718	1150	1093	1532
计算机和办公设备维修	126	104	40	41
家用电器修理	195	119	422	666
其他日用产品修理业	67	32	65	40
其他服务业	552	1209	820	1715
清洁服务	249	453	400	1321
其他未列明服务业	303	756	420	394
教育	**34622**	**20247**	**22728**	**29936**
教育	34622	20247	22728	29936
学前教育	5046	5871	6964	6779
初等教育	5169	2782	5057	4793
中等教育	12401	6759	5849	10357
高等教育	6837	1369	647	4004
特殊教育	15	14	163	5
技能培训、教育辅助及其他教育	5154	3452	4048	3998
卫生和社会工作	**5991**	**8224**	**10997**	**8394**
卫生	5131	7692	9751	7164
医院	2536	4326	5270	3957
社区医疗与卫生院	1463	1410	1837	1545
门诊部(所)	174	504	491	560
计划生育技术服务活动	86	37	136	50
妇幼保健院(所、站)			147	
专科疾病防治院(所、站)	25	116	43	35
疾病预防控制中心	523	1197	1694	626
其他卫生活动	324	102	133	391
社会工作	860	532	1246	1230
提供住宿社会工作	591	454	1157	1138
不提供住宿社会工作	269	78	89	92
文化、体育和娱乐业	**7620**	**8911**	**10134**	**12468**
新闻和出版业	164	221	193	154
新闻业	2	63	34	4
出版业	162	158	159	150

2007年	2008年	2009年	2010年	2011年	2012年	2013年	其他（无开业年份）
2328	2868	3798	3809	5078	3539	3073	30
308	342	276	633	493	460	239	
491	712	659	582	2853	621	1033	
315	5	543	136	124	365	75	
449	377	717	1013	744	1293	740	
765	1432	1603	1445	864	800	986	30
7982	**8546**	**9466**	**13442**	**13826**	**15207**	**21503**	**3**
5219	6094	5032	7441	8110	6517	9384	3
667	356	793	1285	3504	1385	1439	
97	169	108	204	154	175	46	
104	50	172	105	153	170	589	
892	969	809	1564	813	1091	1997	
821	1070	683	821	453	595	1016	
439	2599	746	949	1329	924	1236	
94	114	135	182	550	652	727	
145	87	211	84	113	119	52	
1960	680	1375	2247	1041	1406	2282	3
1999	1479	2392	3349	3613	4751	8265	
1298	1174	1996	2345	2652	3166	4563	
155	153	73	349	276	343	980	
485	115	218	445	597	1006	2012	
61	37	105	210	88	236	710	
764	973	2042	2652	2103	3939	3854	
412	642	1330	1733	1256	2166	2803	
352	331	712	919	847	1773	1051	
28277	**17756**	**21606**	**27927**	**22620**	**29141**	**21048**	**27**
28277	17756	21606	27927	22620	29141	21048	27
6928	7987	9475	11162	10057	12303	10982	27
5244	2549	2869	4303	2822	2525	1878	
12097	2803	3962	3306	2524	6660	2596	
73	762	34	1756	556	121	290	
47	37	64	29	128	191	88	
3888	3618	5202	7371	6533	7341	5214	
6609	**7367**	**6814**	**10198**	**9713**	**10376**	**7454**	
5461	6204	5170	8826	8120	8800	6632	
3066	3596	2573	3378	4479	5296	3100	
1523	1745	1630	4145	2473	1732	2083	
390	596	623	976	552	1099	927	
52	22	104	20	246	220	125	
	35	41	2	58	44	48	
30	42		19	136	53	132	
200	27		65	8	94	72	
200	141	199	221	168	262	145	
1148	1163	1644	1372	1593	1576	822	
1091	1080	1338	1242	1262	1506	699	
57	83	306	130	331	70	123	
11686	**13589**	**14574**	**15252**	**15790**	**15757**	**11494**	**30**
68	2473	136	183	264	511	142	
		44	38	63	63	31	
68	2473	92	145	201	448	111	

1-10 续表 21

行业中类	2003年	2004年	2005年	2006年
广播、电视、电影和影视录音制作业	449	845	383	309
广播	19	68	5	26
电视	211	598	212	71
电影和影视节目制作	27	93	148	28
电影和影视节目发行	3		5	16
电影放映	189	86	13	143
录音制作				25
文化艺术业	963	651	1261	1471
文艺创作与表演	329	224	473	744
艺术表演场馆	57	69	56	110
图书馆与档案馆	58		39	38
文物及非物质文化遗产保护	45	25	132	81
博物馆	3	29		13
烈士陵园、纪念馆				16
群众文化活动	300	117	297	356
其他文化艺术业	171	187	264	113
体育	469	865	518	430
体育组织	93	252	122	138
体育场馆	87	274		
休闲健身活动	252	327	367	280
其他体育	37	12	29	12
娱乐业	5575	6329	7779	10104
室内娱乐活动	5389	6203	7540	9620
游乐园	19			38
彩票活动				
文化、娱乐、体育经纪代理	24	21	87	296
其他娱乐业	143	105	152	150
公共管理、社会保障和社会组织	**26486**	**22845**	**30642**	**22134**
中国共产党机关	158	132	52	135
中国共产党机关	158	132	52	135
国家机构	15653	10274	15303	7625
国家权力机构	114	46	41	110
国家行政机构	14805	10218	15054	7310
人民法院和人民检察院	102		16	6
其他国家机构	632	10	192	199
人民政协、民主党派	6	16	34	53
人民政协	3		2	25
民主党派	3	16	32	28
社会保障	436	390	526	415
社会保障	436	390	526	415
群众团体、社会团体和其他成员组织	6861	8036	9778	11032
群众团体	803	1598	1078	489
社会团体	4890	5869	7576	9179
基金会		25	40	10
宗教组织	1168	544	1084	1354
基层群众自治组织	3372	3997	4949	2874
社区自治组织	2564	1497	1421	1405
村民自治组织	808	2500	3528	1469
国际组织				

2007年	2008年	2009年	2010年	2011年	2012年	2013年	其他(无开业年份)
712	407	544	2393	2385	2098	1135	
27	23	39		159	213	81	
38	76	207	1846	1079	482	216	
539	66	120	119	212	161	151	
	2	3	10	142	65	60	
108	240	175	393	773	1165	595	
			25	20	12	32	
1467	2628	3725	2809	4350	4780	3872	
491	754	1581	752	1368	2153	1163	
114	180	357	112	207	114	121	
48	52	37	23	62	23	57	
37	692	69	66	123	414	129	
10		17	180	96	75		
		22	2	7			
476	805	1208	1199	1058	976	1631	
291	145	434	475	1429	1025	771	
425	761	849	896	669	862	849	
170	285	163	224	142	352	182	
18	39	49	89	98	51	53	
229	432	579	499	221	363	546	
8	5	58	84	208	96	68	
9014	7320	9320	8971	8122	7506	5496	30
8777	6667	8824	8078	6537	6801	4621	
	206	47	40	478	231	35	
2		41	6	23	3	15	
95	288	265	498	680	205	390	
140	159	143	349	404	266	435	30
27587	**31544**	**38885**	**39992**	**47469**	**49752**	**39082**	**119989**
167	222	567	266	417	362	299	8262
167	222	567	266	417	362	299	8262
13730	10354	14611	14494	19064	24636	16392	111132
296	67	124	30	135	146	6	4887
12326	10045	14248	14230	18675	24016	16165	97631
703	162	35	5		75	99	4501
405	80	204	229	254	399	122	4113
26	91	90	90	12	4	23	583
26	87	10	80		2	15	539
	4	80	10	12	2	8	44
655	121	206	345	718	453	262	12
655	121	206	345	718	453	262	12
10839	15489	21632	22650	21852	20650	20728	
1381	3759	6076	4526	3089	2520	6139	
9102	11256	15085	17850	18263	17614	14201	
10	28	88	52	151	94	78	
346	446	383	222	349	422	310	
2170	5267	1779	2147	5406	3647	1378	
1324	873	1062	822	1223	994	518	
846	4394	717	1325	4183	2653	860	

1-11 按行业(中类)、登记注册

行业中类	法人单位数(个)	内资					
			国有	集体	股份合作	联营	
							国有联营
总　计	**404083**	**402379**	**59187**	**8002**	**1023**	**754**	**103**
按国民经济行业分类分组							
农、林、牧、渔业	**7023**	**7017**	**652**	**120**	**16**	**14**	**2**
农业	11	11	1				
谷物种植							
豆类、油料和薯类种植							
棉、麻、糖、烟草种植	2	2					
蔬菜、食用菌及园艺作物种植	5	5	1				
水果种植	3	3					
坚果、含油果、香料和饮料作物种植							
中药材种植							
其他农业	1	1					
林业	5	5	4				
林木育种和育苗							
造林和更新							
森林经营和管护	3	3	3				
木材和竹材采运	1	1	1				
林产品采集	1	1					
畜牧业	24	24	1				
牲畜饲养	20	20					
家禽饲养	2	2					
狩猎和捕捉动物							
其他畜牧业	2	2	1				
渔业	3	3					
水产养殖	3	3					
水产捕捞							
农、林、牧、渔服务业	6980	6974	646	120	16	14	2
农业服务业	4346	4342	388	47	11	8	2
林业服务业	1118	1118	153	55	2	1	
畜牧服务业	1064	1062	69	8	1	3	
渔业服务业	452	452	36	10	2	2	
采矿业	**7122**	**7105**	**74**	**249**	**65**	**16**	**1**
煤炭开采和洗选业	1408	1404	53	157	12	3	1
烟煤和无烟煤开采洗选	1288	1285	53	154	9	3	1
褐煤开采洗选	9	9					
其他煤炭采选	111	110		3	3		
石油和天然气开采业	1	1					
石油开采	1	1					
天然气开采							
黑色金属矿采选业	666	663	2	13	3		
铁矿采选	260	259	1	6	1		
锰矿、铬矿采选	306	304		7	2		
其他黑色金属矿采选	100	100	1				
有色金属矿采选业	883	879	11	11	3	2	
常用有色金属矿采选	700	698	8	10	2	2	
贵金属矿采选	78	77	3	1	1		
稀有稀土金属矿采选	105	104					
非金属矿采选业	4037	4031	6	68	46	10	
土砂石开采	3756	3750	2	57	45	9	
化学矿开采	50	50	2	3		1	
采盐	3	3	1	1			
石棉及其他非金属矿采选	228	228	1	7	1		

类型分组的法人单位数

集体联营	国有与集体联营	其他联营	有限责任公司	国有独资	其他有限责任公司	股份有限公司	私营	私营独资
351	**63**	**237**	**41687**	**1389**	**40298**	**6482**	**188950**	**72173**
6		**6**	**240**	**9**	**231**	**49**	**1552**	**514**
			2		2		5	
							3	
			2		2		1	
							1	
							1	
							1	
			2		2		8	2
			2		2		5	2
							2	
							1	
			1		1		1	
			1		1		1	
6		6	235	9	226	49	1537	512
3		3	175	8	167	34	1036	341
		1	32		32	5	168	47
1		2	19	1	18	6	248	95
2			9		9	4	85	29
6	**2**	**7**	**412**	**27**	**385**	**105**	**5757**	**2222**
2			77	9	68	27	1008	209
2			73	9	64	26	905	158
							9	3
			4		4	1	94	48
							1	
							1	
			40	3	37	17	560	130
			15	1	14	7	214	44
			15	1	14	8	262	69
			10	1	9	2	84	17
	1	1	98	8	90	32	705	136
	1	1	64	4	60	16	580	126
			20	2	18	10	41	2
			14	2	12	6	84	8
3	1	6	186	7	179	26	3388	1717
2	1	6	153	4	149	20	3176	1627
1			3		3		39	15
			1		1			
			29	3	26	6	173	75

1-11 续表 1

行业中类	法　人 单位数 (个)	内资	国有	集体	股份合作	联营	国有联营
开采辅助活动	53	53	2				
煤炭开采和洗选辅助活动	14	14					
石油和天然气开采辅助活动	12	12	2				
其他开采辅助活动	27	27					
其他采矿业	74	74			1	1	
其他采矿业	74	74			1	1	
制造业	**59905**	**59038**	**438**	**1020**	**215**	**115**	**10**
农副食品加工业	5230	5182	56	43	9	12	1
谷物磨制	1687	1685	13	7	2	2	
饲料加工	534	514	4	6		1	
植物油加工	644	639	2	8	1		
制糖业	19	19					
屠宰及肉类加工	783	775	34	17	2	8	1
水产品加工	144	144					
蔬菜、水果和坚果加工	516	514	1			1	
其他农副食品加工	903	892	2	5	4		
食品制造业	1835	1802	14	11		3	
焙烤食品制造	449	442	3	1		1	
糖果、巧克力及蜜饯制造	136	135		2			
方便食品制造	487	485	6	7			
乳制品制造	33	31					
罐头食品制造	168	158	2				
调味品、发酵制品制造	129	125	3	1			
其他食品制造	433	426				2	
酒、饮料和精制茶制造业	1789	1760	8	21	4	6	1
酒的制造	453	447	1	2			
饮料制造	706	686	2	5	2	5	1
精制茶加工	630	627	5	14	2	1	
烟草制品业	121	121	3	1			
烟叶复烤	88	88	1	1			
卷烟制造	3	3	1				
其他烟草制品制造	30	30	1				
纺织业	1090	1069	19	21	5	2	1
棉纺织及印染精加工	398	392	5	7	3	2	1
毛纺织及染整精加工	24	22	1	1			
麻纺织及染整精加工	102	99	1	1			
丝绢纺织及印染精加工	21	21	2				
化纤织造及印染精加工	33	33		1			
针织或钩针编织物及其制品制造	191	187	5	5	1		
家用纺织制成品制造	227	224	5	3	1		
非家用纺织制成品制造	94	91		3			
纺织服装、服饰业	1199	1164	8	26	4	2	
机织服装制造	898	875	8	21	3	1	
针织或钩针编织服装制造	83	73		1	1		
服饰制造	218	216		4		1	
皮革、毛皮、羽毛及其制品和制鞋业	948	885	6	19	3	2	2
皮革鞣制加工	71	68	1	1			
皮革制品制造	253	244		6			

集体联营	国有与集体联营	其他联营	有限责任公司	国有独资	其他有限责任公司	股份有限公司	私营	私营独资
			5		5	1	37	11
							14	1
			2		2	1	5	3
			3		3		18	7
1			6		6	2	58	19
1			6		6	2	58	19
71	**4**	**30**	**6462**	**161**	**6301**	**1141**	**46640**	**18850**
7	1	3	444	7	437	101	4051	1909
2			100	6	94	15	1428	872
1			87		87	17	378	100
			42		42	14	507	284
			3		3		14	4
3	1	3	72		72	19	548	215
			12		12	3	112	27
1			39		39	13	364	143
			89	1	88	20	700	264
2		1	174		174	42	1455	538
1			33		33	6	377	171
			8		8	1	121	64
			39		39	12	381	179
			10		10	1	18	1
			19		19	7	126	24
			15		15	4	99	30
1		1	50		50	11	333	69
2		3	164	1	163	32	1381	632
			50	1	49	11	364	205
1		3	50		50	14	568	251
1			64		64	7	449	176
			8		8	1	4	1
			4		4		3	1
			2		2			
			2		2	1	1	
1			120	3	117	23	828	339
1			42		42	10	311	84
			2		2		18	9
			15	2	13	2	79	29
			6		6	1	12	5
			2		2		28	18
			25	1	24	2	141	71
			22		22	8	172	98
			6		6		67	25
1		1	111	7	104	16	936	422
		1	93	6	87	11	696	309
			6	1	5	1	60	22
1			12		12	4	180	91
			65	1	64	10	751	329
			5		5	2	58	18
			21		21	1	210	75

1-11 续表 2

行业中类	法人单位数(个)	内资					
			国有	集体	股份合作	联营	
							国有联营
毛皮鞣制及制品加工	30	28					
羽毛(绒)加工及制品制造	38	38	2	2			
制鞋业	556	507	3	10	3	2	2
木材加工和木、竹、藤、棕、草制品业	3230	3208	20	18	8	6	
木材加工	1298	1293	10	12	4	4	
人造板制造	680	674	3		1	1	
木制品制造	509	507	5		1		
竹、藤、棕、草等制品制造	743	734	2	6	2	1	
家具制造业	1338	1333		9	4		
木质家具制造	1040	1037		4	3		
竹、藤家具制造	68	67		2	1		
金属家具制造	60	60		3			
塑料家具制造	16	16					
其他家具制造	154	153					
造纸和纸制品业	1815	1801	7	24	7	3	1
纸浆制造	20	20					
造纸	619	609	4	8	4	2	
纸制品制造	1176	1172	3	16	3	1	1
印刷和记录媒介复制业	1726	1712	26	84	2	5	
印刷	1524	1511	22	77	2	5	
装订及印刷相关服务	197	196	4	7			
记录媒介复制	5	5					
文教、工美、体育和娱乐用品制造业	1153	1126	55	26	2	2	
文教办公用品制造	137	135	2	9		1	
乐器制造	15	15					
工艺美术品制造	776	762	53	14	2		
体育用品制造	64	61		3			
玩具制造	144	136				1	
游艺器材及娱乐用品制造	17	17					
石油加工、炼焦和核燃料加工业	121	119		1			
精炼石油产品制造	83	81					
炼焦	36	36		1			
核燃料加工	2	2					
化学原料和化学制品制造业	5719	5638	23	71	17	3	
基础化学原料制造	723	706	7	22	2	2	
肥料制造	348	344	5	5	3		
农药制造	113	112	3	4			
涂料、油墨、颜料及类似产品制造	362	350	2	4	1	1	
合成材料制造	210	207	2	1			
专用化学产品制造	663	655	3	12	4		
炸药、火工及焰火产品制造	3103	3073	1	21	7		
日用化学产品制造	197	191		2			
医药制造业	696	670	8	3	1		
化学药品原料药制造	99	95	1				
化学药品制剂制造	60	56	1	1			
中药饮片加工	93	93	2				
中成药生产	131	125	2	1			
兽用药品制造	59	57	2	1			
生物药品制造	185	177			1		
卫生材料及医药用品制造	69	67					

集体联营	国有与集体联营	其他联营	有限责任公司	国有独资	其他有限责任公司	股份有限公司	私营	私营独资
						1	26	9
			2		2		31	15
			37	1	36	6	426	212
5		1	140	4	136	34	2790	1412
3		1	38	3	35	8	1120	637
1			43		43	13	588	188
			30		30	6	441	224
1			29	1	28	7	641	363
			76		76	16	1117	648
			55		55	6	890	538
			5		5	1	54	25
			4		4	2	42	18
			3		3	1	11	2
			9		9	6	120	65
2			124	7	117	12	1560	914
			3	1	2		16	4
2			66	5	61	6	486	181
			55	1	54	6	1058	729
4	1		164	3	161	32	1294	596
4	1		146	3	143	28	1146	525
			17		17	4	144	69
			1		1		4	2
1		1	144	4	140	14	821	347
1			16		16	6	92	27
			4		4		11	4
			111	3	108	6	536	224
			3		3	1	52	17
		1	7		7		117	68
			3	1	2	1	13	7
			24	4	20	9	81	14
			18	4	14	7	54	6
			6		6	2	26	8
							1	
2	1		531	13	518	106	4691	2111
1	1		105	5	100	27	535	96
			57	2	55	14	250	57
			23	1	22	1	80	8
1			71	1	70	10	251	68
			26	2	24	9	163	42
			85		85	19	518	140
			126	2	124	23	2753	1661
			38		38	3	141	39
			135	2	133	38	473	40
			19		19	5	67	2
			15	1	14	6	33	2
			12		12	4	71	6
			19	1	18	10	90	7
			6		6	4	44	4
			51		51	6	117	10
			13		13	3	51	9

1-11 续表 3

行业中类	法人单位数(个)	内资	国有	集体	股份合作	联营	国有联营
化学纤维制造业	46	42		2			
纤维素纤维原料及纤维制造	16	15					
合成纤维制造	30	27		2			
橡胶和塑料制品业	1726	1695	9	48	4	4	
橡胶制品业	300	295	1	12		1	
塑料制品业	1426	1400	8	36	4	3	
非金属矿物制品业	11398	11330	43	280	75	33	2
水泥、石灰和石膏制造	931	929	11	41	5	3	1
石膏、水泥制品及类似制品制造	2832	2823	7	41	10	2	
砖瓦、石材等建筑材料制造	5730	5713	9	159	55	24	1
玻璃制造	105	104	1	1	1		
玻璃制品制造	213	211	2	7			
玻璃纤维和玻璃纤维增强塑料制品制造	68	65	1	2			
陶瓷制品制造	742	712	5	13		3	
耐火材料制品制造	261	261	3	10	2		
石墨及其他非金属矿物制品制造	516	512	4	6	2	1	
黑色金属冶炼和压延加工业	1604	1586	10	32	2	3	
炼铁	157	155		1		1	
炼钢	26	24					
黑色金属铸造	664	661	2	22	1	1	
钢压延加工	236	231	1	7			
铁合金冶炼	521	515	7	2	1	1	
有色金属冶炼和压延加工业	1517	1487	8	16	7	4	
常用有色金属冶炼	646	637	2	13	3	2	
贵金属冶炼	164	162	2	1	1		
稀有稀土金属冶炼	112	108				1	
有色金属合金制造	230	223	1				
有色金属铸造	35	34			1		
有色金属压延加工	330	323	3	2	2	1	
金属制品业	2667	2650	8	39	12	5	
结构性金属制品制造	1196	1194	1	7	5	2	
金属工具制造	415	409		5		1	
集装箱及金属包装容器制造	74	74	1	3		1	
金属丝绳及其制品制造	67	65		3			
建筑、安全用金属制品制造	248	248	3	3	3		
金属表面处理及热处理加工	89	89		6	3	1	
搪瓷制品制造	28	28					
金属制日用品制造	170	169	1	3	1		
其他金属制品制造	380	374	2	9			
通用设备制造业	3524	3486	15	65	17	4	
锅炉及原动设备制造	187	185	3	6	2	2	
金属加工机械制造	970	963	4	11	6		
物料搬运设备制造	152	145			1		
泵、阀门、压缩机及类似机械制造	397	391	1	8	1		
轴承、齿轮和传动部件制造	190	187	2	9	1		
烘炉、风机、衡器、包装等设备制造	290	282	3	5	1	1	
文化、办公用机械制造	45	44					
通用零部件制造	978	976	1	23	4	1	
其他通用设备制造业	315	313	1	3	1		

集体联营	国有与集体联营	其他联营	有限责任公司	国有独资	其他有限责任公司	股份有限公司	私营	私营独资
			10		10		28	9
			4		4		10	4
			6		6		18	5
3		1	217	3	214	23	1312	504
1			33	1	32	5	228	80
2		1	184	2	182	18	1084	424
24		7	833	34	799	142	9260	4547
1		1	122	8	114	27	676	304
2			229	9	220	37	2305	1337
17		6	260	3	257	49	4786	2506
			17		17	1	79	10
			24		24	3	169	47
			7		7		50	14
3			66	11	55	10	597	156
			23	1	22	1	217	83
1			85	2	83	14	381	90
1		2	132	3	129	28	1340	500
		1	12		12		137	46
			3		3	1	20	9
		1	45		45	10	556	308
			44	2	42	9	164	60
1			28	1	27	8	463	77
2		2	231	8	223	42	1150	165
1		1	91	6	85	15	499	68
			10		10	3	143	21
		1	17		17	8	81	10
			51	1	50	8	161	15
			6		6	1	26	5
1			56	1	55	7	240	46
5			332	2	330	61	2080	804
2			131	1	130	21	976	454
1			26	1	25	11	351	150
1			16		16	1	47	5
			8		8	1	52	21
			42		42	5	178	40
1			11		11	3	63	18
			10		10	4	14	5
			14		14	7	135	52
			74		74	8	264	59
1		3	611	8	603	96	2573	603
1		1	43	2	41	6	121	20
			150		150	28	722	173
			39		39	6	96	8
			73	3	70	13	286	65
			34	1	33	7	131	52
		1	58		58	11	191	30
			11		11	2	30	
		1	154	2	152	16	750	202
			49		49	7	246	53

1-11 续表 4

行业中类	法人单位数（个）	内资	国有	集体	股份合作	联营	国有联营
专用设备制造业	2953	2911	22	46	13	4	
采矿、冶金、建筑专用设备制造	643	634	7	7	5		
化工、木材、非金属加工专用设备制造	430	421	2	7		1	
食品、饮料、烟草及饲料生产专用设备制造	131	129	2	3	1		
印刷、制药、日化及日用品生产专用设备制造	208	205	1	6		1	
纺织、服装和皮革加工专用设备制造	74	72	2	4	2		
电子和电工机械专用设备制造	316	311		7	1	1	
农、林、牧、渔专用机械制造	369	366	3	5	1	1	
医疗仪器设备及器械制造	232	227	2	2			
环保、社会公共服务及其他专用设备制造	550	546	3	5	3		
汽车制造业	770	720	10	14	1	2	
汽车整车制造	26	23	1			1	
改装汽车制造	26	26	4	1			
低速载货汽车制造	5	5					
电车制造	4	4					
汽车车身、挂车制造	50	49		2			
汽车零部件及配件制造	659	613	5	11	1	1	
铁路、船舶、航空航天和其他运输设备制造业	434	416	9	18	1	3	
铁路运输设备制造	188	184	6	5	1	2	
城市轨道交通设备制造	5	4					
船舶及相关装置制造	138	136	2	6		1	
航空、航天器及设备制造	17	15	1				
摩托车制造	36	28		4			
自行车制造	16	15		2			
非公路休闲车及零配件制造	4	4					
潜水救捞及其他未列明运输设备制造	30	30		1			
电气机械和器材制造业	2061	2021	22	46	6	3	1
电机制造	235	231	7	7	1	1	1
输配电及控制设备制造	719	711	9	17	2	1	
电线、电缆、光缆及电工器材制造	341	335		9	2		
电池制造	119	111	2	1			
家用电力器具制造	160	155	2	2		1	
非电力家用器具制造	107	106		2			
照明器具制造	176	173	1	2	1		
其他电气机械及器材制造	204	199	1	6			
计算机、通信和其他电子设备制造业	1295	1220	9	10	3		
计算机制造	137	134	2				
通信设备制造	127	117	1	2	1		
广播电视设备制造	58	56					
雷达及配套设备制造	7	7					
视听设备制造	27	23		1			
电子器件制造	181	165		1			
电子元件制造	515	486	5	6	2		
其他电子设备制造	243	232	1				
仪器仪表制造业	477	469	9	9	2	1	
通用仪器仪表制造	260	255	2	6			
专用仪器仪表制造	121	119	5	2	2		
钟表与计时仪器制造	4	4					
光学仪器及眼镜制造	53	52				1	
其他仪器仪表制造业	39	39	2	1			

集体联营	国有与集体联营	其他联营	有限责任公司	国有独资	其他有限责任公司	股份有限公司	私营	私营独资
2		2	509	12	497	90	2123	389
			109	4	105	26	466	82
		1	72	3	69	6	314	83
			15		15	5	99	33
1			27	1	26	7	159	24
			14		14	3	46	18
1			73	1	72	11	209	21
		1	40	1	39	2	285	85
			36		36	10	171	8
			123	2	121	20	374	35
1		1	174	8	166	25	478	114
		1	10	1	9	4	6	3
			7		7		14	1
							5	2
			1		1		3	1
			5	1	4		40	10
1			151	6	145	21	410	97
2		1	84	3	81	16	281	52
1		1	50	2	48	10	109	2
			1		1		3	
1			16	1	15	1	108	39
			6		6	2	6	
			5		5		19	3
			1		1	1	11	5
			1		1		3	
			4		4	2	22	3
1	1		386	11	375	68	1442	233
			42	3	39	13	156	17
1			141	2	139	21	502	77
			67	1	66	11	236	44
			27	2	25	3	74	9
	1		25		25	3	118	26
			17		17	1	84	8
			24		24	8	133	36
			43	3	40	8	139	16
			233	5	228	38	901	133
			34		34	8	85	2
			32	1	31	3	74	7
			13		13	1	42	5
			3	1	2		4	
			10	1	9		12	2
			39		39	4	119	11
			66	2	64	16	384	78
			36		36	6	181	28
1			116	2	114	7	319	39
			56	1	55	4	184	13
			36		36	2	71	4
			1	1			3	
1			17		17		32	20
			6		6	1	29	2

1-11 续表 5

行业中类	法人单位数(个)	内资	国有	集体	股份合作	联营	国有联营
其他制造业	718	715	5	7	3	3	1
日用杂品制造	221	220		3		1	1
煤制品制造	304	303	3	1	1	1	
核辐射加工							
其他未列明制造业	193	192	2	3	2	1	
废弃资源综合利用业	458	455	4	3	3		
金属废料和碎屑加工处理	304	301	2	2	3		
非金属废料和碎屑加工处理	154	154	2	1			
金属制品、机械和设备修理业	247	245	2	7			
金属制品修理	23	22		1			
通用设备修理	49	49		1			
专用设备修理	38	38					
铁路、船舶、航空航天等运输设备修理	26	26	1	3			
电气设备修理	22	22		1			
仪器仪表修理	6	6					
其他机械和设备修理业	83	82	1	1			
电力、热力、燃气及水生产和供应业	**5339**	**5286**	**496**	**450**	**104**	**58**	**13**
电力、热力生产和供应业	3963	3932	287	269	94	42	10
电力生产	3682	3654	200	253	93	40	8
电力供应	259	258	85	16	1	2	2
热力生产和供应	22	20	2				
燃气生产和供应业	214	202	6	1	2		
燃气生产和供应业	214	202	6	1	2		
水的生产和供应业	1162	1152	203	180	8	16	3
自来水生产和供应	1025	1020	190	178	8	15	2
污水处理及其再生利用	106	101	10	2		1	1
其他水的处理、利用与分配	31	31	3				
建筑业	**8231**	**8209**	**182**	**251**	**16**	**9**	**3**
房屋建筑业	2513	2504	55	196	8	4	
房屋建筑业	2513	2504	55	196	8	4	
土木工程建筑业	1532	1527	99	23	1	1	
铁路、道路、隧道和桥梁工程建筑	664	664	58	4		1	
水利和内河港口工程建筑	240	240	22	3			
海洋工程建筑	1	1					
工矿工程建筑	69	69	3	1			
架线和管道工程建筑	181	178	11	9			
其他土木工程建筑	377	375	5	6	1		
建筑安装业	917	917	15	16	3	1	1
电气安装	238	238	5	6			
管道和设备安装	190	190	4	4	2	1	1
其他建筑安装业	489	489	6	6	1		
建筑装饰和其他建筑业	3269	3261	13	16	4	3	2
建筑装饰业	2242	2235	4	5	3	1	1
工程准备活动	246	246	6	3			
提供施工设备服务	175	175	1	1	1	1	1
其他未列明建筑业	606	605	2	7		1	
批发和零售业	**91397**	**91206**	**756**	**748**	**124**	**126**	**7**
批发业	45780	45696	416	284	50	54	4
农、林、牧产品批发	5042	5033	90	57	7	10	
食品、饮料及烟草制品批发	6269	6253	86	40	3	6	1
纺织、服装及家庭用品批发	3903	3898	14	21	3	3	

集体联营	国有与集体联营	其他联营	有限责任公司	国有独资	其他有限责任公司	股份有限公司	私营	私营独资
1		1	48	2	46	7	605	352
			15	1	14	4	185	109
		1	7	1	6	1	269	198
1			26		26	2	151	45
			81	1	80	9	335	76
			54	1	53	6	221	40
			27		27	3	114	36
			41	3	38	3	180	78
			4		4		17	8
			7	1	6		37	14
			6		6		31	15
			4		4	1	15	4
			6	2	4	1	12	6
			1		1		5	1
			13		13	1	63	30
29	**9**	**7**	**459**	**78**	**381**	**146**	**3241**	**709**
19	8	5	283	44	239	105	2626	469
19	8	5	211	27	184	89	2552	463
			67	17	50	16	61	5
			5		5		13	1
			43	7	36	11	123	19
			43	7	36	11	123	19
10	1	2	133	27	106	30	492	221
10	1	2	89	18	71	22	436	210
			40	8	32	8	34	2
			4	1	3		22	9
3	**2**	**1**	**2485**	**131**	**2354**	**403**	**4676**	**603**
3	1		827	23	804	177	1190	220
3	1		827	23	804	177	1190	220
	1		513	85	428	65	793	148
	1		279	64	215	34	280	26
			56	6	50	11	144	83
							1	
			26	4	22	4	35	3
			61	7	54	9	88	11
			91	4	87	7	245	25
			276	15	261	42	551	52
			75	1	74	9	139	8
			63	6	57	8	103	9
			138	8	130	25	309	35
		1	869	8	861	119	2142	183
			569	1	568	81	1491	144
			68	3	65	8	157	16
			48		48	4	114	9
		1	184	4	180	26	380	14
72	**10**	**37**	**12422**	**153**	**12269**	**1710**	**66788**	**26765**
25	6	19	7773	85	7688	964	31081	6720
5		5	363	18	345	84	2086	869
2		3	762	15	747	121	3568	1010
1		2	712	4	708	89	2905	923

1-11 续表 6

行业中类	法人单位数(个)	内资					
			国有	集体	股份合作	联营	
							国有联营
文化、体育用品及器材批发	1232	1227	8	1	1		
医药及医疗器材批发	1491	1489	20	4	2	3	
矿产品、建材及化工产品批发	13716	13696	111	100	17	21	2
机械设备、五金产品及电子产品批发	9409	9393	44	24	9	10	1
贸易经纪与代理	1300	1296	17	4	2		
其他批发业	3418	3411	26	33	6	1	
零售业	45617	45510	340	464	74	72	3
综合零售	7839	7809	63	299	13	15	1
食品、饮料及烟草制品专门零售	4437	4430	87	25	7	10	
纺织、服装及日用品专门零售	6850	6837	23	38	1	8	
文化、体育用品及器材专门零售	2011	2008	51	12	6	6	1
医药及医疗器材专门零售	3625	3607	36	10	14	9	
汽车、摩托车、燃料及零配件专门零售	5728	5722	43	31	11	8	
家用电器及电子产品专门零售	5848	5840	8	10	5	7	
五金、家具及室内装饰材料专门零售	6092	6081	15	20	9	5	
货摊、无店铺及其他零售业	3187	3176	14	19	8	4	1
交通运输、仓储和邮政业	**6402**	**6364**	**588**	**194**	**18**	**27**	**1**
铁路运输业	4	4					
铁路旅客运输	1	1					
铁路货物运输	1	1					
铁路运输辅助活动	2	2					
道路运输业	3739	3714	325	81	9	16	
城市公共交通运输	520	516	53	14	2	2	
公路旅客运输	598	597	24	15	4	9	
道路货物运输	1985	1978	16	31	1	4	
道路运输辅助活动	636	623	232	21	2	1	
水上运输业	299	298	42	28	3	1	1
水上旅客运输	68	68	7	7	1		
水上货物运输	128	128	10	16		1	1
水上运输辅助活动	103	102	25	5	2		
航空运输业	28	27	2				
航空客货运输	9	9					
通用航空服务	7	7					
航空运输辅助活动	12	11	2				
管道运输业	11	10					
管道运输业	11	10					
装卸搬运和运输代理业	1170	1164	13	71	1	6	
装卸搬运	392	391	5	65		5	
运输代理业	778	773	8	6	1	1	
仓储业	492	490	136	12	2	1	
谷物、棉花等农产品仓储	235	235	115	4	2		
其他仓储业	257	255	21	8		1	
邮政业	659	658	70	2	3	3	
邮政基本服务	89	88	59	1		1	
快递服务	570	570	11	1	3	2	
住宿和餐饮业	**9228**	**9145**	**230**	**76**	**38**	**23**	**1**
住宿业	3408	3368	165	57	25	12	
旅游饭店	1157	1130	102	15	10	3	
一般旅馆	1757	1749	52	27	8	4	
其他住宿业	494	489	11	15	7	5	

集体联营	国有与集体联营	其他联营	有限责任公司	国有独资	其他有限责任公司	股份有限公司	私营	私营独资
			236		236	33	910	142
1	1	1	327		327	42	981	76
11	2	6	2233	29	2204	277	10523	2633
5	2	2	2049	7	2042	189	6909	576
			310	2	308	52	844	69
	1		781	10	771	77	2355	422
47	4	18	4649	68	4581	746	35707	20045
8	2	4	407	6	401	101	6317	4581
6	1	3	445	11	434	47	3223	1824
6		2	401	2	399	50	5734	4422
4		1	305	17	288	53	1452	716
4		5	293	4	289	93	2751	1611
7		1	786	13	773	170	4418	1540
5		2	882	2	880	89	4532	1668
5			644	5	639	66	4900	2846
2	1		486	8	478	77	2380	837
15	**3**	**8**	**1331**	**72**	**1259**	**247**	**3689**	**534**
			4	1	3			
			1		1			
			1		1			
			2	1	1			
8	2	6	729	45	684	162	2235	273
2			117	10	107	30	291	27
3	1	5	106	12	94	37	358	31
3		1	411	7	404	85	1379	173
	1		95	16	79	10	207	42
			57	2	55	9	146	15
			8		8	1	40	6
			27	1	26	6	65	5
			22	1	21	2	41	4
			10	2	8	5	10	
			5	1	4		4	
			3		3	2	2	
			2	1	1	3	4	
			2	1	1		8	
			2	1	1		8	
6			294	10	284	31	699	114
5			71	2	69	8	216	43
1			223	8	215	23	483	71
	1		78	5	73	16	228	72
			19	4	15	6	77	40
	1		59	1	58	10	151	32
1		2	158	6	152	24	363	60
1			2	1	1	3	12	4
		2	156	5	151	21	351	56
11	**2**	**9**	**905**	**8**	**897**	**138**	**6889**	**4373**
6	1	5	443	8	435	88	2327	1217
1		2	246	5	241	51	634	219
1		3	152	2	150	23	1352	801
4	1		45	1	44	14	341	197

1-11 续表 7

行业中类	法人单位数(个)	内资	国有	集体	股份合作	联营	国有联营
餐饮业	5820	5777	65	19	13	11	1
正餐服务	4516	4493	32	12	11	10	1
快餐服务	294	284	5	2			
饮料及冷饮服务	384	383		1	1		
其他餐饮业	626	617	28	4	1	1	
信息传输、软件和信息技术服务业	**5672**	**5628**	**320**	**29**	**9**	**8**	**3**
电信、广播电视和卫星传输服务	1007	995	244	15	3	5	1
电信	510	498	27	3	1	4	
广播电视传输服务	487	487	216	12	2	1	1
卫星传输服务	10	10	1				
互联网和相关服务	1022	1022	27		3	1	
互联网接入及相关服务	95	95				1	
互联网信息服务	793	793	25		3		
其他互联网服务	134	134	2				
软件和信息技术服务业	3643	3611	49	14	3	2	2
软件开发	2004	1983	4		1		
信息系统集成服务	474	470	6	1	1		
信息技术咨询服务	679	673	11	10		1	1
数据处理和存储服务	66	66	23	2			
集成电路设计	28	27					
其他信息技术服务业	392	392	5	1	1	1	1
金融业	**1054**	**1035**	**51**	**19**	**78**	**2**	**2**
货币金融服务	549	542	40	18	78		
中央银行服务	15	15	14				
货币银行服务	310	304	23	18	77		
非货币银行服务	223	222	2		1		
银行监管服务	1	1	1				
资本市场服务	14	14	1				
证券市场服务	3	3					
期货市场服务	4	4					
证券期货监管服务	4	4	1				
资本投资服务	2	2					
其他资本市场服务	1	1					
保险业	445	434	8	1		2	2
人身保险	196	187	5			1	1
财产保险	209	207	2	1		1	1
再保险							
养老金	6	6					
保险经纪与代理服务	28	28					
保险监管服务	1	1	1				
其他保险活动	5	5					
其他金融业	46	45	2				
金融信托与管理服务	1	1					
控股公司服务							
非金融机构支付服务	8	7					
金融信息服务	33	33	2				
其他未列明金融业	4	4					
房地产业	**11361**	**11167**	**294**	**119**	**27**	**9**	**2**
房地产业	11361	11167	294	119	27	9	2
房地产开发经营	5930	5769	98	11	15	3	

集体联营	国有与集体联营	其他联营	有限责任公司	国有独资	其他有限责任公司	股份有限公司	私营	私营独资
5	1	4	462		462	50	4562	3156
4	1	4	353		353	39	3579	2466
			16		16	4	226	172
			21		21	2	304	212
1			72		72	5	453	306
2		**3**	**1542**	**61**	**1481**	**168**	**3275**	**515**
2		2	229	52	177	65	327	174
2		2	107	24	83	41	256	147
			122	28	94	23	63	27
						1	8	
		1	207	7	200	23	651	261
		1	27		27	3	59	20
			156	5	151	16	500	192
			24	2	22	4	92	49
			1106	2	1104	80	2297	80
			603		603	39	1324	27
			130		130	11	316	8
			226		226	16	382	28
			11		11		29	
			9		9	1	17	2
			127	2	125	13	229	15
			177	**24**	**153**	**502**	**196**	**19**
			97	14	83	163	143	16
						1		
			29	13	16	154	2	
			68	1	67	8	141	16
			6		6	2	2	
			1		1	2		
			4		4			
			1		1		1	
							1	
			61	8	53	331	29	
			18	1	17	155	8	
			23	5	18	169	9	
			1		1	5		
			16	2	14	1	11	
			3		3	1	1	
			13	2	11	6	22	3
			1		1			
			2		2	2	2	
			8		8	2	20	3
			2	2		2		
3	**1**	**3**	**4052**	**134**	**3918**	**553**	**5897**	**205**
3	1	3	4052	134	3918	553	5897	205
	1	2	2353	90	2263	355	2896	47

1-11 续表 8

行业中类	法人单位数(个)	内资	国有	集体	股份合作	联营	国有联营
物业管理	3397	3375	37	18	9	2	
房地产中介服务	1342	1339	25	9	2		
自有房地产经营活动	209	204	50	61	1	4	2
其他房地产业	483	480	84	20			
租赁和商务服务业	**24175**	**24109**	**1571**	**328**	**58**	**44**	**4**
租赁业	1503	1499	14	6	3	2	
机械设备租赁	1422	1420	12	4	3		
文化及日用品出租	81	79	2	2		2	
商务服务业	22672	22610	1557	322	55	42	4
企业管理服务	5275	5250	644	84	10	5	1
法律服务	971	971	191	18	11	8	
咨询与调查	4156	4136	149	19	4	1	1
广告业	4041	4039	18	7	6	2	1
知识产权服务	139	139	9				
人力资源服务	1606	1605	195	29	7	6	
旅行社及相关服务	1254	1251	46	11	7	3	
安全保护服务	341	341	15	7			
其他商务服务业	4889	4878	290	147	10	17	1
科学研究和技术服务业	**13489**	**13468**	**3591**	**210**	**17**	**35**	**9**
研究和试验发展	2494	2488	331	14	4	6	1
自然科学研究和试验发展	342	342	38	2		1	
工程和技术研究和试验发展	1382	1378	37	4	1	2	1
农业科学研究和试验发展	486	485	191	6	1	1	
医学研究和试验发展	160	159	9		2		
社会人文科学研究	124	124	56	2		2	
专业技术服务业	5695	5688	1690	99	8	12	4
气象服务	164	164	144	1		1	1
地震服务	47	47	40				
海洋服务	4	4	3				
测绘服务	166	166	80	4			
质检技术服务	696	694	398	19	2	3	1
环境与生态监测	162	162	82	2			
地质勘查	182	181	84				
工程技术	2271	2268	539	25	2	4	1
其他专业技术服务业	2003	2002	320	48	4	4	1
科技推广和应用服务业	5300	5292	1570	97	5	17	4
技术推广服务	4573	4568	1427	89	3	11	1
科技中介服务	323	321	64	4		1	
其他科技推广和应用服务业	404	403	79	4	2	5	3
水利、环境和公共设施管理业	**3866**	**3859**	**2201**	**138**	**4**	**9**	**2**
水利管理业	1707	1707	1309	103	1	1	1
防洪除涝设施管理	239	239	186	21			
水资源管理	200	200	122	14			
天然水收集与分配	603	603	490	40	1		
水文服务	51	51	40	2			
其他水利管理业	614	614	471	26		1	1
生态保护和环境治理业	402	400	167	8	1		
生态保护	184	184	134	6			
环境治理业	218	216	33	2	1		

集体联营	国有与集体联营	其他联营	有限责任公司	国有独资	其他有限责任公司	股份有限公司	私营	私营独资
1		1	1108	24	1084	139	1947	91
			426	2	424	39	806	53
2			41	6	35	4	40	4
			124	12	112	16	208	10
19	**6**	**15**	**6823**	**338**	**6485**	**695**	**13140**	**1325**
		2	294	3	291	46	1027	246
			283	3	280	44	977	218
		2	11		11	2	50	28
19	6	13	6529	335	6194	649	12113	1079
1	2	1	1740	258	1482	152	2406	68
2		6	41	1	40	7	290	60
			1335	9	1326	105	2347	113
1			1108	7	1101	86	2678	447
			34		34	5	83	3
3	1	2	375	3	372	50	855	80
1		2	390	25	365	59	690	46
			100	8	92	18	186	20
11	3	2	1406	24	1382	167	2578	242
15	**4**	**7**	**2101**	**54**	**2047**	**223**	**5182**	**543**
2	1	2	475	4	471	46	1476	34
		1	69	1	68	8	211	2
1			310	1	309	20	981	10
1			60		60	12	174	9
			28	1	27	4	95	10
	1	1	8	1	7	2	15	3
5		3	1153	45	1108	122	2297	370
			6	1	5	1	6	
			1		1			
							1	
			22	1	21	2	47	4
1		1	67	2	65	13	156	16
			17	1	16		41	5
			31	3	28	2	60	2
3			601	32	569	79	928	51
1		2	408	5	403	25	1058	292
8	3	2	473	5	468	55	1409	139
8	1	1	348	4	344	41	1053	109
	1		46	1	45	3	167	14
	1	1	79		79	11	189	16
5	**2**		**383**	**63**	**320**	**67**	**734**	**93**
			42	9	33	11	70	13
			5	2	3	2	5	1
			12	2	10		15	2
			4	2	2	2	10	5
						3	2	
			21	3	18	4	38	5
			57	10	47	9	127	17
			7		7		18	2
			50	10	40	9	109	15

1-11 续表 9

行业中类	法人单位数(个)	内资	国有	集体	股份合作	联营	国有联营
公共设施管理业	1757	1752	725	27	2	8	1
市政设施管理	333	332	201	2			
环境卫生管理	298	298	189	10	1	2	1
城乡市容管理	124	124	72	2		1	
绿化管理	505	504	113	4		2	
公园和游览景区管理	497	494	150	9	1	3	
居民服务、修理和其他服务业	**7827**	**7803**	**239**	**69**	**14**	**12**	**1**
居民服务业	3509	3492	179	36	6	7	1
家庭服务	411	409	2	1		2	
托儿所服务	130	130	5		1		
洗染服务	172	172					
理发及美容服务	904	901	2	4			
洗浴服务	282	277		1	1		
保健服务	264	260	1		1	1	
婚姻服务	256	256	22				
殡葬服务	161	159	68	2		1	1
其他居民服务业	929	928	79	28	3	3	
机动车、电子产品和日用产品修理业	3125	3120	27	19	5	5	
汽车、摩托车修理与维护	2025	2022	21	17	5	3	
计算机和办公设备维修	279	278	4			1	
家用电器修理	625	624	1	2			
其他日用产品修理业	196	196	1			1	
其他服务业	1193	1191	33	14	3		
清洁服务	710	710	11	1			
其他未列明服务业	483	481	22	13	3		
教育	**21741**	**21734**	**8877**	**297**	**128**	**53**	**7**
教育	21741	21734	8877	297	128	53	7
学前教育	8844	8843	437	107	49	29	3
初等教育	4645	4645	4155	80	8	4	2
中等教育	3883	3881	3247	51	26	3	
高等教育	272	272	180	3	1		
特殊教育	97	97	52	1			
技能培训、教育辅助及其他教育	4000	3996	806	55	44	17	2
卫生和社会工作	**16035**	**16028**	**5581**	**3035**	**51**	**74**	**19**
卫生	13779	13774	4470	2809	48	67	19
医院	1410	1409	633	75	32	15	4
社区医疗与卫生院	9247	9246	2300	2281	10	42	12
门诊部(所)	1478	1476	141	404	3	7	1
计划生育技术服务活动	874	874	807	22		2	1
妇幼保健院(所、站)	141	140	133	1	1		
专科疾病防治院(所、站)	112	112	90	3			
疾病预防控制中心	271	271	246	6			
其他卫生活动	246	246	120	17	2	1	1
社会工作	2256	2254	1111	226	3	7	
提供住宿社会工作	1975	1974	928	217	3	7	
不提供住宿社会工作	281	280	183	9			
文化、体育和娱乐业	**14474**	**14441**	**1833**	**101**	**26**	**31**	**8**
新闻和出版业	250	249	124	9			
新闻业	60	60	38				
出版业	190	189	86	9			

集体联营	国有与集体联营	其他联营	有限责任公司	国有独资	其他有限责任公司	股份有限公司	私营	私营独资
5	2		284	44	240	47	537	63
			54	19	35	5	54	4
1			24	4	20	3	44	2
	1		8		8	1	20	
2			115	2	113	18	227	11
2	1		83	19	64	20	192	46
8	**1**	**2**	**829**	**12**	**817**	**109**	**5736**	**3436**
4		2	345	8	337	36	2454	1522
1		1	79		79	6	285	118
			2		2		46	32
			10		10	1	149	117
			37		37	2	770	616
			23	1	22	3	233	148
1			26		26	2	203	124
			20		20	3	190	124
			20	1	19	1	52	11
2		1	128	6	122	18	526	232
4	1		239	2	237	29	2510	1738
3			159		159	23	1614	1050
	1		42	1	41	3	207	114
			27		27	3	517	432
1			11	1	10		172	142
			245	2	243	44	772	176
			148	2	146	17	501	135
			97		97	27	271	41
20	**4**	**22**	**297**	**4**	**293**	**60**	**5010**	**3513**
20	4	22	297	4	293	60	5010	3513
11	1	14	40	1	39	11	3338	2699
1		1	3		3		78	52
2	1		6		6	4	171	111
			2		2	2	22	12
			2		2	2	9	4
6	2	7	244	3	241	41	1392	635
27	**8**	**20**	**90**	**4**	**86**	**31**	**1139**	**822**
25	5	18	75	4	71	30	1059	780
4	2	5	53	2	51	23	344	154
19	2	9	7	1	6	2	377	349
2		4	10		10	3	283	252
	1							
							3	3
							12	8
							2	1
			5	1	4	2	38	13
2	3	2	15		15	1	80	42
2	3	2	13		13	1	72	37
			2		2		8	5
4	**1**	**18**	**650**	**49**	**601**	**120**	**9181**	**7024**
			36	7	29	8	37	5
			5	1	4		2	
			31	6	25	8	35	5

1-11 续表 10

行业中类	法人单位数(个)	内资	国有	集体	股份合作	联营	国有联营
广播、电视、电影和影视录音制作业	838	834	476	17	1	3	2
广播	148	148	120	4			
电视	276	276	218	5		1	1
电影和影视节目制作	91	91	12				
电影和影视节目发行	30	29	11				
电影放映	279	276	112	8	1	2	1
录音制作	14	14	3				
文化艺术业	2605	2603	1101	63	4	11	3
文艺创作与表演	513	513	96	18	3	2	1
艺术表演场馆	103	102	43			1	
图书馆与档案馆	233	233	206	3			
文物及非物质文化遗产保护	233	233	175	5		2	
博物馆	52	52	37	1			
烈士陵园、纪念馆	44	44	34	2			
群众文化活动	1005	1005	469	29		2	1
其他文化艺术业	422	421	41	5	1	4	1
体育	522	516	77	7	1	1	1
体育组织	171	170	38	4		1	1
体育场馆	52	52	23				
休闲健身活动	249	244	6	1	1		
其他体育	50	50	10	2			
娱乐业	10259	10239	55	5	20	16	2
室内娱乐活动	9824	9808	14	3	20	16	2
游乐园	50	48	2				
彩票活动	28	28	18				
文化、娱乐、体育经纪代理	213	213	4	1			
其他娱乐业	144	142	17	1			
公共管理、社会保障和社会组织	**89742**	**89736**	**31213**	**549**	**15**	**89**	**8**
中国共产党机关	1963	1963	1951				
中国共产党机关	1963	1963	1951				
国家机构	26643	26643	25546	153	2	14	5
国家权力机构	431	431	423			1	
国家行政机构	25495	25495	24435	151	2	13	5
人民法院和人民检察院	360	360	358	1			
其他国家机构	357	357	330	1			
人民政协、民主党派	309	309	296				
人民政协	184	184	182				
民主党派	125	125	114				
社会保障	785	785	683	25			
社会保障	785	785	683	25			
群众团体、社会团体和其他成员组织	13844	13838	2737	371	13	75	3
群众团体	1386	1385	801	26		4	
社会团体	9567	9563	1829	253	13	51	3
基金会	105	105	26	2			
宗教组织	2786	2785	81	90		20	
基层群众自治组织	46198	46198					
社区自治组织	4420	4420					
村民自治组织	41778	41778					
国际组织							

集体联营	国有与集体联营	其他联营	有限责任公司	国有独资	其他有限责任公司	股份有限公司	私营	私营独资
1			125	19	106	13	162	21
			11		11		5	1
			23	5	18		16	1
			29	3	26	3	41	5
			8		8	1	8	1
1			51	11	40	8	85	12
			3		3	1	7	1
2	1	5	231	20	211	25	483	82
	1		53	14	39	6	147	48
		1	8		8	2	8	1
			1		1		3	1
		2	6	2	4	1	13	2
			2		2		4	
			1		1	1	1	
1			62	1	61	4	100	10
1		2	98	3	95	11	207	20
			46	3	43	7	201	72
			5		5		17	2
			5	1	4		15	6
			28	1	27	7	155	62
			8	1	7		14	2
1		13	212		212	67	8298	6844
1		13	142		142	56	8029	6802
			6		6		40	9
			45		45	7	153	9
			19		19	4	76	24
35	**4**	**42**	**26**	**7**	**19**	**15**	**228**	**108**
4	3	2						
	1							
4	2	2						
			2	1	1		6	2
			2	1	1		6	2
31	1	40	24	6	18	15	222	106
1		3	9	4	5	7	8	6
21	1	26	15	2	13	8	135	77
9		11					79	23

1-11 续表 11

行业中类	私营合伙	私营有限责任公司	私营股份有限公司	其他	港、澳、台商投资	港澳台商合资经营
总　计	**14543**	**94157**	**8077**	**96294**	**930**	**432**
按国民经济行业分类分组						
农、林、牧、渔业	**102**	**821**	**115**	**4374**	**2**	
农业		5		3		
谷物种植						
豆类、油料和薯类种植						
棉、麻、糖、烟草种植				2		
蔬菜、食用菌及园艺作物种植		3		1		
水果种植		1				
坚果、含油果、香料和饮料作物种植						
中药材种植						
其他农业		1				
林业			1			
林木育种和育苗						
造林和更新						
森林经营和管护						
木材和竹材采运						
林产品采集			1			
畜牧业		6		13		
牲畜饲养		3		13		
家禽饲养		2				
狩猎和捕捉动物						
其他畜牧业		1				
渔业		1		1		
水产养殖		1		1		
水产捕捞						
农、林、牧、渔服务业	102	809	114	4357	2	
农业服务业	62	556	77	2643	2	
林业服务业	7	96	18	702		
畜牧服务业	24	117	12	708		
渔业服务业	9	40	7	304		
采矿业	**1663**	**1662**	**210**	**427**	**7**	**5**
煤炭开采和洗选业	472	288	39	67	3	3
烟煤和无烟煤开采洗选	452	258	37	62	2	2
褐煤开采洗选	1	4	1			
其他煤炭采选	19	26	1	5	1	1
石油和天然气开采业		1				
石油开采		1				
天然气开采						
黑色金属矿采选业	77	313	40	28	1	
铁矿采选	35	113	22	15	1	
锰矿、铬矿采选	31	149	13	10		
其他黑色金属矿采选	11	51	5	3		
有色金属矿采选业	111	417	41	17		
常用有色金属矿采选	96	330	28	16		
贵金属矿采选	8	28	3	1		
稀有稀土金属矿采选	7	59	10			
非金属矿采选业	992	595	84	301	3	2
土砂石开采	968	508	73	288	3	2
化学矿开采	3	19	2	2		
采盐						
石棉及其他非金属矿采选	21	68	9	11		

港澳台商合作经营	港澳台商独 资	港澳台商投资股份有限公司	其他港澳台商投资	外商投资企 业	中外合资经 营	中外合作经 营	外资企业	外商投资股份有限公 司	其他外商投 资
41	**406**	**40**	**11**	**774**	**356**	**36**	**293**	**28**	**61**
2				**4**			**2**		**2**
2				4			2		2
2				2			1		1
				2			1		1
	1	**1**		**10**	**5**	**1**	**1**	**1**	**2**
				1				1	
				1				1	
		1		2	2				
		1							
				2	2				
				4	2	1			1
				2	2				
				1		1			
				1					1
	1			3	1		1		1
	1			3	1		1		1

1-11 续表 12

行业中类	私营合伙	私营有限责任公司	私营股份有限公司	其他	港、澳、台商投资	港澳台商合资经营
开采辅助活动	5	16	5	8		
煤炭开采和洗选辅助活动	2	9	2			
石油和天然气开采辅助活动		2		2		
其他开采辅助活动	3	5	3	6		
其他采矿业	6	32	1	6		
其他采矿业	6	32	1	6		
制造业	**4875**	**20824**	**2091**	**3007**	**470**	**213**
农副食品加工业	306	1658	178	466	26	14
谷物磨制	115	402	39	118	2	1
饲料加工	14	239	25	21	9	6
植物油加工	22	173	28	65	3	2
制糖业	1	9		2		
屠宰及肉类加工	73	229	31	75	5	3
水产品加工	8	73	4	17		
蔬菜、水果和坚果加工	22	175	24	96	1	
其他农副食品加工	51	358	27	72	6	2
食品制造业	111	723	83	103	16	8
焙烤食品制造	43	149	14	21	5	1
糖果、巧克力及蜜饯制造	10	43	4	3	1	
方便食品制造	31	142	29	40		
乳制品制造	1	13	3	2	1	1
罐头食品制造	7	84	11	4	3	2
调味品、发酵制品制造	5	56	8	3	3	3
其他食品制造	14	236	14	30	3	1
酒、饮料和精制茶制造业	129	532	88	144	15	5
酒的制造	10	126	23	19	4	2
饮料制造	75	216	26	40	8	3
精制茶加工	44	190	39	85	3	
烟草制品业	2	1		104		
烟叶复烤	1	1		79		
卷烟制造						
其他烟草制品制造	1			25		
纺织业	81	368	40	51	17	4
棉纺织及印染精加工	44	166	17	12	5	2
毛纺织及染整精加工	3	6			2	
麻纺织及染整精加工	5	37	8	1		
丝绢纺织及印染精加工	1	5	1			
化纤织造及印染精加工		9	1	2		
针织或钩针编织物及其制品制造	15	51	4	8	4	
家用纺织制成品制造	10	57	7	13	3	
非家用纺织制成品制造	3	37	2	15	3	2
纺织服装、服饰业	51	418	45	61	28	2
机织服装制造	38	318	31	42	18	2
针织或钩针编织服装制造	3	32	3	4	8	
服饰制造	10	68	11	15	2	
皮革、毛皮、羽毛及其制品和制鞋业	64	330	28	29	48	8
皮革鞣制加工	4	34	2	1	1	
皮革制品制造	9	121	5	6	4	

港澳台商合作经营	港澳台商独资	港澳台商投资股份有限公司	其他港澳台商投资	外商投资企业	中外合资经营	中外合作经营	外资企业	外商投资股份有限公司	其他外商投资
18	**222**	**16**	**1**	**397**	**210**	**14**	**147**	**10**	**16**
1	9	2		22	8	2	11		1
	1								
1	1	1		11	3	2	6		
	1			2	1		1		
	2			3			3		
	1			1					1
	3	1		5	4		1		
	7		1	17	8		6	2	1
	4			2	1		1		
			1						
				2	2				
				1				1	
	1			7	5		1	1	
				1			1		
	2			4			3		1
1	9			14	9	1	4		
1	1			2			2		
	5			12	9	1	2		
	3								
	13			4	2	1	1		
	3			1	1				
	2								
				3	1	1	1		
	4								
	3								
	1								
	24	2		7	2		4	1	
	14	2		5	2		2	1	
	8			2			2		
	2								
1	39			15	4		9		2
	1			2	1		1		
	4			5	3		2		

1-11 续表 13

行业中类	私营合伙	私营有限责任公司	私营股份有限公司	其他	港、澳、台商投资	港澳台商合资经营
毛皮鞣制及制品加工	4	13		1	2	1
羽毛(绒)加工及制品制造	6	9	1	1		
制鞋业	41	153	20	20	41	7
木材加工和木、竹、藤、棕、草制品业	461	820	97	192	9	6
木材加工	199	253	31	97	1	1
人造板制造	98	270	32	25	5	5
木制品制造	63	139	15	24	1	
竹、藤、棕、草等制品制造	101	158	19	46	2	
家具制造业	86	348	35	111	4	2
木质家具制造	64	264	24	79	2	1
竹、藤家具制造	8	18	3	4	1	
金属家具制造	4	17	3	9		
塑料家具制造		8	1	1		
其他家具制造	10	41	4	18	1	1
造纸和纸制品业	131	458	57	64	9	6
纸浆制造	2	8	2	1		
造纸	61	218	26	33	5	3
纸制品制造	68	232	29	30	4	3
印刷和记录媒介复制业	95	573	30	105	11	10
印刷	82	514	25	85	10	9
装订及印刷相关服务	13	57	5	20	1	1
记录媒介复制		2				
文教、工美、体育和娱乐用品制造业	60	385	29	62	20	2
文教办公用品制造	2	58	5	9	1	
乐器制造	1	6				
工艺美术品制造	35	256	21	40	11	1
体育用品制造	2	32	1	2	2	
玩具制造	19	28	2	11	6	1
游艺器材及娱乐用品制造	1	5				
石油加工、炼焦和核燃料加工业	4	57	6	4	1	
精炼石油产品制造	2	42	4	2	1	
炼焦	2	15	1	1		
核燃料加工			1	1		
化学原料和化学制品制造业	680	1673	227	196	37	21
基础化学原料制造	45	337	57	6	5	3
肥料制造	16	162	15	10	2	
农药制造	2	58	12	1	1	1
涂料、油墨、颜料及类似产品制造	16	143	24	10	5	2
合成材料制造	11	106	4	6	2	1
专用化学产品制造	60	286	32	14	3	2
炸药、火工及焰火产品制造	521	494	77	142	14	9
日用化学产品制造	9	87	6	7	5	3
医药制造业	13	374	46	12	13	10
化学药品原料药制造	1	55	9	3	2	2
化学药品制剂制造	1	24	6		3	2
中药饮片加工	3	59	3	4		
中成药生产	4	67	12	3	4	4
兽用药品制造		34	6			
生物药品制造	3	95	9	2	3	1
卫生材料及医药用品制造	1	40	1		1	1

港澳台商合作经营	港澳台商独资	港澳台商投资股份有限公司	其他港澳台商投资	外商投资企业	中外合资经营	中外合作经营	外资企业	外商投资股份有限公司	其他外商投资
	1								
1	33			8			6		2
	3			13	3	1	8	1	
				4			4		
				1		1			
	1			1			1		
	2			7	3		3	1	
1	1			1			1		
1				1			1		
	1								
	3			5	2	1	2		
	2			5	2	1	2		
	1								
	1			3	1				2
	1			3	1				2
1	16	1		7	1		6		
	1			1			1		
1	8	1		3	1		2		
	2			1			1		
	5			2			2		
		1		1	1				
		1		1	1				
4	9	3		44	33	1	9		1
	2			12	9		3		
1	1			2	2				
1	2			7	5		2		
	1			1	1				
		1		5	4		1		
2	2	1		16	12	1	2		1
	1	1		1			1		
1	1	1		13	11	1	1		
				2	1		1		
	1			1	1				
				2	2				
				2	2				
1		1		5	4	1			
				1	1				

1-11 续表 14

行业中类	私营合伙	私营有限责任公司	私营股份有限公司	其他	港、澳、台商投资	港澳台商合资经营
化学纤维制造业	2	15	2	2	2	2
纤维素纤维原料及纤维制造		6		1		
合成纤维制造	2	9	2	1	2	2
橡胶和塑料制品业	83	677	48	78	17	7
橡胶制品业	10	129	9	15	2	
塑料制品业	73	548	39	63	15	7
非金属矿物制品业	1792	2639	282	664	37	24
水泥、石灰和石膏制造	91	246	35	44	1	1
石膏、水泥制品及类似制品制造	262	632	74	192	4	2
砖瓦、石材等建筑材料制造	1301	876	103	371	9	5
玻璃制造	5	60	4	4		
玻璃制品制造	12	106	4	6	2	
玻璃纤维和玻璃纤维增强塑料制品制造	4	30	2	5	2	1
陶瓷制品制造	62	351	28	18	18	14
耐火材料制品制造	21	107	6	5		
石墨及其他非金属矿物制品制造	34	231	26	19	1	1
黑色金属冶炼和压延加工业	144	620	76	39	9	6
炼铁	46	35	10	4	1	
炼钢	4	5	2			
黑色金属铸造	35	190	23	24	2	2
钢压延加工	23	73	8	6	1	1
铁合金冶炼	36	317	33	5	5	3
有色金属冶炼和压延加工业	53	856	76	29	20	12
常用有色金属冶炼	33	358	40	12	6	5
贵金属冶炼	2	110	10	2	2	1
稀有稀土金属冶炼	4	59	8	1	1	1
有色金属合金制造	5	129	12	2	6	3
有色金属铸造	1	20				
有色金属压延加工	8	180	6	12	5	2
金属制品业	121	1086	69	113	9	3
结构性金属制品制造	52	439	31	51	1	
金属工具制造	27	164	10	15	2	
集装箱及金属包装容器制造	5	36	1	5		
金属丝绳及其制品制造	3	24	4	1	2	
建筑、安全用金属制品制造	6	126	6	14		
金属表面处理及热处理加工	4	40	1	2		
搪瓷制品制造	1	7	1			
金属制日用品制造	7	69	7	8	1	1
其他金属制品制造	16	181	8	17	3	2
通用设备制造业	108	1718	144	105	18	12
锅炉及原动设备制造	3	90	8	2	2	1
金属加工机械制造	34	479	36	42	3	2
物料搬运设备制造	2	83	3	3	3	2
泵、阀门、压缩机及类似机械制造	12	190	19	9	3	2
轴承、齿轮和传动部件制造	8	64	7	3	2	2
烘炉、风机、衡器、包装等设备制造	5	144	12	12	3	2
文化、办公用机械制造	1	24	5	1	1	
通用零部件制造	37	467	44	27	1	1
其他通用设备制造业	6	177	10	6		

港澳台商合作经营	港澳台商独资	港澳台商投资股份有限公司	其他港澳台商投资	外商投资企业	中外合资经营	中外合作经营	外资企业	外商投资股份有限公司	其他外商投资
				2			2		
				1			1		
				1			1		
3	7			14	8	1	3	2	
1	1			3	1		2		
2	6			11	7	1	1	2	
1	12			31	15	2	8	1	5
				1			1		
	2			5	3	1	1		
	4			8	1		2		5
				1			1		
	2								
1				1		1			
	4			12	8		3	1	
				3	3				
1	2			9	7		2		
1				1			1		
				2	2				
				1	1				
				4	3		1		
	2			1	1				
2	6			10	6		3	1	
	1			3			3		
1									
				3	3				
	3			1	1				
				1				1	
1	2			2	2				
	5	1		8	6		2		
	1			1	1				
	1	1		4	2		2		
	2								
	1			3	3				
1	5			20	16	1	2		1
1									
	1			4	3	1			
	1			4	4				
	1			3	2				1
				1	1				
	1			5	3		2		
	1								
				1	1				
				2	2				

1-11 续表 15

行业中类	私营合伙	私营有限责任公司	私营股份有限公司	其他	港、澳、台商投资	港澳台商合资经营
专用设备制造业	96	1505	133	104	16	8
采矿、冶金、建筑专用设备制造	22	327	35	14	3	2
化工、木材、非金属加工专用设备制造	22	193	16	19	2	1
食品、饮料、烟草及饲料生产专用设备制造	8	55	3	4	2	2
印刷、制药、日化及日用品生产专用设备制造	12	112	11	4	1	1
纺织、服装和皮革加工专用设备制造	1	23	4	1	2	1
电子和电工机械专用设备制造	5	160	23	9	3	
农、林、牧、渔专用机械制造	16	169	15	29	1	1
医疗仪器设备及器械制造	4	154	5	6		
环保、社会公共服务及其他专用设备制造	6	312	21	18	2	
汽车制造业	16	318	30	16	15	9
汽车整车制造		2	1	1		
改装汽车制造	3	9	1			
低速载货汽车制造		3				
电车制造		2				
汽车车身、挂车制造	4	26		2		
汽车零部件及配件制造	9	276	28	13	15	9
铁路、船舶、航空航天和其他运输设备制造业	13	193	23	4	4	4
铁路运输设备制造	2	91	14	1	1	1
城市轨道交通设备制造		2	1		1	1
船舶及相关装置制造	9	53	7	2		
航空、航天器及设备制造		6				
摩托车制造		15	1		2	2
自行车制造		6				
非公路休闲车及零配件制造		3				
潜水救捞及其他未列明运输设备制造	2	17		1		
电气机械和器材制造业	59	1064	86	48	20	7
电机制造	8	122	9	4	2	
输配电及控制设备制造	21	376	28	18	5	1
电线、电缆、光缆及电工器材制造	12	161	19	10	4	1
电池制造	5	55	5	4	5	3
家用电力器具制造	6	80	6	4	1	1
非电力家用器具制造	3	67	6	2		
照明器具制造	2	87	8	4	2	
其他电气机械及器材制造	2	116	5	2	1	1
计算机、通信和其他电子设备制造业	34	673	61	26	41	15
计算机制造		77	6	5	2	1
通信设备制造	1	62	4	4	7	2
广播电视设备制造	1	31	5			
雷达及配套设备制造		3	1			
视听设备制造	1	8	1		1	1
电子器件制造	3	95	10	2	3	2
电子元件制造	20	260	26	7	23	8
其他电子设备制造	8	137	8	8	5	1
仪器仪表制造业	10	255	15	6	6	4
通用仪器仪表制造	4	156	11	3	4	2
专用仪器仪表制造		64	3	1	2	2
钟表与计时仪器制造	2	1				
光学仪器及眼镜制造	1	10	1	2		
其他仪器仪表制造业	3	24				

港澳台商合作经营	港澳台商独资	港澳台商投资股份有限公司	其他港澳台商投资	外商投资企业	中外合资经营	中外合作经营	外资企业	外商投资股份有限公司	其他外商投资
	8			26	14		12		
	1			6	2		4		
	1			7	3		4		
				2	1		1		
	1								
	3			2	2				
				2	2				
				5	2		3		
	2			2	2				
	5	1		35	21		13	1	
				3	3				
				1			1		
	5	1		31	18		12	1	
				14	7		7		
				3	3				
				2	1		1		
				2	2				
				6	1		5		
				1			1		
	11	2		20	11	1	6	1	1
	1	1		2	1		1		
	3	1		3	1	1	1		
	3			2	1			1	
	2			3	2		1		
				4	2		1		1
				1	1				
	2			1			1		
				4	3		1		
	24	2		34	10	1	22		1
		1		1			1		
	4	1		3	3				
				2	1		1		
				3	1		2		
	1			13	4	1	8		
	15			6	1		5		
	4			6			5		1
	2			2	2				
	2			1	1				
				1	1				

1-11 续表 16

行业中类	私营合伙	私营有限责任公司	私营股份有限公司	其他	港、澳、台商投资	港澳台商合资经营
其他制造业	50	174	29	37		
日用杂品制造	8	55	13	12		
煤制品制造	31	33	7	20		
核辐射加工						
其他未列明制造业	11	86	9	5		
废弃资源综合利用业	10	224	25	20	2	2
金属废料和碎屑加工处理	5	159	17	13	2	2
非金属废料和碎屑加工处理	5	65	8	7		
金属制品、机械和设备修理业	10	89	3	12		
金属制品修理	1	7	1			
通用设备修理	3	19	1	4		
专用设备修理	1	15		1		
铁路、船舶、航空航天等运输设备修理		10	1	2		
电气设备修理		6		2		
仪器仪表修理		4				
其他机械和设备修理业	5	28		3		
电力、热力、燃气及水生产和供应业	**1440**	**796**	**296**	**332**	**33**	**18**
电力、热力生产和供应业	1324	556	277	226	20	11
电力生产	1312	507	270	216	19	10
电力供应	12	39	5	10	1	1
热力生产和供应		10	2			
燃气生产和供应业	8	87	9	16	6	4
燃气生产和供应业	8	87	9	16	6	4
水的生产和供应业	108	153	10	90	7	3
自来水生产和供应	106	110	10	82	3	1
污水处理及其再生利用		32		6	4	2
其他水的处理、利用与分配	2	11		2		
建筑业	**158**	**3620**	**295**	**187**	**13**	**10**
房屋建筑业	89	779	102	47	5	4
房屋建筑业	89	779	102	47	5	4
土木工程建筑业	26	585	34	32	4	2
铁路、道路、隧道和桥梁工程建筑	9	234	11	8		
水利和内河港口工程建筑	8	50	3	4		
海洋工程建筑		1				
工矿工程建筑		29	3			
架线和管道工程建筑		72	5		2	1
其他土木工程建筑	9	199	12	20	2	1
建筑安装业	13	458	28	13		
电气安装	2	120	9	4		
管道和设备安装	4	85	5	5		
其他建筑安装业	7	253	14	4		
建筑装饰和其他建筑业	30	1798	131	95	4	4
建筑装饰业	21	1237	89	81	4	4
工程准备活动	1	131	9	4		
提供施工设备服务	3	94	8	5		
其他未列明建筑业	5	336	25	5		
批发和零售业	**2122**	**35282**	**2619**	**8532**	**85**	**33**
批发业	739	22058	1564	5074	33	15
农、林、牧产品批发	87	1029	101	2336	4	3
食品、饮料及烟草制品批发	96	2326	136	1667	7	1
纺织、服装及家庭用品批发	60	1784	138	151	3	2

				外商投资企业					
港澳台商合作经营	港澳台商独资	港澳台商投资股份有限公司	其他港澳台商投资		中外合资经营	中外合作经营	外资企业	外商投资股份有限公司	其他外商投资
				3	2		1		
				1			1		
				1	1				
				1	1				
				1			1		
				1			1		
				2			1		1
				1			1		
				1					1
2	**11**	**1**	**1**	**20**	**16**	**1**	**1**	**1**	**1**
1	6	1	1	11	8	1		1	1
1	6	1	1	9	7	1			1
				2	1			1	
1	1			6	6				
1	1			6	6				
	4			3	2		1		
	2			2	2				
	2			1			1		
	3			**9**	**3**		**2**		**4**
	1			4	1				3
	1			4	1				3
	2			1			1		
	1			1			1		
	1								
				4	2		1		1
				3	2				1
				1			1		
2	**31**	**14**	**5**	**106**	**35**	**8**	**46**	**4**	**13**
2	12	3	1	51	16	4	23	3	5
1				5	2	1	1		1
	4	2		9	1		7	1	
1				2	1		1		

1-11 续表 17

行业中类	私营合伙	私营有限责任公司	私营股份有限公司	其他	港、澳、台商投资	港澳台商合资经营
文化、体育用品及器材批发	20	695	53	38	4	2
医药及医疗器材批发	22	812	71	110	1	1
矿产品、建材及化工产品批发	338	7061	491	414	8	4
机械设备、五金产品及电子产品批发	54	5906	373	159	4	
贸易经纪与代理	9	711	55	67	2	2
其他批发业	53	1734	146	132		
零售业	1383	13224	1055	3458	52	18
综合零售	255	1369	112	594	7	1
食品、饮料及烟草制品专门零售	88	1248	63	586	2	
纺织、服装及日用品专门零售	143	1072	97	582	9	4
文化、体育用品及器材专门零售	53	636	47	123	1	1
医药及医疗器材专门零售	282	760	98	401	14	4
汽车、摩托车、燃料及零配件专门零售	210	2448	220	255	5	3
家用电器及电子产品专门零售	92	2598	174	307	4	2
五金、家具及室内装饰材料专门零售	141	1796	117	422	3	
货摊、无店铺及其他零售业	119	1297	127	188	7	3
交通运输、仓储和邮政业	**281**	**2612**	**262**	**270**	**18**	**9**
铁路运输业						
铁路旅客运输						
铁路货物运输						
铁路运输辅助活动						
道路运输业	210	1568	184	157	12	7
城市公共交通运输	11	210	43	7	3	1
公路旅客运输	112	176	39	44	1	1
道路货物运输	56	1063	87	51	4	3
道路运输辅助活动	31	119	15	55	4	2
水上运输业	17	104	10	12	1	
水上旅客运输	7	24	3	4		
水上货物运输	5	48	7	3		
水上运输辅助活动	5	32		5	1	
航空运输业		10				
航空客货运输		4				
通用航空服务		2				
航空运输辅助活动		4				
管道运输业	2	5	1			
管道运输业	2	5	1			
装卸搬运和运输代理业	29	515	41	49	3	1
装卸搬运	18	143	12	21		
运输代理业	11	372	29	28	3	1
仓储业	10	138	8	17	1	1
谷物、棉花等农产品仓储	5	31	1	12		
其他仓储业	5	107	7	5	1	1
邮政业	13	272	18	35	1	
邮政基本服务	2	5	1	10	1	
快递服务	11	267	17	25		
住宿和餐饮业	**789**	**1533**	**194**	**846**	**53**	**31**
住宿业	336	684	90	251	33	21
旅游饭店	69	315	31	69	22	16
一般旅馆	219	283	49	131	7	4
其他住宿业	48	86	10	51	4	1

				外商投资企业					
港澳台商合作经营	港澳台商独资	港澳台商投资股份有限公司	其他港澳台商投资	外商投资企业	中外合资经营	中外合作经营	外资企业	外商投资股份有限公司	其他外商投资
	2			1			1		
				1	1				
	2	1	1	12	2	2	6	1	1
	4			12	5	1	4		2
				2	1		1		
				7	3		2	1	1
	19	11	4	55	19	4	23	1	8
	4		2	23	6		15		2
		1	1	5	1	1	3		
	5			4	1	1	2		
				2	2				
	1	8	1	4	1				3
	2			1					1
	2			4	2	1	1		
	2	1		8	2	1	2	1	2
	3	1		4	4				
4	**4**		**1**	**19**	**8**	**8**	**2**	**1**	
2	3			13	5	8			
1	1			1	1				
	1			3	2	1			
1	1			9	2	7			
			1						
			1						
				1	1				
				1	1				
				1	1				
				1	1				
2				3	1		1	1	
				1				1	
2				2	1		1		
				1			1		
				1			1		
	1								
	1								
3	**15**	**2**	**2**	**30**	**7**	**1**	**20**	**1**	**1**
2	6	2	2	7	2	1	4		
2	3	1		5		1	4		
	2	1		1	1				
	1		2	1	1				

1-11 续表 18

行业中类	私营合伙	私营有限责任公司	私营股份有限公司	其他	港、澳、台商投资	港澳台商合资经营
餐饮业	453	849	104	595	20	10
正餐服务	349	681	83	457	13	8
快餐服务	16	33	5	31	2	
饮料及冷饮服务	54	34	4	54	1	
其他餐饮业	34	101	12	53	4	2
信息传输、软件和信息技术服务业	**62**	**2555**	**143**	**277**	**22**	**10**
电信、广播电视和卫星传输服务	21	123	9	107	7	2
电信	14	90	5	59	7	2
广播电视传输服务	7	25	4	48		
卫星传输服务		8				
互联网和相关服务	24	339	27	110		
互联网接入及相关服务		36	3	5		
互联网信息服务	21	264	23	93		
其他互联网服务	3	39	1	12		
软件和信息技术服务业	17	2093	107	60	15	8
软件开发	3	1225	69	12	12	5
信息系统集成服务	2	297	9	5	1	1
信息技术咨询服务	4	333	17	27	2	2
数据处理和存储服务		28	1	1		
集成电路设计		15				
其他信息技术服务业	8	195	11	15		
金融业	**5**	**153**	**19**	**10**	**4**	**1**
货币金融服务	4	110	13	3	3	
中央银行服务						
货币银行服务		1	1	1	3	
非货币银行服务	4	109	12	2		
银行监管服务						
资本市场服务		2		3		
证券市场服务						
期货市场服务						
证券期货监管服务				3		
资本投资服务		1				
其他资本市场服务		1				
保险业		26	3	2		
人身保险		7	1			
财产保险		7	2	2		
再保险						
养老金						
保险经纪与代理服务		11				
保险监管服务						
其他保险活动		1				
其他金融业	1	15	3	2	1	1
金融信托与管理服务						
控股公司服务						
非金融机构支付服务		1	1	1	1	1
金融信息服务	1	14	2	1		
其他未列明金融业						
房地产业	**81**	**5078**	**533**	**216**	**135**	**59**
房地产业	81	5078	533	216	135	59
房地产开发经营	21	2504	324	38	110	52

港澳台商合作经营	港澳台商独资	港澳台商投资股份有限公司	其他港澳台商投资	外商投资企业	中外合资经营	中外合作经营	外资企业	外商投资股份有限公司	其他外商投资
1	9			23	5		16	1	1
	5			10	3		5	1	1
	2			8	1		7		
	1								
1	1			5	1		4		
1	**10**	**1**		**22**	**6**		**13**	**2**	**1**
	4	1		5			5		
	4	1		5			5		
1	6			17	6		8	2	1
1	6			9	3		4	2	
				3			3		
				4	2		1		1
				1	1				
	3			**15**	**8**	**1**	**4**	**2**	
	3			4		1	3		
	3			3			3		
				1		1			
				11	8		1	2	
				9	7			2	
				2	1		1		
5	**70**	**1**		**59**	**25**		**27**	**4**	**3**
5	70	1		59	25		27	4	3
3	54	1		51	23		24	4	

1-11 续表 19

行业中类	私营合伙	私营有限责任公司	私营股份有限公司	其他	港、澳、台商投资	港澳台商合资经营
物业管理	36	1684	136	115	16	3
房地产中介服务	13	690	50	32	3	2
自有房地产经营活动	3	32	1	3	3	1
其他房地产业	8	168	22	28	3	1
租赁和商务服务业	**509**	**10663**	**643**	**1450**	**33**	**18**
租赁业	33	706	42	107	4	3
机械设备租赁	29	689	41	97	2	2
文化及日用品出租	4	17	1	10	2	1
商务服务业	476	9957	601	1343	29	15
企业管理服务	68	2133	137	209	14	9
法律服务	162	59	9	405		
咨询与调查	93	2035	106	176	4	
广告业	37	2074	120	134	1	1
知识产权服务	10	68	2	8		
人力资源服务	17	710	48	88		
旅行社及相关服务	26	567	51	45	3	3
安全保护服务	5	152	9	15		
其他商务服务业	58	2159	119	263	7	2
科学研究和技术服务业	**122**	**4277**	**240**	**2109**	**11**	**5**
研究和试验发展	14	1365	63	136	3	
自然科学研究和试验发展	3	197	9	13		
工程和技术研究和试验发展	5	929	37	23	3	
农业科学研究和试验发展	4	149	12	40		
医学研究和试验发展	2	78	5	21		
社会人文科学研究		12		39		
专业技术服务业	70	1745	112	307	4	2
气象服务		6		5		
地震服务				6		
海洋服务		1				
测绘服务	4	39		11		
质检技术服务	10	120	10	36	1	1
环境与生态监测	1	32	3	20		
地质勘查	2	51	5	4		
工程技术	26	802	49	90	2	
其他专业技术服务业	27	694	45	135	1	1
科技推广和应用服务业	38	1167	65	1666	4	3
技术推广服务	30	864	50	1596	2	1
科技中介服务	4	143	6	36	1	1
其他科技推广和应用服务业	4	160	9	34	1	1
水利、环境和公共设施管理业	**17**	**576**	**48**	**323**	**4**	**2**
水利管理业	4	49	4	170		
防洪除涝设施管理		4		20		
水资源管理		12	1	37		
天然水收集与分配	2	2	1	56		
水文服务		2		4		
其他水利管理业	2	29	2	53		
生态保护和环境治理业	5	97	8	31		
生态保护	2	12	2	19		
环境治理业	3	85	6	12		

港澳台商合作经营	港澳台商独资	港澳台商投资股份有限公司	其他港澳台商投资	外商投资企业	中外合资经营	中外合作经营	外资企业	外商投资股份有限公司	其他外商投资
1	12			6	1		2		3
	1								
1	1			2	1		1		
	2								
1	**11**	**3**		**33**	**11**		**14**	**1**	**7**
	1								
	1								
1	10	3		33	11		14	1	7
1	4			11	6		1	1	3
	2	2		16	4		9		3
				1			1		
				1					1
	4	1		4	1		3		
	6			**10**	**5**	**1**	**3**		**1**
	3			3	3				
	3			1	1				
				1	1				
				1	1				
	2			3		1	1		1
				1			1		
				1		1			
	2			1					1
	1			4	2		2		
	1			3	1		2		
				1	1				
	2			**3**	**1**		**1**	**1**	
				2	1			1	
				2	1			1	

1-11 续表 20

行业中类	私营合伙	私营有限责任公司	私营股份有限公司	其他	港、澳、台商投资	港澳台商合资经营
公共设施管理业	8	430	36	122	4	2
市政设施管理	1	44	5	16	1	
环境卫生管理	1	41		25		
城乡市容管理	1	17	2	20		
绿化管理	1	198	17	25	1	1
公园和游览景区管理	4	130	12	36	2	1
居民服务、修理和其他服务业	**386**	**1779**	**135**	**795**	**13**	**5**
居民服务业	227	650	55	429	10	4
家庭服务	13	141	13	34	1	
托儿所服务	8	4	2	76		
洗染服务	4	27	1	12		
理发及美容服务	79	68	7	86	1	1
洗浴服务	43	37	5	16	3	
保健服务	25	49	5	26	3	2
婚姻服务	8	54	4	21		
殡葬服务	3	36	2	15	1	1
其他居民服务业	44	234	16	143	1	
机动车、电子产品和日用产品修理业	138	588	46	286	2	1
汽车、摩托车修理与维护	116	418	30	180	1	1
计算机和办公设备维修	4	82	7	21		
家用电器修理	13	65	7	74	1	
其他日用产品修理业	5	23	2	11		
其他服务业	21	541	34	80	1	
清洁服务	14	328	24	32		
其他未列明服务业	7	213	10	48	1	
教育	**883**	**525**	**89**	**7012**	**3**	**1**
教育	883	525	89	7012	3	1
学前教育	556	62	21	4832	1	
初等教育	18	4	4	317		
中等教育	45	10	5	373	2	1
高等教育	3	7		62		
特殊教育	3	2		31		
技能培训、教育辅助及其他教育	258	440	59	1397		
卫生和社会工作	**153**	**143**	**21**	**6027**	**4**	**2**
卫生	141	117	21	5216	4	2
医院	93	80	17	234		
社区医疗与卫生院	22	5	1	4227	1	1
门诊部(所)	20	10	1	625	2	1
计划生育技术服务活动				43		
妇幼保健院(所、站)				2	1	
专科疾病防治院(所、站)	2	2		7		
疾病预防控制中心		1		17		
其他卫生活动	4	19	2	61		
社会工作	12	26		811		
提供住宿社会工作	11	24		733		
不提供住宿社会工作	1	2		78		
文化、体育和娱乐业	**791**	**1245**	**121**	**2499**	**17**	**9**
新闻和出版业	3	26	3	35	1	
新闻业		2		15		
出版业	3	24	3	20	1	

港澳台商合作经营	港澳台商独资	港澳台商投资股份有限公司	其他港澳台商投资	外商投资企业	中外合资经营	中外合作经营	外资企业	外商投资股份有限公司	其他外商投资
	2			1			1		
	1								
	1			1			1		
1	**7**			**11**	**4**		**6**		**1**
1	5			7	3		3		1
1				1	1				
				2	1		1		
	3			2	1				1
	1			1			1		
				1			1		
	1								
	1			3	1		2		
				2	1		1		
				1			1		
	1								
	1			1			1		
	1			1			1		
	2			**4**	**3**				**1**
	2			4	3				1
	1								
	1								
				4	3				1
1	**1**			**3**	**1**				**2**
1	1			1	1				
				1	1				
1									
	1								
				2					2
				1					1
				1					1
1	**5**	**1**	**1**	**16**	**7**	**1**	**3**		**5**
	1								
	1								

1-11 续表 21

行业中类	私营合伙	私营有限责任公司	私营股份有限公司	其他	港、澳、台商投资	港澳台商合资经营
广播、电视、电影和影视录音制作业	6	118	17	37	4	2
广播		4		8		
电视	2	12	1	13		
电影和影视节目制作	2	32	2	6		
电影和影视节目发行	1	6		1	1	1
电影放映	1	60	12	9	3	1
录音制作		4	2			
文化艺术业	78	302	21	685	1	1
文艺创作与表演	35	58	6	188		
艺术表演场馆		5	2	40	1	1
图书馆与档案馆		2		20		
文物及非物质文化遗产保护	2	8	1	31		
博物馆	2	2		8		
烈士陵园、纪念馆		1		5		
群众文化活动	25	60	5	339		
其他文化艺术业	14	166	7	54		
体育	26	91	12	176	3	1
体育组织	2	12	1	105		
体育场馆	1	8		9		
休闲健身活动	23	62	8	46	3	1
其他体育		9	3	16		
娱乐业	678	708	68	1566	8	5
室内娱乐活动	663	505	59	1528	7	5
游乐园	1	27	3			
彩票活动				10		
文化、娱乐、体育经纪代理	3	138	3	3		
其他娱乐业	11	38	3	25	1	
公共管理、社会保障和社会组织	**104**	**13**	**3**	**57601**	**3**	**1**
中国共产党机关				12		
中国共产党机关				12		
国家机构				928		
国家权力机构				7		
国家行政机构				894		
人民法院和人民检察院				1		
其他国家机构				26		
人民政协、民主党派				13		
人民政协				2		
民主党派				11		
社会保障	4			69		
社会保障	4			69		
群众团体、社会团体和其他成员组织	100	13	3	10381	3	1
群众团体	1	1		530		
社会团体	45	10	3	7259	3	1
基金会				77		
宗教组织	54	2		2515		
基层群众自治组织				46198		
社区自治组织				4420		
村民自治组织				41778		
国际组织						

港澳台商合作经营	港澳台商独资	港澳台商投资股份有限公司	其他港澳台商投资	外商投资企业	中外合资经营	中外合作经营	外资企业	外商投资股份有限公司	其他外商投资
1	1								
1	1								
				1	1				
				1	1				
	2			3			1		2
				1					1
	2			2			1		1
	1	1	1	12	6	1	2		3
	1		1	9	3	1	2		3
				2	2				
		1		1	1				
	2			**3**	**1**		**1**		**1**
	2			3	1		1		1
				1			1		
	2			1	1				
				1					1

1-12 按行业(中类)、登记注册

行业中类	从业人员数(人)						
		内资					
			国有	集体	股份合作	联营	
							国有联营
总计	**13541601**	**13153890**	**2691001**	**305481**	**57215**	**22550**	**5012**
农、林、牧、渔业	**148179**	**147934**	**8066**	**2237**	**316**	**256**	**35**
农业	899	899	5				
谷物种植							
豆类、油料和薯类种植							
棉、麻、糖、烟草种植	266	266					
蔬菜、食用菌及园艺作物种植	359	359	5				
水果种植	108	108					
坚果、含油果、香料和饮料作物种植							
中药材种植							
其他农业	166	166					
林业	337	337	320				
林木育种和育苗							
造林和更新							
森林经营和管护	180	180	180				
木材和竹材采运	140	140	140				
林产品采集	17	17					
畜牧业	873	873	104				
牲畜饲养	723	723					
家禽饲养	40	40					
狩猎和捕捉动物							
其他畜牧业	110	110	104				
渔业	69	69					
水产养殖	69	69					
水产捕捞							
农、林、牧、渔服务业	146001	145756	7637	2237	316	256	35
农业服务业	91636	91606	3505	564	231	155	35
林业服务业	24920	24920	2989	1415	23	7	
畜牧服务业	18076	17861	694	113	12	18	
渔业服务业	11369	11369	449	145	50	76	
采矿业	**479672**	**476382**	**31614**	**36752**	**3101**	**1309**	**120**
煤炭开采和洗选业	242600	241063	27950	30528	1261	416	120
烟煤和无烟煤开采洗选	239032	237545	27950	30446	1141	416	120
褐煤开采洗选	550	550					
其他煤炭采选	3018	2968		82	120		
石油和天然气开采业	35	35					
石油开采	35	35					
天然气开采							
黑色金属矿采选业	33129	32855	64	1635	28		
铁矿采选	18412	18392	40	413	8		
锰矿、铬矿采选	11649	11395		1222	20		
其他黑色金属矿采选	3068	3068	24				
有色金属矿采选业	80364	79305	1812	1508	203	85	
常用有色金属矿采选	56360	55773	1648	1409	183	85	
贵金属矿采选	9818	9361	164	99	20		
稀有稀土金属矿采选	14186	14171					
非金属矿采选业	120643	120223	1749	3081	1595	798	
土砂石开采	105626	105206	125	2528	1580	676	
化学矿开采	2696	2696	182	131		122	
采盐	2461	2461	1427	8			
石棉及其他非金属矿采选	9860	9860	15	414	15		

类型分组的法人单位从业人员数

集体联营	国有与集体联营	其他联营	有限责任公司	国有独资	其他有限责任公司	股份有限公司	私营	私营独资
8049	**4095**	**5394**	**2921409**	**393196**	**2528213**	**670251**	**5241563**	**1200386**
154		**67**	**5476**	**136**	**5340**	**1251**	**27176**	**5883**
			68		68		504	
							298	
			68		68		40	
							166	
							17	
							17	
			550		550		126	21
			550		550		80	21
							40	
							6	
			20		20		42	
			20		20		42	
154		67	4838	136	4702	1251	26487	5862
74		46	3290	112	3178	746	19246	4042
		7	686		686	56	2727	768
4		14	696	24	672	248	3237	757
76			166		166	201	1277	295
490	**58**	**641**	**68514**	**15146**	**53368**	**20890**	**299270**	**60003**
296			30344	9766	20578	12201	130708	15319
296			30226	9766	20460	12114	127691	13949
							550	470
			118		118	87	2467	900
							35	
							35	
			3748	235	3513	1340	25253	3310
			2787	169	2618	752	13869	1801
			439	54	385	375	9106	1168
			522	12	510	213	2278	341
	48	37	20264	4797	15467	5708	49308	4350
	48	37	11134	1200	9934	3844	37099	3116
			2381	1169	1212	1417	5234	1175
			6749	2428	4321	447	6975	59
184	10	604	13824	348	13476	1588	91715	36507
62	10	604	10066	230	9836	1504	83279	34190
122			210		210		2030	290
			1026		1026			
			2522	118	2404	84	6406	2027

1-12 续表 1

行业中类	从业人员数（人）	内资					
			国有	集体	股份合作	联营	
							国有联营
开采辅助活动	1072	1072	39				
煤炭开采和洗选辅助活动	298	298					
石油和天然气开采辅助活动	237	237	39				
其他开采辅助活动	537	537					
其他采矿业	1829	1829			14	10	
其他采矿业	1829	1829			14	10	
制造业	**3944940**	**3643966**	**58443**	**51820**	**10384**	**4339**	**723**
农副食品加工业	275201	265776	3230	1139	330	572	305
谷物磨制	61219	61078	1373	139	60	38	
饲料加工	48107	42548	178	48		3	
植物油加工	29865	28686	171	110	30		
制糖业	1911	1911					
屠宰及肉类加工	42725	40893	1429	790	96	524	305
水产品加工	10125	10125					
蔬菜、水果和坚果加工	32478	32305	41			7	
其他农副食品加工	48771	48230	38	52	144		
食品制造业	134131	123765	544	564		63	
焙烤食品制造	17629	15720	59	30		12	
糖果、巧克力及蜜饯制造	8199	8180		28			
方便食品制造	26862	26658	282	439			
乳制品制造	4286	3367					
罐头食品制造	28426	22164	5				
调味品、发酵制品制造	10460	10362	198	67			
其他食品制造	38269	37314				51	
酒、饮料和精制茶制造业	86526	77420	178	470	173	139	71
酒的制造	25505	23487	3	92			
饮料制造	27850	20929	34	110	28	86	71
精制茶加工	33171	33004	141	268	145	53	
烟草制品业	18303	18303	12453	12			
烟叶复烤	4192	4192	13	12			
卷烟制造	12844	12844	12317				
其他烟草制品制造	1267	1267	123				
纺织业	115228	111132	1213	1449	859	13	3
棉纺织及印染精加工	62563	61991	657	370	436	13	3
毛纺织及染整精加工	1708	1523	15	600			
麻纺织及染整精加工	16852	15287	3	6			
丝绢纺织及印染精加工	937	937	45				
化纤织造及印染精加工	2864	2864		56			
针织或钩针编织物及其制品制造	9179	8633	95	109	3		
家用纺织制成品制造	13966	13483	398	173	420		
非家用纺织制成品制造	7159	6414		135			
纺织服装、服饰业	85188	71820	74	722	562	55	
机织服装制造	65661	59028	74	634	534	52	
针织或钩针编织服装制造	11345	5083		45	28		
服饰制造	8182	7709		43		3	
皮革、毛皮、羽毛及其制品和制鞋业	122921	71723	120	669	482	13	13
皮革鞣制加工	7289	6697	4	9			
皮革制品制造	18747	13855		274			
毛皮鞣制及制品加工	1225	586					
羽毛(绒)加工及制品制造	1559	1559	83	66			
制鞋业	94101	49026	33	320	482	13	13

集体联营	国有与集体联营	其他联营	有限责任公司	国有独资	其他有限责任公司	股份有限公司	私营	私营独资
			192		192	5	705	213
							298	10
			134		134	5	45	11
			58		58		362	192
10			142		142	48	1546	304
10			142		142	48	1546	304
2777	**223**	**616**	**745966**	**93890**	**652076**	**243426**	**2430818**	**553444**
66	180	21	36590	1045	35545	15522	196122	42041
38			8455	1032	7423	3865	44020	15631
3			7896		7896	4528	29265	2996
			2835		2835	1810	22195	4188
			55		55		1816	35
18	180	21	7152		7152	2194	27501	5527
			824		824	367	8567	755
7			4215		4215	1629	23658	5661
			5158	13	5145	1129	39100	7248
51		12	20091		20091	5542	93917	12708
12			1300		1300	315	13450	3416
			1205		1205	6	6755	2385
			3907		3907	931	19778	4002
			1589		1589	242	1475	20
			6155		6155	3345	12542	812
			1331		1331	108	8610	553
39		12	4604		4604	595	31307	1520
56		12	14977	895	14082	5645	52745	11131
			6146	895	5251	4815	12028	3157
3		12	3003		3003	692	16482	4009
53			5828		5828	138	24235	3965
			2945		2945	328	90	20
			2380		2380		52	20
			527		527			
			38		38	328	38	
10			16389	1531	14858	6738	82778	10086
10			10017		10017	4110	46005	3269
			288		288		620	194
			3560	1476	2084	28	11672	999
			244		244	47	601	176
			91		91		2677	626
			842	55	787	71	7358	2133
			1076		1076	2482	8168	2225
			271		271		5677	464
3		52	10640	806	9834	823	57281	12400
		52	9320	703	8617	654	46538	9253
			1089	103	986	15	3823	481
3			231		231	154	6920	2666
			11463	2567	8896	829	55876	12082
			672		672	37	5929	844
			2992		2992	110	10021	2463
						5	563	166
			288		288		1119	508
			7511	2567	4944	677	38244	8101

1-12 续表 2

行业中类	从业人员数(人)	内资	国有	集体	股份合作	联营	国有联营
木材加工和木、竹、藤、棕、草制品业	141536	140089	1459	644	301	684	
木材加工	33775	33418	903	184	140	102	
人造板制造	61222	60902	283		30	284	
木制品制造	14368	14160	145		15		
竹、藤、棕、草等制品制造	32171	31609	128	460	116	298	
家具制造业	48857	47338		265	211		
木质家具制造	39536	38949		32	206		
竹、藤家具制造	3611	3211		216	5		
金属家具制造	1185	1185		17			
塑料家具制造	277	277					
其他家具制造	4248	3716					
造纸和纸制品业	98242	94338	276	1147	498	76	2
纸浆制造	1135	1135					
造纸	62766	59759	103	242	199	74	
纸制品制造	34341	33444	173	905	299	2	2
印刷和记录媒介复制业	60440	56812	1288	2184	40	69	
印刷	56710	53083	1196	2078	40	69	
装订及印刷相关服务	3338	3337	92	106			
记录媒介复制	392	392					
文教、工美、体育和娱乐用品制造业	47755	41060	1056	1371	24	188	
文教办公用品制造	4180	3923	28	404		168	
乐器制造	566	566					
工艺美术品制造	28650	25736	1028	850	24		
体育用品制造	4946	3393		117			
玩具制造	8673	6702				20	
游艺器材及娱乐用品制造	740	740					
石油加工、炼焦和核燃料加工业	22499	22199		6			
精炼石油产品制造	18325	18025					
炼焦	4148	4148		6			
核燃料加工	26	26					
化学原料和化学制品制造业	521478	509077	9426	3849	1085	27	
基础化学原料制造	67708	65106	4618	1249	31	26	
肥料制造	27193	27153	1825	283	317		
农药制造	11773	11487	1586	89			
涂料、油墨、颜料及类似产品制造	22369	21467	17	201	11	1	
合成材料制造	20496	19779	280	67			
专用化学产品制造	38821	37719	87	395	48		
炸药、火工及焰火产品制造	322612	316238	1013	1527	678		
日用化学产品制造	10506	10128		38			
医药制造业	75865	71084	631	400	1		
化学药品原料药制造	13975	13062	3				
化学药品制剂制造	11798	10705	496	6			
中药饮片加工	6926	6926	60				
中成药生产	24225	23184	16	388			
兽用药品制造	5668	5461	56	6			
生物药品制造	8499	7512			1		
卫生材料及医药用品制造	4774	4234					

集体联营	国有与集体联营	其他联营	有限责任公司	国有独资	其他有限责任公司	股份有限公司	私营	私营独资
658		26	11727	83	11644	2934	118275	31868
76		26	2051	69	1982	311	28204	11660
284			4216		4216	2138	53130	7048
			2009		2009	204	11318	3540
298			3451	14	3437	281	25623	9620
			3181		3181	313	38633	13986
			2488		2488	109	31898	11477
			392		392	21	2482	1125
			121		121	12	848	241
			48		48	30	186	10
			132		132	141	3219	1133
74			14421	3674	10747	9936	65105	20738
			777	684	93		337	52
74			11352	2982	8370	9173	36623	8385
			2292	8	2284	763	28145	12301
36	33		9302	102	9200	919	40953	12288
36	33		8860	102	8758	869	38199	11230
			362		362	50	2442	913
			80		80		312	145
168		20	5498	147	5351	408	31138	9239
168			742		742	114	2315	396
			60		60		506	189
			2684	106	2578	168	20066	6127
			152		152	6	3058	641
		20	1581		1581		4852	1729
			279	41	238	120	341	157
			12396	11761	635	4731	4992	412
			12126	11761	365	4031	1816	59
			270		270	700	3156	353
							20	
20	7		73425	11299	62126	17957	386165	139503
19	7		11038	1289	9749	5448	42412	4062
			7478	42	7436	1648	15444	1759
			4705	2490	2215	34	5051	134
1			6592	39	6553	736	13477	2220
			8090	5693	2397	4196	6655	892
			8404		8404	3360	25078	3572
			23470	1746	21724	2385	271856	125858
			3648		3648	150	6192	1006
			15924	259	15665	13908	39866	2407
			3234		3234	1084	8656	107
			4725	223	4502	2570	2908	36
			994		994	487	5301	314
			3812	36	3776	8254	10564	718
			223		223	474	4702	251
			2088		2088	722	4666	564
			848		848	317	3069	417

1-12 续表 3

行业中类	从业人员数(人)	内资	国有	集体	股份合作	联营	国有联营
化学纤维制造业	3698	2396		15			
纤维素纤维原料及纤维制造	1183	1116					
合成纤维制造	2515	1280		15			
橡胶和塑料制品业	77896	72742	583	2495	115	74	
橡胶制品业	14521	13071	254	446		23	
塑料制品业	63375	59671	329	2049	115	51	
非金属矿物制品业	567836	538821	6965	18279	2553	1677	67
水泥、石灰和石膏制造	73144	72447	2330	3320	318	191	36
石膏、水泥制品及类似制品制造	81268	80140	1705	1908	482	26	
砖瓦、石材等建筑材料制造	197749	194408	342	9207	1657	1043	31
玻璃制造	5967	5966	3	8	25		
玻璃制品制造	16108	15856	558	121			
玻璃纤维和玻璃纤维增强塑料制品制造	5019	4766	298	267			
陶瓷制品制造	139743	117206	1312	1607		359	
耐火材料制品制造	16866	16866	371	1469	32		
石墨及其他非金属矿物制品制造	31972	31166	46	372	39	58	
黑色金属冶炼和压延加工业	152490	150166	2531	2919	6	30	
炼铁	6428	6090		3		6	
炼钢	1628	1177					
黑色金属铸造	32801	32170	93	872	3	20	
钢压延加工	59998	59489	34	1898			
铁合金冶炼	51635	51240	2404	146	3	4	
有色金属冶炼和压延加工业	154624	151040	914	1225	522	85	
常用有色金属冶炼	81793	80109	72	862	440	28	
贵金属冶炼	17126	16984	665	293	36		
稀有稀土金属冶炼	7162	6694				47	
有色金属合金制造	16364	16049	151				
有色金属铸造	1333	1320			17		
有色金属压延加工	30846	29884	26	70	29	10	
金属制品业	118761	116933	283	1514	467	48	
结构性金属制品制造	45862	45846	7	240	300	22	
金属工具制造	20349	19587		299		16	
集装箱及金属包装容器制造	3976	3976	15	47		3	
金属丝绳及其制品制造	2237	1714		49			
建筑、安全用金属制品制造	12074	12074	35	36	130		
金属表面处理及热处理加工	4753	4753		131	31	7	
搪瓷制品制造	3926	3926					
金属制日用品制造	6294	6149	131	190	6		
其他金属制品制造	19290	18908	95	522			
通用设备制造业	178151	172339	1608	2966	735	36	
锅炉及原动设备制造	14073	13989	163	196	80	25	
金属加工机械制造	35538	35154	1014	610	153		
物料搬运设备制造	14696	14029			61		
泵、阀门、压缩机及类似机械制造	33382	29873	10	454	45		
轴承、齿轮和传动部件制造	9971	9665	158	211	31		
烘炉、风机、衡器、包装等设备制造	20563	19966	164	334	19	6	
文化、办公用机械制造	2132	2124					
通用零部件制造	36387	36286	4	1110	332	5	
其他通用设备制造业	11409	11253	95	51	14		
专用设备制造业	228987	222478	4108	1526	667	46	
采矿、冶金、建筑专用设备制造	120902	119753	620	234	180		

集体联营	国有与集体联营	其他联营	有限责任公司	国有独资	其他有限责任公司	股份有限公司	私营	私营独资
			1191		1191		1150	169
			700		700		401	101
			491		491		749	68
73		1	13075	481	12594	2438	52373	12435
23			2223	162	2061	761	9146	1934
50		1	10852	319	10533	1677	43227	10501
1309		301	76273	4156	72117	16491	397826	116410
30		125	25221	2018	23203	5720	33902	6641
26			13022	980	12042	2168	57255	21791
836		176	15579	138	15441	2293	153597	66451
			512		512	1513	3768	185
			3624		3624	190	11206	1936
			964		964		2883	295
359			8226	228	7998	2899	102217	13359
			2462	125	2337	13	12450	2912
58			6663	667	5996	1695	20548	2840
4		26	43316	6760	36556	20502	79430	14632
		6	754		754		5215	867
			54		54	259	864	121
		20	4026		4026	553	25791	8587
			34014	6640	27374	15860	7491	1730
4			4468	120	4348	3830	40069	3327
35		50	47469	21277	26192	12037	86081	6742
25		3	27827	16661	11166	6990	42855	2650
			924		924	3580	11453	582
		47	1669		1669	792	4165	329
			7610	4394	3216	132	7760	459
			470		470	19	814	75
10			8969	222	8747	524	19034	2647
48			23359	8	23351	6849	81457	18468
22			10047	3	10044	946	33110	7868
16			1236	5	1231	3287	14574	4316
3			1325		1325	183	2314	256
			205		205	335	1123	307
			2182		2182	247	8574	1746
7			769		769	221	3574	847
			2309		2309	823	794	231
			902		902	367	4475	1193
			4384		4384	440	12919	1704
20		16	45254	1579	43675	11803	106734	15112
20		5	5099	298	4801	1912	6361	573
			5867		5867	1565	24543	4546
			3947		3947	3866	6127	309
			9867	1056	8811	2137	17085	1869
			2627	3	2624	636	5896	1031
		6	8441		8441	805	9854	1448
			907		907	67	1118	
		5	7401	222	7179	630	26228	4113
			1098		1098	185	9522	1223
21		25	69566	4865	64701	38987	105578	9754
			49686	2037	47649	32783	35808	2599

1-12 续表 4

行业中类	从业人员数(人)	内资	国有	集体	股份合作	联营	国有联营
化工、木材、非金属加工专用设备制造	22173	20373	2268	133		22	
食品、饮料、烟草及饲料生产专用设备制造	6812	6769	29	35	18		
印刷、制药、日化及日用品生产专用设备制造	12230	11861	72	176		9	
纺织、服装和皮革加工专用设备制造	7076	5713	669	177	256		
电子和电工机械专用设备制造	10896	10192		163	2	12	
农、林、牧、渔专用机械制造	18095	17432	84	67	10	3	
医疗仪器设备及器械制造	9748	9572	17	115			
环保、社会公共服务及其他专用设备制造	21055	20813	349	426	201		
汽车制造业	102282	79216	2006	1094	10	50	
汽车整车制造	23414	15730	32			12	
改装汽车制造	4254	4254	569	76			
低速载货汽车制造	843	843					
电车制造	248	248					
汽车车身、挂车制造	9044	7059		779			
汽车零部件及配件制造	64479	51082	1405	239	10	38	
铁路、船舶、航空航天和其他运输设备制造业	62206	58358	4820	1083	112	74	
铁路运输设备制造	43604	42471	3377	305	112	48	
城市轨道交通设备制造	208	196					
船舶及相关装置制造	9088	8454	962	152		26	
航空、航天器及设备制造	1829	1456	481				
摩托车制造	3123	1475		602			
自行车制造	2819	2771		21			
非公路休闲车及零配件制造	505	505					
潜水救捞及其他未列明运输设备制造	1030	1030		3			
电气机械和器材制造业	147200	138383	1196	1350	262	221	217
电机制造	29085	26568	75	166	4	217	217
输配电及控制设备制造	45830	45222	1066	484	53	1	
电线、电缆、光缆及电工器材制造	26771	26072		226	37		
电池制造	15888	12728	24	1			
家用电力器具制造	9624	8587	6	13		3	
非电力家用器具制造	4584	4288		154			
照明器具制造	9741	9455	10	16	168		
其他电气机械及器材制造	5677	5463	15	290			
计算机、通信和其他电子设备制造业	219616	147029	559	471	224		
计算机制造	12051	10992	16				
通信设备制造	70717	53261	15	145	111		
广播电视设备制造	5705	5665					
雷达及配套设备制造	571	571					
视听设备制造	3686	2674		10			
电子器件制造	24435	17703		53			
电子元件制造	61736	46936	508	263	113		
其他电子设备制造	40715	9227	20				
仪器仪表制造业	27120	22688	625	261	23	27	
通用仪器仪表制造	17443	13524	40	216			
专用仪器仪表制造	7266	6759	429	34	23		
钟表与计时仪器制造	102	102					
光学仪器及眼镜制造	1377	1371				27	
其他仪器仪表制造业	932	932	156	11			
其他制造业	27699	27647	75	90	38	72	45
日用杂品制造	17299	17276		35		45	45

集体联营	国有与集体联营	其他联营	有限责任公司	国有独资	其他有限责任公司	股份有限公司	私营	私营独资
		22	3657	1081	2576	490	13492	1754
			2067		2067	366	4222	632
9			1527	618	909	2771	7199	804
			2575		2575	68	1958	532
12			2049	5	2044	717	7109	366
		3	2486	375	2111	25	14154	2013
			584		584	608	8187	293
			4935	749	4186	1159	13449	761
38		12	24591	1866	22725	11476	39284	3099
		12	3178	763	2415	4489	8002	10
			1356		1356		2253	12
							843	67
			53		53		195	35
			1609	183	1426		4658	247
38			18395	920	17475	6987	23333	2728
38		36	23719	579	23140	14505	13992	1265
12		36	20617	363	20254	12287	5717	96
			4		4		192	
26			1625	216	1409	47	5612	921
			748		748	80	147	
			253		253		620	66
			183		183	1784	783	111
			205		205		300	
			84		84	307	621	71
1	3		40666	11813	28853	11246	80341	8019
			14019	11147	2872	2705	9326	412
1			10354	272	10082	3442	27625	3926
			5065	166	4899	3615	16641	1085
			5137	132	5005	188	7349	173
	3		1302		1302	88	7098	517
			809		809	23	3290	191
			2337		2337	703	6003	1545
			1643	96	1547	482	3009	170
			65993	5975	60018	8686	70004	4502
			2963		2963	2749	5200	290
			48287	5390	42897	138	4314	325
			2056		2056	68	3541	217
			328	222	106		243	
			1343	7	1336		1321	24
			3096		3096	2286	12106	219
			7039	356	6683	3113	35549	2768
			881		881	332	7730	659
27			6123	160	5963	1220	14256	1316
			3798	113	3685	350	9014	597
			2120		2120	854	3271	111
			47	47			55	
27			49		49		1276	547
			109		109	16	640	61
21		6	2548	63	2485	342	23757	7002
			1009	57	952	140	15663	3729

1-12 续表 5

行业中类	从业人员数(人)						
		内资					
			国有	集体	股份合作	联营	
							国有联营
煤制品制造	4489	4464	65	22	10	6	
核辐射加工							
其他未列明制造业	5911	5907	10	33	28	21	
废弃资源综合利用业	16353	15967	203	1527	84		
金属废料和碎屑加工处理	12519	12133	155	1522	84		
非金属废料和碎屑加工处理	3834	3834	48	5			
金属制品、机械和设备修理业	5851	5827	19	114			
金属制品修理	748	738		16			
通用设备修理	948	948		10			
专用设备修理	962	962					
铁路、船舶、航空航天等运输设备修理	702	702	15	56			
电气设备修理	922	922		2			
仪器仪表修理	72	72					
其他机械和设备修理业	1497	1483	4	30			
电力、热力、燃气及水生产和供应业	**243635**	**235346**	**112829**	**6403**	**1216**	**1043**	**558**
电力、热力生产和供应业	192635	189031	93753	3945	1063	659	290
电力生产	97855	94689	19444	3726	1056	590	221
电力供应	93718	93418	74208	219	7	69	69
热力生产和供应	1062	924	101				
燃气生产和供应业	10474	6856	290	14	67		
燃气生产和供应业	10474	6856	290	14	67		
水的生产和供应业	40526	39459	18786	2444	86	384	268
自来水生产和供应	36328	35504	18328	2403	86	338	222
污水处理及其再生利用	3510	3267	289	41		46	46
其他水的处理、利用与分配	688	688	169				
建筑业	**2224201**	**2211370**	**156997**	**97562**	**2067**	**3554**	**917**
房屋建筑业	1567656	1561374	67230	89504	1711	2137	
房屋建筑业	1567656	1561374	67230	89504	1711	2137	
土木工程建筑业	446504	442107	83912	3867	14	468	
铁路、道路、隧道和桥梁工程建筑	260362	260362	59488	769		468	
水利和内河港口工程建筑	81671	81671	14530	671			
海洋工程建筑	3	3					
工矿工程建筑	41445	41445	4856	295			
架线和管道工程建筑	42363	38015	4780	1568			
其他土木工程建筑	20660	20611	258	564	14		
建筑安装业	82597	82597	2783	2764	276	17	17
电气安装	22287	22287	984	393			
管道和设备安装	26458	26458	212	180	256	17	17
其他建筑安装业	33852	33852	1587	2191	20		
建筑装饰和其他建筑业	127444	125292	3072	1427	66	932	900
建筑装饰业	70636	68500	159	391	58	880	880
工程准备活动	11829	11829	2900	396			
提供施工设备服务	5149	5149	3	24	8	20	20
其他未列明建筑业	39830	39814	10	616		32	
批发和零售业	**1482539**	**1465187**	**41945**	**18198**	**2062**	**1871**	**182**
批发业	759132	756165	30033	5686	614	1022	108
农、林、牧产品批发	114062	113845	2260	998	60	372	
食品、饮料及烟草制品批发	150011	148728	20999	656	28	88	74
纺织、服装及家庭用品批发	52125	52021	356	819	35	25	
文化、体育用品及器材批发	17449	17321	92	7	12		

集体联营	国有与集体联营	其他联营	有限责任公司	国有独资	其他有限责任公司	股份有限公司	私营	私营独资
		6	113	6	107	8	3986	2453
21			1426		1426	194	4108	820
			2190	3	2187	279	10832	2309
			1746	3	1743	226	7824	1549
			444		444	53	3008	760
			1664	136	1528	32	3787	1301
			158		158		564	88
			243	25	218		626	193
			295		295		663	341
			153		153	6	450	103
			501	111	390	3	333	95
			11		11		61	13
			303		303	23	1090	468
322	**95**	**68**	**41444**	**10867**	**30577**	**14422**	**53188**	**7615**
227	86	56	31490	7038	24452	13098	41918	4674
227	86	56	18973	3512	15461	8635	39480	4559
			12051	3526	8525	4463	2081	74
			466		466		357	41
			1770	123	1647	470	3713	316
			1770	123	1647	470	3713	316
95	9	12	8184	3706	4478	854	7557	2625
95	9	12	6852	3523	3329	586	5860	2360
			1272	178	1094	268	1264	43
			60	5	55		433	222
87	**2518**	**32**	**1230283**	**209467**	**1020816**	**183942**	**525700**	**15422**
87	2050		856012	127735	728277	155458	381146	6935
87	2050		856012	127735	728277	155458	381146	6935
	468		272408	61839	210569	14953	65272	4187
	468		169607	9734	159873	4656	25024	1043
			49431	34101	15330	4433	12190	2563
							3	
			28834	12680	16154	263	7197	64
			18298	4542	13756	5233	8136	175
			6238	782	5456	368	12722	342
			56058	18513	37545	2813	17568	876
			15756	23	15733	953	4175	98
			22826	12320	10506	107	2641	130
			17476	6170	11306	1753	10752	648
		32	45805	1380	44425	10718	61714	3424
			24398	1285	23113	5200	36147	2548
			4118	42	4076	708	3612	213
			1202		1202	158	3699	316
		32	16087	53	16034	4652	18256	347
652	**225**	**812**	**254442**	**8928**	**245514**	**73826**	**886308**	**269803**
289	173	452	135093	6147	128946	27581	424470	76999
60		312	8885	747	8138	1934	34758	9615
6		8	17904	1470	16434	7934	50388	11605
3		22	11941	130	11811	2232	34789	7983
			4232		4232	759	11775	1465

1-12 续表 6

行业中类	从业人员数(人)						
		内资					
			国有	集体	股份合作	联营	
							国有联营
医药及医疗器材批发	36036	36003	709	96	58	15	
矿产品、建材及化工产品批发	206237	205627	3974	2036	200	290	26
机械设备、五金产品及电子产品批发	113254	113011	811	314	99	187	8
贸易经纪与代理	18074	17992	183	58	30		
其他批发业	51884	51617	649	702	92	45	
零售业	723407	709022	11912	12512	1448	849	74
综合零售	193406	184500	2661	8426	574	361	57
食品、饮料及烟草制品专门零售	66462	66381	2303	483	128	47	
纺织、服装及日用品专门零售	84771	83999	1025	1379	11	88	
文化、体育用品及器材专门零售	31057	30909	1906	130	109	61	10
医药及医疗器材专门零售	54267	51460	1167	117	218	88	
汽车、摩托车、燃料及零配件专门零售	111667	111201	1064	363	166	43	
家用电器及电子产品专门零售	73553	73013	597	546	52	60	
五金、家具及室内装饰材料专门零售	70069	69872	953	547	93	40	
货摊、无店铺及其他零售业	38155	37687	236	521	97	61	7
交通运输、仓储和邮政业	**306132**	**302612**	**78078**	**13323**	**565**	**1317**	**515**
铁路运输业	2958	2958					
铁路旅客运输	2504	2504					
铁路货物运输	340	340					
铁路运输辅助活动	114	114					
道路运输业	197555	194587	41297	6807	453	579	
城市公共交通运输	54942	54103	14760	626	15	120	
公路旅客运输	48244	48194	7886	1429	384	386	
道路货物运输	60846	60139	1057	3145	32	70	
道路运输辅助活动	33523	32151	17594	1607	22	3	
水上运输业	12468	12287	2845	1471	49	515	515
水上旅客运输	1761	1761	33	115	11		
水上货物运输	7620	7620	2277	688		515	515
水上运输辅助活动	3087	2906	535	668	38		
航空运输业	5305	5288	2481				
航空客货运输	360	360					
通用航空服务	155	155					
航空运输辅助活动	4790	4773	2481				
管道运输业	400	319					
管道运输业	400	319					
装卸搬运和运输代理业	29374	29131	1396	4801	5	202	
装卸搬运	13947	13919	155	4683		157	
运输代理业	15427	15212	1241	118	5	45	
仓储业	12410	12383	4826	237	23	6	
谷物、棉花等农产品仓储	6047	6047	3639	30	23		
其他仓储业	6363	6336	1187	207		6	
邮政业	45662	45659	25233	7	35	15	
邮政基本服务	25222	25219	24766	4		4	
快递服务	20440	20440	467	3	35	11	
住宿和餐饮业	**294864**	**278002**	**13564**	**2182**	**1138**	**646**	**15**
住宿业	145918	138606	11763	1906	932	293	
旅游饭店	91098	84481	10284	1167	402	177	
一般旅馆	43303	42734	1166	532	361	75	
其他住宿业	11517	11391	313	207	169	41	

集体联营	国有与集体联营	其他联营	有限责任公司	国有独资	其他有限责任公司	股份有限公司	私营	私营独资
6	6	3	9099		9099	1393	21780	1246
136	50	78	39616	3040	36576	8081	145436	30711
78	72	29	25402	440	24962	3084	80761	6525
			4245	23	4222	711	11800	1488
	45		13769	297	13472	1453	32983	6361
363	52	360	119349	2781	116568	46245	461838	192804
52	31	221	35970	637	35333	17390	109982	44935
24	3	20	7142	378	6764	1746	40825	17250
58		30	8705	34	8671	1311	62359	43499
39		12	8327	496	7831	1541	16909	6824
37		51	10581	257	10324	2345	32637	13384
35		8	23057	583	22474	18396	64736	13540
42		18	12375	44	12331	1479	53357	16085
40			8473	140	8333	889	52331	28491
36	18		4719	212	4507	1148	28702	8796
502	**39**	**261**	**86848**	**8852**	**77996**	**15459**	**99993**	**9063**
			2958	86	2872			
			2504		2504			
			340		340			
			114	86	28			
296	33	250	55885	5272	50613	12602	71941	4928
120			18714	1594	17120	1825	17601	814
118	30	238	17613	2494	15119	5689	13367	1067
58		12	15321	642	14679	4909	34199	2415
	3		4237	542	3695	179	6774	632
			2453	365	2088	489	4201	384
			393		393	28	1124	41
			1639	339	1300	226	2221	226
			421	26	395	235	856	117
			2256	2111	145	354	197	
			316	275	41		44	
			79		79	65	11	
			1861	1836	25	289	142	
			168	80	88		151	
			168	80	88		151	
202			7380	271	7109	1075	13224	2065
157			3023	13	3010	257	5226	937
45			4357	258	4099	818	7998	1128
	6		1771	282	1489	531	4782	1058
			547	269	278	117	1540	613
	6		1224	13	1211	414	3242	445
4		11	13977	385	13592	408	5497	628
4			64	32	32	15	220	21
		11	13913	353	13560	393	5277	607
306	**20**	**305**	**67016**	**1114**	**65902**	**10316**	**166120**	**73007**
162	9	122	41467	1114	40353	8186	69147	22182
100		77	32432	882	31550	6014	32295	5882
30		45	7778	73	7705	888	29833	13118
32	9		1257	159	1098	1284	7019	3182

1-12 续表 7

行业中类	从业人员数(人)	内资	国有	集体	股份合作	联营	国有联营
餐饮业	148946	139396	1801	276	206	353	15
正餐服务	118612	117523	1378	149	194	349	15
快餐服务	14303	6006	98	11			
饮料及冷饮服务	6761	6756		27	9		
其他餐饮业	9270	9111	325	89	3	4	
信息传输、软件和信息技术服务业	**129423**	**119587**	**12301**	**451**	**221**	**486**	**43**
电信、广播电视和卫星传输服务	64806	58040	11355	140	133	440	6
电信	47960	41194	6563	35	3	434	
广播电视传输服务	16712	16712	4768	105	130	6	6
卫星传输服务	134	134	24				
互联网和相关服务	13558	13558	319		32	9	
互联网接入及相关服务	1111	1111				9	
互联网信息服务	11142	11142	312		32		
其他互联网服务	1305	1305	7				
软件和信息技术服务业	51059	47989	627	311	56	37	37
软件开发	28176	26269	93		5		
信息系统集成服务	6597	6046	100	2	42		
信息技术咨询服务	8304	8185	107	283		17	17
数据处理和存储服务	1088	1088	210	23			
集成电路设计	878	385					
其他信息技术服务业	6016	6016	117	3	9	20	20
金融业	**62359**	**62263**	**270**	**5799**	**23440**		
货币金融服务	48516	48471	86	5799	23440		
中央银行服务	25	25					
货币银行服务	46227	46185	31	5799	23428		
非货币银行服务	2264	2261	55		12		
银行监管服务							
资本市场服务	7372	7372	92				
证券市场服务	6166	6166					
期货市场服务	980	980					
证券期货监管服务	108	108	92				
资本投资服务	45	45					
其他资本市场服务	73	73					
保险业	5831	5831	81				
人身保险	1057	1057					
财产保险							
再保险							
养老金							
保险经纪与代理服务	4580	4580					
保险监管服务	81	81	81				
其他保险活动	113	113					
其他金融业	640	589	11				
金融信托与管理服务	111	111					
控股公司服务							
非金融机构支付服务	144	93					
金融信息服务	385	385	11				
其他未列明金融业							
房地产业	**321119**	**314239**	**8453**	**1967**	**800**	**300**	**167**
房地产业	321119	314239	8453	1967	800	300	167
房地产开发经营	157845	152695	2962	310	480	99	
物业管理	127973	126473	1998	228	295	21	
房地产中介服务	21356	21312	525	80	21		
自有房地产经营活动	3702	3593	568	857	4	180	167
其他房地产业	10243	10166	2400	492			

集体联营	国有与集体联营	其他联营	有限责任公司	国有独资	其他有限责任公司	股份有限公司	私营	私营独资
144	11	183	25549		25549	2130	96973	50825
140	11	183	22435		22435	1835	81591	41571
			889		889	105	4441	2188
			381		381	58	5011	3422
4			1844		1844	132	5930	3644
420		**23**	**46684**	**10892**	**35792**	**17351**	**38514**	**4427**
420		14	27608	9788	17820	13833	3554	1187
420		14	18811	8211	10600	12331	2599	921
			8797	1577	7220	1476	871	266
						26	84	
		9	4579	1079	3500	876	6732	2110
		9	350		350	20	705	178
			3963	988	2975	797	5137	1601
			266	91	175	59	890	331
			14497	25	14472	2642	28228	1130
			8303		8303	1753	15883	519
			1721		1721	114	4019	40
			2603		2603	270	4219	309
			314		314		537	
			119		119	29	237	44
			1437	25	1412	476	3333	218
			7341	**12**	**7329**	**23047**	**2151**	**115**
			857		857	16810	1297	105
						25		
			61		61	16713		
			796		796	72	1297	105
			2073		2073	5081	110	
			1085		1085	5081		
			980		980			
			8		8		37	
							73	
			4068	12	4056	1092	590	
						1057		
			3968	12	3956	27	585	
			100		100	8	5	
			343		343	64	154	10
			111		111			
			34		34	28	19	
			198		198	36	135	10
21	**34**	**78**	**132154**	**6746**	**125408**	**16256**	**149732**	**4295**
21	34	78	132154	6746	125408	16256	149732	4295
	34	65	66806	3145	63661	9279	71156	1007
8		13	53937	3022	50915	5536	62529	2222
			8100	33	8067	855	11282	756
13			961	48	913	298	698	37
			2350	498	1852	288	4067	273

1-12 续表 8

行业中类	从业人员数(人)	内资	国有	集体	股份合作	联营	国有联营
租赁和商务服务业	**408257**	**406989**	**36344**	**9320**	**1213**	**562**	**79**
租赁业	20395	20254	992	166	23	2	
机械设备租赁	19494	19442	955	159	23		
文化及日用品出租	901	812	37	7		2	
商务服务业	387862	386735	35352	9154	1190	560	79
企业管理服务	100634	99950	10451	1053	306	114	37
法律服务	14365	14365	2141	197	205	64	
咨询与调查	48248	48106	2199	181	22	16	16
广告业	44893	44861	649	83	59	37	21
知识产权服务	1146	1146	83				
人力资源服务	51413	51398	7112	878	360	125	
旅行社及相关服务	20903	20875	905	138	72	37	
安全保护服务	29488	29488	1880	2552			
其他商务服务业	76772	76546	9932	4072	166	167	5
科学研究和技术服务业	**293279**	**292743**	**91769**	**3018**	**345**	**737**	**322**
研究和试验发展	47855	47628	21838	167	40	65	23
自然科学研究和试验发展	12592	12592	9277	32		5	
工程和技术研究和试验发展	18431	18265	3225	37	4	47	23
农业科学研究和试验发展	12239	12191	7790	66	20	3	
医学研究和试验发展	2715	2702	380		16		
社会人文科学研究	1878	1878	1166	32		10	
专业技术服务业	133043	132840	53717	1306	165	248	113
气象服务	2822	2822	2499	13		70	70
地震服务	550	550	475				
海洋服务	51	51	42				
测绘服务	3741	3741	2161	20			
质检技术服务	14253	14206	7663	291	89	38	31
环境与生态监测	3412	3412	2035	21			
地质勘查	12645	12547	9890				
工程技术	68424	68373	24381	418	23	83	10
其他专业技术服务业	27145	27138	4571	543	53	57	2
科技推广和应用服务业	112381	112275	16214	1545	140	424	186
技术推广服务	102297	102218	14440	1220	101	214	3
科技中介服务	4294	4275	602	309		9	
其他科技推广和应用服务业	5790	5782	1172	16	39	201	183
水利、环境和公共设施管理业	**126889**	**126536**	**88704**	**2772**	**43**	**236**	**20**
水利管理业	28688	28688	22328	1490	7	6	6
防洪除涝设施管理	4949	4949	3730	421			
水资源管理	3060	3060	1921	220			
天然水收集与分配	12604	12604	11117	515	7		
水文服务	560	560	393	14			
其他水利管理业	7515	7515	5167	320		6	6
生态保护和环境治理业	9515	9474	5902	142	5		
生态保护	6098	6098	5221	99			
环境治理业	3417	3376	681	43	5		

集体联营	国有与集体联营	其他联营	有限责任公司	国有独资	其他有限责任公司	股份有限公司	私营	私营独资
208	**97**	**178**	**127934**	**15497**	**112437**	**28456**	**180514**	**17191**
		2	3840	48	3792	963	12591	2468
			3749	48	3701	957	12013	2258
		2	91		91	6	578	210
208	97	176	124094	15449	108645	27493	167923	14723
35	37	5	41994	10485	31509	6655	36543	849
13		51	754	14	740	90	4153	686
			16123	191	15932	1536	24820	1498
16			12602	153	12449	860	29039	5621
			312		312	45	640	13
38	13	74	12878	37	12841	10812	17610	1429
7		30	8266	887	7379	1336	9716	675
			9442	3127	6315	2857	12204	457
99	47	16	21723	555	21168	3302	33198	3495
276	**92**	**47**	**44453**	**4938**	**39515**	**6309**	**70830**	**7427**
27	8	7	7171	643	6528	643	15816	391
		5	691	15	676	81	2245	10
24			4863	588	4275	246	9552	97
3			996		996	228	2413	141
			509	31	478	72	1428	119
	8	2	112	9	103	16	178	24
102		33	31109	4107	27002	4409	36072	4972
			73	5	68	8	91	
			38		38			
							9	
			295	4	291	21	634	25
3		4	1479	41	1438	357	3517	322
			396	14	382		647	48
			757	145	612	176	1091	51
73			22170	3733	18437	3586	16065	956
26		29	5901	165	5736	261	14018	3570
147	84	7	6173	188	5985	1257	18942	2064
147	60	4	4649	179	4470	1067	14480	1578
	9		445	9	436	27	2087	200
	15	3	1079		1079	163	2375	286
199	**17**		**11477**	**2539**	**8938**	**2452**	**14971**	**1642**
			1284	219	1065	323	1190	245
			43	10	33	116	227	110
			339	24	315		214	11
			397	130	267	17	78	39
						110	15	
			505	55	450	80	656	85
			800	105	695	220	1929	317
			141		141		330	96
			659	105	554	220	1599	221

1-12 续表 9

行业中类	从业人员数(人)	内资	国有	集体	股份合作	联营	国有联营
公共设施管理业	88686	88374	60474	1140	31	230	14
市政设施管理	8272	8220	5808	55			
环境卫生管理	37427	37427	32973	860	16	144	14
城乡市容管理	6509	6509	5251	8		12	
绿化管理	14926	14903	6382	91		17	
公园和游览景区管理	21552	21315	10060	126	15	57	
居民服务、修理和其他服务业	**138829**	**137613**	**4929**	**950**	**529**	**196**	**25**
居民服务业	77550	76491	3607	499	330	126	25
家庭服务	12987	12711	407	10		6	
托儿所服务	1699	1699	117		30		
洗染服务	1995	1995					
理发及美容服务	16881	16870	38	51			
洗浴服务	8540	8290		12	20		
保健服务	11019	10556	3		52	60	
婚姻服务	2943	2943	153				
殡葬服务	3621	3565	1438	41		25	25
其他居民服务业	17865	17862	1451	385	228	35	
机动车、电子产品和日用产品修理业	38507	38413	448	330	69	70	
汽车、摩托车修理与维护	27094	27034	338	269	69	66	
计算机和办公设备维修	2890	2863	71			1	
家用电器修理	6727	6720	28	61			
其他日用产品修理业	1796	1796	11			3	
其他服务业	22772	22709	874	121	130		
清洁服务	14096	14096	627	39			
其他未列明服务业	8676	8613	247	82	130		
教育	**888608**	**887900**	**642571**	**10378**	**6427**	**1165**	**175**
教育	888608	887900	642571	10378	6427	1165	175
学前教育	125122	125051	11887	1793	1256	446	82
初等教育	219665	219665	198667	2742	1137	164	66
中等教育	367510	366910	327688	3469	2479	306	
高等教育	92665	92665	80981	1001	759		
特殊教育	2262	2262	1496	6			
技能培训、教育辅助及其他教育	81384	81347	21852	1367	796	249	27
卫生和社会工作	**437695**	**436576**	**326541**	**27255**	**2688**	**1347**	**597**
卫生	415739	414634	315982	25238	2665	1164	597
医院	254716	253644	203969	5224	2326	530	325
社区医疗与卫生院	103964	103961	68924	17571	295	501	246
门诊部(所)	12769	12766	2984	1382	12	113	16
计划生育技术服务活动	7727	7727	7068	249		18	8
妇幼保健院(所、站)	16142	16115	15719	282	18		
专科疾病防治院(所、站)	4560	4560	4045	101			
疾病预防控制中心	10606	10606	10016	34			
其他卫生活动	5255	5255	3257	395	14	2	2
社会工作	21956	21942	10559	2017	23	183	
提供住宿社会工作	18714	18712	8748	1966	23	183	
不提供住宿社会工作	3242	3230	1811	51			
文化、体育和娱乐业	**191149**	**189121**	**46061**	**1734**	**418**	**715**	**332**
新闻和出版业	12571	12567	6743	102			
新闻业	1458	1458	897				
出版业	11113	11109	5846	102			

集体联营	国有与集体联营	其他联营	有限责任公司	国有独资	其他有限责任公司	股份有限公司	私营	私营独资
199	17		9393	2215	7178	1909	11852	1080
			1025	344	681	112	1027	30
130			1144	68	1076	64	1212	10
	12		84		84	22	194	
17			2506	11	2495	333	5024	146
52	5		4634	1792	2842	1378	4395	894
153	**1**	**17**	**24402**	**1298**	**23104**	**2711**	**91404**	**44597**
84		17	15277	1258	14019	1090	48417	24370
1		5	4286		4286	58	7409	1832
			15		15		634	434
			157		157	10	1685	987
			1760		1760	394	13185	9890
			1348	100	1248	164	6306	3695
60			993		993	136	8253	2958
			147		147	46	2381	1465
			594	20	574	3	1226	168
23		12	5977	1138	4839	279	7338	2941
69	1		4040	26	4014	362	28967	17710
66			2330		2330	301	20632	12261
	1		497	3	494	24	1960	893
			1028		1028	37	4859	3442
3			185	23	162		1516	1114
			5085	14	5071	1259	14020	2517
			3068	14	3054	661	9273	1877
			2017		2017	598	4747	640
521	**204**	**265**	**5765**	**55**	**5710**	**1559**	**86637**	**55882**
521	204	265	5765	55	5710	1559	86637	55882
157	15	192	802	14	788	260	45394	34537
97		1	29		29		3939	2047
186	120		127		127	267	10133	7145
			19		19	146	832	751
			12		12	48	128	62
81	69	72	4776	41	4735	838	26211	11340
343	**150**	**257**	**6689**	**175**	**6514**	**2417**	**25112**	**10854**
333	73	161	6487	175	6312	2377	23771	10309
68	42	95	5433	138	5295	2232	18273	6495
210	21	24	159	8	151	17	2039	1573
55		42	655		655	111	2399	1843
	10							
							70	70
							132	82
							34	10
			240	29	211	17	824	236
10	77	96	202		202	40	1341	545
10	77	96	194		194	40	1203	456
			8		8		138	89
136	**59**	**188**	**13395**	**2454**	**10941**	**5073**	**88396**	**58199**
			1689	743	946	2981	688	126
			342	298	44		18	
			1347	445	902	2981	670	126

1-12 续表 10

行业中类	从业人员数（人）	内资	国有	集体	股份合作	联营	国有联营
广播、电视、电影和影视录音制作业	28722	28501	19767	146	12	225	172
广播	2924	2924	2661	19			
电视	15281	15281	13290	31		148	148
电影和影视节目制作	2264	2264	201				
电影和影视节目发行	587	496	256				
电影放映	7515	7385	3322	96	12	77	24
录音制作	151	151	37				
文化艺术业	45850	45543	16268	1272	106	296	102
文艺创作与表演	13923	13923	2983	495	90	88	29
艺术表演场馆	2975	2693	1049			28	
图书馆与档案馆	3427	3427	3133	10			
文物及非物质文化遗产保护	3918	3918	2437	74		15	
博物馆	1451	1451	1213	1			
烈士陵园、纪念馆	1161	1161	888	65			
群众文化活动	12905	12905	3959	486		122	70
其他文化艺术业	6090	6065	606	141	16	43	3
体育	10289	9974	2244	146	7	3	3
体育组织	3312	3309	1355	103		3	3
体育场馆	1227	1227	693				
休闲健身活动	4953	4641	56	1	7		
其他体育	797	797	140	42			
娱乐业	93717	92536	1039	68	293	191	55
室内娱乐活动	85547	85127	127	25	293	191	55
游乐园	1598	1153	54				
彩票活动	429	429	353				
文化、娱乐、体育经纪代理	2986	2986	111	5			
其他娱乐业	3157	2841	394	38			
公共管理、社会保障和社会组织	**1419832**	**1419524**	**931522**	**13360**	**242**	**2471**	**187**
中国共产党机关	38396	38396	38250				
中国共产党机关	38396	38396	38250				
国家机构	848442	848442	829030	1544	26	372	70
国家权力机构	14998	14998	14833			30	
国家行政机构	787367	787367	768517	1478	26	342	70
人民法院和人民检察院	28662	28662	28598	59			
其他国家机构	17415	17415	17082	7			
人民政协、民主党派	5601	5601	5469				
人民政协	4407	4407	4365				
民主党派	1194	1194	1104				
社会保障	10404	10404	9357	287			
社会保障	10404	10404	9357	287			
群众团体、社会团体和其他成员组织	280199	279891	49416	11529	216	2099	117
群众团体	68439	68193	22372	1845		41	
社会团体	187832	187805	25951	8643	216	1786	117
基金会	924	924	290	27			
宗教组织	23004	22969	803	1014		272	
基层群众自治组织	236790	236790					
社区自治组织	33173	33173					
村民自治组织	203617	203617					
国际组织							

集体联营	国有与集体联营	其他联营	有限责任公司	国有独资	其他有限责任公司	股份有限公司	私营	私营独资
53			3567	739	2828	292	3246	392
			115		115		43	10
			494	93	401		596	10
			1319	340	979	119	462	52
			133		133	18	88	8
53			1479	306	1173	153	1972	311
			27		27	2	85	1
72	59	63	4083	855	3228	902	7148	1460
	59		1835	754	1081	156	2887	989
		28	321		321	142	171	25
			18		18		50	2
		15	169	46	123	9	128	15
			23		23		77	
			7		7	124	12	
52			564	5	559	48	1022	136
20		20	1146	50	1096	423	2801	293
			736	117	619	313	3805	1174
			39		39		219	65
			137	76	61		274	82
			428	1	427	313	3141	1007
			132	40	92		171	20
11		125	3320		3320	585	73509	55047
11		125	2494		2494	487	68790	54448
			81		81		1018	103
			474		474	59	2311	106
			271		271	39	1390	390
482	**263**	**1539**	**1126**	**190**	**936**	**1088**	**4729**	**1517**
52	213	37						
	30							
52	183	37						
			21	15	6		80	18
			21	15	6		80	18
430	50	1502	1105	175	930	1088	4649	1499
3		38	944	132	812	973	473	78
299	50	1320	161	43	118	115	2416	1301
128		144					1760	120

1-12 续表 11

行业中类	私营合伙	私营有限责任公司	私营股份有限公司	其他	港、澳、台商投资	港澳台商合资经营
总　计	**454548**	**3197626**	**389003**	**1244420**	**228794**	**113978**
农、林、牧、渔业	**2230**	**16562**	**2501**	**103156**	**14**	
农业		504		322		
谷物种植						
豆类、油料和薯类种植						
棉、麻、糖、烟草种植				266		
蔬菜、食用菌及园艺作物种植		298		56		
水果种植		40				
坚果、含油果、香料和饮料作物种植						
中药材种植						
其他农业		166				
林业			17			
林木育种和育苗						
造林和更新						
森林经营和管护						
木材和竹材采运						
林产品采集			17			
畜牧业		105		93		
牲畜饲养		59		93		
家禽饲养		40				
狩猎和捕捉动物						
其他畜牧业		6				
渔业		42		7		
水产养殖		42		7		
水产捕捞						
农、林、牧、渔服务业	2230	15911	2484	102734	14	
农业服务业	1556	11825	1823	63869	14	
林业服务业	172	1506	281	17017		
畜牧服务业	355	1867	258	12843		
渔业服务业	147	713	122	9005		
采矿业	**108046**	**116265**	**14956**	**14932**	**1051**	**933**
煤炭开采和洗选业	73567	37234	4588	7655	892	892
烟煤和无烟煤开采洗选	73029	36129	4584	7561	842	842
褐煤开采洗选	7	72	1			
其他煤炭采选	531	1033	3	94	50	50
石油和天然气开采业		35				
石油开采		35				
天然气开采						
黑色金属矿采选业	2972	16127	2844	787	20	
铁矿采选	1947	8333	1788	523	20	
锰矿、铬矿采选	704	6303	931	233		
其他黑色金属矿采选	321	1491	125	31		
有色金属矿采选业	7198	34634	3126	417		
常用有色金属矿采选	5357	26494	2132	371		
贵金属矿采选	910	3086	63	46		
稀有稀土金属矿采选	931	5054	931			
非金属矿采选业	23765	27137	4306	5873	139	41
土砂石开采	22914	22601	3574	5448	139	41
化学矿开采	68	1403	269	21		
采盐						
石棉及其他非金属矿采选	783	3133	463	404		

港澳台商合作经营	港澳台商独资	港澳台商投资股份有限公司	其他港澳台商投资	外商投资企业	中外合资经营	中外合作经营	外资企业	外商投资股份有限公司	其他外商投资
4374	**101785**	**8170**	**487**	**158917**	**70941**	**3194**	**80165**	**2745**	**1872**
14				**231**			**220**		**11**
14				231			220		11
14				16			10		6
				215			210		5
	98	**20**		**2239**	**923**	**457**	**190**	**645**	**24**
				645				645	
				645				645	
		20		254	254				
		20							
				254	254				
				1059	587	457			15
				587	587				
				457		457			
				15					15
	98			281	82		190		9
	98			281	82		190		9

1-12 续表 12

行业中类	私营合伙	私营有限责任公司	私营股份有限公司	其他	港、澳、台商投资	港澳台商合资经营
开采辅助活动	116	289	87	131		
煤炭开采和洗选辅助活动	35	206	47			
石油和天然气开采辅助活动		34		14		
其他开采辅助活动	81	49	40	117		
其他采矿业	428	809	5	69		
其他采矿业	428	809	5	69		
制造业	**212009**	**1472535**	**192830**	**98770**	**186953**	**92728**
农副食品加工业	8028	132227	13826	12271	3923	1660
谷物磨制	2295	22510	3584	3128	141	4
饲料加工	1092	22980	2197	630	2123	670
植物油加工	711	15956	1340	1535	706	701
制糖业	13	1768		40		
屠宰及肉类加工	1359	18204	2411	1207	625	179
水产品加工	115	7489	208	367		
蔬菜、水果和坚果加工	820	15023	2154	2755	3	
其他农副食品加工	1623	28297	1932	2609	325	106
食品制造业	4765	66440	10004	3044	4618	3441
焙烤食品制造	988	8118	928	554	949	195
糖果、巧克力及蜜饯制造	272	3918	180	186	19	
方便食品制造	690	11248	3838	1321		
乳制品制造	40	1150	265	61	267	267
罐头食品制造	780	9499	1451	117	2457	2437
调味品、发酵制品制造	1616	4173	2268	48	22	22
其他食品制造	379	28334	1074	757	904	520
酒、饮料和精制茶制造业	2232	34214	5168	3093	4026	2193
酒的制造	181	7072	1618	403	1088	342
饮料制造	1182	9739	1552	494	2771	1851
精制茶加工	869	17403	1998	2196	167	
烟草制品业	63	7		2475		
烟叶复烤	25	7		1735		
卷烟制造						
其他烟草制品制造	38			740		
纺织业	3594	57223	11875	1693	2493	768
棉纺织及印染精加工	1255	34187	7294	383	534	53
毛纺织及染整精加工	103	323			185	
麻纺织及染整精加工	108	7894	2671	18		
丝绢纺织及印染精加工	37	157	231			
化纤织造及印染精加工		1912	139	40		
针织或钩针编织物及其制品制造	1377	3290	558	155	546	
家用纺织制成品制造	622	4524	797	766	483	
非家用纺织制成品制造	92	4936	185	331	745	715
纺织服装、服饰业	1556	40657	2668	1663	11091	1098
机织服装制造	1216	34003	2066	1222	5539	1098
针织或钩针编织服装制造	38	3238	66	83	5079	
服饰制造	302	3416	536	358	473	
皮革、毛皮、羽毛及其制品和制鞋业	3290	36282	4222	2271	41477	2805
皮革鞣制加工	430	4164	491	46	98	
皮革制品制造	325	6727	506	458	1516	
毛皮鞣制及制品加工	75	322		18	639	284
羽毛(绒)加工及制品制造	182	269	160	3		
制鞋业	2278	24800	3065	1746	39224	2521

港澳台商合作经营	港澳台商独资	港澳台商投资股份有限公司	其他港澳台商投资	外商投资企业	中外合资经营	中外合作经营	外资企业	外商投资股份有限公司	其他外商投资
2020	**87538**	**4648**	**19**	**114021**	**54955**	**1985**	**54273**	**1855**	**953**
20	840	1403		5502	934	636	3762		170
	137								
20	32	1401		3436	349	636	2451		
	5			473	452		21		
	446			1207			1207		
	3			170					170
	217	2		216	133		83		
	1158		19	5748	3350		1378	1017	3
	754			960	286		674		
			19						
				204	204				
				652				652	
	20			3805	2860		580	365	
				76			76		
	384			51			48		3
390	1443			5080	1825	3	3252		
390	356			930			930		
	920			4150	1825	3	2322		
	167								
	1725			1603	945	32	626		
	481			38	38				
	185								
				1565	907	32	626		
	546								
	483								
	30								
	9025	968		2277	428		1806	43	
	3473	968		1094	428		623	43	
	5079			1183			1183		
	473								
30	38642			9721	2155		7361		205
	98			494	415		79		
	1516			3376	1740		1636		
	355								
30	36673			5851			5646		205

1-12 续表 13

行业中类	私营合伙	私营有限责任公司	私营股份有限公司	其他	港、澳、台商投资	港澳台商合资经营
木材加工和木、竹、藤、棕、草制品业	15886	60873	9648	4065	574	334
木材加工	4397	10995	1152	1523	18	18
人造板制造	7101	33433	5548	821	316	316
木制品制造	1203	5887	688	469	205	
竹、藤、棕、草等制品制造	3185	10558	2260	1252	35	
家具制造业	3435	18989	2223	4735	1497	587
木质家具制造	2382	16087	1952	4216	565	55
竹、藤家具制造	845	487	25	95	400	
金属家具制造	40	416	151	187		
塑料家具制造		146	30	13		
其他家具制造	168	1853	65	224	532	532
造纸和纸制品业	7100	31652	5615	2879	1473	801
纸浆制造	58	184	43	21		
造纸	3642	20697	3899	1993	576	262
纸制品制造	3400	10771	1673	865	897	539
印刷和记录媒介复制业	3178	24644	843	2057	3395	3158
印刷	2948	23277	744	1772	3394	3157
装订及印刷相关服务	230	1200	99	285	1	1
记录媒介复制		167				
文教、工美、体育和娱乐用品制造业	2131	17722	2046	1377	5198	46
文教办公用品制造	38	1768	113	152	130	
乐器制造	128	189				
工艺美术品制造	1225	11551	1163	916	2193	3
体育用品制造	63	2342	12	60	1291	
玩具制造	650	1715	758	249	1584	43
游艺器材及娱乐用品制造	27	157				
石油加工、炼焦和核燃料加工业	193	4284	103	74	88	
精炼石油产品制造	98	1577	82	52	88	
炼焦	95	2707	1	16		
核燃料加工			20	6		
化学原料和化学制品制造业	71204	150653	24805	17143	6836	4688
基础化学原料制造	2571	29602	6177	284	1484	481
肥料制造	798	11166	1721	158	36	
农药制造	53	4223	641	22	286	286
涂料、油墨、颜料及类似产品制造	1530	8290	1437	432	337	97
合成材料制造	317	5173	273	491	288	240
专用化学产品制造	2136	16878	2492	347	654	535
炸药、火工及焰火产品制造	63663	70919	11416	15309	3380	2755
日用化学产品制造	136	4402	648	100	371	294
医药制造业	278	32553	4628	354	2602	2054
化学药品原料药制造	3	7908	638	85	243	243
化学药品制剂制造	23	2105	744		903	752
中药饮片加工	72	4890	25	84		
中成药生产	135	7599	2112	150	840	840
兽用药品制造		3635	816			
生物药品制造	25	3787	290	35	482	85
卫生材料及医药用品制造	20	2629	3		134	134

港澳台商合作经营	港澳台商独资	港澳台商投资股份有限公司	其他港澳台商投资	外商投资企业	中外合资经营	中外合作经营	外资企业	外商投资股份有限公司	其他外商投资
	240			873	139	4	502	228	
				339			339		
				4		4			
	205			3			3		
	35			527	139		160	228	
510	400			22			22		
510				22			22		
	400								
	672			2431	1328	690	413		
	314			2431	1328	690	413		
	358								
	237			233	38				195
	237			233	38				195
260	4791	101		1497	680		817		
	130			127			127		
260	1829	101		721	680		41		
	1291			262			262		
	1541			387			387		
		88		212	212				
		88		212	212				
513	1443	192		5565	4659	180	516		210
	1003			1118	1014		104		
18	18			4	4				
61	179			565	355		210		
	48			429	429				
		119		448	387		61		
434	159	32		2994	2470	180	134		210
	36	41		7			7		
2	151	395		2179	1622	12	545		
				670	125		545		
	151			190	190				
				201	201				
				207	207				
2		395		505	493	12			
				406	406				

1-12 续表 14

行业中类	私营合伙	私营有限责任公司	私营股份有限公司	其他	港、澳、台商投资	港澳台商合资经营
化学纤维制造业	238	708	35	40	785	785
纤维素纤维原料及纤维制造		300		15		
合成纤维制造	238	408	35	25	785	785
橡胶和塑料制品业	2662	34683	2593	1589	2049	1131
橡胶制品业	203	6233	776	218	489	
塑料制品业	2459	28450	1817	1371	1560	1131
非金属矿物制品业	57829	202125	21462	18757	15583	10529
水泥、石灰和石膏制造	2710	21444	3107	1445	335	335
石膏、水泥制品及类似制品制造	5169	27501	2794	3574	913	152
砖瓦、石材等建筑材料制造	38693	44249	4204	10690	2602	283
玻璃制造	98	3440	45	137		
玻璃制品制造	665	8371	234	157	252	
玻璃纤维和玻璃纤维增强塑料制品制造	96	2281	211	354	113	3
陶瓷制品制造	6935	74371	7552	586	11179	9567
耐火材料制品制造	1916	7309	313	69		
石墨及其他非金属矿物制品制造	1547	13159	3002	1745	189	189
黑色金属冶炼和压延加工业	4891	51907	8000	1432	715	624
炼铁	1464	2050	834	112	8	
炼钢	41	322	380			
黑色金属铸造	1203	14002	1999	812	301	301
钢压延加工	815	4124	822	192	180	180
铁合金冶炼	1368	31409	3965	316	226	143
有色金属冶炼和压延加工业	2560	67266	9513	2707	2494	1926
常用有色金属冶炼	1468	33934	4803	1035	1547	1467
贵金属冶炼	44	8540	2287	33	142	7
稀有稀土金属冶炼	177	3373	286	21	22	22
有色金属合金制造	102	6090	1109	396	216	117
有色金属铸造	14	725				
有色金属压延加工	755	14604	1028	1222	567	313
金属制品业	3494	55738	3757	2956	1425	320
结构性金属制品制造	1180	22598	1464	1174	6	
金属工具制造	1240	8514	504	175	475	
集装箱及金属包装容器制造	52	1990	16	89		
金属丝绳及其制品制造	25	504	287	2	523	
建筑、安全用金属制品制造	84	6417	327	870		
金属表面处理及热处理加工	370	2145	212	20		
搪瓷制品制造	102	420	41			
金属制日用品制造	130	2776	376	78	145	145
其他金属制品制造	311	10374	530	548	276	175
通用设备制造业	2554	79591	9477	3203	4284	3353
锅炉及原动设备制造	30	4771	987	153	84	83
金属加工机械制造	801	16440	2756	1402	71	40
物料搬运设备制造	78	5636	104	28	250	62
泵、阀门、压缩机及类似机械制造	293	13655	1268	275	3018	2698
轴承、齿轮和传动部件制造	152	3544	1169	106	240	240
烘炉、风机、衡器、包装等设备制造	95	7097	1214	343	513	130
文化、办公用机械制造	10	1000	108	32	8	
通用零部件制造	967	19659	1489	576	100	100
其他通用设备制造业	128	7789	382	288		
专用设备制造业	3944	78717	13163	2000	3450	2546
采矿、冶金、建筑专用设备制造	611	27553	5045	442	910	850

港澳台商合作经营	港澳台商独资	港澳台商投资股份有限公司	其他港澳台商投资	外商投资企业	中外合资经营	中外合作经营	外资企业	外商投资股份有限公司	其他外商投资
				517			517		
				67			67		
				450			450		
20	898			3105	1839	67	1050	149	
3	486			961	339		622		
17	412			2144	1500	67	428	149	
110	4944			13432	11634	145	1383	185	85
				362			362		
	761			215	86	5	124		
	2319			739	379		275		85
				1			1		
	252								
110				140		140			
	1612			11358	10552		621	185	
				617	617				
8	83			1609	1179		430		
8				330			330		
				451	451				
				330	330				
				329	229		100		
	83			169	169				
156	412			1090	940		137	13	
	80			137			137		
135									
				446	446				
	99			99	99				
				13				13	
21	233			395	395				
	658	447		403	376		27		
	6			10	10				
	28	447		287	260		27		
	523								
	101			106	106				
1	930			1528	1377	96	22		33
1									
	31			313	217	96			
	188			417	417				
	320			491	458				33
				66	66				
	383			84	62		22		
	8								
				1	1				
				156	156				
	904			3059	1460		1599		
	60			239	137		102		

1-12 续表 15

行业中类	私营合伙	私营有限责任公司	私营股份有限公司	其他	港、澳、台商投资	港澳台商合资经营
化工、木材、非金属加工专用设备制造	448	8092	3198	311	82	22
食品、饮料、烟草及饲料生产专用设备制造	243	3304	43	32	43	43
印刷、制药、日化及日用品生产专用设备制造	438	4890	1067	107	21	21
纺织、服装和皮革加工专用设备制造	6	891	529	10	1363	1348
电子和电工机械专用设备制造	294	4780	1669	140	597	
农、林、牧、渔专用机械制造	683	10807	651	603	262	262
医疗仪器设备及器械制造	321	7138	435	61		
环保、社会公共服务及其他专用设备制造	900	11262	526	294	172	
汽车制造业	807	33821	1557	705	3089	2494
汽车整车制造		7987	5	17		
改装汽车制造	91	2146	4			
低速载货汽车制造		776				
电车制造		160				
汽车车身、挂车制造	382	4029		13		
汽车零部件及配件制造	334	18723	1548	675	3089	2494
铁路、船舶、航空航天和其他运输设备制造业	263	10500	1964	53	213	213
铁路运输设备制造	107	4290	1224	8	52	52
城市轨道交通设备制造		162	30		12	12
船舶及相关装置制造	133	3876	682	30		
航空、航天器及设备制造		147				
摩托车制造		526	28		149	149
自行车制造		672				
非公路休闲车及零配件制造		300				
潜水救捞及其他未列明运输设备制造	23	527		15		
电气机械和器材制造业	2702	60363	9257	3101	3935	894
电机制造	456	7798	660	56	1479	
输配电及控制设备制造	947	20063	2689	2197	512	175
电线、电缆、光缆及电工器材制造	585	13200	1771	488	385	283
电池制造	278	6232	666	29	1238	185
家用电力器具制造	115	5093	1373	77	187	187
非电力家用器具制造	41	1508	1550	12		
照明器具制造	271	3755	432	218	70	
其他电气机械及器材制造	9	2714	116	24	64	64
计算机、通信和其他电子设备制造业	1754	57113	6635	1092	54922	42773
计算机制造		3812	1098	64	1047	768
通信设备制造	412	3470	107	251	17198	16847
广播电视设备制造	22	2492	810			
雷达及配套设备制造		208	35			
视听设备制造	21	1001	275		60	60
电子器件制造	81	10696	1110	162	388	152
电子元件制造	871	28875	3035	351	12139	3012
其他电子设备制造	347	6559	165	264	24090	21934
仪器仪表制造业	204	11553	1183	153	4386	1175
通用仪器仪表制造	62	7268	1087	106	3879	668
专用仪器仪表制造		3102	58	28	507	507
钟表与计时仪器制造	51	4				
光学仪器及眼镜制造	20	671	38	19		
其他仪器仪表制造业	71	508				
其他制造业	884	10175	5696	725		
日用杂品制造	363	6373	5198	384		

港澳台商合作经营	港澳台商独资	港澳台商投资股份有限公司	其他港澳台商投资	外商投资企业	中外合资经营	中外合作经营	外资企业	外商投资股份有限公司	其他外商投资
	60			1718	407		1311		
				348	314		34		
	15								
	597			107	107				
				401	401				
				176	24		152		
	172			70	70				
	374	221		19977	11071		8836	70	
				7684	7684				
				1985			1985		
	374	221		10308	3387		6851	70	
				3635	2571		1064		
				1081	1081				
				634	75		559		
				373	373				
				1499	1042		457		
				48			48		
	2488	553		4882	2334	20	2347	150	31
	929	550		1038	385		653		
	334	3		96	72	20	4		
	102			314	164			150	
	1053			1922	1165		757		
				850	104		715		31
				296	296				
	70			216			216		
				150	148		2		
	11869	280		17665	1784	100	15774		7
		279		12			12		
	350	1		258	258				
				40	16		24		
				952	518		434		
	236			6344	722	100	5522		
	9127			2661	270		2391		
	2156			7398			7391		7
	3211			46	46				
	3211			40	40				
				6	6				
				52	29		23		
				23			23		

1-12 续表 16

行业中类	私营合伙	私营有限责任公司	私营股份有限公司	其他	港、澳、台商投资	港澳台商合资经营
煤制品制造	297	1047	189	254		
核辐射加工						
其他未列明制造业	224	2755	309	87		
废弃资源综合利用业	144	7571	808	852	332	332
金属废料和碎屑加工处理	75	5576	624	576	332	332
非金属废料和碎屑加工处理	69	1995	184	276		
金属制品、机械和设备修理业	146	2284	56	211		
金属制品修理	28	423	25			
通用设备修理	53	375	5	69		
专用设备修理	15	307		4		
铁路、船舶、航空航天等运输设备修理		321	26	22		
电气设备修理		238		83		
仪器仪表修理		48				
其他机械和设备修理业	50	572		33		
电力、热力、燃气及水生产和供应业	**17789**	**21752**	**6032**	**4801**	**5001**	**3597**
电力、热力生产和供应业	16312	15282	5650	3105	2871	2228
电力生产	16024	13398	5499	2785	2571	1928
电力供应	288	1581	138	320	300	300
热力生产和供应		303	13			
燃气生产和供应业	104	3067	226	532	1279	764
燃气生产和供应业	104	3067	226	532	1279	764
水的生产和供应业	1373	3403	156	1164	851	605
自来水生产和供应	1350	1994	156	1051	641	518
污水处理及其再生利用		1221		87	210	87
其他水的处理、利用与分配	23	188		26		
建筑业	**3672**	**435185**	**71421**	**11265**	**6066**	**3913**
房屋建筑业	2175	307925	64111	8176	3243	2810
房屋建筑业	2175	307925	64111	8176	3243	2810
土木工程建筑业	725	56614	3746	1213	1730	10
铁路、道路、隧道和桥梁工程建筑	235	23341	405	350		
水利和内河港口工程建筑	181	8638	808	416		
海洋工程建筑		3				
工矿工程建筑		6089	1044			
架线和管道工程建筑		7762	199		1681	
其他土木工程建筑	309	10781	1290	447	49	10
建筑安装业	256	15898	538	318		
电气安装	47	3881	149	26		
管道和设备安装	73	2394	44	219		
其他建筑安装业	136	9623	345	73		
建筑装饰和其他建筑业	516	54748	3026	1558	1093	1093
建筑装饰业	334	31290	1975	1267	1093	1093
工程准备活动	18	3233	148	95		
提供施工设备服务	89	3156	138	35		
其他未列明建筑业	75	17069	765	161		
批发和零售业	**30879**	**540085**	**45541**	**186535**	**7734**	**1857**
批发业	11364	310210	25897	131666	1911	358
农、林、牧产品批发	1414	21229	2500	64578	72	60
食品、饮料及烟草制品批发	1558	34631	2594	50731	1137	36
纺织、服装及家庭用品批发	791	23217	2798	1824	28	13
文化、体育用品及器材批发	170	9345	795	444	115	55

港澳台商合作经营	港澳台商独资	港澳台商投资股份有限公司	其他港澳台商投资	外商投资企业	中外合资经营	中外合作经营	外资企业	外商投资股份有限公司	其他外商投资
				25	25				
				4	4				
				54			54		
				54			54		
				24			10		14
				10			10		
				14					14
50	**1333**	**11**	**10**	**3288**	**3180**	**60**	**33**	**13**	**2**
18	604	11	10	733	658	60		13	2
18	604	11	10	595	533	60			2
				138	125			13	
32	483			2339	2339				
32	483			2339	2339				
	246			216	183		33		
	123			183	183				
	123			33			33		
	2153			**6765**	**3977**		**2683**		**105**
	433			3039	2950				89
	433			3039	2950				89
	1720			2667			2667		
	1681			2667			2667		
	39								
				1059	1027		16		16
				1043	1027				16
				16			16		
27	**2884**	**2744**	**222**	**9618**	**2463**	**121**	**6752**	**24**	**258**
27	1406	97	23	1056	544	55	313	21	123
12				145	30	32	5		78
	1021	80		146	18		125	3	
15				76	70		6		
	60			13			13		

1-12 续表 17

行业中类	私营合伙	私营有限责任公司	私营股份有限公司	其他	港、澳、台商投资	港澳台商合资经营
医药及医疗器材批发	307	18609	1618	2853	30	30
矿产品、建材及化工产品批发	5429	100662	8634	5994	358	110
机械设备、五金产品及电子产品批发	696	69443	4097	2353	117	
贸易经纪与代理	115	9558	639	965	54	54
其他批发业	884	23516	2222	1924		
零售业	19515	229875	19644	54869	5823	1499
综合零售	6182	54321	4544	9136	1290	57
食品、饮料及烟草制品专门零售	1149	21368	1058	13707	14	
纺织、服装及日用品专门零售	1832	15518	1510	9121	727	556
文化、体育用品及器材专门零售	873	8366	846	1926	17	17
医药及医疗器材专门零售	2722	13968	2563	4307	2738	152
汽车、摩托车、燃料及零配件专门零售	2044	46033	3119	3376	451	344
家用电器及电子产品专门零售	1357	33066	2849	4547	213	185
五金、家具及室内装饰材料专门零售	1647	20709	1484	6546	103	
货摊、无店铺及其他零售业	1709	16526	1671	2203	270	188
交通运输、仓储和邮政业	**7275**	**73416**	**10239**	**7029**	**2337**	**757**
铁路运输业						
铁路旅客运输						
铁路货物运输						
铁路运输辅助活动						
道路运输业	5452	52756	8805	5023	2084	726
城市公共交通运输	616	12558	3613	442	835	56
公路旅客运输	2832	7469	1999	1440	50	50
道路货物运输	1251	27886	2647	1406	194	150
道路运输辅助活动	753	4843	546	1735	1005	470
水上运输业	862	2661	294	264	181	
水上旅客运输	371	582	130	57		
水上货物运输	338	1493	164	54		
水上运输辅助活动	153	586		153	181	
航空运输业		197				
航空客货运输		44				
通用航空服务		11				
航空运输辅助活动		142				
管道运输业	43	90	18			
管道运输业	43	90	18			
装卸搬运和运输代理业	540	9814	805	1048	50	12
装卸搬运	286	3721	282	418		
运输代理业	254	6093	523	630	50	12
仓储业	161	3452	111	207	19	19
谷物、棉花等农产品仓储	95	826	6	151		
其他仓储业	66	2626	105	56	19	19
邮政业	217	4446	206	487	3	
邮政基本服务	101	78	20	146	3	
快递服务	116	4368	186	341		
住宿和餐饮业	**17575**	**68011**	**7527**	**17020**	**7357**	**5234**
住宿业	7420	35554	3991	4912	6276	4870
旅游饭店	1947	22339	2127	1710	5749	4751
一般旅馆	4450	10699	1566	2101	459	111
其他住宿业	1023	2516	298	1101	68	8

港澳台商合作经营	港澳台商独资	港澳台商投资股份有限公司	其他港澳台商投资	外商投资企业	中外合资经营	中外合作经营	外资企业	外商投资股份有限公司	其他外商投资
				3	3				
	208	17	23	252	147	18	80	6	1
	117			126	57	5	39		25
				28	19		9		
				267	200		36	12	19
	1478	2647	199	8562	1919	66	6439	3	135
	1075		158	7616	1224		6359		33
		8	6	67	23	15	29		
	171			45	5	7	33		
				131	131				
	3	2548	35	69	9				60
	107			15					15
	28			327	287	37	3		
	31	72		94	42	7	15	3	27
	63	19		198	198				
1213	**186**		**181**	**1183**	**974**	**63**	**118**	**28**	
1175	183			884	821	63			
698	81			4	4				
	44			513	498	15			
477	58			367	319	48			
			181						
			181						
				17	17				
				17	17				
				81	81				
				81	81				
38				193	55		110	28	
				28				28	
38				165	55		110		
				8			8		
				8			8		
	3								
	3								
481	**1337**	**253**	**52**	**9505**	**343**	**404**	**8668**	**22**	**68**
456	645	253	52	1036	168	404	464		
456	354	188		868		404	464		
	283	65		110	110				
	8		52	58	58				

1-12 续表 18

行业中类	私营合伙	私营有限责任公司	私营股份有限公司	其他	港、澳、台商投资	港澳台商合资经营
餐饮业	10155	32457	3536	12108	1081	364
正餐服务	8520	28363	3137	9592	636	306
快餐服务	214	1972	67	462	342	
饮料及冷饮服务	839	668	82	1270	5	
其他餐饮业	582	1454	250	784	98	58
信息传输、软件和信息技术服务业	**823**	**31518**	**1746**	**3579**	**4138**	**1008**
电信、广播电视和卫星传输服务	268	1943	156	977	2459	747
电信	225	1386	67	418	2459	747
广播电视传输服务	43	473	89	559		
卫星传输服务		84				
互联网和相关服务	256	4083	283	1011		
互联网接入及相关服务		508	19	27		
互联网信息服务	247	3028	261	901		
其他互联网服务	9	547	3	83		
软件和信息技术服务业	299	25492	1307	1591	1679	261
软件开发	23	14478	863	232	1606	188
信息系统集成服务	141	3755	83	48	15	15
信息技术咨询服务	26	3749	135	686	58	58
数据处理和存储服务		497	40	4		
集成电路设计		193				
其他信息技术服务业	109	2820	186	621		
金融业	**24**	**1866**	**146**	**215**	**93**	**51**
货币金融服务	14	1051	127	182	42	
中央银行服务						
货币银行服务				153	42	
非货币银行服务	14	1051	127	29		
银行监管服务						
资本市场服务		110		16		
证券市场服务						
期货市场服务						
证券期货监管服务				16		
资本投资服务		37				
其他资本市场服务		73				
保险业		590				
人身保险						
财产保险						
再保险						
养老金						
保险经纪与代理服务		585				
保险监管服务						
其他保险活动		5				
其他金融业	10	115	19	17	51	51
金融信托与管理服务						
控股公司服务						
非金融机构支付服务		9	10	12	51	51
金融信息服务	10	106	9	5		
其他未列明金融业						
房地产业	**2038**	**129677**	**13722**	**4577**	**4472**	**1613**
房地产业	2038	129677	13722	4577	4472	1613
房地产开发经营	506	61156	8487	1603	3230	1474
物业管理	1137	54996	4174	1929	1029	74
房地产中介服务	240	9720	566	449	44	32
自有房地产经营活动	34	618	9	27	92	10
其他房地产业	121	3187	486	569	77	23

港澳台商合作经营	港澳台商独资	港澳台商投资股份有限公司	其他港澳台商投资	外商投资企业	中外合资经营	中外合作经营	外资企业	外商投资股份有限公司	其他外商投资
25	692			8469	175		8204	22	68
	330			453	122		241	22	68
	342			7955	43		7912		
	5								
25	15			61	10		51		
339	**2392**	**399**		**5698**	**627**		**5044**	**23**	**4**
	1313	399		4307			4307		
	1313	399		4307			4307		
339	1079			1391	627		737	23	4
339	1079			301	80		198	23	
				536			536		
				61	54		3		4
				493	493				
	42			**3**		**3**			
	42			3		3			
	42								
				3		3			
132	**2687**	**40**		**2408**	**725**		**1299**	**103**	**281**
132	2687	40		2408	725		1299	103	281
46	1670	40		1920	689		1128	103	
12	943			471	32		158		281
	12								
74	8			17	4		13		
	54								

1-12 续表 19

行业中类	私营合伙	私营有限责任公司	私营股份有限公司	其他	港、澳、台商投资	港澳台商合资经营
租赁和商务服务业	**7144**	**147898**	**8281**	**22646**	**894**	**500**
租赁业	322	9183	618	1677	141	119
机械设备租赁	292	8865	598	1586	52	52
文化及日用品出租	30	318	20	91	89	67
商务服务业	6822	138715	7663	20969	753	381
企业管理服务	927	32757	2010	2834	480	242
法律服务	2481	879	107	6761		
咨询与调查	1020	21181	1121	3209	43	
广告业	413	21896	1109	1532	19	19
知识产权服务	88	531	8	66		
人力资源服务	401	15224	556	1623		
旅行社及相关服务	305	7983	753	405	28	28
安全保护服务	87	11032	628	553		
其他商务服务业	1100	27232	1371	3986	183	92
科学研究和技术服务业	**1538**	**58518**	**3347**	**75282**	**250**	**79**
研究和试验发展	166	14637	622	1888	124	
自然科学研究和试验发展	43	2058	134	261		
工程和技术研究和试验发展	57	9034	364	291	124	
农业科学研究和试验发展	43	2147	82	675		
医学研究和试验发展	23	1244	42	297		
社会人文科学研究		154		364		
专业技术服务业	883	28406	1811	5814	68	25
气象服务		91		68		
地震服务				37		
海洋服务		9				
测绘服务	41	568		610		
质检技术服务	124	2853	218	772	18	18
环境与生态监测	9	501	89	313		
地质勘查	17	916	107	633		
工程技术	284	13988	837	1647	43	
其他专业技术服务业	408	9480	560	1734	7	7
科技推广和应用服务业	489	15475	914	67580	58	54
技术推广服务	404	11771	727	66047	47	43
科技中介服务	41	1786	60	796	3	3
其他科技推广和应用服务业	44	1918	127	737	8	8
水利、环境和公共设施管理业	**264**	**11903**	**1162**	**5881**	**141**	**38**
水利管理业	33	888	24	2060		
防洪除涝设施管理		117		412		
水资源管理		202	1	366		
天然水收集与分配	14	19	6	473		
水文服务		15		28		
其他水利管理业	19	535	17	781		
生态保护和环境治理业	25	1481	106	476		
生态保护	11	178	45	307		
环境治理业	14	1303	61	169		

港澳台商合作经营	港澳台商独资	港澳台商投资股份有限公司	其他港澳台商投资	外商投资企业	中外合资经营	中外合作经营	外资企业	外商投资股份有限公司	其他外商投资
52	**307**	**35**		**374**	**196**		**98**	**12**	**68**
	22								
	22								
52	285	35		374	196		98	12	68
52	186			204	169		1	12	22
	29	14		99	17		51		31
				13			13		
				15					15
	70	21		43	10		33		
	171			**286**	**134**	**98**	**46**		**8**
	124			103	103				
	124			42	42				
				48	48				
				13	13				
	43			135		98	29		8
				29			29		
				98		98			
	43			8					8
	4			48	31		17		
	4			32	15		17		
				16	16				
	103			**212**	**21**		**171**	**20**	
				41	21			20	
				41	21			20	

1-12 续表 20

行业中类	私营合伙	私营有限责任公司	私营股份有限公司	其他	港、澳、台商投资	港澳台商合资经营
公共设施管理业	206	9534	1032	3345	141	38
市政设施管理	76	794	127	193	52	
环境卫生管理	13	1189		1014		
城乡市容管理	10	154	30	938		
绿化管理	11	4448	419	550	23	23
公园和游览景区管理	96	2949	456	650	66	15
居民服务、修理和其他服务业	**7715**	**34734**	**4358**	**12492**	**545**	**335**
居民服务业	5456	15556	3035	7145	486	297
家庭服务	318	5028	231	535	14	
托儿所服务	101	77	22	903		
洗染服务	133	497	68	143		
理发及美容服务	1885	1321	89	1442	3	3
洗浴服务	1299	1121	191	440	106	
保健服务	967	2180	2148	1059	343	277
婚姻服务	83	813	20	216		
殡葬服务	44	1005	9	238	17	17
其他居民服务业	626	3514	257	2169	3	
机动车、电子产品和日用产品修理业	1904	8720	633	4127	45	38
汽车、摩托车修理与维护	1643	6274	454	3029	38	38
计算机和办公设备维修	46	947	74	310		
家用电器修理	147	1202	68	707	7	
其他日用产品修理业	68	297	37	81		
其他服务业	355	10458	690	1220	14	
清洁服务	245	6541	610	428		
其他未列明服务业	110	3917	80	792	14	
教育	**17544**	**10857**	**2354**	**133398**	**671**	**495**
教育	17544	10857	2354	133398	671	495
学前教育	9204	1222	431	63213	71	
初等教育	935	348	609	12987		
中等教育	2115	543	330	22441	600	495
高等教育	37	44		8927		
特殊教育	43	23		572		
技能培训、教育辅助及其他教育	5210	8677	984	25258		
卫生和社会工作	**6364**	**6718**	**1176**	**44527**	**33**	**4**
卫生	6049	6237	1176	36950	33	4
医院	5056	5625	1097	15657		
社区医疗与卫生院	399	62	5	14455	3	3
门诊部(所)	373	180	3	5110	3	1
计划生育技术服务活动				392		
妇幼保健院(所、站)				26	27	
专科疾病防治院(所、站)	42	8		282		
疾病预防控制中心		24		522		
其他卫生活动	179	338	71	506		
社会工作	315	481		7577		
提供住宿社会工作	306	441		6355		
不提供住宿社会工作	9	40		1222		
文化、体育和娱乐业	**9199**	**19467**	**1531**	**33329**	**1019**	**833**
新闻和出版业	35	466	61	364	4	
新闻业		18		201		
出版业	35	448	61	163	4	

港澳台商合作经营	港澳台商独资	港澳台商投资股份有限公司	其他港澳台商投资	外商投资企业	中外合资经营	中外合作经营	外资企业	外商投资股份有限公司	其他外商投资
	103			171			171		
	52								
	51			171			171		
14	**196**			**671**	**404**		**255**		**12**
14	175			573	395		166		12
14				262	262				
				8	1		7		
	106			144	132				12
	66			120			120		
				39			39		
	3								
	7			49	9		40		
				22	9		13		
				27			27		
	7								
	14			49			49		
	14			49			49		
	176			**37**	**32**				**5**
	176			37	32				5
	71								
	105								
				37	32				5
2	**27**			**1086**	**1072**				**14**
2	27			1072	1072				
				1072	1072				
2									
	27								
				14					14
				2					2
				12					12
30	**133**	**20**	**3**	**1009**	**913**	**3**	**69**		**24**
	4								
	4								

1-12 续表 21

行业中类	私营合伙	私营有限责任公司	私营股份有限公司	其他	港、澳、台商投资	港澳台商合资经营
广播、电视、电影和影视录音制作业	454	2108	292	1246	221	114
广播		33		86		
电视	365	216	5	722		
电影和影视节目制作	21	379	10	163		
电影和影视节目发行	20	60		1	91	91
电影放映	48	1362	251	274	130	23
录音制作		58	26			
文化艺术业	1209	4237	242	15468	282	282
文艺创作与表演	656	1163	79	5389		
艺术表演场馆		125	21	982	282	282
图书馆与档案馆		48		216		
文物及非物质文化遗产保护	14	94	5	1086		
博物馆	38	39		137		
烈士陵园、纪念馆		12		65		
群众文化活动	301	568	17	6704		
其他文化艺术业	200	2188	120	889		
体育	381	2080	170	2720	270	220
体育组织	60	92	2	1590		
体育场馆	12	180		123		
休闲健身活动	309	1693	132	695	270	220
其他体育		115	36	312		
娱乐业	7120	10576	766	13531	242	217
室内娱乐活动	6874	6781	687	12720	222	217
游乐园	5	890	20			
彩票活动				76		
文化、娱乐、体育经纪代理	44	2152	9	26		
其他娱乐业	197	753	50	709	20	
公共管理、社会保障和社会组织	**2420**	**659**	**133**	**464986**	**25**	**3**
中国共产党机关				146		
中国共产党机关				146		
国家机构				17470		
国家权力机构				135		
国家行政机构				17004		
人民法院和人民检察院				5		
其他国家机构				326		
人民政协、民主党派				132		
人民政协				42		
民主党派				90		
社会保障	62			659		
社会保障	62			659		
群众团体、社会团体和其他成员组织	2358	659	133	209789	25	3
群众团体	38	357		41545		
社会团体	738	244	133	148517	25	3
基金会				607		
宗教组织	1582	58		19120		
基层群众自治组织				236790		
社区自治组织				33173		
村民自治组织				203617		
国际组织						

港澳台商合作经营	港澳台商独资	港澳台商投资股份有限公司	其他港澳台商投资	外商投资企业	中外合资经营	中外合作经营	外资企业	外商投资股份有限公司	其他外商投资
30	77								
30	77								
				25	25				
				25	25				
	50			45			40		5
				3					3
	50			42			40		2
	2	20	3	939	888	3	29		19
	2		3	198	147	3	29		19
				445	445				
		20		296	296				
	22			**283**	**2**		**246**		**35**
	22			283	2		246		35
				246			246		
	22			2	2				
				35					35

1-13 按行业(中类)、机构

行业中类	法人单位数(个)	企业	事业单位	机关
总　计	**404083**	**261747**	**43947**	**12885**
按国民经济行业分类分组				
农、林、牧、渔业	**7023**	**4281**	**724**	
农业	11	9	1	
谷物种植				
豆类、油料和薯类种植				
棉、麻、糖、烟草种植	2	1		
蔬菜、食用菌及园艺作物种植	5	4	1	
水果种植	3	3		
坚果、含油果、香料和饮料作物种植				
中药材种植				
其他农业	1	1		
林业	5	2	3	
林木育种和育苗				
造林和更新				
森林经营和管护	3		3	
木材和竹材采运	1	1		
林产品采集	1	1		
畜牧业	24	14	1	
牲畜饲养	20	11		
家禽饲养	2	2		
狩猎和捕捉动物				
其他畜牧业	2	1	1	
渔业	3	2		
水产养殖	3	2		
水产捕捞				
农、林、牧、渔服务业	6980	4254	719	
农业服务业	4346	2767	427	
林业服务业	1118	504	165	
畜牧服务业	1064	671	86	
渔业服务业	452	312	41	
采矿业	**7122**	**7122**		
煤炭开采和洗选业	1408	1408		
烟煤和无烟煤开采洗选	1288	1288		
褐煤开采洗选	9	9		
其他煤炭采选	111	111		
石油和天然气开采业	1	1		
石油开采	1	1		
天然气开采				
黑色金属矿采选业	666	666		
铁矿采选	260	260		
锰矿、铬矿采选	306	306		
其他黑色金属矿采选	100	100		
有色金属矿采选业	883	883		
常用有色金属矿采选	700	700		
贵金属矿采选	78	78		
稀有稀土金属矿采选	105	105		
非金属矿采选业	4037	4037		
土砂石开采	3756	3756		
化学矿开采	50	50		
采盐	3	3		
石棉及其他非金属矿采选	228	228		

类型分组的法人单位数

社会团体	民办非企业单位	基金会	居委会	村委会	其他组织机构
11097	**13490**	**108**	**4420**	**41778**	**14611**
	59				**1959**
					1
					1
					9
					9
					1
					1
	59				1948
	25				1127
	16				433
	9				298
	9				90

1-13 续表 1

行业中类	法人单位数(个)	企业	事业单位	机关
开采辅助活动	53	53		
煤炭开采和洗选辅助活动	14	14		
石油和天然气开采辅助活动	12	12		
其他开采辅助活动	27	27		
其他采矿业	74	74		
其他采矿业	74	74		
制造业	**59905**	**59899**	**1**	
农副食品加工业	5230	5228		
谷物磨制	1687	1687		
饲料加工	534	534		
植物油加工	644	643		
制糖业	19	19		
屠宰及肉类加工	783	782		
水产品加工	144	144		
蔬菜、水果和坚果加工	516	516		
其他农副食品加工	903	903		
食品制造业	1835	1835		
焙烤食品制造	449	449		
糖果、巧克力及蜜饯制造	136	136		
方便食品制造	487	487		
乳制品制造	33	33		
罐头食品制造	168	168		
调味品、发酵制品制造	129	129		
其他食品制造	433	433		
酒、饮料和精制茶制造业	1789	1789		
酒的制造	453	453		
饮料制造	706	706		
精制茶加工	630	630		
烟草制品业	121	119		
烟叶复烤	88	87		
卷烟制造	3	3		
其他烟草制品制造	30	29		
纺织业	1090	1089		
棉纺织及印染精加工	398	397		
毛纺织及染整精加工	24	24		
麻纺织及染整精加工	102	102		
丝绢纺织及印染精加工	21	21		
化纤织造及印染精加工	33	33		
针织或钩针编织物及其制品制造	191	191		
家用纺织制成品制造	227	227		
非家用纺织制成品制造	94	94		
纺织服装、服饰业	1199	1199		
机织服装制造	898	898		
针织或钩针编织服装制造	83	83		
服饰制造	218	218		
皮革、毛皮、羽毛及其制品和制鞋业	948	948		
皮革鞣制加工	71	71		
皮革制品制造	253	253		

社会团体	民办非企业单位	基金会	居委会	村委会	其他组织机构
					5
					2
					1
					1
					2
					1
					1
					1
					1

1-13 续表 2

行业中类	法人单位数(个)	企业	事业单位	机关
毛皮鞣制及制品加工	30	30		
羽毛(绒)加工及制品制造	38	38		
制鞋业	556	556		
木材加工和木、竹、藤、棕、草制品业	3230	3230		
木材加工	1298	1298		
人造板制造	680	680		
木制品制造	509	509		
竹、藤、棕、草等制品制造	743	743		
家具制造业	1338	1338		
木质家具制造	1040	1040		
竹、藤家具制造	68	68		
金属家具制造	60	60		
塑料家具制造	16	16		
其他家具制造	154	154		
造纸和纸制品业	1815	1815		
纸浆制造	20	20		
造纸	619	619		
纸制品制造	1176	1176		
印刷和记录媒介复制业	1726	1726		
印刷	1524	1524		
装订及印刷相关服务	197	197		
记录媒介复制	5	5		
文教、工美、体育和娱乐用品制造业	1153	1153		
文教办公用品制造	137	137		
乐器制造	15	15		
工艺美术品制造	776	776		
体育用品制造	64	64		
玩具制造	144	144		
游艺器材及娱乐用品制造	17	17		
石油加工、炼焦和核燃料加工业	121	121		
精炼石油产品制造	83	83		
炼焦	36	36		
核燃料加工	2	2		
化学原料和化学制品制造业	5719	5719		
基础化学原料制造	723	723		
肥料制造	348	348		
农药制造	113	113		
涂料、油墨、颜料及类似产品制造	362	362		
合成材料制造	210	210		
专用化学产品制造	663	663		
炸药、火工及焰火产品制造	3103	3103		
日用化学产品制造	197	197		
医药制造业	696	696		
化学药品原料药制造	99	99		
化学药品制剂制造	60	60		
中药饮片加工	93	93		
中成药生产	131	131		
兽用药品制造	59	59		
生物药品制造	185	185		
卫生材料及医药用品制造	69	69		

社会团体	民 办 非 企业单位	基金会	居委会	村委会	其他组织 机　　构

1-13 续表 3

行业中类	法 人 单位数 (个)	企业	事业单位	机关
化学纤维制造业	46	46		
纤维素纤维原料及纤维制造	16	16		
合成纤维制造	30	30		
橡胶和塑料制品业	1726	1726		
橡胶制品业	300	300		
塑料制品业	1426	1426		
非金属矿物制品业	11398	11398		
水泥、石灰和石膏制造	931	931		
石膏、水泥制品及类似制品制造	2832	2832		
砖瓦、石材等建筑材料制造	5730	5730		
玻璃制造	105	105		
玻璃制品制造	213	213		
玻璃纤维和玻璃纤维增强塑料制品制造	68	68		
陶瓷制品制造	742	742		
耐火材料制品制造	261	261		
石墨及其他非金属矿物制品制造	516	516		
黑色金属冶炼和压延加工业	1604	1604		
炼铁	157	157		
炼钢	26	26		
黑色金属铸造	664	664		
钢压延加工	236	236		
铁合金冶炼	521	521		
有色金属冶炼和压延加工业	1517	1517		
常用有色金属冶炼	646	646		
贵金属冶炼	164	164		
稀有稀土金属冶炼	112	112		
有色金属合金制造	230	230		
有色金属铸造	35	35		
有色金属压延加工	330	330		
金属制品业	2667	2667		
结构性金属制品制造	1196	1196		
金属工具制造	415	415		
集装箱及金属包装容器制造	74	74		
金属丝绳及其制品制造	67	67		
建筑、安全用金属制品制造	248	248		
金属表面处理及热处理加工	89	89		
搪瓷制品制造	28	28		
金属制日用品制造	170	170		
其他金属制品制造	380	380		
通用设备制造业	3524	3524		
锅炉及原动设备制造	187	187		
金属加工机械制造	970	970		
物料搬运设备制造	152	152		
泵、阀门、压缩机及类似机械制造	397	397		
轴承、齿轮和传动部件制造	190	190		
烘炉、风机、衡器、包装等设备制造	290	290		
文化、办公用机械制造	45	45		
通用零部件制造	978	978		
其他通用设备制造业	315	315		

社会团体	民 办 非 企业单位	基金会	居委会	村委会	其他组织 机　　构

1-13 续表 4

行业中类	法人单位数(个)	企业	事业单位	机关
专用设备制造业	2953	2953		
采矿、冶金、建筑专用设备制造	643	643		
化工、木材、非金属加工专用设备制造	430	430		
食品、饮料、烟草及饲料生产专用设备制造	131	131		
印刷、制药、日化及日用品生产专用设备制造	208	208		
纺织、服装和皮革加工专用设备制造	74	74		
电子和电工机械专用设备制造	316	316		
农、林、牧、渔专用机械制造	369	369		
医疗仪器设备及器械制造	232	232		
环保、社会公共服务及其他专用设备制造	550	550		
汽车制造业	770	770		
汽车整车制造	26	26		
改装汽车制造	26	26		
低速载货汽车制造	5	5		
电车制造	4	4		
汽车车身、挂车制造	50	50		
汽车零部件及配件制造	659	659		
铁路、船舶、航空航天和其他运输设备制造业	434	433	1	
铁路运输设备制造	188	188		
城市轨道交通设备制造	5	5		
船舶及相关装置制造	138	137	1	
航空、航天器及设备制造	17	17		
摩托车制造	36	36		
自行车制造	16	16		
非公路休闲车及零配件制造	4	4		
潜水救捞及其他未列明运输设备制造	30	30		
电气机械和器材制造业	2061	2061		
电机制造	235	235		
输配电及控制设备制造	719	719		
电线、电缆、光缆及电工器材制造	341	341		
电池制造	119	119		
家用电力器具制造	160	160		
非电力家用器具制造	107	107		
照明器具制造	176	176		
其他电气机械及器材制造	204	204		
计算机、通信和其他电子设备制造业	1295	1295		
计算机制造	137	137		
通信设备制造	127	127		
广播电视设备制造	58	58		
雷达及配套设备制造	7	7		
视听设备制造	27	27		
电子器件制造	181	181		
电子元件制造	515	515		
其他电子设备制造	243	243		
仪器仪表制造业	477	477		
通用仪器仪表制造	260	260		
专用仪器仪表制造	121	121		
钟表与计时仪器制造	4	4		
光学仪器及眼镜制造	53	53		
其他仪器仪表制造业	39	39		

社会团体	民 办 非 企业单位	基金会	居委会	村委会	其他组织 机 构

1-13 续表 5

行业中类	法人单位数(个)	企业	事业单位	机关
其他制造业	718	718		
日用杂品制造	221	221		
煤制品制造	304	304		
核辐射加工				
其他未列明制造业	193	193		
废弃资源综合利用业	458	458		
金属废料和碎屑加工处理	304	304		
非金属废料和碎屑加工处理	154	154		
金属制品、机械和设备修理业	247	247		
金属制品修理	23	23		
通用设备修理	49	49		
专用设备修理	38	38		
铁路、船舶、航空航天等运输设备修理	26	26		
电气设备修理	22	22		
仪器仪表修理	6	6		
其他机械和设备修理业	83	83		
电力、热力、燃气及水生产和供应业	**5339**	**5205**	**63**	
电力、热力生产和供应业	3963	3891	31	
电力生产	3682	3625	21	
电力供应	259	244	10	
热力生产和供应	22	22		
燃气生产和供应业	214	210	1	
燃气生产和供应业	214	210	1	
水的生产和供应业	1162	1104	31	
自来水生产和供应	1025	973	26	
污水处理及其再生利用	106	102	3	
其他水的处理、利用与分配	31	29	2	
建筑业	**8231**	**8231**		
房屋建筑业	2513	2513		
房屋建筑业	2513	2513		
土木工程建筑业	1532	1532		
铁路、道路、隧道和桥梁工程建筑	664	664		
水利和内河港口工程建筑	240	240		
海洋工程建筑	1	1		
工矿工程建筑	69	69		
架线和管道工程建筑	181	181		
其他土木工程建筑	377	377		
建筑安装业	917	917		
电气安装	238	238		
管道和设备安装	190	190		
其他建筑安装业	489	489		
建筑装饰和其他建筑业	3269	3269		
建筑装饰业	2242	2242		
工程准备活动	246	246		
提供施工设备服务	175	175		
其他未列明建筑业	606	606		
批发和零售业	**91397**	**91368**	**8**	
批发业	45780	45762	7	
农、林、牧产品批发	5042	5037	4	
食品、饮料及烟草制品批发	6269	6263	2	
纺织、服装及家庭用品批发	3903	3903		

社会团体	民办非企业单位	基金会	居委会	村委会	其他组织机构
					71
					41
					36
					5
					3
					3
					27
					26
					1
					21
					11
					1
					4

1-13 续表 6

行业中类	法人单位数(个)	企业	事业单位	机关
文化、体育用品及器材批发	1232	1232		
医药及医疗器材批发	1491	1490		
矿产品、建材及化工产品批发	13716	13716		
机械设备、五金产品及电子产品批发	9409	9408		
贸易经纪与代理	1300	1297		
其他批发业	3418	3416	1	
零售业	45617	45606	1	
综合零售	7839	7838	1	
食品、饮料及烟草制品专门零售	4437	4435		
纺织、服装及日用品专门零售	6850	6849		
文化、体育用品及器材专门零售	2011	2010		
医药及医疗器材专门零售	3625	3619		
汽车、摩托车、燃料及零配件专门零售	5728	5728		
家用电器及电子产品专门零售	5848	5848		
五金、家具及室内装饰材料专门零售	6092	6092		
货摊、无店铺及其他零售业	3187	3187		
交通运输、仓储和邮政业	**6402**	**5984**	**323**	
铁路运输业	4	4		
铁路旅客运输	1	1		
铁路货物运输	1	1		
铁路运输辅助活动	2	2		
道路运输业	3739	3459	235	
城市公共交通运输	520	508	7	
公路旅客运输	598	587	1	
道路货物运输	1985	1967	4	
道路运输辅助活动	636	397	223	
水上运输业	299	268	29	
水上旅客运输	68	62	4	
水上货物运输	128	127	1	
水上运输辅助活动	103	79	24	
航空运输业	28	27	1	
航空客货运输	9	9		
通用航空服务	7	7		
航空运输辅助活动	12	11	1	
管道运输业	11	11		
管道运输业	11	11		
装卸搬运和运输代理业	1170	1147	3	
装卸搬运	392	385		
运输代理业	778	762	3	
仓储业	492	455	28	
谷物、棉花等农产品仓储	235	214	16	
其他仓储业	257	241	12	
邮政业	659	613	27	
邮政基本服务	89	53	27	
快递服务	570	560		
住宿和餐饮业	9228	8987	27	
住宿业	3408	3324	14	
旅游饭店	1157	1132	8	
一般旅馆	1757	1713	4	
其他住宿业	494	479	2	

社会团体	民办非企业单位	基金会	居委会	村委会	其他组织机构
					1
					1
					3
					1
					10
					2
					1
					1
					6
	14				**81**
	7				38
	3				2
	1				9
	2				12
	1				15
					2
					2
	3				17
	2				5
	1				12
	3				6
	2				3
	1				3
	1				18
					9
	1				9
					214
					70
					17
					40
					13

1-13 续表 7

行业中类	法人单位数(个)	企业	事业单位	机关
餐饮业	5820	5663	13	
正餐服务	4516	4410	9	
快餐服务	294	283		
饮料及冷饮服务	384	375		
其他餐饮业	626	595	4	
信息传输、软件和信息技术服务业	**5672**	**5230**	**314**	
电信、广播电视和卫星传输服务	1007	707	233	
电信	510	468	11	
广播电视传输服务	487	230	221	
卫星传输服务	10	9	1	
互联网和相关服务	1022	965	24	
互联网接入及相关服务	95	94		
互联网信息服务	793	746	23	
其他互联网服务	134	125	1	
软件和信息技术服务业	3643	3558	57	
软件开发	2004	1994	3	
信息系统集成服务	474	466	6	
信息技术咨询服务	679	647	18	
数据处理和存储服务	66	41	24	
集成电路设计	28	28		
其他信息技术服务业	392	382	6	
金融业	**1054**	**1034**	**12**	
货币金融服务	549	537	8	
中央银行服务	15	8	7	
货币银行服务	310	310		
非货币银行服务	223	219		
银行监管服务	1		1	
资本市场服务	14	10	1	
证券市场服务	3	3		
期货市场服务	4	4		
证券期货监管服务	4		1	
资本投资服务	2	2		
其他资本市场服务	1	1		
保险业	445	444	1	
人身保险	196	196		
财产保险	209	209		
再保险				
养老金	6	6		
保险经纪与代理服务	28	28		
保险监管服务	1		1	
其他保险活动	5	5		
其他金融业	46	43	2	
金融信托与管理服务	1	1		
控股公司服务				
非金融机构支付服务	8	8		
金融信息服务	33	30	2	
其他未列明金融业	4	4		
房地产业	**11361**	**11191**	**108**	
房地产业	11361	11191	108	
房地产开发经营	5930	5930		

社会团体	民办非企业单位	基金会	居委会	村委会	其他组织机构
					144
					97
					11
					9
					27
	46				**82**
	28				39
	5				26
	23				13
	6				27
					1
	2				22
	4				4
	12				16
	4				3
					2
	5				9
	1				
	2				2
3					**5**
					4
					4
3					
3					
					1
					1
					62
					62

1-13 续表 8

行业中类	法 人 单位数 (个)	企业	事业单位	机关
物业管理	3397	3331	19	
房地产中介服务	1342	1319	15	
自有房地产经营活动	209	203	5	
其他房地产业	483	408	69	
租赁和商务服务业	**24175**	**21651**	**1538**	
租赁业	1503	1462	7	
机械设备租赁	1422	1388	6	
文化及日用品出租	81	74	1	
商务服务业	22672	20189	1531	
企业管理服务	5275	4512	646	
法律服务	971	356	208	
咨询与调查	4156	3895	143	
广告业	4041	4002	6	
知识产权服务	139	123	11	
人力资源服务	1606	1345	206	
旅行社及相关服务	1254	1216	18	
安全保护服务	341	320	14	
其他商务服务业	4889	4420	279	
科学研究和技术服务业	**13489**	**8863**	**3652**	
研究和试验发展	2494	2053	330	
自然科学研究和试验发展	342	295	40	
工程和技术研究和试验发展	1382	1340	28	
农业科学研究和试验发展	486	259	200	
医学研究和试验发展	160	131	10	
社会人文科学研究	124	28	52	
专业技术服务业	5695	3887	1673	
气象服务	164	29	131	
地震服务	47	2	43	
海洋服务	4	1	3	
测绘服务	166	81	78	
质检技术服务	696	285	395	
环境与生态监测	162	62	94	
地质勘查	182	105	76	
工程技术	2271	1735	506	
其他专业技术服务业	2003	1587	347	
科技推广和应用服务业	5300	2923	1649	
技术推广服务	4573	2374	1507	
科技中介服务	323	238	65	
其他科技推广和应用服务业	404	311	77	
水利、环境和公共设施管理业	**3866**	**1320**	**2353**	
水利管理业	1707	163	1416	
防洪除涝设施管理	239	17	219	
水资源管理	200	29	137	
天然水收集与分配	603	36	511	
水文服务	51	6	44	
其他水利管理业	614	75	505	
生态保护和环境治理业	402	220	169	
生态保护	184	42	133	
环境治理业	218	178	36	

社会团体	民办非企业单位	基金会	居委会	村委会	其他组织机构
					47
					8
					1
					6
	288				**698**
	9				25
	8				20
	1				5
	279				673
	28				89
	121				286
	44				74
	10				23
	1				4
	19				36
	4				16
	3				4
	49				141
	210				**764**
	60				51
	5				2
	8				6
	12				15
	15				4
	20				24
	38				97
					4
					2
					7
	7				9
	2				4
					1
	4				26
	25				44
	112				616
	91				601
	12				8
	9				7
	22				**171**
	10				118
					3
	1				33
	3				53
	1				
	5				29
	4				9
	1				8
	3				1

1-13 续表 9

行业中类	法人单位数(个)	企业	事业单位	机关
公共设施管理业	1757	937	768	
市政设施管理	333	127	204	
环境卫生管理	298	79	204	
城乡市容管理	124	33	85	
绿化管理	505	382	116	
公园和游览景区管理	497	316	159	
居民服务、修理和其他服务业	**7827**	**7201**	**219**	
居民服务业	3509	3008	180	
家庭服务	411	377	4	
托儿所服务	130	20	7	
洗染服务	172	172		
理发及美容服务	904	888	1	
洗浴服务	282	275	1	
保健服务	264	249	2	
婚姻服务	256	218	22	
殡葬服务	161	87	67	
其他居民服务业	929	722	76	
机动车、电子产品和日用产品修理业	3125	3078	10	
汽车、摩托车修理与维护	2025	1991	4	
计算机和办公设备维修	279	273	4	
家用电器修理	625	621	1	
其他日用产品修理业	196	193	1	
其他服务业	1193	1115	29	
清洁服务	710	686	12	
其他未列明服务业	483	429	17	
教育	**21741**	**2177**	**9280**	
教育	21741	2177	9280	
学前教育	8844	718	518	
初等教育	4645	21	4306	
中等教育	3883	75	3351	
高等教育	272	12	194	
特殊教育	97	6	56	
技能培训、教育辅助及其他教育	4000	1345	855	
卫生和社会工作	**16035**	**966**	**6741**	
卫生	13779	902	5652	
医院	1410	370	687	
社区医疗与卫生院	9247	204	3264	
门诊部(所)	1478	257	231	
计划生育技术服务活动	874		857	
妇幼保健院(所、站)	141	4	130	
专科疾病防治院(所、站)	112	10	93	
疾病预防控制中心	271	4	259	
其他卫生活动	246	53	131	
社会工作	2256	64	1089	
提供住宿社会工作	1975	54	933	
不提供住宿社会工作	281	10	156	
文化、体育和娱乐业	**14474**	**11035**	**1818**	
新闻和出版业	250	114	116	
新闻业	60	13	36	
出版业	190	101	80	

社会团体	民办非企业单位	基金会	居委会	村委会	其他组织机构
	8				44
	1				1
	1				14
	1				5
	2				5
	3				19
	167				**240**
	145				176
	12				18
	85				18
	3				12
	1				5
	2				11
	8				8
	2				5
	32				99
	9				28
	8				22
					2
	1				2
					2
	13				36
	4				8
	9				28
	8859				**1425**
	8859				1425
	6653				955
	218				100
	392				65
	49				17
	29				6
	1518				282
55	**3385**	**3**			**4885**
	2973				4252
	257				96
	2320				3459
	352				638
	3				14
	5				2
	8				1
	1				7
	27				35
55	412	3			633
	396				592
55	16	3			41
77	**437**				**1107**
	4				16
	2				9
	2				7

1-13 续表 10

行业中类	法人单位数(个)	企业	事业单位	机关
广播、电视、电影和影视录音制作业	838	380	442	
广播	148	20	127	
电视	276	47	219	
电影和影视节目制作	91	77	12	
电影和影视节目发行	30	23	6	
电影放映	279	202	75	
录音制作	14	11	3	
文化艺术业	2605	799	1129	
文艺创作与表演	513	268	92	
艺术表演场馆	103	26	38	
图书馆与档案馆	233	5	217	
文物及非物质文化遗产保护	233	22	176	
博物馆	52	3	36	
烈士陵园、纪念馆	44	3	37	
群众文化活动	1005	151	487	
其他文化艺术业	422	321	46	
体育	522	273	78	
体育组织	171	18	36	
体育场馆	52	19	24	
休闲健身活动	249	208	7	
其他体育	50	28	11	
娱乐业	10259	9469	53	
室内娱乐活动	9824	9102	15	
游乐园	50	50		
彩票活动	28	1	18	
文化、娱乐、体育经纪代理	213	206	5	
其他娱乐业	144	110	15	
公共管理、社会保障和社会组织	**89742**	**2**	**16766**	**12885**
中国共产党机关	1963		126	1837
中国共产党机关	1963		126	1837
国家机构	26643		15859	10784
国家权力机构	431		75	356
国家行政机构	25495		15523	9972
人民法院和人民检察院	360		41	319
其他国家机构	357		220	137
人民政协、民主党派	309		45	264
人民政协	184		17	167
民主党派	125		28	97
社会保障	785	2	736	
社会保障	785	2	736	
群众团体、社会团体和其他成员组织	13844			
群众团体	1386			
社会团体	9567			
基金会	105			
宗教组织	2786			
基层群众自治组织	46198			
社区自治组织	4420			
村民自治组织	41778			
国际组织				

社会团体	民办非企业单位	基金会	居委会	村委会	其他组织机构
	6				10
					1
	4				6
	1				1
					1
	1				1
	216				461
	84				69
	14				25
	5				6
	6				29
	7				6
	1				3
	77				290
	22				33
77	37				57
77	13				27
	3				6
	18				16
	3				8
	174				563
	167				540
	1				8
					2
	6				13
10962	**3**	**105**	**4420**	**41778**	**2821**
	3				44
	3				44
10962		105			2777
1386					
9567					
		105			
9					2777
			4420	41778	
			4420		
				41778	

1-14 按从业人员组距、开业(成立)

	法人单位数(个)	内资	国有	集体	股份合作	联营	国有联营
总 计	**404083**	**402379**	**59187**	**8002**	**1023**	**754**	**103**
按从业人员期末人数分组							
7人及以下	175177	174939	21707	4296	237	291	23
8-19人	116429	116144	14236	1436	285	218	28
20-49个	68173	67839	11737	1211	265	150	28
50-99人	22351	22116	6070	450	90	55	13
100-299人	16314	16000	4306	400	102	33	9
300-499人	2901	2767	604	116	34	3	1
500-999人	1778	1677	343	62	10	3	1
1000-4999人	898	841	175	31		1	
5000-9999人	48	44	7				
10000人以上	14	12	2				
按开业(成立)年份分组							
1949年及以前	2293	2293	1167	23		2	2
1950-1977年	20471	20469	10371	1216	17	53	17
1978-1991年	43316	43295	13980	1692	51	86	20
1992-1995年	15283	15145	5087	781	34	71	10
1996年	4085	4063	1378	170	14	15	2
1997年	3532	3511	1251	150	24	6	
1998年	8678	8635	2585	237	27	29	6
1999年	4458	4435	738	193	30	12	2
2000年	8333	8280	1347	279	24	27	3
2001年	10854	10791	1636	250	39	21	5
2002年	10457	10377	1927	206	38	25	2
2003年	12942	12839	1425	196	53	34	6
2004年	13001	12897	1116	227	49	27	3
2005年	16383	16266	1601	224	50	32	1
2006年	17483	17339	1245	239	61	47	1
2007年	15835	15688	1117	181	99	28	2
2008年	17931	17840	1057	231	62	32	7
2009年	23979	23903	1212	158	63	49	4
2010年	33194	33069	1384	615	54	36	4
2011年	36077	35922	1814	216	59	41	1
2012年	38800	38691	2069	200	84	37	3
2013年	43903	43842	1141	318	90	44	2
其他(无开业年份)	2795	2789	2539		1		

时间、登记注册类型分组的法人单位数

集体联营	国有与集体联营	其他联营	有限责任公司	国有独资	其他有限责任公司	股份有限公司	私营	私营独资
351	**63**	**237**	**41687**	**1389**	**40298**	**6482**	**188950**	**72173**
149	18	101	14337	239	14098	1609	67806	28905
99	20	71	12741	326	12415	1815	66062	27823
60	16	46	7993	370	7623	1485	36516	11916
30	4	8	2805	147	2658	568	9698	2317
12	3	9	2458	171	2287	563	6968	1036
1	1		566	44	522	161	1125	130
		2	453	44	409	165	569	43
	1		302	38	264	109	200	3
			25	7	18	5	5	
			7	3	4	2	1	
			21	7	14	6	11	5
22	7	7	294	76	218	84	323	138
43	9	14	432	53	379	126	1944	1036
42	7	12	585	55	530	139	2314	1206
9	2	2	226	24	202	62	1050	522
5		1	282	15	267	60	991	434
11	2	10	474	35	439	123	2302	1213
7		3	511	31	480	103	2040	909
15	1	8	734	46	688	186	4042	2046
11	1	4	1167	61	1106	196	5358	2567
14	2	7	1080	52	1028	206	5179	2252
19	2	7	1465	94	1371	293	7489	3256
15	5	4	1476	62	1414	298	7731	3173
15	4	12	1623	65	1558	315	9623	4157
18	1	27	1938	59	1879	359	10981	4554
10	2	14	1950	77	1873	335	9766	3658
11	5	9	2058	68	1990	344	10140	3719
24	2	19	3145	94	3051	511	14024	4422
13	1	18	4661	116	4545	649	19610	5686
11	6	23	5587	106	5481	574	21102	4722
17	3	14	5749	102	5647	712	23336	6436
19	1	22	6180	85	6095	701	29502	16045
			49	6	43	100	92	17

1-14 续表

	私营合伙	私营有限责任公司	私营股份有限公司	其他	港、澳、台商投资	港澳台商合资经营	港澳台商合作经营
总　计	**14543**	**94157**	**8077**	**96294**	**930**	**432**	**41**
按从业人员期末人数分组							
7人及以下	3699	32877	2325	64656	111	49	7
8-19人	5098	30546	2595	19351	146	65	11
20-49个	3941	18875	1784	8482	198	98	8
50-99人	928	5823	630	2380	133	70	4
100-299人	720	4693	519	1170	176	83	5
300-499人	107	764	124	158	74	26	4
500-999人	49	406	71	72	60	27	2
1000-4999人	1	168	28	23	28	12	
5000-9999人		5		2	2		
10000人以上			1		2	2	
按开业(成立)年份分组							
1949年及以前	1	3	2	1063			
1950-1977年	76	88	21	8111	2	2	
1978-1991年	426	379	103	24984	12	8	1
1992-1995年	348	670	90	6134	81	48	5
1996年	151	324	53	1148	12	6	1
1997年	114	391	52	747	4	2	1
1998年	307	677	105	2858	27	15	1
1999年	259	771	101	808	8	6	1
2000年	479	1332	185	1641	31	17	1
2001年	640	1895	256	2124	36	19	2
2002年	637	2032	258	1716	48	23	3
2003年	816	3046	371	1884	56	32	2
2004年	886	3196	476	1973	54	33	2
2005年	1116	3920	430	2798	64	34	3
2006年	1245	4644	538	2469	75	35	1
2007年	991	4607	510	2212	84	35	3
2008年	994	4921	506	3916	57	26	1
2009年	904	8002	696	4741	38	14	2
2010年	1022	11877	1025	6060	68	21	3
2011年	966	14595	819	6529	89	27	4
2012年	1097	15056	747	6504	51	10	1
2013年	1059	11671	727	5866	30	18	2
其他(无开业年份)	9	60	6	8	3	1	1

港澳台商独资	港澳台商投资股份有限公司	其他港澳台商投资	外商投资企业	中外合资经营	中外合作经营	外资企业	外商投资股份有限公司	其他外商投资
406	**40**	**11**	**774**	**356**	**36**	**293**	**28**	**61**
44	8	3	127	43	14	48	4	18
60	7	3	139	48	6	55	8	22
80	9	3	136	57	4	56	7	12
56	3		102	65	4	27	2	4
80	6	2	138	86	3	40	4	5
41	3		60	31	4	24	1	
29	2		41	11	1	27	2	
14	2		29	15		14		
2			2			2		
1	2		9	4	2	2		1
27	1		57	28	4	25		
5			10	3		7		
1			17	7	6	3		1
10	1		16	10	2	4		
1			15	7		7	1	
13			22	13	1	4	1	3
13	2		27	16		11		
22			32	17	1	14		
19	3		47	29		16	1	1
18		1	50	28	2	14	4	2
23	4		53	24	4	20	3	2
34	3	2	69	33	1	30	1	4
45	1		63	29	3	27	3	1
25	2	3	34	19	2	10	1	2
18	4		38	12	2	18	2	4
39	5		57	24	2	25	1	5
46	9	3	66	21	3	27	4	11
37	1	2	58	20	1	22	3	12
8	2		31	10		6	3	12
1			3	2		1		

1-15 按从业人员组距、开业(成立)时间、

	从业人员数(人)	内资					
			国有	集体	股份合作	联营	
							国有联营
总计	**13541601**	**13153890**	**2691001**	**305481**	**57215**	**22550**	**5012**
按从业人员分组							
7人及以下	720550	719684	82361	13674	1052	1138	83
8-19人	1409876	1406295	177132	17712	3622	2656	355
20-49个	2046898	2036418	368750	37046	8274	4580	855
50-99人	1517725	1501057	419849	30657	6107	3541	928
100-299人	2672184	2614454	692516	71172	19251	4955	1091
300-499人	1092252	1040271	225013	44965	13380	1190	305
500-999人	1169064	1097861	228950	42784	5529	2440	1395
1000-4999人	1758592	1647807	316505	47471		2050	
5000-9999人	418718	393011	45180				
10000人以上	735742	697032	134745				
按开业(成立)年份分组							
1949年及以前	229405	229405	173386	516		28	28
1950-1977年	1582635	1580829	761061	85774	2445	2245	595
1978-1991年	1151925	1144103	585904	93954	6147	4045	2196
1992-1995年	781496	747585	296536	30021	1156	1876	585
1996年	173203	171425	43008	6289	853	175	23
1997年	210246	205091	37840	6800	3422	244	
1998年	384558	377432	74694	5363	1430	724	89
1999年	255111	249896	28246	3992	1843	893	73
2000年	430147	418081	65882	3066	586	921	92
2001年	652551	633240	48307	7376	1912	586	252
2002年	476914	463262	62817	5804	2181	2926	322
2003年	560931	536791	52867	6065	1564	594	183
2004年	534344	512724	32869	5465	1124	335	77
2005年	626891	595356	41631	8268	1677	527	14
2006年	656020	627741	34929	8946	3540	1080	11
2007年	600928	569019	38611	7099	14710	474	23
2008年	518450	506615	23077	4253	2840	668	56
2009年	643284	632253	33650	2933	1691	1005	112
2010年	773022	737276	30873	4289	1458	1195	198
2011年	777048	732640	38257	5057	1451	531	13
2012年	767368	732544	40177	2051	2449	688	32
2013年	631616	627288	26336	2100	2716	790	38
其他(无开业年份)	123508	123294	120043		20		

登记注册类型分组的法人单位从业人员数

集体联营	国有与集体联营	其他联营	有限责任公司	国有独资	其他有限责任公司	股份有限公司	私营	私营独资
8049	**4095**	**5394**	**2921409**	**393196**	**2528213**	**670251**	**5241563**	**1200386**
580	79	396	60828	1045	59783	6613	293773	126527
1206	255	840	157324	4201	153123	22073	799782	327967
1845	557	1323	242710	11302	231408	42035	1083954	349790
1890	221	502	192074	9896	182178	34711	655668	154077
2111	465	1288	412887	30345	382542	86405	1146556	161663
417	468		209576	16225	193351	53228	434042	50786
		1045	309166	29305	279861	86981	372627	27121
	2050		629394	78365	551029	217629	387861	2455
			249209	54261	194948	38292	45538	
			458241	158251	299990	82284	21762	
			44906	28409	16497	1345	134	66
578	761	311	520357	163471	356886	89777	66092	4386
1469	262	118	139923	23598	116325	26875	132334	28713
836	140	315	181243	19176	162067	46817	141812	30146
107	22	23	34217	3856	30361	7744	59422	13647
240		4	43312	1830	41482	20139	83263	11232
145	15	475	96099	43526	52573	68080	103823	28973
235		585	49341	5782	43559	52790	100225	20188
728	16	85	127735	7993	119742	35836	161201	45667
202	6	126	224199	13924	210275	33687	281675	59663
454	2076	74	111597	3374	108223	25919	228483	50463
363	15	33	133699	13927	119772	18773	295001	70825
139	41	78	110693	8042	102651	34500	299961	66047
257	89	167	135150	10584	124566	36834	330600	78992
341	30	698	159700	7105	152595	25666	356478	90897
116	195	140	122643	7660	114983	19943	322829	65694
297	48	267	90656	5799	84857	16820	301337	64180
621	11	261	111209	4340	106869	25229	357352	64923
143	22	832	138434	8923	129511	23845	419404	82930
132	107	279	134385	5909	128476	22482	414665	69109
306	119	231	118694	3561	115133	19950	414502	88702
340	120	292	92430	2109	90321	17009	368927	164682
			787	298	489	191	2043	261

1-15 续表

	私营合伙	私营有限责任公司	私营股份有限公司	其他	港、澳、台商投资	港澳台商合资经营	港澳台商合作经营
总 计	**454548**	**3197626**	**389003**	**1244420**	**228794**	**113978**	**4374**
按从业人员分组							
7人及以下	16779	140404	10063	260245	426	195	18
8-19人	63717	375806	32292	225994	1831	832	145
20-49个	118624	560848	54692	249069	6196	3045	215
50-99人	62435	396319	42837	158450	9465	4854	252
100-299人	120846	777289	86758	180712	33236	15874	939
300-499人	40189	293337	49730	58877	29264	10284	1597
500-999人	30560	270317	44629	49384	42435	19280	1208
1000-4999人	1398	331493	52515	46897	56538	20904	
5000-9999人		40313	5225	14792	10693		
10000人以上		11500	10262		38710	38710	
按开业(成立)年份分组							
1949年及以前	5	36	27	9090			
1950-1977年	6407	43311	11988	53078	1806	1806	
1978-1991年	25580	62434	15607	154921	3222	1656	3
1992-1995年	16367	79438	15861	48124	13480	9235	377
1996年	7269	29117	9389	19717	1023	474	135
1997年	4550	52737	14744	10071	966	439	477
1998年	12608	54091	8151	27219	5281	4254	339
1999年	14633	55876	9528	12566	1754	1241	510
2000年	19252	88503	7779	22854	7407	3028	16
2001年	35398	163828	22786	35498	8424	3816	142
2002年	26605	127322	24093	23535	5219	2876	412
2003年	30598	170634	22944	28228	14799	5670	37
2004年	28140	171874	33900	27777	8983	5069	699
2005年	30926	196954	23728	40669	21666	12311	511
2006年	33815	206717	25049	37402	9198	3588	2
2007年	27811	206692	22632	42710	20194	3186	101
2008年	28893	184760	23504	66964	8666	3337	391
2009年	19888	247455	25086	99184	8304	1586	58
2010年	22944	287801	25729	117778	24204	5395	49
2011年	21400	305151	19005	115812	32427	21257	74
2012年	22213	288782	14805	134033	28349	22719	3
2013年	19117	172523	12605	116980	3368	989	30
其他(无开业年份)	129	1590	63	210	54	46	8

港澳台商独资	港澳台商投资股份有限公司	其他港澳台商投资	外商投资企业	中外合资经营	中外合作经营	外资企业	外商投资股份有限公司	其他外商投资
101785	**8170**	**487**	**158917**	**70941**	**3194**	**80165**	**2745**	**1872**
172	28	13	440	139	50	168	15	68
730	87	37	1750	595	95	696	88	276
2555	279	102	4284	1875	121	1758	158	372
4134	225		7203	4640	321	1815	131	296
15022	1066	335	24494	15383	420	7140	691	860
16142	1241		22717	11848	1497	9007	365	
20587	1360		28768	7687	690	19094	1297	
31750	3884		54247	28774		25473		
10693			15014			15014		
43	1520		4600	1571	333	2661		35
3473	395		20431	13369	1071	5991		
414			755	289		466		
50			4189	2819	150	1045		175
587	101		1845	1154	38	653		
3			3461	528		2930	3	
4363			4659	3603	67	626	6	357
4027	439		10887	3734		7153		
1931			8433	3478	180	4775		
8602	490		9341	5841		2837	652	11
3212		3	12637	7020	47	5008	529	33
5977	2867		9869	3168	569	5409	719	4
5118	326	164	19081	5232	100	13456	228	65
16888	19		11715	5629	505	5505	51	25
4642	229	67	3169	2245	47	865		12
6638	22		2727	943	8	1491	188	97
17365	1395		11542	4048	25	7405	22	42
10592	282	222	11981	1434	17	9827	179	524
5524	72	31	6475	4263	37	1853	126	196
2336	13		960	540		82	42	296
			160	33		127		

1-16 按从业人员组距、开业(成立)时间、机构类型分组的法人单位数

	法人单位数(个)	企业	事业单位	机关	社会团体	民办非企业单位	基金会	居委会	村委会	其他组织机构
总　计	**404083**	**261747**	**43947**	**12885**	**11097**	**13490**	**108**	**4420**	**41778**	**14611**
按从业人员期末人数分组										
7人及以下	175177	90284	18140	2851	6511	6185	79	2848	38825	9454
8-19人	116429	88162	10773	2935	2560	4806	20	1449	2644	3080
20-49个	68173	51748	7773	3667	1154	1939	7	104	270	1511
50-99人	22351	15225	3835	2057	469	363		13	23	366
100-299人	16314	11703	2767	1177	315	160	2	5	8	177
300-499人	2901	2317	369	130	40	30		1	2	12
500-999人	1778	1467	208	52	32	4			5	10
1000-4999人	898	785	79	16	13	3			1	1
5000-9999人	48	42	3		3					
10000人以上	14	14								
按开业(成立)年份分组										
1949年及以前	2293	71	765	351	55	5	1	35	931	79
1950-1977年	20471	1930	8289	1730	361	178	1	383	6996	603
1978-1991年	43316	4651	10004	3131	1224	458	9	936	21661	1242
1992-1995年	15283	4373	3406	1153	657	317	6	319	4419	633
1996年	4085	1590	1117	214	151	115	4	87	570	237
1997年	3532	1550	770	390	153	121	1	125	251	171
1998年	8678	3217	2100	527	324	322	1	155	1680	352
1999年	4458	2936	547	98	230	238	2	45	134	228
2000年	8333	5381	1066	185	326	485	3	138	282	467
2001年	10854	7301	1206	331	397	559	5	233	363	459
2002年	10457	6931	1522	317	360	457	3	323	215	329
2003年	12942	9793	1156	175	433	572		297	125	391
2004年	13001	10016	862	134	430	570	5	178	414	392
2005年	16383	12258	1317	241	483	752	8	202	623	499
2006年	17483	13990	1053	133	514	709	3	172	289	620
2007年	15835	12855	912	154	469	726	3	154	136	426
2008年	17931	13678	974	133	496	785	5	107	924	829
2009年	23979	19673	1262	135	842	961	9	108	135	854
2010年	33194	27375	1154	225	783	1196	11	85	286	2079
2011年	36077	29884	1577	247	853	1344	6	140	818	1208
2012年	38800	32732	1855	218	869	1411	10	129	362	1214
2013年	43903	39309	1032	127	687	1208	12	69	164	1295
无开业年份	2795	253	1	2536		1				4

1-17 按登记注册类型分组的法人单位数及从业人员数

登记注册类型	法人单位				
	单位数(个)	单产业法人	多产业法人	从业人员数(人)	# 女性
总 计	**404083**	**385402**	**18681**	**13541601**	**4545730**
内资企业	**402379**	**383790**	**18589**	**13153890**	**4353471**
国有企业	59187	51594	7593	2691001	1021207
集体企业	8002	7663	339	305481	78697
股份合作企业	1023	942	81	57215	25607
联营企业	754	731	23	22550	7756
国有联营企业	103	97	6	5012	1718
集体联营企业	351	342	9	8049	3084
国有与集体联营企业	63	58	5	4095	1007
其他联营企业	237	234	3	5394	1947
有限责任公司	41687	40473	1214	2921409	679512
国有独资公司	1389	1266	123	393196	63279
其他有限责任公司	40298	39207	1091	2528213	616233
股份有限公司	6482	5889	593	670251	186264
私营企业	188950	187334	1616	5241563	1845729
私营独资企业	72173	72060	113	1200386	505568
私营合伙企业	14543	14479	64	454548	145924
私营有限责任公司	94157	92852	1305	3197626	1069304
私营股份有限公司	8077	7943	134	389003	124933
其他企业	96294	89164	7130	1244420	508699
港、澳、台商投资企业	**930**	**879**	**51**	**228794**	**122230**
合资经营企业(港或澳、台资)	432	410	22	113978	56319
合作经营企业(港或澳、台资)	41	40	1	4374	1493
港、澳、台商独资经营企业	406	382	24	101785	61847
港、澳、台商投资股份有限公司	40	36	4	8170	2349
其他港澳台投资企业	11	11		487	222
外商投资企业	**774**	**733**	**41**	**158917**	**70029**
中外合资经营企业	356	333	23	70941	26889
中外合作经营企业	36	36		3194	834
外资企业	293	276	17	80165	40197
外商投资股份有限公司	28	28		2745	1106
其他外商投资企业	61	60	1	1872	1003

1-18 按地区、开业(成立)

地 区	合计(个)	1949年及以前	1950-1977年	1978-1991年	1992-1995年
湖南省	**248753**	**42**	**1470**	**4118**	**3882**
长沙市	66025	5	155	576	861
株洲市	12273	1	71	204	206
湘潭市	8670		60	180	213
衡阳市	18933	7	151	395	315
邵阳市	12430	3	140	258	196
岳阳市	22827	5	87	448	434
常德市	32128	2	94	412	438
张家界市	3368	1	32	110	85
益阳市	20119	1	107	359	335
郴州市	15649	4	156	346	223
永州市	7958	3	108	177	122
怀化市	8905	3	140	231	156
娄底市	12901	6	63	253	222
湘西州	6567	1	106	169	76

1-18 续表

地 区	2003年	2004年	2005年	2006年	2007年
湖南省	**9096**	**9318**	**11517**	**13198**	**12022**
长沙市	1887	2004	2299	2796	2845
株洲市	422	478	526	611	635
湘潭市	327	333	384	518	399
衡阳市	739	774	976	1243	1135
邵阳市	532	575	689	793	709
岳阳市	1229	1262	1484	1753	1437
常德市	966	747	1168	1171	1086
张家界市	149	154	166	169	173
益阳市	783	693	897	892	860
郴州市	612	761	847	882	835
永州市	366	423	527	579	486
怀化市	396	374	502	517	438
娄底市	436	418	590	760	566
湘西州	252	322	462	514	418

时间分组的小微企业法人单位数

1996年	1997年	1998年	1999年	2000年	2001年	2002年
1432	**1378**	**2981**	**2702**	**5029**	**6692**	**6393**
290	331	528	630	939	1253	1407
82	80	151	125	223	298	326
47	54	146	120	221	259	228
140	119	298	238	455	571	561
91	81	174	152	276	352	380
163	149	372	346	672	1050	733
156	137	404	313	696	776	678
28	35	47	49	85	124	97
121	98	251	192	466	657	561
109	83	166	153	244	361	416
41	37	85	81	175	201	264
39	71	143	130	222	286	253
101	63	155	123	230	326	294
24	40	61	50	125	178	195

2008年	2009年	2010年	2011年	2012年	2013年	其他(无开业年份)
12908	**18876**	**26284**	**28965**	**31732**	**38582**	**136**
3340	5015	7871	10097	10450	10428	18
574	779	1112	1613	1639	2111	6
434	566	1040	1162	1118	852	9
1233	1851	2113	2301	2056	1249	13
712	994	1183	1197	1656	1273	14
1261	1751	2485	2106	2291	1305	4
1179	1710	2258	2643	3655	11429	10
158	322	331	301	383	366	3
1091	1501	2393	1824	2137	3886	14
888	1436	1515	1566	1915	2116	15
441	681	820	811	840	684	6
526	667	920	926	1381	582	2
698	1036	1496	1680	1501	1874	10
373	567	747	738	710	427	12

1-19 按地区、开业(成立)时间分组的

地 区	合计(人)	1949年及以前	1950-1977年	1978-1991年	1992-1995年
湖南省	**5998285**	**1976**	**127038**	**238818**	**174363**
长沙市	1260765	298	10512	26913	32792
株洲市	419196	44	8190	19432	13308
湘潭市	275505		7543	10620	13391
衡阳市	556903	114	19702	33781	15803
邵阳市	332997	235	12509	16302	9303
岳阳市	683244	267	7931	21906	23966
常德市	573778	294	5173	13890	12477
张家界市	81518	4	3422	4220	3557
益阳市	433113	13	7157	11060	8457
郴州市	416332	89	10170	22425	9676
永州市	262470	49	10152	17419	8930
怀化市	244602	305	11714	12705	8488
娄底市	331628	261	6702	22104	12718
湘西州	126234	3	6161	6041	1497

1-19 续表

地 区	2003年	2004年	2005年	2006年	2007年
湖南省	**278319**	**291786**	**341396**	**379608**	**337260**
长沙市	59862	65260	58624	73388	66632
株洲市	21167	17343	21883	23019	30807
湘潭市	11704	13105	18304	18900	14751
衡阳市	26457	25970	29403	31565	34524
邵阳市	17370	20435	20525	25712	18115
岳阳市	33779	35280	42978	55751	44298
常德市	22843	17970	29716	30808	24009
张家界市	4159	3984	3866	6532	3881
益阳市	19171	19020	21104	23066	23379
郴州市	18691	25242	29282	25287	24862
永州市	10929	12520	18693	14662	16085
怀化市	12592	13244	15159	15463	12908
娄底市	14269	14963	22347	26580	16002
湘西州	5326	7450	9512	8875	7007

小微企业法人单位从业人员数

1996年	1997年	1998年	1999年	2000年	2001年	2002年
50316	**56460**	**97374**	**91309**	**150356**	**269964**	**224607**
12003	11723	20548	20703	31724	44645	47008
4474	4528	7596	5781	10264	19916	17392
2405	2808	5718	4868	7304	17124	11737
4991	4814	9681	6223	15785	20645	25073
2977	3603	5542	7609	7833	15061	13028
4938	5370	12173	12279	20353	34776	22928
3831	5486	7910	7791	14641	30006	19372
766	911	1717	1937	2621	5271	2643
2313	4100	6680	4483	10136	31239	19848
2841	4159	7282	5856	7317	13496	14047
3462	1048	2708	2698	4643	10055	8465
1319	3710	3264	5065	7073	10659	9587
3384	2958	4126	4578	7570	11982	10048
612	1242	2429	1438	3092	5089	3431

2008年	2009年	2010年	2011年	2012年	2013年	其他 (无开业年份)
331303	**425519**	**519080**	**547094**	**553088**	**508550**	**2701**
63241	89580	121039	145196	139906	118908	260
23685	23266	31028	38028	38707	39184	154
16007	15178	22511	25274	22388	13607	258
38110	48451	47901	53431	41313	23005	161
17322	21150	25632	22654	29258	20588	234
44674	51776	67384	51555	58345	30360	177
26324	33962	41043	52483	58341	115205	203
2859	6357	6165	5974	5745	4900	27
28126	31105	42586	34062	36319	49194	495
20767	35943	32681	34374	36420	35023	402
14124	23738	21792	23795	22269	14148	86
14908	14602	18251	20018	23955	9573	40
15520	22077	30314	28435	27168	27400	122
5636	8334	10753	11815	12954	7455	82

1-20 按地区、登记注册类型

地 区	合计(个)	内资	国有	集体	股份合作	联营	国有联营
湖南省	**248753**	**247494**	**2790**	**3200**	**701**	**455**	**42**
长沙市	66025	65565	357	376	73	63	2
株洲市	12273	12199	127	173	29	20	1
湘潭市	8670	8601	79	143	31	20	4
衡阳市	18933	18828	223	425	76	51	6
邵阳市	12430	12384	217	231	55	33	9
岳阳市	22827	22741	283	283	76	47	3
常德市	32128	32071	221	223	35	34	
张家界市	3368	3339	130	82	12	10	1
益阳市	20119	20046	162	265	38	30	2
郴州市	15649	15550	242	296	88	40	
永州市	7958	7891	221	122	42	17	2
怀化市	8905	8877	204	224	58	32	5
娄底市	12901	12853	99	262	76	40	7
湘西州	6567	6549	225	95	12	18	

1-20 续表

地 区	私营合伙	私营有限责任公司	私营股份有限公司	其他	港、澳、台商投资	港澳台商合资经营	港澳台商合作经营
湖南省	**12907**	**90253**	**7530**	**19327**	**691**	**327**	**33**
长沙市	1103	34013	1780	3686	211	100	9
株洲市	693	4821	437	1109	39	16	2
湘潭市	194	5046	253	399	35	21	2
衡阳市	1264	6112	749	1449	61	27	3
邵阳市	1718	4481	477	690	29	15	1
岳阳市	1119	7886	798	2183	55	31	
常德市	874	3589	592	2372	36	17	4
张家界市	148	1069	204	248	16	7	
益阳市	1196	5082	436	2017	43	27	3
郴州市	1682	4649	511	1532	70	22	5
永州市	823	2765	372	606	50	23	2
怀化市	851	2952	381	1193	15	7	
娄底市	986	5004	433	1142	24	12	1
湘西州	256	2784	107	701	7	2	1

分组的小微企业法人单位数

集体联营	国有与集体联营	其他联营	有限责任公司	国有独资	其他有限责任公司	股份有限公司	私营	私营独资
249	**41**	**123**	**38371**	**1134**	**37237**	**5293**	**177357**	**66667**
50	4	7	19195	201	18994	1256	40559	3663
9	2	8	2219	87	2132	424	8098	2147
11	1	4	1145	50	1095	232	6552	1059
35	5	5	2164	59	2105	461	13979	5854
13		11	944	79	865	338	9876	3200
23	3	18	3125	79	3046	845	15899	6096
17	3	14	2665	77	2588	283	26238	21183
7	1	1	573	32	541	90	2194	773
15	5	8	963	78	885	294	16277	9563
21	9	10	1805	93	1712	245	11302	4460
7		8	1034	90	944	189	5660	1700
12	3	12	1197	63	1134	276	5693	1509
21	1	11	899	55	844	210	10125	3702
8	4	6	443	91	352	150	4905	1758

港澳台商独资	港澳台商投资股份有限公司	其他港澳台商投资	外商投资企业	中外合资经营	中外合作经营	外资企业	外商投资股份有限公司	其他外商投资
289	**32**	**10**	**568**	**262**	**30**	**203**	**22**	**51**
93	8	1	249	113	14	103	7	12
18	3		35	16	3	12	2	2
11	1		34	20		10	1	3
30	1		44	17		17	1	9
9	4		17	8		5	3	1
19	3	2	31	15	1	13		2
14	1		21	13	1	6	1	
8	1		13	2	1	6		4
10	1	2	30	18	1	4	1	6
39	3	1	29	8	3	12	4	2
22	2	1	17	9	1	3	1	3
5	1	2	13	6		3	1	3
8	2	1	24	12	3	5		4
3	1		11	5	2	4		

1-21 按地区、登记注册类型

地区	合计(人)	内资	国有	集体	股份合作	联营	国有联营
湖南省	**5998285**	**5918754**	**134160**	**173238**	**22261**	**12813**	**1559**
长沙市	1260765	1236445	12869	12843	2183	1466	9
株洲市	419196	414512	9034	9832	1709	1070	217
湘潭市	275505	271173	3233	9821	775	2617	256
衡阳市	556903	550119	12854	23069	2464	1177	130
邵阳市	332997	329579	11450	14253	1492	512	219
岳阳市	683244	676580	14563	15414	4379	1146	88
常德市	573778	570628	6523	3894	752	794	
张家界市	81518	79629	4530	4574	706	145	17
益阳市	433113	429212	11322	9998	1234	892	48
郴州市	416332	407863	12193	9488	1987	502	
永州市	262470	255358	10929	18577	699	275	13
怀化市	244602	242827	12815	13354	1368	886	446
娄底市	331628	328964	4861	20953	2311	882	116
湘西州	126234	125865	6984	7168	202	449	

1-21 续表

地区	私营合伙	私营有限责任公司	私营股份有限公司	其他	港、澳、台商投资	港澳台商合资经营	港澳台商合作经营
湖南省	**347738**	**2216986**	**233605**	**408156**	**46870**	**21920**	**1493**
长沙市	38730	546954	35084	93010	11764	6762	393
株洲市	35494	151097	18399	32302	2366	1130	15
湘潭市	4331	140113	9014	7152	2003	1340	120
衡阳市	33047	202767	28317	26069	4196	1341	28
邵阳市	43062	121079	14796	11998	1831	680	260
岳阳市	28188	246308	31544	66787	4165	2338	
常德市	15932	123386	15621	32725	2165	1283	129
张家界市	2860	22971	4283	4177	967	336	
益阳市	23380	153765	13247	34752	2557	1712	60
郴州市	44516	147531	20035	25266	6761	1322	266
永州市	18825	99247	12507	11356	5628	2613	194
怀化市	18705	88561	15582	18511	1140	466	
娄底市	36413	120437	13222	27859	1072	438	25
湘西州	4255	52770	1954	16192	255	159	3

分组的小微企业法人单位从业人员数

			有限责任公司			股份有限公司	私营	
集体联营	国有与集体联营	其他联营		国有独资	其他有限责任公司			私营独资
5630	**3335**	**2289**	**1120308**	**56105**	**1064203**	**209787**	**3838031**	**1039702**
1244	80	133	347251	9041	338210	44515	722308	101540
405	9	439	84633	4332	80301	13495	262437	57447
266	2050	45	62097	2290	59807	9158	176320	22862
934	46	67	99256	3642	95614	22754	362476	98345
175		118	40339	3317	37022	14930	234605	55668
640	113	305	106212	4168	102044	33303	434776	128736
165	480	149	117693	2588	115105	12802	395445	240506
93	30	5	18785	1918	16867	7018	39694	9580
311	255	278	50444	2426	48018	10959	309611	119219
251	115	136	63856	9882	53974	11036	283535	71453
205		57	39735	3124	36611	8840	164947	34368
224	21	195	39113	2750	36363	10327	146453	23605
609	43	114	38523	3062	35461	8886	224689	54617
108	93	248	12371	3565	8806	1764	80735	21756

			外商投资企业					
港澳台商独资	港澳台商投资股份有限公司	其他港澳台商投资		中外合资经营	中外合作经营	外资企业	外商投资股份有限公司	其他外商投资
21511	**1613**	**333**	**32661**	**19335**	**1004**	**9514**	**1022**	**1786**
3920	508	181	12556	7809	479	3647	148	473
737	484		2318	1007	268	658	198	187
538	5		2329	1402		656	22	249
2806	21		2588	1613		824	3	148
686	205		1587	806		273	506	2
1606	163	58	2499	1421	15	1048		15
733	20		985	697	98	177	13	
623	8		922	60	60	552		250
759	4	22	1344	1133	7	73	24	107
5023	106	44	1708	779	50	766	44	69
2751	60	10	1484	935	4	364	21	160
656	6	12	635	253		298	43	41
592	11	6	1592	1341	15	151		85
81	12		114	79	8	27		

1-22 分二、三产业的法人单位数和从业人员数

地 区	法人单位数(个)					法人单位从业人数(人)				
	合计	第二产业	比重(%)	第三产业	比重(%)	合计	第二产业	比重(%)	第三产业	比重(%)
湖南省	404083	80297	19.9	323786	80.1	13541601	6885525	50.8	6656076	49.2
长沙市	80042	15440	19.3	64602	80.7	3386137	1921120	56.7	1465017	43.3
株洲市	20466	5613	27.4	14853	72.6	1068335	702839	65.8	365496	34.2
湘潭市	14553	3619	24.9	10934	75.1	666092	410388	61.6	255704	38.4
衡阳市	38644	7119	18.4	31525	81.6	1235405	637372	51.6	598033	48.4
邵阳市	27817	6071	21.8	21746	78.2	807025	399880	49.5	407145	50.5
岳阳市	33912	7534	22.2	26378	77.8	1330018	600340	45.1	729678	54.9
常德市	45012	7497	16.7	37515	83.3	1036989	443495	42.8	593494	57.2
张家界市	7953	1181	14.8	6772	85.2	191853	55453	28.9	136400	71.1
益阳市	27699	5842	21.1	21857	78.9	747974	342907	45.8	405067	54.2
郴州市	26780	6051	22.6	20729	77.4	845787	416014	49.2	429773	50.8
永州市	22715	4164	18.3	18551	81.7	644954	282023	43.7	362931	56.3
怀化市	21510	3338	15.5	18172	84.5	558171	203269	36.4	354902	63.6
娄底市	20580	4380	21.3	16200	78.7	697648	362138	51.9	335510	48.1
湘西州	16400	2448	14.9	13952	85.1	325213	108287	33.3	216926	66.7

1-23 按地区、营业状态分组的小微企业法人单位数

地 区	法 人 单位数 (个)	营业	停业(歇业)	筹建	当年关闭	当年破产	其他
湖南省	**248753**	**226258**	**9469**	**3661**	**5656**	**920**	**2789**
长沙市	66025	60540	2231	1438	697	102	1017
株洲市	12273	11515	377	117	165	22	77
湘潭市	8670	7714	405	206	198	44	103
衡阳市	18933	17383	608	234	510	87	111
邵阳市	12430	10197	1194	164	592	51	232
岳阳市	22827	21105	1070	92	291	90	179
常德市	32128	30419	518	303	525	102	261
张家界市	3368	2982	156	71	105	16	38
益阳市	20119	19198	288	93	328	93	119
郴州市	15649	13601	577	442	724	69	236
永州市	7958	6741	484	170	371	51	141
怀化市	8905	7887	272	72	537	62	75
娄底市	12901	11833	473	159	303	71	62
湘西州	6567	5143	816	100	310	60	138

1-24 按地区、营业状态分组的小微企业法人单位从业人员数

地 区	从业人员数(人)	营业	停业(歇业)	筹建	当年关闭	当年破产	其他
湖南省	**5998285**	**5754147**	**95815**	**45000**	**54921**	**10880**	**37522**
长沙市	1260765	1212475	18990	11717	4648	1399	11536
株洲市	419196	406436	7347	1701	1483	695	1534
湘潭市	275505	265184	3944	3080	1860	549	888
衡阳市	556903	532283	9514	4212	7355	1600	1939
邵阳市	332997	314155	8582	2587	4993	593	2087
岳阳市	683244	666898	8042	2005	2200	558	3541
常德市	573778	558090	5977	3638	3524	384	2165
张家界市	81518	76372	1639	1032	1512	162	801
益阳市	433113	420271	3883	1541	3469	1610	2339
郴州市	416332	386964	7293	6408	10599	703	4365
永州市	262470	245863	7070	1754	4923	855	2005
怀化市	244602	234579	3978	1137	3375	474	1059
娄底市	331628	318172	5294	2766	3195	1000	1201
湘西州	126234	116405	4262	1422	1785	298	2062

1-25 按登记注册类型分组的小微企业法人单位基本情况

登记注册类型	法人单位数(个)	从业人员数(人)
总 计	**248753**	**5998285**
内资企业	**247494**	**5918754**
国有企业	2790	134160
集体企业	3200	173238
股份合作企业	701	22261
联营企业	455	12813
国有联营企业	42	1559
集体联营企业	249	5630
国有与集体联营企业	41	3335
其他联营企业	123	2289
有限责任公司	38371	1120308
国有独资公司	1134	56105
其他有限责任公司	37237	1064203
股份有限公司	5293	209787
私营企业	177357	3838031
私营独资企业	66667	1039702
私营合伙企业	12907	347738
私营有限责任公司	90253	2216986
私营股份有限公司	7530	233605
其他企业	19327	408156
港、澳、台商投资企业	**691**	**46870**
合资经营企业(港或澳、台资)	327	21920
合作经营企业(港或澳、台资)	33	1493
港、澳、台商独资经营企业	289	21511
港、澳、台商投资股份有限公司	32	1613
其他港澳台投资企业	10	333
外商投资企业	**568**	**32661**
中外合资经营企业	262	19335
中外合作经营企业	30	1004
外资企业	203	9514
外商投资股份有限公司	22	1022
其他外商投资企业	51	1786

1-26 按行业分组的个体经营户主要经营指标

单位：万元

行业门类	营业收入	经营总支出	净收入	缴纳税费	雇员报酬
合　计	**106380498.92**	**81408423.68**	**24972074.02**	**1001388.34**	**11779219.82**
农、林、牧、渔业	496920.31	286718.72	210201.59	2759.72	13383.30
采矿业	701666.00	594992.00	106673.99	18919.25	97644.32
制造业	10409148.00	8203557.00	2205590.50	67274.70	1181394.75
电力、热力、燃气及水生产和供应业	40706.92	31752.39	8954.53	110.98	5458.80
建筑业	7890987.00	5402246.00	2488741.00	102820.74	2752602.50
批发和零售业	54412432.00	44016120.00	10396313.00	284137.91	2069279.88
交通运输、仓储和邮政业	12064721.00	8564783.00	3499937.25	221758.48	2204769.50
住宿和餐饮业	9767543.00	7129950.00	2637592.25	176590.05	1608600.00
信息传输、软件和信息技术服务业	510138.16	424108.09	86030.07	4145.18	36116.09
房地产业	296907.44	178596.41	118311.03	2649.36	46021.29
租赁和商务服务业	2163958.25	1395062.75	768895.44	30578.88	299115.44
科学研究和技术服务业	352595.38	253358.58	99236.79	4759.81	56736.32
水利、环境和公共设施管理业	11082.04	8425.29	2656.75	38.73	2476.00
居民服务、修理和其他服务业	5091889.50	3462667.00	1629222.38	47566.48	961010.44
教育	259334.30	182925.17	76409.12	2253.60	81620.76
卫生和社会工作	340339.75	233103.47	107236.27	2944.69	60951.38
文化、体育和娱乐业	1570129.88	1040057.81	530072.06	32079.78	302039.06

注：各经营指标根据抽样调查结果推算。

1-27 按地区分组的个体经营户主要经营指标

单位：万元

名　称	营业收入	经营总支出	净收入	缴纳税费	雇员报酬
湖南省	**106380498.92**	**81408423.68**	**24972074.02**	**1001388.34**	**11779219.82**
长沙市	23412686.00	16988710.00	6423976.00	205278.08	3133962.75
株洲市	7584371.00	5601663.00	1982708.25	71356.95	610251.06
湘潭市	3577793.75	2729946.00	847847.81	19814.02	432916.91
衡阳市	4870261.00	3640150.25	1230110.75	42545.96	456316.22
邵阳市	5472083.00	4325692.50	1146390.75	51523.57	519106.53
岳阳市	8866369.00	7106700.50	1759668.75	63711.13	753086.50
常德市	13744751.00	10521414.00	3223337.25	103686.68	1371044.25
张家界市	1799475.38	1386049.38	413425.91	20996.78	189610.06
益阳市	10653086.00	8795505.00	1857581.13	58262.74	1888908.38
郴州市	4819352.00	3680567.75	1138784.00	56985.87	453029.66
永州市	5777074.00	4412751.00	1364323.13	71431.64	530008.00
怀化市	5030969.50	3954988.00	1075981.63	53100.73	368783.53
娄底市	7851560.50	6341523.00	1510037.63	156173.56	914500.69
湘西州	2920664.50	1922763.75	997900.81	26520.66	157695.38

注：各经营指标根据抽样调查结果推算。

1-28 分二、三产业的个体经营户数和从业人员数

地 区	个体经营户数(个)					个体经营户从业人员数(人)				
	合计	第二产业	比重(%)	第三产业	比重(%)	合计	第二产业	比重(%)	第三产业	比重(%)
湖南省	3478167	620573	17.8	2857594	82.2	10475498	2720922	26.0	7754576	74.0
其中：有证照	1498320	80259	5.4	1418061	94.6	4421359	347467	7.9	4073892	92.1
长沙市	594267	88431	14.9	505836	85.1	2028043	433317	21.4	1594726	78.6
其中：有证照	244622	6707	2.7	237915	97.3	759165	35495	4.7	723670	95.3
株洲市	199155	29305	14.7	169850	85.3	702349	172187	24.5	530162	75.5
其中：有证照	92180	5094	5.5	87086	94.5	311106	29646	9.5	281460	90.5
湘潭市	121182	14650	12.1	106532	87.9	363903	61814	17.0	302089	83.0
其中：有证照	46947	1438	3.1	45509	96.9	149302	6981	4.7	142321	95.3
衡阳市	252690	30218	12.0	222472	88.0	711913	109248	15.3	602665	84.7
其中：有证照	136444	7600	5.6	128844	94.4	393415	25947	6.6	367468	93.4
邵阳市	255917	56127	21.9	199790	78.1	855032	244329	28.6	610703	71.4
其中：有证照	115126	9433	8.2	105693	91.8	364789	48489	13.3	316300	86.7
岳阳市	238485	29358	12.3	209127	87.7	723557	122227	16.9	601330	83.1
其中：有证照	131881	7154	5.4	124727	94.6	408821	31903	7.8	376918	92.2
常德市	438309	108901	24.8	329408	75.2	1216557	333274	27.4	883283	72.6
其中：有证照	110652	6558	5.9	104094	94.1	308403	22803	7.4	285600	92.6
张家界市	65036	6689	10.3	58347	89.7	173013	21832	12.6	151181	87.4
其中：有证照	29620	1196	4.0	28424	96.0	82590	4570	5.5	78020	94.5
益阳市	339461	98584	29.0	240877	71.0	1058172	357150	33.8	701022	66.2
其中：有证照	127643	10818	8.5	116825	91.5	368877	47221	12.8	321656	87.2
郴州市	232092	34242	14.8	197850	85.2	616076	113123	18.4	502953	81.6
其中：有证照	114273	4718	4.1	109555	95.9	296357	15818	5.3	280539	94.7
永州市	235382	61405	26.1	173977	73.9	703497	211827	30.1	491670	69.9
其中：有证照	88241	7024	8.0	81217	92.0	277768	31856	11.5	245912	88.5
怀化市	172594	21121	12.2	151473	87.8	493578	74149	15.0	419429	85.0
其中：有证照	89049	5590	6.3	83459	93.7	262998	22989	8.7	240009	91.3
娄底市	200985	27164	13.5	173821	86.5	547478	89931	16.4	457547	83.6
其中：有证照	114382	4813	4.2	109569	95.8	310701	17571	5.7	293130	94.3
湘西州	132612	14378	10.8	118234	89.2	282330	35225	12.5	247105	87.5
其中：有证照	57260	2116	3.7	55144	96.3	127067	6178	4.9	120889	95.1

1-29 分行业个体

地　区	从业人员数（人）	工业*	建筑业	批发和零售业	交通运输、仓储和邮政业	住宿和餐饮业	信息传输、软件和信息技术服务业
湖南省	10475498	1359608	1386747	6475378	996367	1516688	76195
其中：有证照	4421359	289256	65419	2174293	826246	513509	29359
长沙市	2028043	194069	242706	809025	121778	266007	7666
其中：有证照	759165	34652	1784	372383	112824	129258	4077
株洲市	702349	120447	53121	290357	82162	65590	2893
其中：有证照	311106	27439	2780	170651	38611	37217	2035
湘潭市	363903	21862	40376	138362	43901	43762	1730
其中：有证照	149302	6267	859	66109	36892	21838	978
衡阳市	711913	57530	52658	306301	127478	57665	2372
其中：有证照	393415	21560	4799	179259	113530	31877	1609
邵阳市	855032	117620	128735	381253	68230	54787	4447
其中：有证照	364789	40339	9136	206433	45172	25229	2409
岳阳市	723557	54150	69807	342082	74589	75646	3365
其中：有证照	408821	25211	7466	212665	71080	44989	2494
常德市	1216557	108488	226411	471988	55709	130626	8716
其中：有证照	308403	18793	4389	157266	39814	41464	4595
张家界市	173013	14863	7231	69986	30162	23757	896
其中：有证照	82590	4303	340	31230	27984	9640	656
益阳市	1058172	107292	251530	375436	72060	72371	3947
其中：有证照	368877	28168	19680	185095	55614	30757	2236
郴州市	616076	64181	50260	289178	64105	54051	2250
其中：有证照	296357	13951	2492	150089	56116	40223	1519
永州市	703497	104090	109485	278101	51917	50784	2774
其中：有证照	277768	28180	4496	131933	46094	29708	2049
怀化市	493578	53156	22029	241126	52556	52367	2459
其中：有证照	262998	21761	1814	124866	48094	30742	1786
娄底市	547478	33298	57031	223399	113822	39272	2700
其中：有证照	310701	12829	4908	134387	99295	22467	1884
湘西州	282330	25109	10424	136418	37898	34594	1653
其中：有证照	127067	5803	476	51927	35126	18100	1032

*包括采矿业、制造业和电力、热力、燃气及水生产和供应业

经营户从业人员数

房地产业	租赁和商务服务业	科学研究和技术服务业	水利、环境和公共设施管理业	居民服务、修理和其他服务业	教育	卫生和社会工作	文化、体育和娱乐业	其他(农、林、牧、渔业)
84197	269165	59943	1215	1200492	54309	84054	289938	124374
9320	49591	17250	237	330137	15098	35752	53707	12185
6351	64611	9188	108	178998	10980	5266	88716	22574
2285	13810	4293	24	62414	2693	4266	13496	906
570	9488	1061	45	48816	1386	2512	18508	5393
408	2266	714	5	22151	646	2085	3859	239
6440	4570	2303	4	28930	2326	1681	14187	13469
197	1468	1173		8901	720	1371	2344	185
4171	10556	1173	97	66067	1593	3688	14235	6329
587	3036	881	34	28233	746	2722	4017	525
8132	12686	2191	118	53425	3070	4015	11548	4775
382	3555	913	30	21733	1238	2448	3186	2586
383	20015	1701	75	58423	2576	4593	9347	6805
105	4324	959	20	29429	1413	3451	3765	1450
3759	31313	12302	69	117216	4424	6267	18740	20529
258	3958	1526	7	27229	1221	3484	2926	1473
21	6567	393	34	13544	1277	604	3481	197
7	900	195	15	5453	504	393	865	105
19215	17045	4953	217	90396	2319	5407	26231	9753
3975	3501	2123	28	23202	1174	3821	8667	836
6281	11347	1366	47	53829	2323	4404	6256	6198
223	2126	808	10	21759	849	4030	1628	534
14882	15477	1408	57	52440	3670	4160	7397	6855
416	3064	729	20	22881	2062	2848	2571	717
201	4097	810	72	48381	1177	2810	9239	3098
122	2202	603	25	25071	567	2024	2509	812
3661	8545	1181	16	47961	1754	2582	6071	6185
166	3952	790	7	23190	935	1935	2147	1809
999	4686	4206	31	20420	666	1187	4002	37
189	1429	1543	12	8491	330	874	1727	8

1-30 分行业个体

地 区	个体经营户 数（个）	工业*	建筑业	批发和零售业	交通运输、仓储和邮政业	住宿和餐饮业	信息传输、软件和信息技术服务业
湖南省	3478167	279493	347144	1510987	523203	258913	16263
其中：有证照	1498320	66757	15761	705894	456985	103940	9849
长沙市	594267	44445	44971	250502	86312	57835	2192
其中：有证照	244622	6587	366	111055	83642	20211	1187
株洲市	199155	20655	9039	93543	36490	14384	937
其中：有证照	92180	4718	545	52652	19677	6900	632
湘潭市	121182	6106	8685	52436	17517	10927	636
其中：有证照	46947	1363	118	22981	14529	3771	341
衡阳市	252690	18048	12497	113499	54108	14301	844
其中：有证照	136444	6238	1492	62737	47711	6045	548
邵阳市	255917	28782	27977	111889	42201	13137	1395
其中：有证照	115126	8392	1326	56008	35289	4612	724
岳阳市	238485	14557	15370	118410	24389	19724	1189
其中：有证照	131881	6098	1314	69279	31262	9969	842
常德市	438309	28878	80665	180484	23743	38273	3100
其中：有证照	110652	5017	1676	56467	23792	9351	1663
张家界市	65036	4415	2378	27130	11075	5405	356
其中：有证照	29620	1130	92	11611	13018	1670	247
益阳市	339461	26349	72711	117173	36511	20931	1196
其中：有证照	127643	5939	5037	55481	38696	7921	658
郴州市	232092	21128	13637	108318	36250	15125	790
其中：有证照	114273	4223	734	53245	35292	10153	523
永州市	235382	29900	32129	99817	17481	12466	992
其中：有证照	88241	6292	1008	42214	22221	6247	719
怀化市	172594	15924	5569	87588	19347	13344	854
其中：有证照	89049	5271	518	42128	23306	6968	617
娄底市	200985	9731	17574	83676	46029	11593	972
其中：有证照	114382	3487	1379	47964	45153	5486	650
湘西州	132612	10575	3942	66522	19493	11468	810
其中：有证照	57260	2002	156	22072	23397	4636	498

*包括采矿业、制造业和电力、热力、燃气及水生产和供应业

经营户数

房地产业	租赁和商务服务业	科学研究和技术服务业	水利、环境和公共设施管理业	居民服务、修理和其他服务业	教育	卫生和社会工作	文化、体育和娱乐业	其他(农、林、牧、渔业)
29949	81170	13528	297	280378	8359	16806	70814	40863
2818	14531	4623	60	88167	2334	11713	10836	4052
1903	18982	2225	19	47974	2255	1363	25886	7403
393	3583	849	3	12978	423	1039	2039	267
128	3101	283	25	12881	256	704	4767	1962
84	635	177	2	4838	79	572	573	96
2581	1628	672	2	9272	633	557	5038	4492
61	426	247		2120	102	436	398	54
1770	5087	371	29	22248	342	1358	5396	2792
190	901	254	7	8084	117	932	995	193
2987	3821	779	27	14997	521	1277	2765	1544
121	975	243	5	5234	170	730	539	758
148	8585	531	20	19859	539	1574	2900	2643
27	1313	263	6	8792	222	1122	890	482
1705	10981	4093	27	43277	1110	2442	5224	7774
93	1255	457	2	8071	235	1359	717	497
7	5296	124	9	4247	246	241	991	89
3	196	55	2	1201	68	140	144	43
8474	5562	1221	53	27976	554	1727	7718	3464
1539	1092	558	8	6737	225	1237	2243	272
2666	5079	484	19	20028	558	1651	2031	2568
63	693	225	5	6890	148	1490	373	216
5881	6033	422	19	17000	716	1384	1983	2286
159	994	186	6	6245	315	868	516	251
55	1642	231	24	16494	209	1034	3370	1176
32	626	166	6	7705	78	721	602	305
1205	3112	345	8	15947	288	1004	1497	2656
33	1349	198	4	6772	105	742	444	616
439	2261	1747	16	8178	132	490	1248	14
20	493	745	4	2500	47	325	363	2

1-31 按行业(中类)、地区分组的

行业中类	从业人员数（人）		长沙市		株洲市	
		有证照		有证照		有证照
合　计	**10475498**	**4421359**	**2028043**	**759165**	**702349**	**311106**
农、林、牧、渔业	**124374**	**12185**	**22574**	**906**	**5393**	**239**
农、林、牧、渔服务业	124374	12185	22574	906	5393	239
农业服务业	111204	10650	20088	638	5274	233
林业服务业	3725	445	716	101	29	
畜牧服务业	5485	787	1213	113	70	4
渔业服务业	3960	303	557	54	20	2
采矿业	**34561**	**5639**	**1343**	**223**	**2454**	**453**
煤炭开采和洗选业	1608	239	41	7	90	3
烟煤和无烟煤开采洗选	1029	123	33	7	75	3
褐煤开采洗选	7					
其他煤炭采选	572	116	8		15	
石油和天然气开采业	4	2				
石油开采	4	2				
天然气开采						
黑色金属矿采选业	4537	110	55		10	
铁矿采选	251	62	47		8	
锰矿、铬矿采选	4254	41	8			
其他黑色金属矿采选	32	7			2	
有色金属矿采选业	1363	150	82		176	
常用有色金属矿采选	340	47	48			
贵金属矿采选	922	55	34		176	
稀有稀土金属矿采选	101	48				
非金属矿采选业	23873	4463	980	187	1835	419
土砂石开采	23112	4268	957	183	1821	407
化学矿开采	57	29			8	6
采盐	90	35	4	4		
石棉及其他非金属矿采选	614	131	19		6	6
开采辅助活动	1415	355	62	8	96	6
煤炭开采和洗选辅助活动	542	109	31	4	74	6
石油和天然气开采辅助活动	370	143	19		3	
其他开采辅助活动	503	103	12	4	19	
其他采矿业	1761	320	123	21	247	25
其他采矿业	1761	320	123	21	247	25
制造业	**1320982**	**282314**	**192718**	**34424**	**117801**	**26903**
农副食品加工业	245232	33785	29586	3007	10577	1977
谷物磨制	55074	6740	5502	255	2414	461
饲料加工	8848	2112	2749	299	121	69
植物油加工	25532	3573	2652	288	2364	217
制糖业	2710	94	55	4	6	
屠宰及肉类加工	67054	6550	9334	704	2428	453
水产品加工	7447	1756	892	130	161	82
蔬菜、水果和坚果加工	13434	1945	1766	331	344	45
其他农副食品加工	65133	11015	6636	996	2739	650
食品制造业	45208	13396	4553	1949	2066	1198
焙烤食品制造	21047	7352	2273	1132	1133	766
糖果、巧克力及蜜饯制造	824	193	95	38	8	
方便食品制造	10889	2373	905	270	427	182

个体经营户从业人员数

湘潭市	有证照	衡阳市	有证照	邵阳市	有证照	岳阳市	有证照	常德市
363903	**149302**	**711913**	**393415**	**855032**	**364789**	**723557**	**408821**	**1216557**
13469	**185**	**6329**	**525**	**4775**	**2586**	**6805**	**1450**	**20529**
13469	185	6329	525	4775	2586	6805	1450	20529
12643	156	5820	402	4433	2484	5889	1142	18554
72	17	57	11	61	24	103	62	521
709	12	288	104	186	72	295	178	459
45		164	8	95	6	518	68	995
583	**123**	**1249**	**306**	**2358**	**757**	**1396**	**622**	**2842**
22	10	6	3	33	11	65	55	675
9				3		11	11	579
		3						
13	10	3	3	30	11	54	44	96
						2	2	
						2	2	
12		16	4	92	60			12
		1		80	60			11
12		10	4	12				
		5						1
		36	20	53		38	32	236
		16		2		10	5	2
				51		28	27	234
		20	20					
540	109	1132	249	2012	638	1166	459	1746
538	109	1118	235	1960	623	1084	427	1596
		5	5	5	2			4
		3	3					
2		6	6	47	13	82	32	146
9	4	40	25	123	39	78	32	19
		6	3	42	22			17
4	4	31	19	25	17	37	12	2
5		3	3	56		41	20	
		19	5	45	9	47	42	154
		19	5	45	9	47	42	154
21257	**6132**	**56158**	**21200**	**114834**	**39401**	**52333**	**24368**	**105229**
4761	542	11087	2649	21718	5079	8883	2860	16420
1557	115	2476	587	3965	1370	1839	430	4190
195	42	514	269	585	259	347	165	260
468	20	2308	437	1333	315	1111	230	4029
45	2	21	3	61	33	4		58
1216	101	2541	400	4486	653	1337	365	4028
38	16	213	85	275	84	1168	650	473
96	22	805	167	1525	139	561	219	668
1146	224	2209	701	9488	2226	2516	801	2714
803	317	3479	1349	3273	1216	2491	1274	2515
343	123	1104	668	1370	836	702	476	1241
39	33	156	26	75	17	13	8	38
211	59	487	159	1163	145	606	275	731

1-31 续表 1

行业中类	从业人员数（人）	有证照	长沙市	有证照	株洲市	有证照
乳制品制造	787	324	40	15	16	5
罐头食品制造	533	137	48	2	27	9
调味品、发酵制品制造	993	396	163	86	27	21
其他食品制造	10135	2621	1029	406	428	215
酒、饮料和精制茶制造业	32746	6362	3414	413	991	348
酒的制造	23414	4278	2693	174	788	192
饮料制造	1913	651	215	67	93	60
精制茶加工	7419	1433	506	172	110	96
烟草制品业	10021	97	5703		99	3
烟叶复烤	9795	38	5697		96	
卷烟制造	115	40			3	3
其他烟草制品制造	111	19	6			
纺织业	60159	13087	4586	1098	14087	783
棉纺织及印染精加工	25720	3429	1180	268	12663	213
毛纺织及染整精加工	1654	510	53	11	50	16
麻纺织及染整精加工	1016	235	82	14	12	3
丝绢纺织及印染精加工	611	129	46	13	192	2
化纤织造及印染精加工	1177	365	123	18	44	8
针织或钩针编织物及其制品制造	2187	501	122	39	42	9
家用纺织制成品制造	25907	7647	2710	686	1066	527
非家用纺织制成品制造	1887	271	270	49	18	5
纺织服装、服饰业	66548	11578	4522	736	24981	2362
机织服装制造	22670	4693	3291	382	4155	528
针织或钩针编织服装制造	5051	1470	364	137	391	194
服饰制造	38827	5415	867	217	20435	1640
皮革、毛皮、羽毛及其制品和制鞋业	39285	11641	4002	980	1062	553
皮革鞣制加工	3203	667	200	81	35	15
皮革制品制造	5966	1539	188	71	57	17
毛皮鞣制及制品加工	1506	522	71	8	55	49
羽毛(绒)加工及制品制造	3090	451	1607	41	80	54
制鞋业	25520	8462	1936	779	835	418
木材加工和木、竹、藤、棕、草制品业	186189	33659	19255	2080	8449	2194
木材加工	111478	19472	13863	1015	6140	1601
人造板制造	5506	1375	373	237	16	2
木制品制造	26771	4860	3622	667	919	176
竹、藤、棕、草等制品制造	42434	7952	1397	161	1374	415
家具制造业	51293	12229	8238	2307	1801	433
木质家具制造	37118	8477	5318	1454	1329	290
竹、藤家具制造	2931	460	235	22	191	
金属家具制造	4341	1328	800	306	121	36
塑料家具制造	410	101	113	5	5	5
其他家具制造	6493	1863	1772	520	155	102
造纸和纸制品业	37501	4004	2870	576	2789	1009
纸浆制造	734	170	123	32	118	57
造纸	2869	693	322	88	289	155
纸制品制造	33898	3141	2425	456	2382	797
印刷和记录媒介复制业	15635	6065	2159	934	1051	786
印刷	6253	2221	1010	347	411	275
装订及印刷相关服务	8735	3631	1101	573	560	466
记录媒介复制	647	213	48	14	80	45

湘潭市	有证照	衡阳市	有证照	邵阳市	有证照	岳阳市	有证照	常德市
2	2	84	74	71	39	26	14	28
		3		37	5	117	18	22
20	20	44	23	12	5	88	70	15
188	80	1601	399	545	169	939	413	440
102	48	935	316	1909	570	1852	694	3627
61	15	725	197	1529	426	1606	551	1614
36	31	73	43	133	100	77	63	273
5	2	137	76	247	44	169	80	1740
		645	46	2842	4	21	21	54
		626	31	2813		1	1	41
		6	6	19	4	20	20	6
		13	9	10				7
1036	220	2123	1042	6370	1949	1739	795	4954
80	5	335	169	1884	501	870	418	1678
4		47	17	102	26	73	11	26
5		44	15	300	107	61	8	34
		4	3	104	48	16	6	11
6	2	35	16	155	35	30	24	111
15	6	159	97	297	118	40	25	179
852	192	1468	708	2945	1104	634	296	2795
74	15	31	17	583	10	15	7	120
606	87	1857	803	5422	2131	669	402	8307
402	53	613	261	1868	419	260	126	2558
34	2	192	114	658	221	118	45	284
170	32	1052	428	2896	1491	291	231	5465
891	352	1207	784	10457	3941	1479	640	1290
6	2	91	69	1422	100	48	26	35
34	12	90	62	2558	694	233	94	185
5	3	22	6	227	158	20	15	22
22		75	31	348	115	116	55	117
824	335	929	616	5902	2874	1062	450	931
2320	230	11321	2298	20115	5392	4882	1679	13115
1115	144	4674	831	14993	4057	3716	1271	6343
41	36	181	69	130	27	40	20	119
942	24	2202	250	2333	839	758	239	2615
222	26	4264	1148	2659	469	368	149	4038
676	297	2418	1133	3724	1682	2233	1105	4522
507	231	1791	731	3052	1389	1641	745	3430
34	20	37	10	173	58	52	16	218
52	18	344	237	254	96	151	109	439
		39	27	11	3	11	6	29
83	28	207	128	234	136	378	229	406
154	51	688	236	1649	881	1288	108	17154
3		32	17	19		106		39
19	12	364	78	328	116	41	6	101
132	39	292	141	1302	765	1141	102	17014
419	241	645	510	701	460	544	391	1200
253	150	214	161	371	230	277	174	452
160	91	392	331	303	211	260	215	682
6		39	18	27	19	7	2	66

1-31 续表 2

行业中类	从业人员数（人）		长沙市		株洲市	
		有证照		有证照		有证照
文教、工美、体育和娱乐用品制造业	27680	7226	7157	1185	937	348
文教办公用品制造	1999	534	582	151	34	24
乐器制造	537	194	48	22	6	3
工艺美术品制造	20134	4697	6223	898	803	297
体育用品制造	379	113	98	19	13	13
玩具制造	4180	1539	111	43	44	
游艺器材及娱乐用品制造	451	149	95	52	37	11
石油加工、炼焦和核燃料加工业	182	39	14		10	4
精炼石油产品制造	130	35	12			
炼焦	14		2			
核燃料加工	38	4			10	4
化学原料和化学制品制造业	81252	8601	40038	1539	22305	4154
基础化学原料制造	273	89	10	3	7	2
肥料制造	889	216	72	29	23	23
农药制造	863	329	79	19	5	2
涂料、油墨、颜料及类似产品制造	2791	1023	273	73	127	69
合成材料制造	726	177	214	49	60	21
专用化学产品制造	419	125	41	3		
炸药、火工及焰火产品制造	74182	6326	39165	1350	22020	4016
日用化学产品制造	1109	316	184	13	63	21
医药制造业	9177	3149	222	102	92	40
化学药品原料药制造	254	99	13	3	5	5
化学药品制剂制造	477	216	6		33	8
中药饮片加工	1840	144	42		24	2
中成药生产	4803	2000	8		2	
兽用药品制造	763	306	100	62	17	14
生物药品制造	665	230	33	28		
卫生材料及医药用品制造	375	154	20	9	11	11
化学纤维制造业	370	121	42	8	9	
纤维素纤维原料及纤维制造	272	94	26	8	4	
合成纤维制造	98	27	16		5	
橡胶和塑料制品业	14211	4749	1981	818	489	286
橡胶制品业	1673	553	317	150	90	43
塑料制品业	12538	4196	1664	668	399	243
非金属矿物制品业	138395	34561	21416	5747	11440	4085
水泥、石灰和石膏制造	9973	1840	1447	243	942	177
石膏、水泥制品及类似制品制造	33935	8206	7450	2427	2057	546
砖瓦、石材等建筑材料制造	77967	18593	10284	2119	6249	1941
玻璃制造	1553	545	240	89	128	80
玻璃制品制造	5132	1706	1055	428	157	91
玻璃纤维和玻璃纤维增强塑料制品制造	535	151	101	11	17	
陶瓷制品制造	7645	3071	588	310	1484	1124
耐火材料制品制造	937	264	177	98	348	92
石墨及其他非金属矿物制品制造	718	185	74	22	58	34
黑色金属冶炼和压延加工业	2446	722	30		398	141
炼铁	408	63			48	6

湘潭市		衡阳市		邵阳市		岳阳市		常德市
	有证照		有证照		有证照		有证照	
446	134	1078	648	1251	622	579	397	974
12	9	69	40	253	89	52	24	103
15		80	40	11	4	15	12	49
387	116	572	323	716	345	327	199	691
14	2	9	2	34	22			5
18	7	332	239	209	162	152	142	114
		16	4	28		33	20	12
				6	6	53	13	32
				6	6	22	13	30
						9		
						22		2
195	138	551	425	725	313	466	246	5341
22	19	14	14	45	2	2	2	18
		24	24	21	4	27	23	366
		34	34	62	47	111	49	34
73	64	236	172	159	75	134	92	183
37	28	20	10	23	4	11		40
33	15	10		54	46	11		36
11	6	194	156	344	130	112	68	4646
19	6	19	15	17	5	58	12	18
22	19	160	112	3121	2160	199	138	45
		13	11	40	18	11	9	
		14	14	73	49	24	19	5
		20	17	185	24	48	16	6
		18	10	2682	1955	2	2	7
22	19	40	25	54	40	73	58	14
		8	2	72	62	19	12	3
		47	33	15	12	22	22	10
		5	2	29	24	34	17	25
		2	2	12	12	21	4	19
		3		17	12	13	13	6
259	143	227	93	1369	448	1763	1354	787
23	13	46	10	110	52	66	46	79
236	130	181	83	1259	396	1697	1308	708
2734	1092	5779	2605	9547	3455	8129	3101	7579
157	47	394	175	821	365	724	235	648
1495	724	1224	410	1286	432	1430	587	3050
810	234	3527	1570	6608	2222	5165	1911	3501
16	9	120	88	92	42	61	52	68
113	38	172	140	310	187	390	56	148
8		12	10	26	3	61	47	46
122	40	272	186	317	184	235	181	95
10		15	8	50	18	21	21	3
3		43	18	37	2	42	11	20
		94	65			262	147	176
						43	14	36

1-31 续表 3

行业中类	从业人员数（人）	有证照	长沙市	有证照	株洲市	有证照
炼钢	575	225			65	51
黑色金属铸造	298	78			23	
钢压延加工	1020	328	17		252	79
铁合金冶炼	145	28	13		10	5
有色金属冶炼和压延加工业	1992	638	29	25	460	200
常用有色金属冶炼	160	35	4		54	9
贵金属冶炼	126	27				
稀有稀土金属冶炼	13				10	
有色金属合金制造	196	76	25	25	18	4
有色金属铸造	143	28			7	
有色金属压延加工	1354	472			371	187
金属制品业	119208	35516	15910	5091	5942	2652
结构性金属制品制造	83546	24923	11036	3406	3962	1769
金属工具制造	7941	2241	765	185	313	127
集装箱及金属包装容器制造	559	172	70	32	20	9
金属丝绳及其制品制造	345	99	24	4	88	29
建筑、安全用金属制品制造	7832	2293	790	405	237	87
金属表面处理及热处理加工	4689	1261	930	147	323	194
搪瓷制品制造	439	195	6		4	
金属制日用品制造	8431	2708	1107	493	605	294
其他金属制品制造	5426	1624	1182	419	390	143
通用设备制造业	29814	9585	5427	2424	1984	1187
锅炉及原动设备制造	672	158	105	25	14	8
金属加工机械制造	19999	6671	4179	1864	1297	758
物料搬运设备制造	210	52	20	20		
泵、阀门、压缩机及类似机械制造	565	209	71	45	4	4
轴承、齿轮和传动部件制造	830	317	63	28	37	20
烘炉、风机、衡器、包装等设备制造	861	231	171	109	1	
文化、办公用机械制造	790	216	199	76	5	
通用零部件制造	5296	1571	473	197	549	361
其他通用设备制造业	591	160	146	60	77	36
专用设备制造业	17897	5640	1943	813	1085	581
采矿、冶金、建筑专用设备制造	1437	476	220	116	30	18
化工、木材、非金属加工专用设备制造	3854	985	665	216	150	80
食品、饮料、烟草及饲料生产专用设备制造	3015	1208	214	136	47	26
印刷、制药、日化及日用品生产专用设备制造	3407	1143	278	119	634	364
纺织、服装和皮革加工专用设备制造	2691	830	203	72	55	19
电子和电工机械专用设备制造	819	265	92	62	10	10
农、林、牧、渔专用机械制造	1553	349	141	33	135	42
医疗仪器设备及器械制造	310	125	47	47	12	10
环保、社会公共服务及其他专用设备制造	811	259	83	12	12	12
汽车制造业	3575	1195	37	37	257	131
汽车整车制造	183	64			4	2
改装汽车制造	469	73			5	5
低速载货汽车制造	130	27			4	
电车制造	89	35				
汽车车身、挂车制造	312	100			38	35
汽车零部件及配件制造	2392	896	37	37	206	89

湘潭市	有证照	衡阳市	有证照	邵阳市	有证照	岳阳市	有证照	常德市
		5	5			52	46	9
		3				16	8	45
		86	60			123	75	45
						28	4	41
		19	15			260	156	241
						23	14	31
		9	6			15	8	31
		3	3			27	5	29
						14	6	35
		7	6			181	123	115
3450	1132	6192	3316	8797	4529	4024	2082	9081
2920	879	4774	2547	5589	3003	1593	739	6874
119	50	142	56	1704	931	280	118	527
9	3	36	30	105	24	15	15	35
33	8	26	25	8	2	3	3	21
78	47	377	222	359	147	405	216	885
20	6	313	152	278	122	391	72	126
		6	3	36	22	163	160	4
156	74	380	200	497	189	514	367	338
115	65	138	81	221	89	660	392	271
940	523	745	449	2170	1314	608	291	2419
9	6	19	8	8		50	27	196
241	85	419	265	1827	1122	349	185	998
		2	2	35	11	21	17	35
23	18	23	15	64	27	13	11	25
38	38	199	115	6		17	17	50
7	2	22	18	36	13	22	11	15
3	3	16	7	78	48	55	5	173
619	371	41	19	108	85	43	8	824
		4		8	8	38	10	103
204	107	827	419	1561	542	1024	410	756
21	18	46	5	140	99	35	13	51
81	31	124	84	507	77	414	122	112
15	13	227	120	169	108	136	94	70
12	10	52	41	230	87	194	52	55
15	3	136	78	296	80	88	30	133
		10	4	21	3	15	15	66
28	17	143	37	137	53	85	48	161
		44	34	6		8	4	41
32	15	45	16	55	35	49	32	67
39	13	231	163	442	153	73	51	112
		5		25	20			3
		23	15	136	12	3		4
				3	3			32
4		16	13	2				7
6	4	9	9	27	17			37
29	9	178	126	249	101	70	51	29

1-31 续表 4

行业中类	从业人员数（人）	有证照	长沙市	有证照	株洲市	有证照
铁路、船舶、航空航天和其他运输设备制造业	2481	911	361	234	43	20
铁路运输设备制造	11	3	3			
城市轨道交通设备制造	283	115	7	3	3	3
船舶及相关装置制造	820	264	183	114	25	10
航空、航天器及设备制造	17	3	11			
摩托车制造	297	119	38	33	2	2
自行车制造	434	183	44	41	5	5
非公路休闲车及零配件制造	486	185	67	37	8	
潜水救捞及其他未列明运输设备制造	133	39	8	6		
电气机械和器材制造业	5516	1954	660	287	253	150
电机制造	460	162	37	22	15	15
输配电及控制设备制造	941	345	54	34	143	83
电线、电缆、光缆及电工器材制造	1259	482	126	75	35	26
电池制造	191	79	16	8	2	
家用电力器具制造	613	214	71	39	15	13
非电力家用器具制造	169	42	31	4		
照明器具制造	800	281	83	5	16	8
其他电气机械及器材制造	1083	349	242	100	27	5
计算机、通信和其他电子设备制造业	7750	2760	311	224	142	22
计算机制造	145	59				
通信设备制造	1015	428	90	56	6	
广播电视设备制造	14	1				
雷达及配套设备制造	21	8				
视听设备制造	159	47	18	11		
电子器件制造	1711	544	23	3	26	5
电子元件制造	3717	1350	84	70	78	15
其他电子设备制造	968	323	96	84	32	2
仪器仪表制造业	2219	896	345	177	56	34
通用仪器仪表制造	111	47	38	35		
专用仪器仪表制造	96	20	6			
钟表与计时仪器制造	153	59	4	2	6	
光学仪器及眼镜制造	1753	736	286	129	50	34
其他仪器仪表制造业	106	34	11	11		
其他制造业	17194	3560	2442	283	1766	412
日用杂品制造	3660	1034	254	98	122	62
煤制品制造	10650	1871	1930	140	1558	350
核辐射加工	23					
其他未列明制造业	2861	655	258	45	86	
废弃资源综合利用业	25788	7735	2069	417	895	243
金属废料和碎屑加工处理	7747	2112	1106	281	347	61
非金属废料和碎屑加工处理	18041	5623	963	136	548	182
金属制品、机械和设备修理业	24018	6853	3396	933	1285	567
金属制品修理	2815	807	279	77	146	38
通用设备修理	2861	974	144	76	130	58
专用设备修理	1767	487	218	72	179	43
铁路、船舶、航空航天等运输设备修理	731	170	131	47		
电气设备修理	3660	958	716	124	145	103
仪器仪表修理	368	111	70	25	37	24
其他机械和设备修理业	11816	3346	1838	512	648	301

湘潭市	有证照	衡阳市	有证照	邵阳市	有证照	岳阳市	有证照	常德市
20	8	123	103	63	32	176	97	101
		3	3					2
				2		10	10	13
5						27	25	49
		55	42	3	3	8		14
9	5	16	13	18	4	32	20	11
3	3	44	40	40	25	40	16	5
3		5	5			59	26	7
272	167	174	94	337	202	170	83	292
66	52	34	5	35	22	11	7	41
38	38	5		10	8	14	10	99
63	6	35	21	107	48	33	13	17
9	9	6	3	28	25	3	3	10
43	19	26	13	12	6	7	4	69
10	6	9	4	11	7			23
20	14	26	22	84	58	21	13	2
23	23	33	26	50	28	81	33	31
124	53	391	289	726	268	557	386	311
		15	7	1		4	4	4
2	2	91	68	11	8	84	61	25
				1	1	12		
		5	5			3		
		36						8
		68	50	226	114	137	71	80
63	34	139	124	426	104	273	236	182
59	17	37	35	61	41	44	14	12
8	6	103	84	188	143	182	99	28
		9	7	5		6	2	1
		6	6			10	10	
4	2	10	4	32	28	4	4	4
4	4	78	67	138	115	154	75	23
				13		8	8	
253	50	1195	369	1706	608	460	196	1388
69	8	255	156	537	175	111	55	329
90	23	773	155	933	331	145	53	676
		2				4		6
94	19	165	58	236	102	200	88	377
108	21	959	396	2713	330	5581	4393	777
56	16	568	254	741	134	831	636	191
52	5	391	142	1972	196	4750	3757	586
415	141	900	387	1903	947	1652	742	1606
23	2	90	50	341	161	202	147	161
95	52	88	36	554	390	249	145	169
90	31	60	30	94	43	181	39	66
29	4	39	7	81	13	25	2	46
16		186	64	217	82	174	77	141
		17	6	25	5	25	17	17
162	52	420	194	591	253	796	315	1006

1-31 续表 5

行业中类	从业人员数（人）	有证照	长沙市	有证照	株洲市	有证照
电力、热力、燃气及水生产和供应业	**4065**	**1303**	**8**	**5**	**192**	**83**
电力、热力生产和供应业	573	225	5	5	35	6
电力生产	506	203	5	5	30	6
电力供应	55	16			5	
热力生产和供应	12	6				
燃气生产和供应业	810	295	3		62	16
燃气生产和供应业	810	295	3		62	16
水的生产和供应业	2682	783			95	61
自来水生产和供应	2156	653			71	42
污水处理及其再生利用	243	44			19	19
其他水的处理、利用与分配	283	86			5	
建筑业	**1386747**	**65419**	**242706**	**1784**	**53121**	**2780**
房屋建筑业	858597	32665	151018	422	38017	1162
房屋建筑业	858597	32665	151018	422	38017	1162
土木工程建筑业	59399	1617	14627	141	2406	125
铁路、道路、隧道和桥梁工程建筑	11315	414	3701	52	1113	62
水利和内河港口工程建筑	4264	203	2359	9	10	
海洋工程建筑	282		58			
工矿工程建筑	1574	63	133	4	20	
架线和管道工程建筑	7263	99	641	18	78	
其他土木工程建筑	34701	838	7735	58	1185	63
建筑安装业	63062	5949	16577	260	1766	357
电气安装	34635	2340	10810	120	811	158
管道和设备安装	8293	1249	2240	84	373	143
其他建筑安装业	20134	2360	3527	56	582	56
建筑装饰和其他建筑业	405689	25188	60484	961	10932	1136
建筑装饰业	349686	23017	52961	811	9438	978
工程准备活动	31360	1034	3424	20	238	9
提供施工设备服务	9360	456	2767	73	380	58
其他未列明建筑业	15283	681	1332	57	876	91
批发和零售业	**6475378**	**2174293**	**809025**	**372383**	**290357**	**170651**
批发业	856490	269132	163324	54433	47336	29189
农、林、牧产品批发	215450	40321	72431	13745	7854	2216
食品、饮料及烟草制品批发	145712	44590	31379	11780	5634	2986
纺织、服装及家庭用品批发	137586	58806	7488	3247	19612	17019
文化、体育用品及器材批发	20666	7121	6284	2519	385	271
医药及医疗器材批发	10784	3644	923	698	191	159
矿产品、建材及化工产品批发	168095	59598	20015	10037	7477	3551
机械设备、五金产品及电子产品批发	62550	26056	11228	8060	2044	1377
贸易经纪与代理	6793	2278	2417	1193	241	167
其他批发业	88854	26718	11159	3154	3898	1443
零售业	5618888	1905161	645701	317950	243021	141462
综合零售	1133903	400756	83553	43317	40311	23716
食品、饮料及烟草制品专门零售	1462164	429987	170568	78814	65289	32131
纺织、服装及日用品专门零售	1212034	446325	158096	82180	62494	41472
文化、体育用品及器材专门零售	207976	75384	49896	24131	4973	3566
医药及医疗器材专门零售	139643	60321	16293	11592	5906	4986

湘潭市	有证照	衡阳市	有证照	邵阳市	有证照	岳阳市	有证照	常德市
22	**12**	**123**	**54**	**428**	**181**	**421**	**221**	**417**
				183	151	21	10	19
				179	147	11	7	19
				4	4	7		
						3	3	
		9	9			237	158	94
		9	9			237	158	94
22	12	114	45	245	30	163	53	304
12	12	58	37	207	24	50	36	281
		17		17		97	3	10
10		39	8	21	6	16	14	13
40376	**859**	**52658**	**4799**	**128735**	**9136**	**69807**	**7466**	**226411**
23366	477	28455	1748	114002	7695	40481	4015	129283
23366	477	28455	1748	114002	7695	40481	4015	129283
6545	16	1920	91	3940	61	5009	462	9386
595		266	15	611	5	825	88	1412
23		118		115	25	266	26	265
		13		15		157		21
		15		71	5	90	4	175
5614		27		71	4	142	33	125
313	16	1481	76	3057	22	3529	311	7388
1294	91	1552	382	2816	652	2624	789	10390
610	21	324	79	553	114	914	199	5467
182	37	521	121	333	127	216	101	1265
502	33	707	182	1930	411	1494	489	3658
9171	275	20731	2578	7977	728	21693	2200	77352
8435	260	18936	2497	6776	624	19384	1962	65317
86	4	482	24	367		720	95	6041
542	11	790	18	306	83	400	25	912
108		523	39	528	21	1189	118	5082
138362	**66109**	**306301**	**179259**	**381253**	**206433**	**342082**	**212665**	**471988**
15247	6946	35699	20537	54039	32477	34267	20503	66912
3552	1107	6592	2030	10494	3490	5726	2695	18478
2748	1147	7025	3539	4458	1989	6569	3959	12745
1601	751	7623	7031	9794	8454	4169	2749	13007
145	108	1071	619	1041	764	214	161	1097
162	122	224	139	3793	1529	292	225	191
3735	1685	6602	4034	10773	6185	6798	4311	11288
1952	1552	3537	1934	4749	3731	1541	975	2807
30	20	177	95	90	54	248	181	485
1322	454	2848	1116	8847	6281	8710	5247	6814
123115	59163	270602	158722	327214	173956	307815	192162	405076
29475	15555	34221	20461	70623	41018	73846	46740	102570
28053	10986	87677	43228	87199	40530	80756	43605	118168
27967	12905	50345	35416	65271	37143	63587	45474	82207
4529	2314	6765	4108	12553	7293	7739	4972	9536
3806	2818	6129	5052	7206	5450	6934	5307	4574

1-31 续表 6

行业中类	从业人员数（人）	有证照	长沙市	有证照	株洲市	有证照
汽车、摩托车、燃料及零配件专门零售	126711	50413	17890	9805	5622	4103
家用电器及电子产品专门零售	272281	112034	38324	21275	9154	6835
五金、家具及室内装饰材料专门零售	685766	261175	76637	40418	31145	20623
货摊、无店铺及其他零售业	378410	68766	34444	6418	18127	4030
交通运输、仓储和邮政业	**996367**	**826246**	**121778**	**112824**	**82162**	**38611**
铁路运输业	798	71			5	5
铁路旅客运输	27	7				
铁路货物运输	95	24			3	3
铁路运输辅助活动	676	40			2	2
道路运输业	798891		109423	109423	31193	31193
城市公共交通运输						
公路旅客运输	136577	136577	3186	3186	1867	1867
道路货物运输	662314	662314	106237	106237	29326	29326
道路运输辅助活动						
水上运输业	10415	2023	82	18	40	7
水上旅客运输	4765	1394	14	6	20	4
水上货物运输	4979	508	57	12	20	3
水上运输辅助活动	671	121	11			
航空运输业	190	37			39	5
航空客货运输	136	24			39	5
通用航空服务	23	5				
航空运输辅助活动	31	8				
管道运输业	32	4			3	
管道运输业	32	4			3	
装卸搬运和运输代理业	98219	12501	6028	2255	40947	5018
装卸搬运	72985	6776	1367	133	40248	4745
运输代理业	25234	5725	4661	2122	699	273
仓储业	93798	7197	2842	203	9311	2129
谷物、棉花等农产品仓储	8908	960	391	73	57	30
其他仓储业	84890	6237	2451	130	9254	2099
邮政业	20848	5522	3403	925	624	254
邮政基本服务	674	205			86	34
快递服务	20174	5317	3403	925	538	220
住宿和餐饮业	**1516688**	**513509**	**266007**	**129258**	**65590**	**37217**
住宿业	244154	73109	50664	15606	9872	6392
旅游饭店	18326	7257	2841	1759	1121	640
一般旅馆	130691	43650	21876	8634	5714	3778
其他住宿业	95137	22202	25947	5213	3037	1974
餐饮业	1272534	440400	215343	113652	55718	30825
正餐服务	475339	185446	84331	56983	25390	15371
快餐服务	239086	76462	26538	11533	9793	4268
饮料及冷饮服务	76440	24415	15297	6893	1915	1214
其他餐饮业	481669	154077	89177	38243	18620	9972
信息传输、软件和信息技术服务业	**76195**	**29359**	**7666**	**4077**	**2893**	**2035**
电信、广播电视和卫星传输服务	46189	18309	4811	2727	2533	1776
电信	43954	17695	4710	2683	2475	1757
广播电视传输服务	1740	434	77	25	55	16
卫星传输服务	495	180	24	19	3	3

湘潭市	有证照	衡阳市	有证照	邵阳市	有证照	岳阳市	有证照	常德市
2926	1841	6225	4625	7008	4468	5477	3744	5269
4982	3155	12996	10436	16592	11652	11888	9140	12346
15685	7451	43187	28545	36352	21365	38944	26224	39733
5692	2138	23057	6851	24410	5037	18644	6956	30673
43901	**36892**	**127478**	**113530**	**68230**	**45172**	**74589**	**71080**	**55709**
						79	44	586
						9	4	4
						37	16	19
						33	24	563
36408	36408	111656	111656	44276	44276	69310	69310	38655
731	731	19477	19477	3870	3870	21572	21572	9484
35677	35677	92179	92179	40406	40406	47738	47738	29171
189	9	585	217	218	67	412	139	1069
127		381	135	78	32	94	56	493
55	9	133	30	109	32	283	81	511
7		71	52	31	3	35	2	65
		2	2			42	12	36
		2	2			27	10	20
						13		
						2	2	16
						6	4	9
						6	4	9
638	124	1854	644	1845	174	2744	643	6449
303	14	478	25	877	11	1398	69	4077
335	110	1376	619	968	163	1346	574	2372
6110	127	12720	675	21219	411	758	235	7639
116	8	237	42	3821	61	432	133	1398
5994	119	12483	633	17398	350	326	102	6241
556	224	661	336	672	244	1238	693	1266
		2	2			186	105	126
556	224	659	334	672	244	1052	588	1140
43762	**21838**	**57665**	**31877**	**54787**	**25229**	**75646**	**44989**	**130626**
5546	2625	6630	3929	12133	4558	7746	4440	18521
715	508	163	103	979	531	1344	856	389
2829	1752	4395	2784	5319	2792	3333	2210	9703
2002	365	2072	1042	5835	1235	3069	1374	8429
38216	19213	51035	27948	42654	20671	67900	40549	112105
16894	9900	19170	11569	11704	7352	26987	17559	37855
6845	2818	11058	5166	12996	5685	10756	5962	22170
4070	2221	2587	1578	1334	413	3539	2182	13481
10407	4274	18220	9635	16620	7221	26618	14846	38599
1730	**978**	**2372**	**1609**	**4447**	**2409**	**3365**	**2494**	**8716**
1426	804	1260	905	2590	1551	2085	1535	3306
1407	804	1222	878	2488	1531	1948	1423	2553
19		28	21	90	16	51	30	618
		10	6	12	4	86	82	135

1-31 续表 7

行业中类	从业人员数（人）		长沙市		株洲市	
		有证照		有证照		有证照
互联网和相关服务	13697	5607	1163	640	285	211
互联网接入及相关服务	2768	1092	225	91	90	67
互联网信息服务	7141	2958	672	402	177	128
其他互联网服务	3788	1557	266	147	18	16
软件和信息技术服务业	16309	5443	1692	710	75	48
软件开发	2778	824	578	105	30	20
信息系统集成服务	4687	1439	73	36		
信息技术咨询服务	3920	1458	526	333	6	
数据处理和存储服务	850	268	27	3		
集成电路设计	332	136	13	11		
其他信息技术服务业	3742	1318	475	222	39	28
金融业						
房地产业	**84197**	**9320**	**6351**	**2285**	**570**	**408**
房地产业	84197	9320	6351	2285	570	408
房地产开发经营						
物业管理						
房地产中介服务	84197	9320	6351	2285	570	408
自有房地产经营活动						
其他房地产业						
租赁和商务服务业	**269165**	**49591**	**64611**	**13810**	**9488**	**2266**
租赁业	108601	10451	17896	1778	3835	361
机械设备租赁	81875	8340	13392	1327	3215	322
文化及日用品出租	26726	2111	4504	451	620	39
商务服务业	160564	39140	46715	12032	5653	1905
企业管理服务	1319	107	201	20	673	
法律服务	972	229	185	4	16	3
咨询与调查	3926	1423	1738	1066	87	31
广告业	43285	17311	8201	4400	1586	1181
知识产权服务	70	18	12	6	9	3
人力资源服务	3021	469	219	33	74	25
旅行社及相关服务	8272	1200	366	166	188	94
安全保护服务	913	179	90	12	6	6
其他商务服务业	98786	18204	35703	6325	3014	562
科学研究和技术服务业	**59943**	**17250**	**9188**	**4293**	**1061**	**714**
研究和试验发展	80	25			3	3
自然科学研究和试验发展	33	15				
工程和技术研究和试验发展	17	7				
农业科学研究和试验发展	24					
医学研究和试验发展	6	3			3	3
社会人文科学研究						
专业技术服务业	51013	15851	8227	4215	987	676
气象服务	27	8	2	2	3	3
地震服务	10					
海洋服务	38	9	2			
测绘服务	71	26	2			
质检技术服务	281	106	20	7	8	5
环境与生态监测	61	13	22	11		
地质勘查	95	10	22			
工程技术	4189	752	599	109	1	
其他专业技术服务业	46241	14927	7558	4086	975	668

湘潭市		衡阳市		邵阳市		岳阳市		常德市
	有证照		有证照		有证照		有证照	
176	113	439	350	1081	574	840	597	536
48	33	185	146	240	144	163	114	125
57	28	142	119	547	268	366	260	178
71	52	112	85	294	162	311	223	233
128	61	673	354	776	284	440	362	4874
31	23	61	8	36	13	126	112	828
12	3	222	60	137	44	40	37	2326
57	28	183	133	156	78	64	48	1161
5		20	15	232	46	21	19	78
		38	30	28	10	5	5	75
23	7	149	108	187	93	184	141	406
6440	**197**	**4171**	**587**	**8132**	**382**	**383**	**105**	**3759**
6440	197	4171	587	8132	382	383	105	3759
6440	197	4171	587	8132	382	383	105	3759
4570	**1468**	**10556**	**3036**	**12686**	**3555**	**20015**	**4324**	**31313**
2282	168	6851	469	4307	682	14584	1111	6641
2138	144	2405	301	3113	503	9661	950	5209
144	24	4446	168	1194	179	4923	161	1432
2288	1300	3705	2567	8379	2873	5431	3213	24672
19	7	13	13	8		174	50	76
21	9	10	4	62	14	7		218
54	33	64	43	42	13	134	82	184
1193	773	2114	1603	1432	940	2100	1592	2202
9		3	3	3				10
211	30	193	45	168	40	181	57	716
70	51	134	117	127	87	157	105	127
13		28	16	42	39	16	13	158
698	397	1146	723	6495	1740	2662	1314	20981
2303	**1173**	**1173**	**881**	**2191**	**913**	**1701**	**959**	**12302**
						15	15	13
						10	10	8
						5	5	5
2157	1126	1075	805	1612	705	1487	874	9887
				7		3		
				4		4		2
		6	6	2		14		5
3		6	6	2				4
6				6		11	4	5
				12				12
						2		24
30	2	17	9	39	3	148	4	59
2118	1124	1046	784	1540	702	1305	866	9776

1-31 续表 8

行业中类	从业人员数(人)	有证照	长沙市	有证照	株洲市	有证照
科技推广和应用服务业	8850	1374	961	78	71	35
技术推广服务	7978	1121	885	59	59	25
科技中介服务	252	72	42	3	2	2
其他科技推广和应用服务业	620	181	34	16	10	8
水利、环境和公共设施管理业	**1215**	**237**	**108**	**24**	**45**	**5**
水利管理业	813	181	108	24	3	2
防洪除涝设施管理	37		12			
水资源管理	36	7	5			
天然水收集与分配	473	113	37	6	1	
水文服务	135	31	13		2	2
其他水利管理业	132	30	41	18		
生态保护和环境治理业	132	4				
生态保护	109					
环境治理业	23	4				
公共设施管理业	270	52			42	3
市政设施管理	18	4				
环境卫生管理	54	9				
城乡市容管理	12				6	
绿化管理	184	39			36	3
公园和游览景区管理	2					
居民服务、修理和其他服务业	**1200492**	**330137**	**178998**	**62414**	**48816**	**22151**
居民服务业	762298	201871	115752	41021	28163	12770
家庭服务	43507	4324	8483	1038	509	204
托儿所服务	5747	1288	2245	333	132	53
洗染服务	21162	6820	4641	1927	942	481
理发及美容服务	327373	112406	51089	24154	13823	6823
洗浴服务	35437	14439	7558	4774	2120	1782
保健服务	58527	21270	11654	5690	2457	1574
婚姻服务	17054	4808	2244	485	681	331
殡葬服务	30224	2977	2858	117	2220	231
其他居民服务业	223267	33539	24980	2503	5279	1291
机动车、电子产品和日用产品修理业	379681	115795	56141	19897	17616	7491
汽车、摩托车修理与维护	265166	84779	40150	15056	13051	5727
计算机和办公设备维修	21205	7089	3762	1402	885	452
家用电器修理	58115	16932	7094	2149	2523	1031
其他日用产品修理业	35195	6995	5135	1290	1157	281
其他服务业	58513	12471	7105	1496	3037	1890
清洁服务	27280	5474	4472	738	1628	1209
其他未列明服务业	31233	6997	2633	758	1409	681
教育	**54309**	**15098**	**10980**	**2693**	**1386**	**646**
教育	54309	15098	10980	2693	1386	646
学前教育	24554	7945	2674	926	456	290
初等教育	739	249	115	34		
中等教育	927	288	91	26	5	
高等教育	654	192	29	20	14	6
特殊教育	309	98	34	19		
技能培训、教育辅助及其他教育	27126	6326	8037	1668	911	350

湘潭市	有证照	衡阳市	有证照	邵阳市	有证照	岳阳市	有证照	常德市
146	47	98	76	579	208	199	70	2402
117	24	65	52	370	167	154	50	2389
		16	14	30	15	10	7	2
29	23	17	10	179	26	35	13	11
4		**97**	**34**	**118**	**30**	**75**	**20**	**69**
4		97	34	118	30	45	14	10
		6		2		12		1
				2				2
		73	30	91	24	27	12	7
		10	2	4		6	2	
4		8	2	19	6			
						4		22
						4		3
								19
						26	6	37
						4	4	
						6		8
						14	2	29
						2		
28930	**8901**	**66067**	**28233**	**53425**	**21733**	**58423**	**29429**	**117216**
17425	5263	44793	17407	32007	11896	36802	18327	74823
2107	53	2030	154	2595	113	3461	1336	9753
208	80	186	91	187	62	289	173	362
504	162	848	566	556	284	1313	563	1934
7936	2732	15675	9624	15380	7182	15735	9651	25391
783	456	1741	1110	908	600	1002	825	2250
2082	1070	1945	1242	3073	1700	1599	1014	3825
544	111	689	419	479	196	1106	531	2861
955	15	2836	222	754	150	1288	273	6289
2306	584	18843	3979	8075	1609	11009	3961	22158
10759	3433	17978	10050	18947	9046	16692	9054	32915
7986	2769	12324	7180	13884	7022	10909	6053	17537
367	192	1237	785	1085	431	807	567	1647
1447	303	3356	1764	2892	1223	3202	1637	6041
959	169	1061	321	1086	370	1774	797	7690
746	205	3296	776	2471	791	4929	2048	9478
533	167	580	281	1058	377	1268	302	5452
213	38	2716	495	1413	414	3661	1746	4026
2326	**720**	**1593**	**746**	**3070**	**1238**	**2576**	**1413**	**4424**
2326	720	1593	746	3070	1238	2576	1413	4424
883	438	540	253	1650	764	1292	766	2039
49	44	48	48	41	7	48	38	77
37	8	34	32	40	9	61	34	193
4	4	19	14	19		88	7	147
9		23	15	8	5	22	13	83
1344	226	929	384	1312	453	1065	555	1885

1-31 续表 9

行业中类	从业人员数（人）	有证照	长沙市	有证照	株洲市	有证照
卫生和社会工作	**84054**	**35752**	**5266**	**4266**	**2512**	**2085**
卫生	83084	35492	5156	4220	2504	2085
医院	3647	1548	191	123	55	50
社区医疗与卫生院	28938	12411	1468	1151	934	797
门诊部(所)	44500	19329	3172	2789	1459	1218
计划生育技术服务活动	297	110				
妇幼保健院(所、站)	116	45				
专科疾病防治院(所、站)	1099	458	61	50	3	3
疾病预防控制中心	86	30	7	2		
其他卫生活动	4401	1561	257	105	53	17
社会工作	970	260	110	46	8	
提供住宿社会工作	773	238	70	43	5	
不提供住宿社会工作	197	22	40	3	3	
文化、体育和娱乐业	**289938**	**53707**	**88716**	**13496**	**18508**	**3859**
新闻和出版业	499	165	40	18	53	7
新闻业	71	15				
出版业	428	150	40	18	53	7
广播、电视、电影和影视录音制作业	1514	502	144	57	44	17
广播	43	13	3			
电视	179	46	21	5		
电影和影视节目制作	373	122	32	24	17	
电影和影视节目发行	25	2	8			
电影放映	685	241	59	22	19	9
录音制作	209	78	21	6	8	8
文化艺术业	30483	3182	4119	274	2919	178
文艺创作与表演	9676	630	1482	85	1165	3
艺术表演场馆	293	108	23			
图书馆与档案馆	1018	262	54		10	6
文物及非物质文化遗产保护	322	15	32			
博物馆	13		13			
烈士陵园、纪念馆	18	3				
群众文化活动	12572	887	1742	36	1471	55
其他文化艺术业	6571	1277	773	153	273	114
体育	10180	2438	1666	531	241	61
体育组织	136	54	12	10	5	5
体育场馆	168	45	21	4	11	2
休闲健身活动	9782	2317	1613	515	225	54
其他体育	94	22	20	2		
娱乐业	247262	47420	82747	12616	15251	3596
室内娱乐活动	225287	42424	79269	10971	12239	3007
游乐园	1277	258	227	76	155	3
彩票活动						
文化、娱乐、体育经纪代理	2385	741	298	137	413	306
其他娱乐业	18313	3997	2953	1432	2444	280
公共管理、社会保障和社会组织						

湘潭市	有证照	衡阳市	有证照	邵阳市	有证照	岳阳市	有证照	常德市
1681	**1371**	**3688**	**2722**	**4015**	**2448**	**4593**	**3451**	**6267**
1622	1361	3640	2698	3991	2445	4519	3413	6041
70	62	216	145	160	140	200	150	406
136	120	1198	821	1978	1287	1617	1269	1560
1250	1050	1949	1551	1339	825	2131	1637	3568
2	2	4				158	97	15
8		2	2	10	5	13	9	12
99	99	24	14	74	28	46	38	65
		7	7	4		4		9
57	28	240	158	426	160	350	213	406
59	10	48	24	24	3	74	38	226
32	10	44	24	21	3	58	36	168
27		4		3		16	2	58
14187	**2344**	**14235**	**4017**	**11548**	**3186**	**9347**	**3765**	**18740**
3	3	14	10	14		81	69	52
		4		7		8	6	12
3	3	10	10	7		73	63	40
22	3	90	59	158	64	45	16	74
		10	10	4				6
4		4	2	46	18			6
12		35	15	30	13	8	8	13
				2	2	10		
6	3	33	29	67	24	22	5	21
		8	3	9	7	5	3	28
331	77	828	246	2611	532	465	116	5657
112		260	26	338	64	86	13	2650
7	6	84	66	27	6	3	3	18
5	3	229	87	55	44	160	37	16
39	6			6		4	4	20
		5						4
78	20	138	32	1599	295	72		2038
90	42	112	35	586	123	140	59	911
185	99	1785	228	457	229	664	331	402
		7	3	6	3	5		
		4	4	25	7	34	10	
183	97	1772	219	426	219	619	317	401
2	2	2	2			6	4	1
13646	2162	11518	3474	8308	2361	8092	3233	12555
13313	2074	10868	3303	7001	2099	6829	2931	10620
90	3	39	9	42	11	30	11	59
18	9	103	46	272	21	88	35	139
225	76	508	116	993	230	1145	256	1737

1-31 续表 10

行业中类		张家界市		益阳市		郴州市
	有证照		有证照		有证照	
合 计	**308403**	**173013**	**82590**	**1058172**	**368877**	**616076**
农、林、牧、渔业	**1473**	**197**	**105**	**9753**	**836**	**6198**
农、林、牧、渔服务业	1473	197	105	9753	836	6198
农业服务业	1266	149	81	9191	776	5294
林业服务业	58	5		128	35	632
畜牧服务业	80	37	22	219	5	232
渔业服务业	69	6	2	215	20	40
采矿业	**425**	**766**	**212**	**3013**	**524**	**2177**
煤炭开采和洗选业	100	14	6	34	16	186
烟煤和无烟煤开采洗选	67			15	12	103
褐煤开采洗选						
其他煤炭采选	33	14	6	19	4	83
石油和天然气开采业						
石油开采						
天然气开采						
黑色金属矿采选业				5	2	53
铁矿采选						38
锰矿、铬矿采选				3		
其他黑色金属矿采选				2	2	15
有色金属矿采选业		3	3	381	66	119
常用有色金属矿采选		3	3	69	13	61
贵金属矿采选				284	25	53
稀有稀土金属矿采选				28	28	5
非金属矿采选业	289	720	185	2334	371	1530
土砂石开采	264	716	183	2306	371	1433
化学矿开采						
采盐				6		42
石棉及其他非金属矿采选	25	4	2	22		55
开采辅助活动	15	9	9	117	21	219
煤炭开采和洗选辅助活动	15			28	14	119
石油和天然气开采辅助活动		9	9	7	7	18
其他开采辅助活动				82		82
其他采矿业	21	20	9	142	48	70
其他采矿业	21	20	9	142	48	70
制造业	**18211**	**14004**	**4063**	**104086**	**27534**	**61825**
农副食品加工业	2161	2833	488	19892	4177	22304
谷物磨制	645	513	73	3665	759	8325
饲料加工	64	58	36	291	150	353
植物油加工	436	316	89	1341	370	1157
制糖业	9			1906	9	268
屠宰及肉类加工	412	824	58	5687	854	4930
水产品加工	127	58	19	977	300	594
蔬菜、水果和坚果加工	138	292	25	2095	546	465
其他农副食品加工	330	772	188	3930	1189	6212
食品制造业	947	580	282	3045	928	1120
焙烤食品制造	620	306	174	1696	350	563
糖果、巧克力及蜜饯制造	4			72	22	10
方便食品制造	161	71	41	991	385	236

有证照	永州市	有证照	怀化市	有证照	娄底市	有证照	湘西州	有证照
296357	**703497**	**277768**	**493578**	**262998**	**547478**	**310701**	**282330**	**127067**
534	**6855**	**717**	**3098**	**812**	**6185**	**1809**	**37**	**8**
534	6855	717	3098	812	6185	1809	37	8
464	5103	547	1995	663	6093	1790	36	8
13	791	108	90	5	75	11		
54	576	54	402	84	11	5	1	
3	385	8	611	60	6	3		
399	**7719**	**655**	**1394**	**377**	**1015**	**282**	**894**	**281**
26	21		15	2	162		5	
23	15				63			
					4			
3	6		15	2	95		5	
7	4172	37						
2	4							
	4168	37						
5								
	69	26	14	3	6			
	68	26	8		6			
	1		6	3				
253	2934	466	1257	302	646	276	838	260
198	2865	449	1253	302	619	276	819	241
	6						16	16
28								
27	63	17	4		27		3	3
84	178	65	55	35	25		42	12
25	49	5	17	3	25		37	12
16	49	37	22	22			1	
43	80	23	16	10			4	
29	345	61	53	35	176	6	9	9
29	345	61	53	35	176	6	9	9
13460	**95983**	**27365**	**51543**	**21232**	**32225**	**12526**	**24167**	**5495**
1694	31934	3249	15696	2969	6574	1887	10228	1046
453	7528	657	2326	338	990	425	3216	172
88	529	222	559	398	106	42	78	9
66	1812	304	2346	646	233	65	579	90
	44		122	34			26	
290	13357	1001	5779	502	2429	366	2519	391
39	452	84	148	60	174	73	75	7
22	905	76	887	101	653	38	503	76
736	7307	905	3529	890	1989	878	3232	301
544	3136	1160	2381	1317	978	522	1785	393
354	1229	695	947	642	555	337	412	179
5	30	2	80	32	11	3	7	3
56	962	255	471	203	218	103	1116	79

1-31 续表 11

行业中类		张家界市		益阳市		郴州市
	有证照		有证照		有证照	
乳制品制造	3	19	16	28	28	19
罐头食品制造	14	3	3	98	67	1
调味品、发酵制品制造		12		10	3	4
其他食品制造	145	169	48	150	73	287
酒、饮料和精制茶制造业	748	365	106	3944	993	1932
酒的制造	391	167	47	1938	679	1553
饮料制造	57	8	3	60	38	27
精制茶加工	300	190	56	1946	276	352
烟草制品业		125		4	4	62
烟叶复烤		89				46
卷烟制造		5		4	4	6
其他烟草制品制造		31				10
纺织业	1406	689	259	2900	1096	1473
棉纺织及印染精加工	271	241	54	1127	407	435
毛纺织及染整精加工	4	25	20	23	23	109
麻纺织及染整精加工	4	1		89	47	48
丝绢纺织及印染精加工	5			10	3	47
化纤织造及印染精加工	53	9	3	111	64	44
针织或钩针编织物及其制品制造	62	30	10	111	2	75
家用纺织制成品制造	952	381	170	1077	484	688
非家用纺织制成品制造	55	2	2	352	66	27
纺织服装、服饰业	989	463	144	1496	913	971
机织服装制造	540	275	69	1013	686	347
针织或钩针编织服装制造	86	70	29	127	62	208
服饰制造	363	118	46	356	165	416
皮革、毛皮、羽毛及其制品和制鞋业	593	417	177	1276	501	727
皮革鞣制加工	15	17	15	52	19	141
皮革制品制造	104	37	2	69	6	116
毛皮鞣制及制品加工	6	6	2	17	9	123
羽毛(绒)加工及制品制造	38	4		48	17	33
制鞋业	430	353	158	1090	450	314
木材加工和木、竹、藤、棕、草制品业	1539	1711	519	37253	8581	7191
木材加工	1075	1238	429	15220	3172	5404
人造板制造	48	72	30	2673	611	46
木制品制造	288	357	39	3439	347	248
竹、藤、棕、草等制品制造	128	44	21	15921	4451	1493
家具制造业	963	607	197	6172	1039	2612
木质家具制造	688	494	153	4505	596	1845
竹、藤家具制造	16	4	4	1206	236	80
金属家具制造	167	53	22	214	98	109
塑料家具制造				12	3	17
其他家具制造	92	56	18	235	106	561
造纸和纸制品业	264	134	6	319	74	4499
纸浆制造	12	6	4	60	10	24
造纸	10	120		78	34	110
纸制品制造	242	8	2	181	30	4365
印刷和记录媒介复制业	617	272	189	488	204	547
印刷	224	81	68	391	147	93
装订及印刷相关服务	358	183	113	76	51	427
记录媒介复制	35	8	8	21	6	27

有证照	永州市	有证照	怀化市	有证照	娄底市	有证照	湘西州	有证照
17	60	48	52	45	18	18		
1	9	4	28	13	1	1	2	
	46	11	138	129	15		31	28
111	800	145	665	253	160	60	217	104
381	5045	643	1640	842	378	141	369	119
329	4696	431	1272	669	308	99	264	78
3	103	58	119	89	35	21	28	18
49	246	154	249	84	35	21	77	23
6	134	4	9	8			227	1
2	131	4					217	
	3		3	2			1	1
4			6	6			9	
581	3098	1440	2137	1181	1564	833	720	404
159	597	227	804	460	246	105	323	172
56	544	300	67	18	14	2	13	6
8	54	2	41	23	8	4	2	
18	21	9	20	12	9	8	4	2
35	71	39	18	10	43	30	40	28
12	371	57	216	54	22	9	8	1
287	1347	782	967	600	1199	664	326	195
6	93	24	4	4	23	11	4	
299	3254	1553	1334	677	798	229	543	253
116	1947	896	807	437	291	78	252	102
72	776	377	189	87	107	36	71	8
111	531	280	338	153	400	115	220	143
357	2751	1561	1130	619	842	420	276	163
62	316	110	135	114	37	36	4	3
48	586	265	125	96	148	51	18	17
87	174	150	231	19	6	3	12	7
8	93	50	71	25	11	5	26	12
152	1582	986	568	365	640	325	216	124
989	15209	3891	6107	2256	4313	1652	1648	359
892	11085	2084	4438	1672	2710	905	1391	324
20	75	23	235	148	123	81	30	23
35	3253	1670	751	191	355	89	123	6
42	796	114	683	245	1125	577	104	6
911	2493	814	2045	783	842	317	929	248
601	1918	556	1616	629	565	200	844	214
8	114	22	69	9	50	37	10	2
43	216	94	183	70	66	25	18	7
8	60	42	9	2	2		1	
251	185	100	168	73	159	55	56	25
207	1402	225	451	306	58	23	80	38
4	29	1	3	3	2		30	30
12	143	42	201	136	20	4	40	
191	1230	182	247	167	36	19	10	8
346	630	466	591	464	276	186	318	271
38	210	141	114	102	139	127	53	37
306	343	277	469	354	118	54	261	231
2	77	48	8	8	19	5	4	3

1-31 续表 12

行业中类		张家界市		益阳市		郴州市
	有证照		有证照		有证照	
文教、工美、体育和娱乐用品制造业	409	366	133	2716	739	982
文教办公用品制造	31	11	11	74	41	55
乐器制造	8	15	7	6		8
工艺美术品制造	313	298	90	2526	611	732
体育用品制造	2	2		45	45	13
玩具制造	47	30	22	63	40	163
游艺器材及娱乐用品制造	8	10	3	2	2	11
石油加工、炼焦和核燃料加工业	4	8	8	20	4	
精炼石油产品制造	4	8	8	17	4	
炼焦				3		
核燃料加工						
化学原料和化学制品制造业	264	158	114	426	262	964
基础化学原料制造	3			48	38	3
肥料制造	2	21	15			44
农药制造	12	6	4	54	51	23
涂料、油墨、颜料及类似产品制造	114	88	62	75	37	71
合成材料制造	5			46	11	42
专用化学产品制造	11			4		21
炸药、火工及焰火产品制造	108	34	30	166	116	721
日用化学产品制造	9	9	3	33	9	39
医药制造业	28	61	43	145	27	293
化学药品原料药制造		2		8	8	4
化学药品制剂制造	5	3				24
中药饮片加工	5	14	10	95		16
中成药生产	4			7	4	8
兽用药品制造	8	11	8	14	4	22
生物药品制造		11	7	15	5	204
卫生材料及医药用品制造	6	20	18	6	6	15
化学纤维制造业	13	12	12	24	6	9
纤维素纤维原料及纤维制造	13	12	12	19	6	9
合成纤维制造				5		
橡胶和塑料制品业	326	78	51	1082	359	341
橡胶制品业	35	32	30	57		128
塑料制品业	291	46	21	1025	359	213
非金属矿物制品业	1820	2975	556	7926	2187	3718
水泥、石灰和石膏制造	53	158	27	937	120	404
石膏、水泥制品及类似制品制造	903	691	103	3179	724	464
砖瓦、石材等建筑材料制造	725	2035	371	3529	1187	2328
玻璃制造	28	23	17	22	15	70
玻璃制品制造	63	41	29	112	70	234
玻璃纤维和玻璃纤维增强塑料制品制造	6	3	3	39	30	15
陶瓷制品制造	34	17	6	44	17	143
耐火材料制品制造		5		16	6	19
石墨及其他非金属矿物制品制造	8	2		48	18	41
黑色金属冶炼和压延加工业	32	29	13	672	298	8
炼铁	4			205	39	

有证照	永州市	有证照	怀化市	有证照	娄底市	有证照	湘西州	有证照
548	2275	1180	875	498	555	203	445	182
25	38	24	64	51	113	14	5	
8	80	80	6		2	2	10	8
442	865	358	627	347	419	184	425	174
8	25		8					
63	1230	685	152	86	21	3	2	
2	37	33	18	14			3	
224	599	332	534	325	324	220	70	45
	13	4	2	2				
34	13	6	54	36	4	2	22	18
14	57	42	69	52			3	3
51	161	79	145	107	27	17	27	11
17	43	23	9	9	3		1	
8	28	7	42	21	14	14		
98	257	167	168	62	18	16	3	3
2	27	4	45	36	258	171	14	10
65	259	153	1278	99	107	89	98	74
4	7	5	16		36	36		
16	52	51	7	7	20	20	27	27
2	43	25	1144	14	39	25	24	4
5	39	13	27	7			3	
12	61	31	22	17	6	5	4	3
15	32	21	35	35	3	3	40	40
11	25	7	27	19	3			
1	47	27	6	6			12	5
1	43	25	6	6			10	5
	4	2					2	
117	296	177	546	365	237	184	35	28
52	51	28	73	67	47	27	1	
65	245	149	473	298	190	157	34	28
1287	7872	3209	5394	2996	6343	1953	3450	468
46	559	67	351	152	508	114	102	19
114	557	149	1026	549	1078	349	931	189
821	5892	2456	3098	1644	4293	1204	2243	188
26	36	19	61	21	65	53	12	6
162	286	191	175	95	215	126	48	30
8	13	13	33	16	10	4		
83	443	278	580	497	159	95	111	36
13					8	8	1	
14	86	36	70	22	7		2	
	22		20	20			19	6
							13	

1-31 续表 13

行业中类	有证照	张家界市	有证照	益阳市	有证照	郴州市
炼钢	2			219	121	
黑色金属铸造	7	10	2	95	61	8
钢压延加工	13	19	11	128	64	
铁合金冶炼	6			25	13	
有色金属冶炼和压延加工业	73	4	2	283	141	39
常用有色金属冶炼	4			13	8	
贵金属冶炼	2			34	3	4
稀有稀土金属冶炼				3		
有色金属合金制造	25			18	14	
有色金属铸造	8			54	14	5
有色金属压延加工	34	4	2	161	102	30
金属制品业	2859	923	269	7116	2375	6217
结构性金属制品制造	2353	680	207	5150	1592	4028
金属工具制造	87	40	6	447	147	478
集装箱及金属包装容器制造	15	2		2	2	37
金属丝绳及其制品制造	11			6		7
建筑、安全用金属制品制造	213	72	22	1098	422	509
金属表面处理及热处理加工	31	16	4	130	65	222
搪瓷制品制造				3	3	15
金属制日用品制造	97	61	10	164	75	696
其他金属制品制造	52	52	20	116	69	225
通用设备制造业	803	126	45	1700	586	971
锅炉及原动设备制造	50			25	12	16
金属加工机械制造	372	114	39	527	423	852
物料搬运设备制造				21	2	4
泵、阀门、压缩机及类似机械制造	2	10	4	2		13
轴承、齿轮和传动部件制造	26			10		14
烘炉、风机、衡器、包装等设备制造	6			281	18	16
文化、办公用机械制造	53			6	3	7
通用零部件制造	270	2	2	821	122	48
其他通用设备制造业	24			7	6	1
专用设备制造业	181	269	186	999	503	1001
采矿、冶金、建筑专用设备制造	5	12	12	40	12	172
化工、木材、非金属加工专用设备制造	19	14	14	160	52	101
食品、饮料、烟草及饲料生产专用设备制造	11	141	94	282	256	77
印刷、制药、日化及日用品生产专用设备制造	32	28	28	240	42	175
纺织、服装和皮革加工专用设备制造	41	56	34	61	31	178
电子和电工机械专用设备制造	19			108	64	115
农、林、牧、渔专用机械制造	26	9	4	78	19	140
医疗仪器设备及器械制造	6			3		
环保、社会公共服务及其他专用设备制造	22	9		27	27	43
汽车制造业	31	49	19	114	32	87
汽车整车制造				10	3	
改装汽车制造		14	2	10		9
低速载货汽车制造	4					26
电车制造	7	3	3	5		2
汽车车身、挂车制造	2	3		13	8	6
汽车零部件及配件制造	18	29	14	76	21	44

有证照	永州市	有证照	怀化市	有证照	娄底市	有证照	湘西州	有证照
	20							
	2		20	20			6	6
11	6	6	12	4			6	5
4			6	4				
7	6	6	6				6	5
2693	7280	3840	3421	1809	4619	2229	1360	640
1810	5679	3083	2103	1213	3672	1807	1078	515
222	357	132	179	90	303	59	77	31
10	31	14	5	5	20	7	6	6
3	8		4	4	18	10		
181	423	198	169	63	91	55	61	15
78	230	133	294	138	132	83	59	36
5	5				2	2		
280	363	204	440	187	381	206	53	32
104	184	76	227	109			26	5
375	1134	491	993	545	862	424	278	128
4	28		11	11	33	6	1	1
335	957	425	807	409	629	272	249	117
	12		3		5			
9	23	15	73	52	12	7		
14	2		35	33	34	26	8	
8	21	5	19	13	19	19	9	9
	17	15	12	4	2	2	1	
5	55	31	27	17	110	82	6	1
	19		6	6	18	10	4	
364	1236	601	981	630	286	115	273	188
85	100	32	41		50	38	26	23
25	158	43	301	205	73	4	22	13
30	197	112	198	158	21	18	45	32
70	159	78	159	133	29	16	90	71
63	438	261	148	69	32	23	48	26
43	38	14	49	22	27	3	9	6
9	69	31	36	22	31	8	11	
	13	13	11	8			3	3
39	64	17	38	13	23	5	19	14
41	520	267	335	216	52	17	56	24
	52	39	17		3			
2	179	27	8	8	5	2		
2	38	8					10	10
	1	1	14	11				
5	19	13	36	7	1		17	
32	231	179	260	190	43	15	29	14

1-31 续表 14

行业中类		张家界市		益阳市		郴州市
	有证照		有证照		有证照	
铁路、船舶、航空航天和其他运输设备制造业	21	32	11	157	47	52
铁路运输设备制造						
城市轨道交通设备制造						2
船舶及相关装置制造	3			120	31	14
航空、航天器及设备制造						3
摩托车制造	5	2	2	14	6	5
自行车制造	8	3	3	13	10	18
非公路休闲车及零配件制造	3	15	6	10		10
潜水救捞及其他未列明运输设备制造	2	12				
电气机械和器材制造业	60	45	13	186	95	148
电机制造	2	7	6	2	2	16
输配电及控制设备制造	10	2	2	42	32	6
电线、电缆、光缆及电工器材制造	6	3		37	10	69
电池制造	2			4		1
家用电力器具制造	18	8	2	43	28	14
非电力家用器具制造	2	4	2	9	7	14
照明器具制造		5		18	4	16
其他电气机械及器材制造	20	16	1	31	12	12
计算机、通信和其他电子设备制造业	188	24	12	512	257	550
计算机制造	2	6		2	2	10
通信设备制造	17	3	3	5	3	67
广播电视设备制造						
雷达及配套设备制造						
视听设备制造	2	5	5	3		6
电子器件制造	60					164
电子元件制造	103			453	247	157
其他电子设备制造	4	10	4	49	5	146
仪器仪表制造业	23	36	30	25	8	44
通用仪器仪表制造				2		
专用仪器仪表制造				11		
钟表与计时仪器制造	4	2	2			10
光学仪器及眼镜制造	19	34	28	3	3	20
其他仪器仪表制造业				9	5	14
其他制造业	366	156	69	571	104	1064
日用杂品制造	168	55	32	228	30	100
煤制品制造	125	83	32	278	47	776
核辐射加工				6		4
其他未列明制造业	73	18	5	59	27	184
废弃资源综合利用业	119	204	46	1068	388	800
金属废料和碎屑加工处理	59	79	13	296	111	334
非金属废料和碎屑加工处理	60	125	33	772	277	466
金属制品、机械和设备修理业	364	253	64	1555	606	1099
金属制品修理	39	26	10	378	103	46
通用设备修理	43	13	7	122	29	58
专用设备修理	21	6	2	68	38	110
铁路、船舶、航空航天等运输设备修理	16			115	44	9
电气设备修理	27	101	11	377	162	195
仪器仪表修理	8	3		7	4	7
其他机械和设备修理业	210	104	34	488	226	674

有证照	永州市	有证照	怀化市	有证照	娄底市	有证照	湘西州	有证照
30	43	38	242	165	154	104	4	1
2					131	97		
			128	78	5	3		
3								
3	5	5	32	18				
15	30	28	39	26	12	4	2	1
7	8	5	43	43	6		2	
94	376	212	450	307	182	117	90	73
11	11	11	21	7	2			
	48	42	6	2	129	84		
52	76	18	160	133	11	5	74	69
	28	28	3		2	1		
10	21	15	48	33	20	14	2	
3	11	4	3				5	3
11	62	47	152	93	9	6	5	
7	119	47	57	39	9	7	4	1
178	732	354	512	467	87	46	27	16
	32	32	6	6	6	6		
44	138	119	55	39	6	6	6	2
	2		3	3				
	16	3	12	12	8	6	8	8
31	312	129	79	53	51	28	1	
28	148	41	348	348	16			
75	84	30	9	6			12	6
20	168	120	104	79	32	23	54	50
			3	3				
	34	1	6		3	3		
2	8	6	3		6		6	5
18	119	111	86	70	19	18	48	45
	7	2	6	6	4	2		
301	1176	297	288	108	948	293	325	104
31	333	112	47	34	105	70	84	3
193	581	112	126	57	749	213	121	40
					1			
77	262	73	115	17	93	10	120	61
255	1286	300	1050	620	441	133	176	74
135	476	157	290	149	294	82	50	24
120	810	143	760	471	147	51	126	50
541	1570	755	981	551	373	166	266	89
7	124	55	135	86	53	25	11	7
25	96	41	87	40	80	22	12	10
64	103	41	71	41	25	19	12	3
3	36	8	23	19			34	7
96	225	108	133	74	27	13	66	17
7	27	5	5	3	14	6	4	1
339	959	497	527	288	174	81	127	44

1-31 续表 15

行业中类	有证照	张家界市	有证照	益阳市	有证照	郴州市
电力、热力、燃气及水生产和供应业	**157**	**93**	**28**	**193**	**110**	**179**
电力、热力生产和供应业		10	5	40	23	14
电力生产		7	5	17	8	14
电力供应		3		20	12	
热力生产和供应				3	3	
燃气生产和供应业	27	14	2	85	65	2
燃气生产和供应业	27	14	2	85	65	2
水的生产和供应业	130	69	21	68	22	163
自来水生产和供应	130	63	21	59	22	147
污水处理及其再生利用		5		4		4
其他水的处理、利用与分配		1		5		12
建筑业	**4389**	**7231**	**340**	**251530**	**19680**	**50260**
房屋建筑业	1580	4416	70	131614	9143	33192
房屋建筑业	1580	4416	70	131614	9143	33192
土木工程建筑业	80	959	24	2517	142	3342
铁路、道路、隧道和桥梁工程建筑	14	174	1	742	56	399
水利和内河港口工程建筑	17			167	5	341
海洋工程建筑						3
工矿工程建筑		81	12	18		338
架线和管道工程建筑		28	2	61	5	239
其他土木工程建筑	49	676	9	1529	76	2022
建筑安装业	367	231	56	12489	1767	1728
电气安装	225	40	9	9947	1080	483
管道和设备安装	70	50	17	581	266	133
其他建筑安装业	72	141	30	1961	421	1112
建筑装饰和其他建筑业	2362	1625	190	104910	8628	11998
建筑装饰业	2274	1081	167	97492	8168	8423
工程准备活动	27	190	8	5439	343	2056
提供施工设备服务	28	126	9	329	51	807
其他未列明建筑业	33	228	6	1650	66	712
批发和零售业	**157266**	**69986**	**31230**	**375436**	**185095**	**289178**
批发业	25128	9469	3034	52272	20348	26147
农、林、牧产品批发	1708	3566	543	14445	3700	6940
食品、饮料及烟草制品批发	3530	1427	594	10805	4310	4954
纺织、服装及家庭用品批发	11436	276	152	3864	1352	2234
文化、体育用品及器材批发	613	68	46	1610	838	448
医药及医疗器材批发	64	101	58	301	129	263
矿产品、建材及化工产品批发	4600	2905	998	13879	7640	6024
机械设备、五金产品及电子产品批发	1647	346	265	1681	1029	1989
贸易经纪与代理	124	109	91	154	68	98
其他批发业	1406	671	287	5533	1282	3197
零售业	132138	60517	28196	323164	164747	263031
综合零售	37699	14125	6720	76561	46336	54318
食品、饮料及烟草制品专门零售	22671	15639	6357	97143	35646	65672
纺织、服装及日用品专门零售	31489	11682	5654	55861	32557	58190
文化、体育用品及器材专门零售	4050	2305	822	14221	9498	5166
医药及医疗器材专门零售	2255	2139	1235	5745	3821	4616

有证照	永州市	有证照	怀化市	有证照	娄底市	有证照	湘西州	有证照
92	**388**	**160**	**219**	**152**	**58**	**21**	**48**	**27**
4			21	21				
4			21	21				
	4	4					19	14
	4	4					19	14
88	384	156	198	131	58	21	29	13
78	336	127	152	101	51	18	21	5
2			24	20	2			
8	48	29	22	10	5	3	8	8
2492	**109485**	**4496**	**22029**	**1814**	**57031**	**4908**	**10424**	**476**
1086	86096	2484	13810	103	27974	2571	4317	109
1086	86096	2484	13810	103	27974	2571	4317	109
103	2988	177	1822	152			2364	43
1	817	77	173	36			80	7
11	310	41	80	69			7	
	8		7					
5	475	23	17	6			82	4
25	104	6	18	2			20	4
61	1274	30	1527	39			2175	28
242	3001	466	895	190	1275	245	560	85
118	982	73	517	41	467	103	370	
26	649	147	96	46	374	36	59	28
98	1370	246	282	103	434	106	131	57
1061	17400	1369	5502	1369	27782	2092	3183	239
797	12376	1280	3766	1174	19960	1811	2538	214
222	3526	48	728		6952	234	77	
14	708	29	117	8	267	32	470	17
28	790	12	891	187	603	15	98	8
150089	**278101**	**131933**	**241126**	**124866**	**223399**	**134387**	**136418**	**51927**
12373	23395	10821	33587	15684	19237	11851	12235	5808
1288	6888	1674	9526	1504	5918	3808	3532	813
2492	3849	2002	4625	2806	3853	2500	2007	956
1694	2187	1466	5792	2083	631	441	1433	931
307	215	134	835	608	113	66	86	67
249	140	85	241	122	56	43	284	22
3232	6234	3484	6466	4697	5395	3273	2777	1871
1649	1231	936	2105	1623	1102	674	786	604
78	52	17	56	48	192	131	177	11
1384	2599	1023	3941	2193	1977	915	1153	533
137716	254706	121112	207539	109182	204162	122536	124183	46119
29060	43174	22517	49481	26092	46409	31561	24444	9964
28156	78946	27169	51406	22434	53737	27230	42954	11030
36384	38701	24935	34926	22394	44909	28035	21760	10287
3490	3484	2575	3427	2410	4918	3326	5909	2829
3612	5458	4326	5483	4414	4579	3766	2141	1687

1-31 续表 16

行业中类	有证照	张家界市	有证照	益阳市	有证照	郴州市
汽车、摩托车、燃料及零配件专门零售	2725	1234	792	4681	2860	4907
家用电器及电子产品专门零售	6508	2388	1739	10775	7496	11821
五金、家具及室内装饰材料专门零售	17180	6564	3883	25550	15572	27087
货摊、无店铺及其他零售业	7561	4441	994	32627	10961	31254
交通运输、仓储和邮政业	**39814**	**30162**	**27984**	**72060**	**55614**	**64105**
铁路运输业	11	20	5	1	1	
铁路旅客运输		6	2			
铁路货物运输		4		1	1	
铁路运输辅助活动	11	10	3			
道路运输业	38655	27684	27684	52692	52692	55244
城市公共交通运输						
公路旅客运输	9484	5448	5448	16109	16109	4255
道路货物运输	29171	22236	22236	36583	36583	50989
道路运输辅助活动						
水上运输业	231	124	11	468	244	2838
水上旅客运输	83	59	2	314	178	204
水上货物运输	139	39		113	63	2548
水上运输辅助活动	9	26	9	41	3	86
航空运输业	6	14	5	7	5	
航空客货运输		4		7	5	
通用航空服务		5	5			
航空运输辅助活动	6	5				
管道运输业				10		
管道运输业				10		
装卸搬运和运输代理业	539	1891	103	14790	1828	2859
装卸搬运	150	1668	33	10739	1410	1985
运输代理业	389	223	70	4051	418	874
仓储业	129	139	43	3132	343	2509
谷物、棉花等农产品仓储	84	38	20	372	198	258
其他仓储业	45	101	23	2760	145	2251
邮政业	243	290	133	960	501	655
邮政基本服务	34	8		58	30	
快递服务	209	282	133	902	471	655
住宿和餐饮业	**41464**	**23757**	**9640**	**72371**	**30757**	**54051**
住宿业	5504	6591	2082	16351	5480	8265
旅游饭店	234	899	614	258	155	385
一般旅馆	4006	2778	946	12065	4487	5267
其他住宿业	1264	2914	522	4028	838	2613
餐饮业	35960	17166	7558	56020	25277	45786
正餐服务	15996	4327	2472	16769	9666	13528
快餐服务	6679	2187	848	21162	7951	9634
饮料及冷饮服务	3673	959	360	3582	1475	1433
其他餐饮业	9612	9693	3878	14507	6185	21191
信息传输、软件和信息技术服务业	**4595**	**896**	**656**	**3947**	**2236**	**2250**
电信、广播电视和卫星传输服务	1866	552	401	2848	1597	1512
电信	1668	535	391	2705	1518	1472
广播电视传输服务	151	9	6	137	73	35
卫星传输服务	47	8	4	6	6	5

有证照	永州市	有证照	怀化市	有证照	娄底市	有证照	湘西州	有证照
3521	5701	4313	5348	3828	3535	2441	1822	1347
8938	10836	8645	9496	7529	7838	5651	3846	3035
17903	32259	22330	22676	16114	26381	18677	7281	4890
6652	36147	4302	25296	3967	11856	1849	14026	1050
56116	**51917**	**46094**	**52556**	**48094**	**113822**	**99295**	**37898**	**35126**
					36	4	1	1
					1		1	1
					7	4		
					28			
55244	44860	44860	46668	46668	96227	96227	34595	34595
4255	12241	12241	13415	13415	15088	15088	9834	9834
50989	32619	32619	33253	33253	81139	81139	24761	24761
78	782	348	1312	577	113		237	77
37	501	286	890	519	82		170	56
23	236	56	301	40	30		56	20
18	45	6	121	18	1		11	1
					13	2		
					13	2		
319	2450	297	877	283	687	184	1749	90
31	1614	35	352	5	420	64	734	51
288	836	262	525	278	267	120	1015	39
197	2833	165	1169	108	15494	2322	836	110
108	207	75	123	79	450	42	55	7
89	2626	90	1046	29	15044	2280	781	103
278	992	424	2530	458	1252	556	480	253
							3	
278	992	424	2530	458	1252	556	477	253
40223	**50784**	**29708**	**52367**	**30742**	**39272**	**22467**	**34594**	**18100**
3568	9942	4601	6658	4611	10764	4775	6300	4938
282	628	480	731	546	488	357	320	192
1962	5716	2520	3337	2352	3901	1656	4579	3771
1324	3598	1601	2590	1713	6375	2762	1401	975
36655	40842	25107	45709	26131	28508	17692	28294	13162
11581	14021	10189	9534	6781	7708	5449	6253	4578
8127	7456	4517	12454	6707	7019	4441	4316	1760
973	1058	628	1383	800	1082	806	1504	1199
15974	18307	9773	22338	11843	12699	6996	16221	5625
1519	**2774**	**2049**	**2459**	**1786**	**2700**	**1884**	**1653**	**1032**
1039	1826	1321	1330	1023	1482	1094	989	670
1019	1695	1278	1280	993	1463	1092	966	660
20	131	43	39	27	11		12	6
			11	3	8	2	11	4

1-31 续表 17

行业中类		张家界市		益阳市		郴州市
	有证照		有证照		有证照	
互联网和相关服务	315	232	170	376	259	506
互联网接入及相关服务	50	19	11	163	115	127
互联网信息服务	111	121	84	147	117	249
其他互联网服务	154	92	75	66	27	130
软件和信息技术服务业	2414	112	85	723	380	232
软件开发	496	2		201	12	15
信息系统集成服务	1131	10	10	138	77	15
信息技术咨询服务	589	14	9	81	66	34
数据处理和存储服务	36			122	87	32
集成电路设计	50	2	2	11	11	6
其他信息技术服务业	112	84	64	170	127	130
金融业						
房地产业	**258**	**21**	**7**	**19215**	**3975**	**6281**
房地产业	258	21	7	19215	3975	6281
房地产开发经营						
物业管理						
房地产中介服务	258	21	7	19215	3975	6281
自有房地产经营活动						
其他房地产业						
租赁和商务服务业	**3958**	**6567**	**900**	**17045**	**3501**	**11347**
租赁业	360	256	127	11353	1422	7969
机械设备租赁	202	168	69	9609	1170	3695
文化及日用品出租	158	88	58	1744	252	4274
商务服务业	3598	6311	773	5692	2079	3378
企业管理服务	2	5	5	2		8
法律服务	78	32	13	38	24	88
咨询与调查	48	3		32	16	52
广告业	1029	565	342	1313	933	1518
知识产权服务						
人力资源服务	36	153		164	46	89
旅行社及相关服务	44	5144	138	319	37	101
安全保护服务	30			203	24	85
其他商务服务业	2331	409	275	3621	999	1437
科学研究和技术服务业	**1526**	**393**	**195**	**4953**	**2123**	**1366**
研究和试验发展	7					
自然科学研究和试验发展	5					
工程和技术研究和试验发展	2					
农业科学研究和试验发展						
医学研究和试验发展						
社会人文科学研究						
专业技术服务业	1441	363	179	4257	1605	1069
气象服务				3	3	1
地震服务						
海洋服务	3					
测绘服务		2	2			5
质检技术服务		2		6	4	65
环境与生态监测						2
地质勘查	6	4	4			
工程技术	5	9		2442	610	11
其他专业技术服务业	1427	346	173	1806	988	985

有证照	永州市	有证照	怀化市	有证照	娄底市	有证照	湘西州	有证照
307	619	496	764	553	945	709	441	313
66	78	60	144	101	57	43	63	51
142	271	206	356	280	827	639	247	174
99	270	230	264	172	61	27	131	88
173	329	232	365	210	273	81	223	49
3	12	10	22	7	10	2	15	13
15	30	11	18	11	166		65	4
17	82	80	55	44	38	33	5	
25	26	24	14	7	2	2	7	4
6	9	5	8	6			1	
107	170	102	248	135	57	44	130	28
223	**14882**	**416**	**201**	**122**	**3661**	**166**	**999**	**189**
223	14882	416	201	122	3661	166	999	189
223	14882	416	201	122	3661	166	999	189
2126	**15477**	**3064**	**4097**	**2202**	**8545**	**3952**	**4686**	**1429**
291	12415	1115	1478	372	5450	1921	3107	274
194	11966	999	1241	212	4976	1777	2917	170
97	449	116	237	160	474	144	190	104
1835	3062	1949	2619	1830	3095	2031	1579	1155
2	6	4	10		16		5	4
44	33	14	12	12	19	8	4	2
22	68	49	37	9	8	3	8	8
1230	1180	939	1345	1010	1080	733	751	606
					6	6		
	169	83	39	7	125	18	100	49
61	182	128	112	84	25	25	83	63
7	62	20	6	6	11		20	6
469	1362	712	1058	702	1805	1238	608	417
808	**1408**	**729**	**810**	**603**	**1181**	**790**	**4206**	**1543**
							24	
							24	
753	1051	660	695	562	1040	746	2759	1504
4	2	2	11	4	8	8		
61	39	18	3	3	4	4		
2								
	2				27		4	
	42	2	8		26	8	6	
686	966	638	673	555	975	726	2749	1504

1-31 续表 18

行业中类		张家界市		益阳市		郴州市
	有证照		有证照		有证照	
科技推广和应用服务业	78	30	16	696	518	297
技术推广服务	70	10	4	690	514	281
科技中介服务	2	3				2
其他科技推广和应用服务业	6	17	12	6	4	14
水利、环境和公共设施管理业	**7**	**34**	**15**	**217**	**28**	**47**
水利管理业	2	19	3	18	5	47
防洪除涝设施管理						
水资源管理				5	5	5
天然水收集与分配	2	19	3			13
水文服务				3		17
其他水利管理业				10		12
生态保护和环境治理业				102		
生态保护				102		
环境治理业						
公共设施管理业	5	15	12	97	23	
市政设施管理				10		
环境卫生管理		3		28	6	
城乡市容管理				5		
绿化管理	5	12	12	54	17	
公园和游览景区管理						
居民服务、修理和其他服务业	**27229**	**13544**	**5453**	**90396**	**23202**	**53829**
居民服务业	16730	8276	3470	62380	12614	34548
家庭服务	322	162	77	2685	378	4514
托儿所服务	112	105	32	129	86	220
洗染服务	561	254	107	585	321	593
理发及美容服务	9974	4129	1823	15774	7826	12279
洗浴服务	1192	403	277	581	442	951
保健服务	1950	1587	851	1334	833	1921
婚姻服务	499	197	55	1092	334	469
殡葬服务	259	138	13	3918	439	805
其他居民服务业	1861	1301	235	36282	1955	12796
机动车、电子产品和日用产品修理业	9709	4195	1723	25308	9934	17234
汽车、摩托车修理与维护	6520	3278	1367	15064	6427	12764
计算机和办公设备维修	655	203	101	733	390	1086
家用电器修理	1549	515	216	4842	1982	2154
其他日用产品修理业	985	199	39	4669	1135	1230
其他服务业	790	1073	260	2708	654	2047
清洁服务	380	354	61	1070	244	1027
其他未列明服务业	410	719	199	1638	410	1020
教育	**1221**	**1277**	**504**	**2319**	**1174**	**2323**
教育	1221	1277	504	2319	1174	2323
学前教育	622	430	230	1227	750	1364
初等教育	33	19	19	19	7	14
中等教育	27			18	9	23
高等教育	65			38	17	
特殊教育	42	1		6		
技能培训、教育辅助及其他教育	432	827	255	1011	391	922

有证照	永州市	有证照	怀化市	有证照	娄底市	有证照	湘西州	有证照
55	357	69	115	41	141	44	1423	39
41	270	42	72	23	115	18	1412	32
	57	18	11	3	5	5	3	3
14	30	9	32	15	21	21	8	4
10	**57**	**20**	**72**	**25**	**16**	**7**	**31**	**12**
10	57	20	72	25	16	7	23	5
			3		1			
2			6		2		2	
8	45	16	19	1	12	6	21	5
	4		44	24	1	1		
	8	4						
							4	4
							4	4
							4	3
							3	3
							1	
21759	**52440**	**22881**	**48381**	**25071**	**47961**	**23190**	**20420**	**8491**
11744	32046	13089	33602	17085	32789	15419	12057	5036
137	995	71	504	231	1192	87	316	123
122	162	88	155	6	55	26	48	24
371	543	360	766	523	679	440	338	154
7439	11718	7653	12115	7573	11061	7147	5667	2805
625	1190	964	645	393	626	513	726	486
1210	1970	1512	1596	897	2004	1402	535	325
282	554	423	610	446	632	445	339	251
238	1391	181	691	323	2708	414	498	102
1320	13523	1837	16520	6693	13832	4945	3590	766
9278	16781	8821	12392	6843	13693	7461	6290	3055
7018	11991	6650	9083	4970	10394	5774	4218	2246
683	928	530	609	315	607	325	421	261
1112	2770	1361	1987	1250	1779	963	973	392
465	1092	280	713	308	913	399	678	156
737	3613	971	2387	1143	1479	310	2073	400
328	2320	504	929	429	675	207	687	247
409	1293	467	1458	714	804	103	1386	153
849	**3670**	**2062**	**1177**	**567**	**1754**	**935**	**666**	**330**
849	3670	2062	1177	567	1754	935	666	330
530	2562	1479	666	374	686	358	305	165
1	29	14	4	2	16	2	11	
13	73	73	59	57	3		2	
	6	3			98	56		
	13	4	6		3		3	
305	987	489	442	134	948	519	345	165

1-31 续表 19

行业中类		张家界市		益阳市		郴州市
	有证照		有证照		有证照	
卫生和社会工作	**3484**	**604**	**393**	**5407**	**3821**	**4404**
卫生	3424	583	375	5387	3821	4394
医院	199	28	16	127	92	77
社区医疗与卫生院	815	215	124	1038	916	2191
门诊部(所)	2158	285	225	3957	2605	1797
计划生育技术服务活动	5					
妇幼保健院(所、站)	6			11	9	6
专科疾病防治院(所、站)	38	8		18	13	53
疾病预防控制中心	5			16	16	
其他卫生活动	198	47	10	220	170	270
社会工作	60	21	18	20		10
提供住宿社会工作	45	18	18	9		10
不提供住宿社会工作	15	3		11		
文化、体育和娱乐业	**2926**	**3481**	**865**	**26231**	**8667**	**6256**
新闻和出版业	36	9	2	14	10	29
新闻业	9	3		4		16
出版业	27	6	2	10	10	13
广播、电视、电影和影视录音制作业	12	17	4	54	39	44
广播		2				3
电视	2			16	6	12
电影和影视节目制作		4	4	20	17	17
电影和影视节目发行						
电影放映	2	9		10	8	10
录音制作	8	2		8	8	2
文化艺术业	223	861	64	4347	610	928
文艺创作与表演	82	130	35	1672	247	235
艺术表演场馆	15	2		15	10	
图书馆与档案馆	6	4	3	72	8	17
文物及非物质文化遗产保护		56		11	5	2
博物馆						
烈士陵园、纪念馆						3
群众文化活动	44	429		1403	162	434
其他文化艺术业	76	240	26	1174	178	237
体育	60	389	127	623	98	320
体育组织		33	33	2		9
体育场馆						5
休闲健身活动	60	347	94	618	98	305
其他体育		9		3		1
娱乐业	2595	2205	668	21193	7910	4935
室内娱乐活动	2423	1734	544	19969	7602	4321
游乐园	13	22	7	121	23	65
彩票活动						
文化、娱乐、体育经纪代理	20	43	16	75	38	29
其他娱乐业	139	406	101	1028	247	520
公共管理、社会保障和社会组织						

有证照	永州市	有证照	怀化市	有证照	娄底市	有证照	湘西州	有证照
4030	**4160**	**2848**	**2810**	**2024**	**2582**	**1935**	**1187**	**874**
4020	4120	2833	2793	2019	2536	1922	1162	856
72	377	310	59	46	118	102	56	41
1982	2249	1482	1270	925	590	472	333	250
1675	1263	929	1229	928	1591	1206	714	533
	2		2	2	4	4		
6	2	2	7	6				
48	65	46	23	4	98	69	12	8
	7				2			
237	155	64	203	108	133	69	47	24
10	40	15	17	5	46	13	25	18
10	37	15	13	5	44	13	22	16
	3		4		2		3	2
1628	**7397**	**2571**	**9239**	**2509**	**6071**	**2147**	**4002**	**1727**
5	4		16		5	3	2	2
					2			
5	4		16		3	3	2	2
32	133	70	69	35	90	49	73	45
3			2					
10	7		10	3	5		2	
15	30	21	7		9		22	5
			2				1	
2	87	49	19	7	75	49	39	32
2	9		29	25	1		9	8
193	1804	311	671	134	1429	139	416	85
46	646	13	98	5	168	11	4	
			4		2		2	2
15	44	25	11	5	78	11	13	12
			127		10			
3			3					
23	692	116	253	3	1042	87	308	14
106	422	157	175	121	129	30	89	57
128	314	185	303	116	278	115	245	130
			3					
5	5		2		16	10	3	3
123	305	181	290	110	246	103	242	127
	4	4	8	6	16	2		
1270	5142	2005	8180	2224	4269	1841	3266	1465
1058	4318	1750	7224	1769	3605	1670	2776	1223
16	72	60	65	11	25	11	11	4
15	51	8	51	29	44	11	70	50
181	701	187	840	415	595	149	409	188

1-32 按行业(中类)、地区

行业中类	个体经营户数(个)	有证照	长沙市	有证照	株洲市	有证照
合 计	**3478167**	**1498320**	**594267**	**244622**	**199155**	**92180**
农、林、牧、渔业	**40863**	**4052**	**7403**	**267**	**1962**	**96**
农、林、牧、渔服务业	40863	4052	7403	267	1962	96
农业服务业	37239	3578	6602	186	1915	93
林业服务业	903	110	216	29	11	
畜牧服务业	1583	273	418	39	27	2
渔业服务业	1138	91	167	13	9	1
采矿业	**5770**	**827**	**216**	**20**	**321**	**51**
煤炭开采和洗选业	263	30	11	1	17	1
烟煤和无烟煤开采洗选	174	14	10	1	14	1
褐煤开采洗选	2					
其他煤炭采选	87	16	1		3	
石油和天然气开采业	1	1				
石油开采	1	1				
天然气开采						
黑色金属矿采选业	1125	22	24		3	
铁矿采选	41	8	20		2	
锰矿、铬矿采选	1076	12	4			
其他黑色金属矿采选	8	2			1	
有色金属矿采选业	188	16	16		49	
常用有色金属矿采选	54	6	7			
贵金属矿采选	127	5	9		49	
稀有稀土金属矿采选	7	5				
非金属矿采选业	3647	629	132	15	224	47
土砂石开采	3536	595	129	14	220	44
化学矿开采	9	4			2	1
采盐	19	11	1	1		
石棉及其他非金属矿采选	83	19	2		2	2
开采辅助活动	249	73	16	2	16	1
煤炭开采和洗选辅助活动	89	13	6	1	12	1
石油和天然气开采辅助活动	62	36	6		1	
其他开采辅助活动	98	24	4	1	3	
其他采矿业	297	56	17	2	12	2
其他采矿业	297	56	17	2	12	2
制造业	**272965**	**65633**	**44227**	**6566**	**20289**	**4649**
农副食品加工业	75285	10136	8724	672	3233	503
谷物磨制	18587	1981	1730	46	783	104
饲料加工	2086	632	783	78	34	18
植物油加工	7290	1146	740	70	695	58
制糖业	715	17	12	1	2	
屠宰及肉类加工	22975	2240	2951	207	843	154
水产品加工	1784	462	263	23	31	9
蔬菜、水果和坚果加工	3774	537	450	55	89	16
其他农副食品加工	18074	3121	1795	192	756	144
食品制造业	10026	3657	1080	368	521	279
焙烤食品制造	4187	2039	586	239	269	173
糖果、巧克力及蜜饯制造	163	40	16	4	3	
方便食品制造	2838	628	193	44	110	43
乳制品制造	159	113	11	5	5	2
罐头食品制造	78	29	13	1	6	2
调味品、发酵制品制造	163	84	32	13	7	4
其他食品制造	2438	724	229	62	121	55
酒、饮料和精制茶制造业	8517	1724	928	112	273	81
酒的制造	6549	1269	756	45	234	55
饮料制造	310	134	44	16	19	11
精制茶加工	1658	321	128	51	20	15

分组的个体经营户数

湘潭市	有证照	衡阳市	有证照	邵阳市	有证照	岳阳市	有证照	常德市
121182	**46947**	**252690**	**136444**	**255917**	**115126**	**238485**	**131881**	**438309**
4492	**54**	**2792**	**193**	**1544**	**758**	**2643**	**482**	**7774**
4492	54	2792	193	1544	758	2643	482	7774
4238	46	2587	157	1418	729	2360	384	7211
24	4	21	4	19	4	26	14	181
211	4	111	29	67	24	120	67	164
19		73	3	40	1	137	17	218
96	**11**	**289**	**55**	**360**	**92**	**197**	**68**	**571**
6	2	2	1	7	2	9	5	128
3				1		3	3	115
		1						
3	2	1	1	6	2	6	2	13
						1	1	
						1	1	
1		4	1	12	7			4
		1		10	7			3
1		2	1	2				
		1						1
		3	1	9		6	4	29
		2		1		2	1	1
				8		4	3	28
		1	1					
85	8	263	43	295	75	162	50	375
84	8	260	40	286	72	142	46	353
		1	1	2	1			2
		1	1					
1		1	1	7	2	20	4	20
4	1	13	8	28	6	13	4	3
		2	1	5	1			2
1	1	9	5	7	5	9	3	1
3		2	2	16		4	1	
		4	1	9	2	6	4	32
		4	1	9	2	6	4	32
6005	**1349**	**17694**	**6164**	**28321**	**8262**	**14234**	**5969**	**28180**
1490	121	4431	956	6968	1426	2986	874	5914
553	30	942	175	1465	425	604	117	1546
66	15	164	83	165	74	112	54	92
179	6	928	168	382	86	349	71	1340
5	1	4	1	9	2	2		21
428	22	1114	165	1666	198	565	157	1566
8	2	71	27	80	24	380	195	139
36	7	329	62	564	45	218	68	196
215	38	879	275	2637	572	756	212	1014
226	70	1278	466	978	331	755	365	780
106	33	397	224	398	230	235	147	349
5	3	49	8	12	3	5	3	7
59	13	182	58	364	34	154	64	260
1	1	36	32	27	14	9	5	8
		1		9	1	4	2	7
2	2	15	6	4	2	28	21	6
53	18	598	138	164	47	320	123	143
32	7	324	105	606	142	617	218	1140
25	4	263	76	515	119	551	183	592
5	2	23	11	26	16	21	17	80
2	1	38	18	65	7	45	18	468

1-32 续表 1

行业中类	个体经营户数（个）	有证照	长沙市	有证照	株洲市	有证照
烟草制品业	2898	24	1401		2	1
烟叶复烤	2835	6	1400		1	
卷烟制造	31	12			1	1
其他烟草制品制造	32	6	1			
纺织业	11545	3794	1337	316	1474	209
棉纺织及印染精加工	4183	1034	326	74	1067	59
毛纺织及染整精加工	206	79	14	4	9	1
麻纺织及染整精加工	191	65	16	4	4	1
丝绢纺织及印染精加工	132	30	16	4	49	1
化纤织造及印染精加工	188	70	31	7	11	1
针织或钩针编织物及其制品制造	458	101	37	10	14	3
家用纺织制成品制造	5859	2344	852	204	315	141
非家用纺织制成品制造	328	71	45	9	5	2
纺织服装、服饰业	10996	2437	1296	145	2908	253
机织服装制造	4158	1004	969	63	475	78
针织或钩针编织服装制造	953	340	110	34	78	36
服饰制造	5885	1093	217	48	2355	139
皮革、毛皮、羽毛及其制品和制鞋业	5773	2272	944	185	288	129
皮革鞣制加工	474	162	49	20	11	6
皮革制品制造	670	288	56	23	18	5
毛皮鞣制及制品加工	232	62	21	2	9	7
羽毛(绒)加工及制品制造	716	96	463	9	14	6
制鞋业	3681	1664	355	131	236	105
木材加工和木、竹、藤、棕、草制品业	38434	6463	4349	272	1634	251
木材加工	23846	3929	3178	168	1061	184
人造板制造	584	162	40	14	4	1
木制品制造	5535	1002	787	70	308	34
竹、藤、棕、草等制品制造	8469	1370	344	20	261	32
家具制造业	10454	2768	1532	301	401	81
木质家具制造	7778	1825	935	162	293	52
竹、藤家具制造	532	100	45	2	41	
金属家具制造	842	351	166	53	33	8
塑料家具制造	64	18	18	1	2	2
其他家具制造	1238	474	368	83	32	19
造纸和纸制品业	4649	660	436	81	437	120
纸浆制造	99	22	18	4	10	2
造纸	524	121	55	18	46	16
纸制品制造	4026	517	363	59	381	102
印刷和记录媒介复制业	2815	1666	518	200	256	188
印刷	1029	550	212	66	81	53
装订及印刷相关服务	1652	1047	291	129	152	121
记录媒介复制	134	69	15	5	23	14
文教、工美、体育和娱乐用品制造业	5818	1607	2245	239	213	75
文教办公用品制造	337	152	104	40	10	8
乐器制造	91	43	14	7	2	1
工艺美术品制造	4900	1171	2076	172	186	61
体育用品制造	39	16	11	4	3	3
玩具制造	378	193	29	11	4	
游艺器材及娱乐用品制造	73	32	11	5	8	2
石油加工、炼焦和核燃料加工业	45	11	3		4	1
精炼石油产品制造	28	10	1			
炼焦	6		2			
核燃料加工	11	1			4	1

湘潭市	有证照	衡阳市	有证照	邵阳市	有证照	岳阳市	有证照	常德市
		176	7	1117	2	5	5	21
		170	2	1105		1	1	16
		2	2	10	2	4	4	2
		4	3	2				3
390	69	680	311	1559	471	595	276	1639
35	2	117	54	496	113	281	129	547
2		21	9	27	6	11	5	8
1		9	4	74	28	18	4	10
		2	1	19	6	7	3	4
2	1	13	5	29	7	7	6	28
6	3	37	14	61	14	11	6	43
314	58	473	221	802	294	253	120	966
30	5	8	3	51	3	7	3	33
236	25	491	176	1325	527	180	97	2279
149	15	140	39	435	90	62	29	703
16	1	44	23	190	61	41	16	98
71	9	307	114	700	376	77	52	1478
163	39	314	168	1660	619	340	153	328
3	1	31	21	226	24	10	7	14
10	3	36	24	301	106	23	15	49
2	1	8	1	32	16	5	4	6
11		21	8	58	15	27	12	40
137	34	218	114	1043	458	275	115	219
637	57	3185	667	5090	1041	1455	457	4351
337	40	1308	231	3550	781	1138	355	2231
11	7	41	16	20	3	11	4	16
248	8	480	72	607	179	208	64	786
41	2	1356	348	913	78	98	34	1318
181	60	656	292	895	356	631	230	1588
136	44	482	182	731	299	458	122	1224
5	1	6	3	45	7	14	5	82
17	6	99	66	57	21	47	34	154
		9	4	4	1	4	2	3
23	9	60	37	58	28	108	67	125
36	11	222	79	343	173	245	16	1554
1		8	6	4		9		13
6	3	112	27	64	23	12	1	31
29	8	102	46	275	150	224	15	1510
139	73	202	148	169	97	163	119	374
82	47	61	45	76	41	73	52	131
55	26	123	94	85	51	87	66	227
2		18	9	8	5	3	1	16
123	45	244	120	279	127	180	115	328
4	3	29	15	48	16	10	3	42
6		28	13	3	1	5	4	14
103	38	136	66	191	91	112	65	237
2	1	3	1	4	2			2
8	3	40	23	28	17	42	38	28
		8	2	5		11	5	5
				1	1	15	3	14
				1	1	6	3	13
						3		
						6		1

1-32 续表 2

行业中类	个体经营户数（个）	有证照	长沙市	有证照	株洲市	有证照
化学原料和化学制品制造业	12937	1631	7357	220	3599	698
基础化学原料制造	38	16	3	1	2	1
肥料制造	111	55	15	5	2	2
农药制造	179	116	18	5	2	1
涂料、油墨、颜料及类似产品制造	526	298	59	18	32	17
合成材料制造	112	35	31	8	16	6
专用化学产品制造	55	21	9	1		
炸药、火工及焰火产品制造	11779	1048	7182	180	3535	668
日用化学产品制造	137	42	40	2	10	3
医药制造业	1490	715	63	27	23	11
化学药品原料药制造	35	19	3	1	1	1
化学药品制剂制造	60	43	1		5	1
中药饮片加工	508	48	12		7	1
中成药生产	553	392	3		1	
兽用药品制造	166	104	29	16	6	5
生物药品制造	95	59	9	7		
卫生材料及医药用品制造	73	50	6	3	3	3
化学纤维制造业	56	24	10	2	3	
纤维素纤维原料及纤维制造	36	19	6	2	1	
合成纤维制造	20	5	4		2	
橡胶和塑料制品业	1728	847	343	116	63	33
橡胶制品业	269	124	62	17	9	4
塑料制品业	1459	723	281	99	54	29
非金属矿物制品业	19232	5515	3641	906	1496	405
水泥、石灰和石膏制造	1642	337	243	42	164	26
石膏、水泥制品及类似制品制造	4979	1395	1243	363	314	71
砖瓦、石材等建筑材料制造	10207	2559	1744	341	709	170
玻璃制造	283	145	56	19	29	15
玻璃制品制造	826	391	211	84	47	24
玻璃纤维和玻璃纤维增强塑料制品制造	87	41	16	3	5	
陶瓷制品制造	965	572	90	40	143	80
耐火材料制品制造	131	40	22	10	77	17
石墨及其他非金属矿物制品制造	112	35	16	4	8	2
黑色金属冶炼和压延加工业	435	158	2		101	31
炼铁	101	17			17	2
炼钢	61	36			6	4
黑色金属铸造	64	18			11	
钢压延加工	179	80	1		65	24
铁合金冶炼	30	7	1		2	1
有色金属冶炼和压延加工业	370	165	2	1	106	44
常用有色金属冶炼	33	10	1		13	3
贵金属冶炼	35	9				
稀有稀土金属冶炼	2				1	
有色金属合金制造	31	13	1	1	4	1
有色金属铸造	20	7			2	
有色金属压延加工	249	126			86	40
金属制品业	24330	9757	3947	1163	1565	642
结构性金属制品制造	17453	7061	2851	818	1041	430
金属工具制造	1521	484	185	37	83	27
集装箱及金属包装容器制造	92	43	18	10	4	2
金属丝绳及其制品制造	59	29	6	1	14	4

湘潭市	有证照	衡阳市	有证照	邵阳市	有证照	岳阳市	有证照	常德市
42	24	180	133	165	69	146	77	751
4	3	3	3	10	1	1	1	6
		2	2	6	1	8	6	22
		12	12	19	14	38	19	9
15	10	98	69	45	25	47	30	46
8	4	6	3	4	1	3		7
3	2	4		6	4	2		6
4	2	49	40	69	21	30	19	649
8	3	6	4	6	2	17	2	6
7	6	56	42	623	417	61	45	17
		3	2	12	6	6	4	
		5	5	8	3	7	6	1
		8	7	60	6	11	6	2
		6	4	507	375	1	1	3
7	6	15	11	17	12	23	18	6
		3	1	14	11	6	3	1
		16	12	5	4	7	7	4
		2	1	6	4	5	3	9
		1	1	2	2	3	1	6
		1		4	2	2	2	3
46	26	72	35	197	89	389	282	144
4	2	11	2	25	11	20	14	26
42	24	61	33	172	78	369	268	118
581	196	1307	549	1540	475	1655	585	1405
42	15	110	40	148	58	154	42	100
301	119	275	97	270	68	277	113	578
138	33	725	283	905	242	1006	316	621
5	3	37	24	24	10	23	18	20
28	9	49	36	78	43	86	18	50
1		5	4	7	1	18	12	7
63	17	86	57	92	50	77	60	21
2		4	2	7	2	3	3	1
1		16	6	9	1	11	3	7
		20	13			69	33	70
						14	3	17
		1	1			9	8	4
		1				6	3	19
		18	12			32	18	19
						8	1	11
		6	4			96	52	72
						6	3	10
		2	1			5	3	12
		1	1			13	2	7
						6	2	5
		3	2			66	42	38
1080	287	1967	1068	2024	962	1205	594	3049
939	243	1491	810	1354	709	488	208	2327
33	8	52	19	296	111	77	26	192
2	1	8	5	17	6	2	2	10
2	1	13	12	3	1	2	2	6

1-32 续表 3

行业中类	个体经营户数（个）	有证照	长沙市	有证照	株洲市	有证照
建筑、安全用金属制品制造	1447	601	159	71	66	25
金属表面处理及热处理加工	1034	355	235	35	86	46
搪瓷制品制造	34	19	2		1	
金属制日用品制造	1646	746	248	102	154	67
其他金属制品制造	1044	419	243	89	116	41
通用设备制造业	4945	2023	1181	484	354	159
锅炉及原动设备制造	133	45	21	4	3	2
金属加工机械制造	3266	1406	957	402	258	120
物料搬运设备制造	39	10	2	2		
泵、阀门、压缩机及类似机械制造	91	57	13	9	1	1
轴承、齿轮和传动部件制造	148	84	10	2	5	3
烘炉、风机、衡器、包装等设备制造	134	52	28	14	1	
文化、办公用机械制造	149	53	42	15	2	
通用零部件制造	879	290	85	28	72	30
其他通用设备制造业	106	26	23	8	12	3
专用设备制造业	3431	1353	404	170	202	95
采矿、冶金、建筑专用设备制造	223	78	32	18	4	2
化工、木材、非金属加工专用设备制造	892	212	134	52	23	9
食品、饮料、烟草及饲料生产专用设备制造	633	390	60	36	14	8
印刷、制药、日化及日用品生产专用设备制造	558	255	58	24	104	52
纺织、服装和皮革加工专用设备制造	453	178	49	18	14	6
电子和电工机械专用设备制造	114	43	14	6	3	3
农、林、牧、渔专用机械制造	328	89	33	8	32	8
医疗仪器设备及器械制造	60	39	6	6	4	3
环保、社会公共服务及其他专用设备制造	170	69	18	2	4	4
汽车制造业	665	308	2	2	63	25
汽车整车制造	26	13			2	1
改装汽车制造	110	17			1	1
低速载货汽车制造	34	6			2	
电车制造	20	13				
汽车车身、挂车制造	50	18			2	1
汽车零部件及配件制造	425	241	2	2	56	22
铁路、船舶、航空航天和其他运输设备制造业	432	227	64	37	8	6
铁路运输设备制造	4	1	2			
城市轨道交通设备制造	43	24	2	1	1	1
船舶及相关装置制造	109	32	25	14	3	2
航空、航天器及设备制造	3	1	2			
摩托车制造	55	36	8	6	1	1
自行车制造	85	59	8	7	2	2
非公路休闲车及零配件制造	89	58	14	7	1	
潜水救捞及其他未列明运输设备制造	44	16	3	2		
电气机械和器材制造业	818	431	137	51	31	16
电机制造	73	44	7	3	2	2
输配电及控制设备制造	49	23	7	4	8	4
电线、电缆、光缆及电工器材制造	227	139	32	18	7	4
电池制造	29	16	5	2	1	
家用电力器具制造	86	35	11	4	4	3
非电力家用器具制造	42	15	7	1		
照明器具制造	146	77	19	2	5	2
其他电气机械及器材制造	166	82	49	17	4	1
计算机、通信和其他电子设备制造业	612	335	59	38	17	4
计算机制造	18	11				
通信设备制造	197	140	23	14	3	

湘潭市		衡阳市		邵阳市		岳阳市		常德市
	有证照		有证照		有证照		有证照	
15	6	123	75	98	40	114	63	254
6	1	95	47	79	33	117	28	36
		3	1	4	2	14	13	2
49	16	130	70	127	43	214	161	118
34	11	52	29	46	17	177	91	104
213	95	251	144	404	197	212	101	666
2	1	5	3	2		22	13	50
72	19	127	75	319	149	129	68	270
		1	1	9	3	5	3	8
6	4	9	6	13	4	5	4	4
3	3	79	44	2		5	5	10
3	1	8	6	10	5	7	2	6
1	1	6	2	20	13	16	1	47
126	66	14	7	27	21	14	4	231
		2		2	2	9	1	40
58	31	310	124	609	126	281	99	202
3	1	19	3	37	26	7	2	11
19	10	26	16	363	18	96	24	26
7	6	113	39	39	26	43	25	21
5	4	18	14	52	18	54	11	22
7	1	31	16	68	20	29	12	35
		3	1	6	1	3	3	14
9	5	55	12	30	9	31	11	36
		22	17	1		2	1	14
8	4	23	6	13	8	16	10	23
15	4	62	40	118	43	24	17	32
		2		6	5			1
		7	4	42	4	1		2
				1	1			4
2		5	4	1				4
2	1	2	2	6	4			12
11	3	46	30	62	29	23	17	9
6	2	42	34	21	12	56	30	30
		1	1					1
				1		1	1	4
1						5	4	11
		19	14	1	1	2		6
3	1	6	5	5	2	12	7	3
1	1	15	13	14	9	11	6	3
1		1	1			25	12	2
50	32	55	33	82	47	41	23	54
15	12	5	2	10	6	5	3	6
2	2	1		3	1	3	2	7
9	2	14	8	20	8	11	5	6
3	3	2	1	5	4	1	1	3
6	3	8	4	4	3	2	1	16
5	3	3	1	4	2			8
7	4	10	8	22	15	9	5	1
3	3	12	9	14	8	10	6	7
13	4	64	46	61	21	58	36	49
		4	3	1		1	1	2
1	1	36	26	5	4	30	23	11

1-32　续表 4

行业中类	个体经营户数（个）	有证照	长沙市	有证照	株洲市	有证照
广播电视设备制造	2	1				
雷达及配套设备制造	4	2				
视听设备制造	19	10	4	2		
电子器件制造	89	36	5	1	3	1
电子元件制造	190	87	7	5	9	2
其他电子设备制造	93	48	20	16	2	1
仪器仪表制造业	411	260	87	36	15	10
通用仪器仪表制造	13	7	4	3		
专用仪器仪表制造	17	7	2			
钟表与计时仪器制造	39	22	2	1	1	
光学仪器及眼镜制造	325	216	77	30	14	10
其他仪器仪表制造业	17	8	2	2		
其他制造业	3559	817	566	65	395	84
日用杂品制造	753	220	61	22	25	10
煤制品制造	2262	454	463	35	349	74
核辐射加工	9					
其他未列明制造业	535	143	42	8	21	
废弃资源综合利用业	4444	1662	600	113	231	47
金属废料和碎屑加工处理	1683	586	332	77	100	18
非金属废料和碎屑加工处理	2761	1076	268	36	131	29
金属制品、机械和设备修理业	5815	2186	969	244	373	168
金属制品修理	676	250	86	20	37	12
通用设备修理	608	280	45	19	37	15
专用设备修理	424	172	67	19	49	14
铁路、船舶、航空航天等运输设备修理	197	47	33	11		
电气设备修理	920	310	199	39	47	31
仪器仪表修理	96	39	24	8	13	9
其他机械和设备修理业	2894	1088	515	128	190	87
电力、热力、燃气及水生产和供应业	**758**	**297**	**2**	**1**	**45**	**18**
电力、热力生产和供应业	77	49	1	1	5	1
电力生产	64	43	1	1	4	1
电力供应	11	4			1	
热力生产和供应	2	2				
燃气生产和供应业	170	92	1		18	5
燃气生产和供应业	170	92	1		18	5
水的生产和供应业	511	156			22	12
自来水生产和供应	370	127			17	8
污水处理及其再生利用	66	12			4	4
其他水的处理、利用与分配	75	17			1	
建筑业	**347144**	**15761**	**44971**	**366**	**9039**	**545**
房屋建筑业	203296	6849	26573	71	5920	176
房屋建筑业	203296	6849	26573	71	5920	176
土木工程建筑业	14022	365	2617	18	333	18
铁路、道路、隧道和桥梁工程建筑	1948	91	474	4	132	7
水利和内河港口工程建筑	1007	43	555	3	3	
海洋工程建筑	56		4			
工矿工程建筑	372	19	18	1	9	
架线和管道工程建筑	800	20	93	3	14	
其他土木工程建筑	9839	192	1473	7	175	11
建筑安装业	16937	1664	3739	52	427	89
电气安装	9730	671	2453	21	216	47
管道和设备安装	2306	348	518	18	88	37
其他建筑安装业	4901	645	768	13	123	5

湘潭市	有证照	衡阳市	有证照	邵阳市	有证照	岳阳市	有证照	常德市
				1	1	1		
		1	1			1		
		1						3
		7	5	19	8	13	5	5
4	2	11	8	26	4	6	4	24
8	1	4	3	9	4	6	3	4
4	3	36	27	41	29	61	31	12
		3	2	1		2	1	1
		2	2			3	3	
2	1	5	2	9	7	2	2	2
2	2	26	21	27	22	53	24	9
				4		1	1	
66	13	386	114	434	98	118	41	367
20	3	81	43	188	26	35	13	62
26	5	252	57	187	56	42	15	209
		1				1		3
20	5	52	14	59	16	40	13	93
34	7	361	140	402	81	1034	738	302
17	5	227	99	184	40	188	120	78
17	2	134	41	218	41	846	618	224
137	42	314	122	604	279	556	254	639
9	1	42	21	95	45	75	50	63
25	10	35	13	158	108	70	42	62
26	10	22	11	28	14	43	14	25
6	1	12	2	54	5	11	1	17
7		66	21	72	24	64	26	64
		6	1	8	2	10	5	7
64	20	131	53	189	81	283	116	401
5	**3**	**65**	**19**	**101**	**38**	**126**	**61**	**127**
				36	30	7	3	4
				35	29	4	2	4
				1	1	2		
						1	1	
		3	3			70	45	38
		3	3			70	45	38
5	3	62	16	65	8	49	13	85
3	3	22	13	53	6	14	10	77
		8		6		32	1	4
2		32	3	6	2	3	2	4
8685	**118**	**12497**	**1492**	**27977**	**1326**	**15370**	**1314**	**80665**
4618	25	6057	543	23782	1022	8344	578	44659
4618	25	6057	543	23782	1022	8344	578	44659
700	2	385	17	1415	14	1080	76	3282
52		43	3	90	2	196	13	352
4		24		21	4	57	6	90
		2		1		33		9
		4		27	1	19	1	42
494		8		16	1	29	3	28
150	2	304	14	1260	6	746	53	2761
294	33	464	123	747	121	689	214	3809
103	7	124	37	178	23	226	41	2191
68	15	175	38	98	32	78	37	498
123	11	165	48	471	66	385	136	1120

1-32 续表 5

行业中类	个体经营户数（个）	有证照	长沙市	有证照	株洲市	有证照
建筑装饰和其他建筑业	112889	6883	12042	225	2359	262
建筑装饰业	97096	6320	10325	186	2002	228
工程准备活动	8410	247	555	5	61	1
提供施工设备服务	2888	128	803	18	102	13
其他未列明建筑业	4495	188	359	16	194	20
批发和零售业	**1510987**	**705894**	**250502**	**111055**	**93543**	**52652**
批发业	182969	79948	44015	13455	14667	9085
农、林、牧产品批发	51970	10595	17139	1985	2166	609
食品、饮料及烟草制品批发	32744	13540	9589	3319	1655	863
纺织、服装及家庭用品批发	26254	18576	2499	999	6786	5706
文化、体育用品及器材批发	4011	2088	1768	759	115	79
医药及医疗器材批发	1805	962	256	205	41	32
矿产品、建材及化工产品批发	33528	17902	5372	2622	2019	953
机械设备、五金产品及电子产品批发	11287	7889	3157	2256	599	407
贸易经纪与代理	1469	748	705	350	83	59
其他批发业	19901	7648	3530	960	1203	377
零售业	1328018	625946	206487	97600	78876	43567
综合零售	260021	132824	25799	12709	13087	7431
食品、饮料及烟草制品专门零售	390816	150865	58171	25789	22728	10709
纺织、服装及日用品专门零售	269242	147293	50881	26519	20093	12971
文化、体育用品及器材专门零售	44539	23685	15438	7326	1498	1007
医药及医疗器材专门零售	23883	16915	4317	2913	1483	1199
汽车、摩托车、燃料及零配件专门零售	24287	15311	5070	2651	1643	1140
家用电器及电子产品专门零售	50444	33625	11236	6125	2659	1916
五金、家具及室内装饰材料专门零售	136740	81059	22226	11469	9233	5944
货摊、无店铺及其他零售业	128046	24369	13349	2099	6452	1250
交通运输、仓储和邮政业	**523203**	**456985**	**86312**	**83642**	**36490**	**19677**
铁路运输业	319	27			2	2
铁路旅客运输	12	5				
铁路货物运输	29	7			1	1
铁路运输辅助活动	278	15			1	1
道路运输业	449312	449312	82782	82782	18051	18051
城市公共交通运输						
公路旅客运输	62317	62317	1649	1649	642	642
道路货物运输	386995	386995	81133	81133	17409	17409
道路运输辅助活动						
水上运输业	3185	796	29	6	11	2
水上旅客运输	1526	603	5	1	6	1
水上货物运输	1437	149	20	5	5	1
水上运输辅助活动	222	44	4			
航空运输业	40	12			3	1
航空客货运输	30	8			3	1
通用航空服务	4	1				
航空运输辅助活动	6	3				
管道运输业	9	1			1	
管道运输业	9	1			1	
装卸搬运和运输代理业	31460	3695	1891	668	15382	1447
装卸搬运	24574	2042	425	29	15186	1372
运输代理业	6886	1653	1466	639	196	75
仓储业	34194	1761	897	39	2899	122
谷物、棉花等农产品仓储	3453	270	101	5	18	8
其他仓储业	30741	1491	796	34	2881	114
邮政业	4684	1381	713	147	141	52
邮政基本服务	167	76			25	14
快递服务	4517	1305	713	147	116	38

湘潭市	有证照	衡阳市	有证照	邵阳市	有证照	岳阳市	有证照	常德市
3073	58	5591	809	2033	169	5257	446	28915
2845	52	5187	784	1655	148	4708	410	23997
33	2	92	4	54		173	13	2988
167	4	180	5	92	16	116	4	311
28		132	16	232	5	260	19	1619
52436	**22981**	**113499**	**62737**	**111889**	**56008**	**118410**	**69279**	**180484**
5432	2293	12042	6788	14288	8265	10572	6163	23355
1220	339	2304	662	3156	961	1724	839	6693
1028	405	2478	1269	1199	523	1980	1156	4753
627	255	2381	2160	2726	2295	1557	962	3957
50	35	364	208	264	185	81	63	397
49	37	74	46	713	302	81	63	69
1302	565	2162	1307	2894	1658	2254	1438	3842
663	506	1176	704	1230	929	563	330	916
11	7	69	31	24	12	102	70	160
482	144	1034	401	2082	1400	2230	1242	2568
47004	20688	101457	55949	97601	47743	107838	63116	157129
11302	5695	13078	7257	20730	11083	25031	15213	39768
10894	3842	34399	16267	27520	11974	30385	15443	50104
11200	4591	18636	12494	18701	9832	22380	15014	30629
1667	784	2473	1461	3513	1900	2717	1651	3576
1231	847	1847	1468	1892	1349	2201	1608	1554
1021	606	2100	1491	1803	1127	1853	1185	1833
1675	997	4355	3386	4567	3107	3720	2733	4046
5722	2546	15117	9696	10124	5824	12425	7999	13350
2292	780	9452	2429	8751	1547	7126	2270	12269
17517	**14529**	**54108**	**47711**	**42201**	**35289**	**24389**	**31262**	**23743**
						34	16	257
						5	3	2
						16	4	6
						13	9	249
14389	14389	47031	47031	35073	35073	30720	30720	23443
364	364	7405	7405	1818	1818	8047	8047	6533
14025	14025	39626	39626	33255	33255	22673	22673	16910
59	3	270	110	77	16	81	24	421
42		194	82	38	10	23	13	233
14	3	54	13	30	5	47	10	161
3		22	15	9	1	11	1	27
		1	1			18	5	7
		1	1			14	4	3
						3		
						1	1	4
						3	1	3
						3	1	3
223	33	567	170	698	35	958	238	2551
104	2	148	8	381	4	383	22	1657
119	31	419	162	317	31	575	216	894
2679	48	6044	302	7986	102	263	66	3117
40	2	96	16	2003	10	143	27	518
2639	46	5948	286	5983	92	120	39	2599
167	56	195	97	185	63	359	192	477
		1	1			62	34	53
167	56	194	96	185	63	297	158	424

1-32 续表 6

行业中类	个体经营户数（个）	有证照	长沙市	有证照	株洲市	有证照
住宿和餐饮业	**258913**	**103940**	**57835**	**20211**	**14384**	**6900**
住宿业	46439	14223	13677	2717	1850	1121
旅游饭店	1773	866	309	131	187	83
一般旅馆	23322	8875	5766	1590	1108	695
其他住宿业	21344	4482	7602	996	555	343
餐饮业	212474	89717	44158	17494	12534	5779
正餐服务	56917	29378	11419	5971	4766	2342
快餐服务	47144	19285	6515	2312	2597	1005
饮料及冷饮服务	13871	4922	3493	1344	458	245
其他餐饮业	94542	36132	22731	7867	4713	2187
信息传输、软件和信息技术服务业	**16263**	**9849**	**2192**	**1187**	**937**	**632**
电信、广播电视和卫星传输服务	10063	6370	1519	858	833	562
电信	9538	6188	1491	849	814	556
广播电视传输服务	419	127	21	4	18	5
卫星传输服务	106	55	7	5	1	1
互联网和相关服务	2688	1730	300	154	76	53
互联网接入及相关服务	501	321	50	21	20	13
互联网信息服务	1410	910	179	100	48	33
其他互联网服务	777	499	71	33	8	7
软件和信息技术服务业	3512	1749	373	175	28	17
软件开发	599	272	91	18	14	9
信息系统集成服务	1136	495	22	13		
信息技术咨询服务	744	420	127	79	2	
数据处理和存储服务	151	73	8	1		
集成电路设计	52	31	3	2		
其他信息技术服务业	830	458	122	62	12	8
金融业						
房地产业	**29949**	**2818**	**1903**	**393**	**128**	**84**
房地产业	29949	2818	1903	393	128	84
房地产开发经营						
物业管理						
房地产中介服务	29949	2818	1903	393	128	84
自有房地产经营活动						
其他房地产业						
租赁和商务服务业	**81170**	**14531**	**18982**	**3583**	**3101**	**635**
租赁业	41228	3477	6125	442	1284	105
机械设备租赁	30203	2760	4800	298	1085	92
文化及日用品出租	11025	717	1325	144	199	13
商务服务业	39942	11054	12857	3141	1817	530
企业管理服务	289	25	61	5	133	
法律服务	195	45	48	1	4	1
咨询与调查	663	353	433	254	15	8
广告业	7502	4782	2102	1107	432	308
知识产权服务	16	5	3	2	3	1
人力资源服务	721	146	59	8	19	7
旅行社及相关服务	5420	276	76	33	48	21
安全保护服务	264	51	28	3	2	2
其他商务服务业	24872	5371	10047	1728	1161	182
科学研究和技术服务业	**13528**	**4623**	**2225**	**849**	**283**	**177**
研究和试验发展	20	7			1	1
自然科学研究和试验发展	4	3				

湘潭市	有证照	衡阳市	有证照	邵阳市	有证照	岳阳市	有证照	常德市
10927	**3771**	**14301**	**6045**	**13137**	**4612**	**19724**	**9969**	**38273**
1522	462	1463	715	2992	728	1904	891	5601
117	64	41	23	188	65	234	114	83
674	317	929	516	1226	450	829	494	2666
731	81	493	176	1578	213	841	283	2852
9405	3309	12838	5330	10145	3884	17820	9078	32672
3485	1549	3767	1749	2016	1014	6251	3529	9267
1959	561	3290	1251	3432	1331	3230	1618	7071
973	359	783	384	418	107	903	445	3996
2988	840	4998	1946	4279	1432	7436	3486	12338
636	**341**	**844**	**548**	**1395**	**724**	**1189**	**842**	**3100**
553	301	459	328	866	508	745	514	1228
547	301	444	318	834	502	699	482	976
6		8	6	29	5	20	8	207
		7	4	3	1	26	24	45
42	25	136	101	318	143	283	198	184
10	6	51	37	62	36	46	33	39
16	7	44	34	182	74	121	86	65
16	12	41	30	74	33	116	79	80
41	15	249	119	211	73	161	130	1688
8	5	21	3	10	3	45	40	302
5	1	97	22	49	12	14	12	797
17	5	60	41	42	19	24	17	391
1		7	5	46	7	8	7	26
		11	9	7	2	2	2	16
10	4	53	39	57	30	68	52	156
2581	**61**	**1770**	**190**	**2987**	**121**	**148**	**27**	**1705**
2581	61	1770	190	2987	121	148	27	1705
2581	61	1770	190	2987	121	148	27	1705
1628	**426**	**5087**	**901**	**3821**	**975**	**8585**	**1313**	**10981**
923	39	3991	155	1399	185	6945	380	2839
863	31	1025	81	1005	133	4386	320	2242
60	8	2966	74	394	52	2559	60	597
705	387	1096	746	2422	790	1640	933	8142
5	1	4	4	2		39	9	30
4	1	6	2	15	4	4		63
17	11	20	12	9	4	38	19	66
372	227	629	476	352	221	670	480	630
3		1	1	1				4
51	6	26	7	47	11	75	39	257
16	11	37	31	31	20	39	26	32
5		12	6	8	7	7	5	67
232	130	361	207	1957	523	768	355	6993
672	**247**	**371**	**254**	**779**	**243**	**531**	**263**	**4093**
						4	4	4
						2	2	2

1-32 续表 7

行业中类	个体经营户数（个）	有证照	长沙市	有证照	株洲市	有证照
工程和技术研究和试验发展	4	3				
农业科学研究和试验发展	11					
医学研究和试验发展	1	1			1	1
社会人文科学研究						
专业技术服务业	10799	4167	1938	830	262	167
气象服务	7	3	1	1	1	1
地震服务	3					
海洋服务	10	2	1			
测绘服务	16	8	1			
质检技术服务	54	33	6	2	2	1
环境与生态监测	12	3	5	2		
地质勘查	28	2	4			
工程技术	732	145	139	24	1	
其他专业技术服务业	9937	3971	1781	801	258	165
科技推广和应用服务业	2709	449	287	19	20	9
技术推广服务	2474	376	262	12	15	5
科技中介服务	64	23	13	1	1	1
其他科技推广和应用服务业	171	50	12	6	4	3
水利、环境和公共设施管理业	**297**	**60**	**19**	**3**	**25**	**2**
水利管理业	188	45	19	3	2	1
防洪除涝设施管理	8		1			
水资源管理	11	2	1			
天然水收集与分配	106	28	5	1	1	
水文服务	37	9	5		1	1
其他水利管理业	26	6	7	2		
生态保护和环境治理业	32	2				
生态保护	22					
环境治理业	10	2				
公共设施管理业	77	13			23	1
市政设施管理	4	1				
环境卫生管理	19	3				
城乡市容管理	3				1	
绿化管理	50	9			22	1
公园和游览景区管理	1					
居民服务、修理和其他服务业	**280378**	**88167**	**47974**	**12978**	**12881**	**4838**
居民服务业	175433	50499	30222	7753	6936	2579
家庭服务	13939	1194	2646	254	132	26
托儿所服务	989	241	491	62	24	8
洗染服务	5116	2321	1568	675	224	108
理发及美容服务	64158	28581	12446	4828	3914	1675
洗浴服务	2852	1408	809	339	134	84
保健服务	7482	3503	1985	738	370	181
婚姻服务	3076	1109	483	109	141	62
殡葬服务	7925	992	752	30	404	82
其他居民服务业	69896	11150	9042	718	1593	353
机动车、电子产品和日用产品修理业	87679	34288	15760	4840	5283	1993
汽车、摩托车修理与维护	55556	23282	10291	3249	3695	1421
计算机和办公设备维修	5095	2389	1251	439	300	150
家用电器修理	15217	5949	2226	657	842	309
其他日用产品修理业	11811	2668	1992	495	446	113
其他服务业	17266	3380	1992	385	662	266
清洁服务	8057	1282	1267	185	279	106
其他未列明服务业	9209	2098	725	200	383	160

湘潭市	有证照	衡阳市	有证照	邵阳市	有证照	岳阳市	有证照	常德市
						2	2	2
630	239	344	235	536	175	456	236	3224
				2		1		
				1		1		1
		1	1	1		5		2
1		2	2	1				2
1				1		3	1	2
				2				4
						1		7
6	1	6	3	12	1	44	2	18
622	238	335	229	516	174	401	233	3188
42	8	27	19	243	68	71	23	865
38	7	18	14	142	57	55	16	858
		3	2	11	4	3	2	1
4	1	6	3	90	7	13	5	6
2		**29**	**7**	**27**	**5**	**20**	**6**	**27**
2		29	7	27	5	11	4	4
		2		1		1		1
				1				1
		18	5	18	3	8	3	2
		5	1	1		2	1	
2		4	1	6	2			
						1		10
						1		2
								8
						8	2	13
						1	1	
						3		5
						3	1	8
						1		
9272	**2120**	**22248**	**8084**	**14997**	**5234**	**19859**	**8792**	**43277**
5267	1107	14850	4760	8846	2687	12404	5300	25816
686	9	739	54	740	26	1088	374	4077
51	14	45	21	29	5	63	34	84
225	68	304	188	189	93	487	192	722
2735	661	4865	2618	4291	1711	5137	2779	7732
151	46	320	145	118	48	164	117	427
405	139	448	225	608	252	443	250	831
119	31	173	105	105	44	267	120	852
149	7	1001	89	175	42	420	89	2152
746	132	6955	1315	2591	466	4335	1345	8939
3795	965	6048	3065	5379	2333	5890	2912	12708
2654	727	3889	2044	3693	1697	3602	1826	6091
139	62	436	259	330	136	280	192	633
605	113	1259	638	939	375	1234	592	2448
397	63	464	124	417	125	774	302	3536
210	48	1350	259	772	214	1565	580	4753
131	33	199	82	327	89	525	82	2735
79	15	1151	177	445	125	1040	498	2018

1-32 续表 8

行业中类	个体经营户数（个）	有证照	长沙市	有证照	株洲市	有证照
教育	**8359**	**2334**	**2255**	**423**	**256**	**79**
教育	8359	2334	2255	423	256	79
学前教育	2707	1007	321	90	57	27
初等教育	105	44	24	4		
中等教育	123	62	21	7	1	
高等教育	142	51	8	5	3	1
特殊教育	54	21	9	4		
技能培训、教育辅助及其他教育	5228	1149	1872	313	195	51
卫生和社会工作	**16806**	**11713**	**1363**	**1039**	**704**	**572**
卫生	16581	11670	1338	1034	698	572
医院	547	323	52	30	3	1
社区医疗与卫生院	6008	4269	433	321	252	205
门诊部(所)	8690	6370	766	649	423	358
计划生育技术服务活动	75	36				
妇幼保健院(所、站)	26	18				
专科疾病防治院(所、站)	207	135	12	8	1	1
疾病预防控制中心	21	12	2	1		
其他卫生活动	1007	507	73	25	19	7
社会工作	225	43	25	5	6	
提供住宿社会工作	145	35	11	4	5	
不提供住宿社会工作	80	8	14	1	1	
文化、体育和娱乐业	**70814**	**10836**	**25886**	**2039**	**4767**	**573**
新闻和出版业	107	59	11	4	6	3
新闻业	15	4				
出版业	92	55	11	4	6	3
广播、电视、电影和影视录音制作业	281	113	35	12	9	4
广播	12	4	1			
电视	40	11	6	1		
电影和影视节目制作	75	34	10	7	3	
电影和影视节目发行	6	1	1			
电影放映	102	38	11	2	3	1
录音制作	46	25	6	2	3	3
文化艺术业	5556	731	770	49	253	27
文艺创作与表演	1590	97	247	8	81	1
艺术表演场馆	41	21	5			
图书馆与档案馆	298	101	16		3	2
文物及非物质文化遗产保护	167	4	14			
博物馆	2		2			
烈士陵园、纪念馆	5	1				
群众文化活动	1897	159	283	6	117	5
其他文化艺术业	1556	348	203	35	52	19
体育	2065	429	296	69	62	15
体育组织	15	5	2	1	1	1
体育场馆	30	9	5	1	2	1
休闲健身活动	1997	408	284	66	59	13
其他体育	23	7	5	1		
娱乐业	62805	9504	24774	1905	4437	524
室内娱乐活动	58636	8704	24020	1660	3990	501
游乐园	317	70	55	18	52	1
彩票活动						
文化、娱乐、体育经纪代理	330	98	57	14	16	3
其他娱乐业	3522	632	642	213	379	19
公共管理、社会保障和社会组织						

湘潭市	有证照	衡阳市	有证照	邵阳市	有证照	岳阳市	有证照	常德市
633	**102**	**342**	**117**	**521**	**170**	**539**	**222**	**1110**
633	102	342	117	521	170	539	222	1110
126	50	103	32	241	91	208	100	469
8	5	5	5	6	2	11	7	24
8	2	9	8	7	2	19	11	28
1	1	6	4	5		44	3	41
3		5	2	2	1	6	3	19
487	44	214	66	260	74	251	98	529
557	**436**	**1358**	**932**	**1277**	**730**	**1574**	**1122**	**2442**
525	434	1349	928	1272	729	1565	1118	2362
9	5	68	35	16	10	59	38	129
45	37	468	286	671	426	509	389	587
415	348	702	539	421	236	774	572	1432
1	1	1				64	31	5
1		2	2	4	2	3	2	5
32	32	9	6	27	7	17	13	22
		4	4	1		2		4
22	11	95	56	132	48	137	73	178
32	2	9	4	5	1	9	4	80
8	2	8	4	4	1	5	3	62
24		1		1		4	1	18
5038	**398**	**5396**	**995**	**2765**	**539**	**2900**	**890**	**5224**
1	1	5	3	5		33	26	19
		2		3		3	2	3
1	1	3	3	2		30	24	16
5	1	22	12	44	14	13	6	28
		3	3	2				3
1		2	1	14	5			3
2		9	3	10	4	2	2	3
				1	1	2		
2	1	6	4	14	2	5	1	8
		2	1	3	2	4	3	11
63	16	254	78	414	89	170	42	1229
13		62	5	34	5	16	4	559
2	1	20	14	4	1	1	1	3
2	1	101	39	18	14	75	15	8
13	2			2		1	1	4
		1						2
8	1	19	7	206	42	30		405
25	11	51	13	150	27	47	21	248
50	23	580	42	123	33	191	67	73
		3	1	2	1	2		
		1	1	6	2	9	1	
49	22	575	39	115	30	178	65	72
1	1	1	1			2	1	1
4919	357	4535	860	2179	403	2493	749	3875
4814	341	4316	811	1920	360	2113	684	3383
35	1	14	4	12	3	9	3	20
6	3	30	14	67	6	19	8	33
64	12	175	31	180	34	352	54	439

1-32 续表 9

行业中类		张家界市		益阳市		郴州市
	有证照		有证照		有证照	
合　计	**110652**	**65036**	**29620**	**339461**	**127643**	**232092**
农、林、牧、渔业	**497**	**89**	**43**	**3464**	**272**	**2568**
农、林、牧、渔服务业	497	89	43	3464	272	2568
农业服务业	428	68	34	3275	258	2310
林业服务业	16	2		40	9	175
畜牧服务业	28	15	8	73	2	66
渔业服务业	25	4	1	76	3	17
采矿业	**64**	**167**	**37**	**645**	**87**	**434**
煤炭开采和洗选业	9	3	1	5	2	30
烟煤和无烟煤开采洗选	6			2	1	11
褐煤开采洗选						
其他煤炭采选	3	3	1	3	1	19
石油和天然气开采业						
石油开采						
天然气开采						
黑色金属矿采选业				2	1	8
铁矿采选						4
锰矿、铬矿采选				1		
其他黑色金属矿采选				1	1	4
有色金属矿采选业		1	1	43	8	19
常用有色金属矿采选		1	1	16	3	14
贵金属矿采选				23	1	3
稀有稀土金属矿采选				4	4	2
非金属矿采选业	51	151	28	532	61	307
土砂石开采	47	149	27	524	61	282
化学矿开采						
采盐				2		15
石棉及其他非金属矿采选	4	2	1	6		10
开采辅助活动	1	2	2	27	4	51
煤炭开采和洗选辅助活动	1			9	2	23
石油和天然气开采辅助活动		2	2	2	2	3
其他开采辅助活动				16		25
其他采矿业	3	10	5	36	11	19
其他采矿业	3	10	5	36	11	19
制造业	**4917**	**4221**	**1086**	**25647**	**5822**	**20653**
农副食品加工业	674	986	142	5858	1072	9313
谷物磨制	175	214	16	1166	210	3442
饲料加工	22	23	14	82	40	135
植物油加工	160	125	36	413	105	382
制糖业	4			540	2	60
屠宰及肉类加工	154	296	18	1812	226	2155
水产品加工	25	18	5	278	77	214
蔬菜、水果和坚果加工	28	57	8	552	132	180
其他农副食品加工	106	253	45	1015	280	2745
食品制造业	272	194	83	861	231	453
焙烤食品制造	176	96	52	495	95	209
糖果、巧克力及蜜饯制造	1			21	6	5
方便食品制造	50	21	7	270	92	92
乳制品制造	2	6	4	7	7	10
罐头食品制造	3	1	1	23	12	1
调味品、发酵制品制造		6		6	1	2
其他食品制造	40	64	19	39	18	134
酒、饮料和精制茶制造业	214	111	33	1102	238	789
酒的制造	144	63	17	594	185	611
饮料制造	15	4	1	18	10	11
精制茶加工	55	44	15	490	43	167

有证照	永州市	有证照	怀化市	有证照	娄底市	有证照	湘西州	有证照
114273	**235382**	**88241**	**172594**	**89049**	**200985**	**114382**	**132612**	**57260**
216	**2286**	**251**	**1176**	**305**	**2656**	**616**	**14**	**2**
216	2286	251	1176	305	2656	616	14	2
190	1865	210	752	252	2625	609	13	2
4	128	20	36	2	24	4		
19	160	18	145	31	5	2	1	
3	133	3	243	20	2	1		
71	**1754**	**106**	**285**	**69**	**208**	**41**	**227**	**55**
5	5		4	1	35		1	
2	3				12			
					1			
3	2		4	1	22		1	
2	1067	11						
1	1							
	1066	11						
1								
	7	1	4	1	2			
	6	1	2		2			
	1		2	1				
39	535	66	260	55	116	40	210	51
28	529	64	259	55	111	40	208	49
	1						1	1
9								
2	5	2	1		5		1	1
17	44	15	13	10	5		14	2
2	12	1	2	1	5		11	2
2	14	10	6	6			1	
13	18	4	5	3			2	
8	96	13	4	2	50	1	2	2
8	96	13	4	2	50	1	2	2
4138	**28071**	**6157**	**15593**	**5177**	**9502**	**3441**	**10328**	**1936**
689	11931	993	6071	938	2352	601	5028	475
152	3084	208	952	111	358	128	1748	84
38	186	79	157	97	43	16	44	4
25	569	88	852	207	81	24	255	42
	19		32	6			9	
116	4923	297	2449	209	920	127	1287	190
15	160	21	45	14	55	22	42	3
14	318	26	333	31	204	12	248	33
329	2672	274	1251	263	691	272	1395	119
209	1019	341	695	351	346	167	840	124
127	397	203	290	179	185	104	175	57
3	9	1	25	6	3	1	3	1
28	325	70	147	59	91	36	570	30
9	19	14	15	13	5	5		
1	4	2	7	3	1	1	1	
	15	5	32	28	4		4	2
41	250	46	179	63	57	20	87	34
155	1890	192	428	140	133	46	144	41
133	1803	144	329	104	113	35	100	25
2	22	10	17	12	9	4	11	7
20	65	38	82	24	11	7	33	9

1-32 续表 10

行业中类	有证照	张家界市	有证照	益阳市	有证照	郴州市
烟草制品业		33		1	1	30
烟叶复烤		21				20
卷烟制造		2		1	1	5
其他烟草制品制造		10				5
纺织业	449	276	95	847	293	444
棉纺织及印染精加工	80	102	22	349	121	156
毛纺织及染整精加工	2	3	1	3	3	15
麻纺织及染整精加工	1	1		27	11	7
丝绢纺织及印染精加工	1			3	1	12
化纤织造及印染精加工	11	3	1	19	7	6
针织或钩针编织物及其制品制造	8	14	5	44	1	19
家用纺织制成品制造	333	152	65	295	134	217
非家用纺织制成品制造	13	1	1	107	15	12
纺织服装、服饰业	237	149	46	414	258	299
机织服装制造	124	77	26	281	197	96
针织或钩针编织服装制造	25	29	8	31	15	66
服饰制造	88	43	12	102	46	137
皮革、毛皮、羽毛及其制品和制鞋业	145	89	47	334	124	198
皮革鞣制加工	5	7	6	8	5	27
皮革制品制造	29	3	1	16	2	35
毛皮鞣制及制品加工	2	3	1	4	2	14
羽毛(绒)加工及制品制造	14	1		14	5	10
制鞋业	95	75	39	292	110	112
木材加工和木、竹、藤、棕、草制品业	432	481	102	7934	1334	2019
木材加工	331	334	89	3898	576	1540
人造板制造	4	11	1	350	85	11
木制品制造	59	125	10	686	76	98
竹、藤、棕、草等制品制造	38	11	2	3000	597	370
家具制造业	246	164	44	1492	264	864
木质家具制造	161	129	33	1182	150	586
竹、藤家具制造	3	1	1	199	60	21
金属家具制造	55	16	4	53	25	41
塑料家具制造				3	1	8
其他家具制造	27	18	6	55	28	208
造纸和纸制品业	30	66	2	69	16	850
纸浆制造	2	2	1	13	2	9
造纸	3	61		16	7	31
纸制品制造	25	3	1	40	7	810
印刷和记录媒介复制业	183	98	65	145	62	207
印刷	61	26	20	119	45	32
装订及印刷相关服务	113	70	43	22	15	168
记录媒介复制	9	2	2	4	2	7
文教、工美、体育和娱乐用品制造业	121	72	28	859	137	261
文教办公用品制造	13	2	2	16	9	18
乐器制造	4	3	2	2		2
工艺美术品制造	93	59	22	824	116	210
体育用品制造	1	1		1	1	5
玩具制造	6	4	1	15	10	22
游艺器材及娱乐用品制造	4	3	1	1	1	4
石油加工、炼焦和核燃料加工业	2	2	2	6	2	
精炼石油产品制造	2	2	2	5	2	
炼焦				1		
核燃料加工						

有证照	永州市	有证照	怀化市	有证照	娄底市	有证照	湘西州	有证照
2	27	2	4	3			81	1
1	26	2					75	
	1		2	1			1	1
1			2	2			5	
174	737	309	714	390	584	292	269	140
55	208	63	281	161	101	42	117	59
9	67	29	13	6	7	1	6	3
3	7	1	13	7	3	1	1	
5	9	3	7	3	2	1	2	1
3	14	5	5	3	13	9	7	4
5	82	10	73	17	10	4	7	1
91	331	190	320	191	441	230	128	72
3	19	8	2	2	7	4	1	
89	484	207	469	230	255	81	211	66
27	284	117	273	145	98	23	116	31
22	106	46	76	36	35	13	33	4
40	94	44	120	49	122	45	62	31
94	378	196	387	186	241	127	109	60
12	39	15	32	25	14	13	3	2
13	51	26	32	22	32	12	8	7
5	15	9	105	7	2	1	6	4
3	20	7	24	11	3	2	10	4
61	253	139	194	121	190	99	82	43
211	3922	781	1438	296	1331	455	608	107
191	2824	395	1068	232	877	255	502	101
5	17	4	29	9	19	8	4	1
11	819	354	229	33	111	29	43	3
4	262	28	112	22	324	163	59	2
293	778	217	609	227	264	83	399	74
176	610	146	469	178	182	54	361	66
3	30	5	25	3	11	6	7	1
17	69	30	60	22	22	8	8	2
4	8	2	3	1	1		1	
93	61	34	52	23	48	15	22	5
32	249	51	93	41	21	5	28	3
2	9	1	1	1	1		1	1
5	27	11	28	5	11	2	24	
25	213	39	64	35	9	3	3	2
130	191	137	156	121	85	54	112	89
15	53	34	25	22	41	36	17	13
114	114	88	128	96	37	16	93	75
1	24	15	3	3	7	2	2	1
141	406	182	278	147	156	64	174	66
13	13	9	22	16	17	5	2	
2	5	5	2		1	1	4	3
115	255	101	216	111	130	57	165	63
3	4		3					
7	121	61	28	15	8	1	1	
1	8	6	7	5			2	

1-32 续表 11

行业中类		张家界市		益阳市		郴州市
	有证照		有证照		有证照	
化学原料和化学制品制造业	61	37	19	73	40	228
基础化学原料制造	1			5	3	1
肥料制造	1	6	3			18
农药制造	6	4	3	13	12	11
涂料、油墨、颜料及类似产品制造	23	15	5	17	11	26
合成材料制造	1			12	2	10
专用化学产品制造	1			1		6
炸药、火工及焰火产品制造	25	9	7	18	9	150
日用化学产品制造	3	3	1	7	3	6
医药制造业	9	18	12	52	6	68
化学药品原料药制造		1		1	1	1
化学药品制剂制造	1	1				9
中药饮片加工	1	4	3	40		7
中成药生产	2			2	1	4
兽用药品制造	3	5	4	4	1	15
生物药品制造		4	3	3	1	24
卫生材料及医药用品制造	2	3	2	2	2	8
化学纤维制造业	4	1	1	4	1	4
纤维素纤维原料及纤维制造	4	1	1	3	1	4
合成纤维制造				1		
橡胶和塑料制品业	51	11	6	147	36	93
橡胶制品业	12	5	4	17		43
塑料制品业	39	6	2	130	36	50
非金属矿物制品业	328	683	112	1656	382	802
水泥、石灰和石膏制造	12	40	2	180	22	64
石膏、水泥制品及类似制品制造	153	164	21	686	139	82
砖瓦、石材等建筑材料制造	119	440	66	718	183	495
玻璃制造	9	10	8	7	4	24
玻璃制品制造	19	15	10	32	21	62
玻璃纤维和玻璃纤维增强塑料制品制造	3	2	2	6	4	3
陶瓷制品制造	10	9	3	14	5	57
耐火材料制品制造		2		4	1	7
石墨及其他非金属矿物制品制造	3	1		9	3	8
黑色金属冶炼和压延加工业	12	8	3	147	59	1
炼铁	2			46	10	
炼钢	1			41	22	
黑色金属铸造	2	4	1	20	12	1
钢压延加工	5	4	2	32	12	
铁合金冶炼	2			8	3	
有色金属冶炼和压延加工业	23	2	1	66	31	11
常用有色金属冶炼	2			3	2	
贵金属冶炼	1			13	2	1
稀有稀土金属冶炼				1		
有色金属合金制造	5			5	3	
有色金属铸造	2			6	3	1
有色金属压延加工	13	2	1	38	21	9
金属制品业	895	332	94	1814	620	1962
结构性金属制品制造	729	237	70	1358	437	1278
金属工具制造	34	22	2	125	43	147
集装箱及金属包装容器制造	4	1		1	1	9
金属丝绳及其制品制造	3			1		2

有证照	永州市	有证照	怀化市	有证照	娄底市	有证照	湘西州	有证照
67	154	83	140	98	37	26	28	16
	2	1	1	1				
14	6	3	16	11	2	1	8	6
7	21	14	31	22			1	1
19	54	25	46	32	13	8	13	6
3	12	6	1	1	1		1	
2	6	2	7	4	5	5		
21	48	30	27	18	8	7	1	1
1	5	2	11	9	8	5	4	2
26	85	43	363	32	25	18	29	21
1	2	1	3		2	2		
5	9	8	2	2	5	5	7	7
1	13	7	323	5	13	8	8	3
2	17	5	7	2			2	
8	25	10	8	6	3	2	3	2
3	10	9	11	11	1	1	9	9
6	9	3	9	6	1			
1	6	4	2	2			4	1
1	4	3	2	2			3	1
	2	1					1	
30	61	36	123	84	32	19	7	4
20	11	9	19	18	16	11	1	
10	50	27	104	66	16	8	6	4
280	1336	394	954	440	1123	333	1053	130
9	175	19	77	22	107	24	38	4
21	128	30	195	85	208	67	258	48
160	839	235	449	167	716	194	702	50
11	10	6	18	6	13	9	7	3
37	52	29	47	25	48	21	21	15
1	4	4	11	6	2	1		
34	113	65	149	125	26	16	25	10
4					1	1	1	
3	15	6	8	4	2		1	
	3		6	6			8	1
							7	
	2							
	1		6	6			1	1
4	2	2	4	1			3	2
1			2	1				
3	2	2	2				3	2
841	2253	1123	1064	536	1520	686	548	246
561	1753	907	654	366	1247	573	435	200
71	108	44	64	26	97	21	40	15
3	11	3	1	1	5	2	3	3
1	4		1	1	5	3		

1-32 续表 12

行业中类		张家界市		益阳市		郴州市
	有证照		有证照		有证照	
建筑、安全用金属制品制造	62	23	7	209	86	153
金属表面处理及热处理加工	8	7	2	40	16	97
搪瓷制品制造				1	1	5
金属制日用品制造	37	20	4	49	19	184
其他金属制品制造	18	22	9	30	17	87
通用设备制造业	161	38	10	421	137	269
锅炉及原动设备制造	11			5	2	5
金属加工机械制造	75	34	8	124	92	231
物料搬运设备制造				7	1	1
泵、阀门、压缩机及类似机械制造	1	3	1	1		4
轴承、齿轮和传动部件制造	3			3		7
烘炉、风机、衡器、包装等设备制造	2			46	5	5
文化、办公用机械制造	14			2	1	2
通用零部件制造	52	1	1	230	34	13
其他通用设备制造业	3			3	2	1
专用设备制造业	51	78	47	245	124	256
采矿、冶金、建筑专用设备制造	2	3	3	13	3	41
化工、木材、非金属加工专用设备制造	3	2	2	38	8	23
食品、饮料、烟草及饲料生产专用设备制造	3	46	31	90	82	33
印刷、制药、日化及日用品生产专用设备制造	13	3	3	55	9	63
纺织、服装和皮革加工专用设备制造	9	18	7	12	7	35
电子和电工机械专用设备制造	5			14	5	16
农、林、牧、渔专用机械制造	7	3	1	17	5	31
医疗仪器设备及器械制造	3			1		
环保、社会公共服务及其他专用设备制造	6	3		5	5	14
汽车制造业	12	19	9	34	9	41
汽车整车制造				3	1	
改装汽车制造		4	1	2		3
低速载货汽车制造	1					14
电车制造	4	1	1	1		1
汽车车身、挂车制造	1	1		2	1	2
汽车零部件及配件制造	6	13	7	26	7	21
铁路、船舶、航空航天和其他运输设备制造业	8	19	4	55	10	22
铁路运输设备制造						
城市轨道交通设备制造						1
船舶及相关装置制造	1			44	4	3
航空、航天器及设备制造						1
摩托车制造	2	1	1	4	2	3
自行车制造	2	1	1	5	4	10
非公路休闲车及零配件制造	2	5	2	2		4
潜水救捞及其他未列明运输设备制造	1	12				
电气机械和器材制造业	12	20	7	35	11	60
电机制造	1	4	3	1	1	8
输配电及控制设备制造	1	1	1	6	3	1
电线、电缆、光缆及电工器材制造	2	1		6	1	26
电池制造	1			2		1
家用电力器具制造	2	4	1	6	1	6
非电力家用器具制造	1	2	1	3	2	3
照明器具制造		2		5	1	8
其他电气机械及器材制造	4	6	1	6	2	7
计算机、通信和其他电子设备制造业	20	7	3	81	49	66
计算机制造	1	1		1	1	3
通信设备制造	7	1	1	2	1	23

有证照	永州市	有证照	怀化市	有证照	娄底市	有证照	湘西州	有证照
61	141	65	48	18	26	16	18	6
30	75	36	106	42	39	24	16	7
1	1				1	1		
78	102	42	125	49	100	46	26	12
35	58	26	65	33			10	3
108	282	119	262	132	287	132	105	44
2	8		4	4	5	2	1	1
89	237	103	206	90	207	76	95	40
	3		1		2			
3	8	6	20	16	4	2		
7	1		9	8	12	9	2	
4	8	2	5	4	5	5	2	2
	4	3	5	2	1	1	1	
3	10	5	9	5	44	33	3	1
	3		3	3	7	4	1	
74	311	136	286	185	87	33	102	58
8	31	2	6		13	6	3	2
5	49	13	71	47	13	1	9	4
13	56	39	76	59	7	6	28	17
20	45	29	44	34	10	5	25	19
7	69	32	52	26	14	9	20	8
5	15	4	10	6	11	1	5	3
4	27	10	10	6	10	3	4	
	4	4	4	3			2	2
12	15	3	13	4	9	2	6	3
18	140	67	80	50	15	4	20	8
	7	6	4		1			
1	44	3	2	2	2	1		
1	12	2					1	1
	1	1	4	3				
1	8	5	6	2	1		6	
15	68	50	64	43	11	3	13	7
15	13	11	51	34	42	23	3	1
1					33	20		
			15	6	2	1		
1								
2	2	2	8	5				
8	8	7	15	10	5	2	2	1
3	3	2	13	13	2		1	
40	74	37	117	80	20	10	42	32
6	2	2	7	3	1			
	4	2	2	1	4	2		
20	17	5	39	34	4	2	35	30
	3	3	1		2	1		
4	6	3	10	5	2	1	1	
1	4	2	1				2	1
5	14	9	39	24	3	2	2	
4	24	11	18	13	4	2	2	1
24	77	48	33	27	13	8	14	7
	1	1	2	2	2	2		
14	35	30	18	14	3	3	6	2

1-32 续表 13

行业中类		张家界市		益阳市		郴州市
	有证照		有证照		有证照	
广播电视设备制造						
雷达及配套设备制造						
视听设备制造	1	1	1	1		1
电子器件制造	3					14
电子元件制造	7			70	45	14
其他电子设备制造	1	4	1	7	2	11
仪器仪表制造业	9	12	10	8	2	15
通用仪器仪表制造				1		
专用仪器仪表制造				3		
钟表与计时仪器制造	2	1	1			5
光学仪器及眼镜制造	7	11	9	1	1	9
其他仪器仪表制造业				3	1	1
其他制造业	75	49	22	161	29	274
日用杂品制造	25	19	11	64	9	20
煤制品制造	32	24	10	78	12	207
核辐射加工				2		1
其他未列明制造业	18	6	1	17	8	46
废弃资源综合利用业	47	64	13	277	90	282
金属废料和碎屑加工处理	22	22	3	85	30	116
非金属废料和碎屑加工处理	25	42	10	192	60	166
金属制品、机械和设备修理业	134	102	24	449	154	472
金属制品修理	16	12	3	121	30	22
通用设备修理	16	6	3	39	8	24
专用设备修理	7	3	1	24	12	54
铁路、船舶、航空航天等运输设备修理	3			24	9	5
电气设备修理	11	39	6	83	31	91
仪器仪表修理	3	1		2	1	4
其他机械和设备修理业	78	41	11	156	63	272
电力、热力、燃气及水生产和供应业	**36**	**27**	**7**	**57**	**30**	**41**
电力、热力生产和供应业		4	2	12	6	3
电力生产		3	2	5	2	3
电力供应		1		6	3	
热力生产和供应				1	1	
燃气生产和供应业	11	4	1	24	18	1
燃气生产和供应业	11	4	1	24	18	1
水的生产和供应业	25	19	4	21	6	37
自来水生产和供应	25	17	4	17	6	30
污水处理及其再生利用		1		1		2
其他水的处理、利用与分配		1		3		5
建筑业	**1676**	**2378**	**92**	**72711**	**5037**	**13637**
房屋建筑业	595	1591	14	36382	2345	8140
房屋建筑业	595	1591	14	36382	2345	8140
土木工程建筑业	28	312	6	986	48	918
铁路、道路、隧道和桥梁工程建筑	4	19	1	319	17	62
水利和内河港口工程建筑	3			41	2	104
海洋工程建筑						1
工矿工程建筑		11	1	4		74
架线和管道工程建筑		4	1	19	2	60
其他土木工程建筑	21	278	3	603	27	617
建筑安装业	138	50	10	3824	507	562
电气安装	84	11	1	3029	309	167
管道和设备安装	25	17	7	155	51	54
其他建筑安装业	29	22	2	640	147	341

	永州市		怀化市		娄底市		湘西州	
有证照		有证照		有证照		有证照		有证照
	1		1	1				
	2	1	1	1	3	2	2	2
2	15	7	4	3	3	1	1	
3	13	3	4	4	2			
5	10	6	3	2			5	3
9	41	35	44	31	13	9	22	19
			1	1				
	3	1	3		1	1		
1	3	2	1		2		4	3
8	33	31	37	28	8	7	18	16
	2	1	2	2	2	1		
73	268	68	77	30	248	69	150	36
8	73	29	16	11	21	9	68	1
47	140	30	35	13	212	57	38	11
					1			
18	55	9	26	6	14	3	44	24
87	373	82	286	150	136	43	62	24
44	138	46	93	47	82	25	21	10
43	235	36	193	103	54	18	41	14
222	580	261	359	189	136	53	125	40
3	43	16	45	23	21	8	5	2
8	41	13	35	15	26	6	5	4
32	42	17	25	13	9	7	7	1
2	12	3	8	7			15	3
43	93	39	46	25	13	5	36	9
4	11	2	2	1	5	2	3	1
130	338	171	198	105	62	25	54	20
14	**75**	**29**	**46**	**25**	**21**	**5**	**20**	**11**
1			5	5				
1			5	5				
	1	1					10	8
	1	1					10	8
13	74	28	41	20	21	5	10	3
9	64	24	29	13	18	4	9	2
1			7	6	1			
3	10	4	5	1	2	1	1	1
734	**32129**	**1008**	**5569**	**518**	**17574**	**1379**	**3942**	**156**
212	24779	461	2875	25	8108	752	1468	30
212	24779	461	2875	25	8108	752	1468	30
40	922	57	556	27			516	14
1	160	24	33	12			16	3
3	95	15	11	7			2	
	4		2					
2	114	9	6	2			44	2
6	23	2	8	1			4	1
28	526	7	496	5			450	8
89	1154	127	311	51	544	78	323	32
32	401	17	197	13	200	39	234	
12	285	42	30	14	211	9	31	11
45	468	68	84	24	133	30	58	21

1-32 续表 14

行业中类		张家界市		益阳市		郴州市
	有证照		有证照		有证照	
建筑装饰和其他建筑业	915	425	62	31519	2137	4017
建筑装饰业	888	297	52	29516	1977	2776
工程准备活动	9	52	3	1404	126	763
提供施工设备服务	8	40	4	98	16	294
其他未列明建筑业	10	36	3	501	18	184
批发和零售业	**56467**	**27130**	**11611**	**117173**	**55481**	**108318**
批发业	8230	3523	1081	15811	5852	8637
农、林、牧产品批发	605	1389	233	4590	1115	2448
食品、饮料及烟草制品批发	1264	509	196	3251	1215	1577
纺织、服装及家庭用品批发	3416	111	58	1136	369	636
文化、体育用品及器材批发	183	25	16	390	192	119
医药及医疗器材批发	22	29	18	84	35	127
矿产品、建材及化工产品批发	1630	1039	326	4096	2220	1885
机械设备、五金产品及电子产品批发	568	133	97	488	297	638
贸易经纪与代理	46	37	29	54	24	42
其他批发业	496	251	108	1722	385	1165
零售业	48237	23607	10530	101362	49629	99681
综合零售	14397	5596	2495	22418	13110	20498
食品、饮料及烟草制品专门零售	8881	6353	2533	31507	11309	26181
纺织、服装及日用品专门零售	11060	4549	2171	18194	10358	20216
文化、体育用品及器材专门零售	1418	624	297	4359	2811	1805
医药及医疗器材专门零售	723	569	390	1674	1062	1437
汽车、摩托车、燃料及零配件专门零售	946	467	284	1458	879	1754
家用电器及电子产品专门零售	2083	810	563	3160	2175	3796
五金、家具及室内装饰材料专门零售	5792	2455	1414	7706	4615	9094
货摊、无店铺及其他零售业	2937	2184	383	10886	3310	14900
交通运输、仓储和邮政业	**23792**	**11075**	**13018**	**36511**	**38696**	**36250**
铁路运输业	4	11	2	1	1	
铁路旅客运输		3	1			
铁路货物运输		3		1	1	
铁路运输辅助活动	4	5	1			
道路运输业	23443	12946	12946	37772	37772	35033
城市公共交通运输						
公路旅客运输	6533	3027	3027	7841	7841	1760
道路货物运输	16910	9919	9919	29931	29931	33273
道路运输辅助活动						
水上运输业	72	63	9	147	79	905
水上旅客运输	39	30	1	106	61	88
水上货物运输	30	16		33	17	782
水上运输辅助活动	3	17	8	8	1	35
航空运输业	2	4	1	3	1	
航空客货运输		2		3	1	
通用航空服务		1	1			
航空运输辅助活动	2	1				
管道运输业				2		
管道运输业				2		
装卸搬运和运输代理业	141	953	27	4984	603	857
装卸搬运	53	864	11	3559	475	564
运输代理业	88	89	16	1425	128	293
仓储业	45	47	12	1159	112	1051
谷物、棉花等农产品仓储	30	15	8	112	62	115
其他仓储业	15	32	4	1047	50	936
邮政业	85	78	21	284	128	164
邮政基本服务	17	4		20	10	
快递服务	68	74	21	264	118	164

有证照	永州市	有证照	怀化市	有证照	娄底市	有证照	湘西州	有证照
393	5274	363	1827	415	8922	549	1635	80
310	4042	339	1180	354	7298	525	1268	67
64	572	9	287		1341	11	35	
8	260	8	39	3	92	10	294	11
11	400	7	321	58	191	3	38	2
53245	**99817**	**42214**	**87588**	**42128**	**83676**	**47964**	**66522**	**22072**
3913	7643	3391	10728	4824	6711	4046	5545	2562
465	2292	572	3064	517	2107	1313	1678	380
789	1183	543	1428	796	1291	807	823	395
462	801	516	2015	745	239	161	783	472
82	75	39	280	190	43	25	40	32
118	51	27	73	34	19	14	139	9
995	1881	1034	1860	1324	1785	1068	1137	762
505	415	306	596	455	358	258	355	271
33	19	6	19	16	91	59	53	6
464	926	348	1393	747	778	341	537	235
49332	92174	38823	76860	37304	76965	43918	60977	19510
10468	15237	7497	18326	9335	17663	11743	11488	4391
11308	29652	9312	19596	8097	21975	10558	21351	4843
12343	13225	7912	13381	7936	16392	9610	10765	4482
1148	1169	823	1208	828	1779	1137	2713	1094
1069	1669	1246	1775	1341	1458	1147	776	553
1255	1731	1243	1646	1168	1166	811	742	525
2778	3243	2513	2906	2247	2794	1898	1477	1104
5884	9926	6578	7160	5006	9145	6304	3057	1988
3079	16322	1699	10862	1346	4593	710	8608	530
35292	**17481**	**22221**	**19347**	**23306**	**46029**	**45153**	**19493**	**23397**
					13	1	1	1
					1		1	1
					2	1		
					10			
35033	21884	21884	22806	22806	44179	44179	23203	23203
1760	6873	6873	5733	5733	5348	5348	5277	5277
33273	15011	15011	17073	17073	38831	38831	17926	17926
31	328	136	589	267	52		153	41
14	197	110	421	242	40		103	29
13	111	24	109	17	11		44	11
4	20	2	59	8	1		6	1
					4	1		
					4	1		
91	1052	83	280	63	276	62	788	34
8	671	11	124	1	158	23	350	23
83	381	72	156	62	118	39	438	11
75	799	42	378	28	6404	717	471	51
49	68	19	40	22	161	8	23	4
26	731	23	338	6	6243	709	448	47
62	291	76	1027	142	449	193	154	67
							2	
62	291	76	1027	142	449	193	152	67

1-32 续表 15

行业中类	有证照	张家界市	有证照	益阳市	有证照	郴州市
住宿和餐饮业	**9351**	**5405**	**1670**	**20931**	**7921**	**15125**
住宿业	1196	1194	314	4836	1337	2600
旅游饭店	34	63	38	53	20	100
一般旅馆	900	568	162	3373	1131	1761
其他住宿业	262	563	114	1410	186	739
餐饮业	8155	4211	1356	16095	6584	12525
正餐服务	3092	937	430	4236	2208	3018
快餐服务	1775	665	211	6276	2273	2725
饮料及冷饮服务	684	189	47	971	294	469
其他餐饮业	2604	2420	668	4612	1809	6313
信息传输、软件和信息技术服务业	**1663**	**356**	**247**	**1196**	**658**	**790**
电信、广播电视和卫星传输服务	703	233	160	899	508	507
电信	637	226	156	863	491	494
广播电视传输服务	52	4	3	35	16	11
卫星传输服务	14	3	1	1	1	2
互联网和相关服务	108	82	57	99	64	191
互联网接入及相关服务	18	9	6	46	33	41
互联网信息服务	40	39	25	31	22	101
其他互联网服务	50	34	26	22	9	49
软件和信息技术服务业	852	41	30	198	86	92
软件开发	178	1		79	4	7
信息系统集成服务	402	2	2	29	16	5
信息技术咨询服务	199	5	3	17	14	13
数据处理和存储服务	14			22	15	15
集成电路设计	8	1	1	3	3	2
其他信息技术服务业	51	32	24	48	34	50
金融业						
房地产业	**93**	**7**	**3**	**8474**	**1539**	**2666**
房地产业	93	7	3	8474	1539	2666
房地产开发经营						
物业管理						
房地产中介服务	93	7	3	8474	1539	2666
自有房地产经营活动						
其他房地产业						
租赁和商务服务业	**1255**	**5296**	**196**	**5562**	**1092**	**5079**
租赁业	111	106	28	3888	499	3862
机械设备租赁	62	78	16	3363	422	1986
文化及日用品出租	49	28	12	525	77	1876
商务服务业	1144	5190	168	1674	593	1217
企业管理服务	1	1	1	1		3
法律服务	10	4	2	12	7	17
咨询与调查	13	1		13	6	16
广告业	288	169	99	378	257	481
知识产权服务						
人力资源服务	12	7		45	11	20
旅行社及相关服务	10	4924	21	83	9	29
安全保护服务	9			62	7	38
其他商务服务业	801	84	45	1080	296	613
科学研究和技术服务业	**457**	**124**	**55**	**1221**	**558**	**484**
研究和试验发展	2					
自然科学研究和试验发展	1					

有证照	永州市	有证照	怀化市	有证照	娄底市	有证照	湘西州	有证照
10153	**12466**	**6247**	**13344**	**6968**	**11593**	**5486**	**11468**	**4636**
765	2357	829	1383	859	3511	1140	1549	1149
68	90	58	133	89	106	43	69	36
399	1389	499	749	503	1164	323	1120	896
298	878	272	501	267	2241	774	360	217
9388	10109	5418	11961	6109	8082	4346	9919	3487
2507	2637	1677	1679	1098	1783	1125	1656	1087
2152	2056	1179	3572	1833	2162	1209	1594	575
286	288	160	402	214	218	142	310	211
4443	5128	2402	6308	2964	3919	1870	6359	1614
523	**992**	**719**	**854**	**617**	**972**	**650**	**810**	**498**
340	664	479	499	381	567	407	491	321
335	625	466	483	372	560	406	482	317
5	39	13	13	8	4		4	2
			3	1	3	1	5	2
118	217	169	237	165	307	222	216	153
24	28	22	42	29	23	16	34	27
60	92	68	112	82	262	195	118	84
34	97	79	83	54	22	11	64	42
65	111	71	118	71	98	21	103	24
1	3	2	9	3	2	1	7	5
5	10	5	5	3	71		30	2
7	18	17	17	13	8	6	3	
11	9	8	5	2	1	1	3	2
2	4	1	2	1			1	
39	67	38	80	49	16	13	59	15
63	**5881**	**159**	**55**	**32**	**1205**	**33**	**439**	**20**
63	5881	159	55	32	1205	33	439	20
63	5881	159	55	32	1205	33	439	20
693	**6033**	**994**	**1642**	**626**	**3112**	**1349**	**2261**	**493**
111	5099	442	899	118	2135	732	1733	130
68	4940	405	813	66	1972	681	1645	85
43	159	37	86	52	163	51	88	45
582	934	552	743	508	977	617	528	363
1	2	1	2		3		3	2
9	10	4	2	2	4	1	2	1
7	20	13	9	2	3	1	3	3
380	338	261	369	271	341	218	239	189
					1	1		
	56	17	7	2	18	6	34	20
16	42	29	32	24	6	6	25	19
3	19	5	2	2	4		10	2
166	447	222	320	205	597	384	212	127
225	**422**	**186**	**231**	**166**	**345**	**198**	**1747**	**745**
							11	

1-32 续表 16

行业中类	有证照	张家界市	有证照	益阳市	有证照	郴州市
工程和技术研究和试验发展	1					
农业科学研究和试验发展						
医学研究和试验发展						
社会人文科学研究						
专业技术服务业	429	113	50	954	366	351
气象服务				1	1	1
地震服务						
海洋服务	1					
测绘服务		1	1			3
质检技术服务		1		2	1	25
环境与生态监测						1
地质勘查	1	1	1			
工程技术	2	4		467	109	4
其他专业技术服务业	425	106	48	484	255	317
科技推广和应用服务业	26	11	5	267	192	133
技术推广服务	22	6	2	264	190	128
科技中介服务	1	1				1
其他科技推广和应用服务业	3	4	3	3	2	4
水利、环境和公共设施管理业	**2**	**9**	**2**	**53**	**8**	**19**
水利管理业	1	7	1	5	1	19
防洪除涝设施管理						
水资源管理				1	1	3
天然水收集与分配	1	7	1			8
水文服务				1		6
其他水利管理业				3		2
生态保护和环境治理业				19		
生态保护				19		
环境治理业						
公共设施管理业	1	2	1	29	7	
市政设施管理				3		
环境卫生管理		1		9	2	
城乡市容管理				1		
绿化管理	1	1	1	16	5	
公园和游览景区管理						
居民服务、修理和其他服务业	**8071**	**4247**	**1201**	**27976**	**6737**	**20028**
居民服务业	4532	2209	625	19016	3575	12903
家庭服务	102	36	12	894	147	1855
托儿所服务	17	19	6	37	16	68
洗染服务	215	95	36	203	104	224
理发及美容服务	2666	1225	371	4801	2223	4120
洗浴服务	204	44	21	108	70	148
保健服务	382	165	68	332	196	546
婚姻服务	133	51	17	291	91	116
殡葬服务	99	51	6	1172	124	305
其他居民服务业	714	523	88	11178	604	5521
机动车、电子产品和日用产品修理业	3278	1442	462	7960	2970	6351
汽车、摩托车修理与维护	2025	1067	342	4554	1842	4428
计算机和办公设备维修	229	70	28	254	131	409
家用电器修理	620	209	75	1595	624	924
其他日用产品修理业	404	96	17	1557	373	590
其他服务业	261	596	114	1000	192	774
清洁服务	115	170	22	454	74	330
其他未列明服务业	146	426	92	546	118	444

有证照	永州市	有证照	怀化市	有证照	娄底市	有证照	湘西州	有证照
							11	
211	310	162	201	151	291	188	1189	728
2	1	1	3	1	1	1		
23	9	3	1	1	1	1		
1								
	2				11		2	
	17	1	4		6	2	4	
185	281	157	193	149	272	184	1183	728
14	112	24	30	15	54	10	547	17
10	79	13	18	9	51	7	540	12
	23	7	4	2	1	1	2	2
4	10	4	8	4	2	2	5	3
5	**19**	**6**	**24**	**6**	**8**	**4**	**16**	**4**
5	19	6	24	6	8	4	12	1
			1		1			
1			2		1		1	
4	15	5	8	1	5	3	11	1
	2		13	5	1	1		
	2	1						
							2	2
							2	2
							2	1
							1	1
							1	
6890	**17000**	**6245**	**16494**	**7705**	**15947**	**6772**	**8178**	**2500**
3452	9990	3267	11601	5188	10629	4319	4744	1355
52	304	22	161	57	449	19	132	40
30	36	16	15	2	14	4	13	6
141	201	124	242	158	251	143	181	76
2138	3658	2064	3668	2048	3484	2020	2082	779
97	125	81	118	57	89	62	97	37
292	362	242	409	231	431	240	147	67
74	115	82	134	90	161	109	68	42
101	363	67	239	117	536	90	206	49
527	4826	569	6615	2428	5214	1632	1818	259
3206	5645	2698	4131	2188	4751	2357	2536	1021
2299	3765	1903	2879	1509	3411	1720	1537	678
239	344	183	212	115	260	133	177	93
470	1042	497	738	442	723	361	433	176
198	494	115	302	122	357	143	389	74
232	1365	280	762	329	567	96	898	124
91	856	153	297	120	237	55	250	75
141	509	127	465	209	330	41	648	49

1-32 续表 17

行业中类		张家界市		益阳市		郴州市
	有证照		有证照		有证照	
教育	**235**	**246**	**68**	**554**	**225**	**558**
教育	235	246	68	554	225	558
学前教育	92	58	28	203	107	246
初等教育	12	3	3	5	2	4
中等教育	11			4	2	10
高等教育	18			8	4	
特殊教育	10	1		2		
技能培训、教育辅助及其他教育	92	184	37	332	110	298
卫生和社会工作	**1359**	**241**	**140**	**1727**	**1237**	**1651**
卫生	1347	236	138	1719	1237	1650
医院	52	11	6	41	31	17
社区医疗与卫生院	295	100	53	351	310	918
门诊部(所)	902	103	74	1244	832	610
计划生育技术服务活动	1					
妇幼保健院(所、站)	3			5	4	2
专科疾病防治院(所、站)	14	4		7	5	16
疾病预防控制中心	2			5	5	
其他卫生活动	78	18	5	66	50	87
社会工作	12	5	2	8		1
提供住宿社会工作	7	2	2	2		1
不提供住宿社会工作	5	3		6		
文化、体育和娱乐业	**717**	**991**	**144**	**7718**	**2243**	**2031**
新闻和出版业	12	4	1	5	4	6
新闻业	2	1		1		1
出版业	10	3	1	4	4	5
广播、电视、电影和影视录音制作业	6	7	2	16	12	15
广播		1				1
电视	1			3	1	2
电影和影视节目制作		2	2	7	6	7
电影和影视节目发行						
电影放映	1	3		4	3	4
录音制作	4	1		2	2	1
文化艺术业	49	209	12	964	124	184
文艺创作与表演	12	45	1	325	41	42
艺术表演场馆	2	1		2	1	
图书馆与档案馆	4	2	1	20	3	4
文物及非物质文化遗产保护		54		4	1	1
博物馆						
烈士陵园、纪念馆						1
群众文化活动	6	52		233	28	79
其他文化艺术业	25	55	10	380	50	57
体育	13	91	16	192	18	100
体育组织		1	1	1		2
体育场馆						1
休闲健身活动	13	87	15	190	18	96
其他体育		3		1		1
娱乐业	637	680	113	6541	2085	1726
室内娱乐活动	597	558	100	6170	2007	1572
游乐园	6	7	1	37	6	28
彩票活动						
文化、娱乐、体育经纪代理	6	13	5	23	12	12
其他娱乐业	28	102	7	311	60	114
公共管理、社会保障和社会组织						

有证照	永州市	有证照	怀化市	有证照	娄底市	有证照	湘西州	有证照
148	**716**	**315**	**209**	**78**	**288**	**105**	**132**	**47**
148	716	315	209	78	288	105	132	47
77	462	211	88	48	85	33	40	21
1	5	1	2	1	4	1	4	
6	6	6	8	7	1		1	
	2	1			24	14		
	2	1	2		1		2	
64	239	95	109	22	173	57	85	26
1490	**1384**	**868**	**1034**	**721**	**1004**	**742**	**490**	**325**
1489	1370	864	1025	719	991	741	481	320
15	68	42	17	12	42	37	15	9
819	811	504	478	337	255	202	130	85
565	412	286	452	332	626	464	310	213
	1		1	1	2	2		
2	1	1	3	2				
13	17	12	6	1	34	21	3	2
	2				1			
75	58	19	68	34	31	15	23	11
1	14	4	9	2	13	1	9	5
1	13	4	5	2	12	1	7	4
	1		4		1		2	1
373	**1983**	**516**	**3370**	**602**	**1497**	**444**	**1248**	**363**
2	2		6		2	1	2	2
					1			
2	2		6		1	1	2	2
10	24	8	16	5	27	15	20	6
1			1					
1	3		3	1	2		1	
6	6	3	3		3		8	1
			1				1	
1	13	5	3	1	21	15	5	1
1	2		5	3	1		5	4
47	426	87	249	41	267	42	104	28
10	127	4	11	2	26	4	2	
			1		1		1	1
3	15	8	4	2	25	5	5	4
			64		10			
1			1					
3	119	33	113	2	173	24	60	2
30	165	42	55	35	32	9	36	21
34	64	30	94	22	82	29	67	18
			1					
1	1		1		3	1	1	1
33	62	29	90	21	74	27	66	17
	1	1	2	1	5	1		
280	1467	391	3005	534	1119	357	1055	309
243	1253	349	2717	447	909	328	901	276
5	16	13	19	4	9	4	4	1
8	6	3	15	6	17	4	16	6
24	192	26	254	77	184	21	134	26

1-33 各省市按登记注册

登记注册类型	北京	天津	河北	山西	内蒙	辽宁	吉林
合计(万个)	**59.20**	**19.64**	**30.73**	**11.95**	**9.98**	**32.97**	**8.29**
一、 内资企业	57.90	18.98	30.51	11.91	9.94	32.19	8.20
国有企业	0.70	0.35	0.44	0.44	0.22	0.64	0.31
集体企业	1.10	0.40	0.63	0.38	0.09	1.07	0.27
股份合作企业	1.40	0.08	0.18	0.03	0.06	0.23	0.05
联营企业	0.10	0.10	0.04	0.02	0.02	0.06	0.02
有限责任公司	14.90	4.56	7.21	1.69	2.93	6.57	1.04
股份有限公司	0.50	0.26	0.54	0.18	0.25	0.67	0.23
私营企业	38.90	11.98	19.41	8.74	5.46	21.17	6.02
其他企业	0.30	1.24	2.04	0.42	0.92	1.78	2.56
二、 港、澳、台商投资企业	0.50	0.18	0.08	0.02	0.02	0.20	0.02
三、 外商投资企业	0.80	0.48	0.15	0.03	0.03	0.58	0.07

1-33 续表

登记注册类型	湖北	湖南	广东	广西	海南	重庆
合计(万个)	**30.63**	**26.17**	**89.96**	**14.92**	**3.32**	**20.58**
一、 内资企业	30.40	26.01	85.01	14.78	3.27	20.44
国有企业	0.48	0.34	0.87	0.33	0.11	0.19
集体企业	0.37	0.35	1.46	0.35	0.06	0.20
股份合作企业	0.13	0.08	0.74	0.04	0.03	0.10
联营企业	0.06	0.05	0.47	0.02	0.01	0.03
有限责任公司	7.42	4.15	20.05	2.64	1.15	3.16
股份有限公司	0.48	0.64	1.25	0.38	0.08	0.27
私营企业	18.49	18.35	55.87	10.43	1.70	15.22
其他企业	2.98	2.05	4.28	0.58	0.15	1.27
二、 港、澳、台商投资企业	0.11	0.09	3.52	0.08	0.03	0.06
三、 外商投资企业	0.12	0.08	1.44	0.07	0.02	0.08

类型分组的企业法人单位数

黑龙江	上海	江苏	浙江	安徽	福建	江西	山东	河南
10.86	**38.60**	**91.00**	**83.30**	**26.57**	**28.42**	**15.12**	**61.70**	**31.91**
10.78	35.80	88.00	81.20	26.36	27.28	14.93	60.50	31.79
0.40	0.20	0.60	0.30	0.48	0.44	0.44	0.70	0.51
0.24	0.50	1.00	1.00	0.36	0.46	0.24	0.80	0.50
0.14	0.20	0.30	1.20	0.17	0.15	0.21	0.20	0.18
0.03	0.10	0.20	…	0.09	0.06	0.06	0.10	0.17
3.30	2.60	7.50	4.30	4.66	6.06	3.07	8.10	9.02
0.35	0.20	1.10	0.40	0.49	0.50	0.45	0.80	0.76
5.04	31.80	74.60	72.30	18.16	17.66	8.91	44.70	15.09
1.29	0.20	2.80	1.70	1.94	1.96	1.54	5.20	5.56
0.03	1.00	1.20	1.00	0.09	0.74	0.11	0.30	0.06
0.05	1.80	1.80	1.10	0.13	0.40	0.07	0.90	0.06

四川	贵州	云南	西藏	陕西	甘肃	青海	宁夏	新疆
19.91	**9.41**	**11.96**	**0.73**	**14.94**	**6.75**	**1.74**	**2.70**	**7.89**
19.73	9.38	11.86	0.72	14.85	6.72	1.73	2.69	7.85
0.36	0.26	0.28	0.05	0.43	0.19	0.08	0.05	0.29
0.35	0.13	0.27	0.02	0.40	0.16	0.03	0.02	0.07
0.17	0.08	0.09	0.00	0.06	0.06	0.01	0.01	0.03
0.05	0.04	0.04	0.01	0.05	0.01	0.00	0.00	0.02
5.86	2.96	3.10	0.11	6.08	1.76	0.28	0.46	1.84
0.49	0.18	0.28	0.02	0.31	0.19	0.04	0.04	0.12
11.36	5.19	7.00	0.44	6.95	3.39	1.18	1.90	5.07
1.09	0.55	0.81	0.07	0.56	0.95	0.11	0.20	0.42
0.07	0.02	0.04	0.00	0.03	0.01	0.00	0.00	0.01
0.11	0.02	0.05	0.00	0.06	0.01	0.01	0.01	0.02

1-34 各省市按行业(门类)

行业门类	北京	天津	河北	山西	内蒙	辽宁
合计(万个)	**63.10**	**21.43**	**43.61**	**20.60**	**15.88**	**41.84**
农、林、牧、渔业			0.96	0.50	0.74	0.96
采矿业		0.01	0.66	0.56	0.47	0.54
制造业	3.30	4.47	9.36	2.16	1.54	8.30
电力、热力、燃气及水生产和供应业	0.10	0.05	0.18	0.12	0.16	0.19
建筑业	1.80	0.92	1.40	0.62	0.42	1.97
批发和零售业	19.10	6.61	11.12	4.54	3.90	11.58
交通运输、仓储和邮政业	1.40	1.04	0.96	0.52	0.45	1.22
住宿和餐饮业	1.60	0.30	0.45	0.34	0.28	0.65
信息传输、软件和信息技术服务业	4.80	0.78	0.42	0.17	0.19	0.87
金融业	0.40	0.29	0.12	0.08	0.09	0.29
房地产业	1.80	0.58	1.38	0.67	0.60	1.53
租赁和商务服务业	13.50	2.34	2.44	1.21	1.04	3.27
科学研究和技术服务业	7.10	1.45	1.37	0.69	0.55	1.79
水利、环境和公共设施管理业	0.40	0.14	0.32	0.26	0.21	0.37
居民服务、修理和其他服务业	1.90	0.58	0.63	0.28	0.26	0.75
教育	1.10	0.38	1.98	1.01	0.65	1.33
卫生和社会工作	0.40	0.15	0.94	0.53	0.48	1.20
文化、体育和娱乐业	2.70	0.25	0.74	0.56	0.31	0.80
公共管理、社会保障和社会组织	1.70	1.02	8.18	5.77	3.53	4.23
国际组织						

1-34 续表

行业门类	湖北	湖南	广东	广西	海南	重庆
合计(万个)	**42.55**	**40.41**	**107.26**	**23.76**	**4.59**	**25.53**
农、林、牧、渔业	0.78	0.70	0.86	0.34	0.08	0.30
采矿业	0.37	0.71	0.28	0.30	0.02	0.22
制造业	6.03	5.99	30.09	2.42	0.27	4.26
电力、热力、燃气及水生产和供应业	0.30	0.53	0.84	0.26	0.03	0.19
建筑业	1.64	0.82	2.39	0.47	0.32	0.71
批发和零售业	11.96	9.14	29.11	6.43	1.09	8.06
交通运输、仓储和邮政业	1.01	0.64	2.67	0.51	0.11	0.50
住宿和餐饮业	1.02	0.92	1.86	0.35	0.14	1.24
信息传输、软件和信息技术服务业	0.77	0.57	2.71	0.25	0.09	0.58
金融业	0.11	0.11	0.23	0.07	0.03	0.04
房地产业	1.57	1.14	4.17	0.84	0.42	0.87
租赁和商务服务业	3.04	2.42	13.19	1.86	0.45	2.05
科学研究和技术服务业	2.02	1.35	3.60	1.04	0.15	0.69
水利、环境和公共设施管理业	0.48	0.39	0.55	0.28	0.04	0.17
居民服务、修理和其他服务业	0.94	0.78	1.76	0.35	0.08	0.76
教育	1.78	2.17	3.61	1.83	0.31	1.01
卫生和社会工作	1.14	1.60	1.04	0.54	0.11	0.53
文化、体育和娱乐业	1.01	1.45	1.47	0.67	0.13	0.57
公共管理、社会保障和社会组织	6.56	8.97	6.82	4.94	0.73	2.75
国际组织						

分组的法人单位数

吉林	黑龙江	上海	江苏	浙江	安徽	福建	江西	山东	河南
13.09	**17.42**	**41.10**	**104.90**	**96.40**	**35.32**	**37.48**	**24.21**	**82.60**	**51.19**
0.76	1.09		1.30	0.40	1.20	0.25	0.41	1.30	1.07
0.12	0.19		0.10	0.10	0.24	0.22	0.36	0.40	0.57
1.93	2.45	7.96	34.70	36.50	7.15	8.61	4.42	18.30	10.03
0.11	0.14	0.02	0.20	0.40	0.24	0.61	0.38	0.20	0.22
0.49	0.61	1.60	4.30	2.30	1.61	1.01	0.71	3.00	1.28
2.81	4.00	14.60	29.90	25.40	8.23	9.75	4.45	23.60	9.99
0.32	0.43	1.50	2.60	1.70	1.02	0.90	0.81	2.20	0.94
0.16	0.27	1.30	1.10	1.40	0.59	0.64	0.33	1.20	1.11
0.24	0.27	1.40	2.10	1.70	0.61	0.66	0.25	1.00	0.48
0.06	0.09	0.20	0.20	0.20	0.28	0.10	0.07	0.20	0.14
0.44	0.60	1.50	2.90	2.40	1.25	1.00	0.73	2.20	1.44
0.82	0.98	5.10	7.80	7.40	2.85	2.90	1.56	5.00	2.29
0.46	0.59	1.70	4.00	2.50	1.26	1.21	0.69	4.10	2.41
0.13	0.17	0.20	0.80	0.60	0.30	0.30	0.24	0.50	0.40
0.29	0.27	1.20	1.50	1.20	0.55	0.60	0.39	1.20	0.69
0.56	0.77	0.60	1.80	2.10	1.42	1.40	1.35	2.40	4.01
0.35	0.26	0.30	1.40	0.70	0.86	0.75	0.98	1.90	3.40
0.27	0.40	0.60	1.50	1.50	0.89	0.72	0.51	1.20	1.30
2.76	3.55	1.30	6.60	7.90	4.77	5.84	5.57	12.80	9.40

四川	贵州	云南	西藏	陕西	甘肃	青海	宁夏	新疆
37.48	**14.71**	**19.17**	**2.12**	**24.41**	**13.09**	**3.45**	**4.33**	**13.54**
0.45	0.11	0.45	0.00	0.20	0.19	0.05	0.11	0.47
0.47	0.56	0.57	0.02	0.33	0.18	0.07	0.07	0.23
4.83	2.17	1.72	0.10	2.83	1.27	0.30	0.50	1.24
0.57	0.16	0.23	0.01	0.18	0.14	0.04	0.03	0.11
0.98	0.36	0.78	0.21	1.05	0.28	0.12	0.13	0.29
5.67	2.84	4.18	0.19	5.53	2.58	0.53	1.10	3.15
0.79	0.27	0.40	0.03	0.49	0.25	0.07	0.10	0.43
0.78	0.41	0.36	0.05	0.59	0.25	0.07	0.07	0.12
0.51	0.14	0.34	0.01	0.37	0.10	0.04	0.04	0.15
0.14	0.06	0.10	0.01	0.08	0.07	0.02	0.03	0.07
1.09	0.56	0.75	0.02	0.82	0.38	0.11	0.14	0.50
2.52	0.91	1.43	0.10	1.31	0.60	0.21	0.26	0.88
1.58	0.39	0.75	0.04	0.92	0.37	0.13	0.12	0.49
0.35	0.12	0.23	0.01	0.27	0.12	0.04	0.04	0.11
0.53	0.34	0.31	0.01	0.42	0.18	0.05	0.07	0.19
2.35	0.99	0.99	0.08	1.49	0.94	0.17	0.19	0.63
1.76	0.40	0.52	0.03	1.47	0.39	0.11	0.09	0.32
1.28	0.29	0.54	0.04	0.56	0.33	0.09	0.11	0.29
10.85	3.65	4.51	1.17	5.49	4.46	1.23	1.14	3.85

1-35 各省市按行业(门类)

行业门类	北京	天津	河北	山西	内蒙	辽宁	吉林
合计(万人)	**1111.30**	**567.97**	**1345.67**	**756.98**	**549.75**	**1252.48**	**487.30**
农、林、牧、渔业		0.72	14.68	6.04	19.98	14.06	18.41
采矿业	6.90	7.69	54.35	126.59	49.03	58.52	22.61
制造业	138.50	218.42	493.98	158.39	108.80	433.05	155.83
电力、热力、燃气及水生产和供应业	9.30	5.11	22.64	11.52	19.15	20.69	15.32
建筑业	65.50	58.16	142.50	71.79	47.74	212.92	53.77
批发和零售业	147.80	65.24	128.80	69.19	52.26	104.24	37.61
交通运输、仓储和邮政业	68.60	25.00	38.07	31.94	27.31	61.26	13.48
住宿和餐饮业	50.60	11.69	17.87	17.39	11.34	15.75	5.65
信息传输、软件和信息技术服务业	93.00	11.71	11.10	7.68	6.56	18.18	9.08
金融业	43.30	9.12	31.52	5.69	4.83	21.39	4.80
房地产业	56.40	16.63	30.94	15.91	15.19	31.24	10.06
租赁和商务服务业	141.70	29.97	36.12	20.46	19.48	39.48	10.96
科学研究和技术服务业	95.20	26.71	29.86	13.93	11.79	25.43	8.73
水利、环境和公共设施管理业	12.90	4.91	12.03	9.86	9.32	13.28	5.87
居民服务、修理和其他服务业	21.50	16.86	8.39	5.19	4.55	8.00	3.83
教育	53.10	19.70	87.61	59.55	38.19	55.84	33.94
卫生和社会工作	27.80	10.79	39.92	22.63	17.54	32.79	19.07
文化、体育和娱乐业	27.60	4.50	10.22	7.99	5.31	9.13	4.50
公共管理、社会保障和社会组织、国际组织	51.80	25.04	135.07	95.23	81.38	77.24	53.77

1-35 续表

行业门类	湖北	湖南	广东	广西	海南	重庆
合计(万人)	**1313.13**	**1354.16**	**3947.17**	**672.11**	**135.46**	**874.77**
农、林、牧、渔业	12.48	14.82	9.96	8.17	7.58	5.84
采矿业	24.07	47.97	9.88	12.14	1.14	25.31
制造业	416.64	394.49	2058.98	191.84	15.47	234.48
电力、热力、燃气及水生产和供应业	20.79	24.36	37.75	17.61	2.63	10.42
建筑业	221.65	222.42	248.02	87.70	10.54	205.38
批发和零售业	145.89	148.25	349.49	59.44	14.04	93.22
交通运输、仓储和邮政业	51.09	30.61	133.98	28.15	6.54	41.84
住宿和餐饮业	29.57	29.49	85.31	12.49	9.34	23.81
信息传输、软件和信息技术服务业	15.69	12.94	70.63	6.17	2.25	11.26
金融业	5.72	6.24	51.52	3.65	0.65	3.46
房地产业	36.22	32.11	116.53	19.65	10.56	29.65
租赁和商务服务业	38.09	40.83	191.65	25.11	5.81	37.15
科学研究和技术服务业	37.24	29.33	68.19	14.01	3.40	13.72
水利、环境和公共设施管理业	14.72	12.69	20.60	9.13	2.71	5.90
居民服务、修理和其他服务业	12.00	13.88	37.65	4.18	1.18	10.30
教育	77.47	88.86	162.55	64.98	14.96	45.14
卫生和社会工作	41.69	43.77	67.12	29.36	5.83	20.58
文化、体育和娱乐业	12.23	19.11	26.73	6.45	2.63	6.88
公共管理、社会保障和社会组织国际组织	99.87	141.98	200.61	71.85	18.20	50.43

分组的法人单位从业人员数

黑龙江	上海	江苏	浙江	安徽	福建	江西	山东	河南
651.22	**1224.60**	**3648.10**	**2805.40**	**1144.72**	**1382.44**	**953.70**	**2867.90**	**1972.70**
72.11		19.20	3.20	16.20	4.24	9.30	23.30	20.91
59.50	0.04	16.00	3.50	41.80	11.74	27.20	96.20	92.20
140.19	364.87	1606.50	1195.50	370.09	562.40	345.10	1185.30	734.57
19.35	4.63	18.40	17.30	14.02	14.05	18.50	29.70	27.17
50.19	111.00	840.00	765.90	218.66	311.06	150.20	343.70	271.35
52.63	194.80	317.20	202.10	92.12	111.60	76.90	346.20	158.62
36.40	87.80	86.40	53.30	43.04	35.42	47.10	98.90	66.48
7.38	46.70	44.80	41.50	19.10	23.67	12.10	41.00	32.70
7.62	44.50	54.80	30.10	10.72	15.43	7.50	28.00	13.97
4.77	32.90	46.40	13.40	20.14	8.89	4.00	12.10	8.92
12.74	48.20	68.70	46.00	27.92	26.75	18.00	58.50	37.08
18.42	112.70	107.50	95.40	31.00	37.18	24.40	77.20	36.02
9.93	43.10	68.70	36.10	19.74	20.06	14.50	74.60	54.25
7.43	11.40	22.10	17.60	8.39	7.85	7.30	17.10	16.79
4.05	20.60	20.10	15.60	7.00	8.51	6.30	17.20	10.79
45.14	36.30	109.90	88.10	74.83	59.55	58.80	128.00	134.15
24.93	23.70	57.50	45.30	34.97	21.87	26.70	70.10	64.69
5.22	10.20	20.20	18.80	9.34	10.67	7.10	17.20	20.27
73.22	30.70	123.80	117.10	85.66	91.49	92.40	203.80	171.77

四川	贵州	云南	西藏	陕西	甘肃	青海	宁夏	新疆
1464.27	**442.87**	**639.50**	**51.64**	**818.08**	**398.90**	**114.64**	**130.78**	**441.07**
9.26	1.81	10.46	0.08	3.58	4.00	1.76	1.70	53.82
56.23	43.33	39.70	0.91	46.63	13.80	6.14	8.61	25.05
403.04	83.98	108.04	3.19	192.90	70.90	22.10	31.55	63.76
33.37	15.82	12.60	0.83	14.57	10.50	2.67	4.87	9.55
279.12	47.36	93.24	8.94	115.58	64.20	12.66	12.54	38.76
98.25	33.06	54.01	3.24	79.62	29.60	7.84	11.78	30.51
57.62	12.24	23.12	1.45	34.08	18.70	5.57	3.05	21.80
32.83	9.05	14.20	1.47	25.92	8.60	2.38	2.92	5.15
24.33	4.40	8.90	0.74	13.45	3.40	1.49	1.67	4.08
8.19	3.39	17.03	1.31	15.73	2.50	2.43	1.06	2.09
38.19	13.44	19.11	0.46	23.89	9.60	3.28	4.82	11.45
44.89	13.21	31.81	1.46	20.42	11.80	3.58	5.54	20.35
29.91	8.62	13.89	1.04	22.50	9.30	3.18	3.31	10.00
13.91	4.12	6.58	0.22	10.10	4.60	1.10	2.13	5.45
10.00	4.74	5.78	0.39	6.40	2.10	0.73	0.98	3.08
103.60	50.17	60.78	3.37	63.88	39.60	7.87	10.21	37.67
52.72	19.09	25.84	1.20	28.94	15.00	4.20	4.27	17.68
14.38	3.53	6.81	0.75	9.10	5.40	1.58	1.62	3.77
154.44	71.51	87.60	20.58	90.79	75.30	24.09	18.13	77.04

1-36 各省市企业法人单位数排位情况

省（市）	企业法人单位			
	2013年(万个)	排位	比2008年增长率(%)	排位
北 京	59.2	5	71.6	16
天 津	19.6	16	56.3	22
河 北	30.7	9	79.7	10
山 西	12	20	36.7	26
内蒙古	10	23	47.8	24
辽 宁	33	7	35.3	27
吉 林	8.3	25	0.2	31
黑龙江	10.9	22	9.5	30
上 海	38.6	6	14.2	29
江 苏	91	1	71	17
浙 江	83.3	3	84.8	8
安 徽	26.6	12	97.8	5
福 建	28.4	11	78	11
江 西	15.1	17	92.5	6
山 东	61.7	4	42.9	25
河 南	31.9	8	50	23
湖 北	30.6	10	65.8	20
湖 南	26.2	13	86.4	7
广 东	90	2	76.7	13
广 西	14.9	18	101.3	4
海 南	3.3	28	70.9	18
重 庆	20.6	14	111.3	3
四 川	19.9	15	26.5	28
贵 州	9.4	24	131.9	2
云 南	12	20	81.5	9
西 藏	0.7	31	201.5	1
陕 西	14.9	18	63	21
甘 肃	6.7	27	68.2	19
青 海	1.7	30	77.1	12
宁 夏	2.7	29	74	14
新 疆	7.9	26	72.5	15

1-37 各省市企业法人单位密度及排位情况

省（市）	每万人拥有的企业法人单位数（个/万人）	排位	每万平方公里面积拥有的企业法人单位数（个/万平方公里）	排位
北 京	279.9	1	352381	2
天 津	133.4	4	173803.5	3
河 北	41.9	13	16372.9	14
山 西	32.9	22	7646.5	18
内蒙古	40	15	844	28
辽 宁	75.1	8	22599.9	10
吉 林	30.2	24	4429.9	22
黑龙江	28.3	26	2388.5	26
上 海	159.8	2	612698.4	1
江 苏	114.6	5	88694	4
浙 江	151.5	3	81666.7	5
安 徽	44.1	12	19019.3	12
福 建	75.3	7	23429.5	9
江 西	33.4	21	9051.1	17
山 东	63.4	10	40117	7
河 南	33.9	20	19109.6	11
湖 北	52.8	11	16476.6	13
湖 南	39.1	17	12356	15
广 东	84.5	6	49977.8	6
广 西	31.6	23	6322	20
海 南	37.1	18	9767.1	16
重 庆	69.3	9	25009	8
四 川	24.6	30	4135.9	23
贵 州	26.9	27	5346.6	21
云 南	25.5	29	3120.3	25
西 藏	23.3	31	59.1	31
陕 西	39.7	16	7266.4	19
甘 肃	26.1	28	1484.5	27
青 海	30.1	25	240.7	30
宁 夏	41.3	14	4065.5	24
新 疆	34.8	19	475.1	29

主要指标解释

三次产业的划分：第一产业是指农、林、牧、渔业（不含农、林、牧、渔服务业）;第二产业是指采矿业（不含开采辅助活动），制造业（不含金属制品、机械和设备修理业），电力、热力、燃气及水生产和供应业，建筑业;第三产业即服务业，是指除第一产业、第二产业以外的其他行业。第三产业包括：批发和零售业，交通运输、仓储和邮政业，住宿和餐饮业，信息传输、软件和信息技术服务业，金融业，房地产业，租赁和商务服务业，科学研究和技术服务业，水利、环境和公共设施管理业，居民服务、修理和其他服务业，教育，卫生和社会工作，文化、体育和娱乐业，公共管理、社会保障和社会组织，国际组织，以及农、林、牧、渔业中的农、林、牧、渔服务业，采矿业中的开采辅助活动，制造业中的金属制品、机械和设备修理业。

小微企业：根据工业和信息化部、国家统计局、国家发展和改革委员会、财政部《关于印发中小企业划型标准规定的通知》(工信部联企业［2011］300号）精神和国家统计局制定的《统计上大中小微型企业划分办法》确定。本办法按照行业门类、大类、中类和组合类别，依据从业人员、营业收入、资产总额等指标或替代指标，将我国的企业划分为大型、中型、小型、微型等四种类型。

法人单位：法人单位是指有权拥有资产、承担负债，并独立从事社会经济活动（或与其他单位进行交易）的组织。

法人单位的条件：(1）依法成立，有自己的名称、组织机构和场所，能够独立承担民事责任；(2）独立拥有（或授权使用）资产或者经费，承担负债，有权与其他单位签订合同；(3）具有包括资产负债表在内的账户，或者能够根据需要编制账户。

法人单位的构成：法人单位包括企业法人、事业单位法人、机关法人、社会团体法人和其他法人。其他法人主要包括居民委员会和村民委员会、基金会、民办非企业单位、宗教组织和活动场所、农民专业合作社、其他未列明法人单位。

企业法人：企业是以营利为目的，从事生产经营活动的经济组织。企业法人是具有法人条件的各种所有制形式或各种组织形式的企业。企业法人包括公司和非公司制企业法人。企业法人的认定根据工商部门登记注册情况认定。经各级工商行政管理机关登记注册，领取《企业法人营业执照》、《个人独资企业营业执照》、《合伙企业营业执照》或《外商投资合伙企业营业执照》的有限责任公司、股份有限公司、非公司制企业法人、个人独资企业和合伙企业。

国有企业：指企业全部资产归国家所有，并按《中华人民共和国企业法人登记管理条例》规定登记注册的非公司制的经济组织。不包括有限责任公司中的国有独资公司。

集体企业：指企业资产归集体所有，并按《中华人民共和国企业法人登记管理条例》规定登记注册的经济组织。

股份合作企业：指以合作制为基础，由企业职工共同出资入股，吸收一定比例的社会资产投资组建，实行自主经营，自负盈亏，共同劳动，民主管理，按劳分配与按股分红相结合的一种集体经济组织。

联营企业：指两个及两个以上相同或不同所有制性质的企业法人或事业单位法人，按自愿、平等、互利的原则，共同投资组成的经济组织。联营企业包括国有联营企业、集体联营企业、国有与集体联营企业和其他联营企业。

国有联营企业：指所有联营单位均为国有。

集体联营企业：指所有联营单位均为集体。

国有与集体联营企业：指联营单位既有国有也有集体。

其他联营企业：指上述三种联营企业之外的其他联营形式的企业。

公司：公司是指依据《中华人民共和国公司登记管理条例》核准登记注册的企业。公司是现代企业制度的主要组织形式，分为有限责任公司和股份有限公司。

国有独资公司：是一种特殊形式的有限责任公司，它是国家授权投资的机构或者国家授权的部门单独投资设立的有限责任公司（不包括国有控股的有限责任公司）。

一人有限责任公司：是指只有一个自然人股东或者一个法人股东的有限责任公司。

非公司制企业法人：非公司制企业法人是相对公司而言的，是指依据《中华人民共和国企业法人登记管理条例》核准登记注册的企业。主要包括：国有企业、集体企业、股份合作企业、联营企业(包括国有联营企业、集体联营企业、国有与集体联营企业和其他联营企业)、港或澳、台商投资企业（与港澳台商合资经营、与港澳台商合作经营、港澳台商独资经营企业)、外商投资企业(中外合资经营、中外合作经营、外商独资经营企业)等。

股份合作企业：指以合作制为基础，由企业职工共同出资入股，吸收一定比例的社会资产投资组建，实行自主经营，自负盈亏，共同劳动，民主管理，按劳分配与按股分红相结合的一种集体经济组织。

个人独资企业：指依据《中华人民共和国个人独资企业法》，在中国境内设立，由一个自然人投资，财产为投资人个人所有，投资人以其个人财产对企业债务承担无限责任的经营实体。

合伙企业：指自然人、法人和其他组织依据《中华人民共和国合伙企业法》，在中国境内设立的普通合伙企业和有限合伙企业。普通合伙企业由普通合伙人组成，合伙人对合伙企业债务承担无限连带责任。有限合伙企业由普通合伙人和有限合伙人组成，普通合伙人对合伙企业债务承担无限连带责任，有限合伙人以其认缴的出资额为限对合伙企业债务承担责任。

有限责任公司：指根据《中华人民共和国公司登记管理条例》规定登记注册，由两个以上，五十个以下的股东共同出资，每个股东以其所认缴的出资额对公司承担有限责任，公司以其全部资产对其债务承担责任的经济组织。有限责任公司包括国有独资公司以及其他有限责任公司。

国有独资公司：指国家授权的投资机构或者国家授权的部门单独投资设立的有限责任公司。

其他有限责任公司：指国有独资公司以外的其他有限责任公司。

股份有限公司：指根据《中华人民共和国公司登记管理条例》规定登记注册，其全部注册资本由等额股份构成并通过发行股票筹集资本，股东以其认购的股份对公司承担有限责任，公司以其全部资产对其债务承担责任的经济组织。

私营企业：指由自然人投资设立或由自然人控股，以雇佣劳动为基础的营利性经济组织。包括按照《公司法》、《合伙企业法》、《私营企业暂行条例》以及《个人独资企业法》规定登记注册的私营独资企业、私营合伙企业、私营有限责任公司、私营股份有限公司和个人独资企业。

私营独资企业：指按《私营企业暂行条例》的规定，由一名自然人投资经营，以雇佣劳动为基础，投资者对企业债务承担无限责任的企业。

私营合伙企业：指按《合伙企业法》或《私营企业暂行条例》的规定，由两个以上自然人按照协议共同投资、共同经营、共负盈亏，以雇佣劳动为基础，对债务承担无限责任的企业。

私营有限责任公司：指按《公司法》、《私营企业暂行条例》的规定，由两个以上自然人投资或由单个自然人控股的有限责任公司。

私营股份有限公司：指按《公司法》的规定，由五个以上自然人投资，或由单个自然人控股的股份有限公司。

个人独资企业：指按《个人独资企业法》、《个人独资企业登记管理办法》的规定，由一个自然人投资，财产为投资人个人所有，投资人以其个人财产对企业债务承担无限责任的经营实体。个人独资企业填表时归入私营独资企业。

其他内资企业：指上述第（1）条至第（7）条之外的其他内资经济组织。

与港澳台商合资经营企业：指港澳台地区投资者与内地的企业依照《中华人民共和国中外合资经营企业法》及有关法律的规定，按合同规定的比例投资设立，分享利润和分担风险的企业。

与港澳台商合作经营企业：指港澳台地区投资者与内地企业依照《中华人民共和国中外合作经营企业法》及有关法律的规定，依照合作合同的约定进行投资或提供条件设立，分配利润、分担风险和亏损的企业。

港澳台商独资经营企业：指依照《中华人民共和国外资企业法》及有关法律的规定，在内地由港澳台地区投资者全额投资设立的企业。

港澳台商投资股份有限公司：指根据国家有关规定，经商务部（原外经贸部）批准设立，并且其中港、澳、台商的股本占公司注册资本的比例达25%以上的股份有限公司。凡其中港、澳、台商的股本占公司注册资本的比例小于25%的，属于内资中的股份有限公司。

其他港、澳、台商投资企业：指在中国境内参照《外国企业或个人在中国境内设立合伙企业管理办法》和《外商投资合伙企业登记管理规定》，依法设立的港、澳、台商投资合伙企业。

中外合资经营企业：指外国企业或外国人与中国内地企业依照《中华人民共和国中外合资经营企业法》及有关法律的规定，按合同规定的比例投资设立，分享利润和分担风险的企业。

中外合作经营企业：指外国企业或外国人与中国内地企业依照《中华人民共和国中外合作经营企业法》及有关法律的规定，依照合作合同的约定进行投资或提供条件设立，分配利润、分担风险和亏损的企业。

外资企业：指依照《中华人民共和国外资企业法》及有关法律的规定，在中国内地由外国投资者全额投资设立的企业。

外商投资股份有限公司：指根据国家有关规定，经商务部（原外经贸部）批准设立，并且其中外资的股本占公司注册资本的比例达25%以上的股份有限公司。凡其中外资股本占公司注册资本的比例小于25%的，属于内资中的股份有限公司。

其他外商投资企业：指在中国境内依照《外国企业或个人在中国境内设立合伙企业管理办法》和《外商投资合伙企业登记管理规定》，依法设立的外商投资合伙企业。

企业集团：指以资本为主要联结纽带的母子公司为主体，以集团章程为共同行为规范的母公司、子公司、参股公司及其他成员企业或机构共同组成的具有一定规模的企业联合体。企业集团不具有企业法人资格。母公司应当是依法登记注册，取得企业法人资格的控股企业；子公司应当是母公司对其拥有全部股权或者控制权的企业法人。

事业单位法人：事业单位是指国家为了社会公益目的，

由国家机关举办或者其他组织利用国有资产举办的，从事教育、科技、文化、卫生的社会服务组织。事业单位的主要特征是：具有服务性、公益性和知识密集性。事业单位主要分布在教、科、文、卫等领域，是保障国家政治、经济、文化生活进行的社会服务支持系统。事业单位所追求的首先是社会效益，在此前提下为实现事业单位的发展、社会服务系统的良性循环，根据国家规定向接受服务的单位或个人收取一定的服务费用。我国的大部分事业单位大都分布在公益性领域，主要从事精神产品的生产和服务，有的虽然也从事生产活动，但不以营利为目的。同时绝大多数事业单位是以脑力劳动为主体的知识密集型组织。

机关法人：机关法人一般是指经各级人民代表大会和各级中国共产党代表大会批准建立的各级政党机关和国家机关。依据《民法通则》，有独立经费的机关，从成立之日起，具有法人资格。

社会团体法人：社会团体和其他成员组织法人是指依据《社会团体登记管理条例》，经国家或县级以上民政部门登记注册或备案、领取《社会团体法人登记证书》的各类社会团体，以及由机构编制管理部门管理其编制的群众团体。包括社会团体法人、和群众团体法人。

其他法人：其他法人是指除企业法人、事业单位法人、机关法人及社会团体法人以外的其他符合法人条件的单位。

民办非企业法人：指企业事业单位、社会团体和其他社会力量以及公民个人利用非国有资产举办的，从事非营利性社会服务的社会组织。具有法人条件的民办非企业单位为民办非企业法人。

宗教组织和活动场所：

（1）宗教团体：经县级以上人民政府宗教事务部门审查同意后，依照《社会团体登记管理条例》的规定办理登记，具备法人条件的佛教、道教、伊斯兰教、天主教和基督教团体认定为法人单位。

（2）宗教活动场所，指依法设立和登记，供信教公民进行宗教活动的寺院、宫观、清真寺、教堂和其他固定宗教活动处所。经宗教事务部门审批登记，领取《宗教活动场所登记证》，具备法人条件的宗教活动场所认定为法人单位。

农民专业合作社：农民专业合作社是在农村家庭承包经营基础上，同类农产品的生产经营者或者同类农业生产经营服务的提供者、利用者，自愿联合、民主管理的互助性经济组织。它以其成员为主要服务对象，提供农业生产资料的购买，农产品的销售、加工、运输、贮藏以及与农业生产经营有关的技术、信息等服务。根据《农民专业合作社登记管理条例》，经各级工商行政管理部门审批登记，领取《农民专业合作社法人营业执照》的农民专业合作社认定为法人单位。

律师事务所：律师事务所是律师的执业机构。可以由律师合伙设立、律师个人设立或者由国家出资设立。根据《律师事务所管理办法》，经省级司法行政机关审核后，领取《律师事务所执业许可证》的认定为法人单位。合伙设立和个人设立律师事务所虽不具法人条件，但符合法人单位的三个条件，视同法人单位。

产业活动单位：指位于一个地点，从事一种或主要从事一种社会经济活动的组织或组织的一部分。同时具备下列条件（1）位于一个场所，从事一种或主要从事一种经济活动；（2）相对独立地组织生产经营或业务活动；（3）能够掌握收入和支出等核算资料。产业活动单位是法人单位的一部分。如果一个法人单位仅有一个经营场所，从事一种或主要从事一种经济活动，则该法人单位同时又是一个产业活动单位，这种单位被称为单产业法人单位。如果一个法人单位从事一种以上经济活动，或位于一个以上的活动场所，并能提供各自的业务情况和财务收支资料，则该单位被称为多产业法人单位。

法人单位与产业活动单位的关系：法人单位由产业活动单位组成，产业活动单位接受法人单位的管理和控制。从法人单位中分解出来的产业活动单位，都处于法人单位的控制和管理之下。无论在何种情况下，都不存在没有法人单位控制和管理的产业活动单位。法人单位只位于一个场所并主要从事一种社会经济活动，称为单产业法人。单产业法人本身也是一个产业活动单位。法人单位从事多种经济活动，或者位于多个地点，称为多产业法人。多产业法人由两个或两个以上产业活动单位组成。

营业收入：指企业经营主要业务和其他业务所确认的收入总额。营业收入合计包括"主营业务收入"和"其他业务收入"。根据会计"利润表"中"营业收入"项目的本期金额数填报。

主营业务收入：指企业确认的销售商品、提供劳务等主营业务的收入。

资产总计：指企业过去的交易或者事项形成的、由企业拥有或者控制的、预期会给企业带来经济利益的资源。资产一般按流动性（资产的变现或耗用时间长短）分为流动资产和非流动资产。其中流动资产可分为货币资金、交易性金融资产、应收票据、应收账款、预付款项、其他应收款、存货等；非流动资产可分为长期股权投资、固定资产、无形资产及其他非流动资产等。

营业税金及附加： 指企业因从事生产经营活动按税法规定缴纳的应从经营收入中抵扣的税金和附加，包括营业税、消费税、城市维护建设税、教育费附加等。

主营业务税金及附加：指企业经营主要业务应负担的营业税、消费税、城市维护建设税、教育费附加等。

实收资本：指企业各投资者实际投入的资本（或股本）总额，包括货币、实物、无形资产等各种形式的投入。实收资本按投资主体可分为国家资本、集体资本、法人资本、个人资本、港澳台资本和外商资本。

非企业单位支出（费用）：指行政事业单位在业务活动中发生的各项资产耗费和损失等支出情况。

本年费用合计：指单位为完成各种目标所发生的费用，包括业务活动成本、管理费用、筹资费用和其他费用。

年末资产：指非企业单位占有或者使用的，能以货币计量的经济资源。包括流动资产、固定资产、债权和其他权利。

经营性单位收入：经营性产业活动单位在全年生产经营活动中取得的收入。

非经营性单位支出（费用）： 其中具有行政事业性质的产业活动单位填报日常业务支出，包括除固定资产购置以外的所有经常性业务支出；其他产业活动单位填报各种费用合计，包括业务活动成本、管理费用、筹资费用和其他费用。

个体经营户：是指生产资料归劳动者个人所有，以个体劳动为基础，劳动成果归劳动者个人占有和支配的一种经营单位。本次经济普查的个体经营户包括：（1）按照《中华人民共和国民法通则》、《个体工商户条例》(《城乡个体工商户管理暂行条例》）规定，经各级工商行政管理机关登记注册、领取《个体工商户营业执照》的个体工商户。具体是指公民在法律允许范围内，依法经核准登记，从事工业、批发零售业、建筑业、交通运输业、住宿餐饮业和其他服务业等活动的个体劳动者。(2）依据《民办非企业单位登记管理暂行条例》，经国务院民政部门和县级以上地方各级人民政府民政部门核准登记、领取《民办非企业单位(合伙)登记证书》或《民办非企业单位(个人)登记证书》的民办非企业单位。(3)没有领取上述证照但有相对固定场所、实际从事个体经营活动三个月以上的城镇、农村个体经营户。但不包括农民家庭以辅助劳力或利用农闲时间进行的一些兼营性的工业、商业及其它活动

个体经营户名称：指工商部门登记批准的名称

个体户从业人员期末人数：指参加经营活动的所有人员，包括业主、雇员以及参加经营活动的其他人员，如家庭成员、帮手和学徒。

主要业务活动（或主要产品）：指个体经营户从事生产、销售和提供服务的主要活动内容或产品（服务）的具体名称。如生产刨花板、销售刨花板。

第2篇

文化产业

2-1 文化及相关产业单位基本情况

分组	法人单位		产业活动单位		个体经营户	
	单位数(个)	从业人员(人)	单位数(个)	从业人员(人)	户数(个)	从业人员(人)
合计	**35978**	**932358**	**2095**	**17800**	**49030**	**185510**
一、按单位性质分						
经营性文化产业	27891	801926	-	-	-	-
公益性文化事业	8087	130432	-	-	-	-
二、按行业类别分						
文化制造业	6180	496822	20	1648	3941	18182
文化批零业	3422	53262	480	7304	23164	75378
文化服务业	26376	382274	1595	8848	21925	91950
三、按活动性质分						
文化产品的生产	25501	418797	2026	16621	-	-
文化相关产品的生产	10477	513561	69	1179	-	-

注：产业活动单位仅指非文化法人所属的文化产业活动单位，个体经营户仅指有证照的个体经营户(以下各表同)。

2-2 分地区文化及相关产业单位基本情况

地区	法人单位		产业活动单位		个体经营户	
	单位数(个)	从业人员(人)	单位数(个)	从业人员(人)	户数(个)	从业人员(人)
全省	**35978**	**932358**	**2095**	**17800**	**49030**	**185510**
长沙市	10877	318325	198	3061	14217	57557
株洲市	1697	139140	45	1826	2945	14126
湘潭市	1121	23066	48	1633	1660	6425
衡阳市	3091	59363	93	1068	3354	11351
邵阳市	1793	39060	161	965	3093	13194
岳阳市	2645	86557	86	945	2925	9744
常德市	3175	59298	60	563	3021	10237
张家界市	528	10385	43	119	689	2413
益阳市	2509	43456	60	536	5541	20536
郴州市	2293	57492	419	1660	2443	8295
永州市	1208	24614	442	748	2208	8853
怀化市	1469	22201	108	490	2243	7953
娄底市	1463	26525	323	4134	2320	8108
湘西州	2109	22876	9	52	2371	6718

注：产业活动单位仅指非文化法人所属的文化产业活动单位。

2-3 文化及相关产业法人单位分布情况

单位：个

地区	法人单位数	规模以上	文化制造业	规模以上	文化批零业	限额以上	文化服务业	规模以上
全省	**35978**	**2226**	**6180**	**1349**	**3422**	**401**	**26376**	**476**
长沙市	10877	897	2098	543	1287	127	7492	227
株洲市	1697	299	671	255	83	17	943	27
湘潭市	1121	66	147	39	108	17	866	10
衡阳市	3091	125	334	57	157	37	2600	31
邵阳市	1793	89	338	59	136	18	1319	12
岳阳市	2645	194	418	108	225	43	2002	43
常德市	3175	87	644	40	458	12	2073	35
张家界市	528	26	36	7	35	10	457	9
益阳市	2509	89	346	39	370	32	1793	18
郴州市	2293	155	466	114	216	25	1611	16
永州市	1208	45	252	19	54	17	902	9
怀化市	1469	55	162	25	78	17	1229	13
娄底市	1463	55	166	28	162	19	1135	8
湘西州	2109	44	102	16	53	10	1954	18

2-4 按行业类别分文化产业企业基本情况

单位：万元

行业类别	企业单位数(个)	年末从业人员(人)	营业收入	主营业务收入	营业税金及附加	主营业务税金及附加	资产总计
合计	**27891**	**801926**	**34800186**	**34260024**	**887634**	**871794**	**27105423**
工艺美术品的制造	742	28097	1297516	1291172	30699	29846	540121
园林、陈设艺术及其他陶瓷制品制造	145	20974	767467	764536	14162	13889	342710
印刷复制服务	1704	59970	3854212	3836865	66688	66172	1929708
办公用品的制造	63	1855	104504	104123	1439	1434	45362
乐器的制造	15	566	36612	36612	301	301	9947
玩具的制造	142	8651	367598	365811	6128	6108	99997
游艺器材及娱乐用品的制造	15	617	18663	18529	354	353	11530
视听设备的制造	27	3686	766621	765853	5861	5834	170426
焰火、鞭炮产品制造	2954	310487	10210046	10172036	412010	403733	3265146
文化用纸的制造	200	35442	2933054	2898461	33759	33502	3075358
文化用油墨颜料的制造	43	4920	495184	495015	5547	5547	246941
文化用化学品的制造							
其他文化用品的制造	43	14440	3235501	3235106	15467	15214	474922
印刷专用设备的制造	26	962	49490	49419	925	919	27477
广播电视电影专用设备的制造	46	5256	389812	389428	8274	8272	175100
制造其他文化专用设备的	15	899	104405	104405	1109	1109	33621
发行服务	427	10100	1120063	1115998	12861	12419	1000900
工艺美术品的销售	31	306	27804	27790	1802	1802	13837
文化贸易代理与拍卖服务	77	937	77640	77464	1294	1289	49135
文具乐器照相器材的销售	10	234	9136	9113	319	314	2664
文化用家电的销售	795	10887	518575	515452	11012	10900	351897
其他文化用品的销售	861	9839	688117	685370	13009	12883	332758
广播电视电影专用设备的批发	437	7739	744829	730110	10515	10440	228313
舞台照明设备的批发	784	13220	900676	898278	18577	18194	486758
新闻服务	14	558	11908	11573	326	320	13875
出版服务	100	8545	450486	444190	7882	7807	2048614
广播电视服务	69	4214	691635	381870	2552	2497	1538789
电影和影视录音服务	317	8295	207667	200903	6438	5690	1540386
文艺创作与表演服务	233	6440	80815	77352	3508	3427	243184
图书馆与档案馆服务	6	135	2115	2112	153	153	1377
文化遗产保护服务	29	563	5505	5269	162	156	28457
群众文化服务	151	1470	23591	23472	831	825	41300
文化研究和社团服务	32	462	8675	8672	422	405	7492
文化艺术培训服务	164	2640	37610	33970	1228	1211	28647
其他文化艺术业服务	315	4569	88979	88435	3747	3717	132645
互联网信息服务	660	10086	199002	195713	5978	5904	583565
增值电信服务(文化部分)	15	359	7279	7209	263	261	16352
广播电视传输服务	226	12354	289736	288355	7077	6607	814620
广告服务	3853	42720	1144873	1129999	66383	65510	1408736
文化软件服务	307	5862	136362	134352	2787	2744	312049
建筑设计服务	688	21268	733050	727855	23276	23196	1155193
专业设计服务	678	8495	220447	219038	8951	8803	243844
景区游览服务	331	13738	223358	197016	6797	6580	1947423
娱乐休闲服务	7598	71899	954787	940115	44335	43413	1050590
摄影扩印服务	339	4782	71984	69277	3162	3110	69330
版权服务	12	81	1041	878	44	33	6250
文化经纪代理服务	195	2812	57020	56080	2980	2934	52460
文化出租服务	23	303	8866	8710	445	440	5071
会展服务	200	2550	45404	45270	1492	1484	135339
其他文化辅助服务	1734	16642	380470	375395	14307	14094	765209

2-5　分地区文化产业企业基本情况

单位：万元

地　区	企　业 单位数 (个)	年　末 从业人员 (人)	营业收入	主营业务 收　入	营业税金 及 附 加	主营业务 税金及附加	资产总计
全　省	**27891**	**801926**	**34800186**	**34260024**	**887634**	**871794**	**27105423**
长沙市	9869	289060	13877771	13488064	482113	471071	14087874
株洲市	1495	134808	3446935	3440915	85441	84858	1683886
湘潭市	816	16990	1160125	1158176	27923	27768	571256
衡阳市	2305	48344	4181965	4162055	35061	34117	1200436
邵阳市	1080	28238	1349484	1345016	17536	17437	725953
岳阳市	2185	76571	3831440	3785393	77602	76500	3537246
常德市	2493	50640	1429941	1423343	32658	31879	1007082
张家界市	341	8095	178271	172772	4756	4637	852421
益阳市	1895	35703	1209715	1203078	31405	31191	924709
郴州市	1782	48013	2373002	2368369	53877	53593	1115212
永州市	665	18892	453588	436518	9025	8881	399852
怀化市	823	15325	521577	518704	9921	9793	293390
娄底市	929	18524	578184	570770	14132	13971	334995
湘西州	1213	12723	208181	186852	6186	6098	371114

2-6 按类别分文化事业(其他)单位基本情况

单位：万元

类别	事业(其他)单位数(个)	年末从业人员(人)	支出(费用)	年末资产
总计	**8087**	**130432**	**977440**	**1740579**
新闻服务	45	898	12711	21652
出版服务	90	2568	63374	124173
广播电视服务	355	13991	225247	374967
电影和影视录音服务	96	2221	10400	31408
文艺创作与表演服务	383	10458	45240	80322
图书馆与档案馆服务	227	3292	37217	63539
文化遗产保护服务	300	5967	95329	142968
群众文化服务	848	11297	45644	88745
文化研究和社团服务	1782	32912	108171	139822
文化艺术培训服务	549	8740	86451	139147
其他文化艺术业服务	102	1498	8473	8514
互联网信息服务	121	928	2691	3043
增值电信服务(文化部分)	2	30	59	265
广播电视传输服务	264	4441	44034	90469
广告服务	154	1905	5678	6005
文化软件服务	1	21		
建筑设计服务	66	1396	21915	27381
专业设计服务	34	942	33201	26621
景区游览服务	189	8702	108797	337383
娱乐休闲服务	2362	16817	18295	27876
摄影扩印服务	58	782	480	115
版权服务	4	18	156	152
文化经纪代理服务	12	136	1453	672
文化出租服务	4	46	56	40
会展服务	9	127	717	1628
其他文化辅助服务	30	299	1654	3674

2-7 分地区文化事业(其他)单位基本情况

单位：万元

地 区	事业(其他)单位数(个)	年末从业人员(人)	支出(费用)	年末资产
全 省	**8087**	**130432**	**977440**	**1740579**
长沙市	1008	29265	359425	700587
株洲市	202	4332	43190	84807
湘潭市	305	6076	58187	95814
衡阳市	786	11019	47547	88839
邵阳市	713	10822	38600	57348
岳阳市	460	9986	50762	93005
常德市	682	8658	76514	86518
张家界市	187	2290	11183	18822
益阳市	614	7753	50832	78853
郴州市	511	9479	60900	141694
永州市	543	5722	31368	75430
怀化市	646	6876	69047	114603
娄底市	534	8001	29199	37558
湘西州	896	10153	50687	66699

2-8 按类别分文化制造业主要指标

单位：万元

类别	企业单位数(个)	年末从业人员(人)	营业收入	主营业务收入	营业税金及附加	主营业务税金及附加	资产总计	实收资本
总计	**6180**	**496822**	**24630685**	**24527371**	**602722**	**592231**	**10448365**	**3338580**
工艺美术品的制造	742	28097	1297516	1291172	30699	29846	540121	196303
园林、陈设艺术及其他陶瓷制品制造	145	20974	767467	764536	14162	13889	342710	105739
印刷复制服务	1704	59970	3854212	3836865	66688	66172	1929708	601046
办公用品的制造	63	1855	104504	104123	1439	1434	45362	13591
乐器的制造	15	566	36612	36612	301	301	9947	4282
玩具的制造	142	8651	367598	365811	6128	6108	99997	45037
游艺器材及娱乐用品的制造	15	617	18663	18529	354	353	11530	4072
视听设备的制造	27	3686	766621	765853	5861	5834	170426	38324
焰火、鞭炮产品制造	2954	310487	10210046	10172036	412010	403733	3265146	1307349
文化用纸的制造	200	35442	2933054	2898461	33759	33502	3075358	680059
文化用油墨颜料的制造	43	4920	495184	495015	5547	5547	246941	81312
文化用化学品的制造								
其他文化用品的制造	43	14440	3235501	3235106	15467	15214	474922	188156
印刷专用设备的制造	26	962	49490	49419	925	919	27477	11806
广播电视电影专用设备的制造	46	5256	389812	389428	8274	8272	175100	48890
其他文化专用设备的制造	15	899	104405	104405	1109	1109	33621	12614

2-9 分地区文化制造业主要指标

单位：万元

地区	企业单位数（个）	年末从业人员（人）	营业收入	主营业务收入	营业税金及附加	主营业务税金及附加	资产总计	实收资本
全省	**6180**	**496822**	**24630685**	**24527371**	**602722**	**592231**	**10448365**	**3338580**
长沙市	2098	172535	7981624	7945189	344304	335411	2994888	910106
株洲市	671	124304	3197760	3193714	77688	77366	1182273	510853
湘潭市	147	8619	976785	976374	21050	21035	190300	75691
衡阳市	334	24686	3702466	3700739	18074	18040	624071	280191
邵阳市	338	21101	1136234	1133934	13775	13730	391854	156367
岳阳市	418	37875	2855428	2818693	36159	35903	2790732	650077
常德市	644	25288	858306	856776	12914	12339	548737	151240
张家界市	36	1739	64483	64380	637	621	28724	10936
益阳市	346	14305	726051	724978	17278	17256	486262	168592
郴州市	466	32680	2075967	2074865	40775	40705	711273	216655
永州市	252	12938	275966	261927	4062	3993	221219	81805
怀化市	162	6902	336742	335484	5073	4988	85786	30341
娄底市	166	9427	365894	363510	7694	7620	151662	80401
湘西州	102	4423	76977	76809	3238	3224	40586	15324

2-10 规模以上文化

分 组	企业单位数（个）	年末从业人员（人）	资产总计	营业收入	主营业务收入
合 计	**1349**	**328661**	**8210744**	**21445341**	**21392661**
按企业规模分					
大型	12	31383	3119939	4414770	4373444
中型	303	146121	2044319	5337599	5328490
小型	1029	150752	3041005	11683446	11681200
微型	5	405	5481	9527	9527
按登记注册类型分					
内资企业	1285	300955	7323965	17114074	17062657
国有企业	5	1325	33074	73047	71867
集体企业	16	2209	45052	175653	175653
股份合作企业	3	621	7872	13497	13497
联营企业					
有限责任公司	195	42598	1209520	2580702	2566029
股份有限公司	19	11625	2323260	1107597	1073678
私营公司	964	229249	3512791	12307461	12307960
其他企业	83	13328	192395	856116	853974
港、澳、台商投资企业	41	15055	437538	1047865	1046662
外商投资企业	23	12651	449241	3283402	3283342
按企业控股情况分					
国有控股	18	15318	2727092	1368347	1325649
集体控股	34	7213	246716	502480	502276
私人控股	1210	277563	4413317	15302080	15294136
港澳台商控股	28	8692	161804	550329	550329
外商控股	18	10899	423345	2910001	2910000
其他	41	8976	238470	812105	810272

制造业企业基本情况

单位：万元

营业税金及附加	主营业务税金及附加	营业利润	应交增值税	工业总产值（当年价格）	工业销售产值（当年价格）	出口交货值
433334	**425320**	**1601236**	**839229**	**22152330**	**21771797**	**3543751**
22288	22097	166023	105260	4396272	4395114	2111993
106528	106290	441817	293689	5610333	5519415	974606
304429	296845	992210	439887	12133260	11844803	457151
88	88	1186	393	12464	12464	
395902	387891	1273728	740045	17789862	17429838	1248327
712	711	1730	1547	75657	72212	
5242	5242	13091	8866	179415	176800	
808	808	1147	581	17828	17381	5669
66325	66082	196508	100357	2709513	2630314	220554
8520	8329	-21174	43466	1112276	1115362	26158
275340	268115	1022114	559110	12809504	12569612	891227
38954	38604	60313	26117	885670	848158	104719
20438	20436	125098	52818	1068452	1053129	44751
16993	16993	202411	46366	3294016	3288830	2250674
7811	7619	11405	55109	1358354	1355710	70906
9826	9826	43050	22333	535916	519707	22332
367191	359597	1262344	670892	15920371	15588256	1145814
15996	15993	33594	24009	554073	552402	32038
12806	12806	111704	36242	2912736	2909701	1935122
19704	19479	139139	30645	870879	846022	337538

2-11 按类别分规模以上文化制造业企业基本情况

单位：万元

类别	企业单位数（个）	亏损企业	年末从业人员（人）	女性	资产总计	营业收入	营业成本	营业税金及附加	利润总额
合计	**1349**	**24**	**328661**	**144617**	**8210744**	**21445341**	**17437227**	**433334**	**1498033**
工艺美术品的制造	73	2	13247	6569	333823	1014448	799406	18335	71197
园林、陈设艺术及其他陶瓷制品制造	58	2	18650	8318	303318	720566	592155	10692	42226
印刷复制服务	200	8	30373	11503	1331873	3078027	2466648	39575	303715
办公用品的制造	4		707	81	17641	76352	60005	466	3638
乐器的制造	4		323	146	7476	32611	27457	189	4083
玩具的制造	13		5008	2451	56342	302802	225577	3821	19811
游艺器材及娱乐用品的制造	1		232	55	7982	10270	8253	93	285
视听设备的制造	15	1	3488	1831	163705	758664	660761	5482	47515
焰火、鞭炮产品制造	773	2	198439	91937	2041030	8337473	6542346	292721	699480
文化用纸的制造	123	8	33665	9811	3037784	2893917	2440650	32061	91676
文化用油墨颜料的制造	27		4658	1016	240547	486408	397874	5276	35091
文化用化学品的制造									
其他文化用品的制造	30	1	14218	8180	470725	3231614	2808864	15322	133290
印刷专用设备的制造	4		545	168	16112	35314	25973	483	3407
广播电视电影专用设备的制造	19		4382	2220	154795	367629	302910	7926	36081
其他文化专用设备的制造	5		726	331	27589	99247	78347	892	6537

2-12　分地区规模以上文化制造业企业基本情况

单位：万元

地　区	企　业单位数（个）	亏损企业	年　末从业人员（人）	女性	资产总计	营业收入	营业成本	营业税金及附加	利润总额
全　省	**1349**	**24**	**328661**	**144617**	**8210744**	**21445341**	**17437227**	**433334**	**1498033**
长沙市	543	5	101571	55359	1953863	6400449	5099294	250723	615658
株洲市	255	3	103840	38752	986527	2871273	2228934	53490	169026
湘潭市	39		6513	2275	156776	932023	865385	19952	45805
衡阳市	57	1	18059	7924	516668	3580671	3081717	14682	151239
邵阳市	59		14861	5426	317606	1048710	836660	10619	96452
岳阳市	108	2	29865	8934	2703248	2684120	2245014	26840	61998
常德市	40	4	9457	4516	335748	599416	462692	6549	94406
张家界市	7	2	1082	455	22811	57246	51616	356	359
益阳市	39	1	7448	2347	342144	561863	477626	8733	14645
郴州市	114	3	20517	11195	544036	1898325	1420378	29417	181292
永州市	19	1	5275	2363	140837	164891	138344	1280	10829
怀化市	25		3605	1734	51926	285816	244415	3020	19652
娄底市	28		4586	2088	116790	311484	246843	5730	32709
湘西州	16	2	1982	1249	21765	49055	38309	1944	3963

2-13 按类别分规模以上文化

类别	企业单位数(个)	固定资产原价	本年折旧	主营业务收入	主营业务成本	主营业务税金及附加
合计	**1349**	**5368966**	**350702**	**21392661**	**17373058**	**425320**
工艺美术品的制造	73	198715	13328	1013931	798956	18156
园林、陈设艺术及其他陶瓷制品制造	58	201489	13703	719566	590545	10663
印刷复制服务	200	874620	64642	3066843	2455678	39524
办公用品的制造	4	16946	1472	76352	60005	466
乐器的制造	4	5050	646	32611	27457	189
玩具的制造	13	46401	2852	302802	221800	3821
游艺器材及娱乐用品的制造	1	414	301	10262	8253	93
视听设备的制造	15	91765	8231	758664	660761	5482
焰火、鞭炮产品制造	773	1382250	116461	8332860	6528449	285475
文化用纸的制造	123	2135433	106414	2859460	2414110	31807
文化用油墨颜料的制造	27	126143	10388	486239	393364	5276
文化用化学品的制造						
其他文化用品的制造	30	223779	8102	3231230	2806780	15069
印刷专用设备的制造	4	6578	266	35313	25973	483
广播电视电影专用设备的制造	19	44616	3357	367283	302582	7923
其他文化专用设备的制造	5	14768	538	99247	78347	892

2-14 分地区规模以上文化

地区	企业单位数(个)	固定资产原价	本年折旧	主营业务收入	主营业务成本	主营业务税金及附加	营业利润
全省	**1349**	**5368966**	**350702**	**21392661**	**17373058**	**425320**	**1601236**
长沙市	543	1057365	74941	6386474	5090556	243562	654411
株洲市	255	749157	67399	2871264	2215214	53490	169733
湘潭市	39	55153	4495	932023	861365	19952	128339
衡阳市	57	285699	9481	3580671	3077940	14682	151520
邵阳市	59	221465	19824	1047652	831850	10606	100700
岳阳市	108	1878758	96753	2649201	2219633	26640	27431
常德市	40	188112	13475	598551	462028	5988	92730
张家界市	7	12909	871	57246	51616	356	348
益阳市	39	282232	11650	561327	477176	8733	14374
郴州市	114	334990	25745	1898241	1420052	29414	192392
永州市	19	147705	13019	164814	136889	1280	10848
怀化市	25	39658	3318	285816	244415	2943	19778
娄底市	28	105590	9027	310327	246016	5730	34494
湘西州	16	10174	704	49055	38309	1944	4139

制造业企业主要财务指标

单位：万元

营业利润	营业外收入	#补贴收入	营业外支出	应付职工薪酬	应交增值税	工业总产值（当年价格）	工业销售产值（当年价格）	#出口交货值
1601236	**61788**	**46106**	**168099**	**1267114**	**839229**	**22152330**	**21771797**	**3543751**
78895	124	1260	7822	46596	33285	1028338	1016748	52143
43029	36	868	921	68874	31352	759846	748183	25397
316695	7513	7306	20610	122826	115708	3176095	3103599	1287
2405	1233			1252	1031	81206	77655	
4083				734	748	43397	40920	
20313			502	19654	14129	298849	276403	3575
143	142			2104	636	10870	10262	
128610	2829	499	83924	13948	23392	778741	773640	348115
725200	4486	1151	32984	752554	420306	8859860	8673232	1115026
58987	42219	33208	9531	125394	110863	2875672	2840083	23937
38046	712	470	3666	20258	17786	507922	492783	17553
139814	1023	923	7546	57139	52707	3221634	3219294	1895157
3390	17		0	2175	1528	37074	35809	
35219	1454	422	592	32273	11554	370355	363996	60353
6407				1334	4205	102472	99191	1209

制造业企业主要财务指标

单位：万元

营业外收入	#补贴收入	营业外支出	应付职工薪酬	应交增值税	工业总产值（当年价格）	工业销售产值（当年价格）	#出口交货值
61788	**46106**	**168099**	**1267114**	**839229**	**22152330**	**21771797**	**3543751**
7202	4483	47947	369020	249943	6845171	6662814	567520
2530	1121	3954	446972	203129	3109883	3062728	603491
2507	214	85019	51976	29189	944650	937467	313116
227		508	56053	60045	3585543	3559450	1898018
113		4361	58530	45199	1049767	1041955	34182
39774	34482	5311	93920	87331	2698693	2639690	18600
2793	185	1117	36005	24269	608680	578658	
33		21	2684	966	57118	57281	1183
3845	3603	3574	22071	25330	558575	559590	
973	931	12073	76672	88371	1857302	1852089	97421
195	1052	214	17798	6421	165800	164606	
36	36	162	10686	6729	300786	294224	
1496		3599	19316	9914	320701	311532	10220
64		240	5410	2392	49661	49714	

2-15 规模以上文化制

分 组	有R&D活动企业（个）	R&D人员全时当量（人年）	R&D经费内部支出（万元）	R&D项目数（个）
合 计	**123**	**1707**	**88264**	**217**
按企业规模分				
大型	4	538	45789	27
中型	44	414	20540	64
小型	75	755	21936	126
微型				
按登记注册类型分				
内资企业	110	1432	44902	194
国有企业	1	1	31	1
集体企业				
股份合作企业				
联营企业				
有限责任公司	22	382	10754	46
股份有限公司	3	287	10094	18
私营公司	83	706	23191	114
其他企业	1	56	832	15
港、澳、台商投资企业	9	154	9861	17
外商投资企业	4	122	33501	6
按企业控股情况分				
国有控股	5	408	11697	31
集体控股	5	44	5708	9
私人控股	103	1016	33703	157
港澳台商控股	4	17	698	4
外商控股	3	121	33466	5
其他	3	101	2992	11

造业企业科技活动情况

新产品项目数(个)	开发新产品经费(万元)	新产品销售收入(万元)	#出口	专利申请(件)	#发明专利	有效发明专利(件)
212	**102699**	**3368664**	**95287**	**310**	**153**	**206**
31	49706	2892163	43396	52	34	77
76	28493	229146	50152	93	40	49
105	24500	247355	1740	165	79	80
189	61777	858737	87102	267	142	190
		3173		1	1	1
		834				
45	14648	141072	42352	92	45	41
25	14117	447779	9802	31	24	69
99	31679	245352	34829	138	67	74
20	1333	20526	120	5	5	5
16	6801	245097	8185	36	10	10
7	34121	2264830		7	1	6
33	14684	585100	1922	68	38	77
11	7632	63163	7880	25	8	17
145	42463	418013	85485	200	100	106
6	842	27946				
6	34086	2264830		7	1	6
11	2992	9613		10	6	

2-16 按类别分规模以上文化

类 别	有R&D活动企业（个）	R&D人员全时当量（人年）	R&D经费内部支出（万元）	R&D项目数（个）
合 计	**123**	**1707**	**88264**	**217**
工艺美术品的制造	6	85	1880	26
园林、陈设艺术及其他陶瓷	15	171	10714	15
印刷复制服务	18	229	7430	31
办公用品的制造				
乐器的制造				
玩具的制造	1	1	60	1
游艺器材及娱乐用品的制造	1	32	920	8
视听设备的制造	5	40	1800	5
焰火、鞭炮产品制造	42	244	6925	42
文化用纸的制造	9	366	13531	29
文化用油墨颜料的制造	12	212	6162	37
文化用化学品的制造				
其他文化用品的制造	7	170	34137	11
印刷专用设备的制造	2	62	470	6
广播电视电影专用设备的	3	40	1476	3
其他文化专用设备的制造	2	56	2760	3

2-17 分地区规模以上文化

地 区	有R&D活动企业（个）	R&D人员全时当量（人年）	R&D经费内部支出（万元）	R&D项目数（个）	新产品项目数（个）
全 省	**123**	**1707**	**88264**	**217**	**212**
长沙市	29	421	11410	67	51
株洲市	37	296	11714	47	43
湘潭市	3	60	2264	17	22
衡阳市	3	114	34309	5	4
邵阳市	4	92	3077	7	8
岳阳市	8	333	12180	23	32
常德市	17	202	7717	24	19
张家界市					
益阳市	2	14	74	2	2
郴州市	5	56	3687	9	21
永州市	11	31	464	11	4
怀化市					
娄底市	3	87	1362	4	5
湘西州	1	1	7	1	1

制造业企业科技活动情况

新产品项目数（个）	开发新产品经费（万元）	新产品销售收入（万元）	#出口	专利申请（件）	#发明专利	有效发明专利（件）
212	**102699**	**3368664**	**95287**	**310**	**153**	**206**
10	3510	33021		22	9	12
14	11898	56943	8185	29	9	16
22	6127	242284		87	42	47
1	60					
8	920	9557		16	4	
5	3164	8170		6	2	2
49	10256	94081	16571	12	7	6
30	15257	460079	1922	37	27	75
42	6810	40730	8246	17	11	18
11	34148	2263510	878	34	18	11
6	470	1794		10	6	
12	8022	158494	59486	39	18	18
2	2058			1		1

制造业企业科技活动情况

开发新产品经费（万元）	新产品销售收入（万元）	#出口	专利申请（件）	#发明专利	有效发明专利（件）
102699	**3368664**	**95287**	**310**	**153**	**206**
14659	95507	9619	124	65	66
11909	46314	24140	50	16	11
2766	4901	120	9	9	8
34293	2294760		2		1
2176	29040		13	2	6
16297	569867	1922	45	30	86
5997	168858		27	9	7
74	5665		6	5	5
10411	84216	49266	22	8	11
247					
3862	69527	10220	12	9	5
7	9				

2-18 规模以上文化制造业企业生产经营及研发情况

分组	法人单位数(个)	年末从业人员(人)	主营业务收入(万元)	R&D经费(万元)	新产品销售收入(万元)
合计	**1349**	**328661**	**21392661**	**88264**	**3368664**
按企业规模分组					
大型	12	31383	4373444	45789	2892163
中型	303	146121	5328490	20540	229146
小型	1029	150752	11681200	21936	247355
微型	5	405	9527		
按企业类型分组					
内资企业	1285	300955	17062657	44902	858737
#国有企业	5	1325	71867	31	
#私营企业	964	229249	12307960	23191	245352
港澳台商投资企业	41	15055	1046662	9861	245097
外商投资企业	23	12651	3283342	33501	2264830

2-19　规模以下文化制造业企业主要财务指标

单位：万元

分　组	企业单位数（个）	年末从业人员（人）	女性	营业收入	主营业务收入	营业税金及附加	主营业务税金及附加	资产总计	实收资本
合　计	**4831**	**168161**	**86567**	**3185343**	**3134709**	**169388**	**166911**	**2237622**	**1071689**
按登记注册类型分									
内资企业	4808	167191	86041	3150801	3100527	168611	166152	2197546	1059639
国有企业	76	1019	424	12211	12203	1194	1177	12149	6748
集体企业	111	2869	1321	46465	45077	1576	1510	43338	15063
股份合作企业	9	273	173	7109	7109	419	419	3533	2535
联营企业	6	89	58	343	320	22	20	1694	247
有限责任公司	324	7991	3532	192369	188164	9110	8887	149743	71814
股份有限公司	50	1492	700	38716	37607	1366	1340	37220	20196
私营公司	4001	147275	76927	2711967	2681470	149407	147466	1865831	901142
其他企业	231	6183	2906	141622	128576	5517	5333	84038	41895
港、澳、台商投资企业	12	360	198	25141	25141	588	588	18748	3438
外商投资企业	11	610	328	9401	9041	189	171	21328	8612
按企业控股情况分									
国有控股	135	1977	772	37123	37110	2697	2662	20786	11953
集体控股	130	3325	1541	56642	55231	2048	1980	47754	17459
私人控股	4357	157708	81610	2967582	2920270	160565	158238	2067474	993873
港澳台商控股	9	219	130	22664	22664	533	533	17227	2925
外商控股	6	358	170	6450	6450	109	109	18430	6887
其他	194	4574	2344	94883	92984	3436	3389	65951	38592

2-20　按类别分规模以下文化制造业企业主要财务指标

单位：万元

类　别	企业单位数（个）	年末从业人员（人）	女性	营业收入	主营业务收入	营业税金及附加	主营业务税金及附加	资产总计	实收资本
合　计	**4831**	**168161**	**86567**	**3185343**	**3134709**	**169388**	**166911**	**2237622**	**1071689**
工艺美术品的制造	669	14850	7095	283068	277240	12364	11689	206298	105330
园林、陈设艺术及其他陶瓷制品制造	87	2324	692	46901	44970	3470	3226	39392	16781
印刷复制服务	1504	29597	12601	776185	770022	27112	26647	597835	309280
办公用品的制造	59	1148	483	28152	27771	973	969	27720	11602
乐器的制造	11	243	128	4001	4001	112	112	2471	516
玩具的制造	129	3643	2637	64796	63009	2307	2287	43655	27598
游艺器材及娱乐用品的制造	14	385	172	8393	8268	262	261	3548	3072
视听设备的制造	12	198	108	7957	7190	379	352	6721	2910
焰火、鞭炮产品制造	2181	112048	61169	1872574	1839175	119290	118258	1224116	547104
文化用纸的制造	77	1777	609	39137	39001	1698	1695	37573	20042
文化用油墨颜料的制造	16	262	96	8776	8776	270	270	6394	3348
文化用化学品的制造									
其他文化用品的制造	13	222	106	3887	3876	145	145	4197	2698
印刷专用设备的制造	22	417	156	14176	14107	442	436	11366	7014
广播电视电影专用设备的制造	27	874	440	22183	22145	348	348	20305	11193
其他文化专用设备的制造	10	173	75	5158	5158	217	217	6032	3204

2-21 按类别分文化批发和零售业主要指标

单位：万元

类别	企业单位数（个）	年末从业人员（人）	营业收入	主营业务收入	营业税金及附加	主营业务税金及附加	资产总计	实收资本
总计	**3422**	**53262**	**4086839**	**4059574**	**69388**	**68241**	**2466261**	**1047289**
发行服务	427	10100	1120063	1115998	12861	12419	1000900	426651
工艺美术品的销售	31	306	27804	27790	1802	1802	13837	5690
文化贸易代理与拍卖服务	77	937	77640	77464	1294	1289	49135	16296
文具乐器照相器材的销售	10	234	9136	9113	319	314	2664	1863
文化用家电的销售	795	10887	518575	515452	11012	10900	351897	164792
其他文化用品的销售	861	9839	688117	685370	13009	12883	332758	136020
广播电视电影专用设备的批发	437	7739	744829	730110	10515	10440	228313	106753
舞台照明设备的批发	784	13220	900676	898278	18577	18194	486758	189224

2-22 按地区分文化批发和零售业主要指标

单位：万元

地区	企业单位数（个）	年末从业人员（人）	营业收入	主营业务收入	营业税金及附加	主营业务税金及附加	资产总计	实收资本
全省	**3422**	**53262**	**4086839**	**4059574**	**69388**	**68241**	**2466261**	**1047289**
长沙市	1287	21609	2334925	2327360	29115	28496	1507049	525948
株洲市	83	1070	63677	63625	1110	1100	46734	19948
湘潭市	108	1504	57206	56913	1245	1216	45576	20655
衡阳市	157	3402	219692	206983	3930	3825	137009	92853
邵阳市	136	1937	138921	138665	1335	1323	120304	45430
岳阳市	225	5589	341358	338983	11359	11291	146393	75332
常德市	458	4617	175247	174133	4544	4471	95019	53435
张家界市	35	862	24685	24620	267	266	14854	8801
益阳市	370	5002	238901	238052	4498	4458	117857	65578
郴州市	216	2625	147368	146673	5265	5160	75056	44970
永州市	54	911	120386	119912	2707	2679	48390	25805
怀化市	78	1433	67819	67318	804	794	35840	22573
娄底市	162	2108	119035	118964	2943	2905	53212	32182
湘西州	53	593	37618	37373	267	258	22971	13779

2-23　限额以上文化批发和零售业企业基本情况

单位：万元

分　组	企　业单位数（个）	年末从业人员（人）	资产总计	营业收入	主营业务收入	营业税金及附加	主营业务税金及附加	营业利润	应　交增值税
合　计	**401**	**18626**	**1544392**	**2835458**	**2816726**	**28688**	**27914**	**180143**	**54200**
按登记注册类型分									
内资企业	397	18381	1507378	2768289	2761595	28442	27668	173320	53108
国有企业	33	1685	114435	230567	230186	3117	3008	21790	1337
集体企业									
股份合作企业									
联营企业									
有限责任公司	122	9003	982188	1414157	1410263	11228	10941	73905	34312
股份有限公司	26	1845	66889	263221	262953	1471	1469	11715	1920
私营公司	215	5818	343393	858997	856845	12624	12249	65876	15513
其他企业	1	30	473	1348	1348	2	1	34	26
港、澳、台商投资企业	4	245	37014	67169	55131	246	246	6823	1092
外商投资企业									
按企业控股情况分									
国有控股	105	8361	994407	1382135	1379827	9438	9067	87614	29665
集体控股	6	298	34391	53090	40908	**153**	**135**	**6919**	**354**
私人控股	271	8136	456849	1132114	1129913	17682	17306	80156	20440
港澳台商控股	2	60	8334	19117	19117	156	156	825	541
外商控股									
其他	17	1771	50412	249002	246962	1260	1251	4630	3199

2-24　按类别分限额以上文化批发和零售业企业基本情况

单位：万元

类　别	企　业单位数（个）	亏损企业	年　末从业人员（人）	女性	资产总计	营业收入	营业成本	营业税金及附加	利润总额
合　计	**401**	**40**	**18626**	**10317**	**1544392**	**2835458**	**2314727**	**28688**	**128554**
发行服务	123	5	6270	2894	878953	983857	771968	9274	67338
工艺美术品的销售	1		23	9	360	16109	12162	1176	1537
文化贸易代理与拍卖服务	6		214	96	35778	58051	47685	813	3097
文具乐器照相器材的销售	2		114	53	1468	5864	4899	174	7
文化用家电的销售	46	9	2073	1414	114635	219003	190689	1744	3809
其他文化用品的销售	64	7	1607	935	148310	390813	337980	3488	4856
广播电视电影专用设备的批发	118	14	4782	2699	154763	626201	531598	6640	13341
舞台照明设备的批发	41	5	3543	2217	210125	535560	417747	5380	34570

2-25 按类别分限额以上文化

类别	企业单位数(个)	固定资产原价	本年折旧	主营业务收入	主营业务成本
合计	**401**	**193731**	**14558**	**2816726**	**2288323**
发行服务	123	98087	6977	980973	764005
工艺美术品的销售	1	300	28	16109	12162
文化贸易代理与拍卖服务	6	3081	369	58051	47685
文具乐器照相器材的销售	2	199	16	5864	4899
文化用家电的销售	46	19291	1052	218579	190289
其他文化用品的销售	64	18391	1287	389640	335853
广播电视电影专用设备的批发	118	29943	2349	612066	524753
舞台照明设备的批发	41	24440	2480	535443	408677

2-26 分地区限额以上文化批发和

地区	企业单位数(个)	固定资产原价	本年折旧	主营业务收入	主营业务成本
全省	**401**	**193731**	**14558**	**2816726**	**2288323**
长沙市	127	58093	4958	1708254	1428253
株洲市	17	18295	2056	46095	33143
湘潭市	17	7009	384	39320	30765
衡阳市	37	24094	1258	181188	137841
邵阳市	18	13417	565	82233	53830
岳阳市	43	21553	1699	222701	171662
常德市	12	3704	264	42833	33845
张家界市	10	1276	49	19450	15704
益阳市	32	10831	549	124467	106025
郴州市	25	12383	571	97863	76179
永州市	17	8155	1335	102887	84234
怀化市	17	4315	239	44296	33578
娄底市	19	5793	332	79125	62748
湘西州	10	4813	300	26013	20515

批发和零售业企业主要财务指标

单位：万元

主营业务税金及附加	营业利润	营业外收入	#补贴收入	应付职工薪酬	应交增值税
27914	**180143**	**6556**	**1959**	**104364**	**54200**
8862	76580	2218	1539	49729	17049
1176	1537			47	569
813	3831	6		791	1704
174	25			432	195
1735	7743	991	11	6032	2472
3445	29546	65	29	5033	8783
6585	29713	77	23	15995	6145
5125	31170	3198	356	26304	17283

零售业企业主要财务指标

单位：万元

主营业务税金及附加	营业利润	营业外收入	#补贴收入	应付职工薪酬	应交增值税
27914	**180143**	**6556**	**1959**	**104364**	**54200**
11767	94537	5956	1921	61911	38246
626	3158	1		3279	377
639	728	455	2	2614	1903
3055	17920	8	4	7404	1624
135	11379	18	1	4588	449
5419	16660	9	3	5125	5408
195	2197	2	1	1946	648
64	1167	3	1	816	101
642	7137	67	22	5032	814
1318	8038	22	2	3911	1327
1733	7056	8	2	1769	2531
183	2653	5	1	2624	255
2083	5359	2		2213	487
55	2155	1	1	1132	30

2-27 分地区限额以上文化批发和零售业企业基本情况

单位：万元

地区	企业单位数（个）	亏损企业	年末从业人员（人）	女性	资产总计	营业收入	营业成本	营业税金及附加	利润总额
全省	**401**	**40**	**18626**	**10317**	**1544392**	**2835458**	**2314727**	**28688**	**128554**
长沙市	127	19	8389	4665	1031866	1712813	1441826	12245	71079
株洲市	17	2	499	288	35884	46117	33352	630	2310
湘潭市	17	3	699	421	23611	39402	30775	639	906
衡阳市	37	4	1946	877	111010	193289	144115	3132	9506
邵阳市	18		859	489	61207	82416	57222	139	6936
岳阳市	43	5	1382	816	66110	222880	171701	5440	7848
常德市	12	2	458	264	19614	43046	33890	204	2116
张家界市	10	1	235	111	9063	19497	16465	66	921
益阳市	32	1	1486	1001	42896	124676	106500	664	5077
郴州市	25	1	879	479	42426	98168	76919	1400	8102
永州市	17		484	251	34533	103359	85071	1762	5866
怀化市	17	1	485	255	21084	44432	33581	191	2181
娄底市	19		598	301	29192	79139	62751	2113	4607
湘西州	10	1	227	99	15898	26225	20559	63	1102

2-28　限额以下文化批发和零售业企业主要财务指标

单位：万元

分组	企业单位数(个)	年末从业人员(人)	女性	营业收入	主营业务收入	营业税金及附加	主营业务税金及附加	资产总计	实收资本
合　计	**3021**	**34636**	**17182**	**1251381**	**1242848**	**40700**	**40327**	**921869**	**500421**
按登记注册类型分									
内资企业	3016	34541	17129	1250181	1241648	40614	40240	913308	496012
国有企业	27	334	182	4342	4342	158	158	3473	2638
集体企业	14	154	73	2879	2879	149	149	1948	926
股份合作企业	6	104	63	1306	1306	16	16	2417	2181
联营企业	6	61	19	1435	1435	73	73	1765	237
有限责任公司	436	4889	2540	250381	249788	6004	5975	169484	91163
股份有限公司	67	1117	625	40591	40095	1245	1225	58105	15311
私营公司	2278	25468	12525	885692	880695	30490	30200	642757	363184
其他企业	182	2414	1102	63555	61108	2478	2444	33358	20374
港、澳、台商投资企业	3	72	42	536	536	64	64	8377	4339
外商投资企业	2	23	11	664	664	23	23	185	71
按企业控股情况分									
国有控股	44	551	300	10985	10930	305	297	10896	8033
集体控股	29	289	129	8486	8485	214	214	4243	2468
私人控股	2688	30526	15144	1078621	1071148	35574	35248	809739	442201
港澳台商控股	3	72	42	536	536	64	64	8377	4339
外商控股	2	23	11	664	664	23	23	185	71
其他	255	3175	1556	152089	151085	4522	4482	88430	43310

2-29　按类别分限额以下文化批发和零售业企业主要财务指标

单位：万元

类别	企业单位数(个)	年末从业人员(人)	女性	营业收入	主营业务收入	营业税金及附加	主营业务税金及附加	资产总计	实收资本
合　计	**3021**	**34636**	**17182**	**1251381**	**1242848**	**40700**	**40327**	**921869**	**500421**
发行服务	304	3830	1845	136207	135024	3587	3557	121948	73718
工艺美术品的销售	30	283	133	11694	11680	626	626	13477	5490
文化贸易代理与拍卖服务	71	723	259	19589	19413	481	476	13357	9343
文具乐器照相器材的销售	8	120	41	3272	3249	145	140.3	1195.5	645.4
文化用家电的销售	749	8814	4865	299571	296873	9267.5	9165	237262	139990
其他文化用品的销售	797	8232	3758	297303	295730	9521	9438	184448	104387
广播电视电影专用设备的批发	319	2957	1388	118628	118044	3875	3855	73549	38399
舞台照明设备的批发	743	9677	4893	365116	362835	13197	13069	276633	128450

2-30 按类别分文化

类 别	单位数(个)	规上企业	规下企业	事业单位
总 计	**26376**	**476**	**17813**	**2406**
新闻服务	59	2	12	33
出版服务	190	34	66	73
广播电视服务	424	9	60	337
电影和影视录音服务	413	43	274	83
文艺创作与表演服务	616	13	220	129
图书馆与档案馆服务	233		6	212
文化遗产保护服务	329	2	27	243
群众文化服务	999	1	150	478
文化研究和社团服务	1814		32	200
文化艺术培训服务	713	2	162	78
其他文化艺术业服务	417	3	312	39
互联网信息服务	781	9	651	22
增值电信服务(文化部分)	17	4	11	1
广播电视传输服务	490	87	139	203
广告服务	4007	54	3799	7
文化软件服务	308	36	271	
建筑设计服务	754	78	610	45
专业设计服务	712	11	667	16
景区游览服务	520	40	291	158
娱乐休闲服务	9960	32	7566	28
摄影扩印服务	397	4	335	
版权服务	16		12	3
文化经纪代理服务	207		195	5
文化出租服务	27	1	22	
会展服务	209	5	195	5
其他文化辅助服务	1764	6	1728	8

服务业主要指标

其他单位	年　末 从业人员 （人）	规上企业	规下企业	事业单位	其他单位
5681	**382274**	**56550**	**195292**	**55641**	**74791**
12	1456	440	118	794	104
17	11113	7537	1008	2328	240
18	18205	2907	1307	13589	402
13	10516	2889	5406	1947	274
254	16898	1312	5128	3489	6969
15	3427		135	3184	108
57	6530	211	352	4690	1277
370	12767	31	1439	3968	7329
1582	33374		462	2872	30040
471	11380	177	2463	2807	5933
63	6067	199	4370	501	997
99	11014	2052	8034	169	759
1	389	172	187	25	5
61	16795	9332	3022	4042	399
147	44625	1953	40767	234	1671
1	5883	3054	2808		21
21	22664	13197	8071	1266	130
18	9437	1068	7427	722	220
31	22440	6112	7626	8385	317
2334	88716	2678	69221	381	16436
58	5564	348	4434		782
1	99		81	14	4
7	2948		2812	66	70
4	349	14	289		46
4	2677	159	2391	86	41
22	16941	708	15934	82	217

2-31 分地区限额以下文化批发和零售业企业主要财务指标

单位：万元

地区	企业单位数(个)	年末从业人员(人)	#女性	营业收入	#主营业务收入	营业税金及附加	#主营业务税金及附加	资产总计	实收资本
全省	**3021**	**34636**	**17182**	**1251381**	**1242848**	**40700**	**40327**	**921869**	**500422**
长沙市	1160	13220	6504	622112	619105	16870	16729	475183	242862
株洲市	66	571	252	17560	17531	480	474	10850	5825
湘潭市	91	805	443	17805	17592	606	577	21965	11307
衡阳市	120	1456	791	26404	25795	798	770	25999	20463
邵阳市	118	1078	606	56505	56431	1196	1188	59098	18745
岳阳市	182	4207	1796	118478	116281	5919	5872	80283	46185
常德市	446	4159	2241	132201	131299	4340	4276	75405	47093
张家界市	25	627	489	5188	5170	201	201	5790	2978
益阳市	338	3516	1668	114225	113585	3835	3816	74961	48311
郴州市	191	1746	837	49201	48811	3865	3842	32630	21162
永州市	37	427	229	17026	17025	945	945	13858	6293
怀化市	61	948	493	23387	23023	613	612	14756	10287
娄底市	143	1510	618	39897	39839	830	822	24020	14311
湘西州	43	366	215	11393	11361	204	203	7073	4600

2-32　分地区文化服务业主要指标

类　别	单位数(个)	规上企业	规下企业	事业单位	其他单位	年末从业人员(人)	规上企业	规下企业	事业单位	其他单位
全　省	**26376**	**476**	**17813**	**2406**	**5681**	**382274**	**56550**	**195292**	**55641**	**74791**
长沙市	7492	227	6257	311	697	124181	32924	61992	13727	15538
株洲市	943	27	714	90	112	13766	3316	6118	2765	1567
湘潭市	866	10	551	86	219	12943	1420	5447	3904	2172
衡阳市	2600	31	1783	263	523	31275	2031	18225	4568	6451
邵阳市	1319	12	594	177	536	16022	1157	4043	3524	7298
岳阳市	2002	43	1499	111	349	43093	3289	29818	3539	6447
常德市	2073	35	1356	190	492	29393	2528	18207	3593	5065
张家界市	457	9	261	77	110	7784	1422	4072	1060	1230
益阳市	1793	18	1161	119	495	24149	1386	15010	2401	5352
郴州市	1611	16	1084	153	358	22187	1717	10991	4680	4799
永州市	902	9	350	159	384	10765	1445	3598	3003	2719
怀化市	1229	13	570	278	368	13866	1155	5835	3737	3139
娄底市	1135	8	593	78	456	14990	691	6298	1892	6109
湘西州	1954	18	1040	314	582	17860	2069	5638	3248	6905

2-33　分地区文化服务业企业基本情况

地　区	企业单位数(个)	规上	年末从业人员(人)	规上	资产总计(万元)	规上
全　省	**18289**	**476**	**251842**	**56550**	**14190797**	**8061936**
长沙市	6484	227	94916	32924	9585937	6338984
株洲市	741	27	9434	3316	454880	345609
湘潭市	561	10	6867	1420	335379	142591
衡阳市	1814	31	20256	2031	439357	90596
邵阳市	606	12	5200	1157	213794	99572
岳阳市	1542	43	33107	3289	600121	170901
常德市	1391	35	20735	2528	363326	91782
张家界市	270	9	5494	1422	808844	317054
益阳市	1179	18	16396	1386	320590	65577
郴州市	1100	16	12708	1717	328884	91421
永州市	359	9	5043	1445	130242	55699
怀化市	583	13	6990	1155	171764	73263
娄底市	601	8	6989	691	130122	41974
湘西州	1058	18	7707	2069	307558	136914

2-34 按类别分文化服务业企业主要财务指标

单位：万元

类别	企业单位数(个)	年末从业人员(人)	营业收入	主营业务收入	营业税金及附加	主营业务税金及附加	资产总计
总计	**18289**	**251842**	**6082657**	**5673080**	**215524**	**211321**	**14190797**
新闻服务	14	`558	11908	11573	326	320	13875
出版服务	100	8545	450486	444190	7882	7807	2048614
广播电视服务	69	4214	691635	381870	2552	2497	1538789
电影和影视录音服务	317	8295	207667	200903	6438	5690	1540386
文艺创作与表演服务	233	6440	80815	77352	3508	3427	243184
图书馆与档案馆服务	6	135	2115	2112	153	153	1377
文化遗产保护服务	29	563	5505	5269	162	156	28457
群众文化服务	151	1470	23591	23472	831	825	41300
文化研究和社团服务	32	462	8675	8672	422	405	7492
文化艺术培训服务	164	2640	37610	33970	1228	1211	28647
其他文化艺术业服务	315	4569	88979	88435	3747	3717	132645
互联网信息服务	660	10086	199002	195713	5978	5904	583565
增值电信服务(文化部分)	15	359	7279	7209	263	261	16352
广播电视传输服务	226	12354	289736	288355	7077	6607	814620
广告服务	3853	42720	1144873	1129999	66383	65510	1408736
文化软件服务	307	5862	136362	134352	2787	2744	312049
建筑设计服务	688	21268	733050	727855	23276	23196	1155193
专业设计服务	678	8495	220447	219038	8951	8803	243844
景区游览服务	331	13738	223358	197016	6797	6580	1947423
娱乐休闲服务	7598	71899	954787	940115	44335	43413	1050590
摄影扩印服务	339	4782	71984	69277	3162	3110	69330
版权服务	12	81	1041	878	44	33	6250
文化经纪代理服务	195	2812	57020	56080	2980	2934	52460
文化出租服务	23	303	8866	8710	445	440	5071
会展服务	200	2550	45404	45270	1492	1484	135339
其他文化辅助服务	1734	16642	380470	375395	14307	14094	765209

2-35　分地区文化服务业企业主要财务指标

单位：万元

地　区	企　业单位数（个）	年　末从业人员（人）	营业收入	主营业务收入	营业税金及附加	主营业务税金及附加	资产总计
全　省	**18289**	**251842**	**6082657**	**5673080**	**215524**	**211321**	**14190797**
长沙市	6484	94916	3561222	3215516	108693	107164	9585937
株洲市	741	9434	185499	183575	6644	6392	454880
湘潭市	561	6867	126134	124889	5628	5517	335379
衡阳市	1814	20256	259807	254332	13057	12253	439357
邵阳市	606	5200	74330	72417	2426	2384	213794
岳阳市	1542	33107	634654	627718	30083	29306	600121
常德市	1391	20735	396387	392434	15200	15069	363326
张家界市	270	5494	89104	83772	3852	3751	808844
益阳市	1179	16396	244763	240048	9628	9477	320590
郴州市	1100	12708	149667	146831	7838	7728	328884
永州市	359	5043	57236	54679	2256	2210	130242
怀化市	583	6990	117016	115901	4044	4011	171764
娄底市	601	6989	93254	88296	3496	3445	130122
湘西州	1058	7707	93586	72670	2681	2616	307558

2-36　规模以上文化服务业企业基本情况

单位：万元

分　组	企　业单位数（个）	年　末从业人员（人）	资产总计	营业收入	主营业务收入	营业税金及附加	主营业务税金及附加	营业利润	应　交增值税
合　计	**476**	**56550**	**8061936**	**2752520**	**2422700**	**74349**	**73107**	**464299**	**43730**
按登记注册类型分									
内资企业	464	54988	7958287	2709985	2380243	72673	71431	454351	43690
国有企业	60	13444	2122197	1154415	843830	38953	38863	278651	11889
集体企业	1	144	432	1999	1999	112	112	-206	
股份合作企业									
联营企业									
有限责任公司	220	23977	2283985	841752	829978	20290	19241	97422	17021
股份有限公司	32	7237	3004069	384429	379100	5517	5430	55702	11689
私营公司	146	9495	530501	312884	310831	7134	7118	21885	2834
其他企业	5	691	17102	14506	14506	667	667	897	258
港、澳、台商投资企业	6	606	28554	10772	10698	380	380	-1452	-28
外商投资企业	6	956	75095	31764	31758	1296	1296	11400	68
按企业控股情况分									
国有控股	193	31475	6564923	1980792	1661007	53877	52984	397730	30898
集体控股	10	788	22837	15821	15573	385	335	394	317
私人控股	215	16701	1018784	562214	558618	14161	13990	42738	9969
港澳台商控股	5	520	28115	10338	10265	329	329	-1089	-28
外商控股	3	362	13338	11663	11663	413	413	5173	1
其他	50	6704	413940	171693	165575	5184	5057	19354	2574

2-37 按类别分规模以上文化服务业企业基本情况

单位：万元

类别	企业单位数（个）	亏损企业	年末从业人员（人）	女性	资产总计	营业收入	营业成本	营业税金及附加	利润总额
合计	**476**	**118**	**56550**	**21234**	**8061936**	**2752525**	**1572378**	**74349**	**491528**
新闻服务	2	1	440	204	12648	9772	4732	225	657
出版服务	34	6	7537	3160	2028609	432827	303480	7387	64692
广播电视服务	9	3	2907	1246	1310102	667702	293357	1609	253201
电影和影视录音服务	43	21	2889	1404	1290327	138683	60642	3472	17432
文艺创作与表演服务	13	4	1312	709	49686	20323	10234	578	1895
图书馆与档案馆服务									
文化遗产保护服务	2	1	211	131	13962	1225	880	7	-131
群众文化服务	1		31	12	587	2656	976	6	153
文化研究和社团服务									
文化艺术培训服务	2		177	105	348	1610	983	54	6
其他文化艺术业服务	3		199	113	3749	4679	3717	44	72
互联网信息服务	9	4	2052	1070	148903	65316	35504	1357	10039
增值电信服务(文化部分)	4	2	172	58	8498	2755	2027	87	-55
广播电视传输服务	87	8	9332	2743	687459	236609	127176	5266	45833
广告服务	54	9	1953	805	453122	253993	154045	28899	11033
文化软件服务	36	12	3054	970	192357	84659	54313	1249	3104
建筑设计服务	78	11	13197	3364	855383	590972	405964	16965	59934
专业设计服务	11	1	1068	352	73622	60176	42339	1467	7624
景区游览服务	40	17	6112	2727	680332	86149	31483	2554	1518
娱乐休闲服务	32	8	2678	1316	115260	55823	18376	2341	12071
摄影扩印服务	4	4	348	175	2505	3182	538	148	-356
版权服务									
文化经纪代理服务									
文化出租服务	1		14	5	1513	3516	2010	197	449
会展服务	5	5	159	66	85170	7220	3652	152	532
其他文化辅助服务	6	1	708	499	47792	22678	15953	285	1827

2-38　分地区规模以上文化服务业企业基本情况

单位：万元

地　区	企　业单位数(个)	亏损企业	年　末从业人员(人)	女性	资产总计	营业收入	营业成本	营业税金及附加	利润总额
全　省	**476**	**118**	**56550**	**21234**	**8061936**	**2752520**	**1572378**	**74349**	**491528**
长沙市	227	64	32924	12591	6338984	2243146	1300883	60750	422282
株洲市	27	3	3316	1202	345609	87770	41935	2904	16570
湘潭市	10	2	1420	419	142591	51948	22299	1314	5245
衡阳市	31	6	2031	739	90596	41937	20791	989	9189
邵阳市	12		1157	326	99572	20771	10159	506	3139
岳阳市	43	9	3289	1142	170901	96376	60143	2218	14226
常德市	35	10	2528	901	91782	37365	22145	1180	3387
张家界市	9	4	1422	705	317054	41732	11521	1010	694
益阳市	18	4	1386	457	65577	23955	16331	624	1926
郴州市	16	3	1717	655	91421	28945	18770	687	10786
永州市	9	2	1445	516	55699	12703	6865	304	825
怀化市	13	1	1155	349	73263	24692	16364	561	1876
娄底市	8	4	691	291	41974	13731	8021	404	1178
湘西州	18	6	2069	941	136914	27450	16154	899	206

2-39 按类别分规模以上文化服务业企业主要财务指标

单位：万元

类别	企业单位数(个)	固定资产原价	本年折旧	主营业务收入	主营业务成本	主营业务税金及附加	营业利润	应付职工薪酬	应交增值税
合计	**476**	**2007820**	**161645**	**2422700**	**1532093**	**73107**	**464299**	**381163**	**43730**
新闻服务	2	3311	403	9496	4520	223	-404	2327	170
出版服务	34	255545	12541	426597	301356	7316	58112	64502	8979
广播电视服务	9	204107	30353	358128	265207	1579	253176	44119	5257
电影和影视录音服务	43	103264	8571	134018	59353	2969	14054	17773	1603
文艺创作与表演服务	13	41311	5359	20045	10224	577	17	5497	8
图书馆与档案馆服务									
文化遗产保护服务	2	3178	371	1111	880	7	-131	544	
群众文化服务	1	148	19	2621	976	6	153	242	
文化研究和社团服务									
文化艺术培训服务	2	365	58	1610	983	54	13	955	
其他文化艺术业服务	3	2084	109	4679	3717	44	73	678	73
互联网信息服务	9	107183	5540	65316	35504	1357	9631	12900	562
增值电信服务(文化部分)	4	1526	61	2755	2027	87	-96	1176	72
广播电视传输服务	87	696181	59213	235516	123402	4813	46054	43298	7672
广告服务	54	52947	7278	253227	153599	28871	14001	11410	4276
文化软件服务	36	27223	2062	83325	53439	1225	496	18403	2302
建筑设计服务	78	105020	8191	587371	403283	16907	53147	113786	12018
专业设计服务	11	14858	1029	60175	42339	1467	7133	8756	460
景区游览服务	40	194789	11873	84546	31147	2511	-3933	20086	56
娱乐休闲服务	32	104054	6171	55614	17984	2316	11961	9284	73
摄影扩印服务	4	2391	174	3137	538	148	-356	1425	1
版权服务									
文化经纪代理服务									
文化出租服务	1	54	11	3516	2010	197	449	63	
会展服务	5	84439	1861	7220	3652	152	-790	935	72
其他文化辅助服务	6	3844	397	22678	15953	283	1540	3003	76

2-40　分地区规模以上文化服务业企业主要财务指标

单位：万元

地区	企业单位数(个)	固定资产原价	本年折旧	主营业务收入	主营业务成本	主营业务税金及附加	营业利润	应付职工薪酬	应交增值税
全省	**476**	**2007820**	**161645**	**2422700**	**1532093**	**73107**	**464299**	**381163**	**43730**
长沙市	227	1077719	83413	1918736	1266700	60291	405198	282780	28626
株洲市	27	191871	15256	87191	41859	2890	16846	18587	572
湘潭市	10	53696	3929	51750	22299	1259	5000	5858	1443
衡阳市	31	81952	6815	40963	19125	581	9523	8702	7336
邵阳市	12	74290	4308	20616	9359	503	3024	4445	50
岳阳市	43	63005	5022	95594	59787	2038	14116	17340	4774
常德市	35	97244	11892	37115	20872	1102	3413	9154	73
张家界市	9	75284	10247	40646	11195	988	-1947	6084	91
益阳市	18	36719	2257	23887	16098	622	2060	4248	58
郴州市	16	72353	4847	28798	18677	687	2181	5812	74
永州市	9	54585	3163	12372	6829	304	1035	3810	160
怀化市	13	46266	4310	24656	16215	561	3063	4225	312
娄底市	8	31292	2984	13188	6949	392	1213	2736	144
湘西州	18	51546	3203	27189	16130	890	-426	7383	16

2-41　规模以下文化服务业企业主要财务指标

单位：万元

分组	企业单位数(个)	年末从业人员(人)	女性	营业收入	主营业务收入	营业税金及附加	主营业务税金及附加	资产总计	实收资本
合计	**17813**	**195292**	**87704**	**3330137**	**3250380**	**141175**	**138214**	**6128861**	**2580708**
按登记注册类型分									
内资企业	17789	194538	87331	3322949	3243288	140731	137773	6031813	2564433
国有企业	166	5427	2337	70612	65341	2628	2475	409759	91431
集体企业	44	636	372	8034	7589	340	338	6193	2746
股份合作企业	33	601	281	10540	10211	488	477	9460	5388
联营企业	16	283	129	6922	6901	290	289	5221	2523
有限责任公司	3154	38994	16643	821800	789298	31626	31084	2602635	797972
股份有限公司	308	4532	1748	54715	54269	2258	2218	157186	99836
私营公司	12938	131965	60192	2177324	2144521	95306	93209	2675986	1464433
其他企业	1130	12100	5629	173003	165159	7795	7683	165373	100104
港、澳、台商投资企业	15	402	213	4103	4057	227	225	19076	11168
外商投资企业	9	352	160	3086	3035	218	217	77972	5107
按企业控股情况分									
国有控股	349	10426	4189	224668	194247	6153	5878	1249165	306754
集体控股	140	3156	1394	39728	38615	1730	1671	90031	38291
私人控股	15595	160837	72796	2680598	2639303	118469	116001	3541952	1847240
港澳台商控股	9	198	111	2329	2283	127	125	18007	10786
外商控股	6	278	122	2773	2766	173	173	76971	3220
其他	1714	20397	9092	380042	373165	14524	14367	1152735	374417

2-42 按类别分规模以下文化服务业企业主要财务指标

单位：万元

类别	企业单位数(个)	年末从业人员(人)	女性	营业收入	主营业务收入	营业税金及附加	主营业务税金及附加	资产总计	实收资本
合计	**17813**	**195292**	**87704**	**3330137**	**3250380**	**141175**	**138214**	**6128861**	**2580708**
新闻服务	12	118	51	2136	2078	101	98	1227	541
出版服务	66	1008	450	17659	17593	495	491	20005	12972
广播电视服务	60	1307	572	23933	23742	942	917	228687	156002
电影和影视录音服务	274	5406	2591	68984	66885	2965	2721	250060	72450
文艺创作与表演服务	220	5128	2832	60492	57307	2930	2850	193498	73231
图书馆与档案馆服务	6	135	73	2115	2112	153	153	1377	860
文化遗产保护服务	27	352	159	4280	4158	155	150	14494	6628
群众文化服务	150	1439	639	20935	20851	825	819	40712	28171
文化研究和社团服务	32	462	190	8675	8672	422	405	7492	4127
文化艺术培训服务	162	2463	1432	36000	32361	1174	1156	28299	20717
其他文化艺术业服务	312	4370	1991	84300	83757	3703	3674	128896	97162
互联网信息服务	651	8034	3201	133686	130397	4622	4547	434663	140901
增值电信服务（文化部分）	11	187	81	4524	4454	175	174	7854	7056
广播电视传输服务	139	3022	1125	53127	52840	1810	1794	127161	44574
广告服务	3799	40767	16948	890880	876772	37484	36640	955614	489871
文化软件服务	271	2808	1076	51703	51027	1538	1519	119693	65057
建筑设计服务	610	8071	2971	142078	140484	6311	6289	299810	131521
专业设计服务	667	7427	2763	160271	158863	7484	7336	170221	118409
景区游览服务	291	7626	2999	137209	112471	4243	4070	1267090	177817
娱乐休闲服务	7566	69221	33579	898964	884502	41994	41096	935330	564332
摄影扩印服务	335	4434	2376	68802	66140	3014	2963	66824	41932
版权服务	12	81	29	1041	878	44	33	6250	558
文化经纪代理服务	195	2812	1204	57020	56080	2980	2934	52460	34325
文化出租服务	22	289	134	5350	5194	248	243	3557	1917
会展服务	195	2391	894	38184	38049	1340	1332	50169	29722
其他文化辅助服务	1728	15934	7344	357792	352716	14021	13811	717417	259856

2-43　分地区规模以下文化服务业企业主要财务指标

单位：万元

地　区	企　业单位数（个）	年　末从业人员（人）	女性	营业收入	主营业务收入	营业税金及附加	主营业务税金及附加	资产总计	实收资本
全　省	**17813**	**195292**	**87704**	**3330137**	**3250380**	**141175**	**138214**	**6128861**	**2580708**
长沙市	6257	61992	27517	1318076	1296780	47944	46873	3246953	1166506
株洲市	714	6118	2853	97729	96384	3740	3502	109270	51979
湘潭市	551	5447	2586	74185	73139	4314	4259	192788	118498
衡阳市	1783	18225	8243	217870	213369	12068	11671	348761	208414
邵阳市	594	4043	1557	53560	51802	1920	1880	114222	82398
岳阳市	1499	29818	12577	538278	532124	27865	27268	429220	307495
常德市	1356	18207	8633	359023	355319	14020	13967	271544	143282
张家界市	261	4072	1983	47372	43127	2842	2763	491790	56112
益阳市	1161	15010	6595	220808	216162	9004	8855	255013	145880
郴州市	1084	10991	5447	120721	118033	7151	7041	237463	99613
永州市	350	3598	1550	44534	42307	1952	1906	74544	39204
怀化市	570	5835	2390	92323	91246	3484	3451	98502	57438
娄底市	593	6298	3286	79523	75108	3092	3053	88147	43722
湘西州	1040	5638	2487	66136	45481	1782	1726	170644	60168

2-44 文化创意和设计服务企业经营情况

分组	法人单位数（个）	年末从业人员（人）	企业平均年末从业人员（人）	主营业务收入（亿元）	企业平均主营业务收入（万元）
合计	**5526**	**78345**	**14**	**221.12**	**400**
按企业规模分					
规上企业	179	19272	108	98.41	5498
规下企业	5347	59073	11	122.71	230
按行业类别分					
广告服务	287	5277	18	12.89	449
文化软件服务	3873	43305	11	113.55	293
建筑设计服务	688	21268	31	72.79	1058
专业设计服务	678	8495	13	21.90	323
按企业类型分					
内资企业	5517	78053	14	220.79	400
#私营企业	3564	42891	12	98.68	277
港澳台商投资企业	4	92	23	0.17	434
外商投资企业	5	200	40	0.16	318
按地区分					
长沙市	2989	41924	14	140.94	472
株洲市	170	2311	14	5.61	330
湘潭市	186	2413	13	6.15	331
衡阳市	301	4084	14	5.27	175
邵阳市	104	694	7	0.80	77
岳阳市	307	7355	24	24.74	806
常德市	422	7703	18	15.90	377
张家界市	78	589	8	0.65	84
益阳市	265	4111	16	7.91	298
郴州市	230	2050	9	3.30	143
永州市	79	866	11	1.18	149
怀化市	113	1728	15	5.07	449
娄底市	164	1734	11	2.98	182
湘西州	118	783	7	0.64	54

2-45 按类别分文化服务业事业单位主要财务指标

单位：万元

类别	单位数(个)	年末从业人员(人)	女性	非企业单位支出(费用)	年末资产
合计	**2406**	**55641**	**23136**	**773076**	**1489210**
新闻服务	33	794	317	12608	21585
出版服务	73	2328	884	61337	122142
广播电视服务	337	13589	5379	222783	369477
电影和影视录音服务	83	1947	740	10001	30630
文艺创作与表演服务	129	3489	1597	28942	58788
图书馆与档案馆服务	212	3184	1752	36533	62507
文化遗产保护服务	243	4690	2103	90443	127441
群众文化服务	478	3968	1846	34606	81862
文化研究和社团服务	200	2872	1117	27117	34048
文化艺术培训服务	78	2807	1484	37173	95804
其他文化艺术业服务	39	501	179	4424	3818
互联网信息服务	22	169	66	2146	2332
增值电信服务(文化部分)	1	25	11	59	265
广播电视传输服务	203	4042	1416	41451	86781
广告服务	7	234	92	2931	4956
文化软件服务					
建筑设计服务	45	1266	349	21915	27381
专业设计服务	16	722	184	32621	25829
景区游览服务	158	8385	3339	99096	325507
娱乐休闲服务	28	381	183	3784	2588
摄影扩印服务					
版权服务	3	14	5	129	106
文化经纪代理服务	5	66	18	1417	657
文化出租服务					
会展服务	5	86	48	669	1611
其他文化辅助服务	8	82	27	893	3094

2-46 分地区文化服务业事业单位主要财务指标

单位：万元

地 区	单位数(个)	年末从业人员(人)	女性	非企业单位支出(费用)	年末资产
全 省	**2406**	**55641**	**23136**	**773076**	**1489210**
长沙市	311	13727	5999	314825	657075
株洲市	90	2765	1385	37147	80272
湘潭市	86	3904	1516	48145	88764
衡阳市	263	4568	1854	34319	71838
邵阳市	177	3524	1375	29130	40599
岳阳市	111	3539	1479	29656	47417
常德市	190	3593	1405	39279	58368
张家界市	77	1060	399	9853	17342
益阳市	119	2401	1011	30458	64840
郴州市	153	4680	1907	48191	106012
永州市	159	3003	1189	25137	64437
怀化市	278	3737	1491	62766	110795
娄底市	78	1892	836	20640	24734
湘西州	314	3248	1290	43531	56717

2-47 按类别分文化服务业其他单位主要财务指标

单位：万元

类别	单位数(个)	年末从业人员(人)	女性	非企业单位支出(费用)	年末资产
合计	**5681**	**74791**	**37407**	**204364**	**251369**
新闻服务	12	104	42	103	67
出版服务	17	240	116	2037	2031
广播电视服务	18	402	133	2464	5489
电影和影视录音服务	13	274	105	399	778
文艺创作与表演服务	254	6969	5296	16298	21534
图书馆与档案馆服务	15	108	61	684	1031
文化遗产保护服务	57	1277	332	4886	15527
群众文化服务	370	7329	5285	11039	6883
文化研究和社团服务	1582	30040	12241	81054	105774
文化艺术培训服务	471	5933	3791	49278	43343
其他文化艺术业服务	63	997	512	4050	4696
互联网信息服务	99	759	260	545	711
增值电信服务(文化部分)	1	5	4		
广播电视传输服务	61	399	125	2583	3688
广告服务	147	1671	680	2747	1049
文化软件服务	1	21	9		
建筑设计服务	21	130	49		
专业设计服务	18	220	97	580	792
景区游览服务	31	317	123	9701	11876
娱乐休闲服务	2334	16436	7569	14510	25288
摄影扩印服务	58	782	366	480	115
版权服务	1	4	1	27	46
文化经纪代理服务	7	70	29	36	15
文化出租服务	4	46	17	56	40
会展服务	4	41	18	47	17
其他文化辅助服务	22	217	146	761	580

2-48 分地区文化服务业其他单位主要财务指标

单位：万元

地 区	单位数（个）	年末从业人员（人）	女性	非企业单位支出（费用）	年末资产
全 省	**5681**	**74791**	**37407**	**204364**	**251369**
长沙市	697	15538	9848	44599	43512
株洲市	112	1567	722	6043	4535
湘潭市	219	2172	1065	10042	7051
衡阳市	523	6451	3013	13228	17001
邵阳市	536	7298	2988	9471	16749
岳阳市	349	6447	2752	21106	45589
常德市	492	5065	2658	37235	28150
张家界市	110	1230	518	1330	1480
益阳市	495	5352	2362	20374	14013
郴州市	358	4799	2035	12709	35682
永州市	384	2719	1083	6231	10993
怀化市	368	3139	1330	6281	3809
娄底市	456	6109	3089	8559	12824
湘西州	582	6905	3944	7157	9982

2-49　按类别分文化产业个体经营户基本情况

类　别	户数 (个)	年　末 从业人员 (人)
合　计	**49030**	**185510**
造纸	28	119
印刷	537	2183
装订及印刷相关服务	1037	3595
记录媒介复制	65	201
文教办公用品制造	56	205
乐器制造	39	186
工艺美术品制造	1053	4234
玩具制造	192	1536
游艺器材及娱乐用品制造	24	119
涂料、油墨、颜料及类似产品制造	6	15
专用化学产品制造	4	14
炸药、火工及焰火产品制造	791	5020
陶瓷制品制造	42	464
文化、办公用机械制造	26	94
印刷、制药、日化及日用品生产专用设备制造	25	105
照明器具制造	9	58
广播电视设备制造	1	1
视听设备制造	6	33
其他电子设备制造		
纺织、服装及家庭用品批发	43	152
文化、体育用品及器材批发	1592	5483
机械设备、五金产品及电子产品批发	167	692
贸易经纪与代理	24	77
文化、体育用品及器材专门零售	18042	57504
家用电器及电子产品专门零售	3296	11470
电信	74	239
广播电视传输服务	73	268
卫星传输服务		
互联网信息服务	384	1414
软件开发	8	45
其他信息技术服务业	6	37
文化及日用品出租	403	1157
广告业	4760	17229
知识产权服务	2	6
其他商务服务业	3235	10624
社会人文科学研究		
工程技术	113	635
其他专业技术服务业	2984	11698
生态保护		
公园和游览景区管理		
技能培训、教育辅助及其他教育	393	1848
新闻业	3	13
出版业	20	63
广播	2	5
电视	8	31
电影和影视节目制作	29	109
电影和影视节目发行	1	2
电影放映	38	241
录音制作	25	78
文艺创作与表演	84	543
艺术表演场馆	19	84
图书馆与档案馆	99	255
文物及非物质文化遗产保护	4	15
博物馆		
烈士陵园、纪念馆		
群众文化活动	149	837
其他文化艺术业	324	1193
室内娱乐活动	8081	39319
游乐园	69	256
文化、娱乐、体育经纪代理	26	200
其他娱乐业	509	3506

注：仅包括有证照的个体经营户(下表同)。

2-50 分地区文化产业个体经营户基本情况

地区	户数（个）	年末从业人员（人）
全省	**49030**	**185510**
长沙市	14217	57557
株洲市	2945	14126
湘潭市	1660	6425
衡阳市	3354	11351
邵阳市	3093	13194
岳阳市	2925	9744
常德市	3021	10237
张家界市	689	2413
益阳市	5541	20536
郴州市	2443	8295
永州市	2208	8853
怀化市	2243	7953
娄底市	2320	8108
湘西州	2371	6718

主要指标解释

文化及相关产业划分：根据国家统计局《文化及相关产业分类（2012）》所规定，文化及相关产业是指为社会公众提供文化产品和文化相关产品的生产活动的集合。包括10个行业大类、50个行业中类、120个行业小类。文化及相关产业是指为社会公众提供文化产品和文化相关产品的生产活动的集合。具体包括四个方面的内容，即文化产品的生产活动、文化产品的辅助生产活动、文化用品的生产活动和文化专用设备的生产活动。其中文化产品的生产活动构成文化及相关产业的主体，其他三个方面是文化及相关产业的补充。

规模以上文化产业划分：包括规模以上文化制造业企业、限额以上文化批零业企业、规模以上文化服务业企业。分别指《文化及相关产业分类（2012）》所规定行业范围内，年主营业务收入在2000万元及以上的工业企业；年主营业务收入在2000万元及以上的批发企业或主营业务收入在500万元及以上的零售企业；从业人数在50人及以上或年营业收入在1000万元及以上的服务业企业。

文化产品的生产：文化产业的生产具体包括新闻出版发行服务、广播电视电影服务、文化艺术服务、文化信息传输服务业、文化创意和设计服务、文化休闲娱乐服务、工艺美术品的生产。

文化相关产品的生产：文化相关产品的生产具体包括文化产品的辅助生产、文化用品的生产和文化专用设备的生产。

湖南经济普查年鉴

Hunan Economic Census Yearbook 2013

第二产业卷

湖南省第三次全国经济普查领导小组办公室
湖　南　省　统　计　局　编

中国统计出版社
China Statistics Press

图书在版编目（CIP）数据

湖南经济普查年鉴. 2013 / 湖南省第三次全国经济普查领导小组办公室，湖南省统计局编. -- 北京 : 中国统计出版社，2015.12

ISBN 978-7-5037-7733-2

Ⅰ. ①湖…　Ⅱ. ①湖…　②湖…　Ⅲ. ①经济-普查--湖南省-2013-年鉴　Ⅳ. ①F127.64-54

中国版本图书馆 CIP 数据核字（2015）第 315478 号

湖南经济普查年鉴—2013/第二产业卷

作　　者/湖南省第三次全国经济普查领导小组办公室　湖南省统计局
责任编辑/许立舫
封面设计/黄俊杰　李雪燕
出版发行/中国统计出版社
通信地址/北京市丰台区西三环南路甲 6 号　邮政编码/100073
电　　话/邮购（010）63376909　书店（010）68783171
网　　址/http://www.zgtjcbs.com/
印　　刷/河北天普润印刷厂
经　　销/新华书店
开　　本/880mm×1230mm　1/16
字　　数/826 千字
印　　张/26.75
版　　别/2015 年 12 月第 1 版
版　　次/2015 年 12 月第 1 次印刷
定　　价/680.00 元（全三册附光盘）

本书附同版本 CD-ROM 一张，光盘内容以书面文字为准。
如有印装差错，由本社发行部调换。

编者说明

为便于社会各界共同分享湖南省第三次全国经济普查的成果，更方便地开发利用普查资料，湖南省第三次全国经济普查领导小组办公室、湖南省统计局将经济普查资料编辑整理成《湖南经济普查年鉴—2013》一书。全书分三册，即综合卷、第二产业卷、第三产业卷。综合卷包括法人单位基本情况、文化产业基本情况、小微企业基本情况、个体经营户情况、全国各省普查主要数据。第二产业卷包括工业、科技、能源、建筑业基本情况。第三产业卷包括贸易、房地产业、服务业等基本情况。

为使读者能够更好地使用本资料，现对有关问题做如下说明：

一、第三次全国经济普查的标准时点为2013年12月31日，时期资料为2013年度。

二、每一卷后附有该卷主要的指标解释，使用时请仔细阅读。

三、本资料对部分数据由于计量单位取舍不同或四舍五入而产生的误差均未作调整。

四、本资料分省数据均来自各省发布的普查公报数据。

五、本资料服务业数据中均不包括金融和铁路的数据。

六、本资料中农林牧渔业仅包含从事农、林、牧、渔服务业和兼营第二、三产业活动的农、林、牧、渔业经营活动单位。

我们希望此书的面世，能使社会各界对湖南省第三次全国经济普查有一个全面的了解，更愿本书的内容，能为社会经济研究工作者提供有价值的参考。

经济普查资料是湖南省普查工作者共同辛勤工作的成果，也是广大普查对象积极支持配合的结果，在此，我们向全省所有普查工作者、普查对象及所有参与和支持工作的人员致以崇高的敬意和衷心的感谢！

湖南省第三次全国经济普查领导小组办公室

湖南省统计局

2015年12月

第二产业卷 目录

第一篇 工业

第二篇 建筑业

第三篇　科技

第四篇　能源

第1篇

工　业

1-1　全部工业企业主要经济指标

单位：亿元

甲栏分组	企　业 单位数 (个)	资产总计	实收资本	主营业务 收　入	主营业务 税金及附加	年平均从 业人员数 (人)
总　计	**72252**	**23133.94**	**5906.74**	**34738.57**	**996.90**	**4706527**
煤炭开采和洗选业	1408	441.65	168.55	927.59	15.80	242600
石油和天然气开采业						
黑色金属矿采选业	666	104.40	49.44	222.84	3.73	33129
有色金属矿采选业	883	297.75	100.80	513.03	7.15	80364
非金属矿采选业	4037	297.11	128.33	526.31	13.55	120643
开采辅助活动	53	11.09	7.00	2.78	0.10	1072
其他采矿业	75	4.44	2.39	5.94	0.25	1864
农副食品加工业	5228	957.44	296.44	2588.89	29.54	275183
食品制造业	1835	353.20	93.94	842.74	10.66	134131
酒、饮料和精制茶制造业	1789	318.00	121.74	600.65	10.56	86526
烟草制品业	119	699.72	49.22	784.22	459.84	17960
纺织业	1089	317.39	74.72	602.03	6.69	115023
纺织服装、服饰业	1199	142.06	50.02	309.49	4.63	85188
皮革、毛皮、羽毛及其制品和制鞋业	948	125.14	46.39	375.02	6.38	122921
木材加工和木、竹、藤、棕、草制品业	3230	257.17	96.96	741.77	12.71	141536
家具制造业	1338	112.78	53.66	282.75	4.97	48857
造纸和纸制品业	1815	556.35	149.08	649.99	9.56	98242
印刷和记录媒介复制业	1726	193.97	60.64	385.10	6.68	60440
文教、工美、体育和娱乐用品制造业	1153	86.19	31.63	226.02	4.48	47755
石油加工、炼焦和核燃料加工业	122	284.99	97.12	824.56	84.57	23643
化学原料和化学制品制造业	5720	1366.33	453.29	2927.10	68.61	522412
医药制造业	696	399.55	108.48	696.31	8.81	75865
化学纤维制造业	46	16.27	6.16	26.66	0.54	3698
橡胶和塑料制品业	1726	272.73	110.33	568.64	8.16	77896
非金属矿物制品业	11398	1678.95	579.86	2794.69	48.79	567836
黑色金属冶炼和压延加工业	1604	1596.52	346.30	1689.61	18.21	152490
有色金属冶炼和压延加工业	1517	1159.70	241.40	2725.79	26.16	154624
金属制品业	2674	497.27	145.24	951.30	13.38	129034
通用设备制造业	3526	894.14	218.18	1428.49	18.72	184530
专用设备制造业	2953	2857.28	320.93	2681.86	22.43	228987
汽车制造业	774	854.33	217.79	997.87	14.05	109975
铁路、船舶、航空航天和其他运输设备制造业	436	759.48	142.43	724.17	5.13	72059
电气机械和器材制造业	2061	1117.40	466.89	1328.70	14.34	147200
计算机、通信和其他电子设备制造业	1299	642.01	183.23	1556.81	11.38	221073
仪器仪表制造业	477	159.51	31.24	233.52	3.32	27120
其他制造业	721	47.33	20.26	145.56	2.73	29522
废弃资源综合利用业	458	59.13	21.86	150.99	2.51	16353
金属制品、机械和设备修理业	248	17.39	6.56	19.81	0.48	7156
电力、热力生产和供应业	3891	2750.04	505.74	1475.14	13.91	191498
燃气生产和供应业	210	120.36	24.69	106.81	1.20	10425
水的生产和供应业	1104	307.39	77.81	97.03	2.20	39697

1-2 规模以上工业企业按登记

	全省	长沙	株洲	湘潭	衡阳	邵阳
总 计	**13598**	**2540**	**1486**	**889**	**1180**	**895**
内资企业	**13000**	**2391**	**1424**	**853**	**1129**	**865**
国有企业	237	21	33	11	21	21
中央企业	31	3	9	4	6	
地方企业	206	18	24	7	15	21
集体企业	288	38	26	18	18	11
股份合作企业	41	8	4	4	1	1
联营企业	13	4	1			
国有联营企业	2					
集体联营企业	9	4	1			
国有与集体联营企业	1					
其他联营企业	1					
有限责任公司	2461	603	207	158	268	112
国有独资公司	126	19	11	3	18	6
其他有限责任公司	2335	584	196	155	250	106
股份有限公司	492	114	51	30	36	35
私营企业	9194	1469	1066	629	774	684
私营独资企业	962	169	182	49	65	84
私营合伙企业	796	104	177	8	57	95
私营有限责任公司	6679	1088	625	529	574	440
私营股份有限公司	757	108	82	43	78	65
其他企业	274	134	36	3	11	1
港、澳、台商投资企业	**336**	**62**	**25**	**14**	**31**	**16**
合资经营企业(港或澳、台资)	158	36	18	11	9	5
合作经营企业(港或澳、台资)	9	3	1			1
港澳台商独资经营企业	159	20	4	3	22	8
港澳台商投资股份有限公司	10	3	2			2
其他港澳台商投资企业						
外商投资企业	**262**	**87**	**37**	**22**	**20**	**14**
中外合资经营企业	159	51	28	17	12	7
中外合作经营企业	10	3	2			
外资企业	84	30	5	5	8	4
外商投资股份有限公司	8	2	2			3
其他外商投资企业	1	1				

注册类型分组的企业单位数

单位：个

岳阳	常德	张家界	益阳	郴州	永州	怀化	娄底	湘西州
1329	**930**	**151**	**904**	**1104**	**707**	**562**	**713**	**223**
1284	**895**	**146**	**866**	**1046**	**649**	**550**	**697**	**220**
22	13	11	17	19	19	25	6	10
3	1	3	2	4	1	4		1
19	12	8	15	15	18	21	6	9
31	3		17	14	4	12	94	2
8	2	1	5	4	1		2	
1	1		2	1		1	2	
	1					1		
1			1				2	
			1					
				1				
184	265	36	166	161	88	89	112	16
11	12	1	6	12	15	7	6	3
173	253	35	160	149	73	82	106	13
51	33	6	30	39	14	30	17	5
928	570	91	628	800	523	392	454	186
145	43	13	16	88	29	30	35	14
49	8	4	21	119	21	27	104	2
644	465	60	549	525	446	278	293	163
90	54	14	42	68	27	57	22	7
59	8	1	1	8		1	10	1
23	**26**	**3**	**27**	**46**	**48**	**6**	**7**	**2**
10	17	2	14	10	17	3	4	2
	1			2	1			
12	8	1	11	34	30	3	3	
1			2					
22	**9**	**2**	**11**	**12**	**10**	**6**	**9**	**1**
11	5	1	10	4	5	2	5	1
2		1				2		
9	4		1	8	5	2	3	
							1	

1-3 规模以上工业企业按登记

	企业单位数(个)	亏损企业	工业销售产值(当年价格)	出口交货值	资产总计	流动资产合计
总　计	**13598**	**722**	**32157.78**	**1251.75**	**20050.53**	**8589.68**
内资企业	**13000**	**645**	**29661.93**	**789.44**	**18404.60**	**7893.51**
国有企业	237	57	1949.81	16.52	1968.43	709.74
中央企业	31	7	1611.29	15.37	1696.21	610.52
地方企业	206	50	338.52	1.15	272.22	99.22
集体企业	288	12	381.68	0.28	104.50	27.82
股份合作企业	41	2	58.11	2.55	18.90	7.37
联营企业	13		16.65		3.93	1.09
国有联营企业	2		4.54		0.89	0.46
集体联营企业	9		10.86		2.76	0.58
国有与集体联营企业	1		0.71		0.05	0.02
其他联营企业	1		0.54		0.23	0.03
有限责任公司	2461	230	7778.31	339.81	6491.47	3056.98
国有独资公司	126	27	1055.89	63.49	1394.02	669.95
其他有限责任公司	2335	203	6722.42	276.31	5097.46	2387.04
股份有限公司	492	41	3674.59	95.40	3872.90	1903.58
私营企业	9194	301	15367.17	322.79	5804.35	2138.32
私营独资企业	962	15	1366.66	33.01	330.09	86.94
私营合伙企业	796	7	973.32	29.40	281.85	57.11
私营有限责任公司	6679	251	11361.90	190.24	4492.95	1702.20
私营股份有限公司	757	28	1665.30	70.13	699.46	292.07
其他企业	274	2	435.62	12.10	140.13	48.61
港、澳、台商投资企业	**336**	**37**	**1164.66**	**146.02**	**778.77**	**321.31**
合资经营企业(港或澳、台资)	158	19	667.86	102.21	430.65	180.38
合作经营企业(港或澳、台资)	9		15.76	0.77	8.18	2.40
港澳台商独资经营企业	159	18	421.88	42.67	288.29	114.99
港澳台商投资股份有限公司	10		59.17	0.37	51.64	23.54
其他港澳台商投资企业						
外商投资企业	**262**	**40**	**1331.18**	**316.29**	**867.16**	**374.86**
中外合资经营企业	159	23	657.25	63.46	580.18	217.32
中外合作经营企业	10	3	19.56		15.21	5.33
外资企业	84	13	625.00	252.84	252.61	137.47
外商投资股份有限公司	8	1	28.91		18.76	14.33
其他外商投资企业	1		0.45		0.41	0.41

注册类型分组的主要经济指标

单位：亿元

应收账款	存货	产成品	固定资产合计	固定资产原价	累计折旧	负债合计	流动负债合计	应付账款	非流动负债合计
2333.93	**2324.16**	**747.26**	**8531.09**	**12129.92**	**4212.46**	**11082.18**	**7595.11**	**1862.70**	**2863.76**
2177.55	**2189.08**	**694.24**	**7797.82**	**11089.00**	**3857.89**	**10214.79**	**6929.83**	**1668.69**	**2710.22**
75.06	376.43	29.75	986.96	1698.50	753.29	1102.91	661.39	181.28	426.71
54.43	361.23	23.54	849.25	1493.68	661.38	923.52	538.58	162.87	378.95
20.63	15.20	6.21	137.71	204.83	91.91	179.39	122.81	18.42	47.76
6.50	5.77	2.97	63.05	90.80	32.30	41.85	27.82	5.44	5.05
2.12	2.49	0.59	10.11	18.31	8.42	6.48	4.56	0.66	0.50
0.13	0.08	0.05	2.76	3.69	1.01	1.63	0.91	0.07	0.62
	0.01		0.42	0.46	0.10	0.27	0.12	0.04	0.15
0.12	0.06	0.04	2.11	2.45	0.36	1.27	0.70	0.02	0.47
0.01			0.03	0.03		0.09	0.09		
			0.20	0.75	0.54				
983.09	779.72	254.68	2475.86	3616.08	1351.75	4109.84	2768.84	704.62	1170.32
191.25	208.72	51.95	587.79	779.59	278.64	1009.14	759.80	170.04	236.21
791.84	570.99	202.73	1888.07	2836.50	1073.10	3100.70	2009.04	534.58	934.11
579.16	428.02	119.11	1397.69	1995.03	690.60	2312.42	1563.73	412.13	711.24
517.26	585.19	280.52	2783.29	3567.92	995.77	2576.10	1880.19	356.12	382.09
25.47	23.02	14.84	200.61	291.85	105.01	92.55	46.92	13.66	20.20
12.87	11.01	6.37	195.29	251.49	70.85	76.96	48.15	11.94	17.38
409.06	450.76	210.01	2069.60	2624.98	712.20	2111.84	1577.02	285.10	290.69
69.86	100.40	49.30	317.79	399.60	107.71	294.74	208.11	45.42	53.82
14.24	11.38	6.56	78.10	98.66	24.76	63.56	22.39	8.38	13.69
66.09	**60.08**	**24.13**	**340.22**	**466.28**	**150.52**	**379.26**	**298.17**	**77.21**	**50.04**
32.35	33.82	12.74	189.49	262.45	88.56	229.38	182.28	48.50	30.17
0.47	0.52	0.20	5.61	7.82	2.30	1.71	0.90	0.18	0.32
31.47	22.30	10.11	135.63	183.55	55.49	133.33	101.75	27.27	18.95
1.80	3.44	1.08	9.48	12.45	4.16	14.83	13.24	1.26	0.60
90.29	**75.01**	**28.89**	**393.05**	**574.64**	**204.05**	**488.13**	**367.11**	**116.80**	**103.51**
50.82	47.21	18.30	277.91	413.60	153.55	364.70	264.98	72.62	88.84
1.27	1.88	0.35	7.93	12.08	4.50	9.46	5.69	1.72	3.26
36.67	24.38	9.52	103.62	143.93	44.76	109.05	93.41	41.36	11.22
1.50	1.49	0.69	3.59	4.81	1.23	4.66	2.79	0.86	0.18
0.02	0.05	0.02		0.23	0.01	0.27	0.25	0.24	

1-3 续表 1

	所有者权益合计	实收资本				
			国家资本	集体资本	法人资本	个人资本
总 计	**8894.81**	**4342.29**	**734.93**	**81.55**	**1884.24**	**1305.83**
内资企业	**8119.58**	**3900.74**	**696.13**	**76.63**	**1746.75**	**1281.73**
国有企业	863.82	193.97	158.44	0.48	32.18	2.75
中央企业	772.34	122.61	118.63		3.85	
地方企业	91.47	71.36	39.81	0.48	28.33	2.75
集体企业	62.09	30.21	0.43	5.69	12.99	11.05
股份合作企业	12.16	3.59	0.01	0.18	1.81	1.60
联营企业	2.15	2.02			1.24	0.78
国有联营企业	0.47	0.40			0.05	0.35
集体联营企业	1.49	1.50			1.19	0.31
国有与集体联营企业	-0.04	0.01				0.01
其他联营企业	0.23	0.11				0.11
有限责任公司	2364.02	1348.38	348.79	23.01	595.38	363.19
国有独资公司	373.64	249.66	175.19		70.82	3.38
其他有限责任公司	1990.38	1098.72	173.60	23.01	524.56	359.81
股份有限公司	1549.86	639.57	180.30	13.92	285.21	92.05
私营企业	3189.16	1632.56	8.15	32.67	778.68	800.05
私营独资企业	231.91	146.41	0.67	0.88	83.82	61.01
私营合伙企业	202.65	114.12	0.83	3.24	42.31	67.67
私营有限责任公司	2354.92	1199.74	5.39	24.22	558.37	600.10
私营股份有限公司	399.68	172.29	1.27	4.33	94.19	71.27
其他企业	76.32	50.43	0.01	0.69	39.26	10.27
港、澳、台商投资企业	**396.61**	**169.05**	**6.72**	**1.76**	**69.34**	**13.20**
合资经营企业(港或澳、台资)	200.26	89.52	5.37	1.75	43.97	8.90
合作经营企业(港或澳、台资)	6.46	3.62	1.35		0.08	0.20
港澳台商独资经营企业	153.08	65.19	0.01	0.01	16.86	3.61
港澳台商投资股份有限公司	36.81	10.71			8.44	0.48
其他港澳台商投资企业						
外商投资企业	**378.63**	**272.50**	**32.07**	**3.17**	**68.15**	**10.90**
中外合资经营企业	215.53	149.51	29.02	3.17	56.98	9.70
中外合作经营企业	5.33	9.18	3.05		0.09	0.01
外资企业	143.53	111.21			9.55	1.05
外商投资股份有限公司	14.09	2.54			1.47	0.14
其他外商投资企业	0.15	0.05			0.05	

单位：亿元

		主营业务收入	主营业务成本	主营业务税金及附加	其他业务收入	其他业务利润	销售费用	管理费用
港澳台资本	外商资本							
118.38	**216.87**	**31854.65**	**25797.74**	**884.40**	**392.11**	**18.06**	**924.69**	**1735.61**
51.05	**48.17**	**29413.10**	**23773.59**	**858.54**	**382.02**	**17.18**	**846.07**	**1576.06**
	0.13	1892.37	1170.26	466.41	150.36	-0.10	24.61	99.48
	0.13	1563.69	893.33	463.39	146.62	-0.88	15.90	65.45
		328.68	276.93	3.01	3.75	0.79	8.72	34.03
0.03	0.03	380.55	310.94	4.66	1.87	0.05	9.31	20.82
		56.34	44.51	1.30	0.08	0.07	2.04	3.93
		15.63	13.33	0.20	0.03		0.36	1.08
		4.48	3.82	0.04	0.03		0.07	0.07
		9.89	8.56	0.15			0.18	0.90
		0.71	0.64				0.02	0.02
		0.54	0.30				0.09	0.09
6.22	11.08	7642.41	6356.69	81.73	150.64	8.18	213.11	425.26
0.22	0.05	1051.66	896.78	21.07	36.18	1.62	24.32	72.75
6.00	11.03	6590.75	5459.91	60.65	114.46	6.56	188.79	352.51
41.05	27.04	3690.30	3083.06	92.91	33.09	5.54	120.48	174.68
3.54	9.89	15300.40	12436.24	202.38	45.42	3.24	460.81	808.40
0.01	0.01	1344.51	1078.41	21.60	0.16	0.19	42.47	75.37
0.07		969.52	763.05	14.68	0.41		33.09	46.50
2.23	9.86	11340.65	9280.14	147.34	41.27	2.74	334.02	593.99
1.22	0.02	1645.73	1314.64	18.77	3.57	0.31	51.23	92.55
0.21		435.11	358.57	8.96	0.53	0.19	15.35	42.41
58.86	**18.97**	**1143.64**	**927.55**	**11.08**	**4.93**	**0.63**	**31.41**	**54.48**
17.02	12.31	645.49	528.35	6.01	2.29	0.56	17.44	27.51
1.99		15.72	12.48	0.36	0.04	0.01	0.24	0.38
38.06	6.65	426.19	339.34	4.37	2.50	0.03	12.13	22.19
1.79		56.25	47.37	0.34	0.09	0.02	1.59	4.40
8.47	**149.73**	**1297.91**	**1096.60**	**14.78**	**5.17**	**0.25**	**47.21**	**105.07**
2.27	48.37	626.61	524.28	11.07	2.66	-0.29	22.99	33.74
0.49	5.54	19.49	14.83	0.16	0.04	0.02	0.96	3.77
5.72	94.89	626.23	535.67	3.39	2.45	0.53	21.57	66.69
	0.93	25.13	21.41	0.15	0.01		1.68	0.85
		0.45	0.41		0.01		0.02	0.02

1-3 续表 2

	税金	财务费用	利息收入	利息支出	营业利润	投资收益
总 计	**126.89**	**347.39**	**33.32**	**332.63**	**2115.46**	**-50.71**
内资企业	**114.14**	**326.83**	**31.74**	**315.75**	**1935.22**	**-45.69**
国有企业	5.24	23.70	0.52	23.32	137.12	6.73
中央企业	2.77	19.34	0.38	19.72	125.44	6.11
地方企业	2.47	4.36	0.14	3.60	11.68	0.62
集体企业	1.18	3.07		1.45	24.98	-0.65
股份合作企业	0.26	0.47	0.07	0.28	4.61	-0.01
联营企业		0.07	0.04	0.08	1.21	0.02
国有联营企业		0.03		0.02	0.33	
集体联营企业		0.03	0.04	0.05	0.80	0.02
国有与集体联营企业					0.02	
其他联营企业					0.06	
有限责任公司	23.04	112.83	8.61	117.75	471.82	-1.97
国有独资公司	2.92	30.95	1.60	33.06	18.30	1.99
其他有限责任公司	20.12	81.88	7.01	84.69	453.52	-3.97
股份有限公司	7.35	47.92	17.15	65.68	187.83	-3.18
私营企业	72.91	134.77	5.17	104.26	1085.28	-46.99
私营独资企业	5.76	13.22	0.09	8.92	96.31	-2.99
私营合伙企业	3.75	7.20	0.05	4.94	81.07	-7.03
私营有限责任公司	54.50	98.39	3.73	77.50	786.16	-29.52
私营股份有限公司	8.91	15.96	1.31	12.89	121.74	-7.44
其他企业	4.15	4.01	0.18	2.94	22.37	0.36
港、澳、台商投资企业	**3.16**	**8.15**	**0.57**	**8.01**	**102.01**	**-0.44**
合资经营企业(港或澳、台资)	1.08	5.48	0.21	5.35	57.03	-1.32
合作经营企业(港或澳、台资)	0.01	0.05	0.01	0.02	1.23	
港澳台商独资经营企业	1.58	2.34	0.23	2.27	39.46	0.81
港澳台商投资股份有限公司	0.49	0.28	0.11	0.37	4.29	0.07
其他港澳台商投资企业						
外商投资企业	**9.59**	**12.41**	**1.01**	**8.86**	**78.23**	**-4.58**
中外合资经营企业	1.92	10.70	0.62	7.16	40.90	-0.38
中外合作经营企业	0.02	0.44	0.01	0.26	0.55	
外资企业	7.63	1.39	0.18	1.36	32.57	-4.23
外商投资股份有限公司	0.02	-0.12	0.21	0.08	4.20	0.03
其他外商投资企业					0.01	

单位：亿元

营业外收入	补贴收入	营业外支出	利润总额	应交所得税	利税总额	本年应付职工薪酬	本年应交增值税	从业人员（人）
119.59	**48.14**	**187.32**	**2047.87**	**211.49**	**4250.03**	**1469.91**	**1311.26**	**3331932**
111.39	**45.54**	**169.05**	**1877.54**	**192.17**	**3969.94**	**1352.48**	**1227.44**	**3033599**
15.33	5.73	5.37	147.07	33.30	761.49	126.48	147.52	184875
13.25	5.06	3.89	134.79	30.74	729.51	94.34	130.90	101524
2.08	0.68	1.48	12.28	2.56	31.98	32.14	16.62	83351
0.20	0.19	2.15	23.03	1.84	44.47	22.93	16.78	61258
0.18	0.05	0.61	4.18	0.21	7.74	2.11	2.26	6083
		0.47	0.74	0.04	1.39	0.65	0.45	2047
			0.33	0.01	0.50	0.19	0.12	425
		0.46	0.34	0.04	0.79	0.33	0.30	907
		0.01	0.01		0.04	0.03	0.02	180
			0.06		0.06	0.11		535
45.45	17.41	53.92	463.31	51.06	847.13	396.63	300.89	757923
12.08	7.60	4.21	26.17	4.00	89.52	84.27	42.12	135478
33.38	9.81	49.71	437.14	47.06	757.61	312.35	258.77	622445
27.28	8.44	13.84	201.30	22.72	437.10	149.81	141.72	250463
22.78	13.68	91.54	1016.52	81.49	1824.65	637.47	602.36	1724617
1.29	0.61	7.35	90.25	6.44	168.83	68.05	55.70	180471
0.61	0.31	6.12	75.56	8.17	134.79	64.74	44.47	168000
17.34	10.90	65.19	738.30	58.09	1323.95	445.71	436.56	1209181
3.53	1.86	12.88	112.39	8.79	197.07	58.97	65.63	166965
0.17	0.04	1.14	21.40	1.52	45.97	16.39	15.45	46333
3.28	**1.19**	**4.59**	**100.71**	**10.82**	**153.54**	**65.05**	**41.72**	**185438**
1.58	0.58	3.22	55.39	7.28	85.51	33.63	24.09	93820
		0.11	1.13	0.03	2.10	0.66	0.61	1824
0.95	0.56	1.21	39.19	3.03	59.00	28.87	15.44	85383
0.75	0.05	0.05	5.00	0.48	6.92	1.89	1.58	4411
4.92	**1.41**	**13.68**	**69.63**	**8.50**	**126.56**	**52.38**	**42.11**	**112895**
3.97	0.92	12.33	32.70	4.27	68.21	25.63	24.41	56101
0.05	0.05		0.60	0.07	1.22	0.79	0.47	2426
0.89	0.42	1.35	32.11	4.04	51.46	24.66	15.94	51872
0.01	0.01	0.01	4.21	0.12	5.65	1.29	1.29	2286
			0.01		0.02	0.01		210

1-4 规模以上工业企业

	全省	长沙	株洲	湘潭	衡阳
总　　计	**13598**	**2540**	**1486**	**889**	**1180**
煤炭开采和洗选业	783	21	139	13	68
石油和天然气开采业					
黑色金属矿采选业	128	9	30	7	16
有色金属矿采选业	241	7	14		19
非金属矿采选业	287	46	37	12	72
开采辅助活动					
其他采矿业	3			1	1
农副食品加工业	1063	152	48	61	80
食品制造业	348	64	8	30	36
酒、饮料和精制茶制造业	309	55	6	10	24
烟草制品业	7	2			1
纺织业	251	27	11	8	10
纺织服装、服饰业	201	25	67	6	17
皮革、毛皮、羽毛及其制品和制鞋业	213	17	7	31	23
木材加工和木、竹、藤、棕、草制品业	447	27	30	11	25
家具制造业	123	32	4	5	13
造纸和纸制品业	321	68	19	7	21
印刷和记录媒介复制业	200	83	11	9	14
文教、工美、体育和娱乐用品制造业	115	24	3	4	9
石油加工、炼焦和核燃料加工业	32	6	1	1	2
化学原料和化学制品制造业	1636	518	288	66	113
医药制造业	293	74	16	17	24
化学纤维制造业	12		1		1
橡胶和塑料制品业	326	78	27	25	22
非金属矿物制品业	1484	248	319	87	127
黑色金属冶炼和压延加工业	562	48	29	51	29
有色金属冶炼和压延加工业	593	64	54	30	71
金属制品业	425	86	40	43	35
通用设备制造业	733	210	67	113	75
专用设备制造业	542	157	32	67	62
汽车制造业	274	112	22	14	34
铁路、船舶、航空航天和其他运输设备制造业	115	17	52	11	5
电气机械和器材制造业	501	115	38	95	59
计算机、通信和其他电子设备制造业	394	62	27	16	23
仪器仪表制造业	112	34	6	20	12
其他制造业	52	8	2	5	
废弃资源综合利用业	74	7	2	1	6
金属制品、机械和设备修理业	4	2		2	
电力、热力生产和供应业	277	9	19	5	20
燃气生产和供应业	37	11	3	2	6
水的生产和供应业	80	15	7	3	5

按行业分组的企业单位数

单位：个

邵阳	岳阳	常德	张家界	益阳	郴州	永州	怀化	娄底	湘西州
895	**1329**	**930**	**151**	**904**	**1104**	**707**	**562**	**713**	**223**
60		17	6	7	161	15	17	255	4
15		2	6	5	15	12	1	4	6
14	23		3	5	103	7	25	5	16
16	23	27	11	3	17	8	8	7	
	1								
64	175	138	17	118	40	65	64	30	11
35	51	30	8	35	7	18	14	11	1
22	32	34	9	50	17	16	19	6	9
		3			2	1			1
11	49	60		48	6	9	6	1	5
8	12	11	2	13	7	24	1	4	4
43	18	7	5	7	19	33		3	
65	37	14	4	94	24	46	57	9	4
11	29	5	1	9	2	5	3	4	
53	42	32	1	26	19	9	18	2	4
7	28	12	1	13	5	5	8	1	3
15	12	3	5	5	14	5	9	5	2
4	7	1		1	1	3	1	4	
54	181	80	9	45	122	35	67	37	21
33	29	27	7	12	4	20	13	8	9
	4	2		2	1	1			
25	42	25	2	38	9	15	9	7	2
69	157	92	15	53	101	72	58	67	19
32	8	20		19	77	97	56	44	52
11	68	14	9	32	151	26	21	24	18
57	41	26	3	22	17	27	3	22	3
27	57	77	1	58	14	10	4	17	3
20	41	33		34	10	19	10	55	2
10	6	38	2	12	6	9	1	8	
	6	6		13	3			2	
26	58	21	4	28	12	22	10	13	
21	33	31	2	55	57	24	2	39	2
4	11	11	1	3	5	2	2	1	
22	4	3			1	3	1	2	1
4	22			23	5		1	3	
29	9	20	15	13	43	36	45	8	18
3	3	3	1	1	3			1	
5	10	5	1	2	4	8	8	4	3

1-5 规模以上工业企业按经济

	企业单位数(个)	亏损企业	工业销售产值(当年价格)	出口交货值	资产总计	流动资产合计
总计	**13598**	**722**	**32157.78**	**1251.75**	**20050.53**	**8589.68**
独资企业	**1730**	**115**	**4745.03**	**345.32**	**2943.91**	**1076.96**
国有企业	237	57	1949.81	16.52	1968.43	709.74
集体企业	288	12	381.68	0.28	104.50	27.82
私营独资企业	962	15	1366.66	33.01	330.09	86.94
港澳台商独资经营企业	159	18	421.88	42.67	288.29	114.99
外资企业	84	13	625.00	252.84	252.61	137.47
合作、合伙企业	**1144**	**14**	**1519.47**	**44.81**	**468.60**	**122.32**
股份合作企业	41	2	58.11	2.55	18.90	7.37
国有联营企业	2		4.54		0.89	0.46
集体联营企业	9		10.86		2.76	0.58
国有与集体联营企业	1		0.71		0.05	0.02
其他联营企业	1		0.54		0.23	0.03
私营合伙企业	796	7	973.32	29.40	281.85	57.11
合作经营企业(港或澳、台资)	9		15.76	0.77	8.18	2.40
中外合作经营企业	10	3	19.56		15.21	5.33
其他企业(内资)	274	2	435.62	12.10	140.13	48.61
其他港澳台商投资企业						
其他外商投资企业	1		0.45		0.41	0.41
股份有限公司	**1267**	**70**	**5427.97**	**165.91**	**4642.76**	**2233.51**
股份有限公司(内资)	492	41	3674.59	95.40	3872.90	1903.58
私营股份有限公司	757	28	1665.30	70.13	699.46	292.07
港澳台商投资股份有限公司	10		59.17	0.37	51.64	23.54
外商投资股份有限公司	8	1	28.91		18.76	14.33
有限责任公司	**9457**	**523**	**20465.32**	**695.72**	**11995.26**	**5156.88**
国有独资公司	126	27	1055.89	63.49	1394.02	669.95
私营有限责任公司	6679	251	11361.90	190.24	4492.95	1702.20
合资经营企业(港或澳、台资)	158	19	667.86	102.21	430.65	180.38
中外合资经营企业	159	23	657.25	63.46	580.18	217.32
其他有限责任公司	2335	203	6722.42	276.31	5097.46	2387.04

组织类型分组的主要经济指标

单位：亿元

应收账款	存货	产成品	固定资产合计	固定资产原价	累计折旧	负债合计	流动负债合计	应付账款	非流动负债合计
2333.93	**2324.16**	**747.26**	**8531.09**	**12129.92**	**4212.46**	**11082.18**	**7595.11**	**1862.70**	**2863.76**
175.17	**451.89**	**67.20**	**1489.88**	**2408.63**	**990.85**	**1479.70**	**931.28**	**269.01**	**482.12**
75.06	376.43	29.75	986.96	1698.50	753.29	1102.91	661.39	181.28	426.71
6.50	5.77	2.97	63.05	90.80	32.30	41.85	27.82	5.44	5.05
25.47	23.02	14.84	200.61	291.85	105.01	92.55	46.92	13.66	20.20
31.47	22.30	10.11	135.63	183.55	55.49	133.33	101.75	27.27	18.95
36.67	24.38	9.52	103.62	143.93	44.76	109.05	93.41	41.36	11.22
31.12	**27.41**	**14.14**	**299.81**	**392.29**	**111.86**	**160.07**	**82.85**	**23.18**	**35.77**
2.12	2.49	0.59	10.11	18.31	8.42	6.48	4.56	0.66	0.50
	0.01		0.42	0.46	0.10	0.27	0.12	0.04	0.15
0.12	0.06	0.04	2.11	2.45	0.36	1.27	0.70	0.02	0.47
0.01			0.03	0.03		0.09	0.09		
			0.20	0.75	0.54				
12.87	11.01	6.37	195.29	251.49	70.85	76.96	48.15	11.94	17.38
0.47	0.52	0.20	5.61	7.82	2.30	1.71	0.90	0.18	0.32
1.27	1.88	0.35	7.93	12.08	4.50	9.46	5.69	1.72	3.26
14.24	11.38	6.56	78.10	98.66	24.76	63.56	22.39	8.38	13.69
0.02	0.05	0.02		0.23	0.01	0.27	0.25	0.24	
652.32	**533.35**	**170.18**	**1728.55**	**2411.88**	**803.69**	**2626.65**	**1787.87**	**459.68**	**765.85**
579.16	428.02	119.11	1397.69	1995.03	690.60	2312.42	1563.73	412.13	711.24
69.86	100.40	49.30	317.79	399.60	107.71	294.74	208.11	45.42	53.82
1.80	3.44	1.08	9.48	12.45	4.16	14.83	13.24	1.26	0.60
1.50	1.49	0.69	3.59	4.81	1.23	4.66	2.79	0.86	0.18
1475.32	**1311.51**	**495.74**	**5012.86**	**6917.12**	**2306.06**	**6815.77**	**4793.11**	**1110.83**	**1580.01**
191.25	208.72	51.95	587.79	779.59	278.64	1009.14	759.80	170.04	236.21
409.06	450.76	210.01	2069.60	2624.98	712.20	2111.84	1577.02	285.10	290.69
32.35	33.82	12.74	189.49	262.45	88.56	229.38	182.28	48.50	30.17
50.82	47.21	18.30	277.91	413.60	153.55	364.70	264.98	72.62	88.84
791.84	570.99	202.73	1888.07	2836.50	1073.10	3100.70	2009.04	534.58	934.11

1-5 续表 1

	所有者权益合计	实收资本				
			国家资本	集体资本	法人资本	个人资本
总　计	**8894.81**	**4342.29**	**734.93**	**81.55**	**1884.24**	**1305.83**
独资企业	**1454.43**	**547.01**	**159.55**	**7.05**	**155.39**	**79.47**
国有企业	863.82	193.97	158.44	0.48	32.18	2.75
集体企业	62.09	30.21	0.43	5.69	12.99	11.05
私营独资企业	231.91	146.41	0.67	0.88	83.82	61.01
港澳台商独资经营企业	153.08	65.19	0.01	0.01	16.86	3.61
外资企业	143.53	111.21			9.55	1.05
合作、合伙企业	**305.21**	**183.02**	**5.25**	**4.10**	**84.84**	**80.53**
股份合作企业	12.16	3.59	0.01	0.18	1.81	1.60
国有联营企业	0.47	0.40			0.05	0.35
集体联营企业	1.49	1.50			1.19	0.31
国有与集体联营企业	-0.04	0.01				0.01
其他联营企业	0.23	0.11				0.11
私营合伙企业	202.65	114.12	0.83	3.24	42.31	67.67
合作经营企业(港或澳、台资)	6.46	3.62	1.35		0.08	0.20
中外合作经营企业	5.33	9.18	3.05		0.09	0.01
其他企业(内资)	76.32	50.43	0.01	0.69	39.26	10.27
其他港澳台商投资企业						
其他外商投资企业	0.15	0.05			0.05	
股份有限公司	**2000.45**	**825.11**	**181.56**	**18.25**	**389.30**	**163.94**
股份有限公司(内资)	1549.86	639.57	180.30	13.92	285.21	92.05
私营股份有限公司	399.68	172.29	1.27	4.33	94.19	71.27
港澳台商投资股份有限公司	36.81	10.71			8.44	0.48
外商投资股份有限公司	14.09	2.54			1.47	0.14
有限责任公司	**5134.72**	**2787.15**	**388.56**	**52.15**	**1254.71**	**981.89**
国有独资公司	373.64	249.66	175.19		70.82	3.38
私营有限责任公司	2354.92	1199.74	5.39	24.22	558.37	600.10
合资经营企业(港或澳、台资)	200.26	89.52	5.37	1.75	43.97	8.90
中外合资经营企业	215.53	149.51	29.02	3.17	56.98	9.70
其他有限责任公司	1990.38	1098.72	173.60	23.01	524.56	359.81

单位：亿元

		主营业务收入	主营业务成本	主营业务税金及附加	其他业务收入	其他业务利润	销售费用	管理费用
港澳台资本	外商资本							
118.38	**216.87**	**31854.65**	**25797.74**	**884.40**	**392.11**	**18.06**	**924.69**	**1735.61**
43.82	**101.72**	**4669.84**	**3434.62**	**500.42**	**157.35**	**0.71**	**110.08**	**284.56**
	0.13	1892.37	1170.26	466.41	150.36	-0.10	24.61	99.48
0.03	0.03	380.55	310.94	4.66	1.87	0.05	9.31	20.82
0.01	0.01	1344.51	1078.41	21.60	0.16	0.19	42.47	75.37
38.06	6.65	426.19	339.34	4.37	2.50	0.03	12.13	22.19
5.72	94.89	626.23	535.67	3.39	2.45	0.53	21.57	66.69
2.76	**5.54**	**1512.25**	**1207.18**	**25.67**	**1.13**	**0.29**	**52.06**	**98.09**
		56.34	44.51	1.30	0.08	0.07	2.04	3.93
		4.48	3.82	0.04	0.03		0.07	0.07
		9.89	8.56	0.15			0.18	0.90
		0.71	0.64				0.02	0.02
		0.54	0.30				0.09	0.09
0.07		969.52	763.05	14.68	0.41		33.09	46.50
1.99		15.72	12.48	0.36	0.04	0.01	0.24	0.38
0.49	5.54	19.49	14.83	0.16	0.04	0.02	0.96	3.77
0.21		435.11	358.57	8.96	0.53	0.19	15.35	42.41
		0.45	0.41		0.01		0.02	0.02
44.06	**27.99**	**5417.40**	**4466.48**	**112.17**	**36.76**	**5.87**	**174.99**	**272.47**
41.05	27.04	3690.30	3083.06	92.91	33.09	5.54	120.48	174.68
1.22	0.02	1645.73	1314.64	18.77	3.57	0.31	51.23	92.55
1.79		56.25	47.37	0.34	0.09	0.02	1.59	4.40
	0.93	25.13	21.41	0.15	0.01		1.68	0.85
27.74	**81.62**	**20255.16**	**16689.46**	**246.14**	**196.87**	**11.19**	**587.56**	**1080.49**
0.22	0.05	1051.66	896.78	21.07	36.18	1.62	24.32	72.75
2.23	9.86	11340.65	9280.14	147.34	41.27	2.74	334.02	593.99
17.02	12.31	645.49	528.35	6.01	2.29	0.56	17.44	27.51
2.27	48.37	626.61	524.28	11.07	2.66	-0.29	22.99	33.74
6.00	11.03	6590.75	5459.91	60.65	114.46	6.56	188.79	352.51

1-5 续表 2

	税金	财务费用	利息收入	利息支出	营业利润	投资收益
总　计	**126.89**	**347.39**	**33.32**	**332.63**	**2115.46**	**-50.71**
独资企业	**21.39**	**43.72**	**1.02**	**37.32**	**330.44**	**-0.33**
国有企业	5.24	23.70	0.52	23.32	137.12	6.73
集体企业	1.18	3.07		1.45	24.98	-0.65
私营独资企业	5.76	13.22	0.09	8.92	96.31	-2.99
港澳台商独资经营企业	1.58	2.34	0.23	2.27	39.46	0.81
外资企业	7.63	1.39	0.18	1.36	32.57	-4.23
合作、合伙企业	**8.19**	**12.24**	**0.36**	**8.52**	**111.04**	**-6.66**
股份合作企业	0.26	0.47	0.07	0.28	4.61	-0.01
国有联营企业		0.03		0.02	0.33	
集体联营企业		0.03	0.04	0.05	0.80	0.02
国有与集体联营企业					0.02	
其他联营企业					0.06	
私营合伙企业	3.75	7.20	0.05	4.94	81.07	-7.03
合作经营企业(港或澳、台资)	0.01	0.05	0.01	0.02	1.23	
中外合作经营企业	0.02	0.44	0.01	0.26	0.55	
其他企业(内资)	4.15	4.01	0.18	2.94	22.37	0.36
其他港澳台商投资企业						
其他外商投资企业					0.01	
股份有限公司	**16.77**	**64.05**	**18.78**	**79.02**	**318.07**	**-10.53**
股份有限公司(内资)	7.35	47.92	17.15	65.68	187.83	-3.18
私营股份有限公司	8.91	15.96	1.31	12.89	121.74	-7.44
港澳台商投资股份有限公司	0.49	0.28	0.11	0.37	4.29	0.07
外商投资股份有限公司	0.02	-0.12	0.21	0.08	4.20	0.03
有限责任公司	**80.54**	**227.39**	**13.16**	**207.77**	**1355.92**	**-33.19**
国有独资公司	2.92	30.95	1.60	33.06	18.30	1.99
私营有限责任公司	54.50	98.39	3.73	77.50	786.16	-29.52
合资经营企业(港或澳、台资)	1.08	5.48	0.21	5.35	57.03	-1.32
中外合资经营企业	1.92	10.70	0.62	7.16	40.90	-0.38
其他有限责任公司	20.12	81.88	7.01	84.69	453.52	-3.97

单位：亿元

营业外收入	补贴收入	营业外支出	利润总额	应交所得税	利税总额	本年应付职工薪酬	本年应交增值税	从业人员(人)
119.59	**48.14**	**187.32**	**2047.87**	**211.49**	**4250.03**	**1469.91**	**1311.26**	**3331932**
18.66	**7.52**	**17.44**	**331.65**	**48.64**	**1085.25**	**270.98**	**251.38**	**563859**
15.33	5.73	5.37	147.07	33.30	761.49	126.48	147.52	184875
0.20	0.19	2.15	23.03	1.84	44.47	22.93	16.78	61258
1.29	0.61	7.35	90.25	6.44	168.83	68.05	55.70	180471
0.95	0.56	1.21	39.19	3.03	59.00	28.87	15.44	85383
0.89	0.42	1.35	32.11	4.04	51.46	24.66	15.94	51872
1.02	**0.46**	**8.45**	**103.61**	**10.04**	**193.23**	**85.36**	**63.71**	**226923**
0.18	0.05	0.61	4.18	0.21	7.74	2.11	2.26	6083
			0.33	0.01	0.50	0.19	0.12	425
		0.46	0.34	0.04	0.79	0.33	0.30	907
		0.01	0.01		0.04	0.03	0.02	180
			0.06		0.06	0.11		535
0.61	0.31	6.12	75.56	8.17	134.79	64.74	44.47	168000
		0.11	1.13	0.03	2.10	0.66	0.61	1824
0.05	0.05		0.60	0.07	1.22	0.79	0.47	2426
0.17	0.04	1.14	21.40	1.52	45.97	16.39	15.45	46333
			0.01		0.02	0.01		210
31.57	**10.36**	**26.78**	**322.91**	**32.11**	**646.75**	**211.97**	**210.21**	**424125**
27.28	8.44	13.84	201.30	22.72	437.10	149.81	141.72	250463
3.53	1.86	12.88	112.39	8.79	197.07	58.97	65.63	166965
0.75	0.05	0.05	5.00	0.48	6.92	1.89	1.58	4411
0.01	0.01	0.01	4.21	0.12	5.65	1.29	1.29	2286
68.34	**29.80**	**134.66**	**1289.70**	**120.70**	**2324.81**	**901.60**	**785.95**	**2117025**
12.08	7.60	4.21	26.17	4.00	89.52	84.27	42.12	135478
17.34	10.90	65.19	738.30	58.09	1323.95	445.71	436.56	1209181
1.58	0.58	3.22	55.39	7.28	85.51	33.63	24.09	93820
3.97	0.92	12.33	32.70	4.27	68.21	25.63	24.41	56101
33.38	9.81	49.71	437.14	47.06	757.61	312.35	258.77	622445

1-6 规模以上工业企业按行业

	企业单位数(个)	亏损企业	工业销售产值(当年价格)	出口交货值	资产总计	流动资产合计
总计	**13598**	**722**	**32157.78**	**1251.75**	**20050.53**	**8589.68**
采矿业	**1442**	**80**	**1897.46**	**2.41**	**849.46**	**227.42**
煤炭开采和洗选业	783	52	870.05		363.16	90.52
黑色金属矿采选业	128	6	194.30		74.36	23.34
有色金属矿采选业	241	9	474.96	0.93	252.89	70.65
非金属矿采选业	287	13	355.46	1.48	158.13	42.60
开采辅助活动						
其他采矿业	3		2.69		0.92	0.31
制造业	**11762**	**580**	**28732.71**	**1249.35**	**16446.24**	**8027.35**
农副食品加工业	1063	37	2403.16	24.09	797.78	303.89
食品制造业	348	13	788.43	3.75	296.38	123.62
酒、饮料和精制茶制造业	309	9	563.15	9.87	251.57	91.60
烟草制品业	7		778.30	2.96	695.62	505.56
纺织业	251	32	566.17	19.34	268.48	111.68
纺织服装、服饰业	201	5	263.15	9.80	98.40	40.88
皮革、毛皮、羽毛及其制品和制鞋业	213	10	341.24	39.24	99.45	33.83
木材加工和木、竹、藤、棕、草制品业	447	4	613.19	7.78	165.38	50.89
家具制造业	123	2	233.40	0.00	76.43	23.40
造纸和纸制品业	321	13	593.40	5.80	506.10	199.16
印刷和记录媒介复制业	200	7	310.36	0.13	133.19	61.53
文教、工美、体育和娱乐用品制造业	115	2	181.13	6.33	51.31	18.87
石油加工、炼焦和核燃料加工业	32	4	850.76		277.88	98.46
化学原料和化学制品制造业	1636	52	2700.40	161.57	1129.04	420.51
医药制造业	293	18	667.72	11.38	355.79	160.89
化学纤维制造业	12		25.80		15.23	5.51
橡胶和塑料制品业	326	10	507.01	3.15	189.68	68.46
非金属矿物制品业	1484	73	2366.82	47.55	1235.45	419.66
黑色金属冶炼和压延加工业	562	51	1610.37	73.34	1515.81	484.20
有色金属冶炼和压延加工业	593	35	2627.28	57.26	1095.51	532.79
金属制品业	425	27	842.98	28.67	396.52	173.91
通用设备制造业	733	43	1298.23	15.46	754.04	431.49
专用设备制造业	542	41	2602.16	111.36	2709.22	1747.61
汽车制造业	274	32	987.40	26.99	799.64	439.68
铁路、船舶、航空航天和其他运输设备制造业	115	7	748.85	22.62	738.39	477.17
电气机械和器材制造业	501	19	1266.43	50.20	1008.13	634.12
计算机、通信和其他电子设备制造业	394	26	1505.49	471.19	575.38	261.50
仪器仪表制造业	112	5	223.17	1.90	133.28	77.91
其他制造业	52	1	117.92	37.43	25.82	8.88
废弃资源综合利用业	74	2	139.76		45.00	15.30
金属制品、机械和设备修理业	4		9.07	0.21	6.32	4.41
电力、热力及水的生产和供应业	**394**	**62**	**1527.61**		**2754.84**	**334.91**
电力、热力生产和供应业	277	39	1373.38		2464.66	249.12
燃气生产和供应业	37	1	97.88		95.84	33.73
水的生产和供应业	80	22	56.35		194.34	52.06

大类分组的主要经济指标

单位：亿元

应收账款	存货		固定资产合计			负债合计	流动负债合计		非流动负债合计
		产成品		固定资产原价	累计折旧			应付账款	
2333.93	**2324.16**	**747.26**	**8531.09**	**12129.92**	**4212.46**	**11082.18**	**7595.11**	**1862.70**	**2863.76**
39.73	**44.73**	**20.48**	**480.75**	**573.30**	**153.42**	**355.32**	**235.77**	**38.49**	**84.50**
13.57	13.72	7.80	237.99	297.93	85.61	144.58	98.31	18.53	28.48
3.83	4.76	1.49	47.17	53.74	10.22	32.24	23.44	6.30	7.14
12.82	17.99	7.53	125.45	136.90	36.82	103.54	65.02	6.09	29.21
9.34	8.23	3.64	69.53	83.91	20.55	74.82	48.87	7.58	19.66
0.16	0.02	0.01	0.60	0.81	0.22	0.13	0.13		
2224.91	**2248.71**	**723.98**	**6029.37**	**8381.61**	**2833.01**	**8623.16**	**6463.78**	**1643.64**	**1647.72**
54.59	111.68	42.69	415.72	595.24	223.61	329.00	228.47	43.78	45.05
20.12	31.78	13.09	132.45	174.15	49.13	114.85	84.87	22.04	20.04
11.28	35.32	12.54	130.11	171.72	55.63	98.95	64.00	14.50	19.73
18.86	341.41	18.60	80.77	180.95	102.92	141.61	141.58	36.46	0.03
18.70	52.65	27.81	115.84	168.82	59.69	150.12	120.79	19.77	17.95
11.20	8.62	4.84	47.96	57.07	13.96	36.89	25.23	4.45	4.85
8.04	11.11	5.33	52.39	67.60	17.74	39.70	24.12	6.42	9.85
10.27	13.84	7.68	100.93	124.89	29.29	53.52	32.63	5.72	10.02
7.04	7.67	4.64	41.97	51.76	12.58	23.90	10.99	2.58	4.11
33.81	78.67	17.33	255.10	347.06	106.74	304.70	210.19	29.57	86.46
17.92	17.35	7.57	59.28	87.46	33.82	57.71	45.09	14.26	6.33
5.12	6.81	5.11	29.09	33.44	7.91	20.14	14.88	3.07	2.13
23.03	45.56	15.38	167.38	273.00	113.50	156.90	140.09	17.51	16.18
100.06	121.66	63.46	521.04	740.10	264.78	534.41	399.24	70.60	80.99
32.35	36.51	17.07	146.57	182.16	53.30	134.70	105.58	26.99	15.72
0.48	1.57	0.83	7.56	9.70	2.27	5.13	4.16	0.29	0.14
18.53	19.74	11.60	98.33	121.76	29.90	78.65	57.72	13.44	10.63
128.04	89.50	46.86	656.56	878.65	261.89	577.62	403.55	97.21	121.31
50.11	166.30	30.02	682.32	1022.77	373.18	1093.70	961.88	137.59	115.45
57.65	189.19	58.77	425.88	581.46	190.26	616.06	438.21	63.64	111.66
54.75	41.01	17.51	148.65	182.12	55.64	175.18	136.20	36.19	26.39
171.77	103.10	44.45	247.31	315.59	92.45	383.88	304.82	99.78	37.15
737.59	323.14	119.55	435.17	566.67	153.45	1606.43	980.74	263.43	604.62
123.54	72.18	28.76	268.90	327.51	87.11	530.88	446.99	184.48	75.59
174.19	112.42	27.34	181.22	400.81	251.57	398.36	355.16	165.16	29.43
229.49	134.03	46.36	267.46	306.51	75.69	602.68	445.94	154.04	119.87
72.55	55.84	20.26	237.51	316.37	91.40	275.81	215.69	91.75	47.56
26.47	12.31	5.08	41.11	52.14	12.43	48.20	39.84	12.94	5.49
3.22	2.53	0.95	13.41	16.77	4.09	7.39	5.00	1.76	1.84
3.63	3.78	2.30	19.82	25.06	6.30	21.86	15.89	3.72	1.16
0.52	1.45	0.20	1.55	2.32	0.77	4.26	4.26	0.49	0.00
69.29	**30.72**	**2.81**	**2020.97**	**3175.01**	**1226.03**	**2103.69**	**895.57**	**180.56**	**1131.54**
56.33	25.55	0.41	1867.51	2975.18	1162.48	1916.16	777.95	164.76	1071.79
3.58	3.23	1.73	46.32	56.63	14.71	60.87	47.37	5.00	8.97
9.38	1.94	0.67	107.14	143.20	48.83	126.66	70.24	10.80	50.77

1-6 续表 1

	所有者权益合计	实收资本	国家资本	集体资本	法人资本	个人资本
总 计	**8894.81**	**4342.29**	**734.93**	**81.55**	**1884.24**	**1305.83**
采矿业	**488.57**	**291.81**	**28.54**	**8.34**	**123.20**	**128.55**
煤炭开采和洗选业	216.36	127.66	11.95	7.74	42.93	64.97
黑色金属矿采选业	41.70	30.90	0.02	0.33	15.99	14.56
有色金属矿采选业	147.87	80.86	15.49	0.19	28.32	34.07
非金属矿采选业	81.86	51.74	1.09	0.08	35.95	14.30
开采辅助活动						
其他采矿业	0.78	0.65				0.65
制造业	**7754.46**	**3607.08**	**519.99**	**60.82**	**1623.76**	**1150.77**
农副食品加工业	455.02	214.77	3.32	5.05	133.59	69.47
食品制造业	177.45	63.55	1.31	2.28	36.24	19.64
酒、饮料和精制茶制造业	151.31	86.41	7.36	3.77	47.25	19.46
烟草制品业	554.01	46.97	43.92	0.16	2.89	
纺织业	117.22	54.42	4.22	1.59	28.23	18.15
纺织服装、服饰业	60.87	25.74	0.09	0.11	9.44	14.14
皮革、毛皮、羽毛及其制品和制鞋业	59.53	31.90	0.70	0.08	14.68	9.53
木材加工和木、竹、藤、棕、草制品业	110.17	51.32	0.15	0.46	25.98	23.89
家具制造业	52.35	32.63	0.00	0.03	23.53	7.19
造纸和纸制品业	190.24	121.17	48.60	0.73	41.99	16.55
印刷和记录媒介复制业	74.44	29.18	0.82	0.27	16.60	9.94
文教、工美、体育和娱乐用品制造业	30.74	13.39	0.40	0.24	5.93	5.56
石油加工、炼焦和核燃料加工业	120.96	92.61	38.90	0.00	47.03	3.46
化学原料和化学制品制造业	590.16	341.88	56.81	7.45	150.81	119.00
医药制造业	218.08	87.63	6.32	0.90	45.11	33.97
化学纤维制造业	10.10	5.62			4.91	0.46
橡胶和塑料制品业	110.61	71.68	0.61	1.30	30.93	21.62
非金属矿物制品业	652.74	347.37	30.15	12.92	168.48	121.72
黑色金属冶炼和压延加工业	420.75	291.94	30.54	1.50	124.82	133.57
有色金属冶炼和压延加工业	475.04	210.57	14.51	3.36	124.26	64.37
金属制品业	220.10	88.71	10.88	1.68	50.12	25.36
通用设备制造业	366.10	142.53	14.79	3.14	72.65	48.09
专用设备制造业	1099.96	237.25	19.35	3.81	137.25	51.22
汽车制造业	267.95	182.75	31.04	0.61	88.56	23.44
铁路、船舶、航空航天和其他运输设备制造业	339.97	131.85	86.93	1.58	22.88	8.13
电气机械和器材制造业	402.64	407.29	48.82	4.82	78.59	236.86
计算机、通信和其他电子设备制造业	298.49	153.11	16.89	1.59	67.98	30.70
仪器仪表制造业	84.16	20.78	0.45	0.99	9.76	9.12
其他制造业	18.38	7.18	1.16	0.19	3.34	2.49
废弃资源综合利用业	22.87	13.70	0.41	0.21	9.63	3.31
金属制品、机械和设备修理业	2.07	1.20	0.54		0.29	0.37
电力、热力及水的生产和供应业	**651.79**	**443.40**	**186.40**	**12.40**	**137.28**	**26.51**
电力、热力生产和供应业	549.35	391.51	167.04	6.09	121.89	24.04
燃气生产和供应业	34.94	14.49	2.08	0.70	5.60	2.01
水的生产和供应业	67.50	37.40	17.28	5.61	9.79	0.46

单位：亿元

港澳台资本	外商资本	主营业务收入	主营业务成本	主营业务税金及附加	其他业务收入	其他业务利润	销售费用	管理费用
118.38	**216.87**	**31854.65**	**25797.74**	**884.40**	**392.11**	**18.06**	**924.69**	**1735.61**
0.56	**2.34**	**1900.42**	**1477.37**	**27.59**	**7.15**	**0.74**	**52.31**	**108.99**
0.03	0.03	878.27	681.95	13.11	0.98	0.15	23.03	42.34
		191.49	149.68	2.30	0.04	0.02	6.47	11.59
0.53	2.27	479.72	376.66	5.97	4.72	0.38	8.36	34.99
	0.04	348.23	267.34	6.19	1.41	0.20	14.08	19.74
		2.72	1.74	0.02			0.37	0.33
70.73	**180.80**	**28443.05**	**23025.37**	**846.28**	**372.85**	**15.58**	**860.31**	**1568.59**
2.77	1.32	2402.17	1999.06	23.09	4.08	-0.05	76.07	122.44
0.44	3.64	774.56	629.51	8.19	2.31	-0.18	36.71	54.46
1.55	7.00	544.29	421.65	8.33	2.01	0.23	32.66	38.63
		778.67	153.42	459.60	139.77	-0.98	11.66	43.55
2.24		562.27	479.99	5.39	5.01	0.48	16.43	28.55
1.67	0.30	259.47	212.88	3.10	0.65		10.31	19.58
5.70	1.21	339.15	281.69	4.75	0.09	0.04	11.06	16.72
0.20	0.64	614.50	514.03	7.49	0.06	0.01	15.67	33.53
1.88	0.00	233.46	188.86	3.24	0.04	-0.03	8.22	16.98
0.52	12.79	588.74	489.93	7.40	6.11	1.35	18.67	41.46
0.83	0.52	306.68	245.57	3.95	1.12	0.37	8.44	14.47
0.69	0.58	181.77	140.68	2.76	0.05	0.01	5.23	8.65
0.07	3.15	819.53	699.21	84.36	5.30	0.24	4.44	20.22
3.78	4.02	2635.55	2125.76	52.23	10.49	0.16	89.08	149.51
0.58	0.75	663.00	504.41	7.93	1.19	-0.13	47.41	45.48
0.25		25.18	21.49	0.49			0.37	0.71
1.02	16.18	501.10	416.68	5.84	2.45	0.05	13.94	35.30
2.61	10.97	2304.03	1841.26	31.06	12.28	1.76	82.94	136.96
0.04	1.43	1635.55	1458.32	16.28	82.40	3.62	26.55	66.88
3.11	0.97	2672.18	2248.56	23.61	20.41	0.38	29.83	90.93
0.51	0.15	845.75	691.93	9.84	1.90	0.25	23.78	49.26
0.95	2.91	1287.85	1038.91	13.70	5.71	1.21	36.83	78.30
14.63	10.98	2561.68	2116.20	18.41	13.35	0.80	114.67	120.73
1.46	37.64	964.71	838.34	12.81	36.81	1.47	31.53	54.19
0.63	11.71	704.77	570.67	4.57	9.77	1.66	20.05	57.73
4.19	34.01	1252.18	1048.94	11.42	3.72	0.78	44.64	83.82
18.04	17.91	1499.86	1265.18	9.84	5.53	1.95	25.07	107.43
0.24	0.03	217.59	165.90	2.82	0.03	0.04	10.44	15.96
		119.99	97.96	1.65	0.03	0.02	4.81	6.81
0.15		137.70	110.64	1.96	0.16	0.05	2.59	8.69
		9.14	7.74	0.16	0.03		0.23	0.67
47.09	**33.73**	**1511.18**	**1295.00**	**10.53**	**12.11**	**1.75**	**12.07**	**58.04**
45.13	27.32	1357.40	1176.69	8.94	8.95	0.92	5.69	42.78
	4.11	95.99	74.90	0.83	0.70	0.21	2.86	6.64
1.97	2.30	57.79	43.41	0.76	2.46	0.62	3.52	8.62

1-6 续表 2

	税金	财务费用	利息收入	利息支出	营业利润	投资收益
总 计	**126.89**	**347.39**	**33.32**	**332.63**	**2115.46**	**-50.71**
采矿业	**10.66**	**13.55**	**0.37**	**10.37**	**166.24**	**-12.30**
煤炭开采和洗选业	2.22	4.88	0.14	3.65	94.38	-2.34
黑色金属矿采选业	3.11	2.29	0.03	1.57	12.82	-1.93
有色金属矿采选业	2.54	3.10	0.14	2.62	33.22	-6.85
非金属矿采选业	2.79	3.27	0.06	2.52	25.44	-1.18
开采辅助活动						
其他采矿业		0.01		0.01	0.38	
制造业	**112.45**	**256.36**	**32.50**	**246.04**	**1864.62**	**-40.17**
农副食品加工业	12.62	24.33	0.47	18.22	147.32	-0.21
食品制造业	4.26	7.30	0.55	6.09	52.99	-2.33
酒、饮料和精制茶制造业	4.45	4.92	0.18	3.87	33.13	0.51
烟草制品业	1.41	-1.52	0.02	-1.55	116.26	5.62
纺织业	2.57	7.17	0.19	4.95	25.76	-0.13
纺织服装、服饰业	1.25	2.64	0.02	2.14	17.93	-0.20
皮革、毛皮、羽毛及其制品和制鞋业	0.90	3.23	0.02	2.71	21.04	-2.28
木材加工和木、竹、藤、棕、草制品业	1.54	4.53	0.05	2.69	46.89	0.04
家具制造业	0.89	2.31	0.04	1.75	16.63	0.26
造纸和纸制品业	3.56	14.68	1.22	14.97	26.85	0.08
印刷和记录媒介复制业	0.74	2.22	0.14	1.76	31.68	-0.93
文教、工美、体育和娱乐用品制造业	0.98	1.16	0.02	0.99	15.06	-0.64
石油加工、炼焦和核燃料加工业	0.79	4.91	0.40	5.19	7.36	0.31
化学原料和化学制品制造业	12.63	30.61	1.12	24.21	178.09	-6.34
医药制造业	2.49	4.82	0.42	3.94	59.11	-0.31
化学纤维制造业	0.14	0.18	0.01	0.13	1.40	0.02
橡胶和塑料制品业	2.33	3.67	0.11	2.85	30.89	-0.34
非金属矿物制品业	10.54	27.61	1.50	22.72	167.79	-8.35
黑色金属冶炼和压延加工业	3.80	20.11	3.11	26.67	66.19	7.66
有色金属冶炼和压延加工业	7.25	23.12	1.54	21.25	130.66	-6.03
金属制品业	4.21	6.26	0.29	4.94	59.82	-2.32
通用设备制造业	5.12	9.48	0.88	8.42	98.01	-1.70
专用设备制造业	6.04	14.98	15.60	32.09	186.86	-11.66
汽车制造业	4.50	7.33	0.84	7.55	39.36	-0.09
铁路、船舶、航空航天和其他运输设备制造业	1.33	4.14	1.24	4.68	54.39	0.94
电气机械和器材制造业	4.33	15.41	1.83	15.01	83.64	-4.73
计算机、通信和其他电子设备制造业	9.05	7.18	0.41	4.92	107.80	-6.83
仪器仪表制造业	1.26	2.37	0.26	2.01	17.89	-0.28
其他制造业	0.73	0.60	0.04	0.55	14.02	0.03
废弃资源综合利用业	0.76	0.65		0.36	9.39	0.06
金属制品、机械和设备修理业		-0.03		-0.03	0.40	
电力、热力及水的生产和供应业	**3.78**	**77.48**	**0.45**	**76.21**	**84.60**	**1.76**
电力、热力生产和供应业	2.87	74.96	0.40	71.87	72.14	1.11
燃气生产和供应业	0.45	0.72	0.12	0.74	11.01	0.53
水的生产和供应业	0.46	1.81	-0.06	3.59	1.45	0.13

单位：亿元

营业外收　入	补贴收入	营业外支　出	利润总额	应　交所得税	利税总额	本年应付职工薪酬	本　年　应交增值税	从业人员（人）
119.59	**48.14**	**187.32**	**2047.87**	**211.49**	**4250.03**	**1469.91**	**1311.26**	**3331932**
3.77	**2.41**	**17.24**	**152.77**	**15.14**	**281.39**	**125.04**	**100.81**	**335692**
1.28	0.71	10.74	84.92	7.93	149.00	79.76	50.94	211601
0.10	0.01	0.50	12.41	0.94	25.30	5.91	10.58	19466
2.13	1.14	4.60	30.75	3.67	62.76	25.35	25.97	62689
0.27	0.55	1.08	24.63	2.60	44.14	13.89	13.23	41572
		0.33	0.06		0.19	0.13	0.10	364
95.44	**44.42**	**165.25**	**1794.80**	**181.65**	**3777.70**	**1228.89**	**1130.76**	**2838114**
5.55	2.66	19.54	133.34	10.70	234.39	73.86	76.88	193071
1.74	0.39	3.80	50.93	4.64	86.90	31.86	27.72	101800
1.59	0.51	4.04	30.67	3.61	59.62	21.67	19.55	58945
4.57	3.83	2.31	118.52	28.60	677.62	21.91	99.50	15494
1.04	0.50	3.71	23.09	2.53	49.38	28.65	20.83	94874
0.35	0.18	1.02	17.26	1.31	32.28	19.44	11.91	55106
0.17	0.24	2.27	18.94	1.67	36.63	33.10	12.94	96819
0.42	0.54	2.84	44.47	2.98	74.88	24.81	22.90	82065
0.21	0.18	0.60	16.24	1.47	29.21	9.45	9.72	25887
5.60	4.65	2.75	29.71	2.44	59.73	24.62	22.41	67809
0.75	0.73	2.06	30.37	3.84	45.90	12.28	11.57	30373
0.15	0.13	1.10	14.12	1.59	23.18	8.28	6.27	24160
0.97	0.52	0.71	7.61	2.15	128.79	21.66	36.81	21562
6.87	2.41	15.44	169.51	13.82	325.07	143.67	102.39	366612
1.80	0.43	3.06	57.84	3.81	95.04	27.85	29.25	66244
0.12		0.30	1.22	0.11	2.62	1.11	0.91	2991
0.60	0.64	2.62	28.87	2.25	52.61	19.08	17.83	48507
6.13	4.44	10.94	163.19	21.45	298.39	124.55	103.00	318745
4.41	0.27	2.51	68.10	3.48	143.69	63.24	59.11	131632
5.42	1.87	12.50	123.38	9.20	256.54	63.15	109.52	132782
2.46	1.38	6.48	55.84	4.43	93.93	30.86	28.23	83751
3.70	1.25	9.01	92.65	6.80	152.64	54.83	46.15	126162
17.95	2.81	18.38	186.43	16.64	293.04	124.88	88.16	176985
6.87	3.20	6.63	39.61	5.30	82.04	51.62	29.45	96683
3.58	2.72	4.55	53.42	6.31	95.62	47.00	37.41	63787
4.89	2.41	7.07	81.47	6.97	130.14	50.39	37.13	111467
5.80	4.80	15.26	98.34	10.90	151.80	74.59	43.45	195700
1.17	0.50	1.17	17.89	1.44	29.27	9.26	8.56	20598
0.28	0.14	0.97	13.32	0.78	19.62	5.66	4.64	15291
0.27	0.10	1.60	8.05	0.35	16.27	4.93	6.26	10570
			0.40	0.06	0.85	0.64	0.30	1642
20.38	**1.31**	**4.83**	**100.30**	**14.70**	**190.95**	**115.98**	**79.69**	**158126**
19.12	0.89	4.30	86.95	12.55	170.82	103.20	74.55	130881
0.25		0.23	11.03	1.74	14.64	3.84	2.77	6913
1.01	0.42	0.30	2.33	0.40	5.49	8.94	2.37	20332

1-7 规模以上工业企业按规模分组的主要经济指标

单位：亿元

	大型企业	中型企业	小型企业	微型企业
企业单位数(个)	215	2247	10891	245
亏损企业(个)	25	153	516	28
工业销售产值(当年价格)	9152.61	7520.41	15390.68	94.08
出口交货值	697.86	317.12	236.39	0.38
资产总计	9321.01	4334.26	6312.28	82.98
流动资产合计	4495.02	1845.69	2221.21	27.75
应收账款	1244.51	514.56	563.29	11.57
存货	1319.95	425.15	573.37	5.70
产成品	296.55	190.16	257.99	2.55
在产品	211.33	40.81	64.89	0.35
固定资产合计	3446.38	1969.57	3083.46	31.67
固定资产原价	5373.80	2844.96	3873.48	37.69
累计折旧	2126.22	1020.21	1056.31	9.72
负债合计	5846.50	2227.41	2956.82	51.46
流动负债合计	3955.63	1563.17	2041.91	34.39
应付账款	1066.54	390.29	398.60	7.28
非流动负债合计	1856.13	463.92	539.86	3.86
所有者权益合计	3466.90	2086.49	3311.87	29.55
实收资本	1138.59	1105.22	2077.55	20.93
国家资本	442.65	187.67	103.39	1.22
集体资本	7.09	19.91	53.34	1.21
法人资本	452.58	494.05	925.87	11.73
个人资本	87.67	264.44	947.29	6.43
港澳台资本	62.12	39.06	17.13	0.07
外商资本	86.47	100.08	30.28	0.04

1-7 续表

单位：亿元

	大型企业	中型企业	小型企业	微型企业
主营业务收入	9119.94	7394.70	15252.35	87.66
主营业务成本	7314.81	6012.95	12394.28	75.69
主营业务税金及附加	592.38	81.49	209.91	0.61
其他业务收入	302.67	61.71	26.18	1.55
其他业务利润	10.80	5.14	2.12	0.01
销售费用	241.45	259.16	421.69	2.38
管理费用	462.12	504.19	766.11	3.18
税金	23.45	42.46	60.76	0.22
财务费用	121.43	86.03	138.70	1.23
利息收入	24.24	4.91	4.17	
利息支出	152.94	74.01	104.68	0.99
营业利润	477.91	539.77	1092.87	4.92
投资收益	8.48	-15.87	-43.32	
营业外收入	74.15	22.42	23.24	-0.22
补贴收入	24.65	10.29	13.17	0.04
营业外支出	42.76	39.73	104.01	0.82
利润总额	509.30	522.25	1012.44	3.89
应交所得税	79.15	48.87	83.12	0.34
利税总额	1525.49	928.05	1789.40	7.09
本年应付职工薪酬	487.69	451.05	528.17	3.01
本年应交增值税	421.18	323.63	563.90	2.55
从业人员(人)	721423	1194790	1411408	4311

1-8 规模以上国有控股工业

	企业单位数（个）	亏损企业	工业销售产值（当年价格）	出口交货值	资产总计	流动资产合计
总 计	**752**	**158**	**7170.25**	**173.96**	**8380.46**	**3744.65**
一、按登记注册类型分组						
内资企业	721	150	7083.12	170.32	8234.80	3700.36
国有企业	237	57	1949.81	16.52	1968.43	709.74
中央企业	31	7	1611.29	15.37	1696.21	610.52
地方企业	206	50	338.52	1.15	272.22	99.22
集体企业						
股份合作企业						
联营企业	1		4.14		0.53	0.43
有限责任公司	392	75	2522.21	98.04	3219.26	1458.18
股份有限公司	89	18	2605.11	55.76	3042.89	1530.33
私营企业						
其他企业	2		1.85		3.69	1.69
港、澳、台商投资企业	12	3	33.95	0.81	29.89	21.42
外商投资企业	19	5	53.18	2.83	115.78	22.86
二、按经济组织类型分组						
独资企业	237	57	1949.81	16.52	1968.43	709.74
合作、合伙企业	4		6.52		4.46	2.25
股份有限公司	89	18	2605.11	55.76	3042.89	1530.33
有限责任公司	422	83	2608.81	101.68	3364.69	1502.33
三、按企业规模分组						
大型企业	88	15	5461.77	150.68	6360.47	2951.74
中型企业	274	68	1042.40	15.31	1285.85	576.98
小型企业	385	74	659.61	7.97	733.94	215.88
微型企业	5	1	6.46		0.20	0.05

企业按类型分组的主要经济指标

单位：亿元

应收账款	存货	产成品	固定资产合计	固定资产原价	累计折旧	负债合计	流动负债合计	应付账款	非流动负债合计
1023.52	**1112.90**	**222.25**	**3522.23**	**5590.26**	**2303.19**	**5436.07**	**3701.51**	**974.95**	**1643.14**
1008.39	1103.17	217.23	3438.54	5404.99	2200.45	5333.24	3605.79	962.82	1637.28
75.06	376.43	29.75	986.96	1698.50	753.29	1102.91	661.39	181.28	426.71
54.43	361.23	23.54	849.25	1493.68	661.38	923.52	538.58	162.87	378.95
20.63	15.20	6.21	137.71	204.83	91.91	179.39	122.81	18.42	47.76
			0.11	0.11	0.07	0.25	0.12	0.04	0.13
428.78	405.78	101.97	1380.80	2121.35	890.83	2263.81	1633.50	424.97	566.40
503.96	320.77	85.47	1070.59	1584.95	556.24	1965.72	1310.24	356.35	644.04
0.58	0.18	0.04	0.08	0.08	0.02	0.54	0.54	0.18	
6.23	5.72	3.54	7.05	15.73	9.75	14.84	13.55	5.59	1.20
8.90	4.01	1.48	76.64	169.54	92.99	87.99	82.16	6.55	4.67
75.06	376.43	29.75	986.96	1698.50	753.29	1102.91	661.39	181.28	426.71
0.60	0.19	0.04	0.29	0.30	0.11	0.85	0.66	0.22	0.13
503.96	320.77	85.47	1070.59	1584.95	556.24	1965.72	1310.24	356.35	644.04
443.89	415.51	106.98	1464.39	2306.50	993.55	2366.59	1729.22	437.10	572.27
750.13	955.57	169.75	2558.22	4217.44	1793.99	4119.40	2862.62	765.17	1249.14
207.54	109.25	40.16	547.28	774.69	294.49	824.65	542.45	156.79	231.22
65.84	48.08	12.34	416.58	597.95	214.68	491.98	296.40	53.00	162.78
0.01			0.15	0.18	0.03	0.03	0.03		

1-8 续表 1

	所有者权益合计	实收资本	国家资本	集体资本	法人资本	个人资本
总 计	**2930.58**	**1311.81**	**673.13**	**7.80**	**504.27**	**41.27**
一、按登记注册类型分组						
内资企业	2887.94	1282.24	662.54	7.80	493.70	41.10
国有企业	863.82	193.97	158.44	0.48	32.18	2.75
中央企业	772.34	122.61	118.63		3.85	
地方企业	91.47	71.36	39.81	0.48	28.33	2.75
集体企业						
股份合作企业						
联营企业	0.14	0.05			0.05	
有限责任公司	945.70	631.45	336.77	3.97	269.16	12.35
股份有限公司	1075.16	453.73	167.34	3.35	189.28	26.00
私营企业						
其他企业	3.13	3.03			3.03	
港、澳、台商投资企业	15.05	4.30	1.75		1.23	
外商投资企业	27.59	25.27	8.84		9.35	0.17
二、按经济组织类型分组						
独资企业	863.82	193.97	158.44	0.48	32.18	2.75
合作、合伙企业	3.45	3.23	0.15		3.08	
股份有限公司	1075.16	453.73	167.34	3.35	189.28	26.00
有限责任公司	988.15	660.87	347.20	3.97	279.73	12.53
三、按企业规模分组						
大型企业	2240.97	819.56	425.75	1.21	298.36	17.10
中型企业	447.79	313.95	171.91	2.91	123.32	13.51
小型企业	241.65	175.19	75.42	3.67	79.59	10.62
微型企业	0.17	3.11	0.05		3.01	0.05

单位：亿元

港澳台资本	外商资本	主营业务收入	主营业务成本	主营业务税金及附加	其他业务收入	其他业务利润	销售费用	管理费用
43.00	**42.15**	**7132.07**	**5608.59**	**578.79**	**293.81**	**9.68**	**158.67**	**354.75**
41.27	35.64	7051.18	5555.97	578.10	292.57	9.50	156.47	349.30
	0.13	1892.37	1170.26	466.41	150.36	-0.10	24.61	99.48
	0.13	1563.69	893.33	463.39	146.62	-0.88	15.90	65.45
		328.68	276.93	3.01	3.75	0.79	8.72	34.03
		4.09	3.53	0.04	0.03		0.04	0.04
0.22	8.79	2492.11	2109.36	30.20	116.21	4.58	57.21	151.52
41.05	26.73	2660.76	2271.49	81.43	25.96	5.02	74.55	98.12
		1.85	1.34	0.02			0.06	0.15
0.98	0.34	33.23	22.98	0.27	0.21	0.06	1.14	1.96
0.75	6.16	47.67	29.63	0.41	1.03	0.13	1.06	3.49
	0.13	1892.37	1170.26	466.41	150.36	-0.10	24.61	99.48
		6.46	5.31	0.08	0.03		0.09	0.19
41.05	26.73	2660.76	2271.49	81.43	25.96	5.02	74.55	98.12
1.95	15.29	2572.48	2161.52	30.88	117.45	4.76	59.41	156.96
41.51	35.64	5490.17	4277.41	566.44	272.22	6.89	111.10	239.37
0.87	1.43	974.24	794.28	7.62	16.49	2.20	32.08	70.33
0.62	5.08	666.48	535.82	4.72	5.10	0.59	15.48	44.80
		1.19	1.08				0.01	0.25

1-8 续表 2

	税金	财务费用	利息收入	利息支出	营业利润	投资收益
总 计	**15.83**	**126.55**	**21.84**	**146.20**	**360.09**	**9.63**
一、按登记注册类型分组						
内资企业	15.68	120.85	21.79	145.30	345.76	9.61
国有企业	5.24	23.70	0.52	23.32	137.12	6.73
中央企业	2.77	19.34	0.38	19.72	125.44	6.11
地方企业	2.47	4.36	0.14	3.60	11.68	0.62
集体企业						
股份合作企业						
联营企业		0.03		0.02	0.30	
有限责任公司	6.45	61.81	5.02	67.30	97.46	4.13
股份有限公司	3.99	35.29	16.25	54.64	110.83	-1.24
私营企业						
其他企业		0.02		0.03	0.06	
港、澳、台商投资企业	0.07	0.10	0.01	0.06	6.82	0.01
外商投资企业	0.08	5.60	0.04	0.83	7.51	
二、按经济组织类型分组						
独资企业	5.24	23.70	0.52	23.32	137.12	6.73
合作、合伙企业		0.05		0.05	0.41	
股份有限公司	3.99	35.29	16.25	54.64	110.83	-1.24
有限责任公司	6.60	67.51	5.07	68.19	111.73	4.14
三、按企业规模分组						
大型企业	9.43	84.87	20.20	110.89	259.39	12.67
中型企业	3.66	23.49	1.22	22.98	57.57	0.67
小型企业	2.74	18.19	0.42	12.32	43.11	-3.71
微型企业					0.01	

单位：亿元

营业外收 入	补贴收入	营业外支 出	利润总额	应 交所得税	利税总额	本年应付职工薪酬	本 年 应交增值税	从业人员（人）
61.45	**25.38**	**25.69**	**395.83**	**68.13**	**1345.05**	**412.90**	**368.60**	**614405**
60.65	25.35	25.55	380.85	66.46	1323.34	407.87	362.55	603087
15.33	5.73	5.37	147.07	33.30	761.49	126.48	147.52	184875
13.25	5.06	3.89	134.79	30.74	729.51	94.34	130.90	101524
2.08	0.68	1.48	12.28	2.56	31.98	32.14	16.62	83351
			0.30		0.46	0.12	0.12	305
23.05	13.05	14.22	106.27	17.18	248.89	179.49	112.11	278871
22.28	6.56	5.95	127.16	15.98	312.29	101.67	102.66	138793
			0.06	0.01	0.21	0.11	0.13	243
0.31	0.02	0.04	7.09	1.14	9.54	2.35	2.17	6495
0.48	0.01	0.10	7.89	0.53	12.18	2.69	3.88	4823
15.33	5.73	5.37	147.07	33.30	761.49	126.48	147.52	184875
			0.41	0.01	0.75	0.23	0.26	580
22.28	6.56	5.95	127.16	15.98	312.29	101.67	102.66	138793
23.84	13.08	14.37	121.19	18.85	270.53	184.52	118.15	290157
49.41	19.23	16.49	292.31	52.61	1152.60	305.05	292.27	374361
7.88	4.63	4.01	61.44	9.36	117.14	79.38	47.86	180955
4.16	1.52	5.19	42.07	6.16	75.27	28.46	28.44	58982
			0.01		0.05	0.01	0.03	107

1-9 规模以上国有控股工业企业

	企业单位数(个)	亏损企业(个)	工业销售产值(当年价格)	出口交货值	资产总计	流动资产合计
总　计	**752**	**158**	**7170.25**	**173.96**	**8380.46**	**3744.65**
采矿业	**78**	**20**	**133.46**	**0.03**	**185.32**	**52.55**
煤炭开采和洗选业	49	18	61.22		64.49	22.05
黑色金属矿采选业						
有色金属矿采选业	22		55.45		92.72	25.31
非金属矿采选业	7	2	16.79	0.03	28.11	5.18
开采辅助活动						
其他采矿业						
制造业	**473**	**91**	**5827.87**	**173.93**	**5987.61**	**3475.46**
农副食品加工业	38	6	145.13	0.27	57.51	21.05
食品制造业	7		19.17	0.39	8.02	3.08
酒、饮料和精制茶制造业	7	1	24.88	0.08	33.26	17.98
烟草制品业	6		778.30	2.96	692.55	503.82
纺织业	9	4	11.81	1.57	9.93	4.81
纺织服装、服饰业	1		0.88		1.04	0.90
皮革、毛皮、羽毛及其制品和制鞋业	1		7.78	0.01	4.75	3.21
木材加工和木、竹、藤、棕、草制品业	5		12.62		6.34	1.33
家具制造业						
造纸和纸制品业	7	4	120.81	1.86	313.91	123.48
印刷和记录媒介复制业	9	3	36.67	0.05	28.41	18.89
文教、工美、体育和娱乐用品制造业	2		1.34		1.69	1.47
石油加工、炼焦和核燃料加工业	7	3	735.73		199.69	61.08
化学原料和化学制品制造业	34	8	221.44	12.79	263.66	103.06
医药制造业	15	5	46.58	0.01	48.29	27.49
化学纤维制造业	1		3.50		6.26	3.43
橡胶和塑料制品业	4	1	2.61	0.09	1.79	0.84
非金属矿物制品业	76	12	197.41	0.64	256.28	75.96
黑色金属冶炼和压延加工业	17	3	632.64	56.43	877.64	299.12
有色金属冶炼和压延加工业	32	6	414.95	10.91	281.86	141.24
金属制品业	20	4	129.23	4.31	103.56	55.01
通用设备制造业	33	5	174.97	3.54	228.91	174.44
专用设备制造业	33	11	973.78	42.71	1089.72	831.65
汽车制造业	38	7	237.72	7.35	262.37	166.17
铁路、船舶、航空航天和其他运输设备制造业	18	1	516.79	17.73	520.76	359.54
电气机械和器材制造业	26	5	242.10	0.94	532.73	387.37
计算机、通信和其他电子设备制造业	13	2	124.29	9.28	141.63	79.71
仪器仪表制造业	5		2.29		3.41	2.45
其他制造业	3		2.03		4.63	2.66
废弃资源综合利用业	4		7.08		1.87	0.69
金属制品、机械和设备修理业	2		3.35		5.13	3.53
电力、热力及水的生产和供应业	**201**	**47**	**1208.91**		**2207.53**	**216.64**
电力、热力生产和供应业	138	26	1162.49		2040.04	175.04
燃气生产和供应业	4		8.76		6.98	1.38
水的生产和供应业	59	21	37.67		160.51	40.21

按行业大类分组的主要经济指标

单位：亿元

应收账款	存货	产成品	固定资产合计	固定资产原价	累计折旧	负债合计	流动负债合计	应付账款	非流动负债合计
1023.52	**1112.90**	**222.25**	**3522.23**	**5590.26**	**2303.19**	**5436.07**	**3701.51**	**974.95**	**1643.14**
8.25	**10.89**	**4.85**	**80.26**	**96.21**	**34.86**	**99.22**	**65.69**	**7.27**	**29.91**
3.38	2.40	1.48	30.72	40.22	16.61	37.41	25.42	3.32	11.10
3.79	6.83	2.70	36.35	40.57	13.79	46.36	29.74	1.72	13.88
1.08	1.66	0.68	13.19	15.42	4.46	15.46	10.53	2.23	4.93
964.75	**1081.10**	**216.95**	**1774.31**	**2761.92**	**1147.84**	**3563.44**	**2907.48**	**807.58**	**597.74**
3.21	9.39	2.98	33.00	42.69	10.71	22.90	18.66	3.11	2.51
0.38	0.98	0.70	3.49	3.97	0.96	4.65	4.00	0.61	0.58
0.51	9.52	1.30	11.48	13.19	6.07	8.07	7.57	2.21	0.19
18.29	341.34	18.60	79.50	178.63	101.88	141.35	141.32	36.44	0.03
0.38	1.70	1.03	2.83	4.00	1.52	5.48	3.90	0.80	1.57
0.08	0.21	0.10	0.14	0.32	0.18	0.68	0.68	0.11	
0.11	1.95	1.22	0.45	1.80	1.35	2.13	1.16	0.40	0.97
0.29	0.32	0.19	4.31	5.34	1.03	3.65	1.17	0.41	0.37
12.84	60.94	9.44	157.01	221.23	70.43	215.50	151.40	17.32	64.08
6.19	5.69	2.29	7.53	18.92	11.43	12.25	12.04	2.89	0.19
0.57	0.28	0.12	0.15	0.39	0.24	1.01	0.91	0.47	0.10
12.22	31.67	8.08	133.27	226.47	98.54	118.43	109.49	15.55	8.94
14.25	33.26	15.70	114.01	201.65	98.30	189.63	153.87	17.04	27.55
3.87	4.27	2.29	14.25	21.31	7.60	23.04	19.71	3.73	3.23
0.11	0.63	0.28	2.83	3.72	0.89	0.67	0.67		
0.32	0.29	0.18	0.88	1.95	1.63	1.77	0.59	0.19	1.05
29.00	15.38	6.06	160.78	191.70	41.52	161.72	120.32	26.39	40.56
24.33	107.32	16.68	470.76	757.36	300.26	687.36	589.31	114.57	94.75
13.04	69.33	11.98	98.03	136.77	54.81	189.10	146.74	19.73	38.89
19.89	14.53	4.59	41.15	45.48	19.36	66.28	56.12	16.50	10.03
99.04	26.73	10.16	39.00	53.56	19.35	142.24	126.38	56.73	6.03
324.64	126.27	49.32	89.24	127.84	48.02	601.41	444.29	133.42	156.52
58.12	24.16	11.92	73.61	107.60	39.79	185.06	169.15	78.00	13.98
139.35	86.82	14.29	107.13	253.53	171.79	292.13	274.36	126.57	16.66
155.78	85.24	21.50	87.41	86.80	22.51	396.20	287.41	103.32	85.07
25.85	19.82	5.64	37.20	48.72	15.28	81.65	58.31	29.35	22.87
0.78	0.80	0.16	0.64	1.37	0.74	1.78	1.46	0.23	0.33
0.90	1.15	0.12	1.92	2.62	0.95	2.44	1.79	0.82	0.65
0.07	0.04	0.02	1.06	1.14	0.08	1.03	0.80	0.32	0.04
0.32	1.08		1.26	1.85	0.59	3.87	3.87	0.33	
50.51	**20.91**	**0.45**	**1667.65**	**2732.13**	**1120.49**	**1773.40**	**728.34**	**160.11**	**1015.50**
44.22	19.54	0.25	1571.67	2604.32	1075.56	1657.71	661.98	150.99	970.57
0.16	0.15	0.02	5.41	6.17	2.02	2.47	1.94	0.36	0.47
6.13	1.23	0.18	90.58	121.65	42.91	113.23	64.42	8.76	44.46

1-9 续表 1

	所有者权益合计	实收资本	国家资本	集体资本	法人资本	个人资本
总　计	**2930.58**	**1311.81**	**673.13**	**7.80**	**504.27**	**41.27**
采矿业	**85.57**	**43.69**	**20.81**	**0.29**	**21.17**	**1.42**
煤炭开采和洗选业	26.58	14.83	8.45	0.29	5.02	1.07
黑色金属矿采选业						
有色金属矿采选业	46.34	21.41	11.67		9.39	0.35
非金属矿采选业	12.64	7.45	0.69		6.76	
开采辅助活动						
其他采矿业						
制造业	**2409.74**	**960.65**	**479.77**	**5.89**	**405.04**	**36.32**
农副食品加工业	34.40	19.34	2.14	0.06	12.19	4.95
食品制造业	3.32	2.13	0.72		0.90	0.50
酒、饮料和精制茶制造业	25.18	9.31	5.42		1.73	2.16
烟草制品业	551.20	45.37	43.92	0.16	1.29	
纺织业	4.45	4.03	3.63	0.22	0.18	0.01
纺织服装、服饰业	0.36	0.09	0.09			
皮革、毛皮、羽毛及其制品和制鞋业	2.62	1.00	0.70		0.30	
木材加工和木、竹、藤、棕、草制品业	2.49	1.37			0.57	0.80
家具制造业						
造纸和纸制品业	88.41	67.18	48.36		18.80	0.02
印刷和记录媒介复制业	16.16	4.69	0.69		3.45	
文教、工美、体育和娱乐用品制造业	0.69	0.44	0.40	0.04		
石油加工、炼焦和核燃料加工业	81.26	83.14	38.82		40.00	1.18
化学原料和化学制品制造业	73.84	70.14	52.06		16.85	0.98
医药制造业	25.24	10.06	3.78		3.55	2.73
化学纤维制造业	5.59	1.65			1.54	0.11
橡胶和塑料制品业	0.01	0.62	0.42		0.11	0.08
非金属矿物制品业	93.89	66.35	26.90	2.46	30.77	6.22
黑色金属冶炼和压延加工业	190.29	103.71	30.47		70.66	2.57
有色金属冶炼和压延加工业	91.60	60.76	13.48		41.94	5.33
金属制品业	37.31	14.67	8.83	0.88	4.77	0.18
通用设备制造业	85.83	25.48	13.87	1.32	6.21	3.53
专用设备制造业	488.32	110.43	17.86	0.16	72.10	0.24
汽车制造业	77.30	57.66	22.03	0.30	31.89	0.87
铁路、船舶、航空航天和其他运输设备制造业	228.63	97.66	80.17		11.54	0.04
电气机械和器材制造业	135.46	71.22	47.99	0.29	21.79	1.00
计算机、通信和其他电子设备制造业	59.98	29.23	14.78		11.54	2.73
仪器仪表制造业	1.62	0.49	0.12		0.13	0.01
其他制造业	2.20	1.17	1.16			0.01
废弃资源综合利用业	0.83	0.67	0.41		0.21	0.05
金属制品、机械和设备修理业	1.26	0.60	0.54		0.04	0.02
电力、热力及水的生产和供应业	**435.26**	**307.47**	**172.55**	**1.62**	**78.06**	**3.53**
电力、热力生产和供应业	383.53	281.31	154.08	0.34	71.76	3.41
燃气生产和供应业	4.52	2.38	1.19		1.19	
水的生产和供应业	47.21	23.78	17.28	1.28	5.10	0.12

单位：亿元

港澳台资本	外商资本	主营业务收入	主营业务成本	主营业务税金及附加	其他业务收入	其他业务利润	销售费用	管理费用
43.00	**42.15**	**7132.07**	**5608.59**	**578.79**	**293.81**	**9.68**	**158.67**	**354.75**
		144.59	**111.56**	**2.34**	**3.52**	**0.58**	**3.43**	**17.75**
		62.79	49.27	0.91	0.81	0.13	1.49	7.70
		65.75	49.70	1.02	2.51	0.38	0.78	8.32
		16.05	12.59	0.41	0.19	0.07	1.16	1.73
16.27	**17.16**	**5792.78**	**4448.08**	**568.77**	**280.09**	**8.02**	**148.35**	**296.31**
		150.86	129.85	1.10	0.84	0.05	5.07	9.24
0.01		17.54	15.01	0.11	0.28		0.71	2.26
		20.88	13.33	0.43	0.27	0.08	3.55	1.97
		777.26	152.61	459.58	139.70	-0.98	11.63	43.31
		12.17	11.20	0.11	0.08	0.02	0.20	1.95
		0.81	0.44	0.01	0.02		0.07	0.32
		6.97	5.93	0.03	0.08	0.03	0.23	0.28
		13.64	11.62	0.20			0.84	2.30
		114.39	100.60	0.59	5.04	1.27	4.29	12.23
0.56		35.84	26.45	0.27	0.81	0.27	0.47	3.01
		1.34	0.99	0.01	0.01	0.01	0.08	0.25
	3.15	695.04	590.43	83.52	5.05	0.23	1.74	17.72
	0.24	215.86	190.53	1.00	2.84	0.52	6.21	20.71
		46.82	28.53	0.81	0.02		9.97	4.23
		3.80	3.42	0.02			0.09	0.10
	0.02	3.16	2.51	0.02	0.04	0.03	0.08	0.20
		196.89	147.51	1.70	4.71	0.18	8.99	10.67
0.01		662.33	621.09	3.23	78.75	2.30	7.32	23.35
		459.10	428.07	1.72	18.08	0.15	3.81	15.44
		125.29	110.55	0.82	0.74	0.05	1.50	6.13
	0.56	177.50	139.50	0.66	3.11	0.29	3.43	9.76
14.28	5.79	951.82	805.38	5.79	2.11	0.18	43.91	31.57
0.94	1.63	237.05	212.23	2.49	7.32	1.20	6.57	13.58
0.43	5.47	476.98	377.12	2.61	5.33	1.38	14.39	39.38
	0.15	248.95	210.48	1.56	2.10	0.22	10.10	15.70
0.05	0.13	125.90	101.28	0.30	2.71	0.53	2.50	8.62
	0.03	1.98	1.46	0.01			0.21	0.32
		2.11	1.46			0.01	0.02	0.61
		7.08	5.74	0.05			0.33	0.64
		3.40	2.77		0.03		0.03	0.45
26.72	**24.99**	**1194.70**	**1048.94**	**7.68**	**10.21**	**1.08**	**6.89**	**40.70**
26.72	24.99	1146.81	1011.87	7.24	7.48	0.50	3.46	33.42
		8.63	7.36	0.03	0.31		0.40	0.32
		39.27	29.72	0.41	2.42	0.58	3.03	6.95

1-9 续表 2

	税金	财务费用			营业利润	投资收益
			利息收入	利息支出		
总　计	**15.83**	**126.55**	**21.84**	**146.20**	**360.09**	**9.63**
采矿业	**0.91**	**2.22**	**0.14**	**1.81**	**7.55**	**-0.15**
煤炭开采和洗选业	0.35	1.01	0.01	0.57	1.75	-0.04
黑色金属矿采选业						
有色金属矿采选业	0.48	0.72	0.12	0.78	6.08	-0.10
非金属矿采选业	0.08	0.49	0.01	0.47	-0.27	
开采辅助活动						
其他采矿业						
制造业	**12.16**	**56.76**	**21.25**	**77.92**	**308.82**	**8.38**
农副食品加工业	1.02	1.84		1.68	6.22	0.11
食品制造业	0.05	0.24	0.01	0.22	1.61	0.00
酒、饮料和精制茶制造业	0.10	0.18	0.04	0.22	1.22	0.10
烟草制品业	1.39	-1.51		-1.55	115.91	5.62
纺织业	0.03	0.19		0.17	-0.53	0.02
纺织服装、服饰业					-0.02	
皮革、毛皮、羽毛及其制品和制鞋业	0.03	0.04		0.05	0.36	
木材加工和木、竹、藤、棕、草制品业	0.03	0.27		0.02	0.41	0.02
家具制造业						
造纸和纸制品业	0.54	10.22	0.25	10.59	-4.34	-0.35
印刷和记录媒介复制业	0.07	0.21	0.01	0.17	6.88	
文教、工美、体育和娱乐用品制造业					0.02	
石油加工、炼焦和核燃料加工业	0.62	3.09	0.32	3.37	-1.09	0.14
化学原料和化学制品制造业	0.69	7.60	0.31	7.48	-6.26	1.83
医药制造业	0.10	0.28	0.07	0.39	2.61	0.11
化学纤维制造业	0.09	0.09		0.09	0.15	
橡胶和塑料制品业		0.02		0.01	-0.03	
非金属矿物制品业	1.02	6.33	0.07	6.07	20.11	-0.03
黑色金属冶炼和压延加工业	1.74	12.50	2.67	19.31	1.23	7.95
有色金属冶炼和压延加工业	0.55	6.16	0.45	6.54	7.05	-0.96
金属制品业	0.27	1.00	0.07	1.13	5.82	0.39
通用设备制造业	0.43	1.16	0.34	1.35	14.14	-0.18
专用设备制造业	0.73	-6.15	13.62	6.13	73.11	-9.17
汽车制造业	0.81	1.20	0.50	1.47	5.36	0.08
铁路、船舶、航空航天和其他运输设备制造业	0.75	2.38	0.94	2.85	43.65	0.80
电气机械和器材制造业	0.60	8.61	1.37	9.26	5.73	1.58
计算机、通信和其他电子设备制造业	0.25	0.82	0.17	0.90	8.40	0.32
仪器仪表制造业	0.01	0.01		0.01	0.12	
其他制造业					0.02	
废弃资源综合利用业	0.23			0.01	0.74	
金属制品、机械和设备修理业		-0.03		-0.03	0.21	
电力、热力及水的生产和供应业	**2.77**	**67.57**	**0.45**	**66.47**	**43.71**	**1.40**
电力、热力生产和供应业	2.30	66.19	0.38	63.26	44.11	1.43
燃气生产和供应业	0.05	-0.01	0.04	0.03	0.62	
水的生产和供应业	0.42	1.39	0.03	3.18	-1.02	-0.04

单位：亿元

营业外收入	补贴收入	营业外支出	利润总额	应交所得税	利税总额	本年应付职工薪酬	本年应交增值税	从业人员（人）
61.45	**25.38**	**25.69**	**395.83**	**68.13**	**1345.05**	**412.90**	**368.60**	**614405**
2.76	**1.67**	**0.62**	**9.69**	**1.72**	**22.03**	**29.45**	**9.94**	**69535**
1.02	0.64	0.39	2.38	0.70	8.55	19.20	5.25	50624
1.66	0.99	0.14	7.60	0.94	12.68	8.56	3.99	15249
0.07	0.05	0.09	-0.29	0.07	0.80	1.69	0.69	3662
39.36	**22.68**	**22.48**	**325.70**	**55.40**	**1187.29**	**280.52**	**291.48**	**413555**
0.42	0.33	0.62	6.01	0.57	11.92	5.67	4.80	11689
0.06			1.67	0.03	2.12	0.93	0.34	4153
0.18	0.16	1.14	0.26	0.11	3.12	2.27	1.42	4733
4.54	3.83	2.31	118.14	28.50	677.03	21.64	99.30	14546
0.23	0.04	0.10	-0.40	0.22	0.02	1.04	0.30	3911
0.03	0.03		0.01		0.06	0.60	0.04	858
			0.37	0.17	0.65	0.87	0.25	2567
		0.04	0.38	0.02	0.87	0.32	0.29	1714
4.95	3.62	0.12	0.50	0.10	6.15	5.31	5.04	12705
0.37	0.13	0.01	7.23	0.98	9.24	2.48	1.74	3769
0.02			0.04		0.12	0.34	0.07	537
0.71	0.32	0.68	-1.07	1.23	110.22	20.00	27.75	17148
3.40	1.37	2.76	-5.63	0.65	2.67	18.38	7.28	30926
0.12	0.03	0.57	2.16	0.42	6.44	4.84	3.46	8508
0.06			0.20	0.11	0.48	0.34	0.26	572
0.09			0.06		0.16	0.39	0.08	763
2.26	2.02	0.80	21.56	4.80	35.06	10.37	11.69	22190
3.66		0.28	4.61	0.33	26.05	29.15	18.18	47263
2.67	1.03	2.12	7.59	0.83	30.29	22.48	20.97	34447
1.00	0.41	0.45	6.37	0.95	11.35	5.77	4.16	14996
0.82	0.18	0.49	14.48	0.66	19.56	11.82	4.41	21346
3.59	1.36	3.89	72.81	5.96	113.94	43.55	35.34	49134
1.88	1.07	0.80	6.45	0.82	14.69	16.58	5.73	30679
3.05	2.39	3.62	43.08	5.53	75.05	30.11	29.27	37579
2.07	1.66	0.22	7.58	1.51	15.80	14.81	6.64	19529
3.08	2.71	1.37	10.11	0.81	12.61	8.43	2.20	12894
0.02		0.02	0.12	0.02	0.25	0.34	0.12	692
0.09	0.01		0.11	0.01	0.12	0.93	0.01	1823
		0.06	0.68	0.01	1.04	0.25	0.31	518
			0.21	0.06	0.21	0.53		1366
19.33	**1.03**	**2.59**	**60.44**	**11.01**	**135.73**	**102.94**	**67.18**	**131315**
18.29	0.61	2.38	60.01	10.71	132.67	94.65	65.05	112761
			0.62	0.14	0.85	0.36	0.19	684
1.04	0.41	0.20	-0.19	0.16	2.20	7.92	1.94	17870

1-10 规模以上大中型工业企业主要指标及在规模工业中的地位

	企业单位数(个)	在工业中的地位(%)	资产总计(亿元)	在工业中的地位(%)	从业人员(人)	在工业中的地位(%)
总计	**2462**	**18.11**	**13655.27**	**68.10**	**1916213**	**57.51**
采矿业	**251**	**17.41**	**388.29**	**45.71**	**164158**	**48.90**
煤炭开采和洗选业	168	21.46	145.04	39.94	110167	52.06
黑色金属矿采选业	11	8.59	16.62	22.35	5311	27.28
有色金属矿采选业	48	19.92	152.86	60.45	36620	58.42
非金属矿采选业	24	8.36	73.77	46.65	12060	29.01
开采辅助活动						
其他采矿业						
制造业	**2110**	**17.94**	**11266.46**	**68.50**	**1627159**	**57.33**
农副食品加工业	149	14.02	344.16	43.14	84862	43.95
食品制造业	74	21.26	165.23	55.75	64826	63.68
酒、饮料和精制茶制造业	40	12.94	112.93	44.89	25419	43.12
烟草制品业	5	71.43	689.41	99.11	15126	97.62
纺织业	108	43.03	204.07	76.01	72614	76.54
纺织服装、服饰业	62	30.85	61.76	62.76	36234	65.75
皮革、毛皮、羽毛及其制品和制鞋业	80	37.56	61.14	61.48	73146	75.55
木材加工和木、竹、藤、棕、草制品业	58	12.98	54.50	32.95	27688	33.74
家具制造业	26	21.14	30.83	40.33	12124	46.83
造纸和纸制品业	46	14.33	393.39	77.73	33045	48.73
印刷和记录媒介复制业	14	7.00	56.61	42.50	8737	28.77
文教、工美、体育和娱乐用品制造业	23	20.00	17.07	33.27	11458	47.43
石油加工、炼焦和核燃料加工业	9	28.13	253.24	91.14	19674	91.24
化学原料和化学制品制造业	348	21.27	564.15	49.97	190040	51.84
医药制造业	58	19.80	183.01	51.44	35653	53.82
化学纤维制造业	3	25.00	9.27	60.86	1745	58.34
橡胶和塑料制品业	29	8.90	61.76	32.56	13631	28.10
非金属矿物制品业	315	21.23	640.73	51.86	178631	56.04
黑色金属冶炼和压延加工业	54	9.61	983.19	64.86	71788	54.54
有色金属冶炼和压延加工业	77	12.98	674.35	61.56	72419	54.54
金属制品业	61	14.35	201.43	50.80	39887	47.63
通用设备制造业	80	10.91	422.49	56.03	54373	43.10
专用设备制造业	79	14.58	2446.69	90.31	123889	70.00
汽车制造业	68	24.82	665.13	83.18	70842	73.27
铁路、船舶、航空航天和其他运输设备制造业	37	32.17	675.55	91.49	53494	83.86
电气机械和器材制造业	79	15.77	770.25	76.40	59556	53.43
计算机、通信和其他电子设备制造业	89	22.59	414.38	72.02	152120	77.73
仪器仪表制造业	17	15.18	83.74	62.83	9630	46.75
其他制造业	17	32.69	13.79	53.40	10572	69.14
废弃资源综合利用业	4	5.41	7.26	16.14	2631	24.89
金属制品、机械和设备修理业	1	25.00	4.95	78.23	1305	79.48
电力、热力及水的生产和供应业	**101**	**25.63**	**2000.52**	**72.62**	**124896**	**78.99**
电力、热力生产和供应业	77	27.80	1830.11	74.25	109561	83.71
燃气生产和供应业	6	16.22	62.19	64.88	3657	52.90
水的生产和供应业	18	22.50	108.21	55.68	11678	57.44

1-10　表续 1

	主营业务收入(亿元)	在工业中的地位(%)	利润总额(亿元)	在工业中的地位(%)	利税总额(亿元)	在工业中的地位(%)
总　计	**16514.63**	**51.84**	**1031.55**	**50.37**	**2453.55**	**57.73**
采矿业	**516.15**	**27.16**	**41.96**	**27.47**	**82.01**	**29.14**
煤炭开采和洗选业	238.00	27.10	20.32	23.93	40.80	27.38
黑色金属矿采选业	31.08	16.23	2.31	18.63	4.52	17.88
有色金属矿采选业	180.03	37.53	15.36	49.97	28.70	45.73
非金属矿采选业	67.03	19.25	3.97	16.10	7.99	18.10
开采辅助活动						
其他采矿业						
制造业	**14820.76**	**52.11**	**925.53**	**51.57**	**2237.69**	**59.23**
农副食品加工业	875.69	36.45	50.61	37.95	92.16	39.32
食品制造业	382.03	49.32	25.27	49.61	43.44	49.99
酒、饮料和精制茶制造业	203.99	37.48	8.56	27.90	20.52	34.42
烟草制品业	775.82	99.63	117.89	99.47	676.60	99.85
纺织业	364.29	64.79	13.46	58.30	32.00	64.81
纺织服装、服饰业	149.53	57.63	8.27	47.93	14.06	43.55
皮革、毛皮、羽毛及其制品和制鞋业	178.07	52.50	9.70	51.23	18.47	50.41
木材加工和木、竹、藤、棕、草制品业	176.09	28.66	14.90	33.50	22.95	30.66
家具制造业	110.12	47.17	8.55	52.63	14.51	49.66
造纸和纸制品业	239.07	40.61	8.44	28.43	20.08	33.62
印刷和记录媒介复制业	70.81	23.09	11.97	39.40	15.82	34.46
文教、工美、体育和娱乐用品制造业	50.70	27.89	3.96	28.06	6.56	28.29
石油加工、炼焦和核燃料加工业	780.64	95.25	3.91	51.43	122.43	95.07
化学原料和化学制品制造业	968.77	36.76	45.51	26.85	104.19	32.05
医药制造业	279.16	42.11	25.51	44.10	44.83	47.17
化学纤维制造业	9.31	36.98	0.58	47.99	1.08	41.14
橡胶和塑料制品业	120.14	23.98	7.84	27.16	13.54	25.74
非金属矿物制品业	898.85	39.01	70.77	43.36	131.77	44.16
黑色金属冶炼和压延加工业	928.82	56.79	21.96	32.25	61.15	42.56
有色金属冶炼和压延加工业	1300.43	48.67	60.05	48.68	122.33	47.68
金属制品业	302.27	35.74	19.29	34.54	30.42	32.38
通用设备制造业	483.00	37.50	40.13	43.31	62.95	41.24
专用设备制造业	1966.14	76.75	138.81	74.46	220.20	75.14
汽车制造业	731.24	75.80	27.14	68.51	60.37	73.59
铁路、船舶、航空航天和其他运输设备制造业	608.92	86.40	48.37	90.54	86.20	90.15
电气机械和器材制造业	609.69	48.69	44.15	54.20	67.07	51.54
计算机、通信和其他电子设备制造业	1078.28	71.89	70.53	71.72	102.78	67.71
仪器仪表制造业	92.12	42.34	9.89	55.28	15.13	51.70
其他制造业	59.77	49.81	8.15	61.17	11.40	58.12
废弃资源综合利用业	23.86	17.33	1.17	14.57	2.47	15.19
金属制品、机械和设备修理业	3.14	34.41	0.19	47.23	0.19	22.41
电力、热力及水的生产和供应业	**1177.72**	**77.93**	**64.05**	**63.86**	**133.85**	**70.10**
电力、热力生产和供应业	1103.61	81.30	56.48	64.95	122.69	71.82
燃气生产和供应业	49.64	51.72	7.69	69.75	9.69	66.21
水的生产和供应业	24.47	42.34	-0.12	—	1.47	26.77

1-10 续表 2

	企业单位数(个)	在工业中的地位(%)	资产总计(亿元)	在工业中的地位(%)	从业人员(人)	在工业中的地位(%)
总　计	**2462**	**18.11**	**13655.27**	**68.10**	**1916213**	**57.51**
内资企业	**2221**	**17.08**	**12464.43**	**67.72**	**1667766**	**54.98**
国有企业	114	48.10	1890.68	96.05	164007	88.71
中央企业	23	74.19	1688.32	99.54	100444	98.94
地方企业	91	44.17	202.35	74.33	63563	76.26
集体企业	56	19.44	39.52	37.82	27569	45.00
股份合作企业	3	7.32	1.49	7.88	1246	20.48
联营企业	2	15.38	0.76	19.46	840	41.04
国有联营企业	1	50.00	0.53	60.23	305	71.76
集体联营企业						
国有与集体联营企业						
其他联营企业	1	100.00	0.23	100.00	535	100.00
有限责任公司	494	20.07	4912.76	75.68	509559	67.23
国有独资公司	71	56.35	1297.39	93.07	127149	93.85
其他有限责任公司	423	18.12	3615.37	70.92	382410	61.44
股份有限公司	147	29.88	3493.19	90.20	205535	82.06
私营企业	1374	14.94	2078.73	35.81	745328	43.22
私营独资企业	160	16.63	89.33	27.06	73195	40.56
私营合伙企业	150	18.84	86.90	30.83	69635	41.45
私营有限责任公司	908	13.59	1539.90	34.27	513918	42.50
私营股份有限公司	156	20.61	362.60	51.84	88580	53.05
其他企业	31	11.31	47.29	33.75	13682	29.53
港、澳、台商投资企业	**135**	**40.18**	**592.79**	**76.12**	**156136**	**84.20**
合资经营企业(港或澳、台资)	56	35.44	317.33	73.69	80087	85.36
合作经营企业(港或澳、台资)	2	22.22	5.10	62.32	900	49.34
港澳台商独资经营企业	72	45.28	229.03	79.44	71546	83.79
港澳台商投资股份有限公司	5	50.00	41.33	80.04	3603	81.68
其他港澳台商投资企业						
外商投资企业	**106**	**40.46**	**598.05**	**68.97**	**92311**	**81.77**
中外合资经营企业	50	31.45	337.93	58.24	41890	74.67
中外合作经营企业	4	40.00	11.70	76.94	1783	73.50
外资企业	49	58.33	231.28	91.56	46976	90.56
外商投资股份有限公司	3	37.50	17.14	91.39	1662	72.70
其他外商投资企业						

1-10 续表 3

	主营业务收入(亿元)	在工业中的地位(%)	利润总额(亿元)	在工业中的地位(%)	利税总额(亿元)	在工业中的地位(%)
总 计	**16514.63**	**51.84**	**1031.55**	**50.37**	**2453.55**	**57.73**
内资企业	**14697.96**	**49.97**	**906.52**	**48.28**	**2250.40**	**56.69**
国有企业	1730.88	91.47	138.58	94.23	744.62	97.78
中央企业	1553.22	99.33	134.52	99.80	728.60	99.88
地方企业	177.66	54.05	4.06	33.08	16.02	50.08
集体企业	144.91	38.08	9.11	39.54	17.63	39.64
股份合作企业	7.77	13.79	0.24	5.65	0.62	8.01
联营企业	4.63	29.64	0.35	47.95	0.53	37.77
国有联营企业	4.09	91.21	0.30	90.52	0.46	93.39
集体联营企业						
国有与集体联营企业						
其他联营企业	0.54	100.00	0.06	100.00	0.06	100.00
有限责任公司	4727.31	61.86	277.10	59.81	524.69	61.94
国有独资公司	958.41	91.13	20.23	77.31	78.47	87.66
其他有限责任公司	3768.90	57.18	256.87	58.76	446.22	58.90
股份有限公司	3083.73	83.56	159.58	79.27	365.98	83.73
私营企业	4860.34	31.77	317.33	31.22	584.70	32.04
私营独资企业	325.18	24.19	20.28	22.47	41.66	24.67
私营合伙企业	279.00	28.78	21.72	28.74	41.50	30.79
私营有限责任公司	3530.42	31.13	229.30	31.06	418.22	31.59
私营股份有限公司	725.74	44.10	46.04	40.96	83.32	42.28
其他企业	138.41	31.81	4.22	19.73	11.63	25.31
港、澳、台商投资企业	**760.47**	**66.50**	**77.32**	**76.78**	**110.74**	**72.13**
合资经营企业(港或澳、台资)	409.98	63.51	42.16	76.12	60.24	70.45
合作经营企业(港或澳、台资)	7.45	47.41	0.73	64.32	1.38	65.71
港澳台商独资经营企业	300.48	70.50	30.56	77.98	43.73	74.11
港澳台商投资股份有限公司	42.56	75.67	3.87	77.52	5.39	77.91
其他港澳台商投资企业						
外商投资企业	**1056.20**	**81.38**	**47.71**	**68.52**	**92.40**	**73.01**
中外合资经营企业	443.63	70.80	14.04	42.92	39.19	57.45
中外合作经营企业	15.40	79.05	0.62	104.07	1.01	82.89
外资企业	577.28	92.18	29.04	90.44	46.90	91.16
外商投资股份有限公司	19.89	79.13	4.01	95.23	5.30	93.80

1-10 续表 4

	企业单位数(个)	在工业中的地位(%)	资产总计(亿元)	在工业中的地位(%)	从业人员(人)	在工业中的地位(%)
总　计	**2462**	**18.11**	**13655.27**	**68.10**	**1916213**	**57.51**
独资企业	**451**	**26.07**	**2479.83**	**84.24**	**383293**	**67.98**
国有企业	114	48.10	1890.68	96.05	164007	88.71
集体企业	56	19.44	39.52	37.82	27569	45.00
私营独资企业	160	16.63	89.33	27.06	73195	40.56
港澳台商独资经营企业	72	45.28	229.03	79.44	71546	83.79
外资企业	49	58.33	231.28	91.56	46976	90.56
合作、合伙企业	**192**	**16.78**	**153.25**	**32.70**	**88086**	**38.82**
股份合作企业	3	7.32	1.49	7.88	1246	20.48
国有联营企业	1	50.00	0.53	60.23	305	71.76
集体联营企业						
国有与集体联营企业						
其他联营企业	1	100.00	0.23	100.00	535	100.00
私营合伙企业	150	18.84	86.90	30.83	69635	41.45
合作经营企业(港或澳、台资)	2	22.22	5.10	62.32	900	49.34
中外合作经营企业	4	40.00	11.70	76.94	1783	73.50
其他企业(内资)	31	11.31	47.29	33.75	13682	29.53
其他港澳台商投资企业						
其他外商投资企业						
股份有限公司	**311**	**24.55**	**3914.27**	**84.31**	**299380**	**70.59**
股份有限公司(内资)	147	29.88	3493.19	90.20	205535	82.06
私营股份有限公司	156	20.61	362.60	51.84	88580	53.05
港澳台商投资股份有限公司	5	50.00	41.33	80.04	3603	81.68
外商投资股份有限公司	3	37.50	17.14	91.39	1662	72.70
有限责任公司	**1508**	**15.95**	**7107.93**	**59.26**	**1145454**	**54.11**
国有独资公司	71	56.35	1297.39	93.07	127149	93.85
私营有限责任公司	908	13.59	1539.90	34.27	513918	42.50
合资经营企业(港或澳、台资)	56	35.44	317.33	73.69	80087	85.36
中外合资经营企业	50	31.45	337.93	58.24	41890	74.67
其他有限责任公司	423	18.12	3615.37	70.92	382410	61.44

1-10 续表 5

	主营业务收入(亿元)	在工业中的地位(%)	利润总额(亿元)	在工业中的地位(%)	利税总额(亿元)	在工业中的地位(%)
总 计	**16514.63**	**51.84**	**1031.55**	**50.37**	**2453.55**	**57.73**
独资企业	**3078.72**	**65.93**	**227.57**	**68.62**	**894.54**	**82.43**
国有企业	1730.88	91.47	138.58	94.23	744.62	97.78
集体企业	144.91	38.08	9.11	39.54	17.63	39.64
私营独资企业	325.18	24.19	20.28	22.47	41.66	24.67
港澳台商独资经营企业	300.48	70.50	30.56	77.98	43.73	74.11
外资企业	577.28	92.18	29.04	90.44	46.90	91.16
合作、合伙企业	**452.66**	**29.93**	**27.87**	**26.90**	**56.68**	**29.33**
股份合作企业	7.77	13.79	0.24	5.65	0.62	8.01
国有联营企业	4.09	91.21	0.30	90.52	0.46	93.39
集体联营企业						
国有与集体联营企业						
其他联营企业	0.54	100.00	0.06	100.00	0.06	100.00
私营合伙企业	279.00	28.78	21.72	28.74	41.50	30.79
合作经营企业(港或澳、台资)	7.45	47.41	0.73	64.32	1.38	65.71
中外合作经营企业	15.40	79.05	0.62	104.07	1.01	82.89
其他企业(内资)	138.41	31.81	4.22	19.73	11.63	25.31
其他港澳台商投资企业						
其他外商投资企业						
股份有限公司	**3871.92**	**71.47**	**213.50**	**66.12**	**460.00**	**71.12**
股份有限公司(内资)	3083.73	83.56	159.58	79.27	365.98	83.73
私营股份有限公司	725.74	44.10	46.04	40.96	83.32	42.28
港澳台商投资股份有限公司	42.56	75.67	3.87	77.52	5.39	77.91
外商投资股份有限公司	19.89	79.13	4.01	95.23	5.30	93.80
有限责任公司	**9111.33**	**44.98**	**562.60**	**43.62**	**1042.34**	**44.84**
国有独资公司	958.41	91.13	20.23	77.31	78.47	87.66
私营有限责任公司	3530.42	31.13	229.30	31.06	418.22	31.59
合资经营企业(港或澳、台资)	409.98	63.51	42.16	76.12	60.24	70.45
中外合资经营企业	443.63	70.80	14.04	42.92	39.19	57.45
其他有限责任公司	3768.90	57.18	256.87	58.76	446.22	58.90

1-11 规模以上集体工业企业按行业

	企业单位数(个)	亏损企业	工业销售产值(当年价格)	出口交货值	资产总计	流动资产合计
总计	**288**	**12**	**381.68**	**0.28**	**104.50**	**27.82**
采矿业	**142**	**6**	**130.12**		**41.37**	**10.66**
煤炭开采和洗选业	121	6	100.60		33.54	8.90
黑色金属矿采选业	8		9.61		2.10	0.70
有色金属矿采选业	5		8.72		1.58	0.52
非金属矿采选业	8		11.18		4.15	0.53
开采辅助活动						
其他采矿业						
制造业	**140**	**6**	**247.18**	**0.28**	**61.61**	**16.76**
农副食品加工业	4		10.66		0.86	0.17
食品制造业	1		7.89		2.38	0.25
酒、饮料和精制茶制造业	3		0.88		0.22	0.09
烟草制品业						
纺织业	4		7.72		0.56	0.28
纺织服装、服饰业	1		0.91		0.33	0.04
皮革、毛皮、羽毛及其制品和制鞋业	1		0.30		0.55	0.18
木材加工和木、竹、藤、棕、草制品业	2		2.01		0.31	0.06
家具制造业	1		0.44		0.18	0.06
造纸和纸制品业	6		2.82		1.04	0.50
印刷和记录媒介复制业	4		7.36		1.90	0.47
文教、工美、体育和娱乐用品制造业	4		3.70		1.09	0.41
石油加工、炼焦和核燃料加工业						
化学原料和化学制品制造业	20	1	20.72		4.81	1.83
医药制造业	1		2.03		0.07	0.03
化学纤维制造业						
橡胶和塑料制品业	8		13.17		2.57	1.04
非金属矿物制品业	43	1	98.82	0.25	22.29	4.98
黑色金属冶炼和压延加工业	7		13.29		2.32	0.58
有色金属冶炼和压延加工业	4		8.15		1.92	0.40
金属制品业	1		1.07		0.68	0.32
通用设备制造业	6	1	25.85		5.67	0.76
专用设备制造业	5	1	5.79		0.71	0.31
汽车制造业	3		4.93		1.45	0.68
铁路、船舶、航空航天和其他运输设备制造业	2		2.95		1.85	0.54
电气机械和器材制造业	5		2.60	0.03	1.21	0.54
计算机、通信和其他电子设备制造业	2	1	0.61		1.47	1.20
仪器仪表制造业	1		0.71		0.49	0.24
其他制造业						
废弃资源综合利用业	1	1	1.80		4.68	0.79
金属制品、机械和设备修理业						
电力、热力及水的生产和供应业	**6**		**4.39**		**1.52**	**0.40**
电力、热力生产和供应业	5		3.85		1.46	0.40
燃气生产和供应业						
水的生产和供应业	1		0.54		0.06	0.01

大类分组的主要经济指标

单位：亿元

应收账款	存货	产成品	固定资产合计	固定资产原价	累计折旧	负债合计	流动负债合计	应付账款	非流动负债合计
6.50	**5.77**	**2.97**	**63.05**	**90.80**	**32.30**	**41.85**	**27.82**	**5.44**	**5.05**
1.87	**1.49**	**0.50**	**26.60**	**32.18**	**7.68**	**15.09**	**7.98**	**1.26**	**2.61**
1.34	1.18	0.36	20.86	25.53	6.64	13.26	6.71	0.98	2.32
0.22	0.23	0.09	1.33	1.65	0.41	0.80	0.63	0.09	0.11
0.21	0.02	0.01	0.79	1.02	0.24	0.35	0.16		0.03
0.10	0.06	0.03	3.61	3.97	0.39	0.68	0.48	0.18	0.15
4.50	**4.24**	**2.45**	**35.45**	**57.44**	**24.42**	**26.42**	**19.61**	**4.15**	**2.33**
0.02	0.06	0.00	0.39	0.48	0.11	0.13	0.11	0.07	0.02
0.22	0.03	0.02	1.76	1.83	0.09	0.01	0.01		
0.02	0.03	0.02	0.14	0.17	0.05	0.06	0.06	0.01	
0.10	0.05	0.04	0.28	0.34	0.09	0.14	0.11	0.00	
0.02	0.01	0.01	0.29	0.30	0.00	0.23	0.01	0.01	0.22
0.07			0.32	0.32	0.01	0.30			
0.01	0.03	0.01	0.15	0.19	0.08	0.21	0.20	0.02	
0.01	0.02	0.02	0.12	0.13	0.01	0.10	0.10	0.05	
0.17	0.19	0.11	0.41	0.75	0.39	0.55	0.45	0.15	
0.09	0.09	0.03	1.42	1.78	0.36	0.47	0.29	0.13	0.18
0.09	0.16	0.09	0.64	0.76	0.14	0.52	0.45	0.03	0.07
0.47	0.35	0.21	2.38	3.08	0.93	2.01	1.65	0.36	0.14
0.01	0.01	0.01	0.04	0.05	0.02	0.04	0.01		
0.26	0.24	0.16	1.52	1.90	0.41	0.79	0.25	0.02	
1.36	0.89	0.56	15.49	31.80	17.18	8.77	7.18	1.58	0.70
0.20	0.31	0.17	1.49	1.60	0.28	1.39	0.66	0.02	0.39
0.13	0.14	0.04	0.67	0.82	0.27	1.23	1.20	0.08	0.03
0.07	0.03	0.03	0.36	0.30	0.05	0.24			
0.16	0.33	0.16	3.78	5.93	2.77	1.17	1.09	0.51	0.01
0.07	0.14	0.04	0.18	0.26	0.09	0.51	0.47	0.32	0.04
0.19	0.37	0.24	0.65	0.90	0.27	0.28	0.28	0.12	
0.26	0.11	0.08	1.12	1.20	0.10	1.44	0.38	0.04	0.50
0.24	0.13	0.06	0.42	0.59	0.18	0.46	0.28	0.09	0.03
0.04	0.21	0.19	0.01	0.03	0.02	1.07	0.09	0.08	
0.09	0.10		0.25	0.36	0.10	0.18	0.18	0.05	
0.14	0.24	0.13	1.15	1.58	0.43	4.13	4.13	0.41	0.01
0.13	**0.04**	**0.02**	**1.00**	**1.18**	**0.19**	**0.33**	**0.22**	**0.03**	**0.11**
0.13	0.04	0.02	0.96	1.14	0.18	0.33	0.22	0.03	0.11
			0.03	0.04					

1-11 续表 1

	所有者权益合计					
		实收资本				
			国家资本	集体资本	法人资本	个人资本
总　计	**62.09**	**30.21**	**0.43**	**5.69**	**12.99**	**11.05**
采矿业	**26.12**	**13.23**	**0.05**	**2.20**	**3.60**	**7.31**
煤炭开采和洗选业	20.17	10.89	0.05	1.67	2.37	6.74
黑色金属矿采选业	1.27	0.94		0.33	0.37	0.24
有色金属矿采选业	1.23	0.91		0.13	0.46	0.32
非金属矿采选业	3.45	0.49		0.08	0.40	
开采辅助活动						
其他采矿业						
制造业	**34.80**	**15.95**	**0.38**	**3.26**	**9.32**	**2.99**
农副食品加工业	0.58	0.12			0.10	0.02
食品制造业	2.37	0.22			0.22	
酒、饮料和精制茶制造业	0.17	0.10			0.10	
烟草制品业						
纺织业	0.42	0.22		0.03	0.13	0.06
纺织服装、服饰业	0.10	0.01		0.01		
皮革、毛皮、羽毛及其制品和制鞋业	0.25	0.25			0.25	
木材加工和木、竹、藤、棕、草制品业	0.10	0.10		0.01		0.09
家具制造业	0.08	0.03		0.03		
造纸和纸制品业	0.49	0.17		0.05	0.05	0.07
印刷和记录媒介复制业	1.43	0.46			0.38	0.08
文教、工美、体育和娱乐用品制造业	0.57	0.14		0.06	0.08	
石油加工、炼焦和核燃料加工业						
化学原料和化学制品制造业	2.78	1.66	0.03	0.66	0.30	0.68
医药制造业	0.03	0.02			0.02	
化学纤维制造业						
橡胶和塑料制品业	1.78	1.41		0.07	1.35	
非金属矿物制品业	13.40	7.69	0.17	1.31	4.59	1.62
黑色金属冶炼和压延加工业	0.95	0.33		0.01	0.27	0.05
有色金属冶炼和压延加工业	0.70	0.51		0.27	0.24	
金属制品业	0.45	0.45			0.45	
通用设备制造业	4.47	0.42		0.14	0.27	0.01
专用设备制造业	0.19	0.19		0.15	0.03	0.01
汽车制造业	1.17	0.25			0.12	0.13
铁路、船舶、航空航天和其他运输设备制造业	0.33	0.21		0.03	0.19	
电气机械和器材制造业	0.75	0.20		0.08	0.03	0.09
计算机、通信和其他电子设备制造业	0.40	0.44	0.19	0.16		0.09
仪器仪表制造业	0.31	0.16			0.16	
其他制造业						
废弃资源综合利用业	0.55	0.21		0.21		
金属制品、机械和设备修理业						
电力、热力及水的生产和供应业	**1.18**	**1.03**		**0.22**	**0.07**	**0.75**
电力、热力生产和供应业	1.13	0.98		0.22	0.02	0.75
燃气生产和供应业						
水的生产和供应业	0.05	0.05			0.05	

单位：亿元

港澳台资本	外商资本	主营业务收入	主营业务成本	主营业务税金及附加	其他业务收入	其他业务利润	销售费用	管理费用
0.03	**0.03**	**380.55**	**310.94**	**4.66**	**1.87**	**0.05**	**9.31**	**20.82**
0.03	**0.03**	**130.15**	**101.65**	**1.68**			**4.00**	**6.64**
0.03	0.03	100.24	77.19	1.09			3.11	5.22
		9.68	7.98	0.15			0.37	0.60
		8.69	7.34	0.13			0.10	0.23
		11.54	9.14	0.31			0.42	0.59
		246.43	**205.96**	**2.92**	**1.87**	**0.05**	**5.15**	**14.04**
		10.65	9.64	0.06			0.07	0.42
		7.87	6.24	0.05			0.01	0.88
		0.88	0.69	0.02			0.03	0.03
		7.57	6.80	0.06			0.23	0.64
		0.87	0.82					
		0.30	0.28					
		2.05	1.49	0.02			0.03	0.03
		0.22	0.17				0.01	0.01
		2.78	2.46	0.04			0.08	0.10
		7.53	5.85	0.09			0.23	0.28
		3.64	3.01	0.04			0.18	0.16
		20.43	16.00	0.50			0.52	0.80
		2.03	1.26					0.60
		13.27	11.84	0.13	1.60		0.27	1.35
		99.06	82.25	1.13			2.07	5.18
		14.70	13.50	0.25			0.42	0.42
		7.99	7.27	0.09			0.13	0.10
		1.02	0.73	0.03			0.04	0.05
		25.53	20.40	0.26	0.11		0.44	1.45
		4.70	3.77	0.04			0.04	0.15
		4.96	4.24	0.02			0.15	0.18
		2.78	2.30	0.03			0.13	0.55
		2.15	1.77	0.02	0.01		0.03	0.15
		0.50	0.43					0.09
		0.71	0.59	0.01			0.03	0.03
		2.24	2.15	0.02	0.15	0.05		0.35
		3.97	**3.34**	**0.06**			**0.16**	**0.14**
		3.48	2.87	0.05			0.16	0.13
		0.49	0.46					

1-11 续表 2

	税金	财务费用	利息收入	利息支出	营业利润	投资收益
总　计	**1.18**	**3.07**	**0.00**	**1.45**	**24.98**	**-0.65**
采矿业	**0.25**	**0.70**	**0.01**	**0.47**	**9.97**	
煤炭开采和洗选业	0.13	0.53	0.01	0.39	8.23	
黑色金属矿采选业	0.06	0.06		0.06	0.64	
有色金属矿采选业		0.02			0.58	
非金属矿采选业	0.06	0.09		0.02	0.53	
开采辅助活动						
其他采矿业						
制造业	**0.92**	**2.26**	**-0.01**	**0.88**	**14.84**	**-0.65**
农副食品加工业	0.06	0.01		0.01	1.19	
食品制造业		0.03		0.02	0.76	
酒、饮料和精制茶制造业					0.09	
烟草制品业						
纺织业	0.01	0.05		0.03	0.24	
纺织服装、服饰业					0.03	
皮革、毛皮、羽毛及其制品和制鞋业					0.04	
木材加工和木、竹、藤、棕、草制品业					0.04	
家具制造业						
造纸和纸制品业	0.01	0.03		0.03	0.07	
印刷和记录媒介复制业		0.06		0.05	0.58	
文教、工美、体育和娱乐用品制造业	0.01	0.03		0.01	0.22	
石油加工、炼焦和核燃料加工业						
化学原料和化学制品制造业	0.10	0.10		0.08	1.16	-0.67
医药制造业					0.02	
化学纤维制造业						
橡胶和塑料制品业	0.01	0.06		0.05	0.90	
非金属矿物制品业	0.65	1.36	-0.01	0.17	4.15	-0.03
黑色金属冶炼和压延加工业		0.15		0.13	1.04	
有色金属冶炼和压延加工业	0.01	0.06		0.06	0.32	
金属制品业		0.05			0.11	
通用设备制造业	0.04	0.11		0.11	3.32	
专用设备制造业					0.13	
汽车制造业		0.05		0.04	0.44	
铁路、船舶、航空航天和其他运输设备制造业		0.03		0.03	0.04	0.01
电气机械和器材制造业		0.01			0.17	
计算机、通信和其他电子设备制造业					-0.03	
仪器仪表制造业					0.05	
其他制造业						
废弃资源综合利用业		0.05		0.05	-0.26	0.05
金属制品、机械和设备修理业						
电力、热力及水的生产和供应业	**0.01**	**0.11**		**0.09**	**0.17**	
电力、热力生产和供应业	0.01	0.11		0.09	0.15	
燃气生产和供应业						
水的生产和供应业					0.02	

单位：亿元

营业外收入	补贴收入	营业外支出	利润总额	应交所得税	利税总额	本年应付职工薪酬	本年应交增值税	从业人员（人）
0.20	**0.19**	**2.15**	**23.03**	**1.84**	**44.47**	**22.93**	**16.78**	**61258**
0.04	**0.12**	**0.58**	**9.43**	**0.89**	**17.75**	**11.50**	**6.64**	**32048**
0.04	0.02	0.56	7.71	0.70	13.89	10.02	5.10	28318
			0.64	0.07	1.50	0.57	0.71	1340
			0.58	0.09	1.16	0.56	0.45	1222
	0.10	0.02	0.50	0.03	1.19	0.36	0.38	1168
0.17	**0.06**	**1.57**	**13.43**	**0.92**	**26.39**	**11.04**	**10.04**	**28179**
		1.08	0.11		0.42	0.20	0.26	700
			0.76		1.09	0.09	0.28	357
			0.09		0.16	0.02	0.05	161
			0.24		0.38	0.23	0.07	832
			0.03		0.05	0.02	0.01	72
			0.04	0.01	0.05	0.08	0.01	151
			0.04		0.12	0.11	0.07	423
					0.01	0.05	0.01	150
			0.07	0.01	0.16	0.30	0.05	692
			0.58	0.11	1.11	0.16	0.44	526
			0.22	0.04	0.41	0.29	0.15	775
0.01	0.01	0.04	1.13	0.07	2.39	0.71	0.77	2435
			0.02		0.10	0.09	0.07	388
		0.40	0.50		1.06	0.71	0.42	1207
0.02	0.04	0.04	4.13	0.47	9.87	3.62	4.61	11251
			1.04	0.02	1.79	1.00	0.50	2207
			0.32		0.73	0.26	0.33	620
			0.11		0.20	0.03	0.05	72
0.01			3.34	0.09	4.86	0.61	1.26	1136
		0.01	0.12	0.01	0.27	0.16	0.12	511
			0.44	0.04	0.60	0.46	0.15	834
			0.04		0.16	0.12	0.09	208
0.01	0.01		0.18		0.30	0.27	0.09	558
			-0.03		0.00	0.15	0.02	225
			0.05		0.11	0.09	0.05	182
0.12	0.01		-0.14	0.03		1.21	0.12	1506
			0.17	**0.02**	**0.33**	**0.39**	**0.10**	**1031**
			0.15	0.02	0.30	0.36	0.10	928
			0.02		0.02	0.02		103

1-12 规模以上股份合作工业企业

	企业单位数(个)	亏损企业	工业销售产值(当年价格)	出口交货值	资产总计	流动资产合计
总　计	**41**	**2**	**58.11**	**2.55**	**18.90**	**7.37**
采矿业	**5**		**4.29**	**0.87**	**0.93**	**0.24**
煤炭开采和洗选业	2		2.20		0.61	0.08
黑色金属矿采选业						
有色金属矿采选业	1		0.35		0.14	0.09
非金属矿采选业	2		1.74	0.87	0.18	0.07
开采辅助活动						
其他采矿业						
制造业	**34**	**2**	**52.30**	**1.68**	**17.27**	**6.88**
农副食品加工业	2		4.62		0.52	0.21
食品制造业						
酒、饮料和精制茶制造业	1		0.83		0.06	0.03
烟草制品业						
纺织业	2		6.22	1.11	3.94	2.53
纺织服装、服饰业	1		4.13		0.43	0.04
皮革、毛皮、羽毛及其制品和制鞋业	2		4.35		0.78	0.32
木材加工和木、竹、藤、棕、草制品业	1		0.98		0.06	0.02
家具制造业	1		0.81		0.07	0.02
造纸和纸制品业	2		2.05		0.51	0.11
印刷和记录媒介复制业						
文教、工美、体育和娱乐用品制造业						
石油加工、炼焦和核燃料加工业						
化学原料和化学制品制造业	4		7.39	0.57	1.97	0.61
医药制造业						
化学纤维制造业						
橡胶和塑料制品业						
非金属矿物制品业	3		1.99		0.38	0.13
黑色金属冶炼和压延加工业						
有色金属冶炼和压延加工业	1		0.85		0.79	0.42
金属制品业	1		7.64		4.32	0.75
通用设备制造业	4		3.14		0.90	0.38
专用设备制造业	3	2	1.44		1.20	0.81
汽车制造业						
铁路、船舶、航空航天和其他运输设备制造业	1		0.72		0.06	0.04
电气机械和器材制造业	2		1.76		0.14	0.08
计算机、通信和其他电子设备制造业	2		1.61		0.88	0.29
仪器仪表制造业						
其他制造业						
废弃资源综合利用业	1		1.76		0.28	0.11
金属制品、机械和设备修理业						
电力、热力及水的生产和供应业	**2**		**1.52**		**0.69**	**0.24**
电力、热力生产和供应业	1		0.28		0.50	0.13
燃气生产和供应业	1		1.23		0.19	0.11
水的生产和供应业						

按行业大类分组的主要经济指标

单位：亿元

应收账款	存货	产成品	固定资产合计	固定资产原价	累计折旧	负债合计	流动负债合计	应付账款	非流动负债合计
2.12	**2.49**	**0.59**	**10.11**	**18.31**	**8.42**	**6.48**	**4.56**	**0.66**	**0.50**
0.08	**0.04**	**0.03**	**0.68**	**0.85**	**0.26**	**0.19**	**0.03**	**0.01**	**0.05**
0.06	0.02	0.02	0.51	0.54	0.12	0.06			
0.01	0.01		0.04	0.06	0.02	0.05			
0.01	0.01	0.01	0.12	0.24	0.12	0.08	0.03	0.01	0.05
1.98	**2.41**	**0.56**	**8.99**	**16.99**	**8.13**	**5.88**	**4.47**	**0.64**	**0.45**
			0.30	0.32	0.02	0.21	0.14		0.07
0.02	0.01	0.01	0.03	0.04	0.01	0.03			
0.30	1.46	0.21	1.11	4.80	3.69	2.34	2.33		
0.01	0.01	0.01	0.38	0.63	0.24	0.23	0.23		
0.08	0.02	0.01	0.42	0.60	0.18	0.39	0.10	0.07	
			0.03	0.04		0.02			
	0.01		0.03	0.04	0.01				
0.08	0.01		0.39	0.58	0.18	0.13	0.06	0.01	
0.23	0.19	0.11	1.30	1.56	0.26	0.73	0.52	0.23	0.22
0.02	0.03	0.03	0.03	0.04	0.01	0.09			
	0.18	0.01	0.38	0.63	0.25	0.17	0.07		0.10
0.57	0.18		3.57	6.35	2.78	0.16	0.11	0.02	0.04
0.13	0.13	0.11	0.24	0.38	0.16	0.40	0.39	0.08	
0.26	0.11	0.03	0.37	0.54	0.18	0.44	0.44	0.16	
0.03			0.02	0.04	0.02	0.02	0.01		0.01
0.06	0.02	0.02	0.06	0.06	0.01	0.07			
0.13	0.05	0.00	0.20	0.25	0.09	0.39	0.06	0.06	
0.07			0.11	0.09	0.03	0.07			
0.06	**0.03**	**0.00**	**0.45**	**0.48**	**0.03**	**0.41**	**0.06**		
0.01			0.37	0.39	0.02	0.32			
0.05	0.03	0.00	0.08	0.09	0.01	0.08	0.06		

1-12 续表 1

	所有者权益合计	实收资本	国家资本	集体资本	法人资本	个人资本
总 计	**12.16**	**3.59**	**0.01**	**0.18**	**1.81**	**1.60**
采矿业	**0.74**	**0.44**			**0.06**	**0.38**
煤炭开采和洗选业	0.55	0.26				0.26
黑色金属矿采选业						
有色金属矿采选业	0.09	0.10			0.06	0.04
非金属矿采选业	0.10	0.08				0.08
开采辅助活动						
其他采矿业						
制造业	**11.17**	**3.04**	**0.01**	**0.18**	**1.68**	**1.17**
农副食品加工业	0.31	0.22			0.22	
食品制造业						
酒、饮料和精制茶制造业	0.03	0.03			0.03	
烟草制品业						
纺织业	1.61	0.67			0.26	0.42
纺织服装、服饰业	0.20	0.05			0.05	
皮革、毛皮、羽毛及其制品和制鞋业	0.39	0.10			0.10	
木材加工和木、竹、藤、棕、草制品业	0.04	0.01				0.01
家具制造业	0.07	0.07				0.07
造纸和纸制品业	0.38	0.38			0.31	0.07
印刷和记录媒介复制业						
文教、工美、体育和娱乐用品制造业						
石油加工、炼焦和核燃料加工业						
化学原料和化学制品制造业	1.18	0.15			0.13	0.02
医药制造业						
化学纤维制造业						
橡胶和塑料制品业						
非金属矿物制品业	0.28	0.12				0.12
黑色金属冶炼和压延加工业						
有色金属冶炼和压延加工业	0.62	0.05	0.01	0.01		0.03
金属制品业	4.16	0.09		0.09		
通用设备制造业	0.43	0.33			0.06	0.27
专用设备制造业	0.75	0.21		0.07		0.14
汽车制造业						
铁路、船舶、航空航天和其他运输设备制造业	0.04	0.02				0.02
电气机械和器材制造业	0.07	0.08			0.08	
计算机、通信和其他电子设备制造业	0.39	0.26			0.24	0.02
仪器仪表制造业						
其他制造业						
废弃资源综合利用业	0.22	0.20			0.20	
金属制品、机械和设备修理业						
电力、热力及水的生产和供应业	**0.25**	**0.12**			**0.07**	**0.05**
电力、热力生产和供应业	0.18	0.05				0.05
燃气生产和供应业	0.07	0.07			0.07	
水的生产和供应业						

单位：亿元

港澳台资本	外商资本	主营业务收入	主营业务成本	主营业务税金及附加	其他业务收入	其他业务利润	销售费用	管理费用
		56.34	**44.51**	**1.30**	**0.08**	**0.07**	**2.04**	**3.93**
		4.29	**2.74**	**0.17**			**0.05**	**0.10**
		2.20	1.32	0.11			0.01	0.01
		0.35	0.17	0.02			0.01	0.01
		1.74	1.25	0.04			0.03	0.08
		50.52	**40.64**	**1.11**	**0.08**	**0.07**	**1.97**	**3.76**
		4.62	3.83	0.03			0.03	0.05
		0.83	0.68	0.03			0.01	0.01
		6.38	5.30	0.06	0.06	0.06	0.16	0.21
		4.25	3.94	0.05			0.60	1.25
		4.22	3.03	0.07			0.15	0.35
		0.98	0.84	0.03			0.01	0.01
		0.81	0.77	0.01			0.01	0.01
		2.05	1.80	0.03			0.02	0.02
		7.00	5.34	0.18			0.32	0.51
		1.98	1.74	0.03			0.03	0.05
		0.85	0.77	0.01				0.10
		7.64	5.87	0.35			0.42	0.76
		3.09	2.63	0.06	0.01	0.01	0.08	0.08
		1.38	1.00	0.01	0.01	0.01	0.04	0.15
		0.37	0.25	0.02			0.03	0.05
		1.28	0.89	0.05			0.01	0.04
		1.02	0.82	0.02			0.02	0.11
		1.76	1.14	0.07			0.01	
		1.52	**1.12**	**0.01**			**0.03**	**0.07**
		0.28	0.26					
		1.23	0.86	0.01			0.02	0.06

1-12 续表 2

	税金	财务费用	利息收入	利息支出	营业利润	投资收益
总　计	**0.26**	**0.47**	**0.07**	**0.28**	**4.61**	**-0.01**
采矿业		**0.04**		**0.02**	**1.13**	
煤炭开采和洗选业					0.73	
黑色金属矿采选业						
有色金属矿采选业		0.01			0.12	
非金属矿采选业		0.03		0.01	0.27	
开采辅助活动						
其他采矿业						
制造业	**0.25**	**0.42**	**0.06**	**0.26**	**3.41**	**0.03**
农副食品加工业		0.01			0.71	
食品制造业						
酒、饮料和精制茶制造业		0.02		0.01	0.06	
烟草制品业						
纺织业		0.18	0.06	0.11	0.29	
纺织服装、服饰业	0.20	0.04		0.04	0.03	0.03
皮革、毛皮、羽毛及其制品和制鞋业	0.01	0.02		0.02	0.27	
木材加工和木、竹、藤、棕、草制品业					0.01	
家具制造业	0.01				0.02	
造纸和纸制品业		0.01			0.21	
印刷和记录媒介复制业						
文教、工美、体育和娱乐用品制造业						
石油加工、炼焦和核燃料加工业						
化学原料和化学制品制造业		0.11		0.06	0.59	
医药制造业						
化学纤维制造业						
橡胶和塑料制品业						
非金属矿物制品业					0.07	
黑色金属冶炼和压延加工业						
有色金属冶炼和压延加工业	0.01				0.01	
金属制品业					0.50	
通用设备制造业					0.15	
专用设备制造业					0.11	
汽车制造业						
铁路、船舶、航空航天和其他运输设备制造业	0.01	0.01			0.01	
电气机械和器材制造业		0.01			0.06	
计算机、通信和其他电子设备制造业					0.10	
仪器仪表制造业						
其他制造业						
废弃资源综合利用业					0.21	
金属制品、机械和设备修理业						
电力、热力及水的生产和供应业	**0.01**	**0.01**	**0.00**	**0.01**	**0.07**	**-0.04**
电力、热力生产和供应业		0.01		0.01	0.01	
燃气生产和供应业	0.01				0.06	-0.04
水的生产和供应业						

单位：亿元

营业外收入	补贴收入	营业外支出	利润总额	应交所得税	利税总额	本年应付职工薪酬	本年应交增值税	从业人员（人）
0.18	**0.05**	**0.61**	**4.18**	**0.21**	**7.74**	**2.11**	**2.26**	**6083**
			1.13	**0.03**	**1.63**	**0.30**	**0.33**	**817**
			0.73		1.06	0.16	0.22	422
			0.12		0.17	0.09	0.02	168
			0.27	0.03	0.40	0.05	0.08	227
0.17	**0.05**	**0.61**	**2.97**	**0.17**	**5.94**	**1.78**	**1.86**	**5181**
		0.60	0.11		0.25	0.04	0.11	133
			0.06		0.12	0.03	0.02	88
0.02			0.31	0.06	0.56	0.18	0.19	713
			0.03		0.15	0.08	0.08	458
	0.03		0.27	0.02	0.48	0.09	0.14	354
			0.01		0.10	0.02	0.06	73
			0.02		0.02	0.03		166
			0.21		0.36	0.24	0.13	458
			0.59	0.00	1.11	0.24	0.35	760
			0.07		0.19	0.10	0.09	279
			0.01		0.05	0.16	0.03	368
0.12			0.62	0.06	1.22	0.22	0.25	191
			0.15	0.01	0.32	0.08	0.11	219
0.03	0.03		0.14		0.20	0.10	0.06	338
			0.01		0.03	0.01	0.01	112
		0.01	0.05		0.16	0.06	0.05	208
			0.10	0.02	0.19	0.09	0.06	207
			0.21		0.42	0.01	0.14	56
0.01	**0.00**		**0.08**		**0.16**	**0.03**	**0.07**	**85**
			0.01		0.02		0.01	27
0.01			0.07		0.14	0.03	0.06	58

1-13 规模以上股份制工业企业

	企业单位数(个)	亏损企业	工业销售产值(当年价格)	出口交货值	资产总计	流动资产合计
总　计	**10389**	**550**	**24480.09**	**695.59**	**15556.78**	**6954.84**
采矿业	**709**	**50**	**1147.71**	**1.54**	**561.78**	**167.86**
煤炭开采和洗选业	219	27	336.87		138.87	46.82
黑色金属矿采选业	99	6	154.91		66.49	21.89
有色金属矿采选业	190	6	400.03	0.93	229.98	64.71
非金属矿采选业	200	11	254.93	0.62	126.36	34.43
开采辅助活动						
其他采矿业	1		0.96		0.08	0.02
制造业	**9438**	**470**	**22758.20**	**694.04**	**13549.89**	**6576.36**
农副食品加工业	898	29	1995.29	23.57	670.90	253.59
食品制造业	293	13	641.34	0.02	235.64	95.65
酒、饮料和精制茶制造业	258	5	451.71	9.20	183.09	64.83
烟草制品业	6		8.12		15.21	7.87
纺织业	209	27	486.37	15.79	244.70	100.23
纺织服装、服饰业	159	4	198.85	7.14	78.06	35.52
皮革、毛皮、羽毛及其制品和制鞋业	133	4	202.30	18.40	52.47	19.05
木材加工和木、竹、藤、棕、草制品业	358	3	498.52	7.56	140.22	45.05
家具制造业	83	2	141.24		44.17	14.63
造纸和纸制品业	230	10	454.00	5.27	438.53	160.70
印刷和记录媒介复制业	157	6	223.23	0.09	94.20	38.51
文教、工美、体育和娱乐用品制造业	79	2	110.83	3.08	31.76	9.86
石油加工、炼焦和核燃料加工业	27	4	795.50		260.54	94.18
化学原料和化学制品制造业	1063	44	1954.83	95.71	855.51	324.38
医药制造业	258	16	589.24	9.24	312.15	142.24
化学纤维制造业	8		15.06		11.17	4.59
橡胶和塑料制品业	266	6	405.26	1.30	134.16	52.47
非金属矿物制品业	1195	64	1898.56	27.84	1066.63	367.25
黑色金属冶炼和压延加工业	447	41	1432.14	64.62	1472.19	469.02
有色金属冶炼和压延加工业	530	33	2335.19	56.04	973.17	476.87
金属制品业	372	27	652.68	23.00	306.05	132.76
通用设备制造业	640	35	1108.19	15.45	666.45	400.71
专用设备制造业	480	32	2496.39	108.67	2631.72	1704.90
汽车制造业	216	19	590.14	11.98	493.48	282.46
铁路、船舶、航空航天和其他运输设备制造业	93	6	658.61	8.50	677.45	443.03
电气机械和器材制造业	441	15	1123.25	43.60	908.56	578.27
计算机、通信和其他电子设备制造业	330	16	901.94	100.56	418.65	197.39
仪器仪表制造业	101	5	163.74	0.66	72.99	37.82
其他制造业	46	1	110.79	36.53	22.49	7.08
废弃资源综合利用业	58	1	105.81		31.24	11.02
金属制品、机械和设备修理业	4		9.07	0.21	6.32	4.41
电力、热力及水的生产和供应业	**242**	**30**	**574.19**		**1445.11**	**210.61**
电力、热力生产和供应业	187	24	499.14		1292.04	168.09
燃气生产和供应业	27	1	46.10		27.93	8.52
水的生产和供应业	28	5	28.96		125.15	34.01

按行业大类分组的主要经济指标

单位：亿元

应收账款	存货	产成品	固定资产合计	固定资产原价	累计折旧	负债合计	流动负债合计	应付账款	非流动负债合计
2041.16	**1758.90**	**633.10**	**6260.94**	**8635.69**	**2862.24**	**8828.84**	**6117.69**	**1447.27**	**2226.07**
28.77	**35.47**	**15.66**	**278.86**	**327.12**	**88.26**	**246.13**	**167.04**	**23.12**	**60.49**
6.71	7.44	4.44	74.65	98.26	29.97	56.30	43.68	5.95	8.21
3.43	4.38	1.33	42.21	47.61	8.78	30.23	22.19	5.82	6.81
11.54	17.21	7.25	113.78	122.46	33.54	95.81	60.19	5.70	27.32
7.09	6.43	2.64	48.17	58.70	15.95	63.72	40.91	5.64	18.14
			0.06	0.09	0.02	0.07	0.07		
1964.73	**1703.98**	**616.34**	**4969.52**	**6850.85**	**2272.07**	**7465.13**	**5582.24**	**1359.95**	**1467.89**
47.63	95.46	37.58	364.06	497.63	173.12	277.74	190.37	36.01	36.96
17.09	26.91	9.95	108.45	138.88	37.02	95.14	70.48	18.07	18.18
8.67	27.64	9.87	93.20	110.53	28.83	69.43	38.81	9.24	18.33
1.89	2.10	0.97	6.57	9.19	5.36	5.05	5.05	1.10	0.00
16.96	47.85	25.36	105.62	149.97	50.40	139.57	112.66	17.71	15.78
9.62	7.57	4.41	33.86	41.15	11.08	30.62	21.46	3.70	4.01
4.20	6.63	3.64	26.38	34.23	8.69	21.75	14.07	3.48	4.23
9.15	12.86	7.16	85.62	105.56	24.94	46.59	29.20	5.16	8.88
4.19	4.57	2.77	23.92	30.28	8.49	15.30	8.65	1.94	2.77
23.42	71.58	13.76	230.23	313.94	92.82	271.25	187.31	24.73	77.46
11.23	12.28	5.13	45.03	58.43	18.63	42.07	31.90	8.29	5.18
2.99	2.91	1.47	19.61	21.90	4.30	11.86	7.61	2.02	1.48
22.57	43.35	15.35	154.93	253.97	105.56	144.13	134.98	15.69	8.56
77.19	100.93	51.36	391.13	560.55	198.80	434.09	333.58	57.27	56.67
29.47	32.41	14.67	130.95	163.25	47.77	119.97	94.19	24.00	14.46
0.35	1.06	0.52	4.73	6.41	1.70	2.36	1.52	0.13	0.08
13.90	14.07	8.24	66.65	85.07	20.61	55.37	43.72	8.96	6.23
111.38	76.73	38.52	564.44	741.76	212.53	514.37	361.15	85.79	105.63
44.97	162.52	28.14	658.26	995.77	365.65	1075.94	953.26	135.44	112.47
50.49	179.14	55.61	363.37	484.31	154.91	555.31	392.57	54.94	108.40
38.61	33.24	15.80	101.73	137.46	41.43	123.21	97.02	23.04	16.77
164.25	93.81	40.91	207.12	261.09	72.39	350.97	284.22	94.18	34.71
730.17	312.43	113.53	416.19	541.54	145.82	1565.64	941.71	254.39	603.67
75.96	45.05	22.12	158.74	190.83	54.49	347.41	311.05	111.61	31.14
157.50	106.04	25.86	162.88	364.74	233.17	363.71	327.53	152.27	27.04
214.53	126.11	42.04	228.72	257.41	64.34	554.45	412.08	143.19	109.50
60.27	46.12	16.53	160.50	223.09	71.25	183.10	139.07	58.61	34.96
10.39	6.84	2.45	29.47	37.68	9.60	24.28	19.01	4.76	2.59
2.69	1.62	0.83	11.98	14.68	3.43	5.57	3.64	1.15	1.39
2.48	2.71	1.61	13.60	17.26	4.16	14.64	10.11	2.59	0.36
0.52	1.45	0.20	1.55	2.32	0.77	4.26	4.26	0.49	
47.67	**19.45**	**1.10**	**1012.55**	**1457.72**	**501.92**	**1117.59**	**368.42**	**64.20**	**697.69**
40.73	17.54	0.23	930.46	1350.86	469.01	1018.55	308.92	55.44	662.90
1.39	0.87	0.29	13.51	17.40	6.61	13.60	8.06	1.31	2.92
5.54	1.05	0.58	68.58	89.46	26.30	85.44	51.43	7.45	31.86

1-13 续表 1

	所有者权益合计					
		实收资本	国家资本	集体资本	法人资本	个人资本
总 计	**6668.49**	**3359.98**	**535.74**	**65.48**	**1533.15**	**1126.60**
采矿业	**311.46**	**183.96**	**24.04**	**2.38**	**91.25**	**65.94**
煤炭开采和洗选业	81.08	46.96	7.93	2.32	19.77	16.94
黑色金属矿采选业	35.89	27.05	0.02		15.09	11.94
有色金属矿采选业	132.84	69.95	15.31	0.06	26.43	28.12
非金属矿采选业	61.65	39.99	0.77		29.96	8.94
开采辅助活动						
其他采矿业	0.01	0.01				0.01
制造业	**6028.04**	**2907.03**	**427.28**	**51.63**	**1342.84**	**1038.07**
农副食品加工业	383.01	177.28	2.05	4.41	107.22	63.67
食品制造业	136.87	48.90	1.06	2.28	27.35	17.80
酒、饮料和精制茶制造业	112.48	67.05	6.34	3.59	39.90	17.22
烟草制品业	10.17	3.97	0.92	0.16	2.89	
纺织业	104.00	49.45	4.22	1.56	26.59	15.46
纺织服装、服饰业	47.22	19.37	0.09	0.10	6.92	12.24
皮革、毛皮、羽毛及其制品和制鞋业	30.71	13.96	0.70	0.08	6.88	6.25
木材加工和木、竹、藤、棕、草制品业	92.40	40.83	0.07	0.33	20.04	20.40
家具制造业	28.82	14.56			9.18	5.37
造纸和纸制品业	156.04	96.66	48.42	0.47	33.74	14.03
印刷和记录媒介复制业	51.30	19.98	0.16	0.26	10.63	8.92
文教、工美、体育和娱乐用品制造业	19.78	9.19	0.06	0.17	3.98	4.55
石油加工、炼焦和核燃料加工业	116.39	85.13	34.93		46.88	3.31
化学原料和化学制品制造业	418.01	253.53	47.10	6.42	117.83	81.85
医药制造业	190.02	76.53	4.45	0.68	40.08	31.01
化学纤维制造业	8.81	4.43			3.97	0.46
橡胶和塑料制品业	77.87	46.19	0.02	1.22	24.99	19.93
非金属矿物制品业	547.72	286.21	28.37	10.62	141.32	102.90
黑色金属冶炼和压延加工业	394.99	275.42	28.41	1.28	117.34	128.36
有色金属冶炼和压延加工业	414.20	187.17	14.28	3.04	107.58	62.21
金属制品业	181.98	73.08	7.31	1.59	42.04	21.99
通用设备制造业	312.58	115.13	12.49	2.81	54.19	45.64
专用设备制造业	1064.08	220.49	16.86	2.98	130.58	48.67
汽车制造业	145.35	94.46	18.30	0.60	53.32	21.98
铁路、船舶、航空航天和其他运输设备制造业	313.76	116.49	86.35	1.55	14.93	7.99
电气机械和器材制造业	351.55	366.88	48.05	2.83	75.00	233.35
计算机、通信和其他电子设备制造业	234.77	108.29	14.62	1.41	59.24	27.42
仪器仪表制造业	47.94	19.21	0.33	0.99	8.56	9.10
其他制造业	16.89	6.38	0.50	0.19	3.23	2.46
废弃资源综合利用业	16.26	9.61	0.30		6.14	3.17
金属制品、机械和设备修理业	2.07	1.20	0.54		0.29	0.37
电力、热力及水的生产和供应业	**328.99**	**268.98**	**84.43**	**11.47**	**99.06**	**22.59**
电力、热力生产和供应业	275.06	242.13	77.34	5.87	87.20	20.60
燃气生产和供应业	14.33	7.16	0.47	0.30	4.53	1.86
水的生产和供应业	39.61	19.68	6.62	5.30	7.33	0.14

单位：亿元

港澳台资本	外商资本	主营业务收入	主营业务成本	主营业务税金及附加	其他业务收入	其他业务利润	销售费用	管理费用
50.73	**48.00**	**24319.08**	**20034.53**	**340.74**	**228.57**	**16.77**	**718.84**	**1286.47**
0.03	**0.05**	**1149.64**	**896.72**	**16.45**	**6.06**	**0.57**	**30.97**	**72.17**
		340.04	268.81	5.25	0.59	0.12	8.21	16.45
		151.90	118.41	1.74	0.04	0.02	5.41	10.28
0.03	0.01	406.03	318.68	5.11	4.72	0.38	6.67	31.13
	0.04	250.70	190.13	4.35	0.71	0.05	10.57	14.19
		0.96	0.70				0.11	0.13
23.67	**23.54**	**22599.03**	**18686.73**	**318.88**	**218.36**	**15.17**	**682.40**	**1191.65**
0.69		1994.77	1654.38	19.31	3.18	-0.10	64.01	98.11
0.40	0.01	635.27	516.10	6.97	0.68	-0.18	28.20	40.48
		443.34	347.17	6.47	0.50	0.09	21.47	33.72
		9.74	5.98	0.10	0.15		0.41	1.24
1.62		480.08	411.88	4.80	4.92	0.39	14.39	22.49
	0.02	193.74	156.50	2.51	0.64		7.61	13.46
	0.05	200.05	164.65	3.35	0.08	0.03	7.07	10.39
		500.33	419.62	6.26	0.06	0.01	13.05	28.29
		142.84	115.42	1.76	0.02	-0.03	5.30	9.21
		449.89	377.14	5.13	5.58	1.35	14.71	29.91
		221.61	179.97	3.04	0.87	0.33	6.95	9.23
	0.44	111.22	86.77	1.52	0.02		3.71	6.59
		810.25	692.50	84.27	4.91	0.17	4.38	18.79
0.18	0.15	1916.94	1553.58	35.17	10.06	0.93	61.05	110.92
0.21	0.09	586.42	445.74	6.87	1.16	-0.15	42.51	40.17
		14.62	12.47	0.25			0.19	0.47
	0.05	400.15	332.75	4.82	0.77	0.01	10.56	27.71
0.02	2.48	1846.29	1468.54	24.82	11.79	1.76	68.32	108.50
		1455.26	1309.10	12.85	82.35	3.63	21.00	58.01
0.05		2382.34	1999.46	20.70	20.39	0.36	24.71	74.20
	0.15	655.90	535.69	7.57	1.70	0.21	19.53	39.28
	0.01	1105.62	890.98	11.82	5.42	1.14	32.54	67.68
14.28	7.09	2462.62	2034.95	17.69	11.95	0.55	112.11	114.94
0.22	0.05	570.74	500.55	5.15	34.13	0.99	12.61	33.17
0.20	5.47	615.36	493.38	3.77	8.56	1.50	18.71	51.82
0.26	7.40	1104.12	929.88	9.84	3.30	0.46	35.98	72.62
5.55	0.05	899.24	739.30	6.81	5.10	1.63	18.43	45.49
	0.03	162.88	127.33	2.12	0.03	0.04	5.81	12.01
		112.70	92.49	1.53	0.02	0.01	4.69	6.28
		105.57	84.73	1.45			2.17	5.80
		9.14	7.74	0.16	0.03		0.23	0.67
27.03	**24.40**	**570.42**	**451.08**	**5.41**	**4.15**	**1.03**	**5.46**	**22.65**
26.72	24.40	496.22	391.10	4.60	2.88	0.99	2.54	17.28
		43.21	35.39	0.34	0.39	0.05	1.46	1.80
0.30		30.99	24.58	0.47	0.89	-0.01	1.47	3.56

1-13 续表 2

	税金	财务费用	利息收入	利息支出	营业利润	投资收益
总　计	**93.80**	**275.10**	**30.79**	**273.83**	**1567.56**	**-42.12**
采矿业	**8.58**	**9.15**	**0.31**	**7.48**	**98.94**	**-8.17**
煤炭开采和洗选业	0.91	1.99	0.11	1.65	42.22	-0.27
黑色金属矿采选业	2.90	2.06	0.03	1.41	10.04	-1.73
有色金属矿采选业	2.47	2.71	0.13	2.45	28.28	-4.93
非金属矿采选业	2.30	2.40	0.04	1.97	18.22	-1.23
开采辅助活动						
其他采矿业					0.17	
制造业	**83.95**	**217.62**	**30.18**	**216.28**	**1423.07**	**-34.90**
农副食品加工业	10.09	20.80	0.42	16.49	126.39	-0.29
食品制造业	3.18	6.40	0.19	5.10	40.47	-2.49
酒、饮料和精制茶制造业	4.02	4.33	0.12	3.29	24.72	0.14
烟草制品业	0.04	-0.06	0.02	-0.04	1.72	
纺织业	1.91	6.20	0.12	4.35	22.46	-0.13
纺织服装、服饰业	0.75	2.31	0.01	1.88	15.28	
皮革、毛皮、羽毛及其制品和制鞋业	0.65	2.06	0.02	1.76	14.44	-0.31
木材加工和木、竹、藤、棕、草制品业	1.08	3.89	0.04	2.39	38.20	0.01
家具制造业	0.32	1.62	0.04	1.20	11.33	0.19
造纸和纸制品业	2.51	13.47	0.93	13.82	16.83	-0.29
印刷和记录媒介复制业	0.53	1.79	0.12	1.52	19.75	-1.01
文教、工美、体育和娱乐用品制造业	0.74	0.86	0.01	0.75	9.74	-0.64
石油加工、炼焦和核燃料加工业	0.76	4.43	0.40	4.74	6.49	0.31
化学原料和化学制品制造业	9.74	22.91	0.83	18.28	125.19	-4.34
医药制造业	2.39	4.27	0.37	3.49	51.68	-0.36
化学纤维制造业	0.11	0.13		0.10	0.79	0.01
橡胶和塑料制品业	2.00	2.85	0.08	2.20	24.81	-0.40
非金属矿物制品业	8.12	22.84	1.46	20.10	140.93	-7.35
黑色金属冶炼和压延加工业	3.55	18.58	3.11	25.32	53.75	7.65
有色金属冶炼和压延加工业	5.42	20.57	1.52	18.88	117.91	-5.57
金属制品业	3.72	5.01	0.19	3.93	46.62	-2.69
通用设备制造业	4.27	8.12	0.75	7.34	81.70	-1.67
专用设备制造业	5.66	14.09	15.59	31.39	178.91	-11.87
汽车制造业	2.96	4.14	0.54	4.00	26.60	0.47
铁路、船舶、航空航天和其他运输设备制造业	1.07	3.87	1.06	4.29	49.00	0.89
电气机械和器材制造业	3.72	14.13	1.74	13.86	70.37	-4.76
计算机、通信和其他电子设备制造业	2.15	5.37	0.35	3.74	73.48	0.42
仪器仪表制造业	1.14	1.73	0.11	1.37	11.69	-0.84
其他制造业	0.73	0.55	0.04	0.52	13.17	0.03
废弃资源综合利用业	0.63	0.36		0.24	8.22	0.01
金属制品、机械和设备修理业		-0.03		-0.03	0.40	
电力、热力及水的生产和供应业	**1.27**	**48.33**	**0.30**	**50.07**	**45.55**	**0.95**
电力、热力生产和供应业	0.84	47.14	0.22	47.12	40.95	0.91
燃气生产和供应业	0.32	0.10	0.04	0.10	3.89	0.03
水的生产和供应业	0.11	1.09	0.03	2.85	0.71	0.01

单位：亿元

营业外收入	补贴收入	营业外支出	利润总额	应交所得税	利税总额	本年应付职工薪酬	本年应交增值税	从业人员（人）
93.60	**38.60**	**145.83**	**1515.31**	**140.66**	**2805.26**	**1051.13**	**944.80**	**2384532**
3.26	**2.06**	**11.59**	**90.61**	**8.95**	**169.16**	**65.40**	**61.95**	**170449**
0.81	0.51	5.60	37.44	3.33	63.29	29.59	20.60	73447
0.10	0.01	0.50	9.64	0.69	19.91	4.60	8.52	15735
2.11	1.14	4.56	25.83	3.07	53.49	21.58	22.48	51689
0.25	0.41	0.79	17.68	1.86	32.41	9.59	10.33	29482
		0.14	0.02		0.05	0.05	0.02	96
79.05	**35.90**	**131.36**	**1370.75**	**122.73**	**2541.24**	**952.77**	**847.40**	**2162078**
4.60	2.45	15.64	115.36	9.00	198.88	61.96	63.19	162045
1.39	0.28	3.70	38.16	3.59	67.42	26.72	22.24	84378
1.07	0.24	2.70	23.09	2.01	46.01	16.34	15.42	46739
0.04		0.02	1.74	0.34	2.78	1.49	0.94	3177
0.94	0.50	3.48	19.92	2.19	43.42	24.17	18.63	83380
0.21	0.18	1.01	14.48	1.14	26.58	14.06	9.58	39570
0.01	0.07	1.71	12.73	1.17	24.29	16.05	8.21	41331
0.41	0.48	2.74	35.86	2.48	60.74	20.24	18.60	67247
0.18	0.18	0.53	10.98	1.01	18.79	6.09	6.04	16270
5.25	4.49	1.59	20.49	1.53	43.56	18.95	17.73	51844
0.52	0.73	1.82	18.46	1.88	29.09	9.14	7.59	21640
0.14	0.05	0.49	9.40	0.90	14.63	5.43	3.69	14998
0.64	0.22	0.64	6.49	1.90	126.58	20.58	35.81	19861
5.73	2.07	12.17	118.74	9.26	223.65	87.15	69.49	220277
1.70	0.39	2.64	50.74	3.51	83.51	24.77	25.88	58920
0.06		0.29	0.55	0.11	1.44	0.71	0.64	1521
0.25	0.38	2.21	22.85	1.93	41.86	14.63	14.13	37985
5.63	4.23	8.48	138.30	17.88	245.86	95.08	82.24	239100
4.25	0.19	2.14	55.87	2.70	121.05	55.79	52.23	114037
5.03	1.68	12.43	110.32	8.31	230.49	57.79	99.45	120387
1.81	0.99	5.96	42.50	3.61	72.38	24.62	22.27	66981
3.55	1.24	8.02	77.18	5.34	127.37	47.14	38.26	111714
17.56	2.71	17.98	178.49	16.35	281.12	119.56	84.90	162274
3.89	2.40	3.85	26.65	2.88	47.52	32.90	15.57	68294
3.46	2.65	4.52	47.93	5.89	86.15	40.77	34.28	54335
4.67	2.31	6.76	68.28	5.59	110.39	43.34	32.15	95530
5.02	4.39	4.63	73.87	8.18	113.07	53.02	32.22	121557
0.76	0.19	1.16	11.28	0.96	19.78	6.14	6.38	15287
0.15	0.12	0.93	12.39	0.77	18.34	4.84	4.42	13287
0.13	0.09	1.12	7.24	0.26	13.62	2.67	4.93	6470
			0.40	0.06	0.85	0.64	0.30	1642
11.29	**0.64**	**2.88**	**53.95**	**8.99**	**94.86**	**32.96**	**35.45**	**52005**
10.74	0.30	2.72	48.97	8.28	86.65	28.28	33.08	42669
0.01		0.03	3.88	0.51	5.47	1.47	1.24	2917
0.54	0.34	0.14	1.11	0.20	2.74	3.22	1.13	6419

1-14 规模以上私营工业企业

	企业单位数(个)	亏损企业	工业销售产值(当年价格)	出口交货值	资产总计	流动资产合计
总　计	**9194**	**301**	**15367.17**	**322.79**	**5804.35**	**2138.32**
采矿业	**977**	**40**	**1271.12**		**455.96**	**121.19**
煤炭开采和洗选业	511	20	602.30		228.95	48.68
黑色金属矿采选业	97	5	149.87		52.40	17.61
有色金属矿采选业	160	7	281.91		108.92	36.39
非金属矿采选业	206	8	234.34		64.77	18.20
开采辅助活动						
其他采矿业	3		2.69		0.92	0.31
制造业	**8122**	**254**	**14006.57**	**322.79**	**5214.48**	**1998.62**
农副食品加工业	756	16	1587.46	17.49	474.94	168.91
食品制造业	245	7	539.61	0.02	184.77	67.66
酒、饮料和精制茶制造业	200	1	322.85	9.78	90.89	27.25
烟草制品业						
纺织业	180	18	419.14	14.13	175.65	62.28
纺织服装、服饰业	141	4	170.75	2.99	69.62	30.17
皮革、毛皮、羽毛及其制品和制鞋业	133	3	198.50	18.80	44.02	12.89
木材加工和木、竹、藤、棕、草制品业	370	1	505.22	0.63	131.10	40.21
家具制造业	96	2	163.53		50.42	16.05
造纸和纸制品业	231	3	329.49	3.94	105.42	27.48
印刷和记录媒介复制业	144	3	199.86	0.03	61.08	18.71
文教、工美、体育和娱乐用品制造业	84	2	109.53	3.08	28.97	8.88
石油加工、炼焦和核燃料加工业	18		100.67		68.83	32.31
化学原料和化学制品制造业	1128	29	1669.73	93.61	477.19	149.52
医药制造业	186	6	404.17	4.94	154.15	62.09
化学纤维制造业	5		10.37		4.14	0.47
橡胶和塑料制品业	220		327.85	0.22	106.57	40.44
非金属矿物制品业	1012	33	1418.73	25.40	545.83	189.44
黑色金属冶炼和压延加工业	453	35	688.35	11.79	532.25	140.34
有色金属冶炼和压延加工业	440	19	1331.54	32.91	428.91	217.27
金属制品业	270	12	470.70	12.33	155.05	65.34
通用设备制造业	495	19	756.75	4.86	279.71	127.97
专用设备制造业	387	15	661.34	12.05	342.81	176.53
汽车制造业	137	5	246.11	5.83	196.12	98.62
铁路、船舶、航空航天和其他运输设备制造业	53	2	73.23		47.66	25.85
电气机械和器材制造业	320	5	555.24	7.84	212.79	89.93
计算机、通信和其他电子设备制造业	251	9	425.64	3.16	162.98	70.69
仪器仪表制造业	68	3	113.72	0.20	36.13	16.78
其他制造业	42	1	103.72	36.53	17.32	3.86
废弃资源综合利用业	55	1	97.03		27.97	9.82
金属制品、机械和设备修理业	2		5.72	0.21	1.19	0.88
电力、热力及水的生产和供应业	**95**	**7**	**89.49**		**133.92**	**18.51**
电力、热力生产和供应业	70	7	56.54		114.85	14.77
燃气生产和供应业	16		23.66		8.28	1.46
水的生产和供应业	9		9.28		10.79	2.28

按行业大类分组的主要经济指标

单位：亿元

应收账款	存货		固定资产合计			负债合计	流动负债合计		非流动负债合计
		产成品		固定资产原价	累计折旧			应付账款	
517.26	**585.19**	**280.52**	**2783.29**	**3567.92**	**995.77**	**2576.10**	**1880.19**	**356.12**	**382.09**
21.93	**23.57**	**11.07**	**295.22**	**359.15**	**90.24**	**160.99**	**110.52**	**19.46**	**31.41**
7.25	7.57	4.48	165.70	206.38	55.49	75.39	54.60	10.41	11.50
2.65	3.74	0.86	31.37	36.32	7.59	21.67	15.47	3.15	5.28
7.13	9.01	3.69	55.64	66.48	16.82	43.43	27.85	3.68	10.53
4.74	3.23	2.03	41.90	49.16	10.11	20.37	12.48	2.21	4.09
0.16	0.02	0.01	0.60	0.81	0.22	0.13	0.13		
491.20	**559.52**	**268.65**	**2398.64**	**3108.40**	**890.75**	**2335.79**	**1730.63**	**331.73**	**317.83**
33.88	59.47	24.29	263.16	405.76	162.68	187.78	133.20	27.71	24.70
13.24	19.53	7.65	93.50	119.41	31.28	64.60	48.66	14.08	10.39
5.76	8.91	5.25	52.52	65.31	17.15	32.16	18.83	4.06	8.15
12.19	28.47	16.09	82.30	122.78	43.76	99.04	77.56	10.27	11.26
8.93	5.39	3.03	30.77	38.08	10.24	25.40	18.04	2.94	3.67
3.62	3.57	1.92	25.81	32.92	8.57	16.23	10.03	2.72	3.23
8.37	11.01	6.18	82.08	101.99	24.26	41.09	26.66	4.70	8.12
4.58	4.87	2.76	27.99	32.82	7.47	17.48	8.97	2.11	2.18
6.95	8.17	3.87	64.15	81.86	20.66	43.50	26.27	5.59	10.48
5.62	4.65	2.43	33.98	41.05	11.15	22.90	14.28	3.81	3.30
2.07	2.55	1.46	18.33	21.30	4.63	9.75	6.26	1.26	1.17
9.43	12.29	5.89	30.48	39.50	11.34	34.89	27.64	1.51	7.01
44.02	39.50	22.09	250.23	320.67	89.78	171.61	104.39	26.12	33.93
13.13	17.01	8.46	73.75	90.90	25.56	56.30	39.43	12.14	6.90
0.12	0.25	0.13	1.88	2.45	0.69	1.12	0.28	0.02	
10.62	11.47	6.47	52.78	64.48	14.30	43.69	32.71	7.66	5.41
64.08	39.96	24.38	293.28	381.43	108.26	211.89	142.26	39.74	45.21
12.65	47.90	9.07	159.64	183.87	39.65	346.40	321.75	11.82	15.29
28.81	70.81	37.02	162.71	235.17	82.45	231.93	152.54	26.18	30.34
20.98	13.82	6.66	71.49	88.15	21.05	59.81	43.33	10.66	9.02
41.22	29.98	16.87	123.42	152.30	37.53	126.40	95.62	24.97	13.70
55.82	55.39	23.98	110.68	137.26	33.09	156.89	120.30	31.92	20.75
19.66	18.17	8.89	70.67	70.89	16.43	143.98	123.05	23.31	17.85
7.19	5.43	2.97	17.37	21.54	5.37	23.20	18.85	4.11	1.04
27.09	19.23	10.61	95.56	113.26	24.44	75.88	53.57	15.99	13.45
20.90	14.55	6.32	70.62	94.21	27.95	62.29	44.82	10.62	9.18
6.11	3.39	1.33	16.85	21.05	4.78	13.30	10.39	2.58	1.03
1.44	0.90	0.67	10.08	12.30	2.65	3.64	2.31	0.77	0.82
2.54	2.51	1.72	12.26	15.22	3.41	12.27	8.24	2.18	0.24
0.20	0.37	0.20	0.29	0.47	0.18	0.39	0.39	0.16	
4.13	**2.10**	**0.80**	**89.44**	**100.37**	**14.78**	**79.32**	**39.04**	**4.92**	**32.85**
2.97	1.16	0.10	77.11	85.68	11.53	72.12	36.62	4.01	31.67
0.41	0.38	0.22	4.03	5.67	2.22	3.83	0.90	0.16	0.31
0.75	0.56	0.48	8.30	9.02	1.02	3.37	1.52	0.76	0.87

1-14 续表 1

	所有者权益合计					
		实收资本	国家资本	集体资本	法人资本	个人资本
总　计	**3189.16**	**1632.56**	**8.15**	**32.67**	**778.68**	**800.05**
采矿业	**290.48**	**179.15**	**0.95**	**4.70**	**72.76**	**100.37**
煤炭开采和洗选业	151.85	88.70	0.60	4.64	33.10	50.34
黑色金属矿采选业	30.36	22.26			11.48	10.77
有色金属矿采选业	64.03	42.91	0.03	0.06	14.84	27.94
非金属矿采选业	43.45	24.63	0.32		13.33	10.66
开采辅助活动						
其他采矿业	0.78	0.65				0.65
制造业	**2844.37**	**1415.13**	**7.08**	**23.33**	**690.84**	**681.53**
农副食品加工业	281.99	132.43	0.83	2.60	77.57	51.43
食品制造业	117.89	41.29	0.52	2.12	23.63	14.62
酒、饮料和精制茶制造业	57.61	28.35	0.01	1.20	13.49	13.64
烟草制品业						
纺织业	75.56	37.75	0.10	1.03	23.98	11.02
纺织服装、服饰业	43.83	18.24		0.10	5.80	12.32
皮革、毛皮、羽毛及其制品和制鞋业	27.68	13.64		0.08	6.81	6.76
木材加工和木、竹、藤、棕、草制品业	88.59	40.88	0.09	0.30	22.24	18.26
家具制造业	32.74	18.44			12.26	6.18
造纸和纸制品业	60.64	29.30	0.03	0.57	16.53	12.17
印刷和记录媒介复制业	37.26	17.65		0.03	10.36	7.26
文教、工美、体育和娱乐用品制造业	19.08	8.49		0.02	4.05	3.99
石油加工、炼焦和核燃料加工业	33.92	4.51			2.41	2.10
化学原料和化学制品制造业	301.30	167.93	0.55	2.87	82.28	82.11
医药制造业	95.84	44.41	0.68	0.46	22.49	20.57
化学纤维制造业	3.02	3.00			3.00	
橡胶和塑料制品业	62.24	33.88	0.02	0.26	19.27	14.28
非金属矿物制品业	331.10	170.07	0.78	4.38	79.51	85.00
黑色金属冶炼和压延加工业	184.52	163.97	0.06	0.84	36.74	126.30
有色金属冶炼和压延加工业	195.09	74.55	0.41	2.85	37.23	34.01
金属制品业	94.74	42.95	0.04	0.10	25.38	17.42
通用设备制造业	151.94	62.98	0.44	0.42	33.87	28.24
专用设备制造业	183.73	89.52	1.25	1.43	49.47	35.80
汽车制造业	51.98	35.52	0.49	0.06	17.69	17.27
铁路、船舶、航空航天和其他运输设备制造业	24.51	7.04		0.04	3.26	3.74
电气机械和器材制造业	135.65	56.85	0.41	1.02	23.28	24.81
计算机、通信和其他电子设备制造业	100.07	45.27	0.10	0.48	22.89	21.72
仪器仪表制造业	22.05	10.43	0.30		5.06	5.07
其他制造业	13.64	5.46		0.09	3.26	2.11
废弃资源综合利用业	15.36	9.73			6.76	2.97
金属制品、机械和设备修理业	0.80	0.60			0.25	0.35
电力、热力及水的生产和供应业	**54.31**	**38.27**	**0.11**	**4.63**	**15.07**	**18.15**
电力、热力生产和供应业	42.55	29.00	0.10	0.71	11.75	16.44
燃气生产和供应业	4.45	2.92	0.01		1.32	1.59
水的生产和供应业	7.31	6.35		3.93	2.01	0.12

单位：亿元

港澳台资本	外商资本	主营业务收入	主营业务成本	主营业务税金及附加	其他业务收入	其他业务利润	销售费用	管理费用
3.54	**9.89**	**15300.40**	**12436.24**	**202.38**	**45.42**	**3.24**	**460.81**	**808.40**
0.03	**0.05**	**1262.65**	**983.44**	**17.78**	**3.08**	**0.11**	**34.93**	**59.71**
		608.32	468.23	8.77	0.10	-0.01	16.59	25.59
		147.01	115.33	1.74	0.01		4.79	9.00
0.03	0.01	275.79	222.49	3.63	2.18		5.32	12.00
	0.04	228.81	175.65	3.62	0.79	0.12	7.86	12.79
		2.72	1.74	0.02			0.37	0.33
3.21	**9.84**	**13950.09**	**11385.21**	**183.59**	**42.11**	**2.91**	**424.38**	**742.90**
0.76		1589.68	1308.93	16.29	1.57	-0.23	50.53	77.34
0.40	0.01	534.10	434.92	6.11	0.32	-0.18	25.17	36.62
		325.45	259.44	3.63	0.18		10.74	23.81
1.62		416.62	358.28	4.06	1.65	0.15	9.54	19.70
	0.02	167.07	137.13	2.23	0.62		6.80	10.95
		197.91	160.40	3.49			8.08	9.54
		507.85	423.88	6.54	0.04		12.73	26.73
		164.64	133.60	2.18	0.03	-0.03	5.90	11.59
		330.54	268.58	4.84	0.01		11.47	18.84
		199.69	161.75	3.06	0.13		6.60	7.83
	0.44	110.70	87.53	1.73	0.04		3.11	5.71
		106.83	93.34	0.66	0.09	0.01	1.92	1.81
0.11	0.02	1620.13	1287.85	33.78	0.48	0.06	57.31	90.30
0.21		401.92	319.68	4.64	0.79	-0.17	18.79	25.92
		9.35	7.93	0.30			0.17	0.42
	0.05	323.66	265.82	3.99	0.09		8.93	23.20
0.02	0.39	1393.99	1118.28	20.52	2.30	1.28	49.60	81.95
		685.10	576.66	9.83	0.54	0.01	15.76	32.86
0.05		1338.98	1079.90	15.69	0.99	0.06	15.37	43.62
		466.37	376.26	6.19	0.74	0.17	13.98	27.46
		752.38	621.52	9.11	1.35	0.58	21.21	39.36
	1.54	693.95	567.47	6.63	0.84	0.22	26.26	37.90
		242.03	209.97	2.10	27.24	0.01	5.43	14.24
		73.42	59.32	0.64	0.08	0.05	2.22	4.42
	7.33	549.52	462.43	5.76	0.66	0.16	15.98	29.79
0.04	0.05	427.14	342.91	5.03	1.30	0.72	12.48	22.28
		112.72	90.68	1.69		0.02	3.07	7.57
		105.55	87.99	1.29	0.02	0.01	3.70	5.04
		97.06	77.79	1.41			1.30	5.87
		5.73	4.97	0.16			0.20	0.22
0.30		**87.67**	**67.59**	**1.01**	**0.22**	**0.21**	**1.50**	**5.79**
		56.04	42.91	0.53	0.22	0.21	0.88	3.65
		22.25	17.67	0.21			0.43	1.01
0.30		9.38	7.00	0.27			0.19	1.13

1-14 续表 2

	税金	财务费用	利息收入	利息支出	营业利润	投资收益
总　计	**72.91**	**134.77**	**5.17**	**104.26**	**1085.28**	**-46.99**
采矿业	**6.90**	**8.16**	**0.08**	**6.20**	**117.66**	**-8.45**
煤炭开采和洗选业	1.59	2.83	0.02	2.17	73.30	-2.30
黑色金属矿采选业	2.87	1.74	0.01	1.29	9.63	-1.73
有色金属矿采选业	0.23	1.73	0.02	1.35	16.05	-3.24
非金属矿采选业	2.21	1.85	0.03	1.39	18.30	-1.18
开采辅助活动						
其他采矿业		0.01		0.01	0.38	
制造业	**65.63**	**123.95**	**5.04**	**96.51**	**960.15**	**-37.83**
农副食品加工业	8.24	15.56	0.37	11.25	99.26	-0.46
食品制造业	3.06	5.65	0.17	4.64	34.24	-2.46
酒、饮料和精制茶制造业	3.43	2.92	0.04	2.19	20.59	-0.22
烟草制品业						
纺织业	2.28	5.21	0.04	3.24	19.86	-0.15
纺织服装、服饰业	0.70	2.23	0.01	1.78	12.74	
皮革、毛皮、羽毛及其制品和制鞋业	0.62	2.26	0.01	1.83	14.54	-1.12
木材加工和木、竹、藤、棕、草制品业	1.25	3.83	0.04	2.35	38.98	
家具制造业	0.61	1.75	0.04	1.31	12.50	0.19
造纸和纸制品业	2.19	3.18	0.68	2.92	19.75	0.06
印刷和记录媒介复制业	0.49	1.56	0.08	1.20	17.93	-1.10
文教、工美、体育和娱乐用品制造业	0.62	0.60	0.01	0.48	9.05	-0.64
石油加工、炼焦和核燃料加工业	0.08	1.70	0.05	1.70	7.86	0.15
化学原料和化学制品制造业	9.69	15.69	0.31	11.23	119.03	-7.45
医药制造业	1.65	3.14	0.07	2.32	32.78	-1.07
化学纤维制造业	0.03	0.07	0.01	0.01	0.35	0.02
橡胶和塑料制品业	1.89	2.31	0.09	1.63	21.85	-0.36
非金属矿物制品业	6.20	13.04	1.12	10.48	97.62	-5.25
黑色金属冶炼和压延加工业	1.57	5.33	0.09	4.88	51.17	-0.29
有色金属冶炼和压延加工业	4.45	10.74	0.37	9.19	69.01	-2.36
金属制品业	2.68	3.15	0.17	2.36	34.18	-2.12
通用设备制造业	2.74	5.58	0.34	4.55	52.33	-1.61
专用设备制造业	3.31	6.36	0.52	5.79	61.61	-2.28
汽车制造业	1.90	2.28	0.08	1.95	10.71	0.41
铁路、船舶、航空航天和其他运输设备制造业	0.27	0.60	0.01	0.46	5.10	0.08
电气机械和器材制造业	2.62	4.29	0.16	3.50	37.12	-6.59
计算机、通信和其他电子设备制造业	1.17	3.34	0.10	2.11	32.83	-2.81
仪器仪表制造业	0.82	0.87	0.01	0.63	7.46	-0.46
其他制造业	0.72	0.37	0.04	0.32	12.63	0.03
废弃资源综合利用业	0.36	0.36		0.21	6.87	0.01
金属制品、机械和设备修理业				0.00	0.19	
电力、热力及水的生产和供应业	**0.38**	**2.66**	**0.05**	**1.54**	**7.47**	**-0.71**
电力、热力生产和供应业	0.11	2.36	0.04	1.34	4.32	-0.72
燃气生产和供应业	0.26	0.10		0.09	2.14	0.02
水的生产和供应业	0.01	0.20	0.01	0.11	1.00	

单位：亿元

营业外收入	补贴收入	营业外支出	利润总额	应交所得税	利税总额	本年应付职工薪酬	本年应交增值税	从业人员（人）
22.78	**13.68**	**91.54**	**1016.52**	**81.49**	**1824.65**	**637.47**	**602.36**	**1724617**
0.77	**0.59**	**11.68**	**106.75**	**10.08**	**191.30**	**64.82**	**66.64**	**182930**
0.19	0.03	9.43	64.06	5.58	107.29	41.03	34.44	108972
0.09	0.01	0.49	9.23	0.73	19.15	4.09	8.17	13798
0.31	0.15	0.67	15.69	1.82	35.11	11.28	15.79	34729
0.18	0.40	0.77	17.71	1.95	29.57	8.28	8.15	25067
		0.33	0.06		0.19	0.13	0.10	364
22.01	**13.07**	**79.15**	**903.01**	**71.06**	**1622.37**	**568.90**	**532.51**	**1531164**
3.88	1.79	9.96	93.18	7.45	163.37	50.36	52.92	133425
0.85	0.21	2.90	32.20	3.25	56.99	22.22	18.63	68288
0.38	0.13	1.76	19.20	1.59	33.09	11.06	10.25	32160
0.50	0.33	3.36	17.00	1.70	37.35	19.83	16.23	67872
0.19	0.15	0.95	11.98	0.98	22.89	12.14	8.67	33952
0.01	0.07	2.18	12.36	0.96	23.62	14.92	7.78	35680
0.39	0.54	1.32	38.05	2.38	64.47	21.01	19.85	67485
0.13	0.15	0.38	12.25	0.95	21.07	7.45	6.62	19182
0.32	0.88	2.16	17.91	1.24	35.19	13.55	12.42	38806
0.21	0.39	1.86	16.28	1.67	26.36	6.87	7.02	18651
0.13	0.13	0.75	8.43	0.82	13.89	5.08	3.70	14357
0.26	0.20	0.01	8.10	0.91	15.90	1.51	7.13	3484
1.59	0.68	5.19	115.42	9.77	216.66	93.63	66.70	246486
0.48	0.16	0.48	32.78	1.47	52.74	13.23	15.30	33403
0.05		0.01	0.38		0.99	0.21	0.30	791
0.06	0.29	0.86	21.05	1.54	36.74	12.04	11.63	30120
2.10	1.34	4.97	94.75	11.47	176.03	74.37	60.08	196918
0.45	0.18	1.77	49.86	2.61	87.32	23.32	27.57	62872
0.92	0.44	8.82	61.11	3.46	133.40	27.95	56.58	69561
0.85	0.70	2.62	32.41	1.87	55.37	16.62	16.77	46181
1.15	0.62	6.10	47.38	3.16	83.23	25.03	26.63	65235
2.80	0.99	11.47	52.94	3.41	83.27	27.35	23.69	68794
2.77	1.49	1.97	11.51	1.18	20.49	13.20	6.88	31211
0.05	0.02	0.40	4.75	0.20	8.53	3.64	3.01	8573
0.36	0.34	1.64	35.84	2.77	57.91	20.24	16.27	55167
0.77	0.65	2.23	31.36	2.71	52.87	21.61	16.31	53551
0.29	0.04	1.05	6.70	0.65	12.74	3.80	4.34	9690
0.11	0.13	0.97	11.76	0.72	17.08	3.90	4.02	12239
		0.99	5.88	0.17	12.19	2.69	4.90	6754
			0.19		0.64	0.10	0.30	276
0.00	**0.01**	**0.71**	**6.75**	**0.34**	**10.97**	**3.75**	**3.21**	**10523**
0.03		0.61	3.75	0.29	6.50	2.84	2.22	7844
		0.01	2.13	0.05	3.08	0.59	0.74	1686
-0.04	0.01	0.09	0.88		1.39	0.32	0.24	993

1-15 规模以上港澳台企业按行业

	企业单位数(个)	亏损企业	工业销售产值(当年价格)	出口交货值	资产总计	流动资产合计
总 计	**336**	**37**	**1164.66**	**146.02**	**778.77**	**321.31**
采矿业	**2**		**0.57**		**2.78**	**0.28**
煤炭开采和洗选业	1		0.09		2.60	0.20
黑色金属矿采选业						
有色金属矿采选业						
非金属矿采选业	1		0.49		0.18	0.09
开采辅助活动						
其他采矿业						
制造业	**315**	**36**	**1077.80**	**146.02**	**650.66**	**283.51**
农副食品加工业	16	1	66.07	0.51	45.81	21.67
食品制造业	7		15.50	0.39	12.71	5.34
酒、饮料和精制茶制造业	10	1	30.62		25.55	10.25
烟草制品业						
纺织业	11	2	15.05	2.44	6.86	3.51
纺织服装、服饰业	19		36.55	0.21	13.33	3.11
皮革、毛皮、羽毛及其制品和制鞋业	40	6	78.51	14.84	30.22	8.55
木材加工和木、竹、藤、棕、草制品业	3	1	2.81		1.82	0.35
家具制造业	4		20.92		7.62	1.02
造纸和纸制品业	8	1	15.84		16.14	8.48
印刷和记录媒介复制业	9		37.62	0.04	24.72	19.09
文教、工美、体育和娱乐用品制造业	14		45.70	0.36	8.64	2.91
石油加工、炼焦和核燃料加工业	1		0.61		0.34	0.10
化学原料和化学制品制造业	26	1	61.50	1.81	42.77	14.77
医药制造业	12	1	33.90	0.05	24.74	11.95
化学纤维制造业	2		7.84		2.99	0.76
橡胶和塑料制品业	9	2	10.62	1.44	4.02	1.94
非金属矿物制品业	24	1	61.94	7.92	34.97	8.03
黑色金属冶炼和压延加工业	7	3	3.25	2.25	1.37	0.67
有色金属冶炼和压延加工业	8	1	129.62		75.43	37.78
金属制品业	5		22.62	0.37	8.78	3.25
通用设备制造业	12	4	61.24		40.17	9.48
专用设备制造业	8	1	25.88	1.51	32.15	20.54
汽车制造业	11	4	32.07		24.08	13.12
铁路、船舶、航空航天和其他运输设备制造业	1		1.23		0.30	0.02
电气机械和器材制造业	12	1	29.50	0.65	21.84	9.93
计算机、通信和其他电子设备制造业	30	5	176.63	109.99	82.74	27.92
仪器仪表制造业	4		49.10	1.23	56.21	37.72
其他制造业						
废弃资源综合利用业	2		5.06		4.36	1.26
金属制品、机械和设备修理业						
电力、热力及水的生产和供应业	**19**	**1**	**86.29**		**125.33**	**37.51**
电力、热力生产和供应业	10		69.75		92.02	21.59
燃气生产和供应业	4		13.33		24.98	12.95
水的生产和供应业	5	1	3.21		8.33	2.97

大类分组的主要经济指标

单位：亿元

应收账款	存货	产成品	固定资产合计	固定资产原价	累计折旧	负债合计	流动负债合计	应付账款	非流动负债合计
66.09	**60.08**	**24.13**	**340.22**	**466.28**	**150.52**	**379.26**	**298.17**	**77.21**	**50.04**
0.06	**0.08**	**0.04**	**0.64**	**0.95**	**0.36**	**1.64**	**0.31**	**0.20**	**0.06**
0.02	0.05	0.02	0.54	0.80	0.30	1.59	0.26	0.17	0.06
0.04	0.04	0.02	0.10	0.15	0.05	0.05	0.05	0.03	
57.56	**57.14**	**24.09**	**273.18**	**362.57**	**112.71**	**310.28**	**250.20**	**71.43**	**41.08**
2.41	3.53	0.93	7.13	10.25	3.51	15.74	13.12	1.37	2.44
-0.07	1.11	0.74	2.73	4.07	1.53	6.42	6.17	1.18	0.13
1.14	2.83	0.41	12.73	26.26	14.71	14.39	11.70	2.64	0.28
0.44	1.63	1.21	2.88	3.78	1.11	2.63	2.34	0.86	0.28
0.87	0.57	0.12	10.22	10.76	1.52	3.70	2.40	0.40	0.18
1.87	2.27	1.03	16.80	20.56	4.69	12.12	6.60	1.85	4.36
0.05	0.12	0.07	0.60	0.72	0.12	0.73	0.53	0.02	0.14
0.13	0.25	0.06	4.21	5.94	1.74	2.22	1.13	0.18	0.40
2.90	1.85	0.48	6.93	3.90	1.97	6.36	3.40	1.34	2.96
5.55	4.20	2.10	4.95	15.66	10.73	10.39	10.32	5.09	0.07
0.38	1.26	1.18	5.06	6.44	2.01	3.75	3.45	0.66	0.27
0.01	0.01	0.01	0.24	0.34	0.10	0.24	0.18	0.02	0.04
2.38	2.32	0.90	20.18	28.16	9.32	16.44	14.35	3.28	0.99
2.00	2.24	1.37	7.74	8.98	2.70	6.44	5.57	2.30	0.46
0.09	0.43	0.26	1.97	2.46	0.49	2.34	2.32	0.13	0.02
0.74	0.63	0.38	1.75	3.51	2.30	3.11	2.01	0.50	0.98
1.52	3.21	2.34	16.31	23.88	7.79	11.49	6.94	2.16	3.36
0.12	0.22	0.10	0.68	1.39	0.96	0.72	0.71	0.28	
1.74	3.57	0.64	37.05	52.41	15.76	40.17	38.49	6.92	1.19
0.67	1.00	0.55	4.87	5.44	1.55	2.92	2.31	0.32	0.19
2.44	5.02	1.37	22.59	26.49	8.23	16.06	6.63	1.77	1.50
2.46	4.40	2.79	7.38	9.73	2.76	21.90	21.44	4.50	0.45
6.42	2.07	0.64	8.99	10.68	2.05	15.29	11.15	5.48	4.13
			0.28	0.34	0.05	0.03	0.03		
1.13	1.61	0.77	11.74	14.86	3.40	13.51	6.58	1.39	5.74
4.99	5.82	1.24	44.16	49.24	7.87	57.00	49.42	18.20	7.22
15.12	4.88	2.34	10.24	12.72	2.48	21.91	19.33	7.91	2.58
0.04	0.08	0.06	2.78	3.61	1.27	2.27	1.59	0.68	0.68
8.47	**2.86**	**0.00**	**66.40**	**102.76**	**37.46**	**67.34**	**47.66**	**5.58**	**8.90**
5.97	2.72		53.58	87.02	33.75	45.50	29.29	4.24	7.32
1.10	0.00		9.96	11.73	2.45	17.87	15.98	0.64	
1.40	0.13		2.86	4.00	1.25	3.98	2.39	0.70	1.59

1-15 续表 1

	所有者权益合计	实收资本	国家资本	集体资本	法人资本	个人资本
总　计	**396.61**	**169.05**	**6.72**	**1.76**	**69.34**	**13.20**
采矿业	**1.14**	**1.05**		**0.97**	**0.08**	
煤炭开采和洗选业	1.01	0.97		0.97		
黑色金属矿采选业						
有色金属矿采选业						
非金属矿采选业	0.13	0.08			0.08	
开采辅助活动						
其他采矿业						
制造业	**337.48**	**132.74**	**4.08**	**0.79**	**61.99**	**12.36**
农副食品加工业	29.95	8.49			6.19	0.35
食品制造业	5.93	2.81	0.03		0.77	0.34
酒、饮料和精制茶制造业	11.16	4.93	0.68		0.20	0.27
烟草制品业						
纺织业	4.23	1.54			0.32	0.60
纺织服装、服饰业	9.39	4.13			2.19	0.27
皮革、毛皮、羽毛及其制品和制鞋业	17.99	10.95			4.37	1.22
木材加工和木、竹、藤、棕、草制品业	1.09	0.88			0.05	0.63
家具制造业	5.39	2.32			0.15	0.30
造纸和纸制品业	9.78	6.87	0.18	0.07	0.86	
印刷和记录媒介复制业	14.33	3.75	0.65		1.28	0.28
文教、工美、体育和娱乐用品制造业	4.86	2.52			1.41	0.29
石油加工、炼焦和核燃料加工业	0.10	0.07				
化学原料和化学制品制造业	26.28	12.43	0.08		7.80	0.96
医药制造业	17.70	5.23	1.35		2.29	1.07
化学纤维制造业	0.65	0.60			0.36	
橡胶和塑料制品业	0.90	1.54	0.48		0.17	0.19
非金属矿物制品业	23.44	10.36		0.70	4.23	2.80
黑色金属冶炼和压延加工业	0.65	0.37	0.06		0.25	0.02
有色金属冶炼和压延加工业	35.26	3.52		0.01	0.53	0.61
金属制品业	5.68	3.06			2.55	
通用设备制造业	23.20	12.05	0.07		10.17	
专用设备制造业	10.17	4.27			3.05	0.28
汽车制造业	8.79	7.58	0.49		4.07	
铁路、船舶、航空航天和其他运输设备制造业	0.27	0.05			0.05	
电气机械和器材制造业	8.32	5.53			1.36	0.24
计算机、通信和其他电子设备制造业	25.54	15.87	0.01	0.01	6.82	1.52
仪器仪表制造业	34.30	0.74			0.50	
其他制造业						
废弃资源综合利用业	2.12	0.28				0.13
金属制品、机械和设备修理业						
电力、热力及水的生产和供应业	**57.98**	**35.27**	**2.64**		**7.28**	**0.85**
电力、热力生产和供应业	46.52	29.54	2.49		5.68	0.64
燃气生产和供应业	7.11	2.00	0.15		1.00	0.15
水的生产和供应业	4.36	3.72			0.60	0.06

单位：亿元

港澳台资本	外商资本	主营业务收入	主营业务成本	主营业务税金及附加	其他业务收入	其他业务利润	销售费用	管理费用
58.86	**18.97**	**1143.64**	**927.55**	**11.08**	**4.93**	**0.63**	**31.41**	**54.48**
		1.34	**0.94**	**0.02**			**0.07**	**0.09**
		0.85	0.59	0.02			0.02	0.05
		0.49	0.36				0.05	0.04
38.79	**14.53**	**1054.52**	**860.18**	**10.61**	**3.95**	**0.56**	**30.34**	**51.16**
1.95		65.28	57.65	0.34	0.23	0.01	2.19	3.76
0.03	1.64	15.29	11.83	0.13	1.26	-0.01	0.60	0.72
1.55	2.23	29.68	21.45	0.87	0.35	0.06	3.80	2.50
0.62		14.70	12.77	0.09			0.35	0.53
1.66		37.87	31.33	0.32			0.88	2.03
5.36		78.61	68.20	0.59	0.01	0.01	1.36	3.20
0.20		1.80	1.73	0.00			0.01	0.05
1.88		20.92	16.65	0.45			0.34	0.48
0.52	5.25	16.16	12.47	0.12	0.23	0.01	0.35	1.17
0.83	0.51	36.36	25.55	0.28	0.12	0.04	0.24	1.61
0.69	0.13	46.14	35.20	0.66			0.98	1.10
0.07		0.61	0.44	0.01			0.05	0.06
3.59		58.88	48.47	1.52	0.59	0.01	1.40	3.22
0.37	0.14	32.64	25.00	0.31	0.02	0.02	2.67	1.36
0.25		7.93	7.06	0.13			0.07	0.12
0.59	0.11	9.56	7.95	0.10			0.49	0.64
2.60	0.04	58.32	48.46	0.62	0.03		2.41	4.40
0.04		3.27	3.07	0.02			0.05	0.13
2.36		127.84	114.72	0.87	0.02	0.02	0.61	3.51
0.51		22.19	16.67	0.34			1.02	1.13
0.95	0.87	57.47	44.29	0.53	0.06		1.01	2.83
0.05	0.90	21.53	16.29	0.12	0.57	0.20	0.57	1.23
0.45	2.57	36.00	30.91	0.31	0.24	0.03	1.26	3.23
		1.23	0.86	0.04			0.02	0.02
3.93		29.52	23.31	0.32	0.01	0.01	1.32	1.19
7.38	0.13	176.38	144.71	0.89	0.20	0.16	1.93	7.04
0.24		45.12	30.60	0.61			4.34	3.51
0.15		3.24	2.51					0.40
20.06	**4.44**	**87.79**	**66.43**	**0.45**	**0.98**	**0.06**	**1.00**	**3.23**
18.40	2.34	69.73	53.91	0.29	0.91		0.09	1.59
	0.70	14.99	10.44	0.14	0.03	0.03	0.69	1.36
1.66	1.40	3.06	2.07	0.02	0.04	0.03	0.21	0.29

1-15 续表 2

	税金	财务费用	利息收入	利息支出	营业利润	投资收益
总 计	**3.16**	**8.15**	**0.57**	**8.01**	**102.01**	**-0.44**
采矿业	**0.01**				**0.16**	
煤炭开采和洗选业					0.13	
黑色金属矿采选业						
有色金属矿采选业						
非金属矿采选业	0.01				0.03	
开采辅助活动						
其他采矿业						
制造业	**2.96**	**6.71**	**0.78**	**6.28**	**84.78**	**-0.83**
农副食品加工业	0.12	0.46	0.01	0.42	4.15	0.03
食品制造业	0.09	-0.07	0.14	0.05	1.89	0.02
酒、饮料和精制茶制造业	0.06	0.08	0.03	0.14	2.30	
烟草制品业						
纺织业	0.02	0.06		0.05	0.64	
纺织服装、服饰业	0.21	0.10		0.10	1.92	-0.25
皮革、毛皮、羽毛及其制品和制鞋业	0.11	0.39	0.01	0.36	2.92	-1.12
木材加工和木、竹、藤、棕、草制品业	0.01	0.02	0.01	0.03	-0.02	0.00
家具制造业		0.11		0.09	1.90	
造纸和纸制品业	0.03	-0.11	0.14	0.17	2.20	
印刷和记录媒介复制业	0.06	-0.03	0.02	-0.01	9.03	0.05
文教、工美、体育和娱乐用品制造业	0.18	0.11	0.00	0.09	3.40	
石油加工、炼焦和核燃料加工业	0.01	0.02		0.01	0.05	
化学原料和化学制品制造业	0.16	0.50	0.10	0.38	3.51	0.17
医药制造业	0.04	0.19	0.04	0.18	2.80	0.01
化学纤维制造业	0.01	0.01		0.02	0.53	
橡胶和塑料制品业	0.07	0.05		0.03	0.36	
非金属矿物制品业	0.35	0.67	0.02	0.47	2.87	-0.45
黑色金属冶炼和压延加工业	0.01	0.02		0.01	0.11	
有色金属冶炼和压延加工业	0.21	1.04		1.02	6.46	0.11
金属制品业	0.06	0.18		0.17	2.75	
通用设备制造业	0.40	0.23	0.02	0.18	5.48	-0.05
专用设备制造业	0.06	0.32		0.32	4.34	
汽车制造业	0.45	0.53	0.01	0.50	1.60	0.01
铁路、船舶、航空航天和其他运输设备制造业		0.01			0.07	
电气机械和器材制造业	0.02	0.31	0.01	0.22	3.86	-0.02
计算机、通信和其他电子设备制造业	0.10	0.83	0.05	0.68	13.66	0.10
仪器仪表制造业	0.11	0.60	0.15	0.62	5.75	0.56
其他制造业						
废弃资源综合利用业		0.08		0.01	0.24	
金属制品、机械和设备修理业						
电力、热力及水的生产和供应业	**0.19**	**1.43**	**-0.21**	**1.73**	**17.06**	**0.38**
电力、热力生产和供应业	0.14	1.26	-0.12	1.46	13.53	0.02
燃气生产和供应业	0.05	0.12	0.02	0.10	3.07	0.36
水的生产和供应业	0.01	0.05	-0.11	0.17	0.46	

单位：亿元

营业外收入	补贴收入	营业外支出	利润总额	应交所得税	利税总额	本年应付职工薪酬	本年应交增值税	从业人员(人)
3.28	**1.19**	**4.59**	**100.71**	**10.82**	**153.54**	**65.05**	**41.72**	**185438**
0.01	**0.01**		**0.17**		**0.27**	**0.61**	**0.08**	**920**
0.01	0.01		0.14		0.21	0.58	0.06	822
			0.03		0.06	0.03	0.02	98
2.97	**1.05**	**4.26**	**83.49**	**9.10**	**131.90**	**61.40**	**37.77**	**180039**
0.58	0.00	0.41	4.32	0.23	6.12	1.53	1.47	3688
0.10	0.10	0.03	1.96	0.40	2.87	0.84	0.78	4143
0.23	0.19	0.38	2.14	0.56	4.23	1.60	1.21	3927
0.01	0.01	0.01	0.64	0.08	1.20	0.71	0.46	2245
0.13		0.01	2.04	0.11	3.57	3.79	1.21	10299
0.01		0.04	2.89	0.21	6.10	11.80	2.61	40082
			-0.02		0.01	0.05	0.03	440
			1.90	0.31	3.10	0.44	0.76	1497
0.18	0.06	0.03	2.35	0.29	3.16	0.54	0.70	1452
0.23		0.15	9.11	1.53	11.63	1.41	2.24	3374
		0.32	3.09	0.59	5.48	1.47	1.73	5066
		0.01	0.04	0.01	0.06	0.03	0.02	88
0.18		0.22	3.48	0.12	7.39	1.96	2.39	6480
0.06		0.13	2.73	0.15	4.63	1.21	1.59	2599
0.01			0.54		0.86	0.30	0.19	785
0.01			0.37	0.02	0.75	0.51	0.28	1805
0.10		0.17	2.80	0.37	5.97	6.40	2.55	14692
			0.11	0.03	0.20	0.23	0.07	672
0.07		0.03	6.50	0.63	12.37	1.20	4.99	2248
0.04	0.04	0.11	2.69	0.15	3.56	0.51	0.54	1241
			5.48	0.92	9.20	2.78	3.16	4191
0.09	0.01	0.04	4.39	0.05	5.52	1.70	1.01	3300
0.06	0.02	0.01	1.65	0.16	2.80	1.96	0.84	2965
			0.07	0.01	0.18	0.02	0.06	90
0.06	0.03	0.14	3.77	0.08	5.32	1.42	1.23	3778
0.38	0.29	1.99	12.05	1.60	16.79	14.28	3.85	54430
0.41	0.30		6.16	0.44	8.56	2.50	1.79	4130
0.01		0.01	0.24	0.06	0.24	0.20		332
0.30	**0.13**	**0.33**	**17.04**	**1.72**	**21.37**	**3.05**	**3.87**	**4479**
0.30	0.13	0.32	13.52	0.96	17.31	2.23	3.50	2444
0.01		0.01	3.06	0.70	3.48	0.43	0.27	1236
			0.46	0.06	0.58	0.39	0.10	799

1-16 规模以上外商投资工业企业

	企业单位数(个)	亏损企业	工业销售产值(当年价格)	出口交货值	资产总计	流动资产合计
总 计	**262**	**40**	**1331.18**	**316.29**	**867.16**	**374.86**
采矿业	**8**	**2**	**13.47**		**5.50**	**0.92**
煤炭开采和洗选业	1	1	0.55		0.78	0.31
黑色金属矿采选业	2		2.69		0.41	0.04
有色金属矿采选业	3	1	8.68		3.50	0.20
非金属矿采选业	2		1.55		0.81	0.37
开采辅助活动						
其他采矿业						
制造业	**243**	**36**	**1256.97**	**316.29**	**707.80**	**358.83**
农副食品加工业	17	3	82.19	0.01	30.99	15.23
食品制造业	11		47.04	3.34	27.63	18.16
酒、饮料和精制茶制造业	12	3	50.34		32.37	13.66
烟草制品业						
纺织业	2		10.09		2.78	0.73
纺织服装、服饰业	5	1	10.03	2.44	2.26	1.03
皮革、毛皮、羽毛及其制品和制鞋业	11		17.14	4.02	8.64	4.14
木材加工和木、竹、藤、棕、草制品业	6		6.12		2.35	0.69
家具制造业						
造纸和纸制品业	4	1	16.41		30.53	24.00
印刷和记录媒介复制业						
文教、工美、体育和娱乐用品制造业	2		5.75	2.89	5.93	3.97
石油加工、炼焦和核燃料加工业	1		2.99		9.22	1.32
化学原料和化学制品制造业	29	2	52.15	2.76	29.20	8.60
医药制造业	11	1	24.56	2.09	13.19	5.18
化学纤维制造业	1		0.41		0.26	0.07
橡胶和塑料制品业	11	2	32.40	0.32	38.80	10.07
非金属矿物制品业	19	2	38.76	8.64	32.58	9.83
黑色金属冶炼和压延加工业	6	1	9.45	2.37	6.03	3.22
有色金属冶炼和压延加工业	7		12.44	1.21	7.98	5.91
金属制品业	3		3.97		0.65	0.16
通用设备制造业	9	1	9.70	0.01	13.33	6.82
专用设备制造业	9	3	24.47	1.18	25.07	13.88
汽车制造业	27	9	330.06	13.74	249.50	122.95
铁路、船舶、航空航天和其他运输设备制造业	9		27.22	5.02	22.67	16.63
电气机械和器材制造业	11	3	49.42	5.61	52.48	39.27
计算机、通信和其他电子设备制造业	19	4	393.41	260.63	63.20	33.28
仪器仪表制造业						
其他制造业						
废弃资源综合利用业	1		0.48		0.13	0.04
金属制品、机械和设备修理业						
电力、热力及水的生产和供应业	**11**	**2**	**60.74**		**153.86**	**15.11**
电力、热力生产和供应业	7	2	26.89		110.11	2.99
燃气生产和供应业	3		33.28		40.25	10.97
水的生产和供应业	1		0.57		3.51	1.15

按行业大类分组的主要经济指标

单位：亿元

应收账款	存货	产成品	固定资产合计	固定资产原价	累计折旧	负债合计	流动负债合计	应付账款	非流动负债合计
90.29	**75.01**	**28.89**	**393.05**	**574.64**	**204.05**	**488.13**	**367.11**	**116.80**	**103.51**
0.30	**0.17**	**0.14**	**2.11**	**2.89**	**0.85**	**3.43**	**1.71**	**0.03**	**1.23**
0.18	0.10	0.10	0.02	0.19	0.16	0.60	0.60		
			0.37	0.43	0.06	0.18	0.01		0.03
0.06	0.05	0.03	1.28	1.70	0.42	2.28	0.73	0.02	1.19
0.06	0.03	0.01	0.44	0.57	0.21	0.37	0.37	0.01	0.01
88.97	**72.78**	**27.31**	**274.13**	**370.99**	**117.72**	**358.16**	**269.10**	**111.91**	**73.08**
2.36	8.21	1.14	14.96	23.65	11.27	20.75	15.11	3.04	4.50
1.79	2.84	1.71	7.31	11.45	4.26	7.81	5.24	2.06	0.76
0.59	4.12	1.64	17.03	26.60	10.18	13.22	12.39	2.29	0.83
0.25	0.35	0.31	2.04	2.79	0.75	0.62	0.28	0.11	0.34
0.24	0.22	0.13	1.18	1.76	0.62	0.81	0.62	0.13	
1.31	1.85	0.45	3.51	5.02	1.61	3.93	2.61	0.70	1.08
0.06	0.04	0.02	1.00	1.16	0.16	0.74	0.08	0.01	0.03
5.55	3.18	1.43	5.05	10.28	5.14	21.20	15.60	2.77	5.48
1.40	2.16	2.15	1.71	1.06	0.23	2.86	2.71	0.27	0.15
0.45	0.58		7.31	13.36	6.05	5.89	2.22	0.09	3.67
2.00	1.36	0.66	15.83	19.26	8.58	7.87	5.54	1.34	0.96
0.63	1.53	0.86	4.57	6.43	2.10	6.50	4.61	0.30	0.28
0.01	0.03	0.01	0.19	0.20	0.01	0.20	0.16	0.03	0.04
2.80	3.82	2.35	23.51	25.12	4.72	15.64	9.96	3.14	2.68
3.02	3.22	2.42	20.21	25.47	5.99	9.37	4.06	0.21	5.28
1.36	0.90	0.29	2.64	3.71	1.07	3.33	1.98	1.03	0.24
1.59	2.50	0.98	1.57	3.24	1.69	4.77	4.36	1.14	0.15
0.05	0.04	0.02	0.46	0.49	0.05	0.41	0.19	0.12	0.22
2.18	1.19	0.48	3.34	4.80	1.60	5.99	5.38	1.14	0.01
3.18	2.65	0.94	4.17	6.38	2.52	10.19	10.10	2.68	
34.17	21.40	4.18	92.00	111.98	25.52	151.94	112.12	63.27	38.30
5.53	2.28	0.40	4.77	13.22	8.76	8.39	5.80	3.73	1.10
11.63	4.94	2.60	11.04	14.48	3.75	23.91	21.78	7.70	2.02
6.80	3.38	2.12	28.64	38.98	11.08	31.81	26.18	14.64	4.95
0.01			0.09	0.09	0.01	0.01			
1.03	**2.05**	**1.43**	**116.81**	**200.77**	**85.48**	**126.54**	**96.31**	**4.85**	**29.19**
0.02	0.20		93.82	173.64	79.90	96.31	73.17	1.46	22.10
0.97	1.85	1.43	21.81	25.81	5.02	28.21	22.42	2.84	5.79
0.03	0.00		1.17	1.32	0.57	2.02	0.71	0.55	1.31

1-16 续表 1

	所有者权益合计	实收资本	国家资本	集体资本	法人资本	个人资本
总　计	**378.63**	**272.50**	**32.07**	**3.17**	**68.15**	**10.90**
采矿业	**2.07**	**3.77**			**0.60**	**0.41**
煤炭开采和洗选业	0.18	0.18			0.18	
黑色金属矿采选业	0.23	0.13			0.02	0.11
有色金属矿采选业	1.23	3.08			0.02	0.30
非金属矿采选业	0.43	0.38			0.38	
开采辅助活动						
其他采矿业						
制造业	**349.31**	**247.91**	**17.46**	**3.17**	**66.27**	**10.44**
农副食品加工业	9.85	7.14		0.42	5.32	0.02
食品制造业	19.83	3.63			1.23	0.41
酒、饮料和精制茶制造业	19.15	9.01	0.34	0.16	3.13	0.61
烟草制品业						
纺织业	2.16	0.14			0.10	0.04
纺织服装、服饰业	1.45	0.47			0.11	0.07
皮革、毛皮、羽毛及其制品和制鞋业	4.72	3.69			1.75	0.65
木材加工和木、竹、藤、棕、草制品业	1.61	1.31	0.01		0.54	0.12
家具制造业						
造纸和纸制品业	9.58	7.83			0.29	
印刷和记录媒介复制业						
文教、工美、体育和娱乐用品制造业	2.82	0.33			0.18	0.15
石油加工、炼焦和核燃料加工业	3.33	6.29	3.15			
化学原料和化学制品制造业	21.07	11.22	2.13	0.05	4.21	0.98
医药制造业	6.68	3.65	0.15	0.22	2.23	0.54
化学纤维制造业	0.06	0.01			0.01	
橡胶和塑料制品业	23.75	20.00		0.02	2.99	0.53
非金属矿物制品业	23.20	15.85			5.12	2.27
黑色金属冶炼和压延加工业	2.70	1.95			0.22	0.31
有色金属冶炼和压延加工业	3.16	2.16			0.08	0.41
金属制品业	0.24	0.12			0.12	
通用设备制造业	7.35	5.07	0.78		1.39	0.87
专用设备制造业	14.88	5.99	0.24	0.41	1.84	0.22
汽车制造业	97.53	72.32	8.63		27.87	
铁路、船舶、航空航天和其他运输设备制造业	14.28	11.91			5.24	
电气机械和器材制造业	28.39	30.91		1.90	1.41	1.11
计算机、通信和其他电子设备制造业	31.39	26.77	2.05		0.76	1.13
仪器仪表制造业						
其他制造业						
废弃资源综合利用业	0.12	0.12			0.12	
金属制品、机械和设备修理业						
电力、热力及水的生产和供应业	**27.25**	**20.82**	**14.61**		**1.28**	**0.04**
电力、热力生产和供应业	13.73	15.65	13.79		1.28	
燃气生产和供应业	12.03	4.23	0.83			
水的生产和供应业	1.49	0.94				0.04

单位：亿元

港澳台资本	外商资本	主营业务收入	主营业务成本	主营业务税金及附加	其他业务收入	其他业务利润	销售费用	管理费用
8.47	**149.73**	**1297.91**	**1096.60**	**14.78**	**5.17**	**0.25**	**47.21**	**105.07**
0.50	**2.26**	**12.79**	**9.77**	**0.07**			**0.09**	**2.08**
		0.55	0.30	0.01			0.02	0.25
		2.69	1.98	0.01				0.02
0.50	2.26	7.99	6.39	0.03			0.01	1.69
		1.56	1.09	0.01			0.05	0.11
7.97	**142.59**	**1229.50**	**1052.00**	**14.08**	**5.03**	**0.22**	**46.32**	**98.85**
0.06	1.32	81.45	69.94	0.46	0.06	0.03	3.07	5.32
	1.99	41.51	35.89	0.23	0.36		3.16	3.94
	4.77	40.57	29.81	0.49	1.16	0.07	6.55	1.30
		10.58	8.07	0.09			0.27	0.94
0.01	0.28	9.99	8.59	0.09			0.94	1.99
0.14	1.16	16.81	14.45	0.24			0.56	0.77
	0.64	6.12	5.48	0.03			0.09	0.13
	7.54	16.13	13.02	0.16	0.30		0.55	0.32
		5.73	4.18	0.20			0.06	0.12
	3.15	2.96	1.18	0.05				0.82
	3.86	50.43	38.59	0.75	0.01	-0.79	2.04	3.08
	0.51	23.77	19.69	0.45			0.55	2.51
		0.41	0.34	0.00			0.01	0.02
0.43	16.02	32.40	27.16	0.36	0.04	0.01	1.36	1.52
	8.45	37.48	28.66	0.44			2.36	2.03
	1.43	8.99	6.90	0.08	0.04	0.01	0.19	0.34
0.70	0.97	13.03	11.33	0.34			0.21	0.65
		3.97	3.76				0.06	0.07
	2.04	9.08	7.08	0.07	0.01	0.01	0.46	0.73
0.30	2.99	23.83	20.42	0.06	0.68	0.04	0.31	1.34
0.79	35.02	323.49	278.32	7.17	1.38	0.28	16.49	15.37
0.43	6.24	29.85	26.80	0.39	0.41	0.15	0.35	1.86
	26.49	47.89	36.35	0.13	0.33	0.25	3.28	2.52
5.11	17.73	392.54	355.54	1.80	0.23	0.16	3.36	51.15
		0.48	0.46					
	4.89	**55.62**	**34.83**	**0.62**	**0.14**	**0.03**	**0.80**	**4.15**
	0.58	22.54	10.05	0.29	0.01		0.12	0.81
	3.41	32.49	24.60	0.33	0.13	0.03	0.61	3.24
	0.90	0.59	0.18				0.08	0.10

1-16 续表 2

	税金	财务费用	利息收入	利息支出	营业利润	投资收益
总 计	**9.59**	**12.41**	**1.01**	**8.86**	**78.23**	**-4.58**
采矿业	**0.03**	**0.04**		**0.02**	**0.48**	**-0.80**
煤炭开采和洗选业					-0.03	
黑色金属矿采选业					0.07	
有色金属矿采选业					0.33	-0.80
非金属矿采选业		0.03		0.02	0.12	
开采辅助活动						
其他采矿业						
制造业	**9.48**	**6.64**	**0.96**	**6.60**	**67.45**	**-4.11**
农副食品加工业	0.51	0.60	0.03	0.20	2.97	
食品制造业	0.18	0.03	0.22	0.23	5.44	0.07
酒、饮料和精制茶制造业	0.31	0.21	0.02	0.19	3.19	0.38
烟草制品业						
纺织业	0.06	0.09		0.01	0.30	
纺织服装、服饰业	0.01	0.09		0.05	0.12	0.02
皮革、毛皮、羽毛及其制品和制鞋业	0.04	0.32		0.25	0.90	
木材加工和木、竹、藤、棕、草制品业		0.01			0.10	
家具制造业						
造纸和纸制品业	0.02	-0.01	0.15	0.26	2.17	0.37
印刷和记录媒介复制业						
文教、工美、体育和娱乐用品制造业		0.10	0.01	0.09	0.35	
石油加工、炼焦和核燃料加工业	0.01	0.37		0.38	0.55	
化学原料和化学制品制造业	0.12	0.22	0.11	0.26	6.42	0.09
医药制造业	0.04	0.19	0.01	0.10	3.19	0.04
化学纤维制造业		0.01		0.01	0.01	
橡胶和塑料制品业	0.07	0.31		0.36	1.66	
非金属矿物制品业	0.19	0.40		0.37	1.88	
黑色金属冶炼和压延加工业	0.01	0.06		0.04	0.78	
有色金属冶炼和压延加工业	0.03	0.15	0.01	0.13	0.12	
金属制品业					0.05	
通用设备制造业	0.02	0.13	0.05	0.18	0.66	
专用设备制造业	0.17	0.27		0.14	0.83	
汽车制造业	1.05	2.37	0.22	2.72	9.30	-0.57
铁路、船舶、航空航天和其他运输设备制造业	0.05	-0.06	0.14	0.08	1.23	0.02
电气机械和器材制造业	0.04	0.03		0.17	5.52	
计算机、通信和其他电子设备制造业	6.52	0.74	0.01	0.36	19.72	-4.53
仪器仪表制造业						
其他制造业						
废弃资源综合利用业		0.00			0.01	
金属制品、机械和设备修理业						
电力、热力及水的生产和供应业	**0.07**	**5.74**	**0.05**	**2.23**	**10.30**	**0.33**
电力、热力生产和供应业		5.25		1.71	6.36	
燃气生产和供应业	0.07	0.48	0.05	0.52	3.72	0.17
水的生产和供应业		0.01			0.22	0.16

单位：亿元

营业外收入	补贴收入	营业外支出	利润总额	应交所得税	利税总额	本年应付职工薪酬	本年应交增值税	从业人员（人）
4.92	**1.41**	**13.68**	**69.63**	**8.50**	**126.56**	**52.38**	**42.11**	**112895**
		0.01	**0.47**	**0.05**	**1.16**	**0.67**	**0.62**	**2215**
			-0.03		0.03	0.23	0.05	645
			0.07		0.12	0.04	0.04	254
		0.01	0.32	0.05	0.83	0.31	0.48	1044
			0.12		0.18	0.09	0.05	272
4.33	**1.41**	**13.45**	**58.33**	**7.74**	**110.13**	**49.28**	**37.67**	**107761**
0.03	0.00	0.59	2.42	0.28	5.77	2.31	2.89	5243
0.15	0.01	0.03	5.56	0.23	7.66	1.84	1.86	5657
0.13	0.01	0.06	3.26	0.84	5.71	2.52	1.93	5066
		0.07	0.23	0.02	0.51	0.79	0.19	1533
			0.13	0.01	0.51	0.58	0.29	2156
0.15	0.14	0.02	1.03	0.11	1.75	2.82	0.48	9287
			0.10		0.28	0.17	0.15	774
0.11	0.07	0.02	2.26	0.41	2.80	0.73	0.38	2326
			0.35	0.01	0.76	0.28	0.22	1015
			0.54	0.22	1.10	0.27	0.51	212
0.04		0.87	5.59	0.40	8.37	1.90	2.03	4955
0.03	0.02	0.28	2.93	0.09	4.19	0.72	0.80	2156
			0.01		0.03	0.05	0.02	450
0.25	0.25	0.01	1.90	0.02	3.63	1.59	1.36	2989
0.05		0.02	1.90	0.46	4.99	4.70	2.65	13142
0.01			0.79	0.05	1.14	0.45	0.28	1143
0.31	0.09	0.01	0.42		1.58	0.50	0.80	988
			0.05		0.09	0.07	0.04	290
0.05	0.01	0.05	0.66	0.16	1.09	0.73	0.36	1303
0.03		0.17	0.69	0.04	1.14	1.04	0.40	2619
2.43	0.62	2.62	9.10	2.05	28.07	14.00	11.79	19460
0.10	0.06	0.01	1.32	0.15	2.47	2.24	0.77	3473
0.08			5.59	1.11	6.62	2.79	0.90	4440
0.39	0.12	8.62	11.50	1.09	19.84	6.16	6.55	17030
			0.01		0.02	0.02	0.01	54
0.60		**0.22**	**10.84**	**0.70**	**15.27**	**2.43**	**3.82**	**2919**
0.37		0.03	6.71	0.12	9.60	0.56	2.60	561
0.21		0.19	3.74	0.52	5.24	1.80	1.18	2194
0.01			0.39	0.07	0.43	0.08	0.04	164

1-17 规模以上工业企业

	企业单位数(个)	亏损企业	工业销售产值(当年价格)	出口交货值	资产总计	流动资产合计
湖 南	**13598**	**722**	**32157.78**	**1251.75**	**20050.53**	**8589.68**
长沙市	2540	148	7522.05	412.51	6016.56	3252.06
株洲市	1486	85	2664.50	138.44	1847.22	919.23
湘潭市	889	40	2564.95	82.69	1667.21	820.19
衡阳市	1180	51	3086.72	248.16	1241.63	482.97
邵阳市	895	20	1448.78	93.06	631.41	171.98
岳阳市	1329	31	4545.49	29.78	1775.31	506.73
常德市	930	106	2118.80	27.41	1494.78	835.77
张家界市	151	35	134.52	3.26	106.35	24.33
益阳市	904	20	1594.08	44.08	781.77	271.09
郴州市	1104	55	2765.16	135.99	1399.92	492.44
永州市	707	36	818.15	11.19	526.23	167.26
怀化市	562	33	901.54	2.12	617.62	149.40
娄底市	713	30	1626.59	16.01	1098.35	377.36
湘西州	223	42	241.20	7.04	229.58	88.31

1-17 续表 1

	所有者权益合计	实收资本	国家资本	集体资本	法人资本	个人资本
湖 南	**8894.81**	**4342.29**	**734.93**	**81.55**	**1884.24**	**1305.83**
长沙市	2547.50	900.10	107.43	19.17	355.89	283.79
株洲市	854.78	509.95	143.56	7.05	158.14	180.52
湘潭市	594.98	462.82	49.67	3.24	145.11	254.63
衡阳市	520.51	330.39	57.80	2.97	162.35	77.48
邵阳市	335.43	177.71	10.16	2.13	102.09	59.20
岳阳市	933.18	617.99	138.34	14.03	397.97	50.77
常德市	766.47	226.16	54.51	2.29	77.50	70.87
张家界市	40.19	25.54	5.70	0.61	12.46	5.77
益阳市	338.95	171.13	41.92	2.79	59.12	63.73
郴州市	756.99	301.62	44.82	4.78	91.23	128.57
永州市	268.53	148.11	27.88	3.97	64.31	45.03
怀化市	200.38	145.50	23.10	7.91	91.66	20.21
娄底市	399.26	230.61	18.76	9.19	143.63	48.52
湘西州	99.13	47.74	6.77	1.42	22.78	16.76

按市州分组的主要经济指标

单位：亿元

应收账款	存货	产成品	固定资产合计	固定资产原价	累计折旧	负债合计	流动负债合计	应付账款	非流动负债合计
2333.93	**2324.16**	**747.26**	**8531.09**	**12129.92**	**4212.46**	**11082.18**	**7595.11**	**1862.70**	**2863.76**
1042.84	704.55	243.09	1594.98	2115.14	613.40	3455.14	2352.38	572.97	1030.96
297.58	222.85	77.60	680.48	1179.64	560.18	990.73	754.52	269.33	204.11
230.99	195.07	63.35	593.37	856.86	338.51	1068.33	784.00	222.64	227.14
101.98	121.19	44.69	646.00	883.85	274.64	717.32	497.93	109.35	158.69
32.75	40.04	18.19	353.58	443.55	110.49	292.04	126.02	41.08	145.54
114.66	189.45	67.92	1085.66	1686.56	635.25	835.14	480.43	81.35	192.81
204.81	336.66	60.86	512.49	790.52	314.07	726.04	569.84	154.37	135.62
5.52	5.98	2.74	76.51	99.28	28.67	65.15	22.34	3.34	41.15
84.65	72.17	31.28	448.69	590.06	167.66	440.92	288.35	58.76	110.66
74.88	176.53	60.74	720.75	867.74	249.66	638.70	438.83	68.24	145.57
37.30	57.02	17.06	302.42	420.04	138.98	252.77	134.18	41.55	100.10
23.63	32.64	10.71	395.55	545.45	200.07	397.17	226.40	26.61	137.93
64.38	125.57	39.27	610.49	859.59	285.97	694.73	503.59	106.32	148.93
10.87	27.67	8.93	121.29	162.22	54.24	129.93	55.94	10.60	66.82

单位：亿元

港澳台资本	外商资本	主营业务收入	主营业务成本	主营业务税金及附加	其他业务收入	其他业务利润	销售费用	管理费用
118.38	**216.87**	**31854.65**	**25797.74**	**884.40**	**392.11**	**18.06**	**924.69**	**1735.61**
30.95	102.48	7393.64	5908.09	191.81	68.04	6.11	293.99	335.34
5.29	15.40	2574.57	2121.22	27.81	32.86	2.57	92.11	130.66
3.97	6.21	2583.47	2294.05	33.66	74.74	1.16	69.71	91.76
7.36	22.43	3011.07	2394.11	22.47	10.85	0.79	84.78	279.57
3.58	0.50	1429.58	1138.30	16.09	3.02	0.84	36.10	56.59
0.17	16.71	4563.75	3796.03	135.91	21.93	1.83	139.78	367.99
5.80	15.19	2102.71	1449.37	306.12	100.86	0.92	48.53	94.17
0.23		124.33	108.31	1.52	0.85	0.73	2.64	3.21
2.72	0.84	1575.53	1313.86	17.72	6.76	0.45	30.41	74.99
24.10	8.13	2818.90	2158.27	60.32	15.09	0.72	54.66	83.24
6.42	1.25	813.92	682.59	30.58	10.86	0.95	22.01	37.40
0.11	2.49	859.89	745.17	5.99	2.01	0.31	19.25	102.06
0.95	9.55	1646.39	1439.70	14.84	39.81	3.92	24.50	50.96
0.01		235.20	203.19	3.25	0.50	0.18	6.76	11.66

1-17 续表 2

	税金	财务费用	利息收入	利息支出	营业利润	投资收益
湖　南	**126.89**	**347.39**	**33.32**	**332.63**	**2115.46**	**-50.71**
长沙市	17.13	49.36	20.12	68.67	614.71	-2.54
株洲市	4.48	26.02	1.91	23.74	137.81	1.91
湘潭市	2.76	36.14	3.27	37.59	138.01	-17.41
衡阳市	42.51	30.27	0.87	24.79	174.49	-30.75
邵阳市	3.78	13.06	0.15	11.03	128.91	-8.38
岳阳市	32.42	53.47	1.55	36.19	155.73	6.06
常德市	5.48	20.85	0.73	19.11	200.20	4.80
张家界市	0.11	1.96	0.01	1.06	2.87	-8.44
益阳市	4.34	15.55	0.96	13.32	119.74	-0.25
郴州市	6.13	18.83	0.81	15.34	213.75	-1.07
永州市	1.58	7.95	0.26	7.83	40.51	-1.47
怀化市	1.75	16.14	0.63	11.37	49.66	2.59
娄底市	2.78	20.52	1.68	23.30	107.87	3.18
湘西州	0.23	2.57	0.16	2.23	10.18	0.13

单位：亿元

营业外收入	补贴收入	营业外支出	利润总额	应交所得税	利税总额	本年应付职工薪酬	本年应交增值税	从业人员(人)
119.59	**48.14**	**187.32**	**2047.87**	**211.49**	**4250.03**	**1469.91**	**1311.26**	**3331932**
40.79	14.26	45.01	610.67	71.69	1076.94	344.18	272.74	630812
9.86	4.68	6.04	141.63	19.58	301.05	215.03	131.48	455095
8.76	2.17	33.56	113.22	6.26	222.02	122.97	75.08	231416
5.29	2.13	3.35	176.27	6.32	301.42	107.63	102.62	318224
1.96	0.31	6.06	124.81	8.93	202.11	71.44	61.01	205405
8.36	9.33	13.16	150.93	14.79	461.34	144.76	173.83	355503
8.73	5.26	4.80	204.08	28.30	631.68	86.63	120.52	188654
0.69	0.16	1.47	2.26	0.67	8.26	6.45	4.46	21862
2.23	1.11	38.06	83.90	5.20	173.17	61.22	71.39	171911
7.60	4.06	27.03	194.32	27.26	394.86	96.22	140.05	234170
2.11	1.03	0.85	41.76	3.33	103.64	50.36	31.09	140560
2.92	2.24	2.80	49.78	4.83	82.78	40.04	26.96	107629
3.72	0.51	2.14	109.45	6.71	195.94	81.68	70.83	187433
1.59	0.45	2.37	9.40	1.17	25.70	16.41	12.01	50581

1-18 规模以上工业生产、销售、库存情况

产品名称	计量单位	年初库存量	本年生产量	本年销售量	本年销售金额(千元)	本企业自用量及其他	年末库存量
铁矿石原矿	吨	135035	11255162	11126911	9043984	1682	261604
铁矿石成品矿	吨	27482	1388510	1385486	1335907	2563	27943
铁精矿	吨	2472	20596	13558	13821	2563	6947
锰矿石原矿	吨	7510	2881724	2794726	2351953	4000	90508
锰矿石成品矿	吨	12630	2830160	2834786	1831600		8004
铜金属含量	吨	349	9344	7014	357578	2008	671
铅金属含量	吨	18745	330637	315508	4266587	13798	20077
锌金属含量	吨	17628	492476	476318	5129164	15935	17851
镍金属含量	吨						
锡金属含量	吨	323	29595	29586	3612936		333
锑金属含量	吨	1612	100234	100407	3001533		1438
铝土矿	吨		25654	25654	80153		
稀有稀土金属矿	吨	1119	46787	44335	5368586	350	3221
钨精矿折合量(折三氧化钨65%)	吨	1040	41528	39086	5136296	350	3132
钼精矿折合量(折纯钼45%)	吨	23	2289	2279	116875		33
石灰石	吨	78867	22187941	22172827	1566720	660	93321
水泥用石灰石	吨	63092	8316626	8317083	657985	660	61975
石膏	吨	166774	19396477	19361837	2027463	100	201314
建筑用天然石料	立方米	33177	2353355	2325468	743617	27725	33339
天然大理石荒料	立方米	24	52880	52904	211463		
天然花岗石荒料	立方米	31428	871124	843674	233521	27605	31273
萤石	吨	6707	282842	281624	351341		7924
高岭土(瓷土)	吨	34791	1364069	1360394	455033		38466
膨润土	吨	1000	41000	40000	16390		2000
砂石	吨	740342	47488233	46024338	2299072	20	2204217
石英砂	吨	17637	9433930	8889578	823724		561989
化学矿	吨	95618	1544133	1538410	825513	15774	85566
硫铁矿石(折含硫35%)	吨	87831	320727	316853	221031	15774	75931
磷矿石(折含五氧化二磷30%)	吨	170	127371	127297	111323		244
钾矿	吨						
硼矿(折含三氧化二硼12%)	吨						
原盐	吨	67383	2569434	2560546	1120067	5711	70560
石棉	吨						
天然石墨	吨						
滑石粉	吨	40	1600	1558	560		82
小麦粉	吨	4025	242507	198376	600156	38905	9251
大米	吨	515750	10241612	10152811	42180534	32715	571837
饲料	吨	217536	15060139	14852794	49094742	137598	287284
配合饲料	吨	92014	8743404	8641190	27676399	106555	87673
混合饲料	吨	80316	3314704	3268041	12021728	2419	124560
宠物食品	吨						
食用植物油	吨	99096	2831291	2769112	28385056	21633	139642
精制食用植物油	吨	54093	2573205	2511779	25894167	19624	95895
成品糖	吨	388	11125	11163	47188		350
加工糖	吨						
鲜、冷藏肉	吨	42586	791832	786222	14985665	9160	39036
冻肉	吨	713	21334	21356	469491	7	684
熟肉制品	吨	13564	165868	164961	4357134	8211	6261
冷冻水产品	吨	5529	160829	160613	3411708		5745
冷冻蔬菜	吨	913	65861	65660	240363	25	1089
淀粉及淀粉制品	吨	3205	206592	203360	1216966		6437

1-18 续表 1

产品名称	计量单位	年 初 库存量	本 年 生产量	本 年 销售量	本年销售 金 额 (千元)	本企业 自用量 及其他	年 末 库存量
豆腐及豆制品	吨	22791	1052138	1052264	6467036	2476	20190
糕点	吨	4555	71565	70987	1008306	5	5128
面包	吨	100	400	450	12480	50	
饼干	吨		1430	1423	45522		8
膨化食品	吨						
焙烤松脆食品	吨	18255	42226	48863	473006		11618
糖果	吨	1471	164778	162979	2455297		3270
速冻食品	吨	14714	471595	477381	2588248	249	8679
速冻米面食品	吨	12649	426895	432772	2399409	69	6703
方便面	吨	11446	582301	575484	5832306	25	18238
乳制品	吨	17287	297452	303192	3069490	2992	8555
液体乳	吨	4264	249825	248863	1976096	122	5104
灭菌乳	吨		9614	9614	64440		
巴氏杀菌乳	吨		3761	3761	23149		
酸牛乳	吨	30	43711	43728	381880		13
其他液体乳	吨	4234	192739	191760	1506627	122	5091
固体及半固体乳制品	吨	13023	47627	54329	1093394	2870	3451
婴幼儿配方乳粉	吨	6811	16020	21908	462053	50	873
炼乳	吨						
奶油	吨						
乳粉	吨	13023	47627	54329	1093394	2870	3451
干酪(奶酪)	吨						
罐头	吨	63788	861176	855780	8764838	2472	66713
味精(谷氨酸钠)	吨						
酱油	吨	7175	532197	527885	3593314	3000	8487
醋及醋代用品	吨	1858	11948	11515	55983	52	2239
食醋	吨	810	7597	7390	21294		1017
复合调味品	吨	845	39828	39567	486869		1106
鸡精	吨						
食品用氨基酸	吨		4036	3989	282540		47
营养、保健食品	吨	179	2640	2608	606899		211
蜂蜜营养制品	吨						
冷冻饮品	吨	1778	100386	99858	1359811	1	2305
冰淇淋	吨	257	77299	77293	1247174		263
食用盐	吨						
非食用盐	吨						
食品添加剂	吨	4168	220454	219168	1600343		5455
饲料添加剂	吨	927	100224	98819	537704		2332
发酵酒精(折96度，商品量)	千升	1250	28120	27123	168159		2247
饮料酒	千升	59790	1009944	997120	8712150	21316	51297
白酒(折65度，商品量)	千升	40757	259720	242282	5471845	21078	37118
啤酒	千升	18636	709597	715208	2159783	231	12795
黄酒	千升	42	2058	1755	21431		345
葡萄酒	千升		7420	7420	101725		
白兰地	千升						
果酒及配制酒	千升	65	2079	2082	125912	7	55
软饮料	吨	60087	5035104	5026245	8924256	15493	53453
碳酸型饮料(汽水)	吨	1154	12261	12334	201718		1082
包装饮用水	吨	19030	3010290	3016173	2424461	2264	10883
果汁和蔬菜汁类饮料	吨	1962	177630	173301	1282213	4508	1784
蛋白饮料	吨	16	67994	67964	382622		46

1-18 续表 2

产品名称	计量单位	年初库存量	本年生产量	本年销售量	本年销售金额(千元)	本企业自用量及其他	年末库存量
含乳饮料	吨	16	45410	45392	253608		34
植物蛋白饮料	吨		8732	8720	19358		12
固体饮料	吨						
茶饮料	吨						
咖啡饮料	吨						
精制茶	吨	352762	292558	287876	12383703	349	357096
复烤烟叶	吨		27978	27978	115473		
卷烟	万支	178013	18621010	18366710	77018096	13947	418366
一类烟	万支	143814	8286774	8265923	58766150	10650	154015
二类烟	万支	16444	208971	204552	870849	1571	19292
三类烟	万支	11380	4092042	3951772	9775889	1678	149972
四类烟	万支	4601	5135080	5053822	7035381	48	85811
五类烟	万支	1774	898143	890641	569827		9276
雪茄烟	万支						
纱	吨	46489	1017087	965777	21440102	20143	77656
棉纱	吨	34542	699877	658620	14776325	14679	61120
棉混纺纱	吨	8716	203409	194342	4343846	4339	13444
化学纤维纱	吨	3231	113801	112815	2319931	1125	3092
棉线	吨						
缝纫线	吨	173	3437	3478	60855		132
布	万米	3639	36204	34461	3039462	368	5013
其中：色织布(含牛仔布)	万米	434	11706	11669	1374417		470
其中：棉布	万米	1682	21600	20631	1772099	163	2488
棉混纺布	万米	1912	14072	13261	1231723	205	2518
化学纤维短纤布	万米	45	532	569	35641		7
印染布	万米	1120	6926	6554	167863	51	1441
漂白布	万米	308	1194	1038	20427	38	426
染色布	万米	499	5432	5087	141832	7	836
印花布	万米	313	300	429	5604	6	178
毛条	吨						
绒线(俗称毛线)	吨						
毛纱	吨						
毛机织物(呢绒)	万米						
亚麻纱	吨		20232	19850	1065747		382
苎麻纱	吨	151	649	104	6210	546	150
亚麻布(含亚麻≥55%)	万米		1356	1356	101700		
苎麻布(含苎麻≥55%)	万米	1814	12471	12539	1230748	15	1731
蚕丝	吨						
绢纺丝	吨						
蚕丝及交织机织物	万米						
蚕丝及交织机织物(含蚕丝≥50%	万米						
印染蚕丝及交织机织物	万米						
化纤长丝机织物	万米	367	2546	2614	159047		299
合成纤维长丝机织物	万米						
人造纤维长丝机织物	万米						
其他化纤长丝机织物	万米						
床褥单	万条	67	1465	1440	1751818	7	85
枕套	万件	1	62	63	31930		0
蚕丝被	万条	4	26	28	354924	1	1
被罩	万个	3	84	80	105807		7
床罩	万个	0	8	8	48641		0

1-18 续表 3

产品名称	计量单位	年初库存量	本年生产量	本年销售量	本年销售金额（千元）	本企业自用量及其他	年末库存量
毯子	条	25000	77600	99600	24890		3000
羽绒被	万条	0	1	1	57860		0
棉被	万条	1	36	36	128678		0
毛巾被	万条	0	16	15	30480		1
毛巾	万条	1554	36687	36833	2350841	10	1398
无纺布(无纺织物)	吨	312	19640	19034	455851		918
纤维纺制线、绳、索、缆	吨						
帘子布	吨						
帐篷	万顶						
毡呢	吨						
降落伞	万个						
服装	万件	574	28659	28542	17009629	20	671
梭织服装	万件	358	17684	17573	13427922	20	449
羽绒服装	万件	0	153	153	165573		0
西服套装	万件	185	10309	10313	10748120	0	180
衬衫	万件	27	620	568	319820		78
运动服类服装	万件						
针织服装	万件	215	10976	10969	3581707		222
针织运动类服装	万件						
针织袜	万双						
针织手套	万双						
围巾	万条						
领带	万条						
帽子	万个						
成品革	平方米	158879	9538374	9236738	1365436		460515
轻革	平方米	158879	8175408	7873772	1081421		460515
皮革服装	万件	0	343	343	1237201		0
衣箱、提箱及类似容器	万个	1	219	218	75259		3
手提包(袋)、背包	万个	39	1483	1477	816788	0	44
毛皮服装	万件						
天然毛皮服装	万件						
鞋	万双	1271	46950	46963	6864790	1	1257
纺织面鞋	万双	22	1203	1210	337873	1	14
皮革鞋靴	万双	1248	45743	45749	6526527		1242
塑料鞋	万双						
胶鞋	万双	1	4	4	390	0	1
人造板	立方米	216855	10066180	9914864	29078654	84433	283737
胶合板	立方米	129402	8256742	8155699	24620148	78305	152140
纤维板	立方米	35793	913630	876970	2459667	6094	66359
刨花板	立方米	48480	489606	479392	981101		58694
人造板表面装饰板	平方米	23533	6765551	6765551	515565		23533
细木工板	立方米	3180	406202	402803	1017738	34	6545
实木木地板	平方米	14912	276447	286111	112943		5248
复合木地板	平方米	6693	715236	645082	189846	36900	39947
竹地板	平方米	86354	8053342	8024743	741158		114953
家具	件	874223	6529423	7292099	12466233		111547
木质家具	件	316392	3202463	3427462	8350050		91393
金属家具	件						
软体家具	件	10044	537976	537569	446618		10451
纸浆(原生浆及废纸浆)	吨	324282	1016585	486638	3136454	829395	24834
废纸纸浆	吨						

1-18 续表 4

产品名称	计量单位	年初库存量	本年生产量	本年销售量	本年销售金额(千元)	本企业自用量及其他	年末库存量
机制纸及纸板(外购原纸加工除外)	吨	167190	4069027	4000641	20956425	63492	172084
未涂布印刷书写用纸	吨	8152	484653	478807	2422942	4343	9655
新闻纸	吨	1747	96776	93065	381946	4200	1258
涂布类印刷用纸	吨	19560	648396	623029	3330967	19501	25426
铜版纸	吨						
卫生用纸原纸	吨	5000	202468	183604	1583370	10587	13278
包装用纸及纸板	吨	10916	685838	679501	2807787	1062	16192
箱纸板	吨	5268	447079	443413	2328447	1062	7872
包装纸	吨		26594	26594	90634		
宣纸	吨						
纸制品	吨	43549	2175994	2171954	9955023	21	47569
瓦楞纸箱	吨	3237	1088331	1086338	4932150	21	5210
卫生用纸制品	吨	6	153266	153266	723005		6
单色印刷品	令	25726	2147844	2131708	373562	34	41828
多色印刷品	对开色令	117576	7237807	7261347	2383465	16	94020
本册	万本	21	23203	23223	334302		1
自来水笔	万支						
圆珠笔	万支						
记号笔	万支						
墨水	吨						
中乐器	把(件)						
西乐器	把						
电子乐器	台	3720	88459	89857	5078		2322
机制地毯、挂毯	平方米						
人发制假发	个						
室内训练健身器材	台						
硫酸(折100%)	吨	40381	2832976	2590823	2043375	224044	58490
盐酸(氯化氢，含量31%)	吨	3886	457088	402256	79935	55624	3093
浓硝酸(折100%)	吨						
磷酸(含量85%)	吨						
烧碱(折100%)	吨	13529	757673	534470	1307235	224608	12124
离子膜法烧碱(折100%)	吨	10353	668684	445461	1174520	223578	9998
纯碱(碳酸钠)	吨	7471	607254	606623	904447	816	7286
碳酸氢钠(小苏打)	吨	2000	56000	54000	206050		4000
氢氧化钾(苛性钾)	吨						
碳化钙(电石，折300升/千克)	吨	647	89543	90190	227050		
碳化硅	吨						
稀土化合物	千克	320	86407	85687	864332		1040
己烷	吨						
乙烯	吨						
丙烯	吨						
变性燃料乙醇	千升	3000	27800	25450	314835	5350	
纯苯	吨	859	331718	329609	2494091	2496	472
甲醚	吨						
甲醛	吨	50	29800	29800	36535	10	40
精甲醇	吨	750	44126	44072	125826		804
冰乙酸(冰醋酸)	吨						
丙酮	吨						
己二酸	吨						
过氧化氢(双氧水)	吨						
氧化钨	吨		8026	8026	1605274		

1-18 续表 5

产品名称	计量单位	年初库存量	本年生产量	本年销售量	本年销售金额(千元)	本企业自用量及其他	年末库存量
硫磺	吨	474	230121	230505	223956		90
硅	吨		8450	8358	83108		92
合成氨(无水氨)	吨	7489	1277811	522881	1346568	751566	10853
农用氮、磷、钾化学肥料(折纯)	吨	23054	1168675	1173479	4415717	13	18237
氮肥(折含氮100%)	吨	16696	1063300	1065384	3434837	13	14599
尿素(折含氮100%)	吨	10902	391903	393268	1657736	7	9530
磷肥(折五氧化二磷100%)	吨	6358	105375	108095	980880		3638
复合肥、复混合肥	吨	32687	893183	870214	1929994	421	55235
钾肥(折氯化钾100%)	吨						
磷酸一铵(实物量)	吨						
磷酸二铵(实物量)	吨						
化学农药原药(折有效成分100%)	吨	9177	91514	84781	3478583	6820	9090
杀虫剂(杀螨剂)原药	吨	7523	67107	61810	2341277	4814	8006
杀菌剂原药	吨						
除草剂原药	吨		2905	2905	17330		
涂料	吨	25022	889615	877497	9658353	3408	33733
建筑涂料	吨						
油墨	吨	319	9178	8875	171727	162	460
颜料	吨	2744	79650	74053	641268		8341
有机颜料	吨						
染料	吨	1	326	326	86679		1
初级形态塑料	吨	8378	660843	661388	5934047		7833
低密度聚乙烯树脂(LDPE)	吨	867	7845	7807	62465		905
高密度聚乙烯树脂(HDPE)	吨		24710	24710	644222		
线型低密度聚乙烯树脂(LLDPE)	吨						
中密度聚乙烯树脂(MDPE)	吨						
超高分子量聚乙烯(UHMW)	吨						
聚丙烯树脂	吨	2136	253048	253433	3074400		1751
聚氯乙烯树脂	吨	1593	165771	166684	1352993		680
聚苯乙烯树脂	吨						
ABS树脂	吨	88	2596	2468	38752		216
合成橡胶	吨	7143	301281	299995	5535208	168	8261
合成纤维单体	吨	9	254209	192614	4062289	61593	10
精对苯二甲酸(PTA)	吨						
丙烯腈	吨						
己内酰胺	吨						
乙二醇	吨						
合成纤维聚合物	吨	11737	192922	168612	2683828	26606	9441
聚酯	吨	904	51231	51101	993134	8	1026
化学试剂	吨	9905	1364369	1372255	6421251		2018
催化剂	吨	13779	64582	64079	1735896	443	13839
橡胶助剂	吨	1483	15641	15349	192854	4	1771
塑料助剂	吨		9856	9856	98560		
表面活性剂	吨	3523	217149	216891	1395010		3781
活性炭	吨	96	26455	26387	139210		164
单晶硅	千克						
多晶硅	千克						
感光胶片	万平方米						
彩色照相胶卷	万平方米						
摄影感光纸	万平方米						
单晶硅片	千片						

1-18 续表 6

产品名称	计量单位	年初库存量	本年生产量	本年销售量	本年销售金额（千元）	本企业自用量及其他	年末库存量
多晶硅片	千片						
炸药	吨	1767	79946	77646	629842		4067
肥(香)皂	吨	278	2116	2158	10758		236
合成洗涤剂	吨	14417	429965	427483	2746420		16899
合成洗衣粉	吨	4583	325404	323753	1053210		6234
液体洗涤剂	吨	311	18601	18456	48262		456
牙膏(折65克标准支)	万支	69	818	835	7361		52
香料	吨	54	6504	6410	159838	120	28
香精	吨		2143	2143	87651		
食品用香精	吨						
火柴(折50支标准盒)	万标准盒						
化学药品原药	吨	255	18099	17809	2590285	172	372
抗菌素(抗感染药)	吨	90	2073	2084	854172	0	79
消化系统用药	吨	54	365	349	545629	3	67
解热镇痛药	吨	0	4	4	965		0
维生素类	吨						
抗寄生虫病药	吨						
中枢神经系统用药	吨	1	8803	8765	394666	29	9
计划生育用药	吨						
激素类药	吨	5	59	60	254708		4
抗肿瘤药	吨						
心血管系统用药	吨	1	1012	993	105075	14	5
呼吸系统用药	吨						
泌尿系统用药	吨						
血液系统用药	吨	51	385	291	152507	125	20
诊断用原药	吨						
调解水、电解质、酸碱平衡药	吨						
麻醉用药	吨						
抗组织胺类药及解毒药	吨						
生化药(酶及辅酶)	吨	53	4620	4484	125287		189
消毒防腐及创伤外科用药	吨		780	780	157276		
制剂用辅料及附加剂	吨						
中成药	吨	40475	110268	124063	9464051	7085	19595
兽用药品	吨	614	44464	44343	1021705	1	734
化学纤维用浆粕	吨		42849	41042	349862		1807
化学纤维	吨	1055	55372	44079	1147108	11109	1239
人造纤维(纤维素纤维)	吨						
粘胶短纤维	吨						
粘胶纤维长丝	吨						
醋酸纤维长丝	吨						
合成纤维	吨	1055	55372	44079	1147108	11109	1239
锦纶纤维	吨	432	50149	38470	1045844	11109	1002
涤纶纤维	吨						
涤纶短纤维	吨						
涤纶长丝	吨						
腈纶纤维	吨						
维纶纤维	吨	623	5223	5609	101264		237
丙纶纤维	吨						
氨纶纤维	吨						
橡胶轮胎外胎	条	173179	2364487	2421377	519303	712	115577
其中：子午线轮胎外胎	条	173179	2364487	2421377	519303	712	115577

1-18 续表 7

产品名称	计量单位	年初库存量	本年生产量	本年销售量	本年销售金额(千元)	本企业自用量及其他	年末库存量
汽车子午线轮胎外胎	条	173179	2364487	2421377	519303	712	115577
专用车辆子午线轮胎外胎	条						
其中：汽车橡胶轮胎外胎	条	173179	2364487	2421377	519303	712	115577
专用车辆橡胶轮胎外胎	条						
非机动车橡胶轮胎外胎	条						
摩托车橡胶轮胎外胎	条						
高分子防水卷(片)材	平方米						
塑料制品	吨	25675	1737373	1732081	20298419	3182	27785
塑料薄膜	吨	1374	134317	134562	1796414	69	1060
农用薄膜	吨	10	52559	52510	580074	52	7
泡沫塑料	吨	132	7691	7751	384334		72
塑料人造革、合成革	吨	56	26326	26160	405804	5	217
日用塑料制品	吨	2398	89315	86242	1200409	996	4476
硅酸盐水泥熟料	吨	1835003	59693016	21302112	4907539	38788773	1437133
窑外分解窑水泥熟料	吨	1470578	48240654	14703978	2988708	33816999	1190255
水泥	吨	2316394	113789917	113296629	38368579	143714	2825489
强度等级42.5水泥(含R型)	吨	823888	40076538	39799354	13533438	49055	1052018
强度等级52.5水泥(含R型)	吨	104867	7372435	7410779	2411439	3722	62802
石灰	吨	13761	2304621	2151604	689276	141138	25640
熟石膏	吨						
建筑熟石膏	吨						
商品混凝土	立方米	60724	31348995	31258307	9818880	48173	103240
水泥混凝土排水管	千米	31	645	647	504481		29
钢筋混凝土排水管	千米						
水泥混凝土压力管	千米	308	7183	7198	541832		293
水泥混凝土电杆	根	12787	1049809	1036055	1108949	88	26453
预应力混凝土桩	米	195311	2106512	2131195	233219		170628
钢筋混凝土井管、烟道管，相关钢筋混凝土	千米						
遁构法施工用钢筋混凝土管片	米						
混凝土轨枕及铁道用混凝土制品	根	97323	1748723	1773046	623004		73000
水泥混凝土预制构件	立方米	610877	15130891	14941964	1818355		799805
石膏板	万平方米	55	2553	2493	476556		115
砖	万块	58388	3401108	3408553	15437027	462	50481
烧结粘土砖	万块	302	12373	12330	138199		345
瓦	万片	62	53210	53130	884954		141
瓷质砖	平方米	8507716	115108850	113741471	3040848	510000	9365095
炻瓷砖	平方米						
细炻砖	平方米						
炻质砖	平方米						
陶质砖	平方米	2181295	39842930	33573260	1580959	18930	8432035
陶瓷马赛克	平方米						
天然大理石建筑板材	平方米		9631477	9630176	2993300		1301
天然花岗石建筑板材	平方米	30894	10961339	10955984	3608223		36250
建筑防水卷材及制品	平方米	605973	13715487	12465487	474211		1855973
沥青和改性沥青防水卷材	平方米	973	33487	33487	16403		973
玻纤胎沥青瓦	平方米						
隔热、隔音人造矿物材料及其制品	吨	22996	310000	312000	259410		20996
平板玻璃	重量箱	415933	18388873	18100328	1141864	7897	696581
钢化玻璃	平方米	19101	8270512	8269258	834480		20355
夹层玻璃	平方米	2392	647874	643363	108276		6904
中空玻璃	平方米	18085	3021873	3029259	382746		10699

1-18 续表 8

产品名称	计量单位	年初库存量	本年生产量	本年销售量	本年销售金额(千元)	本企业自用量及其他	年末库存量
日用玻璃制品	吨	9826	370641	366631	1011016	23	13813
玻璃包装容器	吨	5157	68733	68595	271333		5294
玻璃保温容器	万个	8343	11186	11218	572892		8311
玻璃纤维纱	吨	687	603741	603689	788857	188	551
玻璃纤维布	米						
纤维增强塑料制品	吨	2415	31609	31861	298632	18	2145
卫生陶瓷制品	件	74401	5638110	5638636	235136		73875
日用陶瓷制品	件	101758786	2705965440	2707764689	12970522	200	99959337
石棉制品	吨	1166	36604	37028	66504		742
耐火材料制品	吨	8843	1074818	1066157	2583237	1	17503
石墨及炭素制品	吨	29129	2803036	2789672	11143299	775	41718
生铁	吨	14330	17364088	767503	2320435	16583171	27744
粗钢	吨	99310	18077409	148618	697380	17904845	123256
铸铁件	吨	14834	1438298	1429838	11828315	3849	19445
铸钢件	吨	6275	545724	524625	5401230	2349	25025
钢材	吨	411050	19664861	19480483	72318767	128070	467358
铁道用钢材	吨	1202	58652	59660	229152	51	143
轻轨	吨	1202	58652	59660	229152	51	143
重轨	吨						
大型型钢	吨						
中小型型钢	吨	224	140161	138374	764859		2011
棒材	吨	7680	879756	874325	3001950		13111
钢筋	吨	24978	6167364	6150874	21415805	115	41353
线材(盘条)	吨	36446	2797940	2678829	9429633	108348	47209
特厚板	吨						
厚钢板	吨	200749	1865843	1864441	6752925	9834	192317
中板	吨	4076	1587174	1551436	5523019		39814
热轧薄板	吨	3565	10714	10586	35860		3693
冷轧薄板	吨	2933	36958	37930	154218		1961
中厚宽钢带	吨	2876	2268723	2270400	7290655		1199
热轧薄宽钢带	吨	3643	781374	775404	2546222	2823	6790
冷轧薄宽钢带	吨	20161	744200	752455	2841279		11906
热轧窄钢带	吨		21072	14173	51625	6899	
冷轧窄钢带	吨	1637	37352	35277	174833		3712
镀层板(带)	吨	19165	363671	372034	1732393		10802
涂层板(带)	吨						
电工钢板(带)	吨		334890	333429	1225685		1461
无缝钢管	吨	69286	1323470	1310160	8052988		82596
焊接钢管	吨	7787	154151	154727	624609		7211
其他钢材	吨	4643	91396	95969	471058		70
用外购国产钢材再加工生产钢材	吨	1140	896951	849032	3211963	9949	39111
用进口钢材再加工生产钢材	吨						
用外购钢材再加工生产钢材	吨	1140	896951	849032	3211963	9949	39111
铁合金	吨	63467	3212338	3187929	25795824	13740	74136
电炉硅铁(折合含硅75%)	吨	1200	285104	284809	3072667		1495
锰硅合金(折合含锰硅量合计82%	吨	33666	1192013	1197231	9735707	5562	22886
十种有色金属	吨	68682	2965848	2956346	53831448	21420	56764
矿产粗铜	吨	70	9668	9662	268		76
精炼铜(电解铜)	吨	108	40814	40763	2216867		159
矿产粗铅	吨	110	162827			162744	193
铅	吨	38304	1203683	1214531	16008723	1171	26284

1-18 续表 9

产品名称	计量单位	年初库存量	本年生产量	本年销售量	本年销售金额(千元)	本企业自用量及其他	年末库存量
锌	吨	21666	1173732	1152989	16675263	20148	22261
镍	吨						
锡	吨	613	38218	38385	3838563		446
锑品	吨	7992	179411	179688	10442053	101	7614
氧化铝	吨						
原铝(电解铝)	吨		329990	329990	4649980		
镁	吨						
海绵钛	吨						
汞(金属汞)	吨						
黄金	千克	58	35122	35026	8756795		154
白银(银锭)	千克	95627	5857982	5831527	26030608	3156	118927
稀有金属	千克	149207	4446099	4465802	1296567		129504
钨	千克	88200	3399331	3421331	636320		66200
单一稀土金属	千克		4911117	4911117	658549		
钽	千克						
铜合金	吨	182	5358	5251	403278	117	173
铝合金	吨	4	85617	85324	1362854	22	275
锌合金	吨	9453	362369	356760	4842020		15062
铜材	吨	12263	394400	392595	16933509		14068
铜盘条(电工用铜线坯)	吨						
铝材	吨	14979	1409012	1387211	24496103	6694	30086
铝盘条(电工用圆铝杆)	吨						
铅材	吨						
锌材	吨	0	2	1	10		0
镍材	吨		1109	1003	145789	106	
锡材	吨						
钢结构	吨	16168	559597	555894	3238230	265	19607
金属门窗及类似制品	吨	51	245364	245341	434526		74
金属制门及其框架、门槛	吨						
金属制窗及窗框	吨						
金属切削工具	万件	2211	16139	16403	1735732		1947
通用手工具	万把	3865	114362	115236	6222222	1	2989
日常用剪刀	万把						
日常用刀	万把						
金属集装箱	立方米						
金属压力容器	吨	350	2510	2427	39445		433
金属包装容器	吨	975	5941	5838	42167	333	745
金属丝	吨	101583	769538	797104	1107738		74017
钢丝	吨	2472	143444	143201	589707		2715
钢丝绳	吨	2069	25691	25564	180350		2196
钢绞线	吨	1332	170381	169855	862653		1858
裸电线	吨						
裸铜线	吨						
裸铝线	吨						
锁具	万把	0	434	420	88487		14
保险箱、柜、库门及钱箱	个						
搪瓷制品	吨	125	81328	81098	685734		355
不锈钢日用制品	吨	792	95600	94402	597782		1990
铸铁锅	万口						
锻件	吨	1135	47073	47057	795560		1151
粉末冶金零件	吨	1727	10301	8898	258384		3130

1-18 续表 10

产品名称	计量单位	年初库存量	本年生产量	本年销售量	本年销售金额(千元)	本企业自用量及其他	年末库存量
焊条	吨	166885	989063	1154232	3220939		1716
锚	吨						
电站锅炉	蒸发量吨						
工业锅炉	蒸发量吨	1593	13585	13308	878552	452	1418
船用蒸汽锅炉	蒸发量吨						
锅炉用辅助设备及装置	台	2125	129257	125442	562140		5940
发动机	千瓦	15983	11164360	11169741	2455152	27	10575
发动机	台	126	257290	257309	2455152	27	80
汽车用发动机	千瓦		10543680	10543680	1506240		
汽车用发动机	台		125520	125520	1506240		
船舶用发动机	千瓦	15956	11920	17301	6440		10575
船舶用发动机	台	99	247	266	6440		80
汽轮机	千瓦						
船舶动力用汽轮机	千瓦						
电站用汽轮机	千瓦						
工业用汽轮机	千瓦						
燃气轮机	千瓦						
发电用燃气轮机	千瓦						
船舶用燃气轮机	千瓦						
机车用燃气轮机	千瓦						
水轮机	千瓦						
电站水轮机	千瓦						
风力发动机(风车)	千瓦						
太阳能源原动机	千瓦						
金属切削机床	台	413	3466	3514	529008	4	361
数控金属切削机床	台	30	324	296	249527		58
金属成形机床	台	197	15469	14824	840587	2	840
数控金属成形机床(数控锻压设备)	台		14700	14674	821726		26
铸造机械	台	656	14583	14721	385911		518
铸造机械	吨	843	20208	20533	385911		518
电焊机	台	1539	15636	16066	106591		1109
机床数控装置	套	677	208061	202151	726156	6280	307
金属非切削、成形加工机械	台	484	8053	8331	96021		206
轻小型起重设备	吨						
轻小型起重设备	台						
手动葫芦	吨						
手动葫芦	台						
电动葫芦	吨						
电动葫芦	台						
千斤顶	吨						
千斤顶	台						
汽车举升机	吨						
汽车举升机	台						
起重机	吨	44693	1433848	1435329	37764876	208	43004
起重机	台	1307	109891	109856	37764876	23	1319
桥式起重机	吨	255	2958	2754	27016		459
桥式起重机	台	25	290	270	27016		45
门式起重机(龙门起重机)	吨	204	2346	2193	21512		357
门式起重机(龙门起重机)	台	20	230	215	21512		35
轮胎式集装箱门式起重机	吨						
轮胎式集装箱门式起重机	台						

1-18 续表 11

产品名称	计量单位	年初库存量	本年生产量	本年销售量	本年销售金额(千元)	本企业自用量及其他	年末库存量
装卸桥	吨						
装卸桥	台						
塔式起重机	吨	7178	293511	296017	3425213		4673
塔式起重机	台	175	6783	6828	3425213		130
流动式起重机	吨	357	4131	3876	38022		612
流动式起重机	台	35	405	380	38022		60
悬臂起重机	吨	306	3570	3315	32520		561
悬臂起重机	台	30	350	325	32520		55
工业车辆	台	431	27181	26930	777261		682
电动车辆(电动叉车)	台	156	15625	15775	176725		6
内燃叉车	台	107	10321	9908	540517		520
越野叉车	台						
连续搬运设备	吨						
连续搬运设备	台						
输送机械(输送机和提升机)	吨						
输送机械(输送机和提升机)	台						
带式输送机	吨						
带式输送机	台						
刮板输送机	吨						
刮板输送机	台						
装卸机械	吨						
装卸机械	台						
给料机械	吨						
给料机械	台						
电梯、自动扶梯及升降机	台	403	7750	7427	1206405	1	725
电梯	台	320	6776	6526	975829		570
乘客电梯	台						
载货电梯	台						
连续运载乘客输送机	台						
自动扶梯	台						
自动人行道	台						
升降机	台	83	974	901	230576	1	155
施工升降机	台	2	242	219	34507	1	24
立体(高架)仓库存储系统	台(套)						
机械式停车设备	台(套)		1398	1205	24862		193
机场专用搬运机械	台(套)						
泵	台	17023	1052924	1044115	4193121	1	25831
真空泵	台	2827	116682	116855	720243	1	2653
真空浸渍设备	台						
真空应用设备	台		30	30	407020		
真空镀膜设备	台		30	30	407020		
气体压缩机	台	23683	285310	290819	223333		18174
制冷设备用压缩机	台	23672	282058	287617	164931		18113
空调压缩机	台						
冰箱压缩机	台						
车用空调压缩机	台	23672	282058	287617	164931		18113
非制冷设备用压缩机	台	11	3252	3202	58402		61
往复式压缩机	台						
空气压缩机	台						
工艺压缩机	台						
离心式压缩机	台						

1-18 续表 12

产品名称	计量单位	年初库存量	本年生产量	本年销售量	本年销售金额(千元)	本企业自用量及其他	年末库存量
轴流式压缩机	台						
阀门	吨	5541	43312	44381	1418694		4472
龙头	只(套)	31594	114944	125361	50000		21177
水龙头(水嘴)	只(套)						
液压元件	件	249902	990537	1042723	5476431		197716
气动元件	件						
滚动轴承	万套	438	6300	6433	1036770		305
球轴承	万套						
滚子轴承	万套						
齿轮传动轴	万套						
齿轮	吨	1219	29147	28862	736043	5	1499
齿轮传动装置(齿轮箱)	台(套)	39958	248930	276864	737344		12024
变速器(机、箱)	台						
离合器	万件						
钢铁铰接链(工业链条)	吨	30	13966	13940	276381		56
联轴器	万件	88	3823	3823	114676		88
真空炉	台						
工业电炉	台	25	4717	4712	235144	1	29
风机	台	1949	173070	172969	1869772		2050
离心式通风机	台	371	66974	66920	224631		425
鼓风机	台	948	96237	96259	1078978		926
轴流式通风机	台						
气体分离及液化设备	台						
气体发生器	台						
制氮设备	台						
制氢设备	台						
制氧设备	台						
天然气液化设备	台						
利用温度变化加工机械	台						
蒸馏或精馏设备	台						
发酵、提取设备	台						
浓缩设备	台						
干燥、分散、混合设备及类似设备	台						
加热设备	台						
冷却设备	台						
气体冷凝器	台						
冷却塔	台						
液体过滤、净化机械	台	2015	4975	4906	103108		2084
压滤机	台						
气体过滤、净化机械及装置	台						
发动机燃油、进气过滤器	台						
工商用制冷、空调设备	台(套)	72899	345696	349766	135614		68829
工商用制冷设备	台(套)						
工商用冷藏、冷冻柜及类似设备	台(套)						
中央空调冷水/热泵机组	台(套)		997	968	34112		29
工商用空调设备	台(套)	72899	344699	348798	101502		68800
房间空调器，制冷量>14000W	台(套)						
车用空调设备	台(套)	72899	344699	348798	101502		68800
风动手提工具	台		28279	28279	70699		
电动手提式工具	台						
喷枪	台						

1-18 续表 13

产品名称	计量单位	年初库存量	本年生产量	本年销售量	本年销售金额(千元)	本企业自用量及其他	年末库存量
喷涂机	台						
喷砂机	台						
衡器(秤)	台		412	412	26008		
包装专用设备	台	240	642	652	439303	230	
电影放映机	台						
数字电影放映机	台						
影像投影仪	台						
幻灯机	台						
投影仪	台						
照相机	台						
数码照相机	台						
复印和胶版印制设备	台						
静电复印设备	台						
多功能一体机	台						
银行专用机器	台	70	541	484	57010		127
自动柜员机(ATM机)	台	70	541	484	57010		127
碎纸机	台						
金属密封件	万件	1	9	9	97840		2
机械密封件	万件	2507	7765	7326	44261		2947
金属紧固件	吨	19277	124957	124972	977628	155	19107
弹簧	吨	30	40368	37551	470887	13	2834
真空干燥设备	台						
减速机	台	459	126889	126417	324613		931
离心机	台		2219	2219	24850		
矿山专用设备	台	16197	227135	227140	4033608	38	16154
钻井机	台						
凿岩机	台						
矿用挖掘机	台						
采煤机	台						
矿物破碎机械	台						
矿物筛分、洗选设备	台	48	197	187	50923		58
石油钻探、开采专用设备	台(套)						
石油钻井设备	台(套)						
采油设备	台(套)						
建筑工程用机械	台	8512	89239	90845	117742220	4	6902
挖掘、铲土运输机械	台	3523	32692	31880	23623292	4	4331
挖掘机	台	1176	25528	24128	20329234		2576
推土机	台						
平地机	台						
铲运机	台						
装载机	台						
路面开凿机	台						
压实机械	台	391	2837	2873	3075283		355
机动压路机	台						
捣固机(车)	台						
工程钻机	台		85	85	76667		
桩工机械	台	37	157	165	298840		29
打桩机	台	8	39	42	43000		5
公共工程用机械	台		96	96	539499		
摊铺机械	台						
沥青混凝土摊铺机	台						

1-18 续表 14

产品名称	计量单位	年初库存量	本年生产量	本年销售量	本年销售金额(千元)	本企业自用量及其他	年末库存量
混凝土摊铺整平机	台						
筑路机械	台		96	96	539499		
沥青路面机械	台		96	96	539499		
混凝土路面机械	台						
通用路面机械	台						
线路铺装机械	台						
挖沟及管道吊装联合机	台						
扫雪设备	台						
管道疏通机械	台						
建筑工程用货运自卸车	台						
自卸车(翻斗车)	台						
建筑材料及制品专用生产机械	吨						
建筑材料及制品专用生产机械	台						
水泥专用设备	吨						
水泥专用设备	台						
水泥回转窑	吨						
水泥回转窑	台						
平板玻璃制造及深加工机械	吨						
平板玻璃制造及深加工机械	台						
烧结类制砖生产机械	吨						
烧结类制砖生产机械	台						
混凝土机械	台	4561	53372	55746	90128639		2187
混凝土泵	台		640	640	79024		
混凝土泵车	台						
混凝土搅拌车	台	1218	9535	10437	4157076		316
冶金专用设备	台	703	101499	101660	2731461		542
冶金专用设备	吨	888	98180	98492	2738551		576
金属冶炼设备	吨	21	20059	20038	595532		42
金属冶炼设备	台	7	23182	23175	595532		14
造块设备	台						
造块设备	吨						
炼焦设备	台		12460	12460	250889		
炼焦设备	吨		7890	7890	250889		
炼铁设备	台						
炼铁设备	吨						
炼钢设备	台						
炼钢设备	吨						
铁合金冶炼设备	台		10707	10707	336643		
铁合金冶炼设备	吨		12124	12124	336643		
有色金属冶炼设备	台	7	15	8	8000		14
有色金属冶炼设备	吨	21	45	24	8000		42
金属轧制设备	吨		39214	39214	1327978		
金属轧制设备	台		38153	38153	1327978		
炼油、化工生产专用设备	台	22356	63426	63594	1558979	71	22117
炼油、化工生产专用设备	吨	24619	111474	109517	1558979	813	25763
石油化工用加氢反应器	台						
石油化工用加氢反应器	吨						
热交换装置	台						
橡胶加工专用设备	台						
炼胶机械	台						
橡胶挤出机	台						

1-18 续表 15

产品名称	计量单位	年初库存量	本年生产量	本年销售量	本年销售金额(千元)	本企业自用量及其他	年末库存量
橡胶压延机械	台						
橡胶成型压力机	台						
橡胶硫化设备	台						
塑料加工专用设备	台						
塑料加工专用设备	吨						
注塑机	台						
注塑机	吨						
挤塑机	台						
挤塑机	吨						
吹塑机	台						
吹塑机	吨						
木材加工、处理机械	台		125386	125386	168620		
木工机床	台						
木工锯床	台						
木工刨床	台						
木工铣床	台						
木工抛光机	台						
模具	套	259	41549	41482	640218		326
金属铸造用型箱、型模底板	套						
金属、硬质合金用模具	套		12650	12610	46909		40
金属冲压模具	套						
金属铸造模具	套		2010	1995	25260		15
玻璃制品用模具	套						
矿物材料用模具	套						
塑料用模具	套						
橡胶用模具	套						
食品制造机械	台	80	1292	1236	33445		136
乳品加工机械	台						
酒及饮料加工机械	台	101	1009	1084	26000		26
采盐及盐加工机械	台						
农产品加工专用设备	台	48	2712	2717	306364		43
制糖机械	台						
屠宰及肉制品加工机械	台						
农产品初加工机械	台	625	50504	50814	871788		315
烟草加工机械	台						
饲料生产专用设备	台						
制浆和造纸专用设备	台		257	257	141530		
印刷专用设备	吨	217	615	491	21452		341
印刷专用设备	台	217	615	491	21452		341
印前设备	吨						
印前设备	台						
印刷机设备	吨						
印刷机设备	台						
装订机械	吨	217	615	491	21452		341
装订机械	台	217	615	491	21452		341
印刷包装机械	吨						
印刷包装机械	台						
信息化学品生产设备	台						
光盘复制生产设备	台						
感光胶片生产设备	台						
日用化工专用设备	台						

1-18 续表 16

产品名称	计量单位	年初库存量	本年生产量	本年销售量	本年销售金额(千元)	本企业自用量及其他	年末库存量
制药专用设备	台	67	2745	2733	1505490		79
照明器具生产专用设备	台	100	20000	19815	48232		285
纺织专用设备	台						
纺织纤维梳理机	台						
细纱机	台						
织机	台						
皮革、毛皮及其制品加工专用设备	台						
服装、鞋帽加工机械	台	65620	487640	520786	676762		32474
缝纫机	台	65620	487640	520786	676762		32474
家用型缝纫机	台						
工业用缝纫机	台	65620	487640	520786	676762		32474
洗衣店用洗衣机械	台						
电工机械专用设备	台						
电线、电缆专用生产机械	台						
电子工业专用设备	台	1203	26474	26218	362835		1459
空气净化设备	台						
电子整机装联设备	台						
拖拉机	台	1686	74669	75591	2381518		764
大型拖拉机	台						
中型拖拉机	台	1000	12510	13510	494474		
小型拖拉机	台	686	62159	62081	1887044		764
机械化农业及园艺机具	台	42735	307104	308668	2401966	156	41015
土壤耕整机械	台						
耕地机械	台						
整地机械	台						
种植施肥机械	台						
播种机械	台						
栽植机械	台						
水稻插秧机	台						
田间管理机械	台						
植保机械	台						
自走轮式谷物联合收获机(全喂入)	台						
自走履带式谷物联合收获机(全喂入)	台	600	1450	1360	64317	27	663
背负式谷物联合收割机	台						
半喂入联合收割机	台						
收获机械	台	2215	168690	168955	1789261	27	1923
谷物收获机械	台	2215	16063	16328	391352	27	1923
玉米收获机械	台						
棉麻作物收获机械	台						
棉花收获机	台						
甘蔗收获机	台						
收获后处理机械	台						
营林及木竹采伐机械	台						
畜牧机械	台						
渔业捕捞养殖机械	台						
棉花加工机械	台						
医疗仪器设备及器械	台	769	11210	11320	36683	25	634
医用X射线设备	台						
医用α、β、γ射线应用设备	台						
医用超声诊断、治疗仪器及设备	台						
医用激光诊断、治疗仪器及设备	台						

1-18 续表 17

产品名称	计量单位	年初库存量	本年生产量	本年销售量	本年销售金额（千元）	本企业自用量及其他	年末库存量
医用高频仪器设备	台						
临床检验分析仪器及诊断系统	台						
一次性注射器	万支	3737	29303	30052	83693	1	2987
静脉采血针	万支	35	1241	1055	1946		222
中医用针	万支						
环境污染防治专用设备	台(套)	1369	43149	43351	10975513		1167
大气污染防治设备	台(套)	16	7513	7464	1161630		65
水质污染防治设备	台(套)	136	23481	23593	749446		24
固体废弃物处理设备	台(套)	1217	11919	12058	9002502		1078
噪音与振动控制设备	台(套)						
放射性污染防治和处理设备	台(套)		236	236	61935		
地质勘查专用设备	台	5400	71600	71600	106261		5400
邮政专用机械及器材	台						
自动售货机、售票机	台	120	3218	3200	41223		138
灭火器	台						
工业机器人	套		106	95	42382		11
金属处理机械	台						
汽车	辆	8537	459526	459715	36744245	1704	7008
基本型乘用车(轿车)	辆	2248	262030	262161	18609975	357	1760
轿车，排量≤1升	辆		55410	55410	2151636		
轿车，1升＜排量≤1.6升	辆	2248	140482	140613	10990773	357	1760
轿车，1.6升＜排量≤2.0升	辆		66138	66138	5467566		
轿车，2.0升＜排量≤2.5升	辆						
轿车，2.5升＜排量≤3.0升	辆						
轿车，排量＞3.0升	辆						
多功能乘用车(MPV)	辆		6521	6521	904163		
运动型多用途乘用车(SUV)	辆	1018	67088	67471	8576379	1	634
交叉型乘用车	辆						
客车	辆	54	1768	1796	1548093		26
大型客车(车长＞10米)	辆		834	834	994564		
中型客车(7米＜车长≤10米)	辆	4	791	783	537159		12
轻型客车(车长≤7米)	辆	50	143	179	16370		14
载货汽车	辆	4678	66270	65911	4887107	1346	3691
重型载货车	辆	316	5883	3937	833100	1346	916
中型载货车	辆	1034	4593	5254	646242		373
轻型载货车	辆						
微型载货车	辆	3328	55794	56720	3407765		2402
半挂牵引车	辆		8	8	2480		
汽车底盘	辆	6	170	176	44880		
公路机动车底盘	辆	6	170	176	44880		
乘用车底盘	辆						
客运机动车底盘	辆						
货车底盘	辆	6	170	176	44880		
汽车用汽油发动机	千瓦		10543680	1543680	1506240		
汽车用汽油发动机	台		125520	125520	1506240		
汽车用柴油发动机	千瓦						
汽车用柴油发动机	台						
其他汽车用发动机	千瓦						
其他汽车用发动机	台						
改装汽车	辆	778	17552	17493	6456589	1	836
改装载货汽车	辆	43	2839	2815	468258		67

1-18 续表 18

产品名称	计量单位	年初库存量	本年生产量	本年销售量	本年销售金额(千元)	本企业自用量及其他	年末库存量
低速载货汽车	辆		22206	22206	561898		
三轮载货汽车	辆						
铁路机车	辆		519	519	13382850		
动车组	辆						
铁路客车	辆						
铁路货车	辆	576	5343	5909	2761547		10
城市轨道车辆	辆		1490	1490	6317908		
民用钢质船舶	载重吨	22319	350626	336257	2606751		36688
民用钢质船舶	艘	7	231	231	2376977		7
钢质机动货船	载重吨	11251	112595	106848	614219		16998
钢质机动货船	艘	4	103	103	614219		4
散货船	载重吨		12000	12000	80000		
散货船	艘		18	18	80000		
全集装箱船	载重吨						
全集装箱船	艘						
滚装船	载重吨						
滚装船	艘						
钢质机动非货船	载重吨	7942	220133	215886	1875472		12189
钢质机动非货船	艘	2	123	123	1645698		2
客船	载重吨						
客船	艘						
渔船	载重吨						
渔船	艘						
工程(工作)船	载重吨						
工程(工作)船	艘						
钢质非机动船	载重吨	3126	17898	13523	117060		7501
钢质非机动船	艘	1	5	5	117060		1
非金属捕鱼船	载重吨						
非金属捕鱼船	艘						
船用推进器	吨						
船用螺旋桨桨叶	吨						
民用飞机	架	1	11	8	6374		4
民用直升机	架	1	1				2
航空器用发动机	千瓦						
航空器用发动机	台						
航空、航天设备，相关专用设备	台						
摩托车整车	辆	1724	193185	194909	987914		
两轮摩托车	辆	1724	193185	194909	987914		
三轮摩托车	辆						
摩托车用发动机	千瓦						
摩托车用发动机	台						
两轮脚踏自行车	辆		20069	20069	123469		
折叠自行车	辆						
山地自行车	辆						
残疾人座车	辆						
电动自行车	辆	1170	88090	85229	225792		4031
发电机组(发电设备)	千瓦	46000	1373177	1277364	3709241	213	141600
发电机组(发电设备)	台(套)	20	32796	32566	3709241	213	37
水轮发电机组	千瓦	10000	244715	242502	234059	213	12000
水轮发电机组	台(套)	2	32264	32050	234059	213	3

1-18 续表 19

产品名称	计量单位	年初库存量	本年生产量	本年销售量	本年销售金额(千元)	本企业自用量及其他	年末库存量
汽轮发电机组	台(套)						
汽轮发电机组	千瓦						
风力发电机组	千瓦	36000	1023000	995000	3470907		64000
风力发电机组	台(套)	18	511	497	3470907		32
核发电机组	千瓦						
核发电机组	台(套)						
内燃发电机组	千瓦	600	13800	13700	51777		700
内燃发电机组	台(套)	6	1380	1379	51777		7
电动机	千瓦	2129351	18234891	18631687	3392798	16978	1715576
直流电动机	千瓦	132080	225379	250611	84048		106848
交流电动机	千瓦	1984096	17705447	18077492	3178034	16978	1595072
交直流两用电动机	千瓦						
小功率电动机	千瓦	2000	111450	111420	47765		2030
微电机	千瓦						
微电机	万台						
变压器	千伏安	448503	6611208	6874796	1490157		184915
变压器	台	2137	80048	81060	2026431		1125
电力变压器	千伏安		56000	56000	16563		
电力变压器	台		186	186	16563		
电力变压器，额定容量≥8000kVA	千伏安		56000	56000	16563		
电力变压器，额定容量≥8000kVA	台		186	186	16563		
电力变压器，额定容量≥8000kVA，电压≥500kV	千伏安		56000	56000	16563		
电力变压器，额定容量≥8000kVA，电压≥500kV	台		186	186	16563		
电力变压器，额定容量≥8000kVA，220kVA≤电压<500kVA	千伏安						
电力变压器，额定容量≥8000kVA，220kVA≤电压<500kVA	台						
电力变压器，额定容量≥8000kVA，110kVA≤电压<220kVA	千伏安						
电力变压器，额定容量≥8000kVA，110kVA≤电压<220kVA	台						
电力变压器，5000kVA<额定容量<8000kV	千伏安						
电力变压器，5000kVA<额定容量<8000kV	台						
电力变压器，额定容量≤5000kVA	千伏安						
电力变压器，额定容量≤5000kVA	台						
换流变压器	千伏安						
换流变压器	台						
干式变压器	千伏安						
干式变压器	台						
互感器	台	254621	714801	866241	1319078		103181
电力电容器	千乏	2889	204231	203779	19566	1360	1981
高压开关板	面	504	13818	13430	395260		892
低压开关板	面	141	10463	10534	309093		70
高压开关设备(11万伏以上)	台	709	10767	10760	669946		716
全封闭组合电器(GIS)	台	5	1899	1894	213282		10
全封闭组合电器(GIS)，550kV(含330kV)及以上	台		1643	1643	161707		
全封闭组合电器(GIS)，252kV	台		21	21	1538		
全封闭组合电器(GIS)，126kV	台	5	235	230	50037		10
六氟化硫断路器	台	1	562	563	15994		
六氟化硫断路器，550kV(含330kV)及以上	台		7	7	107		
六氟化硫断路器，252kV	台		452	452	5120		
六氟化硫断路器，126kV	台	1	103	104	10767		
敞开式组合电器	台		39	39	418		
隔离开关	台	683	7984	7987	429010		680

1-18 续表 20

产品名称	计量单位	年初库存量	本年生产量	本年销售量	本年销售金额（千元）	本企业自用量及其他	年末库存量
接地开关	台	20	283	277	11242		26
配电或电器控制设备	台(套、面)	777	123039	122712	1293293		1104
高压电路开关、保护电器装置	台(套、面)	20	12157	12147	385336		30
低压开关、保护控制装置	台(套、面)	112	86601	86601	203604		112
电路连接装置	台(套、面)						
电力控制或电力分配装置	台(套、面)	645	24281	23964	704353		962
安全、自动化监控设备	台(套)						
绝缘电线	吨	10926	30196	31399	1114174	85	9638
通信及电子网络用电缆	对千米	37427	592144	587019	883250	308	42244
电力电缆	千米	113501	2125353	2045484	15111696	96492	96878
光纤	千米						
光缆	芯千米		572753	572753	114321		
绝缘制品	吨	2428	129145	128696	2092357		2876
蓄电池	千伏安时	371146	13253115	12706232	5250011	13373	904656
蓄电池	只(自然只)	578879	79936641	78206827	4616263	16506	2292187
锂原电池(组)	万只						
锂离子电池	只(自然只)	480902	6332065	6326195	359269	3125	483647
锂离子电池	千伏安时	240451	5612409	5268193	993017	235	584432
铅酸蓄电池	千伏安时	126145	1343552	1295441	689373	13138	161118
铅酸蓄电池	只(自然只)	47925	4335882	4312052	689373	13381	58374
用于启动活塞发动机铅酸蓄电池	千伏安时	6615	212798	202201	42215	9331	7881
用于启动活塞发动机铅酸蓄电池	只(自然只)	6615	212798	202201	42215	9331	7881
电动自行车用铅酸蓄电池	千伏安时						
电动自行车用铅酸蓄电池	只(自然只)						
碱性蓄电池	只(自然只)	50052	69268694	67568580	3567621		1750166
碱性蓄电池	千伏安时	4550	6297154	6142598	3567621		159106
燃料电池	千瓦						
燃料电池	只(自然只)						
原电池及原电池组(非扣式)	万只						
碱性锌锰原电池(组)	万只						
物理电池	千瓦	1152	98559	88139	359273	8	11565
物理电池	只(自然只)	9904	485841	399006	359273	68	96671
太阳能电池(光伏电池)	千瓦	1152	98559	88139	359273	8	11565
太阳能电池(光伏电池)	只(自然只)	9904	485841	399006	359273	68	96671
家用电冰箱(家用冷冻冷藏箱)	台		200406	200406	274449		
家用冷藏箱	台						
家用冷柜(家用冷冻箱)	台						
房间空气调节器	台						
家用空气湿度调节装置	台						
家用房间空气清洁装置	台						
家用电风扇	台						
家用吸排油烟机	台	1048	104525	103535	88632		2038
电饭锅	个						
家用电热烘烤器具	个	4699	1761220	1756690	196750		9229
家用水及饮料加热器具	台						
电冷热饮水机	台						
微波炉	台						
家用食品加工电动器具	台						
家用洗衣机	台	2362	371930	371930	274334		2362
家用电热水器	台						

1-18 续表 21

产品名称	计量单位	年初库存量	本年生产量	本年销售量	本年销售金额(千元)	本企业自用量及其他	年末库存量
家用吸尘器	台						
家用电热取暖器具	台	2601	10738	11188	142622		2151
电暖气	台						
家用电熨烫器具	台						
电熨斗	台						
家用燃气用具	台	34498	2465316	2464021	949196	400	35393
家用燃气灶具	台	28249	2222046	2222666	698089	400	27229
家用燃气热水器	台	6249	133680	131765	91576		8164
太阳能热水器	平方米	1313	77450	77937	108311		826
电光源	万只	7	53	50	18168	0	10
白炽灯泡	万只						
荧光灯	万只						
灯具及照明装置	套(台、个)	22017	5918604	5732598	1286687	1521	206502
室内照明灯具	套(台、个)	429	1632329	1498472	38557		134286
户外照明用灯具及装置	套(台、个)	2216	114567	98348	309995		18435
街灯及照明装置	套(台、个)						
车辆专用照明、信号及其装置	套(台、个)	192300	5922600	5985800	67593		129100
电子计算机整机	台	9885	346964	352128	1737891		4721
计算机工作站	台						
微型计算机设备	台	9885	346964	352128	1737891		4721
台式微型计算机	台						
笔记本计算机	台	4253	102044	103368	452409		2929
服务器	台						
显示器	台	1132	27603	24642	79991		4093
平板显示器	台	1132	27603	24642	79991		4093
打印机	台	3283	51736	41705	100080		13314
硬盘存储器	台		26678	26678	15033		
半导体存储盘	个						
路由器	台						
程控交换机	线		16801	16801	29800		
数字程控交换机	线						
卫星导航定位接收机	部						
微波通信设备	部						
微波终端机	部						
地面通信导航定向设备	部		624	624	39000		
电话单机	部						
移动通信基站设备	信道						
传真机	部						
移动通信手持机(手机)	台	38480	875252	881191	870345		32541
彩色电视机	台		110335	110335	473006		
显像管彩色(CRT)电视机	台						
液晶(LCD)电视机	台		110335	110335	473006		
等离子(PDP)电视机	台						
组合音响	台						
半导体存储器播放器(含MP3、MP4)	个						
家用摄录像机	台						
数字激光音、视盘机	台						
电视接收机顶盒	台						
彩色显像管	只						
彩色显像管玻壳	万只						

1-18 续表 22

产品名称	计量单位	年初库存量	本年生产量	本年销售量	本年销售金额(千元)	本企业自用量及其他	年末库存量
半导体分立器件	万只	21	738	718	71718		41
传感器	万只	3	66	60	142540		9
集成电路	万块	3661	11038	6773	262497	33	7893
集成电路圆片	万片						
12英寸集成电路圆片	万片						
光电子器件	万只(片、套	23502	617671	625990	5225062		15182
遥控器	万只						
发光二极管(LED管)	万只		281572	281572	352902		
液晶显示屏	万片	15	9335	9334	949848		16
液晶显示模组	万套						
等离子显示器件PDP	万只						
电子元件	万只	45125	4795273	4815023	10809096	1845	23531
电声器件	万只						
射频元器件	万只		579080	579080	1511236		
印制电路板	平方米	7566	1748387	1747850	1077775		8103
工业自动调节仪表与控制系统	台(套)	5823	72050	71043	535717	5	6825
工业自动控制系统	台(套)		2605	2561	119001		44
分散型控制系统(DCS系统)	台(套)						
可编程控制系统(PLC系统)	台(套)						
电工仪器仪表	台	6338	342510	342732	244819		6116
电能表	台						
量具	台						
量仪	台						
工业仪表	台(个)	486119	10236199	10618207	58332		104111
温度测量仪表	台	481077	9740000	10213792	11971		7285
压力测量仪表	台						
流量测量仪表	台(个)	5020	493333	402206	35193		96147
物位、液位测量仪表	台						
显示仪表、记录仪	台	22	2866	2209	11168		679
分析仪器及装置	台(套)	180	4637	4462	114778		355
色谱仪器	台(套)						
试验机	台	28	117	135	92909		10
水表	个	5020	493333	402206	35193		96147
执行器	台						
环境监测专用仪器仪表	台						
汽车仪器仪表	台	5390	333716	333621	199846	1	5484
经纬仪	台						
钟	只						
表	只						
光学仪器	台(个)		54977	54977	128206		
显微镜	台						
眼镜成镜	副						
伞类制品	把						
拉链	万米		32158	32158	180192		
打火机	万个	15190	803960	800156	4430503	770	18224
熔炼用废钢	吨	7487	84346	88316	309821		3516
熔炼用废铁	吨						
船舶修理	载重吨	581	324307	280293	3528720		44595
自来水生产量	万立方米	325	231625	217131	2883415	14725	94
自来水供应量	万立方米		15237	15237	217618		

1-19 规模以上工业企业产品生产能力及能力利用率情况

产品名称	计量单位	年初生产能力	年末生产能力	年平均产能利用率(%)
原煤	吨	113593375	109123561	67.37
天然原油	吨			
卷烟	万支	25371000	25245000	73.58
棉纺锭/纺纱量	锭/吨	2281961	2377201	44.57
气流纺锭/纺纱量	头/吨	30274	33438	117.78
棉布织机/布	台/万米	45863	63328	64.52
原油加工能力/原油加工量	吨/吨	13311120	13436680	70.75
焦炭	吨	7340000	7205678	89.50
烧碱(折100%)	吨	880000	890200	84.76
碳化钙(电石，折 300升/千克)	吨	170000	215000	57.70
农用氮、磷、钾化学肥料总计(折纯)	吨	2758360	2342692	55.12
初级形态塑料	吨	766497	942626	75.10
焰火制品	千元	71264293	84942726	87.05
其中:烟花	千元	31773742	37649479	86.53
化学纤维	吨	65910	77700	63.53
硅酸盐水泥熟料	吨	76631925	80580648	77.66
水泥	吨	145271619	156003435	76.04
平板玻璃	重量箱	20850000	20930000	88.03
生铁	吨	17687949	19439409	93.58
粗钢	吨	20620000	20620000	84.77
钢材	吨	26588021	27233662	72.79
铁合金	吨	5824866	5486646	58.22
原铝(电解铝)	吨	351000	351000	100.00
金属切削机床	台	5830	5369	62.13
挖掘机	台	31126	31726	80.91
汽车	辆	919300	1022000	47.25
其中：基本型乘用车(轿车)	辆	686000	797000	42.85
载货汽车	辆	107300	114000	60.05
民用钢质船舶	载重吨	285003	315003	77.35
家用电冰箱	台	1039375	1039375	75.98
房间空气调节器	台	315120	315120	100.00
家用洗衣机	台	959886	959886	81.45
微型计算机设备	台	850000	850000	40.82
移动通信手持机(手机)	台	700000	1100000	97.25
彩色电视机	台	600000	600000	18.39
发电设备容量总计/发电量	万千瓦/万千瓦小时	3671	3625	45.46
其中：火电设备容量/发电量	万千瓦/万千瓦小时	1954	1991	50.55
水电设备容量/发电量	万千瓦/万千瓦小时	1693	1599	39.61
核电设备容量/发电量	万千瓦/万千瓦小时			
风电设备容量/发电量	万千瓦/万千瓦小时	18	28	24.92

1-20 规模以上工业各市州主要产品产量

产品名称	计量单位	长沙	株洲	湘潭	衡阳	邵阳	岳阳	常德
铁矿石原矿	万吨	6.66	459.52		192.25	135.02		34.83
锰矿石原矿	万吨	16.54		66.88	22.59	20.30		
原盐	万吨				175.67			81.27
大米	万吨	122.46	39.22	20.85	61.17	69.02	224.56	125.46
饲料	万吨	248.64	114.10	50.45	165.41	35.42	483.13	195.52
精制食用植物油	万吨	0.04	0.86	9.60	5.66	0.47	166.31	41.71
鲜、冷藏肉	万吨	13.63	4.26	24.12	1.55	3.63	4.18	15.73
豆腐及豆制品	万吨	1.99	0.68	1.70		9.72	70.63	11.66
乳制品	万吨	11.27	3.94	1.70		3.39		5.89
罐头	万吨	2.53			1.42	23.38	5.04	25.28
饮料酒	万千升	12.63	0.04	4.11	18.67	9.76	12.81	20.79
白酒(折65度，商品量)	万千升	5.88	0.04		0.89	4.28	1.09	11.58
啤酒	万千升	6.70		4.11	17.48	5.47	9.64	9.00
软饮料	万吨	207.20		1.72	36.43	42.97	68.07	69.81
精制茶	万吨	5.31	0.01	0.25	0.31	0.19	8.71	5.89
卷烟	亿支	663.88						720.02
纱	万吨	7.11	7.33	4.31	1.41	4.24	38.62	19.87
布	万米	543	1202	2732		1718	6993	11761
亚麻纱	万吨							0.31
苎麻纱	万吨		0.06					

1-20 续表 1

产品名称	计量单位	张家界	益阳	郴州	永州	怀化	娄底	湘西州
铁矿石原矿	万吨	11.73	3.08	167.51	8.94		102.93	3.05
锰矿石原矿	万吨				15.90		6.52	139.43
原盐	万吨							
大米	万吨	2.84	235.63	9.20	79.60	21.40	11.32	1.43
饲料	万吨		92.09	23.15	43.79	41.99	12.32	
精制食用植物油	万吨		15.91	0.46	6.10	9.69	0.51	
鲜、冷藏肉	万吨	0.55	3.52	4.14	0.38	1.04	2.45	
豆腐及豆制品	万吨		2.55		0.78	1.66	3.51	0.34
乳制品	万吨					0.23	3.32	
罐头	万吨		4.46	2.82	10.90	10.30		
饮料酒	万千升	0.04	5.61	0.80	3.63	8.77	2.70	0.63
白酒(折65度，商品量)	万千升	0.04	0.27	0.50	0.10	0.68		0.63
啤酒	万千升		4.39		3.52	7.94	2.70	
软饮料	万吨		5.59	38.57		24.81	6.02	2.32
精制茶	万吨	0.01	7.29	0.25	0.003	0.85		0.18
卷烟	亿支			164.40	158.80			
纱	万吨		11.70	1.93	0.05	3.26	0.69	1.19
布	万米		4747	1122	830	4555		
亚麻纱	万吨		1.72					
苎麻纱	万吨							

1-20 续表 2

产品名称	计量单位	长沙	株洲	湘潭	衡阳	邵阳	岳阳	常德
毛巾	万条	3808					26951	2595
服装	万件	4203	6382	111	3078	3207	5768	375
轻革	万平方米					358.00		
鞋	万双	1701	4	111	3069	2025	33336	1417
人造板	万立方米		38.82	6.33	17.97	170.67	59.16	50.11
家具	万件	204.18		5.13	88.91	144.67	147.45	14.52
机制纸及纸板(外购原纸加工除外)	万吨	20.48	2.60	3.84	11.99	55.61	103.88	68.92
纸制品	万吨	7.34	2.12	0.40	8.90	35.30	109.42	36.74
单色印刷品	万令	157.68	0.43	0.20		19.61	16.31	
多色印刷品	万对开色令	24.60	0.58		1.05	375.85	13.57	171.60
硫酸(折100%)	万吨	5.05	81.47		53.14		7.24	1.30
盐酸(氯化氢，含量31%)	万吨		7.42				4.35	24.20
烧碱(折100%)	万吨		16.68		30.24		9.47	2.68
纯碱(碳酸钠)	万吨		16.08	26.13	1.73			
碳化钙	万吨							
合成氨(无水氨)	万吨		11.71		2.35	5.52	45.47	17.37
农用氮、磷、钾化学肥料(折纯)	万吨	2.10	8.56	7.42	10.71	2.80	17.89	15.77
氮肥(折含氮100%)	万吨		6.96	7.42	10.16	2.80	17.89	11.76
尿素(折含氮100%)	万吨		2.69		0.78		11.37	
磷肥(折五氧化二磷100%)	万吨	2.10	1.60		0.56			4.01

1-20 续表 3

产品名称	计量单位	张家界	益阳	郴州	永州	怀化	娄底	湘西州
毛巾	万条		3334					
服装	万件	244	2206	359	1857	50	371	448
轻革	万平方米		3.90	455.64				
鞋	万双	502	1071	973	2742			
人造板	万立方米	1.52	313.72	49.83	61.72	212.93	19.42	4.43
家具	万件		4.04	3.52	22.08	13.52	4.93	
机制纸及纸板(外购原纸加工除外)	万吨		65.20	40.03	17.79	16.06		0.51
纸制品	万吨		3.58	0.15	1.22	6.87		5.55
单色印刷品	万令		12.11	8.05		0.40		
多色印刷品	万对开色令		0.55	99.74		36.25		
硫酸(折100%)	万吨			29.70	5.31	22.38	24.28	53.44
盐酸(氯化氢，含量31%)	万吨			3.01		4.07	2.65	
烧碱(折100%)	万吨			6.75		6.57	3.38	
纯碱(碳酸钠)	万吨						16.79	
碳化钙	万吨					8.95		
合成氨(无水氨)	万吨			15.73			29.64	
农用氮、磷、钾化学肥料(折纯)	万吨		16.05	6.26		3.55	24.83	0.91
氮肥(折含氮100%)	万吨		16.05	6.26		2.20	24.83	
尿素(折含氮100%)	万吨			4.50			19.85	
磷肥(折五氧化二磷100%)	万吨					1.35		0.91

1-20 续表 4

产品名称	计量单位	长沙	株洲	湘潭	衡阳	邵阳	岳阳	常德
化学农药原药(折有效成分100%)	万吨	1.66	0.92		0.61		2.53	1.32
涂料	万吨	29.84	2.20	0.50	1.27	2.96	48.37	2.67
初级形态塑料	万吨	0.35	10.14		11.90		34.63	0.48
化学试剂	万吨	1.55	2.01	0.51	14.76	0.17	115.04	1.68
合成洗涤剂	万吨	19.48	0.31				2.64	
化学药品原药	万吨		0.01			0.04	0.65	0.04
中成药	万吨	0.11	1.47	0.12	0.49	0.37	4.54	0.52
化学纤维	万吨						1.00	4.02
塑料制品	万吨	14.98	6.48	2.72	45.55	5.58	16.23	17.96
水泥	万吨	1460.47	816.92	799.73	929.11	927.36	445.49	1012.46
商品混凝土	万吨	420.62	237.21	485.49	136.64	190.94	152.31	385.65
平板玻璃	万重量箱	35.86	1183.83					248.93
生铁	万吨		29.28	656.45	87.69		0.52	
粗钢	万吨	15.56	8.41	685.24	134.98	0.09	0.59	4.11
钢材	万吨	14.69	9.47	656.15	138.057	5.28	1.62	4.03
铁合金	万吨	2.50	0.79	14.41	24.43	50.16		4.66
十种有色金属	万吨	0.89	63.92		32.09	0.59	0.97	37.75
黄金	吨		0.32	2.08	1.51	0.57	12.29	0.15
白银(银锭)	吨		208.27		328.89			
单一稀土金属	吨							

1-20 续表 5

产品名称	计量单位	张家界	益阳	郴州	永州	怀化	娄底	湘西州
化学农药原药(折有效成分100%)	万吨		0.03	1.50	0.10	0.48		
涂料	万吨		0.29	0.32		0.42		0.11
初级形态塑料	万吨		1.69	6.89				
化学试剂	万吨		0.44		0.28			
合成洗涤剂	万吨		20.56					
化学药品原药	万吨		0.08			0.97		0.01
中成药	万吨		0.30	0.94	1.57	0.01	0.20	0.39
化学纤维	万吨					0.52		
塑料制品	万吨		50.67	2.37	0.66	10.52		
水泥	万吨	101.48	626.48	1013.89	929.78	901.15	1154.55	260.11
商品混凝土	万吨	5.02	93.29	272.87	160.62	13.33	523.17	57.73
平板玻璃	万重量箱		40.54	290.40				39.33
生铁	万吨			1.62	44.70		916.14	
粗钢	万吨		1.16	25.69	1.14	3.50	927.27	
钢材	万吨		35.73	31.64	1.647	5.01	1063.15	
铁合金	万吨			38.44	70.13	39.40	32.40	43.91
十种有色金属	万吨		4.54	107.85	6.50	5.08	12.90	23.50
黄金	吨			6.68		11.10	0.43	
白银(银锭)	吨			5320.82				
单一稀土金属	吨		4201.25		709.87			

1-20　续表 6

产品名称	计量单位	长沙	株洲	湘潭	衡阳	邵阳	岳阳	常德
钢结构	万吨	10.09	4.61	30.26	0.62	0.37		4.43
起重机	万吨	94.83	1.46	0.11				43.41
泵	万台	0.86		4.31	37.34	4.48	7.14	5.93
液压元件	万件	22.27		7.07	0.63	5.80	0.87	23.40
矿山专用设备	万台	3.48	0.03	0.18	0.42	1.27		1.48
建筑工程用机械	台	72391		3973	640			1760
挖掘、铲土运输机械	台	28035		3817				
混凝土机械	台	41502		23	640			1664
拖拉机	万台	1.93			3.38			0.32
汽车	万辆	25.79		17.37	0.21			0.13
轿车	万辆	14.40		17.37				
多功能乘用车(MPV)	万辆	0.65						
运动型多用途乘用车(SUV)	万辆	4.27						
客车	万辆	0.04						0.13
载货汽车	万辆	6.43			0.20			
改装汽车	辆	3529		491	4035	8790		684
铁路机车	辆		519					
铁路货车	辆		5343					
城市轨道车辆	辆		1490					
民用钢质船舶	万载重吨			1.20			7.16	6.85

1-20 续表 7

产品名称	计量单位	张家界	益阳	郴州	永州	怀化	娄底	湘西州
钢结构	万吨		3.05		1.19	0.29	1.06	
起重机	万吨		3.57					
泵	万台		44.78					0.45
液压元件	万件		0.70				38.30	
矿山专用设备	万台		0.01	0.04	0.24	0.25	15.31	
建筑工程用机械	台		9535	8	840		92	
挖掘、铲土运输机械	台				840			
混凝土机械	台		9535	8				
拖拉机	万台		1.53					0.30
汽车	万辆				2.44			
轿车	万辆							
多功能乘用车(MPV)	万辆							
运动型多用途乘用车(SUV)	万辆				2.44			
客车	万辆							
载货汽车	万辆							
改装汽车	辆			23				
铁路机车	辆							
铁路货车	辆							
城市轨道车辆	辆							
民用钢质船舶	万载重吨		19.85					

1-20 续表 8

产品名称	计量单位	长沙	株洲	湘潭	衡阳	邵阳	岳阳	常德
摩托车整车	万辆		16.71					
两轮脚踏自行车	万辆			2.01				
电动自行车	万辆	4.62		0.31				2.45
发电机组(发电设备)	万千瓦			112.85		11.33		
电动机	万千瓦	363.57		669.70	106.20		564.44	89.27
变压器	万千伏安		58.18		269.55		20.85	70.19
高压开关设备(11万伏以上)	万台	0.80		0.11				
电力电缆	万千米	77.34	2.89	5.33	100.88	3.01	4.99	6.11
蓄电池	万只			22.84	404.69	146.86	55.54	159.77
锂离子电池	万只			1.56		139.24	55.54	159.77
铅酸蓄电池	万只			21.28	404.69	7.62		
碱性蓄电池	万只							
家用电冰箱(家用冷冻冷藏箱)	万台	20.04						
家用洗衣机	万台	37.19						
家用燃气用具	万台	4.00		241.10	0.90			
太阳能热水器	万平方米						7.48	0.27
电子计算机整机	万台							
彩色电视机	万台							
光电子器件	亿只(片、套)	0.79	14.79	7.31		17.83	5.48	3.34
电子元件	亿只		0.89	0.38	14.17	0.60	27.16	50.12

1-20 续表 9

产品名称	计量单位	张家界	益阳	郴州	永州	怀化	娄底	湘西州
摩托车整车	万辆		2.61					
两轮脚踏自行车	万辆							
电动自行车	万辆		1.43					
发电机组(发电设备)	万千瓦				11.68			1.46
电动机	万千瓦		18.78		11.15	0.38		
变压器	万千伏安		242.36					
高压开关设备(11万伏以上)	万台		0.16				0.01	
电力电缆	万千米		2.15		9.84			
蓄电池	万只		7203.97					
锂离子电池	万只		277.10					
铅酸蓄电池	万只							
碱性蓄电池	万只		6926.87					
家用电冰箱(家用冷冻冷藏箱)	万台							
家用洗衣机	万台							
家用燃气用具	万台							0.53
太阳能热水器	万平方米							
电子计算机整机	万台		34.70					
彩色电视机	万台			11.03				
光电子器件	亿只(片、套)		8.72	0.26	0.18		3.08	
电子元件	亿只		292.03	4.48	86.95	0.58	2.18	

1-21 规模以上工业企业按登记注册类型分组的信息化情况

登记注册类型	年末在用计算机数（台）	年末拥有网站数（个）	全年电子商务采购金额（千元）	全年电子商务销售金额（千元）
合 计	**428973**	**6951**	**55556586**	**120899610**
内资企业	**389729**	**6532**	**52336691**	**115722881**
国有企业	53182	114	27661142	91083508
集体企业	2907	115	5589	14180
股份合作企业	625	21		20000
国有联营企业	67	1		
集体联营企业	37	3		
国有与集体联营企业	3			
其他联营企业	1			
国有独资公司	23674	80	7945120	891461
其他有限责任公司	102615	1379	2703804	6868286
股份有限公司	69504	355	8575801	6173487
私营独资企业	6846	337	234944	371940
私营合伙企业	4762	218	55526	240629
私营有限责任公司	106843	3375	4402198	8447140
私营股份有限公司	15874	401	717432	1493926
其他企业	2789	133	35135	118324
港、澳、台商投资企业	**19254**	**228**	**2189230**	**3629350**
与港澳台商合资经营企业	9597	134	1147136	1941812
与港澳台商合作经营企业	167	2	97670	159821
港澳台商独资企业	8712	82	944424	1525192
港澳台商投资股份有限公司	778	10		2525
外商投资企业	**19990**	**191**	**1030665**	**1547379**
中外合资经营企业	10900	125	809152	1087149
中外合作经营企业	323	6		
外资企业	8449	56	218513	445830
外商投资股份有限公司	316	4	3000	14400
其他外商投资企业	2			

1-22 规模以上工业企业按行业大类分组的信息化情况

行业大类	年末在用计算机数（台）	年末拥有网站数（个）	全年电子商务采购金额（千元）	全年电子商务销售金额（千元）
合 计	**428973**	**6951**	**55556586**	**120899610**
采矿业	**17389**	**405**	**391552**	**594193**
煤炭开采和洗选业	8505	208	62125	72935
黑色金属矿采选业	997	35	254996	354160
有色金属矿采选业	5026	76	69698	154557
非金属矿采选业	2829	86	4733	12541
其他采矿业	32			
制造业	**349049**	**6335**	**50710278**	**120131790**
农副食品加工业	16786	586	970286	2026638
食品制造业	8715	223	412010	628286
酒、饮料和精制茶制造业	7506	201	177637	660768
烟草制品业	3626	6	23467286	91181547
纺织业	6413	102	588572	544571
纺织服装、服饰业	4728	101	57723	247543
皮革、毛皮、羽毛及其制品和制鞋业	5027	102	1021006	981409
木材加工和木、竹、藤、棕、草制品业	4183	143	154518	301091
家具制造业	1316	68	93169	193375
造纸和纸制品业	4503	129	25164	55052
印刷和记录媒介复制业	3608	93	250595	239734
文教、工美、体育和娱乐用品制造业	1558	54	35369	5923
石油加工、炼焦和核燃料加工业	6860	14	7898938	9141
化学原料和化学制品制造业	24696	724	5067974	1931084
医药制造业	11540	233	651166	1163374
化学纤维制造业	271	3		
橡胶和塑料制品业	4263	177	70127	86332
非金属矿物制品业	24203	702	886719	1506547
黑色金属冶炼和压延加工业	16978	193	92897	2898418
有色金属冶炼和压延加工业	15600	307	215513	4489699
金属制品业	8544	229	26191	1518578
通用设备制造业	20750	477	289742	1062876
专用设备制造业	48667	382	720605	879028
汽车制造业	21522	207	180097	462472
铁路、船舶、航空航天和其他运输设备制造业	21589	84	4494143	1834829
电气机械和器材制造业	22138	359	1073507	1047052
计算机、通信和其他电子设备制造业	24614	266	1586600	2866683
仪器仪表制造业	7191	88	168633	943125
其他制造业	492	37	33411	366615
废弃资源综合利用业	1081	44	680	
金属制品、机械和设备修理业	81	1		
电力、热力及水的生产和供应业	**62535**	**211**	**4454756**	**173627**
电力、热力生产和供应业	55442	153	4454756	173627
燃气生产和供应业	2333	14		
水的生产和供应业	4760	44		

1-23 规模以下工业企业按登记注册类型分组的主要经济指标

登记注册类型	企业数(个)	资产总计(亿元)	营业收入(亿元)	主营业务收入(亿元)	营业税金及附加(亿元)	主营业务税金及附加(亿元)	从业人员期末人数(人)	女性从业人员期末人数(人)
合 计	**58654**	**3083.41**	**2925.27**	**2883.92**	**115.46**	**112.50**	**1374595**	**481216**
内资企业	**58315**	**2985.86**	**2895.79**	**2854.94**	**114.77**	**111.85**	**1360375**	**474022**
国有企业	720	65.14	33.84	32.62	1.38	1.31	28731	10049
集体企业	1403	60.25	55.06	53.93	2.15	2.06	33462	10361
股份合作企业	342	20.31	14.59	14.42	0.78	0.76	8611	2511
国有联营企业	22	1.42	1.00	0.98	0.04	0.04	976	415
集体联营企业	97	4.15	2.95	2.91	0.17	0.16	2682	870
国有与集体联营企业	14	0.42	0.52	0.52	0.04	0.04	196	80
其他联营企业	43	1.39	1.76	1.74	0.06	0.06	790	222
国有独资公司	151	79.25	13.23	12.78	0.61	0.59	7592	2512
其他有限责任公司	4738	422.89	279.43	274.11	9.16	8.91	118889	41690
股份有限公司	899	108.40	53.70	52.12	2.40	2.32	28267	10011
私营独资企业	20812	646.18	906.52	896.58	37.49	36.64	440543	161911
私营合伙企业	7174	273.49	346.48	342.27	14.71	14.37	169764	51427
私营有限责任公司	16604	1074.10	933.43	921.44	35.46	34.53	401666	141723
私营股份有限公司	1840	115.87	103.29	102.38	4.28	4.21	46923	16098
其他企业	3456	112.60	150.00	146.13	6.04	5.86	71283	24142
港、澳、台商投资企业	**174**	**30.00**	**14.70**	**14.41**	**0.43**	**0.40**	**7567**	**3970**
与港澳台商合资经营企业	78	19.99	8.82	8.57	0.21	0.18	3438	1284
与港澳台商合作经营企业	11	1.28	0.34	0.34	0.02	0.02	246	113
港澳台商独资企业	75	7.86	4.90	4.86	0.18	0.18	3586	2386
港澳台商投资股份有限公司	8	0.81	0.60	0.60	0.02	0.02	268	179
其他港澳台投资企业	2	0.05	0.04	0.04	0.001	0.001	29	8
外商投资企业	**165**	**67.55**	**14.78**	**14.58**	**0.26**	**0.25**	**6653**	**3224**
中外合资经营企业	72	52.50	7.49	7.33	0.14	0.14	2957	1103
中外合作经营企业	6	0.12	0.11	0.11	0.001	0.001	76	25
外资企业	65	13.44	6.12	6.10	0.09	0.09	2624	1407
外商投资股份有限公司	4	0.32	0.19	0.19	0.001	0.001	227	185
其他外商投资企业	18	1.16	0.86	0.84	0.02	0.02	769	504

1-24 规模以下工业企业按控股类型分组的主要经济指标

控股类型	企业数(个)	资产总计(亿元)	营业收入(亿元)	主营业务收入(亿元)	营业税金及附加(亿元)	主营业务税金及附加(亿元)	从业人员期末人数(人)	女性从业人员期末人数(人)
合 计	**58654**	**3083.41**	**2925.27**	**2883.92**	**115.46**	**112.50**	**1374595**	**481216**
国有控股企业	1179	274.02	85.83	82.85	2.79	2.67	52600	17651
集体控股企业	1969	142.22	84.85	83.26	3.74	3.63	48371	14971
私人控股企业	52373	2485.28	2599.99	2565.87	103.31	100.77	1201591	421912
港澳台商控股企业	116	21.85	11.40	11.23	0.43	0.40	5646	3475
外商控股企业	107	22.06	10.54	10.40	0.16	0.16	4199	2200
其他控股企业	2910	137.98	132.67	130.32	5.03	4.88	62188	21007

1-25 规模以下工业企业按行业大类分组的主要经济指标

行业大类	企业数(个)	资产总计(亿元)	营业收入(亿元)	主营业务收入(亿元)	营业税金及附加(亿元)	主营业务税金及附加(亿元)	从业人员期末人数(人)	女性从业人员期末人数(人)
合 计	**58654**	**3083.41**	**2925.27**	**2883.92**	**115.46**	**112.50**	**1374595**	**481216**
采矿业	**5680**	**306.97**	**301.92**	**298.07**	**13.31**	**12.98**	**143980**	**22777**
煤炭开采和洗选业	625	78.49	50.40	49.32	2.76	2.69	30999	4253
黑色金属矿采选业	538	30.04	31.50	31.36	1.48	1.43	13663	2026
有色金属矿采选业	642	44.86	33.57	33.31	1.22	1.17	17675	2735
非金属矿采选业	3750	138.98	180.38	178.08	7.52	7.36	79071	13190
开采辅助活动	53	11.09	2.83	2.78	0.10	0.10	1072	303
其他采矿业	72	3.52	3.24	3.22	0.23	0.23	1500	270
制造业	**48163**	**2353.49**	**2452.58**	**2418.05**	**95.11**	**92.74**	**1147121**	**435635**
农副食品加工业	4165	159.66	189.11	186.72	6.57	6.45	82112	31372
食品制造业	1487	56.82	68.97	68.18	2.51	2.47	32331	16641
酒、饮料和精制茶制造业	1480	66.43	57.04	56.36	2.26	2.23	27581	10896
烟草制品业	112	4.10	5.55	5.55	0.24	0.24	2466	983
纺织业	838	48.91	40.18	39.76	1.32	1.30	20149	11668
纺织服装、服饰业	998	43.66	50.55	50.02	1.58	1.53	30082	21393
皮革、毛皮、羽毛及其制品和制鞋业	735	25.69	36.18	35.88	1.64	1.63	26102	18323
木材加工和木、竹、藤、棕、草制品业	2783	91.79	128.45	127.27	5.29	5.22	59471	20484
家具制造业	1215	36.35	49.72	49.29	1.78	1.73	22970	6526
造纸和纸制品业	1494	50.25	61.97	61.25	2.17	2.15	30433	13706
印刷和记录媒介复制业	1526	60.78	79.06	78.42	2.78	2.73	30067	12839
文教、工美、体育和娱乐用品制造业	1038	34.88	45.13	44.25	1.79	1.71	23595	12011
石油加工、炼焦和核燃料加工业	90	7.11	5.09	5.03	0.22	0.22	2081	556
化学原料和化学制品制造业	4084	237.29	297.29	291.55	16.60	16.38	155800	76079
医药制造业	403	43.76	33.59	33.31	0.89	0.88	9621	3926
化学纤维制造业	34	1.04	1.49	1.48	0.05	0.05	707	288
橡胶和塑料制品业	1400	83.05	68.55	67.55	2.44	2.32	29389	12166
非金属矿物制品业	9914	443.50	496.22	490.67	18.34	17.72	249091	65314
黑色金属冶炼和压延加工业	1042	80.71	55.11	54.06	1.96	1.93	20858	4505
有色金属冶炼和压延加工业	924	64.19	54.46	53.61	2.66	2.56	21842	5334
金属制品业	2249	100.75	107.10	105.55	3.61	3.54	45283	12824
通用设备制造业	2793	140.10	143.46	140.63	5.22	5.01	58368	16020
专用设备制造业	2411	148.06	121.72	120.18	4.18	4.02	52002	16138
汽车制造业	500	54.69	33.56	33.16	1.26	1.24	13292	3963
铁路、船舶、航空航天和其他运输设备制造业	321	21.09	19.57	19.40	0.57	0.56	8272	2388
电气机械和器材制造业	1560	109.27	78.26	76.53	3.07	2.92	35733	14265
计算机、通信和其他电子设备制造业	905	66.63	58.50	56.95	1.59	1.54	25373	12866
仪器仪表制造业	365	26.23	16.08	15.93	0.52	0.50	6522	2378
其他制造业	669	21.51	26.25	25.56	1.12	1.08	14231	6621
废弃资源综合利用业	384	14.13	13.63	13.28	0.56	0.54	5783	1586
金属制品、机械和设备修理业	244	11.06	10.75	10.67	0.33	0.32	5514	1576
电力、热力及水的生产和供应业	**4811**	**422.95**	**170.78**	**167.81**	**7.04**	**6.78**	**83494**	**22804**
电力、热力生产和供应业	3614	285.38	119.48	117.74	5.16	4.97	60617	15028
燃气生产和供应业	173	24.52	10.96	10.82	0.38	0.37	3512	1039
水的生产和供应业	1024	113.05	40.34	39.24	1.50	1.44	19365	6737

1-26 各市州规模以下工业企业主要经济指标

地区	企业数（个）	资产总计（亿元）	营业收入（亿元）	主营业务收入（亿元）	营业税金及附加（亿元）	主营业务税金及附加（亿元）	从业人员期末人数（人）	女性从业人员期末人数（人）
全省	**58654**	**3083.41**	**2925.27**	**2883.92**	**115.46**	**112.50**	**1374595**	**481216**
长沙市	10296	818.00	776.41	766.57	34.13	33.21	261576	103818
株洲市	3679	243.23	249.42	245.56	8.92	8.51	114142	36494
湘潭市	2412	171.02	135.42	134.22	4.48	4.43	60705	20410
衡阳市	5193	249.40	274.57	270.57	10.62	10.30	138998	45159
邵阳市	4842	180.68	159.10	156.34	5.59	5.46	96563	32438
岳阳市	5283	168.05	171.86	167.36	8.34	7.92	102693	37135
常德市	6005	224.61	257.62	256.27	8.02	7.97	129568	45313
张家界市	879	29.72	18.94	18.28	0.88	0.83	15905	5409
益阳市	4594	259.99	251.38	250.18	8.70	8.64	100075	35349
郴州市	4648	202.43	153.32	151.95	9.06	8.79	93615	33837
永州市	3214	157.29	156.00	150.34	4.49	4.39	80464	30029
怀化市	2537	125.67	99.88	98.37	4.14	4.06	56505	17672
娄底市	3229	170.95	157.07	154.06	6.17	6.10	88127	28319
湘西州	1843	82.37	64.25	63.86	1.93	1.89	35659	9834

主要指标解释

工业销售产值（当年价格）：指以货币形式表现的，工业企业在报告期内销售的本企业生产的工业产品或提供工业性劳务价值的总价值量。工业销售产值包括的内容为：

（1）销售成品价值：指企业在报告期内实际销售（包括本期生产和非本期生产）的全部成品、半成品的总价值，即按报告期产品的实际销售数量乘以不含增值税（销项税额）的产品实际销售平均单价计算。销售成品价值中包括企业生产的自制设备及提供给本企业在建工程、其他非工业部门和生活福利部门等单位使用的成品价值，但不包括用订货者来料加工，并且只收取加工费的成品（半成品）价值。

（2）对外加工费收入：指企业在报告期内完成的对外承接的工业品加工（包括用定货者来料加工的产品）的加工费收入；对外工业品修理作业可收取的加工费收入和对内非工业部门提供的加工修理、设备安装等收入。对外加工费收入按不含增值税（销项税额）的价格计算。

对于以对外加工生产为主，对外加工费收入所占比重较大的企业，如果对外加工费收入出现跨报告期支付的情况，为保证总产值生产口径计算的准确性，则应将对外加工费收入按实际情况调整，记录本报告期实际收取的对外加工费收入。

区分来料加工与自备原材料生产的依据同工业总产值中的规定。

出口交货值：指工业企业交给外贸部门或自营（委托）出口（包括销往香港、澳门、台湾），用外汇价格结算的产品价值，以及外商来样、来料加工、来件装配和补偿贸易等生产的产品价值。在计算出口交货值时，要把外汇价格按交易时的汇率折成人民币计算。

产品产量：指工业企业在报告期内生产的并符合产品质量要求的实物数量，包括商品量和自用量两部分。

（1）产品生产量计算应遵循的原则

①产品质量标准：产品必须符合规定的质量标准或订货合同规定的技术条件，才可统计生产量。工业产品质量标准一律按国家标准或部颁标准执行。没有国家标准或部颁标准的产品，应按企业主管机关的标准或订货合同规定的技术条件执行，不得擅自更改标准或降低标准，不合格的产品不能计算生产量。

②统计时间：产品生产量反映的是报告期内的工业生产成果，凡报告期内生产的产品都应计算在内，即截止报告期最后一天检验合格并办理了入库手续的产品，其中规定要求包装的产品必须包装好才能计算其生产量。至于报告期最后一天以哪一个班次作为截止计算产量的班次则由企业主管机关规定，并应与会计核算的结算时间一致。结算时间一经确定，就要严格执行，不得随意提前或移后。

③准确度量：准确度量是计算产品产量的重要一环，企业应配备必要的计量设备，对产量进行实际度量，不得随意估算，对确有困难不得不推算的某些产品，一定要按照主管部门规定的推算方法计算，使之尽量接近实际。

（2）产品生产量包括的内容

①企业各车间（主要车间、辅助车间、附属品车间及副产品车间）用自备原材料生产的全部产品产量，不论是要销售的商品量还是本企业的自用量，均应统计生产量。

②凡用订货者来料加工生产的产品，并且加工企业只收取加工费的，如果订货者是境内非工业企业和境外企业，其产品生产量由加工企业统计；如果订货者是境内工业企业，产品生产量由委托企业（即发包企业）统计，加工企业（即承包企业）不统计。

③经正式鉴定合格的新产品、自产自用的生产设备、未正式投入生产以前试生产的合格品以及基本建设附产的合格品，都应包括在产品生产量中。

④用进口原材料或关键零件生产的产品，或用进口整套散装零件及用进口组装件加工、装配的产品，不论是在国内销售还是外商经销，生产量均统计在国内同种产品生产量中。

⑤在我国国土范围内的外商投资和港、澳、台商投资工业企业生产的产品，其生产量全部统计在国内同种产品生产量中。

区分来料加工与自备原材料生产的依据同工业总产值中的规定。

（3）工业产品生产量不应包括的内容

①在生产工业产品的同时，产生的下脚余料或废料，如冶金工业的氧化铁、汤道、中心注管、钢材切头、切尾，机械工业的切屑，木材工业的锯末，粮食加工工业的糠、麸，酿酒工业的酒糟等，一般做下脚料出售，不应统计为产品生产量。

②投入生产过程中的原材料没有完全消耗掉，而加以回收、提浓，再供本企业自用的，如机械工业回收的润滑油，合成洗涤剂厂回收的盐酸、硫酸等都不计算产品生产量。

③企业从外购进的工业品，未经本企业任何加工的，不得作为本企业的产品生产量统计。

④某些产品在检验产品质量时，需做破坏性试验（如试验灯泡的使用寿命，手电池的间歇放电时间等），这些用作试验的产品，不计算在产品生产量中。

库存量：指工业企业在期初、期末时点上，尚存在企业产成品仓库中而暂未售出的产品的实物数量。

（1）产品库存量计算应遵循的原则

①产品库存必须是处于“实际库存”状态的产品，即产品生产出来经过检验合格并办了入库手续的产品。有的产品虽已结束了生产过程，但还没有验收合格，还没有办理入库手续，不能作为产品库存统计。有的产品已经售出，但按提货制要求还没有办妥货款结算手续的，或按送货制要求未办理承运手续的，仍应作为本企业的产品库存量统计，而不能作为产品销售量统计。

②计入产品库存量的产品，必须是本企业有权销售的产品，对于已经销售并已办妥各项手续，但尚未提货的产品，本企业无权支配，这种产品虽然仍存在本企业仓库中，但不应统计为库存量。凡企业有权销售的产品，不论存放在什么地方，均应统计。

③产品库存量不能出现负数。如果产品还没有入库就已售出，应将售出的这部分产品补填入库和出库凭证，并相应计入产品产量中。

（2）产品库存量包括的内容

①本企业生产的，报告期内经检验合格入库的产品。

②库存产品虽有销售对象，但尚未发货的。

③非工业企业和境外订货者来料加工产品尚未拨出的。

④盘点中的账外产品。

⑤产品入库后发现有质量问题，但未办理退库手续的产品。

（3）产品库存量不应包括的内容

①属于提货制销售的产品，已办理货款结算和开出提货单，但用户尚未提走的产品。

②代外单位保管的产品。

③已结束生产过程但尚未办理入库存手续的产品。

销售量 指报告期内工业企业实际销售的由本企业生产（包括本期生产和非本期生产）的符合规定的质量标准或定货合同规定的技术条件的工业产品的实物数量。凡用订货者来料加工生产的产品，并且加工企业只收取加工费的，如果订货者是境内非工业企业和境外企业，其产品销售量由加工企业（即承包企业）统计；如果订货者是境内工业企业，产品销售量由委托企业（即发包企业）统计，加工企业不统计。

区分来料加工与自备原材料生产的依据同工业总产值中的规定。

销售金额 指产品的销售额，即企业在报告期内按各种价格销售同一种产品所得到的销售总金额，与销售量的口径是一致的，凡是计算了销售量的产品都应该计算其销售额。这里需要注意两点：第一，产品销售额是按不含增值税（销项税额）的价格计算的，这是为了与现行财税制度对财务会计核算的要求和规定保持一致；第二，用订货者来料加工生产的成品（半成品）的销售额按加工费计算。

企业自用及其他 本指标包括企业自用量和其他两部分。企业自用量又称企业自产自用量，指工业企业在报告期内生产的、已作本企业产量统计的、又作为本企业生产另一种产品的原材料使用的产品的数量。如钢铁企业用本企业生产的生铁炼钢，其计算了生铁产量又用于炼钢的生铁数量，应作为企业自用量统计。但是，由本企业验收合格后，作为商品出售给本企业生活用、在建工程用或行政部门用的产品数量，不能作为自用量统计，而作为销售量统计。如钢铁企业将本企业生产的钢材用于本企业房屋维修的数量，应作为销售量而不是自用量统计。其他是指工业企业在报告期内将产品用于展览、捐赠、借出以及报废等方面的产品数量和盘盈盘亏的数量。企业以促销手段搭售的产品不能视为捐赠，而应作为销售对待。

生产能力 一般指产品的综合生产能力，但也有些产品指其主要设备的能力。在填报时分为两种情况：

（1）产品生产能力：指在一个企业范围内生产某种产品的综合平衡能力，是生产某种产品的全部设备（包括主要生产设备、辅助生产设备、起重运输设备、动力设备及有关的厂房和生产用建筑物等）在原材料、燃料动力供应充分，劳动力配备合理，设备正常运转的条件下，报告期内可能达到的生产量。企业在具体填报时，可以区分以下三种情况：第一种是原有设计能力未经重大技术改造的用设计能力填报；经过技术改造后，有技术改造后设计能力的，填报技术改造后的设计能力。第二种是原有设计能力已不能反映实际情况，有核定能力的，按核定能力填报。第三种是既没有设计能力也没有核定能力，或原设计能力（或核定能力）已与实际生产水平相差很大，按查定能力填报。

（2）设备能力：指某种设备的单位时间内可能生产的产品数量，也就是说，某种设备在单位时间内的工作量，即一般所称的设备效率，或设备生产率，它不考虑与其他设备的平衡问题。

生产能力利用率 指报告期内主要产品产量与相应的生产能力之比。

资产总计 指企业过去的交易或者事项形成的、由企业拥有或者控制的、预期会给企业带来经济利益的资源。资产一般按流动性（资产的变现或耗用时间长短）分为流动资产和非流动资产。其中流动资产可分为货币资金、交易性金融资产、应收票据、应收账款、预付款项、其他应收款、存货等；非流动资产可分为长期股权投资、固定资产、无形资产及其他非流动资产等。根据会计“资产负债表”中“资产总计”项目的期末余额数填报。

执行 2006 年《企业会计准则》的企业：资产总计=流动资产合计+非流动资产合计；未执行 2006 年《企业会计准则》企业的资产包括流动资产、长期投资、固定资产、无形资产和其他资产等。

流动资产合计 资产满足以下条件之一应归为流动资产：（1）预计在一个正常营业周期中变现、出售或耗用，主要包括存货、应收账款等；（2）主要为交易目的而持有；（3）预计在资产负债表日起一年内（含一年）变现；（4）自资产负债日起一年内，交换其他资产或清偿负债的能力不受限制的现金或现金等价物。包括货币资金、应收票据、应收账款、存货等项目。根据会计“资产负债表”中“流动资产合计”项目的期末余额数填报。

应收账款　指企业因销售商品、提供劳务等经营活动，应向购货单位或接受劳务单位收取的款项，主要包括企业销售商品或提供劳务等应向有关债务人收取的价款及代购货单位垫付的包装费、运杂费等。根据会计"资产负债表"中"应收账款"项目的期末余额数填报。

存货　指企业在日常活动中持有以备出售的产成品或商品、处在生产过程中的在产品、在生产过程或提供劳务过程中耗用的材料或物料等，通常包括原材料、在产品、半成品、产成品、商品以及周转材料等。根据会计"资产负债表"中"存货"项目的期末余额数填报。其中："年初存货"根据会计"资产负债表"中"存货"项目的年初余额数填报。注意："存货"具有实物形态，不属于无形资产，由于企业持有存货的最终目的是为了出售，所以房地产开发企业（单位）购置的土地、尚未销售的商品房等均计入"存货"。

产成品　指工业企业已经完成全部生产过程并验收入库，可以按照合同规定的条件送交订货单位，或者可以作为商品对外销售的产品。根据会计"产成品"科目的借方余额填报。

固定资产合计　指企业为生产商品、提供劳务、出租或经营管理而持有的，使用寿命超过一个会计年度的有形资产。包括使用期限超过一年的房屋、建筑物、机器、机械、运输工具以及其他与生产、经营有关的设备、器具、工具等。固定资产合计是时点指标，表示固定资产经过扣减折旧、减值准备等后的期末余额。执行 2006 年《企业会计准则》的企业，根据会计"资产负债表"中"固定资产"项目的期末余额数填报。

固定资产原价　指固定资产的成本，包括企业在购置、自行建造、安装、改建、扩建、技术改造某项固定资产时所发生的全部支出总额。根据会计"固定资产"科目的期末借方余额填报。

累计折旧　指企业在报告期末提取的历年固定资产折旧累计数。根据会计"累计折旧"科目的期末贷方余额填报。

负债合计　指企业过去的交易或者事项形成的，预期会导致经济利益流出企业的现时义务。负债一般按偿还期长短分为流动负债和非流动负债。根据会计"资产负债表"中"负债合计"项目的期末余额数填报。

执行 2006 年《企业会计准则》的企业：负债合计=流动负债合计+非流动负债合计；未执行 2006 年《企业会计准则》企业的负债包括流动负债和长期负债。

流动负债合计　负债满足下列条件之一的应归为流动负债：（1）预计在一个正常营业周期中清偿；（2）主要为交易目的而持有；（3）自资产负债表日起一年内到期应予清偿；（4）企业无权自主地将清偿推迟至资产负债表日后一年以上。包括短期借款、应付票据、应付账款、应付职工薪酬、应交税费等项目。根据会计"资产负债表"中"流动负债合计"项目的期末余额数填报。

非流动负债合计　指流动负债之外的负债。包括长期借款、应付债券等。根据会计"资产负债表"中"非流动负债合计"项目的期末余额数填报。未执行 2006 年《企业会计准则》的企业，根据会计"资产负债表"中的"长期负债合计"的期末余额数填报。

应付账款　指企业因购买材料、商品和接受劳务供应等经营活动应支付的款项。根据会计"资产负债表"中"应付账款"项目的期末余额数填报。

所有者权益合计　指企业资产扣除负债后由所有者享有的剩余权益。公司的所有者权益又称股东权益。包括实收资本、资本公积、盈余公积、未分配利润等。根据会计"资产负债表"中"所有者权益合计"项目的期末余额数填报。

实收资本　指企业各投资者实际投入的资本（或股本）总额，包括货币、实物、无形资产等各种形式的投入。实收资本按投资主体可分为国家资本、集体资本、法人资本、个人资本、港澳台资本和外商资本。根据会计"资产负债表"中"所有者权益"项下"实收资本"的期末余额数填报。

国家资本　指有权代表国家投资的政府部门或机构、直属事业单位对企业形成的资本金。根据会计"实收资本"科目计算填报。

集体资本　指由本企业职工等自然人集体投资或各种机构对企业进行扶持形成的集体性质的资本金。根据会计"实收资本"科目计算填报。

法人资本　指法人以其依法可支配的资产投入企业形成的资本金。根据会计"实收资本"科目计算填报。

个人资本　指自然人实际投入企业的资本金。根据会计"实收资本"科目计算填报。

港澳台资本　指我国香港、澳门和台湾地区投资者实际投入企业的资本金。根据会计"实收资本"科目计算填报。

外商资本　指外国投资者实际投入企业的资本金。根据会计"实收资本"科目计算填报。

营业收入　指企业经营主要业务和其他业务所确认的收入总额。营业收入合计包括"主营业务收入"和"其他业务收入"。根据会计"利润表"中"营业收入"项目的本期金额数填报。

主营业务收入　指企业确认的销售商品、提供劳务等主营业务的收入。根据会计"主营业务收入"科目的期末贷方余额（结转前）填报。执行 2006 年《企业会计准则》的企业，如未设置该科目，以"营业收入"代替填报。

营业成本　指企业经营主要业务和其他业务所发生的成本总额。包括企业（单位）在报告期内从事销售商品、提供劳务等日常活动发生的各种耗费。包括"主营业务成本"和"其他业务成本"。根据会计"利润表"中"营业成本"项目的本期金额数填报。

主营业务成本　指企业经营主要业务所发生的成本总额。根据会计"主营业务成本"科目的期末借方余额（结转前）填报。执行 2006 年《企业会计准则》的企业，如未设置该科目，以"营业成本"代替填报。

营业税金及附加　指企业因从事生产经营活动按税法规定缴纳的应从经营收入中抵扣的税金和附加，包括营业税、消费税、城市维护建设税、教育费附加等。根据会计"利润表”中“营业税金及附加”项目的本期金额数填报。

主营业务税金及附加 指企业经营主要业务应负担的营业税、消费税、城市维护建设税、教育费附加等。根据会计“主营业务税金及附加”科目的期末借方余额（结转前）填报。执行 2006 年《企业会计准则》的企业，如未设置该科目，以“营业税金及附加”代替填报。

其他业务利润 指企业经营除主要业务以外的其他业务实现的利润。根据会计“其他业务收入”科目的期末贷方余额减“其他业务成本”科目的期末借方余额计算填报。执行 2006 年《企业会计准则》的企业，如果未设置该科目，则在此处填 0。

销售费用 指企业在销售商品和材料、提供劳务的过程中发生的各种费用，包括保险费、包装费、展览费和广告费、商品维修费、预计产品质量保证损失、运输费、装卸费等以及为销售本企业商品而专设的销售机构（含销售网点、售后服务网点等）的职工薪酬、业务费、折旧费等经营费用。建筑业企业销售费用指企业从事施工生产活动过程中发生的各项费用，包括应由企业负担的运输费、装卸费、包装费、保险费、维修费、展览费、差旅费、广告费和其他经费。房地产企业销售费用指企业在从事主要经营业务过程中所发生的各项销售费用，包括转让、销售、结算和出租开发产品等。根据会计“利润表”中“销售费用”项目的本期金额数填报。未执行 2006 年《企业会计准则》的企业，根据会计“利润表”中“营业费用（或经营费用）”项目的本期金额数填报。

管理费用 指企业为组织和管理企业生产经营所发生的费用，包括企业在筹建期间内发生的开办费、董事会和行政管理部门在企业经营管理中发生的，或者应当由企业统一负担的公司经费等。根据会计“利润表”中“管理费用”项目的本期金额数填报。

税金 指企业按照规定从管理费用中支付的房产税、印花税、车船使用税和土地使用税。根据“管理费用明细账”中“管理费用——税金”的期末借方余额（结转前）分析填报。

财务费用 指企业为筹集生产经营所需资金等而发生的筹资费用，包括企业生产经营期间发生的利息支出（减利息收入）、汇兑损失（减汇兑收益）以及相关的手续费等。根据会计“利润表”中“财务费用”项目的本期金额数填报。

利息收入 指非金融企业存款业务所确认的利息金额。根据企业“财务费用明细账”中“财务费用——利息收入”科目的本期发生额填报。如果企业没有设置该科目，此处可填“0”。

利息支出 指企业短期借款利息、长期借款利息、应付票据利息、票据贴现利息、应付债券利息、长期应付引进国外设备款利息等利息支出。根据企业“财务费用明细账”中“财务费用——利息支出”科目的本期发生额填报。如果企业没有单独设立“利息收入”科目，应填报利息支出减去银行存款等的利息收入后的净额。

投资收益 指企业确认的投资收益或投资损失，反映企业以各种方式对外投资所取得的收益。根据会计“利润表”中“投资收益”项目的本期金额数填报。如为投资损失以“-”号记。

营业利润 指企业从事生产经营活动所取得的利润。执行 2006 年《企业会计准则》的企业，营业利润为营业收入减去营业成本、营业税金及附加、销售费用、管理费用、财务费用、资产减值损失，再加上公允价值变动收益和投资收益。未执行 2006 年《企业会计准则》的企业，营业利润为主营业务收入减去主营业务成本、主营业务税金及附加，加上其他业务利润后，再减去销售费用、管理费用、财务费用后的金额。根据会计“利润表”中“营业利润”项目的本期金额数填报。

利润总额 指企业在一定会计期间的经营成果，是生产经营过程中各种收入扣除各种耗费后的盈余，反映企业在报告期内实现的盈亏总额。根据会计“利润表”中“利润总额”项目的本期金额数填报。执行 2006 年《企业会计准则》的企业，利润总额为营业利润加上营业外收入，减去营业外支出后的金额；未执行 2006 年《企业会计准则》的企业，利润总额为营业利润加上投资收益、补贴收入、营业外收入，再减去营业外支出后的金额。

补贴收入 指企业实际收到的补贴收入，包括实际收到的先征后返的增值税；企业按销量或工作量等，依据国家规定的补助定额计算并按期给予的定额补贴。执行 2006 年《企业会计准则》的企业，根据会计 “营业外收入——补贴收入” 科目的期末贷方余额（结转前）填报；未执行 2006 年《企业会计准则》的企业，根据会计“补贴收入”科目的期末贷方余额（结转前）填报。

应交所得税 指企业按税法规定，应从生产经营等活动的所得中缴纳的税金。执行 2006 年《企业会计准则》的企业，根据会计“利润表”中“所得税费用”项目的本期金额数填报；未执行 2006 年《企业会计准则》的企业，根据会计“利润表”中 “所得税”项目的本期金额数填报。

应交增值税 指企业按税法规定，从事货物销售或提供加工、修理修配劳务等增加货物价值的活动本期应交纳的税金，不含期初未抵扣税额。根据会计相关科目贷方累计发生额，按下述公式计算填报：

应交增值税=销项税额－（进项税额－进项税额转出）－出口抵减内销产品应纳税额－减免税款+出口退税

应付职工薪酬 指企业为获得职工提供的服务而给予各种形式的报酬以及其他相关支出。包括职工工资、奖金、津贴和补贴，职工福利费，医疗保险费、养老保险费、失业保险费、工伤保险费和生育保险费等社会保险费，住房公积金，工会经费和职工教育经费，非货币性福利，因解除与职工的劳动关系给予的补偿，其他与获得职工提供的服务相关的支出。执行 2006 年《企业会计准则》的企业，根据会计科目“应付职工薪酬”的本年贷方累计发生额填报；未执行 2006 年《企业会计准则》的企业，应将本年上述职工薪酬包含的科目归并填报。

计算机数 指报告期末企业（单位）使用的计算机数量，

包括台式机、笔记本电脑和平板电脑。

网站数　指报告期末企业拥有和维护的，在互联网上可浏览的网站数，不包括企业内网。网站是指在公共互联网上，面向公众使用的，基于 TCP/IP 协议的计算机系统，以域名本身或者“WWW.+域名”为网址的 web 站点，由地址、软件、硬件和内容组成。

全年电子商务销售金额　指报告期内企业（单位）借助网络订单而销售的商品和服务总额。借助网络订单指通过网络接受订单。付款和配送可以不借助于网络。

全年电子商务采购金额　指报告期内企业（单位）借助网络订单而采购的商品和服务总额。借助网络订单指通过网络发送订单。付款和配送可以不借助于网络。

第2篇

建筑业

2-1　各地区全社会建筑业企业个数

单位：个

地　区	合计	总承包和专业承包企业	劳务分包企业	资质以外企业
总　计	**8231**	**2094**	**452**	**5685**
长沙市	2667	592	79	1996
株洲市	470	178	53	239
湘潭市	346	121	36	189
衡阳市	779	167	59	553
邵阳市	337	109	33	195
岳阳市	935	220	27	688
常德市	582	119	46	417
张家界市	143	30	14	99
益阳市	358	102	19	237
郴州市	299	106	9	184
永州市	241	91		150
怀化市	241	92	16	133
娄底市	455	117	59	279
湘西州	378	50	2	326

2-2　各地区全社会建筑业企业年末从业人员

单位：万人

地　区	合计	总承包和专业承包企业	劳务分包企业	资质以外企业
总　计	**222.42**	**199.74**	**9.15**	**13.52**
长沙市	96.49	90.40	2.12	3.98
株洲市	14.51	13.46	0.36	0.69
湘潭市	13.20	11.86	0.86	0.48
衡阳市	18.93	16.15	1.24	1.54
邵阳市	10.19	8.58	0.90	0.70
岳阳市	14.78	12.64	0.57	1.57
常德市	13.74	11.36	1.00	1.39
张家界市	1.98	1.38	0.49	0.12
益阳市	7.40	6.73	0.09	0.58
郴州市	9.03	7.82	0.60	0.61
永州市	6.61	6.26		0.35
怀化市	4.36	3.94	0.07	0.35
娄底市	8.87	7.54	0.86	0.48
湘西州	2.33	1.63	0.01	0.69

2-3 各地区全社会建筑业企业资产总计

单位：亿元

地区	合计	总承包和专业承包企业	劳务分包企业	资质以外企业
总　计	**4101.81**	**2980.50**	**16.48**	**1104.83**
长沙市	2607.56	1734.07	6.17	867.33
株洲市	204.92	180.72	1.12	23.08
湘潭市	116.54	103.41	1.07	12.06
衡阳市	210.68	174.39	1.69	34.60
邵阳市	114.92	91.49	0.90	22.53
岳阳市	217.98	171.82	1.23	44.94
常德市	113.81	95.50	0.62	17.70
张家界市	23.56	16.57	0.29	6.70
益阳市	68.57	59.15	0.07	9.35
郴州市	139.32	123.66	0.42	15.24
永州市	67.61	44.19		23.42
怀化市	63.55	59.12	0.14	4.29
娄底市	120.95	104.78	2.76	13.41
湘西州	31.84	21.64	0.01	10.19

2-4 各地区全社会建筑业企业实收资本

单位：亿元

地区	合计	总承包和专业承包企业	劳务分包企业	资质以外企业
总　计	**918.61**	**646.27**	**5.44**	**266.91**
长沙市	447.76	293.90	1.21	152.64
株洲市	46.41	37.55	0.43	8.43
湘潭市	41.35	31.64	0.34	9.36
衡阳市	60.17	42.70	0.55	16.92
邵阳市	35.64	31.02	0.42	4.20
岳阳市	86.47	49.67	0.71	36.09
常德市	40.25	31.69	0.33	8.23
张家界市	7.85	6.29	0.06	1.50
益阳市	23.99	18.42	0.04	5.53
郴州市	29.32	25.23	0.31	3.78
永州市	22.13	16.72		5.41
怀化市	19.79	17.25	0.10	2.44
娄底市	43.13	35.05	0.94	7.14
湘西州	14.34	9.13	0.00	5.21

2-5　各行业全社会建筑业企业个数

单位：个

行　业	合计	总承包和专业承包企业	劳务分包企业	资质以外企业
总　计	**8231**	**2094**	**452**	**5685**
房屋建筑业	2513	1175	320	1018
土木工程建筑业	1532	445	19	1068
铁路、道路、隧道和桥梁工程建筑	664	216	6	442
水利和内河港口工程建筑	240	76		164
海洋工程建筑	1			1
工矿工程建筑	69	36		33
架线和管道工程建筑	181	73	7	101
其他土木工程建筑	377	44	6	327
建筑安装业	917	219	16	682
建筑装饰和其他建筑业	3269	255	97	2917

2-6　各行业全社会建筑业企业年末从业人员

单位：万人

行　业	合计	总承包和专包企业	劳务分包企业	资质以外企业
总　计	**222.42**	**199.74**	**9.15**	**13.52**
房屋建筑业	156.77	146.72	6.77	3.27
土木工程建筑业	44.65	41.32	0.38	2.95
铁路、道路、隧道和桥梁工程建筑	26.04	24.60	0.30	1.14
水利和内河港口工程建筑	8.17	7.61		0.55
海洋工程建筑	0.00			0.00
工矿工程建筑	4.14	4.03		0.12
架线和管道工程建筑	4.24	3.83	0.02	0.38
其他土木工程建筑	2.07	1.24	0.07	0.75
建筑安装业	8.26	6.59	0.15	1.52
建筑装饰和其他建筑业	12.74	5.11	1.85	5.78

2-7 各行业全社会建筑业企业资产总计

单位：亿元

行业	合计	总承包和专业承包企业	劳务分包企业	资质以外企业
总 计	**4101.81**	**2980.50**	**16.48**	**1104.83**
房屋建筑业	2388.54	1814.10	12.15	562.28
土木工程建筑业	1233.96	943.50	1.44	289.02
铁路、道路、隧道和桥梁工程建筑	812.70	619.83	1.20	191.68
水利和内河港口工程建筑	162.50	137.43		25.06
海洋工程建筑	0.01			0.01
工矿工程建筑	88.69	84.60		4.09
架线和管道工程建筑	119.12	81.97	0.13	37.02
其他土木工程建筑	50.93	19.67	0.11	31.15
建筑安装业	174.55	126.47	0.79	47.30
建筑装饰和其他建筑业	304.76	96.43	2.10	206.23

2-8 各行业全社会建筑业实收资本

单位：亿元

行业	合计	总承包和专业承包企业	劳务分包企业	资质以外企业
总 计	**918.61**	**646.27**	**5.44**	**266.91**
房屋建筑业	469.47	413.33	3.86	52.27
土木工程建筑业	274.86	177.78	0.30	96.78
铁路、道路、隧道和桥梁工程建筑	169.10	111.57	0.10	57.43
水利和内河港口工程建筑	42.09	31.25		10.84
海洋工程建筑	0.01			0.01
工矿工程建筑	14.92	11.93		2.99
架线和管道工程建筑	23.04	17.19	0.11	5.74
其他土木工程建筑	25.72	5.84	0.09	19.78
建筑安装业	56.21	29.50	0.43	26.28
建筑装饰和其他建筑业	118.07	25.66	0.84	91.57

2-9 总承包和专业承包企业主要经济指标完成情况

指　　标	单位	2013年	2012年	2013年比2012年增减(%)
建筑业企业个数	个	2094	2021	3.61
直接从事生产经营活动的平均人数	万人	197.4	157.3	25.48
签订的合同额	亿元	11438.3	9191.5	24.44
#本年新签合同额	亿元	6573.8	5086.4	29.24
建筑业总产值	亿元	5283.8	4407.9	19.87
建筑工程产值	亿元	4568.2	3830.2	19.27
安装工程产值	亿元	342.5	289.3	18.40
其他产值	亿元	373.2	288.5	29.37
竣工产值	亿元	3485.2	2966.2	17.50
房屋建筑施工面积	万平方米	43528.2	36412.2	19.54
房屋建筑竣工面积	万平方米	15891.0	13398.7	18.60
年末自有施工机械设备净值	亿元	179.0	140.2	27.60
年末自有施工机械设备总功率	万千瓦	1206.3	999.8	20.66
实收资本	亿元	646.3	555.3	16.38
资产合计	亿元	2980.5	2517.9	18.37
#流动资产	亿元	2214.4	1876.4	18.02
固定资产	亿元	396.9	369.5	7.42
负债合计	亿元	1797.7	1543.0	16.51
#流动负债	亿元	1580.0	1332.0	18.62
利润总额	亿元	190.5	149.7	27.30
税金总额	亿元	202.1	157.6	28.28
按建筑业总产值计算的劳动生产率	元/人	267701	280277	-4.49
技术装备率	元/人	8963	11812	-24.12
动力装备率	千瓦/人	6.0	8.4	-28.57
人均利税	元/人	19667	19538	0.66
房屋建筑面积竣工率	%	36.5	36.8	-0.82
资产负债率	%	60.3	61.3	-1.63
产值利润率	%	3.6	3.4	5.88
产值利税率	%	7.4	7.0	5.71

2-10 各地区总承包和专业承包企业签订合同情况

单位：万元

地 区	合同总额	上年结转合同额	本年新签合同额
总 计	**114383292**	**48645067**	**65738225**
长沙市	74515828	34425420	40090408
株洲市	6145246	1905341	4239906
湘潭市	4449931	1523894	2926038
衡阳市	5555976	2357092	3198884
邵阳市	4475720	1776827	2698892
岳阳市	3231019	632278	2598741
常德市	3770989	1385267	2385722
张家界市	527152	270674	256479
益阳市	1897524	811755	1085769
郴州市	3126071	1343878	1782192
永州市	1939099	652445	1286654
怀化市	1413324	393885	1019440
娄底市	2463267	814751	1648516
湘西州	872147	351561	520586

2-11 各地区总承包和专业承包企业承包工程完成情况

单位：万元

地 区	直接从建设单位承揽工程完成的产值	自行完成施工产值	分包出去工程的产值	从建设单位以外承揽工程完成的产值
总 计	**51570221**	**51381293**	**188928**	**1457134**
长沙市	27048946	26981232	67713	655878
株洲市	3836490	3830885	5605	271827
湘潭市	2523284	2519559	3725	27966
衡阳市	3223241	3221688	1553	255705
邵阳市	2260285	2226679	33606	41776
岳阳市	2632567	2604299	28268	39587
常德市	2208851	2200871	7980	7626
张家界市	305832	305832		
益阳市	1386512	1378412	8100	11552
郴州市	1573011	1560359	12651	92601
永州市	1335422	1335422		400
怀化市	1088980	1077560	11421	14510
娄底市	1789313	1782294	7019	32512
湘西州	357489	356202	1287	5193

2-12 各地区总承包和专业承包企业建筑业总产值和竣工产值

单位：万元

地 区	建筑业总产值	装饰装修产 值	在外省完成的产值	按构成分组			竣工产值
				建筑工程产值	安装工程产值	其他产值	
总 计	**52838426**	**2023343**	**16914687**	**45681711**	**3424933**	**3731783**	**34852390**
长沙市	27637110	1116438	11126115	23998080	1235752	2403279	17642193
株洲市	4102712	86931	1247417	2985723	868189	248799	2314395
湘潭市	2547525	95214	975845	1956506	240924	350095	1517983
衡阳市	3477393	271906	1094248	3234194	155626	87574	2437463
邵阳市	2268454	66149	596475	2085490	78219	104746	1635242
岳阳市	2643887	108518	535117	2063635	415714	164538	2061616
常德市	2208497	42003	358211	2055663	56014	96820	1723303
张家界市	305832	6958	4281	275536	14175	16120	269933
益阳市	1389964	19388	135705	1290079	23266	76619	997664
郴州市	1652961	70584	172476	1508571	86527	57863	1250308
永州市	1335821	62879	83988	1267654	36254	31913	964673
怀化市	1092070	39870	78113	1020977	35784	35309	604348
娄底市	1814806	28512	506698	1597371	165635	51800	1192603
湘西州	361395	7993		342231	12855	6309	240668

2-13 各地区总承包和专业承包企业房屋建筑面积

地 区	房屋建筑施工面积(万平方米)	本 年新开工	实行投标承包面积		房屋建筑竣工面积(万平方米)	房屋建筑面积竣工率(%)
				本年新开工		
总 计	**43528.16**	**19457.35**	**34667.16**	**15990.30**	**15890.95**	**36.5**
长沙市	23775.93	8813.35	19301.80	7429.22	6517.54	27.4
株洲市	2510.98	1360.26	2136.01	1117.38	1076.93	42.9
湘潭市	2073.27	927.60	1685.24	751.73	793.75	38.3
衡阳市	2934.33	1528.61	2080.07	1124.48	1320.90	45.0
邵阳市	2480.06	1285.89	2348.54	1211.81	1127.93	45.5
岳阳市	1250.50	832.96	784.13	616.97	896.52	71.7
常德市	1952.82	1014.21	1889.89	1004.66	729.84	37.4
张家界市	355.88	128.82	200.94	72.93	174.79	49.1
益阳市	1069.92	642.53	646.62	506.23	696.97	65.1
郴州市	1339.59	822.00	702.38	445.68	575.30	42.9
永州市	1531.39	926.01	1340.72	846.99	933.86	61.0
怀化市	861.25	408.15	538.57	262.75	357.67	41.5
娄底市	1096.23	608.12	800.10	461.12	575.89	52.5
湘西州	296.02	158.83	212.14	138.35	113.08	38.2

2-14 各地区按主要用途分的总承包和

地 区	合计							
		住宅房屋	商业及服务用房屋					
				商厦房屋(批发和零售用房)	宾馆用房屋(住宿用房)	餐饮用房屋(餐饮用房)	商务会展用房屋	其他商业及服务用房屋(居民服务业用房)
总 计	**15890.95**	**11231.49**	**1019.23**	**537.12**	**137.49**	**18.18**	**43.07**	**283.37**
长沙市	6517.54	4727.21	368.71	215.82	62.09	1.88	9.46	79.46
株洲市	1076.93	732.82	46.21	9.16	5.84	1.82	15.48	13.90
湘潭市	793.75	529.33	78.73	53.15			9.26	16.32
衡阳市	1320.90	920.83	69.05	19.07	7.91	1.49	1.53	39.06
邵阳市	1127.93	787.16	70.33	40.30	15.75	5.12	4.36	4.80
岳阳市	896.52	601.25	101.64	51.49	2.65	0.18	1.15	46.17
常德市	729.84	558.86	29.34	17.22	2.48	0.13	0.57	8.94
张家界市	174.79	133.09	14.28	3.61	3.12	1.00		6.54
益阳市	696.97	466.33	40.30	26.76	3.80			9.74
郴州市	575.30	379.76	38.33	16.17	6.02	1.90		14.24
永州市	933.86	602.62	77.85	31.87	27.34	1.21		17.43
怀化市	357.67	254.53	51.85	37.63		0.22		14.00
娄底市	575.89	458.57	24.59	13.58	0.30	3.24	1.14	6.33
湘西州	113.08	79.12	8.05	1.30	0.19		0.12	6.44

2-15 各地区按主要用途分的总承包和

地 区	合计							
		住宅房屋	商业及服务用房屋					
				商厦房屋(批发和零售用房)	宾馆用房屋(住宿用房)	餐饮用房屋(餐饮用房)	商务会展用 房 屋	其他商业及服务用房屋(居民服务业用房)
总 计	**20960029**	**14407148**	**1522261**	**783423**	**231554**	**24399**	**59808**	**423077**
长沙市	10176514	7168992	723695	384913	152233	2353	14515	169680
株洲市	1372451	858477	76637	12734	6415	2244	22965	32279
湘潭市	1003728	662565	90013	55431			10166	24416
衡阳市	1376469	959913	76672	27107	6942	2816	2008	37799
邵阳市	1266013	848707	90282	50868	17056	5934	6884	9541
岳阳市	1119338	751180	125379	59694	3947	238	1014	60486
常德市	1012255	715426	44169	29462	3234	158	680	10635
张家界市	214334	159603	22209	4046	5741	2859		9563
益阳市	777749	504737	56205	38406	4910			12889
郴州市	650687	407910	46896	18284	13266	3277		12070
永州市	818267	519643	68392	34214	17187	845		16146
怀化市	397013	265810	64122	50123		258		13741
娄底市	646401	496436	30205	16658	390	3418	1486	8254
湘西州	128811	87750	7386	1483	235		90	5578

专业承包企业房屋建筑竣工面积

单位：万平方米

办公用房屋	科研、教育和医疗用房屋	科学研究用房屋	教育用房屋	医疗用房屋(卫生医疗用房)	文化、体育和娱乐用房屋	厂房及建筑物	厂房	仓库	其他未列明的房屋建筑物
887.66	**786.42**	**54.97**	**522.26**	**209.19**	**134.32**	**1344.85**	**877.61**	**67.85**	**419.13**
374.71	227.05	26.42	123.29	77.33	60.55	604.35	402.96	21.99	132.97
30.84	42.25	0.75	31.65	9.85	1.92	191.68	124.60	1.41	29.79
21.64	33.13	0.81	15.10	17.22	2.48	77.78	50.63	2.68	47.97
128.43	41.21	0.00	30.33	10.88	24.04	83.40	23.94	4.76	49.18
80.38	98.87	12.02	71.01	15.84	10.70	35.87	20.87	7.08	37.55
49.13	28.89	0.17	20.41	8.32	11.22	60.47	45.37	4.33	39.59
30.24	41.48	3.25	25.54	12.69	2.35	45.76	42.31	8.25	13.57
7.38	17.23		15.36	1.87		0.28	0.28		2.55
36.84	44.15	1.00	41.80	1.36	0.11	98.14	68.34	1.32	9.78
25.66	39.60	4.00	16.44	19.16	7.97	46.82	40.49	13.24	23.92
53.51	128.42	2.77	94.95	30.70	9.64	48.54	26.47	1.89	11.40
14.11	14.30	2.15	10.58	1.57	1.19	12.82	2.07	0.32	8.56
27.99	21.54	1.63	19.75	0.16	0.67	36.86	27.77	0.54	5.14
6.80	8.29		6.05	2.24	1.49	2.11	1.50	0.06	7.15

专业承包企业房屋建筑竣工价值

单位：万元

办公用房屋	科研、教育和医疗用房屋	科学研究用房屋	教育用房屋	医疗用房屋(卫生医疗用房)	文化、体育和娱乐用房屋	厂房及建筑物	厂房	仓库	其他未列明的房屋建筑物
1359122	**1084979**	**73874**	**683791**	**327314**	**224777**	**1660998**	**1120806**	**113125**	**587620**
648333	408660	41403	210410	156847	143141	777506	557537	54362	251824
46109	56525	1080	42540	12905	2743	283227	183730	1578	47155
35771	51057	1077	21392	28589	1800	92823	57172	3058	66641
149297	49909	1	36892	13016	10082	76525	25426	3126	50944
104565	114213	12990	80065	21158	20382	43902	29874	8303	35659
63807	44340	182	29109	15049	19651	67203	48044	5245	42533
97643	78025	4143	54662	19219	2649	44566	42880	12658	17120
12438	15003		13059	1944		429	429		4652
47257	49864	1146	47083	1635	124	110180	73859	1283	8100
32875	47216	4685	20901	21630	11593	55395	46195	21088	27715
51178	117286	2462	85961	28863	8324	45127	21063	1186	7130
14765	17424	2382	12812	2229	894	19617	1450	500	13880
44508	24176	2322	21688	167	1516	42512	31697	657	6391
10576	11281		7217	4064	1878	1985	1450	81	7874

2-16 各地区总承包和专业承包企业施工机械设备情况

地　　区	年末自有施工机械设备总台数(台)	年末自有施工机械设备总功率(千瓦)	年末自有施工机械设备净值(万元)	技术装备率(元/人)	动力装备率(千瓦/人)
总　计	**549559**	**12063395**	**1789521**	**8963**	**6.0**
长沙市	146073	4140653	734317	8125	4.6
株洲市	30895	471201	103749	7709	3.5
湘潭市	84117	1906143	86941	7334	16.1
衡阳市	41550	1063694	145545	9018	6.6
邵阳市	30447	600290	103794	12098	7.0
岳阳市	41564	896824	152702	12110	7.1
常德市	28209	556125	116005	10214	4.9
张家界市	23192	72090	19238	13954	5.2
益阳市	19804	492300	51719	7692	7.3
郴州市	17574	511348	79491	10166	6.5
永州市	17898	339619	46798	7481	5.4
怀化市	17930	227967	32762	8319	5.8
娄底市	43576	671048	102085	13542	8.9
湘西州	6730	114093	14375	8845	7.0

2-17 各地区总承包和专业承包企业主要生产效益指标

地　　区	直接从事生产经营活动的平均人数(人)	按总产值计算的劳动生产率(元/人)	人均竣工产值(元/人)	人均施工面积(平方米/人)	人均竣工面积(平方米/人)
总　计	**1973785**	**267701**	**174566**	**218**	**80**
长沙市	912417	302900	195216	263	72
株洲市	131067	313024	171964	187	80
湘潭市	114150	223173	128048	175	67
衡阳市	163118	213183	151020	182	82
邵阳市	88279	256964	190605	289	131
岳阳市	120677	219088	163494	99	71
常德市	105030	210273	151726	172	64
张家界市	14629	209058	195802	258	127
益阳市	60409	230092	148389	159	104
郴州市	76841	215114	159900	171	74
永州市	58396	228752	154215	245	149
怀化市	40231	271450	153454	219	91
娄底市	72724	249547	158208	145	76
湘西州	15817	228485	148085	182	70

2-18　各地区总承包和专业承包企业营业额

单位：万元

地　　区	企业营业额	在境外完成的营业额	企业总产值	建筑业总产值
总　计	**54758819**	**1068968**	**53689851**	**52838426**
长沙市	28861491	871109	27990382	27637110
株洲市	4182538	41830	4140708	4102712
湘潭市	2577728	15473	2562255	2547525
衡阳市	3554016	38364	3515652	3477393
邵阳市	2290679	8000	2282679	2268454
岳阳市	2823702	24007	2799695	2643887
常德市	2233145	15336	2217810	2208497
张家界市	305835		305835	305832
益阳市	1410780	18048	1392732	1389964
郴州市	1833572	8035	1825537	1652961
永州市	1359206	2468	1356739	1335821
怀化市	1096160		1096160	1092070
娄底市	1860311	26299	1834012	1814806
湘西州	369657		369657	361395

2-19　各地区总承包和专业承包企业资产构成

单位：万元

地　　区	资产合计	流动资产小计	存货	非流动资产合计	固定资产合计
总　计	**29805043**	**22144208**	**4891832**	**7660835**	**3969191**
长沙市	17340683	13188636	3015567	4152047	1497015
株洲市	1807213	1398798	262024	408415	263208
湘潭市	1034080	716435	179153	317644	233336
衡阳市	1743870	1344762	368417	399108	290743
邵阳市	914893	631734	193421	283159	229398
岳阳市	1718165	1152452	169859	565714	387724
常德市	954973	696855	94614	258118	194365
张家界市	165681	101214	10904	64467	43092
益阳市	591450	377006	53264	214444	113276
郴州市	1236647	914024	247949	322622	244686
永州市	441942	262915	73392	179027	140966
怀化市	591214	424837	87114	166377	85341
娄底市	1047808	783180	108654	264629	192969
湘西州	216425	151360	27502	65065	53071

2-20 各地区总承包和专业承包企业固定资产情况

单位：万元

地 区	固定资产合计	固定资产原价	固定资产折旧	本年折旧	在建工程
总 计	**3969191**	**5194117**	**2042500**	**330964**	**406211**
长沙市	1497015	2241208	1072482	166001	193027
株洲市	263208	322008	103992	27750	26469
湘潭市	233336	275068	75171	12681	11814
衡阳市	290743	406155	157979	18615	16880
邵阳市	229398	290481	86777	12812	7827
岳阳市	387724	414134	130732	24859	27088
常德市	194365	266442	96652	12288	18992
张家界市	43092	40314	10405	1751	2388
益阳市	113276	126511	45773	9088	24426
郴州市	244686	259521	78374	10345	25793
永州市	140966	149637	46129	8604	15955
怀化市	85341	108865	46273	6871	14439
娄底市	192969	237493	77996	16847	12075
湘西州	53071	56279	13766	2454	9039

2-21 各地区总承包和专业承包企业负债及所有者权益

单位：万元

地 区	负债合计	流动负债	应付账款	所有者权益	实收资本
总 计	**17977371**	**15799802**	**5490401**	**11827673**	**6462669**
长沙市	11489802	10164234	3774468	5850881	2939027
株洲市	1234782	1123423	420671	572431	375516
湘潭市	419436	380967	106179	614644	316422
衡阳市	1076435	951271	382474	667435	427023
邵阳市	389949	317493	70061	524944	310193
岳阳市	799722	654799	135584	918443	496670
常德市	440955	425641	79678	514019	316932
张家界市	66150	62592	41403	99531	62880
益阳市	257683	219650	57235	333767	184219
郴州市	681420	544431	149362	555227	252286
永州市	143881	126176	34090	298061	167198
怀化市	337708	302009	80837	253506	172469
娄底市	546068	453588	149166	501741	350504
湘西州	93382	73529	9193	123043	91332

2-22　各地区总承包和专业承包企业实收资本

单位：万元

地　区	实收资本	国家资本	集体资本	法人资本	个人资本	港澳台资本	外商资本
总　计	**6462669**	**1041549**	**545816**	**2083523**	**2778432**	**7261**	**6088**
长沙市	2939027	411939	95851	1144653	1273936	6591	6058
株洲市	375516	67172	25811	113858	168675		
湘潭市	316422	50218	29769	104249	132156		30
衡阳市	427023	56420	55961	136599	177442	600	
邵阳市	310193	80021	51943	55941	122288		
岳阳市	496670	87242	63938	115173	230318		
常德市	316932	40596	11743	57914	206679		
张家界市	62880	7300	5860	20533	29188		
益阳市	184219	23961	45583	32954	81651	70	
郴州市	252286	78563	18290	58938	96495		
永州市	167198	44845	25545	46774	50033		
怀化市	172469	31358	20511	50420	70180		
娄底市	350504	24008	70447	135911	120137		
湘西州	91332	37905	24567	9606	19255		

2-23　各地区总承包和专业承包企业收入情况

单位：万元

地　区	营业收入	营业成本	营业税金及附加	主营业务收入	主营业务成本	主营业务税金及附加
总　计	**49424561**	**43563252**	**1945000**	**49190760**	**42928015**	**1921278**
长沙市	25885177	23038610	960338	25750611	22846170	951904
株洲市	3535604	3170876	128197	3520778	3146810	127216
湘潭市	2359187	2115692	87706	2355873	2115340	87675
衡阳市	3331503	2983929	133708	3316010	2828808	127860
邵阳市	2030816	1775134	85599	2024460	1768180	84669
岳阳市	2611440	2215618	99110	2595207	2125709	97748
常德市	2115517	1835078	100807	2097947	1819975	100201
张家界市	295318	248118	13589	295184	248096	13223
益阳市	1343501	1137008	68277	1343139	1136525	68166
郴州市	1764669	1478865	104557	1752926	1350428	103609
永州市	1132401	964409	36601	1129786	962751	35519
怀化市	840024	710536	36433	836539	708541	34251
娄底市	1841905	1598658	75597	1836048	1580990	74782
湘西州	337500	290722	14481	336252	289693	14454

2-24 各地区总承包和专业承包企业费用情况

单位：万元

地区	管理费用	税金	销售费用	财务费用	利息收入	利息支出
总计	**1578741**	**100167**	**266285**	**262967**	**81399**	**243009**
长沙市	782110	35245	88698	149026	73692	171837
株洲市	104495	5129	12868	11108	2753	8789
湘潭市	61434	3529	8149	6672	312	3665
衡阳市	110709	3732	12904	12820	925	7722
邵阳市	71672	4630	10846	11774	348	9568
岳阳市	103111	8019	27316	18432	1396	11038
常德市	61921	3486	25239	7960	85	6624
张家界市	13235	4441	2946	1299	116	746
益阳市	47439	12046	12594	7064	173	4066
郴州市	75760	9714	16457	11166	1050	7990
永州市	40578	2479	20740	5993	294	2757
怀化市	22848	2282	6534	7597	31	2537
娄底市	66243	4947	19479	11271	184	4983
湘西州	17185	488	1516	787	43	688

2-25 各地区总承包和专业承包企业利润及税金情况

单位：万元

地区	利润总额	应交所得税	税金总额	主营业务税金及附加	管理费用中的税金
总计	**1905149**	**368295**	**2021445**	**1921278**	**100167**
长沙市	974507	198455	987149	951904	35245
株洲市	112382	24022	132345	127216	5129
湘潭市	78743	13677	91204	87675	3529
衡阳市	75827	15433	131592	127860	3732
邵阳市	76987	14647	89299	84669	4630
岳阳市	142306	25588	105767	97748	8019
常德市	85477	19910	103687	100201	3486
张家界市	15777	2529	17664	13223	4441
益阳市	66289	7360	80213	68166	12046
郴州市	75225	12980	113324	103609	9714
永州市	56210	9796	37999	35519	2479
怀化市	58301	6084	36533	34251	2282
娄底市	73186	15204	79729	74782	4947
湘西州	13934	2611	14941	14454	488

2-26　各地区总承包和专业承包企业应收工程款及企业亏损情况

地　　区	应收工程款(万元)	企业个数(个)		亏损企业的比重(%)
			亏损企业个数	
总　计	**5985345**	**2094**	**158**	**7.5**
长沙市	3063514	592	69	11.7
株洲市	470547	178	20	11.2
湘潭市	227888	121	5	4.1
衡阳市	438584	167	4	2.4
邵阳市	195590	109		
岳阳市	397463	220	12	5.5
常德市	148377	119	11	9.2
张家界市	52924	30	1	3.3
益阳市	162420	102	3	2.9
郴州市	390274	106	7	6.6
永州市	73587	91	4	4.4
怀化市	117318	92	13	14.1
娄底市	230298	117	5	4.3
湘西州	16561	50	4	8.0

2-27　各地区总承包和专业承包企业主要经济效益指标

地　　区	产值利润率(%)	产值利税率(%)	资本利润率(%)	资本利税率(%)	人均利润(元/人)	人均利税(元/人)	资产负债率(%)
总　计	**3.6**	**7.4**	**29.5**	**60.8**	**9542**	**19667**	**60.3**
长沙市	3.5	7.1	33.2	66.7	10783	21706	66.3
株洲市	2.7	6.0	29.9	65.2	8350	18184	68.3
湘潭市	3.1	6.7	24.9	53.7	6642	14336	40.6
衡阳市	2.2	6.0	17.8	48.6	4698	12851	61.7
邵阳市	3.4	7.3	24.8	53.6	8974	19382	42.6
岳阳市	5.4	9.4	28.7	49.9	11285	19673	46.5
常德市	3.9	8.6	27.0	59.7	7526	16655	46.2
张家界市	5.2	10.9	25.1	53.2	11444	24258	39.9
益阳市	4.8	10.5	36.0	79.5	9860	21790	43.6
郴州市	4.6	11.4	29.8	74.7	9620	24113	55.1
永州市	4.2	7.1	33.6	56.3	8986	15060	32.6
怀化市	5.3	8.7	33.8	55.0	14804	24080	57.1
娄底市	4.0	8.4	20.9	43.6	9709	20285	52.1
湘西州	3.9	8.0	15.3	31.6	8574	17768	43.1

2-28 各行业总承包和专业承包企业签订合同情况

单位：万元

行 业	合同总额		
		上年结转合同额	本年新签合同额
总 计	**114383292**	**48645067**	**65738225**
房屋建筑业	80010614	31092557	48918058
土木工程建筑业	28989823	15829402	13160421
铁路、道路、隧道和桥梁工程建筑	19180578	10975431	8205146
水利和内河港口工程建筑	5849879	3768295	2081584
海洋工程建筑			
工矿工程建筑	1929267	555618	1373649
架线和管道工程建筑	1673253	471089	1202165
其他土木工程建筑	356846	58969	297877
建筑安装业	3254521	1051248	2203274
建筑装饰业和其他建筑业	2128333	671860	1456473

2-29 各行业总承包和专业承包企业承包工程完成情况

单位：万元

行 业	直接从建设单位承揽工程完成的产值			从建设单位以外承揽工程完成的产值
		自行完成施工产值	分包出去工程的产值	
总 计	**51570221**	**51381293**	**188928**	**1457134**
房屋建筑业	37137092	37050970	86121	314671
土木工程建筑业	11557425	11473082	84343	925687
铁路、道路、隧道和桥梁工程建筑	7292263	7270034	22229	671469
水利和内河港口工程建筑	1836953	1833653	3300	15599
海洋工程建筑				
工矿工程建筑	1177375	1175076	2299	106054
架线和管道工程建筑	993129	936613	56516	131510
其他土木工程建筑	257706	257706		1055
建筑安装业	1729159	1716337	12821	181518
建筑装饰业和其他建筑业	1146546	1140904	5642	35258

2-30　各行业总承包和专业承包企业建筑业总产值和竣工产值

单位：万元

行　　业	建筑业总产值	装饰装修产　　值	在外省完成的产值	按构成分组 建筑工程产值	安装工程产值	其他产值	竣工产值
总　计	**52838426**	**2023343**	**16914687**	**45681711**	**3424933**	**3731783**	**34852390**
房屋建筑业	37365641	1340008	10178849	33802214	899427	2664000	25338193
土木工程建筑业	12398768	43214	5528962	10397489	1289614	711665	7651550
铁路、道路、隧道和桥梁工程建筑	7941502	26539	3283074	7455813	109217	376473	4871113
水利和内河港口工程建筑	1849252		920310	1654715	85083	109453	1248964
海洋工程建筑							
工矿工程建筑	1281130	250	850088	684896	489018	107217	591784
架线和管道工程建筑	1068123	6435	418415	418054	593305	56765	772464
其他土木工程建筑	258761	9990	57075	184012	12992	61758	167225
建筑安装业	1897855	23799	921108	714584	1015914	167358	1143100
建筑装饰业和其他建筑业	1176162	616323	285767	767424	219978	188760	719547

2-31 各行业总承包和专业承包企业房屋建筑面积

行业	房屋建筑施工面积（万平方米）	本年新开工	实行投标承包面积	本年新开工	房屋建筑竣工面积（万平方米）	房屋建筑面积竣工率（%）
总计	**43528.16**	**19457.35**	**34667.16**	**15990.30**	**15890.95**	**36.5**
房屋建筑业	41864.75	18809.40	33229.84	15496.54	15356.28	36.7
土木工程建筑业	1262.84	436.11	1096.05	320.34	385.97	30.6
铁路、道路、隧道和桥梁工程建筑	664.88	170.08	607.99	138.70	244.58	36.8
水利和内河港口工程建筑	136.49	66.35	135.22	66.10	32.55	23.8
海洋工程建筑						
工矿工程建筑	203.56	111.79	147.41	39.90	42.29	20.8
架线和管道工程建筑	178.34	44.58	130.90	32.34	31.51	17.7
其他土木工程建筑	79.57	43.31	74.53	43.31	35.05	44.1
建筑安装业	311.04	158.46	280.85	142.04	113.53	36.5
建筑装饰业和其他建筑业	89.54	53.37	60.43	31.37	35.17	39.3

2-32　各行业总承包和专业承包企业机械设备情况

行　　业	年末自有施工机械设备总台数(台)	年末自有施工机械设备总功率(千瓦)	年末自有施工机械设备净值(万元)	技术装备率(元/人)	动力装备率(千瓦/人)
总　计	**549559**	**12063395**	**1789521**	**8963**	**6.0**
房屋建筑业	334736	6463757	1069208	7288	4.4
土木工程建筑业	177093	5156278	642613	15565	12.5
铁路、道路、隧道和桥梁工程建筑	37862	1782616	370838	15090	7.3
水利和内河港口工程建筑	32868	1155019	163503	21492	15.2
海洋工程建筑					
工矿工程建筑	15995	451251	52150	12955	11.2
架线和管道工程建筑	88940	1718055	48121	12556	44.8
其他土木工程建筑	1428	49337	8001	6430	4.0
建筑安装业	23493	256425	41223	6283	3.9
建筑装饰业和其他建筑业	14237	186935	36477	7160	3.7

2-33 按主要用途分的各行业总承包和

行业	合计	住宅房屋	商业及服务用房屋	商厦房屋（批发和零售用房）	宾馆用房屋（住宿用房）	餐饮用房屋（餐饮用房）	商务会展用房屋	其他商业及服务用房屋（居民服务业用房）
总计	**15890.95**	**11231.49**	**1019.23**	**537.12**	**137.49**	**18.18**	**43.07**	**283.37**
房屋建筑业	15356.28	10947.34	978.83	505.60	137.14	17.82	37.04	281.23
土木工程建筑业	385.97	217.98	37.05	29.85	0.18	0.19	4.88	1.96
铁路、道路、隧道和桥梁工程建筑	244.58	151.66	32.21	28.57	0.18	0.12	1.38	1.96
水利和内河港口工程建筑	32.55	8.62	1.28	1.28				
海洋工程建筑								
工矿工程建筑	42.29	9.42						
架线和管道工程建筑	31.51	16.33	3.50				3.50	
其他土木工程建筑	35.05	31.95	0.07			0.07		
建筑安装业	113.53	49.46	2.38	1.68	0.18	0.18	0.18	0.18
建筑装饰业和其他建筑业	35.17	16.71	0.97				0.97	

2-34 按主要用途分的各行业总承包和

行业	合计	住宅房屋	商业及服务用房屋	商厦房屋（批发和零售用房）	宾馆用房屋（住宿用房）	餐饮用房屋（餐饮用房）	商务会展用房屋	其他商业及服务用房屋（居民服务业用房）
总计	**20960029**	**14407148**	**1522261**	**783423**	**231554**	**24399**	**59808**	**423077**
房屋建筑业	20090613	13974176	1443565	713882	231116	23906	54794	419867
土木工程建筑业	644437	355237	73730	66302	199	256	4001	2972
铁路、道路、隧道和桥梁工程建筑	415618	253254	69677	64570	199	126	1810	2972
水利和内河港口工程建筑	58763	10090	1732	1732				
海洋工程建筑								
工矿工程建筑	75039	11975						
架线和管道工程建筑	50648	40123	2191				2191	
其他土木工程建筑	44370	39794	130			130		
建筑安装业	189752	59410	4190	3238	238	238	238	238
建筑装饰业和其他建筑业	35227	18326	776				776	

专业承包企业房屋建筑竣工面积

单位：万平方米

办公用房屋	科研、教育和医疗用房屋	科学研究用房屋	教育用房屋	医疗用房屋(卫生医疗用房)	文化、体育和娱乐用房屋	厂房及建筑物	厂房	仓库	其他未列明的房屋建筑物
887.66	**786.42**	**54.97**	**522.26**	**209.19**	**134.32**	**1344.85**	**877.61**	**67.85**	**419.13**
854.05	776.85	54.76	515.20	206.90	119.54	1216.29	786.92	64.98	398.39
21.85	8.22	0.04	6.06	2.12	12.79	69.65	31.78	0.55	17.86
8.10	7.04	0.04	4.88	2.12	11.65	17.16	3.99	0.18	16.58
8.62	0.09		0.09			13.94	7.26		
3.60	1.09		1.09		1.15	26.94	8.92	0.09	
						10.40	10.40		1.28
1.53						1.21	1.21	0.29	
8.70	0.92	0.17	0.58	0.17	0.98	49.10	49.10	1.51	0.48
3.06	0.42		0.42		1.00	9.82	9.82	0.80	2.40

专业承包企业房屋建筑竣工价值

单位：万元

办公用房屋	科研、教育和医疗用房屋	科学研究用房屋	教育用房屋	医疗用房屋(卫生医疗用房)	文化、体育和娱乐用房屋	厂房及建筑物	厂房	仓库	其他未列明的房屋建筑物
1359122	**1084979**	**73874**	**683791**	**327314**	**224777**	**1660998**	**1120806**	**113125**	**587620**
1289322	1068376	73643	673051	321682	189284	1451957	979715	109953	563980
44553	14924	48	9439	5437	32585	102379	34432	417	20613
10048	13857	48	8371	5437	32115	19046	5755	173	17448
24445	165		165			22331	11559		
7040	903		903		470	54546	10662	105	
						5169	5169		3165
3021						1287	1287	139	
21766	1192	182	816	194	1808	98976	98974	2036	374
3481	486		486		1100	7686	7686	720	2653

2-35 按主要用途分的各行业总承包和专业承包企业主要生产效益指标

行业	直接从事生产经营活动的平均人数（人）	按总产值计算的劳动生产率（元/人）	人均竣工产值（元/人）	人均施工面积（平方米/人）	人均竣工面积（平方米/人）
总计	**1973785**	**267701**	**174566**	**218**	**80**
房屋建筑业	1442192	259089	172708	285	105
土木工程建筑业	410899	301747	185334	31	9
铁路、道路、隧道和桥梁工程建筑	252227	314855	198213	27	10
水利和内河港口工程建筑	70373	262779	164169	18	4
海洋工程建筑					
工矿工程建筑	38738	330717	147012	51	11
架线和管道工程建筑	37425	285404	201556	47	8
其他土木工程建筑	12136	213218	134393	64	28
建筑安装业	69388	273513	174232	47	17
建筑装饰业和其他建筑业	51306	229244	141246	18	7

2-36 按主要用途分的各行业总承包和专业承包企业营业额

单位：万元

行业	企业营业额		企业总产值	
		在境外完成的营业额		建筑业总产值
总计	**54758819**	**1068968**	**53689851**	**52838426**
房屋建筑业	38178629	383071	37795558	37365641
土木工程建筑业	13239120	658640	12580480	12398768
铁路、道路、隧道和桥梁工程建筑	8184268	121708	8062560	7941502
水利和内河港口工程建筑	2408195	523492	1884703	1849252
海洋工程建筑				
工矿工程建筑	1295333	13440	1281893	1281130
架线和管道工程建筑	1084905		1084905	1068123
其他土木工程建筑	266418		266418	258761
建筑安装业	1993668	23008	1970660	1897855
建筑装饰业和其他建筑业	1347403	4248	1343154	1176162

2-37　各行业总承包和专业承包企业资产构成

单位：万元

行　　业	资产合计	流动资产小　计	存货	非流动资产合计	固定资产合计
总　计	**29805043**	**22144208**	**4891832**	**7660835**	**3969191**
房屋建筑业	18141035	13356185	3041483	4784850	2347373
土木工程建筑业	9435041	7118590	1462625	2316452	1301329
铁路、道路、隧道和桥梁工程建筑	6198253	4652863	1092469	1545390	838423
水利和内河港口工程建筑	1374336	1019813	190243	354522	223317
海洋工程建筑					
工矿工程建筑	846040	699903	72714	146138	97269
架线和管道工程建筑	819714	601998	88198	217717	119926
其他土木工程建筑	196698	144014	19002	52685	22395
建筑安装业	1264686	960968	209051	303719	146864
建筑装饰业和其他建筑业	964281	708466	178674	255815	173624

2-38　各行业总承包和专业承包企业固定资产情况

单位：万元

行　　业	固定资产合计	固定资产原价	固定资产折旧	本年折旧	在建工程
总　计	**3969191**	**5194117**	**2042500**	**330964**	**406211**
房屋建筑业	2347373	2797229	950575	173331	255127
土木工程建筑业	1301329	2004248	937085	131980	114638
铁路、道路、隧道和桥梁工程建筑	838423	1292328	595350	77739	59762
水利和内河港口工程建筑	223317	384763	208035	29875	36617
海洋工程建筑					
工矿工程建筑	97269	137219	54885	9783	6636
架线和管道工程建筑	119926	163364	70909	12958	10500
其他土木工程建筑	22395	26575	7906	1626	1124
建筑安装业	146864	181644	69945	10334	13935
建筑装饰业和其他建筑业	173624	210995	84895	15320	22511

2-39 各行业总承包和专业承包企业负债及所有者权益

单位：万元

行业	负债合计	流动负债	应付账款	所有者权益	实收资本
总 计	**17977371**	**15799802**	**5490401**	**11827673**	**6462669**
房屋建筑业	10126638	8927469	2953552	8014397	4133328
土木工程建筑业	6522707	5665733	2125633	2912334	1777823
铁路、道路、隧道和桥梁工程建筑	4365993	3841713	1497888	1832260	1115706
水利和内河港口工程建筑	895562	700229	246115	478774	312502
海洋工程建筑					
工矿工程建筑	648236	620271	250785	197804	119312
架线和管道工程建筑	514022	424271	122640	305693	171887
其他土木工程建筑	98895	79249	8205	97803	58415
建筑安装业	787106	705724	266377	477580	294951
建筑装饰业和其他建筑业	540920	500877	144839	423361	256568

2-40 各行业总承包和专业承包企业实收资本

单位：万元

行业	实收资本	国家资本	集体资本	法人资本	个人资本	港澳台资本	外商资本
总 计	**6462669**	**1041549**	**545816**	**2083523**	**2778432**	**7261**	**6088**
房屋建筑业	4133328	302319	362397	1299511	2168431	670	
土木工程建筑业	1777823	613121	140615	640589	371977	5800	5721
铁路、道路、隧道和桥梁工程建筑	1115706	509623	65206	367637	173240		
水利和内河港口工程建筑	312502	64389	23383	139896	84834		
海洋工程建筑							
工矿工程建筑	119312	20111	11907	45371	41923		
架线和管道工程建筑	171887	15203	38079	61241	45843	5800	5721
其他土木工程建筑	58415	3795	2040	26444	26136		
建筑安装业	294951	76008	19900	65936	133098	5	5
建筑装饰业和其他建筑业	256568	50101	22905	77487	104927	786	362

2-41 各行业总承包和专业承包企业收入情况

单位：万元

行业	营业收入	营业成本	营业税金及附加	主营业务收入	主营业务成本	主营业务税金及附加
总计	**49424561**	**43563252**	**1945000**	**49190760**	**42928015**	**1921278**
房屋建筑业	33999699	30061269	1394607	33896841	29698737	1379391
土木工程建筑业	12376104	10873551	432027	12261313	10616775	424360
铁路、道路、隧道和桥梁工程建筑	7814920	6953564	273756	7728865	6742048	268930
水利和内河港口工程建筑	1832883	1578440	68939	1828790	1555117	68304
海洋工程建筑						
工矿工程建筑	1302219	1168256	33672	1296174	1163585	32848
架线和管道工程建筑	1177594	965457	45436	1160014	948324	44223
其他土木工程建筑	248488	207833	10224	247471	207701	10056
建筑安装业	1807182	1576208	64779	1795616	1564583	64341
建筑装饰业和其他建筑业	1241576	1052224	53588	1236990	1047920	53186

2-42 各行业总承包和专业承包企业费用情况

单位：万元

行业	管理费用	税金	销售费用	财务费用	利息收入	利息支出
总计	**1578741**	**100167**	**266285**	**262967**	**81399**	**243009**
房屋建筑业	908881	67643	188174	151888	63008	156410
土木工程建筑业	530548	26550	54581	98477	16880	78898
铁路、道路、隧道和桥梁工程建筑	244387	12670	30755	81086	7870	57109
水利和内河港口工程建筑	113943	3331	7859	8164	8362	15836
海洋工程建筑						
工矿工程建筑	54356	1619	6055	5728	376	2802
架线和管道工程建筑	106061	7710	5135	2683	124	2331
其他土木工程建筑	11801	1219	4778	816	148	821
建筑安装业	82020	3911	7613	7711	690	4148
建筑装饰业和其他建筑业	57291	2064	15917	4891	821	3552

2-43 各行业总承包和专业承包企业利润及税金情况

单位：万元

行　　业	利润总额	应交所得税	税金总额	主营业务税金及附加	管理费用中的税金
总　计	**1905149**	**368295**	**2021445**	**1921278**	**100167**
房屋建筑业	1376513	259956	1447034	1379391	67643
土木工程建筑业	397114	82422	450910	424360	26550
铁路、道路、隧道和桥梁工程建筑	233210	45915	281600	268930	12670
水利和内河港口工程建筑	60415	14540	71635	68304	3331
海洋工程建筑					
工矿工程建筑	34526	4995	34467	32848	1619
架线和管道工程建筑	56791	14106	51933	44223	7710
其他土木工程建筑	12173	2867	11275	10056	1219
建筑安装业	70936	16355	68252	64341	3911
建筑装饰业和其他建筑业	60586	9561	55250	53186	2064

2-44 各行业总承包和专业承包企业应收工程款及企业亏损情况

行　　业	应收工程款（万元）	企业个数（个）	亏损企业个数	亏损企业的比重（%）
总　计	**5985345**	**2094**	**158**	**7.5**
房屋建筑业	3602057	1175	58	4.9
土木工程建筑业	1941635	445	38	8.5
铁路、道路、隧道和桥梁工程建筑	1326508	216	15	6.9
水利和内河港口工程建筑	210170	76	7	9.2
海洋工程建筑				
工矿工程建筑	223277	36	2	5.6
架线和管道工程建筑	156965	73	9	12.3
其他土木工程建筑	24716	44	5	11.4
建筑安装业	278911	219	33	15.1
建筑装饰及其他建筑业	162742	255	29	11.4

2-45　各行业总承包和专业承包企业主要经济效益指标

行　　业	产值利润率(%)	产值利税率(%)	资本利润率(%)	资本利税率(%)	人均利润(元/人)	人均利税(元/人)	资产负债率(%)
总　计	**3.6**	**7.4**	**29.5**	**60.8**	**9542**	**19667**	**60.3**
房屋建筑业	3.7	7.6	33.3	68.3	9382	19246	55.8
土木工程建筑业	3.2	6.8	22.3	47.7	9619	20541	69.1
铁路、道路、隧道和桥梁工程建筑	2.9	6.5	20.9	46.1	9490	20948	70.4
水利和内河港口工程建筑	3.3	7.1	19.3	42.3	7941	17357	65.2
海洋工程建筑							
工矿工程建筑	2.7	5.4	28.9	57.8	8577	17140	76.6
架线和管道工程建筑	5.3	10.2	33.0	63.3	14818	28369	62.7
其他土木工程建筑	4.7	9.1	20.8	40.1	9783	18844	50.3
建筑安装业	3.7	7.3	24.1	47.2	10812	21215	62.2
建筑装饰及其他建筑业	5.2	9.8	23.6	45.1	11893	22738	56.1

2-46　按机构类型划分的总承包和专业承包企业签订合同情况

单位：万元

机构类型	合同总额	上年结转合同额	本年新签合同额
总　计	**114383292**	**48645067**	**65738225**
国有企业	11193494	5374745	5818749
集体企业	2760439	940775	1819664
股份合作企业	44254	4647	39607
联营企业	46098	19170	26928
有限责任公司	74924761	32369648	42555114
股份有限公司	7948223	3512201	4436022
私营企业	16549299	6057799	10491500
其他企业	287756	87954	199802
港、澳、台商投资企业	249888	110875	139013
外商投资企业	379080	167253	211826

2-47 按机构类型划分的总承包和专业承包企业承包工程完成情况

单位：万元

机构类型	直接从建设单位承揽工程完成的产值	自行完成施工产值	分包出去工程的产值	从建设单位以外承揽工程完成的产值
总　计	**51570221**	**51381293**	**188928**	**1457134**
国有企业	4545664	4534174	11490	120383
集体企业	1904429	1902240	2189	23107
股份合作企业	42531	42531		
联营企业	29478	29022	456	456
有限责任公司	30428009	30345742	82268	1101117
股份有限公司	4454371	4431080	23291	38269
私营企业	9587000	9549120	37880	144853
其他企业	186889	186889		
港、澳、台商投资企业	201996	199591	2405	
外商投资企业	189852	160903	28949	28949

2-48 按机构类型划分的总承包和专业承包企业建筑业总产值和竣工产值

单位：万元

机构类型	建筑业总产值	装饰装修产值	在外省完成的产值	按构成分组			竣工产值
				建筑工程产值	安装工程产值	其他产值	
总　计	**52838426**	**2023343**	**16914687**	**45681711**	**3424933**	**3731783**	**34852390**
国有企业	4654557	45605	1720213	4171923	244451	238183	2974488
集体企业	1925347	97482	154365	1723957	136590	64801	1483625
股份合作企业	42531			37820		4711	40608
联营企业	29478	13204	1453	29072	71	335	9781
有限责任公司	31446858	1156165	12428671	27276476	2040948	2129435	20316718
股份有限公司	4469349	193445	1093618	3573695	341981	553673	3097934
私营企业	9693973	411252	1287553	8438919	549634	705420	6643280
其他企业	186889	3902	19812	147865	3800	35224	97470
港、澳、台商投资企业	199591	25230	100204	160490	39101		92629
外商投资企业	189852	77057	108799	121495	68358		95858

2-49　按机构类型划分的总承包和专业承包企业房屋建筑面积

机构类型	房屋建筑施工面积(万平方米)	本　年新开工	实行投标承包面积	本年新开工	房屋建筑竣工面积(万平方米)	房屋建筑面积竣工率(%)
总　计	**43528.16**	**19457.35**	**34667.16**	**15990.30**	**15890.95**	**36.5**
国有企业	2170.92	803.41	1787.90	706.02	653.43	30.1
集体企业	2239.85	1276.80	1668.17	1118.15	1142.34	51.0
股份合作企业	28.31	25.98	28.21	25.78	26.83	94.8
联营企业	25.72	5.80	24.69	5.34	7.92	30.8
有限责任公司	25556.18	10556.62	20437.93	8578.60	8503.23	33.3
股份有限公司	4140.61	1886.41	3129.35	1630.32	1727.02	41.7
私营企业	8991.99	4779.49	7224.24	3807.63	3720.25	41.4
其他企业	123.46	67.94	120.79	67.10	68.55	55.5
港、澳、台商投资企业	202.07	5.83	196.83	2.29	30.18	14.9
外商投资企业	49.05	49.05	49.05	49.05	11.21	22.9

2-50　按机构类型划分的总承包和专业承包企业机械设备情况

机构类型	年末自有施工机械设备总台数(台)	年末自有施工机械设备总功率(千瓦)	年末自有施工机械设备净值(万元)	技术装备率(元/人)	动力装备率(千瓦/人)
总　计	**549559**	**12063395**	**1789521**	**8963**	**6.0**
国有企业	39481	1054450	213522	13710	6.8
集体企业	37099	605063	88784	9351	6.4
股份合作企业	219	2683	1129	6413	1.5
联营企业	930	22686	4456	12819	6.5
有限责任公司	281377	7328424	953044	8256	6.3
股份有限公司	34643	1149374	122849	7414	6.9
私营企业	151086	1854843	394060	9837	4.6
其他企业	891	28710	7363	9985	3.9
港、澳、台商投资企业	1208	7714	434	729	1.3
外商投资企业	2625	9448	3881	5842	1.4

2-51 按机构类型划分的总承包和

机构类型	合计	住宅房屋	商业及服务用房屋	商厦房屋(批发和零售用房)	宾馆用房屋(住宿用房)	餐饮用房屋(餐饮用房)	商务会展用房屋	其他商业及服务用房屋(居民服务业用房)
总　计	**15890.95**	**11231.49**	**1019.23**	**537.12**	**137.49**	**18.18**	**43.07**	**283.37**
国有企业	653.43	469.06	36.07	21.56	8.98	0.18	0.30	5.06
集体企业	1142.34	748.04	48.25	17.47	7.11	0.52	1.28	21.87
股份合作企业	26.83	17.60	0.25					0.25
联营企业	7.92	7.16						
有限责任公司	8503.23	6106.47	566.05	331.16	40.64	11.23	17.70	165.32
股份有限公司	1727.02	1155.90	117.81	63.70	40.11	1.20		12.79
私营企业	3720.25	2622.38	248.12	102.88	40.65	5.06	23.79	75.74
其他企业	68.55	64.86	1.32	0.36				0.97
港、澳、台商投资企业	30.18	30.18						
外商投资企业	11.21	9.84	1.37					1.37

2-52 按机构类型划分的总承包和

机构类型	合计	住宅房屋	商业及服务用房屋	商厦房屋(批发和零售用房)	宾馆用房屋(住宿用房)	餐饮用房屋(餐饮用房)	商务会展用房屋	其他商业及服务用房屋(居民服务业用房)
总　计	**20960029**	**14407148**	**1522261**	**783423**	**231554**	**24399**	**59808**	**423077**
国有企业	914080	646472	54582	32413	14529	238	328	7075
集体企业	1151292	751768	53267	20801	6463	1039	1874	23090
股份合作企业	28188	16938	390					390
联营企业	9781	9000						
有限责任公司	12072257	8319347	889039	511572	61178	12980	21456	281854
股份有限公司	2174111	1366313	211751	86501	108484	2217		14548
私营企业	4506027	3197115	310908	131858	40899	7925	36151	94075
其他企业	59498	57142	580	278				302
港、澳、台商投资企业	29328	29328						
外商投资企业	15469	13726	1743					1743

专业承包企业房屋建筑竣工面积

单位：万平方米

办公用房屋	科研、教育和医疗用房屋	科学研究用房屋	教育用房屋	医疗用房屋（卫生医疗用房）	文化、体育和娱乐用房屋	厂房及建筑物	厂房	仓库	其他未列明的房屋建筑物
887.66	**786.42**	**54.97**	**522.26**	**209.19**	**134.32**	**1344.85**	**877.61**	**67.85**	**419.13**
53.77	45.93	0.17	25.06	20.70	7.03	28.54	13.28	2.93	10.11
97.21	106.91	7.30	83.13	16.48	8.49	86.51	40.31	3.57	43.36
0.12	0.71		0.71			6.45	3.95	1.70	
0.76									
404.07	322.13	21.23	191.97	108.92	87.07	751.83	503.42	39.47	226.13
129.78	84.19	8.42	58.85	16.92	12.15	144.64	119.53	13.15	69.40
200.68	226.27	17.84	162.26	46.17	19.57	326.06	196.30	7.03	70.13
1.27	0.27		0.27			0.83	0.83		

专业承包企业房屋建筑竣工价值

单位：万元

办公用房屋	科研、教育和医疗用房屋	科学研究用房屋	教育用房屋	医疗用房屋（卫生医疗用房）	文化、体育和娱乐用房屋	厂房及建筑物	厂房	仓库	其他未列明的房屋建筑物
1359122	**1084979**	**73874**	**683791**	**327314**	**224777**	**1660998**	**1120806**	**113125**	**587620**
68027	63027	182	25837	37007	10375	57087	20010	3726	10784
95619	115056	8760	86322	19975	12058	81194	38918	2840	39489
296	897		897			7753	4530	1913	
781									
773727	524481	27231	299707	197542	160665	987354	687318	78124	339520
159995	107878	11304	75220	21355	18874	172656	144208	21564	115081
259782	273394	26397	195562	51435	22804	354320	225189	4958	82746
897	246		246			633	633		

2-53 按机构类型划分的总承包和专业承包企业营业额

单位：万元

机构类型	企业营业额	在境外完成的营业额	企业总产值	建筑业总产值
总 计	**54758819**	**1068968**	**53689851**	**52838426**
国有企业	4809435	55685	4753749	4654557
集体企业	2103994	23282	2080712	1925347
股份合作企业	42531		42531	42531
联营企业	33012		33012	29478
有限责任公司	32639171	927346	31711825	31446858
股份有限公司	4508331	1100	4507231	4469349
私营企业	10040812	61555	9979257	9693973
其他企业	192089		192089	186889
港、澳、台商投资企业	199591		199591	199591
外商投资企业	189852		189852	189852

2-54 按机构类型划分的总承包和专业承包企业资产构成

单位：万元

机构类型	资产合计	流动资产小 计	存货	非 流 动资产合计	固定资产合计
总 计	**29805043**	**22144208**	**4891832**	**7660835**	**3969191**
国有企业	3651079	2415218	395601	1235862	530609
集体企业	833933	588920	137803	245013	187004
股份合作企业	15019	9436	764	5582	3690
联营企业	44185	36169	9920	8016	5267
有限责任公司	18148606	13779312	3161633	4369295	2084381
股份有限公司	1964744	1429584	282856	535160	319853
私营企业	4808900	3632651	848163	1176248	798483
其他企业	71749	51937	20000	19812	19811
港、澳、台商投资企业	102772	84068	6064	18704	7169
外商投资企业	164057	116913	29029	47144	12923

2-55 按机构类型划分的总承包和专业承包企业固定资产情况

单位：万元

机构类型	固定资产合计	固定资产原价	固定资产折旧		在建工程
				本年折旧	
总　计	**3969191**	**5194117**	**2042500**	**330964**	**406211**
国有企业	530609	735450	334047	29216	53138
集体企业	187004	211323	68807	9886	14708
股份合作企业	3690	5281	2295	129	684
联营企业	5267	4664	2453	257	43
有限责任公司	2084381	2890757	1160388	213013	231021
股份有限公司	319853	328982	118630	18541	27799
私营企业	798483	976496	332721	56693	58358
其他企业	19811	15583	8285	1522	11556
港、澳、台商投资企业	7169	11508	6263	880	1925
外商投资企业	12923	14074	8612	827	6980

2-56 按机构类型划分的总承包和专业承包企业负债及所有者权益

单位：万元

机构类型	负债合计			所有者权益	
		流动负债	应付账款		实收资本
总　计	**17977371**	**15799802**	**5490401**	**11827673**	**6462669**
国有企业	2685350	2232848	712229	965730	527787
集体企业	404192	334302	81049	429741	273355
股份合作企业	3517	3496	1306	11502	8340
联营企业	22166	20589	1465	22018	12253
有限责任公司	11717903	10493574	4084564	6430703	3529840
股份有限公司	817360	733111	152128	1147385	529314
私营企业	2154075	1809253	386656	2654825	1522421
其他企业	19704	19704	10965	52045	16392
港、澳、台商投资企业	60623	60523	19231	42149	20407
外商投资企业	92482	92402	40810	71575	22560

2-57 按机构类型划分的总承包和专业承包企业实收资本

单位：万元

机构类型	实收资本	国家资本	集体资本	法人资本	个人资本	港澳台资本	外商资本
总 计	**6462669**	**1041549**	**545816**	**2083523**	**2778432**	**7261**	**6088**
国有企业	527787	383004	43342	94585	6857		
集体企业	273355	7204	208015	50053	7484	600	
股份合作企业	8340	2923		3227	2190		
联营企业	12253	2374		4220	5659		
有限责任公司	3529840	613177	229323	1304950	1382390		
股份有限公司	529314	19640	29780	162343	317552		
私营企业	1522421	3946	35357	455971	1027107	5	35
其他企业	16392			4166	12226		
港、澳、台商投资企业	20407	1275		4008	8468	6656	
外商投资企业	22560	8007			8500		6053

2-58 按机构类型划分的总承包和专业承包企业收入情况

单位：万元

机构类型	营业收入	营业成本	营业税金及附加	主营业务收入	主营业务成本	主营业务税金及附加
总 计	**49424561**	**43563252**	**1945000**	**49190760**	**42928015**	**1921278**
国有企业	4323012	3868975	148500	4302344	3835559	145668
集体企业	1735022	1478533	85771	1728408	1427946	83638
股份合作企业	40778	36430	1940	40107	35908	1708
联营企业	27311	24301	1436	27005	24030	1357
有限责任公司	29374029	26269185	1112751	29213794	25942217	1102702
股份有限公司	4303041	3665429	189010	4272575	3625128	187558
私营企业	9044502	7719137	384387	9029753	7536000	377441
其他企业	165199	148097	6232	165169	148097	6232
港、澳、台商投资企业	223045	205384	8529	222999	205350	8529
外商投资企业	188622	147782	6445	188607	147782	6445

2-59　按机构类型划分的总承包和专业承包企业费用情况

单位：万元

机构类型	管理费用	税金	销售费用	财务费用	利息收入	利息支出
总　计	**1578741**	**100167**	**266285**	**262967**	**81399**	**243009**
国有企业	145732	5830	10589	50003	12920	44646
集体企业	66683	5569	27969	8899	157	4357
股份合作企业	1181	22	24	102	23	66
联营企业	624	23	250	135	26	111
有限责任公司	853562	52885	98018	129914	64600	141036
股份有限公司	191153	12264	29177	22275	2548	16586
私营企业	303314	22573	98019	49111	1309	34760
其他企业	1464	48	644	711	6	431
港、澳、台商投资企业	3157	199	1595	533	11	240
外商投资企业	11872	754		1284	-200	777

2-60　按机构类型划分的总承包和专业承包企业利润及税金情况

单位：万元

机构类型	利润总额	应交所得税	税金总额	工程结算税金及附加	管理费用中的税金
总　计	**1905149**	**368295**	**2021445**	**1921278**	**100167**
国有企业	107556	20521	151498	145668	5830
集体企业	64856	11719	89207	83638	5569
股份合作企业	1066	104	1730	1708	22
联营企业	609	113	1380	1357	23
有限责任公司	1001775	186422	1155587	1102702	52885
股份有限公司	208181	45947	199822	187558	12264
私营企业	486936	95524	400014	377441	22573
其他企业	8043	1879	6281	6232	48
港、澳、台商投资企业	3941	795	8728	8529	199
外商投资企业	22186	5271	7199	6445	754

2-61 按机构类型划分的总承包和专业承包企业应收工程款及企业亏损情况

机构类型	应收工程款(万元)	企业个数(个)	亏损企业个数	亏损企业的比重(%)
总　计	**5985345**	**2094**	**158**	**7.5**
国有企业	691052	147	15	10.2
集体企业	216115	191	15	7.9
股份合作企业	4359	6		
联营企业	2950	4		
有限责任公司	3577004	924	74	8.0
股份有限公司	374941	161	3	1.9
私营企业	1044926	643	50	7.8
其他企业	9628	7		
港、澳、台商投资企业	14859	7	1	14.3
外商投资企业	49512	4		

2-62 按资质等级划分的总承包和专业承包企业签订合同情况

单位：万元

资质等级	合同总额	上年结转合同额	本年新签合同额
总　计	**114383292**	**48645067**	**65738225**
施工总承包	109708613	47473009	62235604
特级	38320040	17821773	20498267
一级	44917560	21255270	23662290
二级	17200144	6214416	10985729
三级及以下	9270869	2181551	7089318
专业承包	4674679	1172057	3502622
一级	1837052	497425	1339627
二级	1253276	258344	994932
三级及以下	1584351	416288	1168063

2-63　按资质等级划分的总承包和专业承包企业承包工程完成情况

单位：万元

资质等级	直接从建设单位承揽工程完成的产值	自行完成施工产值	分包出去工程的产值	从建设单位以外承揽工程完成的产值
总　计	**51570221**	**51381293**	**188928**	**1457134**
施工总承包	48506044	48368195	137849	1345096
特级	10699382	10680846	18536	25480
一级	20090840	20053521	37318	1041492
二级	10485490	10443470	42019	87880
三级及以下	7230332	7190356	39975	190245
专业承包	3064177	3013098	51079	112038
一级	952288	948365	3923	37704
二级	975341	938530	36811	33805
三级及以下	1136549	1126203	10345	40529

2-64　按资质等级划分的总承包和专业承包企业建筑业总产值和竣工产值

单位：万元

资质等级	建筑业总产值			按构成分组			竣工产值
		装饰装修产　值	在外省完成的产值	建筑工程产值	安装工程产值	其他产值	
总　计	**52838426**	**2023343**	**16914687**	**45681711**	**3424933**	**3731783**	**34852390**
施工总承包	49713290	1369195	16040054	44177675	2367347	3168268	32834153
特级	10706326	90575	6969423	10166137	141455	398735	7067786
一级	21095013	602230	7509968	17772211	1629619	1693182	12232648
二级	10531350	419922	1009903	9549987	331098	650266	7802218
三级及以下	7380601	256468	550759	6689341	265176	426085	5731501
专业承包	3125136	654148	874633	1504036	1057586	563515	2018238
一级	986069	470648	399092	629728	217745	138596	433080
二级	972335	39269	242588	339048	437077	196211	786648
三级及以下	1166733	144231	232954	535260	402764	228708	798510

2-65 按资质等级划分的总承包和专业承包企业房屋建筑面积

资质等级	房屋建筑施工面积(万平方米)	本 年新开工	实行投标承包面积	本年新开工	房屋建筑竣工面积(万平方米)	房屋建筑面积竣工率(%)
总 计	**43528.16**	**19457.35**	**34667.16**	**15990.30**	**15890.95**	**36.5**
施工总承包	43435.96	19410.40	34624.96	15971.01	15825.31	36.4
特级	11873.48	3706.04	9151.07	2862.93	2565.30	21.6
一级	15113.66	6349.41	13668.85	5897.93	4645.38	30.7
二级	10219.25	5220.79	7225.17	3918.58	4775.38	46.7
三级及以下	6229.57	4134.15	4579.86	3291.58	3839.25	61.6
专业承包	92.20	46.95	42.20	19.29	65.65	71.2
一级	0.91	0.80	0.35	0.34	0.76	82.7
二级	45.00	21.69	29.99	7.09	27.72	61.6
三级及以下	46.28	24.45	11.86	11.85	37.18	80.3

2-66　按资质等级划分的总承包和专业承包企业机械设备情况

资质等级	年末自有施工机械设备总台数(台)	年末自有施工机械设备总功率(千瓦)	年末自有施工机械设备净值(万元)	技术装备率(元/人)	动力装备率(千瓦/人)
总　计	**549559**	**12063395**	**1789521**	**8963**	**6.0**
施工总承包	441695	10018834	1681218	9016	5.4
特级	34469	1401484	234872	7653	4.6
一级	104578	3192165	543490	8131	4.8
二级	154540	2925380	508239	9485	5.5
三级及以下	148108	2499805	394618	11159	7.1
专业承包	107864	2044561	108303	8222	15.5
一级	8233	114803	12497	4024	3.7
二级	36168	1663545	38280	9457	41.1
三级及以下	63463	266213	57526	9556	4.4

2-67 按资质等级划分的总承包和

资质等级	合计	住宅房屋	商业及服务用房屋					
				商厦房屋(批发和零售用房)	宾馆用房屋(住宿用房)	餐饮用房屋(餐饮用房)	商务会展用 房 屋	其他商业及服务用房屋(居民服务业用房)
总　计	**15890.95**	**11231.49**	**1019.23**	**537.12**	**137.49**	**18.18**	**43.07**	**283.37**
施工总承包	15825.31	11180.42	1015.79	536.82	137.49	18.12	43.07	280.30
特级	2565.30	1908.13	135.31	101.16	25.64	3.17	0.99	4.35
一级	4645.38	3194.12	319.80	154.39	39.83	3.38	15.65	106.55
二级	4775.38	3537.70	303.10	153.90	26.13	7.74	22.33	93.00
三级及以下	3839.25	2540.46	257.59	127.38	45.89	3.83	4.09	76.40
专业承包	65.65	51.08	3.44	0.30		0.07		3.07
一级	0.76							
二级	27.72	21.45	3.14			0.07		3.07
三级及以下	37.18	29.62	0.30	0.30				

2-68 按资质等级划分的总承包和

资质等级	合计	住宅房屋	商业及服务用房屋					
				商厦房屋(批发和零售用房)	宾馆用房屋(住宿用房)	餐饮用房屋(餐饮用房)	商务会展用 房 屋	其他商业及服务用房屋(居民服务业用房)
总　计	**20960029**	**14407148**	**1522261**	**783423**	**231554**	**24399**	**59808**	**423077**
施工总承包	20884143	14347244	1517472	783213	231554	24270	59808	418627
特级	4444306	3147295	250383	200784	33504	3686	2950	9458
一级	6672771	4380734	579867	229750	120713	5910	19822	203671
二级	5705005	4157209	415903	214510	42811	9812	31949	116821
三级及以下	4062062	2662006	271319	138169	34525	4862	5087	88676
专业承包	75886	59904	4789	210		130		4449
一级	781							
二级	39406	31708	4579			130		4449
三级及以下	35699	28197	210	210				

专业承包企业房屋建筑竣工面积

单位：万平方米

办公用房屋	科研、教育和医疗用房屋	科学研究用房屋	教育用房屋	医疗用房屋（卫生医疗用房）	文化、体育和娱乐用房屋	厂房及建筑物	厂房	仓库	其他未列明的房屋建筑物
887.66	**786.42**	**54.97**	**522.26**	**209.19**	**134.32**	**1344.85**	**877.61**	**67.85**	**419.13**
886.49	786.42	54.97	522.26	209.19	134.32	1334.99	872.06	67.85	419.03
184.81	64.58	5.41	24.50	34.67	31.23	176.42	171.50	19.88	44.93
260.87	251.15	19.87	151.73	79.55	53.21	420.99	277.00	6.36	138.87
210.58	158.00	9.22	106.41	42.36	27.51	391.40	219.57	28.15	118.96
230.24	312.70	20.46	239.62	52.61	22.36	346.18	204.00	13.46	116.26
1.16						9.87	5.55		0.10
0.76									
0.12						3.01			
0.29						6.86	5.55		0.10

专业承包企业房屋建筑竣工价值

单位：万元

办公用房屋	科研、教育和医疗用房屋	科学研究用房屋	教育用房屋	医疗用房屋（卫生医疗用房）	文化、体育和娱乐用房屋	厂房及建筑物	厂房	仓库	其他未列明的房屋建筑物
1359122	**1084979**	**73874**	**683791**	**327314**	**224777**	**1660998**	**1120806**	**113125**	**587620**
1357737	1084979	73874	683791	327314	224777	1651262	1116032	113125	587548
378115	149412	7373	63221	78818	80385	274162	265431	45098	119456
465150	411077	31792	244065	135219	71055	551534	373120	6854	206500
253230	199788	14729	131279	53780	47016	440513	262489	49031	142316
261242	324702	19980	245226	59497	26321	385054	214992	12142	119276
1386						9735	4774		72
781									
230						2889			
375						6846	4774		72

2-69 按资质等级划分的总承包和专业承包企业营业额

单位：万元

资质等级	企业营业额	在境外完成的营业额	企业总产值	建筑业总产值
总 计	**54758819**	**1068968**	**53689851**	**52838426**
施工总承包	50509242	1043486	50453557	49713290
特级	10838643	675564	10815361	10706326
一级	21270592	189175	21270592	21095013
二级	10770808	105142	10770808	10531350
三级及以下	8524141	73605	7596795	7380601
专业承包	3237395	25481	3236295	3125136
一级	1092683	5970	1031128	986069
二级	984190		984190	972335
三级及以下	1220977	19512	1220977	1166733

2-70 按资质等级划分的总承包和专业承包企业资产构成

单位：万元

资质等级	资产合计	流动资产小计	存货	非流动资产合计	固定资产合计
总 计	**29805043**	**22144208**	**4891832**	**7660835**	**3969191**
施工总承包	27181057	20117674	4523114	7063383	3614091
特级	7069844	4987468	1356339	2082376	370948
一级	10700622	8501871	1889420	2198751	1238705
二级	5845583	4301031	834921	1544552	1105052
三级及以下	3565008	2327305	442435	1237703	899387
专业承包	2623986	2026534	368718	597453	355100
一级	704766	609047	103912	95718	55544
二级	885121	697061	109321	188060	96708
三级及以下	1034100	720426	155486	313674	202848

2-71 按资质等级划分的总承包和专业承包企业固定资产情况

单位：万元

资质等级	固定资产合计	固定资产原价	固定资产折旧		在建工程
				本年折旧	
总 计	**3969191**	**5194117**	**2042500**	**330964**	**406211**
施工总承包	3614091	4727506	1842411	296434	370579
特级	370948	688258	361313	52920	43466
一级	1238705	1806317	761188	115885	78215
二级	1105052	1295580	466024	70102	108121
三级及以下	899387	937351	253887	57527	140777
专业承包	355100	466611	200089	34530	35632
一级	55544	73271	35709	5315	10546
二级	96708	130435	58939	12070	7560
三级及以下	202848	262905	105441	17146	17527

2-72 按资质等级划分的总承包和专业承包企业负债及所有者权益

单位：万元

资质等级	负债合计			所有者权益	
		流动负债	应付账款		实收资本
总 计	**17977371**	**15799802**	**5490401**	**11827673**	**6462669**
施工总承包	16433479	14421770	5045279	10747578	5777385
特级	5484022	4734836	2104456	1585822	637546
一级	6729614	6073775	2104439	3971008	2043168
二级	2764258	2430754	537967	3081324	1842177
三级及以下	1455585	1182407	298417	2109423	1254493
专业承包	1543892	1378032	445122	1080094	685284
一级	521266	503517	210652	183500	136737
二级	531596	449896	128760	353525	218821
三级及以下	491030	424619	105710	543070	329726

2-73 按资质等级划分的总承包和专业承包企业实收资本

单位：万元

资质等级	实收资本	国家资本	集体资本	法人资本	个人资本	港澳台资本	外商资本
总　计	**6462669**	**1041549**	**545816**	**2083523**	**2778432**	**7261**	**6088**
施工总承包	5777385	910691	493709	1890924	2481392	670	
特级	637546	135752		407661	94134		
一级	2043168	512161	110261	505991	914755		
二级	1842177	174885	146812	542703	977777		
三级及以下	1254493	87893	236635	434570	494726	670	
专业承包	685284	130858	52107	192599	297040	6591	6088
一级	136737	64519	2987	31595	36849	425	362
二级	218821	18168	30719	62701	95381	6161	5691
三级及以下	329726	48171	18402	98303	164810	5	35

2-74 按资质等级总承包和专业承包企业收入情况

单位：万元

资质等级	营业收入	营业成本	营业税金及附加	主营业务收入	主营业务成本	主营业务税金及附加
总　计	**49424561**	**43563252**	**1945000**	**49190760**	**42928015**	**1921278**
施工总承包	46185507	40866325	1822720	45971262	40247808	1800985
特级	9508375	8656653	298585	9483726	8647545	297437
一级	20044613	18086080	759111	19896266	17704392	749047
二级	9799336	8423572	440677	9771803	8304520	436531
三级及以下	6833182	5700020	324347	6819467	5591351	317971
专业承包	3239054	2696927	122280	3219498	2680207	120293
一级	999862	893844	36917	997367	892047	36795
二级	1040573	846471	34387	1031909	839852	33290
三级及以下	1198619	956612	50976	1190222	948309	50208

2-75　按资质等级划分的总承包和专业承包企业费用情况

单位：万元

资质等级	管理费用		销售费用	财务费用		
		税金			利息收入	利息支出
总　计	**1578741**	**100167**	**266285**	**262967**	**81399**	**243009**
施工总承包	1371019	91239	231924	253232	79164	234801
特级	270421	6532	3930	51420	65845	105097
一级	473128	29237	49098	109171	8992	72785
二级	350906	23484	92708	50461	3135	34608
三级及以下	276563	31987	86188	42181	1193	22311
专业承包	207722	8928	34361	9735	2235	8207
一级	43943	2118	3666	2060	827	1339
二级	80888	3110	10782	2106	502	2254
三级及以下	82891	3700	19913	5569	906	4614

2-76　按资质等级划分的总承包和专业承包企业利润及税金情况

单位：万元

资质等级	利润总额		税金总额		
		应交所得税		工程结算税金及附加	管理费用中的税金
总　计	**1905149**	**368295**	**2021445**	**1921278**	**100167**
施工总承包	1726360	331923	1892224	1800985	91239
特级	301314	58563	303969	297437	6532
一级	591816	129307	778283	749047	29237
二级	441665	79980	460015	436531	23484
三级及以下	391566	64074	349957	317971	31987
专业承包	178789	36371	129221	120293	8928
一级	27560	5028	38913	36795	2118
二级	67418	16262	36400	33290	3110
三级及以下	83812	15081	53908	50208	3700

2-77 按资质等级划分的总承包和专业承包企业应收工程款及企业亏损情况

资质等级	应收工程款 (万元)	企业个数 (个)	亏损企业个数	亏损企业的比重 (%)
总 计	**5985345**	**2094**	**158**	**7.5**
施工总承包	5473944	1502	79	5.3
特级	1057272	11		
一级	2332655	188	7	3.7
二级	1200488	519	29	5.6
三级及以下	883528	784	43	5.5
专业承包	511401	592	79	13.3
一级	154744	57	6	10.5
二级	193351	114	14	12.3
三级及以下	163306	421	59	14.0

2-78　各地区劳务分包建筑业企业生产经营情况

单位：万元

地　　区	建筑业总产值	营业收入	主营业务税金及附加	利润总额	应付职工薪酬
合　计	**748735**	**668685**	**31038**	**27743**	**241580**
长沙市	296384	279250	12794	10615	79946
株洲市	31890	31842	1189	1710	7967
湘潭市	41045	38376	1763	1244	23859
衡阳市	68882	65522	2810	1851	19660
邵阳市	43919	42456	2655	2482	18228
岳阳市	51689	43116	2881	3270	15479
常德市	53762	49126	1933	1302	32574
张家界市	36860	31970	1660	660	12554
益阳市	2618	2619	100	216	2328
郴州市	16477	11377	550	1280	4259
永州市					
怀化市	36261	2967	107	87	1424
娄底市	68278	69855	2594	3005	23073
湘西州	669	209	4	22	229

2-79　各地区劳务分包建筑业企业个数和人员情况

地　　区	企业个数（个）	从事主营业务活动的从业人员平均人数（人）	从业人员期末人数（人）	工程技术人员	现　场施工工人
合　计	**452**	**83894**	**91515**	**12126**	**52228**
长沙市	79	**20355**	21154	2616	7536
株洲市	53	3453	3593	406	2129
湘潭市	36	7937	8638	1106	5594
衡阳市	59	11608	12429	2300	8591
邵阳市	33	8875	8989	1195	3988
岳阳市	27	5161	5674	976	3143
常德市	46	9054	9962	1662	8737
张家界市	14	5019	4860	466	4663
益阳市	19	864	880	88	296
郴州市	9	2175	5955	386	2034
永州市					
怀化市	16	505	654	340	315
娄底市	59	8769	8589	572	5083
湘西州	2	119	138	13	119

主要指标解释

建筑业法人单位数 指具有法人资格的并在工商行政管理机构登记注册，从事建筑业生产和经营活动的单位数。

登记注册类型 指企业或企业产业活动单位的登记注册类型，按其在工商行政管理机关登记注册的类型填写。

建筑业企业资质等级 根据企业的人员素质、管理水平、资金数量、承包能力和建设业绩进行综合评价划分的等级。凡依据建设部《建筑业企业资质管理规定》(中华人民共和国建设部令 2007 年第 159 号）及《建筑业企业资质等级标准》(建[2001]82 号)，已经领取《建筑业企业资质证书》的企业。

总承包和专业承包企业 指具有建筑业资质的所有独立核算建筑业企业（包括没有工作量的建筑业企业）及所属产业活动单位。建筑业企业的总承包资质可以包括专业承包。总承包企业可以对所承接的施工总承包工程内各专业工程全部自行施工，也可以将专业工程或劳务作业依法分包给具有相应资质的专业承包企业或劳务分包企业。建筑业企业的专业承包，可以承接施工总承包企业分包的专业工程和建设单位依法发包的专业工程。专业承包企业可以对所承接的专业工程全部自行施工，也可以将劳务作业依法分包给具有相应资质的劳务分包企业。

劳务分包企业 指在中华人民共和国境内提供建筑业劳务的企业。

资质以外企业 指虽不具有建筑业资质，但从事建筑业生产活动的企业。

从业人员期末人数 指报告期末最后一日 24 时在本单位工作，并取得工资或其他形式劳动报酬的人员数。该指标为时点指标，不包括最后一日当天及以前已经与单位解除劳动合同关系的人员，是在岗职工、劳务派遣人员及其他从业人员之和。

从事建筑业活动的从业人员平均人数 指建筑业企业(或单位)报告期实际拥有的、与建筑施工活动有关的人员的平均人数，包括参加本企业(或单位)建筑施工活动的非本企业(或单位)人员，但不包括企业内部社会服务性机构的人员以及由本企业支付工资但所从事的工作与本企业生产基本无关的人员。

1.月平均人数是以报告月内每天实有的全部人数相加之和，除以报告月的日历日数。计算公式为：

$$月平均人数=\frac{报告月内每天实有的全部人数之和}{报告月的日历日数}$$

对人员增减变动很小的单位，其月平均人数也可以用月初人数与月末人数之和除以 2 求得。计算公式为：

$$月平均人数=\frac{月初人数+月末人数}{2}$$

在计算月平均人数时应注意：

（1）公休日与节假日的人数应按前一天的人数计算。

（2）对新建立不满整月的单位（月中或月末建立），在计算报告月的平均人数时，应以其建立后各天实有人数之和，除以报告期日历日数求得，而不能除以该单位建立的天数。

2.1－本季平均人数是季报基层表中应填报的平均人数是“1－本季平均人数”，以年初至报告季内各月平均人数之和除以报告季内月数求得。计算公式为：

$$一季度：1-本季平均人数=\frac{1月平均人数+2月平均人数+3月平均人数}{3}$$

$$二季度：1-本季平均人数=\frac{1月平均人数+...+6月平均人数}{6}$$

$$三季度：1-本季平均人数=\frac{1月平均人数+...+9月平均人数}{9}$$

或（用本季平均人数计算）

一季度:1－本季平均人数=1 季度本季平均人数

二季度：1－本季平均人数

$$=\frac{1季度本季平均人数+2季度本季平均人数}{2}$$

三季度：1－本季平均人数

$$=\frac{1季度本季平均人数+2季度本季平均人数+3季度本季平均人数}{3}$$

本季平均人数以报告季内三个月的平均人数之和除以 3 求得。计算公式为：

$$本季平均人数=\frac{报告季内3个月平均人数之和}{3}$$

3.年平均人数是以 12 个月的平均人数相加之和除以 12 求得，或以 4 个季度的平均人数之和除以 4 求得。计算公式为：

$$年平均人数=\frac{报告年内12个月平均人数之和}{12}$$

或：

$$年平均人数=\frac{报告年内4个季度平均人数之和}{4}$$

在年内新成立的单位年平均人数计算方法为：从实际开工之月起到年底的月平均人数相加除以 12 个月。计算公式为：

$$年平均人数=\frac{开工之月平均人数+\cdots+12月平均人数}{12}$$

签订合同额 指建筑业企业在报告期直接同建设单位签订的各种国内工程合同的总价款和以前年度同建设单位签订的各种国内工程合同的未完工程跨入本年度继续施工工程合同的总价款余额。

上年结转合同额 指以前年度同建设单位签订合同的

未完工程跨入本年度继续施工工程合同的总价款余额。

本年新签合同额　指建筑业企业在报告期内同建设单位直接新签订的各种国内工程合同的总价款，不包括与其他建筑业企业新签的分包合同额。

直接从建设单位承揽工程完成的产值　指总承包企业或专业承包企业直接与建设单位（业主）签订的承包合同（包括报告期及以往年度签订的合同，不包括无效合同和中途解除的合同），在报告期内完成的工程总值。包括企业向其他专业承包企业或劳务分包企业分包出去的工程所完成产值，还包括分包企业缴纳的管理费。

自行完成施工产值　指总承包企业或专业承包企业直接与建设单位（业主）签订的总承包合同或专业承包合同中，自行完成的工程总值。包括总承包企业和专业承包企业自行完成的工作量和分包企业缴纳的管理费。

分包出去工程的产值　指专业承包企业或劳务分包企业与总承包企业或专业承包企业签订的专业承包或劳务分包合同中在报告期所完成的产值。分包企业如果是一个独立核算的经济实体，其完成的产量产值，不包括在总承包企业或专业承包企业自行完成产值中。

在当前建筑市场中，还有一些零散的建筑业包工队（组）以小包工队形式从建筑施工企业分包部分“单位工程”或“分部工程”，这些包工队（组）并不具备填报国家统计报表的条件，其完成的产量产值均应由总承包企业或专业承包企业填报。为了保持相关数据的一致性，包工队（组）参与施工的人数也应统计在总承包企业或专业承包企业的人数内。

从建设单位以外承揽工程完成的产值　指总承包企业或专业承包企业从其他总承包企业或专业承包企业处承揽工程而完成的产值。不包括总承包企业或专业承包企业从建设单位承揽工程中自行完成的产值和分包企业缴纳的管理费。

建筑业总产值　指以货币表现的建筑业企业在一定时期内生产的建筑业产品和服务的总和。建筑业总产值包括建筑工程产值、安装工程产值和其他产值三部分内容。

劳务分包企业建筑业总产值指劳务分包企业与总承包企业或专业承包企业签定劳务分包合同后，从事建筑安装工程取得的所有劳务收入。

在外省完成的产值　指建筑业企业在其他省份施工所完成的建筑业产值。

建筑工程产值　指列入建筑工程预算内的各种工程价值，包括:

（1）各种房屋如厂房、仓库、办公室、住宅、商店、学校、医院、俱乐部、食堂、车库、招待所等房屋建筑，按照当前预算制度规定，列入房屋工程预算内的暖气、卫生、通风、照明、煤气等设备价值及其装饰油漆工程，以及列入建筑工程预算内的各种管道（如蒸汽、压缩空气、石油、给排水等管道），电力、电讯电缆导线的敷设等工程。

（2）设备基础、支柱、操作平台、梯子、烟囱、凉水塔、水池、灰塔等建筑工程、炼焦炉、裂解炉、蒸汽炉等各种窑炉的砌筑工程及金属结构工程。

（3）为施工而进行的建筑场地的布置，工程地质勘探，原有建筑物和障碍物的拆除及平整土地，施工临时用水、电、汽、道路工程，以及完工后建筑场地的清理，环境绿化工作等。

（4）矿井的开凿、井巷掘进延伸、露天矿的剥离、石油、天然气钻井工程和铁路、公路、港口、桥梁等工程。

（5）水利工程，如水库、堤坝、灌渠以及河道整治等工程。

（6）防空、地下建筑等特殊工程。

（7）装饰装修工程。

安装工程产值　指设备安装工程价值，包括:

（1）生产、动力、起重、运输、传动和医疗、实验等各种需要安装设备的装配和安装与设备相连的工作台、梯子、栏杆等装设工程，附属于被安装设备的管线敷设工程、被安装设备的绝缘、防腐、保温、油漆等工作。

（2）为测定安装工作质量，对单个设备、系统设备进行单机试运和系统联动无负荷试运工作。

在设备安装产值中，不得包括被安装设备本身价值。

其他产值　建筑业总产值中除建筑工程、安装工程以外的产值。包括房屋构筑物修理产值、非标准设备制造产值、总包企业向分包企业收取的管理费以及不能明确划分的施工活动所完成的产值。

房屋构筑物修理产值: 指房屋和构筑物的修理所完成的产值，但不包括被修理房屋、构筑物本身价值和生产设备的修理价值。

非标准设备制造产值: 指加工制造没有定型的非标准生产设备的加工费和原材料价值（如化工厂、炼油厂用的各种罐、槽，矿井生产统一使用的各种漏斗、三角槽、阀门等）以及附属加工厂为本企业承建工程制作的非标准设备的价值。

竣工产值　一般是以单位工程为对象，当该工程按照设计所规定的工程内容全部完成，达到了设计规定的交工条件，经有关部门检查验收鉴定合格的单位工程价值，即为竣工产值。

房屋建筑施工面积　指报告期内施工的全部房屋建筑面积。包括本期新开工的房屋建筑面积、上期跨入本期继续施工的房屋建筑面积、上期停缓建在本期恢复施工的房屋建筑面积、本期竣工的房屋建筑面积以及本期施工后又停缓建的房屋建筑面积。多层建筑应填各层建筑面积之和。

房屋建筑面积按房屋设计所规定的用途进行划分，一般分为以下几种:

住宅房屋　指专供居住用的房屋。包括保障性住房、普通商品房、别墅、公寓、各部门的职工家属宿舍和集体宿舍(包括职工单身宿舍和学生宿舍)等供居住的房屋。不包括住宅楼中作为人防工程用的房屋，也不包括不住人的地下室。

商业及服务用房屋　包括批发和零售用房、宾馆用房屋、餐饮用房屋、商务会展用房屋和其他商业及服务用房屋五类。

商厦房屋（批发和零售用房）　指批发和零售企业对外营业的各种批发市场、超级市场、商店、门市部、粮店、书店、供销店等房屋。不包括批发零售企业的厂房和仓库。

宾馆用房屋（住宿用房） 指住宿行业对外营业的宾馆、度假村、招待所及各种饭店等房屋。

餐饮用房屋（餐饮用房） 指餐饮行业对外营业的酒楼、餐厅、快餐店、酒吧茶馆等房屋。

商务会展用房屋 指用于商务及会议展览，信息交流，商务会谈服务，商务研讨及培训等房屋。包括国际会议展览中心、俱乐部、商务活动中心等房屋建筑。

其他商业及服务用房屋(居民服务业用房) 指上述4类用途外的其他商业及服务用房。

办公用房屋 指企业、事业、机关、团体、学校、医院等单位的办公用房，也包括商务办公楼。

科研、教育、医疗用房屋 指用于科学实验研究，学生教育和卫生医疗的房屋建筑。包括科研、教育和医疗用房屋。

科学研究用房屋 指独立的科学实验研究机构或企业、事业单位进行科学实验研究工作所用的房屋(包括天文台的科研用房)。

教育用房屋 指各类学校(包括党校、技校、干校、工读学校、幼儿园在内)的教室、图书馆、试验室、体育馆、展览馆等有关教育用房。不包括学校的教职员工宿舍、学生宿舍、食堂、浴室等非教育用房。

医疗用房屋(卫生医疗用房) 指各类医疗机构(包括防疫站、防治所)的病房、门诊部、保健站、卫生所、化验室、药房、病案室、太平间等房屋，不包括医护人员的职工宿舍、食堂及独立的办公用房。

文化、体育、娱乐用房屋 指各种俱乐部、博物馆、图书馆、影剧院、文化馆、展览馆、宗教寺院等文化用房；各种健身房、体育馆等体育用房；各种娱乐厅、游乐园、夜总会等休闲娱乐用房。不包括各类学校内的文化体育用房。

厂房及建筑物 指直接用于生产或为生产配套的各种房屋及建筑物。包括车间、锅炉房、烟囱、水塔、其他厂房及建筑物。

厂房 指直接用于生产或为生产配套的各种房屋，包括主要车间、辅助用房及附属设施用房。凡工业、农业、建筑业、交通运输业、商业等单位中的厂房都包括在内。

仓库 仓库指工业、农业、建筑业、交通运输业、商业、供销、外贸及其他企事业单位建造的成品库、原材料库、货物仓库、物资储备库以及冷藏库、粮油库等。

其他未列明的房屋建筑物 指凡不属于上述各项用途的房屋。如各种人防工程、厕所等。

房屋新开工面积 指报告期内新开工建设的房屋建筑面积，以单位工程为核算对象，即整栋房屋的全部建筑面积，不能分割计算。不包括在上期开工跨入报告期继续施工的房屋建筑面积和上期停缓建而在本期恢复施工的房屋建筑面积。房屋的开工应以房屋正式开始破土刨槽（地基处理或打永久桩）的日期为准。

实行投标承包面积 指报告期内建筑施工企业经过投标招标而承担的全部房屋建筑面积。

房屋竣工面积 指报告期内房屋建筑按照设计要求已全部完工，达到住人和使用条件，经验收鉴定合格或达到竣工验收标准，可正式移交使用的各栋房屋建筑面积的总和。

竣工面积以房屋单位工程（栋）为核算对象，在整栋房屋符合竣工条件后按其全部建筑面积一次性计算，而不是按各栋施工房屋中已完成的部分或层次分割计算。

计算房屋竣工面积，要求严格执行房屋竣工验收标准。民用建筑一般应按设计要求在土建工程和房屋本身附属的水、电、卫（包括设计中有的煤气、暖气）工程已经完工，通风、电梯等设备已经安装完毕，做到水通、灯亮，经验收鉴定合格，并正式交付给使用单位后，才能计算竣工面积。工业及科研等生产性房屋建筑一般应按设计要求在土建工程（包括水、暖、电、卫、通风）及属于房屋组成部分的生活间、操作间等已经完成（不包括安装设备的基础工程），可以进行工艺设备和管线安装时，方可计算房屋竣工面积。

房屋竣工价值 指报告期内按规定已经上报竣工的房屋本身的建造价值。一般按房屋设计和预算规定的内容计算。包括竣工房屋本身的基础、结构、屋面、装修以及水、电、卫等附属工程的建筑价值；也包括作为房屋建筑组成部分而列入房屋建筑工程预算内的设备（如电梯、通风设备等）的购置和安装费用。不包括厂房内的工艺设备、工艺管线的购置和安装，工艺设备基础的建造；室外的水、暖、电、卫、道路工程、挡土墙等环境工程的费用；办公和生活用家具的购置等费用；购置土地的费用；迁移补偿费和场地平整的费用及城市建设配套投资。

房屋竣工价值不仅包括该竣工房屋在报告期内完成的价值，也包括跨年施工的房屋在本期以前完成的价值。未竣工而转让给其他单位的房屋建筑工程，出让单位不计算竣工价值，待接受单位继续施工并符合竣工条件后，由接受单位计算其竣工价值，包括出让单位在出让前所完成的价值。房屋竣工价值一般按结算价格（或中标价）计算。

竣工率 指报告期企业竣工的工程产值与全部完成的施工产值的比率，反映企业实际提供的产品情况。公式表示为:

$$竣工率=\frac{竣工产值}{建筑业总产值}\times 100\%$$

人均竣工面积 指报告期建筑业企业完成的房屋竣工面积与年末从业人员人数的比率。公式表示为:

$$人均竣工面积=\frac{竣工房屋面积}{年末从业人员}（平方米/人）$$

年末自有施工机械设备净值 指本企业（或单位）自有施工机械设备经过使用、磨损后实际存在的价值，即原值减去折旧后的净额。

年末自有施工机械设备总台数 指年末本企业（或单位）自有的直接用于工程施工的各种机械设备的台数。但不包括附属辅助生产机械设备、运输机械设备、生产试验机械设备的台数。

年末自有施工机械设备总功率 指年末本企业（或单位）自有的直接用于工程施工的各种机械设备年末总功率，按设定能力或查定能力计算。包括施工机械本身的动力和为该机械服务的单独动力设备，如电动机等。但不包括附属辅助生产机械设备、运输机械设备、生产试验机械设备的功率。计量单位用千瓦，动力换算可按 1 马力 = 0.735 千瓦折合成千瓦数。电焊机、变压器、锅炉不计算动力。

技术装备率 指年末企业自有机械设备净值与年末全部职工人数的比值。它反映企业施工机械化水平。公式表示为:

$$技术装备率=\frac{年末自有施工机械设备净值}{期末从业人员数}\times 100\%（元/人）$$

动力装备率 指年末建筑业企业自有机械设备总功率与年末全部职工或全部工人人数的比值。公式表示为:

$$动力装备率=\frac{年末自有施工机械}{期末从业人员数}\times 100\%(千瓦/人)$$

企业总产值 指建筑业企业在报告期内全部经济活动的最终成果的货币表现。在企业总产值中除包括建筑业总产值外,还包括建筑业企业从事其他经济活动所创造的价值（如工业产值、交通运输产值、商业服务业产值、其他产值收入和劳务收入等）。

资产总计 指企业过去的交易或者事项形成的、由企业拥有或者控制的、预期会给企业带来经济利益的资源。资产一般按流动性（资产的变现或耗用时间长短）分为流动资产和非流动资产。其中流动资产可分为货币资金、交易性金融资产、应收票据、应收账款、预付款项、其他应收款、存货等；非流动资产可分为长期股权投资、固定资产、无形资产及其他非流动资产等。根据会计“资产负债表”中“资产总计”项目的期末余额数填报。

执行 2006 年《企业会计准则》或 2011 年《小企业会计准则》的企业：资产总计=流动资产合计+非流动资产合计；执行其他企业会计制度的企业资产包括流动资产、长期投资、固定资产、无形资产和其他资产等。

流动资产合计 资产满足以下条件之一应归为流动资产：（1）预计在一个正常营业周期中变现、出售或耗用，主要包括存货、应收账款等；（2）主要为交易目的而持有；（3）预计在资产负债表日起一年内（含一年）变现；（4）自资产负债日起一年内，交换其他资产或清偿负债的能力不受限制的现金或现金等价物。包括货币资金、应收票据、应收账款、存货等项目。根据会计“资产负债表”中“流动资产合计”项目的期末余额数填报。

存货 指企业在日常活动中持有以备出售的产成品或商品、处在生产过程中的在产品、在生产过程或提供劳务过程中耗用的材料或物料等，通常包括原材料、在产品、半成品、产成品、商品以及周转材料等。根据会计“资产负债表”中“存货”项目的期末余额数填报。其中：“年初存货”根据会计“资产负债表”中“存货”项目的年初余额数填报。注意：“存货”具有实物形态，不属于无形资产，由于企业持有存货的最终目的是为了出售，所以房地产开发企业（单位）购置的土地、尚未销售的商品房等均计入“存货”。

固定资产合计 指企业为生产商品、提供劳务、出租或经营管理而持有的，使用寿命超过一个会计年度的有形资产。包括使用期限超过一年的房屋、建筑物、机器、机械、运输工具以及其他与生产、经营有关的设备、器具、工具等。固定资产合计是时点指标，表示固定资产经过扣减折旧、减值准备等后的期末余额。执行 2006 年《企业会计准则》或 2011 年《小企业会计准则》的企业，根据会计“资产负债表”中“固定资产”项目的期末余额数填报。

固定资产原价 指固定资产的成本，包括企业在购置、自行建造、安装、改建、扩建、技术改造某项固定资产时所发生的全部支出总额。根据会计“固定资产”科目的期末借方余额填报。

固定资产折旧 指企业在固定资产的使用寿命内，按照确定的方法对应计折旧额进行系统分摊。

累计折旧 指企业在报告期末提取的历年固定资产折旧累计数。根据会计“累计折旧”科目的期末贷方余额填报。

本年折旧 指企业在报告期内提取的固定资产折旧合计数。可以根据会计“财务状况变动表”中“固定资产折旧”项的数值填报。若企业执行 2001 年《企业会计制度》，可以根据会计核算中《资产减值准备、投资及固定资产情况表》内“当年计提的固定资产折旧总额”项本年增加数填报。

在建工程 指企业在基建、更新改造等方面发生的支出。根据会计“在建工程”科目的期末借方余额填报。

负债合计 指企业过去的交易或者事项形成的，预期会导致经济利益流出企业的现时义务。负债一般按偿还期长短分为流动负债和非流动负债。根据会计“资产负债表”中“负债合计”项目的期末余额数填报。

执行 2006 年《企业会计准则》或 2011 年《小企业会计准则》的企业：负债合计=流动负债合计+非流动负债合计；执行其他企业会计制度的企业负债包括流动负债和长期负债。

流动负债合计 负债满足下列条件之一的应归为流动负债：（1）预计在一个正常营业周期中清偿；（2）主要为交易目的而持有；（3）自资产负债表日起一年内到期应予清偿；（4）企业无权自主地将清偿推迟至资产负债表日后一年以上。包括短期借款、应付票据、应付账款、应付职工薪酬、应交税费等项目。根据会计“资产负债表”中“流动负债合计”项目的期末余额数填报。

应付账款 指企业因购买材料、商品和接受劳务供应等经营活动应支付的款项。根据会计“资产负债表”中“应付账款”项目的期末余额数填报。

非流动负债合计 指流动负债之外的负债。包括长期借款、应付债券等。执行 2006 年《企业会计准则》或 2011 年《小企业会计准则》的企业，根据会计“资产负债表”中“非流动负债合计”项目的期末余额数填报。执行其他企业会计制度的企业，根据会计“资产负债表”中的“长期负债合计”的期末余额数填报。

所有者权益合计 指企业资产扣除负债后由所有者享有的剩余权益。公司的所有者权益又称股东权益。包括实收资本、资本公积、盈余公积、未分配利润等。根据会计“资产负债表”中“所有者权益合计”项目的期末余额数填报。

实收资本 指企业各投资者实际投入的资本（或股本）总额，包括货币、实物、无形资产等各种形式的投入。实收资本按投资主体可分为国家资本、集体资本、法人资本、个人资本、港澳台资本和外商资本。根据会计“资产负债表”中“所有者权益”项下“实收资本”的期末余额数填报。

国家资本 指有权代表国家投资的政府部门或机构、直属事业单位对企业形成的资本金。根据会计“实收资本”科目计算填报。

集体资本 指由本企业职工等自然人集体投资或各种机构对企业进行扶持形成的集体性质的资本金。根据会计“实收资本”科目计算填报。

法人资本 指法人以其依法可支配的资产投入企业形成的资本金。根据会计“实收资本”科目计算填报。

个人资本 指自然人实际投入企业的资本金。根据会计“实收资本”科目计算填报。

港澳台资本 指我国香港、澳门和台湾地区投资者实际投入企业的资本金。根据会计“实收资本”科目计算填报。

外商资本 指外国投资者实际投入企业的资本金。根据会计“实收资本”科目计算填报。

营业收入 指企业经营主要业务和其他业务所确认的收入总额。营业收入合计包括“主营业务收入”和“其他业务收入”。根据会计“利润表”中“营业收入”项目的本期金额数填报。

主营业务收入 指企业确认的销售商品、提供劳务等主营业务的收入。根据会计“主营业务收入”科目的期末贷方余额（结转前）填报。执行2006年《企业会计准则》或2011年《小企业会计准则》的企业，如未设置该科目，以“营业收入”代替填报。

营业成本 指企业经营主要业务和其他业务所发生的成本总额。包括企业（单位）在报告期内从事销售商品、提供劳务等日常活动发生的各种耗费。包括“主营业务成本”和“其他业务成本”。根据会计“利润表”中“营业成本”项目的本期金额数填报。

主营业务成本 指企业经营主要业务所发生的成本总额。根据会计“主营业务成本”科目的期末借方余额（结转前）填报。执行2006年《企业会计准则》或2011年《小企业会计准则》的企业，如未设置该科目，以“营业成本”代替填报。

营业税金及附加 指企业因从事生产经营活动按税法规定缴纳的应从经营收入中抵扣的税金和附加，包括营业税、消费税、城市维护建设税、教育费附加等。根据会计“利润表”中“营业税金及附加”项目的本期金额数填报。

主营业务税金及附加 指企业经营主要业务应负担的营业税、消费税、城市维护建设税、教育费附加等。根据会计“主营业务税金及附加”科目的期末借方余额（结转前）填报。执行2006年《企业会计准则》或2011年《小企业会计准则》的企业，如未设置该科目，以“营业税金及附加”代替填报。

其他业务利润 指企业经营除主要业务以外的其他业务实现的利润。根据会计“其他业务收入”科目的期末贷方余额减“其他业务成本”科目的期末借方余额计算填报。执行2006年《企业会计准则》或2011年《小企业会计准则》的企业，如果未设置该科目，则在此处填0。

销售费用 指企业在销售商品和材料、提供劳务的过程中发生的各种费用，包括保险费、包装费、展览费和广告费、商品维修费、预计产品质量保证损失、运输费、装卸费等以及为销售本企业商品而专设的销售机构（含销售网点、售后服务网点等）的职工薪酬、业务费、折旧费等经营费用。建筑业企业销售费用指企业从事施工生产活动过程中发生的各项费用，包括应由企业负担的运输费、装卸费、包装费、保险费、维修费、展览费、差旅费、广告费和其他经费。房地产企业销售费用指企业在从事主要经营业务过程中所发生的各项销售费用，包括转让、销售、结算和出租开发产品等。执行2006年《企业会计准则》或2011年《小企业会计准则》的企业,根据会计“利润表”中“销售费用”项目的本期金额数填报。执行其他企业会计制度的企业，根据会计“利润表”中“营业费用（或经营费用）”项目的本期金额数填报。

管理费用 指企业为组织和管理企业生产经营所发生的费用，包括企业在筹建期间内发生的开办费、董事会和行政管理部门在企业经营管理中发生的，或者应当由企业统一负担的公司经费等。根据会计“利润表”中“管理费用”项目的本期金额数填报。

税金 指企业按照规定从管理费用中支付的房产税、印花税、车船使用税和土地使用税。根据“管理费用明细账”中“管理费用——税金”的期末借方余额（结转前）分析填报。

财务费用 指企业为筹集生产经营所需资金等而发生的筹资费用，包括企业生产经营期间发生的利息支出（减利息收入）、汇兑损失（减汇兑收益）以及相关的手续费等。根据会计“利润表”中“财务费用”项目的本期金额数填报。

利息收入 指非金融企业存款业务所确认的利息金额。根据企业“财务费用明细账”中“财务费用——利息收入”科目的本期发生额填报。如果企业没有设置该科目，此处可填“0”。

利息支出 指企业短期借款利息、长期借款利息、应付票据利息、票据贴现利息、应付债券利息、长期应付引进国外设备款利息等利息支出。根据企业“财务费用明细账”中“财务费用——利息支出”科目的本期发生额填报。如果企业没有单独设立“利息收入”科目，应填报利息支出减去银行存款等的利息收入后的净额。

资产减值损失 指企业计提各项资产减值准备所形成的损失。根据会计“利润表”中“资产减值损失”项目的本期金额数填报。未执行2006年《企业会计准则》的企业可免填。

公允价值变动收益 指企业的交易性金融资产、交易性金融负债，以及采用公允价值模式计量的投资性房地产、衍生工具、套期保值业务等公允价值变动形成的应计入当期损益的利得或损失。根据会计“利润表”中“公允价值变动收益”项目的本期金额数填报，或根据“公允价值变动损益”会计科目的余额填报。余额在贷方，则为净收益，余额在借方，则为净损失，以“-”号记。未执行2006年《企业会计准则》的企业可免填。

投资收益 指企业确认的投资收益或投资损失，反映企业以各种方式对外投资所取得的收益。根据会计“利润表”中“投资收益”项目的本期金额数填报。如为投资损失以“-”号记。

营业利润 指企业从事生产经营活动所取得的利润。执行2006年《企业会计准则》的企业，营业利润为营业收入减去营业成本、营业税金及附加、销售费用、管理费用、财务费用、资产减值损失，再加上公允价值变动收益和投资收益；执行2011年《小企业会计准则》的企业，营业利润为营业收入减去营业成本、营业税金及附加、销售费用、管理费用、财务费用，再加上投资收益后的金额；执行其他企业会计制度的企业，营业利润为主营业务收入减去主营业务成本、主营业务税金及附加，加上其他业务利润后，再减去销售费用、管理费用、财务费用后的金额。根据会计“利润表”中“营业利润”项目的本期金额数填报。

营业外收入 指企业发生的与经营业务无直接关系的各项收入，包括非流动资产处置利得、非货币性资产交换利得、债务重组利得、政府补助、盘盈利得、捐赠利得等。执行2006年《企业会计准则》或2011年《小企业会计准则》的企业，根据会计“利润表”中“营业外收入”项目的本期金额数填报；执行其他企业会计制度的企业，“营业外收入”中不含“补贴收入”。

补贴收入 指企业实际收到的补贴收入，包括实际收到的先征后返的增值税；企业按销量或工作量等，依据国家规定的补助定额计算并按期给予的定额补贴。执行2006年《企业会计准则》的企业，根据会计 “营业外收入——补贴收入” 科目的期末贷方余额（结转前）填报；执行2011年《小企业会计准则》的企业，根据会计“营业外收入——政府补助”科目的期末贷方余额（结转前）填报；执行其他企业会计制度的企业，根据会计“补贴收入”科目的期末贷方余额（结转前）填报。

营业外支出 指企业发生的与经营业务无直接关系的各项支出，包括非流动资产处置损失、非货币性资产交换损失、债务重组损失、公益性捐赠支出、非常损失、盘亏损失等。根据会计“利润表”中“营业外支出”项目的本期金额数填报。

利润总额 指企业在一定会计期间的经营成果，是生产经营过程中各种收入扣除各种耗费后的盈余，反映企业在报告期内实现的盈亏总额。根据会计“利润表”中“利润总额”项目的本期金额数填报。执行2006年《企业会计准则》或2011年《小企业会计准则》的企业，利润总额为营业利润加上营业外收入，减去营业外支出后的金额；执行其他企业会计制度的企业，利润总额为营业利润加上投资收益、补贴收入、营业外收入，再减去营业外支出后的金额。

利税总额 指企业产品销售税金及附加、应交增值税、管理费用中税金和利润总额之和。

应交所得税 指企业按税法规定，应从生产经营等活动的所得中缴纳的税金。执行2006年《企业会计准则》或2011年《小企业会计准则》的企业，根据会计“利润表”中“所得税费用”项目的本期金额数填报；执行其他企业会计制度的企业，根据会计“利润表”中 “所得税”项目的本期金额数填报。

建筑业企业在境外完成的营业收入 指建筑业企业报告期内在国外及港、澳、台等区域所有经营活动的货币表现。本指标是有境外施工或劳务输出业务的总承包和专业承包建筑业企业填报，填报时注意是外币的，要按照报告期末的人民币汇率折算填报。

资产负债率 指企业在报告期负债总额除以资产总额的比率，它是衡量企业负债能力和经营风险的重要指标。公式表示为：

$$资产负债率=\frac{负债总额}{资产总额}\times 100\%$$

产值利润率 指报告期内企业实现的利润占同期建筑业总产值的百分比。它表明企业的财务成果和生产成果的比例关系。公式表示为：

$$产值利润率=\frac{实现利润总额}{建筑业总产值}\times 100\%$$

产值利税率 指报告期内企业实现的利润、税金总额(包括利润总额、产品销售税金及附加和应交增值税)占同期建筑业总产值的百比率。公式表示为：

$$产值利税率=\frac{利税总额}{建筑业总产值}\times 100\%$$

资本利润率 指企业在报告期内实现的利润与同期实收资本的比率。它反映企业生产经营管理改善，经济效益的提高。公式表示为：

$$资本利润率=\frac{利润总额}{实收资本}\times 100\%$$

资本利税率 指企业在报告期内实现的利润、税金总额(包括利润总额、产品销售税金及附加和应交增值税)占同期实收资本的比率。公式表现为：

$$资本利税率=\frac{利税总额}{实收资本}\times 100\%$$

建筑业全员劳动生产率 指建筑业企业劳动者在报告期内生产出社会产品的效率。它以建筑产品产量或产值和其相适应的劳动消耗的比值来表示。是考核企业生产效益的提高和劳动节约情况的重要指标。公式表示为：

$$全员劳动生产率=\frac{建筑业总产值}{从事建筑业生产活动的从业人员平均人数}\times 100\%$$

第3篇

科　技

3-1 全省R&D活动基本情况

项 目	总 计	科研机构	高等学校	工业企业	非工业企业	事业单位
有R&D活动的单位数(个)	2321	99	108	1914	111	89
R&D人员(人)	151044	8084	31500	99002	8390	4068
#女性	34995	2651	10773	18072	1457	2042
#全时人员	92217	7181	11699	66537	5946	854
R&D人员全时当量(人年)	103414	7621	13700	73558	5901	2634
1.基础研究人员	6825	452	6098	251	11	13
2.应用研究人员	13189	1627	6619	2944	727	1272
3.试验发展人员	83400	5542	983	70363	5163	1349
R&D经费内部支出(万元)	3270253	168305	261957	2703987	114308	21696
R&D经费内部支出按资金来源分组						
1.政府资金	460977	114242	159841	170654	6959	9281
2.企业资金	2720676	32452	73694	2501509	103190	9831
3.境外资金	10086	131	1037	8918		
4.其 他	78515	21481	27385	22907	4159	2583
R&D经费内部支出按支出用途分组						
1.经常费支出	2886525	122498	205081	2443301	99771	15873
#人员劳务费	805105	46612	46400	666749	36324	9019
2.资产性支出	383728	45808	56875	260686	14537	5822
#仪器和设备	344479	31534	44870	248458	13927	5690
R&D经费内部支出按活动类型分组						
1.基础研究支出	109505	7638	87955	13318	551	44
2.应用研究支出	420919	33082	138228	226064	15881	7664
3.试验发展支出	2739830	127586	35774	2464606	97877	13988
R&D经费外部支出(万元)	144345	2659	19255	119901	2358	171
R&D项目(课题)数(项)	42985	1306	32227	8425	741	286
R&D项目(课题)人员全时当量(人年)	91500	6742	13576	65367	4724	1092
R&D项目(课题)经费内部支出(万元)	2741869	117149	181208	2352569	82666	8277
研究机构数(个)	2338	132	579	1445	121	61
研究机构R&D人员(人)	56116	8084	6890	35477	3900	1765
研究机构R&D经费支出(万元)	1001366	168305	47428	719296	60857	5480
专利申请数(件)	21988	476	3428	17424	343	317
#发明专利	9149	290	1686	6880	182	111
有效发明专利数(件)	15339	364	3844	10512	594	25
发表科技论文(篇)	54216	1685	46185	3448	680	2218

3-2 全省R&D活动人员情况

项目	有R&D活动的单位数(个)	R&D人员(人)	#女性	全时人员	非全时人员
总计	**2321**	**151044**	**34995**	**92217**	**58827**
按执行部门分组					
科研机构	99	8084	2651	7181	903
高等学校	108	31500	10773	11699	19801
企业	2025	107392	19529	72483	34909
工业企业	1914	99002	18072	66537	32465
非工业企业	111	8390	1457	5946	2444
事业单位	89	4068	2042	854	3214
按国民经济行业分组					
农、林、牧、渔业	19	119	9	67	52
采矿业	40	1627	182	366	1261
制造业	1855	96442	17777	65966	30476
电力、燃气及水的生产和供应业	19	933	113	205	728
建筑业	47	5738	808	3716	2022
交通运输、仓储和邮政业	2	52	12	52	
信息传输、计算机服务和软件业	19	480	101	408	72
金融业	3	244	37	191	53
租赁和商务服务业	2	16	4	16	
科学研究、技术服务和地质勘查业	148	10524	3325	9112	1412
水利、环境和公共设施管理业	8	109	19	35	74
教育	108	31500	10773	11699	19801
卫生、社会保障和社会福利业	49	3238	1829	376	2862
文化、体育和娱乐业	2	22	6	8	14
按地区分组					
长沙市	640	77560	18565	54639	22921
株洲市	263	16148	3921	11253	4895
湘潭市	137	14721	3640	6496	8225
衡阳市	95	7173	1251	3948	3225
邵阳市	71	2873	475	1329	1544
岳阳市	366	9495	2038	2951	6544
常德市	194	8000	1808	4576	3424
张家界市	12	184	37	126	58
益阳市	87	2974	934	1154	1820
郴州市	157	3417	660	1528	1889
永州市	188	2784	594	1199	1585
怀化市	34	1599	335	1114	485
娄底市	53	2900	414	1435	1465
湘西州	24	1216	323	469	747

3-3 全省R&D人员全时当量情况

单位：人年

项　　目	R&D人员全时当量	基础研究人员	应用研究人员	试验发展人员
总　计	**103414**	**6825**	**13189**	**83400**
按执行部门分组				
科研机构	7621	452	1627	5542
高等学校	13700	6098	6619	983
企业	79459	262	3671	75526
工业企业	73558	251	2944	70363
非工业企业	5901	11	727	5163
事业单位	2634	13	1272	1349
按国民经济行业分组				
农、林、牧、渔业	79			79
采矿业	811		109	702
制造业	72312	251	2821	69241
电力、燃气及水的生产和供应业	435		14	421
建筑业	3767	6	338	3424
交通运输、仓储和邮政业	41			41
信息传输、计算机服务和软件业	253		44	209
金融业	100			100
租赁和商务服务业	10			10
科学研究、技术服务和地质勘查业	9801	457	2047	7297
水利、环境和公共设施管理业	61		27	34
教育	13700	6098	6619	983
卫生、社会保障和社会福利业	2024	13	1171	840
文化、体育和娱乐业	22			22
按地区分组				
长沙市	58171	4145	8287	45739
株洲市	11767	285	980	10503
湘潭市	8546	1083	944	6519
衡阳市	3594	450	358	2786
邵阳市	1798	133	175	1490
岳阳市	5786	176	1426	4184
常德市	5316	97	394	4825
张家界市	96			96
益阳市	1522	64	72	1386
郴州市	1944	7	240	1697
永州市	1343	62	84	1197
怀化市	1031	59	72	899
娄底市	1833	57	84	1693
湘西州	667	207	75	386

3-4 全省R&D经费内部支出按经费来源分组情况

单位：万元

项　　目	R&D经费内部支出	政府资金	企业资金	境外资金	其他
总　计	**3270253**	**460977**	**2720676**	**10086**	**78515**
按执行部门分组					
科研机构	168305	114242	32452	131	21481
高等学校	261957	159841	73694	1037	27385
企业	2818296	177613	2604699	8918	27066
工业企业	2703987	170654	2501509	8918	22907
非工业企业	114308	6959	103190		4159
事业单位	21696	9281	9831		2583
按国民经济行业分组					
农、林、牧、渔业	1835	298	1527		10
采矿业	16054	930	14840		284
制造业	2674102	169484	2473122	8918	22578
电力、燃气及水的生产和供应业	13831	240	13546		44
建筑业	72090	410	71387		293
交通运输、仓储和邮政业	6093	125	5968		
信息传输、计算机服务和软件业	4488	466	4003		19
金融业	2506		2506		
租赁和商务服务业	182	55	127		
科学研究、技术服务和地质勘查业	199508	121784	49745	131	27848
水利、环境和公共设施管理业	1188	494	694		
教育	261957	159841	73694	1037	27385
卫生、社会保障和社会福利业	16136	6770	9312		53
文化、体育和娱乐业	284	80	204		
按地区分组					
长沙市	1537128	271989	1227091	1162	36884
株洲市	341117	84136	252980		4002
湘潭市	279493	30070	233091	5	16327
衡阳市	150127	18099	119563	8015	4451
邵阳市	40156	1729	37543		884
岳阳市	394195	17379	366349	903	9564
常德市	215367	5221	208869		1276
张家界市	1948	184	1430		335
益阳市	51471	3208	47594		670
郴州市	76767	10044	66262		461
永州市	23784	3595	18945		1244
怀化市	22500	7868	14231		401
娄底市	121991	2791	118340		861
湘西州	14209	4667	8389		1154

3-5 全省R&D经费内部支出按支出用途分组情况

单位：万元

项 目	R&D经费内部支出	经常费支出	人员劳务费	资产性支出	仪器和设备
总 计	**3270253**	**2886525**	**805105**	**383728**	**344479**
按执行部门分组					
科研机构	168305	122498	46612	45808	31534
高等学校	261957	205081	46400	56875	44870
企业	2818296	2543072	703073	275223	262385
工业企业	2703987	2443301	666749	260686	248458
非工业企业	114308	99771	36324	14537	13927
事业单位	21696	15873	9019	5822	5690
按国民经济行业分组					
农、林、牧、渔业	1835	1443	343	392	371
采矿业	16054	13538	3449	2517	2475
制造业	2674102	2416282	660048	257821	245658
电力、燃气及水的生产和供应业	13831	13482	3252	349	325
建筑业	72090	65539	22647	6551	6406
交通运输、仓储和邮政业	6093	3458	187	2635	2387
信息传输、计算机服务和软件业	4488	4282	3029	206	186
金融业	2506	1232	1107	1275	1275
租赁和商务服务业	182	144	54	38	35
科学研究、技术服务和地质勘查业	199508	150338	58080	49170	34704
水利、环境和公共设施管理业	1188	1161	193	28	28
教育	261957	205081	46400	56875	44870
卫生、社会保障和社会福利业	16136	10262	6197	5874	5759
文化、体育和娱乐业	284	284	119		
按地区分组					
长沙市	1537128	1361303	470520	175825	152320
株洲市	341117	290324	76035	50793	45429
湘潭市	279493	241448	56520	38045	34646
衡阳市	150127	131474	25415	18653	17371
邵阳市	40156	37057	9203	3099	2983
岳阳市	394195	344749	71615	49446	47188
常德市	215367	197509	37323	17857	16132
张家界市	1948	1604	447	345	336
益阳市	51471	41882	9092	9588	9039
郴州市	76767	70482	12601	6285	6099
永州市	23784	19066	7785	4718	4632
怀化市	22500	21830	4391	670	645
娄底市	121991	115762	20577	6230	6050
湘西州	14209	12034	3580	2175	1610

3-6 全省R&D经费内部支出按活动类型分组情况

单位：万元

项目	R&D经费内部支出	基础研究支出	应用研究支出	试验发展支出
总计	**3270253**	**109505**	**420919**	**2739830**
按执行部门分组				
科研机构	168305	7638	33082	127586
高等学校	261957	87955	138228	35774
企业	2818296	13869	241945	2562482
工业企业	2703987	13318	226064	2464606
非工业企业	114308	551	15881	97877
事业单位	21696	44	7664	13988
按国民经济行业分组				
农、林、牧、渔业	1835			1835
采矿业	16054		850	15204
制造业	2674102	13318	225100	2435684
电力、燃气及水的生产和供应业	13831		114	13717
建筑业	72090	276	9606	62208
交通运输、仓储和邮政业	6093			6093
信息传输、计算机服务和软件业	4488		1005	3483
金融业	2506			2506
租赁和商务服务业	182			182
科学研究、技术服务和地质勘查业	199508	7913	38697	152897
水利、环境和公共设施管理业	1188		544	644
教育	261957	87955	138228	35774
卫生、社会保障和社会福利业	16136	44	6774	9319
文化、体育和娱乐业	284			284
按地区分组				
长沙市	1537128	64919	166102	1306106
株洲市	341117	2992	38941	299185
湘潭市	279493	13670	44249	221574
衡阳市	150127	6933	6021	137174
邵阳市	40156	287	869	39000
岳阳市	394195	13372	131634	249189
常德市	215367	825	17507	197035
张家界市	1948			1948
益阳市	51471	712	3576	47183
郴州市	76767	25	5439	71303
永州市	23784	1262	1078	21444
怀化市	22500	331	3880	18289
娄底市	121991	486	891	120614
湘西州	14209	3693	732	9785

3-7 全省R&D经费外部支出情况

单位：万元

项目	R&D经费外部支出	对境内研究机构支出	对境内高等学校支出	对国内企业支出	对境外机构支出
总计	**144345**	**81541**	**48494**	**7260**	**6556**
按执行部门分组					
科研机构	2659	2071	170	16	
高等学校	19255	4614	10562	2151	1878
企业	122260	74849	37742	4991	4678
工业企业	119901	73974	36930	4334	4664
非工业企业	2358	875	812	657	14
事业单位	171	7	20	101	
按国民经济行业分组					
农、林、牧、渔业	66	41	25		
采矿业	1436	950	485		
制造业	117023	72484	35696	4179	4664
电力、燃气及水的生产和供应业	1443	539	749	155	
建筑业	1667	368	658	632	9
交通运输、仓储和邮政业	38	26	9		3
信息传输、计算机服务和软件业	124	94	10	19	1
金融业	342	342			
租赁和商务服务业	10	2	2	5	
科学研究、技术服务和地质勘查业	2936	2078	295	118	
水利、环境和公共设施管理业	6	2	3		
教育	19255	4614	10562	2151	1878
卫生、社会保障和社会福利业					
文化、体育和娱乐业					
按地区分组					
长沙市	46948	20697	20015	3420	2339
株洲市	10146	7257	2348	98	443
湘潭市	10260	5731	4294	77	158
衡阳市	24467	11895	9364	214	2993
邵阳市	1771	1092	419	261	
岳阳市	28567	22214	3819	2157	361
常德市	11971	6858	4244	861	9
张家界市	6	6			
益阳市	965	578	379	8	
郴州市	3627	2009	1334	30	254
永州市	897	544	268	85	
怀化市	2111	1137	940	34	
娄底市	2488	1414	1060	15	
湘西州	121	111	10		

3-8 全省全部R&D项目(课题)情况

项目	项目(课题)数(项)	项目(课题)人员折合全时当量(人年)	研究人员	项目(课题)经费内部支出(万元)
总计	**42985**	**91500**	**43337**	**2741869**
按执行部门分组				
科研机构	1306	6742	3448	117149
高等学校	32227	13576	11341	181208
企业	9166	70091	28211	2435235
工业企业	8425	65367	25618	2352569
非工业企业	741	4724	2593	82666
事业单位	286	1092	338	8277
按国民经济行业分组				
农、林、牧、渔业	23	66	38	826
采矿业	68	756	215	14751
制造业	8237	64196	25114	2324844
电力、燃气及水的生产和供应业	120	415	289	12974
建筑业	322	2983	1692	59601
交通运输、仓储和邮政业	9	37	2	1367
信息传输、计算机服务和软件业	26	198	59	3839
金融业	45	51	43	895
租赁和商务服务业	2	10	3	120
科学研究、技术服务和地质勘查业	1688	8399	4386	135772
水利、环境和公共设施管理业	15	51	26	992
教育	32227	13576	11341	181208
卫生、社会保障和社会福利业	201	746	126	4498
文化、体育和娱乐业	2	17	4	181
按项目来源分组				
国家科技项目	9285	14204	8011	367122
地方科技项目	16555	11360	8091	206560
企业委托科技项目	4997	4619	2665	135767
自选科技项目	11086	59676	23546	1964249
来自国外的科技项目	88	197	101	14654
其他科技项目	974	1445	923	53516
按项目合作形式分组				
与境外机构合作	144	705	349	31471
与国内高校合作	2004	7684	3302	272995
与国内独立研究机构合作	1169	4757	2027	212898
与境内注册外商独资企业合作	44	32	20	2288
与境内注册其他企业合作	2520	5062	2435	169077
独立完成	35880	69062	32577	1948370
其他	1224	4199	2626	104770

3-8 续表

项 目	项目(课题)数(项)	项目(课题)人员折合全时当量(人年)	研究人员	项目(课题)经费内部支出(万元)
按项目活动类型分组				
基础研究	15719	6715	5440	72679
应用研究	16353	12609	8454	325944
试验发展	10913	72177	29443	2343245
按项目社会经济目标分组				
环境保护及污染防治	803	1400	1076	45390
能源的生产、分配和合理利用	1239	3457	2697	97475
卫生事业的发展	2540	2714	1610	21112
教育事业的发展	9660	2745	2123	12622
基础设施以及城市和农村规划	2090	3754	2233	73549
社会发展和社会服务	5301	2077	1537	10508
地球和大气层的探索与利用	69	54	47	529
民用空间的探测及开发	9	5	4	111
农林牧渔业发展	2325	3171	1948	40647
工商业发展	12120	64838	25001	2230882
非定向研究	6601	3919	3548	119142
其他民用目标	228	3366	1513	89902
按学科分组				
自然科学	3266	2114	1783	30408
农业科学	1860	2791	1681	36997
医药科学	3194	3198	2040	29743
工程与技术科学	16682	78488	34163	2629286
人文与社会科学	17983	4910	3671	15435
按地区分组				
长沙市	25404	52023	23627	1262984
株洲市	2423	9812	4878	274925
湘潭市	5064	7735	4419	244955
衡阳市	2741	3262	1587	124162
邵阳市	543	1648	601	37165
岳阳市	1220	5114	2410	344420
常德市	1038	4438	2180	191804
张家界市	18	83	48	1504
益阳市	838	1244	626	35462
郴州市	1080	1749	653	67284
永州市	1110	1142	536	19026
怀化市	491	927	345	13302
娄底市	324	1711	1084	114859
湘西州	691	613	344	10017

3-9 全省研究机构情况

单位：万元

项目	机构数（个）	R&D人员（人）	R&D经费内部支出	科研用仪器和设备原价	#进口
总计	**2338**	**56116**	**1001366**	**2120222**	**322062**
按执行部门分组					
科研机构	132	8084	168305	348809	36791
高等学校	579	6890	47428	289998	120347
企业	1566	39377	780153	1462799	160703
工业企业	1445	35477	719296	1383295	156902
非工业企业	121	3900	60857	79504	3801
事业单位	61	1765	5480	18616	4221
按国民经济行业分组					
农、林、牧、渔业	14	36	232	210	
采矿业	70	331	4655	4852	243
制造业	1364	34909	711700	1361974	146376
电力、燃气及水的生产和供应业	11	237	2942	16469	10283
建筑业	53	1555	32839	24925	1626
交通运输、仓储和邮政业					
信息传输、计算机服务和软件业	23	800	3474	838	12
金融业	17	131	1046	40751	
租赁和商务服务业	1	4	6	6	
科学研究、技术服务和地质勘查业	145	9480	192348	360550	38954
水利、环境和公共设施管理业	6	48	882	79	
教育	579	6890	47428	289998	120347
卫生、社会保障和社会福利业	55	1695	3816	19570	4221
文化、体育和娱乐业					
按研究机构组成类型分组					
政府部门办	214	10280	193547	361254	39229
与国内高校合办	8	63	600	1613	541
与国内独立研究机构合办	4	50	96	40	
与境内注册的其他企业合办	24	733	4710	54966	14673
单位自办	2077	44907	802234	1702296	267619
其他	11	83	179	53	
按学科分组					
自然科学	55	1854	22552	67822	35277
农业科学	133	3273	40949	45701	13517
医药科学	107	3444	14422	62176	24137
工程与技术科学	1691	44405	914828	1935878	246123
人文与社会科学	352	3140	8615	8645	3009
按地区分组					
长沙市	962	33416	586213	1243981	249551
株洲市	128	5517	77227	320199	8003
湘潭市	157	4015	98209	83406	10255
衡阳市	131	1867	17807	101620	28978
邵阳市	110	973	10068	13318	2333
岳阳市	222	3116	95025	206399	14116
常德市	95	1902	47733	35831	3493
张家界市	9	68	359	420	
益阳市	71	1013	12854	26919	682
郴州市	209	1346	21914	20042	902
永州市	123	847	4022	19948	1146
怀化市	32	563	7505	18875	13
娄底市	56	1110	18875	21429	1744
湘西州	33	363	3556	7836	848

3-10 全省R&D活动产出情况

项 目	专利申请数(件)	#发明专利	有效发明专利数(件)	发表科技论文(篇)
总 计	**21988**	**9149**	**15339**	**54216**
按执行部门分组				
科研机构	476	290	364	1685
高等学校	3428	1686	3844	46185
企业	17767	7062	11106	4128
工业企业	17424	6880	10512	3448
非工业企业	343	182	594	680
事业单位	317	111	25	2218
按国民经济行业分组				
农、林、牧、渔业	5	2	3	12
采矿业	138	55	50	30
制造业	16975	6681	10408	3059
电力、燃气及水的生产和供应业	311	144	54	359
建筑业	124	29	32	252
交通运输、仓储和邮政业	4	3	3	7
信息传输、计算机服务和软件业	55	44	39	16
金融业				1
租赁和商务服务业				
科学研究、技术服务和地质勘查业	890	468	903	2351
水利、环境和公共设施管理业				2
教育	3428	1686	3844	46185
卫生、社会保障和社会福利业	58	37	3	1942
文化、体育和娱乐业				
按地区分组				
长沙市	10588	4936	9226	33732
株洲市	3417	1324	2354	2399
湘潭市	1338	520	750	4531
衡阳市	1062	379	322	3803
邵阳市	406	83	133	973
岳阳市	1156	467	843	1674
常德市	997	455	411	1209
张家界市	108	25	25	1
益阳市	526	158	144	1316
郴州市	625	227	255	710
永州市	777	226	416	819
怀化市	109	56	117	1116
娄底市	700	239	271	1010
湘西州	179	54	72	923

3-11 规模以上工业企业科技活动主要指标

项目	总计	大型	中型	小型	微型
有R&D活动的企业数（个）	1914	127	510	1215	62
有科技机构的企业数（个）	1183	101	322	717	43
R&D人员(人)	99002	58405	19011	20124	1462
#1.参加项目人员	88085	51872	17044	17849	1320
2.管理和服务人员	10917	6533	1967	2275	142
#1.全时人员	66537	41347	12902	11130	1158
2.非全时人员	32465	17058	6109	8994	304
R&D人员全时当量(人年)	73558	47835	12703	11948	1072
1.基础研究人员	251	22	36	193	
2.应用研究人员	2944	1581	525	816	21
3.试验发展人员	70363	46231	12142	10939	1050
R&D经费内部支出(万元)	2703987	1661465	494241	528555	19726
R&D经费内部支出按资金来源分组					
1.政府资金	170654	129461	16342	22847	2004
2.企业资金	2501509	1521297	470943	491643	17625
3.境外资金	8918	8015	903		
4.其他资金	22907	2692	6053	14065	96
R&D经费内部支出按支出用途分组					
1.经常费支出	2443301	1529166	434442	461866	17827
#人员劳务费	666749	437243	108802	112209	8496
2.资产性支出	260686	132299	59800	66689	1899
#仪器设备	248458	123928	58352	64332	1846
R&D经费内部支出按活动类型分组					
1.基础研究支出	13318	1050	3378	8890	
2.应用研究支出	226064	96790	54707	74145	423
3.试验发展支出	2464606	1563626	436157	445520	19303
R&D经费外部支出(万元)	119901	78049	20398	20842	612
#对境内研究机构支出	73974	44344	13925	15183	522
对境内高等学校支出	36930	26920	5570	4365	75
对境外支出	4664	3631	638	395	
R&D项目(课题)数(项)	8425	4360	1409	2495	161
参加R&D项目(课题)人员(人)	88085	51872	17044	17849	1320
R&D项目(课题)人员全时当量(人年)	65367	42503	11311	10586	967
R&D项目(课题)经费内部支出(万元)	2352569	1441719	427664	466762	16424
科技机构数(个)	1445	203	378	803	61
机构人员合计(人)	57615	30441	13761	12366	1047
#博士毕业	1453	478	432	484	59
硕士毕业	9852	6864	1391	1409	188
机构经费支出(万元)	1070587	601514	235461	219849	13762
机构仪器和设备原价(万元)	1383295	836953	249580	287336	9427
专利申请数(件)	17424	8078	3838	5145	363
#发明专利	6880	3347	1243	2146	144
有效发明专利数(件)	10512	4526	3155	2684	147
发表科技论文(篇)	3448	2427	494	449	78
新产品开发项目数(项)	9089	4354	1875	2657	203
新产品开发经费支出(万元)	2959845	1792772	598745	541870	26458
新产品产值(万元)	60193472	38831931	11448916	9806921	105705
新产品销售收入(万元)	57246324	37062721	10813219	9274621	95764
#出口	2241272	1828679	283331	125307	3955
来自政府部门的科技活动资金(万元)	232366	160649	26924	41807	2986
研究开发费用加计扣除减免税(万元)	148426	65851	34455	46054	2066
高新技术企业减免税(万元)	385324	193972	70349	120233	770
引进技术经费支出(万元)	29703	20940	1843	6446	475
消化吸收经费支出(万元)	59418	46498	9256	3600	64
购买国内技术经费支出(万元)	63888	31138	21152	11463	136

3-12 规模以上工业企业R&D人员情况(一)

项目	有R&D活动企业数(个)	R&D人员(人)	参加项目人员	管理和服务人员
总计	**1914**	**99002**	**88085**	**10917**
按企业规模分组				
大型	127	58405	51872	6533
中型	510	19011	17044	1967
小型	1215	20124	17849	2275
微型	62	1462	1320	142
按登记注册类型分组				
内资企业	**1782**	**93011**	**82742**	**10269**
国有企业	32	3513	2866	647
集体企业	13	599	554	45
股份合作企业	4	62	57	5
联营企业	1	21	18	3
国有联营企业				
集体联营企业	1	21	18	3
国有与集体联营企业				
其他联营企业				
有限责任公司	452	43981	38230	5751
国有独资公司	38	7710	6727	983
其他有限责任公司	414	36271	31503	4768
股份有限公司	129	21298	19870	1428
私营企业	1135	23164	20813	2351
私营独资企业	56	749	670	79
私营合伙企业	36	472	426	46
私营有限责任公司	916	17974	16150	1824
私营股份有限公司	127	3969	3567	402
其他企业	16	373	334	39
港、澳、台商投资企业	**70**	**3013**	**2590**	**423**
合资经营企业(港或澳、台资)	39	1965	1642	323
合作经营企业(港或澳、台资)	1	6	6	
港、澳、台商独资经营企业	25	669	596	73
港、澳、台商投资股份有限公司	5	373	346	27
外商投资企业	**62**	**2978**	**2753**	**225**
中外合资经营企业	42	1704	1563	141
中外合作经营企业				
外资企业	19	1143	1061	82
外商投资股份有限公司	1	131	129	2
其他外商投资企业				
按国民经济行业分组				
采矿业	**40**	**1627**	**1407**	**220**
煤炭开采和洗选业	8	210	182	28
黑色金属矿采选业	10	114	106	8
有色金属矿采选业	9	1119	947	172
非金属矿采选业	13	184	172	12
其他采矿业				
制造业	**1855**	**96442**	**85800**	**10642**
农副食品加工业	126	3721	3398	323
食品制造业	48	1506	1368	138
酒、饮料和精制茶制造业	36	726	658	68
烟草制品业	3	885	640	245
纺织业	36	1451	1316	135
纺织服装、服饰业	10	479	451	28
皮革、毛皮、羽毛及其制品和制鞋业	18	216	191	25
木材加工和木、竹、藤、棕、草制品业	35	590	483	107
家具制造业	12	352	325	27
造纸和纸制品业	29	1104	975	129

3-12 续表

项目	有R&D活动企业数(个)	R&D人员(人)	参加项目人员	管理和服务人员
印刷和记录媒介复制业	18	359	326	33
文教、工美、体育和娱乐用品制造业	12	277	261	16
石油加工、炼焦和核燃料加工业	7	706	594	112
化学原料和化学制品制造业	207	4534	3981	553
医药制造业	116	4099	3719	380
化学纤维制造业	6	223	207	16
橡胶和塑料制品业	27	488	446	42
非金属矿物制品业	192	3041	2736	305
黑色金属冶炼和压延加工业	45	6576	6090	486
有色金属冶炼和压延加工业	129	4145	3746	399
金属制品业	69	2816	2411	405
通用设备制造业	136	5176	4470	706
专用设备制造业	134	26771	24317	2454
汽车制造业	63	4755	4206	549
铁路、船舶、航空航天和其他运输设备制造业	39	9055	7275	1780
电气机械和器材制造业	126	5138	4620	518
计算机、通信和其他电子设备制造业	114	4719	4274	445
仪器仪表制造业	48	1722	1577	145
其他制造业	6	169	138	31
废弃资源综合利用业	6	495	471	24
金属制品、机械和设备修理业	2	148	130	18
电力、热力、燃气及水生产和供应业	**19**	**933**	**878**	**55**
电力、热力生产和供应业	12	727	698	29
燃气生产和供应业	2	109	98	11
水的生产和供应业	5	97	82	15
按隶属关系分组				
中央	65	16584	13499	3085
省(自治区、直辖市)	72	20354	19046	1308
地(区、市、州、盟)	104	5582	4955	627
县(区、市、旗)	94	2140	1951	189
乡(镇、街道)	17	281	252	29
村委会(居委会)	2	30	28	2
其他	1560	54031	48354	5677
按企业控股情况分组				
国有控股	212	42044	36712	5332
集体控股	62	2802	2556	246
私人控股	1464	45479	40892	4587
港澳台商控股	51	1794	1646	148
外商控股	36	1822	1687	135
其他	89	5061	4592	469
按地区分组				
长沙市	444	42225	38461	3764
株洲市	248	13759	11462	2297
湘潭市	117	9027	7948	1079
衡阳市	62	5055	4624	431
邵阳市	60	2243	2077	166
岳阳市	326	8326	7513	813
常德市	179	7100	5985	1115
张家界市	9	161	142	19
益阳市	70	2229	1917	312
郴州市	141	2783	2441	342
永州市	180	2134	1851	283
怀化市	21	1261	1130	131
娄底市	39	2306	2179	127
湘西州	18	393	355	38

3-13　规模以上工业企业R&D人员情况(二)

单位：人

项　　目	R&D人员	#女性	#研究人员	全时人员	非全时人员
总　计	**99002**	**18072**	**41541**	**66537**	**32465**
按企业规模分组					
大型	58405	10805	23005	41347	17058
中型	19011	3632	8567	12902	6109
小型	20124	3302	9250	11130	8994
微型	1462	333	719	1158	304
按登记注册类型分组					
内资企业	**93011**	**16988**	**39007**	**62393**	**30618**
国有企业	3513	650	2350	1409	2104
集体企业	599	64	172	157	442
股份合作企业	62	24	20	23	39
联营企业	21	2	1		21
国有联营企业					
集体联营企业	21	2	1		21
国有与集体联营企业					
其他联营企业					
有限责任公司	43981	7654	19707	29594	14387
国有独资公司	7710	1418	4721	5453	2257
其他有限责任公司	36271	6236	14986	24141	12130
股份有限公司	21298	4284	6404	17528	3770
私营企业	23164	4281	10210	13596	9568
私营独资企业	749	139	386	294	455
私营合伙企业	472	59	143	192	280
私营有限责任公司	17974	3285	8105	10000	7974
私营股份有限公司	3969	798	1576	3110	859
其他企业	373	29	143	86	287
港、澳、台商投资企业	**3013**	**525**	**1362**	**2418**	**595**
合资经营企业(港或澳、台资)	1965	346	942	1734	231
合作经营企业(港或澳、台资)	6		2	2	4
港、澳、台商独资经营企业	669	109	304	506	163
港、澳、台商投资股份有限公司	373	70	114	176	197
外商投资企业	**2978**	**559**	**1172**	**1726**	**1252**
中外合资经营企业	1704	314	602	1021	683
中外合作经营企业					
外资企业	1143	206	456	577	566
外商投资股份有限公司	131	39	114	128	3
其他外商投资企业					
按国民经济行业分组					
采矿业	**1627**	**182**	**748**	**366**	**1261**
煤炭开采和洗选业	210	7	61	70	140
黑色金属矿采选业	114	14	36	76	38
有色金属矿采选业	1119	135	536	124	995
非金属矿采选业	184	26	115	96	88
其他采矿业					
制造业	**96442**	**17777**	**40140**	**65966**	**30476**
农副食品加工业	3721	696	1407	1515	2206
食品制造业	1506	399	735	973	533
酒、饮料和精制茶制造业	726	116	323	233	493
烟草制品业	885	130	848	260	625
纺织业	1451	650	649	583	868
纺织服装、服饰业	479	231	143	275	204
皮革、毛皮、羽毛及其制品和制鞋业	216	23	130	129	87
木材加工和木、竹、藤、棕、草制品业	590	122	223	102	488
家具制造业	352	29	199	170	182
造纸和纸制品业	1104	337	615	434	670

3-13 续表 单位：人

项　　目	R&D人员	#女性	#研究人员	全时人员	非全时人员
印刷和记录媒介复制业	359	90	113	291	68
文教、工美、体育和娱乐用品制造业	277	59	97	208	69
石油加工、炼焦和核燃料加工业	706	137	256	382	324
化学原料和化学制品制造业	4534	927	2307	2642	1892
医药制造业	4099	1309	1720	2775	1324
化学纤维制造业	223	37	48	67	156
橡胶和塑料制品业	488	134	200	330	158
非金属矿物制品业	3041	530	1413	2063	978
黑色金属冶炼和压延加工业	6576	810	3002	3409	3167
有色金属冶炼和压延加工业	4145	524	1952	2827	1318
金属制品业	2816	622	1271	2130	686
通用设备制造业	5176	888	2539	3285	1891
专用设备制造业	26771	4117	8140	21748	5023
汽车制造业	4755	707	2224	3329	1426
铁路、船舶、航空航天和其他运输设备制造业	9055	1923	4234	7065	1990
电气机械和器材制造业	5138	997	2024	3917	1221
计算机、通信和其他电子设备制造业	4719	867	2228	3066	1653
仪器仪表制造业	1722	273	769	1429	293
其他制造业	169	27	112	155	14
废弃资源综合利用业	495	41	118	73	422
金属制品、机械和设备修理业	148	25	101	101	47
电力、热力、燃气及水生产和供应业	**933**	**113**	**653**	**205**	**728**
电力、热力生产和供应业	727	69	596	64	663
燃气生产和供应业	109	21	22	82	27
水的生产和供应业	97	23	35	59	38
按隶属关系分组					
中央	16584	3523	9409	11879	4705
省(自治区、直辖市)	20354	3716	6959	15305	5049
地(区、市、州、盟)	5582	1227	2350	3585	1997
县(区、市、旗)	2140	366	1017	1121	1019
乡(镇、街道)	281	57	97	200	81
村委会(居委会)	30	5	5	18	12
其他	54031	9178	21704	34429	19602
按企业控股情况分组					
国有控股	42044	8366	18926	30231	11813
集体控股	2802	584	1083	1589	1213
私人控股	45479	7546	18011	28587	16892
港澳台商控股	1794	261	713	1270	524
外商控股	1822	332	833	1055	767
其他	5061	983	1975	3805	1256
按地区分组					
长沙市	42225	7341	14905	34788	7437
株洲市	13759	2975	6510	10267	3492
湘潭市	9027	1790	4474	4863	4164
衡阳市	5055	585	1837	2837	2218
邵阳市	2243	282	700	1143	1100
岳阳市	8326	1618	3961	2354	5972
常德市	7100	1474	3770	4332	2768
张家界市	161	32	83	105	56
益阳市	2229	589	1048	959	1270
郴州市	2783	370	1239	1357	1426
永州市	2134	352	1049	1052	1082
怀化市	1261	228	414	1002	259
娄底市	2306	362	1432	1287	1019
湘西州	393	74	119	191	202

3-14 规模以上工业企业R&D人员全时当量情况

单位：人年

项 目	R&D人员全时当量	#研究人员	基础研究人员	应用研究人员	试验发展人员
总 计	**73558**	**29786**	**251**	**2944**	**70363**
按企业规模分组					
大型	47835	18028	22	1581	46231
中型	12703	5835	36	525	12142
小型	11948	5419	193	816	10939
微型	1072	504		21	1050
按登记注册类型分组					
内资企业	**69673**	**28003**	**245**	**2831**	**66598**
国有企业	2378	1575		350	2028
集体企业	185	69			185
股份合作企业	48	12			48
联营企业	13	1		11	2
国有联营企业					
集体联营企业	13	1		11	2
国有与集体联营企业					
其他联营企业					
有限责任公司	34745	15220	150	661	33934
国有独资公司	5038	3185	12	210	4816
其他有限责任公司	29708	12035	138	452	29118
股份有限公司	16843	4495	3	850	15989
私营企业	15243	6553	91	928	14224
私营独资企业	578	326	25	36	518
私营合伙企业	369	104		57	312
私营有限责任公司	11302	5005	67	692	10544
私营股份有限公司	2994	1118		144	2850
其他企业	217	78		30	187
港、澳、台商投资企业	**2158**	**981**	**7**	**43**	**2108**
合资经营企业(港或澳、台资)	1355	683		34	1322
合作经营企业(港或澳、台资)	1				1
港、澳、台商独资经营企业	461	198	7	10	444
港、澳、台商投资股份有限公司	342	101			342
外商投资企业	**1727**	**801**		**70**	**1657**
中外合资经营企业	996	433		41	956
中外合作经营企业					
外资企业	599	254		29	570
外商投资股份有限公司	131	114			131
其他外商投资企业					

3-14 续表 1

单位：人年

项目	R&D人员全时当量	#研究人员	基础研究人员	应用研究人员	试验发展人员
按国民经济行业分组					
采矿业	**811**	**240**		**109**	**702**
煤炭开采和洗选业	153	44		6	147
黑色金属矿采选业	88	25			88
有色金属矿采选业	469	112		96	372
非金属矿采选业	101	60		7	95
其他采矿业					
制造业	**72312**	**29246**	**251**	**2821**	**69241**
农副食品加工业	2305	837	6	413	1887
食品制造业	1011	552		83	928
酒、饮料和精制茶制造业	453	193		114	339
烟草制品业	589	563		359	230
纺织业	1002	453			1002
纺织服装、服饰业	386	120		14	372
皮革、毛皮、羽毛及其制品和制鞋业	98	57		11	87
木材加工和木、竹、藤、棕、草制品业	365	144	14	49	302
家具制造业	147	73		9	138
造纸和纸制品业	567	322			567
印刷和记录媒介复制业	229	76			229
文教、工美、体育和娱乐用品制造业	205	67			205
石油加工、炼焦和核燃料加工业	387	147			387
化学原料和化学制品制造业	2992	1456	21	105	2866
医药制造业	2896	1158		106	2789
化学纤维制造业	66	26		6	60
橡胶和塑料制品业	381	150		29	352
非金属矿物制品业	1886	850	7	89	1790
黑色金属冶炼和压延加工业	4612	2176		31	4582
有色金属冶炼和压延加工业	2770	1293		317	2453
金属制品业	1933	886	3	29	1901
通用设备制造业	3139	1547	122	108	2909
专用设备制造业	24682	6963	35	112	24535
汽车制造业	3335	1630		66	3268
铁路、船舶、航空航天和其他运输设备制造业	7197	3669	4	422	6771
电气机械和器材制造业	3747	1453	19	193	3535
计算机、通信和其他电子设备制造业	3249	1609	17	83	3150
仪器仪表制造业	1308	554	4	65	1239
其他制造业	138	97			138
废弃资源综合利用业	98	31		8	90
金属制品、机械和设备修理业	140	96			140

3-14 续表 2 单位：人年

项 目	R&D人员全时当量	#研究人员	基础研究人员	应用研究人员	试验发展人员
电力、热力、燃气及水生产和供应业	**435**	**300**		**14**	**421**
电力、热力生产和供应业	325	269		14	311
燃气生产和供应业	65	13			65
水的生产和供应业	45	17			45
按隶属关系分组					
中央	12660	7190	4	813	11843
省(自治区、直辖市)	16329	4797	5	427	15898
地(区、市、州、盟)	3629	1559		78	3551
县(区、市、旗)	1260	625	3	208	1049
乡(镇、街道)	228	77			228
村委会(居委会)	15	3			15
其他	39437	15535	240	1418	37780
按企业控股情况分组					
国有控股	32393	13799	16	1332	31044
集体控股	1675	637	6	157	1512
私人控股	33737	12999	223	1298	32217
港澳台商控股	1160	430		17	1142
外商控股	1091	553	7	54	1030
其他	3503	1367		85	3418
按地区分组					
长沙市	35954	11980	9	351	35595
株洲市	10588	5243		587	10001
湘潭市	6404	3161	118	147	6139
衡阳市	2441	959		19	2422
邵阳市	1446	424		80	1366
岳阳市	4929	2318	124	1198	3607
常德市	4927	2543		305	4622
张家界市	88	51			88
益阳市	1270	623		14	1256
郴州市	1659	621		129	1530
永州市	1117	490		56	1061
怀化市	803	262		38	765
娄底市	1617	1014			1617
湘西州	317	98		21	296

3-15 规模以上工业企业R&D经费内部支出按经费来源分组情况

单位：万元

项目	R&D经费内部支出	政府资金	企业资金	境外资金	其他资金
总 计	**2703987**	**170654**	**2501509**	**8918**	**22907**
按企业规模分组					
大型	1661465	129461	1521297	8015	2692
中型	494241	16342	470943	903	6053
小型	528555	22847	491643		14065
微型	19726	2004	17625		96
按登记注册类型分组					
内资企业	2475025	163330	2286988	2713	21995
国有企业	56127	9655	46333		138
集体企业	3532	294	3237		
股份合作企业	1491		1491		
联营企业	314		314		
国有联营企业					
集体联营企业	314		314		
国有与集体联营企业					
其他联营企业					
有限责任公司	1114057	102239	1005530		6287
国有独资公司	259410	22573	236408		429
其他有限责任公司	854647	79666	769123		5858
股份有限公司	658841	24992	627100	1810	4939
私营企业	630416	25652	593388	903	10473
私营独资企业	21384	237	21003		145
私营合伙企业	13450	826	12595		28
私营有限责任公司	501578	19805	471879	903	8990
私营股份有限公司	94005	4784	87911		1310
其他企业	10248	497	9593		158
港、澳、台商投资企业	**103195**	**1694**	**100859**		**642**
合资经营企业(港或澳、台资)	77283	365	76398		520
合作经营企业(港或澳、台资)	18		9		9
港、澳、台商独资经营企业	14059	1302	12644		113
港、澳、台商投资股份有限公司	11835	27	11808		
外商投资企业	**125767**	**5631**	**113662**	**6205**	**269**
中外合资经营企业	56880	5601	51010		269
中外合作经营企业					
外资企业	67699	30	61464	6205	
外商投资股份有限公司	1188		1188		
其他外商投资企业					
按国民经济行业分组					
采矿业	**16054**	**930**	**14840**		**284**
煤炭开采和洗选业	2696		2668		28
黑色金属矿采选业	1623	55	1568		
有色金属矿采选业	6467	475	5977		16
非金属矿采选业	5267	401	4627		240
其他采矿业					
制造业	**2674102**	**169484**	**2473122**	**8918**	**22578**
农副食品加工业	104938	2417	98000		4521
食品制造业	33877	758	32867		253
酒、饮料和精制茶制造业	20468	169	19849		451
烟草制品业	18052	49	17802		201
纺织业	23571	392	22987		192
纺织服装、服饰业	6941	25	6800		116
皮革、毛皮、羽毛及其制品和制鞋业	4931		4567		364
木材加工和木、竹、藤、棕、草制品业	17683	4787	12162		734
家具制造业	5206	30	5133		43
造纸和纸制品业	29633	567	29067		

3-15 续表

单位：万元

项 目	R&D经费内部支出	政府资金	企业资金	境外资金	其他资金
印刷和记录媒介复制业	7430	9	7421		
文教、工美、体育和娱乐用品制造业	4785	125	4660		
石油加工、炼焦和核燃料加工业	51511	1013	50498		
化学原料和化学制品制造业	138045	3428	130491	903	3222
医药制造业	106537	3753	102524		260
化学纤维制造业	7445		7445		
橡胶和塑料制品业	16184	306	15847		31
非金属矿物制品业	89111	2183	85740		1189
黑色金属冶炼和压延加工业	191386	2344	189011		32
有色金属冶炼和压延加工业	163528	9460	153972		96
金属制品业	50630	10348	39183		1099
通用设备制造业	118393	11517	101734		5143
专用设备制造业	680827	16726	663714		387
汽车制造业	119807	13582	105930		294
铁路、船舶、航空航天和其他运输设备制造业	207865	59928	147183		755
电气机械和器材制造业	188344	8877	175092	1810	2565
计算机、通信和其他电子设备制造业	227843	14666	206348	6205	625
仪器仪表制造业	32301	1669	30623		9
其他制造业	3346	338	3008		
废弃资源综合利用业	2957		2957		
金属制品、机械和设备修理业	528	20	508		
电力、热力、燃气及水生产和供应业	**13831**	**240**	**13546**		**44**
电力、热力生产和供应业	5430		5386		44
燃气生产和供应业	6566	210	6356		
水的生产和供应业	1835	30	1805		
按隶属关系分组					
中央	382814	91229	290640		945
省(自治区、直辖市)	640526	14635	622409		3483
地(区、市、州、盟)	134066	8718	122184	1810	1355
县(区、市、旗)	71035	2175	68193		668
乡(镇、街道)	8479	135	8343		
村委会(居委会)	545	5	538		2
其他	1466522	53757	1389201	7108	16455
按企业控股情况分组					
国有控股	1122294	111006	1006475		4814
集体控股	78515	4568	70166	1810	1972
私人控股	1153293	46869	1090582	903	14939
港澳台商控股	80141	903	78621		617
外商控股	92225	688	85332	6205	
其他	177520	6621	170333		566
按地区分组					
长沙市	1094428	48943	1043472		2012
株洲市	313443	65451	247093		899
湘潭市	240077	10168	222500		7409
衡阳市	127809	7474	112149	8015	172
邵阳市	38944	836	37353		754
岳阳市	382046	12816	359506	903	8821
常德市	211585	2349	208485		751
张家界市	1843	107	1401		335
益阳市	47846	1980	45746		120
郴州市	75099	8679	66097		322
永州市	20724	2085	17945		693
怀化市	20577	7124	13247		207
娄底市	120289	1882	118228		179
湘西州	9279	760	8286		233

3-16 规模以上工业企业R&D经费内部支出按支出用途分组情况

单位：万元

项目	R&D经费内部支出	经常费支出	#人员劳务费	资产性支出	#仪器设备
总计	**2703987**	**2443301**	**666749**	**260686**	**248458**
按企业规模分组					
大型	1661465	1529166	437243	132299	123928
中型	494241	434442	108802	59800	58352
小型	528555	461866	112209	66689	64332
微型	19726	17827	8496	1899	1846
按登记注册类型分组					
内资企业	**2475025**	**2229503**	**620065**	**245522**	**233535**
国有企业	56127	55273	17437	854	838
集体企业	3532	2862	780	670	659
股份合作企业	1491	1473	142	18	17
联营企业	314	244	97	69	69
国有联营企业					
集体联营企业	314	244	97	69	69
国有与集体联营企业					
其他联营企业					
有限责任公司	1114057	1014900	305668	99157	95494
国有独资公司	259410	237298	36820	22112	21577
其他有限责任公司	854647	777602	268848	77045	73916
股份有限公司	658841	592712	152080	66129	61367
私营企业	630416	552873	142010	77543	74030
私营独资企业	21384	19344	5265	2040	1989
私营合伙企业	13450	11851	3415	1599	1568
私营有限责任公司	501578	434525	109065	67053	63964
私营股份有限公司	94005	87154	24265	6851	6509
其他企业	10248	9166	1852	1082	1062
港、澳、台商投资企业	**103195**	**96844**	**16543**	**6351**	**6224**
合资经营企业(港或澳、台资)	77283	72926	10961	4357	4247
合作经营企业(港或澳、台资)	18	18	9		
港、澳、台商独资经营企业	14059	13020	4212	1038	1025
港、澳、台商投资股份有限公司	11835	10880	1361	955	951
外商投资企业	**125767**	**116954**	**30141**	**8813**	**8699**
中外合资经营企业	56880	49874	13405	7006	6917
中外合作经营企业					
外资企业	67699	65909	16190	1790	1765
外商投资股份有限公司	1188	1170	546	18	18
其他外商投资企业					

3-16 续表 1 单位：万元

项 目	R&D经费内部支出	经常费支出	#人员劳务费	资产性支出	#仪器设备
按国民经济行业分组					
采矿业	**16054**	**13538**	**3449**	**2517**	**2475**
煤炭开采和洗选业	2696	2536	765	161	160
黑色金属矿采选业	1623	1014	482	610	584
有色金属矿采选业	6467	5875	1528	593	591
非金属矿采选业	5267	4114	674	1154	1139
其他采矿业					
制造业	**2674102**	**2416282**	**660048**	**257821**	**245658**
农副食品加工业	104938	96172	23259	8765	7363
食品制造业	33877	30620	11824	3257	3182
酒、饮料和精制茶制造业	20468	17644	5337	2824	2750
烟草制品业	18052	17573	8199	480	473
纺织业	23571	18569	3583	5002	4897
纺织服装、服饰业	6941	6067	2781	874	864
皮革、毛皮、羽毛及其制品和制鞋业	4931	4823	700	108	108
木材加工和木、竹、藤、棕、草制品业	17683	16015	3883	1668	1593
家具制造业	5206	4747	1512	460	444
造纸和纸制品业	29633	26918	5229	2715	2692
印刷和记录媒介复制业	7430	6915	2482	514	510
文教、工美、体育和娱乐用品制造业	4785	4186	1421	599	598
石油加工、炼焦和核燃料加工业	51511	48078	7049	3433	3219
化学原料和化学制品制造业	138045	119532	30520	18513	17455
医药制造业	106537	92135	26525	14402	13815
化学纤维制造业	7445	3100	597	4345	4062
橡胶和塑料制品业	16184	14608	5494	1577	1537
非金属矿物制品业	89111	75706	14130	13405	13167
黑色金属冶炼和压延加工业	191386	179895	35412	11491	10522
有色金属冶炼和压延加工业	163528	149541	20188	13988	13150
金属制品业	50630	44321	10456	6309	6155
通用设备制造业	118393	105940	27534	12454	11890
专用设备制造业	680827	632535	247792	48293	44670
汽车制造业	119807	110534	29467	9273	9082
铁路、船舶、航空航天和其他运输设备制造业	207865	184565	46048	23301	22692
电气机械和器材制造业	188344	168077	31022	20266	19528
计算机、通信和其他电子设备制造业	227843	202962	46951	24881	24681
仪器仪表制造业	32301	28454	9050	3847	3791
其他制造业	3346	2683	939	663	661
废弃资源综合利用业	2957	2872	475	84	80
金属制品、机械和设备修理业	528	498	187	30	30

3-16 续表 2 单位：万元

项　　目	R&D经费内部支出	经常费支出	#人员劳务费	资产性支出	#仪器设备
电力、热力、燃气及水生产和供应业	**13831**	**13482**	**3252**	**349**	**325**
电力、热力生产和供应业	5430	5430	983		
燃气生产和供应业	6566	6566	1902		
水的生产和供应业	1835	1486	367	349	325
按隶属关系分组					
中央	382814	350286	80130	32528	31207
省(自治区、直辖市)	640526	589347	131182	51180	46462
地(区、市、州、盟)	134066	120328	32382	13738	13058
县(区、市、旗)	71035	62303	10589	8732	8216
乡(镇、街道)	8479	7057	1456	1422	1396
村委会(居委会)	545	545	103		
其他	1466522	1313435	410908	153087	148119
按企业控股情况分组					
国有控股	1122294	1025791	237102	96503	90017
集体控股	78515	67869	12358	10646	9909
私人控股	1153293	1029472	342811	123822	119009
港澳台商控股	80141	77611	11182	2530	2510
外商控股	92225	86454	22250	5771	5671
其他	177520	156105	41046	21414	21342
按地区分组					
长沙市	1094428	1004024	361119	90403	86001
株洲市	313443	272327	70664	41116	39758
湘潭市	240077	215581	48893	24496	22979
衡阳市	127809	115943	21910	11866	11052
邵阳市	38944	36192	8738	2752	2640
岳阳市	382046	334784	67043	47262	45448
常德市	211585	194914	36025	16671	15237
张家界市	1843	1524	405	319	310
益阳市	47846	39443	8249	8403	7982
郴州市	75099	69362	11906	5737	5643
永州市	20724	16355	6148	4369	4343
怀化市	20577	20171	3364	407	388
娄底市	120289	114295	20024	5994	5814
湘西州	9279	8388	2262	891	862

3-17 规模以上工业企业R&D经费内部支出按活动类型分组情况

单位：万元

项 目	R&D经费内部支出	基础研究支出	应用研究支出	试验发展支出
总计	**2703987**	**13318**	**226064**	**2464606**
按企业规模分组				
大型	1661465	1050	96790	1563626
中型	494241	3378	54707	436157
小型	528555	8890	74145	445520
微型	19726		423	19303
按登记注册类型分组				
内资企业	**2475025**	**12771**	**213180**	**2249075**
国有企业	56127		14866	41261
集体企业	3532			3532
股份合作企业	1491			1491
联营企业	314		314	
国有联营企业				
集体联营企业	314		314	
国有与集体联营企业				
其他联营企业				
有限责任公司	1114057	4871	63304	1045882
国有独资公司	259410	824	27916	230670
其他有限责任公司	854647	4047	35388	815211
股份有限公司	658841	672	38476	619693
私营企业	630416	7228	94328	528860
私营独资企业	21384	447	2790	18146
私营合伙企业	13450		4245	9205
私营有限责任公司	501578	6781	74446	420351
私营股份有限公司	94005		12847	81158
其他企业	10248		1891	8357
港、澳、台商投资企业	**103195**	**547**	**6903**	**95745**
合资经营企业(港或澳、台资)	77283		4883	72400
合作经营企业(港或澳、台资)	18			18
港、澳、台商独资经营企业	14059	547	2021	11491
港、澳、台商投资股份有限公司	11835			11835
外商投资企业	**125767**		**5981**	**119786**
中外合资经营企业	56880		3825	53055
中外合作经营企业				
外资企业	67699		2157	65543
外商投资股份有限公司	1188			1188
其他外商投资企业				
按国民经济行业分组				
采矿业	**16054**		**850**	**15204**
煤炭开采和洗选业	2696		340	2356
黑色金属矿采选业	1623			1623
有色金属矿采选业	6467		481	5986
非金属矿采选业	5267		29	5238
其他采矿业				
制造业	**2674102**	**13318**	**225100**	**2435684**
农副食品加工业	104938	308	24823	79806
食品制造业	33877		6891	26986
酒、饮料和精制茶制造业	20468		10811	9657
烟草制品业	18052		15192	2860
纺织业	23571			23571
纺织服装、服饰业	6941		731	6211
皮革、毛皮、羽毛及其制品和制鞋业	4931		1667	3265
木材加工和木、竹、藤、棕、草制品业	17683	897	5298	11488
家具制造业	5206		363	4843
造纸和纸制品业	29633			29633

3-17 续表

单位：万元

项目	R&D经费内部支出	基础研究支出	应用研究支出	试验发展支出
印刷和记录媒介复制业	7430			7430
文教、工美、体育和娱乐用品制造业	4785			4785
石油加工、炼焦和核燃料加工业	51511			51511
化学原料和化学制品制造业	138045	3475	26571	107998
医药制造业	106537		15817	90720
化学纤维制造业	7445		894	6551
橡胶和塑料制品业	16184		4164	12020
非金属矿物制品业	89111	547	8877	79688
黑色金属冶炼和压延加工业	191386		410	190976
有色金属冶炼和压延加工业	163528		19206	144322
金属制品业	50630	1082	1015	48533
通用设备制造业	118393	2481	9078	106835
专用设备制造业	680827	1916	13838	665072
汽车制造业	119807		2170	117637
铁路、船舶、航空航天和其他运输设备制造业	207865	23	16203	191640
电气机械和器材制造业	188344	145	31452	156746
计算机、通信和其他电子设备制造业	227843	967	4352	222524
仪器仪表制造业	32301	1477	4387	26437
其他制造业	3346			3346
废弃资源综合利用业	2957		890	2066
金属制品、机械和设备修理业	528			528
电力、热力、燃气及水生产和供应业	**13831**		**114**	**13717**
电力、热力生产和供应业	5430		114	5317
燃气生产和供应业	6566			6566
水的生产和供应业	1835			1835
按隶属关系分组				
中央	382814	23	31171	351621
省(自治区、直辖市)	640526	130	38273	602123
地(区、市、州、盟)	134066		1753	132313
县(区、市、旗)	71035	1082	11576	58377
乡(镇、街道)	8479			8479
村委会(居委会)	545			545
其他	1466522	12083	143291	1311147
按企业控股情况分组				
国有控股	1122294	846	79525	1041923
集体控股	78515	308	7509	70698
私人控股	1153293	11616	127351	1014326
港澳台商控股	80141		3464	76677
外商控股	92225	547	6073	85605
其他	177520		2142	175378
按地区分组				
长沙市	1094428	153	17596	1076679
株洲市	313443		28994	284448
湘潭市	240077	960	23416	215701
衡阳市	127809		118	127691
邵阳市	38944		453	38491
岳阳市	382046	12205	127617	242224
常德市	211585		16717	194868
张家界市	1843			1843
益阳市	47846		1916	45929
郴州市	75099		4628	70471
永州市	20724		618	20106
怀化市	20577		3572	17006
娄底市	120289			120289
湘西州	9279		419	8860

3-18 规模以上工业企业R&D经费外部支出情况

单位：万元

项 目	R&D经费外部支出	对境内研究机构支出	对境内高等学校支出	对境外支出
总 计	**119901**	**73974**	**36930**	**4664**
按企业规模分组				
大型	78049	44344	26920	3631
中型	20398	13925	5570	638
小型	20842	15183	4365	395
微型	612	522	75	
按登记注册类型分组				
内资企业	**95248**	**62004**	**27205**	**1776**
国有企业	16883	9027	6980	
集体企业				
股份合作企业				
联营企业				
国有联营企业				
集体联营企业				
国有与集体联营企业				
其他联营企业				
有限责任公司	30597	15866	11297	879
国有独资公司	8994	4760	3876	240
其他有限责任公司	21603	11105	7421	638
股份有限公司	20459	16513	3749	63
私营企业	26809	20324	4992	797
私营独资企业	230	130	82	
私营合伙企业	529	464	50	
私营有限责任公司	23596	17967	4597	508
私营股份有限公司	2454	1763	263	288
其他企业	499	275	187	37
港、澳、台商投资企业	**512**	**92**	**350**	
合资经营企业(港或澳、台资)	206	36	170	
合作经营企业(港或澳、台资)				
港、澳、台商独资经营企业	280	30	180	
港、澳、台商投资股份有限公司	26	26		
外商投资企业	**24142**	**11878**	**9376**	**2888**
中外合资经营企业	2193	1722	336	136
中外合作经营企业				
外资企业	21864	10156	8955	2753
外商投资股份有限公司	85		85	
其他外商投资企业				

3-18 续表 1 单位：万元

项　　目	R&D经费外部支出	对境内研究机构支出	对境内高等学校支出	对境外支　出
按国民经济行业分组				
采矿业	**1436**	**950**	**485**	
煤炭开采和洗选业	62	62		
黑色金属矿采选业	91	91		
有色金属矿采选业	1245	770	475	
非金属矿采选业	38	28	10	
其他采矿业				
制造业	**117023**	**72484**	**35696**	**4664**
农副食品加工业	1701	1001	239	254
食品制造业	684	249	431	
酒、饮料和精制茶制造业	1828	553	1275	
烟草制品业	13870	7595	5582	
纺织业	99	58	37	
纺织服装、服饰业	266	165	101	
皮革、毛皮、羽毛及其制品和制鞋业	126	30	26	
木材加工和木、竹、藤、棕、草制品业	231	72	159	
家具制造业	239		239	
造纸和纸制品业	162	13		
印刷和记录媒介复制业				
文教、工美、体育和娱乐用品制造业	130	55	60	
石油加工、炼焦和核燃料加工业	7062	6762	300	
化学原料和化学制品制造业	12194	10410	1381	173
医药制造业	12633	9689	878	14
化学纤维制造业	216	216		
橡胶和塑料制品业	312	312		
非金属矿物制品业	1623	1387	224	
黑色金属冶炼和压延加工业	4490	2529	1961	
有色金属冶炼和压延加工业	3591	1750	1825	
金属制品业	2889	1268	1583	
通用设备制造业	7796	4583	2774	24
专用设备制造业	4445	2416	1856	166
汽车制造业	1805	1239	310	240
铁路、船舶、航空航天和其他运输设备制造业	8563	5995	2110	448
电气机械和器材制造业	4717	2123	2002	592
计算机、通信和其他电子设备制造业	23553	10848	9854	2753
仪器仪表制造业	649	354	293	
其他制造业	1148	811	196	
废弃资源综合利用业				
金属制品、机械和设备修理业				

3-18 续表 2

单位：万元

项 目	R&D经费外部支出	对境内研究机构支出	对境内高等学校支出	对境外支出
电力、热力、燃气及水生产和供应业	**1443**	**539**	**749**	
电力、热力生产和供应业	995	298	542	
燃气生产和供应业				
水的生产和供应业	448	241	207	
按隶属关系分组				
中央	39568	25748	12147	689
省(自治区、直辖市)	9893	5152	4629	54
地(区、市、州、盟)	3215	2623	441	70
县(区、市、旗)	5674	2918	567	
乡(镇、街道)	23	3	20	
村委会(居委会)				
其他	61528	37529	19127	3851
按企业控股情况分组				
国有控股	52841	33311	17718	767
集体控股	833	758	71	
私人控股	39651	26490	8946	1009
港澳台商控股	364	92	202	
外商控股	23017	10791	9337	2888
其他	3196	2533	656	
按地区分组				
长沙市	23895	13868	8753	620
株洲市	9773	6981	2332	442
湘潭市	9818	5577	4141	92
衡阳市	24292	11723	9363	2993
邵阳市	1771	1092	419	
岳阳市	28317	22192	3714	254
常德市	11971	6857	4244	9
张家界市				
益阳市	858	472	378	
郴州市	3626	2007	1334	254
永州市	897	544	268	
怀化市	2096	1137	925	
娄底市	2468	1414	1050	
湘西州	121	111	10	

3-19 规模以上工业企业全部R&D项目(课题)情况

项目	项目(课题)数(项)	参加项目(课题)人员(人)	项目(课题)人员全时当量(人年)	项目(课题)经费内部支出(万元)
总计	**8425**	**88085**	**65367**	**2352569**
按企业规模分组				
大型	4360	51872	42503	1441719
中型	1409	17044	11311	427664
小型	2495	17849	10586	466762
微型	161	1320	967	16424
按登记注册类型分组				
内资企业	**8050**	**82742**	**61990**	**2151502**
国有企业	426	2866	1927	40145
集体企业	24	554	171	2788
股份合作企业	4	57	47	1382
联营企业	1	18	11	314
国有联营企业				
集体联营企业	1	18	11	314
国有与集体联营企业				
其他联营企业				
有限责任公司	3708	38230	30095	973465
国有独资公司	824	6727	4344	227263
其他有限责任公司	2884	31503	25751	746202
股份有限公司	1595	19870	15838	560946
私营企业	2249	20813	13707	563206
私营独资企业	71	670	515	20180
私营合伙企业	58	426	334	12825
私营有限责任公司	1830	16150	10142	446414
私营股份有限公司	290	3567	2716	83787
其他企业	43	334	195	9258
港、澳、台商投资企业	**198**	**2590**	**1796**	**92007**
合资经营企业(港或澳、台资)	125	1642	1068	69684
合作经营企业(港或澳、台资)	1	6	1	18
港、澳、台商独资经营企业	45	596	407	11158
港、澳、台商投资股份有限公司	27	346	320	11147
外商投资企业	**177**	**2753**	**1581**	**109061**
中外合资经营企业	123	1563	903	42466
中外合作经营企业				
外资企业	44	1061	549	65425
外商投资股份有限公司	10	129	129	1170
其他外商投资企业				
按国民经济行业分组				
采矿业	**68**	**1407**	**756**	**14751**
煤炭开采和洗选业	10	182	135	2577
黑色金属矿采选业	11	106	81	1118
有色金属矿采选业	33	947	446	6190
非金属矿采选业	14	172	94	4867
其他采矿业				
制造业	**8237**	**85800**	**64196**	**2324844**
农副食品加工业	233	3398	2117	94789
食品制造业	98	1368	923	30568
酒、饮料和精制茶制造业	70	658	405	19238
烟草制品业	189	640	426	15746
纺织业	140	1316	913	19781
纺织服装、服饰业	27	451	361	6898
皮革、毛皮、羽毛及其制品和制鞋业	189	191	79	4512
木材加工和木、竹、藤、棕、草制品业	95	483	295	17266
家具制造业	15	325	130	4777
造纸和纸制品业	91	975	500	25011

3-19 续表

项 目	项目(课题)数(项)	参加项目(课题)人员(人)	项目(课题)人员全时当量(人年)	项目(课题)经费内部支出(万元)
印刷和记录媒介复制业	31	326	206	7017
文教、工美、体育和娱乐用品制造业	39	261	193	4102
石油加工、炼焦和核燃料加工业	63	594	332	34947
化学原料和化学制品制造业	502	3981	2633	118774
医药制造业	485	3719	2634	95255
化学纤维制造业	7	207	63	3232
橡胶和塑料制品业	42	446	349	14695
非金属矿物制品业	322	2736	1704	81261
黑色金属冶炼和压延加工业	158	6090	4252	184110
有色金属冶炼和压延加工业	424	3746	2506	134368
金属制品业	232	2411	1649	34170
通用设备制造业	367	4470	2672	106507
专用设备制造业	2179	24317	22455	585054
汽车制造业	505	4206	2928	98174
铁路、船舶、航空航天和其他运输设备制造业	676	7275	5663	169669
电气机械和器材制造业	503	4620	3384	164789
计算机、通信和其他电子设备制造业	383	4274	2896	216738
仪器仪表制造业	125	1577	1198	27861
其他制造业	31	138	115	2691
废弃资源综合利用业	13	471	93	2362
金属制品、机械和设备修理业	3	130	123	481
电力、热力、燃气及水生产和供应业	**120**	**878**	**415**	**12974**
电力、热力生产和供应业	101	698	318	5418
燃气生产和供应业	14	98	59	6557
水的生产和供应业	5	82	39	999
按隶属关系分组				
中央	1475	13499	10154	319913
省(自治区、直辖市)	1394	19046	15452	576912
地(区、市、州、盟)	605	4955	3169	116909
县(区、市、旗)	185	1951	1157	60913
乡(镇、街道)	30	252	211	7831
村委会(居委会)	2	28	14	523
其他	4734	48354	35212	1269568
按企业控股情况分组				
国有控股	3364	36712	28239	982815
集体控股	199	2556	1538	65190
私人控股	4280	40892	30345	991516
港澳台商控股	124	1646	1059	71487
外商控股	105	1687	1004	87608
其他	353	4592	3182	153953
按地区分组				
长沙市	3501	38461	32835	942561
株洲市	1294	11462	8681	257617
湘潭市	596	7948	5621	221358
衡阳市	378	4624	2199	112271
邵阳市	169	2077	1341	36649
岳阳市	607	7513	4461	337437
常德市	720	5985	4093	189965
张家界市	13	142	79	1425
益阳市	130	1917	1052	34166
郴州市	263	2441	1511	66507
永州市	545	1851	955	18216
怀化市	78	1130	726	12606
娄底市	104	2179	1527	114160
湘西州	27	355	286	7632

3-20 规模以上工业企业办科技机构情况

项目	机构数(个)	机构人员合计(人)	#博士毕业	#硕士毕业	机构经费支出(万元)	机构仪器和设备原价(万元)
总计	**1445**	**57615**	**1453**	**9852**	**1070587**	**1383295**
按企业规模分组						
大型	203	30441	478	6864	601514	836953
中型	378	13761	432	1391	235461	249580
小型	803	12366	484	1409	219849	287336
微型	61	1047	59	188	13762	9427
按登记注册类型分组						
内资企业	**1353**	**54294**	**1381**	**9379**	**984091**	**1340526**
国有企业	40	1407	80	265	42481	44517
集体企业	8	122	5	7	458	4555
股份合作企业						
联营企业						
国有联营企业						
集体联营企业						
国有与集体联营企业						
其他联营企业						
有限责任公司	356	24131	392	4987	524941	761693
国有独资公司	49	5675	67	551	93033	95863
其他有限责任公司	307	18456	325	4436	431907	665830
股份有限公司	137	12132	242	2234	130740	275396
私营企业	798	16258	649	1849	278758	249845
私营独资企业	42	540	16	31	6217	4047
私营合伙企业	37	484	13	39	6116	3168
私营有限责任公司	610	12567	540	1448	228301	213836
私营股份有限公司	109	2667	80	331	38125	28795
其他企业	14	244	13	37	6714	4520
港、澳、台商投资企业	**56**	**2077**	**48**	**315**	**59281**	**22224**
合资经营企业(港或澳、台资)	27	681	16	92	29747	13316
合作经营企业(港或澳、台资)	2	140	6	4	116	55
港、澳、台商独资经营企业	21	942	19	200	20149	8262
港、澳、台商投资股份有限公司	6	314	7	19	9269	591
外商投资企业	**36**	**1244**	**24**	**158**	**27214**	**20545**
中外合资经营企业	26	644	13	100	17036	9927
中外合作经营企业	1	35		5	4530	2800
外资企业	8	365	3	7	3718	4819
外商投资股份有限公司	1	200	8	46	1930	3000
其他外商投资企业						
按国民经济行业分组						
采矿业	**70**	**1049**	**15**	**37**	**12401**	**4852**
煤炭开采和洗选业	29	433	1	3	3717	1066
黑色金属矿采选业	9	111	3	2	1839	1031
有色金属矿采选业	24	404	7	23	4127	2290
非金属矿采选业	8	101	4	9	2719	465
其他采矿业						
制造业	**1364**	**56102**	**1383**	**9693**	**1054241**	**1361974**
农副食品加工业	91	2270	78	221	47570	43787
食品制造业	39	1071	49	179	26648	14904
酒、饮料和精制茶制造业	26	660	22	63	13744	9088
烟草制品业	2	211	20	52	22719	18735
纺织业	19	610	9	41	6976	5115
纺织服装、服饰业	18	619	10	31	7503	6385
皮革、毛皮、羽毛及其制品和制鞋业	9	186	4	12	2902	484
木材加工和木、竹、藤、棕、草制品业	29	391	8	32	14158	1880
家具制造业	10	436	7	12	3731	736
造纸和纸制品业	17	657	2	62	14920	17694

3-20 续表

项 目	机构数（个）	机构人员合计（人）	#博士毕业	#硕士毕业	机构经费支出（万元）	机构仪器和设备原价（万元）
印刷和记录媒介复制业	9	239	3	25	8297	10369
文教、工美、体育和娱乐用品制造业	15	145	8	22	1561	376
石油加工、炼焦和核燃料加工业	6	237	6	61	5477	4915
化学原料和化学制品制造业	114	2357	107	292	59852	59338
医药制造业	100	2812	143	419	56237	52798
化学纤维制造业	2	17		2	246	214
橡胶和塑料制品业	28	321	3	27	6729	31082
非金属矿物制品业	80	1589	26	174	25380	37793
黑色金属冶炼和压延加工业	54	2178	22	172	38881	28736
有色金属冶炼和压延加工业	89	3148	92	284	97603	239522
金属制品业	36	2233	46	242	27202	15100
通用设备制造业	107	3903	111	423	62022	109178
专用设备制造业	146	12969	197	4198	257411	289135
汽车制造业	48	2563	42	254	41228	33901
铁路、船舶、航空航天和其他运输设备制造业	35	4728	108	1196	41055	113512
电气机械和器材制造业	97	4453	127	556	88177	54921
计算机、通信和其他电子设备制造业	78	3023	82	349	45988	138675
仪器仪表制造业	45	1764	46	256	23787	19727
其他制造业	5	144	2	13	2228	1534
废弃资源综合利用业	8	137	3	19	3718	2304
金属制品、机械和设备修理业	2	31		4	293	38
电力、热力、燃气及水生产和供应业	**11**	**464**	**55**	**122**	**3944**	**16469**
电力、热力生产和供应业	7	434	54	119	3475	16129
燃气生产和供应业	1	12	1	3	400	273
水的生产和供应业	3	18			69	67
按隶属关系分组						
中央	70	10336	183	1802	141766	333311
省(自治区、直辖市)	91	8683	109	1400	130894	252750
地(区、市、州、盟)	89	4485	54	467	67090	47546
县(区、市、旗)	59	1042	53	109	28676	19010
乡(镇、街道)	16	215	10	31	1392	13278
村委会(居委会)	2	24		4	218	1121
其他	1118	32830	1044	6039	700549	716281
按企业控股情况分组						
国有控股	246	21779	348	3453	337022	636616
集体控股	33	1739	43	213	13717	19828
私人控股	1026	27427	944	5385	564083	401719
港澳台商控股	39	1427	27	240	41461	9841
外商控股	27	870	30	104	17255	18797
其他	74	4373	61	457	97048	296495
按地区分组						
长沙市	386	23869	515	5858	458315	634240
株洲市	108	7730	153	1472	89793	266658
湘潭市	80	5334	182	622	121380	62475
衡阳市	76	2856	132	310	45451	84699
邵阳市	80	1376	47	88	26321	11275
岳阳市	184	4195	148	549	123638	183118
常德市	75	2735	53	211	63111	35128
张家界市	7	114	11	11	422	404
益阳市	58	1810	55	148	22658	26409
郴州市	197	3276	71	216	52076	17127
永州市	111	1580	44	161	18587	19894
怀化市	22	630	17	92	13078	18725
娄底市	40	1793	17	90	29382	20361
湘西州	21	317	8	24	6376	2783

3-21 规模以上工业企业新产品开发、生产及销售情况

单位：万元

项　　目	新产品开发项目数(项)	新产品开发经费支出	新产品产值	新产品销售收入	#出口
总　计	**9089**	**2959845**	**60193472**	**57246324**	**2241272**
按企业规模分组					
大型	4354	1792772	38831931	37062721	1828679
中型	1875	598745	11448916	10813219	283331
小型	2657	541870	9806921	9274621	125307
微型	203	26458	105705	95764	3955
按登记注册类型分组					
内资企业	**8508**	**2687676**	**54123758**	**51420819**	**2051716**
国有企业	203	47509	8073254	7961248	85342
集体企业	18	2178	83793	89288	
股份合作企业	6	1584	68710	61030	
联营企业			8656	7192	
国有联营企业					
集体联营企业			8656	7192	
国有与集体联营企业					
其他联营企业					
有限责任公司	4191	1282446	17052740	16072463	1273073
国有独资公司	842	205532	3594821	3366782	178785
其他有限责任公司	3349	1076914	13457919	12705681	1094289
股份有限公司	1800	700844	14608967	13761474	489975
私营企业	2259	646127	13855337	13132633	203206
私营独资企业	66	25506	663359	625858	3800
私营合伙企业	26	3710	363020	335166	5637
私营有限责任公司	1857	531009	10514571	10017612	154044
私营股份有限公司	310	85902	2314387	2153997	39725
其他企业	31	6989	372302	335491	120
港、澳、台商投资企业	**397**	**137597**	**2176927**	**2087030**	**73028**
合资经营企业(港或澳、台资)	166	102402	1069157	1013425	49668
合作经营企业(港或澳、台资)	137	386	26566	26566	
港、澳、台商独资经营企业	54	19910	716799	703715	19660
港、澳、台商投资股份有限公司	40	14899	364405	343324	3701
外商投资企业	**184**	**134572**	**3892788**	**3738476**	**116528**
中外合资经营企业	114	47480	1117027	1059912	109240
中外合作经营企业	7	9564	64	26	
外资企业	55	75851	2605866	2553969	7288
外商投资股份有限公司	8	1678	169830	124568	
其他外商投资企业					
按国民经济行业分组					
采矿业	**24**	**5478**	**220925**	**214917**	
煤炭开采和洗选业	5	776	3660	3660	
黑色金属矿采选业	1	228	54059	52190	
有色金属矿采选业	12	1470	114684	114228	
非金属矿采选业	6	3005	48522	44840	
其他采矿业					
制造业	**8972**	**2940477**	**59658980**	**56721018**	**2241272**
农副食品加工业	261	109171	2766959	2666292	102
食品制造业	86	33341	1163951	1092314	18726
酒、饮料和精制茶制造业	53	18141	578198	530311	4231
烟草制品业	12	1695	7657473	7560770	29092
纺织业	176	36675	723949	656518	12037
纺织服装、服饰业	33	6409	258226	254361	6000
皮革、毛皮、羽毛及其制品和制鞋业	24	4009	135387	130365	16367
木材加工和木、竹、藤、棕、草制品业	41	10664	650890	632460	7659
家具制造业	184	5402	177336	167405	30
造纸和纸制品业	116	55172	764120	755378	10761

3-21 续表

单位：万元

项 目	新产品开发项目数(项)	新产品开发经费支出	新产品产值	新产品销售收入	#出口
印刷和记录媒介复制业	22	6127	273958	242284	
文教、工美、体育和娱乐用品制造业	22	5475	45273	44549	
石油加工、炼焦和核燃料加工业	55	47476	3824120	4030322	6591
化学原料和化学制品制造业	472	114200	3141100	2959073	91639
医药制造业	580	119292	1521837	1469513	29673
化学纤维制造业	6	6551	13827	13827	
橡胶和塑料制品业	70	19899	162372	152242	3015
非金属矿物制品业	290	103527	1918159	1536249	158272
黑色金属冶炼和压延加工业	171	204177	2912658	2703762	259212
有色金属冶炼和压延加工业	372	257193	4144372	3744116	29526
金属制品业	222	59156	675641	639978	10655
通用设备制造业	545	130667	2064027	1914267	92013
专用设备制造业	2336	691766	9744375	9436733	363589
汽车制造业	839	170421	1745629	1545696	46873
铁路、船舶、航空航天和其他运输设备制造业	713	244961	3313070	3075331	83524
电气机械和器材制造业	572	170265	3322657	3116572	65332
计算机、通信和其他电子设备制造业	470	259822	5213775	4922572	891643
仪器仪表制造业	195	42745	701276	686747	2641
其他制造业	17	2839	27331	26979	
废弃资源综合利用业	9	2616	11534	8911	
金属制品、机械和设备修理业	8	626	5502	5120	2069
电力、热力、燃气及水生产和供应业	**93**	**13890**	**313568**	**310389**	
电力、热力生产和供应业	70	5739	203254	204811	
燃气生产和供应业	19	7285	93947	91447	
水的生产和供应业	4	866	16368	14131	
按隶属关系分组					
中央	1283	396905	16609421	16261265	207890
省(自治区、直辖市)	1357	607055	9170759	8546254	634605
地(区、市、州、盟)	914	178409	2945474	2442964	105516
县(区、市、旗)	198	71162	1749153	1623519	13991
乡(镇、街道)	45	12151	120879	108862	
村委会(居委会)	4	2030	57482	53410	
其他	5288	1692134	29540305	28210049	1279271
按企业控股情况分组					
国有控股	3421	1128845	27906239	26842403	871686
集体控股	250	96436	1714736	1553232	43591
私人控股	4706	1207421	21895777	20768577	372051
港澳台商控股	166	95372	1562569	1515654	42982
外商控股	117	103575	3369638	3232868	36198
其他	429	328197	3744513	3333590	874764
按地区分组					
长沙市	3633	1263242	19864709	18831765	1380597
株洲市	1770	401518	4788922	4434137	284190
湘潭市	610	211387	2364759	2298360	156757
衡阳市	753	193368	5289153	4756640	105175
邵阳市	191	50944	735679	671152	25629
岳阳市	403	234827	14730398	14243910	47746
常德市	710	236242	6425603	6290425	35413
张家界市	14	1303	45002	35792	3837
益阳市	150	58901	552651	554587	24949
郴州市	254	55814	2085316	2047458	81176
永州市	382	72333	602746	588293	25661
怀化市	60	31618	343059	319507	825
娄底市	128	140417	2307787	2117232	68918
湘西州	31	7932	57690	57067	400

3-22 规模以上工业企业专利与论文情况

项目	专利申请数(件)	#发明专利	有效发明专利数(件)	发表科技论文(篇)
总计	**17424**	**6880**	**10512**	**3448**
按企业规模分组				
大型	8078	3347	4526	2427
中型	3838	1243	3155	494
小型	5145	2146	2684	449
微型	363	144	147	78
按登记注册类型分组				
内资企业	**16039**	**6477**	**9928**	**3293**
国有企业	565	285	279	376
集体企业	24	4	19	
股份合作企业	1			
联营企业	2			
国有联营企业				
集体联营企业	2			
国有与集体联营企业				
其他联营企业				
有限责任公司	5675	2345	3579	1752
国有独资公司	936	438	819	552
其他有限责任公司	4739	1907	2760	1200
股份有限公司	4670	1886	3589	731
私营企业	5033	1942	2443	422
私营独资企业	120	64	71	7
私营合伙企业	59	30	17	24
私营有限责任公司	3902	1584	1938	325
私营股份有限公司	952	264	417	66
其他企业	69	15	19	12
港、澳、台商投资企业	**935**	**249**	**377**	**62**
合资经营企业(港或澳、台资)	624	185	164	35
合作经营企业(港或澳、台资)				
港、澳、台商独资经营企业	272	51	196	25
港、澳、台商投资股份有限公司	39	13	17	2
外商投资企业	**450**	**154**	**207**	**93**
中外合资经营企业	389	102	151	85
中外合作经营企业	5	5	5	
外资企业	28	19	24	1
外商投资股份有限公司	28	28	27	7
其他外商投资企业				
按国民经济行业分组				
采矿业	**138**	**55**	**50**	**30**
煤炭开采和洗选业	3	2	1	5
黑色金属矿采选业	5	2	2	
有色金属矿采选业	16	5	20	20
非金属矿采选业	114	46	27	5
其他采矿业				
制造业	**16975**	**6681**	**10408**	**3059**
农副食品加工业	445	165	194	78
食品制造业	290	140	139	31
酒、饮料和精制茶制造业	207	80	75	24
烟草制品业	173	83	161	29
纺织业	268	38	44	7
纺织服装、服饰业	138	1	126	
皮革、毛皮、羽毛及其制品和制鞋业	41	5	13	
木材加工和木、竹、藤、棕、草制品业	66	20	13	14
家具制造业	45	33	12	1
造纸和纸制品业	65	40	141	30

3-22 续表

项 目	专利申请数(件)	#发明专利	有效发明专利数(件)	发表科技论文(篇)
印刷和记录媒介复制业	87	42	47	24
文教、工美、体育和娱乐用品制造业	54	23	22	14
石油加工、炼焦和核燃料加工业	90	47	141	161
化学原料和化学制品制造业	799	337	688	210
医药制造业	878	414	382	88
化学纤维制造业	44	26	18	4
橡胶和塑料制品业	152	36	69	10
非金属矿物制品业	590	188	1620	79
黑色金属冶炼和压延加工业	120	76	102	481
有色金属冶炼和压延加工业	862	430	510	227
金属制品业	318	159	299	60
通用设备制造业	1122	351	684	97
专用设备制造业	4656	1874	2118	363
汽车制造业	1110	357	282	151
铁路、船舶、航空航天和其他运输设备制造业	1976	768	1360	570
电气机械和器材制造业	990	402	545	178
计算机、通信和其他电子设备制造业	822	367	347	95
仪器仪表制造业	509	168	239	21
其他制造业	34	6	15	12
废弃资源综合利用业	8	1	1	
金属制品、机械和设备修理业	16	4	1	
电力、热力、燃气及水生产和供应业	**311**	**144**	**54**	**359**
电力、热力生产和供应业	284	139	32	359
燃气生产和供应业	12	3	9	
水的生产和供应业	15	2	13	
按隶属关系分组				
中央	2582	1011	1812	1155
省(自治区、直辖市)	2608	1226	1210	841
地(区、市、州、盟)	1285	406	695	120
县(区、市、旗)	636	188	322	36
乡(镇、街道)	82	20	28	7
村委会(居委会)	9	2	5	
其他	10222	4027	6440	1289
按企业控股情况分组				
国有控股	6073	2465	3525	2179
集体控股	403	153	200	46
私人控股	9428	3776	5916	967
港澳台商控股	450	100	299	54
外商控股	147	70	110	38
其他	923	316	462	164
按地区分组				
长沙市	7416	3214	5119	1084
株洲市	3151	1208	2139	686
湘潭市	1042	348	471	553
衡阳市	986	330	273	205
邵阳市	370	79	119	53
岳阳市	1075	417	817	373
常德市	980	447	371	74
张家界市	108	25	25	1
益阳市	447	153	138	50
郴州市	618	221	255	141
永州市	654	200	409	19
怀化市	90	52	112	34
娄底市	409	153	226	168
湘西州	78	33	38	7

3-23 规模以上工业企业政府相关政策落实和技术获取情况

单位：万元

项目	来自政府部门的科技活动资金	研究开发费用加计扣除减免税	高新技术企业减免税	引进技术经费支出	消化吸收经费支出	购买国内技术经费支出
总计	**232366**	**148426**	**385324**	**29703**	**59418**	**63888**
按企业规模分组						
大型	160649	65851	193972	20940	46498	31138
中型	26924	34455	70349	1843	9256	21152
小型	41807	46054	120233	6446	3600	11463
微型	2986	2066	770	475	64	136
按登记注册类型分组						
内资企业	**220677**	**141980**	**346423**	**23778**	**56435**	**59938**
国有企业	18090	5291	378			296
集体企业	380	51	55			26
股份合作企业						9
联营企业		13	178			
国有联营企业						
集体联营企业		13	178			
国有与集体联营企业						
其他联营企业						
有限责任公司	126152	47136	123930	6083	1402	2193
国有独资公司	23973	16543	5469	2261	586	829
其他有限责任公司	102179	30593	118461	3822	816	1363
股份有限公司	31839	20944	88368	10172	47562	29747
私营企业	43660	66294	131665	7523	7458	27508
私营独资企业	1001	490	1749		45	918
私营合伙企业	930	953	2569		12	1129
私营有限责任公司	32927	60128	114632	7117	5833	21865
私营股份有限公司	8803	4722	12715	407	1569	3596
其他企业	555	2250	1849		13	159
港、澳、台商投资企业	**2506**	**4104**	**24302**	**71**	**57**	**1566**
合资经营企业(港或澳、台资)	607	1732	21039	56	37	1167
合作经营企业(港或澳、台资)	50					
港、澳、台商独资经营企业	1822	1784	2099	15	20	399
港、澳、台商投资股份有限公司	27	588	1164			
外商投资企业	**9184**	**2342**	**14599**	**5855**	**2926**	**2384**
中外合资经营企业	7047	1641	7430	2392	1293	1024
中外合作经营企业	2107	4				
外资企业	30	554	6719	3463	1633	1360
外商投资股份有限公司		143	450			
其他外商投资企业						
按国民经济行业分组						
采矿业	**1847**	**488**	**3556**		**97**	**171**
煤炭开采和洗选业	51					
黑色金属矿采选业	55					
有色金属矿采选业	1331	304	3299		42	166
非金属矿采选业	410	184	257		55	5
其他采矿业						
制造业	**229200**	**144657**	**378728**	**29205**	**59320**	**63451**
农副食品加工业	4402	4928	2932	84	6257	6870
食品制造业	1339	7670	9370	10	388	1338
酒、饮料和精制茶制造业	1457	7530	7112		57	63
烟草制品业	50	50	236			
纺织业	995	163	1293			930
纺织服装、服饰业	441	406	1293	553	147	175
皮革、毛皮、羽毛及其制品和制鞋业	84	122	597			90
木材加工和木、竹、藤、棕、草制品业	5113	4257	3922			728
家具制造业	208	579				15
造纸和纸制品业	3496	520	4091	350	500	380

3-23 续表 单位：万元

项　目	来自政府部门的科技活动资金	研究开发费用加计扣除减免税	高新技术企业减免税	引进技术经费支出	消化吸收经费支出	购买国内技术经费支出
印刷和记录媒介复制业	37	524	6182	6		
文教、工美、体育和娱乐用品制造业	400	215	470	10	10	4
石油加工、炼焦和核燃料加工业	1588	1174	441	2182	5114	2987
化学原料和化学制品制造业	5729	6462	15410	972	1224	2975
医药制造业	6902	3636	12306	698	2957	4405
化学纤维制造业						
橡胶和塑料制品业	760	119	928			
非金属矿物制品业	2697	2418	27559	15	801	9046
黑色金属冶炼和压延加工业	2697	3244	796	1900	658	2791
有色金属冶炼和压延加工业	12267	3971	18871	11456	28494	25041
金属制品业	18984	1123	8755		45	7
通用设备制造业	14273	9708	24446	411	643	493
专用设备制造业	19285	47041	158587	203	670	1213
汽车制造业	30686	3781	10082	4171		25
铁路、船舶、航空航天和其他运输设备制造业	61854	10122	23986	5430	9528	1340
电气机械和器材制造业	10980	5998	17453	293	562	998
计算机、通信和其他电子设备制造业	18749	15370	15565	193	410	940
仪器仪表制造业	3102	2885	6019	269	844	580
其他制造业	482	630	5			18
废弃资源综合利用业	125		5		13	
金属制品、机械和设备修理业	20	14	15			
电力、热力、燃气及水生产和供应业	**1319**	**3282**	**3040**	**499**		**266**
电力、热力生产和供应业	1005	2414	110			
燃气生产和供应业	279	867	2790	499		39
水的生产和供应业	35		140			227
按隶属关系分组						
中央	115132	16284	25088	5600	12230	3459
省(自治区、直辖市)	18734	21809	64179	8734	29388	22480
地(区、市、州、盟)	11577	10581	32943	467	2469	1917
县(区、市、旗)	3981	4680	7318		131	1282
乡(镇、街道)	425	90	746			303
村委会(居委会)	75	8	10			26
其他	82441	94974	255040	14903	15201	34420
按企业控股情况分组						
国有控股	144237	44332	104031	14500	46221	29381
集体控股	5003	2661	14122	866	70	90
私人控股	69774	91028	216533	8528	10235	30937
港澳台商控股	1463	658	4615	61	50	808
外商控股	2870	4005	14517	3526	1664	1982
其他	9019	5742	31507	2222	1178	690
按地区分组						
长沙市	72445	60957	244071	6167	1782	6538
株洲市	71598	12342	44798	11838	38846	32616
湘潭市	11854	8844	4049	316	257	527
衡阳市	10780	8326	11296	6900	49	583
邵阳市	2498	1651	562	20	12	1248
岳阳市	18725	34276	43432	3522	14957	17043
常德市	4057	9493	15991	315	1911	511
张家界市	585	184				
益阳市	3645	1434	3468	15	20	162
郴州市	11335	2474	10721	46	628	3870
永州市	5838	5785	1151	260	203	90
怀化市	15192	430	1068	305	258	547
娄底市	2357	2111	4658		260	115
湘西州	1456	119	60		237	39

3-24 规模以上工业企业限额以上R&D项目(课题)情况

项目	项目(课题)数(项)	参加项目(课题)人员(人)	项目(课题)经费内部支出(万元)	#政府资金
总计	**4331**	**74771**	**2170768**	**123638**
按企业规模分组				
大型	1535	44435	1337516	94148
中型	1032	13550	395054	9854
小型	1652	15650	422651	18256
微型	112	1136	15547	1381
按项目来源分组				
国家科技项目	243	5736	187457	84417
地方科技项目	328	4167	150353	16778
其他企业委托科技项目	240	1630	37042	1553
本企业自选科技项目	3378	61363	1744426	20704
来自境外的科技项目	5	154	11962	
其他科技项目	137	1721	39529	187
按项目合作形式分组				
与境外机构合作	22	746	26413	1330
与境内高校合作	470	7894	238453	18049
与境内独立研究院所合作	247	4548	181935	60052
与境内注册的外商独资企业合作	4	37	1692	101
与境内注册的其他企业合作	283	3918	128164	11465
独立研究	3130	55200	1546780	31402
其他	175	2428	47331	1239
按项目活动类型分组				
基础研究	21	294	13318	476
应用研究	489	4659	176278	2212
试验发展	3821	69818	1981173	120950
按项目成果形式分组				
论文或专著	119	1309	46051	3344
自主研制的新产品原型或样机、样件、样品、配方、新装置	1826	44057	1325769	67284
自主开发的新技术或新工艺、新工法	2052	24818	683001	48690
发明专利	279	4045	102022	4316
实用新型专利				
外观设计专利				
带有技术、工艺参数的图纸、技术标准、操作规范				
基础软件	55	542	13926	5
应用软件				
其他				
按项目技术经济目标分组				
科学原理的探索、发现	77	1051	48112	643
技术原理的研究	610	6306	237811	7096
开发全新产品	1641	34533	1064063	80615
增加产品功能或提高性能	1264	24159	615464	19261
提高劳动生产率	157	1713	34651	1055
减少能源消耗或提高能源使用效率	239	3268	76682	6997
节约原材料	127	1098	32741	747
减少环境污染	107	1573	29568	1084
其他	109	1070	31675	6140
按登记注册类型分组				
内资企业	**4038**	**70155**	**1982025**	**122641**
国有企业	363	2597	38875	3926
集体企业	18	387	2589	180
股份合作企业	4	47	1156	

3-24 续表 1

项 目	项目(课题)数(项)	参加项目(课题)人员(人)	项目(课题)经费内部支出(万元)	#政府资金
联营企业	1	18	301	
国有联营企业				
集体联营企业	1	18	301	
国有与集体联营企业				
其他联营企业				
有限责任公司	1549	32916	905457	88623
国有独资公司	392	5444	200803	20326
其他有限责任公司	1157	27472	704654	68296
股份有限公司	569	16544	507057	13049
私营企业	1496	17423	517418	16367
私营独资企业	61	611	19665	237
私营合伙企业	41	378	12574	750
私营有限责任公司	1154	13792	407017	10940
私营股份有限公司	240	2642	78162	4441
其他企业	38	223	9174	497
港、澳、台商投资企业	**156**	**2278**	**89518**	**696**
合资经营企业(港或澳、台资)	103	1567	68453	365
合作经营企业(港或澳、台资)	1	6	18	
港、澳、台商独资经营企业	34	360	10792	304
港、澳、台商投资股份有限公司	18	345	10256	27
其他港澳台投资企业				
外商投资企业	**137**	**2338**	**99225**	**301**
中外合资经营企业	95	1316	40557	291
中外合作经营企业				
外资企业	36	895	57528	10
外商投资股份有限公司	6	127	1140	
其他外商投资企业				
按国民经济行业分组				
采矿业	**56**	**1106**	**13355**	**744**
煤炭开采和洗选业	8	151	2108	
石油和天然气开采业				
黑色金属矿采选业	11	104	1080	55
有色金属矿采选业	23	695	5392	288
非金属矿采选业	14	156	4774	401
开采辅助活动				
其他采矿业				
制造业	**4166**	**72795**	**2144729**	**122654**
农副食品加工业	178	2873	89684	2183
食品制造业	81	1213	30166	580
酒、饮料和精制茶制造业	61	564	17545	153
烟草制品业	189	638	15746	49
纺织业	50	1127	16739	342
纺织服装、服饰业	20	381	5969	8
皮革、毛皮、羽毛及其制品和制鞋业	20	178	4078	
木材加工和木、竹、藤、棕、草制品业	42	462	12211	190
家具制造业	14	313	4772	10
造纸和纸制品业	43	760	23068	239
印刷和记录媒介复制业	28	267	6948	3
文教、工美、体育和娱乐用品制造业	13	169	3086	69
石油加工、炼焦和核燃料加工业	36	455	22812	25
化学原料和化学制品制造业	352	2885	102545	2885

3-24 续表 2

项目	项目(课题)数(项)	参加项目(课题)人员(人)	项目(课题)经费内部支出(万元)	#政府资金
医药制造业	280	3055	88073	3251
化学纤维制造业	6	205	3127	
橡胶和塑料制品业	42	354	14299	306
非金属矿物制品业	237	2494	78266	1209
黑色金属冶炼和压延加工业	146	5908	183731	1517
有色金属冶炼和压延加工业	338	3235	129629	5896
金属制品业	135	2095	28118	5338
通用设备制造业	248	3480	101291	10515
专用设备制造业	345	22799	564767	15247
汽车制造业	265	3103	86139	4144
铁路、船舶、航空航天和其他运输设备制造业	262	4791	134465	49542
电气机械和器材制造业	327	3505	136728	6599
计算机、通信和其他电子设备制造业	290	3804	209314	11099
仪器仪表制造业	93	1129	26506	915
其他制造业	14	119	2113	321
废弃资源综合利用业	8	304	2314	
金属制品、机械和设备修理业	3	130	481	20
电力、热力、燃气及水生产和供应业	**109**	**870**	**12685**	**240**
电力、热力生产和供应业	90	698	5133	
燃气生产和供应业	14	92	6557	210
水的生产和供应业	5	80	995	30
按隶属关系分组				
中央	876	9519	276096	73860
省(自治区、直辖市)	421	17666	541146	8042
地(区、市、州、盟)	350	3555	105015	5977
县(区、市、旗)	143	1845	56190	1854
乡(镇、街道)	19	230	7641	119
村委会(居委会)	2	27	521	5
其他	2520	41929	1184158	33781
按企业控股情况分组				
国有控股	1526	30299	890044	83938
集体控股	143	2118	62050	3901
私人控股	2185	35543	917720	32218
港澳台商控股	96	1408	69139	205
外商控股	91	1451	78739	368
其他	290	3952	153075	3009
按地区分组				
长沙市	1480	34433	920164	37790
株洲市	633	8285	211105	53942
湘潭市	353	6478	189369	8463
衡阳市	204	3846	107114	4494
邵阳市	125	1762	34172	835
岳阳市	464	6444	287878	5619
常德市	413	5084	181595	2063
张家界市	11	126	836	65
益阳市	98	1716	30677	1637
郴州市	191	1951	60872	4441
永州市	184	1640	16817	1102
怀化市	69	694	12046	2104
娄底市	82	2016	111038	325
湘西州	24	296	7085	760

3-25 大中型工业企业科技活动主要指标

项 目	总计	大型	中型
有R&D活动的企业数（个）	637	127	510
有科技机构的企业数（个）	423	101	322
R&D人员(人)	77416	58405	19011
#1.参加项目人员	68916	51872	17044
2.管理和服务人员	8500	6533	1967
#1.全时人员	54249	41347	12902
2.非全时人员	23167	17058	6109
R&D人员全时当量(人年)	60538	47835	12703
#1.基础研究人员	58	22	36
2.应用研究人员	2106	1581	525
3.试验发展人员	58374	46231	12142
R&D经费内部支出(万元)	2155706	1661465	494241
R&D经费内部支出按资金来源分组			
1.政府资金	145803	129461	16342
2.企业资金	1992240	1521297	470943
3.境外资金	8918	8015	903
4.其他资金	8745	2692	6053
R&D经费内部支出按支出用途分组			
1.经常费支出	1963608	1529166	434442
#人员劳务费	546044	437243	108802
2.资产性支出	192098	132299	59800
#仪器设备	182281	123928	58352
R&D经费内部支出按活动类型分组			
1.基础研究支出	4428	1050	3378
2.应用研究支出	151496	96790	54707
3.试验发展支出	1999782	1563626	436157
R&D经费外部支出(万元)	98447	78049	20398
#对境内研究机构支出	58269	44344	13925
对境内高等学校支出	32490	26920	5570
对境外支出	4269	3631	638
R&D项目(课题)数(项)	5769	4360	1409
参加R&D项目(课题)人员(人)	68916	51872	17044
R&D项目(课题)人员全时当量(人年)	53814	42503	11311
R&D项目(课题)经费内部支出(万元)	1869383	1441719	427664
科技机构数(个)	581	203	378
机构人员合计(人)	44202	30441	13761
#博士毕业	910	478	432
硕士毕业	8255	6864	1391
机构经费支出(万元)	836976	601514	235461
机构仪器和设备原价(万元)	1086533	836953	249580
专利申请数(件)	11916	8078	3838
#发明专利	4590	3347	1243
有效发明专利数(件)	7681	4526	3155
发表科技论文(篇)	2921	2427	494
新产品开发项目数(项)	6229	4354	1875
新产品开发经费支出(万元)	2391517	1792772	598745
新产品产值(万元)	50280847	38831931	11448916
新产品销售收入(万元)	47875940	37062721	10813219
#出口	2112010	1828679	283331
来自政府部门的科技活动资金(万元)	187573	160649	26924
研究开发费用加计扣除减免税(万元)	100306	65851	34455
高新技术企业减免税(万元)	264321	193972	70349
引进技术经费支出(万元)	22783	20940	1843
消化吸收经费支出(万元)	55754	46498	9256
购买国内技术经费支出(万元)	52289	31138	21152

3-26 大中型工业企业R&D人员情况(一)

项目	有R&D活动企业数(个)	R&D人员(人)	参加项目人员	管理和服务人员
总计	**637**	**77416**	**68916**	**8500**
按企业规模分组				
大型	127	58405	51872	6533
中型	510	19011	17044	1967
按登记注册类型分组				
内资企业	**563**	**72567**	**64601**	**7966**
国有企业	20	3243	2625	618
集体企业	5	475	450	25
股份合作企业	1	5	5	
联营企业				
国有联营企业				
集体联营企业				
国有与集体联营企业				
其他联营企业				
有限责任公司	141	37646	32562	5084
国有独资公司	28	7457	6502	955
其他有限责任公司	113	30189	26060	4129
股份有限公司	72	19614	18391	1223
私营企业	317	11421	10416	1005
私营独资企业	16	318	285	33
私营合伙企业	14	268	242	26
私营有限责任公司	241	8544	7797	747
私营股份有限公司	46	2291	2092	199
其他企业	7	163	152	11
港、澳、台商投资企业	**38**	**2465**	**2094**	**371**
合资经营企业(港或澳、台资)	21	1592	1299	293
合作经营企业(港或澳、台资)				
港、澳、台商独资经营企业	13	507	456	51
港、澳、台商投资股份有限公司	4	366	339	27
外商投资企业	**36**	**2384**	**2221**	**163**
中外合资经营企业	20	1169	1081	88
中外合作经营企业				
外资企业	15	1084	1011	73
外商投资股份有限公司	1	131	129	2
其他外商投资企业				
按国民经济行业分组				
采矿业	**20**	**1407**	**1200**	**207**
煤炭开采和洗选业	7	208	180	28
黑色金属矿采选业	1	35	34	1
有色金属矿采选业	8	1104	932	172
非金属矿采选业	4	60	54	6
其他采矿业				
制造业	**610**	**75220**	**66970**	**8250**
农副食品加工业	33	2019	1889	130
食品制造业	21	1106	1016	90
酒、饮料和精制茶制造业	12	353	320	33
烟草制品业	3	885	640	245
纺织业	21	1266	1145	121
纺织服装、服饰业	6	447	420	27
皮革、毛皮、羽毛及其制品和制鞋业	10	149	130	19
木材加工和木、竹、藤、棕、草制品业	8	260	210	50
家具制造业	6	280	268	12
造纸和纸制品业	8	849	741	108
印刷和记录媒介复制业	6	249	232	17

3-26 续表

项 目	有R&D活动企业数(个)	R&D人员(人)	参加项目人 员	管 理 和服务人员
文教、工美、体育和娱乐用品制造业	3	62	61	1
石油加工、炼焦和核燃料加工业	4	658	556	102
化学原料和化学制品制造业	58	2286	1998	288
医药制造业	38	2677	2462	215
化学纤维制造业	3	185	173	12
橡胶和塑料制品业	8	220	203	17
非金属矿物制品业	99	1808	1670	138
黑色金属冶炼和压延加工业	11	6138	5698	440
有色金属冶炼和压延加工业	32	2874	2593	281
金属制品业	16	1904	1628	276
通用设备制造业	41	3162	2670	492
专用设备制造业	39	24812	22569	2243
汽车制造业	27	4054	3609	445
铁路、船舶、航空航天和其他运输设备制造业	17	8385	6724	1661
电气机械和器材制造业	33	3550	3228	322
计算机、通信和其他电子设备制造业	35	3111	2783	328
仪器仪表制造业	8	842	761	81
其他制造业	2	70	50	20
废弃资源综合利用业	1	429	409	20
金属制品、机械和设备修理业	1	130	114	16
电力、热力、燃气及水生产和供应业	**7**	**789**	**746**	**43**
电力、热力生产和供应业	5	673	644	29
燃气生产和供应业	1	94	84	10
水的生产和供应业	1	22	18	4
按隶属关系分组				
中央	48	15946	12964	2982
省(自治区、直辖市)	41	19370	18145	1225
地(区、市、州、盟)	49	4339	3898	441
县(区、市、旗)	30	972	887	85
乡(镇、街道)	4	99	91	8
村委会(居委会)				
其他	465	36690	32931	3759
按企业控股情况分组				
国有控股	131	39706	34650	5056
集体控股	22	1854	1762	92
私人控股	411	29370	26551	2819
港澳台商控股	25	1384	1278	106
外商控股	25	1543	1430	113
其他	23	3559	3245	314
按地区分组				
长沙市	134	35292	32251	3041
株洲市	152	11964	9933	2031
湘潭市	25	7546	6632	914
衡阳市	27	4398	4019	379
邵阳市	23	1582	1493	89
岳阳市	122	4962	4524	438
常德市	56	5194	4280	914
张家界市				
益阳市	20	1589	1386	203
郴州市	26	1468	1244	224
永州市	26	482	393	89
怀化市	8	1035	932	103
娄底市	10	1661	1610	51
湘西州	8	243	219	24

3-27 大中型工业企业R&D人员情况(二)

单位：人

项 目	R&D人员	#女性	#研究人员	全时人员	非全时人员
总 计	**77416**	**14437**	**31572**	**54249**	**23167**
按企业规模分组					
大型	58405	10805	23005	41347	17058
中型	19011	3632	8567	12902	6109
按登记注册类型分组					
内资企业	**72567**	**13514**	**29588**	**50882**	**21685**
国有企业	3243	583	2185	1187	2056
集体企业	475	47	112	94	381
股份合作企业	5	1	3	5	
联营企业					
国有联营企业					
集体联营企业					
国有与集体联营企业					
其他联营企业					
有限责任公司	37646	6555	16888	25574	12072
国有独资公司	7457	1385	4621	5279	2178
其他有限责任公司	30189	5170	12267	20295	9894
股份有限公司	19614	3901	5661	16474	3140
私营企业	11421	2413	4679	7521	3900
私营独资企业	318	67	171	139	179
私营合伙企业	268	18	62	88	180
私营有限责任公司	8544	1870	3653	5371	3173
私营股份有限公司	2291	458	793	1923	368
其他企业	163	14	60	27	136
港、澳、台商投资企业	**2465**	**445**	**1096**	**2027**	**438**
合资经营企业(港或澳、台资)	1592	295	746	1440	152
合作经营企业(港或澳、台资)					
港、澳、台商独资经营企业	507	80	238	411	96
港、澳、台商投资股份有限公司	366	70	112	176	190
外商投资企业	**2384**	**478**	**888**	**1340**	**1044**
中外合资经营企业	1169	245	341	668	501
中外合作经营企业					
外资企业	1084	194	433	544	540
外商投资股份有限公司	131	39	114	128	3
其他外商投资企业					
按国民经济行业分组					
采矿业	**1407**	**152**	**633**	**254**	**1153**
煤炭开采和洗选业	208	7	59	70	138
黑色金属矿采选业	35	7	3	34	1
有色金属矿采选业	1104	131	532	121	983
非金属矿采选业	60	7	39	29	31
其他采矿业					
制造业	**75220**	**14196**	**30345**	**53847**	**21373**
农副食品加工业	2019	378	744	806	1213
食品制造业	1106	328	568	785	321
酒、饮料和精制茶制造业	353	54	148	126	227
烟草制品业	885	130	848	260	625
纺织业	1266	607	545	494	772
纺织服装、服饰业	447	228	125	256	191
皮革、毛皮、羽毛及其制品和制鞋业	149	16	95	92	57
木材加工和木、竹、藤、棕、草制品业	260	84	95	47	213
家具制造业	280	16	148	128	152
造纸和纸制品业	849	309	496	381	468
印刷和记录媒介复制业	249	70	68	222	27

3-27　续表　　　　　　　　　　　　　　　　　　　　　　　　　单位：人

项　目	R&D人员	#女性	#研究人员	全时人员	非全时人员
文教、工美、体育和娱乐用品制造业	62	22	25	12	50
石油加工、炼焦和核燃料加工业	658	119	236	349	309
化学原料和化学制品制造业	2286	466	1266	1413	873
医药制造业	2677	900	1083	1905	772
化学纤维制造业	185	30	26	45	140
橡胶和塑料制品业	220	90	51	185	35
非金属矿物制品业	1808	355	770	1451	357
黑色金属冶炼和压延加工业	6138	770	2798	3211	2927
有色金属冶炼和压延加工业	2874	367	1388	2230	644
金属制品业	1904	495	907	1468	436
通用设备制造业	3162	665	1621	2082	1080
专用设备制造业	24812	3817	7162	20615	4197
汽车制造业	4054	574	1790	2825	1229
铁路、船舶、航空航天和其他运输设备制造业	8385	1784	3870	6513	1872
电气机械和器材制造业	3550	734	1324	2895	655
计算机、通信和其他电子设备制造业	3111	596	1593	2081	1030
仪器仪表制造业	842	120	322	753	89
其他制造业	70	14	54	63	7
废弃资源综合利用业	429	36	89	62	367
金属制品、机械和设备修理业	130	22	90	92	38
电力、热力、燃气及水生产和供应业	**789**	**89**	**594**	**148**	**641**
电力、热力生产和供应业	673	65	555	49	624
燃气生产和供应业	94	18	17	77	17
水的生产和供应业	22	6	22	22	
按隶属关系分组					
中央	15946	3435	9184	11463	4483
省(自治区、直辖市)	19370	3530	6443	14565	4805
地(区、市、州、盟)	4339	980	1752	2876	1463
县(区、市、旗)	972	180	467	527	445
乡(镇、街道)	99	24	30	90	9
村委会(居委会)					
其他	36690	6288	13696	24728	11962
按企业控股情况分组					
国有控股	39706	7960	17780	28577	11129
集体控股	1854	385	590	1051	803
私人控股	29370	4859	10686	19852	9518
港澳台商控股	1384	201	529	1016	368
外商控股	1543	291	720	906	637
其他	3559	741	1267	2847	712
按地区分组					
长沙市	35292	6079	11699	28876	6416
株洲市	11964	2651	5710	9166	2798
湘潭市	7546	1534	3714	4112	3434
衡阳市	4398	482	1586	2547	1851
邵阳市	1582	165	429	892	690
岳阳市	4962	1123	2306	1660	3302
常德市	5194	1144	2865	3294	1900
张家界市					
益阳市	1589	463	789	751	838
郴州市	1468	233	756	637	831
永州市	482	83	249	342	140
怀化市	1035	186	304	823	212
娄底市	1661	246	1097	1033	628
湘西州	243	48	68	116	127

3-28 大中型工业企业R&D人员全时当量情况

单位：人年

项目	R&D人员全时当量	#研究人员	基础研究人员	应用研究人员	试验发展人员
总计	**60538**	**23862**	**58**	**2106**	**58374**
按企业规模分组					
大型	47835	18028	22	1581	46231
中型	12703	5835	36	525	12142
按登记注册类型分组					
内资企业	**57312**	**22402**	**52**	**2015**	**55245**
国有企业	2196	1455		350	1846
集体企业	100	34			100
股份合作企业	5	3			5
联营企业					
国有联营企业					
集体联营企业					
国有与集体联营企业					
其他联营企业					
有限责任公司	30906	13549	16	436	30454
国有独资公司	4898	3138	12	210	4676
其他有限责任公司	26008	10411	4	226	25778
股份有限公司	15684	3963	3	719	14962
私营企业	8299	3354	33	487	7779
私营独资企业	271	153		10	261
私营合伙企业	229	55		39	190
私营有限责任公司	6037	2610	33	336	5669
私营股份有限公司	1762	536		103	1659
其他企业	123	44		23	100
港、澳、台商投资企业	**1828**	**833**	**7**	**24**	**1797**
合资经营企业(港或澳、台资)	1124	571		14	1110
合作经营企业(港或澳、台资)					
港、澳、台商独资经营企业	363	162	7	10	347
港、澳、台商投资股份有限公司	340	100			340
外商投资企业	**1398**	**626**		**67**	**1331**
中外合资经营企业	701	274		38	663
中外合作经营企业					
外资企业	566	239		29	537
外商投资股份有限公司	131	114			131
其他外商投资企业					
按国民经济行业分组					
采矿业	**671**	**174**		**102**	**569**
煤炭开采和洗选业	153	44		6	147
黑色金属矿采选业	35	3			35
有色金属矿采选业	455	108		96	359
非金属矿采选业	28	19			28
其他采矿业					
制造业	**59490**	**23414**	**58**	**1991**	**57441**
农副食品加工业	1309	442		211	1098
食品制造业	811	458		78	733
酒、饮料和精制茶制造业	236	94		59	177
烟草制品业	589	563		359	230
纺织业	872	380			872
纺织服装、服饰业	370	112		9	361
皮革、毛皮、羽毛及其制品和制鞋业	78	50		3	76
木材加工和木、竹、藤、棕、草制品业	160	60	14	23	124
家具制造业	106	44		9	98
造纸和纸制品业	418	256			418
印刷和记录媒介复制业	170	51			170

3-28 续表 单位：人年

项目	R&D人员全时当量	#研究人员	基础研究人员	应用研究人员	试验发展人员
文教、工美、体育和娱乐用品制造业	26	10			26
石油加工、炼焦和核燃料加工业	371	142			371
化学原料和化学制品制造业	1619	854	10	31	1578
医药制造业	1998	763		63	1934
化学纤维制造业	46	16			46
橡胶和塑料制品业	189	40		25	164
非金属矿物制品业	1218	546	7	29	1182
黑色金属冶炼和压延加工业	4312	2043			4312
有色金属冶炼和压延加工业	2045	975		292	1753
金属制品业	1446	711			1446
通用设备制造业	1922	941		63	1859
专用设备制造业	23524	6393	8	72	23444
汽车制造业	2912	1361		50	2863
铁路、船舶、航空航天和其他运输设备制造业	6721	3412	4	372	6345
电气机械和器材制造业	2957	1123		149	2808
计算机、通信和其他电子设备制造业	2071	1141	17	57	1996
仪器仪表制造业	757	286		38	720
其他制造业	57	50			57
废弃资源综合利用业	60	12			60
金属制品、机械和设备修理业	123	85			123
电力、热力、燃气及水生产和供应业	**377**	**275**		**13**	**364**
电力、热力生产和供应业	308	254		13	295
燃气生产和供应业	59	11			59
水的生产和供应业	10	10			10
按隶属关系分组					
中央	12172	7037	4	778	11390
省(自治区、直辖市)	15623	4436	5	419	15199
地(区、市、州、盟)	2969	1223		58	2911
县(区、市、旗)	545	283		61	485
乡(镇、街道)	93	29			93
村委会(居委会)					
其他	29136	10855	50	791	28295
按企业控股情况分组					
国有控股	30770	13048	16	1259	29495
集体控股	1045	341		98	947
私人控股	24247	8730	36	621	23590
港澳台商控股	902	318		9	892
外商控股	939	491	7	52	881
其他	2636	936		68	2569
按地区分组					
长沙市	31470	9900	9	281	31181
株洲市	9361	4734		542	8819
湘潭市	5757	2818		147	5610
衡阳市	2208	868		19	2190
邵阳市	1114	273		80	1034
岳阳市	2937	1359	50	630	2257
常德市	3646	1931		258	3388
张家界市					
益阳市	903	469		5	898
郴州市	746	282		86	660
永州市	273	145			273
怀化市	660	175		38	622
娄底市	1250	844			1250
湘西州	214	64		21	193

3-29 大中型工业企业R&D经费内部支出按经费来源分组情况

单位：万元

项 目	R&D经费内部支出	政府资金	企业资金	境外资金	其他资金
总 计	**2155706**	**145803**	**1992240**	**8918**	**8745**
按企业规模分组					
大型	1661465	129461	1521297	8015	2692
中型	494241	16342	470943	903	6053
按登记注册类型分组					
内资企业	**1963418**	**138894**	**1813178**	**2713**	**8632**
国有企业	53047	9243	43666		138
集体企业	1188	214	974		
股份合作企业	109		109		
联营企业					
国有联营企业					
集体联营企业					
国有与集体联营企业					
其他联营企业					
有限责任公司	956590	93274	862167		1149
国有独资公司	252014	22398	229187		429
其他有限责任公司	704576	70875	632980		721
股份有限公司	629837	22952	600378	1810	4698
私营企业	316962	12714	300782	903	2563
私营独资企业	12018	116	11902		
私营合伙企业	8629	649	7981		
私营有限责任公司	243075	8747	231558	903	1866
私营股份有限公司	53240	3203	49341		697
其他企业	5684	497	5103		83
港、澳、台商投资企业	**82112**	**1498**	**80502**		**113**
合资经营企业(港或澳、台资)	58374	210	58164		
合作经营企业(港或澳、台资)					
港、澳、台商独资经营企业	11982	1261	10608		113
港、澳、台商投资股份有限公司	11757	27	11730		
外商投资企业	**110177**	**5411**	**98561**	**6205**	
中外合资经营企业	42863	5381	37482		
中外合作经营企业					
外资企业	66126	30	59891	6205	
外商投资股份有限公司	1188		1188		
其他外商投资企业					
按国民经济行业分组					
采矿业	**12060**	**805**	**11238**		**16**
煤炭开采和洗选业	2640		2640		
黑色金属矿采选业	238		238		
有色金属矿采选业	6191	475	5700		16
非金属矿采选业	2990	331	2659		
其他采矿业					
制造业	**2131198**	**144967**	**1968586**	**8918**	**8727**
农副食品加工业	59203	893	56317		1993
食品制造业	27316	435	26881		
酒、饮料和精制茶制造业	11513	36	11477		
烟草制品业	18052	49	17802		201
纺织业	19648	265	19223		160
纺织服装、服饰业	6490	17	6473		
皮革、毛皮、羽毛及其制品和制鞋业	4269		3944		325
木材加工和木、竹、藤、棕、草制品业	13703	4632	8836		236
家具制造业	2986		2986		
造纸和纸制品业	21947	557	21391		
印刷和记录媒介复制业	6126		6126		

3-29 续表 单位：万元

项 目	R&D经费内部支出	政府资金	企业资金	境外资金	其他资金
文教、工美、体育和娱乐用品制造业	1098	12	1086		
石油加工、炼焦和核燃料加工业	50536	993	49543		
化学原料和化学制品制造业	55393	1200	51882	903	1408
医药制造业	59818	2160	57572		86
化学纤维制造业	6088		6088		
橡胶和塑料制品业	9528	27	9501		
非金属矿物制品业	58467	764	57703		
黑色金属冶炼和压延加工业	180726	1519	179207		
有色金属冶炼和压延加工业	108104	6482	101622		
金属制品业	36604	9884	26584		136
通用设备制造业	81530	8729	68966		3835
专用设备制造业	635251	13226	622025		
汽车制造业	107758	12754	95003		
铁路、船舶、航空航天和其他运输设备制造业	198891	59153	139716		23
电气机械和器材制造业	145483	6431	136996	1810	246
计算机、通信和其他电子设备制造业	188369	13282	168805	6205	78
仪器仪表制造业	14257	1256	13001		
其他制造业	1654	213	1441		
废弃资源综合利用业	111		111		
金属制品、机械和设备修理业	279		279		
电力、热力、燃气及水生产和供应业	**12449**	**30**	**12416**		**3**
电力、热力生产和供应业	4884		4882		3
燃气生产和供应业	6192		6192		
水的生产和供应业	1373	30	1343		
按隶属关系分组					
中央	372114	90458	280711		945
省(自治区、直辖市)	625125	13518	608199		3408
地(区、市、州、盟)	115309	7531	105745	1810	223
县(区、市、旗)	26255	1032	24939		284
乡(镇、街道)	5373		5373		
村委会(居委会)					
其他	1011531	33264	967272	7108	3886
按企业控股情况分组					
国有控股	1078024	108481	964829		4714
集体控股	54653	3120	48850	1810	873
私人控股	729493	29036	696571	903	2983
港澳台商控股	61027	787	60127		113
外商控股	83355	638	76513	6205	
其他	149155	3742	145350		62
按地区分组					
长沙市	942445	37394	904904		147
株洲市	286539	63703	222653		183
湘潭市	198222	9740	184402		4081
衡阳市	116777	7014	101749	8015	
邵阳市	23878	553	23325		
岳阳市	232562	9109	218918	903	3631
常德市	157830	1978	155853		
张家界市					
益阳市	33821	1543	32159		119
郴州市	32883	6113	26622		148
永州市	3987	125	3825		38
怀化市	18780	6954	11628		198
娄底市	103851	1528	102324		
湘西州	4131	50	3880		201

3-30 大中型工业企业R&D经费内部支出按支出用途分组情况

单位：万元

项目	R&D经费内部支出	经常费支出	#人员劳务费	资产性支出	#仪器设备
总计	**2155706**	**1963608**	**546044**	**192098**	**182281**
按企业业规模分组					
大型	1661465	1529166	437243	132299	123928
中型	494241	434442	108802	59800	58352
按登记注册类型分组					
内资企业	**1963418**	**1783155**	**507718**	**180262**	**170594**
国有企业	53047	52306	16014	741	726
集体企业	1188	1047	265	141	132
股份合作企业	109	109	37		
联营企业					
国有联营企业					
集体联营企业					
国有与集体联营企业					
其他联营企业					
有限责任公司	956590	878626	270739	77964	74981
国有独资公司	252014	231272	35568	20742	20218
其他有限责任公司	704576	647354	235172	57222	54764
股份有限公司	629837	567488	143679	62350	57790
私营企业	316962	278495	76025	38467	36377
私营独资企业	12018	10704	3516	1314	1278
私营合伙企业	8629	8159	2325	470	467
私营有限责任公司	243075	210218	57334	32857	30931
私营股份有限公司	53240	49414	12851	3826	3701
其他企业	5684	5084	959	600	588
港、澳、台商投资企业	**82112**	**76334**	**14080**	**5778**	**5658**
合资经营企业(港或澳、台资)	58374	54455	9005	3919	3816
合作经营企业(港或澳、台资)					
港、澳、台商独资经营企业	11982	11078	3725	904	891
港、澳、台商投资股份有限公司	11757	10802	1350	955	951
外商投资企业	**110177**	**104118**	**24247**	**6058**	**6029**
中外合资经营企业	42863	38612	8088	4251	4247
中外合作经营企业					
外资企业	66126	64336	15613	1790	1765
外商投资股份有限公司	1188	1170	546	18	18
其他外商投资企业					
按国民经济行业分组					
采矿业	**12060**	**10888**	**2490**	**1171**	**1152**
煤炭开采和洗选业	2640	2525	754	116	115
黑色金属矿采选业	238	219	157	19	16
有色金属矿采选业	6191	5648	1432	543	542
非金属矿采选业	2990	2496	147	494	479
其他采矿业					
制造业	**2131198**	**1940599**	**540791**	**190599**	**180824**
农副食品加工业	59203	53560	14533	5644	4326
食品制造业	27316	25141	9691	2175	2133
酒、饮料和精制茶制造业	11513	9995	3486	1518	1492
烟草制品业	18052	17573	8199	480	473
纺织业	19648	14931	2894	4717	4619
纺织服装、服饰业	6490	5673	2645	817	806
皮革、毛皮、羽毛及其制品和制鞋业	4269	4161	501	108	108
木材加工和木、竹、藤、棕、草制品业	13703	12797	2878	907	832
家具制造业	2986	2656	954	329	320
造纸和纸制品业	21947	20005	4365	1942	1935
印刷和记录媒介复制业	6126	5736	1945	390	387

3-30 续表

单位：万元

项 目	R&D经费内部支出	经常费支出	#人员劳务费	资产性支出	#仪器设备
文教、工美、体育和娱乐用品制造业	1098	1093	295	5	5
石油加工、炼焦和核燃料加工业	50536	47240	6897	3296	3083
化学原料和化学制品制造业	55393	48975	13482	6418	6178
医药制造业	59818	50898	16886	8921	8664
化学纤维制造业	6088	2000	303	4088	3830
橡胶和塑料制品业	9528	8552	3881	977	976
非金属矿物制品业	58467	49125	8223	9342	9217
黑色金属冶炼和压延加工业	180726	171598	33459	9128	8202
有色金属冶炼和压延加工业	108104	99314	12138	8790	8042
金属制品业	36604	31448	6215	5156	5137
通用设备制造业	81530	74648	19029	6882	6387
专用设备制造业	635251	594910	236773	40340	36937
汽车制造业	107758	100382	25931	7375	7224
铁路、船舶、航空航天和其他运输设备制造业	198891	176545	42064	22346	21820
电气机械和器材制造业	145483	129673	21742	15810	15121
计算机、通信和其他电子设备制造业	188369	167961	36227	20408	20311
仪器仪表制造业	14257	12512	4743	1745	1719
其他制造业	1654	1122	307	532	530
废弃资源综合利用业	111	97	15	14	10
金属制品、机械和设备修理业	279	279	91		
电力、热力、燃气及水生产和供应业	**12449**	**12120**	**2763**	**328**	**305**
电力、热力生产和供应业	4884	4884	822		
燃气生产和供应业	6192	6192	1817		
水的生产和供应业	1373	1044	124	328	305
按隶属关系分组					
中央	372114	340681	74933	31433	30181
省(自治区、直辖市)	625125	575577	126183	49548	44915
地(区、市、州、盟)	115309	102901	26030	12408	11785
县(区、市、旗)	26255	19813	4884	6442	6116
乡(镇、街道)	5373	4581	783	792	791
村委会(居委会)					
其他	1011531	920054	313231	91477	88493
按企业控股情况分组					
国有控股	1078024	985361	224264	92663	86290
集体控股	54653	46721	7214	7931	7326
私人控股	729493	660951	254677	68542	65793
港澳台商控股	61027	58961	9283	2066	2052
外商控股	83355	79847	18956	3508	3475
其他	149155	131767	31651	17388	17346
按地区分组					
长沙市	942445	867345	318417	75099	71335
株洲市	286539	247070	60385	39469	38132
湘潭市	198222	177740	39317	20482	19036
衡阳市	116777	106932	19165	9845	9093
邵阳市	23878	22765	5268	1113	1084
岳阳市	232562	208391	44100	24171	23441
常德市	157830	146957	26491	10873	9558
张家界市					
益阳市	33821	27899	5926	5922	5557
郴州市	32883	30365	4519	2518	2492
永州市	3987	3463	1497	524	515
怀化市	18780	18534	2685	246	232
娄底市	103851	102264	16580	1588	1565
湘西州	4131	3883	1694	247	241

3-31 大中型工业企业R&D经费内部支出按活动类型分组情况

单位：万元

项目	R&D经费内部支出	基础研究支出	应用研究支出	试验发展支出
总 计	**2155706**	**4428**	**151496**	**1999782**
按企业规模分组				
大型	1661465	1050	96790	1563626
中型	494241	3378	54707	436157
按登记注册类型分组				
内资企业	**1963418**	**3881**	**142236**	**1817301**
国有企业	53047		14866	38181
集体企业	1188			1188
股份合作企业	109			109
联营企业				
国有联营企业				
集体联营企业				
国有与集体联营企业				
其他联营企业				
有限责任公司	956590	846	40658	915085
国有独资公司	252014	824	27916	223274
其他有限责任公司	704576	23	12742	691812
股份有限公司	629837	672	33330	595836
私营企业	316962	2363	52149	262450
私营独资企业	12018		2183	9835
私营合伙企业	8629		2039	6590
私营有限责任公司	243075	2363	40318	200394
私营股份有限公司	53240		7610	45631
其他企业	5684		1232	4451
港、澳、台商投资企业	**82112**	**547**	**4905**	**76661**
合资经营企业(港或澳、台资)	58374		2884	55490
合作经营企业(港或澳、台资)				
港、澳、台商独资经营企业	11982	547	2021	9414
港、澳、台商投资股份有限公司	11757			11757
外商投资企业	**110177**		**4356**	**105821**
中外合资经营企业	42863		2199	40664
中外合作经营企业				
外资企业	66126		2157	63969
外商投资股份有限公司	1188			1188
其他外商投资企业				
按国民经济行业分组				
采矿业	**12060**		**822**	**11238**
煤炭开采和洗选业	2640		340	2300
黑色金属矿采选业	238			238
有色金属矿采选业	6191		481	5710
非金属矿采选业	2990			2990
其他采矿业				
制造业	**2131198**	**4428**	**150580**	**1976191**
农副食品加工业	59203		16088	43116
食品制造业	27316		6602	20714
酒、饮料和精制茶制造业	11513		6752	4761
烟草制品业	18052		15192	2860
纺织业	19648			19648
纺织服装、服饰业	6490		499	5991
皮革、毛皮、羽毛及其制品和制鞋业	4269		1285	2984
木材加工和木、竹、藤、棕、草制品业	13703	897	5062	7744
家具制造业	2986		363	2622
造纸和纸制品业	21947			21947
印刷和记录媒介复制业	6126			6126

3-31 续表 单位：万元

项　　目	R&D经费内部支出	基础研究支出	应用研究支出	试验发展支出
文教、工美、体育和娱乐用品制造业	1098			1098
石油加工、炼焦和核燃料加工业	50536			50536
化学原料和化学制品制造业	55393	1300	9001	45091
医药制造业	59818		5300	54519
化学纤维制造业	6088			6088
橡胶和塑料制品业	9528		2836	6692
非金属矿物制品业	58467	547	3583	54337
黑色金属冶炼和压延加工业	180726			180726
有色金属冶炼和压延加工业	108104		17125	90979
金属制品业	36604			36604
通用设备制造业	81530		5131	76399
专用设备制造业	635251	694	9344	625213
汽车制造业	107758		1642	106116
铁路、船舶、航空航天和其他运输设备制造业	198891	23	15256	183613
电气机械和器材制造业	145483		26929	118553
计算机、通信和其他电子设备制造业	188369	967	2091	185311
仪器仪表制造业	14257		499	13758
其他制造业	1654			1654
废弃资源综合利用业	111			111
金属制品、机械和设备修理业	279			279
电力、热力、燃气及水生产和供应业	**12449**		**95**	**12354**
电力、热力生产和供应业	4884		95	4789
燃气生产和供应业	6192			6192
水的生产和供应业	1373			1373
按隶属关系分组				
中央	372114	23	30733	341358
省(自治区、直辖市)	625125	130	37941	587054
地(区、市、州、盟)	115309		1209	114101
县(区、市、旗)	26255		4181	22075
乡(镇、街道)	5373			5373
村委会(居委会)				
其他	1011531	4275	77432	929823
按企业控股情况分组				
国有控股	1078024	846	74982	1002196
集体控股	54653		3836	50817
私人控股	729493	3035	64586	661873
港澳台商控股	61027		1951	59076
外商控股	83355	547	4448	78361
其他	149155		1694	147460
按地区分组				
长沙市	942445	153	9157	933135
株洲市	286539		28499	258040
湘潭市	198222		23416	174807
衡阳市	116777		118	116659
邵阳市	23878		138	23740
岳阳市	232562	4275	69679	158608
常德市	157830		12478	145352
张家界市				
益阳市	33821		518	33303
郴州市	32883		3503	29380
永州市	3987			3987
怀化市	18780		3572	15209
娄底市	103851			103851
湘西州	4131		419	3712

3-32 大中型工业企业R&D经费外部支出情况

单位：万元

项目	R&D经费外部支出	对境内研究机构支出	对境内高等学校支出	对境外支出
总 计	**98447**	**58269**	**32490**	**4269**
按企业规模分组				
大型	78049	44344	26920	3631
中型	20398	13925	5570	638
按登记注册类型分组				
内资企业	**75012**	**47019**	**23128**	**1516**
国有企业	16849	9027	6945	
集体企业				
股份合作企业				
联营企业				
国有联营企业				
集体联营企业				
国有与集体联营企业				
其他联营企业				
有限责任公司	23515	11907	8647	879
国有独资公司	8945	4738	3849	240
其他有限责任公司	14571	7168	4798	638
股份有限公司	18954	15272	3498	63
私营企业	15209	10547	3856	537
私营独资企业	116	34	82	
私营合伙企业	105	105		
私营有限责任公司	13710	9733	3575	254
私营股份有限公司	1278	675	200	283
其他企业	486	267	181	37
港、澳、台商投资企业	**458**	**92**	**296**	
合资经营企业(港或澳、台资)	152	36	116	
合作经营企业(港或澳、台资)				
港、澳、台商独资经营企业	280	30	180	
港、澳、台商投资股份有限公司	26	26		
外商投资企业	**22977**	**11158**	**9066**	**2753**
中外合资经营企业	1028	1002	26	
中外合作经营企业				
外资企业	21864	10156	8955	2753
外商投资股份有限公司	85		85	
其他外商投资企业				
按国民经济行业分组				
采矿业	**1261**	**786**	**475**	
煤炭开采和洗选业	17	17		
黑色金属矿采选业				
有色金属矿采选业	1245	770	475	
非金属矿采选业				
其他采矿业				
制造业	**95824**	**56968**	**31322**	**4269**
农副食品加工业	1069	847	222	
食品制造业	368	133	231	
酒、饮料和精制茶制造业	1493	427	1066	
烟草制品业	13870	7595	5582	
纺织业	99	58	37	
纺织服装、服饰业	266	165	101	
皮革、毛皮、羽毛及其制品和制鞋业	126	30	26	
木材加工和木、竹、藤、棕、草制品业	221	72	149	
家具制造业	239		239	
造纸和纸制品业	162	13		
印刷和记录媒介复制业				

3-32　续表　　单位：万元

项　　目	R&D经费外部支出	对境内研究机构支出	对境内高等学校支出	对境外支出
文教、工美、体育和娱乐用品制造业				
石油加工、炼焦和核燃料加工业	7062	6762	300	
化学原料和化学制品制造业	3738	2905	796	37
医药制造业	10431	7604	785	9
化学纤维制造业				
橡胶和塑料制品业	5	5		
非金属矿物制品业	188	20	168	
黑色金属冶炼和压延加工业	4490	2529	1961	
有色金属冶炼和压延加工业	1634	784	835	
金属制品业	1600	894	677	
通用设备制造业	6771	4077	2662	24
专用设备制造业	3512	1594	1745	166
汽车制造业	1514	1104	170	240
铁路、船舶、航空航天和其他运输设备制造业	8531	5963	2110	448
电气机械和器材制造业	4017	1580	1845	592
计算机、通信和其他电子设备制造业	22830	10838	9140	2753
仪器仪表制造业	441	160	281	
其他制造业	1148	811	196	
废弃资源综合利用业				
金属制品、机械和设备修理业				
电力、热力、燃气及水生产和供应业	**1362**	**515**	**693**	
电力、热力生产和供应业	914	274	486	
燃气生产和供应业				
水的生产和供应业	448	241	207	
按隶属关系分组				
中央	39363	25748	11942	689
省(自治区、直辖市)	9465	4825	4528	54
地(区、市、州、盟)	2714	2162	404	70
县(区、市、旗)	3008	884	168	
乡(镇、街道)				
村委会(居委会)				
其他	43897	24650	15449	3456
按企业控股情况分组				
国有控股	51814	33018	16986	767
集体控股	597	527	71	
私人控股	21259	12610	5598	750
港澳台商控股	314	92	153	
外商控股	22002	10156	9093	2753
其他	2460	1866	590	
按地区分组				
长沙市	18972	12144	5948	480
株洲市	9459	6889	2118	442
湘潭市	9316	5119	4097	92
衡阳市	23703	11371	9325	2993
邵阳市	1202	910	32	
岳阳市	16909	11598	3325	
常德市	11036	6439	3958	9
张家界市				
益阳市	825	472	345	
郴州市	2906	1423	1229	254
永州市	484	213	201	
怀化市	1907	1013	863	
娄底市	1728	678	1050	
湘西州				

3-33 大中型工业企业全部R&D项目(课题)情况

项　　目	项目(课题)数(项)	参加项目(课题)人员(人)	项目(课题)人员全时当量(人年)	项目(课题)经费内部支出(万元)
总　计	**5769**	**68916**	**53814**	**1869383**
按企业规模分组				
大型	4360	51872	42503	1441719
中型	1409	17044	11311	427664
按登记注册类型分组				
内资企业	**5503**	**64601**	**51028**	**1700275**
国有企业	384	2625	1768	37492
集体企业	11	450	92	975
股份合作企业	1	5	5	89
联营企业				
国有联营企业				
集体联营企业				
国有与集体联营企业				
其他联营企业				
有限责任公司	3011	32562	26640	838024
国有独资公司	807	6502	4216	221039
其他有限责任公司	2204	26060	22424	616986
股份有限公司	1398	18391	14826	536096
私营企业	669	10416	7583	282876
私营独资企业	20	285	242	11490
私营合伙企业	19	242	207	8231
私营有限责任公司	503	7797	5509	216224
私营股份有限公司	127	2092	1626	46930
其他企业	29	152	115	4723
港、澳、台商投资企业	**140**	**2094**	**1502**	**72046**
合资经营企业(港或澳、台资)	81	1299	860	51843
合作经营企业(港或澳、台资)				
港、澳、台商独资经营企业	33	456	323	9135
港、澳、台商投资股份有限公司	26	339	319	11068
外商投资企业	**126**	**2221**	**1284**	**97063**
中外合资经营企业	76	1081	633	31538
中外合作经营企业				
外资企业	40	1011	521	64354
外商投资股份有限公司	10	129	129	1170
其他外商投资企业				
按国民经济行业分组				
采矿业	**46**	**1200**	**626**	**11351**
煤炭开采和洗选业	9	180	134	2521
黑色金属矿采选业	2	34	34	235
有色金属矿采选业	31	932	433	5918
非金属矿采选业	4	54	26	2677
其他采矿业				
制造业	**5617**	**66970**	**52825**	**1846361**
农副食品加工业	80	1889	1228	52962
食品制造业	54	1016	749	25635
酒、饮料和精制茶制造业	35	320	211	11346
烟草制品业	189	640	426	15746
纺织业	116	1145	794	16169
纺织服装、服饰业	23	420	346	6459
皮革、毛皮、羽毛及其制品和制鞋业	21	130	64	3853
木材加工和木、竹、藤、棕、草制品业	19	210	129	13556
家具制造业	9	268	97	2763
造纸和纸制品业	60	741	363	17660
印刷和记录媒介复制业	16	232	157	5812

3-33 续表

项 目	项目(课题)数(项)	参加项目(课题)人员(人)	项目(课题)人员全时当量(人年)	项目(课题)经费内部支出(万元)
文教、工美、体育和娱乐用品制造业	3	61	25	1017
石油加工、炼焦和核燃料加工业	54	556	318	34111
化学原料和化学制品制造业	227	1998	1423	44192
医药制造业	276	2462	1844	53045
化学纤维制造业	3	173	45	2000
橡胶和塑料制品业	16	203	174	8229
非金属矿物制品业	147	1670	1122	53458
黑色金属冶炼和压延加工业	114	5698	3980	175994
有色金属冶炼和压延加工业	252	2593	1854	85313
金属制品业	114	1628	1242	22510
通用设备制造业	179	2670	1594	74509
专用设备制造业	2007	22569	21419	548484
汽车制造业	438	3609	2569	88697
铁路、船舶、航空航天和其他运输设备制造业	597	6724	5265	161890
电气机械和器材制造业	334	3228	2695	126160
计算机、通信和其他电子设备制造业	158	2783	1800	182078
仪器仪表制造业	49	761	685	11020
其他制造业	20	50	43	1320
废弃资源综合利用业	6	409	57	98
金属制品、机械和设备修理业	1	114	107	279
电力、热力、燃气及水生产和供应业	**106**	**746**	**362**	**11671**
电力、热力生产和供应业	93	644	301	4880
燃气生产和供应业	12	84	53	6192
水的生产和供应业	1	18	8	600
按隶属关系分组				
中央	1372	12964	9749	310365
省(自治区、直辖市)	1295	18145	14808	563336
地(区、市、州、盟)	453	3898	2618	101151
县(区、市、旗)	69	887	498	18618
乡(镇、街道)	6	91	85	5177
村委会(居委会)				
其他	2574	32931	26055	870737
按企业控股情况分组				
国有控股	3095	34650	26823	942281
集体控股	100	1762	989	45194
私人控股	2212	26551	21900	617184
港澳台商控股	83	1278	831	53168
外商控股	81	1430	864	80895
其他	198	3245	2408	130662
按地区分组				
长沙市	2760	32251	28800	817691
株洲市	1056	9933	7633	233133
湘潭市	464	6632	5053	183548
衡阳市	284	4019	1986	103921
邵阳市	110	1493	1060	22985
岳阳市	293	4524	2666	197867
常德市	481	4280	2944	140159
张家界市				
益阳市	72	1386	767	22776
郴州市	79	1244	681	28121
永州市	41	393	225	3572
怀化市	56	932	596	11159
娄底市	58	1610	1210	100734
湘西州	15	219	193	3717

3-34　大中型工业企业办科技机构情况

项　　目	机构数（个）	机构人员合计（人）	#博士毕业	#硕士毕业	机构经费支出（万元）	机构仪器和设备原价（万元）
总　计	**581**	**44202**	**910**	**8255**	**836976**	**1086533**
按企业规模分组						
大型	203	30441	478	6864	601514	836953
中型	378	13761	432	1391	235461	249580
按登记注册类型分组						
内资企业	**533**	**41618**	**856**	**7868**	**773480**	**1055955**
国有企业	28	1324	80	257	41631	44303
集体企业	3	71	5	4	271	4006
股份合作企业						
联营企业						
国有联营企业						
集体联营企业						
国有与集体联营企业						
其他联营企业						
有限责任公司	172	20549	252	4568	456040	566418
国有独资公司	40	5296	65	505	91002	93752
其他有限责任公司	132	15253	187	4063	365038	472666
股份有限公司	102	11306	197	2112	118032	262243
私营企业	220	8254	312	905	153629	175079
私营独资企业	7	133	4	4	2762	2744
私营合伙企业	6	161	4	18	3991	2323
私营有限责任公司	165	6459	245	668	124808	146785
私营股份有限公司	42	1501	59	215	22069	23227
其他企业	8	114	10	22	3877	3906
港、澳、台商投资企业	**30**	**1613**	**42**	**253**	**40072**	**16188**
合资经营企业(港或澳、台资)	12	363	10	36	11033	8188
合作经营企业(港或澳、台资)	1	135	6	3	50	38
港、澳、台商独资经营企业	12	807	19	195	19799	7373
港、澳、台商投资股份有限公司	5	308	7	19	9191	590
外商投资企业	**18**	**971**	**12**	**134**	**23424**	**14390**
中外合资经营企业	10	395	3	76	13658	3837
中外合作经营企业	1	35		5	4530	2800
外资企业	6	341	1	7	3306	4753
外商投资股份有限公司	1	200	8	46	1930	3000
其他外商投资企业						
按国民经济行业分组						
采矿业	**32**	**603**	**6**	**21**	**7899**	**3192**
煤炭开采和洗选业	10	224		1	1938	672
黑色金属矿采选业	1	34			71	70
有色金属矿采选业	18	315	6	20	3891	2201
非金属矿采选业	3	30			2000	250
其他采矿业						
制造业	**544**	**43181**	**850**	**8115**	**825626**	**1067214**
农副食品加工业	36	1527	50	156	32242	38715
食品制造业	21	881	42	144	23678	13500
酒、饮料和精制茶制造业	9	271	11	32	8929	6915
烟草制品业	2	211	20	52	22719	18735
纺织业	14	542	5	29	5559	4915
纺织服装、服饰业	16	607	10	31	7480	6380
皮革、毛皮、羽毛及其制品和制鞋业	8	180	4	12	2896	481
木材加工和木、竹、藤、棕、草制品业	6	141	7	18	12136	917
家具制造业	5	370	7	10	2322	426
造纸和纸制品业	5	509	2	57	14031	16005
印刷和记录媒介复制业	4	184		13	7658	9997

3-34　续表

项　　目	机构数（个）	机构人员合计（人）	#博士毕业	#硕士毕业	机构经费支出（万元）	机构仪器和设备原价（万元）
文教、工美、体育和娱乐用品制造业	3	24	1	4	597	127
石油加工、炼焦和核燃料加工业	4	219	6	59	4686	4776
化学原料和化学制品制造业	38	1236	58	139	33963	35797
医药制造业	37	1743	59	240	30357	34275
化学纤维制造业	1	7		1	26	189
橡胶和塑料制品业	5	86	2	9	2999	27751
非金属矿物制品业	27	1035	7	108	17008	13416
黑色金属冶炼和压延加工业	17	1674	19	123	36177	27271
有色金属冶炼和压延加工业	22	2233	39	191	67323	229605
金属制品业	10	1841	26	204	21310	11338
通用设备制造业	50	2901	64	300	45756	99364
专用设备制造业	76	11618	141	4025	240071	266592
汽车制造业	21	1913	28	179	33036	28226
铁路、船舶、航空航天和其他运输设备制造业	23	4435	92	1160	37519	112537
电气机械和器材制造业	42	3426	90	428	66080	36415
计算机、通信和其他电子设备制造业	30	2135	46	201	31614	17998
仪器仪表制造业	9	1090	14	187	16477	3179
其他制造业	2	97		3	975	1353
废弃资源综合利用业	1	45			6	20
金属制品、机械和设备修理业						
电力、热力、燃气及水生产和供应业	**5**	**418**	**54**	**119**	**3451**	**16127**
电力、热力生产和供应业	5	418	54	119	3451	16127
燃气生产和供应业						
水的生产和供应业						
按隶属关系分组						
中央	63	9904	181	1715	136261	214778
省(自治区、直辖市)	75	8241	100	1325	127928	251632
地(区、市、州、盟)	67	3866	50	411	59802	42880
县(区、市、旗)	23	531	22	57	9249	12853
乡(镇、街道)	2	29	1	2	62	290
村委会(居委会)						
其他	351	21631	556	4745	503674	564100
按企业控股情况分组						
国有控股	192	20437	334	3253	313110	510836
集体控股	17	1422	28	182	8547	12181
私人控股	305	17049	474	4171	395114	272307
港澳台商控股	20	1127	24	212	27269	5832
外商控股	15	753	20	88	15669	14026
其他	32	3414	30	349	77267	271351
按地区分组						
长沙市	168	20061	313	5210	389619	569338
株洲市	61	6422	134	1335	77391	145365
湘潭市	36	4535	126	496	100493	54531
衡阳市	41	2273	83	230	31733	65753
邵阳市	31	846	20	60	16769	6298
岳阳市	87	2722	101	394	87982	133002
常德市	31	1952	28	156	47706	29593
张家界市						
益阳市	21	1395	29	79	16795	24214
郴州市	48	1379	47	100	24829	10925
永州市	28	696	10	60	8009	13207
怀化市	12	464	11	86	12128	17470
娄底市	12	1305	6	42	20845	16232
湘西州	5	152	2	7	2679	604

3-35 大中型工业企业新产品开发、生产及销售情况

单位：万元

项目	新产品开发项目数(项)	新产品开发经费支出	新产品产值	新产品销售收入	#出口
总　计	**6229**	**2391517**	**50280847**	**47875940**	**2112010**
按企业规模分组					
大型	4354	1792772	38831931	37062721	1828679
中型	1875	598745	11448916	10813219	283331
按登记注册类型分组					
内资企业	**5789**	**2149218**	**45132925**	**42929135**	**1951919**
国有企业	148	41069	8001989	7881373	85342
集体企业	6	1160	31864	34097	
股份合作企业	1	109	22172	18765	
联营企业					
国有联营企业					
集体联营企业					
国有与集体联营企业					
其他联营企业					
有限责任公司	3309	1118294	14902826	14075197	1256598
国有独资公司	795	195680	3530452	3301791	178785
其他有限责任公司	2514	922614	11372374	10773406	1077813
股份有限公司	1558	663849	13964558	13156603	488031
私营企业	742	318841	8040648	7606530	121829
私营独资企业	15	11836	275988	252197	
私营合伙企业	11	1205	236183	225985	5637
私营有限责任公司	600	263745	5896689	5638625	88044
私营股份有限公司	116	42054	1631788	1489723	28148
其他企业	25	5896	168869	156570	120
港、澳、台商投资企业	**334**	**121417**	**1479895**	**1421327**	**60385**
合资经营企业(港或澳、台资)	121	88246	459993	429365	45532
合作经营企业(港或澳、台资)	135	311			
港、澳、台商独资经营企业	40	18056	655498	648638	11152
港、澳、台商投资股份有限公司	38	14804	364405	343324	3701
外商投资企业	**106**	**120883**	**3668027**	**3525477**	**99706**
中外合资经营企业	50	36466	900652	855220	92418
中外合作经营企业	2	9460			
外资企业	46	73279	2597546	2545690	7288
外商投资股份有限公司	8	1678	169830	124568	
其他外商投资企业					
按国民经济行业分组					
采矿业	**16**	**3916**	**129298**	**128690**	
煤炭开采和洗选业	3	550			
黑色金属矿采选业					
有色金属矿采选业	11	851	108682	108195	
非金属矿采选业	2	2516	20616	20494	
其他采矿业					
制造业	**6135**	**2377228**	**49875791**	**47472101**	**2112010**
农副食品加工业	97	67784	2008225	1943882	45
食品制造业	37	23340	870778	805589	17472
酒、饮料和精制茶制造业	21	8278	441349	396804	4231
烟草制品业	12	1695	7657473	7560770	29092
纺织业	152	33509	583039	520675	3529
纺织服装、服饰业	27	5757	223880	222370	6000
皮革、毛皮、羽毛及其制品和制鞋业	18	3840	128997	124054	16367
木材加工和木、竹、藤、棕、草制品业	11	6391	441826	430012	6859
家具制造业	142	2816	88127	80151	30
造纸和纸制品业	82	41067	515247	517560	1922
印刷和记录媒介复制业	13	5420	214622	191896	

3-35　续表　　　　单位：万元

项　　目	新产品开发项目数(项)	新产品开发经费支出	新产品产值	新产品销售收入	#出口
文教、工美、体育和娱乐用品制造业	5	3173			
石油加工、炼焦和核燃料加工业	40	46178	3791877	4001461	6591
化学原料和化学制品制造业	218	54232	1523187	1511144	75568
医药制造业	295	54833	789705	762228	9304
化学纤维制造业	3	6088			
橡胶和塑料制品业	19	5806	98661	92159	
非金属矿物制品业	130	78589	1574035	1212106	154332
黑色金属冶炼和压延加工业	136	196246	2740808	2531387	258562
有色金属冶炼和压延加工业	217	212214	2787126	2423235	20916
金属制品业	107	43672	402155	381706	4469
通用设备制造业	306	86205	1506856	1414718	80052
专用设备制造业	2091	643516	9028640	8774648	356750
汽车制造业	714	154469	1524762	1336098	26063
铁路、船舶、航空航天和其他运输设备制造业	625	234430	3240215	3004231	82365
电气机械和器材制造业	348	122893	2647793	2464218	62146
计算机、通信和其他电子设备制造业	195	211036	4759126	4481818	886731
仪器仪表制造业	69	22363	283806	283708	2615
其他制造业	4	1110	3242	3242	
废弃资源综合利用业			233	233	
金属制品、机械和设备修理业	1	279			
电力、热力、燃气及水生产和供应业	**78**	**10373**	**275758**	**275149**	
电力、热力生产和供应业	64	3699	196257	196257	
燃气生产和供应业	14	6674	75179	75179	
水的生产和供应业			4321	3712	
按隶属关系分组					
中央	1186	385597	16547105	16200651	206786
省(自治区、直辖市)	1255	592927	9061477	8440733	634481
地(区、市、州、盟)	665	151664	2660053	2171999	101227
县(区、市、旗)	55	30587	555781	512975	13991
乡(镇、街道)	8	7724	51427	51139	
村委会(居委会)					
其他	3060	1223018	21405003	20498444	1155525
按企业控股情况分组					
国有控股	3111	1078393	27304541	26260500	870331
集体控股	129	74826	1425782	1279705	43591
私人控股	2613	766340	13955749	13260657	268525
港澳台商控股	127	85495	992553	965262	34474
外商控股	81	97153	3128463	3008848	33183
其他	168	289310	3473759	3100968	861906
按地区分组					
长沙市	2769	1105205	18264783	17361836	1323991
株洲市	1427	361170	4617551	4270499	279989
湘潭市	429	157009	2253010	2193139	154268
衡阳市	541	168804	4736116	4235871	104292
邵阳市	107	30478	467404	414708	24374
岳阳市	170	148807	10253730	10049792	39987
常德市	424	179862	5932805	5820879	33343
张家界市					
益阳市	76	43077	432580	435054	23649
郴州市	79	20076	849178	818001	49275
永州市	96	26631	122844	121392	11854
怀化市	38	26429	230116	221258	768
娄底市	66	122651	2113625	1926343	66219
湘西州	7	1321	7105	7169	

3-36 大中型工业企业专利与论文情况

项目	专利申请数(件)	发明专利	有效发明专利数(件)	发表科技论文(篇)
总计	**11916**	**4590**	**7681**	**2921**
按企业规模分组				
大型	8078	3347	4526	2427
中型	3838	1243	3155	494
按登记注册类型分组				
内资企业	**10915**	**4326**	**7277**	**2829**
国有企业	535	261	254	367
集体企业	20	3	5	
股份合作企业				
联营企业				
国有联营企业				
集体联营企业				
国有与集体联营企业				
其他联营企业				
有限责任公司	4122	1690	2755	1566
国有独资公司	859	400	751	532
其他有限责任公司	3263	1290	2004	1034
股份有限公司	4214	1676	3349	685
私营企业	2006	688	901	209
私营独资企业	92	51	53	2
私营合伙企业	46	26	10	12
私营有限责任公司	1362	475	694	148
私营股份有限公司	506	136	144	47
其他企业	18	8	13	2
港、澳、台商投资企业	**673**	**158**	**283**	**33**
合资经营企业(港或澳、台资)	379	105	82	6
合作经营企业(港或澳、台资)				
港、澳、台商独资经营企业	257	41	187	25
港、澳、台商投资股份有限公司	37	12	14	2
外商投资企业	**328**	**106**	**121**	**59**
中外合资经营企业	281	68	79	51
中外合作经营企业				
外资企业	19	10	15	1
外商投资股份有限公司	28	28	27	7
其他外商投资企业				
按国民经济行业分组				
采矿业	**60**	**29**	**28**	**27**
煤炭开采和洗选业	3	2	1	5
黑色金属矿采选业	1	1		
有色金属矿采选业	12	4	18	20
非金属矿采选业	44	22	9	2
其他采矿业				
制造业	**11556**	**4419**	**7607**	**2535**
农副食品加工业	220	77	108	67
食品制造业	225	120	95	22
酒、饮料和精制茶制造业	101	31	29	7
烟草制品业	172	82	161	29
纺织业	255	32	39	7
纺织服装、服饰业	135	1	121	
皮革、毛皮、羽毛及其制品和制鞋业	39	4	12	
木材加工和木、竹、藤、棕、草制品业	36	13	6	8
家具制造业	15	7	7	
造纸和纸制品业	49	38	114	30
印刷和记录媒介复制业	38	19	18	

3-36 续表

项 目	专利申请数(件)	发明专利	有效发明专利数(件)	发表科技论文(篇)
文教、工美、体育和娱乐用品制造业	20	10	15	
石油加工、炼焦和核燃料加工业	54	37	128	157
化学原料和化学制品制造业	237	123	297	132
医药制造业	498	208	172	51
化学纤维制造业				
橡胶和塑料制品业	40	5	9	
非金属矿物制品业	444	111	1545	48
黑色金属冶炼和压延加工业	102	64	97	478
有色金属冶炼和压延加工业	500	290	337	173
金属制品业	125	70	201	44
通用设备制造业	530	124	328	39
专用设备制造业	3819	1534	1772	321
汽车制造业	798	218	170	128
铁路、船舶、航空航天和其他运输设备制造业	1824	706	1219	547
电气机械和器材制造业	555	197	277	162
计算机、通信和其他电子设备制造业	458	218	185	72
仪器仪表制造业	258	77	136	13
其他制造业	6		9	
废弃资源综合利用业				
金属制品、机械和设备修理业	3	3		
电力、热力、燃气及水生产和供应业	**300**	**142**	**46**	**359**
电力、热力生产和供应业	284	139	32	359
燃气生产和供应业	1	1	1	
水的生产和供应业	15	2	13	
按隶属关系分组				
中央	2409	935	1672	1122
省(自治区、直辖市)	2416	1114	1111	818
地(区、市、州、盟)	772	221	430	71
县(区、市、旗)	357	98	191	10
乡(镇、街道)	16	6	11	5
村委会(居委会)				
其他	5946	2216	4266	895
按企业控股情况分组				
国有控股	5460	2240	3140	2082
集体控股	231	50	70	20
私人控股	5223	2035	3851	647
港澳台商控股	364	69	241	33
外商控股	114	48	62	7
其他	524	148	317	132
按地区分组				
长沙市	5302	2256	4016	887
株洲市	2573	967	1724	631
湘潭市	684	218	294	541
衡阳市	800	223	152	180
邵阳市	302	50	95	47
岳阳市	553	221	512	293
常德市	612	275	250	33
张家界市				
益阳市	269	95	79	24
郴州市	286	102	117	88
永州市	259	60	203	
怀化市	68	38	88	32
娄底市	187	75	139	161
湘西州	21	10	12	4

3-37 大中型工业企业政府相关政策落实和技术获取情况

单位：万元

项 目	来自政府部门的科技活动资金	研究开发费用加计扣除减免税	高新技术企业减免税	引进技术经费支出	消化吸收经费支出	购买国内技术经费支出
总 计	**187573**	**100306**	**264321**	**22783**	**55754**	**52289**
按企业规模分组						
大型	160649	65851	193972	20940	46498	31138
中型	26924	34455	70349	1843	9256	21152
按登记注册类型分组						
内资企业	**176956**	**94574**	**235958**	**17137**	**53279**	**48711**
国有企业	17302	5246	364			
集体企业	300	51	55			26
股份合作企业						9
联营企业						
国有联营企业						
集体联营企业						
国有与集体联营企业						
其他联营企业						
有限责任公司	113321	40424	101801	6053	824	1350
国有独资公司	23612	16143	5253	2261	586	829
其他有限责任公司	89709	24281	96548	3792	238	520
股份有限公司	27913	18556	83479	9587	47537	29576
私营企业	17580	28953	49357	1496	4919	17751
私营独资企业	116	403	1335			425
私营合伙企业	656	932	2360			140
私营有限责任公司	11808	25942	38349	1316	3919	14664
私营股份有限公司	5001	1676	7314	180	1000	2522
其他企业	539	1345	902			
港、澳、台商投资企业	**2075**	**3860**	**17070**	**61**	**50**	**1540**
合资经营企业(港或澳、台资)	240	1488	13807	46	30	1155
合作经营企业(港或澳、台资)	50					
港、澳、台商独资经营企业	1758	1784	2099	15	20	386
港、澳、台商投资股份有限公司	27	588	1164			
外商投资企业	**8542**	**1871**	**11294**	**5585**	**2424**	**2038**
中外合资经营企业	6412	1174	4918	2126	1176	899
中外合作经营企业	2100					
外资企业	30	554	5926	3460	1248	1140
外商投资股份有限公司		143	450			
其他外商投资企业						
按国民经济行业分组						
采矿业	**1420**	**259**	**3556**		**42**	**166**
煤炭开采和洗选业						
黑色金属矿采选业						
有色金属矿采选业	1089	259	3299		42	166
非金属矿采选业	331		257			
其他采矿业						
制造业	**185248**	**96798**	**258084**	**22783**	**55711**	**52123**
农副食品加工业	1248	3012	734	49	6180	5450
食品制造业	555	7612	8568		381	1205
酒、饮料和精制茶制造业	734	6914	6682		7	63
烟草制品业	50	50	236			
纺织业	813	162	1038			692
纺织服装、服饰业	133	406	1293	553	147	175
皮革、毛皮、羽毛及其制品和制鞋业	83	122	597			90
木材加工和木、竹、藤、棕、草制品业	4822	3964	3922			86
家具制造业	50	579				15
造纸和纸制品业	3382	489	2290	350	500	30
印刷和记录媒介复制业		506	6095			

3-37 续表

单位：万元

项 目	来自政府部门的科技活动资金	研究开发费用加计扣除减免税	高新技术企业减免税	引进技术经费支出	消化吸收经费支出	购买国内技术经费支出
文教、工美、体育和娱乐用品制造业	267			10	5	
石油加工、炼焦和核燃料加工业	1568	458	378	2106	5114	2987
化学原料和化学制品制造业	1499	2762	7575	675	545	1272
医药制造业	2271	2710	6750	587	2566	3810
化学纤维制造业						
橡胶和塑料制品业	36		713			
非金属矿物制品业	879	2099	24590	15	345	7586
黑色金属冶炼和压延加工业	1658	2941	451	1900	658	2791
有色金属冶炼和压延加工业	8592	3533	12900	6426	28456	21828
金属制品业	17892	787	1049			
通用设备制造业	9355	6648	20154	401	551	186
专用设备制造业	14469	26600	100676	203	547	929
汽车制造业	29644	3510	8738	4171		25
铁路、船舶、航空航天和其他运输设备制造业	60910	2444	17281	4848	9504	1325
电气机械和器材制造业	7618	4478	11044	253	151	709
计算机、通信和其他电子设备制造业	14284	13291	12167	190	25	569
仪器仪表制造业	2080	293	2166	46	30	302
其他制造业	357	430				
废弃资源综合利用业						
金属制品、机械和设备修理业						
电力、热力、燃气及水生产和供应业	**905**	**3249**	**2681**			
电力、热力生产和供应业	875	2401				
燃气生产和供应业		847	2673			
水的生产和供应业	30		7			
按隶属关系分组						
中央	114341	15966	24657	5600	12230	3459
省(自治区、直辖市)	17344	21787	61352	8734	29388	22360
地(区、市、州、盟)	9564	9649	25594	381	2002	1896
县(区、市、旗)	2070	2236	3313		100	451
乡(镇、街道)			94			26
村委会(居委会)	70					
其他	44184	50669	149311	8069	12035	24097
按企业控股情况分组						
国有控股	139146	43208	99170	14414	46012	29009
集体控股	3326	2569	12407	401		35
私人控股	36210	45708	110556	2322	7267	20045
港澳台商控股	1304	638	2557	61	50	795
外商控股	2795	3647	11989	3470	1253	1736
其他	4792	4537	27643	2116	1171	670
按地区分组						
长沙市	54839	34480	147662	4747	949	5660
株洲市	67887	4410	36586	11721	37960	31120
湘潭市	10129	7498	3659	296	131	494
衡阳市	9124	7609	9152	1900	49	300
邵阳市	1913	1613	320	10	5	38
岳阳市	13396	27336	36809	3238	14106	13174
常德市	2566	9091	14348	315	1911	441
张家界市						
益阳市	2361	1431	3464	15	20	142
郴州市	7429	1421	6686	46	72	347
永州市	1089	3457	698	190	33	27
怀化市	14960	430	1068	305	258	547
娄底市	1830	1531	3868		260	
湘西州	50					

3-38 大中型工业企业限额以上R&D项目(课题)情况

项目	项目(课题)数(项)	参加项目(课题)人员(人)	项目(课题)经费内部支出(万元)	#政府资金
总计	**3842**	**81049**	**2420435**	**127611**
按企业规模分组				
大型	2188	56233	1730190	111560
中型	1654	24816	690245	16052
按项目来源分组				
国家科技项目	257	6569	206288	90698
地方科技项目	175	2828	101818	10172
其他企业委托科技项目	285	2399	54226	1621
本企业自选科技项目	3021	66673	1965294	23936
来自境外的科技项目	14	264	14026	
其他科技项目	90	2316	78783	1185
按项目合作形式分组				
与境外机构合作	29	1055	22999	1101
与境内高校合作	436	8975	260976	19740
与境内独立研究院所合作	243	4947	177497	57865
与境内注册的外商独资企业合作	5	104	1252	70
与境内注册的其他企业合作	336	5057	150881	12389
独立研究	2676	57786	1725122	34796
其他	117	3125	81708	1651
按项目活动类型分组				
基础研究	9	76	4428	199
应用研究	351	3210	115382	1518
试验发展	2207	54699	1612761	102285
按项目成果形式分组				
论文或专著	81	1020	30522	841
自主研制的新产品原型或样机、样件、样品、配方、新装置	1531	44066	1377955	76113
自主开发的新技术或新工艺、新工法	1453	22177	680043	43850
发明专利	173	3648	94238	2901
实用新型专利	98	1692	51446	619
外观设计专利	5	68	6974	
带有技术、工艺参数的图纸、技术标准、操作规范	197	2152	41816	464
基础软件	20	262	14405	5
应用软件	66	1247	16309	261
其他	218	4717	106728	2557
按项目技术经济目标分组				
科学原理的探索、发现	59	712	40232	445
技术原理的研究	542	6206	198918	5974
开发全新产品	1404	35896	1210429	86379
增加产品功能或提高性能	1030	24407	656942	18969
提高劳动生产率	218	3361	71066	1427
减少能源消耗或提高能源使用效率	192	3887	89925	6589
节约原材料	93	1520	46099	742
减少环境污染	100	2211	47192	981
其他	204	2849	59634	6107
按登记注册类型分组				
内资企业	**3540**	**75147**	**2180569**	**125717**
国有企业	453	3820	56807	6588
集体企业	7	304	1456	140
股份合作企业	1	5	83	
联营企业				
国有联营企业				

3-38 续表 1

项　　目	项目(课题)数(项)	参加项目(课题)人员(人)	项目(课题)经费内部支出(万元)	#政府资金
集体联营企业				
国有与集体联营企业				
其他联营企业				
有限责任公司	1579	37414	1102071	92895
国有独资公司	601	7820	228900	21479
其他有限责任公司	978	29594	873171	71416
股份有限公司	655	19721	582943	15096
私营企业	815	13680	429398	10459
私营独资企业	23	316	14664	116
私营合伙企业	26	382	11401	586
私营有限责任公司	587	10714	319113	5343
私营股份有限公司	179	2268	84221	4414
其他企业	30	203	7811	539
港、澳、台商投资企业	**175**	**3100**	**126544**	**760**
合资经营企业(港或澳、台资)	109	1939	92600	223
合作经营企业(港或澳、台资)	1	15	240	50
港、澳、台商独资经营企业	40	667	21082	460
港、澳、台商投资股份有限公司	25	479	12623	27
其他港澳台投资企业				
外商投资企业	**127**	**2802**	**113322**	**1134**
中外合资经营企业	74	1538	44055	1124
中外合作经营企业	1	28	2990	
外资企业	43	1044	64398	10
外商投资股份有限公司	9	192	1880	
其他外商投资企业				
按国民经济行业分组				
采矿业	**75**	**1554**	**19879**	**1081**
煤炭开采和洗选业	17	360	5816	
石油和天然气开采业				
黑色金属矿采选业	3	36	236	0
有色金属矿采选业	48	1065	10608	750
非金属矿采选业	7	93	3220	331
开采辅助活动				
其他采矿业				
制造业	**3581**	**77573**	**2374880**	**125626**
农副食品加工业	117	2414	76278	1142
食品制造业	80	1365	38230	450
酒、饮料和精制茶制造业	35	767	16369	734
烟草制品业	226	769	21242	50
纺织业	56	1519	33440	371
纺织服装、服饰业	34	586	8999	133
皮革、毛皮、羽毛及其制品和制鞋业	27	407	8606	83
木材加工和木、竹、藤、棕、草制品业	26	464	13783	238
家具制造业	10	315	3227	50
造纸和纸制品业	38	1219	32079	1182
印刷和记录媒介复制业	26	353	9773	
文教、工美、体育和娱乐用品制造业	7	163	3233	32
石油加工、炼焦和核燃料加工业	41	731	34574	1568
化学原料和化学制品制造业	259	2588	76956	1364
医药制造业	243	2609	61205	1989

3-38 续表 2

项　　目	项目(课题)数(项)	参加项目(课题)人员(人)	项目(课题)经费内部支出(万元)	#政府资金
化学纤维制造业	3	173	2000	
橡胶和塑料制品业	27	208	10673	36
非金属矿物制品业	174	2913	108602	579
黑色金属冶炼和压延加工业	179	7701	224051	844
有色金属冶炼和压延加工业	339	4238	245209	4352
金属制品业	64	1567	26907	7898
通用设备制造业	185	2978	103132	8474
专用设备制造业	281	22377	565497	14058
汽车制造业	316	4669	128548	12811
铁路、船舶、航空航天和其他运输设备制造业	257	5667	172422	49228
电气机械和器材制造业	295	3665	125845	5952
计算机、通信和其他电子设备制造业	188	3994	204976	11017
仪器仪表制造业	40	724	17122	634
其他制造业	6	71	1575	357
废弃资源综合利用业	1	245	50	
金属制品、机械和设备修理业	1	114	279	
电力、热力、燃气及水生产和供应业	**186**	**1922**	**25677**	**905**
电力、热力生产和供应业	167	1764	16875	875
燃气生产和供应业	16	124	8012	
水的生产和供应业	3	34	790	30
按隶属关系分组				
中央	1079	12020	349781	85636
省(自治区、直辖市)	576	20707	602444	10267
地(区、市、州、盟)	389	5259	153367	6623
县(区、市、旗)	92	1734	35631	1799
乡(镇、街道)	14	286	10698	
村委会(居委会)	1	40	77	70
其他	1691	41003	1268438	23216
按企业控股情况分组				
国有控股	1977	38463	1061016	99640
集体控股	129	2753	73550	2971
私人控股	1318	31319	832227	23398
港澳台商控股	91	1776	83587	290
外商控股	94	1778	90532	375
其他	233	4960	279524	937
按地区分组				
长沙市	1254	33293	939836	37694
株洲市	644	10862	299002	53903
湘潭市	377	7427	188179	8542
衡阳市	294	5321	155306	6161
邵阳市	138	3264	47490	1716
岳阳市	313	5848	242483	5590
常德市	309	4839	236403	2190
张家界市	1	46	800	
益阳市	74	1925	36965	2041
郴州市	145	2299	63544	3269
永州市	84	1419	21891	1033
怀化市	73	927	23263	4966
娄底市	115	3309	160686	456
湘西州	21	270	4590	50

3-39 规模以上高技术产业(制造业)生产经营情况

项目	企业数(个)	从业人员年平均人数(人)	主营业务收入(亿元)	利润总额(亿元)	利税(亿元)	出口交货值(亿元)
总计	**881**	**303340**	**2564.9**	**188.1**	**308.9**	**488.5**
按行业分组						
医药制造业	293	65887	663.0	57.8	97.5	11.4
化学药品制造	81	23520	249.0	23.1	38.9	4.1
中药饮片加工	47	5574	69.0	6.1	9.8	0.4
中成药生产	69	22466	151.0	15.2	26.0	1.3
兽用药品制造	33	5142	77.1	4.5	8.1	
生物药品制造	46	5884	87.8	6.9	11.2	5.5
卫生材料及医药用品制造	17	3301	29.1	2.0	3.5	0.1
航空、航天器及设备制造业	10	10262	71.5	3.7	4.4	3.0
飞机制造	5	9081	63.2	3.3	3.8	3.0
航天器制造	1	318	1.5			
航空、航天相关设备制造	4	863	6.8	0.3	0.5	
其他航空航天器制造						
航空航天器修理						
电子及通信设备制造业	404	190027	1487.5	96.3	157.1	471.1
电子工业专用设备制造	19	3090	29.5	2.7	3.9	
光纤、光缆制造	2	185	2.5	0.1	0.2	
锂离子电池制造	18	4533	20.3	1.0	1.9	
通信设备制造	37	66637	430.2	39.9	53.2	161.9
通信系统设备制造	19	7226	89.1	8.7	10.3	3.5
通信终端设备制造	18	59411	341.1	31.3	42.8	158.4
广播电视设备制造	22	4681	42.3	3.9	6.1	6.0
雷达及配套设备制造	4	469	4.2	0.5	0.7	
视听设备制造	15	3765	75.9	4.8	7.8	34.8
电子器件制造	69	22259	163.1	9.9	17.5	13.8
电子真空器件制造	6	1441	6.2		0.6	0.2
半导体分立器件制造	6	628	7.8	0.5	1.1	
集成电路制造	9	2133	10.6	0.7	1.0	4.4
电子元件制造	189	50870	388.9	21.1	40.2	64.7
其他电子设备制造	29	33538	330.7	12.4	25.7	189.8
计算机及办公设备制造业	35	10275	78.4	6.8	10.9	0.3
计算机整机制造	5	2135	24.6	3.4	4.9	
计算机零部件制造	7	616	4.3	0.4	0.6	
计算机外围设备制造	7	3492	25.6	1.5	2.6	0.1
其他计算机制造	10	2739	10.1	0.6	1.2	
办公设备制造	6	1293	13.7	0.9	1.6	0.1
医疗仪器设备及仪器仪表制造业	139	26889	264.4	23.4	39.0	2.8
医疗仪器设备及器械制造	29	6293	47.3	5.6	8.5	0.9
仪器仪表制造	110	20596	217.1	17.9	30.5	1.9
按地区分组						
长沙市	200	110468	887.3	90.9	130.5	174.2
株洲市	58	21352	149.8	11.8	17.3	3.1
湘潭市	63	29608	177.6	8.3	15.4	54.8
衡阳市	65	24547	379.6	16.2	32.4	194.7
邵阳市	59	11286	98.5	6.6	11.7	6.0
岳阳市	78	23189	252.9	15.5	31.7	5.0
常德市	74	16270	89.8	5.6	10.1	5.5
张家界市	10	1241	6.9	0.1	0.5	
益阳市	78	15813	148.0	10.5	19.7	2.6
郴州市	71	24804	213.6	8.9	18.9	38.7
永州市	45	9942	55.0	4.0	6.4	2.3
怀化市	19	3947	30.1	2.4	3.5	
娄底市	50	9525	64.8	5.9	8.5	1.3
湘西州	11	1348	11.0	1.4	2.4	0.4

3-40 规模以上高技术产业(制造业)R&D人员情况

项 目	有R&D活动的企业数(个)	R&D人员(人)	#全时人员	#研究人员	R&D人员全时当量(人年)
总 计	**310**	**12940**	**8900**	**5644**	**9211**
按行业分组					
医药制造业	116	4099	2775	1720	2896
化学药品制造	43	1769	1332	737	1363
中药饮片加工	11	118	42	48	90
中成药生产	33	1621	1091	646	1062
兽用药品制造	8	157	104	71	116
生物药品制造	15	283	132	145	155
卫生材料及医药用品制造	6	151	74	73	110
航空、航天器及设备制造业	7	1915	1207	715	1459
飞机制造	4	1747	1049	645	1313
航天器制造	1	21	14	14	9
航空、航天相关设备制造	2	147	144	56	138
其他航空航天器制造					
航空航天器修理					
电子及通信设备制造业	116	4379	2764	2088	2875
电子工业专用设备制造	4	30	16	13	22
光纤、光缆制造					
锂离子电池制造	7	124	115	44	54
通信设备制造	9	1443	1183	801	967
通信系统设备制造	5	467	455	443	441
通信终端设备制造	4	976	728	358	525
广播电视设备制造	4	63	24	32	47
雷达及配套设备制造	3	89	74	40	37
视听设备制造	5	57	23	34	40
电子器件制造	30	994	772	586	738
电子真空器件制造	3	48	28	21	25
半导体分立器件制造	3	24	17	17	12
集成电路制造	5	202	179	137	187
电子元件制造	49	1156	483	408	811
其他电子设备制造	5	423	74	130	159
计算机及办公设备制造业	12	574	503	249	505
计算机整机制造					
计算机零部件制造					
计算机外围设备制造	3	143	116	63	103
其他计算机制造	6	351	317	134	347
办公设备制造	3	80	70	52	54
医疗仪器设备及仪器仪表制造业	59	1973	1651	872	1476
医疗仪器设备及器械制造	11	251	222	103	168
仪器仪表制造	48	1722	1429	769	1308
按地区分组					
长沙市	101	5332	4780	2473	4164
株洲市	29	2454	1430	928	1803
湘潭市	10	303	209	138	101
衡阳市	11	549	143	198	218
邵阳市	8	210	133	82	131
岳阳市	54	1053	315	537	667
常德市	32	1299	995	567	1014
张家界市					
益阳市	16	570	134	189	452
郴州市	15	409	284	144	297
永州市	13	294	132	113	156
怀化市	8	207	193	103	104
娄底市	11	248	152	166	99
湘西州	2	12		6	6

3-41 规模以上高技术产业(制造业)R&D经费情况

单位：万元

项目	R&D经费内部支出	#人员劳务费	#仪器和设备	#政府资金	#企业资金	R&D经费外部支出
总 计	**433737**	**87727**	**44958**	**69150**	**357223**	**39030**
按行业分组						
医药制造业	106537	26525	13815	3753	102524	12633
化学药品制造	47570	12435	7607	806	46739	9189
中药饮片加工	5396	1269	67	37	5359	47
中成药生产	28818	7008	3598	1646	26938	2906
兽用药品制造	6967	2322	396	237	6730	365
生物药品制造	15467	2598	1955	829	14638	124
卫生材料及医药用品制造	2318	894	191	198	2120	
航空、航天器及设备制造业	49733	979	162	48083	1650	1310
飞机制造	48744	485	45	48047	696	1310
航天器制造	421	63	105		421	
航空、航天相关设备制造	568	431	12	35	533	
其他航空航天器制造						
航空航天器修理						
电子及通信设备制造业	226327	45442	24373	14924	204308	23816
电子工业专用设备制造	2677	219	154	92	2585	
光纤、光缆制造						
锂离子电池制造	2546	1138	78	210	2071	277
通信设备制造	119505	22359	14715	9547	109936	62
通信系统设备制造	45356	3861	5936	9547	35787	62
通信终端设备制造	74149	18498	8778		74149	
广播电视设备制造	1533	722	96	92	1441	149
雷达及配套设备制造	1128	437	121		1128	27
视听设备制造	1800	186	7	2	1784	
电子器件制造	23144	6157	3186	3833	19311	1166
电子真空器件制造	773	208	200	10	763	
半导体分立器件制造	1633	268	400		1633	
集成电路制造	3635	1587	411	373	3262	35
电子元件制造	37193	7437	4509	856	35749	272
其他电子设备制造	36800	6787	1509	291	30304	21864
计算机及办公设备制造业	9444	3876	1007	54	9390	40
计算机整机制造						
计算机零部件制造						
计算机外围设备制造	2372	521	130	21	2351	14
其他计算机制造	4368	2345	409	24	4344	
办公设备制造	2704	1009	467	9	2695	26
医疗仪器设备及仪器仪表制造业	41697	10906	5601	2337	39351	1231
医疗仪器设备及器械制造	9396	1856	1810	668	8728	582
仪器仪表制造	32301	9050	3791	1669	30623	649
按地区分组						
长沙市	201346	48884	22847	13953	187369	7474
株洲市	61746	5458	1979	48851	12882	2372
湘潭市	12792	3291	1145	127	12399	770
衡阳市	37594	7543	2458	396	30822	22254
邵阳市	4783	790	658	109	4651	180
岳阳市	53292	8740	7564	509	52784	3547
常德市	26272	4945	4348	1381	24380	1538
张家界市						
益阳市	15521	2043	1948	78	15442	366
郴州市	11212	3042	934	3374	7760	166
永州市	1426	353	559	145	1281	242
怀化市	1576	813	184	140	1365	108
娄底市	5929	1775	307	74	5855	
湘西州	249	50	28	15	234	13

3-42 规模以上高技术产业(制造业)专利与技术获取情况

项目	专利申请数(件)	#发明专利	有效发明专利(件)	技术引进经费支出(万元)	消化吸收经费支出(万元)	购买国内技术经费支出(万元)
总计	**2679**	**1161**	**1307**	**1160**	**4231**	**6183**
按行业分组						
医药制造业	878	414	382	698	2957	4405
化学药品制造	304	172	142	300	2119	2150
中药饮片加工	46	11	24			48
中成药生产	271	136	151	10	278	1702
兽用药品制造	23	12	16	388	559	505
生物药品制造	114	74	43			
卫生材料及医药用品制造	120	9	6			
航空、航天器及设备制造业	264	108	268			
飞机制造	190	93	190			
航天器制造	18	5	2			
航空、航天相关设备制造	56	10	76			
其他航空航天器制造						
航空航天器修理						
电子及通信设备制造业	763	347	337	193	431	739
电子工业专用设备制造	19	8	10		21	165
光纤、光缆制造						
锂离子电池制造	34	9				
通信设备制造	258	138	105			
通信系统设备制造	205	118	91			
通信终端设备制造	53	20	14			
广播电视设备制造	39	18	18			
雷达及配套设备制造	7	2				
视听设备制造	6	2	2	3	385	220
电子器件制造	118	53	58	190	25	18
电子真空器件制造	16	1				
半导体分立器件制造	3	3	10			
集成电路制造	11	11	8			
电子元件制造	249	103	128			336
其他电子设备制造	33	14	16			
计算机及办公设备制造业	127	39	21			366
计算机整机制造	5	5				
计算机零部件制造						
计算机外围设备制造	73	25	10			
其他计算机制造	34	7	10			366
办公设备制造	15	2	1			
医疗仪器设备及仪器仪表制造业	647	253	299	269	844	672
医疗仪器设备及器械制造	138	85	60			93
仪器仪表制造	509	168	239	269	844	580
按地区分组						
长沙市	1176	569	428	120	96	1932
株洲市	411	171	334		500	1722
湘潭市	52	28	30			
衡阳市	188	32	36			283
邵阳市	30	12	9			
岳阳市	207	81	146	494	1396	1599
常德市	251	99	57	300	1906	257
张家界市	11	3	8			
益阳市	66	36	25			20
郴州市	80	31	56	46	30	196
永州市	109	48	45	200	83	81
怀化市	20	19	56			
娄底市	70	27	66			93
湘西州	8	5	11		220	

3-43 规模以上高技术产业(制造业)科技机构情况

项 目	机构数（个）	机构人员（人）	机构经费支出（万元）	机构仪器和设备原价（万元）
总 计	**247**	**8991**	**134234**	**240250**
按行业分组				
医药制造业	100	2812	56237	52798
化学药品制造	26	1247	22752	17595
中药饮片加工	5	66	2371	244
中成药生产	49	1119	20351	28831
兽用药品制造	8	83	3487	517
生物药品制造	10	242	6879	5581
卫生材料及医药用品制造	2	55	398	30
航空、航天器及设备制造业	4	1026	5365	26176
飞机制造	4	1026	5365	26176
航天器制造				
航空、航天相关设备制造				
其他航空航天器制造				
航空航天器修理				
电子及通信设备制造业	81	2162	35491	137516
电子工业专用设备制造	7	92	716	327
光纤、光缆制造				
锂离子电池制造	4	65	240	98
通信设备制造	6	84	708	480
通信系统设备制造	3	41	529	412
通信终端设备制造	3	43	179	68
广播电视设备制造	3	171	5823	595
雷达及配套设备制造	2	26	536	124
视听设备制造				
电子器件制造	23	784	10453	9999
电子真空器件制造	1	8	234	102
半导体分立器件制造	3	18	636	260
集成电路制造	1	14	70	3
电子元件制造	35	915	16703	125883
其他电子设备制造	1	25	312	11
计算机及办公设备制造业	13	1090	12106	1728
计算机整机制造	1	68	384	674
计算机零部件制造				
计算机外围设备制造	4	816	9258	845
其他计算机制造	3	134	1810	66
办公设备制造	5	72	653	144
医疗仪器设备及仪器仪表制造业	49	1901	25034	22032
医疗仪器设备及器械制造	4	137	1248	2305
仪器仪表制造	45	1764	23787	19727
按地区分组				
长沙市	75	3609	59521	20336
株洲市	14	1469	13190	152068
湘潭市	8	164	1458	1755
衡阳市	12	213	4652	11137
邵阳市	11	202	2182	1102
岳阳市	29	561	12386	33626
常德市	15	999	12693	8464
张家界市	1	20	26	39
益阳市	14	554	4448	2252
郴州市	22	543	8012	2028
永州市	16	219	4996	2351
怀化市	12	165	1080	1788
娄底市	12	225	7344	1792
湘西州	6	48	2246	1511

3-44 重点服务业生产经营情况

项 目	企业数(个)	从业人员期末人数(人)	主营业务收(万元)	利润总额(万元)	资产总计(万元)
总 计	**1665**	**314600**	**13614119**	**1246335**	**74779036**
按登记注册类型分组					
内资企业	1611	301503	12439681	1065931	72805986
国有企业	155	71780	2180187	14013	6764333
集体企业	49	11428	117638	4978	196241
股份合作企业	2	64	1409	37	162
国有联营企业	1	515	11570	-3206	39275
集体联营企业	1	417	47973	3185	59523
国有独资公司	133	25508	2368961	306654	30259966
其他有限责任公司	545	99396	4623025	468328	21410118
股份有限公司	122	41733	1935310	222450	11732456
私营独资企业	23	1548	39533	-20	98628
私营合伙企业	14	908	12550	1723	13065
私营有限责任公司	494	41833	1025724	51111	2069342
私营股份有限公司	53	4546	53891	-4468	118877
其他企业	19	1827	21910	1148	44001
港、澳、台商投资企业	31	6124	497649	50642	1241179
外商投资企业	23	6973	676789	129762	731872
按国民经济行业分组					
交通运输、仓储和邮政业	670	156554	3691856	-192467	15068026
信息传输、软件和信息技术服务业	264	62640	4793674	805839	8954092
租赁和商务服务业	502	70115	4164699	531120	44543341
水利、环境和公共设施管理业	82	8468	277131	21671	2654301
文化、体育和娱乐业	147	16823	686760	80172	3559275
按企业控股情况分组					
国有控股	503	163132	9228897	1017660	60594685
集体控股	99	35795	461097	21917	715630
私人控股	882	83768	2368833	63515	8791330
港澳台商控股	25	3450	281918	8028	765656
外商控股	10	2119	183868	37305	107308
其他	146	26336	1089506	97911	3804427
按隶属关系分组					
中央	92	42352	2330260	173806	9161756
省(自治区、直辖市)	136	43653	2815137	189282	20995972
地(区、市、州、盟)	234	80570	2823515	212966	20211854
县(区、市、旗)	272	40007	867662	100996	10979512
乡(镇、街道)	21	1479	47339	3770	218712
村委会(居委会)	5	1320	8410	-201	7677
其他	905	105219	4721796	565716	13203554
按地区分组					
长沙市	533	105873	6152864	682101	46725332
株洲市	122	21164	798268	112949	4387621
湘潭市	47	10940	516231	19367	1846664
衡阳市	124	22054	734123	63246	4742352
邵阳市	55	13382	422835	35480	661480
岳阳市	168	21967	671971	89198	1954964
常德市	193	31209	801683	78414	1848301
张家界市	39	5523	336454	29413	757682
益阳市	71	16778	565341	77591	2488416
郴州市	81	14804	854326	90834	1926736
永州市	52	11379	404756	-77692	3106277
怀化市	59	14105	401349	28091	1098903
娄底市	73	16622	734423	17066	2728193
湘西州	48	8800	219497	278	506117

注：重点服务业包括交通运输、仓储和邮政业；信息传输、软件和信息技术服务业；租赁和商务服务业；水利、环境和公共设施管理业；文化、体育和娱乐业。

3-45 重点服务业R&D人员情况

项目	有R&D活动企业数(个)	R&D人员(人)	#参加项目人员	#研究人员	#全时人员	R&D人员全时当量(人年)
总计	**26**	**578**	**491**	**305**	**488**	**317**
按登记注册类型分组						
内资企业	25	564	477	305	474	317
国有企业	1	5	5	2		1
集体企业						
股份合作企业						
国有联营企业						
集体联营企业						
国有独资公司	3	20	15	9	18	14
其他有限责任公司	10	356	311	186	302	189
股份有限公司						
私营独资企业	1	12	12	3		8
私营合伙企业						
私营有限责任公司	10	171	134	105	154	105
私营股份有限公司						
其他企业						
港、澳、台商投资企业						
外商投资企业	1	14	14		14	1
按国民经济行业分组						
交通运输、仓储和邮政业	2	52	45	13	52	41
信息传输、软件和信息技术服务业	19	480	401	268	408	253
租赁和商务服务业	2	16	16	4	16	10
水利、环境和公共设施管理业	2	21	21	15	4	5
文化、体育和娱乐业	1	9	8	5	8	9
按企业控股情况分组						
国有控股	7	120	91	60	89	89
集体控股	2	41	35	36	25	41
私人控股	14	371	325	181	332	157
港澳台商控股						
外商控股						
其他	3	46	40	28	42	31
按隶属关系分组						
中央	1	17	17	12	17	17
省(自治区、直辖市)	2	60	36	45	44	53
地(区、市、州、盟)	2	174	173	70	173	30
县(区、市、旗)	3	27	21	9	21	12
乡(镇、街道)						
村委会(居委会)						
其他	18	300	244	169	233	206
按地区分组						
长沙市	16	436	358	241	408	213
株洲市						
湘潭市						
衡阳市	2	32	31	8	31	32
邵阳市	1	24	18	24	8	24
岳阳市	4	54	52	20	27	45
常德市						
张家界市	1	14	14		14	1
益阳市	1	5	5	2		1
郴州市	1	13	13	10		1
永州市						
怀化市						
娄底市						
湘西州						

3-46 重点服务业R&D经费情况

单位：万元

项目	R&D经费内部支出	#人员劳务费	#仪器设备	#政府资金	#企业资金	R&D经费外部支出
总计	**11227**	**3450**	**2608**	**776**	**10432**	**177**
按登记注册类型分组						
内资企业	11198	3447	2583	776	10403	177
国有企业	165	100			165	
集体企业						
股份合作企业						
国有联营企业						
集体联营企业						
国有独资公司	395	190	10	90	305	
其他有限责任公司	4656	2373	159	390	4247	167
股份有限公司						
私营独资企业	68	15	10		68	
私营合伙企业						
私营有限责任公司	5915	768	2404	296	5618	10
私营股份有限公司						
其他企业						
港、澳、台商投资企业						
外商投资企业	29	3	26		29	
按国民经济行业分组						
交通运输、仓储和邮政业	6093	187	2387	125	5968	38
信息传输、软件和信息技术服务业	4488	3029	186	466	4003	124
租赁和商务服务业	182	54	35	55	127	10
水利、环境和公共设施管理业	214	84		50	164	6
文化、体育和娱乐业	251	95		80	171	
按企业控股情况分组						
国有控股	2187	1131	174	200	1987	42
集体控股	398	360		10	388	82
私人控股	7058	1813	2415	326	6732	10
港澳台商控股						
外商控股						
其他	1585	145	19	240	1326	43
按隶属关系分组						
中央	325	310			325	82
省(自治区、直辖市)	957	599	89	190	767	42
地(区、市、州、盟)	1018	980		30	988	
县(区、市、旗)	1350	129	21		1350	38
乡(镇、街道)						
村委会(居委会)						
其他	7578	1432	2498	556	7003	16
按地区分组						
长沙市	4799	2690	153	591	4189	172
株洲市						
湘潭市						
衡阳市	4978	164	2370	125	4853	
邵阳市	73	50		10	63	
岳阳市	1073	386	60		1073	6
常德市						
张家界市	29	3	26		29	
益阳市	165	100			165	
郴州市	110	57		50	60	
永州市						
怀化市						
娄底市						
湘西州						

3-47 重点服务业科技相关情况

项 目	从事科技活动人员(人)	参加科技项目人员	科技管理和服务人员	使用来自政府部门的科技活动资金(万元)
总 计	**4541**	**3081**	**1460**	**2374**
按登记注册类型分组				
内资企业	3675	2279	1396	2353
国有企业	13	13		6
集体企业				
股份合作企业				
国有联营企业				
集体联营企业				
国有独资公司	81	46	35	130
其他有限责任公司	1846	930	916	598
股份有限公司	598	445	153	243
私营独资企业	12	12		
私营合伙企业				
私营有限责任公司	1059	800	259	1376
私营股份有限公司	66	33	33	
其他企业				
港、澳、台商投资企业	497	497		21
外商投资企业	369	305	64	
按国民经济行业分组				
交通运输、仓储和邮政业	598	380	218	673
信息传输、软件和信息技术服务业	3751	2548	1203	1343
租赁和商务服务业	99	71	28	162
水利、环境和公共设施管理业	63	55	8	60
文化、体育和娱乐业	30	27	3	136
按企业控股情况分组				
国有控股	1102	479	623	331
集体控股	82	60	22	10
私人控股	2159	1597	562	1640
港澳台商控股	497	497		21
外商控股	360	296	64	20
其他	341	152	189	353
按隶属关系分组				
中央	739	277	462	60
省(自治区、直辖市)	153	78	75	215
地(区、市、州、盟)	392	227	165	60
县(区、市、旗)	105	84	21	46
乡(镇、街道)	6	2	4	10
村委会(居委会)				
其他	3146	2413	733	1983
按地区分组				
长沙市	3916	2691	1225	1510
株洲市	160	6	154	
湘潭市				
衡阳市	157	152	5	663
邵阳市	30	18	12	10
岳阳市	104	100	4	50
常德市	62	24	38	15
张家界市	29	29		50
益阳市	11	7	4	10
郴州市	17	17		50
永州市	31	13	18	16
怀化市				
娄底市	10	10		
湘西州	14	14		

主要指标解释

研究与试验发展（R&D） 指在科学技术领域，为增加知识总量、以及运用这些知识去创造新的应用而进行的系统的、创造性的活动，包括基础研究、应用研究、试验发展三类活动。

R&D 人员 指报告期企业内部从事 R&D 活动的人员。包括直接参加R&D项目活动的人员，R&D 项目管理人员，以及为 R&D 活动提供资料文献、材料供应、设备维护等直接服务的人员。

研究人员 指 R&D 人员中具备中级以上职称或博士学历（学位）的人员。

全时人员 指在报告期企业R&D人员中实际从事R&D活动的时间占制度工作时间 90%及以上的人员。

R&D 人员折合全时当量 指报告期企业 R&D 全时人员（全年从事 R&D 活动累积工作时间占全部工作时间的 90%及以上人员）工作量与非全时人员按实际工作时间折算的工作量之和。例如: 有 2 个 R&D 全时人员(工作时间分别为 0.9 年和 1 年)和 3 个 R&D 非全时人员(工作时间分别为 0.2 年、0.3 年和 0.7 年)，则 R&D 人员折合全时当量 = 1+1+0.2+0.3+0.7=3.2(人年)。

R&D 经费内部支出 指企业在报告年度用于内部开展 R&D 活动的实际支出。包括用于 R&D 项目（课题）活动的直接支出，以及间接用于 R&D 活动的管理费、服务费、与 R&D 有关的基本建设支出以及外协加工费等。不包括生产性活动支出、归还贷款支出以及与外单位合作或委托外单位进行 R&D 活动而转拨给对方的经费支出。

日常性支出 指企业在报告年度为开展 R&D 活动而发生的人员劳务费，及其各项管理费用和购买非资产性的材料、物资费用等他日常支出。

资产性支出 指企业在报告年度为开展 R&D 活动而进行建造、购置、安装、改建、扩建固定资产，以及进行设备技术改造和大修理等实际支出的费用。

政府资金 指企业 R&D 经费内部支出中来自各级政府部门的各类资金。

企业资金 指企业 R&D 经费内部支出中来自本企业的自有资金和接受其他企业委托而获得的经费。

R&D经费外部支出 指报告期企业委托外单位或与外单位合作进行 R&D 活动而拨给对方的经费。

R&D 项目 指报告期企业在当年立项并开展研究工作、以前年份立项仍继续进行研究的研究开发项目或课题，包括当年完成和年内研究工作已告失败的研发项目或课题。

企业办研发机构 指企业自办或与外单位合办，在管理上同生产系统相对独立（或者单独核算）的专门研究开发机构。

研发机构人员 指报告期末企业办研发活动机构中从业人员合计。

机构经费支出 指报告期企业办研发机构用于内部开展研发活动实际支出的总费用，包括机构人员劳务费（含工资）支出、机构业务费支出、管理费支出、固定资产购建支出以及其他维持机构正常工作的日常费用等的支出总和。

新产品 指采用新技术原理、新设计构思研制、生产的全新产品，或在结构、材质、工艺等某一方面比原有产品有明显改进，从而显著提高了产品性能或扩大了使用功能的产品。

专利申请数 指企业在报告期内向国内外知识产权行政部门提出专利申请并被受理的件数。

发明专利申请数 指企业在报告期内向国内外知识产权行政部门提出发明专利申请并被受理的件数。

有效发明专利数 指报告期末企业作为专利权人在报告期拥有的、经国内外知识产权行政部门授权且在有效期内的发明专利件数。

有效发明专利数中境外授权 指报告期末企业作为专利权人拥有的、经国外及港澳台知识产权行政部门授予且有效期内的发明专利件数。

拥有注册商标 指企业在报告期末拥有的注册商标件数。包括在境内和境外注册的商标件数，一件商标在境内外同时注册时只统计一件。

拥有注册商标中境外注册 指企业在报告期末拥有的在国外或港澳台注册的商标件数。

形成国家或行业标准 指报告期企业在自主研发或自主知识产权基础上形成的经有关部门批准的国家或行业标准项数。

研究开发费用加计扣除减免税 指企业在报告期按有关政策和税法规定税前加计扣除的研究开发活动费用所得税。

高新技术企业减免税 指新技术企业在报告期高按照国家有关政策依法享受的企业所得税减免额。

引进技术经费支出 指企业在报告期用于购买境外技术的费用支出，包括产品设计、工艺流程、图纸、配方、专利等技术资料的费用支出，以及购买关键设备、仪器、样机和样件等的费用支出。

消化吸收经费支出 引进技术的消化吸收指对引进技术的掌握、应用、复制而开展的工作，以及在此基础上的创新。引进技术的消化吸收经费支出包括：人员培训费、测绘费、参加消化吸收人员的工资、工装、工艺开发费、必备的配套设备费、翻版费等。

购买国内技术经费支出　指企业在报告期购买境内其他单位科技成果的经费支出。包括购买产品设计、工艺流程、图纸、配方、专利、技术诀窍及关键设备的费用支出。

技术改造经费支出　指企业在报告期进行技术改造而发生的费用支出。技术改造指企业在坚持科技进步的前提下，将科技成果应用于生产的各个领域（产品、设备、工艺等），用先进工艺、设备代替落后工艺、设备，实现以内涵为主的扩大再生产，从而提高产品质量、促进产品更新换代、节约能源、降低消耗，全面提高综合经济效益。

第4篇

能　源

4-1 规模以上工业企业能源购进、消费及库存

指标	年初库存	购进量实物量	消费量合 计	工业生产消费	用于原材料	年末库存
能源合计(吨标准煤)			**121626822**	**120929363**		
原煤(吨)	5777062	84997584	86956799	86806257	3210129	4661153
其中：无烟煤(吨)	1378907	13372078	13639505	13609971	955824	1122799
炼焦烟煤(吨)	1765	374716	369620	368993	23908	8261
一般烟煤(吨)	4110845	70094594	71737109	71617017	2214933	3297703
褐煤(吨)	285545	1156196	1210565	1210277	15464	232390
洗精煤(吨)	493691	8976863	9098363	9042891	1335	372101
其他洗煤(吨)	71450	2027018	2041976	2041828		56538
煤制品(吨)	640	45477	45336	44399	2384	295
焦炭(吨)	210114	5702807	8611355	8609943	378939	257655
其他焦化产品(吨)	10332	53825	62342	62342		2494
焦炉煤气(万立方米)		12067	108093	102280		
高炉煤气(万立方米)		75122	1754450	1744820		
转炉煤气(万立方米)		41	108927	86010		
发生炉煤气(万立方米)						
天然气(气态)(万立方米)	65	85565	85172	84261	2071	71
液化天然气(液态)(吨)	2117	23364	24874	24838	3681	607
煤层气(煤田)(万立方米)		5	5	5		
原油(吨)	236521	9444440	9464851	9464808		216060
汽油(吨)	1881	157092	161574	131976	5368	524
煤油(吨)	355	6086	6365	6277	50	51
柴油(吨)	14244	354571	357059	328937	11181	12621
燃料油(吨)	30594	210968	202838	202449	27	46521
液化石油气(吨)	238	215551	217892	217780	18044	287
炼厂干气(吨)		6157	268187	268187		
石脑油(吨)	167		208	208		85
润滑油(吨)	201	8196	8235	8227	93	152
石蜡(吨)	20	581	579	579		21
溶剂油(吨)	1928	9601	9875	9875	7110	1100
石油焦(吨)	11899	76601	150024	150024	2450	13617
石油沥青(吨)	150	1045	1172	1172		23
其他石油制品(吨)	20934	1336249	1999234	1999234	1014543	30950
热力(百万千焦)		20221003	138862545	132714669		
电力(万千瓦时)		7445264	9725589	9616138		
煤矸石用于燃料(吨)		1896839	1740970	1740970	203872	
城市垃圾用于燃料(吨)						
生物质废料用于燃料(吨)	340	1072271	1045652	1045648	4347	100
余热余压(百万千焦)		197917	16667564	16545064		
其他工业废料用于燃料(吨)		79897	86371	86371		
其他燃料(吨标准煤)	1708	3102099	3209569	3208905	3095	660

4-2 规模以上工业企业能源加工转换与回收利用

指　标	工业生产消费量	加工转换投入合计	火力发电	供热	原煤入洗	炼焦
能源合计(吨标准煤)	**88977122**	**70168784**	**25710584**	**5840702**	**16600453**	**8059475**
原煤(吨)	67654868	61374183	35262065	2843457	23268660	
其中：无烟煤(吨)	11910568	10137971	9045519	311264	781188	
炼焦烟煤(吨)	104246	104246			104246	
一般烟煤(吨)	54454570	49946482	25129592	2532193	22284697	
褐煤(吨)	1185484	1185484	1086955		98529	
洗精煤(吨)	8955203	8954972				8954972
其他洗煤(吨)	2027066	940029		940029		
煤制品(吨)						
焦炭(吨)	7087725	2369760		2369760		
其他焦化产品(吨)						
焦炉煤气(万立方米)	90213	11853	11853			
高炉煤气(万立方米)	1669698	1336682	690528	646154		
转炉煤气(万立方米)	85969	7	7			
发生炉煤气(万立方米)						
天然气(气态)(万立方米)	10891	23	16	7		
液化天然气(液态)(吨)						
煤层气(煤田)(万立方米)						
原油(吨)	9462414	9451440				
汽油(吨)	552					
煤油(吨)	196					
柴油(吨)	26376	5592	4873	719		
燃料油(吨)	36193	10937	6971	3966		
液化石油气(吨)	3908					
炼厂干气(吨)	262030	22376	2053	7899		
石脑油(吨)	126					
润滑油(吨)						
石蜡(吨)						
溶剂油(吨)	1949					
石油焦(吨)	94512	81869	40457	41412		
石油沥青(吨)						
其他石油制品(吨)	1603299	334233				
热力(百万千焦)	112398703	32122490	32122490			
电力(万千瓦时)	2312575					
煤矸石用于燃料(吨)	1237412	1197587	1197587			
城市垃圾用于燃料(吨)						
生物质废料用于燃料(吨)	520762	520762	516789	3973		
余热余压(百万千焦)	16346689	7733648	7733648			
其他工业废料用于燃料(吨)						
其他燃料(吨标准煤)	894	894	894			

4-2 续表

指 标						回收利用
	炼油及煤制油	制气	天然气液化	加工煤制品	能源加工转换产出	
能源合计(吨标准煤)	**13957570**				**50438782**	**3157208**
原煤(吨)						
其中：无烟煤(吨)						
炼焦烟煤(吨)						
一般烟煤(吨)						
褐煤(吨)						
洗精煤(吨)					15736562	
其他洗煤(吨)					728570	
煤制品(吨)						
焦炭(吨)					6509305	
其他焦化产品(吨)					238585	
焦炉煤气(万立方米)					149106	
高炉煤气(万立方米)						1679328
转炉煤气(万立方米)					89391	21311
发生炉煤气(万立方米)						
天然气(气态)(万立方米)						
液化天然气(液态)(吨)						
煤层气(煤田)(万立方米)						
原油(吨)	9451440					
汽油(吨)					2413268	
煤油(吨)					352187	
柴油(吨)					3224027	
燃料油(吨)					556733	
液化石油气(吨)					694008	
炼厂干气(吨)	12424				279653	
石脑油(吨)					253392	
润滑油(吨)						
石蜡(吨)						
溶剂油(吨)					106809	
石油焦(吨)					334143	
石油沥青(吨)						
其他石油制品(吨)	334233				1367648	
热力(百万千焦)					123303739	
电力(万千瓦时)					8327557	
煤矸石用于燃料(吨)						
城市垃圾用于燃料(吨)						
生物质废料用于燃料(吨)						
余热余压(百万千焦)						28125328
其他工业废料用于燃料(吨)						
其他燃料(吨标准煤)						

4-3 规模以上工业企业主要能源按行业分组消费量

指　标	原煤（吨）	洗精煤（吨）	其他洗煤（吨）	煤制品（吨）	焦炭（吨）	其他焦化产品（吨）	焦炉煤气（万立方）
煤炭开采和洗选业	21726449		49	11	361		
黑色金属矿采选业	118444				15510		484
有色金属矿采选业	220284				4069		
非金属矿采选业	691214				2653		
开采辅助活动	350						
农副食品加工业	555511	284	1733	6624	1579		
食品制造业	373032			8			
酒、饮料和精制茶制造业	214962			107	6813		
烟草制品业	20174	6950					
纺织业	325079	244		16000			
纺织服装、服饰业	15876						
皮革、毛皮、羽毛及其制品和制鞋业	93346			6	2557		
木材加工和木、竹、藤、棕、草制品业	368371		250		133	250	
家具制造业	25993						
造纸和纸制品业	2082726	231					
印刷和记录媒介复制业	42196						
文教、工美、体育和娱乐用品制造业	23245			12			
石油加工、炼焦和核燃料加工业	3922220	3597941					315
化学原料和化学制品制造业	5647546	24759	3890	1373	139381		
医药制造业	398395	2169		7	660		
化学纤维制造业	27892				1520		
橡胶和塑料制品业	109152	196		12	9061		
非金属矿物制品业	11701770	8646	5817	2747	9694	47083	7
黑色金属冶炼和压延加工业	1259463	5432070	2027066	2991	7731950		95711
有色金属冶炼和压延加工业	1754325	24433		2161	542220	14962	
金属制品业	266590	248	3059		65621	31	11494
通用设备制造业	187651		102	5341	34071		
专用设备制造业	209407	192		798	5492		
汽车制造业	90868		10	272	23224	16	
铁路、船舶、航空航天和其他运输设备制造业	74303				1481		
电气机械和器材制造业	148625			36	6228		
计算机、通信和其他电子设备制造业	117755			46	38		
仪器仪表制造业	16013			25	4311		
其他制造业	11338			6750			
废弃资源综合利用业	44043				2727		82
金属制品、机械和设备修理业							
电力、热力生产和供应业	34066566						
燃气生产和供应业	4372			9			
水的生产和供应业	210						

4-3 续表 1

指 标	高炉煤气（万立方）	天然气（万立方）	原油（吨）	汽油（吨）	煤油（吨）	柴油（吨）	燃料油（吨）
煤炭开采和洗选业				3786	68	12019	
黑色金属矿采选业				952	5	5629	
有色金属矿采选业				2496	469	18681	10
非金属矿采选业				4701		21000	
开采辅助活动							
农副食品加工业	180	2127		7070		15716	
食品制造业		1988		2676	60	4527	
酒、饮料和精制茶制造业		2689	24	2253		3560	11
烟草制品业		2770		438		6768	
纺织业		273		2407	2	2835	
纺织服装、服饰业		187		1213		1081	
皮革、毛皮、羽毛及其制品和制鞋业				2295	19	1799	
木材加工和木、竹、藤、棕、草制品业			78	4203	674	7766	
家具制造业		266		713		1282	
造纸和纸制品业		2367		1706		4481	16782
印刷和记录媒介复制业		507	6	2129		2897	
文教、工美、体育和娱乐用品制造业		182		297		326	
石油加工、炼焦和核燃料加工业		248	9462414	508		2622	13746
化学原料和化学制品制造业		4494	891	15439	387	16570	9780
医药制造业		1594	1	7135		7764	
化学纤维制造业				90		104	
橡胶和塑料制品业		1231	1	3502		6501	
非金属矿物制品业	64176	32155	5	16379	349	71450	130474
黑色金属冶炼和压延加工业	1690088	9785		5107	18	19579	13
有色金属冶炼和压延加工业		10022	1212	8898	1284	34370	25884
金属制品业		1377		7029	60	9531	288
通用设备制造业		1402	1	17638	323	17295	60
专用设备制造业		2105		9971	692	26357	27
汽车制造业		4301		8700	171	9713	675
铁路、船舶、航空航天和其他运输设备制造业		874	2	2458	91	3056	136
电气机械和器材制造业	6	599	131	8203	1137	6319	509
计算机、通信和其他电子设备制造业		1056	2	4309	58	3431	
仪器仪表制造业		144	79	777	3	506	
其他制造业		55		1011		337	
废弃资源综合利用业		348		155	4	2416	
金属制品、机械和设备修理业				138	462	92	
电力、热力生产和供应业		20	5	2810	31	6036	4445
燃气生产和供应业		7		567		1407	
水的生产和供应业				1415		817	

4-3 续表 2

指 标	液 化 石油气 (吨)	其 他 石油制品 (吨)	热力 (百万千焦)	电力 (万度)	其他燃料 (吨标准煤)
煤炭开采和洗选业		100		309120	25495
黑色金属矿采选业				56314	4886
有色金属矿采选业				174028	56698
非金属矿采选业			7558513	103235	26283
开采辅助活动				19	
农副食品加工业	385	2	62326	225186	293344
食品制造业			446732	77003	97956
酒、饮料和精制茶制造业			81799	66975	78501
烟草制品业	8		95250	21907	
纺织业		2877	22645	149157	131114
纺织服装、服饰业				23977	9370
皮革、毛皮、羽毛及其制品和制鞋业	1		216465	47677	19075
木材加工和木、竹、藤、棕、 草制品业				113329	256411
家具制造业				24517	35004
造纸和纸制品业	13	707	10288018	358225	153058
印刷和记录媒介复制业	1		72024	28746	15365
文教、工美、体育和娱乐用品制造业				20273	15989
石油加工、炼焦和核燃料加工业	2395	1601644	17765218	179200	17156
化学原料和化学制品制造业	20631	377709	18188149	1065720	524265
医药制造业	4		113288	81209	138820
化学纤维制造业				14052	8661
橡胶和塑料制品业	450	1791	138655	105171	37961
非金属矿物制品业	149260	1039	651785	1062591	738824
黑色金属冶炼和压延加工业	227	10	76895137	1549661	70879
有色金属冶炼和压延加工业	5158	226	3353614	1160179	140027
金属制品业	282			154909	35048
通用设备制造业	35	1234	52314	157597	44992
专用设备制造业	934	10525	1882	164561	49157
汽车制造业	105	201	10125	113711	2211
铁路、船舶、航空航天和其他运输设备制造业	306	1	17390	52779	7275
电气机械和器材制造业	8	1081	309481	130444	56238
计算机、通信和其他电子设备制造业	995		11525	218400	38585
仪器仪表制造业				12452	19563
其他制造业	36696			10939	3883
废弃资源综合利用业				15880	44670
金属制品、机械和设备修理业				868	
电力、热力生产和供应业		88	2510210	1582735	3933
燃气生产和供应业				10921	788
水的生产和供应业				81215	8080

4-4 分市州规模以下工业消费煤炭的企业数

地 区	规模以下工业消费煤炭的企业数（个）	1万吨以上	5000吨~1万吨	3000吨~5000吨
合 计	**23761**	**101**	**280**	**354**
长沙市	2984	26	59	76
株洲市	1593	1		2
湘潭市	670	4	1	4
衡阳市	2920	32	38	27
邵阳市	1776	4	20	28
岳阳市	1639		1	3
常德市	2303	1	8	9
张家界市	325		3	4
益阳市	2642	8	62	46
郴州市	2731	18	52	51
永州市	815		15	16
怀化市	1120	1	11	60
娄底市	1806	2	10	27
湘西州	437	4		1

4-4 续表

地 区	1000吨~3000吨	500吨~1000吨	100吨~500吨	100吨以下
合 计	**1695**	**1467**	**4906**	**14958**
长沙市	212	189	520	1902
株洲市	55	81	341	1113
湘潭市	40	30	141	450
衡阳市	156	113	481	2073
邵阳市	184	127	408	1005
岳阳市	59	110	288	1178
常德市	59	134	618	1474
张家界市	20	11	72	215
益阳市	185	151	471	1719
郴州市	297	219	674	1420
永州市	110	83	127	464
怀化市	128	79	224	617
娄底市	178	133	370	1086
湘西州	12	7	171	242

4-5 分市州规模以下工业企业煤炭消费量

地 区	规模以下企业煤炭消费量(万吨)	1万吨以上合 计	5000吨~1万吨合 计	3000吨~5000吨合 计
湖南省	**1016.84**	**185.02**	**196.42**	**128.25**
长沙市	175.61	38.45	44.05	27.54
株洲市	25.32	1.05		0.65
湘潭市	29.19	15.53	0.50	1.38
衡阳市	138.34	60.03	26.07	8.97
邵阳市	82.25	8.03	13.49	10.08
岳阳市	25.02		0.52	1.05
常德市	46.84	3.00	5.38	3.39
张家界市	8.75		1.70	1.66
益阳市	124.34	10.15	43.51	17.81
郴州市	168.67	31.87	37.66	18.62
永州市	43.32		9.68	5.81
怀化市	65.61	3.00	7.00	22.06
娄底市	68.21	4.90	6.86	8.93
湘西州	15.35	9.00		0.30

4-5 续表

地 区	1000吨~3000吨合计	500吨~1000吨合计	100吨~500吨合计	100吨以下合计
湖南省	**276.86**	**99.00**	**104.00**	**27.31**
长沙市	39.21	12.03	11.27	3.05
株洲市	8.46	5.62	6.96	2.58
湘潭市	6.31	2.10	2.56	0.81
衡阳市	23.22	7.58	9.58	2.89
邵阳市	30.32	9.33	9.04	1.95
岳阳市	8.37	7.28	6.19	1.61
常德市	9.93	8.19	12.57	4.38
张家界市	2.88	0.75	1.40	0.36
益阳市	29.94	10.41	9.70	2.83
郴州市	47.85	14.88	15.65	2.15
永州市	18.04	6.32	2.66	0.80
怀化市	21.64	5.32	5.16	1.43
娄底市	29.04	8.75	7.74	2.00
湘西州	1.64	0.44	3.51	0.46

4-6 分行业规模以下工业消费煤炭的企业数

项 目	规模以下工业消费煤炭的企业数(个)	1万吨以上	5000吨~1万吨	3000吨~5000吨
采矿业	**2310**	**22**	**29**	**53**
煤炭开采和洗选业	394	17	19	14
石油和天然气开采业				
黑色金属矿采选业	147		2	2
有色金属矿采选业	262			4
非金属矿采选业	1468	5	8	33
开采辅助活动	17			
其他采矿业	22			
制造业	**20111**	**75**	**249**	**298**
农副食品加工业	1800	1	6	6
食品制造业	693		3	3
酒、饮料和精制茶制造业	613		1	3
烟草制品业	94			
纺织业	308			
纺织服装、服饰业	400		1	
皮革、毛皮、羽毛及其制品和制鞋业	262	1	1	
木材加工和木、竹、藤、棕、草制品业	985		1	
家具制造业	370			
造纸和纸制品业	638			3
印刷和记录媒介复制业	525	2	1	
文教、工美、体育和娱乐用品制造业	316		1	
石油加工、炼焦和核燃料加工业	38	1		1

4-6 续表 1

项 目	1000吨~3000吨	500吨~1000吨	100吨~500吨	100吨以下
采矿业	**189**	**99**	**452**	**1466**
煤炭开采和洗选业	42	20	103	179
石油和天然气开采业				
黑色金属矿采选业	17	9	34	83
有色金属矿采选业	23	12	67	156
非金属矿采选业	107	57	238	1020
开采辅助活动			4	13
其他采矿业		1	6	15
制造业	**1481**	**1340**	**4303**	**12365**
农副食品加工业	49	60	259	1419
食品制造业	12	24	134	517
酒、饮料和精制茶制造业	14	35	80	480
烟草制品业		8	56	30
纺织业	8	11	48	241
纺织服装、服饰业	3	11	64	321
皮革、毛皮、羽毛及其制品和制鞋业	8	11	32	209
木材加工和木、竹、藤、棕、草制品业	29	35	200	720
家具制造业	4	12	41	313
造纸和纸制品业	45	34	265	291
印刷和记录媒介复制业	14	35	66	407
文教、工美、体育和娱乐用品制造业	8	9	36	262
石油加工、炼焦和核燃料加工业	5	4	6	21

4-6 续表 2

项 目	规模以下工业消费煤炭的企业数(个)	1万吨以上	5000吨~1万吨	3000吨~5000吨
化学原料和化学制品制造业	1825	6	8	3
医药制造业	98			1
化学纤维制造业	12			
橡胶和塑料制品业	465			3
非金属矿物制品业	6038	58	202	247
黑色金属冶炼和压延加工业	557	1	1	8
有色金属冶炼和压延加工业	458		6	6
金属制品业	767	2	3	2
通用设备制造业	801	1	5	2
专用设备制造业	663		1	2
汽车制造业	126		1	1
铁路、船舶、航空航天和其他运输设备制造业	84			
电气机械和器材制造业	370	1	2	3
计算机、通信和其他电子设备制造业	219			
仪器仪表制造业	51			
其他制造业	324	1	4	2
废弃资源综合利用业	137		1	1
金属制品、机械和设备修理业	74			1
电力、热力、燃气及水生产和供应业	**1340**	**4**	**2**	**3**
电力、热力生产和供应业	929	4	2	3
燃气生产和供应业	54			
水的生产和供应业	357			

4-6 续表 3

项 目	1000吨~3000吨	500吨~1000吨	100吨~500吨	100吨以下
化学原料和化学制品制造业	51	75	294	1388
医药制造业	8	6	33	50
化学纤维制造业			2	10
橡胶和塑料制品业	18	26	93	325
非金属矿物制品业	953	636	1525	2417
黑色金属冶炼和压延加工业	45	58	209	235
有色金属冶炼和压延加工业	79	58	104	205
金属制品业	23	47	165	525
通用设备制造业	25	52	174	542
专用设备制造业	23	33	133	471
汽车制造业	2	4	35	83
铁路、船舶、航空航天和其他运输设备制造业	3	4	10	67
电气机械和器材制造业	7	19	77	261
计算机、通信和其他电子设备制造业	7	5	38	169
仪器仪表制造业	2	5	8	36
其他制造业	27	13	83	194
废弃资源综合利用业	7	9	24	95
金属制品、机械和设备修理业	2	1	9	61
电力、热力、燃气及水生产和供应业	**25**	**28**	**151**	**1127**
电力、热力生产和供应业	17	13	80	810
燃气生产和供应业	1	4	12	37
水的生产和供应业	7	11	59	280

4-7　分行业规模以下工业企业煤炭消费量

项　目	规模以下工业企业煤炭消费量（万吨）	1万吨以上合　计	5000吨~1万吨合　计	3000吨~5000吨合　计
采矿业	**148.97**	**57.30**	**20.53**	**18.68**
煤炭开采和洗选业	80.27	49.91	14.25	4.71
石油和天然气开采业				
黑色金属矿采选业	6.42		1.14	0.69
有色金属矿采选业	7.48			1.40
非金属矿采选业	54.46	7.39	5.14	11.88
开采辅助活动	0.08			
其他采矿业	0.26			
制造业	**849.12**	**121.73**	**174.23**	**108.50**
农副食品加工业	28.22	2.68	4.84	2.04
食品制造业	9.85		2.02	1.25
酒、饮料和精制茶制造业	8.52		0.50	1.28
烟草制品业	1.73			
纺织业	3.36			
纺织服装、服饰业	3.38		0.50	
皮革、毛皮、羽毛及其制品和制鞋业	4.68	1.20	0.78	
木材加工和木、竹、藤、棕、草制品业	11.73		0.56	
家具制造业	2.82			
造纸和纸制品业	14.61			1.09
印刷和记录媒介复制业	10.58	3.98	0.81	
文教、工美、体育和娱乐用品制造业	3.76		0.98	
石油加工、炼焦和核燃料加工业	10.54	8.95		0.44

4-7　续表 1

项　目	1000吨~3000吨合　计	500吨~1000吨合　计	100吨~500吨合　计	100吨以下合　计
采矿业	**33.79**	**6.41**	**9.77**	**2.49**
煤炭开采和洗选业	7.59	1.25	2.19	0.38
石油和天然气开采业				
黑色金属矿采选业	3.08	0.56	0.79	0.14
有色金属矿采选业	3.54	0.83	1.37	0.34
非金属矿采选业	19.58	3.69	5.19	1.59
开采辅助活动			0.07	0.01
其他采矿业		0.09	0.15	0.03
制造业	**239.38**	**90.79**	**91.02**	**23.47**
农副食品加工业	7.04	3.95	5.04	2.63
食品制造业	1.65	1.41	2.62	0.91
酒、饮料和精制茶制造业	2.08	2.06	1.75	0.85
烟草制品业		0.43	1.26	0.03
纺织业	1.38	0.72	0.90	0.36
纺织服装、服饰业	0.30	0.69	1.26	0.62
皮革、毛皮、羽毛及其制品和制鞋业	1.02	0.70	0.61	0.37
木材加工和木、竹、藤、棕、草制品业	3.98	2.48	3.57	1.14
家具制造业	0.56	0.91	0.86	0.50
造纸和纸制品业	5.62	2.08	5.22	0.61
印刷和记录媒介复制业	1.61	2.30	1.18	0.70
文教、工美、体育和娱乐用品制造业	1.21	0.57	0.59	0.41
石油加工、炼焦和核燃料加工业	0.72	0.25	0.14	0.04

4-7 续表 2

项　目	规模以下工业企业煤炭消费量（万吨）	1万吨以上 合　计	5000吨~1万吨 合　计	3000吨~5000吨 合　计
化学原料和化学制品制造业	35.68	8.01	4.95	1.11
医药制造业	3.24			0.35
化学纤维制造业	0.09			
橡胶和塑料制品业	7.83			0.97
非金属矿物制品业	567.79	90.32	140.37	90.02
黑色金属冶炼和压延加工业	21.67	1.56	0.76	2.91
有色金属冶炼和压延加工业	25.31		4.00	2.39
金属制品业	15.59	2.02	2.45	0.61
通用设备制造业	17.32	1.00	4.10	0.64
专用设备制造业	10.09		0.60	0.80
汽车制造业	2.46		0.70	0.35
铁路、船舶、航空航天和其他运输设备制造业	1.07			
电气机械和器材制造业	7.88	1.00	1.94	0.93
计算机、通信和其他电子设备制造业	2.30			
仪器仪表制造业	0.75			
其他制造业	11.91	1.00	2.60	0.68
废弃资源综合利用业	3.49		0.75	0.34
金属制品、机械和设备修理业	0.85			0.30
电力、热力、燃气及水生产和供应业	**18.75**	**5.99**	**1.67**	**1.07**
电力、热力生产和供应业	14.81	5.99	1.67	1.07
燃气生产和供应业	0.70			
水的生产和供应业	3.24			

4-7 续表 3

项　目	1000吨~3000吨 合　计	500吨~1000吨 合　计	100吨~500吨 合　计	100吨以下 合　计
化学原料和化学制品制造业	8.30	4.92	6.16	2.21
医药制造业	1.60	0.40	0.80	0.09
化学纤维制造业			0.06	0.02
橡胶和塑料制品业	2.56	1.75	1.89	0.65
非金属矿物制品业	162.26	44.38	34.86	5.58
黑色金属冶炼和压延加工业	6.90	4.16	4.70	0.68
有色金属冶炼和压延加工业	11.99	4.17	2.29	0.48
金属制品业	3.08	3.05	3.36	1.02
通用设备制造业	3.42	3.52	3.62	1.02
专用设备制造业	3.01	2.09	2.72	0.87
汽车制造业	0.31	0.28	0.72	0.10
铁路、船舶、航空航天和其他运输设备制造业	0.54	0.23	0.18	0.13
电气机械和器材制造业	0.87	1.22	1.42	0.49
计算机、通信和其他电子设备制造业	1.08	0.27	0.68	0.26
仪器仪表制造业	0.25	0.26	0.19	0.05
其他制造业	4.65	0.96	1.66	0.37
废弃资源综合利用业	1.16	0.54	0.52	0.18
金属制品、机械和设备修理业	0.21	0.05	0.19	0.09
电力、热力、燃气及水生产和供应业	**3.68**	**1.79**	**3.21**	**1.35**
电力、热力生产和供应业	2.53	0.89	1.67	0.99
燃气生产和供应业	0.13	0.22	0.31	0.04
水的生产和供应业	1.01	0.69	1.22	0.32

4-8 分县市区规模以下工业消费煤炭的企业数

地 区	规模以下工业消费煤炭的企业数（个）	1万吨以上	5000吨~1万吨	3000吨~5000吨
芙蓉区	12			
天心区	60	1		
岳麓区	95			
开福区	109	2		1
雨花区	59	1		
望城区	214	9	44	10
长沙县	295	6	6	1
宁乡县	682	3	6	22
浏阳市	1458	4	3	42
荷塘区	37			
芦淞区	13			
石峰区	49	1		1
天元区	52			
株洲县	167			
攸县	123			
茶陵县	76			
炎陵县	192			1
醴陵市	884			
雨湖区	162			3
岳塘区	140	2		
湘潭县	163	2	1	1
湘乡市	189			
韶山市	16			
珠晖区	79			1
雁峰区	59			
石鼓区	66	1		
蒸湘区	109			2
南岳区	26			
衡阳县	395	13	12	
衡南县	387		1	
衡山县	173	2	4	9

4-8 续表 1

项 目				
	1000吨~3000吨	500吨~1000吨	100吨~500吨	100吨以下
芙蓉区				12
天心区	2	3	8	46
岳麓区	1		11	83
开福区	5	1	9	91
雨花区		1	16	41
望城区	12	4	21	114
长沙县	11	4	48	219
宁乡县	45	64	192	350
浏阳市	136	112	215	946
荷塘区	1	7	16	13
芦淞区	1		1	11
石峰区	4	2	15	26
天元区	2		5	45
株洲县	7	3	58	99
攸县	6	44	42	31
茶陵县	8	3	12	53
炎陵县	1	6	41	143
醴陵市	25	16	151	692
雨湖区	8	4	49	98
岳塘区	3	2	12	121
湘潭县	12	20	37	90
湘乡市	17	4	35	133
韶山市			8	8
珠晖区	3	1	11	63
雁峰区	1		10	48
石鼓区	4	2	9	50
蒸湘区	9	12	38	48
南岳区			4	22
衡阳县	21	26	85	238
衡南县	8	11	49	318
衡山县	22	9	34	93

4-8 续表 2

地 区	规模以下工业消费煤炭的企业数（个）	1万吨以上	5000吨~1万吨	3000吨~5000吨
衡东县	151	6	4	5
祁东县	190		2	
耒阳市	609	10	14	7
常宁市	676		1	3
双清区	74	1		1
大祥区	83			
北塔区	44			
邵东县	277	1		1
新邵县	205	1	1	5
邵阳县	399	1	11	8
隆回县	238		1	1
洞口县	213		1	9
绥宁县	22			1
新宁县	58			
城步苗族自治县	44		1	1
武冈市	119		5	1
岳阳楼区	309		1	1
云溪区	38			
君山区	65			
岳阳县	51			
华容县	86			
湘阴县	308			1
平江县	361			
汨罗市	209			1
临湘市	212			
武陵区	437			
鼎城区	147		5	2
安乡县	313			
汉寿县	218			
澧县	261	1	2	
临澧县	152			1

4-8 续表 3

地 区				
	1000吨~3000吨	500吨~1000吨	100吨~500吨	100吨以下
衡东县	14	12	41	69
祁东县	10	6	33	139
耒阳市	54	24	107	393
常宁市	10	10	60	592
双清区	3		9	60
大祥区	15	5	31	32
北塔区	4	3	18	19
邵东县	10	12	58	195
新邵县	11	8	57	122
邵阳县	25	20	67	267
隆回县	70	48	31	87
洞口县	19	18	83	83
绥宁县	1		5	15
新宁县		7	19	32
城步苗族自治县	4	1	14	23
武冈市	22	5	16	70
岳阳楼区	11	35	35	226
云溪区	4	8	14	12
君山区	1	1	1	62
岳阳县	3	2	14	32
华容县	6	9	22	49
湘阴县	13	6	35	253
平江县	7	21	73	260
汨罗市	12	26	56	114
临湘市	2	2	38	170
武陵区		16	96	325
鼎城区	15	18	38	69
安乡县		9	36	268
汉寿县		7	88	123
澧县	19	22	58	159
临澧县	13	16	30	92

4-8 续表 4

地 区	规模以下工业消费煤炭的企业数（个）	1万吨以上	5000吨~1万吨	3000吨~5000吨
桃源县	128		1	5
石门县	199			1
津市市	448			
永定区	70			
武陵源区	2			
慈利县	216			3
桑植县	37		3	1
资阳区	278		18	14
赫山区	342		3	2
南县	403		1	4
桃江县	428	2	3	7
安化县	299	2	29	13
沅江市	892	4	8	6
北湖区	185	3	2	1
苏仙区	124	1	10	8
桂阳县	320	5	21	11
宜章县	516		1	6
永兴县	422	2	3	14
嘉禾县	272		2	4
临武县	137		2	
汝城县	96	1		2
桂东县	20		1	2
安仁县	208			
资兴市	431	6	10	3
零陵区	94			
冷水滩区	202			4
祁阳县	184		4	6
东安县	121		1	
双牌县	15			1
道县	17		2	
江永县	28			

4-8 续表 5

地 区				
	1000吨~3000吨	500吨~1000吨	100吨~500吨	100吨以下
桃源县	10	18	41	53
石门县	2	27	21	148
津市市		1	210	237
永定区	3	2	13	52
武陵源区				2
慈利县	16	7	47	143
桑植县	1	2	12	18
资阳区	26	22	56	142
赫山区	43	16	75	203
南县	64	57	68	209
桃江县	28	39	141	208
安化县	14	6	33	202
沅江市	10	11	98	755
北湖区	16	20	72	71
苏仙区	6	10	12	77
桂阳县	22	18	32	211
宜章县	64	56	230	159
永兴县	97	66	46	194
嘉禾县	14	7	167	78
临武县	2	4	66	63
汝城县	23	6	8	56
桂东县	2		2	13
安仁县	19	7	18	164
资兴市	32	25	21	334
零陵区	19	26	16	33
冷水滩区	10	24	30	134
祁阳县	25	10	31	108
东安县	16	5	16	83
双牌县	1	1	2	10
道县			3	12
江永县	1	3	8	16

4-8 续表 6

地 区	规模以下工业消费煤炭的企业数(个)	1万吨以上	5000吨~1万吨	3000吨~5000吨
宁远县	40		6	4
蓝山县	67			
新田县	36		2	
江华瑶族自治县	11			1
鹤城区	267		1	5
中方县	60		4	7
沅陵县	99			7
辰溪县	98			16
溆浦县	228		1	10
会同县	48			3
麻阳苗族自治县	43			7
新晃侗族自治县	36			
芷江侗族自治县	25		2	2
靖州苗族侗族自治县	66		3	3
通道侗族自治县	77			
洪江市	73	1		
娄星区	272	2	4	2
双峰县	403			
新化县	419		1	13
冷水江市	239		1	1
涟源市	473		4	11
吉首市	31			
泸溪县	132			
凤凰县	26			
花垣县	20			
保靖县	139	1		
古丈县	13			
永顺县	55			
龙山县	21	3		1

4-8 续表 7

地 区				
	1000吨~3000吨	500吨~1000吨	100吨~500吨	100吨以下
宁远县	24	2	2	2
蓝山县	7	5	8	47
新田县	2	4	9	19
江华瑶族自治县	5	3	2	
鹤城区	33	14	38	176
中方县	9	4	12	24
沅陵县	8			84
辰溪县	10	7	14	51
溆浦县	16	21	103	77
会同县	14	5	7	19
麻阳苗族自治县	3	10	14	9
新晃侗族自治县	4	4	18	10
芷江侗族自治县	8	4	1	8
靖州苗族侗族自治县	9	2	6	43
通道侗族自治县	1	1	1	74
洪江市	13	7	10	42
娄星区	20	23	58	163
双峰县	9	20	105	269
新化县	25	22	70	288
冷水江市	18	24	62	133
涟源市	106	44	75	233
吉首市	1		8	22
泸溪县		1	120	11
凤凰县			5	21
花垣县	2	1	5	12
保靖县	8	3	22	105
古丈县			1	12
永顺县		2	5	48
龙山县	1		5	11

4-9 分县市区规模以下工业企业煤炭消费量

地 区	规模以下工业企业煤炭消费量(万吨)	1万吨以上合 计	5000吨~1万吨合 计	3000吨~5000吨合 计
芙蓉区	0.01			
天心区	1.83	1.24		
岳麓区	0.51			
开福区	5.97	4.68		0.35
雨花区	3.21	2.78		
望城区	50.49	9.46	34.36	3.79
长沙县	17.63	9.50	4.30	0.30
宁乡县	34.07	4.79	3.84	8.15
浏阳市	61.89	6.00	1.54	14.96
荷塘区	0.95			
芦淞区	0.12			
石峰区	2.84	1.05		0.30
天元区	0.61			
株洲县	2.39			
攸县	4.70			
茶陵县	1.65			
炎陵县	2.11			0.35
醴陵市	9.95			
雨湖区	4.29			1.08
岳塘区	11.91	10.95		
湘潭县	8.94	4.59	0.50	0.30
湘乡市	3.92			
韶山市	0.14			
珠晖区	1.07			0.32
雁峰区	0.47			
石鼓区	2.43	1.59		
蒸湘区	3.71			0.65
南岳区	0.13			
衡阳县	33.12	17.80	8.01	
衡南县	3.65		0.61	
衡山县	12.28	2.00	2.83	2.99

4-9 续表 1

地 区	1000吨~3000吨 合 计	500吨~1000吨 合 计	100吨~500吨 合 计	100吨以下 合 计
芙蓉区				0.01
天心区	0.25	0.19	0.12	0.03
岳麓区	0.25		0.18	0.08
开福区	0.64	0.07	0.15	0.07
雨花区		0.05	0.36	0.03
望城区	1.86	0.31	0.46	0.25
长沙县	1.78	0.30	0.98	0.47
宁乡县	7.39	4.47	4.61	0.84
浏阳市	27.05	6.64	4.42	1.27
荷塘区	0.18	0.41	0.34	0.02
芦淞区	0.10		0.01	0.01
石峰区	0.98	0.12	0.35	0.04
天元区	0.36		0.13	0.12
株洲县	1.04	0.18	0.91	0.26
攸县	0.69	2.99	0.91	0.12
茶陵县	1.11	0.20	0.26	0.07
炎陵县	0.13	0.45	0.76	0.43
醴陵市	3.87	1.26	3.31	1.52
雨湖区	1.61	0.27	1.07	0.25
岳塘区	0.46	0.19	0.20	0.12
湘潭县	1.42	1.35	0.59	0.19
湘乡市	2.83	0.29	0.58	0.23
韶山市			0.11	0.03
珠晖区	0.49	0.05	0.16	0.05
雁峰区	0.20		0.19	0.07
石鼓区	0.44	0.13	0.18	0.08
蒸湘区	1.19	0.82	0.81	0.24
南岳区			0.08	0.05
衡阳县	3.32	1.92	1.69	0.38
衡南县	0.94	0.76	0.92	0.43
衡山县	3.14	0.49	0.69	0.14

4-9 续表 2

地 区	规模以下工业企业煤炭消费总计(万吨)	1万吨以上合 计	5000吨~1万吨合 计	3000吨~5000吨合 计
衡东县	20.00	11.34	2.90	1.70
祁东县	3.58		1.10	
耒阳市	52.44	27.30	10.06	2.19
常宁市	5.46		0.56	1.11
双清区	2.86	1.80		0.34
大祥区	3.41			
北塔区	1.39			
邵东县	6.20	1.68		0.44
新邵县	8.85	2.70	0.72	1.59
邵阳县	20.22	1.85	7.36	3.23
隆回县	16.94		0.54	0.34
洞口县	10.31		0.50	3.06
绥宁县	0.66			0.35
新宁县	0.90			
城步苗族自治县	2.00		0.60	0.42
武冈市	8.52		3.77	0.32
岳阳楼区	5.67		0.52	0.35
云溪区	1.42			
君山区	0.27			
岳阳县	0.91			
华容县	1.87			
湘阴县	3.93			0.40
平江县	4.10			
汨罗市	5.47			0.30
临湘市	1.39			
武陵区	3.50			
鼎城区	8.87		3.40	0.88
安乡县	2.00			
汉寿县	3.03			
澧县	10.63	3.00	1.20	
临澧县	4.32			0.35

4-9 续表 3

地 区	1000吨~3000吨 合 计	500吨~1000吨 合 计	100吨~500吨 合 计	100吨以下 合 计
衡东县	2.22	0.82	0.90	0.14
祁东县	1.37	0.38	0.63	0.10
耒阳市	8.44	1.61	2.12	0.72
常宁市	1.48	0.60	1.22	0.49
双清区	0.42		0.22	0.08
大祥区	2.20	0.37	0.72	0.13
北塔区	0.80	0.17	0.37	0.04
邵东县	1.80	0.89	1.04	0.35
新邵县	1.69	0.52	1.37	0.25
邵阳县	4.43	1.41	1.55	0.37
隆回县	11.21	3.85	0.78	0.22
洞口县	3.38	1.25	1.87	0.24
绥宁县	0.15		0.12	0.04
新宁县		0.44	0.40	0.07
城步苗族自治县	0.61	0.06	0.28	0.04
武冈市	3.62	0.37	0.31	0.13
岳阳楼区	1.82	2.00	0.78	0.20
云溪区	0.48	0.50	0.41	0.03
君山区	0.12	0.06	0.04	0.05
岳阳县	0.35	0.16	0.30	0.09
华容县	0.74	0.64	0.43	0.06
湘阴县	2.16	0.39	0.68	0.30
平江县	0.79	1.49	1.44	0.39
汨罗市	1.65	1.90	1.34	0.29
临湘市	0.27	0.14	0.77	0.21
武陵区		0.99	1.73	0.79
鼎城区	2.58	1.12	0.77	0.12
安乡县		0.58	0.86	0.56
汉寿县		0.49	1.88	0.66
澧县	3.36	1.35	1.40	0.32
临澧县	2.15	1.01	0.59	0.23

4-9 续表 4

地 区	规模以下工业企业煤炭消费总计(万吨)	1万吨以上合 计	5000吨~1万吨合 计	3000吨~5000吨合 计
桃源县	6.27		0.78	1.80
石门县	3.04			0.37
津市市	5.19			
永定区	0.95			
武陵源区				
慈利县	5.15			1.26
桑植县	2.64		1.70	0.40
资阳区	23.23		10.73	5.71
赫山区	13.71		2.26	0.73
南县	17.21		0.56	1.45
桃江县	17.85	2.34	2.10	2.46
安化县	33.20	2.18	22.38	5.09
沅江市	19.15	5.64	5.48	2.36
北湖区	12.73	5.05	1.76	0.30
苏仙区	13.01	1.21	6.78	2.99
桂阳县	33.25	7.77	15.49	4.24
宜章县	20.70		0.50	1.97
永兴县	32.50	2.93	2.24	5.12
嘉禾县	10.20		1.60	1.44
临武县	3.62		1.36	
汝城县	6.87	1.38		0.87
桂东县	1.73		0.66	0.71
安仁县	4.17			
资兴市	29.90	13.53	7.26	0.97
零陵区	4.73			
冷水滩区	5.86			1.55
祁阳县	10.15		2.77	1.94
东安县	3.87		0.50	
双牌县	0.62			0.32
道县	1.33		1.27	
江永县	0.60			

4-9 续表 5

地 区	1000吨~3000吨 合 计	500吨~1000吨 合 计	100吨~500吨 合 计	100吨以下 合 计
桃源县	1.60	1.18	0.81	0.11
石门县	0.24	1.43	0.81	0.19
津市市		0.05	3.73	1.40
永定区	0.46	0.14	0.27	0.09
武陵源区				
慈利县	2.22	0.51	0.92	0.23
桑植县	0.20	0.10	0.21	0.04
资阳区	3.93	1.51	1.09	0.26
赫山区	7.97	1.11	1.28	0.35
南县	8.65	4.24	1.81	0.49
桃江县	5.36	2.48	2.63	0.48
安化县	2.20	0.32	0.79	0.26
沅江市	1.83	0.75	2.09	0.98
北湖区	2.26	1.40	1.79	0.17
苏仙区	0.95	0.66	0.35	0.08
桂阳县	3.56	1.18	0.74	0.25
宜章县	10.06	3.16	4.74	0.27
永兴县	15.68	5.03	1.06	0.43
嘉禾县	2.06	0.45	4.44	0.22
临武县	0.35	0.24	1.58	0.09
汝城县	3.98	0.45	0.15	0.04
桂东县	0.29		0.06	
安仁县	3.09	0.51	0.45	0.11
资兴市	5.55	1.80	0.30	0.49
零陵区	2.34	2.07	0.27	0.05
冷水滩区	1.42	2.03	0.67	0.20
祁阳县	3.89	0.67	0.67	0.20
东安县	2.65	0.31	0.29	0.12
双牌县	0.12	0.08	0.07	0.02
道县			0.05	0.02
江永县	0.25	0.19	0.13	0.03

4-9 续表 6

地 区	规模以下工业企业煤炭消费量(万吨)	1万吨以上合 计	5000吨~1万吨合 计	3000吨~5000吨合 计
宁远县	11.41		4.02	1.69
蓝山县	1.66			
新田县	1.92		1.13	
江华瑶族自治县	1.17			0.30
鹤城区	9.64		0.70	1.50
中方县	7.64		2.84	2.71
沅陵县	4.40			2.77
辰溪县	8.06			5.68
溆浦县	10.87		0.68	3.63
会同县	4.35			1.03
麻阳苗族自治县	4.15			2.52
新晃侗族自治县	1.54			
芷江侗族自治县	3.72		1.00	0.93
靖州苗族侗族自治县	4.74		1.78	1.29
通道侗族自治县	0.27			
洪江市	6.23	3.00		
娄星区	15.00	4.90	3.38	0.64
双峰县	5.21			
新化县	11.89		0.57	4.26
冷水江市	6.74		0.50	0.45
涟源市	29.36		2.41	3.58
吉首市	0.31			
泸溪县	2.51			
凤凰县	0.14			
花垣县	0.39			
保靖县	3.10	1.00		
古丈县	0.05			
永顺县	0.24			
龙山县	8.63	8.00		0.30

4-9 续表 7

地　区				
	1000吨~3000吨 合　计	500吨~1000吨 合　计	100吨~500吨 合　计	100吨以下 合　计
宁远县	5.46	0.16	0.08	
蓝山县	0.99	0.37	0.20	0.10
新田县	0.28	0.26	0.19	0.07
江华瑶族自治县	0.63	0.19	0.05	
鹤城区	5.26	0.77	0.71	0.70
中方县	1.55	0.25	0.26	0.04
沅陵县	1.58			0.05
辰溪县	1.47	0.49	0.29	0.12
溆浦县	2.60	1.36	2.39	0.20
会同县	2.65	0.41	0.20	0.06
麻阳苗族自治县	0.59	0.70	0.31	0.02
新晃侗族自治县	0.62	0.29	0.58	0.04
芷江侗族自治县	1.43	0.33	0.01	0.02
靖州苗族侗族自治县	1.42	0.11	0.12	0.03
通道侗族自治县	0.10	0.06	0.01	0.10
洪江市	2.37	0.55	0.27	0.05
娄星区	3.28	1.44	1.08	0.29
双峰县	1.26	1.30	2.05	0.60
新化县	3.73	1.44	1.55	0.35
冷水江市	2.70	1.57	1.25	0.26
涟源市	18.06	3.00	1.81	0.50
吉首市	0.12		0.17	0.02
泸溪县		0.05	2.42	0.04
凤凰县			0.10	0.04
花垣县	0.21	0.05	0.11	0.02
保靖县	1.14	0.22	0.45	0.29
古丈县			0.03	0.02
永顺县		0.12	0.09	0.03
龙山县	0.18		0.13	0.01

4-10　全省及分市州非工业能源消费情况

能源名称	计量单位	全省		
		消费量		增速(%)
		本年	上年同期	
电力	万千瓦时	777263.03	714954.21	8.72
煤炭	吨	371722.97	325307.35	14.27
#原煤	吨	199088.19	160379.96	24.14
洗精煤	吨	1049.70	1001.40	4.82
其他洗煤	吨	532.50	402.80	32.20
型煤	吨	28238.04	27826.81	1.48
焦炭	吨	837.55	1188.40	-29.52
管道煤气	万立方米	446.82	388.76	14.93
天然气	万立方米	17242.91	15912.58	8.36
液化石油气	吨	40090.39	26238.88	52.79
汽油	吨	419721.77	398217.41	5.40
煤油	吨	5672.29	4506.12	25.88
柴油	吨	1392777.73	1331903.38	4.57
燃料油	吨	39017.95	29050.46	34.31
外购热力	百万千焦	84099.62	37573.54	123.83
能源合计	万吨标准煤	423.61	394.71	7.32
水	万吨	49330.47	48362.13	2.00

注：本表统计范围为：辖区内有资质的建筑业、限额以上批发和零售业、限额以上住宿和餐饮业、房地产开发经营业、规模以上服务业法人单位。

4-10　续表 1

能源名称	计量单位	长沙市		
		消费量		增速(%)
		本年	上年同期	
电力	万千瓦时	375647.27	342829.06	9.57
煤炭	吨	33998.00	30480.28	11.54
#原煤	吨	22149.92	18815.32	17.72
洗精煤	吨	682.00	696.00	-2.01
其他洗煤	吨	1.00	13.90	-92.81
型煤	吨	4785.55	5026.07	-4.79
焦炭	吨	530.45	858.50	-38.21
管道煤气	万立方米	137.57	111.05	23.88
天然气	万立方米	9173.26	9165.46	0.09
液化石油气	吨	26484.82	13516.75	95.94
汽油	吨	148787.02	146854.49	1.32
煤油	吨	1308.00	1133.14	15.43
柴油	吨	556536.15	544467.95	2.22
燃料油	吨	20047.09	15985.46	25.41
外购热力	百万千焦	14618.00	3858.00	278.90
能源合计	万吨标准煤	171.56	162.37	5.66
水	万吨	24445.51	21217.21	15.22

4-10 续表 2

能源名称	计量单位	株洲市		
		消费量		增速(%)
		本年	上年同期	
电力	万千瓦时	58728.47	52584.48	11.68
煤炭	吨	29406.65	26425.52	11.28
#原煤	吨	37742.75	16105.53	134.35
洗精煤	吨			
其他洗煤	吨			
型煤	吨	90.94	85.56	6.29
焦炭	吨	6.00		
管道煤气	万立方米	47.19	43.54	8.37
天然气	万立方米	1405.39	1354.18	3.78
液化石油气	吨	250.14	95.70	161.38
汽油	吨	36312.23	29000.68	25.21
煤油	吨	1833.83	853.73	114.80
柴油	吨	90681.35	80619.58	12.48
燃料油	吨	2830.65	2358.40	20.02
外购热力	百万千焦	27958.00		
能源合计	万吨标准煤	30.58	26.67	14.67
水	万吨	4568.64	6669.51	-31.50

4-10 续表 3

能源名称	计量单位	湘潭市		
		消费量		增速(%)
		本年	上年同期	
电力	万千瓦时	24275.02	21814.36	11.28
煤炭	吨	5564.68	5676.75	-1.97
#原煤	吨	4938.38	5035.45	-1.93
洗精煤	吨			
其他洗煤	吨			
型煤	吨	16.80	15.80	6.33
焦炭	吨			
管道煤气	万立方米	1.60	1.00	60.80
天然气	万立方米	1119.43	946.59	18.26
液化石油气	吨	268.58	250.66	7.15
汽油	吨	20003.04	18911.76	5.77
煤油	吨	20.24	16.63	21.71
柴油	吨	37733.99	39886.39	-5.40
燃料油	吨	636.50	1116.50	-42.99
外购热力	百万千焦	36910.00	31390.00	17.59
能源合计	万吨标准煤	13.58	13.25	2.46
水	万吨	2134.90	1878.50	13.65

4-10 续表 4

能源名称	计量单位	衡阳市		
		消费量		增速(%)
		本年	上年同期	
电力	万千瓦时	47304.67	49502.89	-4.44
煤炭	吨	26139.25	25603.50	2.09
#原煤	吨	21086.25	20600.50	2.36
洗精煤	吨			
其他洗煤	吨			
型煤	吨	1041.50	1307.77	-20.36
焦炭	吨	48.00	55.00	-12.73
管道煤气	万立方米	67.03	57.76	16.04
天然气	万立方米	1169.56	1053.54	11.01
液化石油气	吨	549.19	494.91	10.97
汽油	吨	26781.13	26945.40	-0.61
煤油	吨	12.71	12.90	-1.47
柴油	吨	144200.66	144480.64	-0.19
燃料油	吨	1290.28	312.42	313.00
外购热力	百万千焦	247.00	165.00	49.70
能源合计	万吨标准煤	34.51	34.50	0.03
水	万吨	2319.94	3802.12	-38.98

4-10 续表 5

能源名称	计量单位	邵阳市		
		消费量		增速(%)
		本年	上年同期	
电力	万千瓦时	27145.02	24228.84	12.04
煤炭	吨	27275.27	23093.74	18.11
#原煤	吨	12677.65	9272.39	36.72
洗精煤	吨	1.70	1.40	21.43
其他洗煤	吨	3.50	2.90	20.69
型煤	吨	4882.35	4608.65	5.94
焦炭	吨			
管道煤气	万立方米	4.18	4.25	-1.61
天然气	万立方米	111.95	100.56	11.33
液化石油气	吨	418.81	571.61	-26.73
汽油	吨	13465.35	14049.97	-4.16
煤油	吨	90.80	93.60	-2.99
柴油	吨	56745.93	55778.81	1.73
燃料油	吨	800.83	692.31	15.68
外购热力	百万千焦	11.00	10.00	10.00
能源合计	万吨标准煤	15.89	15.17	4.72
水	万吨	2018.02	1923.68	4.90

4-10 续表 6

能源名称	计量单位	岳阳市		
		消费量		增速(%)
		本年	上年同期	
电力	万千瓦时	52873.74	51349.94	2.97
煤炭	吨	26659.01	23579.14	13.06
#原煤	吨	5518.20	5210.70	5.90
洗精煤	吨	365.00	304.00	20.07
其他洗煤	吨	258.00	236.00	9.32
型煤	吨	6397.00	4979.80	28.46
焦炭	吨	23.10	24.00	-3.75
管道煤气	万立方米	5.79	5.82	-0.49
天然气	万立方米	1372.70	1270.98	8.00
液化石油气	吨	4047.90	3687.55	9.77
汽油	吨	65993.09	61585.23	7.16
煤油	吨	201.67	167.71	20.25
柴油	吨	113523.02	102256.22	11.02
燃料油	吨	1876.01	1918.00	-2.19
外购热力	百万千焦	1200.00		
能源合计	万吨标准煤	37.48	34.58	8.38
水	万吨	3263.46	2700.56	20.84

4-10 续表 7

能源名称	计量单位	常德市		
		消费量		增速(%)
		本年	上年同期	
电力	万千瓦时	37751.92	34026.06	10.95
煤炭	吨	12187.12	13057.43	-6.67
#原煤	吨	6845.02	7762.31	-11.82
洗精煤	吨			
其他洗煤	吨			
型煤	吨	104.12	166.59	-37.50
焦炭	吨	64.00	74.00	-13.51
管道煤气	万立方米	88.87	76.26	16.53
天然气	万立方米	1024.56	954.33	7.36
液化石油气	吨	221.81	1058.25	-79.04
汽油	吨	22813.94	19715.45	15.72
煤油	吨	64.55	54.87	17.64
柴油	吨	104253.26	96512.92	8.02
燃料油	吨	549.10	431.27	27.32
外购热力	百万千焦	7.62	7.54	1.06
能源合计	万吨标准煤	25.61	23.65	8.26
水	万吨	2339.61	2380.79	-1.73

4-10 续表 8

能源名称	计量单位	张家界市		
		消费量		增速(%)
		本年	上年同期	
电力	万千瓦时	14311.82	14141.33	1.21
煤炭	吨	9560.10	7009.10	36.40
#原煤	吨	4707.10	2267.10	107.63
洗精煤	吨			
其他洗煤	吨			
型煤	吨	4853.00	4740.00	2.38
焦炭	吨			
管道煤气	万立方米			
天然气	万立方米	220.40	171.18	28.76
液化石油气	吨	287.64	287.98	-0.12
汽油	吨	3767.84	5305.44	-28.98
煤油	吨	10.00	10.00	
柴油	吨	4579.53	4867.43	-5.91
燃料油	吨	5024.67	720.15	597.73
外购热力	百万千焦	1.00	1.00	
能源合计	万吨标准煤	4.73	4.11	14.97
水	万吨	499.31	580.40	-13.97

4-10 续表 9

能源名称	计量单位	益阳市		
		消费量		增速(%)
		本年	上年同期	
电力	万千瓦时	19034.44	16898.01	12.64
煤炭	吨	12750.81	12323.10	3.47
#原煤	吨	8639.80	9342.30	-7.52
洗精煤	吨			
其他洗煤	吨	270.00	150.00	80.00
型煤	吨	1034.75	1080.24	-4.21
焦炭	吨	35.00	44.00	-20.45
管道煤气	万立方米	42.86	37.59	14.02
天然气	万立方米	497.28	522.24	-4.78
液化石油气	吨	4726.66	4299.81	9.93
汽油	吨	31389.31	28353.46	10.71
煤油	吨	1644.95	1719.53	-4.34
柴油	吨	52852.57	50781.93	4.08
燃料油	吨	4387.86	4253.80	3.15
外购热力	百万千焦	147.00	142.00	3.52
能源合计	万吨标准煤	17.94	16.85	6.48
水	万吨	1793.08	1664.84	7.70

4-10 续表 10

能源名称	计量单位	郴州市		
		消费量		增速(%)
		本年	上年同期	
电力	万千瓦时	34938.41	30964.83	12.83
煤炭	吨	139859.15	108005.37	29.49
#原煤	吨	51411.18	39189.76	31.19
洗精煤	吨			
其他洗煤	吨			
型煤	吨	3559.73	4171.03	-14.66
焦炭	吨	21.00	22.90	-8.30
管道煤气	万立方米	29.08	30.41	-4.38
天然气	万立方米	1024.88	342.03	199.64
液化石油气	吨	656.21	586.55	11.88
汽油	吨	12180.09	11260.79	8.16
煤油	吨	137.58	118.84	15.77
柴油	吨	57307.67	52288.91	9.60
燃料油	吨	414.74	361.74	14.65
外购热力	百万千焦			
能源合计	万吨标准煤	26.00	21.44	21.27
水	万吨	1779.83	1525.21	16.69

4-10 续表 11

能源名称	计量单位	永州市		
		消费量		增速(%)
		本年	上年同期	
电力	万千瓦时	18381.81	14698.98	25.05
煤炭	吨	11164.36	12433.94	-10.21
#原煤	吨	7237.64	7780.32	-6.98
洗精煤	吨			
其他洗煤	吨			
型煤	吨	749.82	855.30	-12.33
焦炭	吨			
管道煤气	万立方米	0.20	0.20	
天然气	万立方米	0.07		
液化石油气	吨	893.59	731.41	22.17
汽油	吨	10334.20	9032.59	14.41
煤油	吨	125.90	140.20	-10.20
柴油	吨	31544.00	32011.53	-1.46
燃料油	吨	81.60	35.00	133.14
外购热力	百万千焦			
能源合计	万吨标准煤	9.36	8.84	5.86
水	万吨	1063.84	1017.67	4.54

4-10 续表 12

能源名称	计量单位	怀化市		
		消费量		增速(%)
		本年	上年同期	
电力	万千瓦时	22011.97	19261.80	14.28
煤炭	吨	7555.67	8535.89	-11.48
#原煤	吨	3071.50	3686.74	-16.69
洗精煤	吨			
其他洗煤	吨			
型煤	吨	635.00	642.99	-1.24
焦炭	吨	4.00	4.00	
管道煤气	万立方米			
天然气	万立方米	122.18	30.25	303.92
液化石油气	吨	628.68	101.89	517.02
汽油	吨	4750.65	4590.39	3.49
煤油	吨	111.24	86.25	28.97
柴油	吨	35228.03	32510.01	8.36
燃料油	吨	401.50	426.70	-5.91
外购热力	百万千焦			
能源合计	万吨标准煤	9.42	8.52	10.57
水	万吨	1227.07	1294.52	-5.21

4-10 续表 13

能源名称	计量单位	娄底市		
		消费量		增速(%)
		本年	上年同期	
电力	万千瓦时	32962.16	31824.30	3.58
煤炭	吨	21858.78	18595.65	17.55
#原煤	吨	10048.50	11375.60	-11.67
洗精煤	吨	1.00		
其他洗煤	吨			
型煤	吨	87.48	82.40	6.17
焦炭	吨	88.00	90.00	-2.22
管道煤气	万立方米	22.45	20.87	7.55
天然气	万立方米	0.13	0.12	4.34
液化石油气	吨	102.76	104.99	-2.12
汽油	吨	20398.32	19315.08	5.61
煤油	吨	110.82	98.72	12.26
柴油	吨	87662.94	75968.66	15.39
燃料油	吨	362.53	240.42	50.79
外购热力	百万千焦			
能源合计	万吨标准煤	21.49	19.24	11.73
水	万吨	1390.47	1170.32	18.81

4-10 续表 14

能源名称	计量单位	湘西州		
		消费量		增速（%）
		本年	上年同期	
电力	万千瓦时	11896.32	10829.32	9.85
煤炭	吨	7744.12	10487.94	-26.16
#原煤	吨	3014.30	3935.94	-23.42
洗精煤	吨			
其他洗煤	吨			
型煤	吨		64.61	-100.00
焦炭	吨	18.00	16.00	12.50
管道煤气	万立方米			
天然气	万立方米	1.11	1.13	-1.21
液化石油气	吨	553.60	450.82	22.80
汽油	吨	2745.56	3296.68	-16.72
煤油	吨			
柴油	吨	19928.63	19472.40	2.34
燃料油	吨	314.59	198.29	58.65
外购热力	百万千焦	3000.00	2000.00	50.00
能源合计	万吨标准煤	5.47	5.51	-0.71
水	万吨	486.78	536.77	-9.31

4-10 续表 15

能源名称	全省		
	消费金额(千元)		增速(%)
	本年	上年同期	
电力	7883810.49	7307224.93	7.89
煤炭	252196.90	239490.69	5.31
#原煤	137652.28	131574.89	4.62
洗精煤	642.70	653.20	-1.61
其他洗煤	334.60	282.00	18.65
型煤	18119.64	19435.44	-6.77
焦炭	1231.99	1660.77	-25.82
管道煤气	15118.02	12880.38	17.37
天然气	599942.49	521127.01	15.12
液化石油气	228831.17	119791.27	91.02
汽油	3685896.29	3457704.02	6.60
煤油	45434.24	36083.89	25.91
柴油	11045565.14	10830980.54	1.98
燃料油	179046.91	123251.79	45.27
外购热力	1045.15	472.03	121.42
能源合计			
水	13626833.63	1102539.20	1135.95

4-10 续表 16

能源名称	长沙市		
	消费金额(千元)		增速(%)
	本年	上年同期	
电力	3758957.72	3505502.73	7.23
煤炭	25341.15	24910.25	1.73
#原煤	16642.20	15283.65	8.89
洗精煤	425.80	444.80	-4.27
其他洗煤	1.80	1.60	12.50
型煤	3705.82	3796.59	-2.39
焦炭	670.79	1090.50	-38.49
管道煤气	4453.75	3421.45	30.17
天然气	297814.33	287122.93	3.72
液化石油气	153724.11	48677.84	215.80
汽油	1299924.08	1261957.48	3.01
煤油	6612.02	5880.34	12.44
柴油	4267736.02	4516871.18	-5.52
燃料油	80158.57	64296.98	24.67
外购热力	374.65	238.65	56.99
能源合计			
水	656081.69	560099.71	17.14

4-10 续表 17

能源名称	株洲市		
	消费金额(千元)		增速 (%)
	本年	上年同期	
电力	626452.10	569627.04	9.98
煤炭	20055.35	18975.00	5.69
#原煤	18061.88	13027.13	38.65
洗精煤			
其他洗煤			
型煤	50.00	49.00	2.04
焦炭	18.00		
管道煤气	1510.39	1270.80	18.85
天然气	45604.77	40701.46	12.05
液化石油气	1687.21	292.31	477.20
汽油	344587.95	272243.15	26.57
煤油	15176.88	7655.68	98.24
柴油	719495.59	642269.56	12.02
燃料油	16539.80	14956.00	10.59
外购热力	181.50		
能源合计			
水	87233.99	67306.87	29.61

4-10 续表 18

能源名称	湘潭市		
	消费金额(千元)		增速(%)
	本年	上年同期	
电力	276644.88	245505.54	12.68
煤炭	4793.81	4837.25	-0.90
#原煤	4222.30	4302.35	-1.86
洗精煤			
其他洗煤			
型煤	36.80	34.40	6.98
焦炭			
管道煤气	45.40	25.16	80.45
天然气	37039.92	27421.93	35.07
液化石油气	2083.44	2007.63	3.78
汽油	165311.41	153722.88	7.54
煤油	170.31	126.71	34.41
柴油	293171.10	310417.45	-5.56
燃料油	2688.00	4998.00	-46.22
外购热力	184.55	157.00	17.55
能源合计			
水	54817.18	46537.53	17.79

4-10 续表 19

能源名称	衡阳市		
	消费金额(千元)		增速（%）
	本年	上年同期	
电力	477948.68	480207.67	-0.47
煤炭	22383.81	22181.89	0.91
#原煤	18159.10	17840.44	1.79
洗精煤			
其他洗煤			
型煤	909.76	1186.45	-23.32
焦炭	118.00	120.00	-1.67
管道煤气	2285.39	2044.38	11.79
天然气	42384.90	36011.24	17.70
液化石油气	3297.57	2585.63	27.53
汽油	227455.54	222428.93	2.26
煤油	88.62	91.84	-3.51
柴油	1098822.58	1050407.56	4.61
燃料油	4764.00	984.00	384.15
外购热力	48.07	32.00	50.22
能源合计			
水	12448073.17	89113.66	13868.76

4-10 续表 20

能源名称	邵阳市		
	消费金额(千元)		增速(%)
	本年	上年同期	
电力	273610.81	250406.27	9.27
煤炭	20907.47	18749.71	11.51
#原煤	9886.55	8274.00	19.49
洗精煤	1.90	1.40	35.71
其他洗煤	3.80	2.90	31.03
型煤	2633.72	2502.38	5.25
焦炭			
管道煤气	202.69	207.32	-2.23
天然气	4273.63	3729.60	14.59
液化石油气	2714.94	3158.46	-14.04
汽油	122608.77	124876.02	-1.82
煤油	574.00	596.30	-3.74
柴油	466083.76	433904.47	7.42
燃料油	3359.08	3049.74	10.14
外购热力	1.16	0.96	20.83
能源合计			
水	57333.88	52824.42	8.54

4-10 续表 21

能源名称	岳阳市		
	消费金额(千元)		增速(%)
	本年	上年同期	
电力	517544.54	506278.28	2.23
煤炭	20732.31	18501.48	12.06
#原煤	5788.80	5596.80	3.43
洗精煤	215.00	207.00	3.86
其他洗煤	184.00	165.00	11.52
型煤	4837.30	4323.82	11.88
焦炭	31.80	38.20	-16.75
管道煤气	233.08	234.00	-0.39
天然气	55496.72	51610.50	7.53
液化石油气	22974.22	21960.67	4.62
汽油	571012.75	533247.32	7.08
煤油	1133.57	866.53	30.82
柴油	940685.41	826665.52	13.79
燃料油	11623.00	11608.00	0.13
外购热力	200.20		
能源合计			
水	53493.38	48919.21	9.35

4-10 续表 22

能源名称	常德市		
	消费金额(千元)		增速(%)
	本年	上年同期	
电力	390336.05	355138.97	9.91
煤炭	9196.82	10405.17	-11.61
#原煤	5176.88	6082.17	-14.88
洗精煤			
其他洗煤			
型煤	128.60	142.50	-9.75
焦炭	91.00	105.00	-13.33
管道煤气	3171.59	2613.24	21.37
天然气	35932.26	31965.84	12.41
液化石油气	925.54	5544.66	-83.31
汽油	192038.72	159866.41	20.12
煤油	318.08	270.84	17.44
柴油	853563.53	805647.95	5.95
燃料油	4441.68	3059.00	45.20
外购热力	0.22	0.22	
能源合计			
水	65268.73	56507.52	15.50

4-10 续表 23

能源名称	张家界市		
	消费金额(千元)		增速(%)
	本年	上年同期	
电力	151263.80	145693.50	3.82
煤炭	3064.76	2330.66	31.50
#原煤	1608.76	906.66	77.44
洗精煤			
其他洗煤			
型煤	1456.00	1425.69	2.13
焦炭			
管道煤气			
天然气	10602.95	7936.79	33.59
液化石油气	1887.43	1977.13	-4.54
汽油	31562.82	47696.14	-33.83
煤油	78.00	78.00	
柴油	37111.03	39507.78	-6.07
燃料油	36525.00	3255.00	1022.12
外购热力	0.20	0.20	
能源合计			
水	15016.38	15062.11	-0.30

4-10 续表 24

能源名称	益阳市		
	消费金额(千元)		增速(%)
	本年	上年同期	
电力	206378.16	178767.57	15.44
煤炭	9561.35	9338.01	2.39
#原煤	13136.81	13817.20	-4.92
洗精煤			
其他洗煤	145.00	112.50	28.89
型煤	717.40	1596.92	-55.08
焦炭	41.00	44.00	-6.82
管道煤气	1404.56	1220.10	15.12
天然气	16964.56	17189.33	-1.31
液化石油气	28265.05	24048.67	17.53
汽油	282329.22	259671.59	8.73
煤油	18493.03	18319.35	0.95
柴油	446334.86	426047.73	4.76
燃料油	12449.40	11601.00	7.31
外购热力	24.60	23.00	6.96
能源合计			
水	37250.25	33204.15	12.19

4-10 续表 25

能源名称	郴州市		
	消费金额(千元)		增速(%)
	本年	上年同期	
电力	337943.42	293172.21	15.27
煤炭	75595.00	64014.56	18.09
#原煤	25039.33	22664.02	10.48
洗精煤			
其他洗煤			
型煤	1774.88	2008.55	-11.63
焦炭	50.00	53.07	-5.78
管道煤气	1357.06	1411.95	-3.89
天然气	47563.58	15899.41	199.15
液化石油气	3409.63	3059.18	11.46
汽油	103803.66	98586.46	5.29
煤油	421.85	300.12	40.56
柴油	477526.20	442086.40	8.02
燃料油	2160.43	1843.47	17.19
外购热力			
能源合计			
水	44209.12	36993.36	19.51

4-10 续表 26

能源名称	永州市		
	消费金额(千元)		增速(%)
	本年	上年同期	
电力	194959.18	161931.45	20.40
煤炭	9900.57	11065.66	-10.53
#原煤	5995.98	6641.91	-9.73
洗精煤			
其他洗煤			
型煤	995.00	1154.59	-13.82
焦炭			
管道煤气	9.00	9.00	
天然气	2.00		
液化石油气	4368.96	4374.93	-0.14
汽油	81018.27	71407.86	13.46
煤油	982.50	952.07	3.20
柴油	263344.91	260885.96	0.94
燃料油	299.49	110.00	172.26
外购热力			
能源合计			
水	21305.87	20987.21	1.52

4-10 续表 27

能源名称	怀化市		
	消费金额(千元)		增速(%)
	本年	上年同期	
电力	223163.86	189570.79	17.72
煤炭	7922.36	9031.48	-12.28
#原煤	3308.50	4157.74	-20.43
洗精煤			
其他洗煤			
型煤	789.50	870.37	-9.29
焦炭	10.40	10.00	4.00
管道煤气			
天然气	6224.20	1499.00	315.22
液化石油气	1956.39	662.14	195.46
汽油	42557.37	39919.87	6.61
煤油	557.48	182.30	205.80
柴油	292782.01	278142.94	5.26
燃料油	1221.25	1343.17	-9.08
外购热力			
能源合计			
水	30571.81	30010.96	1.87

4-10 续表 28

能源名称	娄底市		
	消费金额(千元)		增速(%)
	本年	上年同期	
电力	322645.96	310623.55	3.87
煤炭	15091.70	14401.75	4.79
#原煤	7674.40	8801.00	-12.80
洗精煤			
其他洗煤			
型煤	84.86	344.18	-75.34
焦炭	176.00	178.00	-1.12
管道煤气	445.11	422.98	5.23
天然气	7.00	6.50	7.69
液化石油气	634.70	648.98	-2.20
汽油	193409.92	179206.68	7.93
煤油	827.90	763.81	8.39
柴油	724400.85	644617.85	12.38
燃料油	1828.40	1265.56	44.47
外购热力			
能源合计			
水	40087.20	33434.35	19.90

4-10 续表 29

能源名称	湘西州		
	消费金额(千元)		增速(%)
	本年	上年同期	
电力	125961.33	114799.36	9.72
煤炭	7650.44	10747.82	-28.82
#原煤	2950.79	4179.82	-29.40
洗精煤			
其他洗煤			
型煤			
焦炭	25.00	22.00	13.64
管道煤气			
天然气	31.67	32.48	-2.49
液化石油气	901.98	793.04	13.74
汽油	28275.81	32873.23	-13.99
煤油			
柴油	164507.29	153508.19	7.17
燃料油	988.81	881.87	12.13
外购热力	30.00	20.00	50.00
能源合计			
水	16090.98	11538.14	39.46

4-11 分市州非工业分品种能源消费情况

地 区	电力 (万千瓦时)	煤炭 (吨)	焦炭 (吨)	管道煤气 (万立方米)
全 省	**777263.03**	**371722.97**	**837.55**	**446.82**
长沙市	376711.57	33998.00	530.45	137.57
株洲市	57664.17	29406.65	6.00	47.19
湘潭市	24275.02	5564.68		1.60
衡阳市	47304.67	26139.25	48.00	67.03
邵阳市	27145.02	27275.27		4.18
岳阳市	52873.74	26659.01	23.10	5.79
常德市	37751.92	12187.12	64.00	88.87
张家界市	14311.82	9560.10		
益阳市	19034.44	12750.81	35.00	42.86
郴州市	34938.41	139859.15	21.00	29.08
永州市	18381.81	11164.36		0.20
怀化市	22011.97	7555.67	4.00	
娄底市	32962.16	21858.78	88.00	22.45
湘西州	11896.32	7744.12	18	

注：本表统计范围为：辖区内有资质的建筑业、限额以上批发和零售业、限额以上住宿和餐饮业、房地产开发经营业、规模以上服务业法人单位。

4-11 续表 1

地 区	天然气 (万立方米)	液化石油气 (吨)	汽油 (吨)	煤油 (吨)
全 省	**17242.91**	**40090.39**	**419721.77**	**5672.29**
长沙市	9173.26	26484.82	149060.02	1308.00
株洲市	1405.39	250.14	36039.23	1833.83
湘潭市	1119.43	268.58	20003.04	20.24
衡阳市	1169.56	549.19	26781.13	12.71
邵阳市	111.95	418.81	13465.35	90.80
岳阳市	1372.70	4047.90	65993.09	201.67
常德市	1024.56	221.81	22813.94	64.55
张家界市	220.40	287.64	3767.84	10.00
益阳市	497.28	4726.66	31389.31	1644.95
郴州市	1024.88	656.21	12180.09	137.58
永州市	0.07	893.59	10334.20	125.90
怀化市	122.18	628.68	4750.65	111.24
娄底市	0.13	102.76	20398.32	110.82
湘西州	1.11	553.60	2745.56	

4-11 续表 2

地 区	柴油 (吨)	燃料油 (吨)	外购热力 (百万焦耳)
全 省	**1392777.73**	**39017.95**	**84099.62**
长沙市	556716.80	20047.09	14618.00
株洲市	90500.70	2830.65	27958.00
湘潭市	37733.99	636.50	36910.00
衡阳市	144200.66	1290.28	247.00
邵阳市	56745.93	800.83	11.00
岳阳市	113523.02	1876.01	1200.00
常德市	104253.26	549.10	7.62
张家界市	4579.53	5024.67	1.00
益阳市	52852.57	4387.86	147.00
郴州市	57307.67	414.74	
永州市	31544.00	81.60	
怀化市	35228.03	401.50	
娄底市	87662.94	362.53	
湘西州	19928.63	314.59	3000

4-12 分市州非工业能源消费情况

地 区	能源消费情况		增长(%)
	本期 (吨标准煤)	同期 (吨标准煤)	
全 省	**4236099.92**	**3947055.28**	**7.32**
长沙市	1717561.60	1625721.52	5.65
株洲市	303839.99	264688.78	14.79
湘潭市	135777.67	132523.30	2.46
衡阳市	345125.86	345012.71	0.03
邵阳市	158850.26	151690.34	4.72
岳阳市	374808.30	345832.97	8.38
常德市	256062.22	236521.57	8.26
张家界市	47252.31	41098.89	14.97
益阳市	179380.13	168468.72	6.48
郴州市	260002.33	214405.24	21.27
永州市	93570.22	88392.41	5.86
怀化市	94214.34	85211.59	10.57
娄底市	214944.33	192385.89	11.73
湘西州	54710.36	55101.35	-0.71

注：本表统计范围为：辖区内有资质的建筑业、限额以上批发和零售业、限额以上住宿和餐饮业、房地产开发经营业、规模以上服务业法人单位。

4-13　全省及分市州分行业非工业能源消费量情况

单位：吨标准煤

行业名称	全省		
	本年	上年同期	增速(%)
合　计	**4236099.92**	**3947055.28**	**7.32**
建筑业	**1666035.16**	**1587601.03**	**4.94**
房屋建筑业	901532.82	869568.66	3.68
土木工程建筑业	700668.34	645446.99	8.56
建筑安装业	32246.29	31355.72	2.84
建筑装饰和其他建筑业	31587.71	41229.66	-23.39
批发和零售业	**360913.22**	**313377.23**	**15.17**
批发业	138255.63	116168.81	19.01
零售业	222657.59	197208.42	12.90
交通运输、仓储和邮政业	**1215148.45**	**1137580.32**	**6.82**
铁路运输业	29.79	29.24	1.88
道路运输业	1089234.52	1017334.16	7.07
水上运输业	60954.73	55337.06	10.15
航空运输业	11410.93	12402.01	-7.99
管道运输业	54.13	42.69	26.80
装卸搬运和运输代理业	21834.78	20581.97	6.09
仓储业	9289.18	9131.22	1.73
邮政业	22340.39	22721.97	-1.68
住宿和餐饮业	**453145.32**	**421207.82**	**7.58**
住宿业	332928.73	331523.90	0.42
餐饮业	120216.59	89683.92	34.04
信息传输、软件和信息技术服务业	**196510.78**	**180715.18**	**8.74**
电信、广播电视和卫星传输服务	193447.49	178319.45	8.48
互联网和相关服务	611.52	482.21	26.82
软件和信息技术服务业	2451.77	1913.52	28.13
房地产业	**188458.30**	**159212.49**	**18.37**
房地产业	188458.30	159212.49	18.37

注：本表统计范围为：辖区内有资质的建筑业、限额以上批发和零售业、限额以上住宿和餐饮业、房地产开发经营业、规模以上服务业法人单位。

4-13 续表 1

单位：吨标准煤

行业名称	长沙市		
	本年	上年同期	增速(%)
合 计	**1715588.66**	**1623717.11**	**5.66**
建筑业	**959563.50**	**931363.86**	**3.03**
房屋建筑业	544180.19	529118.12	2.85
土木工程建筑业	388723.44	366611.02	6.03
建筑安装业	14737.87	15544.99	-5.19
建筑装饰和其他建筑业	11922.00	20089.73	-40.66
批发和零售业	**94227.26**	**82015.64**	**14.89**
批发业	24461.97	19712.60	24.09
零售业	69765.29	62303.04	11.98
交通运输、仓储和邮政业	**307511.24**	**293844.63**	**4.65**
铁路运输业			
道路运输业	243757.83	235688.21	3.42
水上运输业	30939.46	25329.88	22.15
航空运输业	11309.10	12247.13	-7.66
管道运输业			
装卸搬运和运输代理业	6499.01	5743.72	13.15
仓储业	3478.83	3504.17	-0.72
邮政业	11527.01	11331.52	1.73
住宿和餐饮业	**148179.57**	**132042.49**	**12.22**
住宿业	95959.74	104723.69	-8.37
餐饮业	52219.83	27318.80	91.15
信息传输、软件和信息技术服务业	**54492.50**	**46921.93**	**16.13**
电信、广播电视和卫星传输服务	51881.14	44800.06	15.81
互联网和相关服务	301.29	338.17	-10.91
软件和信息技术服务业	2310.07	1783.70	29.51
房地产业	**79777.85**	**66973.83**	**19.12**
房地产业	79777.85	66973.83	19.12

4-13 续表 2 单位：吨标准煤

行业名称	株洲市		
	本年	上年同期	增速(%)
合 计	**305812.93**	**266693.19**	**14.67**
建筑业	**86764.25**	**73641.48**	**17.82**
房屋建筑业	57274.91	50994.16	12.32
土木工程建筑业	23112.28	17725.55	30.39
建筑安装业	4688.70	3455.11	35.70
建筑装饰和其他建筑业	1688.36	1466.66	15.12
批发和零售业	**44397.34**	**36365.64**	**22.09**
批发业	20540.78	16011.19	28.29
零售业	23856.56	20354.45	17.21
交通运输、仓储和邮政业	**93732.12**	**82039.21**	**14.25**
铁路运输业			
道路运输业	92349.73	80611.88	14.56
水上运输业			
航空运输业			
管道运输业			
装卸搬运和运输代理业	169.31	152.53	11.00
仓储业	918.49	1003.35	-8.46
邮政业	294.59	271.45	8.52
住宿和餐饮业	**30390.99**	**30413.93**	**-0.08**
住宿业	25060.00	25421.40	-1.42
餐饮业	5330.99	4992.53	6.78
信息传输、软件和信息技术服务业	**13672.21**	**12527.24**	**9.14**
电信、广播电视和卫星传输服务	13672.21	12527.24	9.14
互联网和相关服务			
软件和信息技术服务业			
房地产业	**20211.68**	**16747.62**	**20.68**
房地产业	20211.68	16747.62	20.68

4-13 续表 3

单位：吨标准煤

行业名称	湘潭市		
	本年	上年同期	增速(%)
合 计	**135777.67**	**132523.30**	**2.46**
建筑业	**45069.61**	**43890.99**	**2.69**
房屋建筑业	24026.16	23122.98	3.91
土木工程建筑业	15744.71	14237.07	10.59
建筑安装业	453.82	469.00	-3.24
建筑装饰和其他建筑业	4844.92	6061.94	-20.08
批发和零售业	**11247.59**	**11145.06**	**0.92**
批发业	1303.21	1109.06	17.51
零售业	9944.38	10036.00	-0.91
交通运输、仓储和邮政业	**43438.19**	**43814.20**	**-0.86**
铁路运输业			
道路运输业	40549.31	40884.62	-0.82
水上运输业	1471.18	1276.86	15.22
航空运输业			
管道运输业			
装卸搬运和运输代理业	342.41	295.78	15.77
仓储业	170.55	140.90	21.04
邮政业	904.74	1216.04	-25.60
住宿和餐饮业	**16886.98**	**17389.67**	**-2.89**
住宿业	11550.18	12400.43	-6.86
餐饮业	5336.80	4989.24	6.97
信息传输、软件和信息技术服务业	**9350.75**	**7416.62**	**26.08**
电信、广播电视和卫星传输服务	9350.75	7416.62	26.08
互联网和相关服务			
软件和信息技术服务业			
房地产业	**7293.05**	**6371.52**	**14.46**
房地产业	7293.05	6371.52	14.46

4-13 续表 4　　单位：吨标准煤

行业名称	衡阳市		
	本年	上年同期	增速(%)
合　计	**345125.86**	**345012.71**	**0.03**
建筑业	**147133.26**	**157389.53**	**-6.52**
房屋建筑业	85393.17	97599.77	-12.51
土木工程建筑业	61675.20	58644.62	5.17
建筑安装业	50.27	37.58	33.77
建筑装饰和其他建筑业	14.62	1107.56	-98.68
批发和零售业	**14513.45**	**12815.36**	**13.25**
批发业	3248.84	3211.99	1.15
零售业	11264.61	9603.37	17.30
交通运输、仓储和邮政业	**113760.05**	**105925.93**	**7.40**
铁路运输业			
道路运输业	112025.53	103675.33	8.05
水上运输业	69.26	6.44	975.47
航空运输业	54.05	102.66	-47.35
管道运输业	43.43	33.57	29.37
装卸搬运和运输代理业	113.61	102.60	10.73
仓储业	416.50	217.26	91.71
邮政业	1037.67	1788.07	-41.97
住宿和餐饮业	**31970.40**	**33061.04**	**-3.30**
住宿业	28327.97	29372.94	-3.56
餐饮业	3642.43	3688.10	-1.24
信息传输、软件和信息技术服务业	14060.36	15132.34	-7.08
电信、广播电视和卫星传输服务	14027.09	15102.99	-7.12
互联网和相关服务			
软件和信息技术服务业	33.27	29.35	13.36
房地产业	**9362.41**	**7609.98**	**23.03**
房地产业	9362.41	7609.98	23.03

4-13 续表 5

单位：吨标准煤

行业名称	邵阳市		
	本年	上年同期	增速(%)
合 计	**158850.26**	**151690.34**	**4.72**
建筑业	**29146.30**	**26643.42**	**9.39**
房屋建筑业	17673.52	15746.41	12.24
土木工程建筑业	10529.10	10101.17	4.24
建筑安装业	288.00	245.14	17.48
建筑装饰和其他建筑业	655.68	550.70	19.06
批发和零售业	**11902.26**	**12553.38**	**-5.19**
批发业	4121.73	3880.80	6.21
零售业	7780.53	8672.58	-10.29
交通运输、仓储和邮政业	**69957.19**	**69333.04**	**0.90**
铁路运输业			
道路运输业	67726.12	66992.66	1.09
水上运输业			
航空运输业			
管道运输业			
装卸搬运和运输代理业	286.58	301.54	-4.96
仓储业	220.58	188.15	17.24
邮政业	1723.91	1850.69	-6.85
住宿和餐饮业	**22456.63**	**19199.31**	**16.97**
住宿业	14837.48	12045.59	23.18
餐饮业	7619.15	7153.72	6.51
信息传输、软件和信息技术服务业	**13169.74**	**13004.47**	**1.27**
电信、广播电视和卫星传输服务	13169.74	13004.47	1.27
互联网和相关服务			
软件和信息技术服务业			
房地产业	**5674.02**	**4933.49**	**15.01**
房地产业	5674.02	4933.49	15.01

4-13 续表 6

单位：吨标准煤

行业名称	岳阳市		
	本年	上年同期	增速(%)
合 计	**374808.30**	**345832.97**	**8.38**
建筑业	**120862.26**	**114477.31**	**5.58**
房屋建筑业	58889.31	53518.42	10.04
土木工程建筑业	51629.64	51049.66	1.14
建筑安装业	9768.15	9451.74	3.35
建筑装饰和其他建筑业	575.16	457.49	25.72
批发和零售业	**55083.90**	**50595.51**	**8.87**
批发业	27220.52	24963.81	9.04
零售业	27863.38	25631.70	8.71
交通运输、仓储和邮政业	**125382.14**	**113355.06**	**10.61**
铁路运输业			
道路运输业	106969.22	95829.12	11.62
水上运输业	9097.42	9084.76	0.14
航空运输业			
管道运输业	10.70	9.12	17.32
装卸搬运和运输代理业	7954.76	7358.67	8.10
仓储业	327.25	269.53	21.42
邮政业	1022.79	803.86	27.23
住宿和餐饮业	**33359.44**	**30317.06**	**10.04**
住宿业	19129.08	17463.86	9.54
餐饮业	14230.36	12853.20	10.71
信息传输、软件和信息技术服务业	**11714.27**	**11639.65**	**0.64**
电信、广播电视和卫星传输服务	11673.71	11600.60	0.63
互联网和相关服务	25.81	24.58	5.00
软件和信息技术服务业	14.75	14.47	1.94
房地产业	**12174.10**	**10985.40**	**10.82**
房地产业	12174.10	10985.40	10.82

4-13　续表 7

单位：吨标准煤

行业名称	常德市		
	本年	上年同期	增速(%)
合　计	**256062.22**	**236521.57**	**8.26**
建筑业	**36745.84**	**31134.38**	**18.02**
房屋建筑业	19833.60	16514.99	20.09
土木工程建筑业	13779.33	11847.39	16.31
建筑安装业	220.43	171.30	28.68
建筑装饰和其他建筑业	2912.48	2600.70	11.99
批发和零售业	**17205.49**	**12804.83**	**34.37**
批发业	6374.25	4673.56	36.39
零售业	10831.24	8131.27	33.20
交通运输、仓储和邮政业	**151159.96**	**142466.62**	**6.10**
铁路运输业			
道路运输业	129617.75	120216.05	7.82
水上运输业	15936.68	16431.66	-3.01
航空运输业			
管道运输业			
装卸搬运和运输代理业	2970.98	3442.88	-13.71
仓储业	990.13	995.15	-0.50
邮政业	1644.42	1380.88	19.08
住宿和餐饮业	**23245.08**	**25962.85**	**-10.47**
住宿业	17891.32	20271.24	-11.74
餐饮业	5353.76	5691.61	-5.94
信息传输、软件和信息技术服务业	**14983.66**	**12996.07**	**15.29**
电信、广播电视和卫星传输服务	14942.28	12958.56	15.31
互联网和相关服务			
软件和信息技术服务业	41.38	37.51	10.32
房地产业	**4966.28**	**5048.26**	**-1.62**
房地产业	4966.28	5048.26	-1.62

4-13 续表 8 单位：吨标准煤

行业名称	张家界市		
	本年	上年同期	增速(%)
合　计	**47252.31**	**41098.89**	**14.97**
建筑业	**16170.35**	**12009.98**	**34.64**
房屋建筑业	8778.88	8595.02	2.14
土木工程建筑业	7380.97	3407.60	116.60
建筑安装业	10.50	7.36	42.66
建筑装饰和其他建筑业			
批发和零售业	**4258.81**	**3249.34**	**31.07**
批发业	1749.14	816.83	114.14
零售业	2509.67	2432.51	3.17
交通运输、仓储和邮政业	**4120.33**	**4144.25**	**-0.58**
铁路运输业			
道路运输业	3773.52	3851.76	-2.03
水上运输业			
航空运输业			
管道运输业			
装卸搬运和运输代理业			
仓储业	69.83	68.41	2.08
邮政业	276.98	224.08	23.61
住宿和餐饮业	**11143.98**	**11286.28**	**-1.26**
住宿业	11060.85	11248.73	-1.67
餐饮业	83.13	37.55	121.38
信息传输、软件和信息技术服务业	**6660.41**	**6284.61**	**5.98**
电信、广播电视和卫星传输服务	6660.41	6284.61	5.98
互联网和相关服务			
软件和信息技术服务业			
房地产业	**2037.84**	**1266.39**	**60.92**
房地产业	2037.84	1266.39	60.92

4-13 续表 9

单位：吨标准煤

行业名称	益阳市		
	本年	上年同期	增速(%)
合计	**179380.13**	**168468.72**	**6.48**
建筑业	**60271.84**	**57015.44**	**5.71**
房屋建筑业	44764.82	41454.67	7.98
土木工程建筑业	12041.92	12157.25	-0.95
建筑安装业	51.76	48.13	7.54
建筑装饰和其他建筑业	3413.34	3355.39	1.73
批发和零售业	**18333.36**	**16476.51**	**11.27**
批发业	6679.38	5551.83	20.31
零售业	11653.98	10924.68	6.68
交通运输、仓储和邮政业	**38318.55**	**36624.15**	**4.63**
铁路运输业			
道路运输业	31603.33	30150.94	4.82
水上运输业	3440.36	3207.46	7.26
航空运输业			
管道运输业			
装卸搬运和运输代理业	294.84	294.98	-0.05
仓储业	1781.75	1799.51	-0.99
邮政业	1198.27	1171.26	2.31
住宿和餐饮业	**34675.11**	**34235.59**	**1.28**
住宿业	28006.68	28390.11	-1.35
餐饮业	6668.43	5845.48	14.08
信息传输、软件和信息技术服务业	**6695.87**	**5914.11**	**13.22**
电信、广播电视和卫星传输服务	6695.87	5914.11	13.22
互联网和相关服务			
软件和信息技术服务业			
房地产业	**15581.36**	**12928.62**	**20.52**
房地产业	15581.36	12928.62	20.52

4-13 续表 10 单位：吨标准煤

行业名称	郴州市		
	本年	上年同期	增速(%)
合　计	**260002.33**	**214405.24**	**21.27**
建筑业	**23823.66**	**20999.75**	**13.45**
房屋建筑业	11578.74	9788.80	18.29
土木工程建筑业	11850.24	10842.44	9.29
建筑安装业	249.25	238.50	4.51
建筑装饰和其他建筑业	145.43	130.01	11.86
批发和零售业	**62617.20**	**51837.19**	**20.80**
批发业	34851.64	27678.22	25.92
零售业	27765.56	24158.97	14.93
交通运输、仓储和邮政业	**80633.71**	**67415.49**	**19.61**
铁路运输业			
道路运输业	80011.91	66860.90	19.67
水上运输业			
航空运输业			
管道运输业			
装卸搬运和运输代理业	13.74	15.35	-10.49
仓储业	262.98	227.00	15.85
邮政业	345.08	312.24	10.52
住宿和餐饮业	**60900.00**	**44156.31**	**37.92**
住宿业	51098.12	36213.35	41.10
餐饮业	9801.88	7942.96	23.40
信息传输、软件和信息技术服务业	**14394.06**	**13117.08**	**9.74**
电信、广播电视和卫星传输服务	14077.40	12965.77	8.57
互联网和相关服务	281.00	116.34	141.53
软件和信息技术服务业	35.66	34.97	1.97
房地产业	**12073.31**	**11061.57**	**9.15**
房地产业	12073.31	11061.57	9.15

4-13 续表 11

单位：吨标准煤

行业名称	永州市		
	本年	上年同期	增速(%)
合 计	**93570.22**	**88392.41**	**5.86**
建筑业	**11516.61**	**11007.76**	**4.62**
房屋建筑业	7176.80	7056.53	1.70
土木工程建筑业	3881.72	3506.75	10.69
建筑安装业	107.36	125.32	-14.33
建筑装饰和其他建筑业	350.73	319.16	9.89
批发和零售业	**8181.92**	**7055.51**	**15.96**
批发业	1888.14	2600.91	-27.40
零售业	6293.78	4454.60	41.29
交通运输、仓储和邮政业	**49043.60**	**46629.17**	**5.18**
铁路运输业			
道路运输业	47521.20	44906.25	5.82
水上运输业			
航空运输业	47.78	52.22	-8.50
管道运输业			
装卸搬运和运输代理业	291.72	330.41	-11.71
仓储业	218.28	284.77	-23.35
邮政业	964.62	1055.52	-8.61
住宿和餐饮业	**11808.80**	**12312.05**	**-4.09**
住宿业	7099.42	7700.24	-7.80
餐饮业	4709.38	4611.81	2.12
信息传输、软件和信息技术服务业	**6048.35**	**5469.71**	**10.58**
电信、广播电视和卫星传输服务	6035.33	5459.40	10.55
互联网和相关服务	3.42	3.12	9.62
软件和信息技术服务业	9.60	7.19	33.52
房地产业	**5509.21**	**4631.08**	**18.96**
房地产业	5509.21	4631.08	18.96

4-13 续表 12 单位：吨标准煤

行业名称	怀化市		
	本年	上年同期	增速(%)
合 计	**94214.34**	**85211.59**	**10.57**
建筑业	**13214.19**	**10851.22**	**21.78**
房屋建筑业	7064.98	4801.45	47.14
土木工程建筑业	4757.63	4758.23	-0.01
建筑安装业	1129.32	1112.89	1.48
建筑装饰和其他建筑业	262.26	178.65	46.80
批发和零售业	**6911.82**	**5372.72**	**28.65**
批发业	1865.10	1561.33	19.46
零售业	5046.72	3811.39	32.41
交通运输、仓储和邮政业	**46614.11**	**43685.63**	**6.70**
铁路运输业	29.79	29.24	1.88
道路运输业	45758.98	42941.54	6.56
水上运输业			
航空运输业			
管道运输业			
装卸搬运和运输代理业	218.15	162.40	34.33
仓储业	263.56	256.01	2.95
邮政业	343.63	296.44	15.92
住宿和餐饮业	**8728.40**	**8965.02**	**-2.64**
住宿业	5714.78	5923.82	-3.53
餐饮业	3013.62	3041.20	-0.91
信息传输、软件和信息技术服务业	**12605.57**	**11858.79**	**6.30**
电信、广播电视和卫星传输服务	12605.57	11858.79	6.30
互联网和相关服务			
软件和信息技术服务业			
房地产业	**6003.90**	**4346.05**	**38.15**
房地产业	6003.90	4346.05	38.15

4-13 续表 13 单位：吨标准煤

行业名称	娄底市		
	本年	上年同期	增速(%)
合 计	**214944.33**	**192385.89**	**11.73**
建筑业	**107200.41**	**89847.47**	**19.31**
房屋建筑业	12869.22	9555.59	34.68
土木工程建筑业	89081.01	74965.23	18.83
建筑安装业	447.59	415.11	7.82
建筑装饰和其他建筑业	4802.59	4911.54	-2.22
批发和零售业	**8246.81**	**7118.96**	**15.84**
批发业	2144.48	1992.43	7.63
零售业	6102.33	5126.53	19.03
交通运输、仓储和邮政业	**66014.96**	**63525.12**	**3.92**
铁路运输业			
道路运输业	63082.55	60890.36	3.60
水上运输业			
航空运输业			
管道运输业			
装卸搬运和运输代理业	2628.17	2316.35	13.46
仓储业	119.45	118.46	0.84
邮政业	184.79	199.95	-7.58
住宿和餐饮业	**13656.79**	**13649.62**	**0.05**
住宿业	11781.82	12528.78	-5.96
餐饮业	1874.97	1120.84	67.28
信息传输、软件和信息技术服务业	**10671.00**	**10477.55**	**1.85**
电信、广播电视和卫星传输服务	10671.00	10477.55	1.85
互联网和相关服务			
软件和信息技术服务业			
房地产业	**5806.65**	**4443.44**	**30.68**
房地产业	5806.65	4443.44	30.68

4-13 续表 14

单位：吨标准煤

行业名称	湘西州		
	本年	上年同期	增速(%)
合　计	**54710.36**	**55101.35**	**-0.71**
建筑业	**8553.08**	**7328.44**	**16.71**
房屋建筑业	2028.52	1701.75	19.20
土木工程建筑业	6481.15	5593.01	15.88
建筑安装业	43.27	33.55	28.97
建筑装饰和其他建筑业	0.14	0.13	7.69
批发和零售业	**3786.01**	**3971.58**	**-4.67**
批发业	1806.45	2404.25	-24.86
零售业	1979.56	1567.33	26.30
交通运输、仓储和邮政业	**25462.30**	**24777.82**	**2.76**
铁路运输业			
道路运输业	24487.54	23834.54	2.74
水上运输业	0.37		
航空运输业			
管道运输业			
装卸搬运和运输代理业	51.50	64.76	-20.48
仓储业	51.00	58.55	-12.89
邮政业	871.89	819.97	6.33
住宿和餐饮业	**5743.15**	**8216.60**	**-30.10**
住宿业	5411.29	7819.72	-30.80
餐饮业	331.86	396.88	-16.38
信息传输、软件和信息技术服务业	**7992.03**	**7955.01**	**0.47**
电信、广播电视和卫星传输服务	7984.99	7948.68	0.46
互联网和相关服务			
软件和信息技术服务业	7.04	6.33	11.22
房地产业	**1986.64**	**1865.24**	**6.51**
房地产业	1986.64	1865.24	6.51

4-13 续表 15 单位：吨标准煤

行业名称	全省		
	本年	上年同期	增速(%)
租赁和商务服务业	**54899.70**	**55461.02**	**-1.01**
租赁业	9621.85	9560.68	0.64
商务服务业	45277.85	45900.34	-1.36
科学研究和技术服务业	**30868.30**	**27463.94**	**12.40**
研究和试验发展	5122.07	3049.67	67.95
专业技术服务业	21722.74	21441.98	1.31
科技推广和应用服务业	4023.49	2972.29	35.37
水利、环境和公共设施管理业	**8259.22**	**7638.65**	**8.12**
水利管理业	384.51	363.89	5.67
生态保护和环境治理业	3206.20	2945.43	8.85
公共设施管理业	4668.51	4329.33	7.83
居民服务、修理和其他服务业	**11363.35**	**10926.11**	**4.00**
居民服务业	8295.26	8162.54	1.63
机动车、电子产品和日用产品修理业	2680.55	2506.94	6.93
其他服务业	387.54	256.63	51.01
教育	**18373.77**	**16548.07**	**11.03**
教育	18373.77	16548.07	11.03
卫生和社会工作	**17637.03**	**15571.21**	**13.27**
卫生	17517.25	15464.45	13.27
社会工作	119.78	106.76	12.20
文化、体育和娱乐业	**14487.32**	**13752.21**	**5.35**
新闻和出版业	4921.53	5236.01	-6.01
广播、电视、电影和影视录音制作业	4057.12	3358.82	20.79
文化艺术业	486.93	507.15	-3.99
体育	1062.77	942.51	12.76
娱乐业	3958.97	3707.72	6.78

4-13 续表 16 单位：吨标准煤

行业名称	长沙市		
	本年	上年同期	增速(%)
租赁和商务服务业	**23482.53**	**25495.40**	**-7.90**
租赁业	500.63	509.96	-1.83
商务服务业	22981.90	24985.44	-8.02
科学研究和技术服务业	**23090.98**	**21800.74**	**5.92**
研究和试验发展	4296.42	2299.33	86.86
专业技术服务业	18692.71	19423.38	-3.76
科技推广和应用服务业	101.85	78.03	30.53
水利、环境和公共设施管理业	**1080.05**	**1074.27**	**0.54**
水利管理业	57.34	56.80	0.95
生态保护和环境治理业	84.49	79.89	5.76
公共设施管理业	938.22	937.58	0.07
居民服务、修理和其他服务业	**3244.33**	**2276.41**	**42.52**
居民服务业	3037.77	2140.31	41.93
机动车、电子产品和日用产品修理业	84.82	80.78	5.00
其他服务业	121.74	55.32	120.07
教育	**3407.57**	**3362.40**	**1.34**
教育	3407.57	3362.40	1.34
卫生和社会工作	5902.66	5555.70	6.25
卫生	5819.75	5473.52	6.33
社会工作	82.91	82.18	0.89
文化、体育和娱乐业	**11628.62**	**10989.81**	**5.81**
新闻和出版业	4577.79	4876.97	-6.13
广播、电视、电影和影视录音制作业	3088.65	2457.46	25.68
文化艺术业	96.91	68.56	41.35
体育	875.61	820.79	6.68
娱乐业	2989.66	2766.03	8.08

4-13 续表 17 单位：吨标准煤

行业名称	株洲市		
	本年	上年同期	增速(%)
租赁和商务服务业	**3840.33**	**3959.72**	**-3.02**
租赁业	1396.88	1694.97	-17.59
商务服务业	2443.45	2264.75	7.89
科学研究和技术服务业	**1252.82**	**909.88**	**37.69**
研究和试验发展	596.07	538.30	10.73
专业技术服务业	179.33	199.37	-10.05
科技推广和应用服务业	477.42	172.21	177.23
水利、环境和公共设施管理业	**2773.46**	**2469.85**	**12.29**
水利管理业			
生态保护和环境治理业	632.51	554.67	14.03
公共设施管理业	2140.95	1915.18	11.79
居民服务、修理和其他服务业	**642.29**	**673.21**	**-4.59**
居民服务业	501.51	523.30	-4.16
机动车、电子产品和日用产品修理业	43.11	37.89	13.78
其他服务业	97.67	112.02	-12.81
教育	**4522.01**	**3731.83**	**21.17**
教育	4522.01	3731.83	21.17
卫生和社会工作	**2992.62**	**2571.87**	**16.36**
卫生	2992.62	2571.87	16.36
社会工作			
文化、体育和娱乐业	**620.81**	**641.71**	**-3.26**
新闻和出版业	135.35	150.64	-10.15
广播、电视、电影和影视录音制作业	419.40	430.21	-2.51
文化艺术业	2.21	1.97	12.18
体育			
娱乐业	63.85	58.89	8.42

4-13 续表 18 单位：吨标准煤

行业名称	湘潭市		
	本年	上年同期	增速(%)
租赁和商务服务业	**1358.51**	**1313.86**	**3.40**
租赁业			
商务服务业	1358.51	1313.86	3.40
科学研究和技术服务业	**126.67**	**107.28**	**18.07**
研究和试验发展			
专业技术服务业	126.67	107.28	18.07
科技推广和应用服务业			
水利、环境和公共设施管理业			
水利管理业			
生态保护和环境治理业			
公共设施管理业			
居民服务、修理和其他服务业	**127.01**	**115.64**	**9.83**
居民服务业	127.01	115.64	9.83
机动车、电子产品和日用产品修理业			
其他服务业			
教育			
教育			
卫生和社会工作	**599.88**	**671.89**	**-10.72**
卫生	563.01	647.31	-13.02
社会工作	36.87	24.58	50.00
文化、体育和娱乐业	**279.43**	**286.57**	**-2.49**
新闻和出版业	164.48	166.16	-1.01
广播、电视、电影和影视录音制作业	114.95	120.41	-4.53
文化艺术业			
体育			
娱乐业			

4-13 续表 19

单位：吨标准煤

行业名称	衡阳市		
	本年	上年同期	增速(%)
租赁和商务服务业	**8529.90**	**8143.05**	**4.75**
租赁业	3490.63	3199.95	9.08
商务服务业	5039.27	4943.10	1.95
科学研究和技术服务业	**599.51**	**573.83**	**4.48**
研究和试验发展			
专业技术服务业	112.69	98.45	14.46
科技推广和应用服务业	486.82	475.38	2.41
水利、环境和公共设施管理业	**5.70**	**4.97**	**14.69**
水利管理业			
生态保护和环境治理业			
公共设施管理业	5.70	4.97	14.69
居民服务、修理和其他服务业	**152.90**	**154.06**	**-0.75**
居民服务业	81.42	87.79	-7.26
机动车、电子产品和日用产品修理业		4.36	-100.00
其他服务业	71.48	61.91	15.46
教育	**2251.24**	**2091.18**	**7.65**
教育	2251.24	2091.18	7.65
卫生和社会工作	**2644.35**	**1974.57**	**33.92**
卫生	2644.35	1974.57	33.92
社会工作			
文化、体育和娱乐业	**142.33**	**136.87**	**3.99**
新闻和出版业			
广播、电视、电影和影视录音制作业	81.61	74.08	10.16
文化艺术业	6.50	6.64	-2.11
体育			
娱乐业	54.22	56.15	-3.44

4-13 续表 20

单位：吨标准煤

行业名称	邵阳市		
	本年	上年同期	增速(%)
租赁和商务服务业	**2123.68**	**1981.95**	**7.15**
租赁业	2117.45	1976.93	7.11
商务服务业	6.23	5.02	24.10
科学研究和技术服务业	**189.42**	**163.66**	**15.74**
研究和试验发展	77.33	77.61	-0.36
专业技术服务业	112.09	86.05	30.26
科技推广和应用服务业			
水利、环境和公共设施管理业	**73.53**	**80.03**	**-8.12**
水利管理业			
生态保护和环境治理业			
公共设施管理业	73.53	80.03	-8.12
居民服务、修理和其他服务业	**2259.10**	**2032.06**	**11.17**
居民服务业	300.39	290.16	3.53
机动车、电子产品和日用产品修理业	1878.69	1741.90	7.85
其他服务业	80.02		
教育	**651.22**	**654.92**	**-0.56**
教育	651.22	654.92	-0.56
卫生和社会工作	**1247.17**	**1110.61**	**12.30**
卫生	1247.17	1110.61	12.30
社会工作			
文化、体育和娱乐业			
新闻和出版业			
广播、电视、电影和影视录音制作业			
文化艺术业			
体育			
娱乐业			

4-13 续表 21

单位：吨标准煤

行业名称	岳阳市		
	本年	上年同期	增速(%)
租赁和商务服务业	**4344.97**	**4005.77**	**8.47**
租赁业	438.44	452.01	-3.00
商务服务业	3906.53	3553.76	9.93
科学研究和技术服务业	**2975.81**	**2387.65**	**24.63**
研究和试验发展	151.76	133.94	13.30
专业技术服务业	777.95	750.54	3.65
科技推广和应用服务业	2046.10	1503.17	36.12
水利、环境和公共设施管理业	**1844.91**	**1652.64**	**11.63**
水利管理业	154.18	137.38	12.23
生态保护和环境治理业	1644.42	1490.87	10.30
公共设施管理业	46.31	24.39	89.87
居民服务、修理和其他服务业	**2811.87**	**2644.60**	**6.32**
居民服务业	2176.85	2043.28	6.54
机动车、电子产品和日用产品修理业	624.96	591.26	5.70
其他服务业	10.06	10.06	
教育	**2372.43**	**2010.56**	**18.00**
教育	2372.43	2010.56	18.00
卫生和社会工作	**1788.90**	**1675.62**	**6.76**
卫生	1788.90	1675.62	6.76
社会工作			
文化、体育和娱乐业	**93.30**	**86.14**	**8.31**
新闻和出版业			
广播、电视、电影和影视录音制作业	67.02	60.34	11.07
文化艺术业			
体育			
娱乐业	26.28	25.80	1.86

4-13 续表 22 单位：吨标准煤

行业名称	常德市		
	本年	上年同期	增速(%)
租赁和商务服务业	**1879.53**	**1675.25**	**12.19**
租赁业	1209.27	1111.84	8.76
商务服务业	670.26	563.41	18.96
科学研究和技术服务业	**1810.65**	**770.91**	**134.87**
研究和试验发展	0.49	0.49	
专业技术服务业	1122.60	214.09	424.36
科技推广和应用服务业	687.56	556.33	23.59
水利、环境和公共设施管理业	**20.57**	**18.33**	**12.22**
水利管理业			
生态保护和环境治理业			
公共设施管理业	20.57	18.33	12.22
居民服务、修理和其他服务业	**186.98**	**196.45**	**-4.82**
居民服务业	138.01	145.70	-5.28
机动车、电子产品和日用产品修理业	48.97	50.75	-3.51
其他服务业			
教育	**2760.51**	**2587.16**	**6.70**
教育	2760.51	2587.16	6.70
卫生和社会工作	**767.19**	**596.62**	**28.59**
卫生	767.19	596.62	28.59
社会工作			
文化、体育和娱乐业	**330.48**	**263.84**	**25.26**
新闻和出版业	0.19	0.19	
广播、电视、电影和影视录音制作业	150.64	93.44	61.22
文化艺术业	39.06	36.54	6.90
体育	1.47	1.23	19.51
娱乐业	139.12	132.44	5.04

4-13 续表 23

单位：吨标准煤

行业名称	张家界市		
	本年	上年同期	增速(%)
租赁和商务服务业	**2016.46**	**1955.34**	**3.13**
租赁业			
商务服务业	2016.46	1955.34	3.13
科学研究和技术服务业	**12.15**	**16.39**	**-25.87**
研究和试验发展			
专业技术服务业	12.15	16.39	-25.87
科技推广和应用服务业			
水利、环境和公共设施管理业	**396.83**	**386.04**	**2.80**
水利管理业			
生态保护和环境治理业			
公共设施管理业	396.83	386.04	2.80
居民服务、修理和其他服务业	**112.56**	**129.21**	**-12.89**
居民服务业	112.56	129.21	-12.89
机动车、电子产品和日用产品修理业			
其他服务业			
教育			
教育			
卫生和社会工作			
卫生			
社会工作			
文化、体育和娱乐业	**322.59**	**371.06**	**-13.06**
新闻和出版业			
广播、电视、电影和影视录音制作业			
文化艺术业	322.59	371.06	-13.06
体育			
娱乐业			

4-13 续表 24

单位：吨标准煤

行业名称	益阳市		
	本年	上年同期	增速(%)
租赁和商务服务业	**2871.89**	**2800.03**	**2.57**
租赁业			
商务服务业	2871.89	2800.03	2.57
科学研究和技术服务业	**406.91**	**378.03**	**7.64**
研究和试验发展			
专业技术服务业	404.70	378.03	7.05
科技推广和应用服务业	2.21		
水利、环境和公共设施管理业	**863.73**	**836.10**	**3.30**
水利管理业			
生态保护和环境治理业	706.06	676.90	4.31
公共设施管理业	157.67	159.20	-0.96
居民服务、修理和其他服务业	**13.27**	**11.50**	**15.39**
居民服务业	13.27	11.50	15.39
机动车、电子产品和日用产品修理业			
其他服务业			
教育	**687.83**	**679.63**	**1.21**
教育	687.83	679.63	1.21
卫生和社会工作	**43.75**	**19.53**	**124.01**
卫生	43.75	19.53	124.01
社会工作			
文化、体育和娱乐业	**616.66**	**549.48**	**12.23**
新闻和出版业			
广播、电视、电影和影视录音制作业	15.36	15.12	1.59
文化艺术业	10.50	13.36	-21.41
体育	154.40	120.49	28.14
娱乐业	436.40	400.51	8.96

4-13 续表 25

单位：吨标准煤

行业名称	郴州市		
	本年	上年同期	增速(%)
租赁和商务服务业	**1469.00**	**1120.63**	**31.09**
租赁业			
商务服务业	1469.00	1120.63	31.09
科学研究和技术服务业	**230.51**	**202.41**	**13.88**
研究和试验发展			
专业技术服务业	58.44	49.93	17.04
科技推广和应用服务业	172.07	152.48	12.85
水利、环境和公共设施管理业	**808.74**	**799.88**	**1.11**
水利管理业	169.86	166.91	1.77
生态保护和环境治理业	138.72	143.10	-3.06
公共设施管理业	500.16	489.87	2.10
居民服务、修理和其他服务业	**1644.50**	**2561.83**	**-35.81**
居民服务业	1637.93	2544.51	-35.63
机动车、电子产品和日用产品修理业			
其他服务业	6.57	17.32	-62.07
教育	**940.19**	**702.17**	**33.90**
教育	940.19	702.17	33.90
卫生和社会工作	**467.45**	**430.93**	**8.47**
卫生	467.45	430.93	8.47
社会工作			
文化、体育和娱乐业			
新闻和出版业			
广播、电视、电影和影视录音制作业			
文化艺术业			
体育			
娱乐业			

4-13 续表 26 单位：吨标准煤

行业名称	永州市		
	本年	上年同期	增速(%)
租赁和商务服务业	**49.68**	**37.91**	**31.05**
租赁业			
商务服务业	49.68	37.91	31.05
科学研究和技术服务业	**39.46**	**35.77**	**10.32**
研究和试验发展			
专业技术服务业	1.36	1.36	
科技推广和应用服务业	38.10	34.41	10.72
水利、环境和公共设施管理业	**64.13**	**60.96**	**5.20**
水利管理业			
生态保护和环境治理业			
公共设施管理业	64.13	60.96	5.20
居民服务、修理和其他服务业	**20.94**	**20.15**	**3.92**
居民服务业	20.94	20.15	3.92
机动车、电子产品和日用产品修理业			
其他服务业			
教育	**383.41**	**375.75**	**2.04**
教育	383.41	375.75	2.04
卫生和社会工作	**802.92**	**667.20**	**20.34**
卫生	802.92	667.20	20.34
社会工作			
文化、体育和娱乐业	**101.19**	**89.39**	**13.20**
新闻和出版业			
广播、电视、电影和影视录音制作业	101.19	89.39	13.20
文化艺术业			
体育			
娱乐业			

4-13 续表 27

单位：吨标准煤

行业名称	怀化市		
	本年	上年同期	增速(%)
租赁和商务服务业	**78.50**	**76.96**	**2.00**
租赁业			
商务服务业	78.50	76.96	2.00
科学研究和技术服务业	**45.34**	**45.56**	**-0.48**
研究和试验发展			
专业技术服务业	45.04	45.28	-0.53
科技推广和应用服务业	0.30	0.28	7.14
水利、环境和公共设施管理业	**12.25**	**9.38**	**30.60**
水利管理业	3.13	2.80	11.79
生态保护和环境治理业			
公共设施管理业	9.12	6.58	38.60
居民服务、修理和其他服务业			
居民服务业			
机动车、电子产品和日用产品修理业			
其他服务业			
教育			
教育			
卫生和社会工作			
卫生			
社会工作			
文化、体育和娱乐业	**0.26**	**0.26**	
新闻和出版业			
广播、电视、电影和影视录音制作业	0.26	0.26	
文化艺术业			
体育			
娱乐业			

4-13 续表 28 单位：吨标准煤

行业名称	娄底市		
	本年	上年同期	增速(%)
租赁和商务服务业	**2497.52**	**2588.19**	**-3.50**
租赁业	468.55	615.02	-23.82
商务服务业	2028.97	1973.17	2.83
科学研究和技术服务业	**76.03**	**60.43**	**25.81**
研究和试验发展			
专业技术服务业	64.97	60.43	7.51
科技推广和应用服务业	11.06		
水利、环境和公共设施管理业	**40.71**	**50.16**	**-18.84**
水利管理业			
生态保护和环境治理业			
公共设施管理业	40.71	50.16	-18.84
居民服务、修理和其他服务业	**0.56**	**0.51**	**9.80**
居民服务业	0.56	0.51	9.80
机动车、电子产品和日用产品修理业			
其他服务业			
教育	**358.64**	**325.77**	**10.09**
教育	358.64	325.77	10.09
卫生和社会工作	**272.04**	**229.49**	**18.54**
卫生	272.04	229.49	18.54
社会工作			
文化、体育和娱乐业	**102.21**	**69.18**	**47.75**
新闻和出版业	43.72	42.05	3.97
广播、电视、电影和影视录音制作业	18.04	18.11	-0.39
文化艺术业	9.16	9.02	1.55
体育	31.29		
娱乐业			

4-13 续表 29 单位：吨标准煤

行业名称	湘西州		
	本年	上年同期	增速(%)
租赁和商务服务业	**357.20**	**306.96**	**16.37**
租赁业			
商务服务业	357.20	306.96	16.37
科学研究和技术服务业	**12.04**	**11.40**	**5.61**
研究和试验发展			
专业技术服务业	12.04	11.40	5.61
科技推广和应用服务业			
水利、环境和公共设施管理业	**274.61**	**196.04**	**40.08**
水利管理业			
生态保护和环境治理业			
公共设施管理业	274.61	196.04	40.08
居民服务、修理和其他服务业	**147.04**	**110.48**	**33.09**
居民服务业	147.04	110.48	33.09
机动车、电子产品和日用产品修理业			
其他服务业			
教育	**38.72**	**26.70**	**45.02**
教育	38.72	26.70	45.02
卫生和社会工作	**108.10**	**67.18**	**60.91**
卫生	108.10	67.18	60.91
社会工作			
文化、体育和娱乐业	**249.44**	**267.90**	**-6.89**
新闻和出版业			
广播、电视、电影和影视录音制作业			
文化艺术业			
体育			
娱乐业	249.44	267.90	-6.89

4-14 全省及分市州规模以上工业能源产品产量

计量单位：万吨

地　区	原煤					褐煤
		无烟煤	烟煤			
				炼焦烟煤	一般烟煤	
全　省	**7072.21**	**4660.38**	**2411.83**	**47.43**	**2364.39**	
长沙市	284.87	10.33	274.54		274.54	
株洲市	983.96	400.63	583.33		583.33	
湘潭市	87.98		87.98	0.56	87.42	
衡阳市	802.52	697.97	104.55	0.58	103.97	
邵阳市	426.02	328.19	97.83	10.76	87.06	
岳阳市						
常德市	148.26	15.26	133		133.00	
张家界市	42.97		42.97		42.97	
益阳市	48.16	36.02	12.14		12.14	
郴州市	2173.23	1590.18	583.05		583.05	
永州市	97.87	7.2	90.67		90.67	
怀化市	141.5	16.62	124.88	24.37	100.51	
娄底市	1816.52	1549.71	266.81	11.16	255.65	
湘西州	18.35	8.27	10.09		10.09	

4-14 续表 1

计量单位：万吨

地　区	洗煤		原油加工量	汽油	煤油	柴油
		洗精煤				
全　省	**1658.47**	**1576.43**	**945.14**	**241.34**	**35.22**	**322.40**
长沙市						
株洲市	120.00	105.62				
湘潭市	293.26	228.92				
衡阳市	166.68	166.68		0.01		
邵阳市	38.55	38.55				
岳阳市			945.14	241.33	35.22	322.40
常德市						
张家界市						
益阳市						
郴州市	223.54	223.54				
永州市						
怀化市						
娄底市	816.43	813.12				
湘西州						

4-14 续表 2

计量单位：万吨

地 区	润滑油	燃料油	石脑油	溶剂油	润滑脂	液化石油气
全 省	**0.12**	**55.67**	**25.34**	**10.69**	**0.69**	**69.40**
长沙市	0.12				0.69	
株洲市						
湘潭市						
衡阳市				0.01		
邵阳市						
岳阳市		55.67	25.34	10.68		69.40
常德市						
张家界市						
益阳市						
郴州市						
永州市						
怀化市						
娄底市						
湘西州						

4-14 续表 3

地 区	石油焦(油渣类)(万吨)	石油沥青(万吨)	焦炭(万吨)		发电量(亿千瓦时)	
				机焦(万吨)		火力发电量(亿千瓦时)
全 省	**33.41**	**1.06**	**650.93**	**499.22**	**1285.72**	**840.82**
长沙市		1.06			62.78	57.73
株洲市					51.11	28.11
湘潭市			232.00	232.00	87.21	86.48
衡阳市					68.90	52.17
邵阳市			7.53	7.53	89.74	53.36
岳阳市	33.41				127.01	125.28
常德市					133.79	99.19
张家界市					26.99	5.77
益阳市					118.80	74.67
郴州市			14.54	14.54	159.33	118.62
永州市					61.45	3.72
怀化市					155.31	5.41
娄底市			396.85	245.14	132.99	130.31
湘西州					10.93	

4-14 续表 4

地　区	水力发电量（亿千瓦时）	风力发电量（亿千瓦时）	沼气发电量（亿千瓦时）	垃圾发电量（亿千瓦时）	竹木生物质燃料发电量（亿千瓦时）	煤气生产量（亿立方米）
全　省	**438.43**	**6.46**	**4.04**	**0.87**	**5.84**	**214.40**
长沙市	5.05		4.04			
株洲市	23.00					
湘潭市	0.73					10.10
衡阳市	16.73				1.23	
邵阳市	35.21	1.17				
岳阳市	1.73				0.29	
常德市	34.60			0.87	1.89	
张家界市	21.22					
益阳市	44.13				1.50	
郴州市	35.80	4.91			0.93	
永州市	57.34	0.39				
怀化市	149.90					
娄底市	2.68					204.29
湘西州	10.93					

4-15 全省及分市州规模以上工业能源产品生产情况

产品名称	计量单位	全省			
		企业数(个)	年初库存量	本年生产量	本年销售量
原煤	万吨	670	109.24	7072.21	6897.78
无烟煤	万吨	453	78.15	4660.38	4535.11
烟煤	万吨	217	31.08	2411.83	2362.66
炼焦烟煤	万吨	8	0.01	47.43	47.37
一般烟煤	万吨	210	31.07	2364.39	2315.29
褐煤	万吨				
洗煤	万吨	80	14.47	1658.47	1659.09
洗精煤	万吨	78	13.15	1576.43	1577.37
炼焦用洗精煤	万吨	1	0.03	35.3	35.29
天然原油	万吨				
天然气	亿立方米				
液化天然气	万吨				
煤层气(煤田天然气)	亿立方米				
油页岩	万吨				
原油加工量	万吨	2		945.14	
汽油	万吨	3	1.48	241.34	240.33
航空汽油	万吨				
煤油	万吨	1	0.61	35.22	34.9
航空煤油	万吨	1	0.61	35.22	34.9
柴油	万吨	4	1.7	322.4	321.15
润滑油	万吨	2	0.01	0.12	0.12
燃料油	万吨	3	0.63	55.67	55.23
石脑油	万吨	1	0.4	25.34	24.19
溶剂油	万吨	4	0.5	10.69	10.89
润滑脂	万吨	1	0.04	0.69	0.68
液化石油气	万吨	2	0.22	69.4	69.03
石油焦(油渣类)	万吨	1	1.31	33.41	25.65
石油沥青	万吨	1	1.09	1.06	1.52
道路沥青	万吨				
焦炭	万吨	8	8.88	650.92	268.09
机焦	万吨	6	5.11	499.22	268.09
煤焦油	万吨				

4-15 续表 1

产品名称	计量单位	长沙市			
		企业数(个)	年初库存量	本年生产量	本年销售量
原煤	万吨	21	1.04	284.87	281.46
无烟煤	万吨	2	0.04	10.33	9.62
烟煤	万吨	19	1	274.54	271.84
炼焦烟煤	万吨				
一般烟煤	万吨	19	1	274.54	271.84
褐煤	万吨				
洗煤	万吨				
洗精煤	万吨				
炼焦用洗精煤	万吨				
天然原油	万吨				
天然气	亿立方米				
液化天然气	万吨				
煤层气(煤田天然气)	亿立方米				
油页岩	万吨				
原油加工量	万吨				
汽油	万吨				
航空汽油	万吨				
煤油	万吨				
航空煤油	万吨				
柴油	万吨				
润滑油	万吨	1	0.01	0.12	0.12
燃料油	万吨				
石脑油	万吨				
溶剂油	万吨				
润滑脂	万吨	1	0.04	0.69	0.68
液化石油气	万吨				
石油焦(油渣类)	万吨				
石油沥青	万吨	1	1.09	1.06	1.52
道路沥青	万吨				
焦炭	万吨				
机焦	万吨				
煤焦油	万吨				

4-15 续表 2

产品名称	计量单位	株洲市			
		企业数(个)	年初库存量	本年生产量	本年销售量
原煤	万吨	104	37.02	983.96	964.2
无烟煤	万吨	43	16.6	400.63	398.73
烟煤	万吨	61	20.42	583.33	565.47
炼焦烟煤	万吨				
一般烟煤	万吨	61	20.42	583.33	565.47
褐煤	万吨				
洗煤	万吨	7	6.24	120	120.51
洗精煤	万吨	6	4.92	105.62	106.45
炼焦用洗精煤	万吨	1	0.03	35.3	35.29
天然原油	万吨				
天然气	亿立方米				
液化天然气	万吨				
煤层气(煤田天然气)	亿立方米				
油页岩	万吨				
原油加工量	万吨				
汽油	万吨				
航空汽油	万吨				
煤油	万吨				
航空煤油	万吨				
柴油	万吨				
润滑油	万吨				
燃料油	万吨				
石脑油	万吨				
溶剂油	万吨				
润滑脂	万吨				
液化石油气	万吨				
石油焦(油渣类)	万吨				
石油沥青	万吨				
道路沥青	万吨				
焦炭	万吨				
机焦	万吨				
煤焦油	万吨				

4-15 续表 3

产品名称	计量单位	湘潭市			
		企业数(个)	年初库存量	本年生产量	本年销售量
原煤	万吨	3	0.54	87.98	87.89
无烟煤	万吨				
烟煤	万吨	3	0.54	87.98	87.89
炼焦烟煤	万吨	1		0.56	0.56
一般烟煤	万吨	3	0.54	87.42	87.33
褐煤	万吨				
洗煤	万吨	10	0.01	293.26	293.26
洗精煤	万吨	10	0.01	228.92	228.92
炼焦用洗精煤	万吨				
天然原油	万吨				
天然气	亿立方米				
液化天然气	万吨				
煤层气(煤田天然气)	亿立方米				
油页岩	万吨				
原油加工量	万吨				
汽油	万吨				
航空汽油	万吨				
煤油	万吨				
航空煤油	万吨				
柴油	万吨				
润滑油	万吨				
燃料油	万吨				
石脑油	万吨				
溶剂油	万吨				
润滑脂	万吨				
液化石油气	万吨				
石油焦(油渣类)	万吨				
石油沥青	万吨				
道路沥青	万吨				
焦炭	万吨	1		232	
机焦	万吨	1		232	
煤焦油	万吨				

4-15 续表 4

产品名称	计量单位	衡阳市			
		企业数(个)	年初库存量	本年生产量	本年销售量
原煤	万吨	56	58.2	802.52	796.13
无烟煤	万吨	48	56.18	697.97	691.82
烟煤	万吨	8	2.01	104.55	104.31
炼焦烟煤	万吨	1		0.58	0.58
一般烟煤	万吨	7	2.01	103.97	103.73
褐煤	万吨				
洗煤	万吨	12		166.68	166.68
洗精煤	万吨	12		166.68	166.68
炼焦用洗精煤	万吨				
天然原油	万吨				
天然气	亿立方米				
液化天然气	万吨				
煤层气(煤田天然气)	亿立方米				
油页岩	万吨				
原油加工量	万吨				
汽油	万吨	1		0.01	0.01
航空汽油	万吨				
煤油	万吨				
航空煤油	万吨				
柴油	万吨				
润滑油	万吨				
燃料油	万吨				
石脑油	万吨				
溶剂油	万吨	2	0.02	0.01	0.01
润滑脂	万吨				
液化石油气	万吨				
石油焦(油渣类)	万吨				
石油沥青	万吨				
道路沥青	万吨				
焦炭	万吨				
机焦	万吨				
煤焦油	万吨				

4-15 续表 5

产品名称	计量单位	邵阳市			
		企业数(个)	年初库存量	本年生产量	本年销售量
原煤	万吨	55	0.43	426.02	406.04
无烟煤	万吨	41	0.38	328.19	327.87
烟煤	万吨	14	0.05	97.83	78.17
炼焦烟煤	万吨	1	0.01	10.76	10.7
一般烟煤	万吨	13	0.04	87.06	67.47
褐煤	万吨				
洗煤	万吨	3		38.55	38.55
洗精煤	万吨	3		38.55	38.55
炼焦用洗精煤	万吨				
天然原油	万吨				
天然气	亿立方米				
液化天然气	万吨				
煤层气(煤田天然气)	亿立方米				
油页岩	万吨				
原油加工量	万吨				
汽油	万吨				
航空汽油	万吨				
煤油	万吨				
航空煤油	万吨				
柴油	万吨				
润滑油	万吨	1			
燃料油	万吨				
石脑油	万吨				
溶剂油	万吨				
润滑脂	万吨				
液化石油气	万吨				
石油焦(油渣类)	万吨				
石油沥青	万吨				
道路沥青	万吨				
焦炭	万吨	1	0.02	7.53	7.54
机焦	万吨	1	0.02	7.53	7.54
煤焦油	万吨				

4-15 续表 6

产品名称	计量单位	岳阳市			
		企业数(个)	年初库存量	本年生产量	本年销售量
原煤	万吨				
无烟煤	万吨				
烟煤	万吨				
炼焦烟煤	万吨				
一般烟煤	万吨				
褐煤	万吨				
洗煤	万吨				
洗精煤	万吨				
炼焦用洗精煤	万吨				
天然原油	万吨				
天然气	亿立方米				
液化天然气	万吨				
煤层气(煤田天然气)	亿立方米				
油页岩	万吨				
原油加工量	万吨	2		945.14	
汽油	万吨	2	1.48	241.33	240.31
航空汽油	万吨				
煤油	万吨	1	0.61	35.22	34.9
航空煤油	万吨	1	0.61	35.22	34.9
柴油	万吨	2	1.7	322.4	321.15
润滑油	万吨				
燃料油	万吨	2	0.61	55.67	55.23
石脑油	万吨	1	0.4	25.34	24.19
溶剂油	万吨	2	0.47	10.68	10.89
润滑脂	万吨				
液化石油气	万吨	2	0.22	69.4	69.03
石油焦(油渣类)	万吨	1	1.31	33.41	25.65
石油沥青	万吨				
道路沥青	万吨				
焦炭	万吨				
机焦	万吨				
煤焦油	万吨				

4-15 续表 7

产品名称	计量单位	常德市			
		企业数(个)	年初库存量	本年生产量	本年销售量
原煤	万吨	21	2.98	148.26	150.44
无烟煤	万吨	4	0.06	15.26	15.3
烟煤	万吨	17	2.92	133	135.14
炼焦烟煤	万吨				
一般烟煤	万吨	17	2.92	133	135.14
褐煤	万吨				
洗煤	万吨				
洗精煤	万吨				
炼焦用洗精煤	万吨				
天然原油	万吨				
天然气	亿立方米				
液化天然气	万吨				
煤层气(煤田天然气)	亿立方米				
油页岩	万吨				
原油加工量	万吨				
汽油	万吨				
航空汽油	万吨				
煤油	万吨				
航空煤油	万吨				
柴油	万吨				
润滑油	万吨				
燃料油	万吨				
石脑油	万吨				
溶剂油	万吨				
润滑脂	万吨				
液化石油气	万吨				
石油焦(油渣类)	万吨				
石油沥青	万吨				
道路沥青	万吨				
焦炭	万吨				
机焦	万吨				
煤焦油	万吨				

4-15　续表 8

产品名称	计量单位	张家界市			
		企业数(个)	年初库存量	本年生产量	本年销售量
原煤	万吨	6	1.64	42.97	43.57
无烟煤	万吨				
烟煤	万吨	6	1.64	42.97	43.57
炼焦烟煤	万吨				
一般烟煤	万吨	6	1.64	42.97	43.57
褐煤	万吨				
洗煤	万吨				
洗精煤	万吨				
炼焦用洗精煤	万吨				
天然原油	万吨				
天然气	亿立方米				
液化天然气	万吨				
煤层气(煤田天然气)	亿立方米				
油页岩	万吨				
原油加工量	万吨				
汽油	万吨				
航空汽油	万吨				
煤油	万吨				
航空煤油	万吨				
柴油	万吨				
润滑油	万吨				
燃料油	万吨				
石脑油	万吨				
溶剂油	万吨				
润滑脂	万吨				
液化石油气	万吨				
石油焦(油渣类)	万吨				
石油沥青	万吨				
道路沥青	万吨				
焦炭	万吨				
机焦	万吨				
煤焦油	万吨				

4-15 续表 9

产品名称	计量单位	益阳市			
		企业数(个)	年初库存量	本年生产量	本年销售量
原煤	万吨	7		48.16	48.16
无烟煤	万吨	6		36.02	36.02
烟煤	万吨	1		12.14	12.14
炼焦烟煤	万吨				
一般烟煤	万吨	1		12.14	12.14
褐煤	万吨				
洗煤	万吨				
洗精煤	万吨				
炼焦用洗精煤	万吨				
天然原油	万吨				
天然气	亿立方米				
液化天然气	万吨				
煤层气(煤田天然气)	亿立方米				
油页岩	万吨				
原油加工量	万吨				
汽油	万吨				
航空汽油	万吨				
煤油	万吨				
航空煤油	万吨				
柴油	万吨				
润滑油	万吨				
燃料油	万吨				
石脑油	万吨				
溶剂油	万吨				
润滑脂	万吨				
液化石油气	万吨				
石油焦(油渣类)	万吨				
石油沥青	万吨				
道路沥青	万吨				
焦炭	万吨				
机焦	万吨				
煤焦油	万吨				

4-15 续表 10

产品名称	计量单位	郴州市			
		企业数(个)	年初库存量	本年生产量	本年销售量
原煤	万吨	149	1.27	2173.23	2056.13
无烟煤	万吨	127	1.27	1590.18	1481.9
烟煤	万吨	22		583.05	574.23
炼焦烟煤	万吨				
一般烟煤	万吨	22		583.05	574.23
褐煤	万吨				
洗煤	万吨	12		223.54	223.54
洗精煤	万吨	12		223.54	223.54
炼焦用洗精煤	万吨				
天然原油	万吨				
天然气	亿立方米				
液化天然气	万吨				
煤层气(煤田天然气)	亿立方米				
油页岩	万吨				
原油加工量	万吨				
汽油	万吨				
航空汽油	万吨				
煤油	万吨				
航空煤油	万吨				
柴油	万吨				
润滑油	万吨				
燃料油	万吨				
石脑油	万吨				
溶剂油	万吨				
润滑脂	万吨				
液化石油气	万吨				
石油焦(油渣类)	万吨				
石油沥青	万吨				
道路沥青	万吨				
焦炭	万吨	1		14.54	14.54
机焦	万吨	1		14.54	14.54
煤焦油	万吨				

4-15 续表 11

产品名称	计量单位	永州市			
		企业数(个)	年初库存量	本年生产量	本年销售量
原煤	万吨	16	0.87	97.87	95.07
无烟煤	万吨	1	0.06	7.2	7.15
烟煤	万吨	15	0.81	90.67	87.92
炼焦烟煤	万吨				
一般烟煤	万吨	15	0.81	90.67	87.92
褐煤	万吨				
洗煤	万吨				
洗精煤	万吨				
炼焦用洗精煤	万吨				
天然原油	万吨				
天然气	亿立方米				
液化天然气	万吨				
煤层气(煤田天然气)	亿立方米				
油页岩	万吨				
原油加工量	万吨				
汽油	万吨				
航空汽油	万吨				
煤油	万吨				
航空煤油	万吨				
柴油	万吨	1			
润滑油	万吨				
燃料油	万吨				
石脑油	万吨				
溶剂油	万吨				
润滑脂	万吨				
液化石油气	万吨				
石油焦(油渣类)	万吨				
石油沥青	万吨				
道路沥青	万吨				
焦炭	万吨	1	0.18		
机焦	万吨				
煤焦油	万吨				

4-15 续表 12

产品名称	计量单位	怀化市			
		企业数(个)	年初库存量	本年生产量	本年销售量
原煤	万吨	17	1.25	141.5	142.71
无烟煤	万吨	3	0.04	16.62	16.62
烟煤	万吨	14	1.21	124.88	126.09
炼焦烟煤	万吨	3		24.37	24.37
一般烟煤	万吨	11	1.21	100.51	101.72
褐煤	万吨				
洗煤	万吨				
洗精煤	万吨				
炼焦用洗精煤	万吨				
天然原油	万吨				
天然气	亿立方米				
液化天然气	万吨				
煤层气(煤田天然气)	亿立方米				
油页岩	万吨				
原油加工量	万吨				
汽油	万吨				
航空汽油	万吨				
煤油	万吨				
航空煤油	万吨				
柴油	万吨				
润滑油	万吨				
燃料油	万吨				
石脑油	万吨				
溶剂油	万吨				
润滑脂	万吨				
液化石油气	万吨				
石油焦(油渣类)	万吨				
石油沥青	万吨				
道路沥青	万吨				
焦炭	万吨				
机焦	万吨				
煤焦油	万吨				

4-15 续表 13

产品名称	计量单位	娄底市			
		企业数(个)	年初库存量	本年生产量	本年销售量
原煤	万吨	211	3.95	1816.52	1807.64
无烟煤	万吨	176	3.48	1549.71	1541.77
烟煤	万吨	35	0.47	266.81	265.87
炼焦烟煤	万吨	2		11.16	11.16
一般烟煤	万吨	33	0.47	255.65	254.71
褐煤	万吨				
洗煤	万吨	36	8.23	816.43	816.54
洗精煤	万吨	35	8.23	813.12	813.22
炼焦用洗精煤	万吨				
天然原油	万吨				
天然气	亿立方米				
液化天然气	万吨				
煤层气(煤田天然气)	亿立方米				
油页岩	万吨				
原油加工量	万吨				
汽油	万吨				
航空汽油	万吨				
煤油	万吨				
航空煤油	万吨				
柴油	万吨				
润滑油	万吨				
燃料油	万吨	1	0.03		
石脑油	万吨				
溶剂油	万吨				
润滑脂	万吨				
液化石油气	万吨				
石油焦(油渣类)	万吨				
石油沥青	万吨				
道路沥青	万吨				
焦炭	万吨	4	8.68	396.85	246.01
机焦	万吨	3	5.09	245.14	246.01
煤焦油	万吨				

4-15 续表 14

产品名称	计量单位	湘西州			
		企业数(个)	年初库存量	本年生产量	本年销售量
原煤	万吨	4	0.04	18.35	18.33
无烟煤	万吨	2	0.04	8.27	8.31
烟煤	万吨	2		10.09	10.02
炼焦烟煤	万吨				
一般烟煤	万吨	2		10.09	10.02
褐煤	万吨				
洗煤	万吨				
洗精煤	万吨				
炼焦用洗精煤	万吨				
天然原油	万吨				
天然气	亿立方米				
液化天然气	万吨				
煤层气(煤田天然气)	亿立方米				
油页岩	万吨				
原油加工量	万吨				
汽油	万吨				
航空汽油	万吨				
煤油	万吨				
航空煤油	万吨				
柴油	万吨				
润滑油	万吨				
燃料油	万吨				
石脑油	万吨				
溶剂油	万吨				
润滑脂	万吨				
液化石油气	万吨				
石油焦(油渣类)	万吨				
石油沥青	万吨				
道路沥青	万吨				
焦炭	万吨				
机焦	万吨				
煤焦油	万吨				

4-15 续表 15

产品名称	计量单位	全省			
		本年销售金额（亿元）	实际销售平均单价(元/吨、元/万立方米、元/万千瓦小时、元/万吉焦)	企业自用及其他	年末库存量
原煤	万吨	498.22	722.29	33.1	250.57
无烟煤	万吨	330.16	728.01	7.49	195.92
烟煤	万吨	168.07	711.36	25.6	54.64
炼焦烟煤	万吨	3.74	789.53	0.04	0.03
一般烟煤	万吨	164.35	709.83	25.56	54.61
褐煤	万吨				
洗煤	万吨	210.54	1269.01	0.65	13.2
洗精煤	万吨	209.4	1327.53	0.65	11.57
炼焦用洗精煤	万吨	3.37	954.94		0.03
天然原油	万吨				
天然气	亿立方米				
液化天然气	万吨				
煤层气(煤田天然气)	亿立方米				
油页岩	万吨				
原油加工量	万吨				
汽油	万吨	186.85	7774.73	0.03	2.46
航空汽油	万吨				
煤油	万吨	21.43	6140.4		0.93
航空煤油	万吨	21.43	6140.4		0.93
柴油	万吨	208.97	6506.93	0.13	2.82
润滑油	万吨	0.14	11666.67		
燃料油	万吨	26.4	4780.01	0.48	0.59
石脑油	万吨	15.9	6572.96	0.01	1.53
溶剂油	万吨	7.79	7153.35		0.29
润滑脂	万吨	1.42	20882.35	0.01	0.03
液化石油气	万吨	39.54	5727.94	0.24	0.35
石油焦(油渣类)	万吨	3.23	1259.26	8.19	0.89
石油沥青	万吨	0.69	4539.47		0.63
道路沥青	万吨				
焦炭	万吨	56.57	2110.11	381.57	10.15
机焦	万吨	56.57	2110.11	232	4.24
煤焦油	万吨				

4-15 续表 16

产品名称	计量单位	长沙市			
		本年销售金额(亿元)	实际销售平均单价(元/吨、元/万立方米、元/万千瓦小时、元/万吉焦)	企业自用及其他	年末库存量
原煤	万吨	22.29	792.72	0.14	4.31
无烟煤	万吨	0.57	592.52		0.75
烟煤	万吨	21.72	799.10	0.14	3.56
炼焦烟煤	万吨				
一般烟煤	万吨	21.72	799.10	0.14	3.56
褐煤	万吨				
洗煤	万吨				
洗精煤	万吨				
炼焦用洗精煤	万吨				
天然原油	万吨				
天然气	亿立方米				
液化天然气	万吨				
煤层气(煤田天然气)	亿立方米				
油页岩	万吨				
原油加工量	万吨				
汽油	万吨				
航空汽油	万吨				
煤油	万吨				
航空煤油	万吨				
柴油	万吨				
润滑油	万吨	0.14	11666.67		
燃料油	万吨				
石脑油	万吨				
溶剂油	万吨				
润滑脂	万吨	1.42	20882.35	0.01	0.03
液化石油气	万吨				
石油焦(油渣类)	万吨				
石油沥青	万吨	0.69	4539.47		0.63
道路沥青	万吨				
焦炭	万吨				
机焦	万吨				
煤焦油	万吨				

4-15 续表 17

产品名称	计量单位	株洲市			
		本年销售金额（亿元）	实际销售平均单价(元/吨、元/万立方米、元/万千瓦小时、元/万吉焦)	企业自用及其他	年末库存量
原煤	万吨	54.94	569.82	0.09	56.69
无烟煤	万吨	24.48	613.95	0.04	18.46
烟煤	万吨	30.59	540.95	0.05	38.23
炼焦烟煤	万吨				
一般烟煤	万吨	30.59	540.95	0.05	38.23
褐煤	万吨				
洗煤	万吨	13.12	1088.71		5.73
洗精煤	万吨	12.48	1172.38		4.09
炼焦用洗精煤	万吨	3.37	954.94		0.03
天然原油	万吨				
天然气	亿立方米				
液化天然气	万吨				
煤层气(煤田天然气)	亿立方米				
油页岩	万吨				
原油加工量	万吨				
汽油	万吨				
航空汽油	万吨				
煤油	万吨				
航空煤油	万吨				
柴油	万吨				
润滑油	万吨				
燃料油	万吨				
石脑油	万吨				
溶剂油	万吨				
润滑脂	万吨				
液化石油气	万吨				
石油焦(油渣类)	万吨				
石油沥青	万吨				
道路沥青	万吨				
焦炭	万吨				
机焦	万吨				
煤焦油	万吨				

4-15 续表 18

产品名称	计量单位	湘潭市			
		本年销售金额（亿元）	实际销售平均单价(元/吨、元/万立方米、元/万千瓦小时、元/万吉焦)	企业自用及其他	年末库存量
原煤	万吨	5.62	639.44		0.63
无烟煤	万吨				
烟煤	万吨	5.62	639.44		0.63
炼焦烟煤	万吨	0.02	357.14		
一般烟煤	万吨	5.60	641.25		0.63
褐煤	万吨				
洗煤	万吨	36.69	1251.11		0.01
洗精煤	万吨	36.49	1594.01		0.01
炼焦用洗精煤	万吨				
天然原油	万吨				
天然气	亿立方米				
液化天然气	万吨				
煤层气(煤田天然气)	亿立方米				
油页岩	万吨				
原油加工量	万吨				
汽油	万吨				
航空汽油	万吨				
煤油	万吨				
航空煤油	万吨				
柴油	万吨				
润滑油	万吨				
燃料油	万吨				
石脑油	万吨				
溶剂油	万吨				
润滑脂	万吨				
液化石油气	万吨				
石油焦(油渣类)	万吨				
石油沥青	万吨				
道路沥青	万吨				
焦炭	万吨			232.00	
机焦	万吨			232.00	
煤焦油	万吨				

4-15 续表 19

产品名称	计量单位	衡阳市			
		本年销售金额（亿元）	实际销售平均单价(元/吨、元/万立方米、元/万千瓦小时、元/万吉焦)	企业自用及其他	年末库存量
原煤	万吨	55.27	694.27	6.31	58.27
无烟煤	万吨	47.89	692.27	6.00	56.33
烟煤	万吨	7.38	707.59	0.31	1.94
炼焦烟煤	万吨	0.10	1724.14		
一般烟煤	万吨	7.30	703.36	0.31	1.94
褐煤	万吨				
洗煤	万吨	20.73	1243.70		
洗精煤	万吨	20.73	1243.70		
炼焦用洗精煤	万吨				
天然原油	万吨				
天然气	亿立方米				
液化天然气	万吨				
煤层气(煤田天然气)	亿立方米				
油页岩	万吨				
原油加工量	万吨				
汽油	万吨	0.01	10000.00		
航空汽油	万吨				
煤油	万吨				
航空煤油	万吨				
柴油	万吨				
润滑油	万吨				
燃料油	万吨				
石脑油	万吨				
溶剂油	万吨	0.01	10000.00		0.02
润滑脂	万吨				
液化石油气	万吨				
石油焦(油渣类)	万吨				
石油沥青	万吨				
道路沥青	万吨				
焦炭	万吨				
机焦	万吨				
煤焦油	万吨				

4-15 续表 20

产品名称	计量单位	邵阳市			
		本年销售金额（亿元）	实际销售平均单价(元/吨、元/万立方米、元/万千瓦小时、元/万吉焦)	企业自用及其他	年末库存量
原煤	万吨	27.41	675.06	18.93	1.47
无烟煤	万吨	21.17	645.68	0.07	0.62
烟煤	万吨	6.24	798.26	18.86	0.85
炼焦烟煤	万吨	0.86	803.74	0.04	0.03
一般烟煤	万吨	5.38	797.39	18.82	0.82
褐煤	万吨				
洗煤	万吨	3.70	959.79		
洗精煤	万吨	3.70	959.79		
炼焦用洗精煤	万吨				
天然原油	万吨				
天然气	亿立方米				
液化天然气	万吨				
煤层气(煤田天然气)	亿立方米				
油页岩	万吨				
原油加工量	万吨				
汽油	万吨				
航空汽油	万吨				
煤油	万吨				
航空煤油	万吨				
柴油	万吨				
润滑油	万吨				
燃料油	万吨				
石脑油	万吨				
溶剂油	万吨				
润滑脂	万吨				
液化石油气	万吨				
石油焦(油渣类)	万吨				
石油沥青	万吨				
道路沥青	万吨				
焦炭	万吨	0.76	1007.96		0.02
机焦	万吨	0.76	1007.96		0.02
煤焦油	万吨				

4-15 续表 21

产品名称	计量单位	岳阳市			
		本年销售金额(亿元)	实际销售平均单价(元/吨、元/万立方米、元/万千瓦小时、元/万吉焦)	企业自用及其他	年末库存量
原煤	万吨				
无烟煤	万吨				
烟煤	万吨				
炼焦烟煤	万吨				
一般烟煤	万吨				
褐煤	万吨				
洗煤	万吨				
洗精煤	万吨				
炼焦用洗精煤	万吨				
天然原油	万吨				
天然气	亿立方米				
液化天然气	万吨				
煤层气(煤田天然气)	亿立方米				
油页岩	万吨				
原油加工量	万吨				
汽油	万吨	186.84	7774.96	0.03	2.46
航空汽油	万吨				
煤油	万吨	21.43	6140.40		0.93
航空煤油	万吨	21.43	6140.40		0.93
柴油	万吨	208.97	6506.93	0.13	2.82
润滑油	万吨				
燃料油	万吨	26.40	4780.01	0.47	0.58
石脑油	万吨	15.90	6572.96	0.01	1.53
溶剂油	万吨	7.78	7144.17		0.27
润滑脂	万吨				
液化石油气	万吨	39.54	5727.94	0.24	0.35
石油焦(油渣类)	万吨	3.23	1259.26	8.19	0.89
石油沥青	万吨				
道路沥青	万吨				
焦炭	万吨				
机焦	万吨				
煤焦油	万吨				

4-15 续表 22

产品名称	计量单位	常德市			
		本年销售金额(亿元)	实际销售平均单价(元/吨、元/万立方米、元/万千瓦小时、元/万吉焦)	企业自用及其他	年末库存量
原煤	万吨	7.44	494.55	0.22	0.58
无烟煤	万吨	0.88	575.16	0.02	
烟煤	万吨	6.56	485.42	0.20	0.58
炼焦烟煤	万吨				
一般烟煤	万吨	6.56	485.42	0.20	0.58
褐煤	万吨				
洗煤	万吨				
洗精煤	万吨				
炼焦用洗精煤	万吨				
天然原油	万吨				
天然气	亿立方米				
液化天然气	万吨				
煤层气(煤田天然气)	亿立方米				
油页岩	万吨				
原油加工量	万吨				
汽油	万吨				
航空汽油	万吨				
煤油	万吨				
航空煤油	万吨				
柴油	万吨				
润滑油	万吨				
燃料油	万吨				
石脑油	万吨				
溶剂油	万吨				
润滑脂	万吨				
液化石油气	万吨				
石油焦(油渣类)	万吨				
石油沥青	万吨				
道路沥青	万吨				
焦炭	万吨				
机焦	万吨				
煤焦油	万吨				

4-15 续表 23

产品名称	计量单位	张家界市			
		本年销售金额（亿元）	实际销售平均单价(元/吨、元/万立方米、元/万千瓦小时、元/万吉焦)	企业自用及其他	年末库存量
原煤	万吨	1.86	426.90	0.19	0.86
无烟煤	万吨				
烟煤	万吨	1.86	426.90	0.19	0.86
炼焦烟煤	万吨				
一般烟煤	万吨	1.86	426.90	0.19	0.86
褐煤	万吨				
洗煤	万吨				
洗精煤	万吨				
炼焦用洗精煤	万吨				
天然原油	万吨				
天然气	亿立方米				
液化天然气	万吨				
煤层气(煤田天然气)	亿立方米				
油页岩	万吨				
原油加工量	万吨				
汽油	万吨				
航空汽油	万吨				
煤油	万吨				
航空煤油	万吨				
柴油	万吨				
润滑油	万吨				
燃料油	万吨				
石脑油	万吨				
溶剂油	万吨				
润滑脂	万吨				
液化石油气	万吨				
石油焦(油渣类)	万吨				
石油沥青	万吨				
道路沥青	万吨				
焦炭	万吨				
机焦	万吨				
煤焦油	万吨				

4-15 续表 24

产品名称	计量单位	益阳市			
		本年销售金额(亿元)	实际销售平均单价(元/吨、元/万立方米、元/万千瓦小时、元/万吉焦)	企业自用及其他	年末库存量
原煤	万吨	2.25	467.19		
无烟煤	万吨	1.62	449.75		
烟煤	万吨	0.63	518.95		
炼焦烟煤	万吨				
一般烟煤	万吨	0.63	518.95		
褐煤	万吨				
洗煤	万吨				
洗精煤	万吨				
炼焦用洗精煤	万吨				
天然原油	万吨				
天然气	亿立方米				
液化天然气	万吨				
煤层气(煤田天然气)	亿立方米				
油页岩	万吨				
原油加工量	万吨				
汽油	万吨				
航空汽油	万吨				
煤油	万吨				
航空煤油	万吨				
柴油	万吨				
润滑油	万吨				
燃料油	万吨				
石脑油	万吨				
溶剂油	万吨				
润滑脂	万吨				
液化石油气	万吨				
石油焦(油渣类)	万吨				
石油沥青	万吨				
道路沥青	万吨				
焦炭	万吨				
机焦	万吨				
煤焦油	万吨				

4-15 续表 25

产品名称	计量单位	郴州市			
		本年销售金额(亿元)	实际销售平均单价(元/吨、元/万立方米、元/万千瓦小时、元/万吉焦)	企业自用及其他	年末库存量
原煤	万吨	154.42	751.04	5.77	112.60
无烟煤	万吨	109.86	741.33	0.63	108.92
烟煤	万吨	44.58	776.28	5.14	3.68
炼焦烟煤	万吨				
一般烟煤	万吨	44.58	776.28	5.14	3.68
褐煤	万吨				
洗煤	万吨	30.22	1351.88		
洗精煤	万吨	30.22	1351.88		
炼焦用洗精煤	万吨				
天然原油	万吨				
天然气	亿立方米				
液化天然气	万吨				
煤层气(煤田天然气)	亿立方米				
油页岩	万吨				
原油加工量	万吨				
汽油	万吨				
航空汽油	万吨				
煤油	万吨				
航空煤油	万吨				
柴油	万吨				
润滑油	万吨				
燃料油	万吨				
石脑油	万吨				
溶剂油	万吨				
润滑脂	万吨				
液化石油气	万吨				
石油焦(油渣类)	万吨				
石油沥青	万吨				
道路沥青	万吨				
焦炭	万吨	2.04	1403.03		
机焦	万吨	2.04	1403.03		
煤焦油	万吨				

4-15 续表 26

产品名称	计量单位	永州市			
		本年销售金额(亿元)	实际销售平均单价(元/吨、元/万立方米、元/万千瓦小时、元/万吉焦)	企业自用及其他	年末库存量
原煤	万吨	6.46	679.50		3.66
无烟煤	万吨	0.56	783.22		0.10
烟煤	万吨	5.90	671.06		3.56
炼焦烟煤	万吨				
一般烟煤	万吨	5.90	671.06		3.56
褐煤	万吨				
洗煤	万吨				
洗精煤	万吨				
炼焦用洗精煤	万吨				
天然原油	万吨				
天然气	亿立方米				
液化天然气	万吨				
煤层气(煤田天然气)	亿立方米				
油页岩	万吨				
原油加工量	万吨				
汽油	万吨				
航空汽油	万吨				
煤油	万吨				
航空煤油	万吨				
柴油	万吨				
润滑油	万吨				
燃料油	万吨				
石脑油	万吨				
溶剂油	万吨				
润滑脂	万吨				
液化石油气	万吨				
石油焦(油渣类)	万吨				
石油沥青	万吨				
道路沥青	万吨				
焦炭	万吨			0.07	0.11
机焦	万吨				
煤焦油	万吨				

4-15 续表 27

产品名称	计量单位	怀化市			
		本年销售金额（亿元）	实际销售平均单价(元/吨、元/万立方米、元/万千瓦小时、元/万吉焦)	企业自用及其他	年末库存量
原煤	万吨	10.41	729.45		0.04
无烟煤	万吨	1.30	782.19		0.04
烟煤	万吨	9.11	722.50		
炼焦烟煤	万吨	1.75	718.10		
一般烟煤	万吨	7.35	722.57		
褐煤	万吨				
洗煤	万吨				
洗精煤	万吨				
炼焦用洗精煤	万吨				
天然原油	万吨				
天然气	亿立方米				
液化天然气	万吨				
煤层气(煤田天然气)	亿立方米				
油页岩	万吨				
原油加工量	万吨				
汽油	万吨				
航空汽油	万吨				
煤油	万吨				
航空煤油	万吨				
柴油	万吨				
润滑油	万吨				
燃料油	万吨				
石脑油	万吨				
溶剂油	万吨				
润滑脂	万吨				
液化石油气	万吨				
石油焦(油渣类)	万吨				
石油沥青	万吨				
道路沥青	万吨				
焦炭	万吨				
机焦	万吨				
煤焦油	万吨				

4-15 续表 28

产品名称	计量单位	娄底市			
		本年销售金额(亿元)	实际销售平均单价(元/吨、元/万立方米、元/万千瓦小时、元/万吉焦)	企业自用及其他	年末库存量
原煤	万吨	148.48	821.42	1.38	11.45
无烟煤	万吨	121.08	785.35	0.72	10.70
烟煤	万吨	27.37	1029.31	0.66	0.75
炼焦烟煤	万吨	1.01	905.02		
一般烟煤	万吨	26.34	1034.15	0.66	0.75
褐煤	万吨				
洗煤	万吨	106.08	1299.14	0.65	7.47
洗精煤	万吨	105.78	1300.76	0.65	7.47
炼焦用洗精煤	万吨				
天然原油	万吨				
天然气	亿立方米				
液化天然气	万吨				
煤层气(煤田天然气)	亿立方米				
油页岩	万吨				
原油加工量	万吨				
汽油	万吨				
航空汽油	万吨				
煤油	万吨				
航空煤油	万吨				
柴油	万吨				
润滑油	万吨				
燃料油	万吨			0.02	0.01
石脑油	万吨				
溶剂油	万吨				
润滑脂	万吨				
液化石油气	万吨				
石油焦(油渣类)	万吨				
石油沥青	万吨				
道路沥青	万吨				
焦炭	万吨	53.77	2185.68	149.50	10.01
机焦	万吨	53.77	2185.68		4.22
煤焦油	万吨				

4-15 续表 29

产品名称	计量单位	湘西州			
		本年销售金额(亿元)	实际销售平均单价(元/吨、元/万立方米、元/万千瓦小时、元/万吉焦)	企业自用及其他	年末库存量
原煤	万吨	1.19	649.21	0.07	
无烟煤	万吨	0.67	806.26		
烟煤	万吨	0.51	508.98	0.07	
炼焦烟煤	万吨				
一般烟煤	万吨	0.51	508.98	0.07	
褐煤	万吨				
洗煤	万吨				
洗精煤	万吨				
炼焦用洗精煤	万吨				
天然原油	万吨				
天然气	亿立方米				
液化天然气	万吨				
煤层气(煤田天然气)	亿立方米				
油页岩	万吨				
原油加工量	万吨				
汽油	万吨				
航空汽油	万吨				
煤油	万吨				
航空煤油	万吨				
柴油	万吨				
润滑油	万吨				
燃料油	万吨				
石脑油	万吨				
溶剂油	万吨				
润滑脂	万吨				
液化石油气	万吨				
石油焦(油渣类)	万吨				
石油沥青	万吨				
道路沥青	万吨				
焦炭	万吨				
机焦	万吨				
煤焦油	万吨				

4-15 续表 30

产品名称	计量单位	全省			
		企业数(个)	年初库存量	本年生产量	本年销售量
发电量	亿千瓦小时	250		1285.72	1149.21
火力发电量	亿千瓦小时	78		840.82	707.64
煤炭为能源发电量	亿千瓦小时	39		759.3	685.66
石油为能源发电量	亿千瓦小时	1		2.46	2.46
常规天然气为能源发电量	亿千瓦小时				
煤层气为能源发电量	亿千瓦小时				
沼气为能源发电量	亿千瓦小时	1		4.04	4.04
余温、余热、余气为能源发电量	亿千瓦小时	27		62.81	6.97
垃圾焚烧发电量	亿千瓦小时	1		0.87	0.71
秸秆、蔗渣、林木质为能源发电量	亿千瓦小时	5		5.84	5.36
其他火力发电量	亿千瓦小时	4		5.51	2.44
水力发电量	亿千瓦小时	164		438.43	435.16
常规水电发电量	亿千瓦小时	159		431.15	427.88
抽水蓄能发电量	亿千瓦小时	5		7.28	7.28
核能发电量	亿千瓦小时				
风力发电量	亿千瓦小时	8		6.46	6.41
太阳能发电量	亿千瓦小时				
光伏发电量	亿千瓦小时				
太阳能热发电量	亿千瓦小时				
潮汐能发电量	亿千瓦小时				
地热能发电量	亿千瓦小时				
其他发电量	亿千瓦小时				
供电量	亿千瓦小时	54		359.09	
售电量	亿千瓦小时	54			353.52
供热总量	亿吉焦	3		0.02	0.02
煤气生产量	亿立方米	4		214.40	3.83
焦炉煤气	亿立方米	2		13.93	3.83
高炉煤气	亿立方米				
燃气供应量	亿立方米	10			16.66
人工煤气供应量	亿立方米				
天然气供应量	亿立方米	8			11.29
液化天然气(LNG)供应量	万吨				
液化石油气供应量	万吨	1			5.32

4-15 续表 31

产品名称	计量单位	长沙市			
		企业数(个)	年初库存量	本年生产量	本年销售量
发电量	亿千瓦小时	10		62.78	61.12
火力发电量	亿千瓦小时	7		57.73	56.07
煤炭为能源发电量	亿千瓦小时	2		52.03	52.03
石油为能源发电量	亿千瓦小时				
常规天然气为能源发电量	亿千瓦小时				
煤层气为能源发电量	亿千瓦小时				
沼气为能源发电量	亿千瓦小时	1		4.04	4.04
余温、余热、余气为能源发电量	亿千瓦小时	4		1.66	
垃圾焚烧发电量	亿千瓦小时				
秸秆、蔗渣、林木质为能源发电量	亿千瓦小时				
其他火力发电量	亿千瓦小时				
水力发电量	亿千瓦小时	3		5.05	5.05
常规水电发电量	亿千瓦小时	2		4.25	4.24
抽水蓄能发电量	亿千瓦小时	1		0.81	0.81
核能发电量	亿千瓦小时				
风力发电量	亿千瓦小时				
太阳能发电量	亿千瓦小时				
光伏发电量	亿千瓦小时				
太阳能热发电量	亿千瓦小时				
潮汐能发电量	亿千瓦小时				
地热能发电量	亿千瓦小时				
其他发电量	亿千瓦小时				
供电量	亿千瓦小时				
售电量	亿千瓦小时				
供热总量	亿吉焦	3		0.02	0.02
煤气生产量	亿立方米				
焦炉煤气	亿立方米				
高炉煤气	亿立方米				
燃气供应量	亿立方米	5			13.62
人工煤气供应量	亿立方米				
天然气供应量	亿立方米	4			8.3
液化天然气(LNG)供应量	万吨				
液化石油气供应量	万吨	1			5.32

4-15 续表 32

产品名称	计量单位	株洲市			
		企业数(个)	年初库存量	本年生产量	本年销售量
发电量	亿千瓦小时	20		51.11	47.97
火力发电量	亿千瓦小时	4		28.11	
煤炭为能源发电量	亿千瓦小时	3		27.55	25.02
石油为能源发电量	亿千瓦小时				
常规天然气为能源发电量	亿千瓦小时				
煤层气为能源发电量	亿千瓦小时				
沼气为能源发电量	亿千瓦小时				
余温、余热、余气为能源发电量	亿千瓦小时	1		0.56	
垃圾焚烧发电量	亿千瓦小时				
秸秆、蔗渣、林木质为能源发电量	亿千瓦小时				
其他火力发电量	亿千瓦小时				
水力发电量	亿千瓦小时	16		23	22.95
常规水电发电量	亿千瓦小时	16		23	22.95
抽水蓄能发电量	亿千瓦小时				
核能发电量	亿千瓦小时				
风力发电量	亿千瓦小时				
太阳能发电量	亿千瓦小时				
光伏发电量	亿千瓦小时				
太阳能热发电量	亿千瓦小时				
潮汐能发电量	亿千瓦小时				
地热能发电量	亿千瓦小时				
其他发电量	亿千瓦小时				
供电量	亿千瓦小时	1		38.52	
售电量	亿千瓦小时	1			38.52
供热总量	亿吉焦				
煤气生产量	亿立方米				
焦炉煤气	亿立方米				
高炉煤气	亿立方米				
燃气供应量	亿立方米	1			
人工煤气供应量	亿立方米				
天然气供应量	亿立方米	1			
液化天然气(LNG)供应量	万吨				
液化石油气供应量	万吨				

4-15 续表 33

产品名称	计量单位	湘潭市			
		企业数(个)	年初库存量	本年生产量	本年销售量
发电量	亿千瓦小时	4		87.21	65.21
火力发电量	亿千瓦小时	3		86.48	64.48
煤炭为能源发电量	亿千瓦小时	2		68.77	64.48
石油为能源发电量	亿千瓦小时				
常规天然气为能源发电量	亿千瓦小时				
煤层气为能源发电量	亿千瓦小时				
沼气为能源发电量	亿千瓦小时				
余温、余热、余气为能源发电量	亿千瓦小时	1		17.71	
垃圾焚烧发电量	亿千瓦小时				
秸秆、蔗渣、林木质为能源发电量	亿千瓦小时				
其他火力发电量	亿千瓦小时				
水力发电量	亿千瓦小时	1		0.73	0.73
常规水电发电量	亿千瓦小时	1		0.73	0.73
抽水蓄能发电量	亿千瓦小时				
核能发电量	亿千瓦小时				
风力发电量	亿千瓦小时				
太阳能发电量	亿千瓦小时				
光伏发电量	亿千瓦小时				
太阳能热发电量	亿千瓦小时				
潮汐能发电量	亿千瓦小时				
地热能发电量	亿千瓦小时				
其他发电量	亿千瓦小时				
供电量	亿千瓦小时				
售电量	亿千瓦小时				
供热总量	亿吉焦				
煤气生产量	亿立方米	1		10.1	
焦炉煤气	亿立方米	1		10.1	
高炉煤气	亿立方米				
燃气供应量	亿立方米				
人工煤气供应量	亿立方米				
天然气供应量	亿立方米				
液化天然气(LNG)供应量	万吨				
液化石油气供应量	万吨				

4-15 续表 34

产品名称	计量单位	衡阳市			
		企业数(个)	年初库存量	本年生产量	本年销售量
发电量	亿千瓦小时	14		68.9	63.51
火力发电量	亿千瓦小时	5		52.17	47.04
煤炭为能源发电量	亿千瓦小时	3		50.8	45.67
石油为能源发电量	亿千瓦小时				
常规天然气为能源发电量	亿千瓦小时				
煤层气为能源发电量	亿千瓦小时				
沼气为能源发电量	亿千瓦小时				
余温、余热、余气为能源发电量	亿千瓦小时	1		0.14	0.14
垃圾焚烧发电量	亿千瓦小时				
秸秆、蔗渣、林木质为能源发电量	亿千瓦小时	1		1.23	1.23
其他火力发电量	亿千瓦小时				
水力发电量	亿千瓦小时	9		16.73	16.46
常规水电发电量	亿千瓦小时	9		16.73	16.46
抽水蓄能发电量	亿千瓦小时				
核能发电量	亿千瓦小时				
风力发电量	亿千瓦小时				
太阳能发电量	亿千瓦小时				
光伏发电量	亿千瓦小时				
太阳能热发电量	亿千瓦小时				
潮汐能发电量	亿千瓦小时				
地热能发电量	亿千瓦小时				
其他发电量	亿千瓦小时				
供电量	亿千瓦小时	2		7.17	
售电量	亿千瓦小时	2			6.26
供热总量	亿吉焦				
煤气生产量	亿立方米				
焦炉煤气	亿立方米				
高炉煤气	亿立方米				
燃气供应量	亿立方米	2			1.70
人工煤气供应量	亿立方米				
天然气供应量	亿立方米	1			1.65
液化天然气(LNG)供应量	万吨				
液化石油气供应量	万吨				

4-15 续表 35

产品名称	计量单位	邵阳市			
		企业数(个)	年初库存量	本年生产量	本年销售量
发电量	亿千瓦小时	20		89.74	86.17
火力发电量	亿千瓦小时	3		53.36	49.91
煤炭为能源发电量	亿千瓦小时	2		53.06	49.91
石油为能源发电量	亿千瓦小时				
常规天然气为能源发电量	亿千瓦小时				
煤层气为能源发电量	亿千瓦小时				
沼气为能源发电量	亿千瓦小时				
余温、余热、余气为能源发电量	亿千瓦小时	1		0.31	
垃圾焚烧发电量	亿千瓦小时				
秸秆、蔗渣、林木质为能源发电量	亿千瓦小时				
其他火力发电量	亿千瓦小时				
水力发电量	亿千瓦小时	16		35.21	35.14
常规水电发电量	亿千瓦小时	16		35.21	35.14
抽水蓄能发电量	亿千瓦小时				
核能发电量	亿千瓦小时				
风力发电量	亿千瓦小时	1		1.17	1.12
太阳能发电量	亿千瓦小时				
光伏发电量	亿千瓦小时				
太阳能热发电量	亿千瓦小时				
潮汐能发电量	亿千瓦小时				
地热能发电量	亿千瓦小时				
其他发电量	亿千瓦小时				
供电量	亿千瓦小时	7		25.82	
售电量	亿千瓦小时	7			23.68
供热总量	亿吉焦				
煤气生产量	亿立方米	1			
焦炉煤气	亿立方米				
高炉煤气	亿立方米				
燃气供应量	亿立方米				
人工煤气供应量	亿立方米				
天然气供应量	亿立方米				
液化天然气(LNG)供应量	万吨				
液化石油气供应量	万吨				

4-15 续表 36

产品名称	计量单位	岳阳市			
		企业数(个)	年初库存量	本年生产量	本年销售量
发电量	亿千瓦小时	7		127.01	100.72
火力发电量	亿千瓦小时	6		125.28	98.98
煤炭为能源发电量	亿千瓦小时	3		121.9	96.24
石油为能源发电量	亿千瓦小时	1		2.46	2.46
常规天然气为能源发电量	亿千瓦小时				
煤层气为能源发电量	亿千瓦小时				
沼气为能源发电量	亿千瓦小时				
余温、余热、余气为能源发电量	亿千瓦小时	1		0.64	
垃圾焚烧发电量	亿千瓦小时				
秸秆、蔗渣、林木质为能源发电量	亿千瓦小时	1		0.29	0.29
其他火力发电量	亿千瓦小时				
水力发电量	亿千瓦小时	1		1.73	1.73
常规水电发电量	亿千瓦小时				
抽水蓄能发电量	亿千瓦小时	1		1.73	1.73
核能发电量	亿千瓦小时				
风力发电量	亿千瓦小时				
太阳能发电量	亿千瓦小时				
光伏发电量	亿千瓦小时				
太阳能热发电量	亿千瓦小时				
潮汐能发电量	亿千瓦小时				
地热能发电量	亿千瓦小时				
其他发电量	亿千瓦小时				
供电量	亿千瓦小时	2		9.72	
售电量	亿千瓦小时	2			8.3
供热总量	亿吉焦				
煤气生产量	亿立方米				
焦炉煤气	亿立方米				
高炉煤气	亿立方米				
燃气供应量	亿立方米				
人工煤气供应量	亿立方米				
天然气供应量	亿立方米				
液化天然气(LNG)供应量	万吨				
液化石油气供应量	万吨				

4-15 续表 37

产品名称	计量单位	常德市			
		企业数(个)	年初库存量	本年生产量	本年销售量
发电量	亿千瓦小时	24		133.79	124.21
火力发电量	亿千瓦小时	12		99.19	121.2
煤炭为能源发电量	亿千瓦小时	7		94.54	86.97
石油为能源发电量	亿千瓦小时				
常规天然气为能源发电量	亿千瓦小时				
煤层气为能源发电量	亿千瓦小时				
沼气为能源发电量	亿千瓦小时				
余温、余热、余气为能源发电量	亿千瓦小时	2		1.2	
垃圾焚烧发电量	亿千瓦小时	1		0.87	0.71
秸秆、蔗渣、林木质为能源发电量	亿千瓦小时	1		1.89	1.69
其他火力发电量	亿千瓦小时	1		0.69	0.61
水力发电量	亿千瓦小时	12		34.6	34.23
常规水电发电量	亿千瓦小时	12		34.6	34.23
抽水蓄能发电量	亿千瓦小时				
核能发电量	亿千瓦小时				
风力发电量	亿千瓦小时				
太阳能发电量	亿千瓦小时				
光伏发电量	亿千瓦小时				
太阳能热发电量	亿千瓦小时				
潮汐能发电量	亿千瓦小时				
地热能发电量	亿千瓦小时				
其他发电量	亿千瓦小时				
供电量	亿千瓦小时	1		30.01	
售电量	亿千瓦小时	1			30
供热总量	亿吉焦				
煤气生产量	亿立方米				
焦炉煤气	亿立方米				
高炉煤气	亿立方米				
燃气供应量	亿立方米				
人工煤气供应量	亿立方米				
天然气供应量	亿立方米				
液化天然气(LNG)供应量	万吨				
液化石油气供应量	万吨				

4-15 续表 38

产品名称	计量单位	张家界市			
		企业数(个)	年初库存量	本年生产量	本年销售量
发电量	亿千瓦小时	12		26.99	25.76
火力发电量	亿千瓦小时	2		5.77	5.26
煤炭为能源发电量	亿千瓦小时	1		5.6	5.26
石油为能源发电量	亿千瓦小时				
常规天然气为能源发电量	亿千瓦小时				
煤层气为能源发电量	亿千瓦小时				
沼气为能源发电量	亿千瓦小时				
余温、余热、余气为能源发电量	亿千瓦小时	1		0.17	
垃圾焚烧发电量	亿千瓦小时				
秸秆、蔗渣、林木质为能源发电量	亿千瓦小时				
其他火力发电量	亿千瓦小时				
水力发电量	亿千瓦小时	10		21.22	20.5
常规水电发电量	亿千瓦小时	10		21.22	20.5
抽水蓄能发电量	亿千瓦小时				
核能发电量	亿千瓦小时				
风力发电量	亿千瓦小时				
太阳能发电量	亿千瓦小时				
光伏发电量	亿千瓦小时				
太阳能热发电量	亿千瓦小时				
潮汐能发电量	亿千瓦小时				
地热能发电量	亿千瓦小时				
其他发电量	亿千瓦小时				
供电量	亿千瓦小时	3		11.12	
售电量	亿千瓦小时	3			10.77
供热总量	亿吉焦				
煤气生产量	亿立方米				
焦炉煤气	亿立方米				
高炉煤气	亿立方米				
燃气供应量	亿立方米				
人工煤气供应量	亿立方米				
天然气供应量	亿立方米				
液化天然气(LNG)供应量	万吨				
液化石油气供应量	万吨				

4-15 续表 39

产品名称	计量单位	益阳市			
		企业数(个)	年初库存量	本年生产量	本年销售量
发电量	亿千瓦小时	13		118.8	113.09
火力发电量	亿千瓦小时	4		74.67	69.21
煤炭为能源发电量	亿千瓦小时	2		73.15	67.88
石油为能源发电量	亿千瓦小时				
常规天然气为能源发电量	亿千瓦小时				
煤层气为能源发电量	亿千瓦小时				
沼气为能源发电量	亿千瓦小时				
余温、余热、余气为能源发电量	亿千瓦小时				
垃圾焚烧发电量	亿千瓦小时				
秸秆、蔗渣、林木质为能源发电量	亿千瓦小时	1		1.5	1.31
其他火力发电量	亿千瓦小时	1		0.02	0.02
水力发电量	亿千瓦小时	9		44.13	43.88
常规水电发电量	亿千瓦小时	9		44.13	43.88
抽水蓄能发电量	亿千瓦小时				
核能发电量	亿千瓦小时				
风力发电量	亿千瓦小时				
太阳能发电量	亿千瓦小时				
光伏发电量	亿千瓦小时				
太阳能热发电量	亿千瓦小时				
潮汐能发电量	亿千瓦小时				
地热能发电量	亿千瓦小时				
其他发电量	亿千瓦小时				
供电量	亿千瓦小时				
售电量	亿千瓦小时				
供热总量	亿吉焦				
煤气生产量	亿立方米				
焦炉煤气	亿立方米				
高炉煤气	亿立方米				
燃气供应量	亿立方米	1			1.19
人工煤气供应量	亿立方米				
天然气供应量	亿立方米	1			1.19
液化天然气(LNG)供应量	万吨				
液化石油气供应量	万吨				

4-15 续表 40

产品名称	计量单位	郴州市			
		企业数(个)	年初库存量	本年生产量	本年销售量
发电量	亿千瓦小时	43		159.33	148.24
火力发电量	亿千瓦小时	13		118.62	107.72
煤炭为能源发电量	亿千瓦小时	9		112.81	102.15
石油为能源发电量	亿千瓦小时				
常规天然气为能源发电量	亿千瓦小时				
煤层气为能源发电量	亿千瓦小时				
沼气为能源发电量	亿千瓦小时				
余温、余热、余气为能源发电量	亿千瓦小时	2		4.84	4.7
垃圾焚烧发电量	亿千瓦小时				
秸秆、蔗渣、林木质为能源发电量	亿千瓦小时	1		0.93	0.84
其他火力发电量	亿千瓦小时	1		0.03	0.03
水力发电量	亿千瓦小时	24		35.8	35.61
常规水电发电量	亿千瓦小时	24		35.8	35.61
抽水蓄能发电量	亿千瓦小时				
核能发电量	亿千瓦小时				
风力发电量	亿千瓦小时	6		4.91	4.91
太阳能发电量	亿千瓦小时				
光伏发电量	亿千瓦小时				
太阳能热发电量	亿千瓦小时				
潮汐能发电量	亿千瓦小时				
地热能发电量	亿千瓦小时				
其他发电量	亿千瓦小时				
供电量	亿千瓦小时	11		117.71	
售电量	亿千瓦小时	11			121.85
供热总量	亿吉焦				
煤气生产量	亿立方米				
焦炉煤气	亿立方米				
高炉煤气	亿立方米				
燃气供应量	亿立方米	1			0.16
人工煤气供应量	亿立方米				
天然气供应量	亿立方米	1			0.16
液化天然气(LNG)供应量	万吨				
液化石油气供应量	万吨				

4-15 续表 41

产品名称	计量单位	永州市			
		企业数(个)	年初库存量	本年生产量	本年销售量
发电量	亿千瓦小时	33		61.45	58.18
火力发电量	亿千瓦小时	7		3.72	0.88
煤炭为能源发电量	亿千瓦小时	2		2.26	
石油为能源发电量	亿千瓦小时				
常规天然气为能源发电量	亿千瓦小时				
煤层气为能源发电量	亿千瓦小时				
沼气为能源发电量	亿千瓦小时				
余温、余热、余气为能源发电量	亿千瓦小时	5		1.46	0.88
垃圾焚烧发电量	亿千瓦小时				
秸秆、蔗渣、林木质为能源发电量	亿千瓦小时				
其他火力发电量	亿千瓦小时				
水力发电量	亿千瓦小时	25		57.34	56.91
常规水电发电量	亿千瓦小时	22		52.6	52.16
抽水蓄能发电量	亿千瓦小时	3		4.74	4.74
核能发电量	亿千瓦小时				
风力发电量	亿千瓦小时	1		0.39	0.39
太阳能发电量	亿千瓦小时				
光伏发电量	亿千瓦小时				
太阳能热发电量	亿千瓦小时				
潮汐能发电量	亿千瓦小时				
地热能发电量	亿千瓦小时				
其他发电量	亿千瓦小时				
供电量	亿千瓦小时	6		26.33	
售电量	亿千瓦小时	6			25.83
供热总量	亿吉焦				
煤气生产量	亿立方米				
焦炉煤气	亿立方米				
高炉煤气	亿立方米				
燃气供应量	亿立方米				
人工煤气供应量	亿立方米				
天然气供应量	亿立方米				
液化天然气(LNG)供应量	万吨				
液化石油气供应量	万吨				

4-15 续表 42

产品名称	计量单位	怀化市			
		企业数(个)	年初库存量	本年生产量	本年销售量
发电量	亿千瓦小时	32		155.31	150.79
火力发电量	亿千瓦小时	2		5.41	1.78
煤炭为能源发电量	亿千瓦小时	1		0.63	
石油为能源发电量	亿千瓦小时				
常规天然气为能源发电量	亿千瓦小时				
煤层气为能源发电量	亿千瓦小时				
沼气为能源发电量	亿千瓦小时				
余温、余热、余气为能源发电量	亿千瓦小时				
垃圾焚烧发电量	亿千瓦小时				
秸秆、蔗渣、林木质为能源发电量	亿千瓦小时				
其他火力发电量	亿千瓦小时	1		4.77	1.78
水力发电量	亿千瓦小时	30		149.9	149.01
常规水电发电量	亿千瓦小时	30		149.9	149.01
抽水蓄能发电量	亿千瓦小时				
核能发电量	亿千瓦小时				
风力发电量	亿千瓦小时				
太阳能发电量	亿千瓦小时				
光伏发电量	亿千瓦小时				
太阳能热发电量	亿千瓦小时				
潮汐能发电量	亿千瓦小时				
地热能发电量	亿千瓦小时				
其他发电量	亿千瓦小时				
供电量	亿千瓦小时	11		59.79	
售电量	亿千瓦小时	11			56.71
供热总量	亿吉焦				
煤气生产量	亿立方米				
焦炉煤气	亿立方米				
高炉煤气	亿立方米				
燃气供应量	亿立方米				
人工煤气供应量	亿立方米				
天然气供应量	亿立方米				
液化天然气(LNG)供应量	万吨				
液化石油气供应量	万吨				

4-15 续表 43

产品名称	计量单位	娄底市			
		企业数(个)	年初库存量	本年生产量	本年销售量
发电量	亿千瓦小时	12		132.99	95.4
火力发电量	亿千瓦小时	10		130.31	92.72
煤炭为能源发电量	亿千瓦小时	2		96.2	90.04
石油为能源发电量	亿千瓦小时				
常规天然气为能源发电量	亿千瓦小时				
煤层气为能源发电量	亿千瓦小时				
沼气为能源发电量	亿千瓦小时				
余温、余热、余气为能源发电量	亿千瓦小时	8		34.11	1.26
垃圾焚烧发电量	亿千瓦小时				
秸秆、蔗渣、林木质为能源发电量	亿千瓦小时				
其他火力发电量	亿千瓦小时				
水力发电量	亿千瓦小时	2		2.68	2.68
常规水电发电量	亿千瓦小时	2		2.68	2.68
抽水蓄能发电量	亿千瓦小时				
核能发电量	亿千瓦小时				
风力发电量	亿千瓦小时				
太阳能发电量	亿千瓦小时				
光伏发电量	亿千瓦小时				
太阳能热发电量	亿千瓦小时				
潮汐能发电量	亿千瓦小时				
地热能发电量	亿千瓦小时				
其他发电量	亿千瓦小时				
供电量	亿千瓦小时	1		4.71	
售电量	亿千瓦小时	1			4.33
供热总量	亿吉焦				
煤气生产量	亿立方米	2		204.29	3.83
焦炉煤气	亿立方米	1		3.83	3.83
高炉煤气	亿立方米				
燃气供应量	亿立方米				
人工煤气供应量	亿立方米				
天然气供应量	亿立方米				
液化天然气(LNG)供应量	万吨				
液化石油气供应量	万吨				

4-15 续表 44

产品名称	计量单位	湘西州			
		企业数(个)	年初库存量	本年生产量	本年销售量
发电量	亿千瓦小时	6		10.93	10.9
火力发电量	亿千瓦小时				
煤炭为能源发电量	亿千瓦小时				
石油为能源发电量	亿千瓦小时				
常规天然气为能源发电量	亿千瓦小时				
煤层气为能源发电量	亿千瓦小时				
沼气为能源发电量	亿千瓦小时				
余温、余热、余气为能源发电量	亿千瓦小时				
垃圾焚烧发电量	亿千瓦小时				
秸秆、蔗渣、林木质为能源发电量	亿千瓦小时				
其他火力发电量	亿千瓦小时				
水力发电量	亿千瓦小时	6		10.93	10.9
常规水电发电量	亿千瓦小时	6		10.93	10.9
抽水蓄能发电量	亿千瓦小时				
核能发电量	亿千瓦小时				
风力发电量	亿千瓦小时				
太阳能发电量	亿千瓦小时				
光伏发电量	亿千瓦小时				
太阳能热发电量	亿千瓦小时				
潮汐能发电量	亿千瓦小时				
地热能发电量	亿千瓦小时				
其他发电量	亿千瓦小时				
供电量	亿千瓦小时	9		28.19	
售电量	亿千瓦小时	9			27.26
供热总量	亿吉焦				
煤气生产量	亿立方米				
焦炉煤气	亿立方米				
高炉煤气	亿立方米				
燃气供应量	亿立方米				
人工煤气供应量	亿立方米				
天然气供应量	亿立方米				
液化天然气(LNG)供应量	万吨				
液化石油气供应量	万吨				

4-15 续表 45

产品名称	计量单位	全省			
		本年销售金额（亿元）	实际销售平均单价（元/吨、元/万立方米、元/万千瓦小时、元/万吉焦）	企业自用及其他	年末库存量
发电量	亿千瓦小时	460.03	4003.02	66.30	
火力发电量	亿千瓦小时	316.41	4471.34	133.19	
煤炭为能源发电量	亿千瓦小时	304.31	4438.21	73.64	
石油为能源发电量	亿千瓦小时	1.69	6869.92		
常规天然气为能源发电量	亿千瓦小时				
煤层气为能源发电量	亿千瓦小时				
沼气为能源发电量	亿千瓦小时	2.82	6980.20		
余温、余热、余气为能源发电量	亿千瓦小时	2.83	4060.26	55.84	
垃圾焚烧发电量	亿千瓦小时	0.30	4225.35	0.16	
秸秆、蔗渣、林木质为能源发电量	亿千瓦小时	3.14	5858.21	0.48	
其他火力发电量	亿千瓦小时	1.32	5409.84	3.07	
水力发电量	亿千瓦小时	139.71	3210.56	3.27	
常规水电发电量	亿千瓦小时	137.71	3218.44	3.27	
抽水蓄能发电量	亿千瓦小时	1.99	2733.52		
核能发电量	亿千瓦小时				
风力发电量	亿千瓦小时	3.91	6099.84	0.05	
太阳能发电量	亿千瓦小时				
光伏发电量	亿千瓦小时				
太阳能热发电量	亿千瓦小时				
潮汐能发电量	亿千瓦小时				
地热能发电量	亿千瓦小时				
其他发电量	亿千瓦小时				
供电量	亿千瓦小时				
售电量	亿千瓦小时	155.29	4392.68		
供热总量	亿吉焦	1.18	714730.14		
煤气生产量	亿立方米	2.30	6005.22	210.56	
焦炉煤气	亿立方米	2.30	6005.22	10.10	
高炉煤气	亿立方米				
燃气供应量	亿立方米	36.93	22165.48		
人工煤气供应量	亿立方米				
天然气供应量	亿立方米	33.75	29889.55		
液化天然气(LNG)供应量	万吨				
液化石油气供应量	万吨	3.17	5958.65		

4-15 续表 46

产品名称	计量单位	长沙市			
		本年销售金额(亿元)	实际销售平均单价(元/吨、元/万立方米、元/万千瓦小时、元/万吉焦)	企业自用及其他	年末库存量
发电量	亿千瓦小时	26.30	4303.01	1.67	
火力发电量	亿千瓦小时	23.98	4276.80	1.66	
煤炭为能源发电量	亿千瓦小时	21.16	4066.88		
石油为能源发电量	亿千瓦小时				
常规天然气为能源发电量	亿千瓦小时				
煤层气为能源发电量	亿千瓦小时				
沼气为能源发电量	亿千瓦小时	2.82	6980.20		
余温、余热、余气为能源发电量	亿千瓦小时			1.66	
垃圾焚烧发电量	亿千瓦小时				
秸秆、蔗渣、林木质为能源发电量	亿千瓦小时				
其他火力发电量	亿千瓦小时				
水力发电量	亿千瓦小时	2.32	4594.06		
常规水电发电量	亿千瓦小时	2.32	5471.70		
抽水蓄能发电量	亿千瓦小时				
核能发电量	亿千瓦小时				
风力发电量	亿千瓦小时				
太阳能发电量	亿千瓦小时				
光伏发电量	亿千瓦小时				
太阳能热发电量	亿千瓦小时				
潮汐能发电量	亿千瓦小时				
地热能发电量	亿千瓦小时				
其他发电量	亿千瓦小时				
供电量	亿千瓦小时				
售电量	亿千瓦小时				
供热总量	亿吉焦	1.18	714730.14		
煤气生产量	亿立方米				
焦炉煤气	亿立方米				
高炉煤气	亿立方米				
燃气供应量	亿立方米	27.48	20176.21		
人工煤气供应量	亿立方米				
天然气供应量	亿立方米	24.31	29289.16		
液化天然气(LNG)供应量	万吨				
液化石油气供应量	万吨	3.17	5958.65		

4-15 续表 47

产品名称	计量单位	株洲市			
		本年销售金额（亿元）	实际销售平均单价(元/吨、元/万立方米、元/万千瓦小时、元/万吉焦)	企业自用及其他	年末库存量
发电量	亿千瓦小时	16.80	3502.19	3.14	
火力发电量	亿千瓦小时	10.79		3.09	
煤炭为能源发电量	亿千瓦小时	10.79	4312.55	2.53	
石油为能源发电量	亿千瓦小时				
常规天然气为能源发电量	亿千瓦小时				
煤层气为能源发电量	亿千瓦小时				
沼气为能源发电量	亿千瓦小时				
余温、余热、余气为能源发电量	亿千瓦小时			0.56	
垃圾焚烧发电量	亿千瓦小时				
秸秆、蔗渣、林木质为能源发电量	亿千瓦小时				
其他火力发电量	亿千瓦小时				
水力发电量	亿千瓦小时	6.01	2618.74	0.05	
常规水电发电量	亿千瓦小时	6.01	2618.74	0.05	
抽水蓄能发电量	亿千瓦小时				
核能发电量	亿千瓦小时				
风力发电量	亿千瓦小时				
太阳能发电量	亿千瓦小时				
光伏发电量	亿千瓦小时				
太阳能热发电量	亿千瓦小时				
潮汐能发电量	亿千瓦小时				
地热能发电量	亿千瓦小时				
其他发电量	亿千瓦小时				
供电量	亿千瓦小时				
售电量	亿千瓦小时	3.07	796.99		
供热总量	亿吉焦				
煤气生产量	亿立方米				
焦炉煤气	亿立方米				
高炉煤气	亿立方米				
人工煤气供应量	亿立方米				
天然气供应量	亿立方米				
液化天然气(LNG)供应量	万吨				

4-15 续表 48

产品名称	计量单位	湘潭市			
		本年销售金额（亿元）	实际销售平均单价(元/吨、元/万立方米、元/万千瓦小时、元/万吉焦)	企业自用及其他	年末库存量
发电量	亿千瓦小时	27.59	4230.95	22.00	
火力发电量	亿千瓦小时	27.56	4274.19	22.00	
煤炭为能源发电量	亿千瓦小时	27.56	4274.19	4.29	
石油为能源发电量	亿千瓦小时				
常规天然气为能源发电量	亿千瓦小时				
煤层气为能源发电量	亿千瓦小时				
沼气为能源发电量	亿千瓦小时				
余温、余热、余气为能源发电量	亿千瓦小时			17.71	
垃圾焚烧发电量	亿千瓦小时				
秸秆、蔗渣、林木质为能源发电量	亿千瓦小时				
其他火力发电量	亿千瓦小时				
水力发电量	亿千瓦小时	0.03	410.96		
常规水电发电量	亿千瓦小时	0.03	410.96		
抽水蓄能发电量	亿千瓦小时				
核能发电量	亿千瓦小时				
风力发电量	亿千瓦小时				
太阳能发电量	亿千瓦小时				
光伏发电量	亿千瓦小时				
太阳能热发电量	亿千瓦小时				
潮汐能发电量	亿千瓦小时				
地热能发电量	亿千瓦小时				
其他发电量	亿千瓦小时				
供电量	亿千瓦小时				
售电量	亿千瓦小时				
供热总量	亿吉焦				
煤气生产量	亿立方米			10.10	
焦炉煤气	亿立方米			10.10	
高炉煤气	亿立方米				
燃气供应量	亿立方米				
人工煤气供应量	亿立方米				
天然气供应量	亿立方米				
液化天然气(LNG)供应量	万吨				
液化石油气供应量	万吨				

4-14 续表 49

产品名称	计量单位	衡阳市 本年销售金额（亿元）	实际销售平均单价(元/吨、元/万立方米、元/万千瓦小时、元/万吉焦)	企业自用及其他	年末库存量
发电量	亿千瓦小时	25.26	3977.33	5.40	
火力发电量	亿千瓦小时	19.71	4190.05	5.13	
煤炭为能源发电量	亿千瓦小时	19.62	4296.04	5.13	
石油为能源发电量	亿千瓦小时				
常规天然气为能源发电量	亿千瓦小时				
煤层气为能源发电量	亿千瓦小时				
沼气为能源发电量	亿千瓦小时				
余温、余热、余气为能源发电量	亿千瓦小时	0.02	1428.57		
垃圾焚烧发电量	亿千瓦小时				
秸秆、蔗渣、林木质为能源发电量	亿千瓦小时	0.06	487.80		
其他火力发电量	亿千瓦小时				
水力发电量	亿千瓦小时	5.55	3371.81	0.27	
常规水电发电量	亿千瓦小时	5.55	3371.81	0.27	
抽水蓄能发电量	亿千瓦小时				
核能发电量	亿千瓦小时				
风力发电量	亿千瓦小时				
太阳能发电量	亿千瓦小时				
光伏发电量	亿千瓦小时				
太阳能热发电量	亿千瓦小时				
潮汐能发电量	亿千瓦小时				
地热能发电量	亿千瓦小时				
其他发电量	亿千瓦小时				
供电量	亿千瓦小时				
售电量	亿千瓦小时	3.35	5351.44		
供热总量	亿吉焦				
煤气生产量	亿立方米				
焦炉煤气	亿立方米				
高炉煤气	亿立方米				
燃气供应量	亿立方米	5.44	32054.40		
人工煤气供应量	亿立方米				
天然气供应量	亿立方米	5.43	32998.03		
液化天然气(LNG)供应量	万吨				
液化石油气供应量	万吨				

4-14 续表 50

产品名称	计量单位	邵阳市			
		本年销售金额（亿元）	实际销售平均单价（元/吨、元/万立方米、元/万千瓦小时、元/万吉焦）	企业自用及其他	年末库存量
发电量	亿千瓦小时	34.37	3988.63	3.58	
火力发电量	亿千瓦小时	21.60	4327.79	3.46	
煤炭为能源发电量	亿千瓦小时	21.60	4327.79	3.15	
石油为能源发电量	亿千瓦小时				
常规天然气为能源发电量	亿千瓦小时				
煤层气为能源发电量	亿千瓦小时				
沼气为能源发电量	亿千瓦小时				
余温、余热、余气为能源发电量	亿千瓦小时			0.31	
垃圾焚烧发电量	亿千瓦小时				
秸秆、蔗渣、林木质为能源发电量	亿千瓦小时				
其他火力发电量	亿千瓦小时				
水力发电量	亿千瓦小时	12.09	3440.52	0.07	
常规水电发电量	亿千瓦小时	12.09	3440.52	0.07	
抽水蓄能发电量	亿千瓦小时				
核能发电量	亿千瓦小时				
风力发电量	亿千瓦小时	0.68	6071.43	0.05	
太阳能发电量	亿千瓦小时				
光伏发电量	亿千瓦小时				
太阳能热发电量	亿千瓦小时				
潮汐能发电量	亿千瓦小时				
地热能发电量	亿千瓦小时				
其他发电量	亿千瓦小时				
供电量	亿千瓦小时				
售电量	亿千瓦小时	17.33	7318.41		
供热总量	亿吉焦				
煤气生产量	亿立方米				
焦炉煤气	亿立方米				
高炉煤气	亿立方米				
燃气供应量	亿立方米				
人工煤气供应量	亿立方米				
天然气供应量	亿立方米				
液化天然气(LNG)供应量	万吨				
液化石油气供应量	万吨				

4-14 续表 51

产品名称	计量单位	岳阳市			
		本年销售金额(亿元)	实际销售平均单价(元/吨、元/万立方米、元/万千瓦小时、元/万吉焦)	企业自用及其他	年末库存量
发电量	亿千瓦小时	42.94	4263.3	25.65	
火力发电量	亿千瓦小时	42.51	4294.81	26.29	
煤炭为能源发电量	亿千瓦小时	40.53	4211.35	25.65	
石油为能源发电量	亿千瓦小时	1.69	6869.92		
常规天然气为能源发电量	亿千瓦小时				
煤层气为能源发电量	亿千瓦小时				
沼气为能源发电量	亿千瓦小时				
余温、余热、余气为能源发电量	亿千瓦小时			0.64	
垃圾焚烧发电量	亿千瓦小时				
秸秆、蔗渣、林木质为能源发电量	亿千瓦小时	0.28	9655.17		
其他火力发电量	亿千瓦小时				
水力发电量	亿千瓦小时	0.44	2543.35		
常规水电发电量	亿千瓦小时				
抽水蓄能发电量	亿千瓦小时	0.44	2543.35		
核能发电量	亿千瓦小时				
风力发电量	亿千瓦小时				
太阳能发电量	亿千瓦小时				
光伏发电量	亿千瓦小时				
太阳能热发电量	亿千瓦小时				
潮汐能发电量	亿千瓦小时				
地热能发电量	亿千瓦小时				
其他发电量	亿千瓦小时				
供电量	亿千瓦小时				
售电量	亿千瓦小时	4.67	5626.51		
供热总量	亿吉焦				
煤气生产量	亿立方米				
焦炉煤气	亿立方米				
高炉煤气	亿立方米				
燃气供应量	亿立方米				
人工煤气供应量	亿立方米				
天然气供应量	亿立方米				
液化天然气(LNG)供应量	万吨				
液化石油气供应量	万吨				

4-14 续表 52

产品名称	计量单位	常德市			
		本年销售金额（亿元）	实际销售平均单价(元/吨、元/万立方米、元/万千瓦小时、元/万吉焦)	企业自用及其他	年末库存量
发电量	亿千瓦小时	52.51	4227.52	8.31	
火力发电量	亿千瓦小时	50.42	4160.07	7.94	
煤炭为能源发电量	亿千瓦小时	39.33	4522.25	7.57	
石油为能源发电量	亿千瓦小时				
常规天然气为能源发电量	亿千瓦小时				
煤层气为能源发电量	亿千瓦小时				
沼气为能源发电量	亿千瓦小时				
余温、余热、余气为能源发电量	亿千瓦小时			1.20	
垃圾焚烧发电量	亿千瓦小时	0.30	4225.35	0.16	
秸秆、蔗渣、林木质为能源发电量	亿千瓦小时	1.27	7514.79	0.20	
其他火力发电量	亿千瓦小时	0.51	8360.66	0.08	
水力发电量	亿千瓦小时	11.09	3239.85	0.37	
常规水电发电量	亿千瓦小时	11.09	3239.85	0.37	
抽水蓄能发电量	亿千瓦小时				
核能发电量	亿千瓦小时				
风力发电量	亿千瓦小时				
太阳能发电量	亿千瓦小时				
光伏发电量	亿千瓦小时				
太阳能热发电量	亿千瓦小时				
潮汐能发电量	亿千瓦小时				
地热能发电量	亿千瓦小时				
其他发电量	亿千瓦小时				
供电量	亿千瓦小时				
售电量	亿千瓦小时	2.00	666.67		
供热总量	亿吉焦				
煤气生产量	亿立方米				
焦炉煤气	亿立方米				
高炉煤气	亿立方米				
燃气供应量	亿立方米				
人工煤气供应量	亿立方米				
天然气供应量	亿立方米				
液化天然气(LNG)供应量	万吨				
液化石油气供应量	万吨				

4-14 续表 53

产品名称	计量单位	张家界市			
		本年销售金额（亿元）	实际销售平均单价(元/吨、元/万立方米、元/万千瓦小时、元/万吉焦)	企业自用及其他	年末库存量
发电量	亿千瓦小时	9.65	3746.12	1.23	
火力发电量	亿千瓦小时	2.69	5114.07	0.51	
煤炭为能源发电量	亿千瓦小时	2.69	5114.07	0.34	
石油为能源发电量	亿千瓦小时				
常规天然气为能源发电量	亿千瓦小时				
煤层气为能源发电量	亿千瓦小时				
沼气为能源发电量	亿千瓦小时				
余温、余热、余气为能源发电量	亿千瓦小时			0.17	
垃圾焚烧发电量	亿千瓦小时				
秸秆、蔗渣、林木质为能源发电量	亿千瓦小时				
其他火力发电量	亿千瓦小时				
水力发电量	亿千瓦小时	6.96	3395.12	0.71	
常规水电发电量	亿千瓦小时	6.96	3395.12	0.71	
抽水蓄能发电量	亿千瓦小时				
核能发电量	亿千瓦小时				
风力发电量	亿千瓦小时				
太阳能发电量	亿千瓦小时				
光伏发电量	亿千瓦小时				
太阳能热发电量	亿千瓦小时				
潮汐能发电量	亿千瓦小时				
地热能发电量	亿千瓦小时				
其他发电量	亿千瓦小时				
供电量	亿千瓦小时				
售电量	亿千瓦小时	7.25	6731.66		
供热总量	亿吉焦				
煤气生产量	亿立方米				
焦炉煤气	亿立方米				
高炉煤气	亿立方米				
燃气供应量	亿立方米				
人工煤气供应量	亿立方米				
天然气供应量	亿立方米				
液化天然气(LNG)供应量	万吨				
液化石油气供应量	万吨				

4-14 续表 54

产品名称	计量单位	益阳市			
		本年销售金额（亿元）	实际销售平均单价(元/吨、元/万立方米、元/万千瓦小时、元/万吉焦)	企业自用及其他	年末库存量
发电量	亿千瓦小时	47.98	4242.64	5.71	
火力发电量	亿千瓦小时	35.14	5077.30	5.46	
煤炭为能源发电量	亿千瓦小时	34.14	5029.46	5.27	
石油为能源发电量	亿千瓦小时				
常规天然气为能源发电量	亿千瓦小时				
煤层气为能源发电量	亿千瓦小时				
沼气为能源发电量	亿千瓦小时				
余温、余热、余气为能源发电量	亿千瓦小时				
垃圾焚烧发电量	亿千瓦小时				
秸秆、蔗渣、林木质为能源发电量	亿千瓦小时	0.98	7480.92	0.19	
其他火力发电量	亿千瓦小时	0.02	10000.00		
水力发电量	亿千瓦小时	12.84	2926.16	0.25	
常规水电发电量	亿千瓦小时	12.84	2926.16	0.25	
抽水蓄能发电量	亿千瓦小时				
核能发电量	亿千瓦小时				
风力发电量	亿千瓦小时				
太阳能发电量	亿千瓦小时				
光伏发电量	亿千瓦小时				
太阳能热发电量	亿千瓦小时				
潮汐能发电量	亿千瓦小时				
地热能发电量	亿千瓦小时				
其他发电量	亿千瓦小时				
供电量	亿千瓦小时				
售电量	亿千瓦小时				
供热总量	亿吉焦				
煤气生产量	亿立方米				
焦炉煤气	亿立方米				
高炉煤气	亿立方米				
燃气供应量	亿立方米	3.32	27899.16		
人工煤气供应量	亿立方米				
天然气供应量	亿立方米	3.32	27899.16		
液化天然气(LNG)供应量	万吨				
液化石油气供应量	万吨				

4-14 续表 55

产品名称	计量单位	郴州市			
		本年销售金额（亿元）	实际销售平均单价(元/吨、元/万立方米、元/万千瓦小时、元/万吉焦)	企业自用及其他	年末库存量
发电量	亿千瓦小时	62.47	4214.11	11.09	
火力发电量	亿千瓦小时	48.95	4544.19	10.90	
煤炭为能源发电量	亿千瓦小时	46.77	4578.56	10.66	
石油为能源发电量	亿千瓦小时				
常规天然气为能源发电量	亿千瓦小时				
煤层气为能源发电量	亿千瓦小时				
沼气为能源发电量	亿千瓦小时				
余温、余热、余气为能源发电量	亿千瓦小时	1.62	3446.81	0.15	
垃圾焚烧发电量	亿千瓦小时				
秸秆、蔗渣、林木质为能源发电量	亿千瓦小时	0.54	6428.57	0.09	
其他火力发电量	亿千瓦小时	0.03	10000.00		
水力发电量	亿千瓦小时	10.53	2957.03	0.19	
常规水电发电量	亿千瓦小时	10.53	2957.03	0.19	
抽水蓄能发电量	亿千瓦小时				
核能发电量	亿千瓦小时				
风力发电量	亿千瓦小时	2.99	6089.61		
太阳能发电量	亿千瓦小时				
光伏发电量	亿千瓦小时				
太阳能热发电量	亿千瓦小时				
潮汐能发电量	亿千瓦小时				
地热能发电量	亿千瓦小时				
其他发电量	亿千瓦小时				
供电量	亿千瓦小时				
售电量	亿千瓦小时	53.48	4389.00		
供热总量	亿吉焦				
煤气生产量	亿立方米				
焦炉煤气	亿立方米				
高炉煤气	亿立方米				
燃气供应量	亿立方米	0.69	43125.00		
人工煤气供应量	亿立方米				
天然气供应量	亿立方米	0.69	43125.00		
液化天然气(LNG)供应量	万吨				
液化石油气供应量	万吨				

4-14 续表 56

产品名称	计量单位	永州市			
		本年销售金额（亿元）	实际销售平均单价（元/吨、元/万立方米、元/万千瓦小时、元/万吉焦）	企业自用及其他	年末库存量
发电量	亿千瓦小时	21.57	3707.46	3.77	
火力发电量	亿千瓦小时	0.62	7045.45	2.84	
煤炭为能源发电量	亿千瓦小时			2.26	
石油为能源发电量	亿千瓦小时				
常规天然气为能源发电量	亿千瓦小时				
煤层气为能源发电量	亿千瓦小时				
沼气为能源发电量	亿千瓦小时				
余温、余热、余气为能源发电量	亿千瓦小时	0.62	7045.45	0.58	
垃圾焚烧发电量	亿千瓦小时				
秸秆、蔗渣、林木质为能源发电量	亿千瓦小时				
其他火力发电量	亿千瓦小时				
水力发电量	亿千瓦小时	20.71	3639.08	0.44	
常规水电发电量	亿千瓦小时	19.16	3673.31	0.44	
抽水蓄能发电量	亿千瓦小时	1.55	3270.04		
核能发电量	亿千瓦小时				
风力发电量	亿千瓦小时	0.24	6153.85		
太阳能发电量	亿千瓦小时				
光伏发电量	亿千瓦小时				
太阳能热发电量	亿千瓦小时				
潮汐能发电量	亿千瓦小时				
地热能发电量	亿千瓦小时				
其他发电量	亿千瓦小时				
供电量	亿千瓦小时				
售电量	亿千瓦小时	11.27	4363.14		
供热总量	亿吉焦				
煤气生产量	亿立方米				
焦炉煤气	亿立方米				
高炉煤气	亿立方米				
燃气供应量	亿立方米				
人工煤气供应量	亿立方米				
天然气供应量	亿立方米				
液化天然气(LNG)供应量	万吨				
液化石油气供应量	万吨				

4-14 续表 57

产品名称	计量单位	怀化市			
		本年销售金额（亿元）	实际销售平均单价（元/吨、元/万立方米、元/万千瓦小时、元/万吉焦）	企业自用及其他	年末库存量
发电量	亿千瓦小时	46.66	3094.37	4.52	
火力发电量	亿千瓦小时	0.76	4269.66	3.62	
煤炭为能源发电量	亿千瓦小时			0.63	
石油为能源发电量	亿千瓦小时				
常规天然气为能源发电量	亿千瓦小时				
煤层气为能源发电量	亿千瓦小时				
沼气为能源发电量	亿千瓦小时				
余温、余热、余气为能源发电量	亿千瓦小时				
垃圾焚烧发电量	亿千瓦小时				
秸秆、蔗渣、林木质为能源发电量	亿千瓦小时				
其他火力发电量	亿千瓦小时	0.76	4269.66	2.99	
水力发电量	亿千瓦小时	45.90	3080.33	0.89	
常规水电发电量	亿千瓦小时	45.90	3080.33	0.89	
抽水蓄能发电量	亿千瓦小时				
核能发电量	亿千瓦小时				
风力发电量	亿千瓦小时				
太阳能发电量	亿千瓦小时				
光伏发电量	亿千瓦小时				
太阳能热发电量	亿千瓦小时				
潮汐能发电量	亿千瓦小时				
地热能发电量	亿千瓦小时				
其他发电量	亿千瓦小时				
供电量	亿千瓦小时				
售电量	亿千瓦小时	24.76	4366.07		
供热总量	亿吉焦				
煤气生产量	亿立方米				
焦炉煤气	亿立方米				
高炉煤气	亿立方米				
燃气供应量	亿立方米				
人工煤气供应量	亿立方米				
天然气供应量	亿立方米				
液化天然气(LNG)供应量	万吨				
液化石油气供应量	万吨				

4-14 续表 58

产品名称	计量单位	娄底市			
		本年销售金额(亿元)	实际销售平均单价(元/吨、元/万立方米、元/万千瓦小时、元/万吉焦)	企业自用及其他	年末库存量
发电量	亿千瓦小时	42.33	4437.11	37.59	
火力发电量	亿千瓦小时	41.76	4503.88	37.59	
煤炭为能源发电量	亿千瓦小时	40.11	4454.69	6.16	
石油为能源发电量	亿千瓦小时				
常规天然气为能源发电量	亿千瓦小时				
煤层气为能源发电量	亿千瓦小时				
沼气为能源发电量	亿千瓦小时				
余温、余热、余气为能源发电量	亿千瓦小时	0.58	4603.17	32.85	
垃圾焚烧发电量	亿千瓦小时				
秸秆、蔗渣、林木质为能源发电量	亿千瓦小时				
其他火力发电量	亿千瓦小时				
水力发电量	亿千瓦小时	1.65	6156.72		
常规水电发电量	亿千瓦小时	1.65	6156.72		
抽水蓄能发电量	亿千瓦小时				
核能发电量	亿千瓦小时				
风力发电量	亿千瓦小时				
太阳能发电量	亿千瓦小时				
光伏发电量	亿千瓦小时				
太阳能热发电量	亿千瓦小时				
潮汐能发电量	亿千瓦小时				
地热能发电量	亿千瓦小时				
其他发电量	亿千瓦小时				
供电量	亿千瓦小时				
售电量	亿千瓦小时	2.70	6235.57		
供热总量	亿吉焦				
煤气生产量	亿立方米	2.30	6005.22	200.46	
焦炉煤气	亿立方米	2.30	6005.22		
高炉煤气	亿立方米				
燃气供应量	亿立方米				
人工煤气供应量	亿立方米				
天然气供应量	亿立方米				
液化天然气(LNG)供应量	万吨				
液化石油气供应量	万吨				

4-14 续表 59

产品名称	计量单位	湘西州			
		本年销售金额(亿元)	实际销售平均单价(元/吨、元/万立方米、元/万千瓦小时)	企业自用及其他	年末库存量
发电量	亿千瓦小时	3.78	3467.89	0.03	
火力发电量	亿千瓦小时				
煤炭为能源发电量	亿千瓦小时				
石油为能源发电量	亿千瓦小时				
常规天然气为能源发电量	亿千瓦小时				
煤层气为能源发电量	亿千瓦小时				
沼气为能源发电量	亿千瓦小时				
余温、余热、余气为能源发电量	亿千瓦小时				
垃圾焚烧发电量	亿千瓦小时				
秸秆、蔗渣、林木质为能源发电量	亿千瓦小时				
其他火力发电量	亿千瓦小时				
水力发电量	亿千瓦小时	3.78	3467.89	0.03	
常规水电发电量	亿千瓦小时	3.78	3467.89	0.03	
抽水蓄能发电量	亿千瓦小时				
核能发电量	亿千瓦小时				
风力发电量	亿千瓦小时				
太阳能发电量	亿千瓦小时				
光伏发电量	亿千瓦小时				
太阳能热发电量	亿千瓦小时				
潮汐能发电量	亿千瓦小时				
地热能发电量	亿千瓦小时				
其他发电量	亿千瓦小时				
供电量	亿千瓦小时				
售电量	亿千瓦小时	25.41	9321.35		
供热总量	亿吉焦				
煤气生产量	亿立方米				
焦炉煤气	亿立方米				
高炉煤气	亿立方米				
燃气供应量	亿立方米				
人工煤气供应量	亿立方米				
天然气供应量	亿立方米				
液化天然气(LNG)供应量	万吨				
液化石油气供应量	万吨				

主要指标解释

本年煤炭消费量　仅限规模以下工业法人单位填写。指用煤单位年度实际使用的各种煤及煤制品的数量。不包括焦炭、下脚煤和石煤。煤炭是原煤（烟煤、无烟煤、褐煤）、洗精煤、其他洗煤以及泥煤、型煤（蜂窝煤、煤球、煤饼）等的统称。

煤炭的消费以吨计量，1 吨＝1000 千克（公斤），用煤单位应按照实际消费称重记录填报，如缺少称重记录，可通过下式计算获得：消费量＝年初库存＋购入量－年末库存，或用一年的购入煤炭量代替。

非工业企业能源消费量　指不是工业企业的法人单位所消费的各种能源，具体指建筑业和第三产业的企事业法人单位。其能源消费主要包括：（1）用于生产经营活动的能源；（2）用于技术更新改造措施、新技术研究以及科学试验等方面的能源；（3）用于经营维修、建筑及设备大修理、机电设备和交通运输工具等方面的能源；（4）用于劳动保护的能源；（5）其他非生产消费的能源。

非工业企业法人单位的能源消费合计＝Σ（某能源品种的消费量×某能源品种的折标准煤系数）。

能源消费合计（吨标准煤）＝电力消费量（千瓦时）×0.1229/1000＋煤炭消费量（吨）×0.7143＋焦炭消费量（吨）×0.9714＋管道煤气消费量（立方米）×0.5714/1000＋天然气消费量（立方米）×1.33/1000＋液化石油气消费量（吨）×1.7143＋汽油消费量（吨）×1.4714＋煤油消费量（吨）×1.4714＋柴油消费量（吨）×1.4571＋燃料油消费量（吨）×1.4286＋外购热力消费量（百万千焦）×0.0341。计算时，各能源品种的计量单位必须与上述公式中的计量单位保持一致。部分能源品种换算关系如下：汽油 1 升＝0.73 千克＝0.00073 吨，轻柴油 1 升＝0.86 千克＝0.00086 吨，重柴油 1 升＝0.92 千克＝0.00092 吨，煤油 1 升＝0.82 千克＝0.00082 吨，燃料油 1 升＝0.91 千克＝0.00091 吨。

能源产品库存量　指工业企业在期初、期末时点上，尚存在企业产成品仓库中而暂未售出的产品的实物数量。

（1）产品库存量计算应遵循的原则

①产品库存必须是处于“实际库存”状态的产品，即产品生产出来经过检验合格并办了入库手续的产品。有的产品虽已结束了生产过程，但还没有验收合格，还没有办理入库手续，不能作为产品库存统计。有的产品已经售出，但按提货制要求还没有办妥货款结算手续的，或按送货制要求未办理承运手续的，仍应作为本企业的产品库存量统计，而不能作为产品销售量统计。

②计入产品库存量的产品，必须是本企业有权销售的产品，对于已经销售并已办妥各项手续，但尚未提货的产品，本企业无权支配，这种产品虽然仍存在本企业仓库中，但不应统计为库存量。凡企业有权销售的产品，不论存放在什么地方，均应统计。

③产品库存量不能出现负数。如果产品还没有入库就已售出，应将售出的这部分产品补填入库和出库凭证，并相应计入产品产量中。

（2）产品库存量包括的内容

①本企业生产的，报告期内经检验合格入库的产品。

②库存产品虽有销售对象，但尚未发货的。

③非工业企业和境外订货者来料加工产品尚未拨出的。

④盘点中的账外产品。

⑤产品入库后发现有质量问题，但未办理退库手续的产品。

（3）产品库存量不应包括的内容

①属于提货制销售的产品，已办理货款结算和开出提货单，但用户尚未提走的产品。

②代外单位保管的产品。

③已结束生产过程但尚未办理入库存手续的产品。

能源产品产量　指工业企业在报告期内生产的并符合产品质量要求的实物数量，包括商品量和自用量两部分。

（1）产品生产量计算应遵循的原则

①产品质量标准：产品必须符合规定的质量标准或订货合同规定的技术条件，才可统计生产量。工业产品质量标准一律按国家标准或部颁标准执行。没有国家标准或部颁标准的产品，应按企业主管机关的标准或订货合同规定的技术条件执行，不得擅自更改标准或降低标准，不合格的产品不能计算生产量。

②统计时间：产品生产量反映的是报告期内的工业生产成果，凡报告期内生产的产品都应计算在内，即截止报告期最后一天检验合格并办理了入库手续的产品，其中规定要求包装的产品必须包装好才能计算其生产量。至于报告期最后一天以哪一个班次作为截止计算产量的班次则由企业主管机关规定，并应与会计核算的结算时间一致。结算时间一经确定，就要严格执行，不得随意提前或移后。

③准确度量：准确度量是计算产品产量的重要一环，企业应配备必要的计量设备，对产量进行实际度量，不得随意估算，对确有困难不得不推算的某些产品，一定要按照主管部门规定的推算方法计算，使之尽量接近实际。

（2）产品生产量包括的内容

①企业各车间（主要车间、辅助车间、附属品车间及副产品车间）用自备原材料生产的全部产品产量，不论是要销售的商品量还是本企业的自用量，均应统计生产量。

②凡用订货者来料加工生产的产品，并且加工企业只收取加工费的，如果订货者是境内非工业企业和境外企业，其产品生产量由加工企业统计；如果订货者是境内工业企业，产品生产量由委托企业（即发包企业）统计，加工企业（即承包企业）不统计。

③经正式鉴定合格的新产品、自产自用的生产设备、未正式投入生产以前试生产的合格品以及基本建设附产的合格品，都应包括在产品生产量中。

④用进口原材料或关键零件生产的产品，或用进口整套散装零件及用进口组装件加工、装配的产品，不论是在国内销售还是外商经销，生产量均统计在国内同种产品生产量中。

⑤在我国国土范围内的外商投资和港、澳、台商投资工业企业生产的产品，其生产量全部统计在国内同种产品生产量中。

区分来料加工与自备原材料生产的依据是加工企业与委托加工企业间的财务结算关系。如果委托企业提供原材料而不与加工企业结算，加工企业收取加工费，产品返回委托企业销售，则这种模式是来料加工；如果委托加工企业提供的原材料与加工企业是结算的，制成品由加工企业返给委托企业也是结算的，则这种模式是自备原材料生产。

（3）工业产品生产量不应包括的内容

①在生产工业产品的同时，产生的下脚余料或废料，如冶金工业的氧化铁、中心注管、钢材切头、切尾，机械工业的切屑，木材工业的锯末，粮食加工工业的糠、麸，酿酒工业的酒糟等，一般做下脚料出售，不应统计为产品生产量。

②投入生产过程中的原材料没有完全消耗掉，而加以回收、提浓，再供本企业自用的，如机械工业回收的润滑油，合成洗涤剂厂回收的盐酸、硫酸等都不计算产品生产量。

③企业从外购进的工业品，未经本企业任何加工的，不得作为本企业的产品生产量统计。

④某些产品在检验产品质量时，需做破坏性试验（如试验灯泡的使用寿命，手电池的间歇放电时间等），这些用作试验的产品，不计算在产品生产量中。

能源产品销售量 指报告期内工业企业实际销售的由本企业生产（包括本期生产和非本期生产）的符合规定的质量标准或定货合同规定的技术条件的工业产品的实物数量。凡用订货者来料加工生产的产品，并且加工企业只收取加工费的，如果订货者是境内非工业企业和境外企业，其产品销售量由加工企业（即承包企业）统计；如果订货者是境内工业企业，产品销售量由委托企业（即发包企业）统计，加工企业不统计。

区分来料加工与自备原材料生产的依据同产品产量中的规定。

（1）产品销售量的核算原则：产品销售量以产品销售实现为核算原则，即在产品已发出，货款已经收到或者得到了收取货款的凭据时作为销售实现，统计产品销售量。按照企业销售方式的不同，产品销售量统计遵从以下几种规定：

①采用送货制销售的，产品如由本企业运输部门发运，以产品出库单上的数量、日期为准；如委托专业运输部门发运，则以运输部门的承运单上的数量、日期为准。

②采用提货制销售的，以给用户开具的发票和提货单上的数量、日期为准。

③委托其他单位代销的产品，以企业收到代销单位的代销清单为准。

④采用预收货款销售的，在发出产品时作为销售。产品尚未生产出来，已预收货款或预开提货单的，不应算作销售。

⑤企业出口销售的产品，陆运以取得承运货物收据或铁路运单，海运以取得出口装船提单，空运以取得空运运单，并向银行办理出口交单的数量、日期为准。企业自营出口的产品，在委托外贸部门代理出口（实行代理制）的情况下，以收到外贸部门代办的运单和银行交单凭证的数量、日期为准。

（2）统计产品销售量应注意以下几点：

①只有企业销售的合格产品才能统计其销售量，销售的次品不能计入产品销售量。

②企业直接从外购进产成品，只是更换了标签或包装的，不能作为销售量统计。

③分清产品销售和预售的界限：预售指产品还没有生产出来以前，用户为了购买这种产品事先向工厂支付货款。预售不能算作销售。相反，有些产品采用了分期付款的形式，只要是用户拿到了这个商品，不管货款是否已付清，作为企业已经取得了收取货款的凭证就应作为销售。

（3）售出产品退货的处理遵从以下规定

①退回报告期内销售的合格品，应从报告期销售量中扣除，同时计入库存量；退回报告期内销售的不合格品，要在报告期销售量中扣除，还要同时扣除报告期生产量。

②退回报告期以前售出的合格品，报告期销售量不变，计入产品库存量中；退回报告期以前售出的不合格品，报告期销售量和报告期生产量均不变。

③退回修理的产品，修理后仍交原用户的，不作为退货处理，在统计报表上不做反映。

企业自用及其他 本指标包括企业自用量和其他两部分。企业自用量又称企业自产自用量，指工业企业在报告期内生产的、已作本企业产量统计的、又作为本企业生产另一种产品的原材料使用的产品的数量。如钢铁企业用本企业生产的生铁炼钢，其计算了生铁产量又用于炼钢的生铁数量，应作为企业自用量统计。但是，由本企业验收合格后，作为商品出售给本企业生活用、在建工程用或行政部门用的产品数量，不能作为自用量统计，而作为销售量统计。如钢铁企业将本企业生产的钢材用于本企业房屋维修的数量，应作为销售量而不是自用量统计。其他是指工业企业在报告期内将产品用于展览、捐赠、借出以及报废等方面的产品数量和盘盈盘亏的数量。企业以促销手段搭售的产品不能视为捐赠，而应作为销售对待。

原煤 指煤矿生产的、经过验收符合质量标准的原煤。即：从毛煤中选出规定粒度的矸石（包括黄铁矿等杂物）、绝对干燥灰分在40%以下的原煤。绝对干燥灰分虽在40%以上，但经有关部门批准开采，并有消费需求的劣质煤，亦应计入原煤产量。原煤分为无烟煤、烟煤、褐煤，在烟煤中又分为炼焦烟煤和一般烟煤两种。原煤不包括石煤、泥煤(泥炭)和伴随原煤生产过程而采出的煤矸石。

原煤的计量

1.煤炭必须加工拣选，实行选后计量，即拣出 50 毫米以上矸石后，经验收合格的，方可计算原煤产量。凡有选煤厂的矿井，出井的煤必须经过选矸后，才能计量。没有选煤厂的矿井，也应采用简易方法拣选，扣除矸石后，计算原煤产量。

2.不入洗的水采原煤的产量，应以条件相同的旱采原煤的全水分为基础进行折算。但此项全水分必须经上级审定批准，经审定批准后，不准随意变动。其折算公式如下:

水采原煤产量（吨）=水采煤实测产量（吨）×（100-水采煤实测水分）/（100-旱采原煤全水分）

3.用水砂充填采煤法开采的矿井，其原煤产量的计算是:

(1)有炼焦煤选煤厂的矿井，其原煤产量应按规定的精煤计量水分进行折算。其折算公式如下:

水砂充填矿井原煤产量(吨)=含全水分的原煤重量(吨)×（100-实测全水分）/（100 一精煤计量水分）

(2)没有炼焦煤选煤厂的矿井，其原煤产量按规定的全水分折算。但实际水分不超过规定全水分的，不再折算。

4.当矿井采用矿车运煤、提煤时，矿车计量以实际装载量计算。计算时应扣除车底积煤。

5.罐率或容积比重应每季测定一次，同时要进行全水分检查，全水分超过规定指标时，应从容积比重中扣除其超过部分。

6.原煤入选的矿井(露天)，除水采矿井由于不能直接测得煤炭数量，可按选后实际的各种产品之和计算原煤产量以外，其他矿井(露天)的原煤产量必须由矿井(露天)验收计量，不得按选后产量的数量倒算原煤产量，更不得以规定的精煤产率(回收率)来推算原煤产量。

7.对已经验收合格的原煤产量，因存放日久或保管不善等其他原因而致变质(如自燃或风化)的煤炭在统计上不算废品，产量不作扣除。

无烟煤 指煤化程度高的原煤。其特点是挥发分低、密度大、燃点高、碳含量高、无粘结性，燃烧时多不冒烟。通常作为民用燃料，也可直接用于小型高炉炼铁等。

烟煤 指煤化程度低于无烟煤而高于褐煤的原煤。其特点是挥发分产率范围宽，一般在 10-40%之间，单独炼焦时，从不结焦到强结焦均有，燃烧时有火焰且多烟。烟煤主要分为炼焦烟煤和一般烟煤。

炼焦烟煤 指主要可用于炼焦的烟煤，包括焦煤、1/3 焦煤、肥煤、气肥煤、气煤、瘦煤、贫瘦煤、其他炼焦的烟煤。

一般烟煤 指除炼焦的烟煤以外的烟煤，包括贫煤、弱粘煤、不粘煤、长焰煤、1/2 中粘煤、其他一般烟煤。

褐煤 指煤化程度低的煤，其外观多呈褐色，光泽暗淡，水分含量高，在空气中易于风化。挥发分大都在 45%-55%之间，氮含量较高(10%-30%)，并含有一定量的腐植酸。褐煤多作发电燃料，也可作气化原料和锅炉燃料，有的可用来制造磺化煤、活性碳、褐煤蜡的原料。

洗煤 指将原煤经过洗选和筛选等加工后，清除或减少灰分、矸石、硫分等杂质，并按不同煤种、灰分、热值和粒度分等级的煤；粒度等级通常分为 50、25、20、13 和 6 毫米以下；类别通常分为洗原煤、洗混煤、混煤、洗混末煤、混末煤、洗末煤、末煤、洗粉煤、粉煤等品种。其灰分，除洗混煤要求小于或等于 32%以外，其余均要求小于或等于 40%。

洗精煤 指原煤经洗选加工，降低灰分、硫分和去掉杂质后，适应专门用途的优质煤。包括炼焦用、非炼焦用的洗精煤，以及加热、动力用的洗混煤、洗块煤、洗末煤等；不包括洗中煤、矸石和煤泥。洗精煤可分为冶炼用炼焦洗精煤和其他用炼焦洗精煤。冶炼用炼焦洗精煤，其粒度分为小于 50、80、100 毫米三种，灰分小于或等于 12.5%，简称冶炼精煤；其他用炼焦洗精煤，粒度也分为小于 50、80、100 毫米三种，灰分在 12.5%～16%之间，简称其他精煤。土法洗煤产出的所谓“洗精煤”不包括在洗精煤产量中。

天然原油 指各种碳氢化合物的复杂混合物，通常呈暗褐色或者黑色液态，少数呈黄色、淡红色、淡褐色。

（一）天然原油产量的计算原则:

1.天然原油产量按净原油量（即：扣除含水、泥沙后的原油量）计算。

2.为了合理开发利用国家地下石油资源，从采油井采出的原油必须进入集输系统，尽量减少进入土油池。

3.因事故、自然灾害及从探井、报废井、未交采油单位或未具备生产条件的井中产生的落地油，其产量应按已销售、已利用和已回收的油量计算原油产量。

4.原油产量中包括从油（气）井井口直接回收或经处理装置回收的凝析油。

5.油田内部新管线投产后的管线存油，不能作为库存报产量，待管线报废时清除的原油才能计入报告期原油产量中。凡是以前已报过的管线存油，在管线报废后，清除的原油不能再计入本期原油产量。在进行原油平衡时，清除的原油作为增加期初库存处理，并在报表上注明此油量。

6.计算原油产量，必须建立定期盘库制度，通过检尺或流量计准确地计量。

7.计算原油产量的库存量，必须经化验，符合质量标准。不符合质量标准的原油库存量不能作为计产的盘库范围。

（二）天然原油产量的计算方法:

原油产量计算方法有两种：正算法和倒算法。

1.“正算法”是从生产角度出发，按生产工艺过程进行计算原油产量的方法。

2.“倒算法”就是从销售的角度根据销售量，自用量，及期末、期初库存差倒算出原油产量的计算方法。其计算公式如下:

原油产量=（期末库存量+销售量+企业自用量-期初库存量）/（1-损耗率)+国际合作份额油

目前，在原油产量计算方法上仍采用倒算法，今后将创造条件实现正算法计算原油产量。

原油商品量，是指本期生产可供销售的产量。它反映企业为社会提供原油商品的总量，其计算公式如下：

原油商品量=原油产量-生产自用量-原油损耗量

企业原油自用量是指企业内部自用的全部原油量。包括生产自用量、矿区其他用量。

1.生产自用量是指围绕油气生产所用的油量（指在原油生产企业生产、集输、处理、储运过程中耗用的原油量）。

2.矿区其他用油量是指油气田所属的文教、卫生、生活福利等部门的用油量。

原油损耗量是指原油在集输、储存、装卸、脱水、脱盐、脱气等过程中发生的自然损耗以及清罐、事故损失。损耗定额必须定期测定，报有关部门批准执行。实际损耗低于定额的按实际损耗计算，超过定额的按定额损耗计算。如因各阶段损耗难以确定或各时期变化不大时，可按测定的总损耗率计算。

清罐损耗量是指在油罐底部，因积有大量的泥、沙、杂质等，在清洗过程中发生的损耗，此项损耗可以按实际报损。

事故损耗量是指原油在储输过程中因事故发生的损失。如跑油、溢油、漏油、火灾等事故损失量，计算事故损失量时必须认真核实，将回收部分冲减损耗。

原油库存量是指全油田集输系统经净化处理符合规定质量标准的（或合同规定的技术条件）所有油罐的库存量之和。要建立定期的原油库存盘点制度，盘库要在规定的统一结算时点同时进行。

天然气　指以气态碳氢化合物为主的各种气体的混合物，由有机物质经生物化学作用分解而成，或与石油共存于岩石的裂缝和空洞中，或以溶解状态存在于地下水中；主要成分为甲烷（约占85%—95%），还有乙烷、丙烷、丁烷等，是一种优质燃料和化工原料。天然气包括气田天然气、油田天然气（分为油田气层气、油田伴生溶解气）和煤田天然气（也称煤层气，属于非常规天然气）。报表中的天然气仅包括气田天然气和油田天然气（即常规天然气口径，煤层气单独统计）。

天然气体积随温度和压力的变化而变化，统计时按标准状态下（压力为760毫米汞柱，温度20℃）的体积计算。

天然气产量是指进入集输管网和就地利用的全部气量。

天然气产量的计算原则：

1.气田天然气产量是指从井口产出经过油、气、水分离，进入集输管网和就地利用第一次计量的全部气量。

2.油田天然气产量是指从油井产出，在油、气、水三相分离分输点，第一次通过仪表连续计量进入管网和就地利用的全部气量。

3.对不具备条件未经油、气、水分离的就地自用气量和边远井产气就地利用气量，仍可按测定消耗定额的办法计算产气量。

4.经过油气水三相分离后的油井气中，可能含有一些凝聚物，应根据测定情况在气量中予以扣除。

天然气产量计算公式：天然气产量=销售量+企业自用气量+损耗量及输差+期末库存-期初库存

天然气销售量是指供给本企业以外用户，以及供本企业内部炼油厂、化工厂等部门用气量和其他综合利用的气量。

天然气销售量按供气用途分为供大化肥用、供中小化肥用、其他工业用、商业用、城市民用、其他用。

销售量中供本企业用气量，主要是指供给本企业内炼油、化工、碳黑、硫磺、化肥、制盐等用气量，这部分气量计入其他工业用气量中。

企业自用气量是指企业内部自用的全部天然气量。它包括生产用气和其他自用气量。

1.生产自用气量，是指围绕油气生产所用的气量。

2.其他自用气量，是指油田所属的文教、卫生、生活福利等部门的用气量。

天然气损耗量及输差是指天然气输送过程中的损耗及输差。

液化天然气　指液体状态的天然气，由气态天然气在一定温度和压力条件下液化而成，无毒、无色、无味，在-161℃下的密度约为425千克/立方米。天然气在常温、常压状态为气态，占有的体积大，不利于储存，液化后体积只有气态的1/600左右。天然气的主要成分——甲烷的临界温度为－82℃，故在常温下不可能通过压缩而将其液化。而当将甲烷冷却到-161℃以下时，在常压下即转化为液体，即液化天然气（LNG）。

煤层气　指储存在煤层中以甲烷为主要成分、以吸附在煤基质颗粒表面为主、部分游离于煤孔隙中或溶解于煤层水中的烃类气体，是煤的伴生矿产资源，属非常规天然气。

原油加工量　指直接进入蒸馏装置及二次加工装置加工的原油量。该指标是衡量炼化企业生产规模、能力的一项基础指标，也是炼化企业计算各项技术经济指标的重要依据。因此，原油加工量作为一个特殊的指标在产品产量中统计。

计算原油加工量必须具有一定的计量手段，一般用流量计计量，在计量表误差较大的情况下，也可以用罐检尺方法计量，但不允许用产出量倒算。

汽油　指直馏汽油和二次加工（如催化裂化、加氢裂化，催化重整和经精制的热裂化、焦化等）汽油，按不同比例调和，加入适量抗氧防胶剂及金属钝化剂，必要时加入适量的抗暴剂（如加入抗暴剂还要加入着色剂）而制成。本品为易燃、易挥发液体，具有良好的抗暴性能和燃烧性能，其蒸发性好，燃烧完全，积炭少，对发动机部件及储油容器无腐蚀性，由于加有抗氧剂，产品具有较好的安定性，不易过早氧化。

包括航空汽油和车用汽油。

1.航空汽油　指按国家规定的鉴定程序所通过的原料及生产工艺条件，由催化裂化、烷基化、催化重整等装置所生产的汽油组分与其他高辛烷值组分（如工业异丙苯、抗爆剂、抗氧剂等）调合而成，主要用于活塞式航空发动机燃料，其质量要求要比车用汽油高，一般加入染色剂以区分。航空汽油有辛烷值和品度值两个质量控制指标。随着喷气内燃机的发展，航空汽油的用量已减少很多，目前主要用于直升飞机和一些小型螺旋桨飞机以及喷气式飞机的启动等。

2.车用汽油　指由常减压装置蒸馏产出的直馏汽油组分、二次加工装置产出的汽油组分（如催化汽油、加氢裂化汽油、催化重整汽油、加氢精制后的焦化汽油等）及高辛烷值汽油组分，按一定比例调合后加入适量抗氧防胶剂、金属钝化剂，必要时加入适量的抗爆剂和甲基叔丁基醚（MTBE）等制成。代表汽油质量等级的一个重要指标是抗爆性，辛烷值是表示汽油抗爆性的重要指标。

煤油　包括灯用煤油、航空煤油。

1.灯用煤油　指由常减压装置蒸馏的直馏煤油或二次加工经加氢精制的不含裂化组分的适宜馏分，主要用于点灯照明和各种燃料器用油。

2.航空煤油　按国家规定的鉴定程序所通过的原料及生产工艺条件，由蒸馏装置的直馏煤油或经加氢裂化、加氢精制生产的组分，单独或复合加入必要的、有利于改进与提高航空煤油质量的添加剂制成。主要用于航空涡轮发动机作燃料，根据所适用的工作环境温度及发动机型号分为不同牌号。

柴油　指直馏柴油和经过精制的二次加工（如催化裂化、加氢裂化、热裂化、加氢精制的焦化的柴油等），以不同比例调和而成的成品油。柴油分为轻柴油、重柴油。

1.轻柴油　指由常减压装置蒸馏产出的直馏柴油或经过精制的二次加工柴油组分（如催化裂化柴油、加氢裂化柴油、加氢精制后的焦化柴油等）按一定比例调合而成，供转速为每分钟 1000 转以上的柴油机使用的柴油。按凝固点划分为以下牌号：10 号、5 号、0 号、－10 号、－20 号、－30 号、－35 号、－50 号等。

2.重柴油　指由常减压装置蒸馏产出的直馏重柴油，或经过精制的二次加工重质柴油组分（如催化裂化柴油、加氢裂化柴油、经加氢精制的焦化柴油等），或与适量轻质柴油组分按不同比例调合而成，供转速为每分钟 1000 转以下的柴油机使用的柴油。包括以下牌号：10 号、20 号、30 号等。

润滑油　指以原油经常减压蒸馏装置和二次加工所得的馏分油为原料，经糠醛精制和溶剂脱蜡或压榨脱蜡，再经白土或加氢精制工艺所得的润滑油基础油，加入清净、分散、抗氧、抗腐、抗泡等添加剂调合而成。

润滑油品种、规格、牌号较多，广泛应用于机械设备上，不同的应用领域要求使用不同的品种，不同的使用环境和条件又要求使用不同的牌号。我国采用国际标准化组织的分类标准，制定了国家标准 GB/T 7631.1—87。目前润滑油分为 16 类：全损耗系统用油、齿轮用油、压缩机用油、主轴轴承用油、导轨用油、液压系统用油、金属加工用油、电器绝缘用油、防护防蚀用油、汽轮机用油、热处理用油、蒸汽汽缸用油、橡胶填充用油、白油、专用润滑油、热传导液等。

燃料油　包括船用燃料油、重油或其他燃料油。燃料油分为商品燃料油和自用燃料油。商品燃料油指企业作为商品销售的燃料油；自用燃料油指本企业用作燃料和化肥、化工原料的自用油。

1.船用燃料油　由原油经蒸馏后的常压重油或减压渣油与适量的二次加工柴油组分按不同比例调合而成。主要用于大型低速远洋船舶柴油机（转速低于每分钟 150 转）作燃料。包括：舰用燃料油、1000 秒船用燃料油、1500 秒船用燃料油及 0 号、2 号、5 号、6 号、23 号、其他船用燃料油。

2.重油　指原油经常减压装置蒸馏后的减压渣油与二次加工组分油按不同比例调合而成。主要用于各种锅炉或其他工业炉燃料，也可用于重油制氢、生产合成氨和炭黑的原料。一般分为以下牌号：10 号、20 号、60 号、100 号、200 号及其他重油。

石脑油　属一部分石油轻馏分的泛称；用途不同，各种馏程亦不同。馏程自初馏点至 220℃左右，主要用作重整和化工原料；70—145℃馏分，称轻石脑油，生产芳烃的重整原料；70—180℃馏分，称重石脑油，用作生产高辛烷值汽油。用作溶剂时，称作溶剂石脑油；来自煤焦油的芳香族溶剂油也称作重石脑油或溶剂石脑油。

溶剂油　指以蒸馏装置的直馏汽油组分或催化重整的抽余油为原料，经精制、分馏而制成，按馏分不同分为以下不同牌号：6 号抽提溶剂油，用于植物油萃取工艺中作抽提溶剂，也可作合成橡胶工艺中的溶剂、化学试剂、化学溶剂等；70 号溶剂油，别名香花溶剂油，用于香花香料及油脂工业作抽提剂；90 号溶剂油，别名 90 号石油醚，用于化学试剂、医药溶剂；120 号橡胶溶剂油，用于橡胶工业作溶剂；190 号溶剂油，用于机械零件洗涤和工农业生产作溶剂；200 号溶剂油，用作油漆工业溶剂和稀释剂；260 号溶剂油，为煤油型特种溶剂；300 号彩色油墨溶剂油，用于制造高档油墨；航空洗涤油，用于航空机件等精密机件的洗涤，也用作航空涡轮发电机点火燃料。

润滑脂　膏状物质，某些常用的润滑脂俗称“黄油”，是各种机械上常用的润滑剂，其品种很多，其中绝大部分是用矿物润滑油稠化制成。分为以下品种：钙基润滑脂、钠基润滑脂、钙钠基润滑脂、复合钙基润滑脂、锂基润滑脂、烃基润滑脂、皂基润滑脂、防锈润滑脂、合成润滑脂、铝基润滑脂等。

液化石油气　亦称液化气或压缩汽油，是炼油精制过程中产生并回收的气体在常温下经加压而成的液态产品。主要成分是丙烷、丁烷、丙烯、丁烯，主要用作石油化工原料，脱硫后可直接用作燃料。

石油焦　指以原油经常减压装置蒸馏所得的渣油或其以重油为原料，经焦化装置生产。产品按用途分为三个牌号，每个牌号按质量分为 A、B 两类，牌号有 1＃A、1＃B、2＃A、2＃B、3＃A、3＃B 石油焦等。主要用于制造石墨电极、碳素、碳化硅、碳化钙等产品的原料，也可直接用于冶炼、铸煅工艺作燃料。

石油沥青　指由原油经常减压装置蒸馏直接获得的渣油制品，也可以用减压渣油为原料经氧化，溶剂脱出的沥青再经适度氧化或调合而成。是来自原油中的最重的组分，是高度缩合的多环烃类混合物，具有良好的粘结性、绝缘性、不渗水性，并能抵抗许多化学药物的侵蚀，广泛用于道路工程、建筑工程、水利工程、防护涂料以及保持水土、改良土壤等领域。沥青性能主要是以软化点、针入度、延伸度来表示的。软化点表示沥青的耐热性能，软化点越高则耐热性能越好。针入度反映沥青的流变性能，为使道路沥青与砂石粘结紧密，需要高针入度的沥青；而作为防腐用的专用沥青，则需要低针入度的沥青，防止流失。延伸度表示沥青的抗张性和可塑性，道路沥青要求的延伸度最高，是为了保证在低温下路面不致受车辆碾压而出现裂缝。沥青按用途可分为普通沥青、道路沥青、建筑沥青、专用沥青，其中以道路沥青的用量最大。

焦炭 指将各种经过洗选的煤炭按一定比例配合后，在隔绝空气的高温炭化室内经过热解、缩聚、固化、收缩等复杂的物理化学过程形成的固体燃料，呈黑灰色块状、有光泽，燃烧时烟气少，具有不粘结、不结块、低硫、低灰、坚硬、耐磨、耐压、富于气孔性等特点，主要用于冶金、化工、铸造等工艺的燃料和原料。它包括各种生产方式生产的焦炭，即包括机械化焦炉、简易焦炉、土焦炉、煤气发生炉等装置生产的所有焦炭和半焦炭。

焦炭的分类：根据炼焦的原料，焦炭分为煤焦、石油焦和沥青焦。通常所说的焦炭是指煤焦。根据用途，焦炭分为冶金焦、铸造焦和化工焦。根据生产技术，焦炭分为机制焦与土焦。根据炼制过程，焦炭分为低温焦炭与高温焦炭。

机焦 指机械化焦炉生产的焦炭，固定碳含量在80%以上，发热量一般在6500～7000千卡／千克，具有一定的强度，焦块均匀。

发电量 指电厂（发电机组）在报告期内生产的电能量。它是发电机组经过对一次能源的加工转换而生产出的有功电能数量，即发电机实际发出的有功功率（千瓦）与发电机实际运行时间的乘积。发电量包括全部电力工业企业、自备电厂的产量。新装发电设备在未正式投入生产以前所发的电量以及发电设备大修或改进后试运转期间所发的电量，凡被本厂或用户利用的，均应计入发电量中，未被利用的，则不应计入。发电量中不包括电动的交直流变换、励磁机和周波变换的电量。

火力发电 指利用煤炭、燃油、天然气等燃料燃烧时产生的热能，通过火电动力装置转换成电能的一种发电方式，包括利用余热、余气等发电。

水力发电 指利用水位落差，配合水轮发电机产生电力的一种发电方式，也就是利用水的势能转为水轮机的机械能，再以机械能推动发电机而得到电力，包括抽水蓄能发电。

核能发电 指利用原子反应堆中核燃料(例如铀)缓慢裂变所释放的热能产生蒸汽驱动汽轮机再带动发电机发电的一种发电方式。

风力发电 指把风的动能转变成机械动能，再把机械能转化为电力动能的一种发电方式。

太阳能发电 指先将太阳光或能转化为热能，再将热能转化成电能的一种发电方式。

太阳能发电有两大类型：一类是太阳光发电（亦称太阳能光发电），另一类是太阳热发电（亦称太阳能热发电）。

太阳能光发电是将太阳能直接转变成电能的一种发电方式。它包括光伏发电、光化学发电、光感应发电和光生物发电四种形式，在光化学发电中有电化学光伏电池、光电解电池和光催化电池。

太阳能热发电是先将太阳能转化为热能，再将热能转化成电能，它有两种转化方式。一种是将太阳热能直接转化成电能，如半导体或金属材料的温差发电，真空器件中的热电子和热电离子发电，碱金属热电转换，以及磁流体发电等。另一种方式是将太阳热能通过热机（如汽轮机）带动发电机发电，与常规热力发电类似，只不过是其热能不是来自燃料，而是来自太阳能。

潮汐能发电 指利用潮汐的动能和势能发电的一种发电方式。也就是在涨潮时将海水以势能的形式储存在水库内，在落潮时利用高、低潮位之间的落差放出海水，推动水轮机旋转带动发电机发电。

沼气发电 指利用厌氧发酵处理产生的沼气进行发电的一种发电方式。

地热能发电 指利用地下热能转变为机械能，然后再把机械能转变为电能的一种发电方式。能够把地下热能带到地面并用于发电的载热介质主要是天然蒸汽(干蒸汽和湿蒸汽)和地下热水。

垃圾发电 指把经过分类处理后燃烧值较高的垃圾进行高温焚烧，产生热能通过火电动力装置转换成电能的一种发电方式。

竹木生物质燃料发电 指利用生物质所具有的生物质能进行发电的一种发电方式。仅指农林废弃物直接燃烧发电。

其他发电 指不属于上述各类的发电形式。

煤气生产量 指煤、焦炭、半焦等固体燃料与燃料油等液体燃料干馏或气化所产生的可燃气体。包括焦炉煤气、高炉煤气、发生炉煤气和油煤气等。

焦炉煤气 指炼焦过程中，煤炭经高温干馏后，在产出焦炭和其他焦化产品的同时产生的可燃性气体，是炼焦产品的副产品。一吨煤在炼焦过程中可产出730～780千克焦炭和300-340立方米焦炉煤气以及35-42千克焦油。焦炉煤气热值高、燃烧快、火焰短、生成废气比重小；主要成分为甲烷、氢和一氧化碳等，可用作燃料和化工原料。

高炉煤气 指炼铁过程中从高炉炉顶逸出的可燃性气体，是炼铁过程的副产品；其理论燃烧温度约为1400-1500℃，含有大量粉尘（约60-80克／立方米），所以需要除尘处理，并在可能的情况下将其和空气预热以提高燃烧温度。据统计，高炉每消耗1吨焦炭约可产出3800-4000立方米高炉煤气（约有60%的燃料转变为高炉煤气）。在冶金联合企业，它主要用于焦炉，以及与焦炉煤气混合用作发电或其他燃料。

热力 指可提供热源的热水、蒸汽。在统计上要求外供热力作为产量统计，外购热力作为消费统计，自产自用热力不统计。

热力的计算：蒸汽和热水的热力计算，与锅炉出口蒸汽、热水的温度和压力有关，计算方法：

第一步：确定锅炉出口蒸汽和热水的温度和压力，根据温度和压力值，在焓熵图(表)查出对应的每千克蒸汽、热水的热焓；

第二步：确定锅炉给水(或回水)的温度和压力，根据温度和压力值，在焓熵图(表)查出对应的每千克给水(或回水)的热焓；

第三步：求第一步和第二步查出的热焓之差，再乘以蒸汽或热水的数量(按流量表读数计算)，所得值即为热力的量。

如果企业不具备上述计算热力的条件，可参考下列方法估算：

第一步：确定锅炉蒸汽或热水的产量。产量=锅炉的给水量-排污等损失量；

第二步：确定蒸汽或热水的热焓。热焓的确定分以下几种情况：

(1)热水：假定出口温度为 90℃，回水温度为 20℃的情况下，闭路循环系统每千克热水的热焓按 20 千卡计算，开路供热系统每千克热水的热焓按 70 千卡计算。

(2)饱和蒸汽：

压力 1-2.5 千克/平方厘米，温度 127℃以下，每千克蒸汽的热焓按 620 千卡计算；

压力 3-7 千克/平方厘米，温度 135-165℃，每千克蒸汽的热焓按 630 千卡计算；

压力 8 千克/平方厘米，温度 170℃以上，每千克蒸汽的热焓按 640 千卡计算。

(3)过热蒸汽：压力 150 千克/平方厘米

200℃以下，每千克蒸汽的热焓按 650 千卡计算；

220-260℃，每千克蒸汽的热焓按 680 千卡计算；

280-320℃，每千克蒸汽的热焓按 700 千卡计算；

350-500℃，每千克蒸汽的热焓按 750 千卡计算。

第三步：根据确定的热焓，乘以产量，所得值即为热力的量。

对于中小企业，若以上条件均不具备，如果锅炉的功率在 0.7 兆瓦左右，1 吨/小时的热水或蒸汽按相当于 60 万千卡的热力计算。

余热余压 指企业生产过程中释放出来多余的副产热能、压差能，这些副产热能、压差能在一定的经济技术条件下可以回收利用。余热余压回收利用主要来自高温气体、液体、固体的热能和化学反应产生的热能。

对回收利用的余热余压，企业有计量装置并可计量其数量的，205-2 表填报回收利用量，205-1 表填报消费量（本企业自用的部分），如果用于加工转换，还要在 205-2 表填报加工转换的投入量和其他产品的产出量。假如 A 企业回收的余热余压外供给 B 企业，A 企业填报回收利用量，B 企业填报购入量和消费量，不得填报回收利用量。